OK-89S52 키트

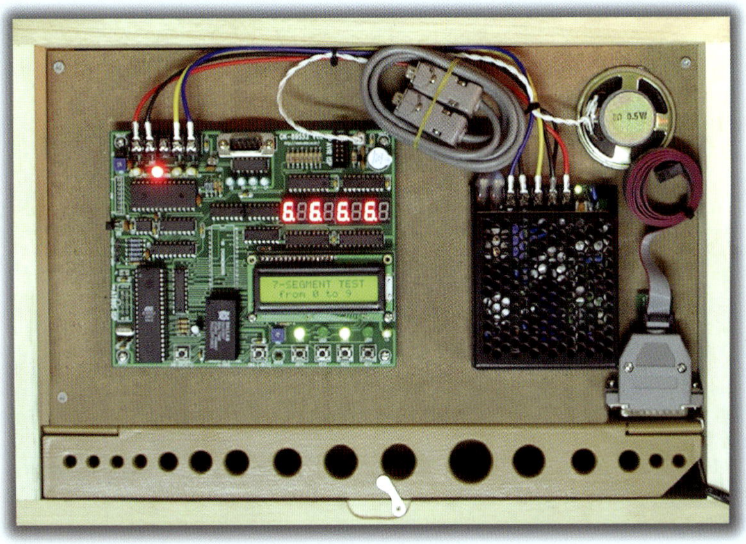

♣ PCB 및 AT89S ISP 케이블 별도 판매

저 자 : 윤덕용
ISBN : 89-7101-769-4
판 형 : B5
쪽 수 : 830
가 격 : 30,000원

OK-89S52 KIT의 주요 사양

항 목	사 양	비 고
CPU	AT89S52-24PC 또는 AT89S52-24PI (AT89S51이나 AT89S8253도 사용 가능)	24MHz 수정발진자 사용
ROM	1. CPU에 내장된 8KB의 플래시 메모리 2. 외부 확장 27C256 또는 29C256(32KB)	사용자 프로그램용
RAM	CPU에 내장된 256 바이트	스택 및 데이터 저장용
프로그램의 입력/실행	1. 병렬포트형 AT89ISP를 사용(Atmel 표준) 2. 병렬포트형 AVR ISP를 사용 3. 직렬포트형 AVR ISP를 사용 4. USB포트형 AVR ISP를 사용	1. AT89S ISP 케이블(Atmel 호환) 2. AVR-ISP Parallel 케이블(기본 제공) 3. AVR-ISP Studio/STK500 케이블 4. USB-ISP 케이블
I/O	1. CPU가 직접 제어하는 I/O (1) RS-232C 직렬통신 포트(CN4) (2) +5V용 버저 (3) 스피커 사운드 출력(CN5) (4) 4개의 키입력 (5) 스위치에 의한 사용자 인터럽트(SW2) (6) AT89S ISP 케이블 접속용 콘넥터(CN2) (7) AVR ISP 케이블 접속용 콘넥터(CN3) 2. 외부 확장 I/O (1) 16×2행 텍스트형 LCD 모듈 (2) 8글자의 7세그먼트 LED (3) 4개의 상태표시 LED (4) ADC0809 8채널 8비트 A/D 컨버터 - 전압센서, 온도센서, 조도센서 각 1개 - 4채널 아날로그 입력 콘넥터(CN6) (5) DAC0800 8비트 D/A 컨버터 (6) DS12C887 배터리 백업형 리얼타임 클럭	backlight 기능 사용 가능 A/D 입력 범위는 0V~+5V D/A 출력 범위는 0V~+10V, -10V~+10V 중에서 선택 사용
전원	+5V, ±15V (또는 ±12V도 사용 가능)	±15V는 아날로그 회로에서만 사용
PCB 외형	160×130mm 양면 에폭시 기판	

어셈블리와 C언어로 익히는

AT89S52 마스터

(OK-89S52 키트)

工學博士 尹 德 鏞 著

AT89S52 마이크로콘트롤러의 완전 마스터
OK-89S52 키트를 이용한 다양한 실습

Keil사 PK51 소프트웨어 사용법 상세 해설
어셈블리 언어 및 C언어 프로그래밍 실습
PC에서 ISP를 이용한 프로그램 다운로드

메모리 및 I/O 인터페이스 설계 기술
어셈블리 및 C언어 기초 프로그래밍 기술
LCD 모듈 디스플레이 프로그래밍 기술
7세그먼트 LED 디스플레이 프로그래밍 기술
인터럽트 응용 프로그래밍 기술
타이머 응용 프로그래밍 기술
직렬통신 프로그래밍 기술
A/D 및 D/A 컨버터 응용 프로그래밍 기술
타이머와 RTC 디지털 시계 프로그래밍 기술
고급 C언어 프로그래밍 기술

OK-89S52 키트 별매

Ohm사

이 책에서 사용하는 예제 프로그램은 책 속에 디스켓이나 CD로 제공하지 않고 본사 또는 저자의 인터넷 웹사이트 자료실에 제공합니다. 따라서, 독자 여러분께서는 직접 이를 다운로드하여 퍼스널컴퓨터에 설치, 사용하시기 바랍니다.

이 책의 내용이나 *OK-89S52* 키트에 관하여 기술적인 문의사항이 있으신 분은 본사 또는 저자의 인터넷 웹사이트에 공개적으로 질문하여 주시면 저자가 직접 신속하고 정확하게 답변해 드리겠습니다. 그러나, 이 책 또는 키트에 관한 기술적인 문제를 저자에게 개인적으로 전화나 메일을 이용하여 질문하시는 것은 정중히 사절합니다.

◉ 본사 웹사이트 : http://www.ohm.co.kr/

◉ 본사 E-mail : ohm@ohm.co.kr

◉ 저자 웹사이트 : http://control.cntc.ac.kr/cpu/

◉ 저자 E-mail : yoon3m@kongju.ac.kr

머 리 말

1980년에 Intel사에서 8051 시리즈의 마이크로콘트롤러를 발표한 이래로 Intel사 및 다른 반도체 회사들에서는 이 계열에 속하는 수많은 모델들을 개발하였다. 이것들은 각각 칩의 형태와 기능면에서 매우 다양한 특징들을 가지고 있지만 모두 동일한 코어를 사용하여 소프트웨어의 호환성을 유지하고 있으며, 이 계열의 소자들을 모두 포함하면 8051은 아마도 전세계에서 가장 많이 사용되는 중저가형의 마이크로콘트롤러라고 말할 수 있을 것이다.

AT89S52는 Atmel사에서 만든 8051 계열의 마이크로콘트롤러로서 Intel의 80C32 또는 87C52 모델과 매우 유사하지만 이에 내장된 플래시 메모리에 간단하게 사용자 프로그램을 다운로드할 수 있어서 사용하기에 훨씬 편리하다는 것이 장점이다.

다른 기술분야에서도 물론 그러하겠지만 특히 마이크로콘트롤러를 공부하는데는 절대적으로 실무적인 숙달과정이 중요하다. 간혹, 처음부터 간단히 책만을 가지고 이 분야의 기술을 공부하겠다는 사람을 볼 수 있는데 이는 무모하기 짝이 없는 일이다. 마이크로콘트롤러를 익히는데는 반드시 적합한 교육용 키트를 통한 프로그래밍 연습이 필요하다. 이 책에서는 이를 위하여 교육용 *OK-89S52* 키트는 물론이고 이와 함께 공부할 수 있는 풍부한 어셈블리 및 C언어의 프로그램 예제를 제공한다. 독자 여러분은 이를 통하여 어셈블리 프로그래밍과 C언어 프로그래밍 기술을 모두 익혀두기 바란다. 어셈블리와 C언어는 어느 하나만을 배타적으로 선택할 수 있는 문제가 아니며, 응용 시스템이나 사용환경에 따라 적절히 선택할 문제이므로 마이크로콘트롤러 응용분야의 엔지니어는 언제나 이 2가지를 모두 구사할 수 있는 기술을 갖추고 있는 것이 바람직하다. 이렇게 트레이닝 키트를 가지고 공부하다보면 자연히 스스로도 이러한 시스템을 설계할 수 있는 능력을 갖추게 된다.

이 책은 MDS 테크놀로지(구 "한국 MDS")사에서 전국의 100개 이상 대학에 무상으로 기증한 Keil사의 PK51에 포함된 어셈블러 및 C컴파일러를 사용하는데 적합하도록 집필하였으나 평가용 버전으로도 사용할 수 있도록 최대한 배려하였다.

끝으로 어려운 여건에서도 이 책의 출판을 위해 애써주신 Ohm사의 곽종학 사장님과 편집부의 직원 여러분에게 감사드리며, 이 책이 마이크로프로세서를 처음 접하여 공부하거나 이를 응용하려는 분들에게 큰 도움이 된다면 더 바랄 나위가 없겠다.

2006년 1월 저자 尹 德 鏞 씀

차 례

제1장 AT89S52의 구조와 기능

제2장 AT89S52의 내장 I/O 기능

제3장 OK-89S52의 키트 및 개발 툴

제4장 어셈블리와 C언어 프로그래밍

제1장

AT89S52의 구조와 기능

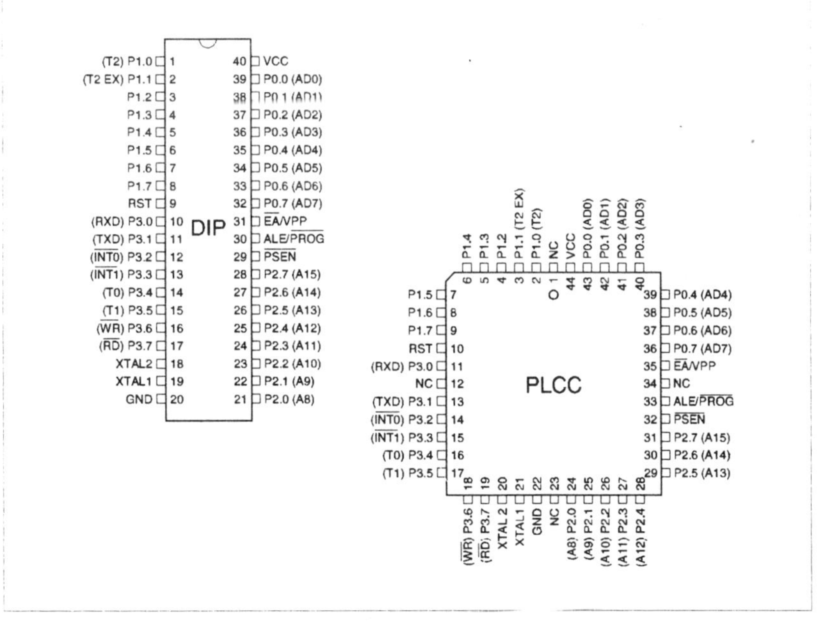

☞

이 장에서는 먼저 마이크로콘트롤러의 개념에 대하여 알아보고 Intel사 및 Atmel사 마이크로콘트롤러의 종류 및 특성을 개괄적으로 살펴본다. 이는 마이크로콘트롤러에 관한 기초를 닦는데도 필요하지만, 나중에 자신이 설계할 자동제어 시스템에 가장 적합한 마이크로콘트롤러 모델을 선정하는데 판단 기준을 제공할 것이다.

이어서 이제부터 우리가 목표로 하는 Atmel사의 8비트 마이크로콘트롤러인 AT89S52의 외부 및 내부 구조에서부터 주요 기능, 사용하는 데이터 형식이나 명령어, 어드레싱 모드, 인터럽트 처리기능 등에 대하여 자세히 공부한다. 8051 계열의 마이크로콘트롤러를 이용한 하드웨어 시스템을 설계하거나 이를 이용한 제어 프로그램을 작성하는데는 이번 장에서 설명하는 내용을 철저히 이해하는 것이 무엇보다도 중요하다.

대부분의 초보자들이 마이크로프로세서를 사용하는 기술이 어렵다고 말하는 것은 이러한 가장 기본적인 사항을 소홀히 하는데서 기인한다. 마이크로프로세서 응용기술은 하드웨어에 관한 기본적인 지식을 바탕으로 소프트웨어를 자유자재로 구사하는 능력에 따라 좌우된다는 사실을 명심하라.

1.1 마이크로콘트롤러란 무엇인가?

이 절에서는 마이크로콘트롤러란 무엇이며 이것은 범용 마이크로프로세서와 어떻게 다른지를 알아보고, 마이크로콘트롤러의 발전과정 및 종류에 대하여 설명한다.

1. 마이크로프로세서란 무엇인가?

마이크로프로세서(microprocessor, 간단히 "μP"라고도 표기함)는 컴퓨터의 중앙처리장치(Central Processing Unit ; CPU)를 1개의 IC 칩에 집적시켜 만든 반도체 소자로서 흔히 MPU(MicroProcessor Unit)라고 부르기도 한다. 이것은 일반 컴퓨터의 중앙처리장치에서 주기억장치만을 제외한 연산장치, 제어장치 및 각종 레지스터들을 단지 1개의 IC 소자 내부에 집적시킨 것이므로 연산, 제어, 판단, 기억, 계시(計時), 마이크로프로그램에 의한 처리 등의 모든 기본적인 기능은 중·대형 컴퓨터의 CPU에 비하여 별로 다를 바가 없다.

한편, 이와 같은 마이크로프로세서를 CPU로 사용한 소형 컴퓨터를 마이크로컴퓨터(microcomputer)라고 한다. 이에 비하여 미니컴퓨터 이상의 중·대형 컴퓨터에서는 CPU를 많은 개별 논리소자를 사용하여 전용으로 설계하게 된다. 마이크로컴퓨터에서처럼 마이크로프로세서를 사용하여 컴퓨터를 설계하면 CPU가 하나의 소자로 간단히 구성되므로 전체 시스템이 소형경량화되고, 소비전력이 적어지며, 가격이 낮아질 뿐만 아니라 부품수가 매우 적어져서 시스템의 신뢰성이 높아지는 등의 장점을 갖는다.

이러한 마이크로프로세서는 1971년에 미국의 조그만 반도체 회사였던 Intel에 의해 세계 최초로 만들어졌다. 이것은 물론 1959년 Fairchild社에서 처음으로 IC(Integrated Circuit)를 개발한 이후 1970년대에 이르기까지 LSI(Large-Scale Integrated Circuit)를 만들 수 있는 정도로 반도체 기술이 발전된 배경에 의하여 가능했던 것이지만, 하나의 반도체 칩으로 CPU를 구현하였다는 것은 그 당시로서는 획기적인 일이었다. 그 이후 현재까지 불과 약 30년이 넘는 정도의 짧은 기간 동안에 마이크로프로세서는 엄청난 속도로 발전하여, 컴퓨터 분야는 물론이고 산업기술분야나 우리 인류의 모든 일상 생활에 거의 혁명적인 변화를 일으키고 있다.

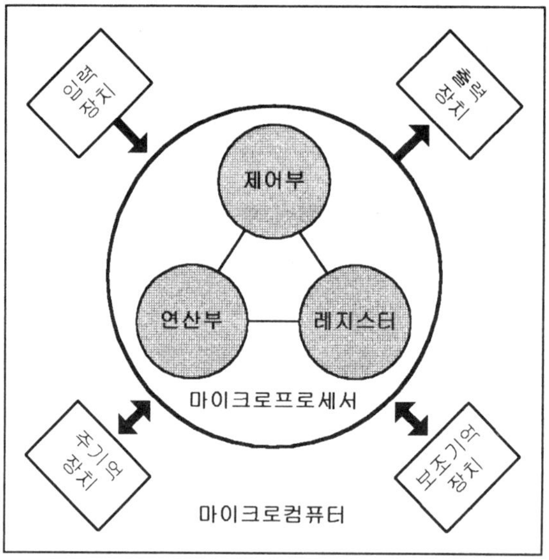

〈그림 1.1.1〉 마이크로프로세서와 마이크로컴퓨터

(1) 마이크로프로세서의 내부 구조

마이크로프로세서의 내부 및 외부 구조는 마이크로프로세서의 종류에 따라 매우 다르지만 크게 보면 일반적인 구조가 거의 유사하다. 특히 내부 구조는 마이크로프로세서가 일반 컴퓨터의 중앙처리장치 기능을 단일 소자화한 것이므로 <그림 1.1.1>에서 보는 바와 같이 연산부, 제어부, 레지스터부로 구성된다.

대부분의 경우 마이크로프로세서의 사용자는 해당 마이크로프로세서의 자세한 내부 구조를 알 필요가 없고, 다만 전체적인 구조와 사용자가 사용할 수 있는 레지스터의 종류 및 기능 정도를 이해하는 것으로 충분하며 이를 어셈블리 레벨의 프로그래밍에 적절히 활용할 수 있으면 된다.

▣ 연산부(ALU ; Arithmetic and Logic Unit)

이것은 산술연산 및 논리연산 등의 연산기능을 수행하는 회로로서 가산기(adder)나 곱셈기(multiplier)가 그 주요 구성요소이며, 때로는 누산기(accumulator)와 상태 레지스터(status register)를 이 부분에 포함시키기도 한다.

▣ 제어부(control unit)

이것은 프로그램 명령을 주기억장치에서 인출하여 해독하고 이를 실행하기 위한 제어신호를 발생하는 등 마이크로프로세서 내부와 외부의 모든 제어기능을 수행하는 회로로서 명령 레지스터(IR ; Instruction Register), 명령 해독기(instruction decoder), 타이밍 및 제어신호 발생회로 등으로 구성된다.

▣ 레지스터부(registers)

레지스터는 마이크로프로세서 내부에서 메모리 기능을 수행하며, 프로그래머가 사용할 수 있는 범용 레지스터 및 시스템 레지스터와 프로그래머가 사용할 수 없는 레지스터가 있다. 범용 레지스터는 프로그래머에 의하여 주로 데이터 보관용으로 쓰이므로 일반적으로는 이것이 많을수록 마이크로프로세서의 성능이 좋아지며, 시스템 레지스터는 프로그래머가 사용할 수 있는 경우도 있으나 주로 마이크로프로세서가 내부의 특정한 용도로 사용하는 레지스터이다.

시스템 레지스터에는 산술 및 논리연산의 결과를 기억하는 연산 중심의 누산기와 이 연산결과의 상태를 표시하는 상태 레지스터도 있는데 경우에 따라 이들은 연산부에 포함시키기도 한다.

(2) 마이크로프로세서의 외부 구조

마이크로프로세서의 외부 구조는 단순히 IC 소자의 팩키지 뿐만 아니라 각 핀의 이름 및 기능, 신호의 동작 타이밍까지를 의미한다. 어느 마이크로프로세서에서나 외부 핀의 신호는 다음과 같은 3가지의 버스와 전원 및 클럭으로 구성된다.

▣ 어드레스 버스(address bus)

마이크로프로세서가 외부의 메모리나 입·출력 기기의 번지를 지정할 때 사용하는 단방향 버스(unidirectional bus)이다. 따라서, 어드레스 버스 신호선의 수는 최대로 사용 가능한 메모리의 용량이나 입·출력장치의 수를 결정한다. Intel 계열의 범용 마이크로프로세서에서는 메모리 번지(memory address) 영역과 입·출력 번지(I/O port) 영역을 따로 구분하여 사용하는 isolated I/O 방식을 많이 채택하고 있으며, Motorola 계열의 마이크로프로세서에서는 이를 서로 구분하지 않고 사용하는 memory-mapped I/O 방식을 주로 채택하고 있다. 그러나, 대부분의 마이크로콘트롤러에서는 메모리 영역과 입·출력 영역을 구분하지 않는 memory-mapped I/O 방식을 사용한다.

▣ 데이터 버스(data bus)

마이크로프로세서에서 메모리 또는 출력장치로 데이터를 출력하거나, 반대로 메모리나 입력장치로부터 데이터를 입력할 때 이들 데이터의 전송로로 사용되는 양방향 버스(bidirectional bus)이다. 일반적으로 데이터 버스 신호선의 수는 그 마이크로프로세서의 워드(word) 길이와 같으며, 이것은 마이크로프로세서의 성능을 결정하는 중요한 요소가 된다.

◀휴게실▶ 마이크로프로세서 및 컴퓨터에서의 워드

우리가 8비트, 16비트, 32비트 또는 64비트 마이크로프로세서라고 할 때의 비트수를 "워드(word)"라고 부른다. 그러면 컴퓨터에서 이 워드란 무엇인가? 이를 한마디로 정의하면 "컴퓨터에 사용된 CPU가 한번에 기본적으로 처리할 수 있는 데이터의 길이"라고 말할 수 있다. 그런데 여기서 데이터를 처리한다는 것은 2가지의 측면에서 살펴볼 수 있다.

첫째로, CPU의 내부적인 처리는 산술 및 논리연산으로 대표된다. 즉, CPU가 한번에 기본적으로 연산처리하는 데이터의 길이가 워드이다.

둘째로, CPU의 외부적인 처리는 메모리 및 I/O 디바이스에 대한 데이터 액세스이다. 즉, CPU가 한번의 버스 사이클을 통하여 메모리나 입출력장치에서 액세스하는 데이터의 길이가 워드이다.

그러나 여기에는 적지 않은 예외가 있다. 예를 들어 8051은 내부의 가감산 연산을 8비트 단위로 처리하고 외부 데이터 액세스도 8비트로 처리하므로 당연히 8비트 마이크로프로세서이다. 그러나 마이크로프로세서에 따라서는 8비트 마이크로프로세서라도 명령의 일부에서 16비트 단위로 데이터를 처리하는 경우도 있다. 그러나 이러한 일부 예외적인 명령을 가지더라도 기본적으로는 8비트 단위로 연산을 수행한다면 이것은 당연히 8비트 마이크로프로세서로 분류된다.

한편, 8088과 같이 내부의 데이터 처리는 16비트로 수행하는데 비하여 외부 액세스는 항상 8비트 단위로 처리하는 모델도 있으며, 80C196KC처럼 내부의 데이터 처리는 16비트로 수행하지만 외부 액세스는 사용자가 8비트 또는 16비트 중에서 임의로 선택 지정할 수 있는 모델들도 있다. 그렇다면 이 8088이나 80C196KC는 8비트 마이크로프로세서인가 16비트 마이크로프로세서인가? 이것은 사람에 따라 다르게 말할 수 있지만 일반적으로는 16비트 마이크로프로세서라고 본다. 이중에서 8088의 경우는 원래 16비트 모델(8086)이 먼저 개발되고 이를 외부 하드웨어 설계가 간단해지는 8비트 저가형(8088)으로 수정한 경우이며, 80C196KC의 경우는 기본적으로 16비트 구조로 설계하여 놓고 사용자가 필요할 경우에만 외부 액세스를 8비트로 간단히 처리할 수 있는 기능을 추가로 가지도록 한 것이기 때문이다.

그러나, 이와는 반대의 경우도 있다. Intel의 Pentium 마이크로프로세서는 32비트 워드로 되어 있으나 외부 액세스는 64비트 단위로 수행한다. 이는 마이크로프로세서의 내부 처리속도가 빠른데 비하여 외부 액세스에는 많은 시간을 필요로 하므로 1회에 2개의 워드를 액세스함으로써 전체적인 처리 성능을 향상시키기 위한 방법의 일종이다.

일반적으로 CPU의 워드가 길어지면 컴퓨터의 성능이 높아진다. 성능이 낮은 기종에서는 여러번 나누어 처리해야 할 것을 여기서는 한번에 처리할 수 있기 때문이다. 또한 명령의 종류나 처리방식이 다양해진다. 예를 들어 1개의 워드로 명령이 구성된다고 가정할 때 8비트에서는 256개의 명령을 정의할 수 있으나 16비트에서는 65536개의 명령을 정의할 수 있게 된다. 또한, 수치 데이터에서 표준적인 부동소수점 표현방식을 사용하려면 워드 길이가 최소한 32비트를 필요로 한다.

워드에 관하여 한가지 유의할 점은 어떤 워드 길이를 가지는 CPU라도 반드시 워드 단위로만 데이터를 처리하지는 않으며, 대부분의 마이크로프로세서에서는 바이트 단위로 데이터를 처리할 수 있는 기능을 부수적으로 가진다는 것인데, 이를 "바이트 머신(byte machine)"이라고 한다. 특히 입출력장치로 데이터를 전송하는 I/O 액세스에서는 반드시 8비트 단위의 처리기능을 함께 갖는다. 그렇지 않으면 디스크 드라이브나 프린터와 같이 병렬로 접속하는 주변장치를 8비트 컴퓨터용, 16비트 컴퓨터용, 32비트 컴퓨터용, 64비트 컴퓨터용으로 따로 만들어야 하는 끔찍한 결과를 초래할 것이다.

■ 콘트롤 버스(control bus)

마이크로프로세서가 현재 수행중인 작업의 종류나 상태를 외부의 메모리나 입·출력 기기에게 알려 주는 출력신호와, 외부에서 마이크로프로세서에게 어떤 동작을 취하도록 요구하기 위한 입력신호 등으로 구성되는 단방향 버스이다. 마이크로프로세서의 기능은 이들 콘트롤 버스의 신호에 의하여 크게 좌우된다.

■ 전원 및 클럭(clock)

이들 단자에는 각각 마이크로프로세서의 동작을 위한 직류전원과 마이크로프로세서가 동작하는 기본적인 시간 단위를 결정짓는 시스템 클럭 신호가 입력된다. 전통적으로 대부분의 마이크로프로세서들은 동작 전원으로 +5V를 사용하였으나, 요즈음에는 +3.3V나 +1.8V를 사용하는 모델도 많아지고 있다. 일반적으로 시스템 클럭 주파수가 높아지면 마이크로프로세서의 처리속도는 빨라지며, 초기의 마이크로프로세서들은 수 MHz 정도의 클럭 주파수를 사용하였으나 현재는 보통 수십 MHz에서 수백 MHz를 사용하는 것도 많고, 수 GHz의 주파수로 동작하는 초고속형 모델도 등장하고 있다.

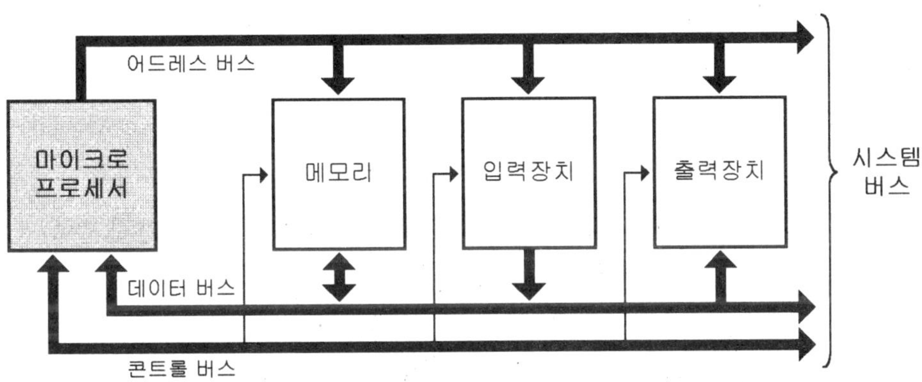

〈그림 1.1.2〉 마이크로컴퓨터에서의 버스

2. 마이크로콘트롤러란 무엇인가?

1971년에 Intel사에 의하여 처음으로 마이크로프로세서가 발표된 이후로 많은 반도체 제조회사에서 마이크로프로세서를 개발하게 되었고, 이를 퍼스널컴퓨터나 각종 자동제어 시스템에 응용하는 등 시장도 급격하게 확대되었다. 그러나, 특히 마이크로프로세서를 제어분야에서 콘트롤러에 응용하려는 엔지니어들은 각각의 시스템에 적합하도록 외부에 메모리나 I/O 회로를 추가하여 설계하는 것이 매우 번거롭고, 또한 이러한 시스템은 퍼스널컴퓨터의 경우처럼 대량으로 생산되는 것도 아니어서 상당히 비경제적이라는 것을 깨닫게 되었다. 이러한 시장의 필요성에 따라 1970년대 중반에는 마이크로프로세서에 기본적인 메모리와 입출력 제어기능까지를 내장시킨 모델들이 등장하였는데, Intel사의 MCS-48이나 MCS-51 시리즈가 이에 해당한다. 이후 오늘날에 이르기까지 이러한 모델은 범용 마이크로프로세서와 함께 마이크로프로세서 시장의 양대 주류를 형성하며 비약적인 발전을 해오고 있다.

이와 같이 하나의 LSI 칩 내에 마이크로프로세서의 CPU 기능과 함께 한정된 용량의 주기억장치(ROM, RAM)와 입·출력 제어회로를 내장시켜 기본적인 컴퓨터의 기능을 모두 갖도록 한 것을 **마이크로콘트롤러**(microcontroller)라고 한다. 이것은 최소의 부품으로 간단한 컴퓨터를 구성할 수 있으므로 시스템의 단순화 및 저가격화가 가능하고, 따라서 범용 목적보다는 기기제어용으로 주로 사용되기 때문에 이렇게 부르며, 단순히 IC 소자 1개로 완전한 형태의 컴퓨터가 구성되므로 단일칩 마이크로컴퓨터(single-chip microcomputer)라고도 한다. 또한 이를 범용 마이크로프로세서와 구별하여 CPU나 MPU 대신 MCU(Microcontroller Unit 또는 Microcomputer Unit)라고 부르는 경우도 있으며, 이것은 특정 기기에 내장하여 제어기로 사용하므로 내장형 제어기(embedded controller)라고 부르기도 한다.

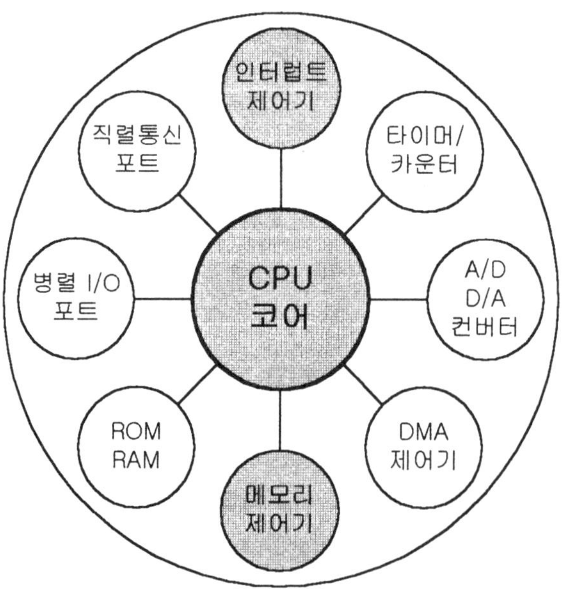

〈그림 1.1.3〉 마이크로콘트롤러의 기본 구성

종래의 마이크로콘트롤러는 <그림 1.1.3>과 같이 CPU 기능에 한정된 용량의 메모리(기본적으로 SRAM을 가지고 있으며 여기에 UV EPROM, OTP ROM, 또는 플래시 메모리를 함께 내장하는 모델도 있음)와 직렬 및 병렬 인터페이스, 카운터/타이머 등을 내장하는 정도에 불과하였으나, 최근에는 DMA 제어기와 같은 고성능의 I/O 기능, 고속의 직렬통신 기능, A/D 및 D/A 컨버터, PWM 출력 등을 내장하여 각종 제어 시스템에 사용하기에 보다 편리해지고 있다.

제어 응용 시스템에 마이크로콘트롤러를 사용하게 되면 범용 마이크로프로세서나 하드웨어 논리를 사용하는데 비하여 다음과 같은 장점을 얻을 수 있다.

① **제품이 소형경량화된다.** 시스템의 콘트롤러 부분이 1개의 마이크로콘트롤러 LSI 소자와 극히 소수의 외부 소자들도 간단히 구성되므로 크기와 무게가 현저히 줄어들고 소비전력도 적어진다. 이에 따라 부수적으로 전원장치까지도 소형경량화된다.

② **제품의 가격이 싸진다.** 콘트롤러의 하드웨어 구성 부분이 단순화됨에 따라 부품비, 제작비, 개발비가 감소되고, 개발기간도 단축된다.

③ **시스템의 신뢰성이 향상된다.** 콘트롤러가 단순화되어 부품수가 적어지고 신뢰도가 높은 소자를 사용하므로 고장률이 감소하며 유지보수가 용이해진다.

④ **시스템의 융통성이 커진다.** 하드웨어에 의존하는 부분을 소프트웨어로 처리할 수 있게 되므로 기능의 변경이나 확장에 보다 유연하게 대응할 수 있다.

1970년대초 마이크로프로세서가 처음 탄생하여 기본적인 구조를 갖춘 이후로 현재까지 CISC(Complex Instruction Set Computer)형의 범용 마이크로프로세서들은 점점 더 많은 기능을 가지며, 또한 상위 모델은 하위 모델의 기능들을 대부분 그대로 유지하는 **상향 호환성**(upward compatibility)을 갖도록 발전해 왔다. 이 때문에 범용 마이크로프로세서들은 매우 많은 기능을 가지는 반면에 복잡한 내부 구조로 인하여 당연히 가격이 비싸지게 되었고, 그럼에도 불구하고 특정한 응용분야에 있어서는 기능이 부족하거나 만족할만한 성능을 갖지 못하는 경우가 많았다.

이러한 문제를 해결하려는 노력은 여러가지의 형태로 이루어졌다. 첫째로, 마이크로프로세서를 특정한 응용분야에 적용할 때 가격이 너무 높거나 기능이 부족한 점 때문에 **마이크로콘트롤러**가 개발되었다. 저가격이 요구되는 단순제어 분야에 적합한 마이크로콘트롤러가 있는 반면에 특정한 응용 분야에 적합한 입출력 제어 기능을 내장하고 있는 마이크로콘트롤러도 있다.

둘째로, 전체적인 처리성능을 높이기 위하여 **RISC형 마이크로프로세서**가 개발되었다. 그러나, RISC(Reduced Instruction Set Computer)형 마이크로프로세서는 종래의 마이크로 프로그램 방식을 기반으로 하는 CISC형 마이크로프로세서와 소프트웨어의 호환성을 유지하기 어렵다는 치명적인 단점을 가지며, 훨씬 빨라진 처리속도에도 불구하고 어느 특정한 분야에서는 여전히 성능이 부족한 경우가 있었다. 대표적인 예가 실시간(real time)으로 디지털 신호를 처리하는 분야인데 여기서는 매우 많은 정수 및 부동소수점 수치의 연산이 필요하지만 종래의 마이크로프로세서들로는 이를 실시간으로 구현하기가 어려웠다.

DSP(Digital Signal Processor)는 이와 같이 디지털 신호처리 분야에서 실시간으로 매우 빠른 연산을 수행할 수 있도록 개발된 마이크로프로세서이다. DSP에서는 명령을 고속으로 처리하기 위하여 RISC 설계 및 파이프라인 처리방식, 하버드 구조 등을 사용하고 있으며, 그 결과 정수 및 부동소수점 수치의 연산을 포함한 대부분의 명령을 1클럭 사이클 정도에 실행할 수 있게 되었다. 또한, DSP도 RISC 마이크로프로세서에서처럼 데이터를 저장하기 위하여 메모리를 자주 액세스하면 명령처리 효율이 저하되므로 내부에 레지스터를 많이 가지고 있고 대부분의 연산이 이들 레지스터를 중심으로 수행되는 레지스터 중심 구조를 채택하고 있다. 이와 같은 특성 때문에 DSP는 거의 RISC 마이크로프로세서와 그 역사를 같이 한다.

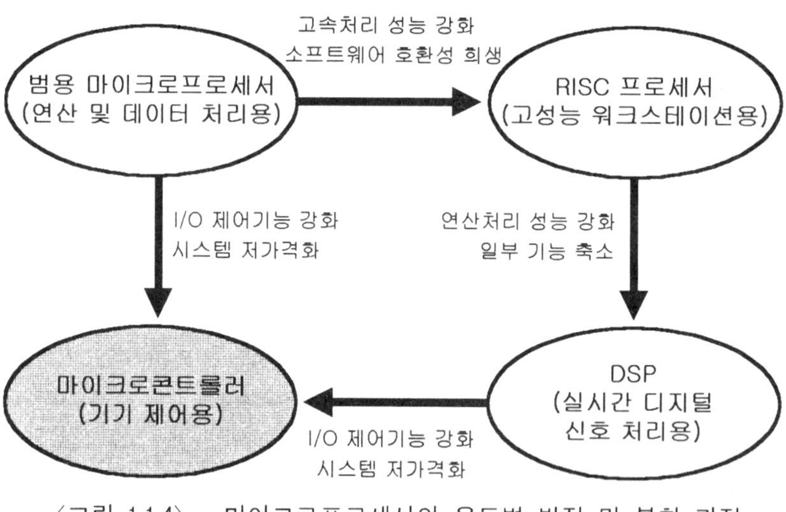

〈그림 1.1.4〉 마이크로프로세서의 용도별 발전 및 분화 과정

이상과 같이 오늘날의 마이크로프로세서를 그 응용분야에 따라 크게 분류하면 범용 마이크로프로세서, 마이크로콘트롤러, 그리고 DSP의 3가지로 나눌 수 있다. 이중에서 범용 마이크로프로세서와 마이크로콘트롤러는 종래에는 모두 CISC 구조로 되어 있

었으나 현재는 RISC형 모델도 많이 등장하고 있으며, DSP는 대부분 RISC 구조로 되어 있다. 이들의 관계를 알기 쉽게 도시하면 <그림 1.1.4>와 같다.

◀휴게실▶ **"마이컴"이라는 기술용어는 없다**

마이크로콘트롤러를 MCU, 단일칩 마이크로컴퓨터, 임베디드 콘트롤러 등으로 부르는 것은 모두 그 나름의 타당성이 있다. 그런데, 요즈음 일부 웹사이트나 아마추어들이 아무 근거도 없이 이를 "마이컴"이라고 부르는 경향이 있는데 이는 올바른 기술용어가 아니므로 이제부터는 사용하지 말았으면 한다. 이렇게 부르는 사람들은 아마 마음속에 "마이크로컴퓨터"라는 용어를 연상하는 듯하지만 원래 마이크로컴퓨터는 마이크로콘트롤러와는 서로 별로 관계가 없는 전혀 다른 뜻이며, 또한 "마이컴"이 "단일칩 마이크로컴퓨터(single-chip **microcom**puter)"의 준말이라고 한다면 이는 지나친 비약이다. 이것을 좀 더 따져보면 일본식 조어에서 왔을 가능성이 크다. 일본에서는 퍼스널컴퓨터(パーソナル コンピュータ)를 퍼스컴(パソコン)으로 줄여 사용했듯이 단일칩 마이크로컴퓨터(ワンチップ **マイ**クロ**コン**ピュータ ; 완찌부 마이꾸로꼼쀼따) 또는 마이크로콘트롤러(**マイ**クロ**コン**トローラ ; 마이꾸로꼰또로라)를 짧게 줄여서 マイコン이라고 사용하는 경우가 많은데, 일본어에서는 ㄴ받침과 ㅁ받침이 분명하게 구분되지 않으므로 이것이 "마이꼰" 또는 "마이꼼"에 가깝게 발음되며 이를 우리나라 사람들이 머리속에 마이크로컴퓨터라는 용어를 잘못 연상하면서 "마이컴"으로 받아들이게 된 것이 아닌가 추측된다.

공학이나 기술 분야에서는 용어가 매우 중요하다. 그렇기 때문에 학술단체에서는 용어를 정리하고 바로 잡아 표준적인 학술용어나 기술용어를 정립하는데 많은 노력을 기울이고 있다. 물론 용어도 시대에 따라 변할 수는 있는 것이지만 합리적 근거를 갖지 않은 용어를 잘못 사용하면 서로 학술적으로나 기술적으로 의사소통에 문제가 발생할 수 있는 것은 물론이고 자신의 무지를 외부에 드러내는 결과가 된다. 더구나 오늘날 우리나라와 일본의 관계를 생각하면 우리가 일본식의 천박한 조어를 받아들여 스스럼없이 사용한다는 것이 어디 말이 되는 소리인가? 굳이 그것이 아니라도 얼마든지 좋은 용어들이 잘 만들어져 있어서 이를 사용할 수 있는데도...

3. 인텔사의 8비트 마이크로콘트롤러

범용 마이크로프로세서가 그러하듯이 마이크로콘트롤러 분야에서도 초기부터 시장의 기초를 확립하고 이를 발전시키는 주도적인 역할을 해온 것은 미국의 Intel사였다. 인텔은 1976년 8048로 대표되는 MCS-48 시리즈를 시작으로 1980년에는 8051로 대표되는 MCS-51 시리즈, 그리고 1982년에는 16비트인 8096으로 대표되는 MCS-96 시리즈를 발표하여 시장의 우위를 확보하면서 이 분야를 선도하여 왔으며, 1988년에는 32비트 RISC형의 80960 시리즈까지 발표하였다. 나중에 MCS-51 시리즈에는 MCS-151 시리즈 및 MCS-251 시리즈가 추가되었고, MCS-96 시리즈는 196이나 296 시리즈로 다양하게 발전하였다.

1980년에 발표된 MCS-51 시리즈는 8비트 누산기 중심형(accumulator-based)의 마이크로콘트롤러로서 128/256/512 바이트의 내부 레지스터 RAM과 4/8/16/32 KB의 내부 ROM, UV EPROM, 또는 OTP ROM을 내장하고 있고, 2~3개의 타이머와 1개의 직렬포트를 가지고 있으며, 초기에는 주로 12 MHz의 클럭속도로 사용하였으나 현재는 모델에 따라 16/20/24/33 MHz 버전이 출시되고 있다. 이것들은 매우 단순한 기능을 가지며 여러 가지의 장단점을 가지고 있음에도 불구하고, 현재까지 저가형 마이크로콘트롤러 시장에서 압도적인 시장 점유율을 보여왔다. MCS-51 시리즈의 마이크로콘트롤러 중에서 주요 모델들의 특징을 정리하면 <표 1.1.1>과 같다.

〈표 1.1.1〉 인텔 MCS-51 시리즈 마이크로콘트롤러의 요약

모델명	ROM/ EPROM	레지스터 RAM	타이머/ 카운터	직렬 포트	I/O핀 수	클럭속도 [MHz]	반도체 기술	특 징
80C31BH	-	128	2	1	32	16, 24	CHMOS	파워 절약 모드
80C51BH 87C51	4KB ROM 4KB EPROM/OTP	128	2	1	32	12, 16, 24 16, 24	CHMOS	파워 절약 모드 3레벨 메모리 록(lock)
80C32	-	256	3	1	32	16, 24	CHMOS	업다운 타이머/카운터
80C52 87C52	8KB ROM 8KB EPROM/OTP	256	3	1	32	12, 16, 24 16, 24	CHMOS	〃
80C54 87C54	16KB ROM 16KB EPROM/OTP	256	3	1	32	12, 16, 24 16, 24	CHMOS	〃
87C58, ROM 87C58	32KB ROM 32KB EPROM/OTP	256	3	1	32	12, 16, 24, 33 16, 24, 33	CHMOS	〃
80C51FA 83C51FA 87C51FA	- 8KB ROM 8KB EPROM/OTP	256	3	1	32	16, 24 12, 16, 24 16, 24, 33	CHMOS	PCA(Programmable Counter Array) Programmable Clock-Out
87C51FB, ROM 87C51FB	16KB ROM 16KB EPROM/OTP	256	3	1	32	12, 16, 24, 33 16, 24, 33	CHMOS	〃
87C51FC, ROM 87C51FC	32KB ROM 32KB EPROM/OTP	256	3	1	32	12, 16, 24, 33 16, 24, 33	CHMOS	〃
80C51RA 83C51RA 87C51RA, ROM 87C51RA	- 8KB ROM 8KB ROM 8KB OTP	512	3	1	32	16, 20 12, 16, 20, 24 12, 16, 20, 24 16, 24	CHMOS	내부 RAM 확장 Programmable Clock-Out 하드웨어 위치독 타이머
83C51RB 87C51RB, ROM 87C51RB	16KB ROM 16KB ROM 16KB OTP	512	3	1	32	12, 16, 20, 24 12, 16, 20, 24 16, 24	CHMOS	〃
83C51RC 87C51RC, ROM 87C51RC	32KB ROM 32KB ROM 32KB OTP	512	3	1	32	12, 16, 20, 24 12, 16, 20, 24 16, 24	CHMOS	〃

◀참고▶ 인텔사의 마이크로콘트롤러에서는 일반적으로 ROM을 가지고 있지 않은 모델을 80Cxx, 마스크 ROM 모델을 83Cxx, UV EPROM이나 OTP ROM을 가지는 모델을 87Cxx라고 부른다.

◀참고▶ 흔히 MCS-51을 "8051"이라고 부르는데, <표 1.1.1>에서 보듯이 MCS-51 계열에는 8051이라는 모델이 없으며 굳이 말하면 "80C51BH"라는 모델이 하나 있을 뿐이다. 하지만, 이미 8051이라는 이름은 전세계적으로 MCS-51과 동일한 의미로 굳어져있다. 현실적으로 이러한 사실을 거스르기는 매우 어렵기 때문에 이 책에서도 "8051"은 MCS-51과 동일한 의미로 사용하기로 한다. 즉, "8051"이라고 하면 실제 하나의 모델로서 80C51BH 소자를 가리키는 것이 아니라 인텔의 MCS-51 계열은 물론이고 이것의 호환기종에 해당하는 다른 회사의 모든 모델들에 이르기까지 포괄적으로 지칭하는 뜻이라는 것이다. 이에 비하여 이 책에서 공부하는 모델이면서 *OK-89S52* 키트에서 실제로 사용하고 있는 마이크로콘트롤러를 지칭할 때는 "AT89S52"라고 정확히 지정하여 부르기로 한다. 이것은 <표 1.1.1>에서 인텔의 87C52에 가장 가깝다.

MCS-51은 그 높은 인기에 비하면 신기하리만큼 기능이나 성능이 보잘 것 없는 마이크로콘트롤러이다. 이것은 마이크로콘트롤러임에도 불구하고 사실상 내장된 I/O 기능은 8비트 병렬 포트인 포트1과 2~3채널의 타이머, 1채널의 직렬통신 포트에 불과하다. 또한, 내부 RAM을 레지스터로 사용할 수 있다고는 하지만 이것들은 연산동작에서 전혀 누산기의 기능을 수행하지 못하여 단지 데이터 메모리에 불과하며, 결과적으로 MCS-51은 누산기 중심의 마이크로프로세서가 된다. 이 때문에 MCS-51은 이보다 진보된 레지스터 중심구조의 마이크로프로세서에 비하여 CPU의 성능이 낮으며, 특히 C언어와 같은 고급언어를 사용할 때 더욱 불리하다. 그러나, 오늘날 MCS-51은 아주 간단한 저가형 시스템이나 낮은 처리성능으로도 충분한 응용 분야가 주된 시장이므로 C언어를 사용하더라도 크게 문제가 되지 않는 경우가 대부분이며, 이러한 점에서 MCS-51에서도 어셈블리 언어와 함께 C언어가 널리 사용되고 있다.

인텔사 이외에도 마이크로콘트롤러 시장에서 인텔사와 경쟁해온 업체들이 많은데, 그중에서 Motorola사의 MC68H05 시리즈나 MC68H11 시리즈, Zilog사의 Z8 시리즈가 유명하였으며, Micro Chips사의 PIC 시리즈는 초저가형의 틈새 시장에서 독자적인 영역을 넓혀 왔다. 특히, 1997년부터 시장에 나타난 Atmel사의 AVR 시리즈는 가장 늦게 나왔지만 매우 많은 장점을 가지고 있어서 MCS-51이나 PIC을 심각하게 위협하며 8비트 마이크로콘트롤러 시장을 빠르게 장악해 나가고 있다.

4. 아트멜사의 MCS-51 계열 마이크로콘트롤러

아마도 MCS-51은 현재까지 나와있는 마이크로프로세서들중에 가장 많은 호환기종을 거느리고 있는 모델일 것이다. 이것은 그만큼 MCS-51의 시장성이 넓다는 반증이지만, 반대로 이러한 많은 호환기종이 있음으로하여 이들 제품들의 가격이 저렴해지고 또한 오리지널 인텔사(http://www.intel.com)의 제품이 가지는 기능상의 여러가지 약점을 보완한 이들 모델들을 통하여 점점 이 계열의 소자들이 더 많이 사용되는 상승작용을 일으켰음을 부인할 수 없다.

그러나, 이러한 다양한 변종들은 기본적으로 동일한 CPU를 코어를 사용하므로 당연히 소프트웨어의 호환성이 유지되며, 따라서 MCS-51 계열의 모델들은 모두 동일한 어셈블러나 C 컴파일러와 같은 소프트웨어 툴을 사용한다. 이 경우 각 모델에 따른 차이는 해당 소자에 맞는 인클루드 파일(include file)이나 헤더 파일(header file)을 사용함으로써 해결한다.

MCS-51의 호환기종들은 새로운 I/O 기능을 추가하여 마이크로콘트롤러로서의 기능을 확장하거나, 처리속도를 높여 성능을 향상시키거나, 내부 프로그램 메모리로서 플래시 메모리를 사용하여 사용자 편의성을 높이거나, 배터리 백업 기능을 추가하거나, 외부 패키지를 20핀으로 줄여 소형화하는 등 다양한 형태가 있다.

이중에서 필립스사(http://www.semiconductors.philips.com/)는 전세계에서 가장 많은 MCS-51 호환제품을 가지고 있는 반도체 회사이다. 필립스 제품들은 I^2C 통신 포트를 가지고 있는 형에서부터 OTP(One-Time Programming)형, 플래시 메모리형, 고성능 16비트형, 저전압형, A/D 컨버터 내장형, 초저가형에 이르기까지 수십가지 모델에 달하는 매우 다양한 제품군을 가지고 있다.

지멘스의 계열사인 인피니온(http://www.infineon.com)도 상당히 많은 MCS-51 호환제품을 가지고 있는 반도체 회사이다. 지멘스 제품들에는 2개의 UART 포트, CAN 통신 포트, PWM 출력 기능, A/D 컨버터 등의 다양한 I/O 기능을 가지는 모델이나 고성능형의 모델들이 많다.

아트멜사(http://www.atmel.com)도 역시 많은 MCS-51 호환제품을 개발해 왔는데, 플래시 메모리에 강한 이 회사의 특성을 살려 내부 ROM을 플래시 메모리로 사용한 모델로 유명하며, 20핀짜리 소형 패키지에 플래시 메모리형인 AT89C1051/2051/4051을 출시하여 인기를 얻기도 하였다.

현재는 맥심사(http://www.maxim-ic.com)에 합병된 달라스(Dallas)는 그다지 많은 MCS-51 호환제품을 가지고 있지는 않지만, 배터리 백업 기능이나 RTC에 강한 회사의 특성을 살려 이러한 기능을 내장하고 있는 호환 모델을 출시하고 있다. 이밖에도 MCS-51 호환제품을 출시하고 있는 반도체 회사들은 상당히 많이 있으며, 국내에서도 삼성전자나 하이닉스 반도체 등에서 MCS-51과 관련되는 제품들을 출시했던 적이 있다. 최근에는 아날로그 디바이스사(http://www.analog.com)와 Silicon Laboratories사(http://www.silabs.com)에서 높은 분해능의 A/D 컨버터 및 D/A 컨버터를 내장하고 있는 MCS-51 호환제품을 출시하여 주목을 받았다.

이렇듯 인텔 이외의 반도체 회사들에서 출시하는 MCS-51 호환제품들은 오리지널 인텔 모델에 비하여 각자 나름의 특징이나 장점을 가지고 있어서 사용자의 선택 폭을 넓혀주고 있으며 다양한 응용분야에서 널리 사용되고 있다. 그러나, 이러한 모델들은 궁극적으로는 모두 MCS-51의 호환 기종이요 그 아류에 해당하기 때문에, MCS-51의 기본 구조와 기능을 충분히 익히고 학습한 사람이라면 어렵지 않게 이것들을 사용할 수 있게 된다.

〈표 1.1.2〉 Atmel사의 MCS-51 호환 시리즈 마이크로콘트롤러 요약

(a) 플래시 메모리형 모델

모델명	플래시 메모리	SRAM	EEP ROM	I/O 핀수	16비트 타이머	워치독 타이머	UART	Dual DPTR	클럭 [MHz]	전원전압 [V]	패키지 및 특징
AT89C51*	4KB	128	-	32	2	-	1	-	24	4.0~6.0	PDIP40,
AT89C52*	8KB	256	-	32	3	-	1	-	24	4.0~6.0	PLCC44, TQFP44
AT89C1051U*	1KB	64	-	15	2	-	1	-	24	2.7~6.0	아날로그 비교기
AT89C2051	2KB	128	-	15	2	-	1	-	24	2.7~6.0	PDIP20, SOIC20
AT89C4051	4KB	128	-	15	2	-	1	-	24	2.7~6.0	
AT89C51RC	32KB	512	-	32	3	○	1	○	33	4.5~5.5	PDIP40,
AT89C55WD	20KB	256	-	32	3	○	1	○	33	4.0~5.5	PLCC44, TQFP44
AT89LV51*	4KB	128	-	32	2	-	1	-	24	2.7~6.0	
AT89LV52*	8KB	256	-	32	3	-	1	-	12	2.7~6.0	PDIP40,
AT89LV55	20KB	256	-	32	3	-	1	-	12	2.7~6.0	PLCC44, TQFP44

☞ *는 단종된 모델을 나타냄.

(b) SPI 직렬통신을 이용한 ISP 기능을 가지는 모델

모델명	플래시 메모리	SRAM	EEP ROM	I/O 핀수	16비트 타이머	워치독 타이머	UART	SPI	클럭 [MHz]	전원전압 [V]	패키지 및 특징
AT89S51	4KB	128	-	32	2	○	1	○	33	4.0~5.5	PDIP40, PDIP42,
AT89S52	8KB	256	-	32	3	○	1	○	33	4.0~5.5	PLCC44, TQFP44
AT89S53*	12KB	256	-	32	3	○	1	○	24	4.0~6.0	PDIP40,
AT89S8252*	8KB	256	2KB	32	3	○	1	○	24	4.0~6.0	PLCC44, TQFP44
AT89S8253	12KB	256	2KB	32	3	○	1	○	24	2.7~5.5	PDIP40, PDIP42, PLCC44, TQFP44
AT89S2051	2KB	256	-	15	2	-	1	-	24	2.7~5.5	PDIP20, SOIC20
AT89S4051	4KB	256	-	15	2	-	1	-	24	2.7~5.5	PDIP20, SOIC20
AT89LS51	4KB	128	-	32	2	○	1	○	16	2.7~4.0	PDIP40, PDIP42,
AT89LS52	8KB	256	-	32	3	○	1	○	16	2.7~4.0	PLCC44, TQFP44
AT89LS53*	12KB	256	-	32	3	○	1	○	12	2.7~6.0	PDIP40,
AT89LS8252*	8KB	256	2KB	32	3	○	1	○	12	2.7~6.0	PLCC44, TQFP44
AT89LP2052	2KB	256	-	15	2	○	1	○	20	2.4~5.5	PDIP20, SOIC20,
AT89LP4052	4KB	256	-	15	2	○	1	○	20	2.4~5.5	TSSOP20

(c) UART 직렬통신을 이용한 ISP 기능을 가지는 모델

모델명	플래시 메모리	SRAM (EEPROM)	내장 XRAM	I/O 핀수	16비트 타이머	워치독 타이머	UART	SPI/ TWI	클럭 [MHz]	전원전압 [V]	패키지 및 특징
AT89C51AC2	32KB	256 (2KB)	1024	34	3	○	1	-	40	3.0~5.5	8채널 10비트 A/D PLCC44, VQFP44
AT89C51AC3	64KB	256 (2KB)	2048	32	3	○	1	SPI	60	3.0~5.5	8채널 10비트 A/D PLCC44, VQFP44, PLCC52, VQFP64
AT89C51RB2	16KB	256	1024	32	3	○	1	SPI	60	2.7~5.5	PDIP40, PLCC44, VQFP44
AT89C51RC2	32KB	256	1024	32	3	○	1	SPI	60	2.7~5.5	PDIP40, PLCC44, VQFP44
AT89C51RD2	64KB	256	1792	32	3	○	1	SPI	60	2.7~5.5	PLCC44, VQFP44
AT89C51ED2	64KB	256 (2KB)	1792	32	3	○	1	SPI	60	2.7~5.5	PDIP40, PLCC44, VQFP44, PLCC68, VQFP64
AT89C51IC2	32KB	256	1024	34	3	○	1	SPI/ TWI	60	2.7~5.5	PLCC44, VQFP44
AT89C51ID2	64KB	256 (2KB)	1792	32	3	○	1	SPI/ TWI	60	2.7~5.5	PLCC44, VQFP44

(d) 특수용 모델

모델명	플래시 메모리	SRAM (EEPROM)	내장 XRAM	I/O 핀수	16비트 타이머	워치독 타이머	UART	기타	클럭 [MHz]	전원전압 [V]	패키지 및 특징
T89C51CC01	32KB	256 (2KB)	1024	34	3	○	1	8ch 10bit	40	3.0~5.5 44/64핀	CAN Netwoking용 (CAN 2.0A/2.0B)
T89C51CC02	16KB	256 (2KB)	256	16/20	3	○	1	8ch 10bit	40	3.0~5.5 24/28/32핀	
AT89C51CC03	64KB	256 (2KB)	2048	36	3	○	1	8ch 10bit	60	3.0~5.5 44/52/64핀	
AT89C51SND1C	64KB	256	2048	44	2	○	1	2ch 10bit	20	2.7~3.3 80/81/84핀	MP3 Reader용 (MPEG1 & 2 decoder)
AT89C51SND2C	64KB	256	2048	32	2	○	1	20bit D/A	20	2.7~3.3 100핀	
AT83C5122	32KB	256 (512)	512	13/46	2	○	1	SPI USB	48	3.6~5.5 28/64핀	Smart Card Reader용 (ISO 7816 UART)
AT83C5123	30KB	256 (512)	512	13/17	2	○	1	SPI USB	48	3.6~5.5 28/32핀	
AT83C5127	16KB	256	512	12	2	○	1	USB	48	4.5~5.5 32핀	
AT89C5130A-M (USB1.1/2.0)	16KB	256 (1KB)	1024	34	3	○	1	SPI/ TWI	48	2.7~5.5 32/52/64핀	USB 통신용 (USB Rev 1.1/2.0)
AT89C5131A-L (USB1.1/2.0)	32KB	256 (3KB)	1024	34	3	○	1	SPI/ TWI	48	2.7~5.5 28/52/64핀	
AT89C5131A-M (USB1.1/2.0)	32KB	256 (1KB)	1024	34	3	○	1	SPI/ TWI	48	2.7~5.5 32/52/64핀	
AT89C5132 (USB1.1)	64KB	256	2048	44	2	○	1	SPI/ TWI	40	2.7~3.3 80핀	

☞ 모델명중에 AT로 시작하는 것은 Atmel사의 고유 모델이며, T로 시작하는 것은 Atmel사에 합병되기 전의 Temic사에서 유래하는 모델이다.

아트멜사의 MCS-51 호환 마이크로콘트롤러들은 <표 1.1.2>와 같이 몇가지의 그룹으로 나눌 수 있다. 첫째는 가장 초창기에 출시된 것으로 표의 (a)처럼 MCS-51에 프로그램 메모리로서 플래시 메모리를 내장하거나 20핀으로 패키지를 소형화한 모델들이다. 이것들은 플래시 메모리에 쉽게 프로그램을 기입 또는 삭제할 수 있어서 상당히 인기를 얻었으나 요즈음에는 이것도 불편하므로 점차 단종되는 추세에 있다.

둘째는 표의 (b)처럼 SPI 직렬통신을 이용하여 ISP(In-System Programming) 방식으로 프로그램을 다운로드할 수 있는 모델들이다. 이것은 마이크로콘트롤러가 응용보드에 장착된 상태에서 온라인 방식으로 사용자 프로그램을 기입하고 실행할 수 있기 때문에 매우 편리하여 인기를 끌고 있다. 그러나, 퍼스널컴퓨터는 SPI 통신을 지원하지 않기 때문에 이를 위해서는 전용의 다운로드 케이블을 사용해야 하는데, 여기에는 병렬포트형, 직렬포트형, USB 포트형 등이 있다. 또한 이 모델들은 상당히 가격이 저렴한 반면에 여기에 내장하고 있는 플래시 메모리의 용량이 비교적 작다는 것이 단점이다. 따라서, 이 모델들은 소규모의 간단한 응용 분야에 적합하며, 이 책에서 공부하려는 AT89S52 모델은 바로 이 그룹에 해당한다.

셋째는 표의 (c)처럼 UART 직렬통신을 이용하여 ISP 방식으로 프로그램을 다운로드할 수 있는 모델들이다. 이것도 (b)의 모델들처럼 마이크로콘트롤러가 응용보드에 장착된 상태에서 온라인 방식으로 사용자 프로그램을 기입하고 실행할 수 있는데, 이 때는 UART 통신을 사용하기 때문에 전용의 다운로드 케이블이 필요없고 흔히 사용하는 RS-232C 직렬통신 케이블만 있으면 된다. 이 모델들은 내장하고 있는 플래시 메모리의 용량이 크며 가격도 비교적 높은 편이다. 이것들은 Atmel사에 합병되기 전에 Temic사의 제품에서 출발한 것들이지만 Atmel사에서 계속 발전시켜 가고 있다.

넷째는 표의 (d)처럼 어느 특정 분야에 응용하기 위하여 MCS-51 코어에 전용의 I/O 기능을 내장한 모델들이다. 현재 이런 부류의 대표적인 모델로는 CAN 통신용, MP3 플레이어용, 스마트 카드용, USB 통신용 등이 있으며 이런 특정 분야의 응용 모델은 점차로 증가하는 추세이다.

5. 마이크로프로세서의 응용 분야

앞에서 설명한 바와 같이 반도체 설계기술의 발전과 수요의 증대에 따라 범용 마이크로프로세서나 마이크로콘트롤러는 점점 더 성능이 좋아지면서도 가격은 저렴해지고 있으며, 각 응용 분야에 적합한 구조와 기능을 갖는 모델들이 점차 많아지고 있다. 오늘날 마이크로프로세서는 워낙 광범위하게 사용되고 있어서 일일이 그 예를 들 수 없을 정도지만, 전체 마이크로프로세서의 응용 분야를 대별하면 대체로 다음과 같은 2가지 방향으로 분류할 수 있다.

▣ 연산 및 데이터 처리용("범용")

마이크로프로세서를 연산 및 데이터 처리 목적의 범용 컴퓨터에 주로 사용하는 경우로서, 주로 범용 마이크로프로세서나 RISC 프로세서가 여기에 해당된다. 이 경우에 마이크로프로세서의 연구 및 발전 방향은 高性能 指向이며, 각 모델간의 호환성이 중시되고, 사용자측의 응용 기술은 주로 소프트웨어(software) 중심이다.

그 결과 현재는 처리속도나 기억용량의 확대로 성능면에서 미니 컴퓨터나 대형 컴퓨터를 능가하는 고성능의 마이크로프로세서가 실용화되고 있으나, 이에 따라 내부 구조가 매우 복잡하고 가격이 비싸진다. 이것들은 최소한 8비트 이상으로서 16비트를 거쳐서 32비트의 범용 마이크로프로세서가 많이 사용되며, 현재는 64비트의 모델도 일부 등장하고 있다.

▣ 기기 제어용("제어용")

마이크로프로세서를 단순한 기계제어에서 복잡한 시스템의 제어에 이르기까지 주로 내장형 제어기로 사용하는 제어용 컴퓨터 분야로서, 이 경우는 일반적인 성능보다 입·출력 제어 부분의 기능이 중요하며, 주로 마이크로콘트롤러가 여기에 해당된다. 이 경우에 마이크로프로세서의 연구 및 발전 방향은 주로 低價格 指向이며, 사용자측의 응용 기술은 주로 하드웨어(hardware) 또는 퍼엄웨어(firmware) 중심이다.

오늘날은 마이크로콘트롤러도 각 응용분야의 시장이 확대되면서 특정한 용도에 적합한 모델로 전용화하는 양상을 보이기도 한다. 주로 16비트 이하로서 4비트 및 8비트 마이크로콘트롤러가 아직도 많이 사용되고 있으며, 최근에는 고성능의 16비트나 32비트 모델들도 널리 사용되고 있다.

요즈음에는 이와 같이 마이크로프로세서에 의하여 제어되는 모든 응용 시스템을 통칭하여 임베디드 시스템(embedded system)이라고 부르는 경우가 많으며, 임베디드 시스템에 사용하기 편리하도록 만들어진 마이크로콘트롤러 부류를 임베디드 콘트롤러(embedded controller)라고 부르기도 한다. 따라서 오늘날은 단일칩 마이크로컴퓨터, MCU, 마이크로콘트롤러, 임베디드 콘트롤러를 거의 같은 개념으로 사용한다.

이상에서 특히 마이크로콘트롤러를 사용하면서 임베디드 시스템의 개발 분야에 종사하는 엔지니어들은 범용 마이크로프로세서를 사용하는 컴퓨터 개발 기술자와는 달리 하드웨어 및 소프트웨어 분야 모두에 대한 풍부한 지식과 기술을 갖추고 있어야만 한다. 즉, 예를 들어 IBM PC에서와 같이 표준적인 하드웨어에 대하여 기술적으로 표준화된 프로그램을 개발하는 것이 중시되는 범용 컴퓨터 분야와 달리 마이크로콘트롤러 분야에서는 특정 용도마다 개별적으로 그에 적합한 응용 시스템을 설계하여 적용하는 경우가 대부분이므로, 여러가지의 전기/전자 기술을 포함하는 충분한 하드웨어 기술의 바탕위에 적절히 소프트웨어 기술을 구사하는 능력을 함께 갖추는 것이 필수적으로 요구되게 된다. 종래에는 모든 응용 시스템에서 개별적으로 갖가지 소프트웨어를 직접 개발해야 했으나, 오늘날은 이런 임베디드 시스템에서도 실시간 운영체제(RTOS ; Real-Time Operating System)를 사용하여 좀더 표준화되고 간편한 방법으로 소프트웨어를 개발하기도 한다. 이렇게 하여 특정한 하드웨어에 적용되도록 개발된 소프트웨어는 그 시스템에 내장된 불휘발성 메모리에 퍼엄웨어의 형태로 장착되고 실행된다. 범용 컴퓨터는 보조기억장치가 중심이 되는데 비하여 임베디드 시스템은 주기억장치가 중심이 되는 특징을 가지고 있다.

1.2 AT89S52의 구조와 기능

이 절에서는 이제부터 우리가 이 책에서 공부하려는 Atmel사의 8비트 CISC형 마이크로콘트롤러인 AT89S52의 주요 특징, 외부 및 내부 구조, 전반적인 기능 등에 대하여 설명한다.

1. AT89S52의 특징

Atmel사의 MCS-51 계열 마이크로콘트롤러 중에서 AT89S52의 주요 특징을 요약하면 다음과 같다.

① Intel사의 MCS-51 계열 마이크로콘트롤러로서 기능적으로 80C32 또는 87C52에 가장 가까운 모델이다.
② 제어 시스템에 적합하도록 설계된 8비트 마이크로콘트롤러이다.
③ 111종의 명령을 가지며, 이중에서 64종은 단일 머신 사이클에 실행된다.
④ 최대 64KB의 프로그램 메모리 영역과 64KB의 외부 데이터 메모리 영역을 가진다.
⑤ 내부에 8KB의 프로그램용 플래시 메모리를 가지고 있으며, 사용자가 여기에 ISP 기능을 이용하여 최소 1000번까지 프로그램을 다운로드할 수 있다.★
⑥ 내장 플래시 메모리에는 3단계의 프로그램 메모리 록(lock) 기능을 가지고 있다.★
⑦ 데이터 메모리로서 256바이트의 내부 RAM을 가진다.☆
⑧ 내부 RAM에서 00H~7FH 번지 영역은 직접 어드레싱 모드를 사용할 수 있고, 이중에서 특히 20H~2FH 번지 영역은 비트 어드레싱이 가능하다. 80H~FFH 번지 영역은 간접 어드레싱 모드를 사용해야 한다.
⑨ 4개의 8비트 입출력 포트를 가지고 있어서 모두 32비트의 I/O가 가능하다. 이중에서 1개(포트0)는 어드레스 버스 및 데이터 버스와 기능이 중복되고, 1개(포트2)는 어드레스 버스의 상위 바이트와 기능이 중복되며, 또 1개(포트3)는 대부분 시스템 제어 신호 또는 내장 주변장치들의 신호와 기능이 중복된다.
⑩ 3개의 16비트 타이머/카운터(타이머0, 1, 2)를 가진다. 이중에서 타이머1이나 타이머2는 직렬통신 포트의 보레이트 발생기로 사용될 수도 있다.☆

⑪ 1개의 전이중(full-duplex) 직렬통신이 가능한 UART 포트를 가지고 있다.
⑫ 8개의 인터럽트 소스와 6개의 인터럽트 벡터를 가진다. 이들 인터럽트는 2가지의 우선순위 레벨을 설정할 수 있다.☆
⑬ 2개의 데이터 포인터 레지스터(DPTR)를 가지고 있다.★
⑭ 워치독 타이머와 워치독 리셋 레지스터(WDTRST)를 가지고 있다.★
⑮ 아이들(idle) 모드나 파워 다운(power down) 모드와 같은 소비전력 절약 모드를 가진다.
⑯ 시스템 클럭을 발생하기 위한 오실레이터 회로를 내장하고 있다.
⑰ 정상적인 동작전압 범위는 4.0~5.5V이다.
⑱ 클럭속도에 따라 24MHz와 33MHz의 버전이 있으며, 40핀 또는 42핀의 DIP(Dual Inline Package)형이나 44핀의 PLCC(Plastic J-Leaded Chip Carrier)형, 44핀의 TQFP(Thin Quad Flat Pack) 팩키지형 등이 있다.
⑲ 고유한 제품표시 바이트 1EH 52H 06H를 가지고 있다.

◀참고▶ 이 책의 설명에서 윗첨자로 ★를 붙인 사항은 Intel사의 오리지널 제품인 MCS-51에는 없었지만 Atmel사의 AT89S 시리즈 제품에는 가지고 있는 새로운 기능을 나타낸다. 또한, 윗첨자로 ☆를 붙인 사항은 AT89S51에는 없지만 AT89S52에는 있는 상위 모델의 기능을 나타낸다.

공통적으로 MCS-51 코어를 가지는 몇가지 유사한 모델들의 주요 특징을 요약하여 비교하여 보면 <표 1.2.1>과 같다.

〈표 1.2.1〉 주요 마이크로콘트롤러 모델의 비교

항 목	Intel사 모델		Atmel사 모델		
	80C31BH	80C32	AT89S51	AT89S52	AT89S8253
내부 프로그램 메모리	없음(87C51BH는 4KB EPROM)	없음(87C32는 8KB EPROM)	4KB 플래시	8KB 플래시	12KB 플래시
내부 SRAM	128바이트	256바이트	128바이트	256바이트	256바이트
타이머2	-	있음	-	있음	있음
인터럽트	6소스, 5벡터, 2우선순위 레벨	8소스, 6벡터, 4우선순위 레벨	6소스, 5벡터, 2우선순위 레벨	8소스, 6벡터, 2우선순위 레벨	8소스, 6벡터, 4우선순위 레벨
기타 특징			ISP 기능	ISP 기능	ISP 기능
동작 전압	4.5V~5.5V	4.0~6.0V 4.5~5.5V(33MHz)	4.0~5.5V(24MHz) 4.5~5.5V(33MHz)	4.0~5.5V(24MHz) 4.5~5.5V(33MHz)	2.7~5.5V
클럭속도 버전	12, 16MHz	12, 24, 33MHz	24, 33MHz	24, 33MHz	24MHz

2. AT89S52의 외부 구조

AT89S52 모델중에 *OK-89S52* 키트에서 사용하는 것은 40핀 DIP형 소자인데 이것의 외부 구조는 <그림 1.2.1>과 같고, 각 핀의 기능을 요약하면 <표 1.2.2>와 같다. 그러나, PLCC형이나 TQFP형 등 그밖의 경우에도 핀 번호는 다르지만 핀의 종류와 기능은 이와 동일하다.

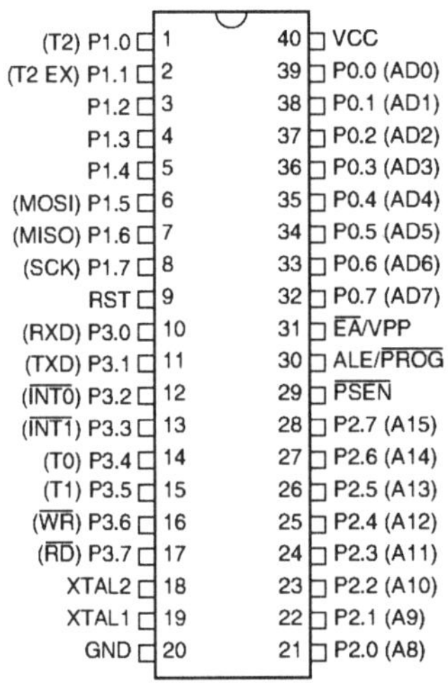

(a) 40핀 DIP형

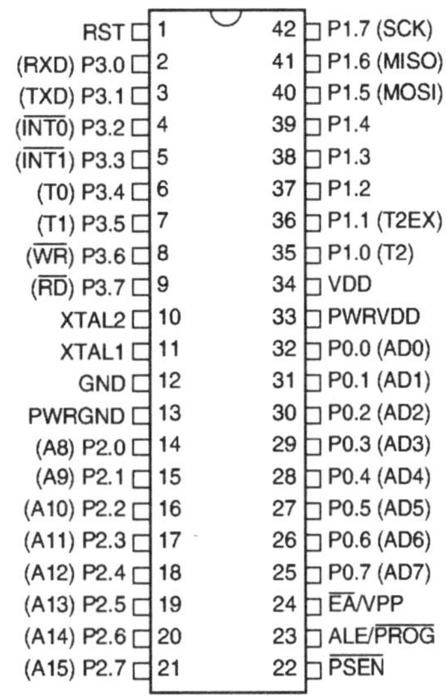

(b) 42핀 DIP형

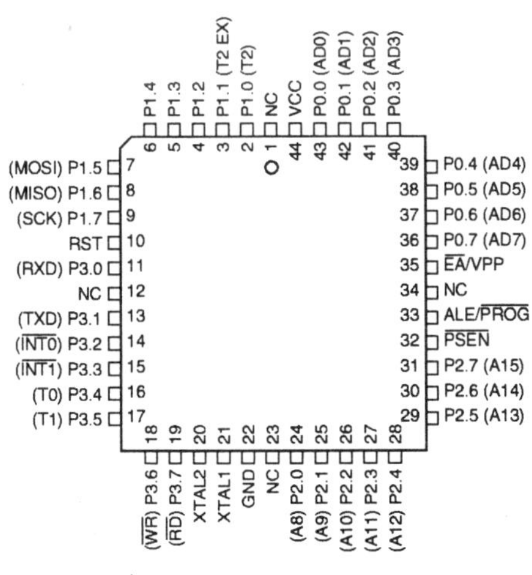

(c) 44핀 PLCC형

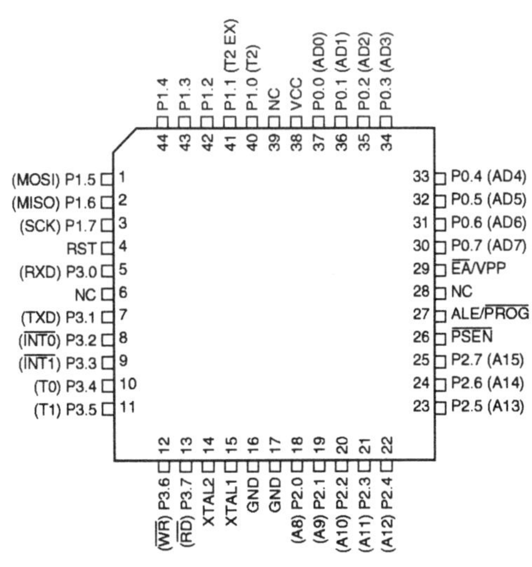

(d) 44핀 TQFP형

<그림 1.2.1> AT89S52의 외부 구조

〈표 1.2.2〉 AT89S52 외부 핀의 기능 요약

신호 이름	핀번호	기 능
P0.0(AD0)～P0.7(AD7)	39～32	Port 0 또는 Low-Order Address/Data Bus : 오픈 드레인형의 8비트 양방향 병렬 포트. 출력으로 동작할 때는 8개의 LS TTL을 드라이브할 수 있고, 입력으로 사용하려면 이 포트를 모두 1로 출력하여 플로팅 상태로 만들어 주어야 한다. 이것은 또한 시분할 다중화된 하위 어드레스 및 데이터 버스로도 사용된다. 이 경우에는 1을 출력할 때 내부적으로 강하게 풀업되며, 역시 8개의 LS TTL을 드라이브할 수 있다. 외부 액세스 동작의 두번째 스테이트 동안에는 이를 통하여 어드레스가 출력되므로 ALE 신호를 사용하여 이를 래치시켜야 한다. (플래시 메모리를 병렬 프로그래밍할 때는 데이터 버스로 사용된다.)
P2.0(A8)～P2.7(A15)	21～28	Port 2 또는 High-Order Address Bus : 내부적으로 약하게 풀업된 8비트 양방향 병렬 포트. 출력으로 동작할 때는 4개의 LS TTL을 드라이브할 수 있고, 입력으로 사용하려면 이 포트를 모두 1로 출력하여 내부 풀업 상태로 만들어 주어야 한다. 이것은 또한 상위 어드레스 버스로도 사용되는데, 이 경우에는 1을 출력할 때 내부적으로 강하게 풀업된다. 이와 같이 외부에는 16비트의 어드레스 버스가 존재하므로 모두 2^{16} = 65536개의 번지를 지정할 수 있다. (플래시 메모리를 병렬 프로그래밍할 때는 상위 어드레스 버스로 사용된다.)
P1.0(T2) P1.1(T2EX) P1.2～P1.4 P1.5(MOSI) P1.6(MISO) P1.7(SCK)	1～8	Port 1 : 내부적으로 약하게 풀업된 8비트 양방향 병렬 포트. 출력으로 동작할 때는 4개의 LS TTL을 드라이브할 수 있고, 입력으로 사용하려면 이 포트를 모두 1로 출력하여 내부 풀업 상태로 만들어 주어야 한다. T2와 T2EX 신호는 AT89S52 이상의 모델에만 있는 것으로서, 이것들은 각각 타이머2의 클럭 입/출력단자 및 트리거 단자로 동작한다. 또한, MOSI, MISO, SCK 신호는 직렬통신 방식으로 ISP 기능을 수행할 때 사용되는 것으로서 이것은 AT89S 시리즈 모델의 고유한 특징이다. (플래시 메모리를 병렬 프로그래밍할 때는 하위 어드레스 버스로 사용된다.)
P3.0(RXD) P3.1(TXD) P3.2($\overline{INT0}$) P3.3($\overline{INT1}$) P3.4(T0) P3.5(T1) P3.6($\overline{WR}$) P3.7($\overline{RD}$)	10～17	Port 3 : 내부적으로 약하게 풀업된 8비트 양방향 병렬 포트. 출력으로 동작할 때는 4개의 LS TTL을 드라이브할 수 있고, 입력으로 사용하려면 이 포트를 모두 1로 출력하여 내부 풀업 상태로 만들어 주어야 한다. 포트3은 다기능 포트로서 각 핀이 다른 특별한 부수적인 기능을 1가지씩 가진다. TXD와 RXD는 각각 직렬통신 포트에서 송신 데이터 및 수신 데이터 신호선이다. $\overline{INT0}$와 $\overline{INT1}$은 모두 외부 인터럽트 신호선으로서, TCON 레지스터의 IT0 및 IT1 비트를 이용하여 각각 에지 트리거나 레벨 트리거 모드로 설정할 수 있다. T0와 T1은 각각 타이머0와 타이머1의 클럭 입력 신호선이다. $\overline{WR}$와 $\overline{RD}$는 각각 외부 데이터 메모리의 라이트 및 리드 스트로브 신호선이다.
$\overline{EA}$/Vpp	31	External Access Enable : 이를 Vss(GND)에 접속하면 리셋후에 외부 프로그램 메모리의 0000H 번지부터 실행을 시작하며 내부의 프로그램 메모리는 사용하지 못한다. 이를 Vcc에 접속하면 내부 플래시 메모리의 0000H 번지부터 프로그램을 실행하며, 이 경우에도 내부 프로그램 메모리 영역을 초과하면 외부의 프로그램 메모리 영역인 2000H～FFFFH 번지를 사용한다. 그러나, program memory lock bit 1을 프로그램해 놓으면 리셋후 이 신호가 내부적으로 1로 래치되어 외부에서 내부 플래시 메모리를 액세스할 수 없게 된다. (플래시 메모리를 병렬 프로그래밍할 때는 +12V의 전압 단자로 사용된다.)
ALE/$\overline{PROG}$	30	Address Latch Enable : 현재 AD0～AD7 단자에 외부 메모리를 액세스하기 위한 하위 어드레스 A0～A7이 출력되고 있음을 나타내는 신호로서 이를 외부에서 래치시키는데 사용된다. 정상적인 동작에서 이는 2클럭 주기동안 H상태로 되며, 시스템 클럭의 1/6 주파수로 일정하게 출력되므로 외부에서 이를 클럭 신호로 사용할 수도 있다. 그러나, MOVX 또는 MOVC 명령에서는 이 신호의 출력이 한번씩 발생되지 않는다. (플래시 메모리를 병렬 프로그래밍할 때는 프로그램 펄스 입력 신호로 동작한다.)
$\overline{PSEN}$	29	Program Strobe Enable : 현재 CPU가 외부의 프로그램 메모리를 읽어들이는 동작을 수행하고 있음을 나타내는 리드 스트로브 신호. 외부 프로그램 메모리에서 명령코드를 읽어 실행할 때 CPU는 각 머신 사이클마다 2회씩 이 신호를 출력한다. 그러나, 외부 데이터 메모리를 액세스할 때는 이 신호가 액티브되지 않는다.
RST	9	Reset : 시스템 리셋 입력 신호. 시스템 클럭이 공급되고 있는 동안 외부에서 2 머신 사이클 이상 동안 리셋신호가 H로 입력되면 CPU가 리셋된다. 워치독 타이머에 의하여 시스템이 리셋되는 경우에는 시스템 클럭의 98주기 동안 이 신호가 H로 출력된다. 그러나, AUXR 레지스터의 DISRTO 비트를 1로 설정하면 이러한 신호 출력 기능을 없앨 수 있다.
XTAL1 XTAL2	19 18	On-Chip Oscillator Input : 내부 클럭발생 회로의 입력 신호. On-Chip Oscillator Output : 내부 클럭발생 회로의 출력 신호.
Vcc Vss	40 20	Supply Voltage : 회로의 +5V(±10%) 전원. Circuit Ground : 회로의 전원 접지.

3. AT89S52의 내부 구조

AT89S52의 내부 구조를 자세한 블록도로 보이면 <그림 1.2.2>와 같은데, 이것을 개략적으로 살펴보면 CPU 코어 부분과 메모리 부분, 내장 I/O 디바이스 부분으로 나눌 수 있다.

CPU 코어 부분은 내부 또는 외부의 프로그램 메모리에서 명령을 인출하여 이를 해독하고 실행하는 등 기본적인 CPU의 기능을 수행하는 부분으로서, 외부와 연결된 어드레스 및 데이터 버스에서부터 명령 레지스터(instruction register), 명령 해독 및 실행부(timing and control), 누산기(A ; accumulator), 상태 레지스터(PSW ; Program Status Word), ALU(Arithmetic and Logical Unit), 프로그램 카운터(program counter), 스택 포인터(stack pointer), 인터럽트 콘트롤러 등으로 구성된다.

메모리 부분은 내부 프로그램 메모리인 플래시 메모리와 데이터 메모리인 SRAM으로 구성되며, 플래시 메모리에는 SPI 직렬통신으로 다운로드하기 위한 회로가 포함된다. AT89S52의 경우 플래시 메모리는 8KB를 가지고 있으며 SRAM은 256바이트를 내장하고 있다. 이 SRAM은 모두 레지스터 간접 지정으로 액세스할 수 있으나 하위 128바이트는 특별히 직접 지정으로 액세스할 수도 있다.

I/O 디바이스 부분은 대부분의 8051 호환기종에 기본적으로 내장된 4개의 병렬 I/O 포트, 3개의 타이머, 1개의 직렬 포트는 물론이고, AT89S52에는 여기에 워치독 타이머(watchdog timer)가 추가되어 있다. 그리고, 이러한 I/O를 제어하기 위한 여러가지의 SFR(Special Function Register)도 I/O 디바이스의 구성요소로 볼 수 있으며, 기능적인 측면에서 볼 때 누산기나 스택 포인터와 같은 일부의 SFR은 CPU 코어부에 해당한다.

▣ 병렬 I/O 포트

AT89S52에는 모두 4개의 8비트 병렬 I/O 포트를 가지고 있는데, 이것들은 모두 양방향 입출력이 가능하며, 포트0이 오픈 드레인(open-drain)형인 것을 제외하고는 모두 내부적으로 약하게 풀업(pull-up)되어 있다.

포트0은 오픈 드레인형의 입출력 포트이며, 외부 메모리를 접속할 경우에는 강하게 풀업되어 시분할 다중화(time-multiplexed)된 어드레스 버스 A7~A0과 데이터 버스 D7~D0으로 사용된다.

포트2는 내부적으로 약하게 풀업된 양방향 입출력 포트이며, 외부 메모리를 접속할 경우에는 강하게 풀업되어 어드레스 버스 A15~A8로 사용된다.

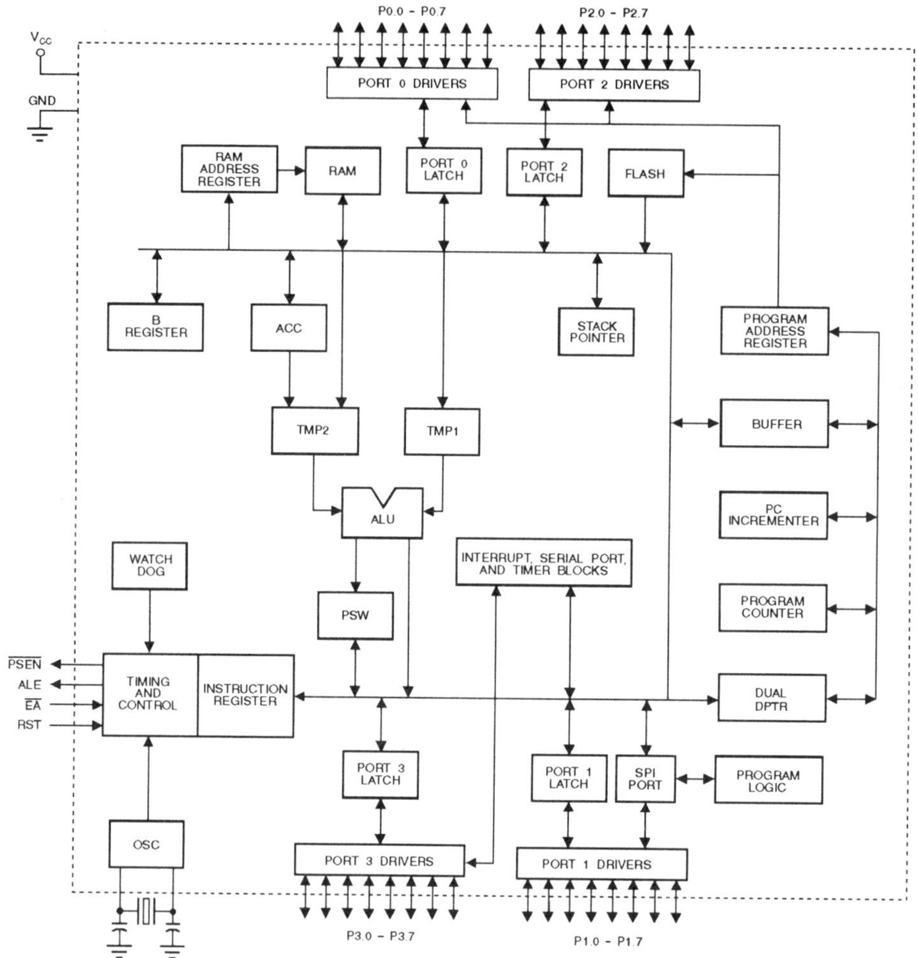

〈그림 1.2.2〉 AT89S52의 내부 구조

포트1과 포트3은 모두 내부적으로 약하게 풀업된 양방향 입출력 포트인데, 이중에서 포트3은 다기능 I/O 포트로서 시스템 콘트롤 신호나 주변장치에 관련된 입출력 신호로도 사용된다.

한편, 내부의 플래시 메모리를 병렬 프로그래밍 방식으로 라이팅할 때는 포트0을 데이터 버스 D7~D0으로 사용하고, 포트1과 2를 각각 하위 어드레스 버스 A7~A0 및 상위 어드레스 버스 A15~A8로 사용한다.

■ 직렬통신 포트

이 직렬통신 포트는 UART(Universal Asynchronous Receiver and Transmitter)에 해당하는 I/O로서, 반이중(half duplex)의 통신만 가능한 1가지의 동기 모드(모드0)와

전이중(full duplex)의 직렬통신이 가능한 3개의 비동기 모드(모드1, 2, 3)로 사용될 수 있다.

직렬통신 포트에서는 송신완료 상태 TI나 수신완료 상태 RI가 동일한 인터럽트를 발생시키므로 인터럽트 플랙 비트를 조사하여 인터럽트 소스를 구별하여야 한다.

▣ 타이머

AT89S52에는 타이머0과 타이머1 등 2개의 기본적인 16비트 증가형 타이머/카운터 이외에 타이머2를 추가로 가지고 있다. 타이머0과 타이머1에는 각각 4가지의 동작모드가 있으며, 타이머2에는 3가지의 동작모드가 있다. 모든 타이머는 인터럽트와 밀접하게 연계되어 동작한다.

기본적으로 이들 타이머가 내부 시스템 클럭을 기준으로 하여 "타이머(timer)"로 동작하는 경우에는 각 타이머 레지스터가 1개의 머신 사이클 즉 12개의 시스템 클럭 주기에 한번씩 증가된다. 따라서, 타이머는 결과적으로 머신 사이클 카운터처럼 동작하게 된다.

한편, 타이머가 외부 클럭신호를 기준으로 하여 "카운터(counter)"로 동작하는 경우에는 클럭 입력단자 T0~T2에서의 하강 에지를 검출하여 카운터가 증가한다. 이 클럭 입력신호는 모든 머신 사이클에서 샘플링되며, 일단 하강 에지가 검출되면 다음 머신 사이클에서 이것이 L(low) 상태로 유지되는지를 확인하기 때문에 사용 가능한 최대 클럭 입력주파수는 시스템 클럭 주파수의 1/24이 된다.

타이머1이나 타이머2는 직렬통신 포트의 보레이트 발생기(baud rate generator)로 사용될 수도 있다.

4. AT89S52의 메모리 구조

AT89S52의 메모리는 <그림 1.2.3>에 나타낸 바와 같이 크게 프로그램 메모리와 데이터 메모리로 나누어지며, 이들 각각은 AT89S52 마이크로콘트롤러의 내부에도 있고 외부에도 있다.

프로그램 메모리는 명령의 실행 코드가 저장되는 메모리로서 최대 64KB까지 사용할 수 있으며 항상 8비트 단위로 읽을 수만 있다. 프로그램 메모리는 0000H~1FFFH 번지의 8KB는 AT89S52의 내부에 들어있으나, 그 나머지 2000H~FFFFH 번지에 해당하는 56KB는 외부에 추가로 인터페이스하여 사용할 수 있다.

데이터 메모리는 데이터를 읽고 쓸 수 있는 RAM 메모리로서 외부에 64KB를 설치할 수 있으며, 이와 별도로 CPU 내부에도 256바이트를 가지고 있다. CPU 내부의 데이터 메모리는 직접번지 지정이나 레지스터 간접번지 지정으로 8비트 어드레스를 사용하여 액세스하므로 처리속도가 빠른 장점을 가진다. 그러나, 외부에 확장한 데이터 메모리는 DPTR 레지스터에 의하여 16비트 어드레스로 액세스하므로 처리속도는 늦으나 큰 용량을 사용할 수 있다. 내부 메모리의 하위 128바이트 영역(00H~7FH)은 특별히 직접번지 지정이 가능하며, 또한 이중에서도 20H~2FH 번지는 비트 어드레싱이 가능한 영역이다.

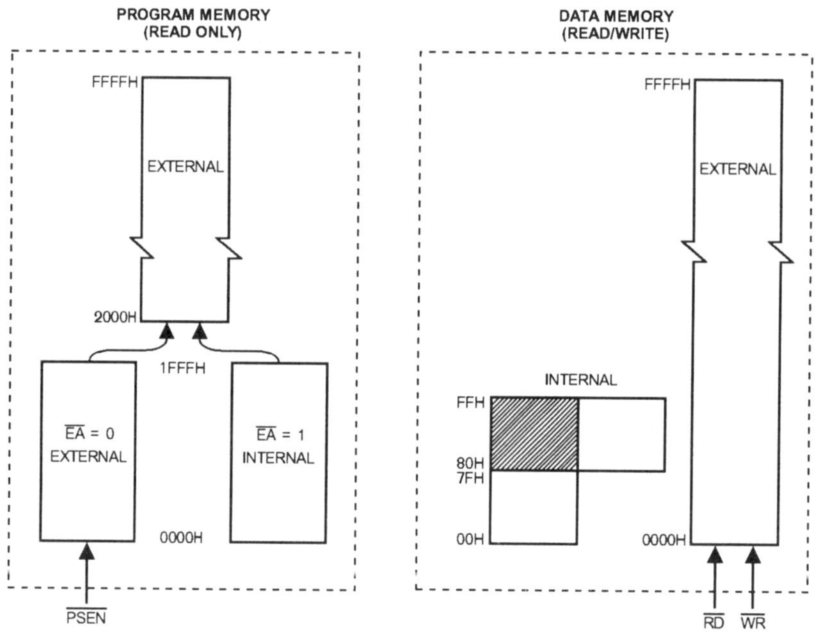

〈그림 1.2.3〉 AT89S52의 전체 메모리 구성도

(1) 프로그램 메모리

프로그램 메모리는 AT89S52 마이크로콘트롤러 명령의 실행 코드를 저장하는 메모리로서 최대 0000H~FFFFH 번지의 64KB까지 사용할 수 있으며, 항상 8비트 단위로 읽을 수만 있다. 그러나, AT89S52의 경우에는 프로그램 메모리로서 CPU의 내부에 0000H~1FFFH번지 영역의 8KB를 가지고 있고 그 이상이 필요하면 사용자가 외부에 추가로 설치하여 사용해야 한다.

프로그램 메모리는 읽을 수만 있으며, 외부에 있는 프로그램 메모리를 리드하는 경우에는 리드 스트로브 신호로서 $\overline{\text{PSEN}}=0$이 발생된다. 그러나, 내부의 프로그램 메모리를 읽거나 데이터 메모리를 액세스할 때는 $\overline{\text{PSEN}}$ 신호가 사용되지 않으므로 이것이 1상태로 유지된다.

프로그램 메모리에서 명령의 실행 코드를 읽어들이는 것은 **프로그램 카운터**(program counter)에 의해 제어된다. 어셈블리 언어 프로그램에서 프로그램 메모리 영역에 DB(Define Byte), DW(Define Word), DD(Define Double Word) 등의 지시어를 사용하여 선언한 상수를 액세스할 때는 반드시 MOVC A,@A+DPTR 명령이나 또는 MOVC A,@A+PC 명령을 사용해야 한다.

CPU는 리셋 직후에 무조건 프로그램 메모리의 0000H 번지부터 프로그램을 실행하기 시작한다. 따라서, 만약 $\overline{\text{EA}}=0$으로 설정하였다면 <그림 1.2.4>의 (b)처럼 외부에 접속된 메모리의 0000H 번지부터 프로그램이 시작되어 FFFFH 번지까지 모든 프로그램 메모리가 외부에서 사용된다. 그러나, AT89S52는 0000H~1FFFH 번지에 내부 프로그램 메모리를 가지고 있으므로 $\overline{\text{EA}}=1$로 설정하면 내부의 0000H 번지부터 프로그램이 시작되며, 만약 프로그램이 길어져서 내부 프로그램 메모리의 용량 8KB를 초과하면 그림의 (a)처럼 2000H~FFFFH 번지의 외부 확장영역을 계속하여 사용할 수 있다.

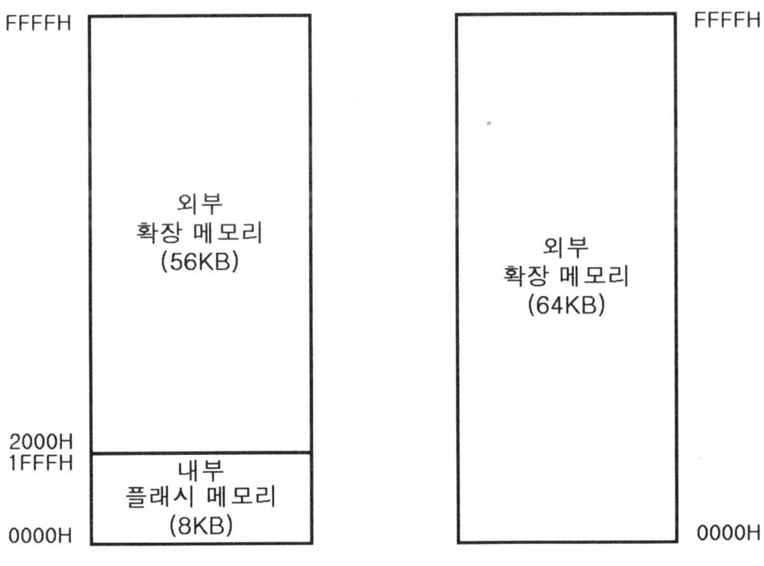

(a) $\overline{\text{EA}}=1$인 경우 (b) $\overline{\text{EA}}=0$인 경우

〈그림 1.2.4〉 AT89S52의 프로그램 메모리

리셋후에 프로그램이 외부 메모리에서 실행되든 내부 메모리에서 실행되든 관계없이 0000H 번지부터 일정한 영역은 <그림 1.2.5>에 보인 바와 같이 인터럽트 서비스 루틴(interrupt service routine) 영역으로 사용된다. AT89S52는 벡터형 인터럽트를 사용하므로 인터럽트가 요청되고 이것이 허용되면 이 그림에 표시된 바와 같이 각각의 인터럽트에 고유하게 지정된 메모리 번지로 프로그램의 실행이 점프되어 이동된다. 그러나, 각 인터럽트에 대하여 서비스 루틴을 작성할 수 있도록 마련된 메모리 공간은 8바이트에 불과하기 때문에 필요하다면 점프 명령을 사용하여 이곳에서 다른 영역으로 이동하게 된다. 만약, 시스템에서 인터럽트를 사용하지 않는다면 이 인터럽트 벡터 영역을 일반적인 프로그램 영역으로 사용할 수도 있다.

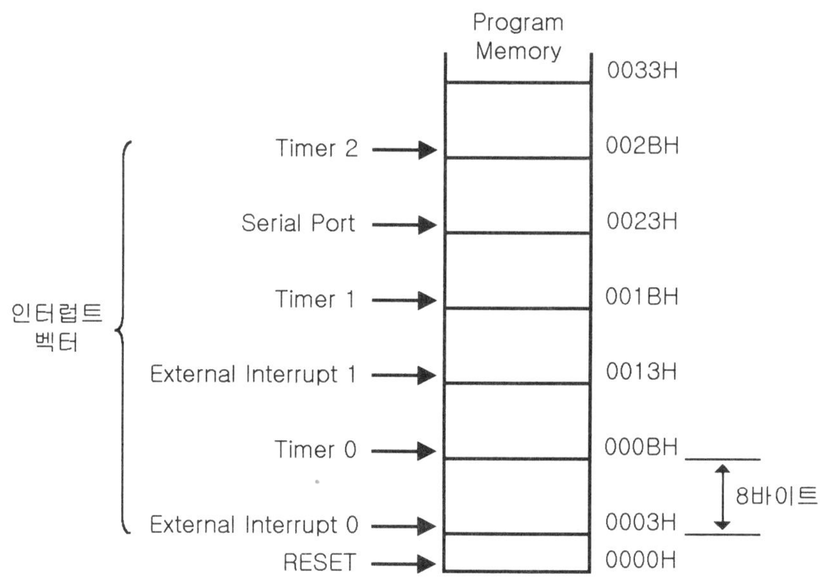

〈그림 1.2.5〉 프로그램 메모리의 인터럽트 영역

(2) 데이터 메모리

데이터 메모리는 데이터를 읽고 쓸 수 있는 RAM 메모리로서 AT89S52의 데이터 메모리는 <그림 1.2.6>과 같이 크게 외부 데이터 메모리와 내부 데이터 메모리로 나누어진다.

외부 데이터 메모리는 0000H~FFFFH 영역의 64KB를 사용할 수 있으며, 이를 액세스하기 위해서는 반드시 MOVX 명령을 사용해야 한다. 이중에서 MOVX A,@Ri나 MOVX @Ri,A 명령을 사용하면 외부 어드레스는 하위 8비트인 A7~A0만 사용되고, MOVX A,@DPTR이나 MOVX @DPTR,A 명령을 사용하면 외부 어드레스는 16비트인

A15~A0이 모두 사용된다. 8비트 어드레스를 사용하여 액세스할 때 외부 데이터 메모리 영역인 00H~FFH 번지의 256바이트를 C언어에서는 pdata 메모리라고 하며, 16비트 어드레스를 사용하여 액세스할 때 외부 데이터 메모리 영역인 0000H~FFFFH 번지의 64KB를 xdata 메모리라고 부른다.

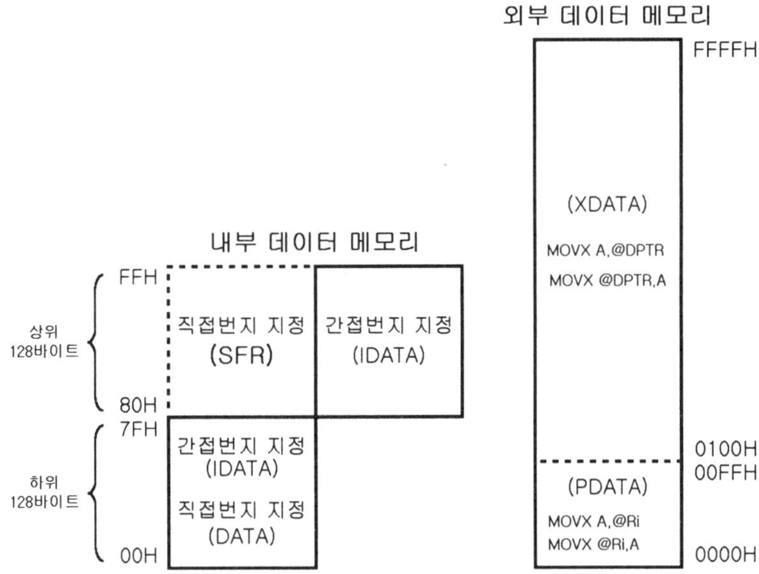

〈그림 1.2.6〉 데이터 메모리의 구성

내부 데이터 메모리는 00H~7FH 영역의 하위 128바이트와 80H~FFH 영역의 상위 128바이트가 서로 다르게 동작한다. 즉, 하위 128바이트 영역은 직접번지 지정이나 간접번지 지정방식을 모두 사용할 수 있는데 비하여, 상위 128바이트 영역은 간접번지 지정방식으로만 액세스할 수 있다. 만약, 상위 128바이트를 직접번지 지정으로 액세스하면 데이터 메모리가 아니라 SFR로 동작한다. 내부 데이터 메모리의 하위 128바이트는 명령에서 8비트 번지로 직접 지정하므로 명령의 실행속도가 더 빠르다. 이렇게 직접번지 지정으로 액세스하는 내부 데이터 메모리 영역을 C언어에서는 data 메모리라고 부르며, 간접번지 지정으로 액세스하는 내부 데이터 메모리 영역을 idata 메모리라고 부른다.

내부 데이터 메모리의 일부 영역은 <그림 1.2.7>에 보인 바와 같이 특별한 용도로 사용되는데, 00H~1FH 영역은 R0~R7 레지스터가 4개의 뱅크로 구분되어 사용되며, 20H~2FH 영역은 바이트 단위가 아니라 비트 단위로 어드레싱이 가능한 특별한 기능을 갖는다. 비트 어드레싱이 가능한 20H~2FH 영역의 데이터 메모리를 C언어에서는 특별히 bdata 메모리라고 부른다. 비트 어드레싱 영역에서 각 비트를 지정하기 위한 번지를 도시하면 <그림 1.2.8>과 같다.

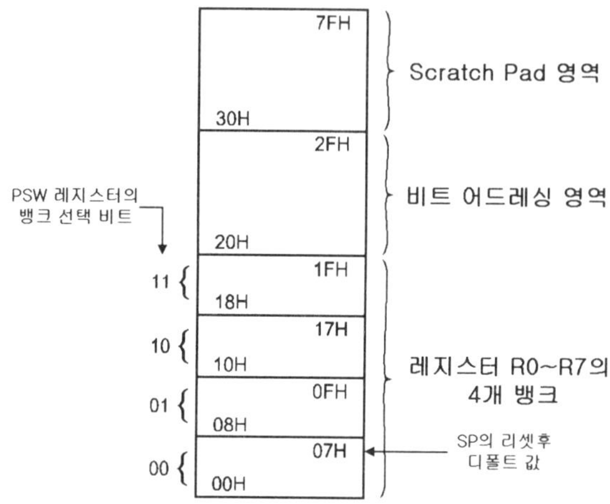

〈그림 1.2.7〉 내부 데이터 메모리의 하위 128바이트 영역

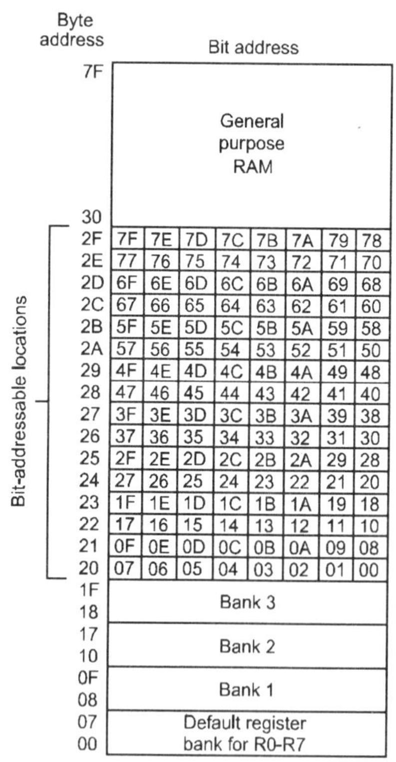

〈그림 1.2.8〉 20H~2FH 번지 데이터 메모리의 비트 어드레스

AT89S52의 스택 포인터(SP ; stack pointer)는 8비트 레지스터이므로 스택 영역은 스택 포인터에 의하여 간접지정이 가능한 내부 데이터 메모리, 즉 00H~FFH 영역만을 사용할 수 있다. 그런데, CPU가 리셋되고 나면 스택 포인터의 값이 07H로 지정되므로 08H 번지부터 그 이상의 메모리를 스택으로 사용하게 된다. 따라서, 사용자가 이 부분의 레지스터 뱅크 영역이나 비트 어드레싱 영역을 사용하고자 한다면 리셋 직후에 SP의 값을 2FH 이상으로 지정하여 스크래치 패드 영역을 스택으로 사용하도록 설정해 주어야 한다. 그러나, AT89S52처럼 상위 128 바이트의 데이터 메모리를 가지는 모델에서는 이 80H~FFH 번지를 스택으로 사용하기 위하여 스택 포인터를 7FH로 지정하는 것이 일반적이며 *OK-89S52* 키트에서도 스택을 이렇게 사용하고 있다.

F8H									FFH
F0H	B 00000000								F7H
E8H									EFH
E0H	ACC 00000000								E7H
D8H									DFH
D0H	PSW 00000000								D7H
C8H	T2CON 00000000	T2MOD XXXXXX00	RCAP2L 00000000	RCAP2H 00000000	TL2 00000000	TH2 00000000			CFH
C0H									C7H
B8H	IP XX000000								BFH
B0H	P3 11111111								B7H
A8H	IE 0X000000								AFH
A0H	P2 11111111		AUXR1 XXXXXXX0				WDTRST XXXXXXXX		A7H
98H	SCON 00000000	SBUF XXXXXXXX							9FH
90H	P1 11111111								97H
88H	TCON 00000000	TMOD 00000000	TL0 00000000	TL1 00000000	TH0 00000000	TH1 00000000	AUXR XXX00XX0		8FH
80H	P0 11111111	SP 00000111	DP0L 00000000	DP0H 00000000	DP1L 00000000	DP1H 00000000		PCON 0XXX0000	87H

〈그림 1.2.9〉 AT89S52의 SFR 맵

(3) SFR

AT89S52에서 내부 데이터 메모리의 상위 128바이트인 80H~FFH 영역을 직접번지 지정으로 액세스하면 데이터 메모리가 아니라 SFR(Special Function Register)이 액세스된다. 전체 SFR을 정리하여 보이면 <그림 1.2.9>와 같은데, 여기에는 누산기인

ACC 레지스터, B 레지스터, 상태 레지스터 PSW, 스택 포인터 SP, DPTR 레지스터 등과 같은 시스템 레지스터나, 인터럽트에 관련되는 IE 및 IP 레지스터, 그리고 병렬 입출력 포트, 타이머, 직렬통신 포트 등의 I/O를 제어하는 레지스터 등이 포함된다. 이 그림에서 사용되지 않는 번지들은 실제로 아무 것도 존재하지 않는다. 그림에서 각 레지스터 아래에 표시된 숫자들은 리셋 직후의 디폴트 값이다. 즉, SFR의 각 레지스터들의 초기값은 스택 포인터 SP가 07H이고 병렬포트 P0~P3가 FFH로 되는 것을 제외하면 모든 레지스터의 유효 비트들이 0으로 된다고 생각하면 된다.

SFR 중에서 타이머2에 관계되는 T2CON, T2MOD, RCAP2L, RCAP2H, TL2, TH2 등은 AT89S51에는 없고 AT89S52 이상의 모델에만 존재하며☆, 또한 DP1L, DP1H, AUXR, AUXR1, WDTRST 등은 Intel사의 MCS-51에는 없으나 AT89S52에 추가된 레지스터들이다★. 원래 MCS-51에는 DPTR 레지스터가 1개뿐이었으므로 DPL, DPH라고 불렀으나, AT89S52에서는 이것이 2개로 되었기 때문에 이를 DP0L, DP0H이라고도 부르며 여기에 DP1L, DP1H가 추가되었다.

<그림 1.2.9>의 SFR 중에서 가장 왼쪽 열에 해당하는 레지스터 즉, 80H, 88H, 90H, 98H, ... , F0H, F8H 등은 모두 비트 어드레싱이 가능하다. 그 비트 어드레스들을 보이면 <그림 1.2.10>과 같다.

Byte Address	Bit Address								SFR
	b7	b6	b5	b4	b3	b2	b1	b0	
F8H	-	-	-	-	-	-	-	-	
F0H	F7	F6	F5	F4	F3	F2	F1	F0	B
E8H	-	-	-	-	-	-	-	-	
E0H	E7	E6	E5	E4	E3	E2	E1	E0	ACC
D8H	-	-	-	-	-	-	-	-	
D0H	D7	D6	D5	D4	D3	D2	-	D0	PSW
C8H	CF	CE	CD	CC	CB	CA	C9	C8	T2CON
C0H	-	-	-	-	-	-	-	-	
B8H	-	-	BD	BC	BB	BA	B9	B8	IP
B0H	B7	B6	B5	B4	B3	B2	B1	B0	P3
A8H	AF	-	AD	AC	AB	AA	A9	A8	IE
A0H	A7	A6	A5	A4	A3	A2	A1	A0	P2
98H	9F	9E	9D	9C	9B	9A	99	98	SCON
90H	97	96	95	94	93	92	91	90	P1
88H	8F	8E	8D	8C	8B	8A	89	88	TCON
80H	87	86	85	84	83	82	81	80	P0

〈그림 1.2.10〉 SFR 중에서 비트 어드레싱이 가능한 레지스터

◀참고▶ MCS-51 계열의 모든 마이크로콘트롤러 모델들은 여기에 내장된 내부 데이터 메모리의 용량이나 I/O의 종류 및 SFR의 구조가 조금씩 다르다. MCS-51이나 기타 대부분의 마이크로콘트롤러가 동일 계열내에 많은 모델들을 가지고 있는 이유가 바로 이러한 특징과 차이점을 가지도록 하여 사용자의 선택폭을 넓혀주기 위함이다. 예를 들어 AT89S51은 2개의 타이머를 가지는데 비하여 AT89S52는 3개의 타이머를 가지고 있다. 더구나, MCS-51은 인텔 제품 이외에도 전세계의 반도체 회사에서 매우 많은 호환제품을 내놓고 있기 때문에 그 종류와 특성들도 매우 다양하다.

그러면 이러한 모델의 차이가 있을 때마다 어셈블러나 C 컴파일러와 같은 소프트웨어 개발툴도 다른 것을 사용해야 하는가? 전혀 그렇지 않다. 인텔 제품이든 다른 회사의 호환제품이든 대부분의 MCS-51 모델들은 동일한 코어를 사용하므로 명령 세트가 같다. 따라서, 다른 모델이나 새로운 모델을 지원하기 위하여 어셈블러나 C 컴파일러가 달라질 필요는 없으며, SFR이 달라지거나 추가되는데 따른 레지스터의 직접번지, 비트 어드레스, 예약어들이 달라지게 되므로 이들을 처리하기 위한 인클루드 파일(include file)이나 헤더파일(header file) 등을 지원한다. 따라서, 어느 소프트웨어 툴을 사용하든지 프로그래머는 자신이 사용하는 마이크로콘트롤러 모델에 따라 그에 적합한 인클루드 파일이나 헤더파일을 사용하는 것으로 이런 대부분의 문제가 해결된다.

▣ 누산기 ACC

산술 연산 및 논리 연산을 비롯한 마이크로프로세서의 중심이 되는 기능을 수행하는 레지스터를 누산기(Accumulator)라고 한다. AT89S52에서 누산기로 처리되는 명령(accumulator-specific instruction)의 경우에는 A 레지스터로 표시되지만, 직접번지 지정으로 처리되는 명령에서는 SFR의 범용 레지스터인 ACC로 표기해야 한다.

예 PUSH와 POP 명령은 direct addressing mode만 지원한다. 따라서

```
PUSH  A      ; (×)
POP   A      ; (×)
PUSH  ACC    ; (○)
POP   ACC    ; (○)
```

▣ B 레지스터

이 레지스터는 곱셈 명령 및 나눗셈 명령에서 특별한 용도로 사용되며, 기타 다른 명령에서는 범용 레지스터로 사용할 수 있다.

곱셈 명령에서는 누산기 A와 B 레지스터를 곱하여 16비트의 결과가 만들어지면, 그 연산 결과의 하위 바이트는 누산기 A에 저장되고 상위 바이트는 B 레지스터에 저장된다. 또한, 나눗셈 명령에서는 누산기 A를 B 레지스터로 나누는 8비트끼리의 나눗셈을 수행한 후에 그 연산 결과의 몫은 누산기 A에 저장되고 나머지는 B 레지스터에 저장된다.

▣ 상태 레지스터 PSW

상태 레지스터(Program Status Word)는 프로그램의 명령을 실행하는 동안에 발생하는 상태를 표시하는 비트와 CPU의 기능을 제어하는 비트 등으로 구성된다.

PSW.0 비트인 P는 패리티 플랙(parity flag) 비트로서 누산기 A에서 1의 개수가 짝수이면 0이 되고 1의 개수가 홀수이면 1이 되는 우수 패리티(even parity) 방식을 사용한다.

PSW.1과 PSW.5는 각각 특별한 용도가 따로 지정되어 있지 않으며 사용자가 임의로 사용할 수 있다.

PSW.2의 OV, PSW.6의 AC, PSW.7의 CY는 모두 누산기에서 산술연산 후에 그 상태를 나타내는 플랙들이다. 오버플로우 플랙(overflow flag) OV는 2의 보수로 표현되는 부호있는 수의 덧셈이나 뺄셈에서 연산 결과가 -128~+127의 범위를 초과하면 세트된다. 또한, 곱셈 명령 MUL AB에서 결과가 FFH를 넘으면 세트되며, 나눗셈 명령 DIV AB에서 제수가 0인 경우에도 세트된다.

또한, 캐리 플랙(carry flag) CY는 누산기의 비트7에서 자리올림(carry)이나 자리내림(borrow)이 발생한 것을 나타내고, 보조 캐리 플랙(auxiliary carry flag) AC는 누산기의 비트3에서 자리올림이나 자리내림이 발생한 것을 나타낸다. 자리올림은 덧셈 연산에서 발생할 수 있으며, 자리 내림은 뺄셈 연산에서 발생할 수 있다. 이밖에도 캐리 플랙은 비트 회전(rotate) 명령에 의하여 세트되거나 리셋될 수 있으며, 캐리 플랙을 직접 조작하는 명령 CLR C, SETB C, CPL C 등에 의하여 값이 달라질 수 있다.

레지스터 뱅크 선택 비트 RS1, RS0는 이 2비트가 조합되어 8개의 범용 레지스터 R0~R7이 위치하는 메모리 뱅크를 지정하는 역할을 수행한다. 즉, RS1과 RS0의 값에 따라 레지스터 R0~R7이 위치하는 메모리 뱅크가 다음과 같이 선택된다.

```
예  RS1/RS0 = 00    ; 00H~07H 번지의 뱅크 0(default)
    RS1/RS0 = 01    ; 08H~0FH 번지의 뱅크 1
    RS1/RS0 = 10    ; 10H~17H 번지의 뱅크 2
    RS1/RS0 = 11    ; 18H~1FH 번지의 뱅크 3
```

◀**참고**▶ 모든 MCS-51 계열 마이크로콘트롤러의 상태 레지스터에는 다른 마이크로프로세서에서처럼 제로 플랙(zero flag)이나 부호 플랙(sign flag)이 없다는 점이 매우 특이하다. 이는 MCS-51 계열의 마이크로콘트롤러가 그만큼 산술연산 및 데이터 비교 기능이나 연산후에 조건에 따라서 프로그램을 처리하는 기능이 취약함을 의미한다. 하지만 MCS-51에서 이러한 데이터 비교 기능의 취약성은 누산기의 값을 조사하여 그것이 0인지의 여부에 따라 분기하는 JZ 또는 JNZ 명령이나 CJNE 및 JC와 같은 데이터 비교후 분기명령에 의하여 다소 보완될 수 있다.

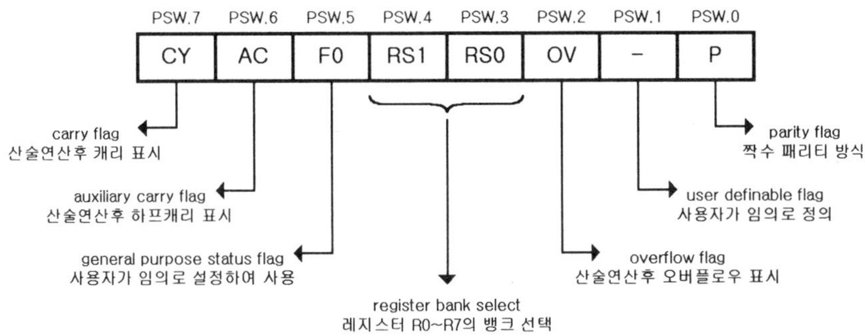

〈그림 1.2.11〉 상태 레지스터 PSW

▣ 스택 포인터 SP

스택 포인터(Stack Pointer)는 스택으로 사용되는 SRAM 메모리의 번지를 지정하는 레지스터이다. AT89S52의 어드레스 버스는 16비트인데도 스택 포인터 SP는 특이하게 8비트 레지스터로 되어 있으며 00H~FFH 영역의 내부 데이터 메모리만을 스택으로 사용할 수 있다. 리셋 직후에 스택 포인터의 값은 07H로 지정되므로 08H 이후의 내부 데이터 메모리가 스택으로 사용된다. 따라서, 만약 필요하다면 사용자 프로그램의 서두에서 스택 포인터의 값을 새로 지정해야 한다.

프로그램에서 PUSH나 CALL 명령을 사용하여 스택에 데이터가 저장될 때는 먼저 스택 포인터 값이 증가(pre-increment)하며, POP이나 RET 명령에 의하여 스택에서 데이터가 꺼내지고 나면 스택 포인터 값이 감소(post-decrement)한다.

◀참고▶ *OK-89S52* 키트의 모든 예제 프로그램에서는 AT89S52 내부 데이터 메모리의 상위 128바이트인 80H~FFH 번지를 스택으로 사용한다. 이를 위하여 사용자 프로그램의 서두에서는 항상 SP를 7FH로 지정한다. 이 영역은 직접번지 지정이 불가능하고 간접번지 지정으로만 액세스할 수 있으므로 스택으로 사용하는 용도 이외에는 사실 그다지 장점을 가지지 않는다. 그러나, 만약 *OK-89S52* 키트에서 AT89S51을 사용하고자 한다면 여기에는 80H~FFH 번지의 내부 RAM이 존재하지 않으므로 7FH 번지 이하의 적절한 영역을 스택으로 지정하여 사용해야 한다.

▣ 데이터 포인터 DPTR

데이터 포인터(Data Pointer)는 MCS-51 호환 마이크로콘트롤러의 중요한 특징을 나타내는 16비트 레지스터로서, 주로 MOVC 명령에서 외부 프로그램 메모리의 번지를 가리키는 포인터로 사용되거나 또는 MOVX 명령에서 외부 데이터 메모리의 번지를 가리키는 포인터로 사용된다. 그러나, 이것이 범용 레지스터로 사용되는 경우에는 16비트 데이터를 취급하며, 상위 바이트 DPH와 하위 바이트 DPL 등 2개의 8비트 범용 레지스터로 분리되어 사용되기도 한다.

원래 MCS-51에는 데이터 포인터를 1개만 가지고 있었으나 AT89S52에는 이것을 2개 가지고 있으므로 각각을 DP0H, DP0L 및 DP1H, DP1L로 부른다.(DP0H, DP0L은 그냥 DPH, DPL이라고 부르기도 한다.) 그러나, MOVC나 MOVX 등의 명령에서 데이터 포인터는 항상 1개의 DPTR만을 사용하도록 되어 있으므로 2개의 데이터 포인터 중에서 어느 것을 사용할지 미리 AUXR1 레지스터의 DPS 비트로 설정해 두어야 한다. 즉, DPS=0으로 설정하여 놓으면 DPTR 레지스터로서 DP0H, DP0L을 사용하며, DPS=1로 설정하여 놓으면 DPTR 레지스터로서 DP1H, DP1L을 사용한다.

▣ 보조 레지스터 AUXR

보조 레지스터(Auxiliary Register)는 AT89S52의 특별한 하드웨어적인 기능을 제어하기 위한 것으로 시스템 기능 설정 레지스터라고 할 수 있다★. 이러한 기능은 원래의 MCS-51 마이크로콘트롤러에는 없던 사항이다.

비트4의 WDIDLE는 파워 절약 모드인 아이들 모드에서 워치독 타이머의 기능을 계속할 것인지 여부를 설정하며, 비트3의 DISRTO는 원래 입력단자인 RST 단자에 워치독 타이머의 타임아웃이 발생하였을 때 H상태의 신호를 출력하도록 설정한다. 비트0의 DISALE는 원래 시스템 클럭의 6주기 즉 1/2 머신 사이클마다 규칙적으로 발생하는 ALE 신호의 출력을 MOVC 및 MOVX 명령이 실행될 때만 발생하도록 설정한다.

b7	b6	b5	b4	b3	b2	b1	b0
-	-	-	WDIDLE	DISRTO	-	-	DISALE
×	×	×	0	0	×	×	0

비트	비트 이름		기 능
4	WDIDLE	disable WDT in adle mode	0 = 아이들 모드에서 워치독 타이머의 기능 계속 1 = 아이들 모드에서 워치독 타이머의 기능 정지
3	DISRTO	disable reset out	0 = 워치독 타임아웃에서 RST 단자에 1을 출력 1 = RST 단자는 입력 신호로만 사용
0	DISALE	disable ALE	0 = ALE 신호가 1/2 머신 사이클로 규칙적 출력 1 = ALE 신호는 MOVC, MOVX 명령에서만 출력

〈그림 1.2.12〉 보조 레지스터 AUXR

▣ 보조 레지스터 AUXR1

보조 레지스터1(Auxiliary Register 1)도 역시 AT89S52의 특별한 하드웨어적인 기능을 제어하기 위한 것으로 원래의 MCS-51 마이크로콘트롤러에는 없던 시스템 기능 설정 레지스터이다★.

비트0의 DPS는 데이터 포인터 DPTR로서 DP0H 및 DP0L을 사용할 것인지 또는 DP1H 및 DP1L을 사용할 것인지를 선택한다.

b7	b6	b5	b4	b3	b2	b1	b0
-	-	-	-	-	-	-	DPS
×	×	×	×	×	×	×	0

비트	비트 이름		기 능
0	DPS	data pointer register select	0 = DPTR 레지스터로서 DP0H, DP0L을 사용 1 = DPTR 레지스터로서 DP1H, DP1L을 사용

〈그림 1.2.13〉 보조 레지스터 AUXR1

기타의 SFR에 해당하는 레지스터들은 모두 I/O 디바이스들을 제어하거나 인터럽트를 제어하는데 사용되는 레지스터들로서 이것들은 제2장의 해당 I/O 디바이스를 취급하는 부분에서 자세히 설명하기로 한다.

(4) 스택

데이터 메모리인 RAM의 일부를 특별한 데이터 저장 영역으로 설정하고 後入先出(LIFO ; Last-In First-Out) 방식으로만 액세스하는 메모리를 스택(stack)이라고 한다. 이것은 RAM을 이용함에도 불구하고 임의접근(random access) 방식과는 다소 다른 후입선출 방식으로만 사용한다. 마이크로프로세서를 사용하는 시스템에서 스택은 반드시 필요하며, 마이크로콘트롤러가 항상 내부 RAM을 가지고 있는 중요한 이유중의 하나는 바로 이 스택으로 사용하기 위함이다.

일반적으로 메모리에 변수로서 데이터를 저장할 때는 저장하는 번지를 기억하여 두었다가 나중에 필요하면 즉각 이 번지로부터 데이터를 다시 읽어낼 수 있다. 이에 비하여 스택은 사용자가 데이터를 어느 번지에 기억시켜 두었는지를 알 필요가 없고 단지 데이터를 원하는 순서대로 저장하였다가 나중에 다시 순서대로 꺼낼 수만 있으면 되는 경우에 사용된다. 그러나, 사용자는 데이터를 어느 번지에 저장하였는지를 알 필요가 없더라도 이와 같은 동작을 제어하는 CPU는 현재 스택의 어느 위치를 사용하고 있는지 알아야 데이터를 중복되지 않게 관리할 수 있는데, 이러한 역할을 수행하는 레지스터가 **스택 포인터**(SP ; Stack Pointer)이다.

AT89S52에서는 다른 일반적인 마이크로프로세서들에 비하여 스택의 사용방법이 다소 특이하다. 우선, 메모리가 프로그램 메모리와 데이터 메모리로 구분되므로 당연히 스택은 데이터 메모리에 해당한다. 또한, AT89S52에서는 스택 포인터가 8비트 레지스터이므로 8비트 어드레스로 간접지정하는 내부 데이터 메모리만을 스택으로 사용할 수 있다. 따라서, 리셋 후에 스택 포인터의 값은 디폴트로 07H이지만 AT89S52에서는 08H~FFH 번지의 영역을 임의로 스택으로 사용할 수 있는데, *OK-89S52* 키트에서는 스택 포인터를 7FH로 지정하여 80H~FFH 번지를 스택으로 사용하고 있다.

AT89S52에서 스택 포인터는 스택에 1바이트의 데이터를 저장(push)하기 전에 먼저 1만큼 값이 증가(pre-increment)하고, 스택에서 1바이트의 데이터를 꺼낸(pop) 후에 1만큼 값이 감소(post-decrement)하는 방식으로 동작한다. 따라서, 스택에 데이터를 저장할수록 스택 포인터가 높은 번지로 증가하고, 데이터를 꺼내면 원래의 위치로 내려가며, 마치 동전을 쌓듯이 스택에 데이터를 쌓아둔다고 생각하여 스택 포인터는 항상 스택의 꼭대기(stack top)를 가리킨다고 한다.

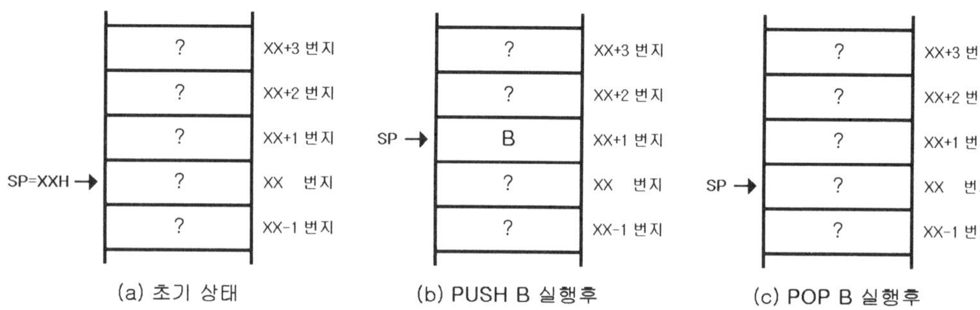

〈그림 1.2.14〉 스택의 동작

AT89S52의 PUSH 및 POP 명령에서 오퍼런드는 직접 어드레싱 모드만 사용할 수 있으므로 누산기 A를 사용하는 PUSH A 또는 POP A 명령은 없으며 따라서 반드시 PUSH ACC 또는 POP ACC로 사용해야 한다. 또한, 16비트를 한번에 스택에 저장하거나 꺼내는 명령도 없으므로 DPTR에 대하여는 PUSH DPL 및 PUSH DPH 명령과 POP DPH 및 POP DPL 명령으로 사용해야 한다.

스택은 이와 같이 PUSH 및 POP 명령으로 사용자가 여기에 데이터를 저장하거나 꺼내올 수도 있지만, 본래 이 스택의 사용 목적은 서브루틴을 호출하거나 인터럽트가 발생되었을 때 이들 처리루틴을 수행하고 다시 원래의 위치로 되돌아 오기 위한 복귀주소(return address)로서 프로그램 카운터를 저장하기 위한 것이다.

데이터 메모리에서 스택의 용량을 너무 작게 지정하거나, 또한 프로그램 작성시에 스택에 데이터를 push하는 동작과 pop하는 동작이 쌍으로 이루어지지 않으면 스택에 데이터가 계속 누적되고 결국 이것이 너무 커져서 지정된 스택 메모리의 범위를 벗어나는 스택 오버플로우(stack overflow) 에러가 발생할 수 있다.

◀참고▶ 스택에 복귀주소로 프로그램 카운터가 저장될 때에는 역워드순(little endian)으로 저장된다.

(5) 외부 메모리 및 I/O의 인터페이스

AT89S52와 같이 내부에 프로그램 메모리를 가지고 있는 마이크로콘트롤러라도 이 프로그램 메모리의 용량이 부족하다면 외부에 추가로 프로그램 메모리로서 ROM을 확장하여 설치하게 된다. 또한, 적은 용량의 데이터 메모리가 사용되는 시스템에서는 내부의 데이터 메모리로 충분하지만, 이것으로 부족한 경우에는 역시 외부에 데이터 메모리로서 RAM을 확장하게 된다. 한편, I/O 디바이스들은 일반적으로 리드(read) 및 라이트(write) 동작이 요구되므로 외부의 데이터 메모리와 같은 것으로 취급하여 접속한다.

▣ 프로그램 메모리의 확장 인터페이스

AT89S52의 외부에 프로그램 메모리로서 ROM을 확장 접속하는 방법을 블록도로 보이면 <그림 1.2.15>와 같다.

외부 프로그램 메모리에서 실행 명령은 항상 프로그램 카운터 PC에 의하여 액세스되고, 상수 데이터는 데이터 포인터 DPTR에 의하여 액세스되므로 반드시 16비트 어드레스 버스 및 8비트의 데이터 버스가 사용된다. 그런데, AT89S52에서는 하위 어드레스 버스 A7~A0이 데이터 버스 D7~D0과 병렬 I/O 포트인 포트0을 공유하여 사용하므로 그림에서와 같이 CPU의 외부에서 ALE 신호와 8비트 래치를 사용하여 이를 서로 분리해주어야 한다.

또한, 이때 필요하다면 어드레스 신호를 적절히 디코딩하여 ROM 소자의 $\overline{CS}$ 단자에 접속하며, 외부 프로그램 메모리의 리드 동작을 나타내는 $\overline{PSEN}$ 신호는 ROM의 $\overline{OE}$ 단자에 접속한다.

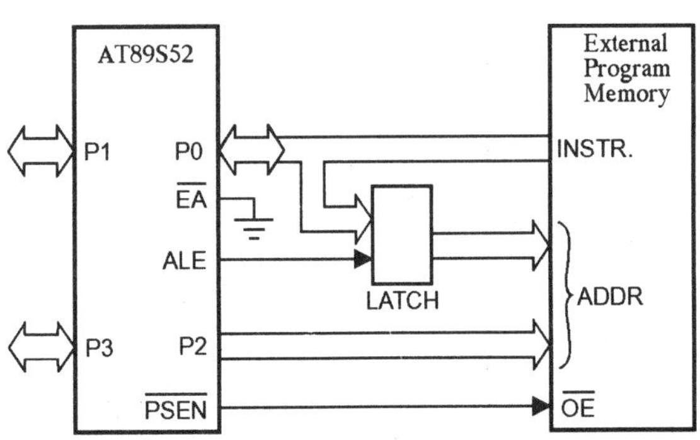

〈그림 1.2.15〉 외부에 프로그램 메모리를 확장 인터페이스하는 방법

▣ 데이터 메모리의 확장 인터페이스

AT89S52의 외부에 데이터 메모리로서 RAM을 확장 접속하는 방법을 블록도로 보이면 <그림 1.2.16>과 같다.

AT89S52의 외부 데이터 메모리를 액세스하는 MOVX 명령에서 메모리 번지를 지정하는 것은 데이터 포인터 DPTR을 이용하여 16비트 어드레스로 간접 지정하는 방식과 R0이나 R1 레지스터를 이용하여 8비트 어드레스로 간접 지정하는 방식의 2가지 종류가 있다.

```
예  MOVX    A,@DPTR        ; 16비트의 어드레스 사용
    MOVX    @DPTR,A

예  MOVX    A,@R0          ; 8비트의 어드레스 사용
    MOVX    @R0,A
```

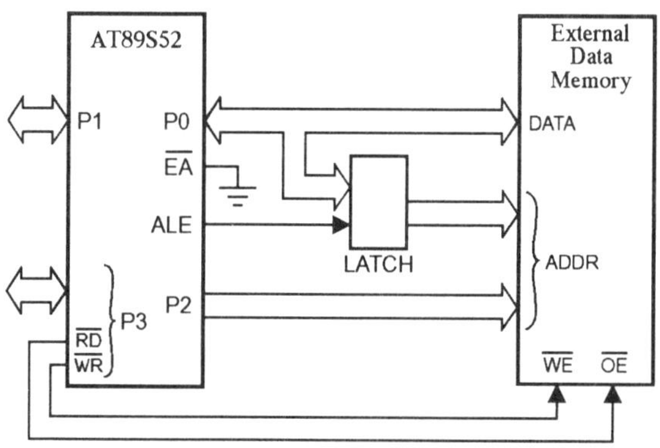

(a) 16비트 어드레스를 사용하는 경우

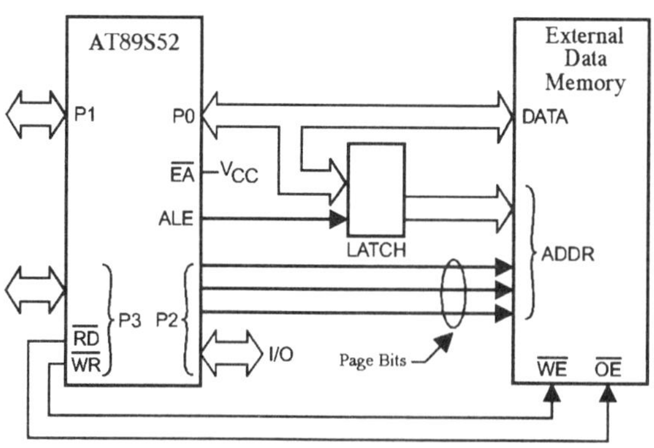

(b) 8비트 어드레스를 사용하는 경우

〈그림 1.2.16〉 외부에 데이터 메모리를 확장 인터페이스하는 방법

일반적으로는 외부 어드레스를 16비트로 인터페이스하고 DPTR을 사용하여 이를 간접 지정으로 액세스한다. 따라서, 이와 같이 <그림 1.2.16> (a)의 방법을 사용할 경우에는 외부 데이터 메모리를 최대 64KB까지 확장할 수 있다.

그러나, AT89S52에서 외부 프로그램 메모리를 사용하지 않고 내부의 프로그램 메모리만을 사용하며, 외부의 데이터 메모리가 아주 소용량으로도 가능한 시스템에서는 <그림 1.2.16>의 (b)처럼 외부 데이터 메모리를 8비트 어드레스로 인터페이스할 수도 있다. 이때는 외부 데이터 메모리를 액세스하는 명령에서 R0이나 R1 레지스터를 이용하여 간접 지정하는 방식을 사용하며, 이렇게 되면 포트2를 어드레스 버스로 사용하지 않고 병렬 I/O 포트로 사용할 수 있게 된다. 그러나, 이 경우에 좀더 용량이 큰 외부 데이터 메모리가 필요하다면 포트2의 일부 신호선을 사용하여 외부 데이터 메모리를 뱅크 지정(bank select) 방식으로 확장하여 처리할 수 있다.

외부에 I/O 소자를 확장하는 경우에는 이것들이 CPU에 의하여 리드 및 라이트될 수 있어야 하므로 AT89S52에서 외부 I/O는 외부 데이터 메모리와 같은 종류로 취급되는 메모리 맵 방식(memory-mapped I/O)을 사용하며, 따라서 외부 I/O 인터페이스 방법은 데이터 메모리의 확장 인터페이스 방법과 동일하다.

5. 워치독 타이머와 소비전력 절약 모드

(1) 워치독 타이머

워치독 타이머(Watchdog Timer)란 마이크로프로세서를 이용한 응용 시스템에서 고신뢰성을 지향하는 폴트 톨러런트 기술(fault tolerant technology)의 일종으로, 쉽게 설명하자면 CPU를 감시하는 “감시 타이머”이다. CPU가 정상적으로 동작하고 있는 동안에는 프로그램에 의하여 주기적으로 이 감시 타이머를 리셋시켜 타임아웃 신호가 발생하지 않도록 한다. 그러나, 시스템이 프로그램 오류, 하드웨어적인 고장, 잡음 등에 의하여 오동작하거나, 시스템의 특정 부분에서 과부하로 프로그램 실행이 막혀있는 등의 현상이 발생하면 이 워치독 타이머를 주기적으로 리셋시키지 못하게 되므로 일정 시간이 경과하면 타임아웃 신호가 발생된다. 일반적으로 이 워치 독 타이머에 의한 타임아웃 신호는 리셋 신호에 연결되어 CPU를 리셋시키거나 인터럽트 단자에 연결하여 CPU의 소프트웨어를 리스타트(restart)시키기도 한다. 이와같이 워치독 타이머는 주로 제어용으로 사용되는 미이크로콘트롤러에 내장되어 시스템의 신뢰성을 높이는데 기여하지만, 때로는 이 기능이 오히려 불편할 수도 있기 때문에 대부분의 경우에는 이를 소프트웨어적으로 설정하지 않으면 동작하지 않도록 되어 있다.

AT89S52 마이크로콘트롤러의 워치독 타이머는 14비트의 카운터와 워치독 타이머 리셋 레지스터 WDTRST로 구성된다★. 이것은 리셋 후에 디폴트로 동작하는 않는 상태로 있으며, 이것의 동작을 개시하려면 WDTRST 레지스터에 1EH와 E1H를 차례로 써주어야 한다. 워치독 타이머의 동작이 일단 시작되면 이를 멈추는 방법은 CPU를 리셋시키는 것 이외에는 없다.

워치독 타이머의 동작이 개시되면 14비트의 카운터는 시스템 클럭이 동작하는 동안 계속하여 각 머신 사이클마다 1씩 증가한다. 워치독 타이머에 의한 타임아웃이 발생하지 않게 하려면 사용자 프로그램에서 주기적으로 WDTRST 레지스터에 1EH와 E1H를 차례로 써서 카운터를 클리어시켜 주어야 하는데, 만약 *OK-89S52*에서처럼 시스템 클럭의 주파수가 24MHz라면

$$\frac{12}{24\times10^6}\times16383 \fallingdotseq 8.2\,[\mathrm{ms}]$$

이내에 한번씩 카운터를 클리어시켜야만 한다. AT89S52에서는 이 주기가 고정되어 있으나 AT89S8253과 같은 좀더 개선된 모델에서는 이를 소프트웨어적으로 가변시켜 설정할 수 있다. 만약, WDTRST 레지스터에 이러한 주기적인 라이트가 수행되지 않는다면 14비트 카운터가 오버플로우되어 CPU를 리셋시키며, 이때 만약 보조 레지스터 AUXR에서 DISRTO=0으로 설정하여 놓았다면 CPU의 RST 단자에 시스템 클럭의 98주기동안 1이 출력된다.

파워 다운 모드에서는 시스템 클럭의 발진이 정지되므로 당연히 워치독 타이머의 동작도 정지된다. 그러나, 아이들 모드에서는 워치독 타이머의 동작을 계속하도록 할 수도 있는데, 이렇게 설정하려면 보조 레지스터 AUXR에서 WDIDLE=0으로 초기화하면 된다. 그러나, 이 경우에 아이들 모드에서 워치독 타이머가 CPU를 리셋시키지 않도록 하려면 타이머를 이용하여 주기적으로 아이들 모드에서 벗어나 WDTRST 레지스터를 클리어시키고 다시 아이들 모드로 들어가야 한다.

(2) 소비전력 절약 모드

AT89S52는 아이들 모드(idle mode)와 파워 다운 모드(power down mode)라고 부르는 2가지의 소비전력 절약 모드(sleep mode)를 가지고 있다. 이것들은 CPU의 일부

또는 전체에 시스템 클럭을 공급하지 않음으로써 해당 하드웨어의 동작을 정지시키는 방법으로 소비전력을 절약하는 방법인데, 이는 배터리와 같은 한정된 에너지를 사용하는 시스템에서 유용하다. 이 모드들은 사용자 프로그램에서 PCON 레지스터를 사용하여 소프트웨어적으로 설정할 수 있으며, 이를 해제하려면 CPU를 리셋하거나 인터럽트가 요청되고 허용되어야 한다.

파워 제어 레지스터(Power Control Register) PCON의 비트 구성은 <그림 1.2.17>과 같다. 여기서 IDL이나 PD 비트를 1로 하면 각각 아이들 모드와 파워 다운 모드로 동작하며, 이것들을 모두 1로 설정하였다면 파워 다운 모드가 된다.

b7	b6	b5	b4	b3	b2	b1	b0
SMOD	-	-	-	GF1	GF0	PD	IDL
0	×	×	×	0	0	0	0

비트	비트 이름		기 능
7	SMOD	double baud rate	1 = 직렬통신 포트의 모드1, 2, 3에서 보레이트를 2배로 설정
3 2	GF1 GF0	general-purpose flag	인터럽트 발생 전에 정상 상태였는지 아이들 모드였는지를 구분하는 용도로 사용 가능
1	PD	power-down mode	0 = 파워 다운 모드를 사용하지 않음 1 = CPU가 파워 다운 모드로 들어감
0	IDL	idle mode	0 = 아이들 모드를 사용하지 않음 1 = CPU가 아이들 모드로 들어감

〈그림 1.2.17〉 파워 제어 레지스터 PCON

GF1과 GF0은 특별한 용도가 없는 사용자 플랙이지만 인터럽트가 발생하기 전에 정상 상태에 있었는지 소비전력 절약 모드에 있었는지를 구분하는 용도로 사용될 수 있다. 즉, 아이들 모드나 파워 다운 모드를 설정할 때 이들 비트를 적절히 세트시켜 누면 나중에 인터럽트가 발생하여 이 모드가 해제되었을 경우 IDL과 PD 비트는 모두 클리어되지만 인터럽트 서비스 루틴에서 이들 GF1과 GF0 비트를 조사하면 인터럽트 발생전에 CPU가 어떤 상태에 있었는지를 알 수 있다.

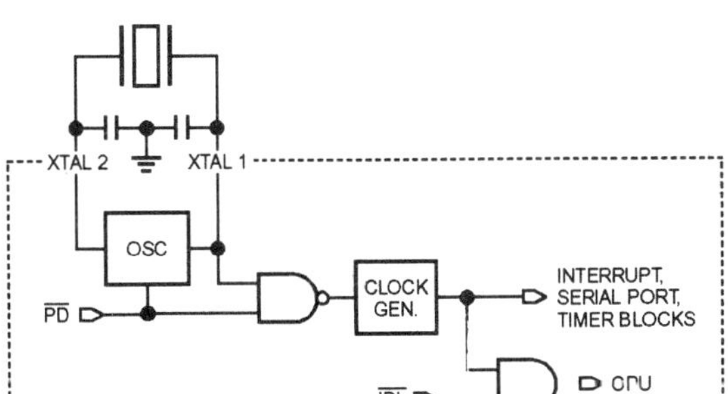

〈그림 1.2.18〉 AT89S52의 파워 절약 모드를 위한 내부 하드웨어 구조

▣ 아이들 모드

아이들 모드는 사용자가 PCON 레지스터에서 IDL=1로 설정하면 시작되며, 이 모드로 설정하면 <그림 1.2.18>에서 보듯이 $\overline{IDL} = 0$으로 되어 CPU 코어로 들어가는 시스템 클럭을 차단하므로 CPU 코어의 모든 동작이 금지되며, 따라서 소비전력이 크게 절감된다. 그러나, 인터럽트 콘트롤러, 직렬통신 포트, 타이머 등의 주변장치에는 정상적으로 클럭이 공급된다.

아이들 모드에서는 AT89S52의 내부 RAM이나 프로그램 카운터 PC나 스택 포인터 SP, 누산기 A, 상태 레지스터 PSW와 같은 모든 SFR이 원래의 값을 유지한다. 또한 병렬 I/O 포트의 출력값도 원래대로 유지되며, ALE와 $\overline{PSEN}$ 신호는 약하게 풀업된다.

아이들 모드에서는 프로그램의 실행이 정지되므로 소프트웨어적으로 이를 해제할 수는 없으며, 리셋이나 인터럽트에 의해서만 이를 해제할 수 있다. 아이들 모드에서는 시스템 클럭의 발진회로가 정상으로 동작하고 있으므로 리셋 신호가 2머신 사이클 이상동안 인가되면 아이들 모드를 해제시킨다. 인터럽트 허용 상태에서 인터럽트가 발생되면 하드웨어적으로 IDL=0으로 클리어되어 아이들 모드가 해제된다. 아이들 모드가 해제되면 곧바로 이 인터럽트가 처리되며, RETI 명령을 만나면 아이들 모드가 시작되었던 바로 다음의 명령으로 프로그램이 복귀된다.

▣ 파워 다운 모드

파워 다운 모드는 사용자가 PCON 레지스터에서 PD=1로 설정하면 시작되며, 이 모드로 설정하면 <그림 1.2.18>에서 보듯이 $\overline{PD} = 0$으로 되어 시스템 클럭을 발생하는 오실레이터 회로의 동작을 금지시키므로 AT89S52 내부의 모든 동작이 금지되며, 따라서 아이들 모드보다도 소비전력이 더욱 크게 절감된다. 파워 다운 모드에서도 AT89S52의 내부 RAM이나 모든 SFR은 원래의 값으로 유지되며, ALE와 $\overline{PSEN}$ 신호는 L상태로 된다. 파워 다운 모드에 있는 동안에는 CPU의 공급 전압이 2.0V까지 떨어져도 무방하다.

파워 다운 모드에서도 시스템 클럭이 발생되지 않아 프로그램의 실행이 정지되므로 소프트웨어적으로는 이를 해제할 수는 없으며, 리셋이나 외부 인터럽트($\overline{INT0}$, $\overline{INT1}$)에 의해서만 이를 해제할 수 있다. 파워 다운 모드에서는 시스템 클럭의 발진회로가 정지되어 있으므로 리셋에 의하여 이 모드를 해제하려면 발진회로가 다시 동작을 개시하여 안정된 시스템 클럭 신호를 출력할 수 있도록 10ms 이상의 충분한 시간동안 리셋 신호를 인가하는 것이 바람직하다.

아이들 모드와 파워 다운 모드에서 AT89252의 외부 핀들이 어떤 상태를 갖게 되는지 정리하면 <표 1.2.3>과 같다.

〈그림 1.2.3〉 아이들 모드와 파워 다운 모드에서 외부 핀의 상태

모드	프로그램 메모리	ALE	$\overline{PSEN}$	포트0	포트1	포트2	포트3
아이들 모드	내부	1	1	port data	port data	port data	port data
	외부	1	1	float	port data	address	port data
파워 다운 모드	내부	0	0	port data	port data	port data	port data
	외부	0	0	float	port data	port data	port data

6. AT89S52의 동작 타이밍

AT89S52 마이크로콘트롤러에서 1개의 머신 사이클(machine cycle)은 S1~S6의 6개 스테이트(state)로 구성되고, 각 스테이트는 2개의 클럭 주기로 구성된다. 각 스테이트를 구성하는 2개 클럭의 앞쪽에 있는 1주기를 위상1(phase 1)이라고 하고, 뒤쪽에 있는 1주기를 위상2(phase 2)라고 한다. 결과적으로 1개의 머신 사이클은 12개의 클럭 주기로 구성되며, 따라서 *OK-89S52* 키트에서처럼 24MHz의 클럭을 사용한다면 1 머신 사이클은 0.5[μs]가 된다. AT89S52에서의 모든 CPU 명령은 머신 사이클 단위의 시간으로 실행된다.

AT89S52는 다른 종류의 마이크로프로세서에 비하여 매우 특이하고 규칙적인 동작 타이밍을 가진다. 이것은 12클럭 주기가 1사이클을 구성하므로 전체적인 동작이 매우 느린 편이며, 따라서 LCD 모듈처럼 액세스 시간이 긴 외부의 느린 소자에 대하여 웨이트 사이클(wait cycle)을 부여하는 기능도 없다. 이러한 점은 동작속도가 느린 24MHz 정도 이하의 시스템 클럭에서는 별로 문제가 되지 않으나, 시스템 클럭이 점점 높아져서 33MHz나 그 이상으로 높아지면 문제가 될 수도 있다.

AT89S52의 보다 자세한 동작 타이밍에 대하여는 <부록 1>의 데이터 시트를 참조하라. 이러한 기술적인 문서의 동작 타이밍도(timing diagram)에서 사용되는 표시와 그것들의 의미를 요약하면 <그림 1.2.19>와 같다. 여기서는 자세한 타이밍 값을 제외하고, AT89S52의 명령 및 데이터 액세스에 관련된 기본적인 동작을 이해하는 차원에서 CPU의 동작 타이밍을 알아보기로 한다.

기 호	입력 신호로 사용될 때	출력 신호로 사용될 때
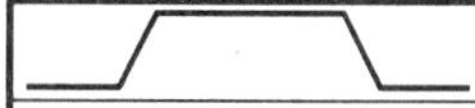	신호가 L→H→L 상태로 바뀌어 입력됨.	신호가 L→H→L 상태로 바뀌어 출력됨.
	신호가 L→H 상태로 바뀌어 입력되지만 동작시간은 다소 가변적임.	신호가 L→H 상태로 바뀌어 출력되지만 동작시간은 다소 가변적임.
	신호가 H→L 상태로 바뀌어 입력되지만 동작시간은 다소 가변적임.	신호가 H→L 상태로 바뀌어 출력되지만 동작시간은 다소 가변적임.
	이 구간에서만 유효한 데이터 신호가 입력됨.	이 구간에서만 유효한 데이터 신호가 출력됨.
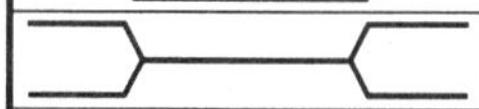	-	이 구간에서 출력은 3-스테이트로 유지됨.
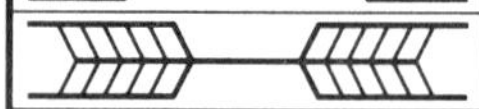	-	이 구간에서 출력은 3-스테이트로 유지되지만 동작시간은 다소 가변적임.
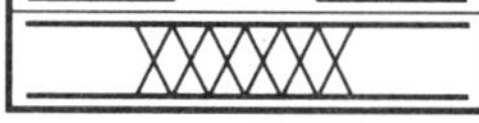	이 구간에서는 입력신호가 don't care 조건임.	이 구간에서는 출력신호의 상태를 알 수 없음.

〈그림 1.2.19〉 동작 타이밍도에서 사용하는 기호

(1) 명령 인출 및 실행 동작 타이밍

AT89S52에서 기본적인 몇가지 명령실행 동작의 타이밍을 <그림 1.2.20>에 나타냈다. AT89S52는 기본적으로 각 머신 사이클동안 2회씩의 프로그램 명령 페치(fetch) 동작을 수행한다. 그러나, 만약 명령이 1바이트로 구성되어 2번째의 페치 동작이 필요 없다면 CPU는 이렇게 추가적으로 페치된 명령 코드를 무시하며 이때는 당연히 프로그램 카운터의 값도 증가하지 않는다. CPU에서 이러한 무효한 리드 동작을 보통 더미리드(dummy read)라고 한다.

이 그림의 (a), (b)처럼 1사이클에 실행되는 명령은 스테이트1에서 명령이 시작되어 읽혀진 명령이 명령 레지스터에 저장된다. 2번째의 페치는 스테이트4에 시작되는데 1바이트 명령에서는 이것이 더미 리드 동작이며, 스테이트6에서 이 명령의 실행이 모두 완료된다.

그러나, 그림의 (c)에서와 같이 1바이트 명령이면서 2개의 머신 사이클에 실행되는 명령에서는 전체적으로 4회의 명령 코드 페치가 수행되며 이중에서 뒤의 3차례에 걸쳐서 읽은 코드는 모두 더미 리드 동작으로서 무시된다.

그러나, 그림의 (d)에서와 같은 MOVX 명령은 똑같이 1바이트 2사이클 명령이지만 (c)에서와는 전혀 다르게 실행된다. 즉, 첫번째 ALE 신호에서 명령 코드를 읽은 후에 두번째의 ALE 신호에서는 이 명령이 액세스할 데이터 메모리의 번지를 출력하며, 2번째 머신 사이클에서 전반부에는 이 명령을 실행하는 데이터 메모리를 액세스한다. 따라서, 항상 규칙적으로 각 머신 사이클에 2회씩 출력되던 ALE 신호가 이때는 한번 출력되지 않는다.(이렇게 데이터 메모리를 액세스할 때 앞 사이클에서 데이터 메모리의 번지를 미리 외부 래치에 출력시켜 두는 것은 충분한 동작시간을 부여함으로써 매우 느린 I/O 디바이스에 대해서도 웨이트 사이클이 없이 액세스가 가능하도록 함일 것이다. 따라서, AT89S52에서는 웨이트 사이클을 부여하는 기능이 없더라도 매우 느린 소자를 액세스할 수 있게 된다.) MOVX 명령에서는 간접번지로 @Ri를 사용할 수도 있고 @DPTR을 사용할 수도 있는데, 이것들은 외부 어드레스를 각각 8비트 또는 16비트로 사용할 뿐이고 어느 경우에나 그 동작 타이밍은 같다.

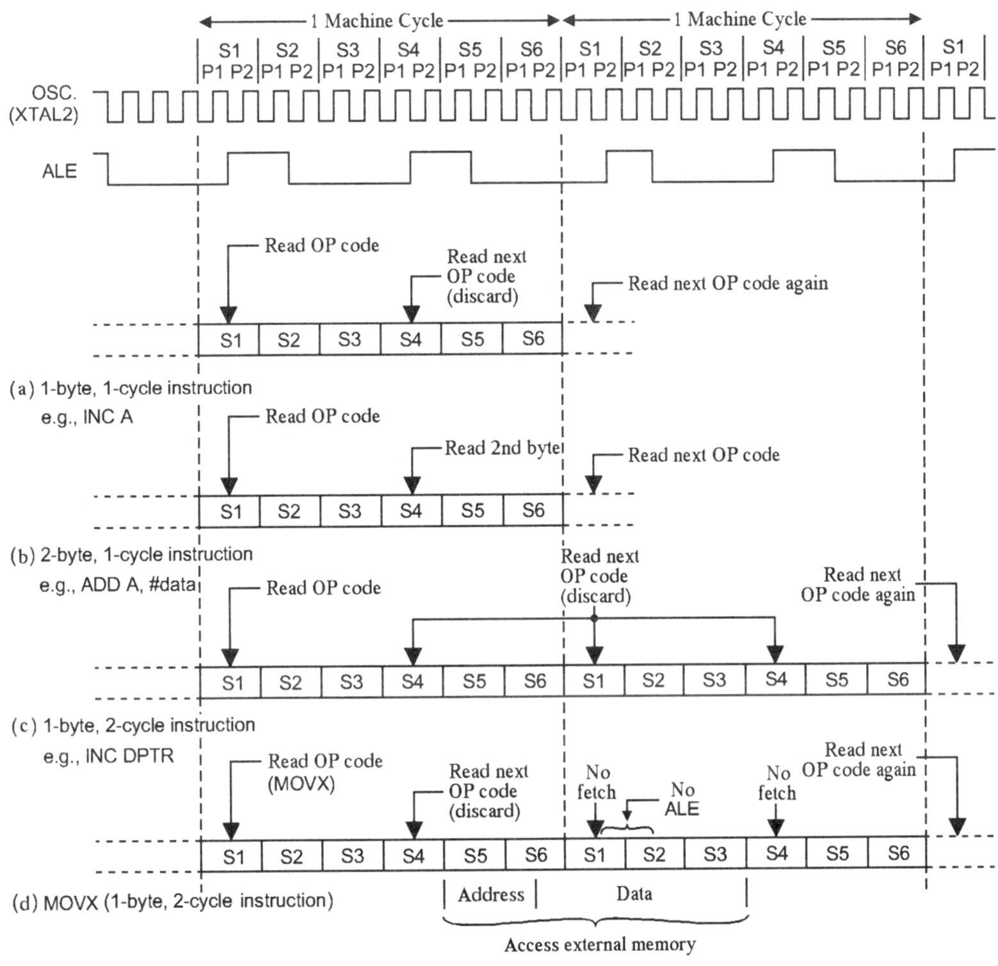

〈그림 1.2.20〉 AT89S52의 명령코드 페치와 실행 동작 타이밍

이러한 명령의 페치 및 실행에 관한 동작 타이밍을 약간 다른 각도에서 다시 그림으로 설명하면 <그림 1.2.21>과 같다. 이를 보면 어드레스 버스 및 데이터 버스의 동작과 각 제어신호의 동작을 좀더 확실하게 일 수 있다.

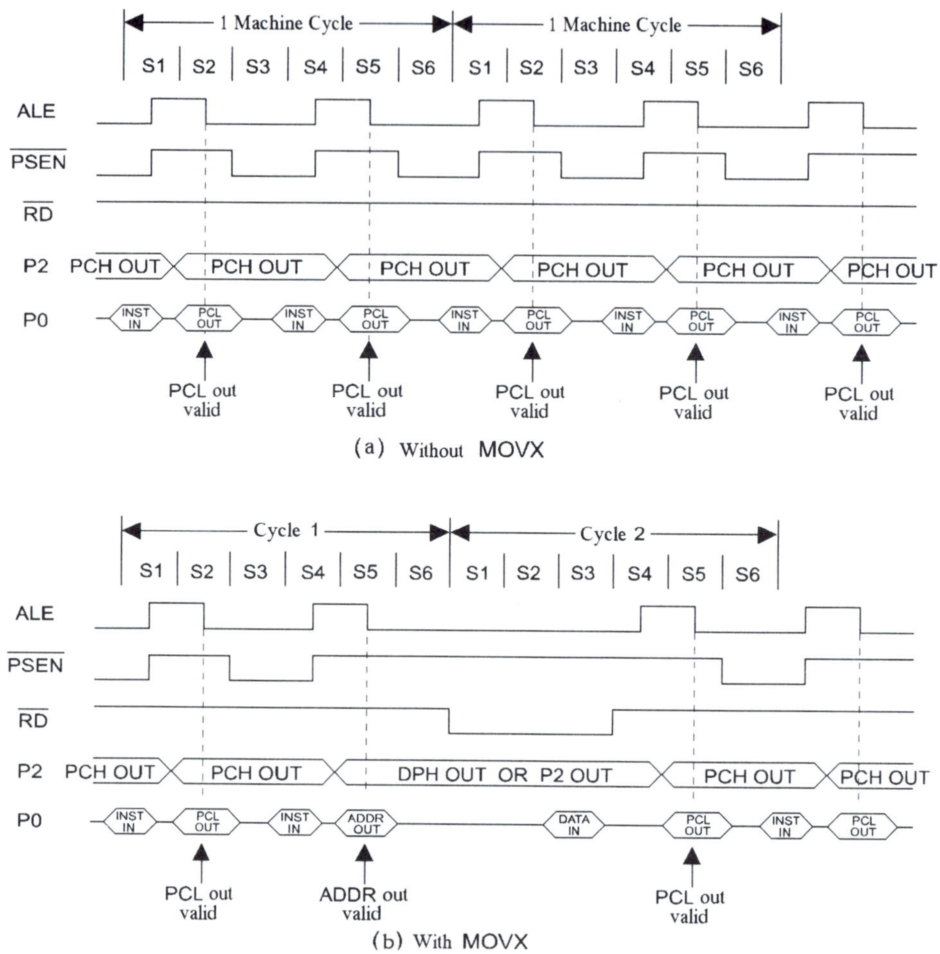

〈그림 1.2.21〉 AT89S52의 명령코드 페치와 실행 동작 타이밍

(2) 프로그램 메모리의 리드 동작 타이밍

앞에서도 설명했듯이 AT89S52가 외부의 프로그램 메모리를 액세스할 때는 ALE 신호와 $\overline{\text{PSEN}}$ 신호를 사용한다. 특히 이때 $\overline{\text{PSEN}}$ 신호는 데이터 메모리를 액세스하는 경우의 $\overline{\text{RD}}$ 신호처럼 프로그램 메모리에 대하여 리드 스트로브(read strobe)의 기능을 수행한다. 이 때문에 프로그램 메모리에서 실제로 명령 코드가 읽혀지는 것은 $\overline{\text{PSEN}}$ 신호의 상승 에지 부근이 되며, 이를 동작 파형으로 보이면 <그림 1.2.22>와 같다.

이와 같이 실제로 프로그램 메모리가 읽혀지는 동작은 $\overline{\text{PSEN}}$ 신호에 의하여 수행되기 때문에 예상보다 1클럭 주기만큼 늦게 수행되는데 주의하라. 즉, 하나의 머신 사이클에서 전반부의 리드 동작은 S3P2가 아니라 S4P1에 수행되며, 후반부의 리드 동작은 S6P2가 아니라 다음 사이클의 첫번째 클럭인 S1P1에 수행된다.

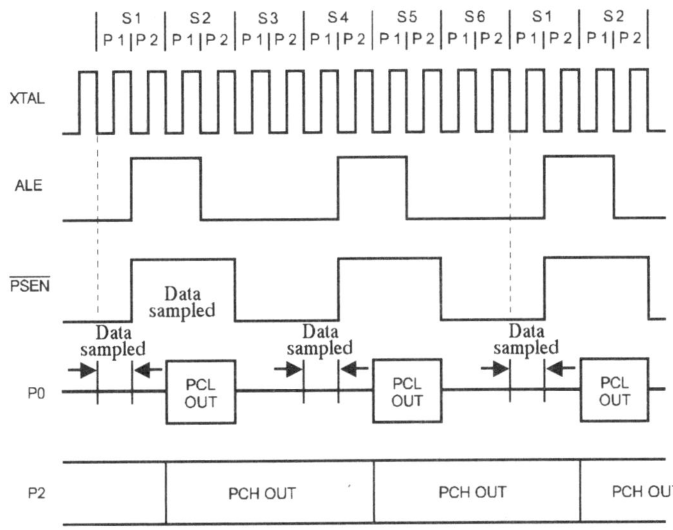

〈그림 1.2.22〉 AT89S52의 외부 프로그램 메모리 리드 동작 타이밍

(3) 데이터 메모리의 리드/라이트 동작 타이밍

AT89S52의 외부 데이터 메모리를 리드하는 동작은 $\overline{RD}$ 신호에 의하여 제어된다. 이것은 MOVX 명령의 동작 타이밍에서 살펴보았듯이 앞 사이클의 S4~S6 동안에 ALE 신호에 의하여 외부 데이터 메모리를 지정하는 어드레스가 래치되고, 두번째 사이클의 S1~S3 동안에 $\overline{RD}$ 신호가 L상태로 되어 S3P1 동안에 CPU에 의하여 데이터가 실제로 읽혀진다. 따라서, <그림 1.2.23>의 (a)에서 보듯이 이렇게 읽혀지는 외부 데이터 메모리에게는 대략 4.5스테이트(9클럭 주기)만큼의 액세스 시간이 허용된다. 24MHz의 시스템 클럭에서 이는 약 375[ns]에 해당하므로 가장 느린 메모리 소자 또는 I/O 디바이스라도 별 문제없이 액세스할 수 있게 되는 것이다.

외부 데이터 메모리를 라이트하는 동작 타이밍은 <그림 1.2.23>의 (b)에 보였으며, $\overline{RD}$ 신호에 대신에 $\overline{WR}$ 신호에 의하여 제어되는 것을 제외하고는 리드 동작의 타이밍과 동일하다.

앞에서도 설명하였듯이 MOVX 명령에서는 간접번지로 @Ri를 사용하든 @DPTR을 사용하든 외부 이드레스의 길이는 다르지만 액세스 동자 타이밍은 서로 같다.

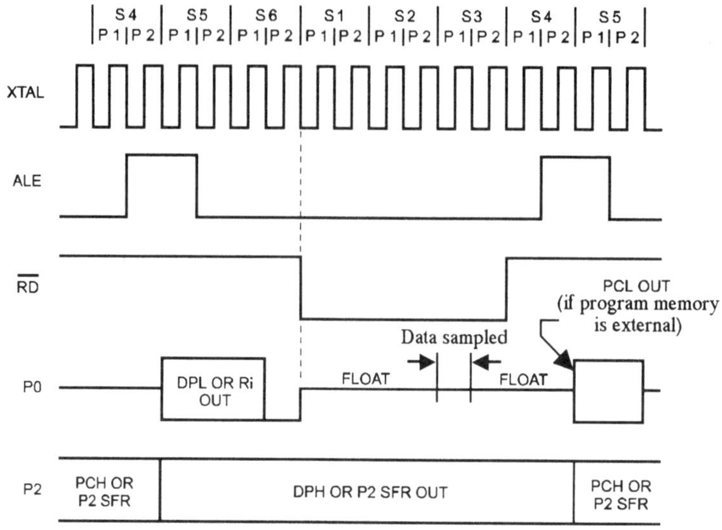

(a) 리드 동작

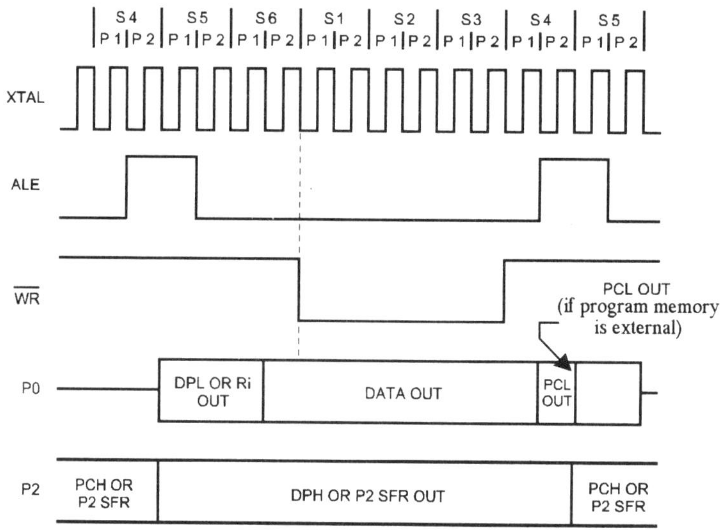

(b) 라이트 동작

〈그림 1.2.23〉 AT89S52의 외부 데이터 메모리 리드/라이트 동작 타이밍

(4) 병렬 I/O 포트의 동작 타이밍

AT89S52에서 주변장치와 관련된 여러가지 입력 신호들은 CPU에 의해서 항상 체크되는 것이 아니라 각 머신 사이클의 지정된 순간에 한번씩만 샘플링된다. 예를 들면 <그림 1.2.24>와 같이 포트0~3에서 입력되는 데이터는 S5P1에서 샘플링된다. 또한,

직렬통신 포트의 모드0에서 동기 클럭 신호는 각 머신 사이클의 S5P2에서 샘플링되며, 1문자의 수신이 완료되면 그 다음 사이클의 S5P2에서 이 수신 문자가 샘플링되어 SBUF에 저장된다.

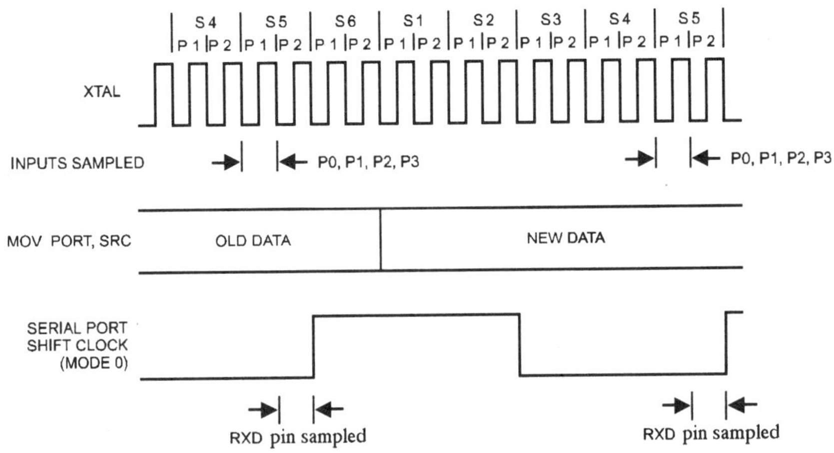

〈그림 1.2.24〉 AT89S52의 병렬 I/O 포트 동작 타이밍

◀휴게실▶ **공학기술 분야에서 수를 나타내는 말**

(1) 10의 멱수

수	접두어	기호
10^{-18}	atto-	*a*
10^{-15}	femto-	*f*
10^{-12}	pico-	*p*
10^{-9}	nano-	*n*
10^{-6}	micro-	μ
10^{-3}	milli-	*m*
10^{-2}	centi-	*c*
10^{-1}	deci-	*d*
10^{1}	deca-, deka-	*da*
10^{2}	hecto-	*h*
10^{3}	kilo-	*k*
10^{6}	mega-	*M*
10^{9}	giga-	*G*
10^{12}	tera-	*T*
10^{15}	peta-	*P*
10^{18}	exa-	*E*

(2) 정수

수	라틴어 어원	그리스어 어원	기 타
1	uni-	mono-	single
2	bi-	di-	dual
3	ter-	tri-	triple
4	quadri-	tetra-	quad, quadruple
5	quinque-	penta-	
6	sex(a)-	hexa-	hex
7	sept(a)-	hepta-	
8	oct(a)-	octa-	octal
9	novem-	nona-	
10	decem-	deca-, deka-	decade, decimal

1.3 AT89S52의 명령 세트

이 절에서는 AT89S52 마이크로콘트롤러에서 사용하는 명령어에서의 주소지정 방식, 명령의 형식 및 종류 등에 대하여 설명한다.

1. AT89S52의 어드레싱 모드

MCS-51 호환의 마이크로콘트롤러에서 가장 우수한 소프트웨어적인 특징은 비트 단위의 부울연산(Boolean processing) 기능이다. 이는 여러가지의 입출력 제어에서 매우 유용하게 사용되므로 AT89S52가 콘트롤러로서 적합한 CPU라는 것을 보여준다.

AT89S52는 매우 단순한 어드레싱 모드(addressing mode)를 가진다. 이것은 명령 처리 과정을 단순화시켜 처리속도가 빨라질 수 있다는 점에서는 장점이 되지만, 사용자가 어셈블리 언어로 프로그래밍 작업을 수행할 때 오퍼런드의 처리방식이 다양하지 못하여 불편하다는 점에서는 단점이 된다.

AT89S52가 취급하는 데이터는 16비트 레지스터 DPTR과 곱셈명령 MUL AB를 수행하였을 때 16비트의 결과가 저장되는 B:A 레지스터쌍을 제외하면 모두 8비트이다.

(1) 직접 어드레싱 모드

직접 어드레싱 모드(direct addressing mode)는 명령어에서 8비트 수로 오퍼런드의 어드레스를 직접 지정하는 방식이다. 이것은 내부 데이터 메모리의 하위 128바이트(00H~7FH)나 SFR을 액세스할 때만 적용된다.

이 어드레싱 모드를 사용하면 명령에서 오퍼런드가 8비트 번지로 표현되므로 기계어 코드가 짧아지고, 명령의 실행 속도가 빠른 장점이 있다.

예
```
        MOV    A,50H           ; A ← (50H)
        ADD    A,52H           ; A ← A + (52H)
```

(2) 간접 어드레싱 모드

간접 어드레싱 모드(indirect addressing mode)는 오퍼런드의 주소를 저장하고 있는 레지스터를 이용하여 오퍼런드를 간접적으로 지정하는 방식이다. 이것은 내부 데이터 메모리나 외부 데이터 메모리를 액세스하는데 모두 적용된다.

이 어드레싱 모드에서 레지스터로서 R0, R1이나 스택 포인터를 사용하면 오퍼런드를 가리키는 번지가 8비트로 표현되고, DPTR을 사용하면 오퍼런드를 가리키는 번지가 16비트로 표현된다. 간접 어드레싱을 나타내는 레지스터의 앞에는 반드시 @기호를 붙인다.

예
```
MOV    A,@R0        ; A ← (R0)
ADD    A,@R1        ; A ← A + (R1)
MOVX   A,@DPTR      ; A ← (DPTR)
```

(3) 레지스터 어드레싱 모드

레지스터 어드레싱 모드(register addressing mode)는 R0~R7을 포함하는 레지스터 뱅크를 액세스하는 방식이다. 이 레지스터들은 명령의 Op 코드내에 있는 특정한 3비트에 의하여 지정된다. 따라서, 이 명령에서는 오퍼런드를 표시하는 추가적인 바이트를 사용하지 않으므로 기계어 코드가 짧아지는 장점이 있다.

레지스터 뱅크는 4개가 있는데, 이중에서 어느 레지스터 뱅크를 사용할지는 상태레지스터 PSW에 의하여 지정된다.

이밖에 특정한 레지스터를 무조건 오퍼런드로 사용하는 어드레싱 모드도 있다. 예를 들어 연산 명령에서 항상 중심적으로 사용하는 누산기 A는 기계어 명령 코드의 어디에도 이를 사용하라는 표시가 없다. 이를 accumulator-specific instruction이라고 부른다.

예
```
MOV    A,R0         ; A ← R0
ADD    A,R7         ; A ← A + R7
```

(4) 즉치 어드레싱 모드

즉치 어드레싱 모드(immediate addressing mode)는 오퍼런드가 명령 코드중에 상수값으로 포함되어 있는 방식으로서, 오퍼런드는 DPTR을 제외하고는 항상 8비트이다. 명령에 사용되는 즉치 데이터의 앞에는 반드시 #기호를 사용한다.

예
```
MOV    A,#12           ; A ← 12
ADD    A,#34H          ; A ← A + 34H
MOV    DPTR,#1234H     ; DPTR ← 1234H
```

인텔에서는 어드레싱 모드를 더 이상 분류하지 않고 있지만, 내용적으로는 이외에도 여러 가지의 어드레싱 모드가 있다. 예를 들면 내부 데이터 메모리의 20H~2FH 번지나 SFR 영역의 특정 레지스터들을 각 비트 단위로 지정하는 **비트 어드레싱 모드(bit addressing mode)**가 있다.

또한, 점프 명령에서 점프할 번지를 8비트 2의 보수로 표현하는 **상대 어드레싱 모드(relative addressing mode)**, 점프할 번지를 11비트 절대값으로 표현하는 **절대 어드레싱 모드(absolute addressing mode)**, 점프할 번지를 16비트 절대값으로 표현하는 **롱 어드레싱 모드(long addressing mode)** 등도 있다.

2. AT89S52의 명령 세트

AT89S52의 명령어는 총 111종에 이르는데, 이것들은 명령의 종류에 따라 크게 데이터 이동 명령, 산술연산 명령, 논리연산 명령, 부울연산 명령, 분기 명령, 기타 명령 등으로 나눌 수 있다. 각 명령의 기계어 코드는 1~3 바이트로 구성되고, 각 명령에 따라 실행시간은 1~4 머신 사이클이 되며, 만약 *OK-89S52* 키트에서처럼 24MHz의 시스템 클럭을 사용한다면 1머신 사이클은 0.5[μs]의 실행시간이 된다.

이들 명령 하나하나에 대한 동작 설명이나 기계어 코드, 실행시간 등에 관하여는 이 절의 마지막 부분에서 요약 정리하며, 여기서는 이것들의 대체적인 윤곽을 소개하기로 한다. AT89S52의 명령어를 기능별로 요약하면 <표 1.3.1>과 같다. 이들 명령은 AT89S52뿐만 아니라 모든 MCS-51 시리즈의 마이크로콘트롤러에서 동일하다.

〈표 1.3.1〉 AT89S52 명령의 기능별 분류

기능별 분류	명 령 어				
데이터 이동 명령	MOV PUSH	MOVC POP	MOVX	XCH	XCHD	
산술연산 명령	ADD MUL	ADDC DIV	SUBB	INC	DEC	DA
논리연산 명령	ANL RL A	ORL RLC A	XRL RR A	CLR A RRC A	CPL A	SWAP A
부울 연산 명령	CLR C MOV C,bit	SETB C MOV bit,C	CPL C ANL C,bit	CLR bit ANL C,/bit	SETB bit ORL C,bit	CPL bit ORL C,/bit
분기 명령	ACALL SJMP JZ JB bit,rel	LCALL AJMP JNZ	RET LJMP JC JNB bit,rel	RETI JMP @A+DPTR JNC	CJNE JBC bit,rel	DJNZ
기타	NOP					

(1) 데이터 이동 명령

데이터 이동 명령은 누산기, 레지스터 R0~R7, 내부 데이터 메모리 등에 어떤 데이터를 로드하는 명령이다. 이 명령들은 <표 1.3.2>에 나타낸 것처럼 4가지의 기본 어드레싱 모드(직접, 간접, 레지스터, 즉치)를 모두 사용한다.

데이터 이동에 관한 명령에는 이밖에도 **프로그램 메모리를 액세스하는 MOVC 명령**과 **외부 데이터 메모리를 액세스하는 MOVX 명령**이 있다. MOVC(MOVe Constant) 명령은 이름 그대로 내부 또는 외부의 프로그램 메모리에 저장된 상수 데이터를 읽어들이는 명령으로 <표 1.3.3>에 보인 바와 같이 DPTR 또는 PC에 누산기 A를 더하여 메모리 번지를 간접 지정한다. 누산기 A의 값으로는 00H~FFH를 사용할 수 있으므로 256바이트 이내의 조견표(lookup table)를 만들어 사용하는데 편리하다.

〈표 1.3.2〉 데이터 이동 명령

니모닉	동 작	어드레싱 모드(명령의 바이트 수)				실행시간 (머신 사이클)
		Direct	Indirect	Register	Immediate	
MOV A,〈src〉	A ← 〈src〉	2	1	1	2	1
MOV 〈dest〉,A	〈dest〉 ← A	2	1	1		1
MOV 〈dest〉,〈src〉	〈dest〉 ← 〈src〉	3	2	2	3	2
MOV DPTR,#data16	DPTR ← 16 bit constant				3	2
PUSH 〈src〉	① INC SP ② MOV @SP,〈src〉	2				2
POP 〈dest〉	① MOV 〈dest〉,@SP ② DEC SP	2				2
XCH A,〈byte〉	A ↔ 〈byte〉	2	1	1		1
XCHD A,@Ri	A_{3-0} ↔ $(Ri)_{3-0}$		1			1

〈표 1.3.3〉 프로그램 메모리를 액세스하는 명령

니모닉	동 작 (명령의 바이트 수)	실행시간 (머신사이클)
MOVC A,@A+DPTR	A ← 프로그램 메모리의 (A+DPTR) (1)	2
MOVC A,@A+PC	A ← 프로그램 메모리의 (A+PC) (1)	2

〈표 1.3.4〉 외부 데이터 메모리를 액세스하는 명령

니모닉	동 작 (명령의 바이트 수)		실행시간 (머신사이클)
MOVX A,@Ri	리드 : A ← 외부 데이터 메모리의 @Ri (1)	8비트 어드레스	2
MOVX @Ri,A	라이트 : 외부 데이터 메모리의 @Ri ← A (1)		2
MOVX A,@DPTR	리드 : A ← 외부 데이터 메모리의 @DPTR (1)	16비트 어드레스	2
MOVX @DPTR,A	라이트 : 외부 데이터 메모리의 @DPTR ← A (1)		2

MOVX(MOVe eXternal data memory) 명령은 이름 그대로 외부의 데이터 메모리에 있는 데이터를 액세스하는 명령으로 <표 1.3.4>에 보인 바와 같이 R0, R1 또는 DPTR

을 이용하여 메모리 번지를 간접 지정한다. R0, R1을 사용하면 메모리를 8비트 어드레스로 지정하므로 외부 어드레스 버스의 하위 바이트인 A0~A7만을 사용하고, 따라서 기본적으로 외부 데이터 메모리는 최대 256바이트를 사용할 수 있게 된다. 이 메모리 용량을 늘리려면 병렬 I/O 포트를 이용하여 뱅크를 지정하는 방식을 사용한다. 그러나, DPTR 레지스터를 사용하면 메모리를 16비트 어드레스로 지정하므로 외부 어드레스 버스의 A0~A15를 모두 사용하고, 따라서 기본적으로 외부 데이터 메모리는 최대 64KB를 사용할 수 있게 된다.

그러나, 내부 데이터 메모리를 액세스하는데는 MOV 명령의 직접번지 지정을 사용하며 MOVX 명령을 사용할 수 없다.

(2) 산술연산 명령

AT89S52에는 정수 데이터의 덧셈과 뺄셈은 물론 비교적 기능이 미약하기는 하지만 곱셈과 나눗셈의 명령도 가지고 있다. 산술연산 명령은 상태 레지스터 PSW와 매우 밀접한 관련이 있으므로 미리 <그림 1.2.11>을 잘 익혀 두기 바란다.

〈표 1.3.5〉 산술연산 명령

니모닉	동 작	어드레싱 모드(명령의 바이트 수)				실행시간 (머신 사이클)
		Direct	Indirect	Register	Immediate	
ADD A,〈byte〉	A ← A + 〈byte〉	2	1	1	2	1
ADDC A,〈byte〉	A ← A + 〈byte〉 + CY	2	1	1	2	1
SUBB A,〈byte〉	A ← A - 〈byte〉 - CY	2	1	1	2	1
INC A	A ← A + 1	누산기 A에만 적용(1)				1
INC 〈byte〉	〈byte〉 ← 〈byte〉 + 1	2	1	1		1
INC DPTR	DPTR ← DPTR + 1	데이터 포인터 DPTR에만 적용(1)				2
DEC A	A ← A - 1	누산기 A에만 적용(1)				1
DEC 〈byte〉	〈byte〉 ← 〈byte〉 - 1	2	1	1		1
DA A	Decimal adjust accumulator	누산기 A에만 적용(1)				1
MUL AB	B:A = A × B	누산기 A 및 B 레지스터에만 적용(1)				4
DIV AB	A ← int(A/B), B ← mod(A/B)	누산기 A 및 B 레지스터에만 적용(1)				4

<표 1.3.5>에 나타낸 것처럼 덧셈 명령에는 기본적인 8비트 덧셈인 ADD 명령과, 루프를 이용하여 큰 수를 덧셈할 때 사용할 수 있도록 캐리 플랙(carry flag)을 함께 더하는 ADDC 명령이 있으며, INC 명령도 넓은 범주에서 덧셈 명령에 해당한다.

이에 비하여 뺄셈 명령은 덧셈의 ADDC에 해당하는 SUBB 명령만을 가지고 있다. 뺄셈을 수행할 때는 캐리 플랙이 자리내림 플랙(borrow flag)으로 사용된다. 뺄셈 명령에는 SUB 명령이 없으므로 단순한 1바이트의 뺄셈을 수행하려면 먼저 CLR C 명령으

로 캐리 플랙을 0으로 만든 후에 SUBB 명령을 사용해야 한다. 이밖에 DEC 명령도 넓은 범주에서 뺄셈 명령에 해당한다. 모든 산술연산이 누산기에서만 가능하지만, INC 및 DEC 명령만은 레지스터 R0~R7이나 내부 데이터 메모리에서도 수행할 수 있다.

DA A 명령은 2개의 밀집형 10진수(packed BCD)를 더한 후에 누산기에 저장되어 있는 그 결과를 다시 밀집형 10진수로 변환함으로써 2진 연산만 수행할 수 있는 가산기 회로를 사용하여 BCD(Binary-Coded Decimal number) 연산이 가능하도록 처리해주는 명령이다.

(a) 직접 어드레싱 모드 : ADD A,direct

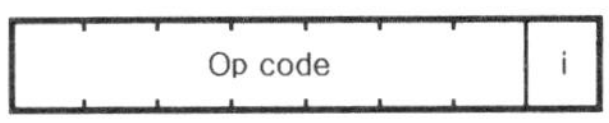

(b) 간접 어드레싱 모드 : ADD A,@Ri

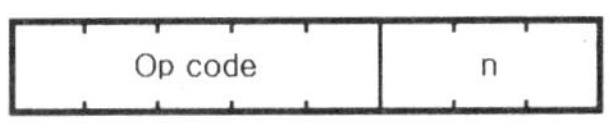

(c) 레지스터 어드레싱 모드 : ADD A,Rn

(d) 즉치 어드레싱 모드 : ADD A,#data

〈그림 1.3.1〉 대표적인 어드레싱 모드에 따른 기계어 코드의 포맷

곱셈 명령은 단지 1개가 있는데, 이는 부호없는 양수로 표시된 누산기 A의 값과 B 레지스터의 값을 곱하여 그 결과를 16비트로 저장한다. 이 16비트 데이터는 하위 바이트가 누산기 A에, 상위 바이트가 B 레지스터에 각각 저장되며 이를 B:A처럼 표시한다. 이 곱셈 명령은 실행시간이 4 머신 사이클로서 AT89S52의 명령중에서 나눗셈 명령과 함께 가장 실행시간이 긴 명령에 해당한다. 그러나, 이 정도라면 8비트급의 마이크로프로세서에서는 비교적 우수하다고 볼 수 있다. 이 책의 어셈블리 프로그램용 인클루드 파일 OK89S52.INC에는 사용자가 보다 다양한 곱셈 연산에 활용할 수 있도록 [16비트×16비트 = 32비트]의 곱셈 연산을 수행하는 서브루틴을 제공한다.

나눗셈 명령도 1개가 있는데, 이는 부호없는 양수로 표시된 누산기 A의 값을 B 레지스터의 값으로 나누어 그 몫을 누산기 A에 저장하고, 나머지를 B 레지스터에 저장한다. 이것은 단지 8비트 데이터를 8비트 데이터로 나누는 명령이므로 거의 실용성이 없다. 이 책에 포함된 인클루드 파일 OK89S52.INC에는 사용자가 다양한 나눗셈 연산에 활용할 수 있도록 [16비트÷8비트 → 몫=8비트, 나머지=8비트]의 나눗셈 연산 및

[32비트÷16비트 → 몫=16비트, 나머지=16비트]의 나눗셈 연산 서브루틴을 제공한다.

4가지의 기본적인 어드레싱 모드에 따른 ADD 명령의 기계어 코드 구성 포맷을 도시하면 <그림 1.3.1>과 같다.

(3) 논리연산 명령

대부분의 마이크로프로세서에서 그러하듯이 AT89S52에도 AND, OR, XOR의 3가지 논리연산 명령을 가진다. 그러나, AT89S52에서는 <표 1.3.6>에서 보인 것처럼 여기에 몇가지의 명령을 추가하여 논리연산 명령으로 분류한다.

한가지 특이한 것은 INC와 DEC를 제외한 산술연산은 항상 누산기에서만 수행되었으나, 논리연산 명령은 내부 데이터 메모리에서도 수행이 가능하다는 것이다. 그러나, 누산기와 관련되는 논리연산 명령은 1 머신 사이클에 실행되고 상태 레지스터의 패리티 플랙(parity flag)에 영향을 주는데 비하여, 그렇지 않은 명령은 모두 2 머신 사이클에 실행되고 패리티 플랙에 영향을 주지 않는다.

SWAP A 명령은 누산기 A에서 상위 니블(upper nibble, b7~b4)과 하위 니블(lower nibble, b3~b0)을 서로 맞바꾸는 명령이다. 이는 다음과 같이 나눗셈 명령과 함께 사용되어 100 미만의 크기를 가지는 2진수를 2자리의 밀집형 BCD 숫자로 변환하는데 유용하다.

〈표 1.3.6〉 논리연산 명령

니모닉	동 작	어드레싱 모드(명령의 바이트 수)				실행시간 (머신 사이클)
		Direct	Indirect	Register	Immediate	
ANL A,〈byte〉	A ← A .AND. 〈byte〉	2	1	1	2	1
ANL 〈byte〉,A	〈byte〉 ← 〈byte〉 .AND. A	2				1
ANL 〈byte〉,#data	〈byte〉 ← 〈byte〉 .AND. #data	3				2
ORL A,〈byte〉	A ← A .OR. 〈byte〉	2	1	1	2	1
ORL 〈byte〉,A	〈byte〉 ← 〈byte〉 .OR. A	2				1
ORL 〈byte〉,#data	〈byte〉 ← 〈byte〉 .OR. #data	3				2
XRL A,〈byte〉	A ← A .XOR. 〈byte〉	2	1	1	2	1
XRL 〈byte〉,A	〈byte〉 ← 〈byte〉 .XOR. A	2				1
XRL 〈byte〉,#data	〈byte〉 ← 〈byte〉 .XOR. #data	3				2
CLR A	A ← 00H	누산기 A에만 적용(1)				1
CPL A	A ← .NOT. A	누산기 A에만 적용(1)				1
SWAP A	Swap nibbles in A	누산기 A에만 적용(1)				1
RL A	Rotate A left by 1 bit	누산기 A에만 적용(1)				1
RLC A	Rotate A left through CY by 1 bit	누산기 A에만 적용(1)				1
RR A	Rotate A right by 1 bit	누산기 A에만 적용(1)				1
RRC A	Rotate A right through CY by 1 bit	누산기 A에만 적용(1)				1

예

```
MOV   B,#10      ; A is binary number below 100
DIV   AB
SWAP  A
ADD   A,B        ; A is packed BCD number
```

누산기는 물론 내부 데이터 메모리에서도 논리연산을 수행할 수 있는 ANL 명령의 기계어 코드 구성 포맷을 도시하면 <그림 1.3.2>와 같다.

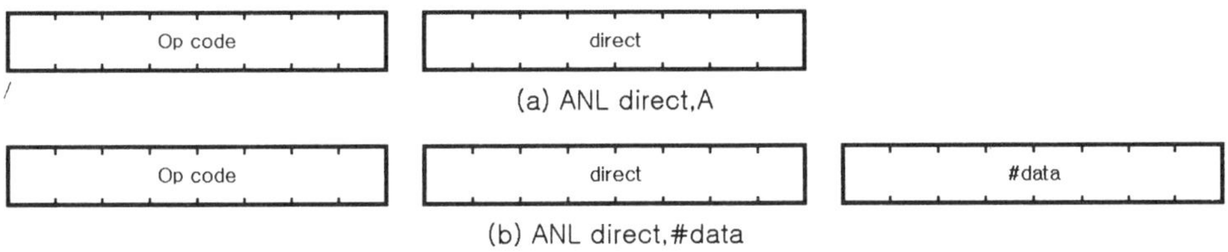

〈그림 1.3.2〉 ANL 명령 기계어 코드의 포맷

(4) 부울 연산 명령

부울 연산 명령(Boolean instruction)은 비트 단위의 어드레싱이나 다양한 연산처리가 가능한 명령으로서, 이것은 MCS-51 계열 마이크로콘트롤러의 가장 우수한 특징중의 하나로 꼽히고 있다.

비트 어드레싱이 가능한 비트는 내부 데이터 메모리의 20H~2FH 번지에서 128개가 존재하고, SFR 영역에서 80H, 88H, 90H, 98H, ... , F0H, F8H 번지에서 128개가 존재한다. 이들 비트 어드레싱이 가능한 비트들에 대하여는 이를 이용한 조건부 분기가 가능한 것은 물론이고, AND, OR, move, set, clear, complement 등의 처리가 가능하다. SFR에서 비트 어드레싱이 가능한 번지에는 모든 병렬 I/O 포트들이 포함되므로, 이들 포트에 대하여는 바이트 단위는 물론이고 비트 단위의 입출력도 가능하다.

부울 연산 명령을 요약하면 <표 1.3.7>과 같다. 이 명령표를 단순히 보면 JC 및 JNC 명령을 사용하여 상태 레지스터의 플랙 비트들중에서 단지 캐리 플랙만이 분기의 조건으로 사용할 수 있는 듯이 보이지만, 상태 레지스터는 SFR중에서 비트 어드레싱이 가능한 번지에 있으므로 JB bit,rel 및 JNB bit,rel 명령을 사용하여 모든 플랙 비트들을 분기의 조건으로 사용할 수 있다.

이러한 조건부 분기명령에서는 점프할 번지를 프로그램 카운터 PC를 기준으로 한 8비트 2의 보수(2's complement)로 나타낸다. 따라서, 점프할 수 있는 폭은 이 점프명령 다음에 있는 명령의 첫번째 번지값을 기준으로 -128~+127 번지 이내가 된다. 이 조건부 분기명령들은 당연히 점프명령으로 분류할 수도 있다.

〈표 1.3.7〉 부울 연산 명령

니모닉	동 작 (명령의 바이트 수)		실행시간 (머신사이클)
ANL C,bit	CY ← CY .AND. bit	(2)	2
ANL C,/bit	CY ← CY .AND. (.NOT. bit)	(2)	2
ORL C,bit	CY ← CY .OR. bit	(2)	2
ORL C,/bit	CY ← CY .OR. (.NOT. bit)	(2)	2
MOV C,bit	CY ← bit	(2)	1
MOV bit,C	bit ← CY	(2)	2
CLR C	CY ← 0	(1)	1
CLR bit	bit ← 0	(2)	1
SETB C	CY ← 1	(1)	1
SETB bit	bit ← 1	(2)	1
CPL C	CY ← .NOT. CY	(1)	1
CPL bit	bit ← .NOT. bit	(2)	1
JC rel	Jump if CY = 1	(2)	2
JNC rel	Jump if CY = 0	(2)	2
JB bit,rel	Jump if bit = 1	(3)	2
JNB bit,rel	Jump if bit = 0	(3)	2
JBC bit,rel	Jump if bit = 1, and clear bit	(3)	2

(5) 점프 명령

점프 명령에는 무조건 점프, 조건부 점프, 서브루틴 호출 및 복귀 명령 등이 포함되며, 마땅히 분류할 곳이 없는 NOP 명령도 여기에 포함시키기로 한다.

무조건 점프 명령에는 <표 1.3.8>과 같이 3가지가 있다. SJMP 명령은 모든 조건부 점프 명령들과 함께 점프할 목적번지를 8비트 2의 보수로 나타낸다. 이렇게 하면 점프할 수 있는 폭은 이 점프 명령의 다음 명령을 기준으로 -128～+127 번지 이내로 좁게 제한되는 단점이 있으나 명령 코드가 2바이트로 짧아지는 장점이 있다.

AJMP 명령은 점프할 목적번지를 특이하게 11비트의 절대번지로 나타낸다. 이중에서 하위 8비트는 2번째의 오퍼런드 바이트에 표시되지만, 상위 3비트는 첫번째의 Op 코드 바이트에 포함되므로 전체적으로 명령코드가 2바이트로 짧게 된다. 그러나, 이 명령 역시 점프할 수 있는 번지의 폭이 2KB의 블록 이내로 제한되는 단점이 있다.

LJMP 명령은 점프할 목적번지를 16비트 절대번지로 나타낸다. 따라서, 기계어 코드가 3바이트로 길어지는 단점이 있지만 64KB의 프로그램 메모리 영역의 어느 곳이라도 단번에 점프할 수 있다.

AT89S52를 이용한 어셈블리 프로그램을 작성할 때 사용자가 무조건 점프 명령을 사용하는 경우 점프할 목적지까지의 폭을 쉽게 알기 어려우므로 SJMP, AJMP, LJMP

명령중에 어떤 것을 사용하는 것이 좋을지를 판단하기 어렵게 되는 문제가 발생한다. 그러나, 어셈블러는 이러한 경우에 대비하여 JMP addr이라는 "generic instruction"을 제공한다. 이것은 AT89S52에 실제로 정의되어 있지 않은 명령으로서 어셈블러는 이를 만나면 점프할 목적번지까지의 폭에 따라 이를 적절히 SJMP, AJMP, LJMP 명령중의 하나로 대체하고 번역한다.

서브루틴을 호출하는 ACALL, LCALL 명령도 각각 AJMP, LJMP 명령과 코드의 구조가 유사하다. 이 경우에도 역시 어셈블러는 CALL addr이라는 "generic instruction"을 제공한다. 이것은 AT89S52에 정의되어 있지 않은 명령이므로, 어셈블러는 이를 만나면 서브루틴의 위치까지의 폭에 따라 이를 적절히 ACALL, LCALL 명령중의 하나로 대체하고 번역한다.

DJNZ 명령은 반복처리 루프에 사용하면 편리한 명령이며, JZ 및 JNZ와 CJNE 명령은 비교분기 명령이다. AT89S52에는 상태 레지스터에 제로 플랙(zero flag)을 가지고 있지 않지만, 이들 비교분기 명령을 이용하면 수치 데이터의 대소관계에 따른 프로그램 처리가 가능하게 된다.

〈표 1.3.8〉 점프 명령

<table>
<tr><th rowspan="2">니모닉</th><th rowspan="2">동 작</th><th colspan="4">어드레싱 모드(명령의 바이트 수)</th><th rowspan="2">실행시간 (머신 사이클)</th></tr>
<tr><th>Direct</th><th>Indirect</th><th>Register</th><th>Immediate</th></tr>
<tr><td>SJMP rel</td><td>Jump using relative address</td><td colspan="4">2</td><td>2</td></tr>
<tr><td>AJMP addr11</td><td>Jump using 11-bit address</td><td colspan="4">2</td><td>2</td></tr>
<tr><td>LJMP addr16</td><td>Jump using 16-bit address</td><td colspan="4">3</td><td>2</td></tr>
<tr><td>JMP @A+DPTR</td><td>Jump to A+DPTR</td><td colspan="4">1</td><td>2</td></tr>
<tr><td>JZ rel</td><td>Jump if A = 0</td><td colspan="4">누산기 A에만 적용(2)</td><td>2</td></tr>
<tr><td>JNZ rel</td><td>Jump if A ≠ 0</td><td colspan="4">누산기 A에만 적용(2)</td><td>2</td></tr>
<tr><td>DJNZ 〈byte〉, rel</td><td>Decrement and jump if not zero</td><td>3</td><td></td><td>2</td><td></td><td>2</td></tr>
<tr><td>CJNE A, 〈byte〉, rel</td><td>Jump if A ≠ 〈byte〉</td><td>3</td><td></td><td></td><td>3</td><td>2</td></tr>
<tr><td>CJNE 〈byte〉, #data, rel</td><td>Jump if 〈byte〉 ≠ #data</td><td></td><td>3</td><td>3</td><td></td><td>2</td></tr>
<tr><td>ACALL addr11</td><td>Call subroutine using 11-bit address</td><td colspan="4">2</td><td>2</td></tr>
<tr><td>LCALL addr16</td><td>Call subroutine using 16-bit address</td><td colspan="4">3</td><td>2</td></tr>
<tr><td>RET</td><td>Return from subroutine</td><td colspan="4">1</td><td>2</td></tr>
<tr><td>RETI</td><td>Return from interrupt</td><td colspan="4">1</td><td>2</td></tr>
<tr><td>NOP</td><td>No operation</td><td colspan="4">1</td><td>1</td></tr>
</table>

점프 명령의 3가지 형태에 따른 기계어 코드의 포맷을 도시하면 <그림 1.3.3>과 같다. 여기서 특히 AJMP 명령은 점프할 번지의 11비트중에서 상위 3비트가 Op 코드 바이트에 포함된다는데 유의하라. 또한, 16비트의 어드레스 값이 기계어 코드에서 역워드

순(little endian)이 아니라 순워드순(big endian)으로 저장되는 것도 특이하다.

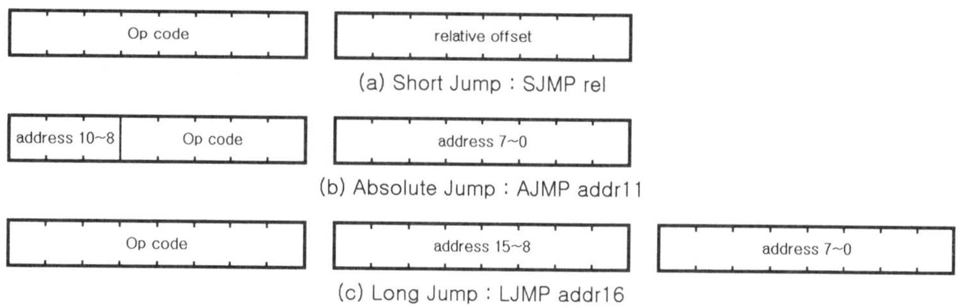

〈그림 1.3.3〉 SJMP, AJMP, LJMP 명령 기계어 코드의 포맷

(6) 어셈블리 명령을 사용할 때 유의 사항

AT89S52의 어셈블리 명령이나 각종 어셈블러(예를 들면 Intel사의 ASM51.EXE, Keil사의 A51.EXE 등)에는 다음과 같은 몇가지의 특징이 있으므로 이것들을 사용할 때 유의하여야 한다.

① 오퍼런드의 즉치 데이터에는 반드시 #기호를 붙여야 한다. 그렇지 않으면 이것이 직접 어드레싱 모드로 잘못 인식될 수 있다.

예
```
MOV   A,#50H        ; immediate addressing   A ← 50H
MOV   A,50H         ; direct addressing      A ← (50H)
```

② 수치 데이터를 표시할 때는 항상 진법 표현을 명확히 해야 한다. 2진수의 표현에는 수치의 마지막에 B 또는 b를 사용하고, 16진수의 표현에는 H 또는 h를 사용하며, 아무런 표시가 없거나 마지막에 D 또는 d를 사용하면 이는 10진수로 간주된다. 또한, 자주 사용하지는 않지만 8진수의 표현에는 O, o, Q, q 문자가 사용된다.

예
```
        MOV   A,#01010101B    ; 2진수
        MOV   A,#10           ; 10진수
        MOV   A,#20H          ; 16진수
DATA1:  DB    01010101B       ; 2진수
DATA2:  DB    10              ; 10진수
DATA3:  DW    1020H           ; 16진수
```

③ 16진수가 알파벳 문자 A~F 또는 a~f로 시작되는 경우에는 이것이 상수 또는 변수명으로 인식되지 않도록 반드시 앞에 0을 붙여야 한다.

```
예        MOV   A,#0A8H          ; A ← A8H
   DATA1: DB    0FFH             ; FFH
```

④ 무조건 점프 명령에는 SJMP, AJMP, LJMP 등이 있는데, SJMP 명령은 점프할 목적지를 8비트의 상대번지(옵셋)로 표시하므로 -128~+127의 범위를 표현할 수 있다. 또한, AJMP 명령은 목적번지를 11비트의 절대번지로 표시하므로 2KB 이내의 블록에서 번지를 표현할 수 있으며, LJMP 명령은 점프할 번지를 16비트의 절대번지로 표시하므로 64KB 공간의 어디라도 표현할 수 있다.
그러나, 프로그래머는 점프할 목적번지가 현재의 위치로부터 얼마나 떨어져 있는지를 일일이 계산하는 것이 번거로우므로 이들 3가지의 명령중에 어느 것을 사용해야 적합한지를 판단하기 어렵다. 이러한 경우에 실제로는 AT89S52에 정의되어 있지 않은 JMP 명령을 사용하면 어셈블러가 소스 프로그램을 어셈블할 때 점프할 번지값을 계산하여 SJMP, AJMP, LJMP 등의 명령으로 적절히 대체하여 주므로 매우 편리하다. 이러한 JMP 명령을 "generic instruction"이라고 한다.(JMP @A+DPTR 명령은 레지스터에 의한 간접 어드레싱으로만 사용되므로 이와 혼동되지 않는다.) 그러나, 어셈블러에 따라서는 이러한 generic instruction이 항상 최적한 점프 명령을 선택해주지 못하는 경우도 있다.

⑤ "generic instruction"은 점프 명령뿐만 아니라 서브루틴 호출 명령에서도 사용된다. ACALL이나 LCALL 명령도 점프 명령에서처럼 CALL로 사용하면 어셈블러가 이 프로그램을 번역할 때 목적번지를 계산하여 ACALL 명령이나 LCALL 명령으로 적절히 대체하여 준다.

3. 어셈블리 프로그램에서의 산술 연산

AT89S52의 산술연산 명령에는 8비트의 가산, 감산, 승산, 제산 명령이 모두 있으나, 어셈블리 프로그램에서 실제로 이들을 사용하여 원하는 수치 데이터의 연산을 수행하는 것은 그렇게 간단한 일이 아니다. 이를 올바르게 수행하려면 우선 이 미이크로프로세서가 수치 데이터를 표현하고 취급하는 방법을 제대로 이해하는 것이 선행되어야 하며, 그 다음에는 연산처리 동작 및 이에 따른 상태 레지스터의 기능까지를 알아야 한다. 또한, 부호가 없는 수, 부호가 있는 2의 보수 또는 BCD 표현의 수는 각각 연산 처리방법이 상당히 다르므로 이것들을 구분하여 익혀 두어야만 한다.

(1) AT89S52에서 수치 데이터의 표현법

AT89S52에서 사용하는 수치 데이터의 표현방법에는 부호없는 정수 표현법, 2의 보수 표현법, 밀집형 BCD 표현법 등 3가지가 있다. 그러나, 8비트 연산을 수행할 때 이중에서 어떤 표현법을 사용할지는 CPU가 아니라 전적으로 프로그래머에게 달려 있다. AT89S52의 ALU는 모든 수를 단순히 부호가 없는 2진수인 것처럼 간주하고 연산하는 기능만을 갖는데, 이러면 음수나 10진수에 대하여는 연산을 수행할 수 없으므로 이들 여러가지 표현방법에 따른 연산결과의 상태를 상태 레지스터에 표시하여 둔다. 프로그래머는 이중에서 어느 플랙을 적절히 이용함으로써 부호없는 두 정수의 연산결과를 얻을 수도 있고 2의 보수 연산결과를 얻을 수도 있으며, 지정된 플랙의 상태에 따라 10진수로 보정해줌으로써 10진수 연산의 결과를 얻을 수도 있다.

■ 부호없는 정수 표현법

이것은 8비트 데이터 전체가 부호없는 수의 크기를 2진수로 표현하는 방법으로서 0과 양의 정수만 표현할 수 있으므로 양의 정수 표현법이라고도 한다.

8비트 길이의 데이터로 표현할 수 있는 수의 범위는 0~255(00H~FFH)이며, 16비트 데이터로는 0~65535(0000H~FFFFH) 범위의 수를 표현할 수 있다. AT89S52에서 16비트 데이터는 오직 데이터 포인터 DPTR과 곱셈을 수행한 결과 B:A 레지스터쌍에서만 사용하며, 이를 직접적으로 이용한 16비트 산술연산은 불가능하다.

〈표 1.3.9〉 부호없는 8비트 정수의 표현

10진수	부호없는 8비트 정수	10진수	부호없는 8비트 정수
0	00000000B	128	10000000B
1	00000001B	129	10000001B
2	00000010B	130	10000010B
3	00000011B	131	10000011B
.	.	.	.
.	.	.	.
.	.	.	.
124	01111100B	252	11111100B
125	01111101B	253	11111101B
126	01111110B	254	11111110B
127	01111111B	255	11111111B

▣ 2의 보수 표현법

이것은 8비트 데이터에서 최상위 비트(b_7)로는 부호를 표시(0은 +, 1은 -)하고, 나머지 7개의 비트들($b_6 \sim b_0$)은 수의 크기를 표현하는 방법으로서 0과 양의 정수는 물론 음의 정수까지도 표현할 수 있다. $b_6 \sim b_0$에 표시되는 수의 크기는 양수의 경우에는 절대값을 그대로 2진수로 표현하며, 음수의 경우에는 이를 2의 보수(2's complement)로 표현한다.

이 방법에 의해서 8비트 길이의 데이터로 표현할 수 있는 수의 범위는 -128~+127이며, 16비트 데이터에서는 부호 비트가 b_{15}가 되고 -32768~+32767 범위의 수를 표현할 수 있다. AT89S52에서 16비트 2의 보수는 사용하지 않는다.

◀참고▶ 대부분의 마이크로프로세서에는 상태 레지스터에 누산기의 데이터가 양수인지 음수인지를 나타내는 부호 플랙(sign flag)을 가지고 있다. 그러나, AT89S52에는 상태 레지스터에 부호 플랙을 가지고 있지 않으므로 이를 알고 싶으면 JB나 JNB ACC.7, rel 명령으로 누산기의 최상위 비트를 조사해 보면 된다.

〈표 1.3.10〉 8비트 2의 보수 표현

양의 정수	8비트 2의 보수	음의 정수	8비트 2의 보수
+127	01111111B	-1	11111111B
+126	01111110B	-2	11111110B
+125	01111101B	-3	11111101B
.	.	.	.
.	.	.	.
.	.	.	.
+3	00000011B	-125	10000011B
+2	00000010B	-126	10000010B
+1	00000001B	-127	10000001B
0	00000000B	128	10000000B

▣ 밀집형 10진수 표현법

이것은 1바이트의 상위 니블(nibble, 4비트) 및 하위 니블로 각각 BCD(Binary-Coded Decimal)의 수 1자리씩을 표현하는 방법이므로 밀집형 10진수(packed BCD) 표현법이라고 한다. 이 방법으로는 0 또는 양의 10진수만 표현할 수 있으며, 만약 부호가 필요하다면 별도의 위치에 표시하여 처리하여야 한다. 각 니블은 0~F의 16가지 수를 표현할 수 있으나 이 표현법에서는 BCD 표현에 해당되는 0~9의 수만 사용하므로 비트 사용이 매우 비효율적이다.

이 방법에 의해서 8비트 길이의 데이터로 표현할 수 있는 수의 범위는 00~99이며, 16비트 길이의 데이터로는 0000~9999 범위의 수를 표현할 수 있다. AT89S52에서 16비트의 밀집형 10진수는 사용하지 않는다.

◀참고▶ 기타의 수치 데이터 표현방법으로는 부호 및 절대값에 의한 표현법, 1의 보수 표현법, 비밀집형 10진수(unpacked BCD) 표현법 등이 있으나 AT89S52에서는 이것들을 모두 사용하지 않는다.

◀휴게실▶ **수치 데이터에서 2의 보수 표현법**

10진수로 된 수치 데이터를 2의 보수 표현법으로 변환하거나 또는 반대로 2의 보수 표현법으로 된 수치 데이터를 10진수로 환산하는 방법은 프로그램을 수동 번역할 경우에 자주 사용되므로 잘 알아두어야 한다.

(1) 양수의 경우

10진수로 55를 8비트 2의 보수 표현법으로 나타내어라.

i) 양수이므로 최상위의 부호 비트는 0이다.
ii) 수의 절대값을 7비트의 2진수로 변환한다.

```
2 ) 55
2 ) 27 ··· 1
2 ) 13 ··· 1
2 )  6 ··· 1
2 )  3 ··· 0
     1 ··· 1        ∴ 0110111
```

iii) 양수이므로 부호 비트 0과 7비트의 수를 그대로 합하여 2의 보수 표현법을 완성한다.

00110111B = 37H

(2) 음수의 경우

10진수로 -55를 8비트 2의 보수 표현법으로 나타내어라.

i) 음수이므로 최상위의 부호 비트는 1이다.
ii) 수의 절대값을 7비트의 2진수로 변환한다.

```
2 ) 55
2 ) 27 ··· 1
2 ) 13 ··· 1
2 )  6 ··· 1
2 )  3 ··· 0
     1 ··· 1        ∴ 0110111
```

iii) 음수이므로 부호 비트 1과 7비트의 수를 2의 보수로 나타낸 것을 합하여 2의 보수를 완성한다.

```
    10110111
        ↓          (1의 보수)
    11001000
+ )        1
    ─────────
    11001001B = C9H (2의 보수)
```

(3) 10진수로의 역변환

2의 보수 표현법의 수를 10진수로 역변환하는 방법은 위의 변환과 반대로 수행하면 된다. 즉, 최상위 비트가 0인 경우(양수)에는 아래 7비트의 수를 그대로 10진수로 환산하여 양의 부호(+)를 붙이면 되고, 최상위 비트가 1인 경우(음수)에는 아래 7비트의 수를 2의 보수로 변환한 후에 10진수로 환산하여 음의 부호(-)를 붙이면 된다.

〈표 1.3.11〉 8비트 밀집형 10진수의 표현

10진수	8비트 밀집형 10진수	10진수	8비트 밀집형 10진수
0	00000000B	50	01010000B
1	00000001B	51	01010001B
2	00000010B	52	01010010B
3	00000011B	53	01010011B
.	.	.	.
.	.	.	.
.	.	.	.
46	01000110B	96	10010110B
47	01000111B	97	10010111B
48	01001000B	98	10011000B
49	01001001B	99	10011001B

(2) 오버플로우

산술연산을 수행할 때 지정된 데이터 길이로 표현할 수 없는 범위의 결과가 발생하는 것을 자리넘침(overflow)이라고 한다. 그러나, 오버플로우가 발생하면 항상 상태레지스터의 오버플로우 플랙 OV가 1로 세트되리라고 생각하면 큰 오산이다.

AT89S52의 ALU는 부호없는 정수나 2의 보수 표현법으로 표현된 모든 수를 가감산해야 하지만, 사실 CPU에서는 연산할 데이터가 양의 정수 표현법으로 표시된 수인지 2의 보수 표현법으로 표시된 수인지를 알지 못한다. 그럼에도 불구하고 가감산이 가능한 것이 2의 보수 표현법을 사용하는 이유이다. 즉, ALU는 부호없는 정수나 2의 보수 표현법으로 표현된 수를 동일한 방법으로 가감산한다는 것이다. 심지어는 결과까지 동일하게 나온다. 그런데, 계산이 끝난 후에 누산기에 저장된 결과를 부호없는 정수 표현법으로 해석하면 그에 맞는 답을 얻을 수 있고, 또한 2의 보수 표현법으로 해석하더라도 그에 맞는 답을 얻을 수 있다.

그러나, 오버플로우가 발생하였을 경우 그 표시는 다르게 된다. 즉, 2의 보수 표현법으로 가감산을 수행하였을 때 오버플로우가 발생하였다면 이는 -128~+127의 범위를 벗어난 결과가 되었다는 뜻이며 그 상태는 상태 레지스터의 오버플로우 플랙에 OV=1로 표시된다. 그러나, 부호없는 양의 정수 표현법으로 가감산을 수행하였을 때 오버플로우가 발생하였다면 이는 0~255의 범위를 초과하는 결과가 되었다는 뜻이며 그 상태는 상태 레지스터의 캐리 플랙에 CY=1로 표시된다. 이처럼 수치 데이터의 가감산을 수행할 때는 데이터의 표현법에 따라 오버플로우가 다르게 표시된다.

◀참고▶ underflow는 반대로 연산결과가 너무 작아져서 지정된 데이터 길이로는 표현할 수 없는 것인데, 이는 정수형 마이크로프로세서에서는 발생하지 않으며 부동소수점형 DSP와 같이 부동소수점 연산 명령을 갖는 마이크로프로세서에서나 발생할 수 있다.

▣ 부호없는 정수 표현법에 의한 가감산의 경우

8비트의 부호없는 양의 정수 표현법으로 두 정수를 가산하였을 경우에는 그 결과가 8비트의 표현가능 범위인 255(FFH)를 초과하면 오버플로우가 된다. 이 경우 오버플로우의 상태는 상태 레지스터의 오버플로우 플래이 아니라 캐리 플랙(CY)에 표시된다. 8비트의 부호없는 두 정수를 감산하였을 경우에는 오버플로우가 발생할 수 없다.

따라서, 8비트의 부호없는 두 정수를 가산하고 나서 CY=1로 되었다면 오버플로우가 발생한 것이므로 누산기 A에 들어있는 연산 결과만으로는 옳은 답이라고 할 수 없다. 이처럼 오버플로우가 발생하면 이는 8비트로는 연산의 결과를 저장하는 것이 불가능하므로 자리올림이 된 것을 포함하여 16비트로 자리를 늘려서 저장해야 한다.

▣ 2의 보수 표현법에 의한 가감산의 경우

8비트 2의 보수로 표현된 두 정수를 가산하거나 감산하였을 경우에는 그 결과가 8비트의 표현가능 범위인 -128~+127보다 더 작거나 크면 오버플로우가 된다. 이 경우 오버플로우의 상태는 상태 레지스터의 오버플로우 플랙(OV)에 표시된다.

따라서, 8비트 2의 보수로 표현된 두 정수를 연산하고 나서 OV=1로 되었다면 오버플로우가 발생한 것이므로 누산기 A에 들어있는 연산 결과만으로는 옳은 답이라고 할 수 없다. 이처럼 오버플로우가 발생하면 이는 8비트로는 연산이 불가능하므로 16비트로 자리를 늘려서 연산해야 한다. 하지만 AT89S52에서 16비트 2의 보수는 사용하지 않기 때문에 이는 간단한 문제가 아니다.

정수의 산술연산에서 오버플로우가 발생할 수 있는 경우를 요약하면 다음과 같다.

① 양수 + 양수 = (절대값이 더 큰) 양수
② 양수 - 음수 = (절대값이 더 큰) 양수
③ 음수 + 음수 = (절대값이 더 큰) 음수
④ 음수 - 양수 = (절대값이 더 큰) 음수

(3) 정수의 가감산

AT89S52가 수행할 수 있는 8비트 정수의 가감산 연산 기능에는 다음과 같은 것들을 포함한다.

① 부호없는 8비트 정수의 가감산
② 2의 보수 표현법에 의한 8비트 정수의 가감산
③ 부호없는 밀집형 10진수의 가산

낮은 성능의 마이크로프로세서에는 일반적으로 정수의 곱셈 또는 나눗셈을 수행하는 명령이 없거나 또는 AT89S52처럼 있다고 하더라도 그 기능이 매우 미약하며, 더구나 부동소수점 수를 연산하는 기능은 없다. 따라서, 이들 연산을 필요로 하는 경우에는 사용자가 다른 명령들을 이용하여 이를 위한 프로그램을 작성하여야 한다.

그러나, 8비트 마이크로프로세서라고 하더라도 일부의 모델에서는 16비트 가감산 명령을 가지는 경우도 있으며, 대부분의 경우에는 반복처리 루프에 의한 다중 바이트 연산을 통하여 상당히 큰 수에 대한 가감산 연산을 수행하는 것도 가능하다. 그러나, 2의 보수 표현법에서는 이러한 큰 수의 연산을 위해서 좀더 복잡한 알고리즘을 필요로 한다.

AT89S52와 같은 대부분의 마이크로프로세서는 산술연산 명령에서 부호없는 정수 표현법 및 2의 보수 표현법을 사용한다. 가산명령에서는 사용하는 수치 데이터의 표현법에 관계없이 단순한 방법으로 오퍼런드를 가산하여 누산기(A)에 저장하며, 마이크로프로세서는 가산에 사용된 이들 두 수치 데이터가 부호없는 양의 정수 표현법에 의한 것인지 2의 보수 표현법에 의한 것인지를 구별하지 못한다. 즉, 프로그래머가 두 수치 데이터를 양의 정수로 가산하였으면 그 결과도 양의 정수로 간주되며, 두 수치 데이터를 2의 보수로 가산하였으면 그 결과도 2의 보수로 간주되는 것이다. 그런데 마이크로프로세서는 이 2가지의 가산에 모두 적용될 수 있도록 가산 결과의 상태를 상태 레지스터 PSW에 저장한다. 따라서, 어떤 수치 데이터의 표현법을 선택하여 사용하느냐는 전적으로 프로그래머에 의해 결정되며, 선택된 표현법에 따라 이에 해당되는 플랙을 보고 연산결과의 正誤를 판단하여야 한다. 이상의 내용은 감산의 경우에도 동일하게 적용된다.

▣ 부호없는 8비트 정수의 가감산

8비트 부호없는 양의 정수 표현법으로 나타낼 수 있는 수의 범위는 0~255이다. 만약, 피가수(augend) 및 가수(addend) 두 정수의 가산 결과가 이 범위를 넘으면 이를 오버플로우라고 하는데, 이렇게 되면 자리올림(carry)이 발생하여 상태 레지스터의 캐리 플랙(CY)이 세트되고, 당연히 계산 결과 누산기 A에 저장된 데이터는 자리올림된 수를 함께 고려하지 않으면 옳은 답이 될 수 없다.

즉, 두 8비트 양의 정수 가산에서는 CY=0이면 누산기에 저장된 계산결과가 옳은 답이 되지만, CY=1이면 계산결과가 8비트의 표현범위를 넘어 누산기의 내용만으로는 옳은 답이 될 수 없다. 따라서, 이러한 경우에는 자리올림된 수를 포함하여 답이 저장될 자릿수를 늘려주어야 한다. <그림 1.3.4>의 오른쪽 예에서 누산기에는 44가 저장되어 답이 아니지만, 자리올림을 고려하면 256 + 44 = 300으로 옳은 결과가 되는 것을 알 수 있다.

8비트의 부호없는 정수 표현법으로 표시된 두 정수의 감산의 경우에는 오버플로우가 발생하지 않으나 계산결과가 음수로 될 수도 있다는 것에 유의해야 한다. 피감수(minuend)가 감수(subtrahend)보다 크거나 같은 경우에는 문제가 없지만, 피감수가 감수보다 작으면 감산을 수행하기 위하여 자리내림(borrow)이 발생하고 이때 누산기에 저장된 결과는 옳은 답이 될 수 없다. 따라서, 8비트의 부호없는 정수 표현법의 범위에서는 감산이 자유롭지 못하며, 모든 감산이 가능하려면 감산 결과 음수가 되었을 경우에도 이를 표현할 수 있는 2의 보수 표현법을 사용해야 한다. <그림 1.3.5>의 오른쪽 예에서 누산기에는 236이 저장되어 답이 아니지만, 만약 이를 2의 보수 표현법으로 수행하였다면 ECH = -20으로 옳은 결과가 되는 것을 알 수 있다.

```
   01010000 (50H = 80)               01100100 (64H = 100)
+) 00111100 (3CH = 60)            +) 11001000 (C8H = 200)
---------------------             ----------------------
 0 10001100 (8CH = 140)            1 00101100 (2CH = 44)
 |  |                              |  |
 |  └─▶ OV=1(무시)                 |  └─▶ OV=0(무시)
 └────▶ CY=0(옳은 결과)            └────▶ CY=1(오버플로우 발생, 틀린 결과)
```

〈그림 1.3.4〉 부호없는 8비트 정수 가산의 예

```
   01010000 (50H = 80)               01100100 (64H = 100)
-) 00111100 (3CH = 60)            -) 01111000 (78H = 120)
---------------------             ----------------------
 0 00010100 (14H = 20)             1 11101100 (ECH = 236)
 |  |                              |  |
 |  └─▶ OV=0(무시)                 |  └─▶ OV=0(무시)
 └────▶ CY=0(옳은 결과)            └────▶ CY=1(음수 발생, 틀린 결과)
```

〈그림 1.3.5〉 부호없는 8비트 정수 감산의 예

▣ 2의 보수 표현법에 의한 8비트 정수의 가감산

부호를 가질 수 있도록 8비트 2의 보수 표현법으로 나타낼 수 있는 수의 범위는 -128~+127이다. 2의 보수 표현법에 의한 정수의 가산에서 두 양수의 합은 반드시 양수이며, 두 음수의 합은 반드시 음수이다. 만약, 이와 같은 수학적 관계가 성립하지 않으면 가산의 결과가 8비트로 표현 가능한 범위를 넘어 오버플로우가 발생한 것이므로 상태 레지스터의 오버플로우 플랙(OV)이 세트된다. 그러나, 양수와 음수의 가산에서는 수학적으로 오버플로우가 발생하지 않는다.

계산 결과 오버플로우가 발생하였다면 누산기 A에 저장된 데이터는 옳은 답이 아니다. 즉, 2의 보수 표현법에 의한 두 8비트 정수의 가산에서는 OV=0이면 누산기에 저장된 계산결과가 옳은 답이 되지만, OV=1이면 계산결과가 8비트의 표현범위를 넘어 누산기의 내용만으로는 옳은 답이 될 수 없다. 따라서, 이러한 경우에는 16비트로 자리를 늘려서 다시 연산해야 한다.

결국 가산에서는 어느 수치 데이터 표현법을 사용하든지 항상 계산결과가 저장될 자리는 가수나 피가수의 자리보다 적어도 1자리(바이트)만큼 크게 해야 완전한 결과를 얻을 수 있다. <그림 1.3.6>에 보인 2의 보수 표현법에 의한 두 정수의 가산의 예에서 오른쪽 2개의 경우는 OV=1로 오버플로우가 발생하여 누산기에 저장된 계산결과가 전혀 틀린 답이 되는 것을 알 수 있다. 8비트의 연산명령만을 가지는 AT89S52에서는 이 문제를 해결하려면 적절한 알고리즘으로 연산 프로그램을 작성해야 한다.

01010000 (50H = +80) +) 00010100 (14H = +20) 0 01100100 (64H = +100) → OV=0(양수, 옳은 결과) → CY=0(무시)	01010000 (50H = +80) +) 00111100 (3CH = +60) 0 10001100 (8CH = -116) → OV=1(음수, 오버플로우, 틀린 결과) → CY=0(무시)
10110000 (B0H = -80) +) 11101100 (ECH = -20) 1 10011100 (9CH = -100) → OV=0(음수, 옳은 결과) → CY=1(무시)	10110000 (B0H = -80) +) 11000100 (C4H = -60) 1 01110100 (74H = +116) → OV=1(양수, 오버플로우, 틀린 결과) → CY=1(무시)

〈그림 1.3.6〉 2의 보수 표현법에 의한 8비트 정수 가산의 예

01010000 (50H = +80) -) 00010100 (14H = +20) 0 00111100 (3CH = +60) → OV=0(옳은 결과) → CY=0(무시)	10110000 (B0H = -80) -) 00111100 (3CH = +60) 0 01110100 (74H = +116) → OV=1(오버플로우 발생, 틀린 결과) → CY=0(무시)
10110000 (B0H = -80) -) 11101100 (ECH = -20) 1 11000100 (C4H = -60) → OV=0(옳은 결과) → CY=1(무시)	01010000 (50H = +80) -) 11000100 (C4H = -60) 1 10001100 (8CH = -116) → OV=1(오버플로우 발생, 틀린 결과) → CY=1(무시)

〈그림 1.3.7〉 2의 보수 표현법에 의한 8비트 정수 감산의 예

이상의 2의 보수 표현법에 의한 두 정수의 가산에 관한 내용은 감산에 대하여도 동일하게 적용된다. 2의 보수 표현법에 의한 감산의 예는 <그림 1.3.7>에 보였다.

▣ 밀집형 10진수 표현법에 의한 8비트 정수의 가산

우리가 일상적으로 사용하는 수는 10진수인데 비하여 AT89S52에서의 산술연산은 항상 2진수에 대하여만 수행되므로, 마이크로프로세서를 사용하여 산술연산을 수행하려면 연산 전에 먼저 10진수를 2진수로 변환하고 연산이 끝난 후에는 그 결과를 다시 10진수로 역변환하여야 한다. 따라서, 마이크로프로세서가 직접 10진수로 연산을 처리할 수 있다면 수치 데이터 표현을 변환 또는 역변환하는 절차가 필요하지 않으므로 보다 편리할 것이다.

그러나, 마이크로프로세서의 ALU는 이와 같이 직접 10진수를 취급하지 못하고 모든 수를 2진수로 간주하여 연산하는 기능만을 가지고 있으므로, 밀집형 BCD 표현법으로 표현된 10진수를 2진수처럼 연산하고 이 연산결과를 다시 밀집형 BCD 표현법에 적합하도록 보정함으로써 10진수의 연산을 간접적으로 수행할 수 있다. BCD 표현법에서 10진수 1자리(digit)는 4비트로 표현되는데, 이와 같이 하면 0000~1001만 사용하고 1010~1111은 사용하지 않으므로 계산 결과 1010~1111 범위의 수가 생겼을 때는 이를 BCD 표현으로 보정해 주어야 하는 것이다.

〈표 1.3.12〉 10진수의 BCD 표현

BCD	10진수	BCD	10진수
0000	0	1000	8
0001	1	1001	9
0010	2	1010	(사용하지 않음)
0011	3	1011	(사용하지 않음)
0100	4	1100	(사용하지 않음)
0101	5	1101	(사용하지 않음)
0110	6	1110	(사용하지 않음)
0111	7	1111	(사용하지 않음)

10진수 가산	2진수로 가산할 경우	BCD로 가산할 경우
38 +) 46 ――― 84	00100110 (26H ← 38) +) 00101110 (2EH ← 46) ―――――― 01010100 (54H → 84)	00111000 (38H ← 38) +) 01000110 (46H ← 46) ―――――― 01111110 (7EH) │10진 보정(DA A 명령) ↓ 10000100 (84H → 84)

〈그림 1.3.8〉 2의 보수 표현법에 의한 8비트 정수 감산의 예

2진수 가산과 BCD 가산의 차이점을 <그림 1.3.8>에서 예를 들어 설명하였다. 즉, 10진수의 가산 38+46을 2진수로 수행하려면 38과 46을 각각 그에 해당하는 16진수 26H, 2EH로 변환하여 더하고, 이 덧셈의 결과로 얻은 54H를 다시 그에 해당하는 10진수 84로 역변환하여 답 84를 얻게 되므로 매우 불편하다. 그러나, 이 밀집형 BCD 연산에서는 38과 46을 그냥 16진수 38H와 46H인 것처럼 간주하여 더한 다음, 여기에서 얻은 결과 7EH와 상태 레지스터의 플랙을 보고 이를 10진수로 보정하여 84를 얻게 된다. 이와 같이 가산 후에 계산 결과가 10진수가 아닌 값이 되었을 경우에 이를 그에 해당하는 10진수로 보정해 주는 명령이 10진 보정 명령 DA A이다.

이와 같이 밀집형 BCD 표현의 두 수를 가산하고 나서 연산 결과로 누산기 A에 저장된 값은 BCD 표현에 맞지 않는 1010~1111의 니블이 포함될 수 있으며, 이러한 수를 밀집형 BCD 표현에 맞도록 보정하는데는 상태 레지스터의 캐리 플랙(CY)과 보조 캐리 플랙(AC)이 사용된다. 이들 플랙에 따라 BCD 보정을 수행하는 원리를 요약하면 <표 1.3.13>과 같다.

가산후 10진 보정을 위하여 DA A를 수행하고 나면 캐리 플랙이 세트될 수 있다. 그러나, 이때 만약 캐리가 발생하지 않더라도 상태 레지스터의 캐리 플랙이 클리어되지는 않는다는 사실에 유의하라.

BCD 연산이 가능한 대부분의 마이크로프로세서에서는 감산의 경우에도 이와 동일한 방법이 적용되지만, AT89S52의 경우에는 특이하게 이러한 10진 연산을 단지 가산에 대하여만 사용할 수 있다. 더구나, AT89S52에서는 INC 명령이 캐리 플랙(CY)과 보조 캐리 플랙(AC)에 전혀 영향을 주지 않으므로 이 명령 뒤에는 DA A를 사용할 수 없으며, 오로지 ADD 및 ADDC 명령에 의한 가산의 뒤에만 10진 보정 명령인 DA A를 사용할 수 있다는데 유의해야 한다.

〈표 1.3.13〉 10진 보정 명령 DA A의 동작

DA A 실행전				DA A 실행
캐리 플랙 (CY)	상위 4비트 (A_7~A_4)	보조 캐리 플랙 (AC)	하위 4비트 (A_3~A_0)	누산기 A에 더하는 수
0	0~9	0	0~9	00
0	0~8	0	A~F	06
0	0~9	1	0~3	06
0	A~F	0	0~9	60
1	0~2	0	0~9	60
0	9~F	0	A~F	66
0	A~F	1	0~3	66
1	0~2	0	A~F	66
1	0~3	1	0~3	66

▣ 8비트를 넘는 보다 큰 수의 가감산을 위한 다중 바이트 연산

위에서 설명한 바와 같이 8비트의 가감산에서 오버플로우가 발생하면 16비트로 늘려서 연산해야 하고, 16비트의 가감산에서 오버플로우가 발생하면 다시 그 이상으로 자리수를 늘려서 연산해야 한다. 그러나, AT89S52는 8비트 마이크로콘트롤러이므로 기본적으로 8비트를 넘는 가감산 명령은 없으며, 따라서 이러한 연산은 프로그램 루틴으로 작성하여야 한다. 이때 연산하려는 두 정수가 2의 보수 표현법을 사용한 경우에는 최상위 비트에 있는 부호를 별도로 처리해야 하므로 계산 알고리즘이 매우 복잡해지며 여기서 취급하지 않는다.

그러나, 8비트를 넘는 부호없는 두개의 큰 정수에 대하여는 8비트의 가감산 명령을 단순히 반복적으로 사용하여 가감산을 수행할 수 있으며, 이때는 각각 상태 레지스터의 자리올림(carry)이나 자리내림(borrow) 비트를 이용한다. 즉, 덧셈에서는 낮은 자리에서부터 높은 자리의 수로 반복적으로 덧셈을 수행해 가는데 매번 덧셈을 수행할 때마다 자리올림을 기억해 두고 이것을 다음 자리의 덧셈을 수행할 때 함께 더해주게 된다. 마찬가지로, 뺄셈에서는 낮은 자리에서부터 높은 자리의 수로 반복적으로 뺄셈을 수행해 가는데 매번 뺄셈을 수행할 때마다 자리내림이 있었는지를 기억해 두고 이것을 다음 자리의 뺄셈을 수행할 때 함께 빼주게 된다.

이러한 원리를 도시하면 <그림 1.3.9>와 같다. 이러한 다중 바이트 가산이나 감산에서는 첫번째 바이트의 연산을 수행하기 전에 각각 자리올림 또는 자리내림 비트를 미리 0으로 클리어시켜 두어야 하는데 유의하라.

AT89S52를 비롯한 대부분의 마이크로프로세서에서 자리올림이나 자리내림은 모두 상태 레지스터의 캐리(CY) 비트를 사용하며, 덧셈의 경우에는 이것이 자리올림의 기능을 수행하고 뺄셈의 경우에는 자리내림의 기능을 수행한다. 즉, 덧셈을 수행할 때 자리올림이 발생하거나 뺄셈을 수행할 때 자리내림이 발생하면 CY=1이 되고, 그렇지 않은 경우에는 CY=0으로 된다.

(a) 다중 바이트 가산　　(b) 다중 바이트 감산

〈그림 1.3.9〉 다중 바이트 연산 방법에 의한 가감산

4. 수치 데이터의 대소관계 비교

대부분의 마이크로프로세서에는 수치 데이터의 크기를 비교하는 비교명령 CP 또는 CMP를 가지고 있다. 이 비교명령은 SUB 명령과 똑같이 감산을 수행하지만, 그 결과를 누산기에 저장하지 않고 연산결과의 상태만을 상태 레지스터에 표시하여 두 수의 대소비교에 사용된다. 따라서, 비교명령을 사용하여 데이터를 비교하면 이를 수행한 후에도 누산기의 값이 변하지 않는다는 장점이 있다. 비교명령을 사용하고 나서 수치 데이터의 대소관계를 판단하는데는 수치 데이터의 표현법에 따라 제로 플랙, 캐리 플랙, 부호 플랙, 오버플로우 플랙 등이 사용된다.

그러나, AT89S52에는 아쉽게도 이러한 산술적 비교명령이 없으며, 상태 레지스터에 제로 플랙과 부호 플랙도 가지고 있지 않다. 따라서, AT89S52에서는 수치 데이터의 대소관계를 비교하는데 적지 않은 불편함이 있지만, 그렇다고 이러한 기능을 수행하는 것이 불가능한 것은 아니다.

첫째로, AT89S52에서는 이러한 비교 명령과 비교 결과로 점프하는 명령이 1개의 명령으로 통합된 비교분기 명령 CJNE가 있어서, 이것과 JB 및 JNB 명령을 복합적으로 사용하면 충분히 수치 데이터의 대소비교가 가능하다.

둘째로, SUBB 명령과 JB 및 JNB 명령을 복합적으로 사용하여 수치 데이터의 대소비교가 가능하다. 이때는 당연히 SUBB 명령을 사용하면 원래의 데이터 값이 달라질 수 있으므로 필요하다면 이를 안전하게 다른 곳에 미리 저장하여 두어야 한다.

〈표 1.3.14〉 두 정수의 대소관계 비교하기 위한 플랙의 상태

	비교 결과	상태 레지스터의 플랙 비트		
		Z	CY	S$\oplus$OV
모든 정수	A = direct	1	0	0
부호없는 정수 표현법의 경우	A > direct A < direct	0 0	0 1	
2의 보수 표현법의 경우	A > direct A < direct	0 0		0 1

☞ 대소비교는 A - direct 로 감산에 의하여 수행한 것으로 가정함.
Z는 제로(zero) 플랙을 나타내고, S는 부호(sign) 플랙을 나타냄.

두 정수의 대소관계를 비교할 때는 비교하려는 두 수가 부호없는 정수 표현법에 의한 것인지 2의 보수 표현법에 의한 것인지에 따라 비교 결과가 달라질 수 있는데, 이 각각의 경우에 대소관계는 <표 1.3.14>와 같이 상태 레지스터의 해당 플랙 비트들을 보고 판단하게 된다. 즉, 어떤 종류의 수에 대해서나 서로 크기가 같은지의 여부는

제로 플랙(Z)으로 판단하고, 부호없는 정수 표현법에 의한 두 수의 대소관계는 캐리 플랙(CY)을 보고 판단하며, 2의 보수 표현법에 의한 두 수의 대소관계는 부호 플랙(S)과 오버플로우 플랙(OV)을 함께 보고 판단한다.

그러나, AT89S52에서는 상태 레지스터에 제로 플랙(zero flag)이 없으므로 SUBB 명령으로 뺄셈을 수행한 후에 JZ 또는 JNZ 명령으로 그 결과가 0이 되는지를 조사하거나, 또는 CJNE 명령을 사용하여 동등 비교를 수행할 수 있다. 그러나, 부호없는 정수 표현법에 의한 두 수의 대소관계는 캐리 플랙(CY)을 보면 되므로 JC 또는 JNC 명령으로도 쉽게 판단할 수 있다.

한편, 2의 보수 표현법에 의한 두 수의 대소관계는 부호 플랙(S)과 오버플로우 플랙(OV)을 XOR한 것이 0이면 누산기 A가 크고 1이면 A가 작게 되는데, 이때는 역시 AT89S52의 상태 레지스터에 부호 플랙(sign flag)이 없으므로 문제가 된다. 하지만, 부호 플랙이 없더라도 누산기의 최상위 비트를 JB 또는 JNB ACC.7,rel 명령으로 조사하여 결과의 부호를 판단할 수 있으며, 마찬가지로 여기에 오버플로우 플랙을 JB 또는 JNB PSW.2,rel 명령으로 추가적으로 조사하여 대소관계를 판단할 수 있다.

2의 보수 표현법에 의한 두 정수의 대소관계를 부호 플랙과 오버플로우 플랙을 XOR한 결과로부터 판단할 수 있는 이유는 <그림 1.3.10>을 참조하라.

[예1A] 양수 > 음수 00010000 (10H = +16 = Ⓐ) -) 10000000 (80H = -128 = Ⓑ) 10010000 (+144) S⊕OV = 1⊕1 = 0 ∴ Ⓐ > Ⓑ	[예1B] 음수 < 양수 10000000 (80H = -128 = Ⓐ) -) 00010000 (10H = +16 = Ⓑ) 01110000 (-144) S⊕OV = 0⊕1 = 1 ∴ Ⓐ < Ⓑ
[예2A] 양수大 > 양수小 00110000 (30H = +48 = Ⓐ) -) 00010000 (10H = +16 = Ⓑ) 00100000 (+32) S⊕OV = 0⊕0 = 0 ∴ Ⓐ > Ⓑ	[예2B] 양수小 < 양수大 00010000 (10H = +16 = Ⓐ) -) 00110000 (30H = +48 = Ⓑ) 11100000 (-32) S⊕OV = 1⊕0 = 1 ∴ Ⓐ < Ⓑ
[예3A] 음수大 > 음수小 10010000 (90H = -112 = Ⓐ) -) 10000000 (80H = -128 = Ⓑ) 00010000 (+16) S⊕OV = 0⊕0 = 0 ∴ Ⓐ > Ⓑ	[예3B] 음수小 < 음수大 10000000 (80H = -128 = Ⓐ) -) 10010000 (90H = -112 = Ⓑ) 11110000 (-16) S⊕OV = 1⊕0 = 1 ∴ Ⓐ < Ⓑ
따라서 S⊕OV = 0 이면 Ⓐ > Ⓑ	따라서 S⊕OV = 1 이면 Ⓐ < Ⓑ

〈그림 1.3.10〉 2의 보수 표현법에 의한 두 정수의 대소관계 비교

5. 논리연산 명령을 이용한 프로그래밍 기법

대부분의 8비트 마이크로프로세서가 그러하듯이 AT89S52에서도 8비트 데이터에 대하여 AND, OR, XOR 등의 논리연산 명령을 지원한다. 사용자 프로그램에서 이들 논리연산 명령은 각각 다음과 같은 프로그래밍 기법으로 많이 응용된다.

이러한 테크닉은 어느 마이크로프로세서에서나 보편적으로 사용할 수 있는 프로그래밍 기법이다. 그러나, 특별히 AT89S52에는 비트 단위의 부울연산 기능이 있어서 이 프로그래밍 기법보다도 더 편리하게 사용할 수 있다.

▣ AND Masking 기법

처리하고자 하는 데이터와 마스크 워드(mask word)를 AND시켜서 어떤 데이터로부터 특정한 비트들을 리셋하여 제거하는 기법으로 **선택적 리셋**(selected reset)이라고도 한다.

예 영문 알파벳의 소문자를 대문자로 변환하는 경우

```
        01100001B = "a"
AND  )  11011111B  (mask word)
        01000001B = "A"
```

▣ OR Masking 기법

처리하고자 하는 데이터와 마스크 워드를 OR시켜서 어떤 데이터로부터 특정한 비트들을 세트시키는 기법으로 **선택적 세트**(selected set)라고도 한다.

예 영문 알파벳의 대문자를 소문자로 변환하는 경우

```
        01000001B = "A"
OR   )  00100000B  (mask word)
        01100001B = "a"
```

▣ XOR Masking 기법

처리하고자 하는 데이터와 마스크 워드를 XOR시켜서 어떤 데이터로부터 특정한 비트들의 값을 반전시키는 기법으로 **선택적 반전**(selected complement)이라고도 한다.

예 제어 프로그램에서 LED를 점멸시키는 경우
(데이터의 b_3과 b_0에 LED가 접속되어 있다고 가정.)

```
        00001100B - LED 데이터
XOR  )  00001001B  (mask word)
        00000101B
```

6. 서브루틴과 매크로

(1) 서브루틴의 정의

동일한 처리루틴이 한 프로그램내의 여러 곳에서 사용될 경우에 이를 별도의 독립된 루틴으로 작성하여 두고 필요할 때마다 주 루틴(main routine)에서 이를 호출(call)하여 사용하는 것을 서브루틴(subroutine)이라고 한다. 서브루틴을 사용하면 하나의 프로그램내에 동일한 루틴이 여기 저기에 중복되게 위치함으로써 프로그램이 쓸데없이 길어지는 것을 방지할 수 있고, 따라서 소스 프로그램의 입력이 간단해지며 나중에 프로그램을 수정할 경우에도 서브루틴 한 곳만 수정하면 되므로 관리가 간편해지는 등 모듈식 프로그램의 작성에 매우 편리하다. 모듈식 프로그램에서는 서브루틴을 별도의 파일로 작성하여 번역하고 이를 나중에 링크시키는 경우도 많으며, 이 서브루틴들을 별도로 모아서 사용자 라이브러리 파일로 만들어 두기도 한다.

(2) 서브루틴의 구조 및 실행 과정

어셈블리 프로그램에서 서브루틴은 프로그래머가 임의의 라벨로 그 이름을 정하여 두고 마지막에는 리턴(return) 명령 RET로 끝난다. 이를 사용하려면 <그림 1.3.11>과 같이 이 서브루틴 이름을 ACALL 또는 LCALL 명령으로 호출하기만 하면 되는데, 이렇게 하면 CPU의 제어가 서브루틴으로 옮겨져서 프로그램이 수행되다가 리턴 명령을 만나면 서브루틴을 호출한 바로 다음의 위치로 되돌아온다.

서브루틴은 주프로그램에서의 호출에 의해 실행이 개시되고, 이때 나중에 복귀될 주소(return address)가 스택에 저장된다. 서브루틴의 실행 종료는 복귀명령 RET에 의해 인식되고, 이때 스택에 저장되었던 복귀주소가 되찾아져서 서브루틴 호출이 이루어졌던 바로 다음의 명령으로 제어가 넘겨진다.

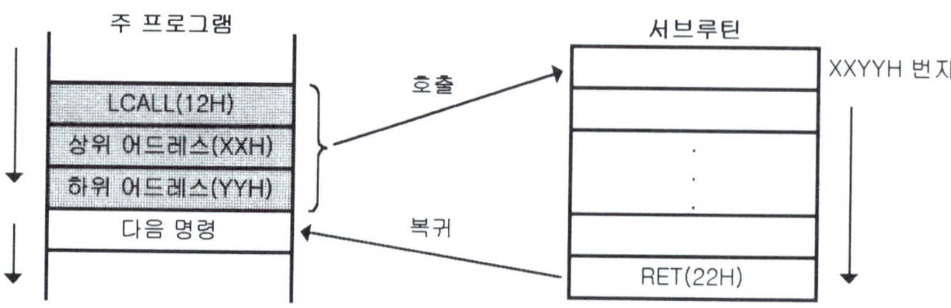

〈그림 1.3.11〉 서브루틴 호출에서 리턴까지의 실행 과정

사용자가 프로그램을 작성할 때 서브루틴은 주 프로그램의 앞이나 뒤 어느 곳에 놓여도 관계없으나, 이것은 반드시 주 프로그램의 호출에 의해서만 실행되어야 하며, 메모리 번지순에 의하여 프로그램을 수행하다가 이 부분이 비정상적으로 실행되어서는 안된다. 따라서, 이런 문제를 피하기 위하여 대부분의 경우에는 서브루틴을 주 프로그램의 뒤쪽에 배치한다.

AT89S52로 프로그램을 작성할 때 서브루틴 기법의 사용에 관한 주요 사항을 요약하면 다음과 같다.

① 주프로그램에서 서브루틴을 호출하기에 앞서서 필요할 경우에는 입력 파라미터(input parameter 또는 entry)를 준비해야 한다. 이것은 서브루틴 내에서의 작업처리에 필요한 데이터 또는 상수들이다.

② 서브루틴 호출 명령 ACALL 또는 LCALL을 이용하여 서브루틴을 호출한다. ACALL은 서브루틴의 번지가 11비트로 표시되므로 2KB 블록의 범위에 있을 때만 사용할 수 있고, LCALL은 서브루틴의 번지가 16비트로 표시되므로 프로그램 메모리에서 임의의 위치에 있는 서브루틴을 호출할 수 있다. 서브루틴을 호출하는 이들 명령을 실행하면 현재의 프로그램 카운터 값을 나중에 복귀에 사용될 수 있도록 스택에 역워드순으로 저장한 후 프로그램 카운터에 서브루틴의 시작번지를 로드하여 점프가 이루어지고 그곳에서 서브루틴의 실행이 개시된다.

③ 서브루틴의 서두에서는 필요하다면 주프로그램에서 사용되던 레지스터들의 내용이 변경되지 않도록 PUSH 명령을 사용하여 스택에 안전하게 일시적으로 보관(store)해야 할 경우도 있다. 이것은 서브루틴의 말미에서 주프로그램으로 되돌아가기 전에 POP 명령을 사용하여 다시 원래의 값으로 복구(restore)시켜야 한다. 물론, 이와 같은 레지스터의 일시 보관 및 복구는 주프로그램에서 서브루틴의 호출 직전 및 직후에 처리할 수도 있으나 서브루틴내에서 처리하는 것이 보다 간편하고 일반적이다. 이처럼 레지스터를 대피하는 방법 이외에도 범용 레지스터 R0~R7의 경우에는 상태 레지스터 PSW의 설정을 바꾸어 뱅크를 변경하기도 하며, 데이터 포인터 DPTR의 경우에는 보조 레지스터1 AUXR1의 설정을 바꾸어 DPTR0과 DPTR1을 절환하기도 한다.

④ 서브루틴의 종료는 RET 명령에 의해 인식된다. 이때 스택에 저장되어 있던 복귀주소가 다시 프로그램 카운터에 로드되어 제어는 주프로그램으로 되돌아 간다.

◀**참고**▶ RETI는 인터럽트 서비스 루틴에서 주 프로그램으로 복귀하라는 명령이므로 서브루틴에서 이를 사용하면 안된다.

서브루틴을 사용할 때는 특히 주 프로그램에서와 서브루틴에서 각각 레지스터의 사용이 중복되지 않도록 주의해야 한다. 또한, 서브루틴에서 입력 파라미터와 출력 파라미터를 사용함으로써 서브루틴을 호출할 때 입력 파라미터를 가지고 들어가서 서브루틴을 실행한 후에 그 결과를 출력 파라미터로 가지고 나오는 방법을 사용하면 서브루틴의 범용성을 높일 수 있다.

분기 명령이나 서브루틴 호출 명령은 이처럼 프로그램의 실행순서를 변경하여 지정된 번지로 점프한다는 점에서는 유사하지만, 분기 명령에서는 다시 되돌아오는 것이 전제되지 않는데 비하여 서브루틴 호출 명령에서는 점프하기 전에 원래의 위치로 다시 되돌아 올 수 있도록 복귀주소를 스택에 저장한다. 즉, 분기 명령에서는 프로그램 카운터의 값을 점프할 번지로 바꾸어 단순히 점프를 수행하는데 비하여, 서브루틴 호출시에는 점프를 수행하기 전에 나중에 되돌아오기 위한 복귀주소로서 현재의 프로그램 카운터값(프로그램 카운터는 이미 ACALL 또는 LCALL 명령의 다음 명령을 가리키고 있음)을 스택에 저장하는 것이 다르다.

또한, 서브루틴은 인터럽트와 매우 유사하지만 발생 원인이나 처리방법에 있어서 여러가지 다른 점도 있는데, 이들을 비교하여 요약하면 <표 1.3.15>와 같다.

〈표 1.3.15〉 서브루틴과 인터럽트의 비교

서 브 루 틴	인 터 럽 트
① 동일한 처리를 프로그램내의 여러 곳에서 필요로 할 때 사용.	① 주변장치가 CPU에게 긴급한 처리를 요구할 때 사용.
② CPU의 서브루틴 호출 명령(ACALL, LCALL)에 의해 동작이 시작.	② 주변장치가 CPU에게 하드웨어적인 인터럽트 요구신호를 보냄으로써 시작.
③ 점프하기 전에 복귀주소를 스택에 자동으로 저장.	③ 점프하기 전에 복귀주소를 스택에 자동으로 저장.
④ 별도의 처리 루틴(subroutine)으로 제어가 옮겨져서 프로그램을 수행.	④ 별도의 처리 루틴(interrupt service routine)으로 제어가 옮겨져서 프로그램을 수행.
⑤ 복귀 명령(RET)에 의해 원래의 위치로 복귀.	⑤ 복귀 명령(RETI)에 의해 원래의 위치로 복귀.
⑥ 대부분 입력 및 출력 파라미터가 있음.	⑥ 대부분 입력 및 출력 파라미터가 없음.

이처럼 서브루틴이나 인터럽트가 처리되려면 반드시 복귀주소를 저장하는 과정이 필요한데 이때 사용되는 것이 스택(stack)이다. 스택은 데이터 메모리인 RAM의 일부를 특별한 데이터 저장 영역으로 설정하고 後入先出(LIFO ; Last-In First-Out) 방식으로만 액세스하는 메모리이다. 이것은 보통의 RAM이지만 이를 임의접근(random access) 방식으로 액세스하지 않고 후입선출 방식으로만 사용한다. 스택 포인터는 스택의 사용을 관리하는 레지스터이다.

(3) 서브루틴의 종류

서브루틴의 종류에는 보통의 닫힌 서브루틴(closed subroutine)과 열린 서브루틴(open subroutine)이 있다. 닫힌 서브루틴은 이제까지 설명한 바와 같이 주프로그램에서의 호출 명령에 의하여 CPU의 실행제어가 서브루틴으로 넘겨져서 처리를 수행하고, 서브루틴의 실행이 종료되어 복귀 명령을 만나면 다시 주루틴으로 실행제어가 되돌아오는 방법이다. 일반적으로 그냥 서브루틴이라고 말하면 이 닫힌 서브루틴을 가리킨다.

이에 비하여 열린 서브루틴은 별도로 분리되어 작성된 서브루틴 전체가 프로그램이 어셈블될 때 주프로그램의 일부로서 **확장**(expansion)되어 삽입되는 방식인데, 이와 같은 것을 **매크로**(macro) **처리기능**이라 하고 매크로 기능을 가진 어셈블러를 **매크로 어셈블러**(macro assembler)라고 한다. 따라서, 열린 서브루틴으로 작성된 소스 프로그램에서는 서브루틴이 존재하지만 이것이 어셈블되어 만들어진 오브젝트 파일에는 서브루틴이 따로 남아있지 않고 주프로그램의 일부가 되어 주프로그램의 실행파일이 길어진다. 오늘날 사용되는 대부분의 어셈블러는 매크로 어셈블러이며, 이 책에서 기본적으로 사용하는 Keil사의 A51.EXE도 물론 매크로 어셈블러이다. 이 매크로 어셈블러에서 매크로를 사용하는 방법은 제3.4절에서 설명한다.

닫힌 서브루틴과 열린 서브루틴은 모두 소스 프로그램을 간결하게 작성할 수 있는 장점이 있다. 그러나, 열린 서브루틴은 번역시에 매크로 확장에 의하여 서브루틴이 주프로그램으로 변하므로 오브젝트 파일 또는 실행 프로그램이 짧아지지 않는 단점이 있는데 비하여, CPU가 서브루틴을 호출하거나 리턴하는 절차가 없으므로 이에 따른 실행시간의 지연이 없는 것이 장점이다.

◀**참고**▶ 이상에서 설명한 열린 서브루틴(open subroutine)을 소스 파일 인클루드($INCLUDE) 기능과 혼동하면 안된다. 인클루드는 어셈블리 언어나 C언어에서 외부로부터 다른 소스 파일을 불러들여 현재의 파일에 포함시키는 기능이다. 이것은 각종 프로그램에 공통적으로 사용되는 사항들을 정의하는 헤더 파일(header file)에도 적용되고, 별도의 파일에 작성되어 있는 서브루틴들을 불러들이는데도 사용된다.

◀**참고**▶ 현재 어셈블러가 사용되는 시스템과 이것의 타겟 시스템(target system)이 일치되는 경우의 네이티브 어셈블러(native assembler)에 비하여 이것이 일치되지 않는 경우의 어셈블러를 크로스 어셈블러(cross assembler)라고 부른다. 즉, IBM PC 호환의 Windows 환경에서 사용하는 모든 마이크로콘트롤러용의 어셈블러는 이 퍼스널 컴퓨터가 아니라 다른 타겟 보드에서 실행하기 위한 프로그램을 작성하여 번역하므로 크로스 어셈블러이다. Keil사의 A51.EXE도 당연히 크로스 어셈블러이다.

7. AT89S52의 명령 세트 정리

여기서는 AT89S52의 명령 세트를 어셈블리 언어 프로그래밍 작업에서 사용하기 편리하도록 몇가지의 형태로 정리한다.

(1) 명령의 기능, 바이트수, 실행시간

※ ① 바이트는 기계어 코드의 바이트 수를 나타낸다.
② 실행시간을 나타내는 사이클은 시스템 클럭의 12주기에 해당한다.
③ 여기에서 사용한 기호들은 다음과 같다.

기호	설명	기호	설명
Rn	현재 선택된 뱅크의 레지스터 R7~R0.	addr16	LCALL 및 LJMP에서 사용하는 16비트 절대번지.
@Ri	레지스터 R1~R0로 간접 지정된 내부 RAM 번지(00H~FFH).	addr11	ACALL 및 AJMP에서 사용하는 11비트 절대번지. 다음 명령의 번지를 기준으로 2KB 페이지 이내.
direct	직접 지정된 내부 RAM 번지(00H~7FH) 또는 SFR 번지(80H~FFH)	rel	SJMP 및 조건부 점프에서 사용하는 8비트 상대번지. 다음 명령의 번지를 기준으로 -128~+127 이내.
#data	8비트 상수(즉치 데이터)	bit	내부 RAM이나 SFR에서 직접 비트 지정이 가능한 비트 번지.
#data16	16비트 상수(즉치 데이터)		

▣ 데이터 이동 명령(Data Transfer Instruction)

Mnemonic	기 능	동 작	바이트	사이클	PSW 플래그 CY	AC	OV	P
MOV A, Rn	Move register to accumulator	A←Rn	1	1	-	-	-	↕
MOV A, direct	Move direct byte to accumulator	A←(direct)	2	1				
MOV A, @Ri	Move indirect RAM to accumulator	A←(Ri)	1	1				
MOV A, #data	Move immediate data to accumulator	A←data	2	1				
MOV Rn, A	Move accumulator to register	Rn←A	1	1	-	-	-	-
MOV Rn, direct	Move direct byte to register	Rn←(direct)	2	2				
MOV Rn, #data	Move immediate data to register	Rn←data	2	1				
MOV direct, A	Move accumulator to direct byte	(direct)←A	2	1	-	-	-	-
MOV direct, Rn	Move register to direct byte	(direct)←Rn	2	2				
MOV direct, direct	Move direct byte to direct byte	(direct)←(direct)	3	2				
MOV direct, @Ri	Move indirect RAM to direct byte	(direct)←(Ri)	2	2				
MOV direct, #data	Move immediate data to direct byte	(direct)←data	3	2				
MOV @Ri, A	Move accumulator to indirect RAM	(Ri)←A	1	1	-	-	-	-
MOV @Ri, direct	Move direct byte to indirect RAM	(Ri)←(direct)	2	2				
MOV @Ri, #data	Move immediate data to indirect RAM	(Ri)←data	2	1				
MOV DPTR, #data16	Load data pointer DPTR with 16-bit constant	DPTR←16-bit data	3	2	-	-	-	-
MOVC A, @A+DPTR	Move code byte relative to DPTR to acc	A←(A+DPTR)	1	2	-	-	-	↕
MOVC A, @A+PC	Move code byte relative to PC to acc	PC←PC+1, A←(A+PC)	1	2				
MOVX A, @Ri	Move external RAM(8-bit addr) to acc	A←(Ri)	1	2	-	-	-	↕
MOVX A, @DPTR	Move external RAM(16-bit addr) to acc	A←(DPTR)	1	2	-	-	-	↕
MOVX @Ri, A	Move acc to external RAM(8-bit addr)	(Ri)←A	1	2	-	-	-	-
MOVX @DPTR, A	Move acc to external RAM(16-bit addr)	(DPTR)←A	1	2	-	-	-	-
XCH A, Rn	Exchange register with accumulator	A↔Rn	1	1	-	-	-	↕
XCH A, direct	Exchange direct byte with accumulator	A↔(direct)	2	1				
XCH A, @Ri	Exchange indirect RAM with accumulator	A↔(Ri)	1	1				
XCHD A, @Ri	Exchange low-order digit indirect RAM with accumulator	$A_{3\sim0}$↔$(Ri)_{3\sim0}$	1	1				
PUSH direct	Push direct byte onto stack	SP←SP+1 (SP)←(direct)	2	2	-	-	-	-
POP direct	Pop direct byte from stack	(direct)←(SP) SP←SP-1	2	2				

☞ 플래그에서 -는 변화 없음, 1은 셋트, 0은 리셋, ↕는 처리결과에 따라 셋트되거나 리셋됨을 나타낸다.

▣ 산술연산 명령(Arithmetic Operation Instruction)

Mnemonic	기 능	동 작	바이트	사이클	PSW 플래그 CY	AC	OV	P
ADD A,Rn	Add register to accumulator	A←A+Rn	1	1	↕	↕	↕	↕
ADD A,direct	Add direct byte to accumulator	A←A+(direct)	2	1				
ADD A,@Ri	Add indirect RAM to accumulator	A←A+(Ri)	1	1				
ADD A,#data	Add immediate data to accumulator	A←A+data	2	1				
ADDC A,Rn	Add register to acc with carry flag	A←A+CY+Rn	1	1	↕	↕	↕	↕
ADDC A,direct	Add direct byte to acc with carry flag	A←A+CY+(direct)	2	1				
ADDC A,@Ri	Add indirect RAM to acc with carry flag	A←A+CY+(Ri)	1	1				
ADDC A,#data	Add immediate data to acc with carry flag	A←A+CY+data	2	1				
SUBB A,Rn	Subtract register from acc with borrow	A←A-CY-Rn	1	1	↕	↕	↕	↕
SUBB A,direct	Subtract direct byte from acc with borrow	A←A-CY-(direct)	2	1				
SUBB A,@Ri	Subtract indirect RAM from acc with borrow	A←A-CY-(Ri)	1	1				
SUBB A,#data	Subtract imm. data from acc with borrow	A←A-CY-data	2	1				
INC A	Increment accumulator	A←A+1	1	1	-	-	-	↕
INC Rn	Increment register	Rn←Rn+1	1	1	-	-	-	-
INC direct	Increment direct byte	(direct)←(direct)+1	2	1	-	-	-	-
INC @Ri	Incremet indirect RAM	(Ri)←(Ri)+1	1	1	-	-	-	-
INC DPTR	Increment data pointer DPTR	DPTR←DPTR+1	1	2	-	-	-	-
DEC A	Decrement accumulator	A←A-1	1	1	-	-	-	↕
DEC Rn	Decrement register	Rn←Rn-1	1	1	-	-	-	-
DEC direct	Decrement direct byte	(direct)←(direct)-1	2	1	-	-	-	-
DEC @Ri	Decrement indirect RAM	(Ri)←(Ri)-1	1	1	-	-	-	-
DA A	Decimal adjust accumulator for addition		1	1	↑	-	-	↕
MUL AB	Multiply A and B	$B_{15\sim8}$ $A_{7\sim0}$ ← A×B	1	4	0	-	↕	↕
DIV AB	Divide A by B	A←int(A/B), B←A MOD B	1	4				

▣ 논리연산 명령(Logical Operation Instruction)

Mnemonic	기 능	동 작	바이트	사이클	PSW 플래그 CY	AC	OV	P
ANL A,Rn	AND register to accumulator	A←A ∧ Rn	1	1	-	-	-	↕
ANL A,direct	AND direct byte to accumulator	A←A ∧ (direct)	2	1				
ANL A,@Ri	AND indirect RAM to accumulator	A←A ∧ (Ri)	1	1				
ANL A,#data	AND immediate data to accumulator	A←A ∧ data	2	1				
ANL direct,A	AND accumulator to direct byte	(dir.)←(dir.) ∧ A	2	1	-	-	-	-
ANL direct,#data	AND immediate data to direct byte	(dir.)←(dir.) ∧ data	3	2				
ORL A,Rn	OR register to accumulator	A←A ∨ Rn	1	1	-	-	-	↕
ORL A,direct	OR direct byte to accumulator	A←A ∨ (direct)	2	1				
ORL A,@Ri	OR indirect RAM to accumulator	A←A ∨ (Ri)	1	1				
ORL A,#data	OR immediate data to accumulator	A←A ∨ data	2	1				
ORL direct,A	OR accumulator to direct byte	(dir.)←(dir.) ∨ A	2	1	-	-	-	-
ORL direct,#data	OR immediate data to direct byte	(dir.)←(dir.) ∨ data	3	2				
XRL A,Rn	XOR register to accumulator	A←A ⊕ Rn	1	1	-	-	-	↕
XRL A,direct	XOR direct byte to accumulator	A←A ⊕ (direct)	2	1				
XRL A,@Ri	XOR indirect RAM to accumulator	A←A ⊕ (Ri)	1	1				
XRL A,#data	XOR indirect RAM to accumulator	A←A ⊕ data	2	1				
XRL direct,A	XOR accumulator to direct byte	(dir.)←(dir.) ⊕ A	2	1	-	-	-	-
XRL direct,#data	XOR immediate data to direct byte	(dir.)←(dir.) ⊕ data	3	2				
CLR A	Clear accumulator	A←0	1	1	-	-	-	↕
CPL A	Complement accumulator	A← $\overline{A}$	1	1	-	-	-	-
SWAP A	Swap nibbles within the accumulator	$A_{7\sim4}$ ↔ $A_{3\sim0}$	1	1	-	-	-	-
RL A	Rotate accumulator left	A_{n+1}←A_n A_0←A_7	1	1	-	-	-	-
RLC A	Rotate accumulator left through the carry	A_{n+1}←A_n A_0←CY, CY←A_7	1	1	↕	-	-	↕
RR A	Rotate accumulator right	A_n←A_{n+1} A_7←A_0	1	1	-	-	-	-
RRC A	Rotate accumulator right through the carry	A_n←A_{n+1} A_7←CY, CY←A_0	1	1	↕	-	-	↕

▣ 부울 연산 명령(Boolean Instruction)

Mnemonic	기 능	동 작	바이트	사이클	PSW 플래그 CY	AC	OV	P
CLR C	Clear carry	CY←0	1	1	0	-	-	-
SETB C	Set carry	CY←1	1	1	1	-	-	-
CPL C	Complement carry	CY← $\overline{CY}$	1	1	↕	-	-	-
CLR bit	Clear direct bit	(bit)←0	2	1				
SETB bit	Set direct bit	(bit)←1	2	1	-	-	-	-
CPL bit	Complement direct bit	(bit)← $\overline{(bit)}$	2	1				
MOV C,bit	Move direct bit to carry	CY←(bit)	2	1	↕	-	-	-
MOV bit,C	Move carry to direct bit	(bit)←CY	2	2	-	-	-	-
ANL C,bit	AND direct bit to carry	CY←CY ∧ (bit)	2	2	↕	-	-	-
ANL C,/bit	AND complement of direct bit to carry	CY←CY ∧ $\overline{(bit)}$	2	2				
ORL C,bit	OR direct bit to carry	CY←CY ∨ (bit)	2	2	↕	-	-	-
ORL C,/bit	OR complement of direct bit to carry	CY←CY ∨ $\overline{(bit)}$	2	2				

▣ 분기 명령(Branch Instruction)

Mnemonic	기 능	동 작	바이트	사이클	PSW 플래그 CY	AC	OV	P
ACALL addr11	Absolute subroutine call (within 2KB page)	PC←PC+2 SP←SP+1, SP←PCL SP←SP+1, SP←PCH $PC_{10\sim0}$←addr11	2	2	-	-	-	-
LCALL addr16	Long subroutine call	PC←PC+3 SP←SP+1, SP←PCL SP←SP+1, SP←PCH PC←addr16	3	2				
RET	Return from subroutine	PCH←(SP), SP←SP-1 PCL←(SP), SP←SP-1	1	2	-	-	-	-
RETI	Return from interrupt	PCH←(SP), SP←SP-1 PCL←(SP), SP←SP-1	1	2				
SJMP rel	Short jump	PC←PC+2 PC←PC+rel	2	2	-	-	-	-
AJMP addr11	Absolute jump(within 2KB page)	PC←PC+2 $PC_{10\sim0}$←addr11	2	2				
LJMP addr16	Long jump	PC←addr16	3	2				
JMP @A+DPTR	Jump indirect relative to the DPTR	PC←A+DPTR	1	2				
JZ rel	Jump if accumulator is zero	If A=0, PC←PC+rel	2	2	-	-	-	-
JNZ rel	Jump if accumulator is not zero	If A≠0, PC←PC+rel	2	2				
JC rel	Jump if carry is set	If CY=1, PC←PC+rel	2	2				
JNC rel	Jump if carry is not set	If CY=0, PC←PC+rel	2	2				
JB bit,rel	Jump if direct bit is set	If (bit)=1, PC←PC+rel	3	2				
JNB bit,rel	Jump if direct bit is not set	If (bit)=0, PC←PC+rel	3	2				
JBC bit,rel	Jump if direct bit is set and clear bit	If (bit)=1, PC←PC+rel and (bit)←0	3	2				
CJNE A,direct,rel	Compare direct byte to acc and jump if not equal	If A≠(direct), PC←PC+rel	3	2	↕	-	-	-
CJNE A,#data,rel	Compare immediate data to acc and jump if not equal	If A≠data, PC←PC+rel	3	2				
CJNE Rn,#data,rel	Compare immediate data to register and jump if not equal	If Rn≠data, PC←PC+rel	3	2				
CJNE @Ri,#data,rel	Compare immediate data to indirect RAM and jump if not equal	If (Ri)≠data, PC←PC+rel	3	2				
DJNZ Rn,rel	Decrement register and jump if not zero	Rn←Rn-1 If Rn≠0, PC←PC+rel	2	2	-	-	-	-
DJNZ direct,rel	Decrement direct byte and jump if not zero	(direct)←(direct)-1 If (direct)≠0, PC←PC+rel	3	2				
NOP	No operation		1	1	-	-	-	-

(2) 명령의 기계어 코드 순서에 의한 요약

코드	바이트	Mnemonic
00	1	NOP
01	2	AJMP addr11
02	3	LJMP addr16
03	1	RR A
04	1	INC A
05	2	INC direct
06	1	INC @R0
07	1	INC @R1
08	1	INC R0
09	1	INC R1
0A	1	INC R2
0B	1	INC R3
0C	1	INC R4
0D	1	INC R5
0E	1	INC R6
0F	1	INC R7
10	3	JBC bit,rel
11	2	ACALL addr11
12	3	LCALL addr16
13	1	RRC A
14	1	DEC A
15	2	DEC direct
16	1	DEC @R0
17	1	DEC @R1
18	1	DEC R0
19	1	DEC R1
1A	1	DEC R2
1B	1	DEC R3
1C	1	DEC R4
1D	1	DEC R5
1E	1	DEC R6
1F	1	DEC R7
20	3	JB bit,rel
21	2	AJMP addr11
22	1	RET
23	1	RL A
24	2	ADD A,#data
25	2	ADD A,direct
26	1	ADD A,@R0
27	1	ADD A,@R1
28	1	ADD A,R0
29	1	ADD A,R1
2A	1	ADD A,R2
2B	1	ADD A,R3
2C	1	ADD A,R4

코드	바이트	Mnemonic
2D	1	ADD A,R5
2E	1	ADD A,R6
2F	1	ADD A,R7
30	3	JNB bit,rel
31	2	ACALL addr11
32	1	RETI
33	1	RLC A
34	2	ADDC A,#data
35	2	ADDC A,direct
36	1	ADDC A,@R0
37	1	ADDC A,@R1
38	1	ADDC A,R0
39	1	ADDC A,R1
3A	1	ADDC A,R2
3B	1	ADDC A,R3
3C	1	ADDC A,R4
3D	1	ADDC A,R5
3E	1	ADDC A,R6
3F	1	ADDC A,R7
40	2	JC rel
41	2	AJMP addr11
42	2	ORL direct,A
43	3	ORL direct,#data
44	2	ORL A,#data
45	2	ORL A,direct
46	1	ORL A,@R0
47	1	ORL A,@R1
48	1	ORL A,R0
49	1	ORL A,R1
4A	1	ORL A,R2
4B	1	ORL A,R3
4C	1	ORL A,R4
4D	1	ORL A,R5
4E	1	ORL A,R6
4F	1	ORL A,R7
50	2	JNC rel
51	2	ACALL addr11
52	2	ANL direct,A
53	3	ANL direct,#data
54	2	ANL A,#data
55	2	ANL A,direct
56	1	ANL A,@R0
57	1	ANL A,@R1
58	1	ANL A,R0
59	1	ANL A,R1

코드	바이트	Mnemonic
5A	1	ANL A,R2
5B	1	ANL A,R3
5C	1	ANL A,R4
5D	1	ANL A,R5
5E	1	ANL A,R6
5F	1	ANL A,R7
60	2	JZ rel
61	2	AJMP addr11
62	2	XRL direct,A
63	3	XRL direct,#data
64	2	XRL A,#data
65	2	XRL A,direct
66	1	XRL A,@R0
67	1	XRL A,@R1
68	1	XRL A,R0
69	1	XRL A,R1
6A	1	XRL A,R2
6B	1	XRL A,R3
6C	1	XRL A,R4
6D	1	XRL A,R5
6E	1	XRL A,R6
6F	1	XRL A,R7
70	2	JNZ rel
71	2	ACALL addr11
72	2	ORL C,bit
73	1	JMP @A+DPTR
74	2	MOV A,#data
75	3	MOV direct,#data
76	2	MOV @R0,#data
77	2	MOV @R1,#data
78	2	MOV R0,#data
79	2	MOV R1,#data
7A	2	MOV R2,#data
7B	2	MOV R3,#data
7C	2	MOV R4,#data
7D	2	MOV R5,#data
7E	2	MOV R6,#data
7F	2	MOV R7,#data
80	2	SJMP rel
81	2	AJMP addr11
82	2	ANL C,bit
83	1	MOVC A,@A+PC
84	1	DIV AB
85	3	MOV direct,direct
86	2	MOV direct,@R0

코드	바이트	Mnemonic	코드	바이트	Mnemonic	코드	바이트	Mnemonic
87	2	MOV direct,@R1	B0	2	ANL C,/bit	D9	2	DJNZ R1,rel
88	2	MOV direct,R0	B1	2	ACALL addr11	DA	2	DJNZ R2,rel
89	2	MOV direct,R1	B2	2	CPL bit	DB	2	DJNZ R3,rel
8A	2	MOV direct,R2	B3	1	CPL C	DC	2	DJNZ R4,rel
8B	2	MOV direct,R3	B4	3	CJNE A,#data,rel	DD	2	DJNZ R5,rel
8C	2	MOV direct,R4	B5	3	CJNE A,direct,rel	DE	2	DJNZ R6,rel
8D	2	MOV direct,R5	B6	3	CJNE @R0,#data,rel	DF	2	DJNZ R7,rel
8E	2	MOV direct,R6	B7	3	CJNE @R1,#data,rel	E0	1	MOVX A,@DPTR
8F	2	MOV direct,R7	B8	3	CJNE R0,#data,rel	E1	2	AJMP addr11
90	3	MOV DPTR,#data	B9	3	CJNE R1,#data,rel	E2	1	MOVX A,@R0
91	2	ACALL addr11	BA	3	CJNE R2,#data,rel	E3	1	MOVX A,@R1
92	2	MOV bit,C	BB	3	CJNE R3,#data,rel	E4	1	CLR A
93	1	MOVC A,@A+DPTR	BC	3	CJNE R4,#data,rel	E5	2	MOV A,direct
94	2	SUBB A,#data	BD	3	CJNE R5,#data,rel	E6	1	MOV A,@R0
95	2	SUBB A,direct	BE	3	CJNE R6,#data,rel	E7	1	MOV A,@R1
96	1	SUBB A,@R0	BF	3	CJNE R7,#data,rel	E8	1	MOV A,R0
97	1	SUBB A,@R1	C0	2	PUSH direct	E9	1	MOV A,R1
98	1	SUBB A,R0	C1	2	AJMP addr11	EA	1	MOV A,R2
99	1	SUBB A,R1	C2	2	CLR bit	EB	1	MOV A,R3
9A	1	SUBB A,R2	C3	1	CLR C	EC	1	MOV A,R4
9B	1	SUBB A,R3	C4	1	SWAP A	ED	1	MOV A,R5
9C	1	SUBB A,R4	C5	2	XCH A,direct	EE	1	MOV A,R6
9D	1	SUBB A,R5	C6	1	XCH A,@R0	EF	1	MOV A,R7
9E	1	SUBB A,R6	C7	1	XCH A,@R1	F0	1	MOVX @DPTR,A
9F	1	SUBB A,R7	C8	1	XCH A,R0	F1	2	ACALL addr11
A0	2	ORL C,/bit	C9	1	XCH A,R1	F2	1	MOVX @R0,A
A1	2	AJMP addr11	CA	1	XCH A,R2	F3	1	MOVX @R1,A
A2	2	MOV C,bit	CB	1	XCH A,R3	F4	1	CPL A
A3	1	INC DPTR	CC	1	XCH A,R4	F5	2	MOV direct,A
A4	1	MUL AB	CD	1	XCH A,R5	F6	1	MOV @R0,A
A5	1	(reserved) [1]	CE	1	XCH A,R6	F7	1	MOV @R1,A
A6	2	MOV @R0,direct	CF	1	XCH A,R7	F8	1	MOV R0,A
A7	2	MOV @R1,direct	D0	2	POP direct	F9	1	MOV R1,A
A8	2	MOV R0,direct	D1	2	ACALL addr11	FA	1	MOV R2,A
A9	2	MOV R1,direct	D2	2	SETB bit	FB	1	MOV R3,A
AA	2	MOV R2,direct	D3	1	SETB C	FC	1	MOV R4,A
AB	2	MOV R3,direct	D4	1	DA A	FD	1	MOV R5,A
AC	2	MOV R4,direct	D5	3	DJNZ direct,rel	FE	1	MOV R6,A
AD	2	MOV R5,direct	D6	1	XCHD A,@R0	FF	1	MOV R7,A
AE	2	MOV R6,direct	D7	1	XCHD A,@R1			
AF	2	MOV R7,direct	D8	2	DJNZ R0,rel			

☞ [1] 이것은 MCS-51에서는 유일하게 사용하지 않는 코드이며, 나중에 MCS-251에서는 이를 사용한다.

(3) 명령의 기능 설명

※ 명령어에서 사용된 기호

기 호	의 미
〈byte〉 〈src-byte〉 〈dest-byte〉	바이트 오퍼런드 데이터를 나타낸다. 소스측에서는 direct, indirect @Ri, register Rn, immediate가 가능하고, 데스티네이션측에서는 이중에서 immediate가 제외된다.
〈bit〉 〈src-bit〉 〈dest-bit〉	비트 어드레싱에 의한 1비트의 오퍼런드를 나타낸다.
rel addr11 addr16	각각 8비트 2의 보수에 의한 상대번지, 11비트 절대번지, 16비트 절대번지를 나타낸다.
#data16	16비트 immediate 오퍼런드를 나타낸다.

▣ 데이터 이동 명령(Data Transfer Instruction)

명령 및 형식	기 능	비 고
MOV <dest-byte>,<src-byte>	**Move byte variable** : 〈dest-byte〉←〈src-byte〉 소스측의 바이트 오퍼런드 값을 데스티네이션측으로 복사한다. 소스 오퍼런드의 내용은 변화가 없다. 모두 15가지의 소스측과 오퍼런드측의 조합이 가능하다.	레지스터 및 내부 데이터 메모리
MOV DPTR,#data16 (10010000)(data15~8)(data7~0)	**Move Data Pointer with a 16-bit constant** : (DPTR)←#data16 데이터 포인터 DPTR에 16비트의 상수를 로드한다. 이것은 AT89S52에서 16비트 데이터를 로드하는 유일한 명령이다. 기계어 코드의 2번째 바이트에 16비트 상수의 상위 바이트, 3번째 바이트에 16비트 상수의 하위 바이트가 놓인다.	
MOVC A,@A+DPTR (10010011) **MOVC A,@A+PC** (10000011)	**Move code byte** : (A)←@A+DPTR 또는 (A)←@A+PC 프로그램 메모리에 있는 코드 바이트 또는 상수를 누산기에 로드한다. 프로그램 메모리 번지는 16비트의 베이스 번지에 8비트의 누산기 값이 더해진다.	프로그램 메모리
MOVX A,@Ri (1110001i) **MOVX A,@DPTR** (11100000) **MOVX @Ri,A** (1111001i) **MOVX @DPTR,A** (11110000)	**Move external data memory** : (A)←@Ri 또는 (A)←@DPTR @Ri←(A) 또는 @DPTR←(A) 외부 데이터 메모리에 있는 바이트 데이터를 액세스한다. Ri를 이용하여 외부 데이터 메모리의 번지를 지정하는 경우에는 어드레스 버스로 포트0(AD7~AD0)의 8비트가 사용되고, DPTR을 이용하여 외부 데이터 메모리의 번지를 지정하는 경우에는 어드레스 버스로 포트0(AD7~AD0) 및 포트2(A15~A8)의 16비트가 사용된다.	외부 데이터 메모리
XCH A,<byte>	**Exchange accumulator with byte variable** : A↔〈byte〉 누산기와 2번째 오퍼런드의 바이트 데이터를 서로 교환한다.	데이터 교환명령
XCHD A,@Ri (1101011i)	**Exchange digit** : $(A_{3\sim0})$↔@$Ri_{3\sim0}$ 누산기의 하위 니블(b3~b0)과 2번째 오퍼런드의 하위 니블(b3~b0)을 서로 교환한다.	
PUSH direct (11000000)(direct)	**Push onto stack** : (SP)←(SP)+1, @SP←(direct) 스택 포인터를 1만큼 증가시키고 나서, direct로 지정된 바이트 데이터를 스택 포인터가 가리키는 내부 데이터 메모리에 저장한다.	스택명령
POP direct (11010000)(direct)	**Pop from stack** : (direct)←@SP, (SP)←(SP)-1 스택 포인터가 가리키는 내부 데이터 메모리에서 바이트 데이터를 꺼내어 direct로 지정된 곳에 저장하고 나서, 스택 포인터를 1만큼 감소시킨다.	

▣ 산술연산 명령(Arithmetic Operation Instruction)

명령 및 형식	기 능	비 고
ADD A,<src-byte>	**Add** : (A)←(A)+〈src-byte〉 누산기와 바이트 데이터를 더하여 그 결과를 다시 누산기에 저장한다.	덧셈명령
ADDC A,<src-byte>	**Add with carry** : (A)←(A)+〈src-byte〉+CY 누산기와 바이트 데이터, 캐리 플랙을 함께 더하여 그 결과를 다시 누산기에 저장한다.	
DA A (11010100)	**Decimal-adjust Accumulator for addition** : If $(A_{3\sim0}) > 9$ or AC = 1, $(A_{3\sim0}) \leftarrow (A_{3\sim0})+6$ If $(A_{7\sim4}) > 9$ or CY = 1, $(A_{7\sim4}) \leftarrow (A_{7\sim4})+6$ ADD 및 ADDC 명령을 수행한 후에 누산기에 저장되어 있는 바이트 데이터를 밀집형 10진수(packed BCD)로 변환한다.	
SUBB A,<src-byte>	**Subtract with borrow** : (A)←(A)-〈src-byte〉-CY 누산기에서 바이트 데이터와 캐리 플랙(borrow를 의미)을 함께 빼서 그 결과를 다시 누산기에 저장한다.	뺄셈명령
INC <byte>	**Increment** : 〈byte〉←〈byte〉+1 바이트 데이터를 1만큼 증가시킨다. 바이트 데이터가 FFH인 경우에는 1증가시키면 00H가 된다. 이 명령은 〈byte〉가 누산기인 경우 패리티 플랙이 달라지는 이외에는 아무 플랙에도 영향을 주지 않는데 유의하라.	증가 및 감소 명령
INC DPTR (10100011)	**Increment Data Pointer** : (DPTR)←(DPTR)+1 16비트 데이터 포인터 DPTR을 1만큼 증가시킨다. 이것은 AT89S52에서 16비트 데이터를 연산하는 유일한 명령이다. 이 명령은 아무 플랙에도 영향을 주지 않는데 유의하라.	
DEC <byte>	**Decrement** : 〈byte〉←〈byte〉-1 바이트 데이터를 1만큼 감소시킨다. 바이트 데이터가 00H인 경우에는 1감소시키면 FFH가 된다. 이 명령은 〈byte〉가 누산기인 경우 패리티 플랙이 달라지는 이외에는 아무 플랙에도 영향을 주지 않는데 유의하라.	
MUL AB (10100100)	**Multiply** : $(B_{15\sim8})(A_{7\sim0}) \leftarrow (A)\times(B)$ 8비트인 누산기 A와 역시 8비트인 B 레지스터의 값을 부호없는 정수로 간주하고 곱하여 16비트로 저장한다. 16비트인 결과는 상위바이트가 B레지스터에 저장되고, 하위 바이트가 누산기 A에 저장된다. 이 연산을 수행하면 캐리 플랙은 무조건 클리어되며, 결과가 255를 초과하면 오버플로우 플랙이 세트된다.	곱셈명령
DIV AB (10000100)	**Divide** : (A)←int(A/B), (B)←mod(A/B) 8비트인 누산기 A의 값을 역시 8비트인 B 레지스터의 값으로 부호없는 정수로 간주하고 나누어 그 몫을 8비트인 누산기에 저장하고, 나머지를 8비트인 B 레지스터에 저장한다. 이 연산을 수행하면 캐리 플랙과 오버플로우 플랙은 클리어된다. 그러나, 이때 만약 B 레지스터의 값이 00H였다면 나눗셈 계산 결과는 예측할 수 없게 되며, 오버플로우 플랙이 세트된다.	나눗셈 명령

▣ 논리연산 명령(Logical Operation Instruction)

명령 및 형식	기 능	비 고
ANL <dest-byte>,<src-byte>	**Logical AND for byte variables** : ⟨dest-byte⟩←⟨dest-byte⟩ AND ⟨src-byte⟩ 2개의 바이트 데이터에 대하여 각 비트별로 논리연산 AND를 수행한다. 논리연산은 누산기가 아닌 내부 데이터 메모리에서도 수행이 가능하다는 것에 유의하라.	AND 명령
ORL <dest-byte>,<src-byte>	**Logical OR for byte variables** : ⟨dest-byte⟩←⟨dest-byte⟩ OR ⟨src-byte⟩ 2개의 바이트 데이터에 대하여 각 비트별로 논리연산 OR를 수행한다. 논리연산은 누산기가 아닌 내부 데이터 메모리에서도 수행이 가능하다는 것에 유의하라.	OR 명령
XRL <dest-byte>,<src-byte>	**Logical XOR for byte variables** : ⟨dest-byte⟩←⟨dest-byte⟩ XOR ⟨src-byte⟩ 2개의 바이트 데이터에 대하여 각 비트별로 논리연산 XOR를 수행한다. 논리연산은 누산기가 아닌 내부 데이터 메모리에서도 수행이 가능하다는 것에 유의하라.	XOR 명령
CLR A (11100100)	**Clear Accumulator** : (A)←00H 누산기 A의 값을 00H로 클리어한다.	누산기 관련 명령
CPL A (11110100)	**Complement Accumulator** : $(A) \leftarrow (\overline{A})$ 누산기 A의 값을 논리적으로 반전(1's complement)시켜 다시 누산기에 저장한다.	
SWAP A (11000100)	**Swap nibbles within the Accumulator** : $(A_{7\sim4}) \leftrightarrow (A_{3\sim0})$ 누산기 A의 상위 니블과 하위 니블을 서로 교환한다. 이는 4비트를 회전시킨 것과 같다.	
RL A (00100011)	**Rotate Accumulator left** : $(A_{n+1}) \leftarrow (A_n)$ for n = 6~0 $(A_0) \leftarrow (A_7)$ 누산기 A의 데이터를 왼쪽으로 1비트씩 회전한다. b7은 돌아서 b0에 저장된다.	비트회전 명령
RLC A (00110011)	**Rotate Accumulator left through carry flag** : $(A_{n+1}) \leftarrow (A_n)$ for n = 6~0 $(A_0) \leftarrow (CY)$, $(CY) \leftarrow (A_7)$ 누산기 A의 데이터를 왼쪽으로 1비트씩 회전한다. b0에는 캐리 플랙이 저장되고, 캐리 플랙에는 b7이 저장된다.	
RR A (00000011)	**Rotate Accumulator right** : $(A_n) \leftarrow (A_{n+1})$ for n = 6~0 $(A_7) \leftarrow (A_0)$ 누산기 A의 데이터를 오른쪽으로 1비트씩 회전한다. b0은 돌아서 b7에 저장된다.	
RRC A (00010011)	**Rotate Accumulator right through carry flag** : $(A_n) \leftarrow (A_{n+1})$ for n = 6~0 $(A_7) \leftarrow (CY)$, $(CY) \leftarrow (A_0)$ 누산기 A의 데이터를 오른쪽으로 1비트씩 회전한다. b7에는 캐리 플랙이 저장되고, 캐리 플랙에는 b0이 저장된다.	

▣ 분기 명령(Branch Instruction)

명령 및 형식	기 능	비 고
SJMP rel (10000000) (reladdress)	**Short Jump** : (PC) ← (PC)+2, PC←(PC)+rel 8비트 상대번지를 이용하여 무조건 점프한다. 상대번지는 8비트 2의 보수로 표시되므로 -128~+127을 나타낼 수 있다.	무조건 점프명령
AJMP addr11 (xxx00001) (yyyyyyyy)	**Absolute Jump** : (PC) ← (PC)+2, $(PC_{10\sim0})$←xxxyyyyyyyy 명령어에서 점프할 절대번지의 하위 11비트만을 지정하여 이를 프로그램 카운터의 하위 11비트에 로드함으로써 2KB의 프로그램 메모리 블록내에서 점프가 가능하도록 한다.	
LJMP addr16 (00000010) (addr15~8) (addr7~0)	**Long Jump** : (PC) ← addr15~0 지정된 16비트 절대번지로 무조건 점프한다. 64KB의 프로그램 메모리 어디라도 점프할 수 있다.	
JMP @A+DPTR (01110011)	**Jump indirect** : (PC) ← @A+DPTR 지정된 레지스터들을 더하여 이 절대번지로 무조건 점프한다. 64KB의 프로그램 메모리 어디라도 점프할 수 있다. 점프할 프로그램 메모리 번지는 16비트의 베이스 번지에 8비트의 누산기 값이 더해진다.	
JZ rel (01100000) (reladdress)	**Jump if Accumulator is zero** : (PC)←(PC) + 2 If A = 00H, (PC)←(PC) + rel 현재의 누산기 값이 00H이면 8비트 상대번지를 이용하여 점프한다. 상대번지는 8비트 2의 보수로 표시되므로 -128~+127을 나타낼 수 있다.	누산기 조사 점프명령
JNZ rel (01110000) (reladdress)	**Jump if Accumulator is not zero** : (PC)←(PC) + 2 If A ≠ 00H, (PC)←(PC) + rel 현재의 누산기 값이 00H이 아니면 8비트 상대번지를 이용하여 점프한다. 상대번지는 8비트 2의 보수로 표시되므로 -128~+127을 나타낼 수 있다.	
DJNZ <byte>,rel	**Decrement and jump if not zero** : (PC)←(PC) + 2 〈byte〉 ← 〈byte〉 - 1 If 〈byte〉 ≠ 00H, (PC)←(PC) + rel 이것은 반복처리 루프에 사용하는 명령으로 〈byte〉를 1만큼 감소시키고 나서 만약 이것이 0이 아니면 지정된 8비트 상대번지를 이용하여 점프하고, 그렇지 않으면 그 다음 명령을 실행한다.	반복처리 명령
CJNE <dest-byte>,<src-byte>, rel	**Compare and jump if not equal** : (PC)←(PC) + 3 If 〈dest-byte〉 ≠ 〈src-byte〉, (PC)←(PC) + rel If 〈dest-byte〉 < 〈src-byte〉, then CY←1 else CY←0 이것은 비교분기 명령으로 2개의 바이트 데이터를 비교하여 서로 같지 않으면 지정된 8비트 상대번지를 이용하여 점프하고, 서로 같으면 그 다음 명령을 실행한다. 또한, 비교 결과 〈dest-byte〉가 작으면 캐리 플래이 세트되고 그렇지 않으면 캐리 플랙이 리셋된다.	비교분기 명령
ACALL addr11 (xxx10001) (yyyyyyyy)	**Absolute Call** : (PC) ← (PC)+2, (SP) ← (SP)+1, @SP ← $(PC_{7\sim0})$, (SP) ← (SP)+1, @SP ← $(PC_{15\sim8})$, $(PC_{10\sim0})$←xxxyyyyyyyy 명령어에서 호출할 절대번지의 하위 11비트만을 지정하여 이를 프로그램 카운터의 하위 11비트에 로드함으로써 2KB의 프로그램 메모리 블록내에서 서브루틴 호출이 가능하다.	서브루틴 호출명령
LCALL addr16 (00010010) (addr15~8) (addr7~0)	**Long Call** : (PC) ← (PC)+3, (SP) ← (SP)+1, @SP ← $(PC_{7\sim0})$, (SP) ← (SP)+1, @SP ← $(PC_{15\sim8})$, (PC) ← addr15~0 지정된 16비트 절대번지에서 서브루틴을 호출한다. 64KB의 프로그램 메모리 어디라도 사용할 수 있다.	
RET (00100010)	**Return from subroutine** : $(PC_{15\sim8})$ ← @SP, (SP) ← (SP)-1, $(PC_{7\sim0})$ ← @SP, (SP) ← (SP)-1 스택에서 프로그램 카운터의 값을 되찾아 서브루틴으로부터 주프로그램으로 복귀한다.	복귀명령
RETI (00110010)	**Return from interrupt** : $(PC_{15\sim8})$ ← @SP, (SP) ← (SP)-1, $(PC_{7\sim0})$ ← @SP, (SP) ← (SP)-1 스택에서 프로그램 카운터의 값을 되찾아 인터럽트 서비스 루틴으로부터 주프로그램으로 복귀하며, 인터럽트 제어 로직을 원상태로 되돌려 놓는다.	
NOP (00000000)	**No operation** 아무 것도 하지 않고 그 다음 명령으로 내려간다.	기타명령

◆ 무조건 점프명령에는 원래 SJMP, AJMP, LJMP 명령만이 정의되어 있으나, A51.EXE에서는 JMP로 사용하는 것이 가능하다. 이 generic jump instruction은 번역될 때 적절히 SJMP, AJMP, LJMP 명령중의 하나로 대체된다.

◆ 서브루틴 호출명령에도 원래 ACALL, LCALL 명령만이 정의되어 있으나, A51.EXE에서는 CALL로 사용하는 것이 가능하다. 이 generic call instruction은 번역될 때 적절히 ACALL, LCALL 명령중의 하나로 대체된다.

▣ 부울 연산 명령(Boolean Instruction)

명령 및 형식	기 능	비 고
ANL C, <src-bit>	**Logical AND for bit variables** : CY ← CY AND 〈src-bit〉 캐리 플랙과 〈src-bit〉를 논리적으로 AND시켜 캐리 플랙에 저장한다. 〈src-bit〉의 앞에 "/"가 붙어 있으면 이것을 반전시켜 AND를 취하지만, 원래의 〈src-bit〉를 변경하지는 않는다.	1비트의 AND, OR 명령
ORL C, <src-bit>	**Logical OR for bit variables** : CY ← CY OR 〈src-bit〉 캐리 플랙과 〈src-bit〉를 논리적으로 OR시켜 캐리 플랙에 저장한다. 〈src-bit〉의 앞에 "/"가 붙어 있으면 이것을 반전시켜 OR를 취하지만, 원래의 〈src-bit〉를 변경하지는 않는다.	
MOV <dest-bit>,<src-bit>	**Move bit data** : 〈dest-bit〉 ← 〈src-bit〉 〈src-bit〉를 〈dest-bit〉에 복사하며, 〈src-bit〉의 내용은 변화가 없다. 〈src-bit〉나 〈dest-bit〉 중의 하나는 반드시 캐리 플랙으로서 C로 표시되어야 한다.	1비트 이동명령
CLR C (11000011)	**Clear carry flag** : CY ← 0 캐리 플랙을 0으로 클리어한다.	캐리플랙 조작 명령
SETB C (11010011)	**Set carry flag** : CY ← 1 캐리 플랙을 1로 세트한다.	
CPL C (10110011)	**Complement carry flag** : CY ← $\overline{CY}$ 캐리 플랙을 반전시킨다.	
CLR <bit> (11000010) (bitaddress)	**Clear bit** : 〈bit〉 ← 0 지정된 비트를 0으로 클리어한다.	비트소삭 명령
SETB <bit> (11010010) (bitaddress)	**Set bit** : 〈bit〉 ← 1 지정된 비트를 1로 세트한다.	
CPL <bit> (10110010) (bitaddress)	**Complement bit** : 〈bit〉 ← 〈$\overline{bit}$〉 지정된 비트를 반전시킨다.	
JC rel (01000000) (reladdress) **JNC rel** (01010000) (reladdress)	**Jump if carry flag is set / not set** : (PC) ← (PC)+2 If CY = 1/0, (PC) ← (PC)+rel 만약 캐리 플랙이 1로 세트(0으로 리셋)되어 있으면 지정된 상대번지로 점프하고, 그렇지 않으면 그 다음 명령을 실행한다.	비트 분기명령
JB <bit>,rel (00100000) (bitaddress) (reladdress) **JNB <bit>,rel** (00110000) (bitaddress) (reladdress)	**Jump if bit is set / not set** : (PC) ← (PC)+3 If 〈bit〉 = 1/0, (PC) ← (PC)+rel 만약 〈bit〉가 1로 세트(0으로 리셋)되어 있으면 지정된 상대번지로 점프하고, 그렇지 않으면 그 다음 명령을 실행한다.	
JBC <bit>,rel (00010000) (bitaddress) (reladdress)	**Jump if bit is set and clear bit** : (PC) ← (PC)+3 If 〈bit〉 = 1, 〈bit〉 ← 0 and (PC) ← (PC)+rel 만약 〈bit〉가 1로 세트되어 있으면 그 〈bit〉를 0으로 클리어하고 나서 지정된 상대번지로 점프하고, 그렇지 않으면 그 다음 명령을 실행한다.	

1.4 AT89S52의 인터럽트 처리

이 절에서는 AT89S52의 인터럽트 처리기능에 대하여 설명한다. 마이크로콘트롤러는 주로 실시간 제어용으로 사용되는 마이크로프로세서인만큼 이 인터럽트 기능은 우리가 AT89S52를 공부하는 가장 중요한 목적중의 하나라고 해도 과언이 아니며, 따라서 사용자는 하드웨어적으로나 소프트웨어적으로 인터럽트 기능을 자유롭게 사용할 수 있을 정도로 숙달시켜두어야 한다.

1. 인터럽트의 개요

(1) 인터럽트의 개념

CPU 외부의 하드웨어적인 요구에 의해서 정상적인 프로그램의 실행 순서를 변경하여 보다 시급한 작업을 먼저 수행한 후에 다시 원래의 프로그램으로 복귀하는 것을 인터럽트(interrupt, 가로채기)라고 한다. 이것은 흔히 우리가 책을 읽고있는 도중에 전화가 와서 책의 읽던 페이지에 책갈피를 끼워 표시해두고 전화를 받은 다음에 다시 표시해 두었던 페이지를 찾아 책을 계속 읽어가는 상황에 비유될 수 있다.

인터럽트는 주변장치의 서비스 요청에 CPU가 가장 빠르게 대응할 수 있는 방법이며, 이것을 이용하면 주변장치측으로 부터의 발생 시기를 예측하기 어려운 비동기적인 일(event, 사건)을 CPU가 빠르게 처리할 수 있어서, 인터럽트는 서로 비동기적으로 동작하는 CPU(매우 고속으로 동작)와 주변장치(비교적 저속으로 동작) 사이에서 효율적으로 일을 수행하는 중요한 수단이 된다.

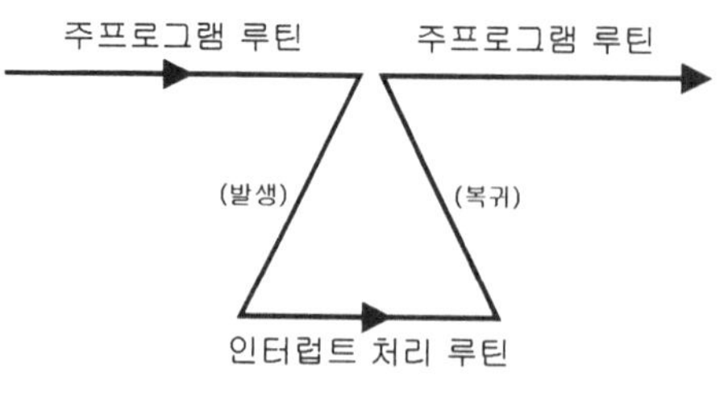

〈그림 1.4.1〉 인터럽트의 개념도

인터럽트가 발생하면 서브루틴의 경우에서처럼 나중에 되돌아 올 복귀주소(return address)가 자동적으로 스택에 저장되었다가 인터럽트 서비스 루틴(interrupt service routine)의 마지막에서 복귀명령(return instruction) RET를 만나면 다시 자동적으로 이 주소가 되찾아져서 인터럽트 발생전의 위치로 정확하게 되돌아간다.

(2) 인터럽트의 종류

인터럽트의 종류는 마이크로프로세서에 따라 다르고, 또한 이를 보는 관점에 따라 여러가지 방법으로 분류할 수 있으나 일반적으로 다음과 같은 것들이 있다.

◉ 인터럽트 발생 원인에 따른 분류

┌ 하드웨어 인터럽트 ┬ 내부 인터럽트
│ └ **외부 인터럽트**
└ 소프트웨어 인터럽트

◉ 인터럽트 발생시 마이크로프로세서의 반응 방식에 따른 분류

┌ **차단 가능 인터럽트**(INT ; maskable interrupt)
└ 차단 불가능 인터럽트(NMI ; non-maskable interrupt)

◉ 인터럽트를 요구한 입/출력 기기를 확인하는 방법에 따른 분류

┌ 조사형 인터럽트(polled interrupt)
└ **벡터형 인터럽트**(vectored interrupt)

▣ 내부 인터럽트

정의되지 않은 명령의 실행, 영(zero)으로 나눗셈을 시도하는 것과 같은 나눗셈 에러, 보호된 메모리 영역에의 접근 등의 원인에 의해 마이크로프로세서에서 내부적으로 발생되는 인터럽트이다. 경우에 따라서는 이러한 것들을 소프트웨어 인터럽트에 포함시키기도 한다. 그러나, 마이크로콘트롤러에서 CPU 소자에 내장된 타이머나 직렬 포트, DMA 콘트롤러 등과 같은 주변장치에 의하여 발생된 인터럽트는 물리적으로는 내부 인터럽트가 될 것이지만 이것들의 성격으로 보아 외부 인터럽트로 분류하는 것이 타당할 것이다.

이러한 내부 인터럽트는 신뢰성이 매우 중시되는 마이크로콘트롤러나 다중 프로그래밍용의 CPU에서 많이 사용되며, AT89S52에서는 이러한 내부 인터럽트를 사용하지 않는다.

▣ 외부 인터럽트

타이머에서의 지정된 시간 경과, 입력 장치에서의 서비스 요구, 출력 장치의 작업 종료, DMA 동작의 종료, 멀티프로세서간의 통신 요구 등 마이크로프로세서와 독립되어 있는 외부장치에 의해 발생되는 순수한 의미에서의 인터럽트이다. 일반적으로 그냥 인터럽트라고 하면 대부분 이것을 지칭한다.

대부분의 마이크로프로세서에서 사용하고 있는 $\overline{\text{NMI}}$, $\overline{\text{INT}}$ 및 각종 주변장치의 인터럽트가 이에 해당하는데, AT89S52에는 $\overline{\text{NMI}}$ 인터럽트를 사용하지 않으며 2개의 차단 가능한 외부 인터럽트 $\overline{\text{INT0}}$, $\overline{\text{INT1}}$만을 가지고 있다.

▣ 차단 가능 인터럽트

프로그래머에 의하여 인터럽트 요청을 받아들이지 않고 무시(mask)할 수 있는 것으로서 시간 제약이 있는 중요한 프로그램 수행중에는 인터럽트 요청을 허용하지 않을 수 있다. 보통 인터럽트를 허용하는 방법은 인터럽트 마스크 레지스터 또는 인터럽트 허용 레지스터를 사용하여 각각의 인터럽트를 개별적으로 허용하고 다시 이것들을 다시 전체적으로 허용한다. 인터럽트를 전체적으로 허용하거나 차단하기 위하여 각각 EI(enable interrupt)와 DI(disable interrupt) 명령을 가지고 있는 경우가 많다.

AT89S52에서는 외부 인터럽트 $\overline{\text{INT0}}$, $\overline{\text{INT1}}$을 비롯한 모든 인터럽트가 차단 가능한데, 전체적인 인터럽트의 허용이나 개별적인 인터럽트의 허용에는 모두 인터럽트 허용 레지스터를 사용하며, EI나 DI와 같은 명령을 따로 가지고 있지 않다.

▣ 차단 불가능 인터럽트

프로그래머에 의하여 어떤 방법으로도 인터럽트 요청이 차단될 수 없는 것으로 전원 이상이나 비상정지 스위치 등과 같이 중요도가 높은 심각한 돌발 사태에 대비하기 위하여 주로 사용된다. 대부분의 마이크로프로세서에는 $\overline{\text{NMI}}$ 신호를 사용하여 이 기능이 수행되지만, AT89S52에서는 이 인터럽트가 사용되지 않는다.

▣ 조사형 인터럽트

이것은 인터럽트가 발생하면 이 인터럽트를 요청한 장치를 찾아내기 위하여 CPU가 각 주변장치를 소프트웨어적으로 차례로 조사(polling)하는 방식이다. 이때 각 장치는 상태 레지스터(status register)의 특정한 비트에 인터럽트 요청 사실을 표시해 놓음으로써 자신이 인터럽트를 요청하였음을 CPU가 알 수 있도록 한다. 따라서, 이 방식에서는 폴링의 순서에 의하여 소프트웨어적으로 인터럽트의 우선순위가 결정된다.

이 방법은 하드웨어가 간단한 것이 장점이므로 주변 단말장치가 많은 범용 컴퓨터에서 많이 사용하지만, 인터럽트가 발생될 때마다 각 장치를 조사해야 하므로 주변장치의 수가 많을수록 소프트웨어적인 폴링 시간이 길어지고 따라서 인터럽트 응답이 늦어지는 단점이 있다. AT89S52에서는 이를 잘 사용하지 않는다.

▣ 벡터형 인터럽트

벡터형 인터럽트의 처리방식에는 다시 2가지 형태가 있다. 첫째는, 인터럽트가 발생할 때마다 인터럽트를 요청한 장치(interrupting device)가 인터럽트 벡터(interrupt vector)를 CPU에게 전송하는 방식이다. CPU는 주변장치에서 전송된 인터럽트 벡터를 이용하여 그 장치에 해당하는 인터럽트 서비스 루틴의 시작번지를 결정한다. 이것은 모든 주변장치가 1개의 인터럽트 신호선을 공유하는 범용 마이크로프로세서에서 주로 사용하며, 인터럽트 벡터를 사용하여 각 장치의 인터럽트 요구를 구분한다.

둘째는, 각 주변장치가 별개의 인터럽트 신호선을 가지고 있고 이것들이 인터럽트를 요청하면 CPU는 각각의 인터럽트에 따라 미리 지정된 인터럽트 벡터들을 가지고 있어서 즉시 해당 인터럽트 서비스 루틴을 찾아가는 방식이다. 이 방법은 인터럽트 벡터에 의하여 즉시 인터럽트 서비스 루틴을 찾아가므로 인터럽트 응답시간이 빠르게 처리되는 것이 필요한 마이크로콘트롤러에서 주로 사용한다. 그러나, 대부분의 주변장치들이 각각의 인터럽트 신호선을 가지고 있으므로 인터럽트를 요구할 수 있는 주변장치는 소수로 한정되는 경우가 많다.

벡터형 인터럽트는 조사형 인터럽트에 비하여 인터럽트 응답시간이 빠르며, 인터럽트 응답시간이 주변장치의 수가 많고 적음에 영향을 받지 않는다. AT89S52에서는 위의 벡터형 인터럽트 중에서 두번째 방식을 사용하고 있다.

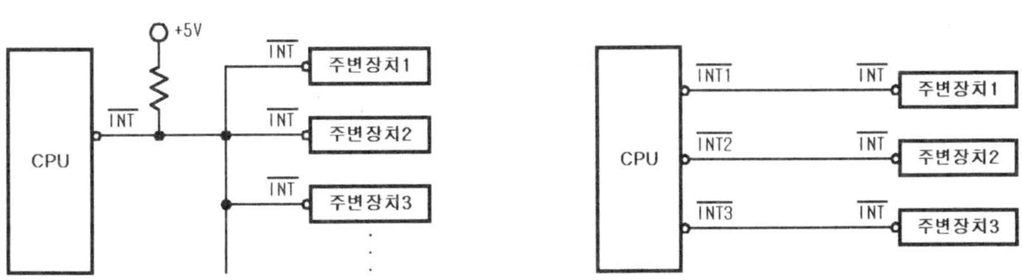

(a) 범용 마이크로프로세서 방식　　(b) 마이크로콘트롤러 방식

〈그림 1.4.2〉 주변장치가 인터럽트를 요청하는 방식

(3) 인터럽트의 우선순위 제어

인터럽트는 CPU의 의지가 아니라 주변장치의 필요에 의하여 CPU와 비동기적으로 또는 부정기적으로 발생되는 것이 일반적이므로 우연히 2개 이상의 주변장치가 동시에 신호를 보내 인터럽트를 요청하는 경우가 존재한다. 이러한 경우에 CPU는 이들 인터럽트를 한꺼번에 처리할 수가 없으므로 한번에 1개만의 인터럽트를 선택하여 처리하게 되는데 이를 인터럽트 우선순위(priority)라고 한다. 우선순위가 높은 인터럽트가 처리되는 동안에 낮은 순위의 인터럽트는 대기되며, 이것은 높은 순위의 인터럽트 처리가 끝난 후에 다시 순위에 따라 차례로 처리된다.

동시에 요청된 인터럽트의 우선순위를 결정하는 방법에는 여러 가지 형태가 있다. 조사형 인터럽트의 경우에는 인터럽트가 발생하면 이 인터럽트를 요청한 장치를 찾아내기 위하여 CPU가 각 주변장치를 소프트웨어적으로 차례로 폴링하므로 폴링의 순서에 의하여 소프트웨어적으로 인터럽트의 우선순위를 지정할 수 있으며, 따라서 필요할 때마다 소프트웨어를 수정하여 손쉽게 우선순위를 변경할 수 있으므로 이를 동적 우선순위 제어(dynamic priority control)라고 한다.

그러나, Z80 CPU와 같은 범용 마이크로프로세서에서는 데이지 체인(daisy chain) 방식으로 인터럽트 우선순위를 사용자가 하드웨어적으로 결정하며, 이것은 하드웨어적으로 회로를 수정하지 않으면 우선순위를 변경하기 곤란하므로 정적 우선순위 제어(static priority control)라고 한다.

한편, 마이크로콘트롤러에서 주로 사용하는 벡터형 인터럽트의 경우에는 각 인터럽트에 대하여 미리 우선순위가 정해져 있는 경우가 많으며, AT89S52에서처럼 이를 사용자가 인터럽트 우선순위 제어 레지스터를 이용하여 변경할 수 있는 마이크로프로세서도 있다.

이밖에 하나의 인터럽트가 서비스되고 있는 동안에 또다른 인터럽트가 요청되면 이를 어떻게 처리할 것인지도 인터럽트 우선순위 제어에 해당한다. 이런 경우의 인터럽트 처리 방식은 정해져 있는 경우도 있으나 대부분의 마이크로프로세서에서는 사용자 프로그램에 의하여 처리방법이 결정된다.

(4) 인터럽트의 처리 과정

인터럽트의 처리과정은 마이크로프로세서의 종류에 따라 상당히 다르고 또한 하나의 마이크로프로세서에서도 인터럽트의 종류에 따라 처리과정이 달라지는 경우가 있지만 전체적인 처리 과정은 서로 매우 유사하다.

일반적인 인터럽트의 처리 과정을 개략적으로 요약하면 <그림 1.4.3>과 같으며, 물론 AT89S52에서도 전체적인 처리과정은 이와 유사하다.

1. 인터럽트 요청 신호의 검출	주변장치에 의하여 인터럽트가 요청되면 CPU는 모든 명령 사이클에 한번씩 또는 모든 머신 사이클에 한번씩 지정된 순간에 이를 샘플링하여 검출한다. (AT89S52에서는 모든 머신 사이클의 S5P2에서 이를 샘플링한다.)
2. 인터럽트 허용 여부 및 우선순위 판단	CPU가 인터럽트를 허용할 수 있는 조건이 만족되는지를 판단하고 우선순위를 결정하여 인터럽트를 허용한다. 외부에서 인터럽트 벡터를 읽어들이는 방식에서는 이를 위한 인터럽트 인정 사이클을 수행한다. (AT89S52에서는 IE 레지스터와 IP 레지스터를 조사하여 인터럽트 허용여부를 판단한다.)
3. 인터럽트 처리루틴의 시작 번지 확인	CPU가 인터럽트를 요청한 주변장치에 대응하는 인터럽트 서비스 루틴의 시작번지를 확인한다. 각 인터럽트의 종류에 따라 이 벡터가 지정되어 있는 번지가 미리 지정되어 있는 경우도 있고, 또다른 방식에서는 주변장치로부터 읽어들인 인터럽트 벡터가 이 서비스 루틴의 시작번지를 결정하는 자료로 사용된다. (AT89S52에서는 각 인터럽트별로 해당 인터럽트 벡터가 미리 정해져 있다.)
4. 복귀주소 및 레지스터를 저장	CPU가 나중에 인터럽트 서비스 루틴을 종료하고 되돌아 올 수 있도록 복귀주소(현재의 PC 값)를 스택에 저장하고, 마이크로프로세서에 따라서는 현재의 레지스터 값을 자동으로 스택에 저장하는 것도 있다. 또한, 대부분의 경우 하나의 인터럽트가 서비스되고 있는 동안에는 다른 인터럽트가 허용되지 못하도록 일시적으로 DI 상태로 설정된다. (AT89S52는 복귀주소만을 스택에 저장하며 다른 레지스터는 저장하지 않는다.)
5. 인터럽트 서비스 루틴을 실행	CPU가 해당 인터럽트 서비스 루틴으로 점프하여 이를 실행한다.
6. 인터럽트 서비스 루틴을 종료하고 원래의 주프로그램으로 복귀	CPU가 인터럽트 서비스 루틴의 실행중에 리턴 명령을 만나면 스택에서 복귀주소를 되찾아 프로그램 카운터에 로드함으로써 원래의 위치로 되돌아온다. 이때 복귀주소와 함께 레지스터를 자동으로 저장하는 방식이면 이 레지스터들의 값도 되찾으며, 일시적으로 DI 상태로 설정되었던 것도 원상태로 되돌려진다. (AT89S52의 경우에는 RETI 명령을 만나면 주프로그램으로 복귀한다.)

〈그림 1.4.3〉 인터럽트의 일반적인 처리 과정

2. AT89S52의 인터럽트 종류

AT89S52에서 사용하는 인터럽트는 <표 1.4.1>에 나타낸 바와 같이 8가지의 소스와 6가지의 벡터가 있으며, 이를 그림으로 나타내면 <그림 1.4.4>와 같다.

이 모든 인터럽트들은 SFR의 레지스터에 인터럽트 요청 사실을 표시하는 플랙 비트를 가지고 있다. 따라서, 인터럽트가 허용되지 않은 상태에서도 사용자 프로그램에서 이 비트들을 폴링(polling)하면 인터럽트 요청 사실을 확인할 수 있고, 이 비트들을 소프트웨어적으로 세트시킴으로써 인위적으로 인터럽트를 발생시킬 수도 있다.

〈표 1.4.1〉 AT89S52의 인터럽트

종 류	인터럽트 소스	인터럽트 벡터의 번지	IE 레지스터의 인터럽트 허용 비트	인터럽트 플랙의 자동 클리어	하드웨어적인 우선순위
외부 인터럽트0	$\overline{INT0}$	0003H	EX0	×(level trigger) ○(edge trigger)	고(高)
타이머0	TF0	000BH	ET0	○	↑
외부 인터럽트1	$\overline{INT1}$	0013H	EX1	×(level trigger) ○(edge trigger)	
타이머1	TF1	001BH	ET1	○	
직렬통신 포트	TI + RI	0023H	ES	×	↓
타이머2	TF2 + EXF2	002BH	ET2	×	저(低)

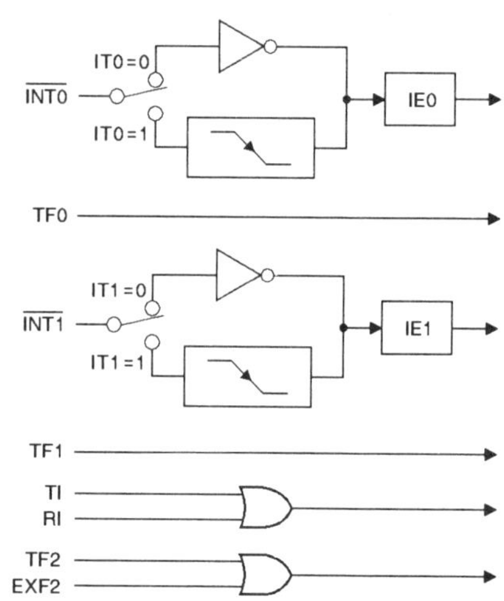

〈그림 1.4.4〉 AT89S52의 인터럽트 종류

▣ 외부 인터럽트 $\overline{INT0}$과 $\overline{INT1}$

외부의 입력 단자에 의하여 하드웨어적으로 발생하는 인터럽트 $\overline{INT0}$과 $\overline{INT1}$은 각각 L상태 입력에 의한 레벨 트리거(level trigger) 방식으로 동작할 수도 있고, 하강에지(falling edge)에 의한 에지 트리거(edge trigger) 방식으로 동작할 수도 있다. 이러한 인터럽트 트리거 방식은 <그림 1.4.5>에 보인 바와 같이 타이머/카운터 제어 레지스터 TCON(Timer/Counter Control Register)으로 설정한다.

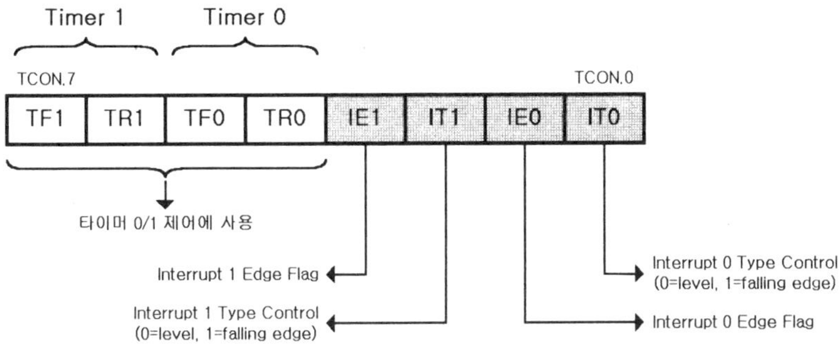

〈그림 1.4.5〉 타이머/카운터 제어 레지스터 TCON

이 그림에서 보듯이 IT0과 IT1은 인터럽트 신호의 동작 방식(interrupt type)을 지정하는 비트로서 IT0=0 또는 IT1=0으로 설정하면 레벨 트리거 방식으로 동작하여 각각 $\overline{\text{INT0}}$과 $\overline{\text{INT1}}$ 신호가 L레벨로 입력될 때 인터럽트가 요청된다. 그러나, IT0=1 또는 IT1=1로 설정하면 에지 트리거 방식으로 동작하여 각각 $\overline{\text{INT0}}$과 $\overline{\text{INT1}}$ 신호가 하강 에지로 입력될 때 IE0 및 IE1 플래이 세트되고 해당 인터럽트가 요청된다. 에지 트리거 모드일 때 인터럽트 에지 플랙 IE0 및 IE1은 해당 인터럽트 서비스 루틴으로 점프하여 처리가 시작되면 하드웨어에 의하여 자동으로 클리어된다.

에지 트리거 모드에서 인터럽트가 올바르게 인식되려면 하강 에지가 입력된 후에 적어도 1개의 머신 사이클의 시간(12클럭 주기) 이상동안 L상태로 유지되어야 한다. 또한, 에지 트리거 모드로 초기화되었을 때 외부 인터럽트 신호가 연속으로 검출되려면 한번 하강 에지가 들어온 이후에 최소한 1개의 머신 사이클(12클럭 주기) 이상동안 H상태를 유지했다가 다시 하강 에지로 입력되어야 한다.

레벨 트리거 모드로 설정되어 있는 경우에는 인터럽트 요청이 인식될 때까지 외부 인터럽트 신호가 L상태로 유지되어야 하며, 이 인터럽트 서비스 루틴이 종료되기 전까지는 이 신호가 H로 되돌려져 있어야 한다. 이러한 인터럽트 신호는 당연히 외부에서 인터럽트를 요청한 장치가 제어해야 하며, 만약 이러한 조건이 지켜지지 않으면 추가적으로 잘못된 인터럽트가 발생될 수도 있다.

▣ 타이머0~1의 인터럽트

타이머0 및 타이머1에 의한 인터럽트는 각 타이머/카운터 레지스터에서 오버플로우가 발생하여 해당 오버플로우 플랙인 TF0, TF1이 세트되어 요청된다. 이들 오버플로우 플랙은 <그림 1.4.5>에 나타낸 바와 같이 TCON 레지스터에 포함되어 있다.

이 타이머 오버플로우 플랙 TF0 및 TF1은 해당 인터럽트 서비스 루틴이 호출되어 처리가 시작되면 하드웨어에 의하여 자동으로 클리어된다.

▣ 타이머2의 인터럽트

타이머2에 의한 인터럽트는 이 타이머/카운터 레지스터에서의 오버플로우 플랙인 TF2나 외부 T2 핀에 기인하는 EXF2 플랙 비트의 논리적인 OR에 의하여 요청된다. 이들 플랙은 <그림 2.2.10>에 보인 바와 같이 타이머/카운터2 제어 레지스터 T2CON에 포함되어 있다.

이러한 인터럽트 요청 플랙 TF2 및 EXF2는 이 인터럽트 서비스 루틴으로 점프하여 처리가 시작되더라도 하드웨어에 의하여 자동적으로 클리어되지 않는다. 그것은 인터럽트 서비스 루틴에서 이들 값을 조사하여 인터럽트 소스를 확인할 수 있도록 하기 위함이며, 따라서 인터럽트 서비스 루틴에서 이를 확인하고 나면 소프트웨어적으로 클리어시켜야 한다.

▣ 직렬통신 포트의 인터럽트

직렬통신 포트에 의한 인터럽트는 송신 완료 플랙인 TI 비트나 수신 완료 플랙인 RI 비트의 논리적인 OR에 의하여 요청된다. 이들 플랙은 <그림 2.3.5>에 나타낸 바와 같이 직렬통신 포트 제어 레지스터 SCON에 포함되어 있다.

이러한 인터럽트 발생 플랙 TI 및 RI는 이 인터럽트 서비스 루틴을 점프하여 처리가 시작되더라도 하드웨어에 의하여 자동적으로 클리어되지 않는다. 그것은 인터럽트 서비스 루틴에서 이들 값을 조사하여 인터럽트 소스를 확인할 수 있도록 하기 위함이며, 따라서 인터럽트 서비스 루틴에서 이를 확인하고 나면 소프트웨어적으로 클리어시켜야 한다.

3. AT89S52의 인터럽트 동작

(1) 인터럽트의 샘플링 및 허용

AT89S52에서 모든 인터럽트 요청 플랙은 각 머신 사이클의 S5P2에서 한차례씩 샘플링된다. 여기서 샘플링된 인터럽트 요구는 바로 그 다음의 머신 사이클에서 내부적인 폴링 과정을 거쳐 인터럽트 우선순위와 인터럽트 허용여부가 결정된다. 다만, 예외적으로 타이머2의 TF2 인터럽트 플랙만은 각 머신 사이클의 S2P2에서 샘플링되고 이 머신 사이클에서 폴링까지 수행된다. AT89S52의 전체적인 동작 타이밍에 대하여는

<그림 1.2.20>을 참조하라.

이와 같이 검출된 인터럽트의 허용 여부는 <그림 1.4.6>에 보인 인터럽트 허용 레지스터 IE(Interrupt Enable Register)로 설정한다. 각 인터럽트는 이 레지스터의 비트 ET2(b5)~EX0(b0)을 사용하여 개별적으로 허용 여부를 설정하고, 다시 비트 b7인 EA(Enable All interrupts)를 사용하여 전체적으로 허용 여부를 설정한다.

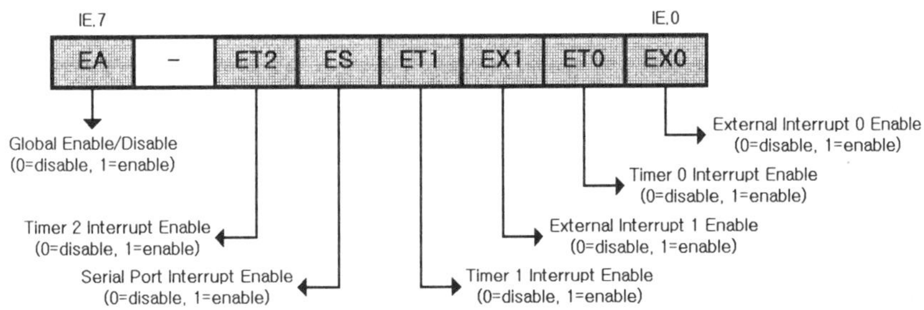

〈그림 1.4.6〉 인터럽트 허용 레지스터 IE

(2) 인터럽트의 우선순위 제어

AT89S52에서 각 인터럽트는 <그림 1.4.7>과 같은 인터럽트 우선순위 제어 레지스터 IP(Interrupt Priority Control Register)를 사용하여 레벨0과 레벨1의 2단계로 인터럽트 우선순위 레벨을 설정할 수 있다. 레벨1로 설정된 인터럽트는 레벨0의 인터럽트에 비하여 무조건 우선순위가 높다. 그러나, 동일한 레벨의 인터럽트가 2개 이상 요청되었을 때는 그것들 사이에서 <표 1.4.1>에 표시된 바와 같이 내부적으로 폴링되는 하드웨어적인 우선순위에 의하여 하나가 선택되어 처리된다.

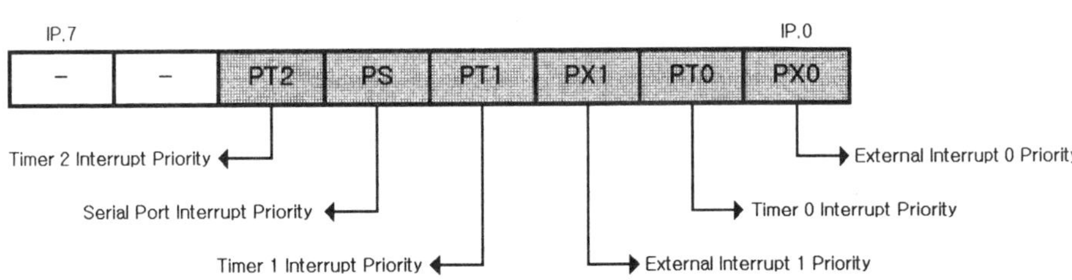

〈그림 1.4.7〉 인터럽트 우선순위 제어 레지스터 IP

낮은 레벨로 설정된 인터럽트가 처리되고 있는 동안에 이보다 높은 레벨의 인터럽트가 발생할 수 있다. 그러나, 현재 처리되고 있는 것과 동일한 우선순위 레벨의 인터럽트나 이보다 낮은 레벨의 인터럽트는 발생될 수 없다.

또한, 서로 다른 우선순위 레벨을 가지는 인터럽트들이 2개 이상 동시에 요청되면 가장 높은 순위의 인터럽트가 먼저 허용되어 처리된다.

이상과 같이 AT89S52에서 IE 레지스터를 사용하여 인터럽트를 허용하고, IP 레지스터를 사용하여 인터럽트의 우선순위를 제어하는 과정을 전체적으로 정리하여 도시하면 <그림 1.4.8>과 같다.

◀참고▶ MCS-51 계열의 80C32는 인터럽트 우선순위 제어 레지스터로 IP와 IPH를 모두 가지고 있어서 4단계의 레벨로 우선순위를 설정할 수 있다. 그러나, AT89S52는 80C32에 가까운 호환기종이면서도 특이하게 인터럽트 우선순위 제어 레지스터로 IP만을 가지고 있어서 2단계로 우선순위를 설정할 수 있다.

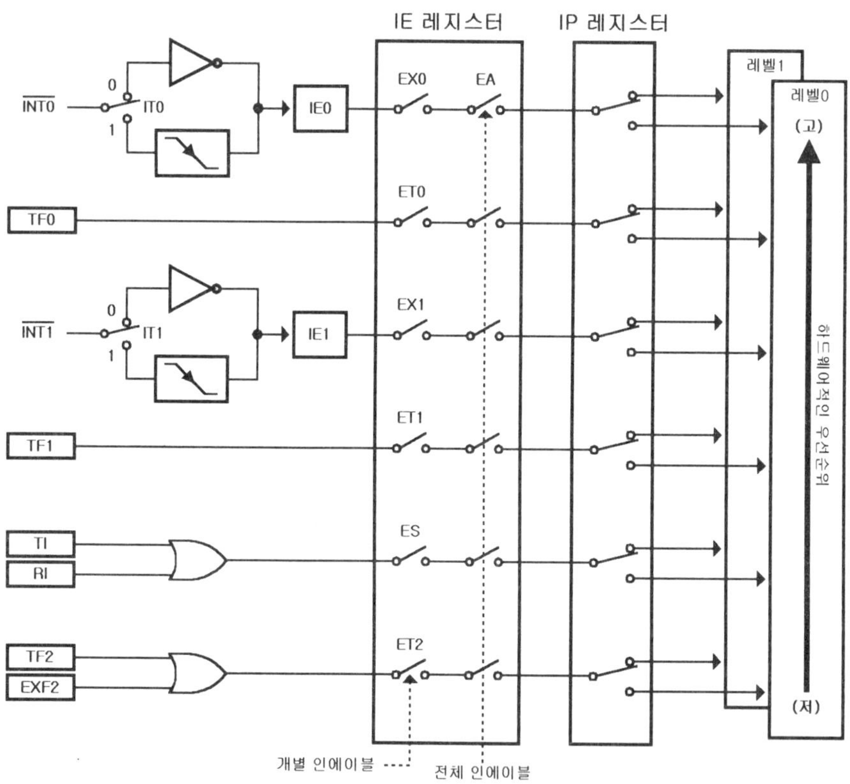

〈그림 1.4.8〉 AT89S52에서 인터럽트 허용 및 우선순위 제어

(3) 인터럽트 서비스 루틴의 처리 과정

인터럽트가 요청되어 해당 인터럽트 플랙이 세트된 것이 각 머신 사이클의 S5P2에서 검출되고, 그 다음의 머신 사이클에서 내부적인 폴링 과정을 거쳐서 인터럽트 허용 여부와 우선순위가 결정되면, 최종적으로 허용이 결정된 인터럽트는 미리 지정되어 있

는 벡터 번지로 LCALL 명령을 수행하게 된다. 그러나, 다음의 조건중에서 하나라도 해당되면 이 인터럽트 처리는 시작되지 않고 일단 대기 상태가 된다.

① 이와 동일하거나 또는 이보다 우선순위 레벨이 높은 인터럽트가 처리중인 경우
② 현재의 폴링 사이클이 현재 실행중인 명령의 마지막 머신 사이클이 아닌 경우
③ 현재 실행중인 명령이 RETI 명령이거나 또는 IE, IP 등의 레지스터에 값을 액세스하는 명령일 경우

위의 조건 ②는 현재 실행중인 명령이 아직 완료되지 않은 것이므로 이 명령의 실행이 완료되기를 기다려 인터럽트 처리를 시작하도록 한다. 또한 조건 ③은 RETI 명령이나 IE, IP에 라이트를 수행하는 명령의 직후에는 바로 인터럽트가 걸리지 않고 최소한 1개의 명령을 건너뛰고 나서 인터럽트가 걸리도록 하는 것이다.

이렇게 인터럽트가 처리되지 못하고 대기되는 동안에는 반복적으로 각 머신 사이클마다 인터럽트 폴링 사이클이 계속 수행되며, 그러다가 위의 조건이 해제되면 인터럽트 처리가 개시된다. 그러나, 만약 폴링을 수행하는 동안에 해당 인터럽트 플랙이 클리어되면 이 인터럽트는 취소된다. 즉, 인터럽트가 한번 요청된 후에 이것이 위의 조건 때문에 처리되지 않고 대기 상태로 되었다면 이 인터럽트 요청 사실이 CPU에 의하여 기억되지 않는다는 것이다.

인터럽트 발생에 의하여 하드웨어적으로 호출된 LCALL 명령은 미리 지정된 번지의 인터럽트 서비스 루틴이 실행되도록 한다. 이렇게 인터럽트 서비스 루틴으로 점프하여 실행이 시작되면 타이머 인터럽트 플랙 TF0, TF1 및 에지 트리거 모드로 설정된 외부 인터럽트의 인터럽트 플랙 IE0, IE1은 하드웨어에 의하여 자동으로 클리어된다. 그러나, 나머지 인터럽트 플랙은 자동으로 클리어되지 않으므로 인터럽트 서비스 루틴에서 소프트웨어적으로 클리어 시켜주어야 한다.

각 인터럽트에 따른 서비스 루틴에는 <표 1.4.1>에 표시한 바와 같이 8바이트의 메모리 공간밖에 주어지지 않았으므로 인터럽트 서비스 루틴이 이 보다 큰 메모리 용량을 필요로 하는 경우에는 프로그램 메모리의 다른 곳으로 점프하여 인터럽트 처리 프로그램을 작성하여야 한다.

인터럽트 서비스 루틴이 수행되다가 마지막에 RETI 명령을 만나면 프로그램은 인터럽트 발생전의 위치로 복귀한다. 이와 같이 인터럽트 서비스 루틴의 마지막에서는 반드시 RETI 명령을 사용해야만 프로그램의 실행 제어가 주프로그램으로 복귀함과 동시에 AT89S52 내부의 인터럽트 처리기에게 이 인터럽트 처리가 종료되었음을 알린다.

만약, 이때 서브루틴에서 복귀하는 명령인 RET를 사용한다면 인터럽트 서비스 루틴에서 주프로그램으로 복귀는 하지만 CPU에게 이 인터럽트의 종료를 알려주지 못하므로 향후 추가적인 인터럽트 발생시 문제가 된다.

(4) 인터럽트 응답시간

인터럽트가 요청되어 해당 인터럽트 서비스 루틴이 실행되기 시작할 때까지의 과정을 타이밍도로 나타내면 <그림 1.4.9>와 같다. 어떤 머신 사이클(C1)의 S5P2에서 인터럽트가 검출되면 그 다음의 머신 사이클(C2)에서는 인터럽트의 우선순위와 허용여부를 판단하는 내부 폴링 사이클이 수행되며, 이 인터럽트가 허용되면 해당 인터럽트 벡터 번지를 찾아가기 위한 LCALL 명령이 2개의 머신 사이클(C3, C4) 동안에 수행되며, 이에 따라 C5 사이클부터 인터럽트 서비스 루틴이 실행되기 시작한다. 단, 예외적으로 타이머2의 TF2에 의한 인터럽트는 C2 사이클에서 검출되고 폴링된다.

그러나, 이렇게 인터럽트가 검출된 후에 최소 3사이클이 지나고 나서 인터럽트 서비스 루틴이 실행되기 시작하는 것은 인터럽트 폴링 사이클이 현재 실행중인 명령의 마지막 머신 사이클인 최선의 경우일 때이다. 만약, 그러한 경우가 아니라면 현재 실행중인 명령이 완료될 때까지 추가적인 머신 사이클을 더 기다린 후에 인터럽트가 처리되어야 하는데, AT89S52에서 가장 실행 시간이 긴 명령은 MUL과 DIV의 4사이클이므로 폴링 사이클 이후에 최대 3사이클이 더 지연될 수 있다.

또한, 현재 실행중인 명령이 RETI거나 IE, IP 레지스터를 액세스하는 명령이면 이 명령에 이어지는 명령이 하나 더 실행되고 나서 인터럽트가 처리된다. 따라서, 이들 명령이 대부분 2사이클에 실행되고, 여기에 이어지는 명령이 4사이클까지 가능하므로 최악의 경우 폴링 사이클 이후에 5개의 머신 사이클이 더 추가될 수 있다.

결과적으로 인터럽트가 검출되고 나서 해당 인터럽트 서비스 루틴이 실행되기 시작하기까지는 최소 3개의 머신 사이클에서 최대 8개의 머신 사이클까지 시간이 걸릴 수 있다. 이것이 AT89S52의 인터럽트 응답시간(response time)이다.

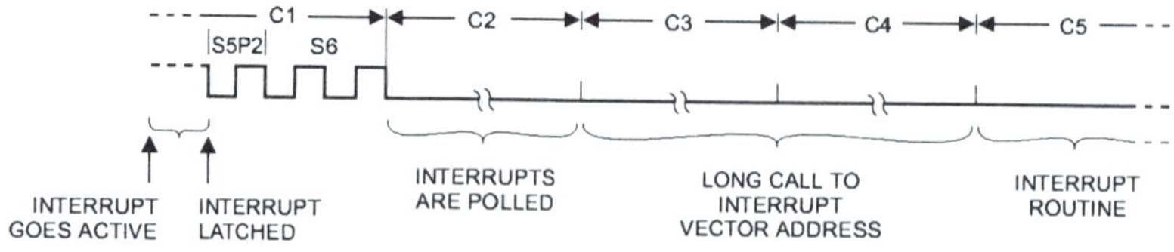

〈그림 1.4.9〉 AT89S52에서의 인터럽트 응답시간

1.5 AT89S52의 기본 하드웨어

이 절에서는 AT89S52를 사용하여 마이크로콘트롤러 보드를 설계할 때 알아야 될 기술적인 내용중에서 앞에서 설명되지 않은 기타 사항들을 정리한다.

1. AT89S52의 리셋 회로

모든 마이크로프로세서에서 리셋회로는 시스템에 전원이 투입된 후에 CPU를 특정한 초기상태에서 동작이 시작되도록 지정하는 역할을 수행한다. 이러한 전원투입 리셋(power-on reset) 동작을 위해서는 전원이 투입된 이후 지정된 시간 이상동안 리셋신호가 CPU에 입력되어야 한다. AT89S52의 경우에는 클럭 발진이 시작되고 나서 적어도 2개 이상의 머신 사이클동안 RST 단자에 H상태로 입력되도록 해야 한다. 그러나, 처음에 전원이 투입되고 나서 클럭발생 회로가 안정된 동작을 수행하는데는 보통 수[ms]가 소요되는 것에 유의해야 한다.

리셋 회로에는 이밖에도 시스템의 오동작시에 이를 강제로 리셋시킬 수 있도록 리셋 스위치 회로를 포함해야 한다. 이러한 2가지의 기능을 가지는 전형적인 리셋회로와 그 동작 파형은 <그림 1.5.1>과 같다.

AT89S52를 시스템 클럭 24MHz에서 사용하면 2개의 머신 사이클은 1[μs]가 되므로 리셋신호가 $t \geq$ 1[μs] + 수[ms] 이상동안 발생되려면 콘덴서 C의 충전전압이

$$v_c(t) \;=\; 5\left(1-e^{-\frac{1}{RC}t}\right) \geq V_{UT} = 1.6\,[\mathrm{V}]$$

가 만족되도록 시정수 τ = *RC*가 결정되어야 한다. 실제로는 이렇게 계산된 값보다 저항값 R과 콘덴서 C의 정전용량을 충분히 크게 하여 리셋시간이 길어지도록 한다. 보통 저항값은 수십[kΩ] 이상으로 하고 콘덴서는 수[μF] 이상이면 충분하다.

위의 식에서 V_{UT}는 슈미트 트리거(Schmitt Trigger) 회로의 문턱전압(threshold voltage)이라고 하는데, 슈미트 트리거 기능이 있는 인버터 게이트 소자 74LS14와 이 기능이 없는 소자 74LS04의 동작을 비교하면 <그림 1.5.2>와 같다. 리셋회로에서는 아날로그 전압 파형이 디지털 신호로 변환되어 안정된 동작을 수행해야 하므로 슈미

트 트리거 기능이 있는 인버터를 사용하는 것이 바람직하다.

리셋 회로에서 다이오드 D는 시스템의 전원을 껐을 때 콘덴서 C에 충전되었던 에너지를 빠르게 방전시킴으로써 다시 전원을 켜더라도 콘덴서의 초기 충전전압이 없어서 확실한 리셋 동작이 이루어지도록 해준다.

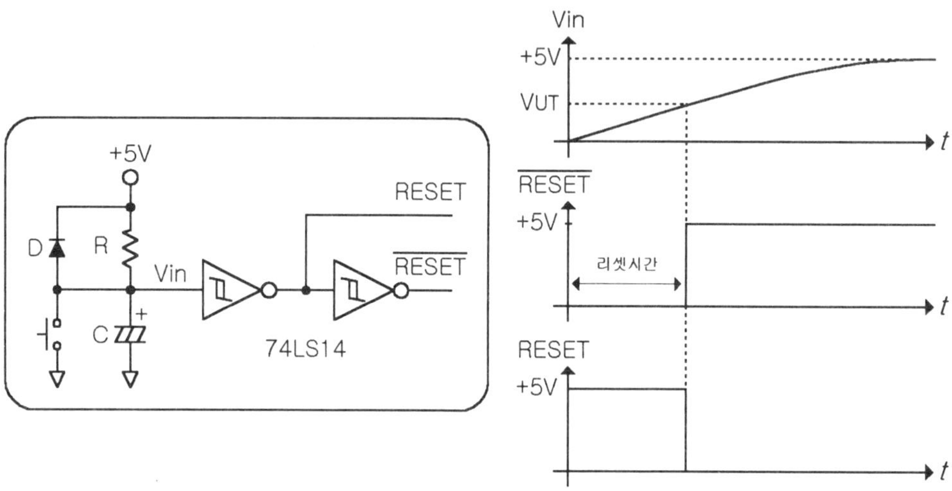

〈그림 1.5.1〉 리셋회로 및 그 동작 파형

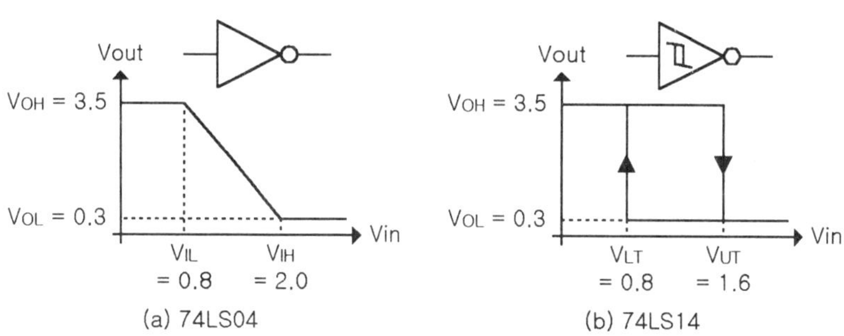

〈그림 1.5.2〉 74LS04와 74LS14의 동작 비교

2. AT89S52의 클럭발생 회로

모든 마이크로프로세서는 시스템 클럭을 기준으로 하여 내부의 디지털 회로가 동작한다. AT89S52의 경우에는 내부에 시스템 클럭을 위한 발진회로를 내장하고 있으며, 외부에서 구형파의 클럭 신호를 인가할 수도 있다.

<그림 1.5.3>의 (a)는 AT89S52 내부에 있는 클럭발생 회로의 구조를 보여주며, 그림 (b)는 여기에 외부에 수정발진 소자(crystal)를 접속한 회로도인데, 이를 간단히 다시 그리면 (c)와 같다. AT89S52의 데이터 시트에는 수정발진 소자를 사용할 경우에 콘덴서 C1, C2의 값을 30[pF]±10[pF] 정도를 사용하라고 권장하고 있고, 세라믹 레조네이터 소자(ceramic resonator)를 사용할 경우에는 40[pF]±10[pF] 정도를 사용하라고 되어 있다. 그러나, 외부에서 수정발진 모듈(crystal oscillator module)이나 기타의 방법으로 클럭 신호를 발생한 경우에는 이를 (d)처럼 반드시 XTAL1 단자에 인가하고 XTAL2 단자는 개방시켜 두어야 한다.

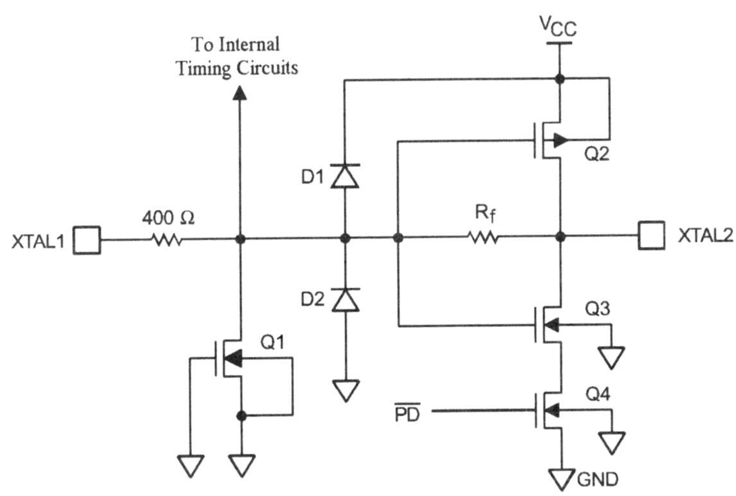

(a) 내부 회로 구조

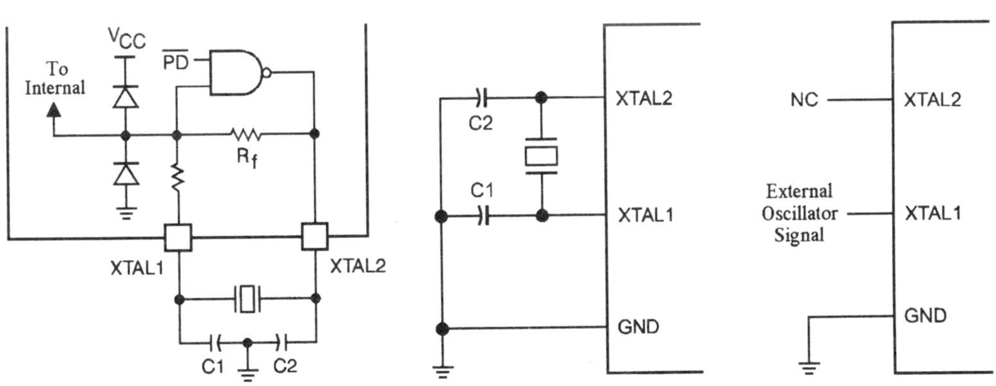

(b) 전체 회로 (c) 수정발진자 사용 (d) 수정발진 모듈 사용

〈그림 1.5.3〉 AT89S52의 클럭발생 회로

OK-89S52 키트에서는 24MHz의 수정발진 소자를 기본으로 사용한다. 그러나, 사용자가 만약 필요하다면 원하는 클럭 주파수의 발진 소자를 사용해도 된다. 물론 이렇게 하면 사용자는 이 책의 예제에서 시간지연 루틴이나 타이머에 관련된 예제 또는 직렬통신에 관련된 예제 프로그램 등을 시스템 클럭의 주파수에 적합하도록 적절히 수정하여 사용해야 한다.

3. AT89S52의 메모리 인터페이스 설계

(1) *OK-89S52* 키트의 외부 메모리 및 I/O 회로

이 책에서 사용하는 *OK-89S52* 키트에서는 내부의 8KB 프로그램 메모리 용량이 부족할 경우에 사용할 수 있도록 0000H~7FFFH 번지에 외부 프로그램 메모리 U9로서 32KB의 UV EPROM인 27C256 또는 NAND형 플래시 메모리인 29C256을 1개 확장 가능하게 하였다. 내부 프로그램 메모리를 사용하려면 점퍼 스위치 J1을 OFF하여 $\overline{EA}$=1이 되도록 하고, U9에 접속된 외부 프로그램 메모리를 사용하려면 J1을 ON하여 $\overline{EA}$=0이 되도록 하면 된다.

또한, 이 키트에서 외부에 데이터 메모리는 확장하지 않았지만 필요하면 사용자가 데이터 메모리를 확장할 수 있도록 0000H~7FFFH 번지를 비워두었으며, 8000H 번지 이후의 나머지 데이터 메모리 영역에는 몇가지의 I/O 디바이스를 인터페이스하였다.

〈표 1.5.1〉 *OK-89S52* 키트의 메모리 및 I/O 어드레스 맵

어드레스 범위	소 자		기 능	비 고
0000H~7FFFH	((A15))	((62256/68257))	(외부 데이터 메모리 확장 가능)	데이터 메모리 영역
8000H~80FFH (8000H~80FFH)	$\overline{\text{RTC\_CS}}$	DS12C887 RTC (U10)	배터리 백업형 실시간 시계	
8100H (8100H~81FFH)	$\overline{\text{SEG\_PATTERN}}$	74LS574(U11)	7세그먼트 LED의 글자 모양	
8200H (8200H~82FFH)	$\overline{\text{DIG\_SELECT}}$	74LS574(U12)	7세그먼트 LED의 글자 위치 4개의 상태표시 LED	
8300H~8301H (8300H~83FFH)	LCD_CS	LCD 모듈	텍스트형 16자×2행 LCD 모듈	
8400H~8407H (8400H~84FFH)	ADC_START	ADC0809(U17)	8채널 8비트 A/D 컨버터의 채널 선택 및 A/D 변환 시작	
8400H (8400H~84FFH)	ADC_READ		A/D 변환 결과 리드	
8500H (8500H~85FFH)	$\overline{\text{DAC\_CS}}$	74LS574(U15) DAC0800(U16)	1채널 8비트 D/A 컨버터	
0000H~7FFFH	A15	27C256/29C256(U9)	외부 프로그램 메모리	프로그램 메모리 영역
8000H~FFFFH	(($\overline{\text{A15}}$))	((27C256/29C256))	(외부 프로그램 메모리 확장 가능)	

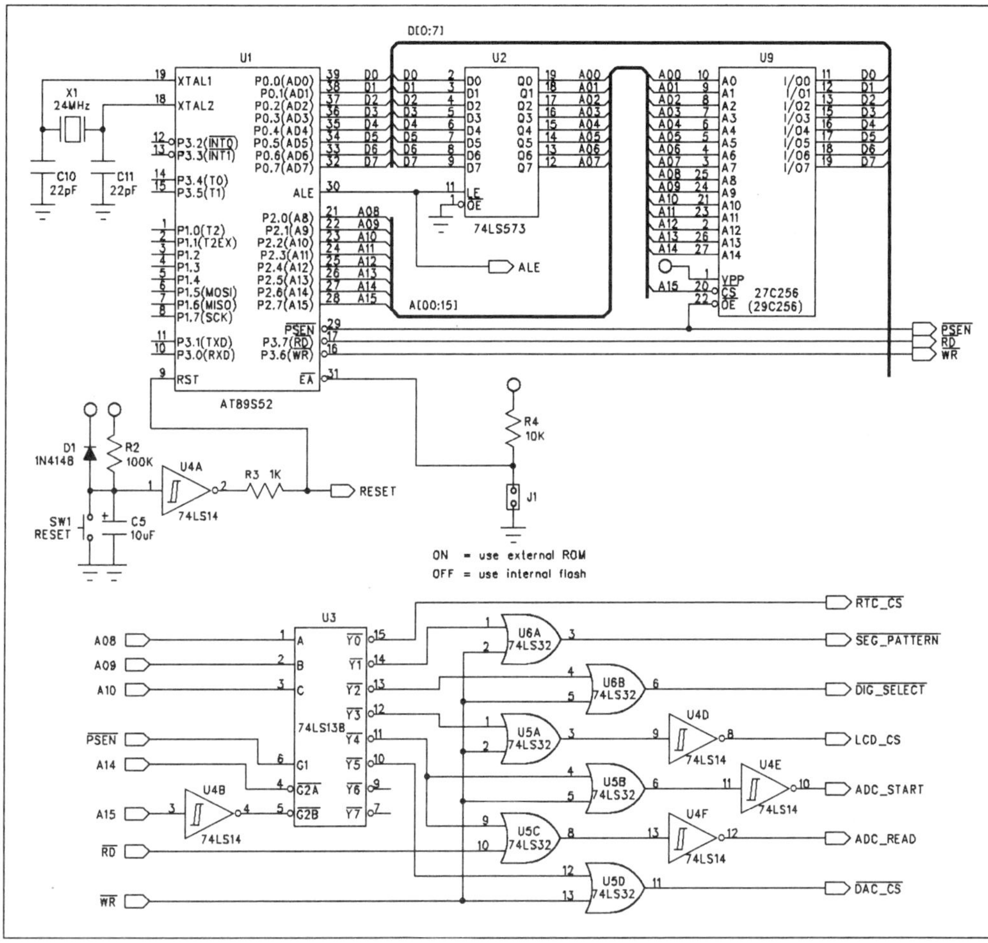

〈그림 1.5.4〉 *OK-89S52* 키트의 외부 메모리 인터페이스 회로

AT89S52의 주변에 이와 같이 메모리를 확장한 회로를 <그림 1.5.4>에 보였고, 이에 따른 메모리 및 I/O 맵을 <표 1.5.1>에 정리하였다.

그러나, 이 *OK-89S52* 키트에서 프로그램 메모리와 데이터 메모리가 부족하다면 <그림 1.5.5>와 같이 추가로 더 확장할 수 있다. 이는 키트의 PCB에 반영되어 있지 않으므로 사용자가 점퍼선으로 적절히 배선하여야 한다. 먼저 외부의 0000H~7FFFH 번지에 U9로 인터페이스한 프로그램 메모리 소자 27C256(또는 29C256)으로도 용량이 부족하다면 8000H~FFFFH 번지에 이 소자를 1개 더 추가로 확장할 수 있다. 그림에서는 이를 **U20**으로 표시하였다. 또한, 내부의 256바이트 데이터 메모리로 용량이 부족하다면 데이터 메모리로서 외부의 0000H~7FFFH 번지에 62256 SRAM을 확장할 수 있다. 그림에서 이는 **U21**로 표시하였다.

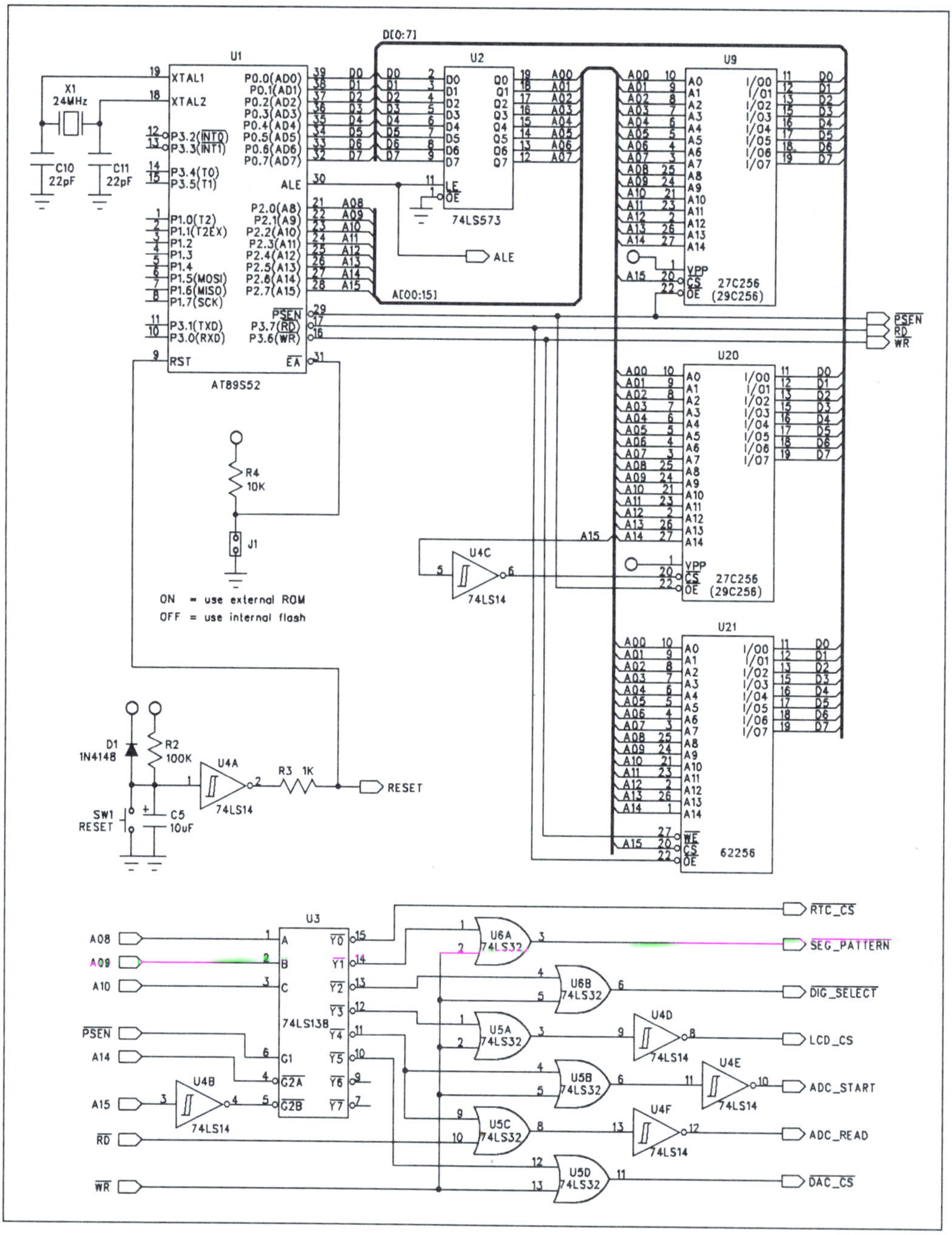

〈그림 1.5.5〉 *OK-89S52* 키트에 외부 메모리를 추가로 확장한 예

◀**참고**▶ AT89S52와 같이 Intel사의 대부분의 마이크로콘트롤러 모델들은 어드레스와 데이터 버스가 동일한 핀을 사용하여 시분할 다중화되어 있으므로 이 어드레스 버스 및 데이터 버스를 분리하려면 외부에서 반드시 74LS373이나 74LS573과 같은 8비트 래치를 사용하여야 한다. 예전에는 74LS373을 주로 사용

하였으나 이보다는 74LS573이 핀배열이 사용하기 편리하므로 요즈음에는 74LS573이 선호된다.(물론, 동작 속도에 문제가 없다면 이상의 LS형은 HC형을 사용해도 좋다.)

8비트 래치와 유사한 TTL 논리소자중에 8비트 D형 플립플롭이 있다. 그러나, <그림 1.5.6>에 비교하였듯이 이들은 데이터가 내부에 기억되는 시점은 동일하지만, 입력 데이터가 출력단자에 전달되어 출력되기 시작하는 시점은 래치가 빠르다는 것에 유의해야 한다. 따라서, 만약 D형 플립플롭을 사용하면 ALE 신호를 반전시켜 사용해야 하는 불편이 있을 뿐만 아니라, ALE 신호의 펄스폭에 해당하는 2클럭 주기만큼 어드레스 버스값이 지연되어 출력되므로 외부에 접속되는 소자들의 입장에서 보면 그만큼 액세스 시간의 여유가 적어지게 된다.

LS형의 TTL 소자에 있는 8비트 래치와 8비트 D형 플립플롭을 모두 요약하여 <표 1.5.2>에 보였으니 참고하라.

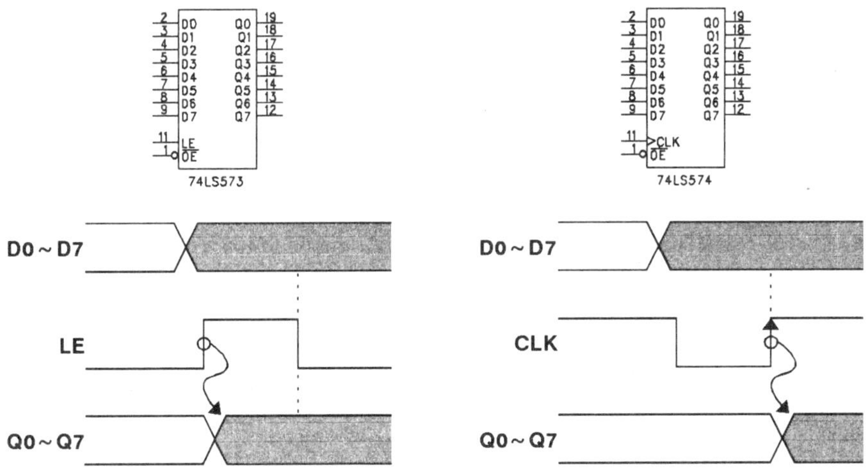

(a) 8비트 래치　　　(b) 8비트 D형 플립플롭

〈그림 1.5.6〉 8비트 래치와 8비트 D형 플립플롭의 동작 비교

〈표 1.5.2〉 TTL의 8비트 래치와 8비트 D형 플립플롭 소자의 요약

모델명	기 능	출력 특징	비 고
74LS363	8비트 래치	정논리, 3상태	출력 "H"레벨이 3.65V로 높다.
74LS373	8비트 래치	정논리, 3상태	입출력 인접 핀배열형.
74LS533	8비트 래치	부논리, 3상태	74LS373의 출력 반전형.
74LS563	8비트 래치	부논리, 3상태	74LS533의 입출력 대향 핀배열형.
74LS573	8비트 래치	정논리, 3상태	74LS373의 입출력 대향 핀배열형.
74LS580	8비트 래치	부논리, 3상태	74LS563과 기능적으로 동일.
74LS364	8비트 D형 플립플롭	정논리, 3상태	출력 "H"레벨이 3.65V로 높다.
74LS374	8비트 D형 플립플롭	정논리, 3상태	입출력 인접 핀배열형.
74LS534	8비트 D형 플립플롭	부논리, 3상태	74LS374의 출력 반전형.
74LS564	8비트 D형 플립플롭	부논리, 3상태	74LS534의 입출력 대향 핀배열형.
74LS574	8비트 D형 플립플롭	정논리, 3상태	74LS374의 입출력 대향 핀배열형.
74LS576	8비트 D형 플립플롭	부논리, 3상태	74LS564와 기능적으로 동일.
74LS575	8비트 D형 플립플롭	정논리, 3상태, 클리어	74LS574에 동기 클리어 추가.
74LS577	8비트 D형 플립플롭	부논리, 3상태, 클리어	74LS576에 동기 클리어 추가.

◀휴게실▶ Memory-mapped I/O와 I/O-mapped I/O

CPU의 외부에 메모리나 입출력 장치들을 인터페이스하는 방식에는 memory-mapped I/O 방식과 I/O-mapped I/O 방식의 2가지가 있는데, 이것들은 서로 특징이 매우 대조적으로서 이를 각각 요약하여 정리하면 다음과 같다.

(1) Memory-mapped I/O

① 메모리와 I/O가 하나의 연속된 어드레스 영역에 할당된다. 8비트 마이크로프로세서의 경우에 일반적으로 이 영역은 64KB이다.
② 따라서 최대로 사용 가능한 메모리 용량은 I/O가 차지하는 만큼 감소한다.
③ CPU의 입장에서는 메모리와 I/O가 동일한 외부 기기로 간주되므로 이들을 액세스하기 위한 제어신호는 $\overline{RD}$(read)와 $\overline{WR}$(write) 신호뿐이다.
④ 소프트웨어적으로도 메모리에 대한 데이터의 액세스나 I/O에 대한 데이터의 입출력이 동일한 것으로 간주되므로 load나 store 명령에 의해 수행된다.
⑤ Motorola 계열의 마이크로프로세서들은 대부분 이 방식을 채용하고 있다. 그러나, Intel에서도 8051이나 80C196KC와 같은 대부분의 마이크로콘트롤러에서는 이 방식을 사용한다.

(2) I/O-mapped I/O (또는 Isolated I/O)

① 메모리와 I/O가 별개의 어드레스 영역에 할당된다. 8비트 마이크로프로세서의 경우에 예를 들면 메모리 영역은 64KB이고 I/O 영역은 이보다 작은 256 port이다.
② 따라서 I/O를 사용하더라도 최대로 사용 가능한 메모리 용량이 감소하지 않는다.
③ CPU의 입장에서는 메모리와 I/O 구분하여 취급해야 하므로, 이들을 액세스하기 위한 제어신호는 $\overline{RD}$(read)와 $\overline{WR}$(write) 신호 이외에 $\overline{MREQ}$(memory request)나 $\overline{IORQ}$(I/O request) 등과 같은 구분 신호가 필요하다.
④ 소프트웨어적으로도 메모리에 대한 데이터의 액세스와 I/O에 대한 데이터의 입출력이 서로 다른 것으로 간주되므로, 메모리의 액세스는 load나 store 명령에 의해 수행되고 I/O의 입출력은 input이나 output 명령에 의해 수행된다.
⑤ Intel과 Zilog 계열의 범용 마이크로프로세서들은 대부분 이 방식을 채용하고 있다.

단, I/O-mapped I/O 방식의 CPU에서는 이를 무시하고 메모리와 I/O를 모두 메모리 영역에 할당하는 것도 가능하다. 이 경우에는 memory-mapped I/O에서처럼 I/O에서의 데이터 입출력도 load나 store 명령을 사용하여 처리해야 하며, 하드웨어 시스템 설계시에 관련 제어신호의 타이밍에 유의하여야 한다.

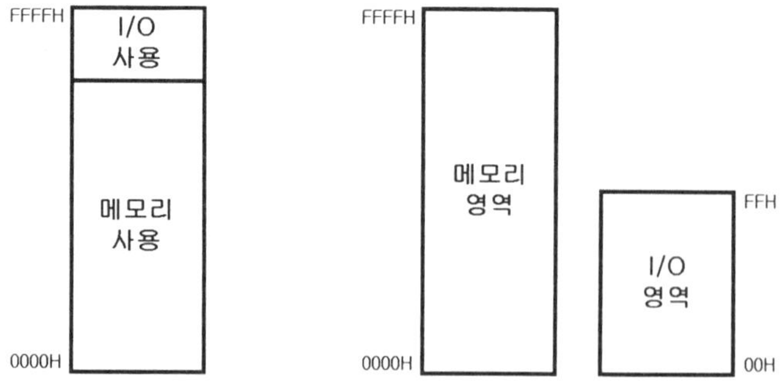

(a) Memory-mapped I/O (b) I/O-mapped I/O

〈그림 1.5.7〉 Memory-mapped I/O와 I/O-mapped I/O 방식

◀휴게실▶ **여러가지 어드레스 디코딩 방법**

여기서 사용한 바와 같이 전용 디코더 소자를 사용하여 메모리나 I/O 어드레스를 디코딩하면 이 디코더의 출력신호, 즉 칩선택 신호들은 서로 번지값이 중복되지 않고 어드레스 영역중 사용하지 않는 빈 공간도 생기지 않는 완전한 디코딩이 이루어지는데, 따라서 이와 같은 방법을 완전 디코딩 방법(full address decoding method)이라고 한다. 그러나, 어드레스를 디코딩하는 방법에는 이밖에도 2가지를 더 생각할 수 있다.

그중의 하나는 선형 선택법(linear selection method)으로 어드레스 버스의 특정한 신호를 그대로 칩선택 신호로 사용하는 방법이다. 이 방법은 별도의 디코더 회로가 없어 단순하므로 메모리나 I/O 맵이 아주 간단한 경우에는 편리하게 이용될 수 있으나, 각 소자의 어드레스 영역이 중복될 수 있으므로 주의하여 사용해야 하며, 초기 설계에서는 사용하지 않던 어드레스 영역에 나중에 추가로 회로를 확장하려면 어렵게 될 수도 있다.

나머지 또 하나의 방법은 어드레스 비교 방법(address comparing method)으로 CPU가 출력한 어드레스값과 미리 지정되어 있는 번지값을 비교하여 이 2가지의 번지값이 동일하게 일치되는 경우에만 칩선택 신호가 출력되는 비교기 회로를 사용하는 방법이다. 여기서 번지의 지정은 일반적으로 DIP 스위치를 사용하며, 따라서 이 방법은 추후에 소자의 번지를 필요에 따라 변경할 수 있도록 할 때 매우 유용하다. 종래에 사용하던 IBM PC의 I/O 확장 카드에서 이러한 예를 흔히 볼 수 있다.

(2) 어드레스 디코더 회로

CPU의 외부에 메모리 소자나 여러가지의 I/O 디바이스를 인터페이스(interface)하는 것은 마이크로프로세서를 이용한 시스템 하드웨어 설계에서 매우 기본적인 사항이다. 특히, 범용 마이크로프로세서에서는 CPU 소자의 내부에 메모리나 I/O 기능을 전혀 가지고 있지 않으므로 컴퓨터 시스템 설계에서 이러한 외부의 하드웨어 인터페이스 설계가 필수적이다.

한편, 오늘날의 마이크로콘트롤러에는 점점 더 많은 메모리 용량과 다양한 I/O 기능을 MCU 소자에 내장하는 추세이므로 이러한 기능을 외부에 인터페이스하지 않는 경우도 많아지고 있다. 그러나, AT89S52처럼 아직도 많은 마이크로콘트롤러에서는 원하는 기능이 내장되어 있지 않거나 내장된 것으로만은 부족하여 외부에 하드웨어를 추가로 인터페이스해야 할 경우가 많기 때문에 이에 대한 설계 능력을 가지고 있는 것이 이 분야의 엔지니어에게는 중요하다.

CPU에 메모리나 I/O를 접속하는 인터페이스 설계에서 가장 기본적인 것은 어느 순간이든 데이터 버스에 데이터를 출력하는 장치는 오직 1개뿐이도록 하는 것이다. 이러한 장치는 어드레스 버스에 의하여 지정되므로 CPU가 지정한 어드레스 값에 해당하는 1개의 장치만이 선택적으로 동작하도록 하드웨어가 설계되어야 하는 것이다. 출력 동작의 경우도 그러하지만 특히 입력 동작의 경우에는 이러한 사항이 더욱 중요해진다. 이 경우에 만약 여러개의 입력장치에서 데이터 버스를 통하여 CPU에게 데이터를 전송하려고 시도한다면 데이터 버스 신호들이 하드웨어적으로 단락될 수 있기 때문이다.

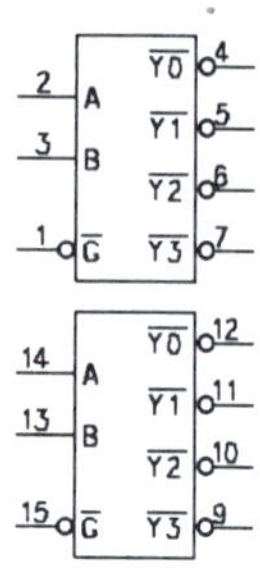

입 력		출 력			
$\overline{G}$	B A	$\overline{Y_3}$	$\overline{Y_2}$	$\overline{Y_1}$	$\overline{Y_0}$
1	X X	1	1	1	1
0	0 0	1	1	1	0
0	0 1	1	1	0	1
0	1 0	1	0	1	1
0	1 1	0	1	1	1

(a) 74LS139 Dual 1-of-4 Decoder/Demultiplexer

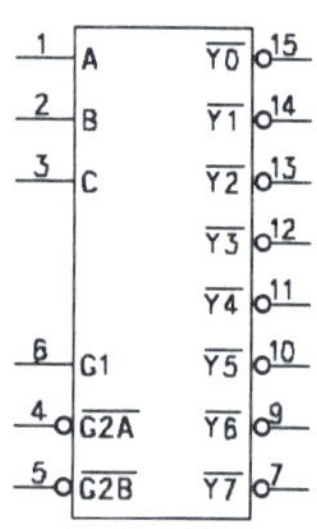

입 력						출 력							
G_1	$\overline{G_{2A}}$	$\overline{G_{2B}}$	C	B	A	$\overline{Y_7}$	$\overline{Y_6}$	$\overline{Y_5}$	$\overline{Y_4}$	$\overline{Y_3}$	$\overline{Y_2}$	$\overline{Y_1}$	$\overline{Y_0}$
0	X	X	X	X	X	1	1	1	1	1	1	1	1
X	1	X	X	X	X	1	1	1	1	1	1	1	1
X	X	1	X	X	X	1	1	1	1	1	1	1	1
1	0	0	0	0	0	1	1	1	1	1	1	1	0
1	0	0	0	0	1	1	1	1	1	1	1	0	1
1	0	0	0	1	0	1	1	1	1	1	0	1	1
1	0	0	0	1	1	1	1	1	1	0	1	1	1
1	0	0	1	0	0	1	1	1	0	1	1	1	1
1	0	0	1	0	1	1	1	0	1	1	1	1	1
1	0	0	1	1	0	1	0	1	1	1	1	1	1
1	0	0	1	1	1	0	1	1	1	1	1	1	1

(b) 74LS138 1-of-8 Decoder/Demultiplexer

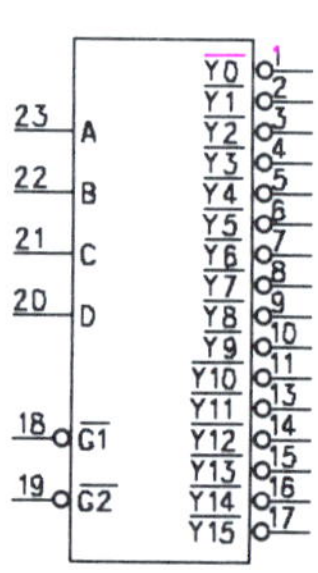

입 력						출 력								
$\overline{G_1}$	$\overline{G_2}$	D	C	B	A	$\overline{Y_{15}}$	$\overline{Y_{14}}$	$\overline{Y_{13}}$	$\overline{Y_{12}}$	···	$\overline{Y_3}$	$\overline{Y_2}$	$\overline{Y_1}$	$\overline{Y_0}$
1	X	X	X	X	X	1	1	1	1		1	1	1	1
X	1	X	X	X	X	1	1	1	1		1	1	1	1
0	0	0	0	0	0	1	1	1	1	···	1	1	1	0
0	0	0	0	0	1	1	1	1	1		1	1	0	1
0	0	0	0	1	0	1	1	1	1		1	0	1	1
0	0	0	0	1	1	1	1	1	1		0	1	1	1
⋮			⋮							⋮				
0	0	1	1	0	0	1	1	1	0		1	1	1	1
0	0	1	1	0	1	1	1	0	1		1	1	1	1
0	0	1	1	1	0	1	0	1	1	···	1	1	1	1
0	0	1	1	1	1	0	1	1	1		1	1	1	1

(c) 74LS154 1-of-16 Decoder/Demultiplexer

〈그림 1.5.8〉 TTL의 어드레스 디코더 전용 소자 (X는 don't care를 나타냄.)

CPU에서 출력된 어드레스 값에 의해서 1개의 메모리나 I/O 디바이스를 선택하는 신호를 발생하는 회로를 어드레스 디코더(address decoder)라고 한다. 어드레스 디코더는 상당히 복잡한 조합논리 회로로 구성되므로 대부분 TTL이나 CMOS에 제공되는 디코더 전용소자를 사용하는데, 이를 요약하면 <그림 1.5.8>과 같다.

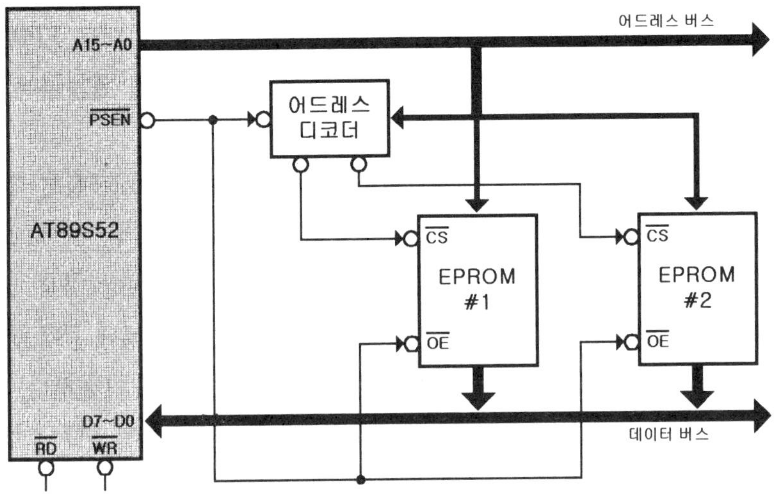

(a) 외부 프로그램 메모리 영역

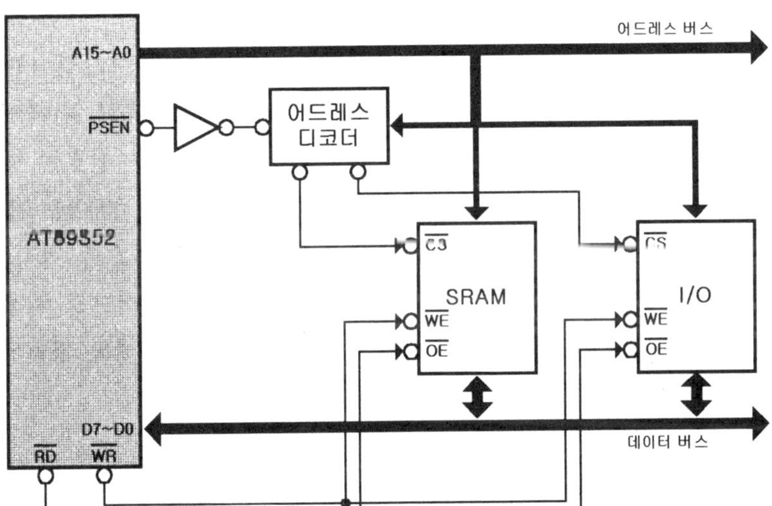

(b) 외부 데이터 메모리 영역

〈그림 1.5.9〉 AT89S52의 외부 인터페이스 방법

AT89S52 마이크로콘트롤러에서 이러한 어드레스 디코더 회로를 사용하여 외부 프로그램 메모리와 데이터 메모리 또는 I/O 디바이스를 인터페이스하는 개념을 도시하면 <그림 1.5.9>와 같다. CPU가 외부의 프로그램 메모리를 읽어들이는 경우에는 항상

$\overline{\text{PSEN}}=0$으로 출력되므로 기본적인 인터페이스는 그림의 (a)와 같다. 그러나, 대부분의 EPROM 또는 플래시 메모리 소자는 $\overline{\text{CS}}=0$일 경우에만 $\overline{\text{OE}}$ 신호가 의미를 가지게 되므로, 이 그림에서처럼 어드레스 디코더의 인에이블 단자에 $\overline{\text{PSEN}}$ 신호를 인가하지 않고 이를 접지시키는 방법으로 변경하는 것도 가능하며, 반대로 EPROM의 $\overline{\text{OE}}$ 단자에 $\overline{\text{PSEN}}$ 신호를 인가하지 않고 이를 접지시키는 방법으로 변경하는 것도 가능하다.

한편, CPU가 외부의 데이터 메모리를 리드(read)나 라이트(write)하는 경우에는 항상 $\overline{\text{PSEN}}=1$인 상태에서 $\overline{\text{RD}}$ 또는 $\overline{\text{WR}}$ 신호가 사용되므로 기본적인 인터페이스는 그림의 (b)와 같다. 그러나, $\overline{\text{PSEN}}=1$이 아닌 경우에는 결코 $\overline{\text{RD}}$ 또는 $\overline{\text{WR}}$ 신호를 출력하지 않으므로, 이 그림에서처럼 어드레스 디코더의 인에이블 단자에 $\overline{\text{PSEN}}$ 신호를 반전시켜 인가하지 않고 이를 접지시키는 방법으로 변경하는 것도 가능하다. 그런데, 메모리 소자만을 접속한다면 이렇게 하더라도 별로 문제가 없겠지만, I/O 소자의 경우에는 $\overline{\text{RD}}$ 또는 $\overline{\text{WR}}$ 신호를 사용하지 않고 칩선택 신호만으로 동작하는 경우도 있으므로 I/O 어드레스 디코더 회로에서는 반드시 $\overline{\text{PSEN}}$ 신호를 반전시켜 인가하는 것이 바람직하다.

이러한 어드레스 디코더를 이해하고 나서 앞의 <표 1.5.1>과 <그림 1.5.5>를 다시 한번 살펴보자. 외부 프로그램 메모리 소자 U9는 0000H~7FFFH 번지에 할당되고 U20은 8000H~FFFFH 번지에 할당되므로 이들 영역을 구분하는 신호는 어드레스 버스의 A15가 되어 이를 칩선택 신호로 사용할 수 있다. 즉, U9의 0000H~7FFFH 번지를 액세스할 때는 항상 A15=0이므로 이를 U9 소자의 칩선택 신호로 직접 사용할 수 있고, U20이 8000H~FFFFH 번지를 액세스할 때는 항상 A15=1이므로 이를 인버터로 반전시켜 U20 소자의 칩선택 신호로 사용할 수 있다. 이러한 관계를 정리하면 다음과 같다. 여기서, X는 don't care를 나타낸다.

A15	A14	A13	A12	A11	A10	⋯	A1	A0	
0	X	X	X	X	X	⋯	X	X	⇨ 0000H~7FFFH(U9의 칩선택 신호)
1	X	X	X	X	X	⋯	X	X	⇨ 8000H~FFFFH(U20의 칩선택 신호)

한편, 외부 데이터 메모리 소자 U21은 0000H~7FFFH 번지에 할당되고, 나머지의 모든 I/O 소자들은 8000H~FFFFH 번지에 할당되므로 이들 영역을 구분하는 신호는 A15가 된다. 즉, U21의 0000H~7FFFH 번지를 액세스할 때는 항상 A15=0이므로 이를 U21 소자의 칩선택 신호로 직접 사용할 수 있고, 8000H~FFFFH 번지의 I/O 디바이

스를 액세스할 때는 항상 A15=1이므로 이를 인버터로 반전시켜 I/O 어드레스 디코더의 인에이블 신호로 사용할 수 있다. 이러한 관계를 정리하면 다음과 같다.

A15	A14	A13	A12	A11	A10	A9	A8	A7	···	A1	A0	
0	X	X	X	X	X	X	X	X	···	X	X	⇨ 0000H～7FFFH(U21의 칩선택 신호)
1	0	X	X	X	0	0	0	X	···	X	X	⇨ 8000H～80FFH($\overline{\text{RTC\_CS}}$ 신호)
1	0	X	X	X	0	0	1	X	···	X	X	⇨ 8100H～81FFH($\overline{\text{SEG\_PATTERN}}$ 신호)
1	0	X	X	X	0	1	0	X	···	X	X	⇨ 8200H～82FFH($\overline{\text{DIG\_SELECT}}$ 신호)
1	0	X	X	X	0	1	1	X	···	X	X	⇨ 8300H～83FFH(LCD_CS 신호)
1	0	X	X	X	1	0	0	X	···	X	X	⇨ 8400H～84FFH(U17 관련 신호)
1	0	X	X	X	1	0	1	X	···	X	X	⇨ 8500H～85FFH($\overline{\text{DAC\_CS}}$ 신호)

4. AT89S52의 플래시 메모리 프로그래밍

플래시 메모리와 같이 마이크로콘트롤러에 내장되어 있는 불휘발성의 프로그램 메모리에 외부에서 직렬통신을 사용하여 사용자 프로그램을 다운로드하는 방법으로 라이팅하는 것을 ISP(In-System Programming)이라고 한다. 마이크로콘트롤러가 ISP 기능을 가지고 있다면 사용자 프로그램을 라이팅하는데 별도의 고가 장비를 필요로 하지 않아서 경제적이며 라이팅 속도도 빠르고 사용하기에 편리하다.

Atmel사의 AT89S 시리즈는 여러가지의 MCS-51 호환 모델중에서 ISP 기능을 가지고 있다는 것이 큰 장점이며, 이 책과 *OK-89S52* 키트에서 AT89S52를 선택한 것도 바로 이러한 특징 때문이다. 이 소자는 SPI(Serial Peripheral Interface) 직렬통신 방식으로 ISP를 수행한다. ISP를 수행하는데는 이를 위한 여러가지의 명령이 정의되어 있는데, 이 명령들은 AT89S 시리즈의 모델마다 상당히 다르므로 주의해야 한다. AT89S52는 이러한 ISP 기능 이외에 병렬 프로그래밍 방식도 사용 가능하다.

(1) 프로그램 메모리 록 비트 및 제품 표시 바이트

▣ 프로그램 메모리 록 비트

AT89S52에는 3비트의 프로그램 메모리 록 비트(program memory lock bit)를 가지고 있다. 이 비트들은 내부의 프로그램 메모리인 플래시 메모리가 뜻하지 않게 프로그램되어 기존의 내용이 변경되지 않도록 하드웨어적으로 보호하는 기능은 물론이고,

외부에서 다른 사람이 플래시 메모리의 내용을 읽어볼 수 없도록 보안을 유지하는 기능을 수행한다.

프로그램 메모리 록 비트의 기능을 요약하면 <표 1.5.3>과 같은데, 여기서는 P는 programmed 상태를 의미하고, U는 unprogrammed 상태를 의미한다. 록 비트1(LB1)을 프로그램하면 AT89S52가 리셋될 때 $\overline{EA}$ 신호의 논리값을 샘플링하여 래치하며, 이후에는 항상 AT89S52가 $\overline{EA}$ 핀의 논리상태를 조사하여 그것이 래치된 값과 일치할 때만 이 소자가 정상적으로 동작한다.

칩삭제(chip erase) 명령을 수행하면 플래시 메모리의 내용이 모두 삭제되는 것은 물론이고 3비트의 프로그램 메모리 록 비트도 모두 unprogrammed 상태로 되어 메모리 보호기능이 모두 해제된다.

〈표 1.5.3〉 AT89S52의 프로그램 메모리 록 비트

모드	프로그램 메모리 록 비트			메모리 보호 기능
	LB3	LB2	LB1	
1	U	U	U	어떤 보호기능도 설정하지 않는다.
2	U	U	P	외부 프로그램 메모리에서 실행되는 MOVC 명령으로 내부 프로그램 메모리의 명령코드를 읽는 것이 불가능하게 되며, 플래시 메모리를 더 이상 프로그래밍하는 것도 불가능하게 된다. $\overline{EA}$ 신호는 리셋될 때 샘플링되어 래치된다.
3	U	P	P	모드2의 기능을 유지하며, 여기에 verify 기능도 불가능하게 된다.
4	P	P	P	모드3의 기능을 유지하며, 여기에 외부 프로그램 메모리를 실행하는 것도 불가능하게 된다.

▣ 제품 표시 바이트

AT89S52에는 또한 각 모델을 표시하는 3바이트의 특별한 코드값을 가지고 있는데 이를 제품 표시 바이트(signature byte)라고 한다. 이것은 읽을 수만 있는 값으로서 플래시 메모리를 프로그래밍할 때 타겟 MCU가 올바르게 선택되었는지를 확인하는 등의 용도로 사용된다. AT89S52의 제품표시 바이트는 다음과 같다.

000H 번지 = 1EH : Atmel사의 MCU 제품이라는 것을 의미함.
100H 번지 = 52H : 모델이 AT89S52라는 것을 의미함.
200H 번지 = 06H

그러나, 이와 달리 예를 들어 AT89S51 마이크로콘트롤러의 경우에는 제품 표시 바이트가 아래와 같이 달라진다.

000H 번지 = 1EH : Atmel사의 MCU 제품이라는 것을 의미함.
100H 번지 = 51H : 모델이 AT89S51이라는 것을 의미함.
200H 번지 = 06H

(2) 병렬 프로그래밍

AT89S52를 병렬 프로그래밍하는 방법(parallel programming mode)은 EPROM 프로그래머에서 흔히 사용하는 방식으로서 리셋 상태(RST=1)에서 12V의 전압과 프로그램 인에이블 신호가 필요하다. 이는 <그림 1.5.10>에 보인 바와 같이 AT89S52의 외부 핀들을 사용하여 병렬 액세스 방식으로 내부의 플래시 메모리나 메모리 록 비트 등을 프로그래밍하는 것이다. AT89S52의 병렬 프로그래밍 모드에서는 플래시 메모리를 바이트 단위로만 라이트할 수 있으며, 외부 핀들은 정상적인 기능과 상당히 다르게 동작한다.

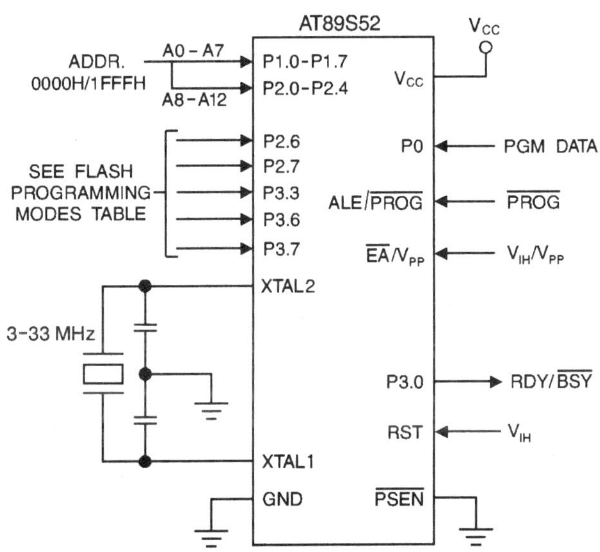

〈그림 1.5.10〉 AT89S52의 병렬 프로그래밍 접속도

AT89S52에서 병렬 프로그래밍 모드로 내부 플래시 메모리를 프로그래밍하는 방법은 다음과 같다.

① Vcc 전원 단자에 +5V를 인가하고 시스템 클럭이 정상적으로 공급되는 조건에서 RST=1로 인가하여 CPU 리셋 상태를 유지하고 $\overline{\text{PSEN}}$=0으로 입력한다.

② 어드레스 라인 P2.4~P2.0 및 P1.7~P1.0에 플래시 메모리의 번지를 입력한다.

③ 데이터 라인 P0.7~P0.0에 데이터를 입력한다.

④ 동작에 따라 지정된 제어신호를 인가한다.

⑤ $\overline{EA}$/Vpp 단자에 +12V를 인가한다.

⑥ ALE/$\overline{PROG}$ 단자에 200~1000ns 길이의 L레벨 펄스를 인가한다. 그러면 해당 번지에 1바이트의 내용이 라이팅되는데 이 동작은 50µs 이내에 완료된다.

⑦ 필요하면 어드레스와 데이터를 변경하면서 위의 ②~⑥ 과정을 반복한다.

1바이트의 라이팅 동작은 50µs 이내에 완료되지만 필요하다면 데이터 폴링(data polling) 방법으로 이를 확인할 수도 있다. 즉, 1바이트의 라이팅을 수행하고 나서 그 번지를 읽으면 P0.7의 비트가 반전되어 읽혀지며, 내부적으로 라이팅 동작이 완료되면 이 비트가 정상적으로 읽혀진다.

또한, 라이팅 동작의 완료는 비지 체크(busy check) 기능으로 확인할 수도 있다. 즉, 1바이트를 라이팅하고 나면 P3.0이 비지 신호로 사용되어 RDY/$\overline{BSY}$=0으로 되며, 내부적으로 라이팅 동작이 완료되면 다시 RDY/$\overline{BSY}$=1로 된다.

프로그램 메모리 록 비트를 프로그램하지 않았다면 라이팅한 플래시 메모리의 내용을 읽어보는 verify 동작을 수행할 수 있다. verify 동작을 수행할 때는 $\overline{EA}$/Vpp 단자에서 +12V 전압을 제거하고 H상태를 인가해야 한다.

AT89S52의 병렬 프로그래밍 모드에서 여러 가지 동작을 정리하면 <표 1.5.4>와 같다. 이때 AT89S52의 외부 핀들은 정상적인 기능과 상당히 다른 용도로 사용되는 경우가 많은 것에 유의해야 한다.

〈표 1.5.4〉 병렬 프로그래밍 모드의 동작

동작	Vcc	RST	$\overline{PSEN}$	ALE/$\overline{PROG}$	$\overline{EA}$/Vpp	Programming Mode					Data	Address	
						P2.6	P2.7	P3.3	P3.6	P3.7	P0.7~P0.0	P2.4~P2.0	P1.7~P1.0
Chip Erase	5V	H	L	⊔	12V	H	L	H	L	L	X	X	X
Read Atmel ID Read Device ID Read Device ID	5V	H	L	H	H	L	L	L	L	L	1EH 52H 06H	X0000 X0001 X0010	00H 00H 00H
Read Code Data	5V	H	L	H	H	L	L	L	H	H	D_{OUT}	A12~A8	A7~A0
Write Code Data	5V	H	L	⊔	12V	L	H	H	H	H	D_{IN}	A12~A8	A7~A0
Read Lock Bit 1 Read Lock Bit 2 Read Lock Bit 3	5V	H	L	H	H	H	H	L	H	L	P0.2 P0.3 P0.4	X	X
Write Lock Bit 1 Write Lock Bit 2 Write Lock Bit 3	5V	H	L	⊔	12V	H H H	H H L	H H H	H L H	H L L	X	X	X

(3) SPI 직렬 프로그래밍

AT89S52의 플래시 메모리를 프로그래밍하는 가장 실용적이면서 이 마이크로콘트롤러의 특징을 잘 나타내는 방법은 SPI 직렬통신을 이용하는 직렬 프로그래밍 방법(serial programming mode)이다. 이는 <그림 1.5.11>에서와 같이 AT89S52의 MOSI, MISO, SCK 단자를 이용하여 SPI 직렬통신으로 간편하게 내부의 플래시 메모리나 메모리 록 비트 등을 프로그래밍하는 것이다. AT89S52의 직렬 프로그래밍 모드에서는 플래시 메모리를 바이트 단위 또는 페이지 단위로 라이트할 수 있다.

AT89S52의 SPI 직렬 프로그래밍은 RST=1인 상태에서 수행되므로 직렬 프로그래밍 모드로 들어가기 위하여 필요한 것은 단지 RST 단자를 H상태로 유지하면서 SPI 통신으로 Programming Enable 커맨드를 라이트하는 것뿐이다. 물론 이때 AT89S52의 Vcc와 GND 단자 사이에는 전원 전압이 인가되고 있어야 하며 시스템 클럭이 정상적으로 공급되고 있어야 한다.

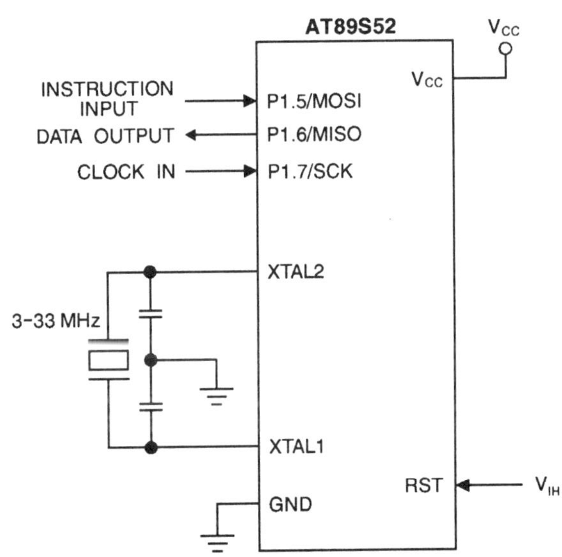

〈그림 1.5.11〉 AT89S52의 SPI 직렬 프로그래밍 접속도

Programming Enable 커맨드를 라이트하고 나서 플래시 메모리를 프로그램하기 전에 칩삭제 명령을 수행해야 한다. 병렬 프로그래밍 모드에서는 칩삭제 명령이 다른 1바이트의 라이팅 동작처럼 50μs 이내에 완료되지만, 직렬 프로그래밍 모드에서는 칩삭제 명령을 라이트하고 나서 칩삭제가 수행되는데는 약 500ms의 시간이 필요하다. 칩삭제를 수행하고 나면 모든 플래시 메모리 번지의 내용은 FFH로 된다.

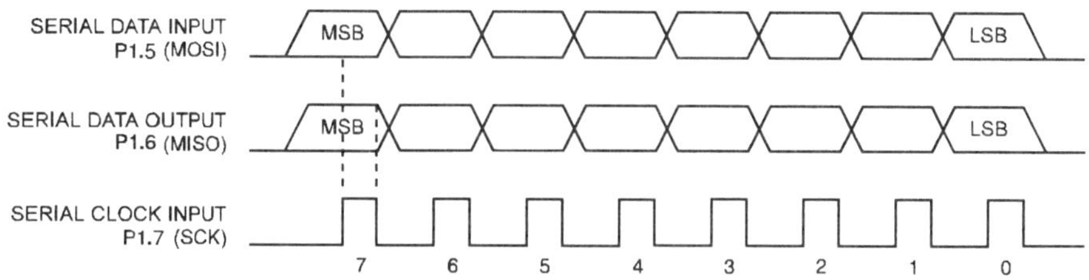

〈그림 1.5.12〉 AT89S52에서 SPI 직렬 프로그래밍의 동작 타이밍

AT89S52에 직렬 프로그래밍 모드로 데이터를 라이트할 때는 <그림 1.5.12>에서 보는 것처럼 클럭 신호 SCK의 상승 에지에서 동작이 수행되고, AT89S52에서 이 데이터를 리드할 때는 클럭 신호의 하강 에지에서 이루어진다. SPI 직렬통신에서 사용하는 클럭신호 SCK의 주파수는 시스템 클럭 주파수의 1/16 이하로 유지되어야 한다.

AT89S52에서 직렬 프로그래밍 모드로 플래시 메모리를 프로그램하는 절차는 다음과 같다.

① Vcc 전원 단자에 +5V를 인가하고 시스템 클럭이 정상적으로 공급되는 조건에서 RST=1로 인가하여 CPU 리셋 상태를 유지한다.
② 10 ms 이상을 기다린다.
③ P1.5(MOSI) 단자를 통하여 Programming Enable 명령을 보낸다.
④ 칩삭제 명령을 보낸다. 칩삭제 명령이 내부적으로 수행되는데는 500ms 이내의 시간이 소요된다.
⑤ 플래시 메모리를 바이트 모드 또는 페이지 모드로 프로그램한다. 바이트 모드나 페이지 모드는 모두 내부적으로 라이팅 동작이 완료되는데 0.5ms 이내의 시간이 소요된다.
⑥ 모든 프로그래밍 동작이 완료되었으면 RST=0으로 인가한다. 그러면 CPU의 리셋 상태가 해제되면서 정상적으로 프로그램 메모리의 내용이 실행된다.

데이터 폴링 방법은 직렬 프로그래밍 모드에서도 유사하게 사용될 수 있다. 즉, 1바이트의 라이팅을 수행하고 나서 그 내용을 읽어보면 MSB가 반전되어 읽혀지며, 내부적으로 라이팅 동작이 완료되면 이 비트가 정상적으로 읽혀진다.

SPI 직렬 프로그래밍 모드에서 사용하는 여러가지의 직렬 프로그래밍 명령어를 정리하면 <표 1.5.5>와 같다.

〈표 1.5.5〉 SPI 직렬 프로그래밍 모드의 명령

명령	명령 포맷				동작
	바이트1	바이트2	바이트3	바이트4	
Programming Enable	1010 1100	0101 0011	XXXX XXXX	0110 1001 (MISO 출력)	RST가 1인 상태에서 직렬 프로그래밍 동작을 허용
Chip Erase	1010 1100	100X XXXX	XXXX XXXX	XXXX XXXX	플래시 메모리와 메모리 록 비트를 모두 삭제
Read Signature Byte	0010 1000	XXX A12~A8	A7 XXX XXX0	Signature Byte (MISO 출력)	제품 표시 바이트를 리드
Read Program Memoty (Byte Mode)	0010 0000	XXX A12~A8	A7~A0	D7~D0 (MISO 출력)	바이트 모드로 플래시 메모리에서 데이터를 리드
Write Program Memoty (Byte Mode)	0100 0000	XXX A12~A8	A7~A0	D7~D0	바이트 모드로 플래시 메모리로 데이터를 라이트
Read Program Memoty (Page Mode)	0011 0000	XXX A12~A8	바이트0 (MISO 출력)	바이트1~바이트255 (MISO 출력)	페이지 모드로 플래시 메모리에서 256바이트 데이터를 리드
Write Program Memoty (Page Mode)	0101 0000	XXX A12~A8	바이트0	바이트1~바이트255	페이지 모드로 플래시 메모리에서 256바이트 데이터를 라이트
Read Lock Bits	0010 0100	XXXX XXXX	XXXX XXXX	XXX LB3~1 XX (MISO 출력)	메모리 록 비트를 리드 (1=programmed)
Write Lock Bits	1010 1100	1110 00 B1 B2	XXXX XXXX	XXXX XXXX	메모리 록 비트를 라이트 B1=0, B2=0 : 모드1로 설정 B1=0, B2=1 : 모드2로 설정 B1=1, B2=0 : 모드3으로 설정 B1=1, B2=1 : 모드4로 설정

◀참고▶ 오늘날 널리 사용되는 플래시 메모리는 리드/라이트가 가능한 불휘발성 메모리로서 매우 각광을 받고 있으나 바이트 단위가 아니라 페이지 단위로만 라이트가 가능하고, 라이팅 시간이 수 ms 정도로 길며, 라이팅 횟수에 제한이 있다는 단점을 가지고 있다. 마이크로콘트롤러에 내장된 프로그램 메모리용의 플래시도 이런 점에서는 유사하다. 현재 좀더 개선된 마이크로콘트롤러 모델에서는 10,000번까지 라이팅이 가능한 경우가 많아졌으나 AT89S52는 아직 1,000번으로 라이팅 횟수가 상당히 적은 편이다. 이러한 점은 양산용 제품에서는 별로 문제될 것이 없으나 수많은 시행착오를 반복해야 하는 시스템 개발과정에서나 또한 많은 예제 프로그램을 다운로드하게 되는 교육용 키트에서는 문제가 될 수 있다. 그러나, AT89S52는 현재 가격이 1000원대 초반에 불과하므로 만약 플래시 메모리의 라이팅 횟수가 사양을 초과하여 기능에 문제가 발생한다면 이를 버리고 새로운 소자로 교체하면 된다. 이를 위해 *OK-89S52* 키트에서는 CPU를 PCB에 직접 납땜하지 말고 IC 소켓을 사용하는 것이 좋다.

단원정리 문제

1. 다음 용어들을 비교하여 설명하라.
   ① 마이크로프로세서(microprocessor)
   ② 마이크로콘트롤러(microcontroller)
   ③ 마이크로컴퓨터(microcomputer)

2. 다음의 용어를 설명하라.
   ① 하드웨어(hardware)
   ② 소프트웨어(software)
   ③ 펌웨어(firmware)

3. 우리의 가정에서 사용하는 전기·전자 제품중에서 마이크로프로세서 또는 마이크로콘트롤러를 사용하고 있는 것에는 무엇이 있는지 모두 조사하여 보라.

4. CISC형 마이크로프로세서와 RISC형 마이크로프로세서의 특징을 구조나 성능, 용도면에서 비교하여 설명하라.

5. 마이크로프로세서에서 파이프라인(pipeline) 처리방식이란 무엇인가?

6. 마이크로프로세서에서 하버드 구조(Harvard Architecture)란 무엇인지 설명하라.

7. 마이크로프로세서에서 명령처리 속도를 높이기 위하여 사용되는 기술들을 나열하고 각각을 요약하여 설명하라.

8. CPU가 외부 메모리나 I/O를 액세스할 때 웨이트 사이클(wait cycle)이 필요한 이유는 무엇인가 설명하라. 그리고, AT89S52에서는 이를 어떻게 처리하는가?

9. 오늘날은 5V가 아니라 3.3V나 1.8V의 전원을 사용하는 마이크로콘트롤러들이 많아지고 있는데 그 이유는 무엇인지 설명하라.

10. 마이크로프로세서에서 일반적으로 시스템 클럭의 주파수가 높아지면 이 소자에서의 소비전력인 증가하는데 그 이유가 무엇인지 설명하라.

11. 다음 설명중에서 내용이 잘못된 것은? ------------------------------ ( )
① 자동제어 응용 분야에서 범용 마이크로프로세서 대신에 마이크로콘트롤러를 사용하면 제품이 소형경량화되고 가격이 싸진다.
② 일반적으로 RISC형 마이크로프로세서는 CISC형에 비하여 명령처리 속도가 빠르다.
③ 16비트인 MCS-96 시리즈는 8비트 MCS-51 시리즈에 대하여 소프트웨어의 상향 호환성을 갖는다.
④ MCS-51 호환제품중에서 AD사의 ADuC812는 8채널의 12비트 A/D 컨버터와 2채널의 12비트 D/A 컨버터를 내장하고 있다.

12. 다음중에서 그 의미가 같지 않은 것은? ------------------------------ ( )
① MPU ② microcontroller
③ MCU ④ single-chip microcomputer

13. 컴퓨터의 성능을 결정적으로 좌우하는 것으로 CPU가 한 번에 처리하는 데이터의 기본 단위가 되는 것을 무엇이라고 하는가? -------------------------- ( )
① 비트(bit) ② 니블(nibble) ③ 바이트(byte) ④ 워드(word)

14. 다음중에서 CPU의 종류에 따라 길이가 달라질 수 있는 데이터의 표현 단위는?
-- ( )
① 비트(bit) ② 니블(nibble) ③ 바이트(byte) ④ 워드(word)

15. 다음 모델 중에서 마이크로콘트롤러에 해당하지 않는 것은? ------------- ( )
① 80C31 ② AT89S52 ③ 80C196KC ④ Pentium 4

16. 다음 반도체 회사중에서 MCS-51 호환제품을 생산하는 회사가 아닌 것은? - ( )
① Atmel ② Motorola ③ Philips ④ Infenion

17. 다음 MCS-51 호환의 8비트 마이크로콘트롤러 중에서 SPI 직렬통신을 이용한

ISP 기능을 갖는 모델이 아닌 것은? ---------------------------------- ( )

① AT89C52 ② AT89S52 ③ AT89LS52 ④ AT89LP4052

18. 다음중 AT89S52의 구조나 기능으로 잘못 설명된 것은? ---------------- ( )

① 총 111종의 명령세트를 가지고 있다.

② 128바이트의 내부 데이터 메모리(RAM)를 가지고 있다.

③ 내부 RAM의 20H~2FH 번지는 비트 어드레싱이 가능하다.

④ 3개의 16비트 타이머를 내장하고 있다.

19. 다음 AT89S51과 AT89S52 마이크로콘트롤러의 기능적인 차이를 설명한 것중에서 옳지 않은 것은? -- ( )

① AT89S51은 128바이트의 내부 RAM을 가지고 있는데 비하여 AT89S52는 256바이트의 내부 RAM을 가진다.

② AT89S51은 64KB의 외부 데이터 메모리를 접속할 수 있는데 비하여 AT89S52는 256KB의 외부 데이터 메모리를 접속할 수 있다.

③ AT89S51은 2개의 16비트 타이머를 가지고 있는데 비하여 AT89S52는 3개의 16비트 타이머를 가진다.

④ AT89S51은 6개의 인터럽트 소스/5개의 인터럽트 벡터를 가지고 있는데 비하여 AT89S52는 8개의 인터럽트 소스/6개의 인터럽트 벡터를 가지고 있다.

20. 다음의 AT89S52의 특징 설명에서 옳지 않은 것을 있는대로 골라라. -- ( )

① 외부 프로그램 메모리는 최대 64KB, 외부 데이터 메모리는 최대 64KB까지 사용할 수 있다.

② 외부 프로그램 메모리나 데이터 메모리 이외에 별도의 I/O 영역을 가지고 있다.

③ 내부에 256 바이트의 데이터 메모리용 RAM을 가지고 있다.

④ 각 비트를 독립적으로 취급하는 부울연산 처리 명령을 가지고 있다.

⑤ 8비트 데이터를 곱셈하는 명령과 8비트 데이터를 나눗셈하는 명령을 가진다.

⑥ 3개의 16비트 타이머와 1개의 직렬 포트를 내장하고 있다.

⑦ 8비트 A/D 컨버터 및 D/A 컨버터를 내장하고 있다.

⑧ 1개의 NMI 단자와 2개의 차단가능한 외부 인터럽트 단자를 가지고 있다.

⑨ 타임아웃 주기를 임의로 가변할 수 있는 워치독 타이머를 내장하고 있다.

⑩ 내부 플래시 메모리를 라이팅하는 ISP 기능을 가지고 있다.

21. 다음중 AT89S52의 외부에서 어드레스 버스 및 데이터 버스를 분리하는데 사용되는 신호는? -- ( )

① ALE ② $\overline{EA}$ ③ $\overline{RD}$ ④ $\overline{PSEN}$

22. 다음중 AT89S52가 리셋 직후에 어느 프로그램 메모리를 액세스할지 지정하는데 사용되는 신호는? -- ( )

① ALE ② $\overline{EA}$ ③ $\overline{RD}$ ④ $\overline{PSEN}$

23. AT89S52에서 24MHz의 수정발진자를 사용했을 경우 1스테이트 시간은? -- ( )

① 83.3[ns] ② 166.7[ns] ③ 0.5[μs] ④ 1[μs]

24. AT89S52에서 24MHz의 수정발진자를 사용했을 경우 1머신 사이클은? ---- ( )

① 83.3[ns] ② 166.7[ns] ③ 0.5[μs] ④ 1[μs]

25. AT89S52에서 24MHz의 수정발진자를 사용했을 경우 ALE 신호의 개략적인 펄스폭은? -- ( )

① 83.3[ns] ② 166.7[ns] ③ 0.5[μs] ④ 1[μs]

26. AT89S52에서 24MHz의 수정발진자를 사용했을 경우 $\overline{RD}$ 및 $\overline{WR}$ 신호의 개략적인 펄스폭은? --- ( )

① 83.3[ns] ② 166.7[ns] ③ 250[ns] ④ 500[ns]

27. 다음중 AT89S52의 SFR에 해당되지 않는 레지스터를 있는대로 골라라. --- ( )

① ACC ② B ③ PC ④ SP ⑤ PSW ⑥ SCON ⑦ R0 ⑧ IP

28. 다음 AT89S52의 SFR중에서 주변장치의 제어에 관련되는 레지스터는? --- ( )

① ACC ② B ③ SP ④ TCON

29. 다음 AT89S52의 SFR중에서 직렬포트 제어와 관계없는 레지스터는? ----- ( )

① PCON ② SCON ③ TCON ④ TH0, TL0 ⑤ T2CON

30. 다음 AT89S52의 SFR중에서 타이머0, 1의 제어와 관계없는 레지스터는? -- ( )

① PCON ② TCON ③ TMOD ④ TH0, TL0, TH1, TL1

31. 다음중 16비트 레지스터에 해당하는 것은? -------------------------- ( )

① ACC ② PSW ③ SP ④ DPTR

32. AT89S52의 레지스터에 대한 설명중에서 옳지 않은 것은? -------------- ( )

① 레지스터 R0~R7은 모두 간접 어드레싱 모드에 사용된다.

② 스택포인터 SP는 SFR에 포함된다.

③ PC와 DPTR은 16비트 레지스터이다.

④ B 레지스터는 곱셈 및 나눗셈 명령에서 사용된다.

33. AT89S52에서 직접 어드레싱으로 액세스할 수 있는 내부 데이터 메모리의 용량은? -- ( )

① 8바이트 ② 16바이트 ③ 128바이트 ④ 256바이트

34. AT89S52에서 간접 어드레싱으로 액세스할 수 있는 내부 데이터 메모리의 용량은? -- ( )

① 8바이트 ② 16바이트 ③ 128바이트 ④ 256바이트

35. AT89S52에서 외부 프로그램 메모리의 최대 용량은? ------------------ ( )

① 8KB ② 16KB ③ 32KB ④ 64KB

36. AT89S52에서 외부 데이터 메모리의 최대 용량은? -------------------- ( )

① 8KB ② 16KB ③ 32KB ④ 64KB

37. 다음중 AT89S52에서 스택으로 사용할 수 있는 메모리는? -------------- ( )

① 내부 RAM의 00H~7FH ② 내부 RAM의 80H~FFH

③ 내부 RAM의 00H~FFH ④ 외부 RAM의 0000H~FFFFH

38. 다음중 AT89S52에서 직접번지지정이 가능한 메모리 영역은? ----------- ( )

① 모든 내부 데이터 메모리　　② 내부 데이터 메모리의 00H~7FH 번지
③ 모든 외부 데이터 메모리　　④ 외부 데이터 메모리의 0000H~00FFH 번지

39. 다음중 스택에 가장 적합한 메모리는? ------------------------------ (　)

① SRAM　② UV EPROM　③ EEPROM　④ flash memory

40. 다음중 8비트 2의 보수의 데이터 표현 범위는? ---------------------- (　)

① 0~255　② -128~+127　③ 0~65535　④ -32768~+32767

41. 다음중 간접 어드레싱 모드에서 사용되는 레지스터를 옳게 나열한 것은? -- (　)

① A, B　② PC, SP　③ R0, R1　④ R0~R7

42. 다음 AT89S52의 어드레싱 모드와 이를 사용한 명령의 예를 올바르게 연결하라.

직접 어드레싱 ①	ⓐ MOV A,#10H
간접 어드레싱 ②	ⓑ MOV A,50H
레지스터 어드레싱 ③	ⓒ MOV A,@R0
즉치 어드레싱 ④	ⓓ MOV A,R7

43. 다음중 SJMP 명령이 점프할 수 있는 번지폭은? --------------------- (　)

① -128~+127　② -1024~+1023　③ -32768~+32767　④ 모든 번지로 점프 가능

44. 다음중 AJMP 명령이 점프할 수 있는 번지폭은? --------------------- (　)

① -128~+127　② -1024~+1023　③ -32768~+32767　④ 현재의 2KB 블록

45. 다음중 LJMP 명령이 점프할 수 있는 번지폭은? --------------------- (　)

① -128~+127　② -1024~+1023　③ -32768~+32767　④ 모든 번지로 점프 가능

46. 다음중 어셈블리 프로그램에서 #가 의미하는 것은? ------------------ (　)

① 즉치 데이터　② 간접 어드레싱　③ 바이트 데이터　④ 워드 데이터

47. 다음중 어셈블리 프로그램에서 $가 의미하는 것은? ------------------ (　)

① 즉치 데이터　② 스택 포인터　③ 프로그램 카운터　④ 로케이션 카운터

48. 다음 PSW의 플랙 비트중에서 CPU의 명령처리후 상태를 나타내는 것이 아닌 것은? -- ( )

① CY, AC ② RS1, RS0 ③ OV ④ P

49. 다음중 AT89S52에서 인터럽트의 우선순위를 제어하는데 사용되는 레지스터는? -- ( )

① PSW ② IE ③ IP ④ PCON

50. 다음중 AT89S52에서 사용하지 않는 수치 데이터의 표현형식은? -------- ( )

① 부호없는 정수 ② 1의 보수 ③ 2의 보수 ④ 밀집형 10진수

51. 다음중 AT89S52에서 read-modify-write 명령에 해당하지 않는 것은? ---- ( )

① MOV P1,#37H ② ANL P1,A ③ INC P1 ④ SETB P1.0

52. AT89S52에 대한 다음 설명중에서 옳지 않은 것은? ------------------- ( )

① 레지스터 R0~R7중에서 간접지정에 사용되는 것은 단지 R0, R1뿐이다.

② 직접지정으로 액세스할 수 있는 데이터 메모리는 CPU 내부의 00H~FFH 번지뿐이다.

③ 곱셈명령은 MUL AB 오로지 1개뿐이다.

④ NOP 명령은 아무 동작도 하지 않으나 매우 유용한 명령이다.

53. 다음중에서 오버플로우가 발생하지 않는 연산은? --------------------- ( )

① 양수 + 양수 ② 양수 - 음수 ③ 음수 + 음수 ④ 음수 - 음수

54. 다음중 AT89S52에서 사용하고 있는 인터럽트는? --------------------- ( )

① 소프트웨어 인터럽트 ② 벡터형 인터럽트

③ 차단 불가능 인터럽트 ④ 조사형 인터럽트

55. 다음중 AT89S52에서 사용하지 않는 인터럽트는? --------------------- ( )

① 외부 인터럽트 ② 차단 가능 인터럽트

③ 벡터형 인터럽트 ④ 소프트웨어 인터럽트

56. 다음중 AT89S52에서 SPI를 이용한 직렬 프로그래밍 모드에서 할 수 있는 일이 아닌 것은? -- ( )

① 제품 표시 바이트를 읽기　② 메모리 록 비트를 쓰기
③ 플래시 메모리를 페이지 모드로 쓰기　④ 프로그램을 실행하면서 디버깅 하기

57. 다음 설명의 ( )안을 알맞게 완성하라.

AT89S52는 (　　)형 인터럽트를 사용하고 있으며, 총 8개의 인터럽트 소스와 (　)개의 인터럽트 벡터를 가지고 있다. 이들 인터럽트를 허용할 것인지의 여부는 (　　) 레지스터로 설정하며, 인터럽트의 우선순위는 (　　) 레지스터로 설정한다.

58. 다음 설명의 ( )안을 알맞게 완성하라.

AT89S52 내부의 플래시 메모리에 사용자 프로그램을 라이팅하는 방법에는 2가지가 있다. 하나는 (　　　　　　　　) 모드라고 부르는 것으로 이것은 12V 전압을 필요로 하므로 EPROM 프로그래머와 같은 장비를 이용하는 방법이다. 또하나는 (　　　　　　　　) 모드라고 불리며 이것은 SPI 직렬 통신을 이용하여 다운로드하는 방법으로 특별한 장비를 필요로 하지 않으므로 편리하다. 후자는 MCU가 타겟 보드에 장착된 상태에서 플래시 메모리에 프로그래밍하므로 ISP(　　　　　　　　)라고도 부른다.

59. 10진수로 +77을 8비트 2의 보수 표현법으로 나타내어라.
(단, 변환과정을 정확하게 보일 것.)

60. 10진수로 -77을 8비트 2의 보수 표현법으로 나타내어라.
(단, 변환과정을 정확하게 보일 것.)

61. 8비트 2의 보수 표현법으로 표현된 01010101B를 10진수 나타내어라.
(단, 변환과정을 정확하게 보일 것.)

62. 8비트 2의 보수 표현법으로 표현된 10101010B를 10진수 나타내어라.
(단, 변환과정을 정확하게 보일 것.)

63. 마이크로프로세서에서 NOP 명령은 어디에 사용할 수 있는지 설명하라.

64. 다음은 AT89S52의 외부에 I/O 어드레스 디코더를 설계한 것이다. 각 칩선택 신호의 어드레스 범위를 16진수로 적어라.

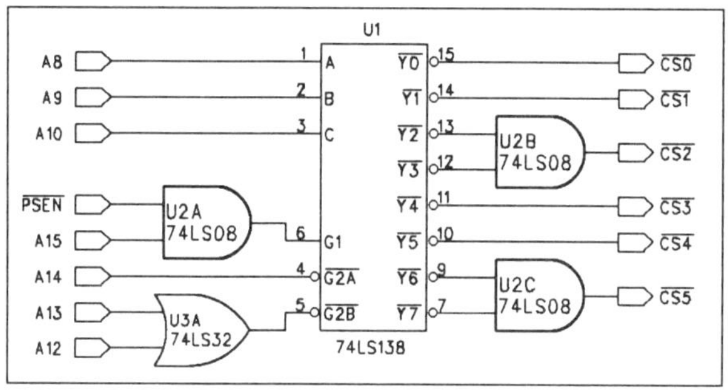

① $\overline{CS0}$: ( )H ~ ( )H

② $\overline{CS1}$: ( )H ~ ( )H

③ $\overline{CS2}$: ( )H ~ ( )H

④ $\overline{CS3}$: ( )H ~ ( )H

⑤ $\overline{CS4}$: ( )H ~ ( )H

⑥ $\overline{CS5}$: ( )H ~ ( )H

65. AT89S52의 외부 데이터 메모리 영역에 74LS138 어드레스 디코더를 1개 사용하여 다음의 칩선택 신호를 발생하는 회로를 설계하라. 이 과정에서 만약 필요하다면 임의의 게이트 소자를 사용해도 좋다.

$\overline{CS0}$: 0000H~0FFFH 영역, $\overline{CS1}$: 1000H~1FFFH 영역

$\overline{CS2}$: 2000H~2FFFH 영역, $\overline{CS3}$: 3000H~3FFFH 영역

$\overline{CS4}$: 4000H~4FFFH 영역, $\overline{CS5}$: 5000H~5FFFH 영역

$\overline{CS6}$: 6000H~6FFFH 영역, $\overline{CS7}$: 7000H~7FFFH 영역

66. 다음 용어의 원어를 정확히 적어라.

① CPU ② MPU

③ MCU ④ CISC

⑤ RISC ⑥ MIPS

⑦ SFR ⑧ RAM

⑨ BCD ⑩ ISP

제2장

AT89S52의 내장 I/O 기능

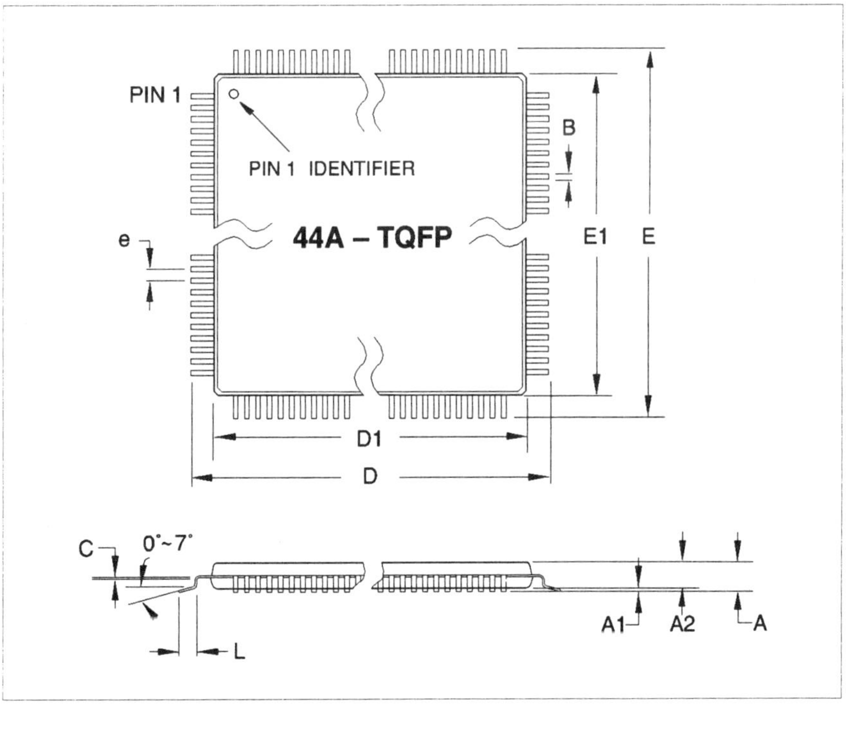

이 장에서는 AT89S52 마이크로콘트롤러에 내장된 I/O 기능을 공부한다. 여기에는 병렬 I/O 포트, 타이머, 직렬통신 포트 등 3가지를 포함한다.

오늘날 마이크로콘트롤러가 널리 사용되는 가장 큰 요인은 이것이 메모리와 I/O를 내장하고 있어서 시스템 설계가 간편하고 편리하다는 것이다. AT89S52와 같은 낮은 수준의 저가격형 마이크로콘트롤러는 이와 같이 3가지 정도의 기본적인 I/O 기능만을 가지고 있으나, 요즈음에 새로 출시되는 대부분의 마이크로콘트롤러들은 이보다 훨씬 다양하고 많은 I/O 기능을 가지고 있다.

결국 마이크로콘트롤러를 잘 사용한다는 것은 이러한 I/O 기능을 충분히 이해하고 이를 제어하는 소프트웨어를 자유자재로 구사하는 것이 핵심이 된다. 특히 대부분의 I/O 디바이스는 인터럽트와 매우 관계가 깊으므로 인터럽트를 함께 생각하면서 공부하는 것이 바람직하다.

2.1 AT89S52의 병렬 I/O 포트

이 절에서는 AT89S52 마이크로콘트롤러에 기본적으로 내장되어 있는 주변장치중의 하나인 병렬 I/O 포트에 대하여 설명한다. 이것은 마이크로콘트롤러가 범용 마이크로프로세서와 구분되는 1차적인 특징을 나타내는 I/O 기능으로서 마이크로콘트롤러를 응용하는 시스템에서 가장 기본적으로 널리 사용되고 있다. 이 절에서는 병렬 I/O 포트로 부족한 경우에 병렬 입출력 회로를 확장하는 방법에 대하여도 설명한다.

1. 병렬 I/O 포트의 구조와 동작

AT89S52에는 포트 P0~P3 등 모두 4개의 8비트 병렬 I/O 포트를 가지고 있다. 이들 병렬 I/O 포트는 모두 양방향의 입출력이 가능하고, 그 입출력은 SFR의 비트 어드레싱이 가능한 레지스터 P0~P3을 통하여 수행된다. 각 병렬 I/O 포트의 구조는 <그림 2.1.1>에 보인 바와 같이 래치(latch), 출력 드라이버(output driver), 입력 버퍼(input buffer) 등으로 이루어져 있다.

각 포트들이 범용의 병렬 I/O 포트로 사용될 때는 공통적으로 출력단이 D형 플립플롭을 통하여 구동되므로 출력 데이터는 언제나 래치 기능을 가진다. 한편, 입력 동작의 경우에는 명령에 따라 래치의 출력을 리드(read)하는 경우가 있고, 외부의 핀에서 입력된 데이터를 리드하는 경우도 있다.

병렬 I/O 포트에서 외부 입력단자로부터 데이터를 입력하는 경우에는 먼저 이 포트의 각 비트에 1을 출력하여 출력 드라이버를 내부 풀업에 의하여 H상태로 유지하는 것이 바람직하다. 병렬 I/O 포트는 사용자가 원하면 언제나 출력회로로 사용할 수 있고, 또한 해당 비트에 1을 출력하는 특정 조건에서는 내부 풀업 기능을 가지는 입력회로로 사용할 수도 있으므로 준양방향(quasi-bidirectional) 포트라고 부른다. 단, 포트 P0에서는 출력 드라이버 회로가 오픈 드레인(open-drain)형의 구조로 되어 있으므로 이 포트에 1을 출력하면 출력단이 플로팅(floating) 상태로 되고 이때 포트 P0은 완전한 양방향(true bidirectional) 포트가 된다.

포트 P0과 P2가 어드레스 및 데이터 버스로 사용될 경우에는 약 8개까지의 많은 LS TTL을 드라이브할 수 있다. 그러나, 포트 P1~P3이 병렬 I/O 포트로 사용되는 경우에는 약 4개까지의 LS TTL을 드라이브할 수 있다.

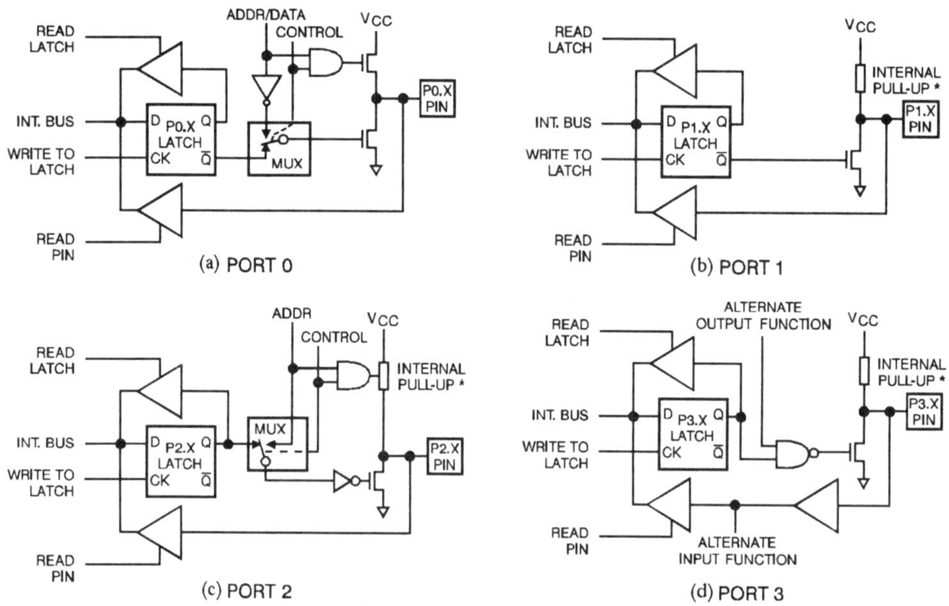

〈그림 2.1.1〉 AT89S52의 병렬 I/O 포트 구조

(1) 포트 P0

포트 P0은 <그림 2.1.1>의 (a)에서 보듯이 기본적인 병렬 I/O 포트 이외에 시분할 다중화된 어드레스/데이터 버스(time-multiplexed address/data bus)의 기능을 가지고 있다. 포트 P0이 어드레스/데이터 버스로 동작할 경우에는 CONTROL=1로 되면서 MUX는 위쪽 단자에 접속되어 어드레스/데이터 신호에 의하여 출력단의 위와 아래쪽 트랜지스터가 구동되며, 따라서 출력 드라이버 회로는 상보형(complementary) 출력으로 동작한다.

그러나, 포트 P0이 병렬 I/O 포트로 사용되는 경우에는 CONTROL=0으로 되면서 위쪽의 트랜지스터가 항상 OFF되어 있게 되므로 출력 드라이버 회로는 오픈 드레인형으로 동작하고, MUX는 아래쪽 단자에 접속되어 D형 플립플롭의 $\overline{Q}$ 출력에 의하여 출력단의 아래쪽 트랜지스터가 구동된다. 따라서, 이렇게 오픈 드레인형으로 동작하는 포트 P0에서는 이를 병렬출력 포트로 사용하려면 출력단자의 외부에서 수[kΩ] 이상의 저항으로 풀업(pull-up)시켜주어야만 올바른 디지털 출력 신호를 얻을 수 있다.

또한, 포트 P0을 병렬입력 포트로 사용하려면 먼저 이 포트의 각 비트 출력 래치에 1을 출력하여 출력 드라이버 회로의 아래쪽 트랜지스터를 OFF 상태로 유지시켜야 한다. 이렇게 하면 출력단은 플로팅 상태가 되어 입력회로로 동작하는데 아무 문제가 없게 된다.

(2) 포트 P2

포트 P2는 <그림 2.1.1>의 (c)와 같이 기본적인 병렬 I/O 포트 이외에 외부 메모리 확장시에는 상위 어드레스 버스 A15~A8의 기능을 가지고 있다. 포트 P2가 어드레스 버스로 동작할 경우에는 CONTROL=1로 되면서 MUX는 오른쪽 단자에 접속되고 어드레스 신호에 의하여 출력단의 위와 아래쪽 트랜지스터가 구동되어 상보형 출력으로 동작한다. 이때 H상태 출력은 풀업이 아니라 위쪽 트랜지스터에 의하여 강하게 드라이브된다.

그러나, 포트 P2가 병렬 I/O 포트로 사용되는 경우에는 CONTROL=0으로 되면서 출력 드라이버 회로는 내부적으로 풀업되고, MUX는 왼쪽 단자에 접속되어 D형 플립플롭의 Q 출력에 의하여 구동됨으로써 준양방향 입출력 포트로 동작한다. 이렇게 포트 P2가 병렬 I/O 포트로 동작할 때 내부 풀업기능이 있는 것은 이를 입력 포트로 사용하는 경우에 전원 단락과 같은 문제가 없이 외부에서 H상태 또는 L상태의 입력을 가능하도록 해준다.

(3) 포트 P1과 포트 P3

포트 P1과 P3은 <그림 2.1.1>의 (b), (d)와 같이 기본적인 병렬 I/O 포트 이외에 일부의 비트들이 다른 부수적인 기능을 가지고 있다. 이러한 부수적인 기능을 요약하면 <표 2.1.1>과 같다.

병렬 I/O 포트 기능만을 가지는 비트들은 그림의 (b)에서와 같이 내부적으로 수십 [kΩ] 이상으로 풀업이 되어있는 준양방향 포트로 동작한다. 따라서, 여기서도 외부 입력단자로부터 데이터를 입력하는 경우에는 먼저 이 포트의 각 비트 출력 래치에 1을 출력하여 출력 드라이브 회로에서 아래쪽의 트랜지스터를 OFF시키고 내부 풀업에 의하여 H상태로 유지해야 한다.

그러나, 부수적인 기능을 가지는 포트 P3의 비트들은 그림의 (d)와 같은 구조를 가지며, 이렇게 부수적인 기능으로 동작하는 경우에는 내부적으로 해당 비트의 출력 래치가 1로 자동 설정되고, 따라서 이제부터는 출력 드라이버 회로의 아래쪽 트랜지스터가 ALTERNATE OUTPUT FUNCTION 신호에 의해서만 ON/OFF된다.

〈표 2.1.1〉 AT89S52의 포트 P1, P3에 포함되어 있는 부수적인 기능

포트 핀	부수적인 기능	비 고
P1.0	T2(timer/counter 2 external input/output)	AT89S52 이상에만 적용
P1.1	T2EX(timer/counter 2 capture/reload trigger input)	
P3.0	RXD(serial port input)	AT89S51 및 AT89S52에 모두 적용
P3.1	TXD(serial port output)	
P3.2	$\overline{\text{INT0}}$(external interrupt 0 input)	
P3.3	$\overline{\text{INT1}}$(external interrupt 1 input)	
P3.4	T0(timer/counter 0 external input)	
P3.5	T1(timer/counter 1 external input)	
P3.6	$\overline{\text{WR}}$(external data memory write strobe output)	
P3.7	$\overline{\text{RD}}$(external data memory read strobe output)	

(4) 내부 풀업 회로

포트 P1~P3은 병렬 I/O 포트로 동작할 때 내부적으로 수십[kΩ] 이상의 저항으로 풀업이 되어 데이터의 입출력 동작이 가능한 준양방향 포트로 동작한다. 물론, 이렇게 외부 입력단자로부터 데이터를 입력하는 경우에는 먼저 이 포트의 각 비트에 1을 출력하여 출력 드라이버 회로의 아래쪽 트랜지스터가 OFF되고 내부 풀업에 의하여 출력을 H상태로 유지해야 한다는 조건이 있다.

만약, 출력단의 상위 회로가 풀업 저항이 아니고 트랜지스터에 의하여 강하게 드라이브된다면 이 포트의 단자를 통하여 L상태가 입력될 때 Vcc와 GND 사이의 전원 단락을 유발하게 된다. 그러나, 상위 회로에 풀업 저항을 사용하게 되면 <그림 2.1.2>에 보인 바와 같이 이 포트 단자를 통하여 L상태나 H상태의 외부 입력이 모두 가능하여 준양방향 포트가 된다. 이는 포트 P0처럼 출력단이 플로팅 상태에 있는 완전한 양방향 포트와 구부된다.

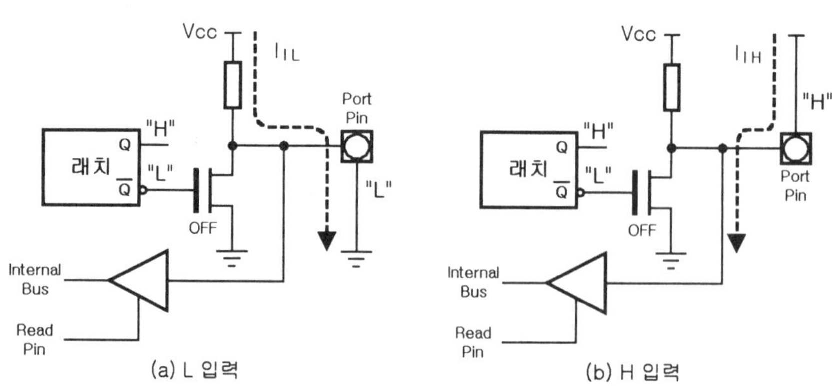

〈그림 2.1.2〉 준양방향 포트에서의 데이터 입력 동작

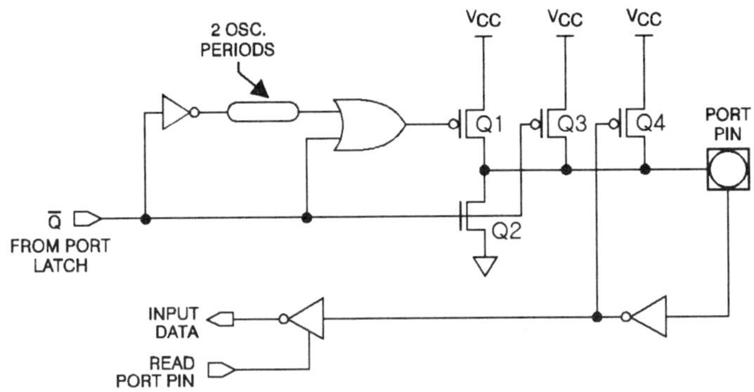

〈그림 2.1.3〉 내부 풀업 기능을 가지고 있는 출력단 회로의 구조

그러면, 이러한 출력 드라이버 회로에 내부 풀업 기능을 갖는 준양방향 포트는 어떻게 구현되는 것인지 이를 회로도로 보이면 <그림 2.1.3>과 같다. 여기서 Q2는 n채널형 FET(field-effect transistor)이고 Q1, Q3, Q4는 모두 p채널형 FET이다. 그림에서 보듯이 n채널형은 게이트에 H상태가 입력될 때 ON되고, p채널형은 반대로 게이트에 L상태가 입력될 때 ON된다.

이 4개의 트랜지스터 중에서 Q1과 Q2는 강한 드라이브 회로이고, Q4는 약한 드라이브 회로이며, Q3은 매우 약한 드라이브 회로이다. 이 포트의 출력 동작에서 0이 출력되면 $\overline{Q}=1$가 되어 Q2가 ON되므로 출력단이 강하게 L상태로 드라이브되고, 1이 출력되면 $\overline{Q}=0$이 되어 반대로 Q3이 ON되므로 매우 약하게 H상태로 드라이브된다. Q1은 출력단이 단지 0에서 1로 빠른 스위칭을 가능하게 하며, 지연회로에 의하여 1스테이트 시간(2클럭 주기)이 지나면 이것은 항상 OFF 상태를 유지한다.

2. 병렬 I/O 포트의 사용

(1) 병렬 I/O 포트 사용의 주의 사항

준양방향 포트 구조로 되어 있는 병렬 I/O 포트에서 데이터를 입력할 때는 몇가지의 주의가 필요하다.

첫째, 데이터를 입력하기 전에 미리 출력단에 1을 출력하여 아래쪽 트랜지스터를 OFF함으로써 출력 드라이버 회로가 풀업되어 높은 임피던스의 H상태로 출력되도록 해야 한다. AT89S52의 데이터 시트에서 V_{IN} = 0.45[V]일 때 I_{IL} = 50[μA]인 것을 이용하여 역으로 추산하면 이 풀업 저항의 저항값은 약 91[kΩ] 정도에 이르는 것을 알 수 있다.

둘째, 포트에 스위치 등의 입력회로를 접속하고 H상태를 입력하기 위해 이 입력단이 Vcc에 연결되어 있는 경우에는 특히 이 단자의 출력 래치에 0을 출력하는 것을 피해야 한다. 만약 이를 지키지 않는다면 아래쪽 트랜지스터를 통하여 외부의 Vcc와 내부의 GND가 거의 단락(short) 상태로 되어 과대한 전류가 흐르게 되고 이것은 소자의 허용전류를 넘으므로 AT89S52의 출력단 트랜지스터가 파괴될 수도 있다. 그러나, 이와 반대로 외부에서 L상태를 입력하기 위하여 이 입력단이 GND에 연결되어 있는 경우에는 출력 래치에 1을 출력하더라도 내부에서 약하게 풀업되므로 아무 문제가 발생하지 않는다. 이러한 단락 문제를 피하기 위한 방법으로 포트 단자와 외부 입력회로 사이에 1[kΩ] 정도의 직렬 저항을 접속하는 것이 바람직한데, 그러한 회로의 예를 <그림 2.1.4>에 보였다.

셋째, 외부에 낮은 임피던스의 스위치 입력회로를 접속하거나 트랜지스터 구동회로를 접속하였을 때 포트를 읽어들이는 명령이 잘못된 결과를 얻을 수 있다는 것이다. 즉, 내부의 출력회로는 약한 풀업회로에 의하여 큰 임피던스를 가지고 있는데 비하여 외부에 접속된 부하나 입력회로는 작은 임피던스를 가질 경우 출력 단자에 1을 출력하더라도 부하전압이 매우 낮게 떨어져서 0으로 읽혀질 수 있다는 것이다. 이 때문에 Read-Modify-Write 명령에서는 핀의 데이터를 직접 읽지 않고 출력단의 래치를 읽어들이고 있는 것이다.

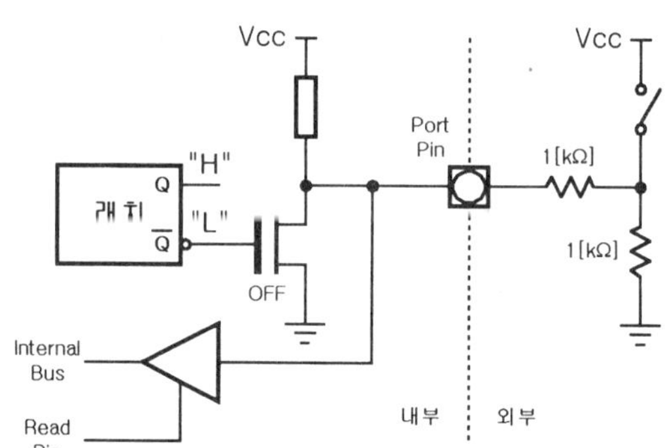

〈그림 2.1.4〉 준양방향 포트에서 스위치 입력 회로의 올바른 사용

(2) 병렬 I/O 포트의 동작 타이밍

병렬 I/O 포트의 동작 타이밍은 앞의 제1.2절에서 공부하였으나 <그림 2.1.5>에 다시 보였다. SFR의 P0~P3 레지스터를 통하여 병렬 I/O 포트에 데이터를 출력하면, 현재 래치에 저장되어 있던 이전의 데이터는 이 명령 사이클의 S6P2까지 출력되고 새로

운 명령에 의한 데이터는 그 다음 머신 사이클의 S1P1부터 해당 포트 핀에 출력된다. 한편, 포트 P0~P3을 통하여 데이터를 입력하는 경우에는 각 머신 사이클의 S5P1에서 샘플링된다.

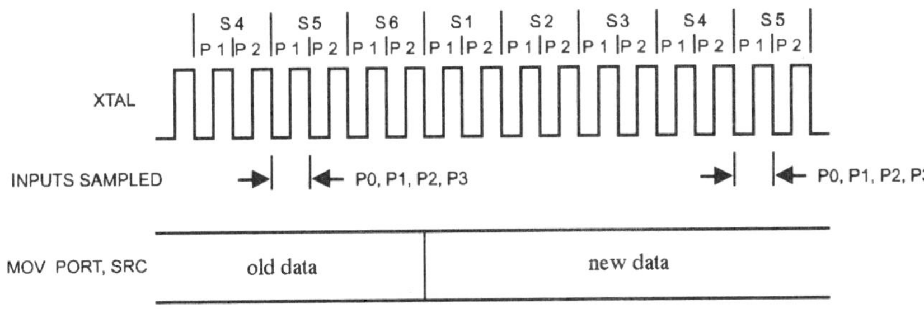

〈그림 2.1.5〉 AT89S52의 병렬 I/O 포트 동작 타이밍

〈표 2.1.2〉 AT89S52의 Read-Modify-Write 명령

명령	기 능	사용예
ANL	Logical AND	ANL P1,A
ORL	Logical OR	ORL P1,A
XRL	Logical XOR	XRL P1,A
JBC	Jump if bit=1 and clear bit	JBC P1.0,LABEL
CPL	Complement bit	CPL P1.1
INC	Increment	INC P1
DEC	Decrement	DEC P1
DJNZ	Decrement and jump if not zero	DJNZ P1,LABEL
MOV Px.y,C	Move carry bit to bit y of Port x	MOV P1.2,C
CLR Px.y	Clear bit y of Port x	CLR P1.3
SETB Px.y	Set bit y of Port x	SETB P1.4

(3) Read-Modify-Write 기능

각 병렬 I/O 포트에서 데이터를 입력하는 명령들은 <그림 2.1.1>에서 보듯이 "READ PIN" 신호를 사용하여 3스테이트 버퍼를 열고 포트 단자로부터 직접 데이터를 읽어들인다.

그러나, <표 2.1.2>에 보인 바와 같은 "read-modify-write" 명령들에서는 "READ PIN" 신호가 아니라 "READ LATCH" 신호를 사용하여 3스테이트 버퍼를 열고 래치를 읽으며, 내부에서 이 데이터를 처리한 다음에 다시 해당 래치에 출력한다. 이와 같이 read-modify-write 명령에서 직접 병렬 포트 핀의 데이터를 읽지 않고 래치의 데이터를 읽는 것은 핀에서의 전압 레벨을 잘못 해석하여 읽어들이는 오류를 방지하기 위함이다. 즉, H상태의 출력 신호가 매우 낮은 임피던스의 부하를 구동하고 있는 경우에

핀을 직접 읽게 되면 L상태로 잘못 읽혀질 우려가 있으나 래치를 읽으면 이러한 염려가 없게 된다.

3. 병렬 입출력 회로의 확장

AT89S52에는 이와 같이 4개의 8비트 병렬 I/O 포트를 가지고 있으나 이것으로 부족하면 외부 데이터 메모리 영역에 추가로 확장할 수 있다. 특히 외부에 메모리나 기타 I/O 디바이스를 인터페이스하기 위하여 포트 P0과 P2를 어드레스/데이터 버스로 사용한 경우에는 이를 병렬 I/O 포트로 사용할 수 없게 되므로 전체 병렬 I/O 포트의 수가 그만큼 감소하게 되어 부족할 경우가 많다. AT89S52에 내장되어 있는 병렬 I/O 포트는 단지 4개에 불과하지만 외부의 데이터 메모리 영역에 이를 확장한다면 얼마든지 원하는 만큼 병렬 입출력 회로를 사용할 수 있다.

외부에 병렬 출력 회로를 확장할 때는 MOVX @DPTR, A 또는 MOVX @Ri, A 명령으로 짧은 순간 데이터 버스에 출력된 데이터가 지속적으로 출력되어야 하므로 8비트 래치 회로를 사용하는 것이 핵심이다.

이와 반대로 외부에 병렬 입력 회로를 확장할 때는 외부의 많은 입력 회로중에서 1가지만 선택되어 MOVX A, @DPTR 또는 MOVX A, @Ri 명령이 실행되는 짧은 순간 동안에만 입력 데이터 버스를 통하여 CPU에 데이터가 입력되어야 하므로 8비트 3스테이트 버퍼 회로를 사용하는 것이 핵심이다.

(1) 병렬 출력 회로

마이크로프로세서에 인터페이스하는 병렬 출력 회로는 거의 대부분 래치 회로를 사용한다. 이것은 CPU가 출력 명령으로 외부 번지에 라이트하는 데이터는 그 명령이 실행되는 불과 수십 내지 수백 [ns] 동안만 잠깐 데이터 버스에 나타났다가 사라져 버리므로 이를 8비트 래치에 기억시켜 두지 않으면 출력장치에 지속적으로 원하는 데이터를 출력할 수 없게 되기 때문이다. 예를 들어 LED를 점등하기 위한 출력회로라면 래치를 사용하지 않을 경우 LED가 점등되는 시간이 너무 짧아서 사람에게는 LED가 켜지는 것이 거의 보이지 않게 된다.

이러한 8비트 병렬출력 래치 회로에 널리 사용되는 D형 플립플롭의 기본 동작은 <그림 2.1.6>과 같다. 즉, 플립플롭에 입력되는 데이터가 클럭 신호의 상승 에지(rising edge)에서 올바르게 저장되어 출력신호 Q 및 $\overline{Q}$에 나타나도록 하려면 적어도 클럭 신호의 상승 에지보다 셋업 타임(setup time) t_s만큼 앞서서 데이터 신호 D가 안정되게 입력되기 시작해야 하며, 클럭 신호가 상승한 이후에도 최소한 홀드 타임(hold time) t_h만큼이 지나도록 데이터 신호 D가 같은 상태로 안정되게 유지되어야 한다. 만약, 이러한 조건이 지켜지지 못한다면 D값이 플립플롭에 올바르게 저장되는 것을 보장할 수 없게 된다. 이 그림에서 t_{PLH}와 t_{PHL}은 각각 클럭 신호에 의하여 플립플롭에 저장된 출력값이 외부로 나타나기까지의 H→L 및 L→H 전달지연시간(high-to-low or low-to-high propagation delay time)이다.

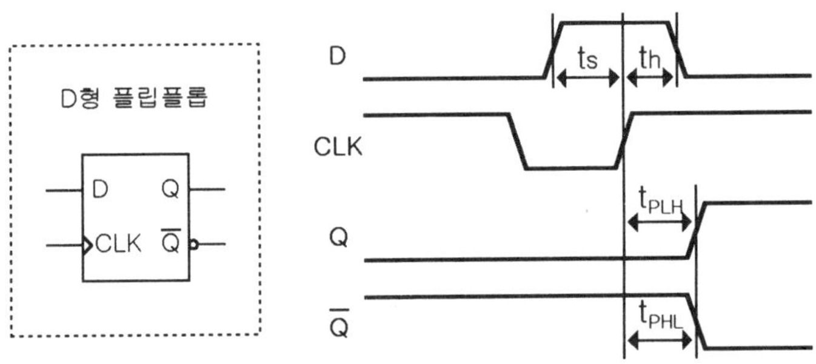

〈그림 2.1.6〉 기본적인 D 플립플롭의 동작 파형

이를 8비트로 조합하여 마이크로프로세서의 병렬 출력 래치회로에 적용하면 데이터 신호 D는 CPU의 데이터 버스 D7~D0에 해당하고 CLK 신호는 어드레스 디코더에 의한 칩선택 신호가 되는데, 이중에서 특히 칩선택 신호는 CPU의 동작에 맞추어 상당히 세심하게 타이밍을 고려하여 설계하지 않으면 이러한 래치 소자의 타이밍 요구 조건을 만족하지 못하게 될 수가 있다.

칩선택 신호의 기능이나 논리 레벨만을 생각하면 어드레스 값만을 가지고 디코더 회로에 의하여 이를 만들어도 아무 문제가 없으므로, 흔히들 이 디코더의 출력과 CPU의 $\overline{WR}$ 신호를 부논리로 AND(정논리로 OR)하여 $\overline{CS}$ 신호를 만드는 것을 보고도 이는 출력할 때만 사용하는 것이므로 $\overline{WR}$ 신호를 함께 묶어서 사용하였으려니 하고 대수롭지 않게 생각하게 된다. 그러나, 이는 그러한 출력 전용의 신호라는 의미도 물론 있지만 대부분은 그보다 더 중요한 타이밍 문제 때문에 사용하는 것이라는 것을 이해해야 한다. 어드레스 디코더에 의하여 만들어진 칩선택 신호가 D형 플립플롭에서 요구하는 CLK 신호의 타이밍을 만족하지 못하므로 이를 $\overline{WR}$ 신호로 조절하여 $\overline{CS}$ 신호를 발생시킴으로써 플립플롭의 올바른 동작이 가능하도록 해주는 것이다.

이렇게 어드레스와 $\overline{WR}$ 신호를 조합하여 D 플립플롭을 위한 클럭신호를 만든 예는

<그림 2.1.7>의 $\overline{CS3}$ 신호로 보였다. 이것의 기능을 <그림 2.1.8>의 동작 타이밍도에서 확인하면서 $\overline{CS3}$ 신호와 $\overline{CS0}$~ $\overline{CS2}$ 신호의 명확한 차이를 이해하기 바란다. 즉, $\overline{CS3}$ 신호를 사용하면 ①로 표시한 것처럼 D형 플립플롭의 동작이 정상적으로 수행되지만, $\overline{CS0}$~ $\overline{CS2}$ 신호를 사용하면 ②로 표시한 바와 같이 이미 데이터 버스가 무효한 상태로 된 후에 클럭 신호의 상승 에지가 발생되므로 D형 플립플롭에 데이터가 올바르게 저장되지 못한다.

이와 같은 방법으로 실제 시스템에 사용한 병렬출력 인터페이스 확장회로의 예는 <그림 3.1.2>에 보인 *OK-89S52* 키트에서 U11 및 U12의 74LS574 회로를 보면 된다.

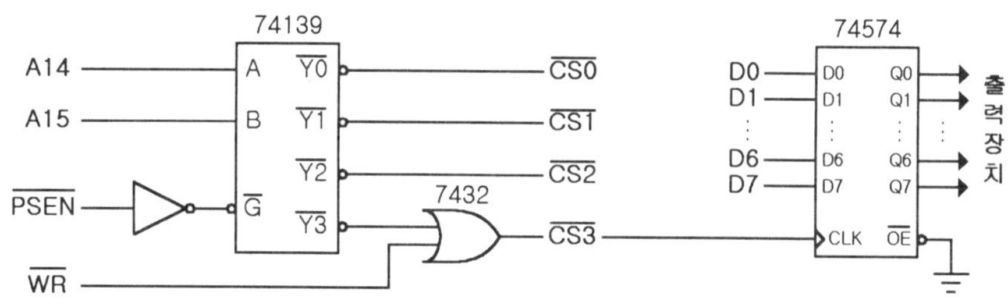

〈그림 2.1.7〉 AT89S52에서 병렬출력 회로 확장을 위한 칩선택 신호의 발생

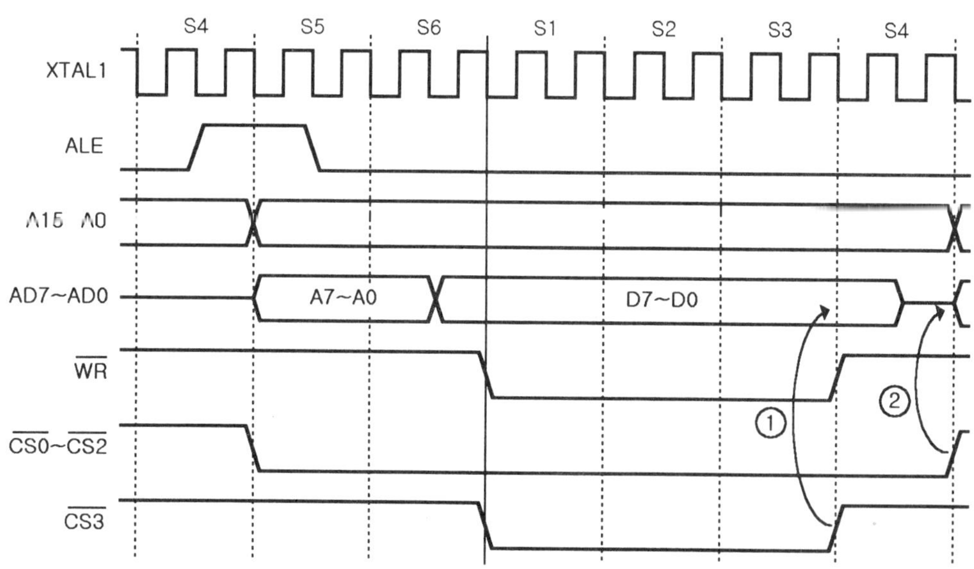

〈그림 2.1.8〉 AT89S52에서 병렬출력 확장회로에 관련된 동작 타이밍

(2) 병렬 입력 회로

마이크로프로세서가 외부로부터 병렬 입력 데이터를 읽어들이는 동작은 병렬 출력 데이터의 라이트 동작에 비하여 훨씬 단순하다. 대부분의 CPU는 $\overline{RD}$ 신호의 상승 에지에서 데이터 버스를 읽어들이도록 설계되어 있기 때문에 3스테이트 버퍼를 사용하여 이러한 하드웨어가 쉽게 처리된다.

병렬 출력 인터페이스 회로에서는 거의 대부분 74LS574와 같은 래치 회로를 사용하여 CPU가 출력 명령으로 외부 번지에 짧은 순간 동안에 라이트하는 데이터를 래치시킨다. 그러나, 병렬 입력 인터페이스 회로에서는 수많은 입력 장치중에서 지정된 번지의 칩선택 신호로 1개만을 선택하여 데이터 버스에 접속시키고, 그 짧은 수십 내지 수백 [ns]의 시간 동안에 CPU가 이를 읽어들일 수 있도록 해 주어야 한다. 이렇게 데이터 버스를 필요할 때만 CPU쪽으로 열어주는 기능에는 74LS244, 74LS245와 같은 3스테이트 버퍼가 사용된다.

따라서, 얼핏 생각하면 이러한 병렬 입력 인터페이스 회로에서도 출력 인터페이스의 경우처럼 칩선택 신호를 만들 때 어드레스 디코더의 출력에 $\overline{RD}$ 신호를 포함시켜야 할 것으로 생각하겠지만, 여기서는 오히려 이것이 바람직하지 않을 수도 있다. 즉, $\overline{RD}$ 신호가 끝나는 상승 에지에서 CPU가 데이터 버스를 읽어들이고 있는데 이 $\overline{RD}$ 신호와 동일한 타이밍의 칩선택 신호에 의하여 3스테이트 버퍼가 닫혀버리면 곧바로 데이터 버스도 끊어지므로 CPU가 이를 읽는데 필요한 홀드 타임이 충분히 확보되지 않을 수도 있기 때문이다. 그러나, CPU는 아무 시간 지연이 없이 $\overline{RD}$ 신호의 상승 에지에서 데이터 버스를 읽어들이는데 비하여, 어드레스 디코더와 $\overline{RD}$ 신호가 결합하여 만들어지는 칩선택 신호는 이렇게 중간에 사용되는 디지털 소자들에 의한 시간 지연과 3스테이트 버퍼 자체의 동작 지연 시간까지를 고려하면 전체적인 시간 지연값이 CPU에 필요한 최소한의 홀드 타임을 충분히 초과하게 되므로 병렬 입력 동작이 정상적으로 수행될 수도 있다. 하지만, 이렇게 하면 3스테이트 버퍼가 열리는 시간이 $\overline{RD}$ 신호의 폭만큼으로 줄어들어 자칫 CPU가 입력 장치를 읽어들이는 액세스 타임이 부족한 경우가 발생할 수도 있다.

이러한 이유로 입력 인터페이스 회로에서도 어드레스 디코더의 출력에 $\overline{RD}$ 신호를 결합한 칩선택 신호를 사용하더라도 대부분의 경우에는 별 문제가 없지만, 특별히 논리적으로 꼭 그렇게 해야될 필요가 있지 않다면 그냥 어드레스 디코더의 출력만으로 칩선택 신호를 만들어 사용하는 것이 더 안전하다.

그런데, AT89S52의 경우에는 특이하게도 <그림 1.2.23>의 (a)에서 보았듯이 데이터 버스를 읽어들이는 시점이 $\overline{\text{RD}}$ 신호의 상승 에지보다 1클럭 주기가 앞서도록 동작하며, $\overline{\text{RD}}$ 신호의 펄스폭도 3스테이트(6클럭 주기)나 되므로 대부분의 경우 $\overline{\text{RD}}$ 신호를 포함한 칩선택 신호를 사용해도 별 문제가 없다. 그러나, 이 경우에도 만약 동작이 아주 느린 입력 회로를 사용한다면 <그림 2.1.9>에서처럼 $\overline{\text{RD}}$ 신호의 타이밍을 반영한 $\overline{\text{CS3}}$ 신호를 사용하는 것보다는 그냥 어드레스 디코더의 출력인 $\overline{\text{CS0}}$ ~ $\overline{\text{CS2}}$ 신호를 사용하는 것이 바람직하다. <그림 2.1.10>에 이런 신호들의 동작 타이밍을 나타냈으며, AT89S52가 데이터 버스를 읽어들이는 시점을 Ⓡ로 표시하였다.

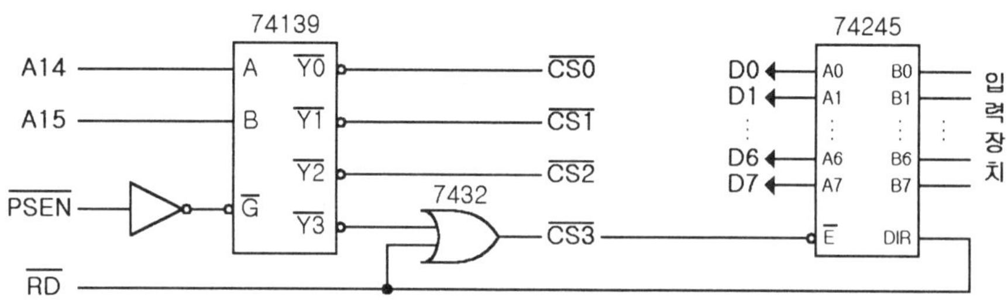

〈그림 2.1.9〉 AT89S52에서 병렬입력 회로 확장을 위한 칩선택 신호의 발생

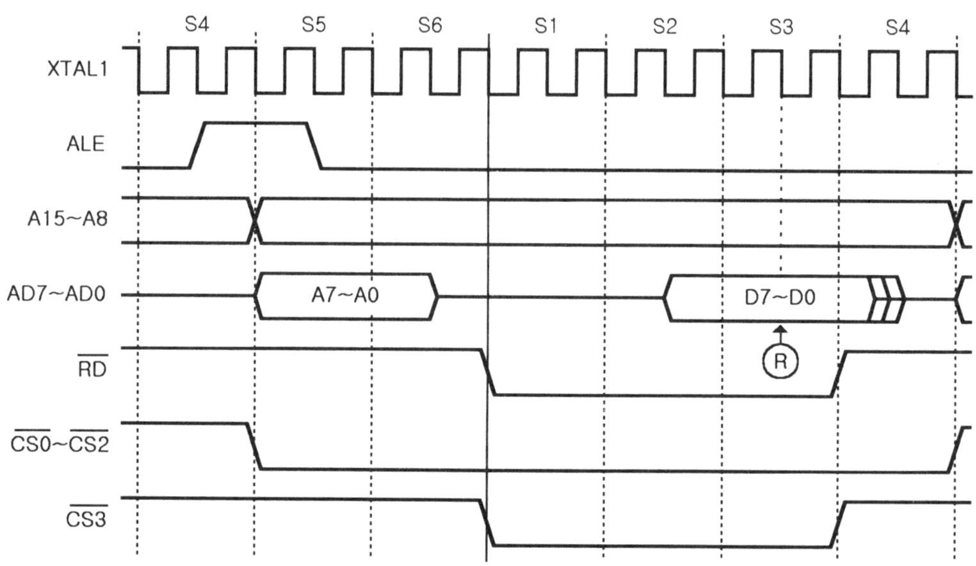

〈그림 2.1.10〉 AT89S52에서 병렬출력 확장회로에 관련된 동작 타이밍

2.2 AT89S52의 타이머/카운터

이 절에서는 AT89S52에 기본적으로 내장되어 있는 주변장치중의 한가지인 타이머/카운터에 대하여 설명한다. 이것은 마이크로콘트롤러에서 기본중의 기본인 I/O 기능으로서 마이크로콘트롤러를 제어기로 사용할 때 거의 필수적으로 이용된다.

1. 타이머/카운터의 기초

마이크로콘트롤러에 내장된 타이머/카운터를 올바르게 이해하려면 카운터와 타이머가 무엇인지에 대한 기초적인 사항을 먼저 알아야 한다.

(1) 카운터의 정의

카운터(counter, 計數器)란 기본적으로는 T형 플립플롭(toggle flip-flop)을 여러개 종속적으로 접속하여 각각의 플립플롭이 구형파의 입력펄스에 따라 상태를 반전하는 구조의 회로이다. 이들 T형 플립플롭의 값들을 병렬로 읽어보면 입력된 펄스의 수를 알 수 있으므로 이를 펄스 수를 계수(count)하는데 사용한다는 의미에서 카운터라고 부른다.

카운터의 종류에 따라서는 입력펄스의 상승 에지(rising edge)에서 상태가 변화하는 것도 있고 입력펄스의 하강 에지(falling edge)에서 상태가 변하는 것도 있다. 또한 펄스가 입력될 때마다 계수값이 증가하는 증가형 카운터(up counter)와 계수값이 감소하는 감소형 카운터(down counter)가 있으며, 계수하는 값이 2진수인 것이 있고 BCD 형태의 10진수인 것도 있다.

(2) 카운터의 기능

카운터의 기본적인 기능은 위에서 설명한 계수 기능이지만 카운터는 이밖에도 분주 기능으로 사용할 수도 있다.

카운터가 계수 기능으로 사용될 때는 입력된 펄스의 수를 세어 디지털 숫자로 이를 나타내게 되므로 반드시 직렬 입력/병렬 출력의 형태를 취한다.

그러나, 카운터가 분주 기능으로 사용될 경우에는 입력 펄스의 주파수를 정수로 나눈 출력 주파수를 나타내므로 반드시 직렬 입력/직렬 출력의 형태를 취한다.

1개의 T형 플립플롭은 계수 기능으로 사용될 때 2진수 1비트의 값을 가지게 되며, 따라서 T형 플립플롭을 1번 통과할 때마다 주파수를 ÷2하는 역할을 수행한다. 이러한 T형 플립플롭을 여러개 종속으로 접속하면 최대 계수값이나 분주비가 보다 큰 카운터 회로를 구성할 수 있게 되는 것이다.

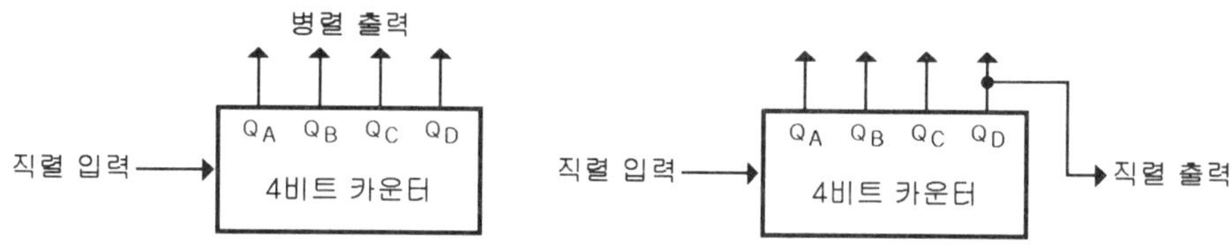

(a) 계수 기능 (b) 분주 기능

〈그림 2.2.1〉 카운터 회로의 2가지 기능

▣ 계수 기능(직렬입력/병렬출력)

카운터의 계수 기능(計數 機能)을 설명하면 <그림 2.2.2>와 같다. 여기서는 입력펄스의 하강 에지에서 동작하며 증가형인 4비트 2진 카운터를 예로 들었다.

각 플립플롭은 T형 플립플롭으로 동작하여 0과 1의 출력 상태를 가질 수 있으며, 이것들이 4개 종속 접속되어 있으므로 4비트의 계수 기능을 가져서 <그림 2.2.2>의 (c)에 보인 바와 같이 0000~1111의 값을 나타낼 수 있다.

이상에서 알 수 있는 것처럼 카운터를 계수 기능으로 사용하려면 펄스의 직렬입력에 대하여 출력은 병렬 데이터로 읽어 사용하면 된다. 이 병렬 데이터는 클럭 입력에 가까운 쪽이 LSB가 되고 먼 쪽이 MSB로 된다.

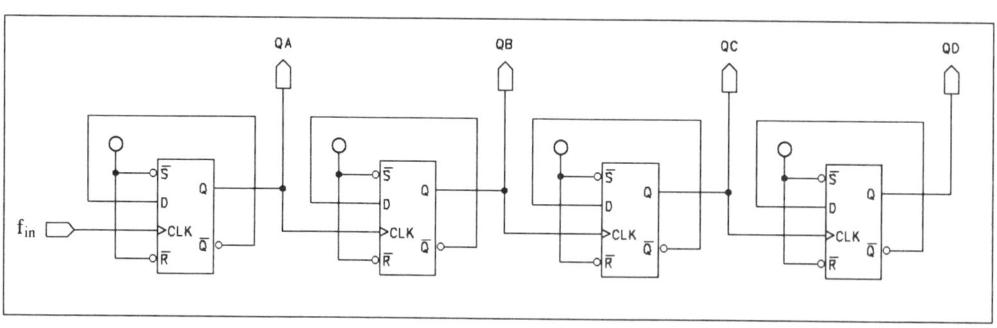

(a) 회로

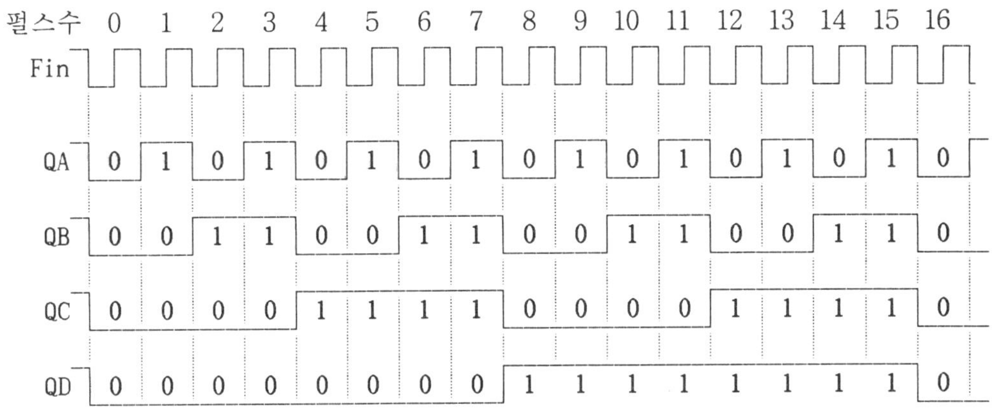

(b) 동작 파형

입력 펄스수	Q_D	Q_C	Q_B	Q_A
0	0	0	0	0
1	0	0	0	1
2	0	0	1	0
3	0	0	1	1
4	0	1	0	0
5	0	1	0	1
6	0	1	1	0
7	0	1	1	1
8	1	0	0	0
9	1	0	0	1
10	1	0	1	0
11	1	0	1	1
12	1	1	0	0
13	1	1	0	1
14	1	1	1	0
15	1	1	1	1

(c) 계수 기능의 동작

〈그림 2.2.2〉 하강 에지에서 동작하는 증가형 4비트 2진 카운터

▣ 분주 기능(직렬입력/직렬출력)

카운터의 모든 출력 단자를 병렬로 읽지 않고 이중에서 1개의 출력신호만을 취하여 펄스 신호로 사용한다면 이때 카운터는 분주 기능(分周 機能)을 수행한 결과가 된다. 카운터가 분주 기능으로 사용되는 경우에는 1개의 T형 플립플롭을 통과할 때마다 주파수가 1/2로 감소한다. 즉, <그림 2.2.2>의 (b)에서 볼 수 있듯이 Q_A 출력신호의 주파수는 입력 펄스의 주파수 f_{in}에 비하여 1/2로 감소되었고, Q_B 출력신호의 주파수는 f_{in}에 비하여 1/4로 감소되었으며, 그 다음의 신호들도 계속하여 1/2씩 주파수가 점차로 감소된다.

카운터는 이와 같이 n개의 T형 플립플롭을 통과할 때 주파수를 $1/2^n$로 감소시키는 분주기(frequency divider)로 사용될 수 있는데 이를 카운터의 분주 기능이라고 한다.

이와 같이 카운터가 분주 기능으로 사용될 때는 직렬 입력에 대하여 반드시 직렬 출력의 형태를 취한다.

(3) 카운터의 용도

카운터 회로는 기본적으로 이와 같이 계수 기능과 분주 기능을 가지므로 이를 응용할 수 있는 분야에 널리 사용된다. 계수 기능을 응용하는 경우는 전동기의 로터리 엔코더(rotary encoder)로부터 받은 펄스를 일정한 시간동안 계수하여 그 전동기의 회전속도를 측정하는 것이 한 예가 될 것이며, 분주 기능을 응용하는 경우는 48 MHz의 클럭으로 주파수를 발진한 다음에 이를 2분주하여 24 MHz로 낮추어 CPU에 공급하는 것이 그 예가 될 것이다.

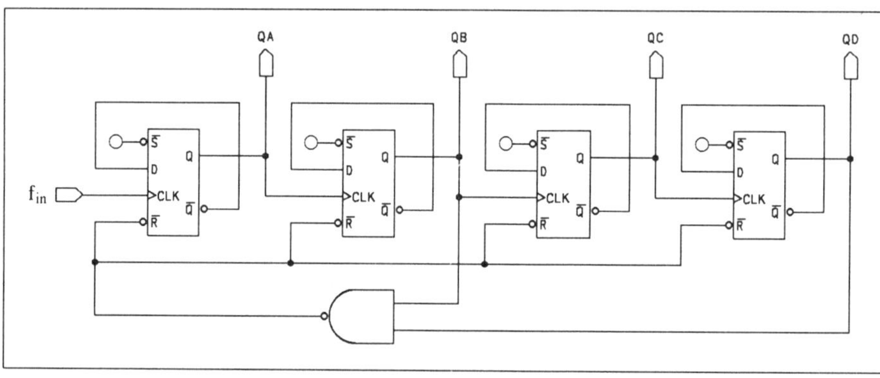

(a) 회로

입력 펄스수	Q_D	Q_C	Q_B	Q_A
0	0	0	0	0
1	0	0	0	1
2	0	0	1	0
3	0	0	1	1
4	0	1	0	0
5	0	1	0	1
6	0	1	1	0
7	0	1	1	1
8	1	0	0	0
9	1	0	0	1

(b) 동작

〈그림 2.2.3〉 4비트 2진 카운터 회로를 수정하여 만든 10진 카운터

카운터를 계수 기능으로 사용할 때 계수 범위를 확대하려면 당연히 비트수 즉, T형 플립플롭의 수를 늘려야 한다. 또한, 카운터를 분주 기능으로 사용할 때 분주비를 변화시키려면 역시 비트수를 늘리거나 출력 신호를 다른 것으로 바꾸어 사용하여야

하며, 분주비를 2^n이 아닌 임의의 값으로 하려면 병렬출력 신호들을 논리 게이트로 조합하여 특정값이 되면 모든 T형 플립플롭을 리셋시키는 회로를 추가하여야 한다. 그러나, 이런 과정은 모두 하드웨어의 수정을 필요로 하므로 상당히 불편하다.

마이크로콘트롤러에 내장된 카운터/타이머 모듈은 이와 같은 기능들을 프로그램으로 처리 가능하게 하여 유연성이 있고 매우 편리하며, 지정된 수의 펄스가 입력되었을 때 인터럽트를 요구하는 등의 기능이 추가되어 있는 인텔리전트 카운터/타이머 회로이다.

(4) 타이머의 정의

타이머(timer, 計時器)란 기본적으로는 카운터와 동일한 회로로서 역시 T형 플립플롭을 여러개 종속적으로 접속하여 각각의 플립플롭이 구형파의 입력펄스에 따라 상태를 반전하는 구조를 갖는다.

다만, 타이머는 지정된 시간의 경과를 알리는 것을 기본 기능으로 하므로 카운터에서와 달리 정확하고 일정한 주파수를 갖는 구형파 펄스를 입력하여 이것이 지정된 갯수만큼 입력되면 타임아웃(timeout) 신호를 출력한다. 이와 같은 기능을 수행하려면 타이머의 초기값을 미리 설정하고 펄스의 입력에 따라 이를 감소시키다가 0이 되면 타임아웃으로 처리하는 감소형 카운터를 사용하면 된다. 그러나, 증가형 카운터를 사용하는 경우에는 미리 설정한 초기값에서 시작하여 펄스의 입력에 따라 이를 증가시키다가 오버플로우가 발생하면 타임아웃으로 처리하는 방식으로 동작한다.

(5) 타이머의 기능

타이머 회로는 기본적으로 카운터 회로를 사용하므로 위에서 설명한 바와 같이 지정된 시간의 경과를 표시하는 계시 기능은 물론 카운터에서와 마찬가지로 분주 기능을 가진다.

▣ 계시 기능(직렬입력/병렬출력)

타이머의 계시 기능(計時 機能)을 사용하려면 주파수가 정확하고 일정한 펄스가 입력으로 사용되어야 한다. 입력 주파수가 정확하지 않거나 변동하게 되면 당연히 지정된 타임아웃 시간에 오차를 유발하게 된다. 타이머로 설정할 시간이 결정되면 입력 펄스의 1주기를 기본 시간으로 하여 이에 필요한 펄스수를 계산할 수 있고 이를 내부 카운터의 초기치로 설정한다.

대부분의 타이머는 타임아웃이 되면 출력 신호를 발생하거나 인터럽트를 요청한다. 또한 반복하여 주기적인 시간의 경과를 알리기 위하여 타임아웃이 된 이후에는 다시 초기값을 자동으로 카운터에 저장(auto-reload)하여 타이머의 계시 기능이 다시 시작되도록 한다.

■ 분주 기능(주파수 발생기능, 직렬입력/직렬출력)

타이머는 내부적으로 카운터 회로로 되어 있으므로 카운터에서처럼 분주 기능을 가진다. 그러나 타이머의 경우에는 주파수가 정확하고 일정한 펄스가 입력되는 것이 전제되어 있으므로 분주된 출력 주파수도 정확하며, 이를 이용하여 사용자가 원하는 주파수를 발생하는 목적으로 사용하는 경우가 많으므로 오히려 "주파수 발생기능"이라는 것이 적합할 수도 있다. 앞에서 예를 들었던 바와 같이 48 MHz의 클럭으로 주파수를 발진한 다음에 이를 2분주하여 24 MHz로 낮추어 CPU에 공급하는 경우에는 바로 여기에 해당한다고 볼 수도 있다.

(6) 타이머의 용도

타이머의 계시 기능을 응용하는 경우는 CPU가 주변장치의 주기적인 폴링(polling)이나 디지털 시계 프로그램에서와 같이 일정한 주기로 어떤 처리를 하고자 할 때 지정된 시간의 경과를 인터럽트로서 CPU에게 알려주는 것이 그 예가 된다. 또한, 분주 기능을 응용하는 경우는 마이크로프로세서를 이용한 음악 연주 또는 음향 발생이나 직렬통신의 전송속도(baud rate)를 결정하기 위한 클럭의 발생에서와 같이 기준 클럭으로부터 원하는 주파수를 발생하는 것이 그 예가 될 것이다.

카운터가 타이머의 계시 기능 또는 분주 기능을 가지려면 초기값을 임의로 설정할 수 있어야 하며, 원하는 시점에서 타이머의 동작을 개시할 수 있도록 해야 한다. 마이크로콘트롤러에 내장된 카운터/타이머 모듈은 이와 같은 기능들을 프로그램으로 처리 가능하게 하여 유연성이 있고 매우 편리하며, 타임아웃이 되었을 때 인터럽트를 요청하는 등의 기능이 추가되어 있는 인텔리전트 카운터/타이머 회로이다.

마이크로콘트롤러에는 반드시 타이머/카운터를 내장하고 있으며, 카운터보다는 타이머의 용도로 사용하는 경우가 훨씬 많으므로 이를 "타이머/카운터"라고 하지 않고 그냥 "타이머"라고 부르기도 한다. 이것이 내부 시스템 클럭을 클럭 소스로 사용하면 타이머 모드가 되고, 외부의 클럭 입력 단자에 들어온 클럭 소스를 사용하면 카운터 모드가 된다.

2. AT89S52의 카운터/타이머 개요

하위 모델인 AT89S51 마이크로콘트롤러에는 2개의 16비트 증가형 카운터/타이머(timer 0, timer 1)를 내장하고 있었으나, AT89S52에는 여기에 16비트 카운터/타이머(timer 2)를 하나 더 가지고 있다☆. 이것들은 모두 내부 시스템 클럭을 클럭 소스로 사용하는 타이머 기능과, 외부 클럭입력 단자 T0~T2로부터의 클럭 입력을 사용하는 카운터 기능을 수행할 수 있다. 타이머0과 타이머1은 서로 동작이 매우 유사하고 4가지의 세부적인 동작 모드를 가지는데 비하여, 타이머2는 이와 상당히 다른 기능을 가지고 있으며 4가지의 세부적인 동작 모드가 있다.

타이머/카운터가 타이머 기능으로 사용될 때는 항상 이 타이머 레지스터의 값이 내부 시스템 클럭에 의해서 1머신 사이클(12클럭 주기)에 한 번씩 증가한다. 따라서, 결과적으로 타이머의 클럭 소스는 시스템 클럭 주파수를 12분주한 것으로 된다. 단, 타이머2가 16비트 보레이트 발생기 모드로 동작할 때는 예외적으로 발진기 주파수를 2분주하여 동작한다.

타이머/카운터가 카운터 기능으로 사용될 때는 항상 외부 클럭입력 단자 T0~T2에서 입력되는 신호의 하강 에지에서 이 타이머 레지스터의 값이 1씩 증가한다. 그런데, 이 신호는 각 머신 사이클의 S5P2에서 검출되며, 적어도 한번은 H상태로 검출되고 다음 사이클에서 L상태로 검출되어야만 카운터가 증가한다. 이렇게 새로 변화된 클럭 입력신호는 그 다음 머신 사이클의 S3P1에서야 비로소 새로운 카운터 값으로 반영된다. 따라서, 결과적으로 카운터는 최소한 2개의 머신 사이클에 한번씩 인식될 수 있으며, 최대로 입력 가능한 외부 클럭입력 주파수는 시스템 클럭 주파수의 1/24이 된다.

〈표 2.2.1〉 AT89S52의 타이머/카운터에 관련된 SFR

SFR	어드레스	기 능	비트 어드레싱	비고
TCON	88H	Timer/Counter Control Register	가능	AT89S51 및 AT89S52에 공통
TMOD	89H	Timer/Counter Mode Control Register		
TL0	8AH	Timer/Counter 0 low byte		
TH0	8CH	Timer/Counter 0 high byte		
TL1	8BH	Timer/Counter 1 low byte		
TH1	8DH	Timer/Counter 1 high byte		
T2CON	C8H	Timer/Counter 2 Control Register	가능	AT89S52에만 적용
T2MOD	C9H	Timer/Counter 2 Mode Control Register		
RCAP2L	CAH	Timer/Counter 2 Capture Register low byte		
RCAP2H	CBH	Timer/Counter 2 Capture Register high byte		
TL2	CCH	Timer/Counter 2 low byte		
TH2	CDH	Timer/Counter 2 high byte		

이와 같이 타이머/카운터는 모두 3개가 있고, 이들 각각은 여러 가지의 동작 모드를 가지므로 제어 방법이 다소 복잡하다. 때문에 AT89S52에는 이에 관련되는 여러가지의 SFR을 가지고 있으며, 이것들을 요약하면 <표 2.2.1>과 같다.

Atmel에서는 이것들을 타이머/카운터0~2라고 부르기도 하고 타이머0~2이라고 부르기도 하는데, 여기서는 주로 간단한 후자를 따르기로 한다.

3. 타이머0과 타이머1

타이머0과 타이머1은 기본적으로 16비트 타이머로서 각각 4가지씩의 동작 모드를 가지고 있다. 단, 이들 모드중에서 모드0~2는 타이머0과 타이머1에서 완전히 동일하게 동작하고, 모드3은 타이머0과 타이머1에서 서로 다른 기능을 수행한다.

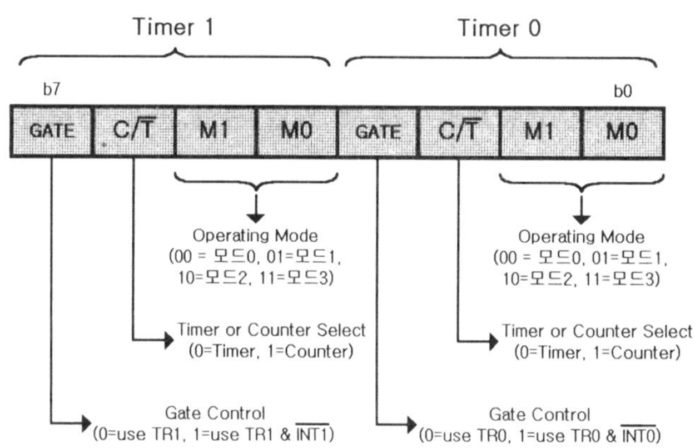

〈그림 2.2.4〉 타이머/카운터 모드 제어 레지스터 TMOD

이러한 동작 모드는 2개의 타이머/카운터 제어 레지스터 TMOD와 TCON에 의하여 제어된다. 먼저, 타이머/카운터 모드 제어 레지스터(Timer/Counter Mode Control Register) TMOD는 타이머/카운터0~1의 동작 모드를 제어하며, 그 비트 구성과 기능은 <그림 2.2.4>와 같다. TMOD 레지스터에서 비트 b3~b0은 타이머/카운터0을 제어하고, 비트 b7~b4는 타이머/카운터1을 제어하는데 사용된다.

M1과 M0 비트는 타이머/카운터의 동작 모드를 설정한다. 이를 00, 01, 10, 11로 설정하면 각각 모드0~3으로 동작하는데, 이중에서 모드0~2는 타이머/카운터0과 1에서 동일한 동작을 수행하지만, 모드3은 타이머/카운터0과 1에서 서로 다르다.

$C/\overline{T}$ 비트는 타이머와 카운터의 기능을 선택한다. 즉, $C/\overline{T}=0$이면 타이머로 동작하여 내부의 시스템 클럭을 12분주한 값을 클럭 소스로 사용하고, $C/\overline{T}=1$이면 카운터로 동작하여 외부의 클럭 입력단자의 신호(타이머/카운터0에서는 T0 단자, 타이머/카운터1에서는 T1 단자)를 클럭 소스로 사용한다.

GATE 비트는 외부 인터럽트 단자(타이머/카운터0에서는 $\overline{INT0}$, 타이머/카운터1에서는 $\overline{INT1}$)에 의하여 타이머/카운터의 동작을 인에이블시킬 수 있도록 제어한다. 즉, GATE=0이면 TCON 레지스터의 TRx 비트(타이머/카운터0에서는 TR0, 타이머/카운터1에서는 TR1)에 의해서만 카운터의 동작이 ON/OFF되고, GATE=1이면 TRx 비트와 외부 인터럽트 단자가 모두 H상태일 경우에만 타이머/카운터가 인에이블된다.

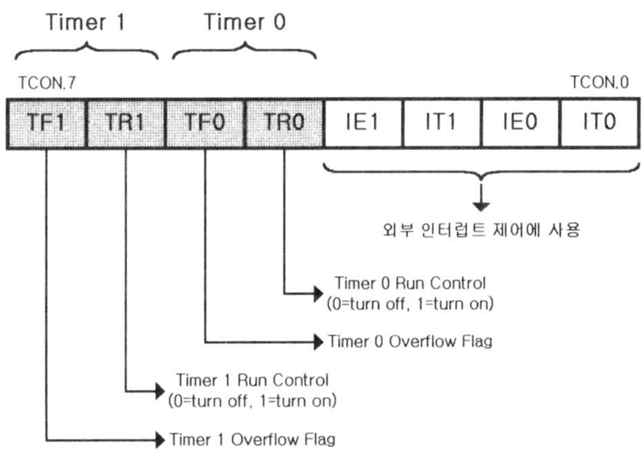

〈그림 2.2.5〉 타이머/카운터 제어 레지스터 TCON

타이머/카운터 제어 레지스터(Timer/Counter Control Register) TCON은 타이머/카운터0~1의 여러가지 세부적인 동작을 제어하는 레지스터로서 그 비트 구성과 기능은 <그림 2.2.5>와 같다. TCON 레지스터에서 비트 b5~b4는 타이머/카운터0을 제어하고, 비트 b7~b6은 타이머/카운터1을 제어하는데 사용된다. 그러나, 하위 4비트인 b3~b0은 타이머/카운터가 아니라 외부 인터럽트 제어에 사용된다.

TR0와 TR1 비트는 각각 타이머/카운터0과 1의 동작 여부를 ON/OFF하는 제어 비트이다. 이것은 TMOD 레지스터에서 GATE=0으로 설정되어 있으면 단독으로, 그리고 GATE=1이면 각각 $\overline{INT0}$ 및 $\overline{INT1}$ 신호와 함께 타이머/카운터의 동작을 제어한다.

TF0와 TF1 비트는 각각 타이머/카운터0과 1이 오버플로우되면 1로 세트되어 인터럽트를 요청하고, CPU가 해당 타이머의 인터럽트를 받아 인터럽트 서비스 루틴을 실행하기 시작하면 다시 0으로 클리어된다. 타이머의 오버플로우는 카운터의 최대값(8비트에서는 FFH, 16비트에서는 FFFFH)에 있을 때 1개의 펄스가 입력되어 카운터가 0으로 바뀌는 것을 말한다.

■ 모드0 - 32분주 프리스케일러를 가지는 8비트 카운터

이것은 타이머0과 1이 32분주 프리스케일러(divide-by-32 prescaler)를 가지는 8비트 타이머/카운터로 동작하는 모드이다. 즉, 타이머 레지스터의 하위 바이트인 TLx의 아랫쪽 5비트가 0~31의 범위에서 반복적으로 변화하여 32분주기로 동작하고, 상위 바이트인 THx는 8비트 카운터로 동작한다. 8비트 카운터가 가질 수 있는 값의 범위는 0~255이다. 이때 TLx의 상위 3비트는 사용되지 않으며, 따라서 이것을 전체적으로 13비트 카운터로 간주하기도 한다.

이 8비트 카운터에서 오버플로우가 발생(FFH→00H)하면 TCON 레지스터의 TFx 비트가 세트되고 해당 타이머의 인터럽트가 요청된다. 이 동작 모드를 그림으로 설명하면 <그림 2.2.6>과 같다.

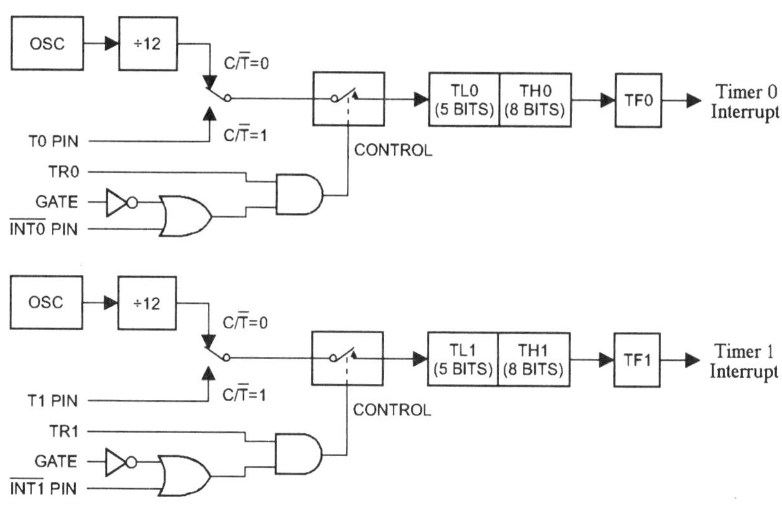

〈그림 2.2.6〉 타이머/카운터0과 1의 동작 모드0

■ 모드1 - 16비트 카운터

이것은 TLx와 THx가 캐스케이드(cascade) 접속으로 합해져서 16비트 카운터로 동작하는 것 이외에는 모드0과 기능이 거의 유사하다. 16비트 카운터가 가질 수 있는 값의 범위는 0~65535이다.

이 16비트 카운터에서 오버플로우가 발생(FFFFH→0000H)하면 TCON 레지스터의 TFx 비트가 세트되고 해당 타이머의 인터럽트가 요청된다. 이 동작 모드를 그림으로 설명하면 <그림 2.2.7>과 같다.

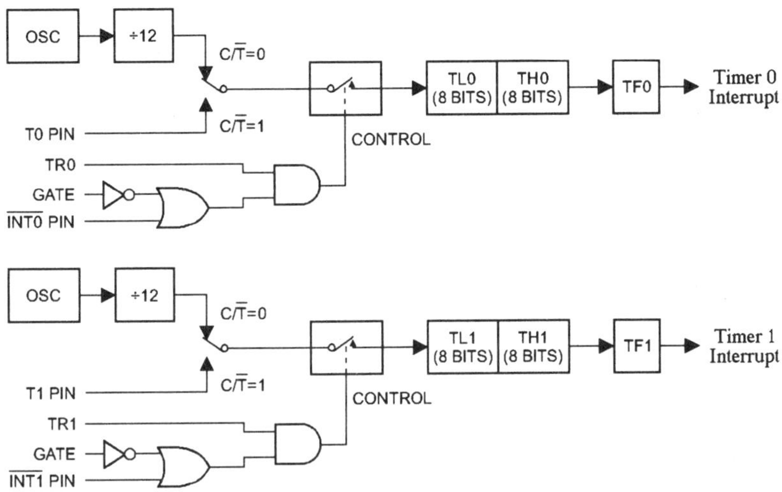

〈그림 2.2.7〉 타이머/카운터0과 1의 동작 모드1

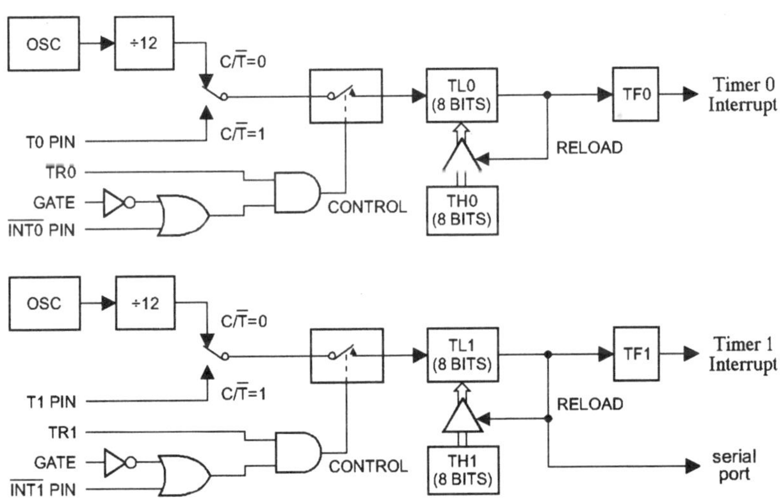

〈그림 2.2.8〉 타이머/카운터0과 1의 동작 모드2

▣ 모드2 - 8비트 자동 재저장

이것은 TLx가 자동 재저장(auto-reload) 기능을 가지는 8비트 카운터로 사용되고, THx는 초기값을 저장하고 있는 레지스터로 사용되는 모드이다. 즉, 8비트 카운터 TLx

에서 오버플로우가 발생(FFH→00H)하면 이것은 TCON 레지스터의 TFx 비트를 세트시켜 해당 인터럽트를 요청하는 동시에 THx에 저장되어 있던 값이 다시 TLx에 로드된다.

타이머1의 경우 이 동작 모드2는 직렬통신 포트에서 보레이트를 발생하는 용도로 사용할 수도 있다. 이 동작 모드를 그림으로 설명하면 <그림 2.2.8>과 같다.

▣ 모드3 - 타이머0에서 2개의 8비트 타이머로 분할

이 동작 모드3은 타이머0에서만 적용된다. 만약, 타이머1을 모드3으로 설정하면 카운트 동작이 정지되고 아무 것도 수행하지 않는다.

타이머0에서 모드3으로 설정하면 TL0과 TH0은 2개의 독립적인 8비트 카운터로 동작한다. 이때 하위의 8비트 카운터인 TL0에 관련되는 기능은 타이머0의 제어 비트들(TR0, TF0)이나 T0, $\overline{\text{INT0}}$ 신호를 사용하지만, 상위의 8비트 카운터인 TH0에 관련되는 기능은 특이하게 타이머1의 제어 비트들(TR1, TF1)을 사용한다. 또한, 이때 하위 8비트 카운터 TL0의 입력으로는 내부 시스템 클럭이나 외부 클럭입력 신호 T0을 모두 사용할 수 있지만, 상위 8비트 카운터 TH0의 입력으로는 내부 시스템 클럭만을 사용할 수 있다. 상위 8비트 카운터 TH0의 동작을 제어하는 것은 타이머1에 해당하는 TR1 비트이며, 이것이 오버플로우되면 TF1을 세트시켜 타이머1에 해당하는 인터럽트를 발생시킨다는 것이다. 이 동작 모드를 그림으로 설명하면 <그림 2.2.9>와 같다.

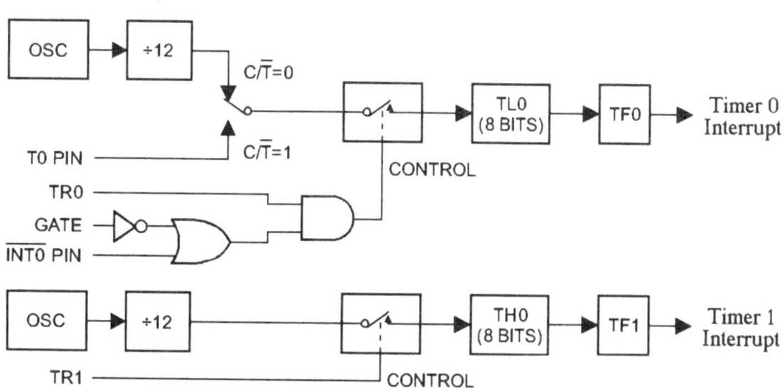

〈그림 2.2.9〉 타이머/카운터0의 동작 모드3

이렇게 타이머0이 모드3으로 동작하는 동안에는 타이머1의 제어 기능을 타이머0에서 가져다가 사용하므로, 타이머1은 인터럽트를 필요로 하지 않는 보레이트 발생기 등으로 사용할 수 있다. 아마도 이것은 타이머1이 보레이트 발생기로 사용되는 동안에 2

개의 타이머가 더 필요한 경우를 대비하여 타이머0을 2개의 8비트 타이머로 분할하여 사용할 수 있도록 만든 것으로 추정된다.

4. 타이머2

AT89S52에는 타이머0과 타이머1에 추가하여 항상 16비트 구조로 동작하는 타이머2를 하나 더 가지고 있다☆. 타이머2는 타이머0이나 타이머1과는 동작이 상당히 다르며, 모두 4가지의 16비트 동작 모드를 가지고 있다.

타이머2도 기본적으로는 타이머0이나 타이머1처럼 내부 시스템 클럭에 의한 타이머나 외부 클럭입력 신호 T2에 의한 카운터로 동작할 수 있다. 그러나, 타이머2는 항상 16비트로 동작하고 업/다운 카운터로 동작할 수도 있으며, 타이머/카운터2 제어 레지스터 T2CON 및 T2MOD에 의하여 동작이 제어된다.

타이머2에는 모두 4가지의 동작 모드가 있는데 이를 요약하면 <표 2.2.2>와 같다. 그러나, 16비트 자동 재저장 모드에서는 상향 카운터로 동작하는 경우와 하향 카운터로 동작하는 경우가 있으므로 이를 구분하면 전체적으로 모두 5가지의 동작 모드가 있다고 생각할 수도 있다.

〈표 2.2.2〉 타이머2의 4가지 동작 모드

TR2	TCLK+RCLK	$CP/\overline{RL2}$	T2OE	모 드
1	0	1	0	16비트 Capture 모드
1	0	0	0	16비트 Auto-Reload 모드(업/다운)
1	1	X	X	16비트 Baud Rate Generator 모드
1	X	X	1($C/\overline{T2}=0$)	16비트 Programmable Clock-Out 모드
0	X	X	X	타이머2의 모든 동작을 OFF

타이머/카운터2 제어 레지스터(Timer/Counter 2 Control Register) T2CON의 각 비트 구성을 도시하면 <그림 2.2.10>과 같다.

여기서, TR2 비트는 타이머2의 동작을 ON/OFF하는 것으로 이 비트가 1일 때만 타이머2가 정상적으로 동작한다. $C/\overline{T2}$ 비트는 타이머와 카운터의 기능을 선택한다. 즉, $C/\overline{T2}=0$으로 설정하면 타이머로 동작하여 내부의 시스템 클럭을 12분주한 주파수를 클럭 소스로 사용하고, $C/\overline{T2}=1$로 설정하면 카운터로 동작하여 외부의 클럭 입력 단자 T2의 신호를 클럭 소스를 사용한다.

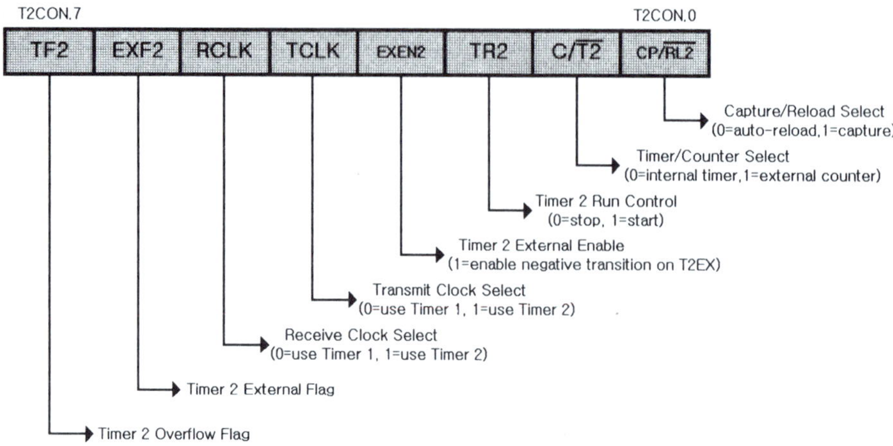

〈그림 2.2.10〉 타이머/카운터2 제어 레지스터 T2CON

CP/$\overline{RL2}$ 비트는 타이머2를 자동 재저장 모드와 캡쳐 모드중의 하나로 선택하는 비트로서, 이것이 0으로 설정되면 자동 재저장 모드가 되고 1로 설정되면 캡쳐 모드가 된다. 그러나, TCLK과 RCLK 비트가 1이면 CP/$\overline{RL2}$ 비트에 관계없이 타이머2는 직렬 통신 포트의 보레이트 발생기 모드로 동작한다. 이때는 타이머2가 직렬통신 포트의 송신 또는 수신 클럭을 제공하며, TCLK이나 RCLK 비트가 0인 경우에는 직렬통신 포트가 타이머1의 오버플로우 신호로부터 해당 송신 또는 수신 클럭을 받게 된다.

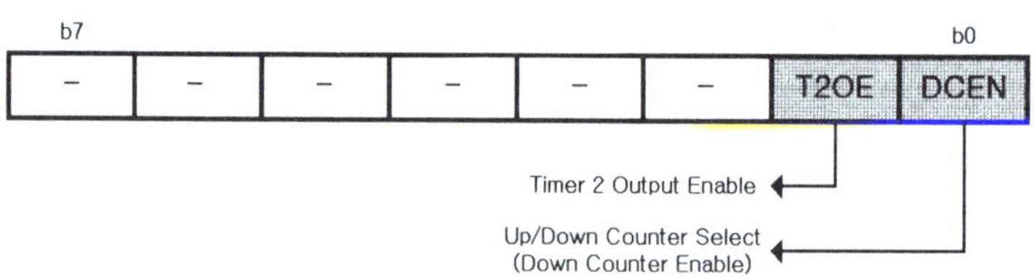

〈그림 2.2.11〉 타이머/카운터2 모드 제어 레지스터 T2MOD

또 타이머/카운터2 모드 제어 레지스터(Timer/Counter 2 Mode Control Register) T2MOD의 각 비트 구성을 도시하면 <그림 2.2.11>과 같다.

DCEN 비트는 16비트 자동 재저장 모드에서 하향 카운터(down counter)의 기능이 가능하도록 하는 비트이다. 즉, DCEN=0으로 설정하면 16비트 자동 재저장 모드에서 타이머2가 무조건 상향 카운터(up counter)로만 동작하며, DCEN=1로 설정하면 16비트 자동 재저장 모드에서 타이머2가 T2EX 신호에 의하여 상향/하향 카운터로 선택된다. 즉, T2EX=0이면 상향 카운터가 되고, T2EX=1이면 하향 카운터로 동작한다.

T2OE 비트는 프로그래머블 클럭 출력 모드를 설정하는 비트로서, 이를 1로 설정하면 보레이트 발생기 모드에서 송수신 클럭 신호가 외부의 원래 외부 클럭입력 단자인 T2 단자로도 출력된다. 이를 위해서는 반드시 $C/\overline{T2}=0$으로 설정하여 내부 시스템 클럭을 사용하는 타이머로 동작해야 한다.

▣ 16비트 캡쳐 모드

16비트 캡쳐 모드(capture mode)는 외부의 T2EX 입력 신호에 의하여 현재의 타이머 레지스터 값을 RCAP2H 및 RCAP2L 레지스터에 캡쳐하는 모드로서, T2CON 레지스터에서 TR2=1 및 $CP/\overline{RL2}=1$에 의하여 설정된다. 이 동작 모드를 그림으로 설명하면 <그림 2.2.12>과 같다.

T2CON 레지스터에서 EXEN2=0으로 설정하면 캡쳐 기능이 무효로 되고, TH2 및 TL2 레지스터는 일반적인 타이머/카운터로 동작한다. 이때 이들 레지스터에서 오버플로우가 발생(FFFFH→0000H)하면 이는 TF2 비트를 세트시켜 타이머2 인터럽트가 요청된다.

그러나, EXEN2=1로 설정하면 캡쳐 기능이 인에이블되어 외부에서 T2EX 신호의 하강 에지가 입력되면 현재의 타이머2 레지스터 값을 RCAP2H 및 RCAP2L 레지스터에 캡쳐하여 저장한다. 이와 같은 캡쳐 동작이 수행되면 EXF2 비트를 세트시켜 타이머2 인터럽트가 요청된다.

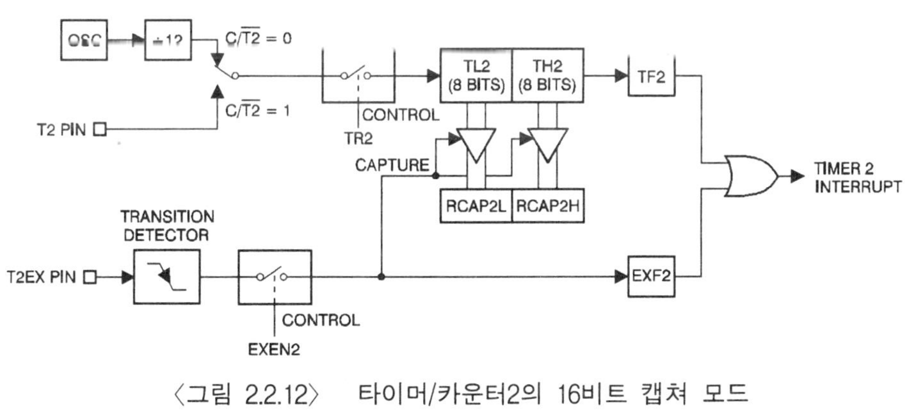

〈그림 2.2.12〉 타이머/카운터2의 16비트 캡쳐 모드

▣ 16비트 자동 재저장 모드

16비트 자동 재저장 모드(auto-reload mode)는 특정한 조건에서 타이머2의 16비트 카운터에 RCAP2H 및 RCAP2L 레지스터의 값을 로드하는 모드이다. 이 동작 모드는

T2CON 레지스터에서 TR2=1 및 CP/$\overline{RL2}$ = 0에 의하여 설정되며, 그 동작은 상향 카운터의 경우와 하향 카운터의 경우로 나누어진다.

TMOD 레지스터에서 DCEN=0으로 설정하면 16비트 자동 재저장 모드는 상향 카운터의 경우로 동작하는데 이때의 동작은 <그림 2.2.13>의 (a)로 보였다. T2CON 레지스터에서 EXEN2=0으로 설정하면 타이머2의 TH2 및 TL2 레지스터에서 오버플로우가 발생(FFFFH→0000H)할 때마다 TF2 비트를 세트시켜 타이머2 인터럽트가 요청되는 동시에 RCAP2H, RCAP2L에 저장되어 있던 값이 다시 타이머2의 초기값으로 자동 로드된다.

그러나, EXEN2=1로 설정하면 이러한 동작이 수행되면서 여기에 외부 T2EX 신호의 하강 에지에 의한 타이머2의 강제 재저장 기능이 추가된다. T2EX 신호의 하강 에지에 의하여 타이머2의 값이 강제로 재저장되는 경우에는 EXF2 비트가 세트되어 타이머2 인터럽트를 요청한다.

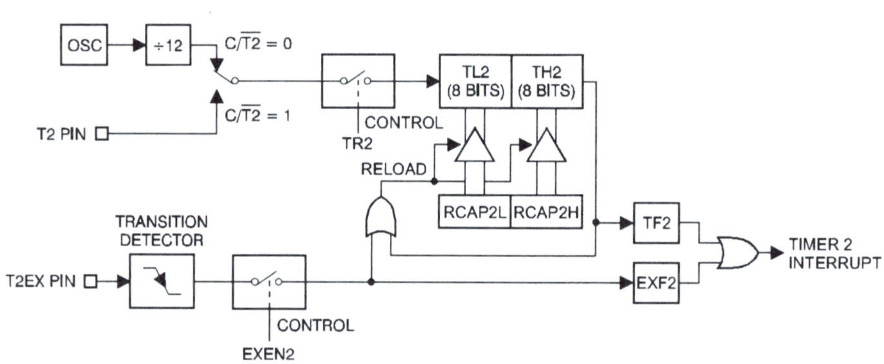

(a) DCEN=0인 경우(상향 카운터)

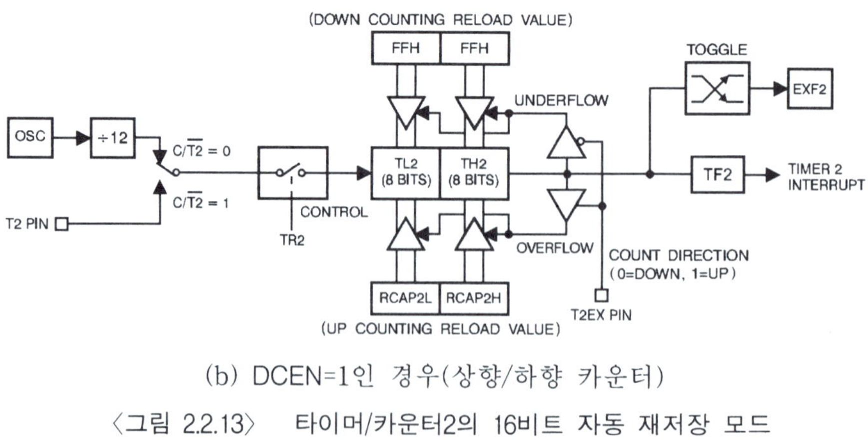

(b) DCEN=1인 경우(상향/하향 카운터)

〈그림 2.2.13〉 타이머/카운터2의 16비트 자동 재저장 모드

그러나, <그림 2.2.13>의 (b)에 보인 바와 같이 TMOD 레지스터에서 DCEN=1로 설정하면 16비트 자동 재저장 모드에서 상향/하향 카운터(up/down counter)를 선택적으로 사용할 수 있다. 즉, DCEN=1로 설정된 상태에서 외부 신호 T2EX가 상향/하향 카운터를 선택하는데, T2EX=1이면 상향 카운터가 되고 T2EX=0이면 하향 카운터로 동작한다.

T2EX=1로 설정되어 상향 카운터로 동작하는 경우에는 카운터 값이 FFFFH→0000H로 되는 순간에 오버플로우(overflow)가 되어 TF2 비트를 1로 세트시키고 타이머2 인터럽트를 요청하며, 동시에 이는 RCAP2H 및 RCAP2L 레지스터의 값을 카운터 레지스터 TH2 및 TL2에 재저장한다.

반면에, T2EX=0으로 설정되어 하향 카운터로 동작하는 경우에는 카운터 레지스터 TH2 및 TL2가 각각 RCAP2H 및 RCAP2L 레지스터의 값과 같아지는 순간에 언더플로우(underflow)가 되어 TF2 비트를 1로 세트시키고 타이머2 인터럽트를 요청하며, 동시에 이는 카운터 레지스터 TH2 및 TL2에 FFFFH를 재저장한다.

여기서, EXF2 비트는 카운터 레지스터에서 오버플로우나 언더플로우가 발생될 때마다 그 상태를 토글시켜 저장되어 17번째 비트로 동작하며, 이것이 인터럽트를 발생하지는 않는다.

▣ 16비트 보레이트 발생기 모드

16비트 보레이트 발생기 모드(baud rate generator mode)는 T2CON 레지스터에서 TCLK이나 RCLK 비트를 1개 이상 세트시키면 설정된다. 이렇게 하면 <그림 2.2.14>에 보인 바와 같이 직렬통신 포트에서 송신 또는 수신 클럭을 타이머2에서 받아 사용한다.

보레이트 발생기 모드에서 $C/\overline{T2}=0$으로 설정하여 내부 시스템 클럭을 클럭 소스로 사용하는 경우에는 이를 12분주하는 것이 아니라 2분주하여 사용하며, 또한 이렇게 발생된 클럭은 직렬통신 포트 전송속도의 16배 주파수를 갖는다.

AT89S52에서는 직렬통신 포트의 보레이트 발생기로서 타이머1을 사용할 수도 있고 타이머2를 사용할 수도 있다. 그러나, 타이머1에서는 동작 모드2(8비트 재저장 모드)를 보레이트 발생기로 사용하므로 11.0592 MHz 또는 22.1184 MHz처럼 특별한 주파수의 시스템 클럭을 사용하지 않으면 다양한 전송 속도를 설정하기가 곤란한데 비하여, 타이머2에서는 보레이트 발생기 모드가 16비트 자동 재저장 방식이므로 임의의 시스템 클럭을 사용하더라도 다양한 전송 속도를 설정할 수 있어 편리하다.

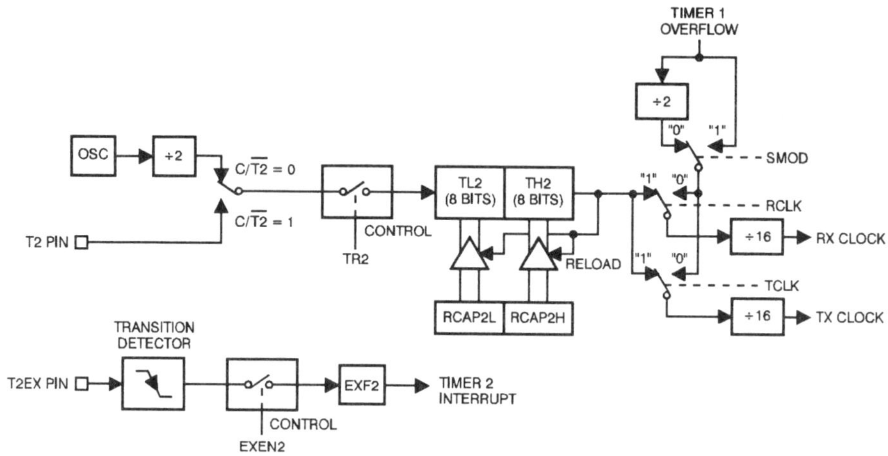

〈그림 2.2.14〉 타이머/카운터2의 보레이트 발생기 모드

타이머2에서 16비트 보레이트 발생기 모드를 사용할 경우 직렬통신 포트의 전송속도는

$$\text{Baud Rate} = \frac{\text{Fosc}}{2\times 16\times[65536-(\text{RCAP2H:RCAP2L})]}$$

로 표시된다. 이 보레이트 발생기 모드에서 여러가지 전송속도를 발생하는데 관한 자세한 사항은 제2.3절에서 설명한다.

보레이트 발생기 모드는 외부 T2EX 신호 관련 사항을 제외하고는 16비트 재저장 모드의 상향 카운터 동작과 유사하다. 보레이트 발생기 모드에서는 T2EX 신호가 단지 외부 인터럽트 신호로 사용되는데, EXEN2=1로 설정하면 T2EX 신호의 하강 에지가 타이머2 인터럽트를 요청한다.

▣ 16비트 프로그래머블 클럭 출력 모드

16비트 프로그래머블 클럭 출력 모드(programmable clock-out mode)는 보레이트 발생기 모드에서 발생되어 직렬통신 포트에 제공되는 주파수 신호를 외부 단자 T2로 출력할 수 있는 기능이다. 즉, <그림 2.2.15>에 보인 바와 같이 T2MOD 레지스터에서 T2OE=1로 설정하면 보레이트 발생기 모드에서 발생된 송수신 클럭 신호가 외부의 T2 단자로도 출력된다. 단, 이를 위해서는 보레이트 발생기 모드에서 반드시 $C/\overline{T2}=0$으로 설정하여 내부 시스템 클럭을 사용하는 타이머로 동작시켜야 한다.

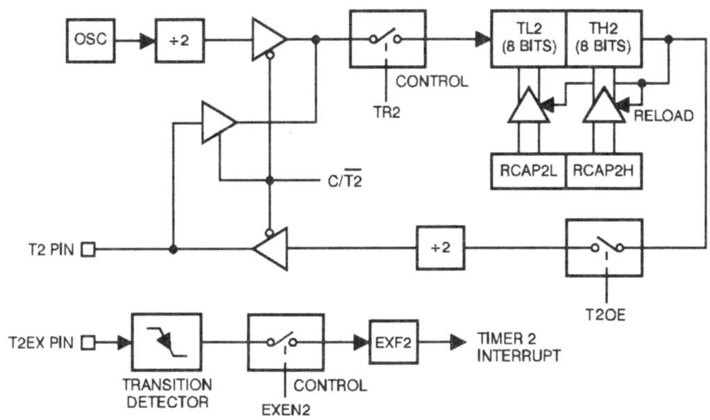

〈그림 2.2.15〉 타이머/카운터2의 프로그래머블 클럭 출력 모드

이와 같이 프로그래머블 클럭 출력 모드를 사용하면 시스템에서 필요로 하는 임의의 다양한 주파수를 별도의 회로를 사용하지 않고 AT89S52에서 발생시킬 수 있어서 매우 편리하다.

이렇게 프로그래머블 클럭 출력 모드로 발생하는 클럭 신호는 듀티비(duty ratio)가 50%이며, 주파수는

$$\text{Clock} - \text{Out Frequency} = \frac{\text{Fosc}}{2 \times 2 \times [65536 - (\text{RCAP2H:RCAP2L})]}\ [\text{Hz}]$$

로 표시된다. 따라서, 24MHz의 시스템 클럭을 사용하는 경우에 발생시킬 수 있는 주파수 범위는 이론적으로 92Hz~6MHz가 된다. 그러나, RCAP2H 및 RCAP2L의 설정치는 FFFEH 이하로 사용하는 것이 바람직하므로 24MHz의 시스템 클럭을 사용하는 경우에 발생시킬 수 있는 최고 주파수는 3MHz가 된다.

이 동작 모드에서도 보레이트 발생기 모드에서와 같이 EXEN2=1로 설정하면 T2EX 신호의 하강 에지를 타이머2 인터럽트의 소스로 사용할 수 있다.

◀참고▶ *OK-89S52* 키트에서 타이머2는 내부적으로 직렬통신 포트의 보레이트 발생기로 사용된다. 또한, 타이머2의 분주된 클럭출력 신호 T2는 외부에 접속된 스피커의 음악연주 또는 음향발생에 사용하거나 ADC0809 A/D 컨버터의 클럭신호로 사용되며, 이 신호는 타이머0의 클럭입력 단자 T0에도 연결되어 있어서 타이머0을 카운터 모드로 동작시켜 보고자 할 때 외부 클럭입력 신호로 사용할 수도 있다.

2.3 AT89S52의 직렬통신 포트

이 절에서는 직렬통신의 기초에 대하여 알아보고, AT89S52에 기본적으로 내장되어 있는 주변장치중의 한가지인 직렬통신 포트에 대하여 설명한다. 이것은 마이크로콘트롤러에서 매우 기본적인 I/O 기능으로서 마이크로콘트롤러를 제어기로 사용할 때 거의 필수적으로 이용된다.

1. 직렬통신의 기초

직렬 데이터 전송이란 병렬 데이터 전송에 반대되는 개념으로 CPU와 주변장치 사이에 디지털 데이터를 비트 단위의 펄스 형태로 전송하는 방식이다. 그러나, CPU나 대부분의 주변장치들은 모든 데이터를 병렬 형태로 취급하므로, 직렬로 데이터를 송수신하기 위해서는 송신측에서 병렬 데이터를 직렬 데이터로 변환하고 수신측에서 직렬 데이터를 다시 병렬 데이터로 변환하는 과정이 필요하다.

일반적으로 직렬 데이터 전송방식은 병렬 데이터 전송방식에 비하여 데이터 전송 속도가 느리기는 하지만, 전송선의 수가 적게 사용되어 원거리 통신의 경우에 경제성 측면에서 유리하다는 것이 무엇보다도 큰 장점이다. 특히, 이와 같은 직렬통신에서 전용선을 사용하지 않고 전화선과 같이 이미 설치되어 있는 공중회선망을 사용하거나 무선통신을 사용한다면 경제성은 더욱 유리해진다.

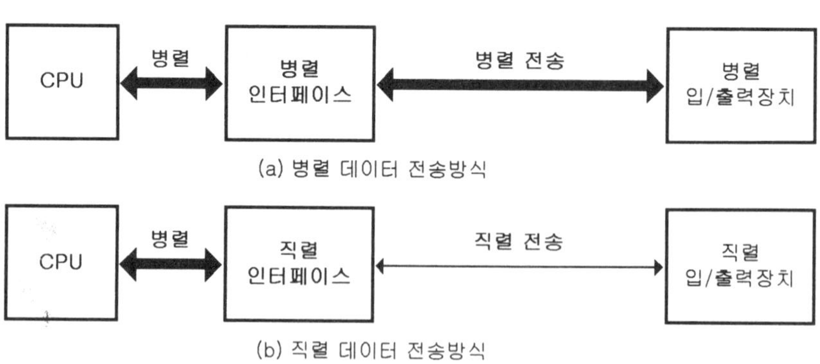

〈그림 2.3.1〉 병렬 데이터 전송방식과 직렬 데이터 전송방식의 비교

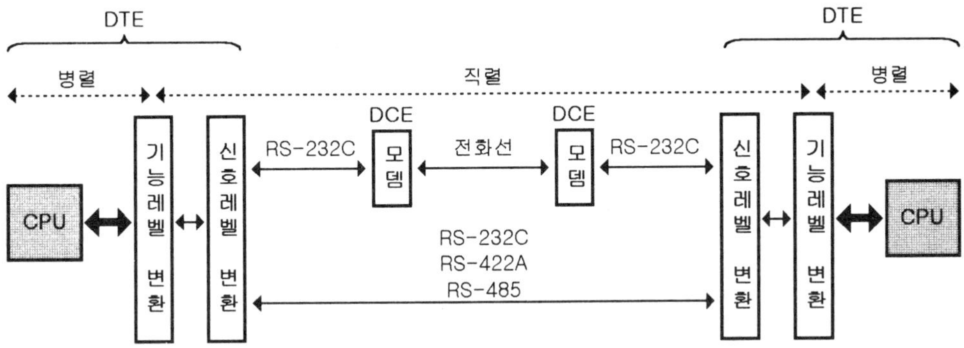

〈그림 2.3.2〉 직렬 데이터 통신의 개념도

직렬 데이터 통신은 <그림 2.3.2>에 개념도로 나타낸 바와 같이 한쪽 컴퓨터의 CPU와 다른 쪽 컴퓨터의 CPU 사이에서 DTE(Data Terminal Equipment)끼리 서로 데이터를 주고받는 것이므로, 직렬 데이터 전송을 위해서는 송신측에서 병렬 데이터를 직렬 데이터로 변환하고 수신측에서는 직렬 데이터를 다시 병렬 데이터로 변환하는 과정이 필요하다. 이런 데이터 변환 과정에서 전송중에 발생할 수 있는 에러를 검사하기도 하는데 이 단계를 기능레벨 변환 단계라고 할 수 있다. 이 단계의 기능은 매우 복잡한 하드웨어를 필요로 하므로 마이크로콘트롤러에서는 이런 기능을 전담하여 수행하는 직렬통신 포트를 내장하고 있으며, 외부에 직렬통신 전용의 LSI 소자를 인터페이스하여 사용하기도 한다.

다음에는 직렬 데이터를 원거리로 전송하기 위하여 CPU 측에서 사용하는 신호 레벨(0/5[V])보다 안전한 전압 또는 전류로 변환하는 단계를 거치게 되는데 이를 신호레벨 변환 단계라고 할 수 있다. 여기서는 단순한 신호 레벨의 변환뿐만 아니라 통신상대를 1:1 또는 1:多로 하는데 따르는 회로적인 문제까지도 고려된다. 이러한 측면에서 선택되는 통신방식으로 RS-232C, RS-422A, RS-485, 20mA current loop 등이 있다. 이보다 더욱 원거리의 통신을 위하여 전화선과 같은 일반 공중회선망을 사용하는 경우에는 디지털 방식의 RS-232C 통신 신호와 아날로그 방식의 전화선 신호 사이를 변환 또는 역변환하기 위하여 모뎀(MODEM ; Modulator-Demodulator)을 사용한다. 모뎀과 같은 통신제어 장치를 DCE(Data Communication Equipment)라고 부른다.

직렬 데이터 전송형식은 기능레벨에서 볼 때 크게 非同期式(asynchronous) 전송과 同期式(synchronous) 전송으로 나누어지며, 서로 다른 장치들 사이에 통신을 수행할 때에도 호환성이 유지될 수 있도록 국제적으로 규격이 정해져 있다. 이에 관한 자세한 사항은 매우 전문적인 영역에 해당하므로 여기서는 기본적인 내용만을 설명한다.

(1) 비동기식 직렬통신

비동기식 직렬통신은 전송하려는 문자의 앞뒤에 각각 스타트 비트(start bit)와 스톱 비트(stop bit)를 부가함으로써 이를 기준으로 1문자의 전송이 수행되는 동안에만 송신측과 수신측의 동기를 취하여 타이밍을 일치시키는 통신방식이다. 이 때문에 비동기식을 "시작-정지 동기 방식"이라고 부르기도 한다.

이러한 비동기식 직렬통신의 데이터 포맷(format)을 보이면 <그림 2.3.3>과 같다. 직렬통신에서는 논리적으로 H레벨(5[V])을 "마크(mark)" 신호라고 하며 L레벨(0[V])을 "스페이스(space)" 신호라고 한다.

① 전송전의 초기상태는 항상 마크 신호인 휴지 상태(idle state)에 있으며, 1문자의 전송이 시작되려면 선두에 스타트 비트로서 1비트의 스페이스 신호가 놓인다.

② 이어서 전송할 문자 데이터가 LSB(Least Significant Bit)로부터 MSB(Most Significant Bit)의 순으로 전송되는데, 1문자는 보통 7~8비트로 지정할 수 있다. 수신측에서는 스타트 비트를 검출하고 나면 여기부터 동기를 취하여 전송속도에 따라 일정한 시간 간격으로 모든 데이터 비트의 신호 레벨을 샘플링한다.

③ 1문자의 데이터 뒤에는 1개의 패리티 비트(parity bit)가 전송된다. 이것은 데이터 전송중에 에러(error)가 발생하였는지 여부를 검사하기 위한 정보 비트로서 우수 패리티(even parity) 방식과 기수 패리티(odd parity) 방식이 있으며 패리티 비트를 사용하지 않을 수도 있다.

④ 전송문자의 마지막에는 마크 신호인 스톱 비트가 놓여지는데, 연속적으로 문자를 전송할 경우에는 이 스톱 비트의 뒤에 다음 전송문자의 스타트 비트가 바로 놓인다. 스톱 비트는 보통 1~2비트 중에서 선택적으로 사용할 수 있다.

⑤ 모든 데이터 전송이 끝나면 전송선은 다시 휴지 상태에 들어가며, 새로운 문자를 전송하려면 스타트 비트부터 다시 시작한다.

이와 같이 비동기 직렬통신 방식은 모든 전송문자의 앞뒤에 스타트 비트 및 패리티 비트, 스톱 비트가 추가되므로 작지 않은 오버헤드(overhead)가 포함되어 전송효율이 낮고, 별도의 동기용 클럭을 사용하지 않고 송신측과 수신측이 각각 자체적인 클럭을 사용하고 있으므로 이들 클럭의 타이밍에 어느 정도의 오차를 허용할 수 있는 비교적 낮은 속도의 데이터 통신에만 사용된다.

송신측에서 이와 같이 전송할 문자의 앞뒤에 스타트 비트, 패리티 비트, 스톱 비트 등을 추가하는 것이나 수신측에서 이들 추가 비트를 검출하면서 전송 문자만을 추출

해내는 것은 직렬통신 포트의 기능레벨 변환 회로에서 하드웨어적으로 이루어진다. 즉, 이러한 기능은 사용자가 직렬통신 포트를 초기화할 때 적절히 설정하기만 하면 데이터를 전송할 때마다 하드웨어적으로 자동 수행된다.

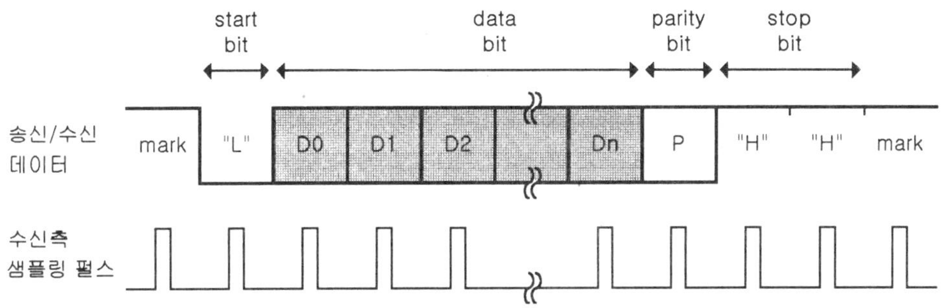

〈그림 2.3.3〉 비동기식 직렬통신의 표준 데이터 전송 포맷

비동기 직렬통신에서는 송신측과 수신측이 서로 미리 데이터의 포맷이나 전송속도를 약속해 놓고 전송을 수행하며, 양측이 각각 독자적으로 가지고 있는 클럭 신호를 사용하여 스타트 비트와 스톱 비트로 문자 단위의 동기를 취하면서 데이터를 송수신한다. 따라서, 비동기 전송에서는 임의의 전송속도를 사용하지 않고 baud 또는 bps라는 단위를 사용하여 표준화된 전송속도를 사용한다. 이러한 비동기 직렬통신의 표준 전송속도의 예를 들면 300, 600, 1200, 2400, 4800, 9600, 19200, 38400, 57600, 115200 bps 등이다. 즉, 9600 bps(bits per second)라고 하면 1초에 9600 비트의 신호가 전송된다는 의미이며, 이는 약 1200 cps(characters per second) 정도에 해당한다.

◀참고▶ 전송속도를 나타내는 단위로는 baud와 bps가 있는데 이는 서로 개념이 약간 다르다. baud는 프랑스 엔지니어 Buadot의 이름에서 유래한 것으로서 이것은 1초에 신호를 전자적으로 변환하는 회수를 나타낸다. 이에 비하여 bps(bits per second)는 1초에 전송되는 신호의 비트수를 나타낸다. 따라서, 1번에 변환되는 신호가 1비트로 구성되는 일반 직렬통신에서는 baud와 bps가 동일한 표현이 되지만, 1번에 여러 비트를 변환하여 전송하는 경우에는 baud와 bps가 다를 수 있다. 결국, 일반적인 직렬통신에는 baud와 bps중에 어느 것을 사용해도 무방하지만 bps를 사용하는 것이 의미를 좀더 이해하기 쉬울 것이다.

(2) 동기식 직렬통신

비동기 전송이 1문자의 전송중에만 송신측과 수신측의 동기를 유지하는데 비하여, 동기식 전송은 데이터 신호선과 함께 동기를 취하기 위한 클럭 신호선을 사용하며 많은 문자의 연속으로 구성되는 데이터 블록(block) 단위로 송신측과 수신측의 동기를 취하여 타이밍을 일치시키는 전송방식이다.

동기식 직렬통신은 비트 중심형(bit-oriented)과 문자 중심형(character-oriented)으로 나누어진다. 비트 중심형에서는 모든 전송 내용이 연속되는 비트로 구성되는 것으로 간주하며, 전송 프레임(frame)이 프리앰블(preamble) 플래그, 데이터 비트 블록, 포스트앰블(postamble) 플래그로 구성된다. 프리앰블은 전송의 시작을 나타내는 플래그 비트로서 예를 들면 01111110을 사용한다.

문자 중심형은 전송 프레임이 동기 문자, 데이터 문자 블록, CRC 문자 등으로 구성된다. 몇가지의 문자 중심형 동기식 전송의 예를 <그림 2.3.4>에 보였다. 여기서는 1~2개의 동기문자가 먼저 전송되고, 다음에 연속적인 블록 데이터(보통 128, 256 또는 1024 문자로 구성됨)가 전송되며, 마지막에 에러 검출용 CRC(Cyclic Redundancy Code) 문자 2개가 전송된다. 동기식 전송에서도 모든 문자들은 항상 LSB로부터 MSB의 순서로 전송된다.

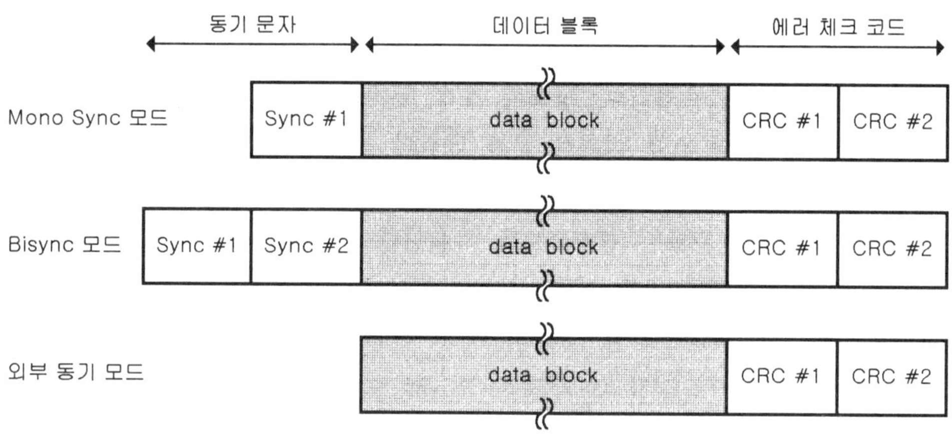

〈그림 2.3.4〉 문자 중심형 동기식 직렬통신의 데이터 전송 포맷

동기식 전송에서도 정확히 말하면 데이터 문자 블록의 앞뒤에 전송할 데이터 이외의 제어문자들이 추가될 수 있으므로 이런 경우에는 오버헤드가 늘어난다. 예를 들어 BISYNC(Binary Synchronous Communication) 방식의 경우 2개의 Sync 캐릭터 다음에는 SOH와 Header를 전송하며, 다시 STX 문자를 전송하고 나서 Text(data block)를 전송하고 그 뒤에는 ETX 또는 ETB 문자를 전송한 후에 마지막으로 에러체크 코드를 전송한다. 그러나, 동기식 직렬통신은 비동기식에 비하여 실제로 전송할 내용에 추가되는 오버헤드가 훨씬 적으므로 전송효율이 높고, 송신측과 수신측의 타이밍이 클럭 신호에 의하여 항상 일치하여 정확히 동기가 유지되므로 높은 클럭 주파수를 사용하여 고속 데이터 전송에 주로 사용된다. 또한, 클럭 주파수에 따라 송신측과 수신측의

동기가 자동으로 유지되므로 비동기 직렬통신에서처럼 특정한 전송속도를 표준으로 정해놓을 필요도 없으며, 따라서 동기식에서는 상황에 따라 임의의 전송속도를 사용할 수 있다.

비동기 직렬통신 기능만을 가지는 제어 회로를 UART(Universal Asynchronous Receiver/Transmitter)라고 부르며, 동기 및 비동기 직렬통신 기능을 모두 가지는 제어 회로를 USART(Universal Synchronous/Asynchronous Receiver/Transmitter)라고 부른다.

동기식 직렬통신 방식은 최근에도 새로운 규격이 계속 만들어지고 있는데, 현재 마이크로콘트롤러에서 널리 사용하는 SPI(Serial Peripheral Interface) 통신 방식이나 I^2C(Inter-Integrated Circuit) 버스 규격 등이 그러한 예이다.

2. AT89S52 직렬통신 포트의 개요

AT89S52에는 4가지의 동작 모드를 갖는 전이중(full-duplex) 통신방식의 직렬통신 포트를 1채널 내장하고 있다. 전이중 통신이란 송신과 수신 동작을 동시에 수행할 수 있음을 의미한다.

여기서 모드0은 특별한 경우이므로 제외하고, 결국 이 직렬통신 포트는 3가지의 비동기 동작 모드를 가지는 UART라고 말할 수 있다. 그러나, AT89S52의 직렬통신 포트는 데이터 비트와 스톱 비트의 수가 고정되어 있고 패리티 비트를 사용하지 않는 등 기능이 상당히 제한된 UART이다.

송신부와 수신부는 각각 2중 버퍼(double buffer)로 되어 있다. 즉, 수신의 경우에 시프트 레지스터와 별도의 수신 버퍼를 가지고 있어서 CPU가 먼저 수신된 데이터를 수신 버퍼에서 읽어가기 전에라도 시프트 레지스터에서는 다음 문자를 수신하는 동작이 가능하다는 것이다. 그러나, 적어도 CPU는 2번째의 데이터 수신이 모두 완료되기 전에 먼저 수신된 데이터를 수신 버퍼에서 읽어가야만 오버런 에러(overrun error)를 방지할 수 있다. 또한, 송신의 경우에는 시프트 레지스터와 별도의 송신 버퍼를 가지고 있어서 앞 문자의 송신이 완료되기 전에라도 CPU가 다음 데이터를 송신 버퍼에 미리 써두는 것이 가능하다.

직렬 포트에서 송신 및 수신 데이터 버퍼로는 SFR의 SBUF가 사용된다. 즉, 송신에서는 CPU가 송신할 데이터를 송신용 SBUF에 라이트하면 이는 곧바로 직렬 포트의 송신 레지스터에 로드되어 송신이 시작되고, 수신에서는 수신된 데이터가 수신용

SBUF에 저장되어 있으므로 CPU가 이를 읽으면 된다.

(1) 동작 모드의 개요

AT89S52의 직렬통신 포트에는 모두 4가지의 동작 모드가 있는데, 이중에서 일반적인 비동기 통신에 사용하는 것은 모드1이다.

모드0은 동기식 반이중(half-duplex) 통신 모드지만, 이것은 실제의 직렬통신에 사용하기 보다는 병렬 I/O 기능을 확장하기 위한 것이다. 이 모드에서는 TXD 단자가 시프트 클럭으로 사용되고, RXD 단자는 직렬 데이터 송수신 단자로 사용된다. 송수신 데이터는 항상 8비트로 구성되고 LSB부터 MSB로 전송되며, 보레이트는 시스템 클럭의 1/12로 고정된다.

모드1은 표준적인 10비트 프레임(1 스타트 비트, 8 데이터 비트, 1 스톱 비트)의 비동기 전송 모드로서, 보레이트는 타이머1이나 타이머2를 사용하여 임의로 설정할 수 있다. 그러나, 패리티 비트는 사용하지 않는다.

모드2는 11비트 프레임(1 스타트 비트, 8 데이터 비트, 프로그래머블한 9번째 비트, 1 스톱 비트)의 비동기 전송 모드로서, 모드3과 함께 주로 멀티프로세서 시스템에서 프로세서 사이의 통신에 사용된다. 보레이트는 시스템 클럭의 1/32이나 1/64로 설정될 수 있다. 기본적으로 패리티 비트는 사용하지 않으나 필요하면 9번째 비트를 패리티 비트로 사용할 수 있다.

모드3은 모드2와 동일한 동작을 수행하며 단지 보레이트만이 다르다. 즉, 모드2에서는 보레이트를 시스템 클럭의 1/32이나 1/64로 설정할 수 있는데 비하여, 여기서는 보레이트를 타이머1이나 타이머2를 사용하여 임의로 설정할 수 있다.

모드0에서는 RI=0 및 REN=1인 상태에서만 수신이 가능하며, 기타의 모드에서는 REN=1인 상태에서 스타트 비트가 수신됨으로써 수신이 개시된다.

(2) SCON 레지스터

AT89S52 직렬통신 포트의 모든 동작은 <그림 2.3.5>에 보인 바와 같은 직렬통신 포트 제어 레지스터(Serial Port Control Register) SCON에 의하여 제어된다.

TI 비트는 송신완료를 의미하는 상태 비트로서, 1문자의 송신이 완료되어 마지막에 스톱 비트를 전송하기 시작하면 송신부의 모든 버퍼가 비었으므로(empty) TI=1로 세트되면서 인터럽트를 요청한다. 단, 모드0에서는 스톱 비트가 없으므로 8비트의 송신이 완료되면 TI=1로 된다.

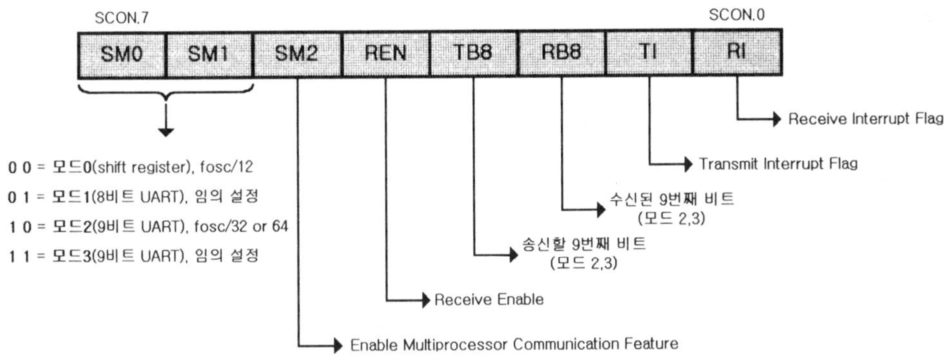

〈그림 2.3.5〉 직렬통신 포트 제어 레지스터 SCON

RI 비트는 수신완료를 의미하는 비트로서, 1문자의 수신이 완료되고 마지막에 스톱 비트가 확인되면 수신부의 수신 버퍼가 차게 되었으므로(full) RI=1로 세트되면서 인터럽트를 요청한다.

직렬통신 포트에서는 송신완료나 수신완료의 2가지의 상황을 구분하지 않고 동일한 인터럽트를 요청하며, 또한 인터럽트 처리 루틴이 시작되더라도 이들 플랙 비트가 자동으로 클리어되지 않으므로 인터럽트 서비스 루틴에서 이들 플랙을 조사하여 송수신 동작을 구분해서 처리해야 하며, 또한 사용자 프로그램에서 이들 TI 및 RI 비트를 클리어시켜 주어야 한다.

TB8 및 RB8 비트는 모드2와 모드3의 11비트 프레임에서 9번째 데이터 비트를 표시하는 것으로 송신 동작에서는 미리 TB8에 라이트하여 놓은 9번째 데이터 비트가 SBUF의 8비트 데이터에 이어 전송되며, 수신 동작에서는 수신된 8비트는 SBUF로 읽혀지고 9번째 비트는 RB8로 읽어들일 수 있다. 모드1에서 SM2=0으로 설정하여 놓으면 RB8은 수신된 스톱 비트를 저장하는 용도로 사용된다.

REN 비트는 P3.0/RXD 단자가 RXD 신호로 동작하게 하여 직렬통신 포트의 수신동작을 가능하도록 설정한다.

SM0~SM1 비트는 직렬통신 포트의 동작 모드를 0~3으로 설정하는데 사용된다. 또한, SM2 비트는 멀티 프로세서 시스템을 사용 가능하게 하는 제어 비트로서, 1로 설정하면 모드2와 모드3에서 9번째 비트가 RB8=1로 수신되었을 경우에만 직렬통신 인터럽트가 발생되고 RB8=0인 경우에는 인터럽트가 발생되지 않는다. 이 SM2 비트는 모드0에서는 아무 기능도 수행하지 않으며, 모드1에서는 SM2=0으로 설정하면 RB8에 수신된 스톱 비트가 저장된다.

(3) PCON 레지스터

파워 제어 레지스터(Power Control Register) PCON은 <그림 1.2.17>에서 설명한 바 있으나 <그림 2.3.6>에 이를 다시 보였다. 이것은 원래 파워 절약 모드를 제어하기 위한 레지스터지만, 최상위 비트인 SMOD는 직렬통신 포트와 관련이 있다.

즉, 직렬통신 포트의 보레이트 발생기로 타이머1을 사용하는 경우에는 PCON 레지스터의 SMOD 비트를 사용하여 보레이트를 2배 높게 설정할 수 있다. 직렬통신 포트의 동작 모드1～3에서 SMOD=0이면 정상적인 보레이트로 설정되고, SMOD=1이면 보레이트가 2배 높은 값으로 설정된다.

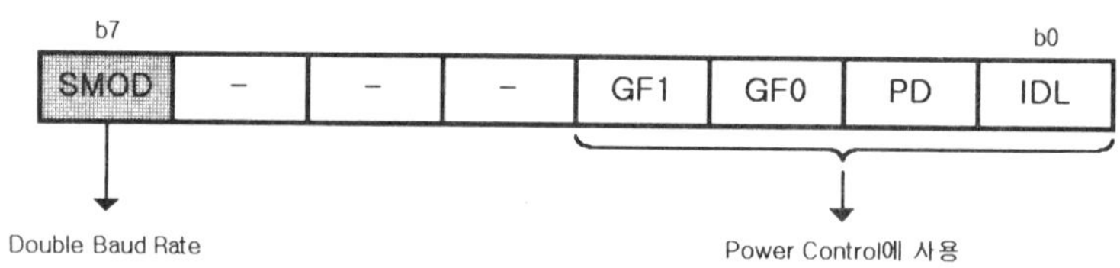

〈그림 2.3.6〉 파워 제어 레지스터 PCON

◀참고▶ MCS-51 모델들의 직렬통신 포트에는 패리티 에러(parity error), 오버런 에러(overrun error), 프레임 에러(framing error) 등을 검출하는 기능이 없다. 그러나, 원래 MCS-51 모델들은 선택적으로 프레임 에러의 검출 기능을 사용할 수 있었는데 AT89S52에는 이 기능이 없는 듯하다. 이 때문에 AT89S52의 SCON 레지스터와 PCON 레지스터의 비트 구조는 MCS-51 모델과 약간 달라졌다.

3. 전송속도의 설정

직렬통신 포트의 전송속도(baud rate)를 설정하는 방법은 이것의 동작 모드에 따라 달라진다. 또한, AT89S51에서는 항상 보레이트 발생기로서 타이머1을 사용하지만, AT89S52에서는 직렬통신 포트의 동작 모드1과 3의 경우 타이머2를 보레이트 발생기로 사용할 수도 있다. 직렬통신 포트의 각 동작 모드에 따라 이러한 보레이트 발생 방법을 그림으로 요약하면 <그림 2.3.7>과 같다.

(1) 동작 모드0의 경우

직렬통신 포트의 동작 모드0에서는 보레이트를 따로 설정하지 않고 항상 자동으로 시스템 클럭의 1/12 주파수로 동작한다. 따라서, 만약 *OK-89S52* 키트에서처럼 시스템 클럭이 24MHz라면 모드0에서 전송속도는 2Mbps로 동작한다.

(2) 동작 모드2의 경우

직렬통신 포트의 동작 모드2에서는 보레이트가 지정된 2가지중의 하나로 선택될 수 있다. 즉, PCON 레지스터에서 SMOD=0으로 설정하면 보레이트가 시스템 클럭의 1/64로 되고, SMOD=1로 하면 2배속 모드가 되어 보레이트는 시스템 클럭의 1/32로 동작한다.

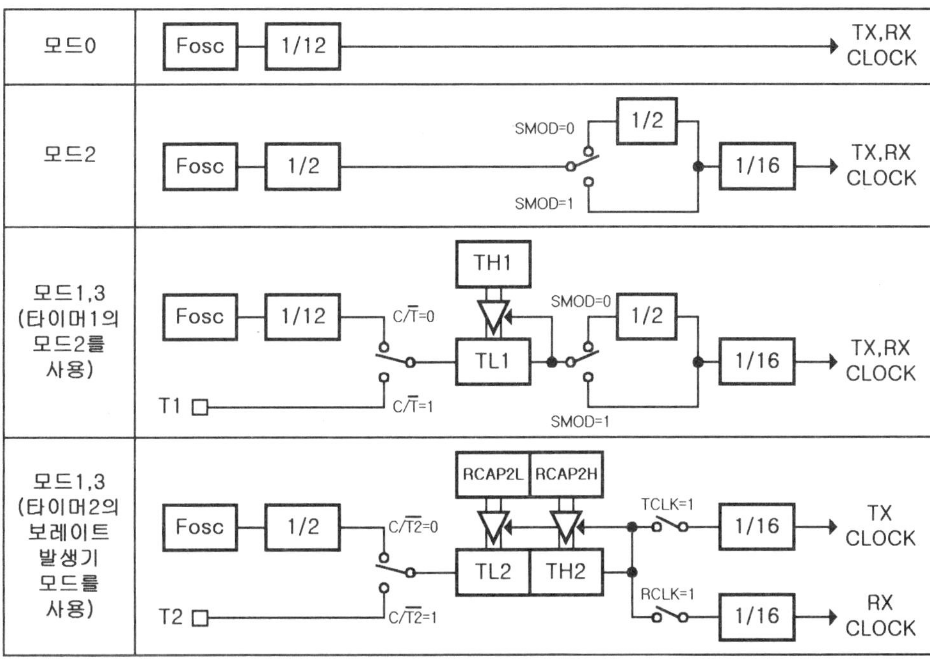

〈그림 2.3.7〉 직렬통신 포트의 각 동작 모드에서 보레이트 발생 방법

(3) 동작 모드1과 3의 경우

직렬통신 포트의 동작 모드1과 3에서는 보레이트 발생기로 타이머1을 사용하는 방법과 타이머2를 사용하는 방법이 있다.

AT89S52의 직렬통신 포트에서는 동작 모드1~3의 경우 보레이트를 발생하는 클럭이 ×16 모드를 사용한다. 따라서, 실제로 직렬통신 포트에 공급되는 클럭의 주파수는 보레이트의 16배로 되며, 1비트를 전송하는데 이 클럭의 16주기가 소요된다.

▣ 타이머1을 보레이트 발생기로 사용하는 경우

타이머1을 보레이트 발생기로 사용하는 경우에는 타이머1을 모드2(8비트 재저장 모드)로 설정하여 분주비를 TH1 레지스터를 사용하여 임의로 지정할 수 있고, 여기에 다시 PCON 레지스터에서 SMOD=0으로 설정하면 정상 모드가 되고 SMOD=1로 설정하면 2배속 모드가 된다.

타이머1의 클럭 소스로는 내부 시스템 클럭을 사용할 수도 있고, T1 단자에서 입력된 외부 클럭을 사용할 수도 있다. 따라서, 타이머1을 보레이트 발생기로 사용하고 SMOD=0으로 설정한 경우 전송속도는

$$\text{Baud Rate} = \begin{bmatrix} \text{Fosc} \times \frac{1}{12} \\ \text{외부 클럭} \end{bmatrix} \times \frac{1}{2} \times \frac{1}{16} \times \frac{1}{(256 - \text{TH1})}$$

로 표시된다. 그러나, 타이머1을 사용하고 SMOD=1로 설정한 경우 전송속도는

$$\text{Baud Rate} = \begin{bmatrix} \text{Fosc} \times \frac{1}{12} \\ \text{외부 클럭} \end{bmatrix} \times \frac{1}{16} \times \frac{1}{(256 - \text{TH1})}$$

로 표시된다. 그러나, 보레이트 발생기에서는 정확한 주파수를 갖는 내부 시스템 클럭을 클럭 소스로 사용하는 경우가 대부분이며 외부 클럭을 사용하는 경우는 드물다.

〈표 2.3.1〉 모드1과 3에서 타이머1을 이용한 보레이트 발생

전송속도 (bps)	PCON 레지스터의 SMOD	TH1의 설정 값		비고
		Fosc=11.0592MHz	Fosc=22.1184MHz	
115200	0	-	-	정상 모드
57600	0	-	FFH(255)	
38400	0	-	-	
19200	0	-	FDH(253)	
9600	0	FDH(253)	FAH(250)	
4800	0	FAH(250)	F4H(244)	
2400	0	F4H(244)	E8H(232)	
1200	0	E8H(232)	D0H(208)	
115200	1	-	FFH(255)	2배속 모드
57600	1	-	FEH(254)	
38400	1	-	FDH(253)	
19200	1	FDH(253)	FAH(250)	
9600	1	FAH(250)	F4H(244)	
4800	1	F4H(244)	E8H(232)	
2400	1	E8H(232)	D0H(208)	
1200	1	D0H(208)	A0H(160)	

이렇게 직렬통신 포트의 동작 모드1과 3에서 타이머1을 사용하여 보레이트를 설정할 경우 각 보레이트에 따른 초기화 방법을 요약하면 <표 2.3.1>과 같다. 이와 같이 타이머1을 보레이트 발생기로 사용하는 경우에는 표에 보인 바와 같은 특수한 시스템 클럭의 주파수를 사용하지 않으면 보레이트의 오차가 매우 크게 발생하여 정상적인 직렬통신을 수행하기 어렵다.

▣ 타이머2를 보레이트 발생기로 사용하는 경우

AT89S52에서 타이머2를 사용하여 직렬통신 포트의 동작 모드1과 3의 보레이트를 발생시키는 경우에는 타이머2의 16비트 보레이트 발생기 모드를 사용하므로 시스템 클럭의 주파수를 11.0592MHz 또는 22.1184MHz와 같이 특수한 값으로 사용하지 않더라도 상당히 정확한 보레이트를 발생시킬 수 있다. 이때에도 타이머2의 클럭 소스로는 내부 시스템 클럭을 사용할 수도 있고, T2 단자에서 입력된 외부 클럭을 사용할 수도 있으나, 내부 시스템 클럭을 사용하는 경우에는 특이하게 시스템 클럭을 12분주가 아니라 2분주하여 사용한다.

이렇게 직렬통신 포트의 동작 모드1, 3에서 타이머2를 사용하는 경우 전송속도는

$$\text{Baud Rate} = \begin{bmatrix} \text{Fosc}\times\dfrac{1}{2} \\ \text{외부 클럭} \end{bmatrix} \times \frac{1}{16} \times \frac{1}{[65536-(\text{RCAP2H:RCAP2L})]}$$

로 표시된다.

OK-89S52 키트에서는 시스템 클럭을 24MHz로 사용하고 타이머2를 보레이트 발생기로 사용한다. 시스템 클럭의 주파수를 11.0592MHz 또는 22.1184MHz와 같이 특수한 값으로 사용하지 않고 24MHz로 사용하면 시간지연 루틴을 작성하는 것이 용이하고 여러 가지의 타이밍 계산에 편리하다.

타이머2를 보레이트 발생기로 사용하고 시스템 클럭으로 12MHz 또는 24MHz를 사용하는 경우에 동작 모드1과 3에서 각 보레이트에 따른 직렬통신 포트의 초기화 방법을 요약하면 <표 2.3.2>의 (a)와 같다. 타이머2의 분주비는 정수로만 사용할 수 있으므로 이 표에서 보듯이 실제로 발생되는 보레이트는 통신 규격에 비하여 약간의 오차가 있으나 그 오차가 약 ±4[%] 이내라면 직렬통신의 동작은 정상적으로 수행된다. 따라서, 시스템 클럭이 12MHz일 때 115200 및 57600 bps와 24MHz일 때 115200 bps는 사용하지 않는 것이 좋다.

〈표 2.3.2〉 모드1과 3에서 타이머2를 이용한 보레이트 발생

(a) 시스템 클럭으로 12/24MHz를 사용하는 경우

전송속도 (bps)	Fosc=12MHz의 경우		Fosc=24MHz의 경우	
	RCAP2H:RCAP2L의 값	오차[%]	RCAP2H:RCAP2L의 값	오차[%]
115200	FFFDH(65533)	+8.51(사용 불가)	FFF9H(65529)	-6.99(사용 불가)
57600	FFF9H(65529)	-6.99(사용 불가)	FFF3H(65523)	+0.16
38400	FFF6H(65526)	-2.34	FFECH(65516)	-2.34
19200	FFECH(65516)	-2.34	FFD9H(65497)	+0.16
9600	FFD9H(65497)	+0.16	FFB2H(65458)	+0.16
4800	FFB2H(65458)	+0.16	FF64H(65380)	+0.16
2400	FF64H(65380)	+0.16	FEC8H(65224)	+0.16
1200	FEC8H(65224)	+0.16	FD8FH(64911)	+0.00

(b) 시스템 클럭으로 11.0592/22.1184MHz를 사용하는 경우

전송속도 (bps)	Fosc=11.0592MHz의 경우		Fosc=22.1184MHz의 경우	
	RCAP2H:RCAP2L의 값	오차[%]	RCAP2H:RCAP2L의 값	오차[%]
115200	FFFDH(65533)	+0.00	FFFAH(65530)	+0.00
57600	FFFAH(65530)	+0.00	FFF7H(65527)	+0.00
38400	FFF7H(65527)	+0.00	FFEEH(65518)	+0.00
19200	FFEEH(65518)	+0.00	FFDCH(65500)	+0.00
9600	FFDCH(65500)	+0.00	FFB8H(65464)	+0.00
4800	FFB8H(65464)	+0.00	FF70H(65392)	+0.00
2400	FF70H(65392)	+0.00	FEE0H(65248)	+0.00
1200	FEE0H(65248)	+0.00	FDC0H(64960)	+0.00

그러나, AT89S52에서 타이머2를 보레이트 발생기로 사용하는 경우에도 시스템 클럭으로 12MHz 또는 24MHz를 사용하지 않고 11.0592MHz 또는 22.1184MHz와 같이 특수한 주파수를 사용한다면 <표 2.3.2>의 (b)에 나타낸 것처럼 모든 전송속도에서 오차 없이 정확한 보레이트를 발생시킬 수 있다. 따라서, 어떤 시스템 클럭을 사용하는지는 사용자 선택의 문제이다.

4. 동작 모드

AT89S52의 직렬통신 포트에는 모두 4가지의 동작 모드가 있는데 이것들을 차례로 설명하면 다음과 같다.

(1) 모드0

직렬통신 포트의 동작 모드0은 데이터 신호선과 동기용 클럭 신호선이 모두 필요한 동기식 반이중(half-duplex) 통신 모드로서 실제의 직렬 통신에 사용하기보다는 병

렬 I/O 포트 확장용으로 사용하기 위한 것이다.

이 동작 모드에서는 RXD 단자가 직렬 데이터의 송신 및 수신 단자로 사용되고, TXD 단자는 시프트 클럭(shift clock)으로 사용된다. 모드0에서 송수신 데이터는 항상 8비트로 구성되고 LSB부터 MSB로 전송되며, 보레이트는 시스템 클럭의 1/12로 고정된다.

모드0의 동작 타이밍은 <그림 2.3.8>과 같다. 송신 동작은 SBUF에 송신 데이터를 라이트함으로써 개시되며, 1머신 사이클 후에 LSB(b0)부터 전송이 시작된다. 정확히 1머신 사이클에 1비트씩 전송되며, MSB가 송신되고 나면 TI 인터럽트 플랙이 1로 세트된다.

수신 동작은 REN=1인 상태에서 수신완료 인터럽트 플랙을 RI=0으로 클리어시키면 수신 데이터의 입력이 시작된다. RXD 단자로 입력되는 수신 데이터의 각 비트는 TXD 단자로 입력되는 동기 시프트 클럭의 상승 에지(S5P2)에서 직렬 포트 내부의 입력 시프트 레지스터에 차례로 저장된다. 8비트의 데이터가 모두 수신되면 시프트 레지스터의 데이터는 수신 버퍼 SBUF로 옮겨지고 수신 인터럽트 플랙이 RI=1로 세트된다.

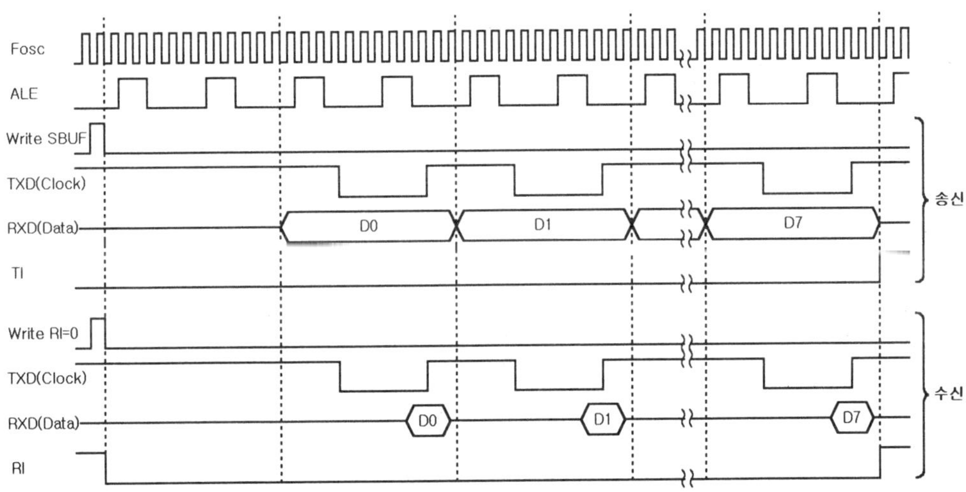

〈그림 2.3.8〉 모드0에서의 송수신 동작 타이밍

모드0에서 AT89S52의 외부에 추가로 시프트 레지스터를 사용하여 8비트 병렬 I/O 포트를 확장하는 회로를 <그림 2.3.9>에 보였다.

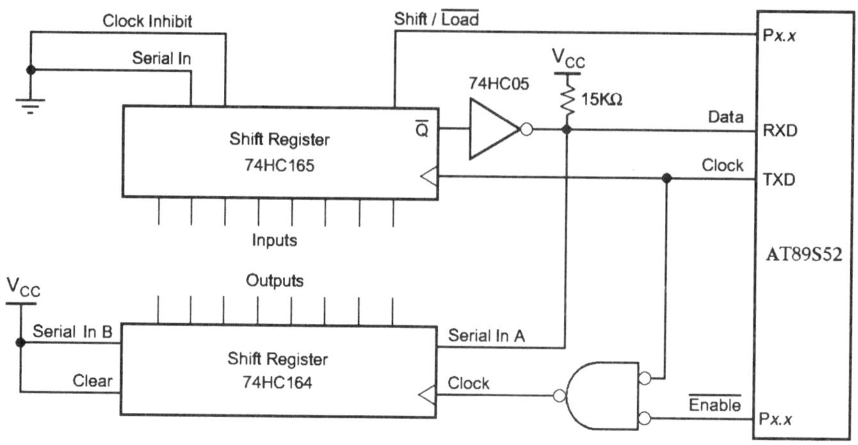

〈그림 2.3.9〉 모드0에서 외부 시프트 레지스터 회로를 이용한 병렬 입출력 확장

(2) 모드1

직렬통신 포트의 동작 모드1은 가장 널리 사용되는 표준적인 10비트 프레임(1 스타트 비트, 8 데이터 비트, 1 스톱 비트)의 비동기 전송 모드로서, 보레이트는 타이머1이나 타이머2를 사용하여 사용자가 임의로 설정할 수 있다. 타이머2를 사용하는 경우에는 송신 클럭과 수신 클럭을 각각 독립적으로 인에이블시킬 수 있으므로 만약 필요하다면 이들중에 하나는 타이머1을 사용하고 다른 하나는 타이머2를 사용하도록 설정할 수도 있다.

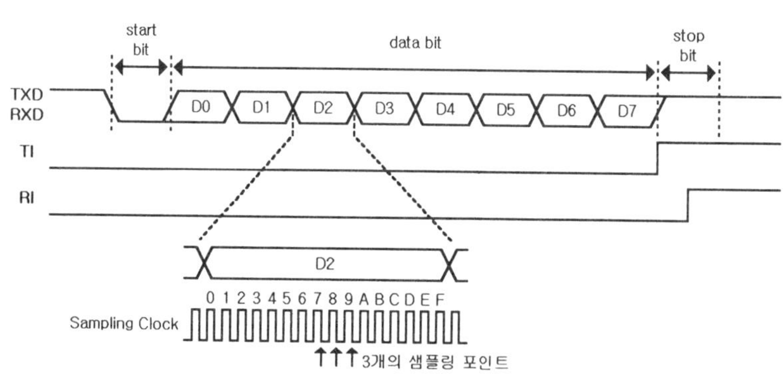

〈그림 2.3.10〉 모드1에서 전송 데이터 프레임 구성 및 송수신 동작 타이밍

모드1에서의 전송 데이터 프레임 구성과 동작 타이밍은 <그림 2.3.10>과 같다. 송신 동작은 SBUF에 송신 데이터를 라이트함으로써 개시되며, 정확히 말하면 SBUF를 라이트하고 나서 내부 16진 카운터에서 오버플로우가 발생한 이후에 첫번째 머신 사

이클의 S1P1에서 스타트 비트부터 전송이 시작된다. SBUF를 라이트하면 즉시 송신 시프트 레지스터의 9번째 비트에 1이 로드되며, 이것은 스톱 비트로 작용한다. 송신측에서 스타트 비트와 데이터 비트의 전송이 끝나고 마지막으로 스톱 비트를 전송하기 시작하는 순간에 TI=1로 세트시켜 송신완료 인터럽트를 발생한다.

수신 동작은 REN=1인 상태에서 스타트 비트로서 RXD 신호의 하강 에지가 입력되면 시작된다. 수신측에서 RXD 신호의 하강 에지가 검출되면 수신부의 16진 카운터가 리셋되어 다시 시작하고, 이후에는 각 전송 비트에서 카운터의 값이 7~9일 때 한번씩 모두 3차례의 RXD 신호에 대한 샘플링이 수행된다. 이렇게 각 비트에서 3번 검출된 값들중에서 2차례 이상 읽혀진 값이 수신된 비트의 값으로 시프트 레지스터에 저장되는데, 이러한 방법을 사용하는 것은 송수신 데이터가 잡음에 영향을 덜 받게 하기 위함이다.

만약, RXD 신호의 하강 에지가 검출되고 나서 첫번째로 검출된 스타트 비트가 0이 아니라면 수신부는 다시 수신 대기 상태로 들어가며, 스타트 비트가 올바르게 검출되었으면 이후 8비트의 데이터 D0~D7을 수신하여 시프트 레지스터에 저장한다. 데이터 프레임의 10번째 비트인 스톱 비트가 1로 올바르게 수신되었으면 SM2=1 및 RI=0인 조건에서 RI=1로 세트시켜 수신 인터럽트를 요청하고, 수신된 8개의 데이터 비트는 시프트 레지스터에서 수신 버퍼 SBUF로 옮겨 저장되며, 스톱 비트는 RB8 비트에 저장된다. 그러나, 이때 SCON 레지스터에서 SM2=0으로 설정되어 있으면 스톱 비트에 관계없이 이러한 수신 동작을 수행하지만, SM2=1로 설정되어 있으면 스톱 비트가 1로 확인되는 경우에만 RI=1로 되어 수신 인터럽트를 요청한다.

(3) 모드2와 3

직렬통신 포트의 동작 모드2와 모드3은 11비트 프레임(1 스타트 비트, 8 데이터 비트, 프로그래머블한 9번째 비트, 1 스톱 비트)의 비동기 전송 모드로서 주로 멀티프로세서 시스템(multi-processor system)에서 프로세서 사이의 통신에 사용된다.

9번째 비트는 SCON 레지스터의 TB8 비트에 미리 써놓으면 송신되며, 수신된 9번째 비트는 SCON 레지스터의 RB8 비트에 저장된다. SCON 레지스터에서 SM2=1로 설정하면 RB8=1로 수신되었을 경우에만 수신 인터럽트가 발생되고 RB8=0으로 수신된 경우에는 인터럽트가 발생되지 않는다. 즉, 수신측에서 SM2=1로 설정하는 것은 9번째 비트가 RB8=1로 되어 있는 커맨드 프레임(command frame)을 수신하였을 경우에만 수신 인터럽트가 요청되도록 한다.

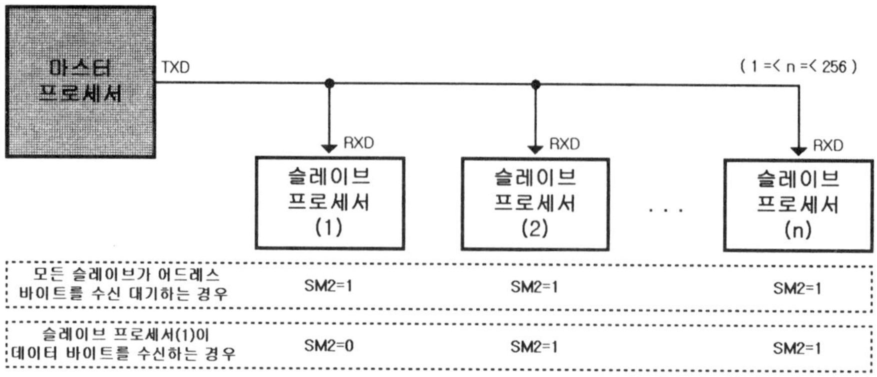

〈그림 2.3.11〉 모드2와 3을 이용한 멀티프로세서 시스템

모드2에서 보레이트는 시스템 클럭의 1/32이나 1/64중의 하나로 선택될 수 있다. 이 모드의 전반적인 동작 타이밍은 모드1과 매우 유사하다. 모드3은 모드2와 동일한 동작을 수행하며 단지 보레이트 설정 방법만이 다르다. 즉, 모드2에서는 보레이트를 시스템 클럭의 1/32이나 1/64로 설정할 수 있는데 비하여, 모드3에서는 보레이트를 타이머1이나 타이머2를 사용하여 임의로 설정할 수 있다.

모드2와 3은 1개의 마스터 프로세서(master processor)와 여러개의 슬레이브 프로세서(slave processor)로 구성되는 멀티프로세서 시스템에서 이들 사이의 통신에 유용하게 사용될 수 있다. 여기서 마스터가 여러개의 슬레이브중에 1개에게만 블록 데이터를 전송하고자 한다면, 우선 첫번째 어드레스 바이트(address byte)를 송신하여 그 어드레스에 해당하는 1개의 슬레이브를 지정해야 한다. 이때 어드레스 바이트를 전송하는 커맨드 프레임은 RB8=1로 송신되고 모든 슬레이브들은 SM2=1로 설정되어 대기하고 있다가 수신 인터럽트에 의하여 이 어드레스 바이트를 수신한다.

그러나, 지정된 어드레스의 슬레이브는 SM2=0으로 변경하여 이후의 모든 데이터 바이트(data byte)들을 인터럽트로 수신하지만, 이에 해당되지 않는 나머지 슬레이브들은 계속하여 SM2=1로 설정되어 있게 되므로 이 데이터들을 수신하지 못한다. 마스터 프로세서는 어드레스 바이트에 이어지는 데이터 프레임을 모두 RB8=0으로 송신하기 때문이다.

마스터가 새로운 데이터 블록을 전송하기 위하여 다시 RB8=1인 어드레스 바이트를 송신하면 모든 슬레이브들은 인터럽트에 의하여 이를 수신하게 되고, 이로부터 지정된 슬레이브에게 새로운 데이터 블록을 전송할 수 있게 된다.

5. RS-232C 직렬통신 방식

CPU에서의 병렬 데이터가 직렬통신 포트를 거쳐서 직렬 데이터로 변환되었다 하더라도 이는 기본적으로 TTL 레벨이므로 이 상태로 원거리를 전송하는데는 부적합하다. 따라서, 이들 신호를 먼 거리로 전송하는데 적합한 신호로 변환하기 위한 신호레벨의 인터페이스 회로가 필요한데, 이 부분도 통일된 규격이 필요하므로 국제기구를 통하여 규격화가 계속 진행되어 왔으며, 현재까지 일반적으로 널리 사용되고 있는 국제규격의 예로는 RS-232C, RS-422A, RS-485 등이 있다.

〈표 2.3.3〉 RS-232C 및 기타 통신방식의 전기적인 사양 요약

항 목	RS-232C	RS-422A	RS-485
동작 모드	single end	differential	differential
접속 가능 대수	1 드라이버/1 리시버 (1:1 통신)	1 드라이버/10 리시버 (1:多 통신)	32 드라이버/ 32 리시버 (多:多 멀티드롭 통신)
최대 전송선 길이	50피트(약 15 m)	4000피트(약 1200 m)	4000피트(약 1200 m)
최대 전송속도 12 m	20 Kbps	10 Mbps	10 Mbps
최대 전송속도 120 m		1 Mbps	1 Mbps
최대 전송속도 1200 m		100 Kbps	100 Kbps
드라이버 출력전압	±5V ~ ±15V	±2V ~ ±6V	±1.5V ~ ±6V
리시버 입력전압 "1" = mark "0" = space	±3V ~ ±25V -3V ~ -25V +3V ~ +25V	±0.2V ~ ±6V $V_A - V_B$ = -0.2V ~ -6V $V_A - V_B$ = +0.2V ~ +6V	±0.2V ~ ±6V $V_A - V_B$ = -0.2V ~ -6V $V_A - V_B$ = +0.2V ~ +6V
최대 동상전압		±7V	-7V ~ +12V
드라이버 부하저항	3 kΩ ~ 7 kΩ	100 Ω	54 Ω
리시버 입력저항	3 kΩ ~ 7 kΩ	> 4 kΩ	> 12 kΩ
드라이버 IC	SN75150, SN75188 μA9636A, MC1488	SN75151, SN75153 SN75158, SN75159 Am26LS31, μA9638A MC3487	
		SN75172, SN75174	
리시버 IC	SN75152, SN75154 SN75189, MC1489	SN75157, Am26LS32A μA9637A, MC3486	
		SN75173, SN75175	
콘넥터	DB-25 25핀 DB-9 9핀	규정되지 않음	규정되지 않음
접속법	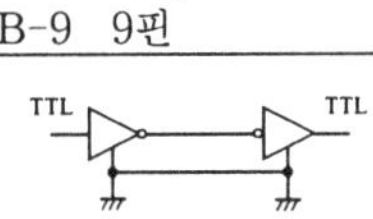 (단일선 인터페이스)	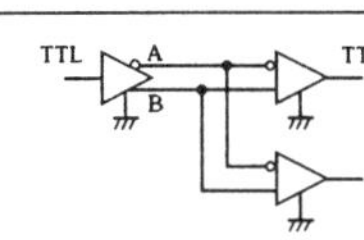 (평형 차동 인터페이스)	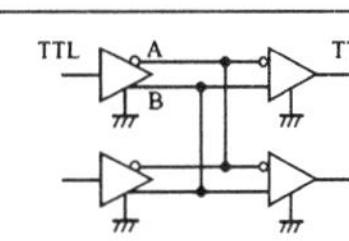 (평형 차동 인터페이스)

(1) RS-232C의 전기적 사양

RS-232C 통신방식은 디지털 데이터 통신회선으로 전화선을 사용하기 위하여 1962

년에 EIA(Electronic Industries Association)에서 컴퓨터나 터미널 등과 같은 DTE (Data Terminal Equipment, 데이터 단말장치)와 모뎀(MODEM) 등과 같은 DCE(Data Communication Equipment 또는 Data Circuit-Terminating Equipment, 회선 종단장치) 사이에 데이터 전송용으로 제정한 통신 권고규격(recommended standard)이다.

이 통신규격에서는 25핀과 9핀 콘넥터에 데이터 신호와 핸드세이킹 신호들을 지정하고 이들 신호명은 물론 각 신호들의 전기적인 사양까지를 자세하게 규정하고 있다. RS-232C 통신방식의 전기적 사양을 다른 몇 가지의 통신방식과 비교하여 요약하면 <표 2.3.3>과 같다.

(2) RS-232C 신호의 기능 및 콘넥터 구조

RS-232C 직렬통신에서 정의된 신호들의 기능을 요약하면 <표 2.3.4>와 같다. 이중에서 핸드세이킹 제어에 필수적인 신호는 $\overline{\text{RTS}}$ 및 $\overline{\text{CTS}}$이다.

RS-232C에 표준으로 사용되는 DB-25 콘넥터는 반드시 DTE측에 수컷(male)을 사용하고 DCE측에 암컷(female)을 사용해야 한다. 따라서, 통신 케이블에 사용되는 콘넥터는 각각 이와 반대가 된다.

그런데, 이 25핀 콘넥터에는 사실상 사용하지 않는 핀이 많고 부피가 커서 불편하므로 나중에 이보다 간편한 DB-9라고 불리는 9핀 D형 콘넥터도 표준으로 추가되어 현재는 거의 이 DB-9 콘넥터를 사용하고 있다. RS-232C의 콘넥터의 모양은 <그림 2.3.12>와 같고 각 신호의 핀 배열을 보이면 <표 2.3.5>와 같다.

〈표 2.3.4〉 RS-232C 신호의 기능

신호 이름	I/O	기 능
TxD	O	Transmitter Data : DTE에서 직렬로 송신하는 출력 데이터 신호이다.
RxD	I	Receiver Data : DTE에서 직렬로 수신하는 입력 데이터 신호이다.
$\overline{\text{DTR}}$	O	Data Terminal Ready : DTE가 송수신이 가능한 레디 상태에 있음을 DCE에게 알려주는 신호이다. 이를 L상태로 하면 모뎀이 회선과 접속되고, H상태로 하면 모뎀이 회선과 단절된다.
$\overline{\text{DSR}}$	I	Data Set Ready : DCE가 동작 가능한 상태에 있음을 DTE에게 알려주는 신호이다. 즉, 이는 $\overline{\text{DTR}}$ 신호에 의하여 모뎀을 회선과 접속하고 DTE에게 응답하는 신호이다.
$\overline{\text{RTS}}$	O	Request to Send : DTE가 DCE에 대하여 송신할 데이터가 있음을 알려주는 신호이다. 이 신호가 L상태인 동안에만 DCE는 회선에 캐리어를 출력한다.
$\overline{\text{CTS}}$	I	Clear to Send : DCE가 $\overline{\text{RTS}}$ 신호를 받고 회선에 캐리어를 출력하여 데이터를 송신할 수 있는 상태에 있음을 DTE에게 알려주는 신호이다. 즉, 이는 $\overline{\text{RTS}}$ 신호에 의하여 회선에 캐리어를 출력하기 시작하고 DTE에게 응답하는 신호이다.
$\overline{\text{CD}}$	I	Carrier Detect : 상대방에서 송신되어 오는 캐리어를 검출하였음을 나타내는 신호이다. 실제로 데이터를 수신하는 것은 이 신호가 L상태로 된 이후이다.
RI	I	Ring Indicator : DCE가 회선에서 호출 신호를 받으면 액티브되는 신호이다.

☞ 여기서 I/O는 DTE측을 기준으로 하여 표현한 것이다.

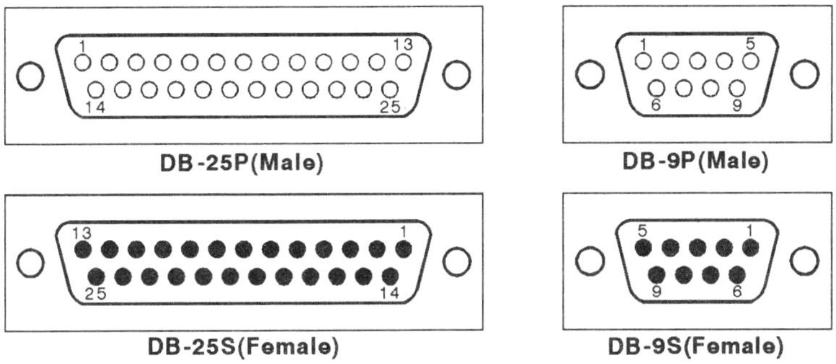

〈그림 2.3.12〉 RS-232C의 콘넥터 및 핀 배열

〈표 2.3.5〉 RS-232C 콘넥터의 핀 배열

콘넥터 핀번호 25핀	9핀	일반적인 신호명	RS-232C 신호명	기 능	신호의 방향
1		FG	AA	Protective Ground	-
2	3	TxD	BA	Transmitted Data	DTE → DCE
3	2	RxD	BB	Received Data	DTE ← DCE
4	7	$\overline{RTS}$	CA	Request to Send	DTE → DCE
5	8	$\overline{CTS}$	CB	Clear to Send	DTE ← DCE
6	6	$\overline{DSR}$	CC	Data Set Ready	DTE ← DCE
7	5	GND	AB	Signal Ground	-
8	1	$\overline{CD}$	CF	Received Line Signal Detector	DTE ← DCE
9			-	(Reserved)	-
10			-	(Reserved)	-
11			-	(Not Used)	-
12			SCF	Secondary Received Line Signal Detector	DTE ← DCE
13			SCB	Secondary Clear to Send	DTE ← DCE
14			SBA	Secondary Transmitted Data	DTE → DCE
15			DB	Transmission Signal Element Timing	DTE ← DCE
16			SBB	Secondary Received Data	DTE ← DCE
17			DD	Receiver Signal Element Timing	DTE ← DCE
18			-	(Not Used)	-
19			SCA	Secondary Request to Send	DTE → DCE
20	4	$\overline{DTR}$	CD	Data Terminal Ready	DTE → DCE
21			CG	Signal Quality Detector	DTE ← DCE
22	9	RI	CE	Ring Indicator	DTE ← DCE
23			CH/CI	Data Signal Rate Selector	DTE ↔ DCE
24			DA	Transmission Signal Element Timing	DTE → DCE
25			-	(Not Used)	-

(3) RS-232C 신호선의 접속

RS-232C 통신을 사용한 비동기 직렬통신 방식에서 컴퓨터(DTE)와 컴퓨터(DTE) 사이를 RS-232C 통신 케이블로 직접 접속할 경우에는 <그림 2.3.13>과 같이 여러가지의 연결 방법이 가능하다. 이러한 접속방법은 DTE 사이의 전송 거리가 15m 이하로 짧아서 굳이 전화선을 사용할 필요가 없고 따라서 모뎀이 필요없는 비교적 근거리인

경우에 널리 사용된다.

이 그림의 (a)는 핸드세이킹 기능을 사용하지도 않고 핸드세이킹 신호선을 접속하지도 않는 경우로서 마이크로콘트롤러에서 가장 널리 사용하는 방식이며, (b)는 제어 논리에서는 핸드세이킹 기능을 사용하지만 실제로는 핸드세이킹 신호선을 접속하지 않고 이에 필요한 제어신호를 루프백(loopback)시켜서 마치 상대측이 레디 상태에 있는 것처럼 처리해주는 경우이다. 또한, (c)는 핸드세이킹 기능을 사용하며 핸드세이킹 신호선을 이에 맞도록 접속하는 경우이다.

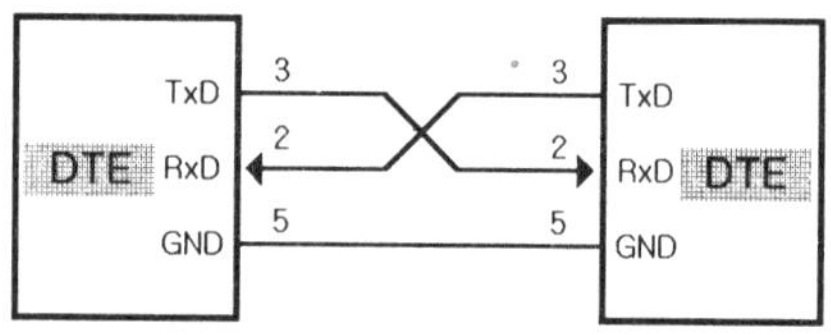

(a) No Handshaking 방법

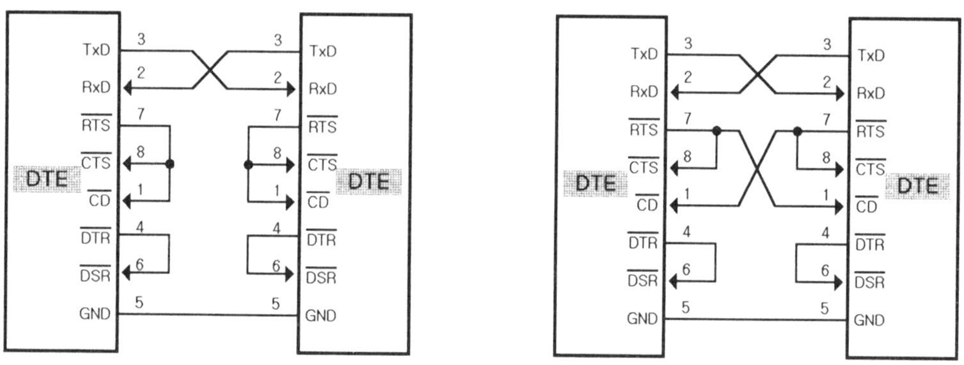

(b) Pseudo Handshaking 방법

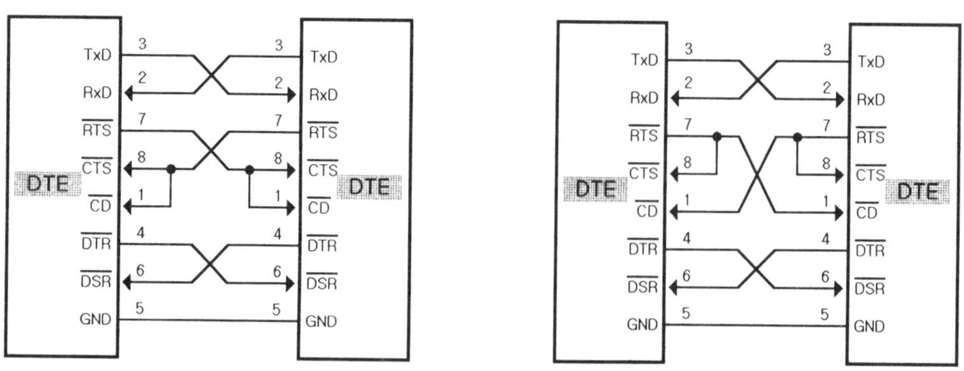

(c) Handshaking 방법

〈그림 2.3.13〉 RS-232C에서 DTE와 DTE의 접속(9핀 콘넥터의 경우)

실제로 이중에서 어떤 접속방법을 사용하는가 하는 문제는 직렬통신 포트의 하드웨어적인 통신제어 동작이나 소프트웨어의 작성 방법에 따라 달라진다. 예를 들어 하드웨어나 소프트웨어적으로 회선의 상태를 체크하지 않고 단순하게 데이터의 송신 및 수신 기능만을 수행한다면 (a)와 같이 간단히 3선의 연결만으로도 문제없이 통신이 수행된다. 실제로 대부분의 제어용 컴퓨터에서는 간단히 직렬통신을 구현하기 위하여 이 방법을 주로 사용한다. 그러나, 직렬통신 포트나 시스템 소프트웨어에서 회선측 모뎀의 상태를 체크하여 레디 상태일 때만 송신 또는 수신이 가능하도록 처리한다면 (b)나 (c)의 연결방법을 사용해야 한다. IBM PC와 같은 범용 컴퓨터에서는 이 방법을 사용하는 경우가 많다.

한편, RS-232C 통신방식으로 DTE와 DCE를 접속할 경우에는 <그림 2.3.14>와 같이 모든 신호 이름을 같은 것끼리 연결한다. 퍼스널컴퓨터에 외장형 모뎀을 사용하는 경우가 이에 해당한다.

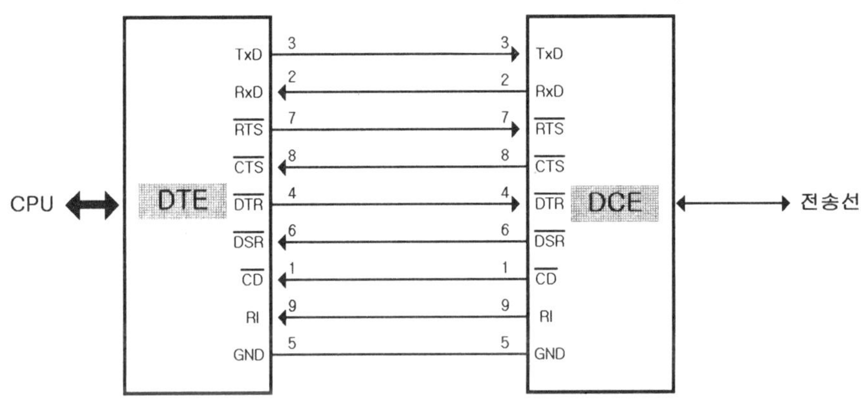

〈그림 2.3.14〉 RS-232C에서 DTE와 DCE의 접속(9핀 콘넥터의 경우)

(4) RS-232C 신호 레벨의 변환

RS-232C의 전기적 사양은 앞의 <표 2.3.3>에서 보인 바와 같이 부논리로 하여 출력전압이 "1"(mark) 상태인 경우는 -5~-15[V]로 표현되고 "0"(space) 상태인 경우는 +5~+15[V]로 표현되는데 보통 ±12[V] 정도의 레벨을 사용한다. 이에 비하여 수신측에서 입력신호의 감도는 -3[V] 이하이면 "1"(mark) 상태로 인식되고 +3[V] 이상이면 "0"(space) 상태로 인식되므로 전송신호의 잡음여유(noise margin)는 최소한 2[V] 이상으로 된다.

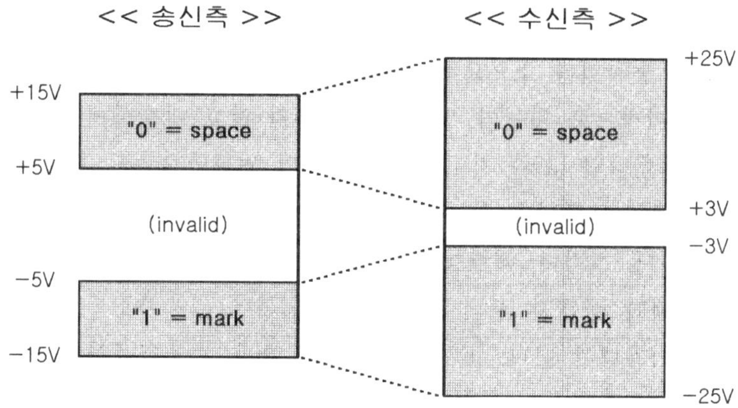

〈그림 2.3.15〉 RS-232C 통신방식에서의 전압레벨 및 잡음여유

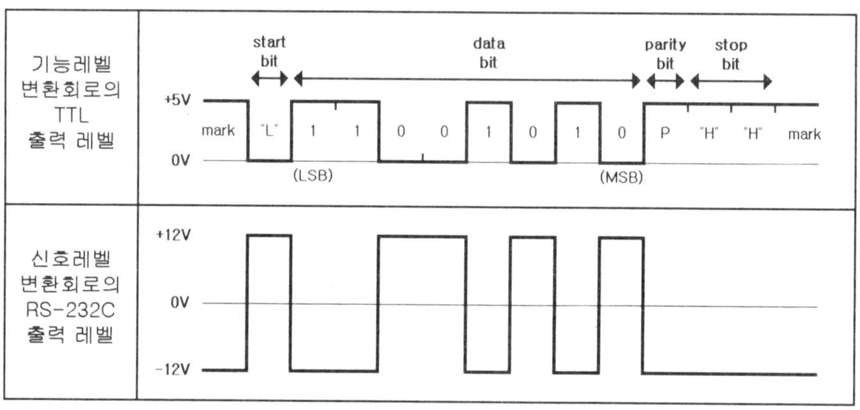

〈그림 2.3.16〉 RS-232C에서의 신호 전압레벨(8비트 데이터, 홀수 패리티의 경우)

이러한 동작을 도시하면 <그림 2.3.15>와 같고, RS-232C의 전압 레벨을 데이터 전송 포맷으로 도시하면 <그림 2.3.16>과 같다. 따라서, 직렬통신 인터페이스 회로의 신호레벨 변환 단계에서는 이처럼 전압레벨을 변환하는 기능이 필요하다. RS-232C에서의 전압레벨 변환회로는 송신 신호의 경우에는 SN75188(또는 MC1488), 수신 신호의 경우에는 SN75189(또는 MC1489)가 널리 사용된다. 후자의 수신변환용 소자는 +5[V]의 단일 전원으로 동작하지만, 전자의 송신변환용 소자는 ±12[V] 정도의 양전원을 사용한다.

이러한 전원 사용의 문제나 별도의 송수신 소자를 사용해야 하는 불편함 때문에, 최근에는 승압회로와 반전회로를 내장하여 +5[V]의 입력 전원으로부터 ±10[V] 정도의 내부 전원을 만들어 동작하고, 송수신 변환회로를 모두 내장하여 1개의 소자만으로 RS-232C 직렬통신의 신호레벨 변환회로를 구성할 수 있는 MAXIM사의 MAX232 소자가 널리 사용되고 있다. 이 소자는 +5[V]의 전원과 최소 1[μF] 이상의 콘덴서를 4개 사용하여 TTL 레벨의 입력신호로부터 ±5~±15[V]의 출력신호를 발생하며, 송수신 변환회로가 각각 2개씩 내장되어 있어서 1개의 소자로 <그림 2.3.13>의 (a)와 같은 결선 방법의 통신채널을 2개까지 사용할 수 있다.

OK-89S52 키트에서 MAX232 소자를 이용하여 TTL 레벨의 비동기 직렬통신 신호를 RS-232C 신호로 변환하는 회로 관련 부분을 <그림 2.3.17>에 보였다. 그러나, CPU측에서 +3.3V의 전원을 사용하고 있는 시스템에서는 +5V의 전압에서 동작하는 MAX232 대신에 3.0V~5.5V 범위에서 동작하는 MAX3232 소자를 사용하면 된다.

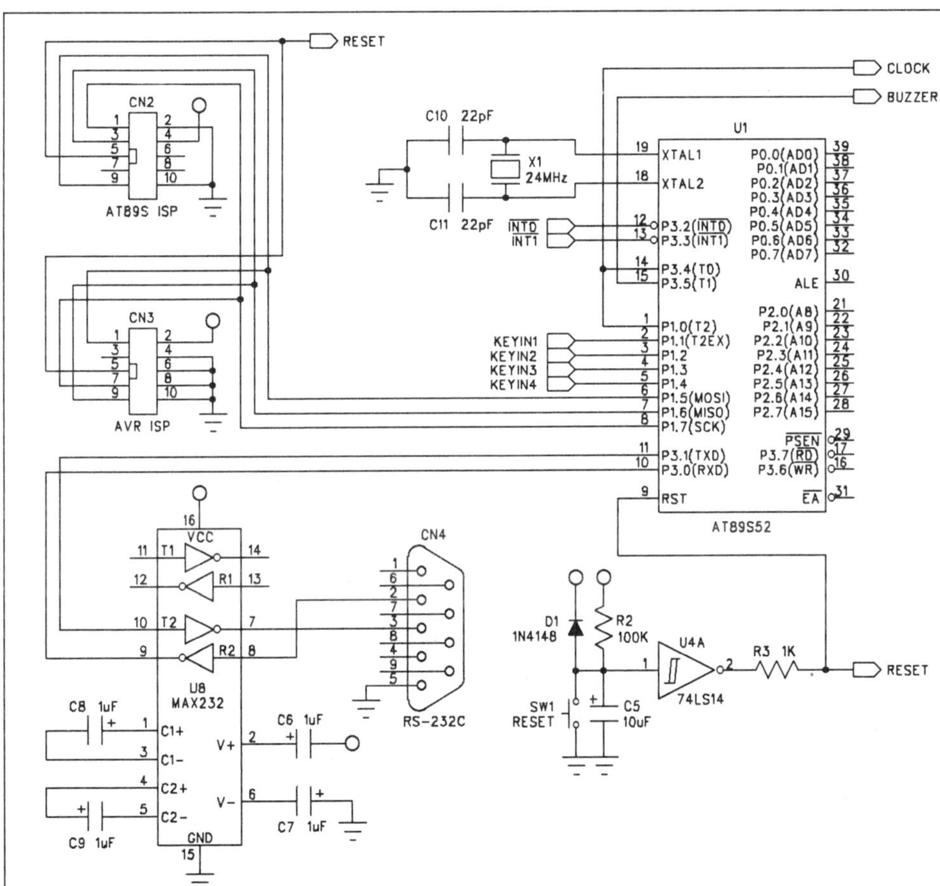

〈그림 2.3.17〉 *OK-89S52* 키트에서 MAX232 소자를 사용한 RS-232C 직렬통신 회로

◀휴게실▶

ASCII 코드

일반적인 ASCII(American Standard Code for Information Interchange) 코드는 국제표준기구(ISO, International Standard Organization)에서 제정한 국제표준의 문자 데이터 표현을 위한 코드로서 컴퓨터 내부에서의 문자표현은 물론 컴퓨터와 컴퓨터 사이의 정보교환 또는 컴퓨터와 주변장치 사이의 정보교환에 가장 일반적으로 사용된다.

이 ASCII 코드는 7비트로 표현되므로 모두 128문자를 나타낼 수 있는데, 이중에서 20H~7EH(총95자)는 도형문자로서 영문의 대/소문자, 아라비아 숫자, 각종 문장부호 등을 표현하는데 사용되고, 00H~1FH 및 7FH(총33자)는 기능제어문자로서 주변장치의 제어, 직렬통신제어 등에 사용된다.

그러나, IBM PC에서는 ASCII 코드를 8비트로 정의하며, 표준 ASCII 문자의 경우에는 최상위 비트인 b7을 0으로 하여 128문자를 수용하고, b7=1인 128문자를 추가하여 확장 ASCII 코드(Extended ASCII code)라 한다. 확장 ASCII 코드에는 각종 외래어 문자나 세미 그래픽 문자 등이 정의되어 있으며, 우리 나라의 경우에는 KS 규격에서 이 확장 ASCII 코드 영역을 이용하여 한글이나 한자 코드를 정의하고 있다.

(1) 전체 ASCII 코드표

코드값	문자	코드값	문자	코드값	문자	코드값	문자
00H	NUL	20H	space	40H	@	60H	`
01H	SOH	21H	!	41H	A	61H	a
02H	STX	22H	"	42H	B	62H	b
03H	ETX	23H	#	43H	C	63H	c
04H	EOT	24H	$	44H	D	64H	d
05H	ENQ	25H	%	45H	E	65H	e
06H	ACK	26H	&	46H	F	66H	f
07H	BEL	27H	'	47H	G	67H	g
08H	BS	28H	(	48H	H	68H	h
09H	HT	29H	)	49H	I	69H	i
0AH	LF	2AH	*	4AH	J	6AH	j
0BH	VT	2BH	+	4BH	K	6BH	k
0CH	FF	2CH	,	4CH	L	6CH	l
0DH	CR	2DH	-	4DH	M	6DH	m
0EH	SO	2EH	.	4EH	N	6EH	n
0FH	SI	2FH	/	4FH	O	6FH	o
10H	DLE	30H	0	50H	P	70H	p
11H	DC1	31H	1	51H	Q	71H	q
12H	DC2	32H	2	52H	R	72H	r
13H	DC3	33H	3	53H	S	73H	s
14H	DC4	34H	4	54H	T	74H	t
15H	NAK	35H	5	55H	U	75H	u
16H	SYN	36H	6	56H	V	76H	v
17H	ETB	37H	7	57H	W	77H	w
18H	CAN	38H	8	58H	X	78H	x
19H	EM	39H	9	59H	Y	79H	y
1AH	SUB	3AH	:	5AH	Z	7AH	z
1BH	ESC	3BH	;	5BH	[	7BH	{
1CH	FS	3CH	<	5CH	\	7CH	|
1DH	GS	3DH	=	5DH	]	7DH	}
1EH	RS	3EH	>	5EH	^	7EH	~
1FH	US	3FH	?	5FH	_	7FH	DEL

(2) 기능제어문자

ASCII 코드값	기능제어문자	의 미
00H(0)	NUL	null(all zeros)
01H(1)	SOH	start of heading
02H(2)	STX	start of text
03H(3)	ETX	end of text
04H(4)	EOT	end of transmission
05H(5)	ENQ	enquiry
06H(6)	ACK	acknowledge
07H(7)	BEL	bell(beep)
08H(8)	BS	backspace
09H(9)	HT	horizontal tabulation
0AH(10)	LF	line feed
0BH(11)	VT	vertical tabulation
0CH(12)	FF	form feed
0DH(13)	CR	carriage return
0EH(14)	SO	shift out
0FH(15)	SI	shift in
10H(16)	DLE	data link escape
11H(17)	DC1	device control 1
12H(18)	DC2	device control 2
13H(19)	DC3	device control 3
14H(20)	DC4	device control 4
15H(21)	NAK	negative acknowledge
16H(22)	SYN	synchronous idle
17H(23)	ETB	end of transmission block
18H(24)	CAN	cancel
19H(25)	EM	end of medium
1AH(26)	SUB	substitute
1BH(27)	ESC	escape
1CH(28)	FS	file separator
1DH(29)	GS	group separator
1EH(30)	RS	record separator
1FH(31)	US	unit separator
7FH(127)	DEL	delete

(3) 특수 기호의 명칭

ASCII 코드중에 특수한 기호들의 정확한 명칭을 요약하면 다음 표와 같다.

문자	명 칭	문자	명 칭
!	exclamation mark	:	colon
"	quotation mark	;	semicolon
#	number sign(sharp sign)	< >	less than / greater than
$	dollar sign	=	equal sign
%	percent	?	question mark
&	ampersand(and mark)	@	commercial at mark
'	apostrophe(acute accent)	[ ]	opening/closing bracket
( )	opening/closing parenthesis	\	backslash
*	asterisk	^	circumflex(circumflex accent)
+	plus sign	_	underscore(underline)
,	comma	`	single quotation mark(grave accent)
-	minus sign(hyphen, dash)	{ }	opening/closing brace
.	period	|	vertical bar
/	slash(slant)	~	tilde

단원정리 문제

1. 다음 용어들을 비교하여 설명하라.
   ① 타이머(timer)
   ② 카운터(counter)

2. 다음의 용어를 비교하여 설명하라.
   ① 동기식 직렬통신
   ② 비동기식 직렬통신

3. 개방 콜렉터(open-collector)형 또는 개방 드레인(open-drain)형 출력회로의 구조를 설명하라. 또한, 이것들은 토템폴(totem-pole)형 출력회로와 어떤 기능적인 차이가 있는가?

4. AT89S52에 내장된 병렬 I/O 포트와 외부에 접속하여 사용하는 82C55A와 같은 병렬 인터페이스는 소프트웨어적인 사용 측면에서 어떠한 차이가 있는지 비교하여 설명하라.

5. AT89S52에서 I/O 포트에 대한 read-modify-write 명령을 수행할 때는 핀으로부터 직접 데이터를 입력하지 않고 래치의 데이터를 읽는 이유가 무엇인지 회로적으로 상세하게 설명하라.

6. AT89S52의 준양방향 I/O 포트에서 입력 동작을 수행하기 전에 반드시 FFH를 출력해야 하는 이유를 설명하라.

7. AT89S52의 준양방향 I/O 포트에서 입력 회로를 접속할 때는 CPU 단자와 외부 회로의 사이에 약 1[kΩ] 정도의 직렬 저항을 사용하는 것이 바람직한 이유를 하드웨어적으로 설명하라.

8. AT89S52에서 타이머0과 타이머1의 기능적인 차이점을 비교하여 설명하라.

9. AT89S52에서 타이머2를 보레이트 발생기로 사용하면 타이머1을 사용하는 것에 비하여 어떤 장점이 있는가?

10. 비동기 직렬통신에서는 표준적인 통신속도가 정해져 있다. 그렇다면 비동기 직렬통신을 사용할 때는 양측의 CPU 처리속도에 의하여 데이터 전송속도가 영향을 받는가 받지 않는가? 그리고, 그 이유는 무엇인지 설명하라.

11. 다음중 AT89S52에 기본적으로 내장된 I/O가 아닌 것은? --------------- ( )

① 1개의 직렬통신 포트　② 3개의 16비트 타이머
③ 4개의 8비트 I/O 포트　④ 8채널 8비트의 A/D 컨버터

12. 다음 AT89S52의 병렬 포트중에서 오픈 드레인의 구조를 가지는 것은? --- ( )

① 포트0　② 포트1　③ 포트2　④ 포트3

13. 다음 AT89S52의 병렬 포트중에서 부수적으로 시분할다중화 방식의 데이터 버스 및 어드레스 버스 기능을 가지는 것은? ----------------------------- ( )

① 포트0　② 포트1　③ 포트2　④ 포트3

14. 다음 AT89S52의 병렬 포트중에서 부수적으로 16비트 어드레스 버스의 상위 바이트 기능을 가지는 것은? -- ( )

① 포트0　② 포트1　③ 포트2　④ 포트3

15. 다음중 AT89S52에서 포트 P1~P3의 성격을 올바르게 표현한 것은? ----- ( )

① 입력 전용 포트　② 출력 전용 포트
③ 준양방향 입출력 포트　④ 오픈 드레인형 입출력 포트

16. 다음중 AT89S52의 병렬 I/O 포트를 잘못 설명한 것은? --------------- ( )

① 포트0은 시분할다중화된 어드레스/데이터 버스로 사용되며, 범용 I/O포트로 사용하는 경우에는 오픈드레인 구조를 갖는다.
② 포트1은 준양방향 병렬포트이다.
③ 포트2는 어드레스 버스의 상위 바이트로 사용되며, 범용 I/O포트로 사용하는 경우에는 오픈드레인 구조를 갖는다.

④ 포트3은 준양방향 병렬포트이며, 각 핀이 부수적인 기능을 하나씩 더 가지고 있다.

17. 다음중에서 read-modify-write 명령에 해당하지 않는 것은? ------------ ( )
① ORL P0,A ② INC P1 ③ DJNZ P2,label ④ MOV A,P3

18. 다음중에서 타이머/카운터를 구성하는 기본적인 회로는? --------------- ( )
① D형 플립플롭 ② T형 플립플롭 ③ 3스테이트 버퍼 ④ 오픈 드레인 회로

19. 다음중 AT89S52에서 타이머의 기능중 직렬 통신의 보레이트 발생에 사용할 수 있는 것은? -- ( )
① 타이머0의 모드0 ② 타이머0의 모드1
③ 타이머1의 모드1 ④ 타이머1의 모드2

20. AT89S52에서 24MHz의 수정발진자를 사용했을 경우 타이머1을 모드2로 설정하고 TH0=56으로 하였을 경우의 인터럽트 요청 주파수는? --------------- ( )
① 1[Hz] ② 10[Hz] ③ 1[kHz] ④ 10[kHz]

21. 다음중 AT89S52에서 타이머2의 기능이 아닌 것은? ------------------ ( )
① 16비트 업/다운 카운터에 의한 주기적인 인터럽트 발생
② 16비트 캡쳐 모드를 사용한 이벤트 주기 측정
③ 직렬 포트를 위한 16비트 보레이트 발생기
④ 시스템 클럭보다 높은 주파수를 발생하기 위한 프로그래머블 클럭 출력 모드

22. 다음중 AT89S52의 타이머/카운터2를 카운터 모드로 사용할 때 클럭 입력 단자로 사용되는 것은? --- ( )
① T0 ② T1 ③ T2 ④ T2EX

23. 다음중 AT89S52의 타이머/카운터2를 클럭 출력 모드로 사용할 때 분주된 클럭의 출력 단자로 사용되는 것은? -------------------------------------- ( )
① T0 ② T1 ③ T2 ④ T2EX

24. 다음중 AT89S52의 타이머/카운터를 잘못 설명한 것은? ---------------- ( )

① 타이머/카운터0과 1은 모드에 따라 8비트 또는 16비트 증가형으로 동작한다.

② 타이머/카운터0과 1에서 모드2는 8비트 auto-reload 모드로 동작한다.

③ 타이머/카운터2는 항상 16비트로 동작하며, 증가형 또는 감소형 동작이 가능하다.

④ 타이머/카운터0과 타이머/카운터2는 직렬포트의 보레이트 발생기로 사용될 수 있다.

25. AT89S52에서 24MHz의 수정발진자를 사용했을 경우 타이머2를 클럭 출력 모드로 설정하고 RCAP2H:RCAP2L=59536으로 하였을 경우의 출력 주파수는? --- ( )

① 1[Hz] ② 10[Hz] ③ 1[kHz] ④ 10[kHz]

26. AT89S52에서 24MHz의 수정발진자를 사용했을 경우 타이머2를 클럭 출력 모드로 설정하고 발생시킬 수 있는 최고 출력 주파수는? ------------------- ( )

① 1[MHz] ② 6[MHz] ③ 12[MHz] ④ 24[MHz]

27. AT89S52의 타이머/카운터가 인터럽트를 발생하는 것은? --------------- ( )

① 외부 클럭 단자를 통하여 클럭신호가 입력될 때마다 인터럽트가 발생된다.

② 내부의 시스템 클럭이 1/12로 나누어지므로 12개의 클럭이 입력될 때마다 인터럽트가 발생된다.

③ 사용자가 임의의 순간에 인터럽트를 발생하도록 초기화할 수 있다.

④ 카운터가 표시할 수 있는 최대값을 넘어 오버플로우가 될 때 인터럽트가 발생한다.

28. 다음중 AT89S52에서 타이머의 기능을 잘못 설명한 것은? -------------- ( )

① 타이머0과 1은 8비트 카운터로만 동작한다.

② 타이머2는 16비트 카운터로만 동작한다.

③ T0와 T1은 클럭 입력 신호로만 동작한다.

④ T2는 클럭의 입력 또는 출력 신호로 동작한다.

29. 다음중 AT89S52의 직렬 포트에서 표준적인 비동기 전송 모드는? -------- ( )

① 모드0 ② 모드1 ③ 모드2 ④ 모드3

30. 다음중 AT89S52의 직렬 포트에서 동기식으로 동작하는 전송 모드는? ---- ( )

① 모드0 ② 모드1 ③ 모드2 ④ 모드3

31. 다음중 AT89S52의 직렬 포트에서 직렬 통신보다는 병렬 데이터 입출력에 주로 이용되는 동작 모드는? -- ( )

① 모드0 ② 모드1 ③ 모드2 ④ 모드3

32. 다음에 열거한 AT89S52의 SFR중에서 직렬포트 제어와 관계있는 레지스터를 모두 골라라. -- ( )

① PCON ② SCON ③ TCON ④ T2CON ⑤ TH0, TL0 ⑥ PSW

33. 다음중 AT89S52의 직렬 포트를 모드1로 사용할 때 전체 전송비트에서 데이터 비트를 나타내는 전송효율을 올바르게 계산한 것은? ------------------ ( )

① 70% ② 80% ③ 90% ④ 100%

34. 다음중 AT89S52의 직렬 포트를 모드2로 사용할 때 전체 전송비트에서 데이터 비트를 나타내는 전송효율을 올바르게 계산한 것은? ------------------ ( )

① 63.6% ② 72.7% ③ 81.8% ④ 90.9%

35. 다음중 AT89S52의 직렬 포트에서 모드1의 동작을 잘못 설명한 것은? ---- ( )

① 스타트 비트 1비트와 스톱 비트 1비트가 사용된다.

② 8비트의 데이터 비트와 1비트의 패리티 비트가 사용된다.

③ 타이머1을 사용하여 보레이트를 임의로 설정할 수 있다.

④ 타이머2를 사용하여 보레이트를 임의로 설정할 수 있다.

36. RS-232C 통신방식에서는 통신 케이블에 최소한 몇 개의 선이 필요한가? -- ( )

① 2개 ② 3개 ③ 4개 ④ 8개

37. 다음 RS-232C 직렬 통신에 대한 설명중 잘못된 것은? ----------------- ( )

① 1:다(多) 통신에 적합하다.

② 최대 전송선의 길이는 15m 이내이다.

③ 최대 전송속도는 20 kbps 이내이다.

④ 드라이버의 출력전압은 ±5V～±15V 범위이고, 리시버의 입력전압은 ±3V～±25V

범위이다.

38. 다음중 비동기 직렬통신의 표준 전송속도가 아닌 것은? --------------- ( )
① 6400 bps ② 9600 bps ③ 19200 bps ④ 115200 bps

39. 다음 AT89S52의 단자중에서 출력 신호로 사용되는 것을 모두 골라라 - ( )
① T0 ② T1 ③ T2 ④ TXD ⑤ RXD

40. 다음중 RS-232C 직렬통신용으로 사용되는 소자가 아닌 것은? ---------- ( )
① SN75188 ② SN75189 ③ MAX232 ④ SN75175

41. 다음중 비동기식 직렬통신이 아닌 것은? --------------------------- ( )
① RS-232C ② RS-422A ③ RS-485 ④ SPI

42. 다음중 동기식 직렬통신이 아닌 것은? ----------------------------- ( )
① RS-232C ② SPI ③ I2C ④ HDLC

43. 클럭 신호에 의하여 동기를 취하는 동기 통신방식에서 전이중 통신이 가능하려면 통신 케이블에 최소한 몇 개의 선이 필요한가? ----------------------- ( )
① 2개 ② 3개 ③ 4개 ④ 8개

44. 다음은 11비트 프레임의 비동기 직렬통신 포맷을 보인 것이다. 각 구성 요소의 이름을 정확히 원어로 적어라.

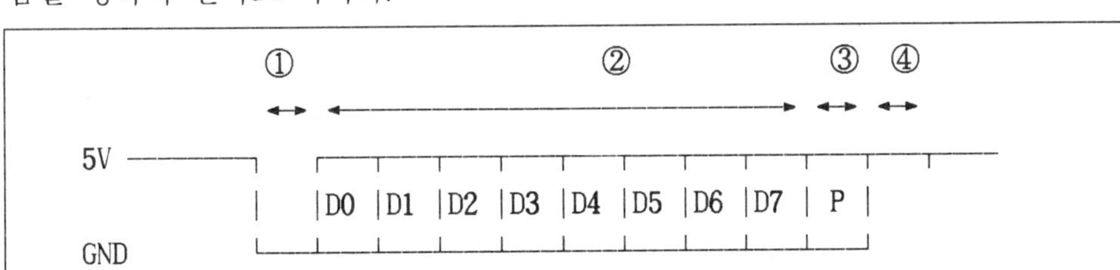

① (   ) bit ② (   ) bit
③ (   ) bit ④ (   ) bit

45. 다음 설명의 ( )안을 알맞게 완성하라.

병렬출력 회로의 핵심 구성요소는 (　　　) 소자이다. CPU가 출력을 지시하면 어드레스 디코더는 해당 어드레스 값에 대응하는 칩선택 신호를 만들고 이것은 이 소자의 클럭입력 신호로 사용되어 데이터를 저장하게 된다. 병렬입력 회로의 핵심 구성요소는 (　　　　　) 소자이다. CPU가 입력을 지시하면 어드레스 디코더는 해당 어드레스 값에 대응하는 칩선택 신호를 만들고 이것은 이 소자의 인에이블 신호로 사용되어 데이터가 CPU에게 전달될 수 있도록 한다.

46. 다음 설명의 ( )안을 알맞게 완성하라.

카운터는 기본적으로 여러개의 (　) 플립플롭을 종속 접속하여 각 플립플롭이 구형파의 입력펄스에 따라 상태를 반전하는 구조로 되어 있다. 각 플립플롭의 출력을 병렬 데이터로 사용하면 이는 (　　　) 기능이 되고, 어느 1개의 플립플롭 출력만을 사용하면 이는 (　　　) 기능이 된다. 타이머도 내부적으로는 이 카운터 회로를 사용한다.

47. 다음 설명의 ( )안을 알맞게 완성하라.

RS-232C 비동기 직렬통신에는 (　　)핀 또는 (　　)핀의 D형 콘넥터를 표준으로 사용하며, 반드시 (　　　)측에는 수컷 콘넥터를 사용하고 (　　　)측에는 암컷 콘넥터를 사용해야 한다.

48. AT89S52에서 24MHz의 수정발진자를 사용했을 경우 타이머0 또는 타이머1에서 최저의 인터럽트 요청 주파수를 발생할 수 있는 것은 어떤 동작모드에서 얼마인지 계산하라. (단, 계산 과정을 정확하게 보일 것.)

49. AT89S52에서 24MHz의 수정발진자를 사용했을 경우 타이머2에서 최저의 인터럽트 요청 주파수를 발생할 수 있는 것은 어떤 동작모드에서 얼마인지 계산하라. (단, 계산 과정을 정확하게 보일 것.)

50. 비동기 전송에서 데이터 포맷이 1 stop bit, 8 data bit, odd parity, 1 stop bit로 되어 있다면 이때의 전송효율을 계산하라. (단, 계산 과정을 정확하게 보일 것.)

51. 동기 전송에서 데이터 포맷이 2개의 동기 문자, 1024개의 데이터 문자 블록, 2개의 CRC 문자로 구성되어 있다면 이때의 전송효율을 계산하라.

(단, 계산 과정을 정확하게 보일 것.)

52. 다음 그림은 8비트 마이크로콘트롤러인 AT89S52에 16비트의 입력장치를 인터페이스하는 회로이다. 이것의 동작원리를 설명하라.

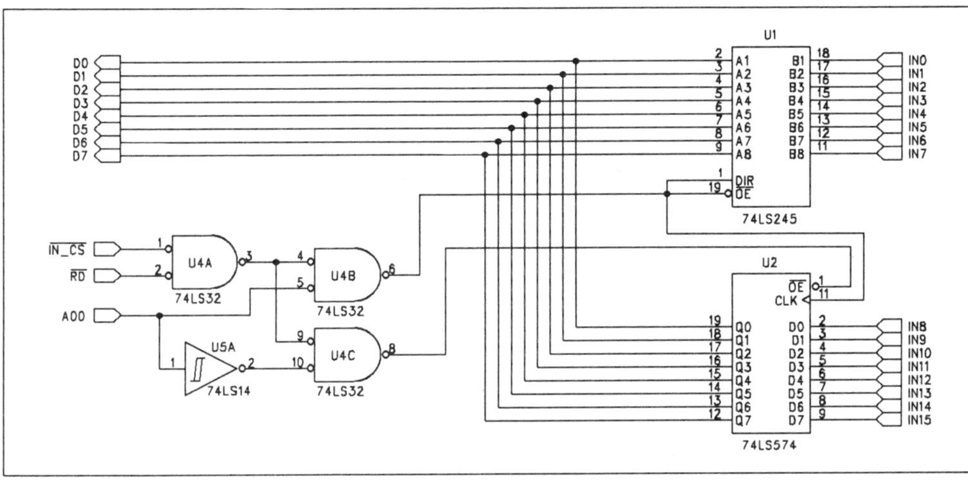

53. 다음 그림은 8비트 마이크로콘트롤러인 AT89S52에 16비트의 출력장치를 인터페이스하는 회로이다. 이것의 동작원리를 설명하라.

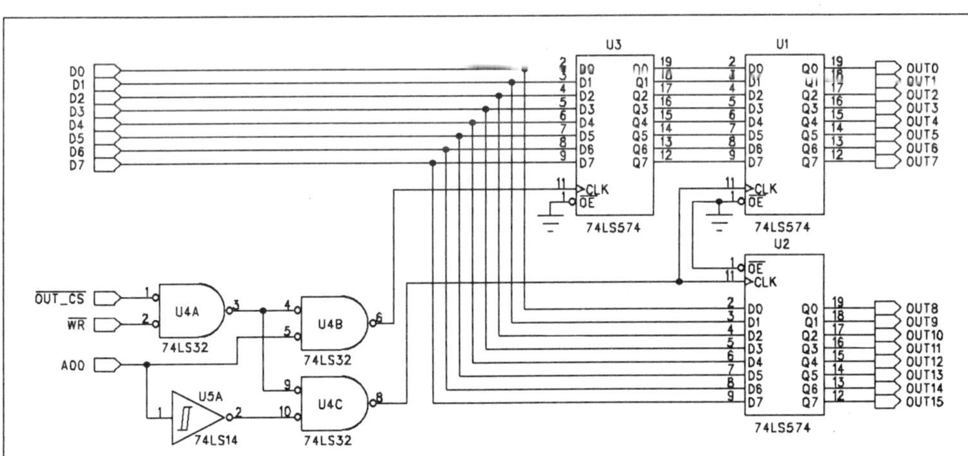

54. 다음 그림은 *OK-89S52* 키트에서 4개의 키 KEY4~KEY1을 병렬 I/O 포트 P1을 이용하여 읽어들이는 회로이다. 여기서 키를 KEY8~KEY1의 8개로 늘리고, 이와 같이 AT89S52의 병렬 I/O 포트가 아니라 외부 데이터 메모리 영역에 확장하고 싶다. 이를 어드레스 디코더 U3(74LS138)의 $\overline{Y7}$ 출력과 3스테이트 버퍼 74LS245 소자를 사용하여 외부 데이터 메모리의 8700H~87FFH 번지 영역에 접속하는 회로를 설계하라. 단, 필요하다면 아래 그림에서 남는 게이트를 사용해도 좋다.

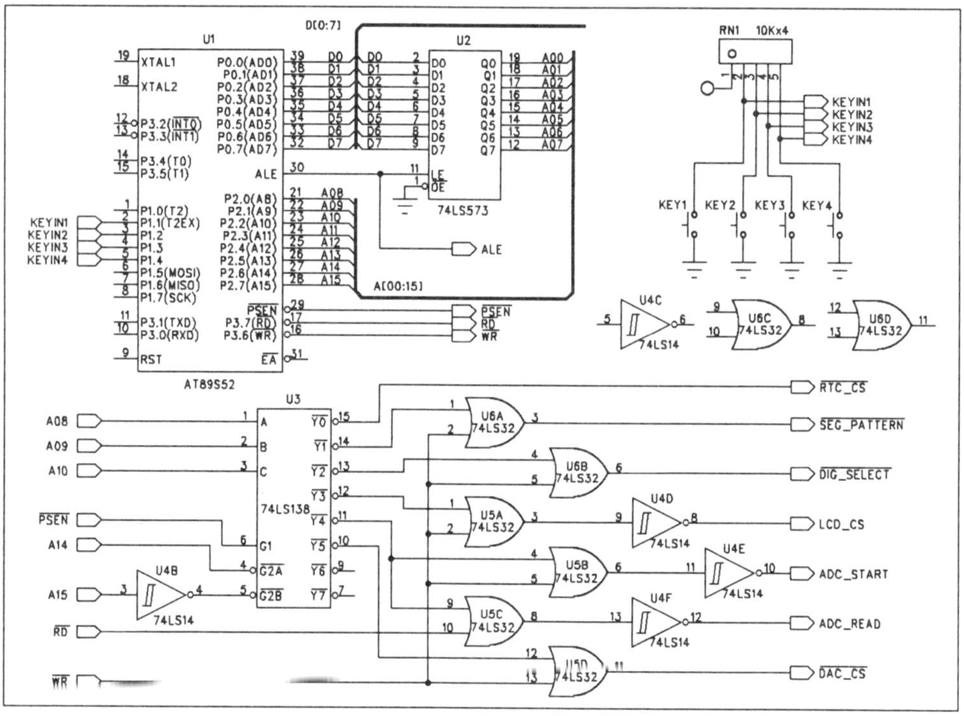

55. AT89S52의 직렬통신 포트가 모드1에서 115200 bps로 동작하는 경우 1프레임을 전송하는데 걸리는 시간을 계산하라.
(단, 계산 과정을 정확하게 보일 것.)

제3장

OK-89S52 키트 및 개발 툴

3.1 *OK-89S52* 키트의 구조와 기능

3.2 다운로드 프로그램의 설치 및 사용

3.3 어셈블러와 C컴파일러의 설치 및 사용

3.4 매크로 어셈블러 A51.EXE

3.5 C컴파일러 C51.EXE

3.6 PK51의 기타 유틸리티

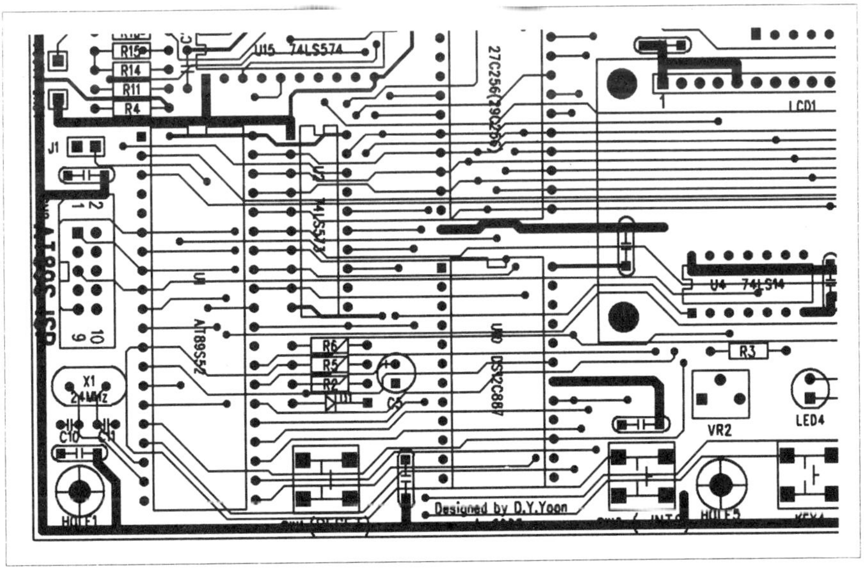

이 장에서는 먼저 AT89S52를 공부하기 위한 트레이닝 키트로 저자가 직접 설계·제작한 *OK-89S52* 키트의 하드웨어 구성과 기능, 그리고 다운로드 케이블 및 다운로드 프로그램의 사용법 등에 대하여 자세히 설명한다. 이 키트에 사용된 회로 및 설계 개념들을 철저히 분석하여 이해하는 것은 이 키트를 올바르게 사용하는데 필수적일 뿐만아니라 앞으로 독자 여러분이 자신에게 필요한 마이크로프로세서 응용 시스템을 설계하는 능력을 기르는데에도 크게 도움이 될 것이다.

이 장에서는 또한 MCS-51용의 매크로 어셈블러와 C컴파일러 및 이를 사용하는데 필요한 IDE 소프트웨어를 설치하고 사용하는 방법은 물론이고, 이를 사용하는데 필요한 어셈블리 언어 문법과 C언어 문법을 요약하여 정리한다. 이러한 소프트웨어 개발 툴은 Keil사의 PK51 V6.1을 기준으로 설명한다. 마이크로프로세서 응용기술은 하드웨어에 관한 기본적인 지식을 바탕으로 이러한 소프트웨어를 자유자재로 구사하는 능력에 따라 좌우된다는 사실을 다시 한번 명심하라. 시간이 흐를수록 좀더 많은 기능들이 MCU에 내장되는 추세이므로 마이크로프로세서 응용 분야의 엔지니어가 담당해야할 하드웨어 기술의 비중은 점점 낮아지며, 따라서 상대적으로 소프트웨어 기술의 비중은 그만큼 높아지고 있다.

3.1 *OK-89S52* 키트의 구조와 기능

1. *OK-89S52* 키트의 개요 및 사양

OK-89S52 키트는 Atmel사의 8비트 ISP 플래시 마이크로콘트롤러인 AT89S52의 하드웨어 및 소프트웨어 학습용으로 설계된 아주 작은 규모의 단일 보드 컴퓨터 시스템(training kit)으로서 그 기본 구조는 <그림 3.1.1>과 같고, 이에 대한 자세한 기술적인 사양은 <표 3.1.1>에 요약하였다.

〈표 3.1.1〉 *OK-89S52* 키트 V1.0의 설계 사양

항 목	사 양	비 고
1. CPU	AT89S52-24PC 또는 AT89S52-24PI (AT89S51이나 AT89S8253도 사용 가능)	24 MHz 수정발진자 사용
2. ROM	1. CPU에 내장된 8KB의 플래시 메모리 2. 외부 확장 27C256 또는 29C256(32KB)	사용자 프로그램용
3. RAM	CPU에 내장된 256바이트	스택 및 데이터 저장용
4. 프로그램 입력/실행	1. 병렬포트형 AT89ISP를 사용(Atmel 표준) 2. 병렬포트형 AVR ISP를 사용 3. 직렬포트형 AVR ISP를 사용 4. USB포트형 AVR ISP를 사용	1. AT89S ISP 케이블(Atmel 호환) 2. AVR-ISP Parallel 케이블(기본 제공) 3. AVR-ISP Studio/STK500 케이블 4. USB-ISP 케이블
5. I/O	1. CPU가 직접 제어하는 I/O (1) RS-232C 직렬통신 포트(CN4) (2) +5V용 버저 (3) 스피커 사운드 출력(CN5) (4) 4개의 키입력 (5) 스위치에 의한 사용자 인터럽트(SW2) (6) AT89S ISP 케이블 접속용 콘넥터(CN2) (7) AVR ISP 케이블 접속용 콘넥터(CN3) 2. 외부 확장 I/O (1) 16자×2행 텍스트형 LCD 모듈 (2) 8글자의 7세그먼트 LED (3) 4개의 상태표시 LED (4) ADC0809 8채널 8비트 A/D 컨버터 - 전압센서, 온도센서, 조도센서 각 1개 - 4채널 아날로그 입력 콘넥터(CN6) (5) DAC0800 8비트 D/A 컨버터 (6) DS12C887 배터리 백업형 리얼타임 클럭	backlight 기능 사용 가능 A/D 입력 범위는 0V∼+5V D/A 출력 범위는 0V∼+10V, -10V∼+10V 중에서 선택 사용
6. 전원	+5V, ±15V(또는 ±12V도 사용 가능)	±15V는 아날로그 회로에서만 사용
7. PCB	160×130mm 양면 에폭시 기판	

OK-89S52 키트는 <그림 3.1.1>의 구성 블록도에서 보는 바와 같이 8비트의 마이크로콘트롤러인 AT89S52를 중심으로 하여 외부에 사용자 프로그램 확장용 메모리인 27C256 EPROM 또는 29C256 플래시 메모리를 사용할 수 있고, CPU에 내장된 여러 가지 기본 I/O 기능 이외에도 다양한 외부 확장 I/O를 가지고 있다.

AT89S52를 사용할 때 가장 편리한 점은 내장된 8KB의 프로그램용 플래시 메모리에 SPI 통신을 이용하여 사용자 프로그램을 다운로드할 수 있다는 것이다. Atmel사에서는 이를 위하여 AT89ISP 다운로드 케이블과 다운로드 프로그램을 제공하는데, 이 키트에서는 이 **표준제품**이나 또는 이와 호환되는 **AT89S ISP 다운로드 케이블**을 사용할 수 있으며 이를 접속할 수 있도록 **콘넥터 CN2**를 마련하여 두었다. 이외에도 AT89S52에 사용자 프로그램을 다운로드하기 위해서는 원래 AVR 마이크로콘트롤러용인 AVR ISP 다운로드 케이블을 사용하는 것이 가능한데, 이것은 표준의 AT89ISP 케이블과 콘넥터의 핀 배열이 전혀 다르므로 별도로 콘넥터 CN3을 하나 더 마련하여 두었다. 따라서, **AVR-ISP Parallel**, **AVR-ISP Studio/STK500**, **USB-ISP** 등과 같은 AVR용의 다운로드 케이블은 반드시 **콘넥터 CN3에 접속**하여 사용해야 한다.

AT89S52에 내장된 I/O 기능에는 3개의 타이머/카운터와 1개의 UART 직렬통신 포트, 그리고 병렬 I/O 포트 등이 있는데, 여기에는 4개의 입력키나 버저, 스피커, RS-232C 직렬통신 콘넥터 등을 인터페이스하였다.

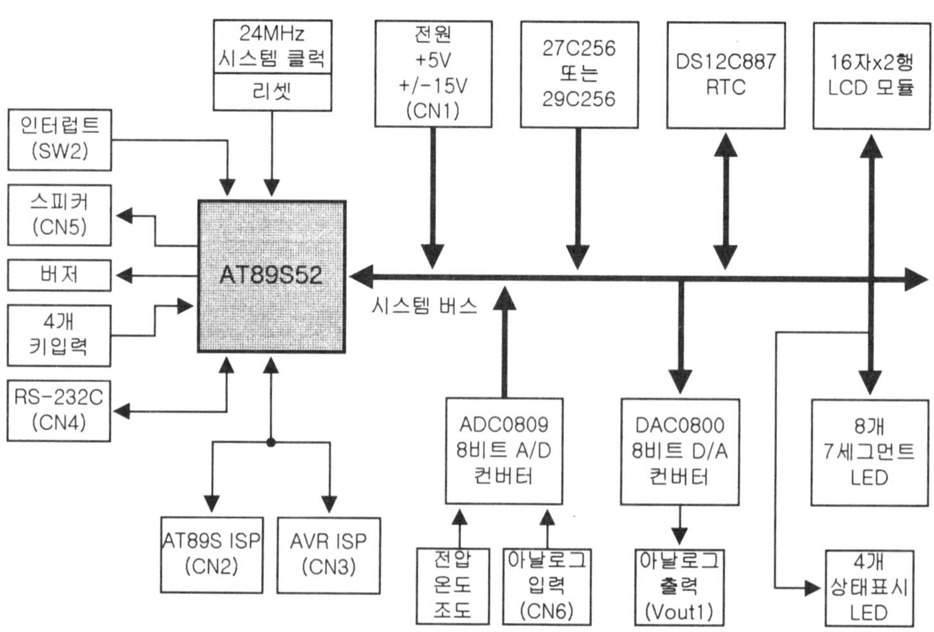

〈그림 3.1.1〉 *OK-89S52* 키트 V1.0의 하드웨어 구성 블록도

CPU의 외부 데이터 메모리의 어드레스 영역에 확장한 I/O 기능으로는 16×2자의 텍스트형 LCD 모듈, 8글자의 7세그먼트 LED, 4개의 상태표시 LED, ADC0809 8비트 A/D 컨버터, DAC0800 8비트 D/A 컨버터, DS12C887 RTC 등이 있다. 8비트 8채널 A/D 컨버터의 아날로그 입력으로는 반고정 저항을 이용한 전압센서, 반도체 온도센서, CdS 조도센서 등을 접속하였으며, 이밖에 4채널의 아날로그 입력을 사용자가 사용할 수 있도록 콘넥터 CN6을 마련하여 두었다.

OK-89S52 키트는 매우 다양한 기능을 가지고 있으면서도 PCB 기판을 양면으로 하고 크기가 약 16×13cm에 불과하도록 설계하여 상당히 저렴한 비용으로 제작할 수 있도록 하였으므로 아마추어를 위한 마이크로콘트롤러 트레이닝 키트로서는 물론이고 공업고등학교나 공과대학에서 마이크로프로세서 실습교육용으로 유용하게 사용될 수 있을 것이다. 따라서, 이를 설계하는데는 사용자가 쉽게 조립하여 사용할 수 있도록 시장에서 용이하게 구입할 수 있는 저가의 부품들을 사용하도록 최대한 고려하였다.

OK-89S52 키트는 인텔의 MCS-51 계열에 해당하는 마이크로콘트롤러를 공부하려는 아마추어, 공업고등학교 학생, 공과대학 학부생 정도의 초보자 교육용에 적합하도록 설계하는 것을 기본적인 목표로 하였으나, 이 마이크로콘트롤러를 특정 분야의 응용 시스템에 적용하려는 현장의 엔지니어에게도 유용할 것이다. 특히, 여기에서 사용한 AT89S52 마이크로콘트롤러는 8KB의 프로그램용 플래시 메모리를 내장하고 있어서 사용자 프로그램을 쉽게 다운로드할 수 있다는 점에서 선택되었으며, 이 용량으로 부족한 사용자들을 위하여 외부에 27C256 또는 29C256을 확장할 수 있도록 설계하였다. 8KB이면 웬만한 정도의 제어 프로그램도 처리 가능하며, 여기에 ISP 기능을 이용하여 간단히 프로그램을 다운로드할 수 있으므로 누구나 별도의 장비를 갖출 필요 없이 쉽게 단계적으로 이 마이크로콘트롤러의 기능을 익혀 나갈 수 있을 것이다.

2. *OK-89S52* 키트의 하드웨어 구조

이제 사용자가 *OK-89S52* 키트의 기능들을 충분히 활용하고 나아가 이를 응용하는 능력을 기르기 위해서는 이 키트의 구조 및 기능을 자세히 이해하여야 한다. 여기서는 *OK-89S52*의 전체적인 하드웨어 구조 및 설계자의 의도를 설명하고자 한다.

OK-89S52 키트 V1.0의 전체 회로도는 <그림 3.1.2>에 보인 바와 같고, 실제 키트의 PCB(Printed Circuit Board) 모양 및 부품배치도는 <그림 3.1.3>에 보였으며, 여기에서 사용하는 모든 부품의 리스트를 <표 3.1.2>에 정리하였다.

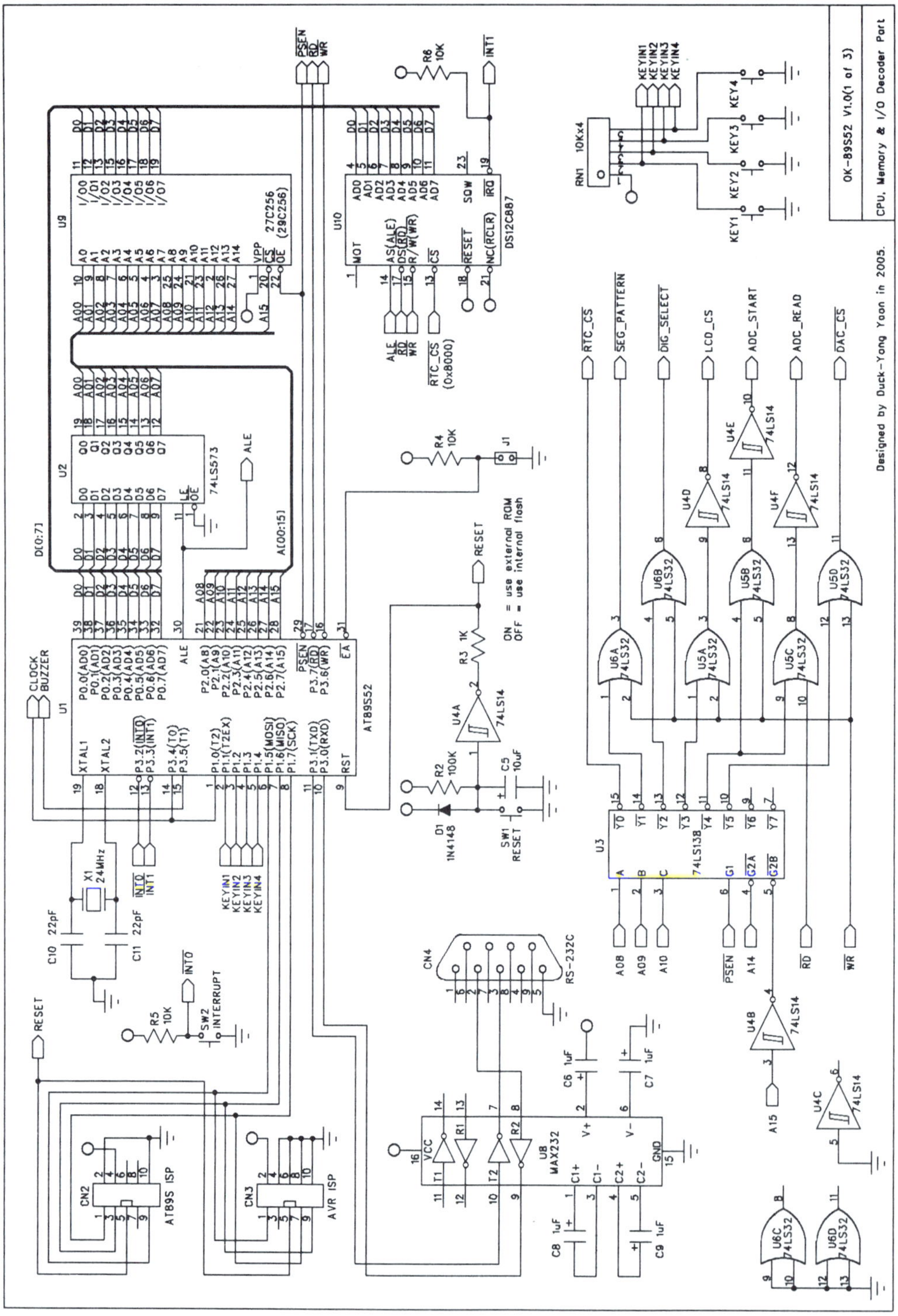

〈그림 3.1.2〉 OK-89S52 키트 V1.0의 전체 회로도(1/3)

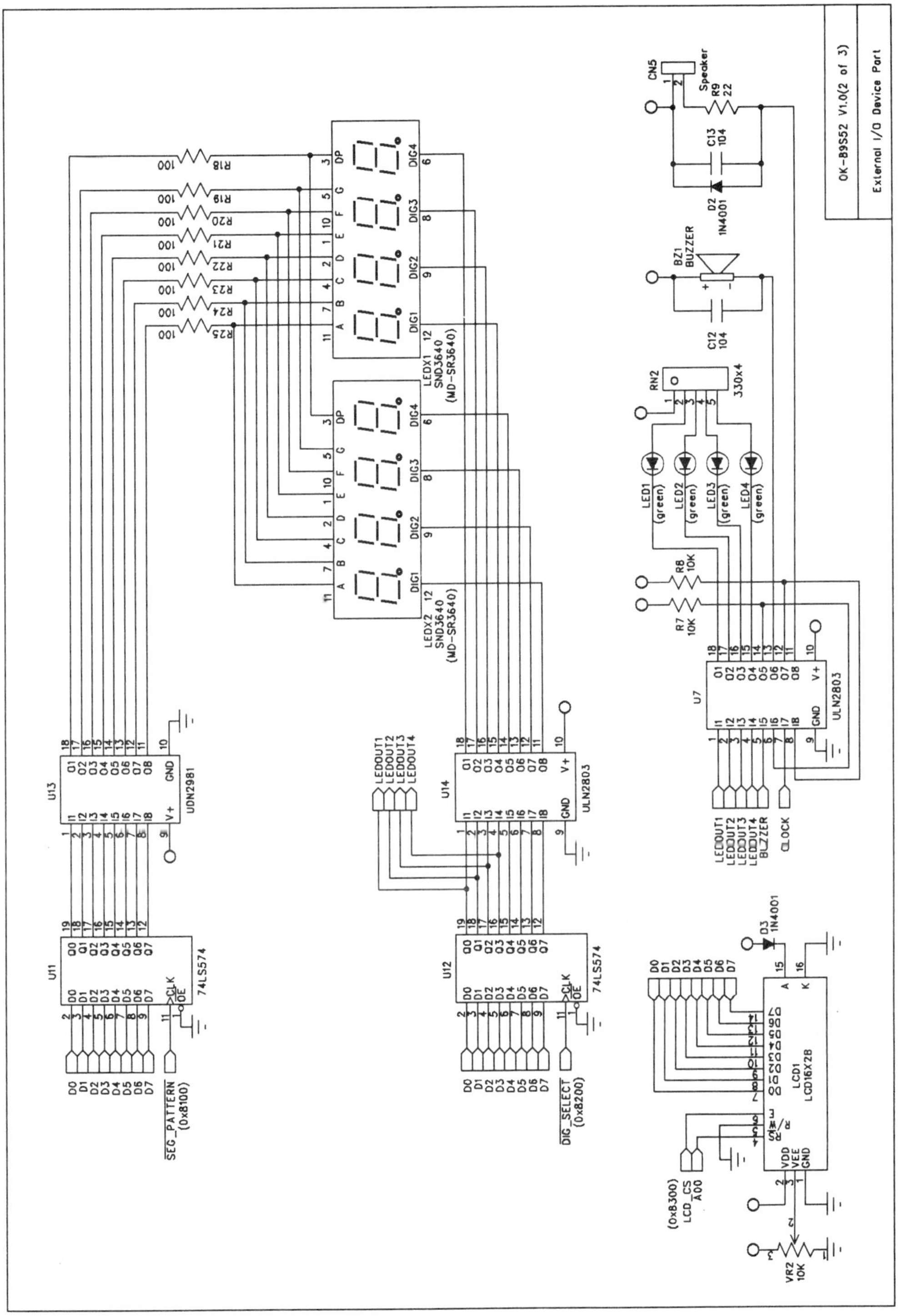

〈그림 3.1.2〉 *OK-89S52* 키트 V1.0의 전체 회로도(2/3)

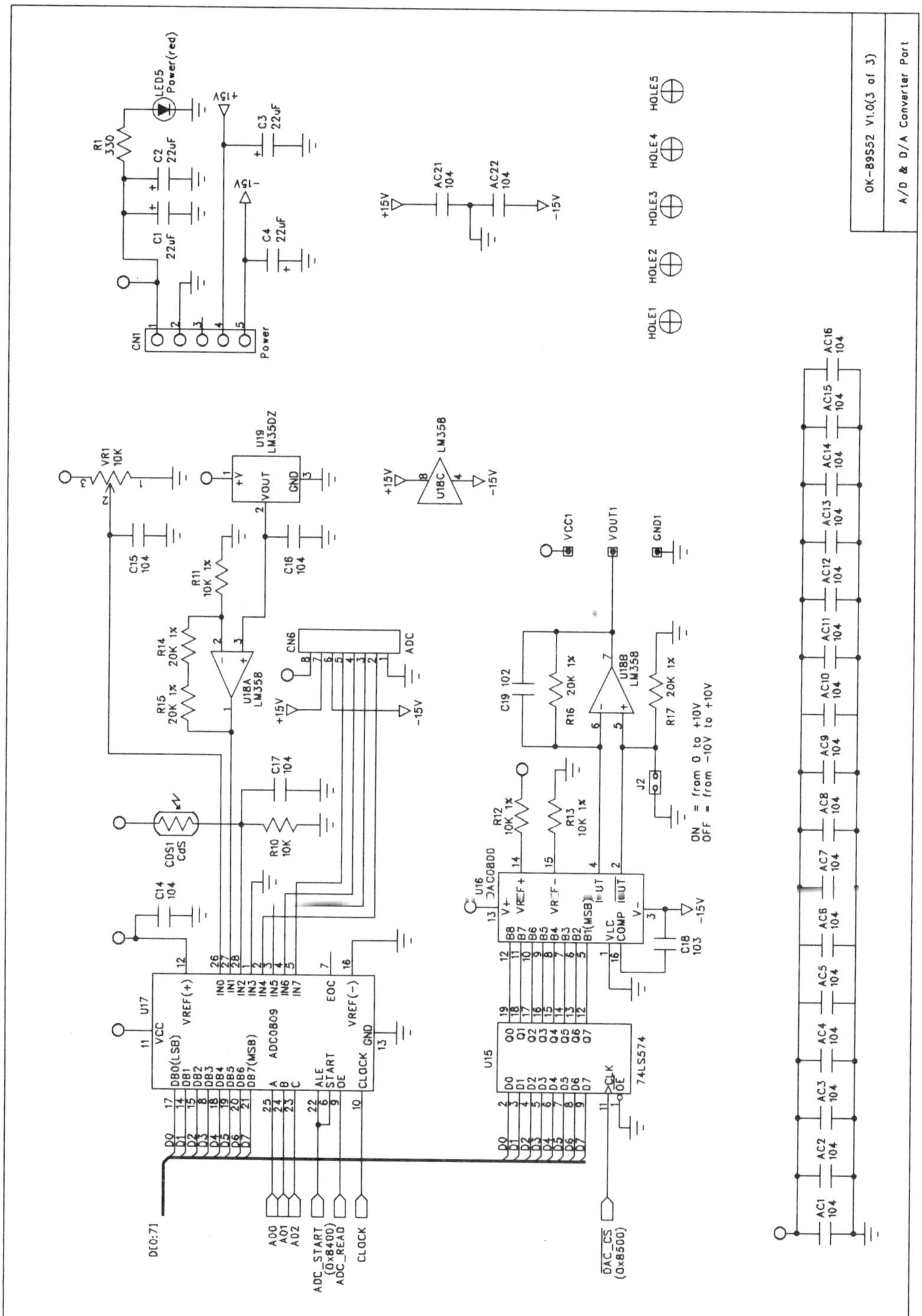

〈그림 3.1.2〉 OK-89S52 키트 V1.0의 전체 회로도(3/3)

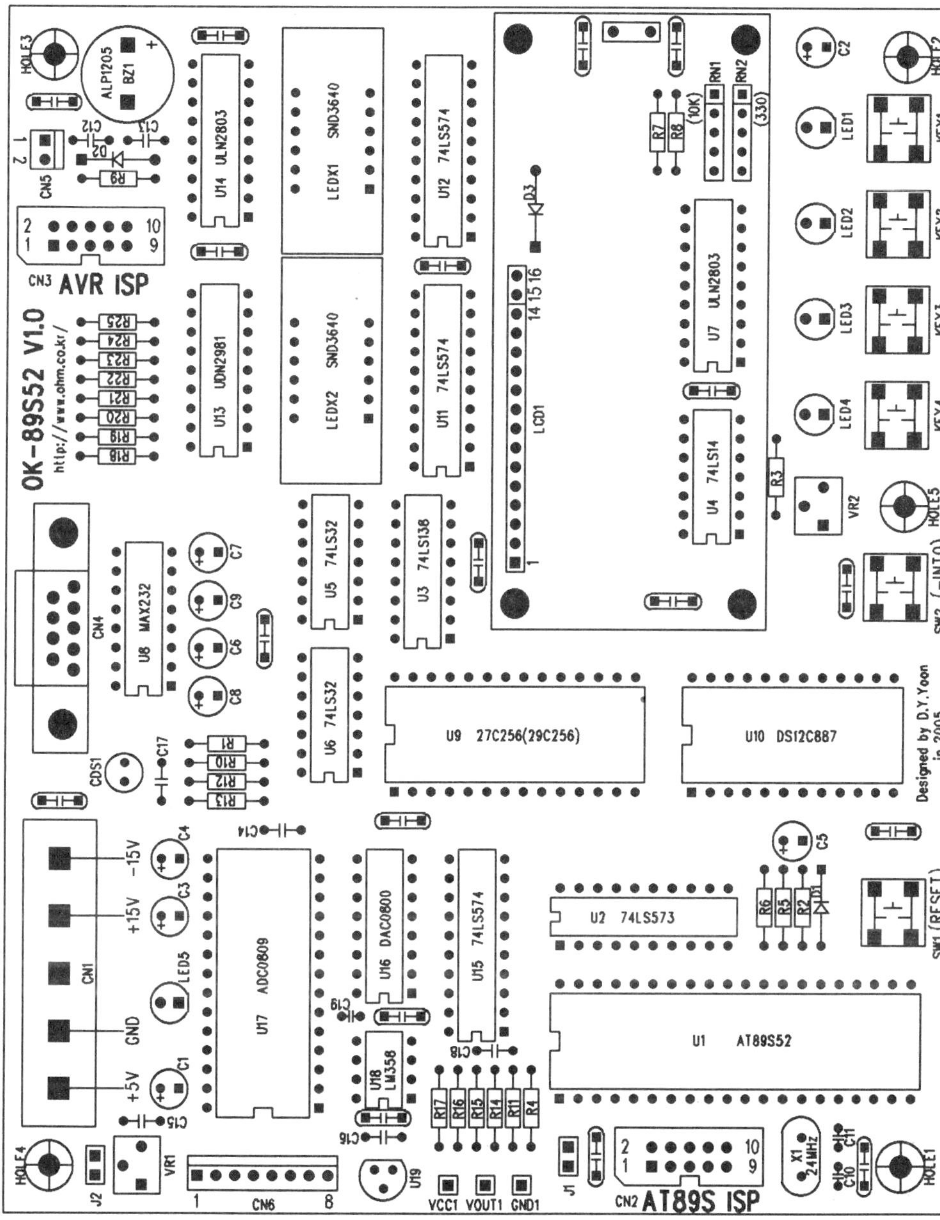

〈그림 3.1.3〉 *OK-89S52* 키트 V1.0의 PCB 모양 및 부품배치도(실물의 100% 크기)

◀주의▶ AT89S ISP 다운로드 케이블을 접속하기 위한 **콘넥터 CN2**와 AVR ISP 다운로드 케이블을 접속하기 위한 **콘넥터 CN3**은 서로 크기와 모양이 동일하여 오접속의 위험이 있다. 따라서, 이러한 위험을 방지하려면 AVR-ISP Parallel, AVR-ISP Studio/STK500, USB-ISP 케이블을 사용하려는 사용자는 키트를 조립할 때 **콘넥터 CN2를 납땜하지 말고 비워두는 것이 좋다**.

〈표 3.1.2〉 *OK-89S52* 키트 V1.0의 전체 부품 리스트

부품 번호	수량	부품명 및 규격	비 고
U1	1	AT89S52-24PC 또는 AT89S52-24PI	AT89S51 또는 AT89S8253도 사용 가능 (40핀 DIP 소켓 포함)
U2	1	74LS573 TTL 8비트 D형 래치	
U3	1	74LS138 TTL 어드레스 디코더	
U4	1	74LS14 TTL 인버터	
U5, 6	2	74LS32 TTL 2입력 OR 게이트	
U7, 14	2	ULN2803 NPN 트랜지스터 어레이	
U8	1	MAX232 RS-232C 인터페이스	
U9	1	27C256 UV EPROM 또는 29C256 플래시 메모리 (속도에 무관)	(28핀 DIP 소켓 포함)
U10	1	DS12C887 RTC	(24핀 DIP 소켓 포함)
U11, 12, 15	3	74LS574 TTL 8비트 D형 플립플롭	
U13	1	UDN2981 PNP 트랜지스터 어레이	
U16	1	DAC0800LCN 8비트 D/A 컨버터	
U17	1	ADC0809CCN 8비트 8채널 A/D 컨버터	
U18	1	LM358 듀얼 Op 앰프	
U19	1	LM35DZ 반도체 온도 센서	ㄱ자로 꺾어 PCB 외부로 나오게 조립
X1	1	24MHz ATS형 수정발진자	AT89S51을 사용할 때는 22.1184MHz
D1	1	1N4148	
D2, 3	2	1N4001(1N4002~7도 사용 가능)	D3은 LCD 모델에 따라 사용함
LED1~4	4	5Ψ 녹색 LED	
LED5	1	5Ψ 적색 LED	
LEDX1, 2	2	SND3640 7세그먼트 LED	MD-SR3640도 사용 가능
LCD1	1	HC16202NY-LY 텍스트형 LCD 모듈	(접속용 14/16핀 SIP header 포함)
CDS1	1	임의의 5Ψ CdS	포토 다이오드도 사용 가능
BZ1	1	ALP1205S PCB용 +5V 버저	
RN1	1	10K×4 SIP형 어레이 저항	
RN2	1	330×4 SIP형 어레이 저항	
R1	1	330 1/4W	
R2	1	100K 1/4W	
R3	1	1K 1/4W	
R4~8, 10	6	10K 1/4W	
R9	1	22 1/4W	
R11~13	3	10K 1% 1/4W	
R14~17	4	20K 1% 1/4W	
R18~25	8	100 1/4W	
VR1, 2	2	GF06P 10K 반고정 저항	1K~10K 범위에서 임의로 사용 가능
C1~4	4	22μF/25V 전해 또는 탄탈 콘덴서	
C5	1	10μF/16V 전해 콘덴서	
C6~9	4	1μF/25V 전해 콘덴서	
C10, 11	2	22pF 세라믹 콘덴서	20~40pF 범위에서 임의로 사용 가능
C12~17	6	104(0.1μF) 세라믹 콘덴서	
C18	1	103(0.01μF) 세라믹 콘덴서	
C19	1	102(0.001μF) 세라믹 콘덴서	
번호 없음	18	104(0.1μF) 세라믹 또는 모놀리틱 콘덴서	전원 바이패스용 콘덴서
SW1, 2 KEY1~4	6	4핀 리셋 스위치	
J1, 2	2	2핀 SIP header	(점퍼 캡 포함)
VOUT1	1	5핀 SIP header	2번 및 4번 핀을 제거하고 3핀만 접속
CN1	1	BR-762C 5핀 콘넥터	
CN2, 3	2	3FB-10P-S/T 10핀 박스형 콘넥터	원하는 것 1개만 조립할 것
CN4	1	DB9-HM 9핀 D형 콘넥터(수컷)	(케이블용의 암컷 DB-9S 2개 포함)
CN5	1	2핀 SIP header 콘넥터	(8Ω 2W 소형 스피커 포함)
CN6	1	8핀 SIP header 콘넥터	A/D에 외부 입력시에만 사용함

☞ ① 납땜에 능숙하다면 U1, U9, U10 정도를 제외하고는 IC 소켓을 사용하지 않아도 됨.
② 이밖에 SF15-EE(+5V/2A, ±15V/0.2A) SMPS와 다운로드 케이블이 필요함.
③ 또한 PCB를 고정하려면 다수의 서포터 F-10(10mm)과 이에 맞는 볼트가 필요함.

◀**참고**▶ *OK-89S52* 키트를 조립하는데 필요한 부품은 청계천의 아세아전자상가, 용산전자상가, 구로 중앙유통단지 등에서 쉽게 구입할 수 있다. 또한, 인터넷의 쇼핑몰을 이용하면 지방에서도 부품을 구입하기 편리하다. 이를테면 디바이스마트(http://www.devicemart.co.kr/)나 엘레파츠(http://www.eleparts.co.kr/)에서는 이 키트에 필요한 대부분의 전자부품들을 구입할 수 있다. 그러나, 4글자짜리 7세그먼트 LED는 다소 특별한 부품이어서 고광전자(http://www.kokwang21.com/)나 미광전자(http://led.co.kr/)에서 따로 구입하는 것이 바람직하다.

(1) AT89S52 MCU 및 주변회로

AT89S52의 주변회로는 <그림 3.1.2>에서 보는 바와 같이 MCU와 이에 기본적으로 추가되는 클럭 발생회로, 리셋 회로, ISP 다운로드 케이블 인터페이스 회로, CPU에 내장된 I/O 관련회로 등으로 구성된다.

▣ 클럭 발생회로

AT89S52-24PC 또는 AT89S52-24PI는 최고 24MHz의 시스템 클럭을 사용할 수 있도록 되어 있으므로 기본적으로 *OK-89S52* 키트에서는 최고 주파수인 24MHz의 수정발진자를 XTAL1 및 XTAL2 단자에 연결하여 사용한다. 이들 각 단자와 접지 사이에는 30pF±10pF의 콘덴서를 사용하도록 되어 있는데 이 키트에서는 22pF의 세라믹 콘덴서를 사용하였다.

24MHz의 주파수는 AT89S52 마이크로콘트롤러의 시스템 클럭으로 동작하며 내부에서 타이머0, 1, 2의 클럭 입력으로도 사용된다. *OK-89S52* 키트에서는 타이머2에서 이 클럭을 분주하여 직렬통신 포트의 보레이트 발생에 사용하기도 하며, 또한 이를 P1.0(T2) 단자로 외부에 출력함으로써 스피커의 음악연주 또는 음향발생에 사용하거나 A/D 컨버터의 클럭 신호로도 사용한다. 따라서, 만약 이 키트에 AT89S52-24PC 또는 AT89S52-24PI를 사용하지 않고 AT89S51-24PC/PI를 사용한다면 여기에는 타이머2가 없으므로 이러한 기능을 사용하는데 문제가 발생한다. AT89S51에서는 반드시 타이머1을 이용하여 보레이트를 발생해야 하므로 직렬통신 포트를 사용하기 위해서는 수정발진자를 11.0592MHz 또는 22.1184MHz 짜리로 사용해야 한다.

AT89S52에서 1개의 명령은 1~4개의 머신 사이클로 실행되고, 각 머신 사이클은 6개의 스테이트(12 클럭 주기)로 구성된다. 따라서, *OK-89S52* 키트에서와 같이 시스템 클럭으로 24MHz를 사용하면 1머신 사이클은 0.5[μs]가 되므로, 예를 들어 NOP 명령은 1사이클 명령이므로 0.5[μs]에 실행되고, 가장 실행시간이 긴 MUL AB나 DIV AB 명령은 4사이클 명령이므로 2[μs]에 실행이 된다.

◀휴게실▶ *OK-89S52* 키트에 AT89S51을 사용해도 되는가?

"*OK-89S52* 키트에서 AT89S52 대신에 AT89S51을 사용해도 되는가?" 이 물음에 대한 답변은 적어도 기본적으로는 "그렇다."이다. 그러나, 얼핏 AT89S52와 AT89S51은 소프트웨어적으로 100% 호환이 되고 기능이 비슷하지만 중요한 몇가지의 차이점을 가지고 있으므로 여기에는 조건이 있다.

첫째는 내부 플래시 메모리의 용량이 다르다. AT89S51은 내부 플래시 메모리가 0000H~0FFFH의 4KB를 가지고 있는데 비하여 AT89S52는 0000H~1FFFH의 8KB를 가지고 있다. 따라서, 사용하려는 프로그램 용량이 작다면 AT89S51을 사용해도 무방하다. 그러나, 이 책에서 사용하는 예제 프로그램들 중에서 일부는 용량이 4KB를 넘으므로 이러한 프로그램은 실행하지 못하게 된다.

둘째는 내부 SRAM의 용량이 다르다. AT89S51은 내부 RAM이 00H~7FH의 128바이트를 가지고 있는데 비하여 AT89S52는 00H~FFH의 256바이트를 가지고 있다. 이중에서 00H~7FH 번지의 128바이트는 직접번지지정에 의하여 액세스할 수 있지만, 80H~FFH 번지는 레지스터 간접번지지정에 의해서만 액세스된다. 80H~FFH 번지 영역을 직접번지지정으로 액세스하면 SFR 영역이 선택된다. 따라서, AT89S52에 추가된 이 상위 128바이트의 영역은 스택으로 사용하면 편리하다. 이 책의 *OK-89S52* 키트 예제에서는 80H~FFH 번지를 항상 스택으로 사용하고 있으나, AT89S51을 사용하는 경우에는 스택으로 사용하는 RAM 영역을 7FH 번지 이하로 수정해야 한다.

셋째는 AT89S52에는 타이머2가 추가되었으며, 이 때문에 P1.0 단자가 T2 신호로도 사용될 수 있고, P1.1 단자는 T2EX 신호로도 사용될 수 있다. 그러나, 이것은 단지 타이머 1개가 추가되었다는 이상의 의미를 가진다. AT89S51에서는 타이머1만을 보레이트 발생기로 사용할 수 있는데, 이때 이것은 모드2를 사용하여 8비트 타이머로 동작하며, 따라서 분주비가 다양하지 못하므로 11.0592MHz 또는 그 정수배의 시스템 클럭을 사용하지 않으면 올바른 직렬통신 동작이 불가능하게 된다. 그러나, AT89S52에서는 새로 추가된 타이머2를 보레이트 발생기로 사용할 수도 있고 이는 16비트 타이머이므로 다양한 분주비를 사용할 수 있어서 어떤 시스템 클럭주파수를 사용하더라도 거의 정확한 보레이트를 발생시킬 수 있다. *OK-89S52* 키트에서는 바로 이점을 이용하여 24MHz의 시스템 클럭을 사용하면서도 9600 bps나 19200 bps 등의 표준적인 전송속도로 동작할 수 있는 것이다. 따라서, 만약 AT89S51을 사용한다면 타이머1을 이용한 직렬통신의 보레이트 발생에 문제가 없도록 시스템 클럭 발생용의 수정발진자를 11.0592MHz 또는 22.1184MHz 짜리로 조립하여 사용해야 한다. 또한, *OK-89S52* 키트에서는 타이머2로 분주한 클럭을 T2 단자로 외부에 출력하여 스피커의 음악연주 또는 음향발생에도 사용하며, A/D 컨버터의 클럭 신호로도 사용한다. 따라서, 만약 *OK-89S52* 키트에 AT89S51을 조립하면 이러한 기능을 사용할 수 없으므로 다른 방법으로 해결하여야 한다.

넷째는 *OK-89S52* 키트에 AT89S51을 사용하고 위와 같은 이유 때문에 11.0592MHz 또는 22.1184MHz의 시스템 클럭을 사용하면 모든 명령의 실행시간이 달라진다. 따라서, 이 시스템 클럭 주파수에 맞도록 예제 프로그램의 시간지연 루틴을 수정해야 한다.

이러한 점을 고려하여 *OK-89S52* 키트에서는 반드시 AT89S52와 24MHz의 시스템 클럭을 사용할 것을 권한다. 그러나, 위에서 설명한 사항들이 문제되지 않거나 이것들을 스스로 해결할 수 있다면 *OK-89S52* 키트에 AT89S51을 조립하여 사용하더라도 별로 문제가 없을 것이다. 또한, AT89S8253은 AT89S52의 상향호환 모델이므로 *OK-89S52* 키트에 AT89S52 대신 AT89S8253을 사용하는 것은 하드웨어적으로 아무 문제가 없다. 그리고, 지금은 단종되었지만 AT89S53이나 AT89S8252를 사용하더라도 하드웨어적으로는 별 문제가 없이 호환이 유지된다.

▣ 리셋 회로

리셋회로는 시스템 전체를 강제적으로 리셋시키기 위한 스위치 SW1과 전원투입 리셋(power-on reset)을 위한 R2, C5, D1 등의 소자로 구성된다. 리셋회로에 의한 전압파형은 아날로그적으로 동작하므로 74LS14(U4)를 사용하여 확실한 디지털 논리로 변환하는 것이 일반적이다. 이러한 리셋 스위치는 키트의 사용자가 매우 빈번하게 사용하므로 PCB를 설계할 때 사용하기 편리한 위치에 두는 것으로 처리하였다.

AT89S52에 ISP 방식으로 플래시 프로그램을 다운로드할 때는 RESET 신호에 H상태를 인가해야 한다. 따라서, 이를 위해서는 다운로드 케이블에서 MCU에 들어가는 RESET 신호에 임의로 H상태 또는 L상태를 인가할 수 있도록 설계하여야 하므로, *OK-89S52* 키트에서는 74LS14의 출력신호에 1KΩ의 저항(R3)을 거쳐서 MCU와 다운로드 케이블에 연결하였다. 여기서 1KΩ의 저항은 리셋 회로의 74LS14 출력신호와 다운로드 케이블에서 공급되는 리셋신호가 하드웨어적으로 서로 충돌하지 않도록 보호해준다.

▣ ISP 다운로드 케이블 접속회로

AT89S52는 SPI 직렬통신 방식으로 플래시 메모리에 사용자 프로그램을 다운로드하는 기능을 가지고 있는데, Atmel사에서 표준으로 제공하는 AT89ISP나 이것의 호환기종인 **AT89S ISP**는 **콘넥터 CN2에 접속**하여 사용한다.

그러나, 이러한 사용자 프로그램 다운로드에는 AVR 마이크로콘트롤러의 다운로드 케이블인 **AVR-ISP Parallel**이나 **AVR-ISP Studio/STK500**, **USB-ISP** 등도 사용할 수 있는데, 이것들은 AT89ISP와 핀 배열이 다르므로 반드시 별도의 **콘넥터 CN3에 접속**하여 사용해야 한다.

그런데, AT89ISP 표준 콘넥터인 CN2와 AVR ISP 표준 콘넥터인 CN3은 핀 배열이 다름에도 불구하고 똑같은 모양의 콘넥터를 사용하므로 자칫하면 다운로드 케이블을 잘못 접속할 수 있으며, 이렇게 되면 키트나 다운로드 케이블이 망가질 수 있다. 이러한 사고를 피하려면 **CN2와 CN3 중에서 자신이 사용하는 것 1개만을 조립**하여 사용하는 것이 좋다. 즉, AT89S ISP 다운로드 케이블을 사용하려는 사람은 콘넥터 CN2만을 조립하고 CN3은 조립하지 않으며, AVR ISP용의 다운로드 케이블을 사용하려는 사람은 콘넥터 CN3만을 조립하고 CN2는 조립하지 말라는 것이다.

▣ AT89S52에 내장된 I/O 관련 회로

AT89S52는 마이크로콘트롤러이므로 여러 가지의 I/O 디바이스를 내장하고 있는데 *OK-89S52* 키트에서는 이것들을 최대한 활용할 수 있도록 하드웨어를 설계하였다. 이 키트에서 AT89S52가 직접 제어하는 I/O 기능을 요약하면 <표 3.1.3>과 같다.

P1.0(T2) 단자는 타이머2로 24MHz의 시스템 클럭을 분주하여 출력함으로써 이를

타이머0의 외부 클럭 입력으로 사용하거나 스피커의 음악연주 또는 음향발생에 사용하거나 또는 A/D 컨버터의 클럭 신호로 사용할 수 있다.

P3.2($\overline{\text{INT0}}$) 및 P3.3($\overline{\text{INT1}}$)은 모두 인터럽트 단자로 사용되는데, P3.2($\overline{\text{INT0}}$)에는 스위치 SW2가 접속되어 사용자가 스위치를 누름으로써 인터럽트를 발생시켜 볼 수 있고, P3.3($\overline{\text{INT1}}$)에는 DS12C887이 접속되어 있어서 디지털 시계의 알람기능에 응용할 수 있다.

〈표 3.1.3〉 *OK-89S52* 키트 V1.0에서 MCU의 병렬 I/O 포트에 접속된 기능

병렬 I/O 포트		기 능
포트1	P1.0(T2)	시스템 클럭을 분주한 주파수 출력. 타이머0의 클럭 입력, 스피커의 음악연주 및 음향발생, A/D 컨버터의 클럭 등으로 사용.
	P1.4~P1.1	KEY4~KEY1 입력 신호.
	P1.7~P1.5	다운로드 케이블에 접속.
포트3	P3.0(RXD)	직렬통신 포트의 수신 및 송신 데이터 신호.
	P3.1(TXD)	
	P3.2(-INT0)	외부 인터럽트 0 입력 신호. 스위치 SW2에 접속.
	P3.3(-INT1)	외부 인터럽트 1 입력 신호. DS12C887에 접속.
	P3.4(T0)	타이머0의 외부 클럭 입력 신호. T2에서 공급.
	P3.5	버저 ON/OFF 출력 신호.

(2) 외부 메모리 및 외부 I/O 확장 회로

AT89S52에는 내장된 8KB의 프로그램 메모리가 부족하다면 외부에 추가로 56KB를 확장하여 최대 64KB의 프로그램 메모리를 사용할 수 있다. 또한 데이터 메모리로서는 256바이트의 내부 RAM 이외에 외부에 64KB 용량의 데이터 메모리를 확장하여 사용할 수 있다. I/O 디바이스들은 대부분 리드 및 라이트 동작이 필요하므로 데이터 메모리 영역에 접속한다.

▣ 어드레스/데이터 버스 분리회로

AT89S52에서는 포트0과 포트2가 병렬 I/O 포트로 사용될 수도 있으나 외부 메모리를 또는 외부 I/O를 확장하여 접속하는 경우에는 이것들이 어드레스 및 데이터 버스로 사용된다. 이 경우 포트0은 시분할 다중화(time-multiplexed)된 어드레스 및 데이터 버스로 동작하고, 포트2는 어드레스 버스의 상위 바이트로 동작한다.

포트0에서 출력되는 어드레스 버스의 하위 바이트와 데이터 버스를 분리하는데는 ALE 신호가 사용된다. *OK-89S52* 키트에서는 74LS573(U2) 래치에 ALE 신호를 인가하여 어드레스 버스와 데이터 버스를 분리한다. 이때 U2의 출력 인에이블 신호 $\overline{\text{OE}}$는

접지시킨다. ALE 신호는 DS12C887(U10) RTC에서도 사용된다. 그러나, 포트2는 어드레스 버스로만 사용되므로 이러한 래치 과정이 필요 없이 그대로 사용한다.

▣ 프로그램 메모리 확장 회로

*OK-89S52*에서는 8KB의 플래시 메모리가 부족할 경우에 대비하여 외부의 U9 소켓에 32KB의 프로그램 메모리를 확장할 수 있도록 하였다. 여기에는 27C256 EPROM을 사용해도 되고 29C256 플래시 메모리를 사용해도 된다.

이 외부 확장 프로그램 메모리는 0000H~7FFFH의 32KB 영역에 접속되어 있으므로 칩선택 신호로는 A15를 사용하였으며, 프로그램 메모리이므로 이것의 $\overline{\text{OE}}$ 단자에는 $\overline{\text{PSEN}}$ 신호를 연결하였다.

*OK-89S52*에서 점퍼 스위치를 J1=OFF로 하면 $\overline{\text{EA}}$=1이 되어 부팅할 때 내부 플래시 메모리가 선택되므로 큰 용량의 프로그램에서는 0000H~1FFFH 번지(8KB)의 내부 플래시 메모리에 이어서 외부 프로그램 메모리의 2000H~7FFFH 번지(24KB)를 사용할 수 있다. 그러나, 점퍼 스위치를 J1=ON으로 설정하면 $\overline{\text{EA}}$=0이 되어 부팅할 때 외부 프로그램 메모리가 선택되므로 내부 플래시 메모리는 사용되지 않고 외부 프로그램 메모리의 0000H~7FFFH 번지(32KB)를 사용하게 된다.

◀참고▶ *OK-89S52* 키트에서는 프로그램 메모리를 외부에 확장하여 사용하고 있지만 데이터 메모리를 확장하는 기능은 포함하고 있지 않다. 이 정도의 소형 시스템에서 내부의 256바이트 데이터 메모리 용량이 부족하여 외부에 데이터 메모리를 확장해야 하는 경우는 드물기 때문이다. 그러나, 만약 데이터 메모리를 확장하는 것이 필요한 사용자라면 점퍼선을 연결하여 스스로 확장하면 된다. 외부에 확장할 수 있는 SRAM으로는 62256이나 68257이 적합한데, A0~A14를 찾아 맞게 연결하고 A15를 SRAM의 칩선택 단자에 연결하며, AT89S52의 $\overline{\text{RD}}$ 신호와 $\overline{\text{WR}}$ 신호는 각각 SRAM의 $\overline{\text{OE}}$ 및 $\overline{\text{WE}}$ 단자에 연결하여 주면 된다. 이렇게 하면 이 SRAM은 외부 데이터 메모리 영역의 0000H~7FFFH 번지에 할당되는데, 이러한 점을 고려하여 *OK-89S52* 키트에서는 이 영역을 사용하지 않고 비워 두었으며 외부 I/O 영역으로는 8000H 번지 이후를 사용하였다. 이밖에 만약 프로그램 메모리가 U9만으로 부족하다면 1개의 27C256이나 29C256을 더 확장하여 8000H~FFFFH 번지를 사용할 수 있으며, 이것은 U9와 같은 방법으로 접속하되 칩선택 단자에는 A15 신호를 74LS14로 반전시켜 연결하면 된다.

▣ I/O 어드레스 디코더 부분

OK-89S52 키트에는 DS12C887 RTC, 8글자의 7세그먼트 LED, 텍스트형 LCD 모듈, A/D 컨버터, D/A 컨버터 등 모두 5가지의 외부 I/O 소자를 사용한다. MCU가 이것들을 올바르게 액세스하기 위해서는 우선 정확한 타이밍으로 동작하는 I/O 어드레스 디코더(address decoder)가 필요하다.

OK-89S52 키트에서는 I/O 어드레스 디코더 회로로서 74LS138(U3) 1개와 몇개의 게이트 소자들을 이용하여 가장 간단하게 구성하였다. 이런 대부분의 I/O 디바이스들은 매우 까다로운 타이밍을 요구하는 경우가 많으므로 이를 위해 필요하면 $\overline{\text{RD}}$ 또는 $\overline{\text{WR}}$ 신호를 게이트로 조합시켜 칩선택 신호를 만들어야 하는데 유의하기 바란다.

OK-89S52 키트에서 사용하는 외부 메모리 및 외부 I/O 어드레스 맵을 요약하면 <표 3.1.4>와 같다.

〈표 3.1.4〉 *OK-89S52* 키트 V1.0의 메모리 및 I/O 어드레스 맵

어드레스 범위	소 자		기 능	비 고
0000H~7FFFH	((A15))	((62256/68257))	(외부 데이터 메모리 확장 가능)	
8000H~80FFH (8000H~80FFH)	$\overline{\text{RTC\_CS}}$	DS12C887 RTC (U10)	배터리 백업형 실시간 시계	
8100H (8100H~81FFH)	$\overline{\text{SEG\_PATTERN}}$	74LS574(U11)	7세그먼트 LED의 글자 모양	
8200H (8200H~82FFH)	$\overline{\text{DIG\_SELECT}}$	74LS574(U12)	7세그먼트 LED의 글자 위치 4개의 상태표시 LED	
8300H~8301H (8300H~83FFH)	LCD_CS	LCD 모듈	텍스트형 16자×2행 LCD 모듈	데이터 메모리 영역
8400H~8407H (8400H~84FFH)	ADC_START	ADC0809(U17)	8채널 8비트 A/D 컨버터의 채널 선택 및 A/D 변환 시작	
8400H (8400H~84FFH)	ADC_READ		A/D 변환 결과 리드	
8500H (8500H~85FFH)	$\overline{\text{DAC\_CS}}$	74LS574(U15) DAC0800(U16)	1채널 8비트 D/A 컨버터	
0000H~7FFFH	A15	27C256/29C256(U9)	외부 프로그램 메모리	프로그램 메모리 영역
8000H~FFFFH	(($\overline{\text{A15}}$))	((27C256/29C256))	(외부 프로그램 메모리 확장 가능)	

▣ DS12C887 RTC 관련 회로

OK-89S52 키트는 교육용은 물론 산업용 실무분야에서 콘트롤러로도 사용될 수 있도록 배터리 백업형 실시간 시계(RTC;Real-Time Clock)를 1개 내장하고 있다. 이것은 현재 시각을 외부에 표시하거나 시스템이 동작하면서 실시간으로 작업 데이터를 현재 시각과 함께 저장하는 경우에 유용하며 오늘날 산업용 기계에서는 이러한 방식이 많이 사용되고 있다.

RTC로는 기본적으로 Dallas사의 DS12C887을 사용하지만 이것 외에 DS1287이나 DS1687을 사용하더라도 별 문제가 없다. 이들 RTC 소자들은 모두 내부에 충전이 가능한 리튬전지, 클럭발생회로, 실시간 시계, 일정 용량의 RAM 등을 가지고 있어서 배터리 백업형 실시간 시계는 물론 소용량의 불휘발성 RAM으로 사용할 수 있다. 이러한 배터리 백업 메모리는 자동화 기계의 기능 설정 데이터를 저장하는 용도로도 유용하게 사용될 수 있다.

이 RTC 소자는 CPU와 인터페이스할 때 어드레스 버스와 데이터 버스가 시분할 다중화된 것을 사용하는 특징이 있는데, AT89S52의 외부 버스는 바로 이러한 구조를 가지므로 접속이 용이하다. 따라서, AT89S52에 이를 접속할 때는 회로도에서 보는 것처럼 이를 시스템 버스에 접속하지 말고 어드레스 및 데이터 버스가 분리되기 전의 시분할 다중화되어 있는 P0.0~P0.7에 직접 접속해야 하는 것에 유의해야 한다.

▣ 7세그먼트 LED 관련 회로

OK-89S52 키트에는 8글자를 디스플레이할 수 있는 7세그먼트 LED를 사용하는데, 이것은 소비전력을 적게 하기 위하여 다이나믹 디스플레이(dynamic display) 방식으로 구동한다. 8글자 분량의 7세그먼트 LED를 다이나믹 디스플레이 방식으로 사용하려면 표시 데이터(pattern data)를 출력하는 포트와 글자의 표시위치를 선택(digit select)하는 데이터를 출력하는 포트 등 2개의 8비트 병렬출력 포트가 필요하다. 각 출력포트의 8비트 신호들은 7세그먼트 LED에 큰 전류를 흘리도록 증폭되어야 하므로 high-side switch로서 PNP형 트랜지스터 어레이 소자인 UDN2981(U13)과 low-side switch로서 NPN형 트랜지스터 어레이 소자인 ULN2803(U14)을 사용하였고, 다이나믹 디스플레이의 경우에는 LED에 더 큰 전류를 흘려야 하므로 전류제한 저항 R18~R25에는 스태틱 디스플레이(static display)의 경우보다 작은 100Ω을 사용하였다.

이 키트에서 글자의 표시위치를 출력하는 포트의 하위 4비트에는 부수적으로 4개의 상태표시 LED인 LED4~LED1을 접속하였다. 따라서, 글자의 표시위치를 지정하면 이에 해당하는 LED가 함께 켜진다. 그러나, LED4~LED1을 점등할 때 부수적으로 이에 대응하는 7세그먼트 LED에 쓰레기 문자가 디스플레이되는 것을 방지하려면 프로그램의 서두에서 항상 7세그먼트의 표시 데이터로 00H를 출력하여 두는 것이 좋다.

▣ 텍스트형 LCD 모듈 관련 회로

OK-89S52 키트에서는 16자×2행으로 구성되는 텍스트형 LCD 모듈을 가장 기본적인 출력장치로 사용한다. 여기서는 인터페이스 회로를 간단하게 하기 위하여 LCD 모듈의 R/$\overline{W}$ 단자를 접지시켰으므로 이 LCD 모듈에는 출력기능만 수행되며, 어드레스 A0 신호에 따라 명령어를 출력하는 번지와 데이터를 출력하는 번지가 달라진다.

16자×2행의 텍스트형 LCD 모듈에서 백라이트(backlight) 기능이 있는 모델은 소자의 오른쪽 부분에 독립적으로 2개의 백라이트 전원단자를 가지는 경우도 있고, 14핀 콘넥터에 2개의 단자가 추가되어 16핀 컨넥터로 구성되는 경우도 있으며, 단지 14개의 핀만으로 백라이트 전원까지를 포함하는 개선된 모델도 있다. *OK-89S52* 키트에서는 이러한 3가지의 경우에 모두 적용될 수 있도록 PCB를 설계하였는데, 다만 첫번째 형태의 모델에서는 오른쪽에 있는 백라이트 전원 단자의 핀번호와 핀위치가 다른 경우가 있으니 사용자가 주의하여 배선해 주어야 한다.

LCD 모듈의 V_{EE} 단자는 LCD의 화면 밝기를 결정하는데, *OK-89S52* 키트에서는 이를 위하여 10[kΩ]의 반고정 저항(VR2)을 사용하였으므로 사용자가 이를 가지고 화면을 보면서 적절한 밝기로 조정하면 된다.

▣ ADC0809 A/D 컨버터 관련 회로

ADC0809(U17)는 8비트 8채널 A/D 컨버터이므로 외부에서 8개의 아날로그 입력을 받아 내장된 멀티플렉서로 1개의 채널을 선택하여 A/D 변환한다. 따라서, 이를 제어할 때는 외부에서 선택할 아날로그 입력에 대응하는 어드레스를 지정해야 한다. 이와 같이 ADC0809에서는 다채널의 구조를 가지므로 어드레스를 래치하여 채널을 선택하고 이것의 A/D 변환을 시작하는 제1단계의 동작과, A/D 변환이 끝나기를 기다려 변환된 데이터를 리드하는 제2단계의 동작으로 수행된다.

ADC0809에는 10kHz~1280kHz 범위의 클럭이 인가되어야 하는데, 이 소자의 변환시간은 이 클럭 주파수에 따라 달라지며 640[kHz]에서는 100[μs]의 변환시간을 갖는다. A/D 변환 시작을 지시하고 나서 변환 결과를 읽어들이는 방법은 2가지가 있는데, 하나는 변환완료 신호 EOC가 출력되는 것을 확인하고 읽는 방법이고, 다른 하나는 무조건 일정시간을 기다린 후에 결과를 읽어들이는 방법이다. *OK-89S52* 키트에서는 하드웨어적으로 EOC 신호를 검출하지 않으므로 후자의 방법을 사용해야 한다.

8개의 채널중에서 채널0에는 10kΩ의 가변저항(VR1)을 사용하여 전원전압을 읽어들일 수 있도록 하였고, 채널1에는 반도체 온도센서 LM35DZ(U19)를 접속하여 디지털 온도계를 구현할 수 있도록 하였으며, 채널2에는 CdS 또는 포토 다이오드(CDS1)를 접속하여 조도센서를 구현할 수 있도록 하였다. CdS를 사용하는 경우에는 이것의 암저항 값에 따라 적절히 R10의 저항값을 수정할 필요가 있다.

▣ DAC0800 D/A 컨버터 관련 회로

OK-89S52 키트에서의 D/A 컨버터 회로는 74LS574(U15) 8비트 D형 플립플롭과 8비트 D/A 컨버터 DAC0800(U16) 및 Op Amp(U18B)로 구성된다. DAC0800에는 입력단의 데이터 래치 기능이 없으므로 이처럼 외부에 별도로 래치나 플립플롭을 달아주어야 하는데, 이는 AT89S52의 병렬 I/O 포트를 사용할 수도 있으나 *OK-89S52* 키트에서는 병렬 I/O 포트의 여유가 없으므로 이와 같이 외부에 8비트 플립플롭을 인터페

이스하여 사용하였다.

이 회로에서 점퍼 스위치 J2는 출력되는 아날로그 전압의 극성 또는 범위를 설정하는데 사용된다. 즉, 이 회로에서 점퍼 스위치를 J2=ON으로 하면 출력전압은 +방향의 단극성(unipolar)으로 되고 출력전압의 범위는 약 0~+10[V]가 된다. 그러나, 점퍼 스위치를 J2=OFF로 설정하면 출력전압은 + 및 -방향의 양극성(bipolar)으로 되고 출력전압의 범위는 약 -10~+10[V]가 된다.

또한, 여기서 콘덴서 0.001μF(C19)는 입력 디지털 값의 변화에 따라 출력 아날로그 전압이 변할 때 일어날 수 있는 글리치(glitch) 현상을 방지하고 파형이 계단모양으로 되는 것을 억제하는 저역통과필터(LPF ; Low-Pass Filter) 기능을 수행한다.

(3) 외부 접속 콘넥터 및 점퍼 스위치의 요약

OK-89S52 키트에는 기판에서 외부로 접속하기 위한 콘넥터가 모두 6개 있고, 기능을 선택하기 위한 점퍼 스위치가 2개 있는데 이를 요약하면 <표 3.1.5>와 같다.

이중에서 CN6은 *OK-89S52* 키트를 기본적으로 사용하는데는 필요하지 않으므로 이를 필요로 하는 경우에만 조립하면 된다. 또한, 다운로드 케이블을 접속하기 위한 콘넥터 CN2와 CN3은 모양과 크기가 동일하여 오접속의 가능성이 높으므로 자신이 사용하려는 콘넥터 1개만을 조립하는 것이 안전성 측면에서 유리하다.

〈표 3.1.5〉 *OK-89S52* 키트 V1.0의 외부 접속 콘넥터 요약

콘넥터		기능			
CN1	전원 콘넥터 (BR-762C)	1 2 3	+5V(1A 이상) GND (사용 안함)	4 5	+15V(또는 +12V) -15V(또는 -12V)
CN2	AT89S ISP 다운로드 케이블용 (3FB-10P-S/T)	1 2 3 4	SCK GND MISO VCC	5 6~8 9 10	RST (사용 안함) MOSI GND
CN3	AVR ISP 다운로드 케이블용 (3FB-10P-S/T)	1 2 3 4,6,8,10	MOSI VCC (사용 안함) GND	5 7 9	RST SCK MISO
CN4	RS-232C 직렬통신용 (DB9-HM, 수컷)	2 3	RxD TxD	5	GND
CN5	스피커 접속용 (2핀 SIP male header)	1 2	스피커+ 스피커-		
CN6	아날로그 입력용 (8핀 SIP male header)	1 2 3 4	GND IN4 IN5 IN6	5 6 7 8	IN7 -15V(또는 -12V) +15V(또는 +12V) +5V
J1	부팅 프로그램 메모리 지정용	OFF	내부 플래시	ON	외부 ROM
J2	D/A 컨버터 출력전압범위 설정용	OFF	-10 ~ +10[V]	ON	0 ~ +10[V]
VOUT1	D/A 컨버터 출력전압 측정용	VOUT1	아날로그 전압출력	GND1	GND

3. OK-89S52 키트의 조립 및 테스트

(1) OK-89S52 키트를 조립할 때의 유의 사항

이제 만약 OK-89S52 키트를 사용자가 직접 조립하고자 하면 <그림 3.1.2>의 회로도와 <그림 3.1.3>의 PCB 부품 배치도, 그리고 <표 3.1.2>의 전체 부품 리스트를 참고하면서 다음 사항들에 주의하여 작업하라.

① 납땜에 자신이 있다면 대부분의 IC는 가능한한 소켓을 사용하지 말고 PCB에 직접 납땜하라. 이와 같이 하면 부품의 접속불량이 적어져 동작의 신뢰성이 높아진다. 그러나, 납땜에 자신이 없다면 납땜중에 부품이 손상될 우려가 있으므로 IC 소켓을 사용하는 편이 바람직하다.

② 납땜은 신속하고 확실하게 하라. 1개의 핀을 납땜하는데 수초 이상이 걸리면 부품이 과열되어 손상될 수 있다. 또한, IC 소자의 경우 같은 소자에 있는 여러개의 핀들을 연속하여 납땜하지 말고, 다른 소자를 번갈아 돌아가면서 납땜하라. 이와 같이 하면 납땜중에 부품의 온도가 높아졌던 것이 다른 부품을 납땜하는 동안에 냉각되어 다시 납땜하더라도 보다 안전해진다.

③ 부품이 서로 바뀌지 않도록 철저히 체크하며, PCB에 표시되어 있는 부품의 방향이나 극성 표시를 올바르게 확인하고 삽입하라. 만약, 극성이 있는 소자가 반대 방향으로 조립되면 정상적으로 동작이 수행되지 않음은 물론이고 부품이 소손될 수 있으며, 나중에 이를 교체하려면 부품은 물론 PCB를 망가뜨릴 우려가 있다. 특히, RS-232C용의 콘넥터(CN4)처럼 모양이 비슷한 부품이라도 핀의 암수를 올바르게 구분하여 선정하는 등 정확한 부품을 사용해야 한다는 점을 다시 한번 확인하라.

④ 부품을 PCB 홀에 삽입할 때는 이를 PCB 바닥면에 완전히 밀착시킨 후에 납땜하라. 부품이 PCB의 바닥면에 밀착되지 않고 위로 들떠 있으면 뒷면에서 납땜이 확실하게 되지 않거나 부품이 기계적으로 단단히 고정되지 않을 수도 있으며, 미관상으로도 좋지 않다.

그러나, 온도센서(U19)와 같이 특수한 소자의 경우에는 주의가 필요하다. 이것은 PCB 주변의 기온을 측정하는 것이므로 PCB 윗면에 수직으로 세우지 말고 90°로 꺾어서 PCB의 옆쪽 밖으로 돌출되도록 젖혀두어야만 주위 공기의 흐름에 의하여 좀 더 정확한 온도를 측정할 수 있다.

⑤ LCD 모듈의 아래쪽에 위치하는 부품들은 LCD 모듈보다 먼저 조립하며, 높이를 고려하여 가급적이면 소켓을 사용하지 말고 직접 납땜하여 조립하라.

⑥ LCD 모듈은 직접 기판에 고정되도록 조립하지 말고 콘넥터를 사용하여 착탈식으로 처리하라. 조립후에는 가변저항 VR2로 화면의 밝기가 적절해지도록 조정해야 한다.

⑦ 필요없는 부품은 조립하지 않아도 된다. 예를 들어 콘넥터 CN6은 이 책에서 사용하지 않으므로 조립하지 않아도 된다. 또한, 다운로드 케이블 접속용 콘넥터 CN2와 CN3은 서로 모양과 크기가 같으므로 자신에게 필요한 1개만을 조립하여 사용하면 오접속을 방지할 수 있어서 안정성 측면에서 바람직하다.

⑧ 키트의 전원은 반드시 안정된 SMPS를 사용하라. 이 키트는 기본적으로는 +5V/1A 정도라면 충분히 동작한다. 하지만, A/D 및 D/A와 같은 아날로그 회로를 사용하려면 ±12V 또는 ±15V 출력을 함께 가지고 있는 SMPS가 필요하다.

(2) *OK-89S52* 키트를 조립하고 나서 동작을 테스트하는 방법

이제 *OK-89S52* 키트의 납땜과 조립이 모두 끝났으면 이것이 동작을 테스트하여 확인하여야 한다. 만약, 여러분이 믿을 수 있는 부품으로 자신있게 납땜하였다면 틀림없이 잘 동작할 것이니 별로 걱정할 필요는 없다. "**잘 동작되도록 설계해 놓은 것을 동작되지 않게 조립하는 것도 보통 능력이 아니다!**"라는 점을 상기하고, "**남들은 이를 설계하고 만들기도 하는데 단지 조립하여 사용하라는 것을 못하랴!**"라고 자신의 오기를 자극하시라.

이제 설레는 가슴을 진정시키고 작업하던 주위를 좀 깨끗하게 정리한 후에 차분하게 다음과 같은 순서로 테스트를 시작한다.

① 조립이 끝났으면 작업하던 테이블 위를 깨끗이 청소하고 다시 한번 조립상태를 세밀하게 점검하라. 부품이 바뀌지 않고 올바르게 선정되었는지, 극성이 바르게 조립되었는지, 납땜 상태는 양호한지 등을 중점적으로 체크한다.

◀휴게실▶ 회로도에서는 생략되지만 PCB에서 유의할 사항

우리가 컴퓨터의 회로도에서는 일반적으로 생략하지만 PCB 기판을 설계할 때는 다음과 같은 사항이 고려된다. 따라서, 이들 사항은 PCB를 조립하는 경우에도 알아두는 것이 좋다.

① 회로도에서 특히 IC 소자의 경우에는 일반적으로 전원 및 GND 단자가 생략되어 있다. 그러나, 기판 설계시에는 반드시 이를 각각 전원선 및 접지선에 연결해 주어야 한다. 따라서, 사용자가 조립후에 이를 계측기로 측정하거나 하드웨어 디버깅을 실시할 경우에는 해당 IC의 데이터 시트를 참조하여야 한다.

② 기판 설계시에 전원선은 신호선에 비하여 상대적으로 굵게 배선한다. 각 전원선의 굵기는 전류용량에 따라 적절히 하면 된다.

③ 전원이 기판으로 공급되는 입구 부근에는 반드시 필터 콘덴서(filter condenser)를 설치한다. 기판이 크고 IC 논리소자가 많을 경우에는 IC 소자 10~30개 정도에 1개씩 필터 콘덴서를 기판에 분포시켜 추가하는 것이 바람직하다. 필터 콘덴서는 먼 거리의 전원장치로부터 전원이 공급됨으로써 발생할 수 있는 전압강하를 방지하거나, 부하에서 순간적으로 대전류를 필요로 할 때 이 콘덴서에서 전류를 공급하는 역할을 수행함으로써 회로의 안정된 동작을 유지한다. 필터 콘덴서로는 대부분 수십[μF]의 전해 콘덴서 또는 탄탈 콘덴서를 사용한다. 탄탈 콘덴서가 성능이 우수하지만 가격이 비싸다. 따라서, 사용자가 기판을 조립할 경우에도 이들 필터 콘덴서는 반드시 조립하는 것이 좋으며, 이들 콘덴서의 극성 및 내압에도 주의해야 한다.

④ IC 논리소자는 ON, OFF의 스위칭 동작시에 순간적으로 꽤 큰 전류가 흐르거나 이 원인으로 전원에 서지(surge)를 발생시켜 전원선으로 퍼뜨림으로써 다른 IC의 동작에 장애를 준다. 특히 디지탈 소자와 같은 전원을 사용하는 아날로그 센서들은 이러한 영향으로 오동작할 우려가 높다. 이러한 영향을 제거하기 위하여 사용하는 콘덴서를 바이패스 콘덴서(bypass condenser) 또는 디커플링 콘덴서(decoupling condenser)라고 한다.(*OK-89S52* 키트의 경우에는 이 바이패스 콘덴서를 회로도에 표시하였지만, 일반적으로 회로도에는 바이패스 콘덴서를 나타내지 않고 생략한다.) 바이패스 콘덴서로는 0.01~0.1[μF]의 고주파 특성이 좋은 세라믹 콘덴서 또는 필름 콘덴서를 사용한다. 이들 바이패스 콘덴서는 IC 소자 2~3개에 1개 정도씩 가급적이면 많이 배치할수록 동작이 안정되며, 해당 소자들에서 가장 가까운 곳에 분포시킨다. 따라서, 사용자가 기판을 조립할 경우에도 이들 바이패스 콘덴서는 반드시 조립하는 것이 좋으며, 대부분의 기판에서는 이들 콘덴서에 부품번호를 표시하지 않음에 주의해야 한다.

⑤ 기판상에서 부품간의 배선은 최단거리 배선을 원칙으로 하며, 특히 동작 주파수가 높은 신호의 배선이나 굵기가 가는 배선은 90°로 꺾지 않고 45°정도로 처리한다.

② 전원을 넣기 전에 키트에 전원이 올바르게 공급될 것인지 다시 한번 점검하라. 전원의 각 전압은 올바른지, 전원의 극성을 반대로 연결하지 않았는지 등을 중점적으로 체크한다.

③ 조립이 끝나면 *OK-89S52* 키트에는 아무 프로그램도 들어있지 않으므로 전원을 넣어봐야 프로그램이 실행되지 않으며 아무 동작도 수행되지 않는다. 그러나, 전원을 투입하고 나서 LED5가 점등되는지, 그리고 +5V, +15V, -15V 단자의 전압이 올바르게 측정되는지를 확인하는 것이 좋다.

④ 아직은 사용자가 직접 프로그램을 작성하는 것은 어려우므로 책의 예제 프로그램에 함께 제공되는 kit_test.hex 파일을 다운로드하여 실행한다. 그러기 위해서는 먼저 제3.2절에서 설명하는 다운로드 프로그램의 사용방법을 익혀야 한다.

⑤ 위의 ④에서 수행한 테스트 프로그램이 모두 올바르게 실행된다면 이제 여러분이 조립한 *OK-89S52* 키트는 거의 정상적으로 동작하는 것으로 봐도 좋다. 그러나, 부분적으로 동작하지 않는 기능이 발견되면 회로도를 보면서 해당 부분의 하드웨어를 체크해야 한다. 만약, 전혀 키트가 동작하지 않고 스스로 이를 디버깅할 능력이 부족하다면 전문가의 도움을 받는 것이 좋다.

예제 프로그램에 함께 제공되는 kit_test.hex는 *OK-89S52* 키트의 각 부분 동작을 점검하기 위한 6가지의 테스트 프로그램으로서 이것은 다음과 같이 사용한다.

① 제3.2절의 설명과 제4.1절의 실습 내용을 보면서 다운로드 프로그램 SPI-Flash Programmer를 실행하고 kit_test.hex 파일을 읽어 다운로드하라.

② 이 프로그램은 부팅 과정에서 긴 버저음과 함께 LED1~LED4가 차례로 점등되고, 텍스트형 LCD 모듈에 키트의 로고가 표시되며, 이어서 6개의 테스트 프로그램이 반복하여 수행된다.

③ 테스트 1은 키입력 테스트로서 KEY1~KEY4를 누르면 이 키를 LED1~LED4와 텍스트 LCD 모듈의 화면에 보여준다.

④ 테스트 2는 7세그먼트 LED 테스트로서 여기에 여러 가지의 문자를 교대로 디스플레이한다.

⑤ 테스트 3은 A/D 컨버터 테스트로서 VR1에 의한 전압값과 온도센서에 의한 현재 기온을 텍스트형 LCD 모듈에 동시에 표시한다. 전압값은 드라이버로 VR1을 돌리면서 0.0V에서부터 5.0V 부근까지 값이 변화하는 것으로서 동작을 확인할 수 있고, 온도값은 엄지와 검지로 온도센서를 잡아 사람의 체온에 의하여 온도값이 변하는 것으로 동작을 확인할 수 있나.

⑥ 테스트 4는 D/A 컨버터 테스트로서 VOUT1 단자에 파형을 출력한다. 이를 오실로스코프로 관측하면 삼각파와 정현파가 출력되는 것을 확인할 수 있다. 이때 점퍼 J1을 ON시켜 놓았다면 출력 파형은 0~+10V 범위로 되고, J1을 OFF하였다면 출력 파형은 -10V~+10V 범위로 된다.

⑦ 테스트 5는 RS-232C 통신 테스트로서 AT89S52의 직렬통신 포트에서 송신한 데이터를 루프백(loop back)하여 다시 수신함으로써 올바른 통신 동작을 확인한다. 즉, *OK-89S52* 키트가 AT89S52의 TXD 단자로 송신한 데이터를 RXD 단자로 수신하여 직렬통신 포트의 정상동작 여부를 체크하는데, 테스트 결과는 LCD 모듈에 메시지로 표시된다. 이 테스트를 수행할 때는 <그림 3.1.4>에 보인 것처럼 미리 RS-232C 통신 케이블의 한쪽을 *OK-89S52* 키트의 콘넥터 CN4에 연결하고 케이블 반대편의 암컷 콘넥터에서 점퍼선으로 2번핀과 3번핀을 연결시켜 주어야 한다. 그러면 *OK-89S52* 키트에서 콘넥터 CN4를 통하여 직렬통신 포트의 TXD 단자로 송신한 데이터를 RXD 단자로 수신할 수 있게 된다.

⑧ 테스트 6은 스피커 사운드 테스트로서 전화벨 소리를 구현하였다. 전화벨이 3번 올바르게 울린다면 정상이다. 이를 확인하려면 물론 콘넥터 CN5에 스피커를 접속하여 놓아야 한다.

이상의 테스트를 실시하면서 정상 동작 여부를 확인하여 만약 *OK-89S52* 키트에 문제가 있다면 하드웨어 디버깅을 수행하여야 한다. 초보자로서 키트를 동작을 점검하는 일은 쉽지 않은 일이지만 키트와 회로도를 대조하면서 원리적으로 차분히 접근하면 꼭 어려운 것만도 아니어서 대부분의 에러는 무난하게 찾아낼 수가 있다. 오히려 키트의 조립후에 정상적으로 동작하지 않으면 더 많은 공부를 할 수도 있다.

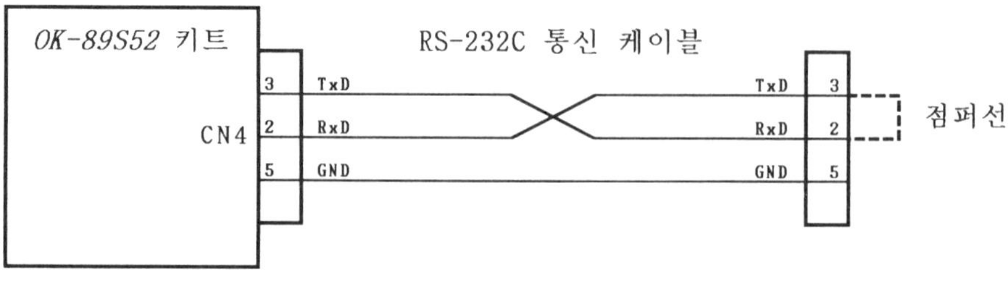

〈그림 3.1.4〉 직렬통신 포트의 루프백 테스트

4. ISP 다운로드 케이블의 제작

현재 수많은 MCS-51 호환의 마이크로콘트롤러 모델들이 있지만 *OK-89S52* 키트에서 굳이 Atmel의 AT89S52를 선택하여 사용하는 것은 무엇보다도 8KB의 내장 플래시 메모리와 이에 대한 간편한 ISP(In-System Programming) 다운로드 기능 때문이다. 간단한 다운로드 케이블을 사용하여 프로그램 메모리에 사용자 프로그램을 다운로드하여 실행할 수 있다는 것은 특히 교육용 트레이닝 키트나 시스템의 개발 과정에서 상당히 매력적인 사항이다.

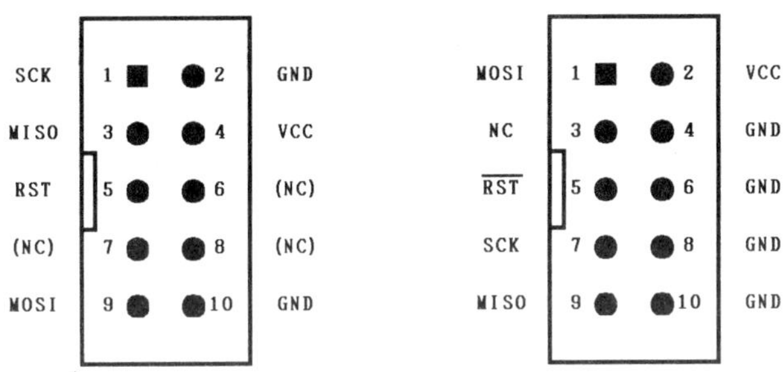

(a) AT89S ISP (b) AVR ISP

〈그림 3.1.5〉 AT89S52용 다운로드 케이블의 콘넥터

Atmel에서는 AT89S 시리즈 모델에 사용자 프로그램을 다운로드할 수 있는 표준의 AT89ISP 케이블과 이를 위한 다운로드 프로그램(AtmelISP.exe)을 무료로 제공한다. 그러나, 이 책에서는 저자가 이를 약간 수정하여 기능적으로 Atmel 표준제품과 호환되는 AT89S ISP 다운로드 케이블을 만들어 사용하기로 한다. 이것을 타겟 보드에 접속하기 위한 콘넥터는 <그림 3.1.5>의 (a)와 같다. *OK-89S52* 키트에는 이러한 다운로드 케이블을 접속하기 위한 콘넥터 CN2를 장착하고 있다.

그런데, AT89S 시리즈의 마이크로콘트롤러에 사용자 프로그램을 다운로드하는데는 이밖에 AVR ISP 다운로드 케이블을 사용해도 된다. 이것은 원래 MCS-51과는 전혀 다른 AVR 계열의 마이크로콘트롤러에 사용자 프로그램을 다운로드하기 위하여 만들어진 것이지만, 이것이 워낙 유명하고 널리 사용되기 때문에 이를 AT89S 시리즈용으로도 사용할 수 있도록 하여 지원하는 것이다.

AVR ISP 다운로드 케이블은 AT89S ISP와 똑같은 모양의 콘넥터를 사용하지만 이것들의 핀 배열은 서로 다르다는데 주의해야 한다. 표준적인 AVR ISP 다운로드 케이블의 콘넥터 핀 배열은 <그림 3.1.5>의 (b)와 같다. *OK-89S52* 키트에는 AVR ISP

다운로드 케이블을 접속하기 위한 또하나의 콘넥터 CN3을 장착하고 있다. 현재 Ohm 사에서 판매하는 AVR ISP 다운로드 케이블에는 병렬포트형의 AVR-ISP Parallel과 직렬포트형의 AVR-ISP Studio/STK500, USB 포트형의 USB-ISP 등이 있는데 이것들은 모두 AVR ISP 부류이므로 *OK-89S52* 키트의 콘넥터 CN3에 접속해 사용한다.

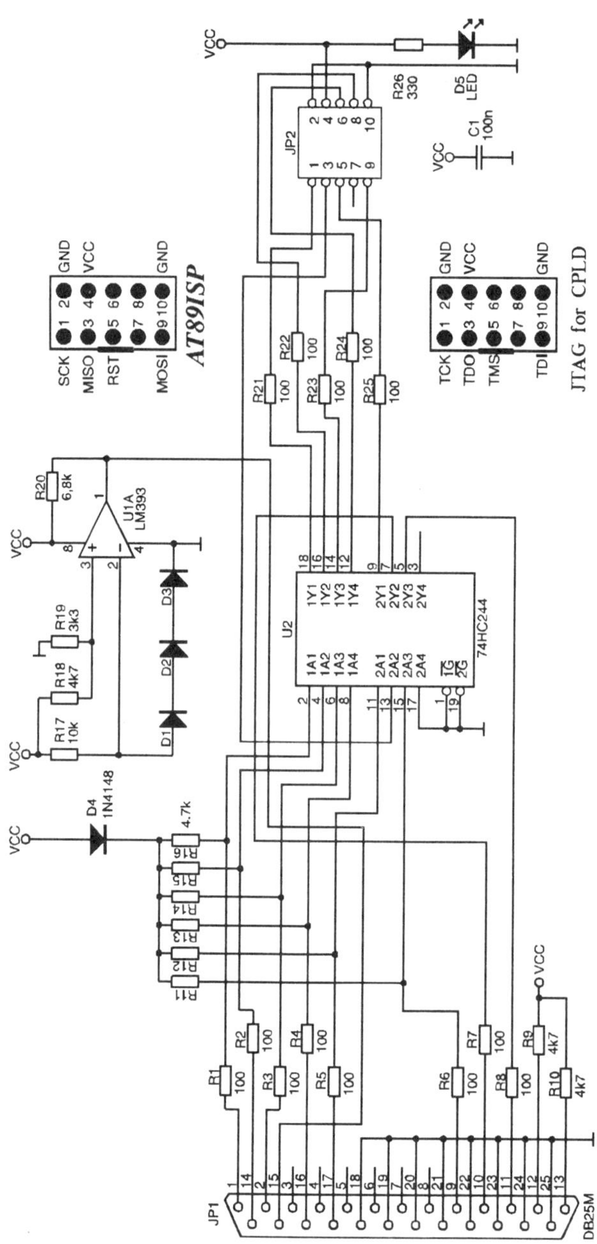

〈그림 3.1.6〉 표준 AT89ISP 다운로드 케이블의 회로도

(1) AT89S ISP 다운로드 케이블

Atmel 표준의 AT89ISP 다운로드 케이블의 회로도는 <그림 3.1.6>과 같다. 이것은 5V형의 AT89S 시리즈 마이크로콘트롤러는 물론이고 3.3V형의 AT89LS 시리즈까지 Atmel의 많은 Flash ISP형 마이크로콘트롤러를 지원하며, CPLD 라이터로까지 사용할 수 있는 제품이다.

그러나, 이 회로는 상당히 복잡하고 부품수가 많으므로 25핀 프린터 콘넥터의 후드(hood) 안에 이를 모두 내장하여 동글(dongle)로 만들려면 모든 소자를 SMD형으로 사용해야 한다. 그러나, 아마추어들이 자작할 수 있도록 하기 위해서는 SMD형의 소자들을 사용하는 것이 바람직하지 않으므로 *OK-89S52* 키트에서는 이 회로를 수정하여 크게 간소화한 AT89S ISP 다운로드 케이블을 재설계하여 사용하기로 한다. 이와 같이 표준의 AT89ISP 다운로드 케이블을 간소화한 AT89S ISP 다운로드 케이블의 회로도는 <그림 3.1.7>과 같고, 이것의 부품 리스트는 <표 3.1.6>에 보였다.

다운로드 케이블 AT89S ISP에서 점퍼 J1은 사용하지 않으나 3.3V형의 AT89LS 시리즈에서는 이를 ON시켜 주어야 한다. 그러나, AT89S ISP는 표준의 AT89ISP 케이블에서 회로를 간략화하는 과정에서 3.3V 모델에서 사용할 때 필요한 기능들을 대부분 생략하였고 또한 이것이 3.3V에서도 올바르게 동작하는지는 검증되지 않았으므로 이를 3.3V 모델에서 사용하는 것은 가급적 피하기 바라며, 꼭 3.3V에서 사용해야하는 경우에는 <그림 3.1.6>처럼 다운로드 케이블을 제작하여 사용하기를 권한다.

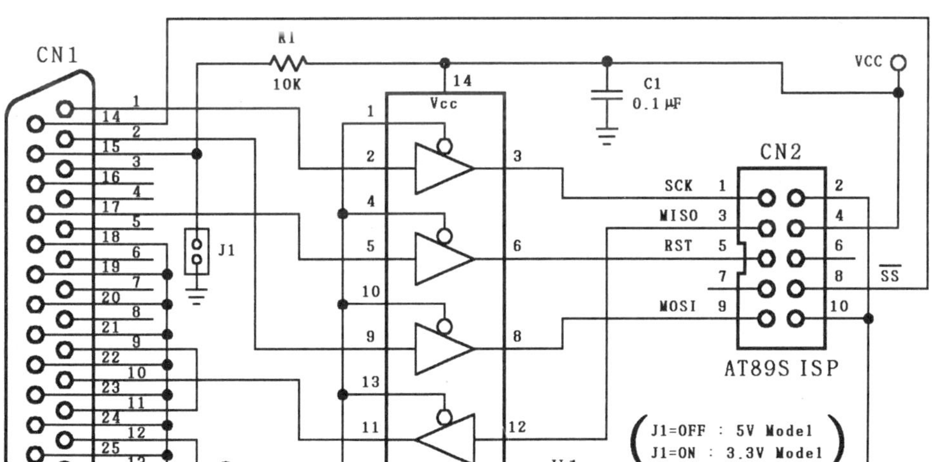

〈그림 3.1.7〉 AT89S ISP 다운로드 케이블의 회로도

〈표 3.1.6〉 AT89S ISP 다운로드 케이블의 부품 리스트

부품 번호	수량	부품명 및 규격	비 고
CN1	1	DS902M25 25핀 D형 수컷 콘넥터	25핀 콘넥터 후드 포함
CN2	1	3FB-10P-S/T 10핀 박스형 콘넥터	
U1	1	74HC125	
R1	1	10K 1/4W	
C1	1	104(0.1μF) 세라믹 또는 모놀리틱	
PCB	1	크기 37×45mm (양면 에폭시)	(구입 : http://www.ohm.co.kr)
플랫 케이블	1	10핀, 1미터 정도	적색선이 1번핀이 되도록 조립
플랫 케이블 콘넥터	2	FLAT-10P	케이블 양단에 조립, CN4의 암컷

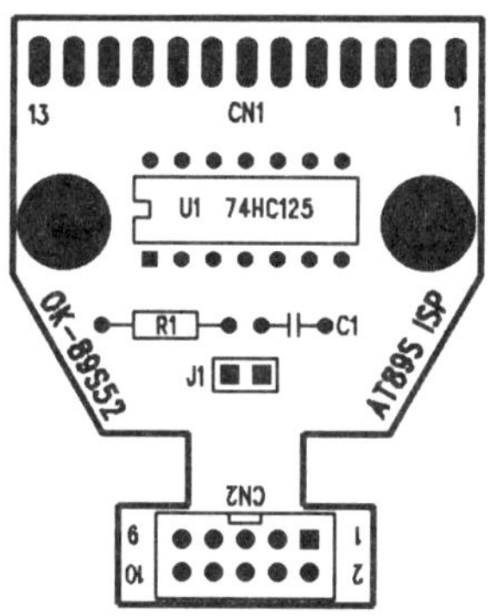

〈그림 3.1.8〉 AT89S ISP 다운로드 케이블의 PCB와 부품 배치도(실물 크기)

〈그림 3.1.9〉 조립이 완료된 AT89S ISP 다운로드 케이블의 동글

이 AT89S ISP 다운로드 케이블의 PCB 부품 배치도는 <그림 3.1.8>에 보였고 납땜 및 조립이 완료된 이 다운로드 케이블의 동글은 <그림 3.1.9>에 보였다.

AT89S ISP 다운로드 케이블은 약 1미터 정도의 10핀 플랫 케이블을 사용하여 *OK-89S52* 키트의 **콘넥터 CN2에 접속**하여 사용한다. 이것은 반드시 Atmel에서 제공하는 **다운로드 프로그램** AtmelISP.exe**와 함께 사용**해야 한다. 이 소프트웨어의 설치 및 사용법은 제3.2절에서 설명한다.

◀휴게실▶ **동글**

퍼스널컴퓨터에서 25핀의 직렬포트 콘넥터 내부에 반도체 회로를 내장하여 특별한 입력신호에 대하여 지정된 신호로 응답하는 장치를 동글(dongle)이라고 한다. 이렇게 콘넥터 속에 내장되는 반도체 회로는 직렬로 액세스하는 EEPROM과 약간의 드라이버 회로로 구성되는 경우가 많다.

동글은 퍼스널컴퓨터에 작동하는 소프트웨어가 실행될 때 이것에 의하여 요구되는 신호에 정상적으로 응답함으로써 이 동글을 가지고 있는 정품 소프트웨어 구입자만이 이 소프트웨어를 정상적으로 사용할 수 있도록 하는 소프트웨어 복제방지 장치로 개발되었으며, 1984년에 PaperClip이라는 소프트웨어에 처음으로 적용되었다.

이것은 처음에는 복사방지 장치로서 소프트웨어 키락(keylock) 또는 하드락(hardware lock)이라고 널리 불려졌으나, 점차로 이것의 사용 범위가 직렬포트 콘넥터에서 프린터 포트 콘넥터 또는 슬롯을 통한 확장 카드로까지 넓어지면서 동글이라고 불리는 경우가 많아졌다. 특히 요즈음에는 직렬포트 콘넥터가 거의 25핀에서 9핀형으로 작게 바뀌면서 직렬포트용의 동글을 사용하는 예는 거의 없으며, 이러한 물리적인 장치를 사용하는 것이 여러 가지로 불편하기 때문에 프린터 포트에 동글을 사용하는 것도 예전에 비해 상당히 감소되는 추세에 있다.

오히려 요즈음에는 AT89S ISP나 AVR ISP 케이블의 경우처럼 소프트웨어 복제방지 장치로서가 아니라 주변장치 인터페이스 회로로서의 기능을 가지는 새로운 형태의 동글이 널리 사용되고 있다.

(2) AVR-ISP Parallel 다운로드 케이블

AVR 마이크로콘트롤러의 다운로드 케이블 중에서 가장 널리 사용되고 있는 병렬포트형의 AVR ISP 다운로더 케이블인 AVR-ISP Parallel은 http://www.lancos.com에서 제공하는 다운로더 케이블을 부분적으로 개선하여 다시 설계한 제품으로서 그 회로도는 <그림 3.1.10>과 같고, 부품 리스트는 <표 3.1.7>에 보였다.

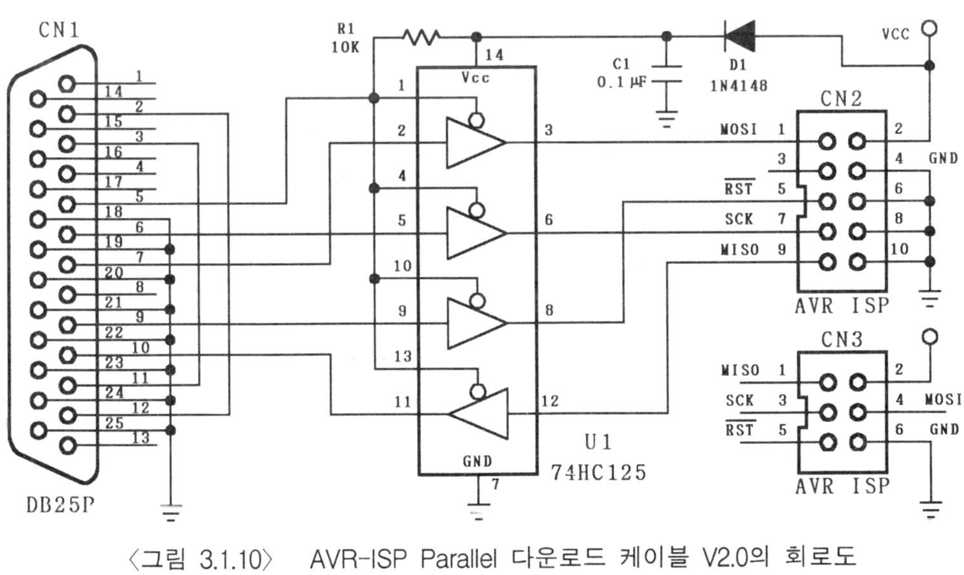

〈그림 3.1.10〉 AVR-ISP Parallel 다운로드 케이블 V2.0의 회로도

〈표 3.1.7〉 AVR-ISP Parallel 다운로드 케이블 V2.0의 부품 리스트

부품 번호	수량	부품명 및 규격	비 고
CN1	1	DS902M25 25핀 D형 수컷 콘넥터	25핀 콘넥터 후드 포함
CN2	1	3FB-10P-S/T 10핀 박스형 콘넥터	CN3은 조립하지 않음
U1	1	74HC125	
D1	1	1N4148	
R1	1	10K 1/4W	
C1	1	104(0.1μF) 세라믹 또는 모놀리틱	
PCB	1	크기 37×32mm (양면 에폭시)	(구입 : http://www.ohm.co.kr)
플랫 케이블	1	10핀, 1미터 정도	적색선이 1번핀이 되도록 조립
플랫 케이블 콘넥터	2	FLAT-10P	케이블 양단에 조립, CN2의 암컷

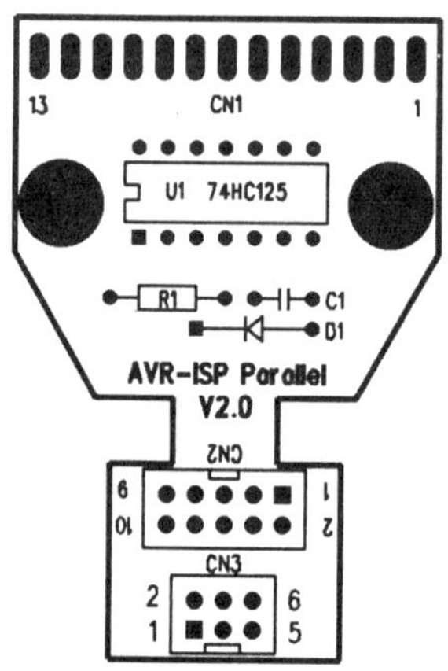

〈그림 3.1.11〉 AVR-ISP Parallel 다운로드 케이블 V2.0의 PCB와 부품 배치도(실물 크기)

〈그림 3.1.12〉 조립이 완료된 AVR-ISP Parallel 다운로드 케이블 V2.0

이 제품에서는 내부적으로 동작전압의 범위가 넓은 74HC125 소자를 사용하고, 이것의 동작 전원으로서 10핀 콘넥터의 2번핀을 통하여 공급되는 타겟 보드(target board)의 전원을 사용하므로 타겟 보드의 마이크로콘트롤러가 5V 전원을 사용하는 경우 또는 3.3V 전원을 사용하는 경우에 별도의 회로 수정이 필요없이 모두 그대로 사용할 수 있다. 여기서 6핀 콘넥터 CN3은 사용하지 않으므로 조립하지 않는다.

원래 AVR-ISP Parallel 다운로드 케이블은 AVR 마이크로콘트롤러에 대하여 사용하기 위한 것이므로 5번 핀이 $\overline{\text{RST}}$로 되어 있다. 즉, AVR 마이크로콘트롤러에서는 이 신호를 L로 출력하여 MCU를 리셋한 상태에서 다운로드 동작을 수행한다. 그러나, AT89S 시리즈의 마이크로콘트롤러는 리셋신호가 H상태일 때 MCU가 리셋되므로 다운로드 프로그램에서는 이 5번 핀을 H로 출력하고 다운로드 동작을 수행한다.

이 AVR-ISP Parallel 다운로드 케이블 V2.0의 PCB 부품 배치도는 <그림 3.1.11>과 같고, 납땜과 조립이 모두 완료된 병렬포트형 AVR-ISP Parallel 케이블의 모습은 <그림 3.1.12>와 같다. 병렬포트형 AVR-ISP Parallel 다운로드 케이블은 병렬포트에 직접 접속하는 동글과 타겟 보드에 연결하기 위한 플랫 케이블로 구성된다.

AVR-ISP Parallel 다운로드 케이블은 약 1미터 정도의 10핀 플랫 케이블을 사용하여 *OK-89S52* 키트의 **콘넥터 CN3에 접속**하여 사용한다. AVR 마이크로콘트롤러에 이 케이블을 사용하여 사용자 프로그램을 다운로드할 때는 유명한 PonyProg2000 프로그램을 사용한다. 그러나, 이 프로그램은 아직 AT89S 시리즈를 제대로 지원하지 않으므로 현재 AVR-ISP Parallel 다운로드 케이블을 사용하여 AT89S 시리즈의 마이크로콘트롤러에 사용자 프로그램을 다운로드할 때는 Mohammad Asim Khan이 만들어 무료로 제공하는 **SPI-Flash Programmer**(SpiPgm.exe)**라는 프로그램을 사용**해야 하는데, 이 소프트웨어의 설치 및 사용법은 제3.2절에서 설명한다.

OK-89S52 키트에 사용자 프로그램을 다운로드하기 위하여 사용할 수 있는 다운로드 케이블에는 이밖에도 AVR-ISP Studio/STK500이나 USB-ISP 등이 있으며 이것들은 모두 Atmel사의 AVR Studio 프로그램과 함께 사용하는데, 이러한 다운로드 케이블을 사용하는 방법은 여기서 소개하지 않으니 Ohm사에서 판매하는 해당 제품의 사용자 매뉴얼을 참조하기 바란다.

5. RS-232C 통신 케이블의 제작

OK-89S52 키트는 AT89S52의 직렬통신 포트를 사용하여 외부와 RS-232C 직렬통신을 수행할 수 있는데, 이를 위해서는 RS-232C 직렬통신 케이블이 필요하다. 이것의 구조는 <그림 3.1.13>과 같이 매우 간단하여 사용자가 직접 만들어 사용할 수 있다.

RS-232C 통신 콘넥터는 퍼스널컴퓨터와 같은 DTE측에 D형 콘넥터의 수컷을 사용하고, 모뎀과 같은 DCE측에 D형 콘넥터의 암컷을 사용하도록 되어 있다. 그러나, *OK-89S52* 키트는 DTE로서 우리는 지금 IBM PC와 직접 즉, DTE끼리 직접 통신을 수행하고자 하는 것이므로 RS-232C 통신 케이블의 양쪽에는 모두 암컷 콘넥터를 사용해야 한다. 흔히 트레이닝 키트의 직렬통신 포트에 암컷 콘넥터를 사용하는 경우가 있으나 이는 잘못된 것이다.

그런데, IBM PC에서는 직렬통신 포트에 25핀의 D형 콘넥터(DB25-HM)를 사용하는 경우도 있고 9핀의 D형 콘넥터(DB9-HM)를 사용하는 경우도 있으므로 <그림 3.1.13>에서 제시한 2가지 중에서 자신이 사용하는 퍼스널컴퓨터에 맞도록 하나를 선정하여 직렬통신 케이블을 제작하여야 한다.

요즈음에는 퍼스널컴퓨터에서 9핀 콘넥터를 사용하는 것이 거의 일반화되었으며, 노트북컴퓨터에서는 병렬포트나 직렬포트를 가지고 있지 않는 경우도 많아지고 있다. 직렬포트가 없는 노트북컴퓨터에서 이러한 RS-232C 직렬통신을 수행하려면 USB 포트에 USB-to-232 컨버터를 사용하여 RS-232C 통신 케이블을 접속하면 된다.

IBM PC의 직렬 포트	RS-232C용 직렬통신 케이블		OK-89S52의 콘넥터 CN4
(9핀 콘넥터 수컷)	(9핀 콘넥터 암컷)	(9핀 콘넥터 암컷)	(9핀 콘넥터 수컷)
②(RxD)	(RxD)②	③(TxD)	③(TxD)
③(TxD)	(TxD)③	②(RxD)	②(RxD)
⑤(GND)	(GND)⑤	⑤(GND)	⑤(GND)

(a) IBM PC의 직렬 포트가 9핀 콘넥터인 경우

(25핀 콘넥터 수컷)	(25핀 콘넥터 암컷)	(9핀 콘넥터 암컷)	(9핀 콘넥터 수컷)
②(TxD)	(TxD)②	②(RxD)	②(RxD)
③(RxD)	(RxD)③	③(TxD)	③(TxD)
⑦(GND)	(GND)⑦	⑤(GND)	⑤(GND)

(b) IBM PC의 직렬 포트가 25핀 콘넥터인 경우

〈그림 3.1.13〉 RS-232C 직렬통신용 케이블의 결선도

일부의 직렬통신 프로그램에서는 RS-232C 통신 케이블에서 TxD 및 RxD 신호와 $\overline{RTS}$, $\overline{CTS}$, $\overline{DTR}$, $\overline{DSR}$과 같은 모뎀제어 신호를 사용하여 핸드세이킹 제어를 수행하는 경우도 있지만, 대부분의 MCU에서는 TxD 및 RxD 신호만으로 간단히 직렬통신을 수행한다. 모뎀제어 신호를 사용하지 않으려면 퍼스널컴퓨터의 하이퍼터미널과 같은 직렬통신 프로그램에서 핸드세이킹 제어를 사용하지 않는 것으로 설정한다.

3.2 다운로드 프로그램의 설치 및 사용

이 절에서는 *OK-89S52* 키트에 사용자 프로그램의 HEX 파일을 다운로드하고 실행하는 프로그램의 설치 및 사용방법에 대하여 설명한다. 이것들은 모두 무료로 구하여 사용할 수 있다.

1. SPI-Flash Programmer의 설치 및 사용

OK-89S52 키트에 사용자 프로그램의 HEX 파일을 다운로드하고 실행하기 위하여 앞의 <그림 3.1.10>~<그림 3.1.12>와 같은 **AVR-ISP Parallel 케이블**을 사용하는 경우에는 반드시 이를 **콘넥터 CN3에 접속**해야 한다. 이 병렬포트형 다운로드 케이블은 원래 AVR 마이크로콘트롤러용으로 개발된 것이지만 *OK-89S52* 키트에서는 이를 AT89S52의 다운로드용으로도 사용할 수 있도록 콘넥터 CN3을 마련하여 두었다.

(1) SPI-Flash Programmer의 설치

병렬포트형의 AVR ISP를 사용할 때 퍼스널컴퓨터 측의 다운로드 프로그램은 파키스탄의 Mohammad Asim Khan이라는 사람이 만들고 태국인 동료가 운영하는 인터넷 사이트 http://chaokhun.kmitl.ac.th/~kswichit/ 에 무료로 공개하고 있는 SPI-Flash Programmer 3.7을 사용하는 것이 좋다. *OK-89S52* 키트를 위한 이 책의 모든 예제에서는 이 다운로드 프로그램을 기본으로 사용하기로 한다. 그러나, AVR에서 널리 사용하는 유명한 PonyProg2000은 AT89S52를 지원하지 않으므로 사용할 수 없다.

여기서는 Windows XP 운영체제를 기준으로 이 프로그램을 설치하고 사용하는 방법을 설명하는데 그 외의 운영체제에서도 거의 이와 유사한 방법으로 설치하여 사용할 수 있으며, 이 소프트웨어가 나중에 업그레이드되더라도 그에 맞도록 적절히 처리하면 된다.

① Ohm사나 저자의 인터넷 홈페이지 자료실에서 SPI-Flash Programmer 3.7 파일인 SpiPgm37.zip을 다운로드하여 가져온다.

② 이를 C:\Keil\ 폴더에 놓고 압축을 풀면 C:\Keil\SpiPgm37\ 폴더가 생기면서 압축이 풀려서 2개의 파일이 만들어진다.(모든 소프트웨어를 설치하였을 때의 폴더 구조가 <그림 3.3.9>처럼 되어야 하므로 폴더 이름이나 폴더 구조를 함부로 바꾸지 마라.)

③ 이중에서 실행 프로그램은 C:\Keil\SpiPgm37\SpiPgm.exe 인데 이제부터 이를 편리하게 사용하려면 바탕화면에 <그림 3.2.1>처럼 바로가기 아이콘을 만들어 두는 것이 좋다.

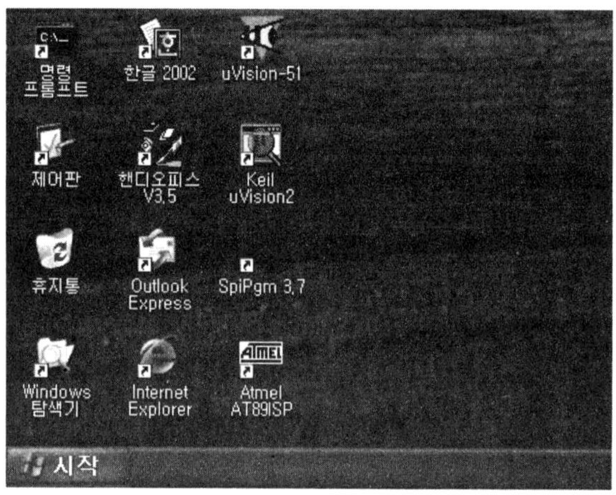

〈그림 3.2.1〉 바탕 화면에 만든 SPI-Flash Programmer 3.7의 바로가기 아이콘

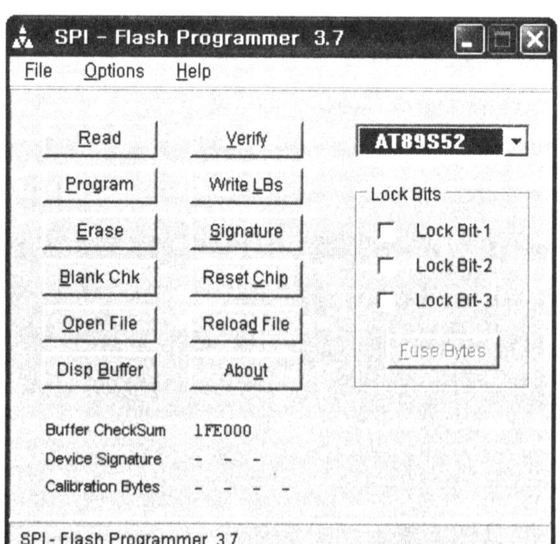

〈그림 3.2.2〉 SPI-Flash Programmer를 실행한 초기 화면

④ 이제 SPI-Flash Programmer의 바로가기 아이콘을 누르면 이 프로그램이 실행되면서 로고(logo) 화면을 거쳐서 <그림 3.2.2>와 같은 작업화면이 나타난다. 처음에는 사용할 MCU의 모델명이 AT89S51로 되어 있으므로 이를 AT89S52로 수정해야 하는데 <그림 3.2.2>는 이렇게 수정한 결과를 보인 것이다.

⑤ 주메뉴에서 Options를 누르면 <그림 3.2.3>에 보인 바와 같이 옵션 설정화면이 나타난다. 여기서는 다운로드 케이블을 연결할 병렬포트를 선택하는 것 이외에는 건드리지 않는 것이 좋다. 실제로 사용하는 병렬포트가 LPT1이면 초기 설정상태로 그냥 두고, 다른 포트를 사용하는 경우에는 그에 맞게 수정하여 선택한다. 이를 수정하였을 경우에는 반드시 마지막에 Apply 아이콘을 클릭해 주어야 한다.

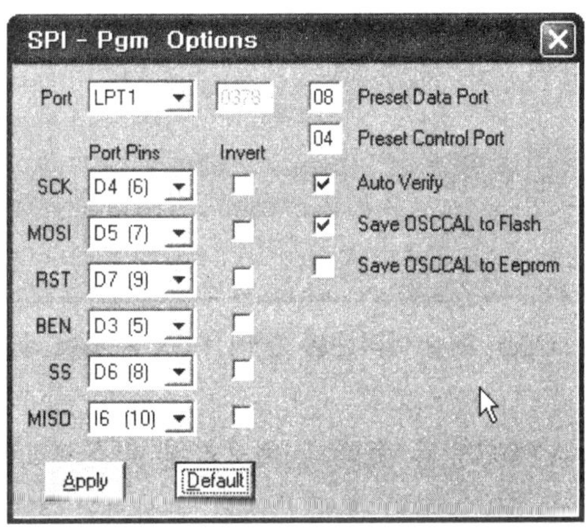

〈그림 3.2.3〉 옵션 설정을 위한 화면

(2) SPI-Flash Programmer의 사용

이상과 같이 SPI-Flash Programmer 3.7의 설치를 끝냈으면 이를 사용하는 방법은 다음과 같다.

① 이 프로그램에는 <그림 3.2.2>에 보인 바와 같이 File, Options, Help 등의 3가지 주메뉴가 있으나, <그림 3.2.3>과 같이 옵션을 설정하고 나면 이제 거의 이 주메뉴를 사용할 필요가 없으며, 마우스로 바탕에 있는 아이콘들을 클릭하여 필요한 기능을 수행하게 된다.

② *OK-89S52* 키트에 다운로드할 사용자 프로그램의 HEX 파일을 읽어오려면 Open File 아이콘을 누른다. 그러면 <그림 3.2.4>와 같은 파일 선택창이 나타나므로 여기서 원하는 HEX 파일을 선택하고 열기 아이콘을 누르면 된다.

만약, 어셈블리 언어로 작성한 예제 프로그램의 HEX 파일을 다운로드하려면 이 그림에서처럼 C:\Keil\OK89S52asm\ 폴더를 찾아가서 파일 형식을 Hex files(*.hex)로 설정하고 파일을 검색하면 되며, C언어로 작성한 예제 프로그램의 HEX 파일을 다운로드하려면 C:\Keil\OK89S52c\ 폴더를 찾아가서 파일을 검색해야 한다.

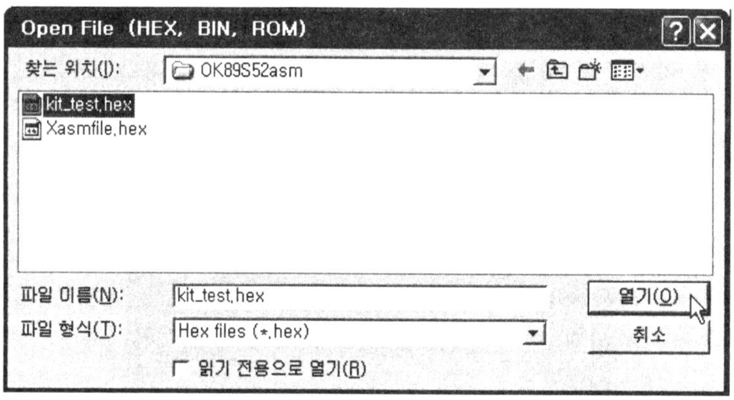

〈그림 3.2.4〉 Open File 아이콘을 눌러 HEX 파일을 읽어들이는 화면

③ 이 HEX 파일을 AT89S52의 플래시 메모리에 다운로드하려면 Program 아이콘을 누른다. 그러면 <그림 3.2.5>처럼 진행상태를 표시하는 화면이 나타나면서 다운로드가 수행된다

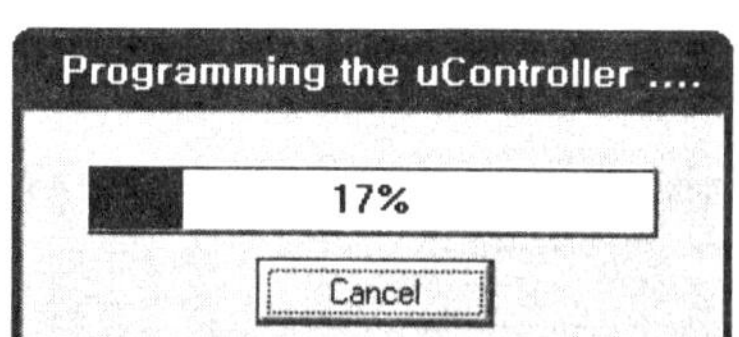

〈그림 3.2.5〉 Program 아이콘을 눌러 HEX 파일을 다운로드하고 있는 화면

④ 만약, 이때 HEX 파일의 내용을 확인하거나 수정할 필요가 있다면 Disp Buffer 아이콘을 누른다. 그러면 <그림 3.2.6>과 같은 화면이 나타나므로 내용을 보거나 수정할 수 있다.

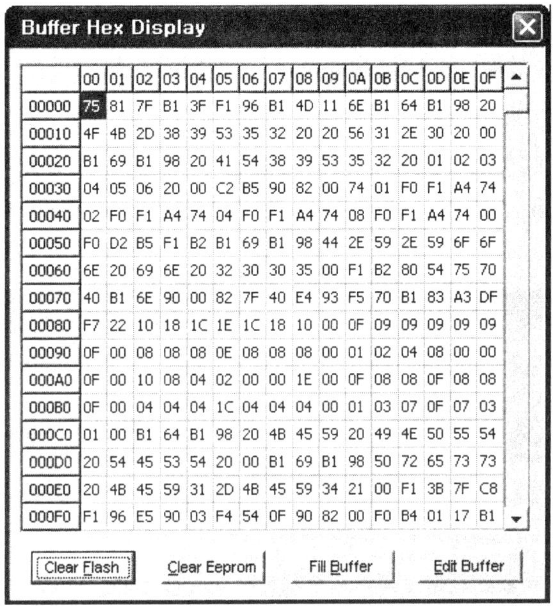

	00	01	02	03	04	05	06	07	08	09	0A	0B	0C	0D	0E	0F
00000	75	81	7F	B1	3F	F1	96	B1	4D	11	6E	B1	64	B1	98	20
00010	4F	4B	2D	38	39	53	35	32	20	20	56	31	2E	30	20	00
00020	B1	69	B1	98	20	41	54	38	39	53	35	32	20	01	02	03
00030	04	05	06	20	00	C2	B5	90	82	00	74	01	F0	F1	A4	74
00040	02	F0	F1	A4	74	04	F0	F1	A4	74	08	F0	F1	A4	74	00
00050	F0	D2	B5	F1	B2	B1	69	B1	98	44	2E	59	2E	59	6F	6F
00060	6E	20	69	6E	20	32	30	30	35	00	F1	B2	80	54	75	70
00070	40	B1	6E	90	00	82	7F	40	E4	93	F5	70	B1	83	A3	DF
00080	F7	22	10	18	1C	1E	1C	18	10	00	0F	09	09	09	09	09
00090	0F	00	08	08	08	0E	08	08	08	00	01	02	04	08	00	00
000A0	0F	00	10	08	04	02	00	00	1E	00	0F	08	08	0F	08	08
000B0	0F	00	04	04	04	1C	04	04	04	00	01	03	07	0F	07	03
000C0	01	00	B1	64	B1	98	20	4B	45	59	20	49	4E	50	55	54
000D0	20	54	45	53	54	20	00	B1	69	B1	98	50	72	65	73	73
000E0	20	4B	45	59	31	2D	4B	45	59	34	21	00	F1	3B	7F	C8
000F0	F1	96	E5	90	03	F4	54	0F	90	82	00	F0	B4	01	17	B1

〈그림 3.2.6〉 Disp Buffer 아이콘을 눌러 HEX 파일의 내용을 확인하는 화면

⑤ Verify 아이콘은 다운로드한 플래시 메모리의 내용이 현재 HEX 파일 버퍼에 있는 내용과 일치하는지를 비교하는데 사용한다. 또한, Read 아이콘은 플래시 메모리의 내용을 읽어들이는데 사용하고, Erase 아이콘은 플래시의 내용을 지워 모두 FFH로 만드는데 사용하며, 플래시 메모리가 모두 지워졌는지를 확인하려면 Blank Chk 아이콘을 누르면 된다.

⑥ Signature 아이콘은 AT89S52의 제품표시 바이트(signature byte)를 확인하는데 사용하며, <그림 3.2.7>과 같이 제품표시 바이트가 읽혀진다. 프로그램 메모리 록 비트를 설정하려면 Lock Bit-1, Lock Bit-2, Lock Bit-3을 원하는 상태로 체크하고 나서 Write LBs 아이콘을 누른다.

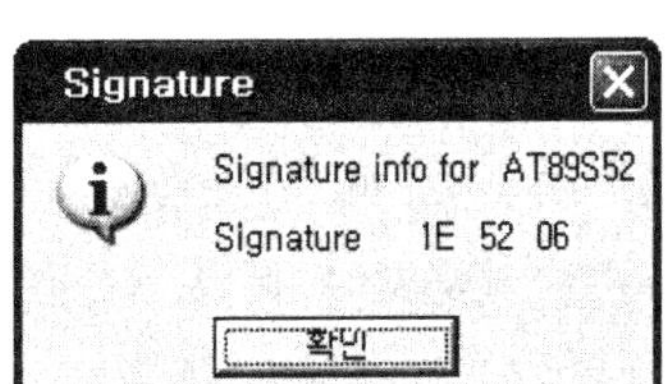

〈그림 3.2.7〉 Signature 아이콘을 눌러 제품표시 바이트를 확인하는 화면

⑦ 만약 이와 같은 동작을 수행할 때 <그림 3.2.8>이나 <그림 3.2.9>와 같은 에러 메시지가 발생하면 지정된 동작이 올바르게 수행되지 않는 것이다. 이 경우는 퍼스널 컴퓨터의 병렬포트와 *OK-89S52* 키트의 콘넥터 CN3 사이에 다운로드 케이블이 올바르게 접속되어 있는지, *OK-89S52* 키트의 전원이 올바르게 공급되고 있는지, Options 메뉴에서 MCU 모델을 AT89S52로 올바르게 지정하였는지 등을 체크하여 보라.

〈그림 3.2.8〉 동작 에러 화면1

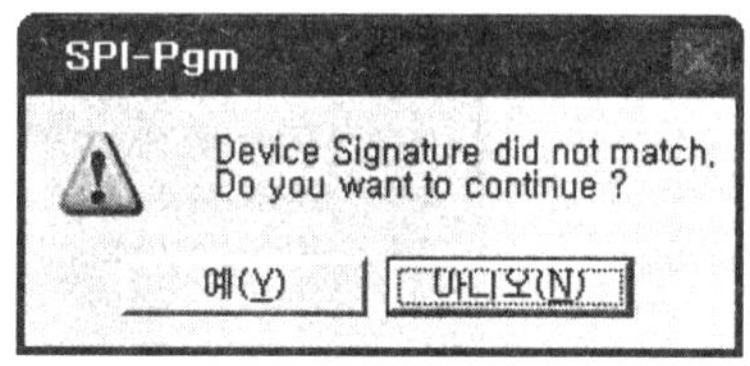

〈그림 3.2.9〉 동작 에러 화면2

◀참고▶ *OK-89S52* 키트의 CN3 콘넥터에 연결하여 사용할 수 있는 AT89S52의 다운로드 케이블에는 이밖에도 직렬포트형인 AVR-ISP Studio/STK500이나 USB 포트형인 USB-ISP가 있다. 이것들은 원래 AVR 마이크로콘트롤러용으로 개발된 것이지만 AT89S52의 플래시 메모리에 대한 다운로드 기능도 지원한다. 이것들은 모두 Atmel사에서 무료로 제공하는 AVR Studio 프로그램과 함께 사용된다. 이러한 다운로드 케이블은 Ohm사에서 구입할 수 있으며, 사용방법은 해당 제품의 사용자 매뉴얼을 참조하기 바란다.

2. AT89ISP의 설치 및 사용

OK-89S52 키트에 사용자 프로그램의 HEX 파일을 다운로드하고 실행하기 위하여 앞의 <그림 3.1.7>~<그림 3.1.9>와 같은 **AT89S ISP 케이블**을 사용하는 경우에는 반드시 이를 **콘넥터 CN2에 접속**해야 한다. 이 병렬포트형 다운로드 케이블은 Atmel사에서 AT89S 시리즈의 MCU용으로 개발한 것인데 *OK-89S52* 키트에서는 이를 약간 수정하여 다시 만들었으며 이를 접속할 수 있도록 콘넥터 CN2를 마련하여 두었다.

(1) AT89ISP의 설치

병렬포트형의 AT89S ISP를 사용할 때 퍼스널컴퓨터 측의 다운로드 프로그램은 Atmel사에서 제공하는 AT89ISP를 사용해야 한다. 이 프로그램은 처음에 V1.0이 제공되다가 2005년에 V2.2로 업그레이드하는 파일이 추가로 제공되었다.

AT89ISP는 Atmel에서 AT89S 시리즈의 마이크로콘트롤러용으로 제공하는 표준의 다운로드 프로그램과 다운로드 케이블이지만 사용 방법이 매우 불편하게 되어 있다.

그래서, *OK-89S52* 키트를 위한 이 책의 모든 예제에서는 가급적이면 이것들을 사용하지 않고, 위에서 설명하였던 AVR ISP 다운로드 케이블과 SPI-Flash Programmer 다운로드 프로그램을 기본으로 사용하기로 한다.

여기서는 Windows XP 운영체제를 기준으로 이 프로그램을 설치하고 사용하는 방법을 설명하는데 그 외의 운영체제에서도 거의 이와 유사한 방법으로 설치하여 사용할 수 있으며, 이 소프트웨어가 나중에 업그레이드되더라도 그에 맞도록 적절히 처리하면 된다.

① Ohm사나 저자의 인터넷 홈페이지 자료실에서 AT89ISP V1.0의 프로그램 파일인 AT89ISP.zip을 다운로드하여 가져온다.

② 이를 C:\Keil\ 폴더에 놓고 압축을 풀면 C:\Keil\AT89ISP\ 폴더가 생기면서 압축이 풀려 setup.exe를 비롯한 몇 개의 파일이 만들어진다.

③ setup.exe를 실행하여 AT89ISP V1.0 프로그램을 설치한다. 이 프로그램은 기본적으로 C:\Program Files\AtmelISP\ 폴더에 설치된다. V1.0에서는 AT89S51, AT89S52, AT89S53, AT89S8252, AT89LS53, AT89LS8252 모델을 지원한다.

④ Ohm사나 저자의 인터넷 홈페이지 자료실에서 AT89ISP V2.2 업그레이드 파일인 AT89ISP_Update2_2.zip을 다운로드하여 가져온다.

⑤ 이를 C:\Keil\ 폴더에 놓고 압축을 풀면 C:\Keil\AT89ISP_Update2_2\ 폴더가 생기면서 압축이 풀려 AT89ISP_Update.exe를 비롯한 몇 개의 파일이 만들어진다.

⑥ AT89ISP_Update.exe를 실행하여 AT89ISP V2.2 프로그램을 설치한다. 이 프로그램은 기본적으로 C:\Program Files\AtmelISP\ 폴더에 설치되어 있는 V1.0을 업그레이드한다. V2.2에서는 AT89S8253, AT89S2051, AT89S4051, AT89LP2052, AT89LP4052 모델을 추가로 지원한다.

⑦ 이것의 실행 프로그램은 C:\Program Files\AtmelISP\AtmelISP.exe 인데 이제부터 이를 편리하게 사용하려면 바탕화면에 <그림 3.2.10>에 보인 바와 같이 바로가기 아이콘을 만들어 두는 것이 좋다.

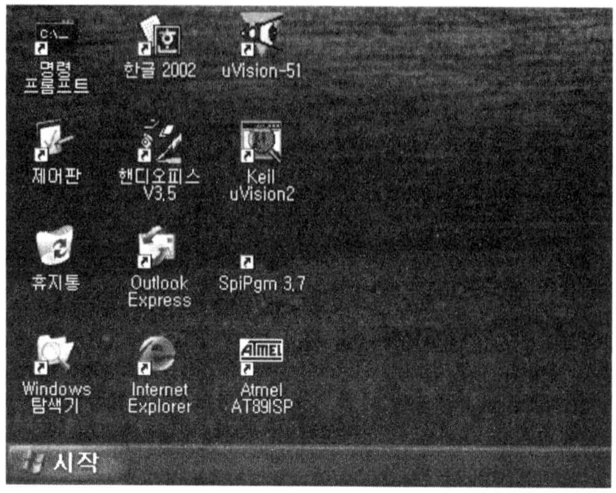

〈그림 3.2.10〉 바탕 화면에 만든 AT89ISP 2.2의 바로가기 아이콘

(2) AT89ISP의 사용

이상과 같이 AT89ISP를 설치하고 V2.2의 업그레이드를 끝냈으면 이를 사용하는 방법은 다음과 같다.

① AT89ISP의 바로가기 아이콘을 누르면 이 프로그램이 실행되어 <그림 3.2.11>과 같은 작업화면이 나타난다.

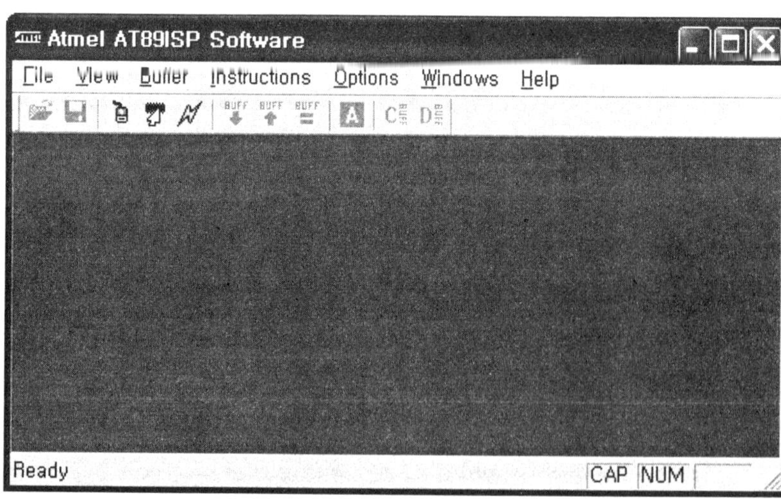

〈그림 3.2.11〉 AT89ISP 2.2의 기본 작업화면

② 먼저 Options → Select Port 메뉴를 선택하여 <그림 3.2.12>와 같이 선택화면이 나타나면 AT89S ISP 다운로드 케이블을 접속한 병렬포트를 지정한다.

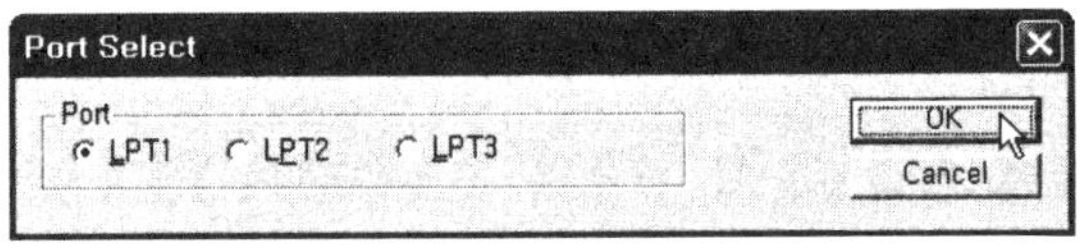

〈그림 3.2.12〉 병렬포트를 선택하는 화면

③ 다음에 Options → Select Device... 메뉴를 선택하여 <그림 3.2.13>와 같이 선택화면이 나타나면 AT89S52를 선택하고, 가급적이면 Page Mode를 선택하며 XTAL(MHz)은 24로 지정한다.

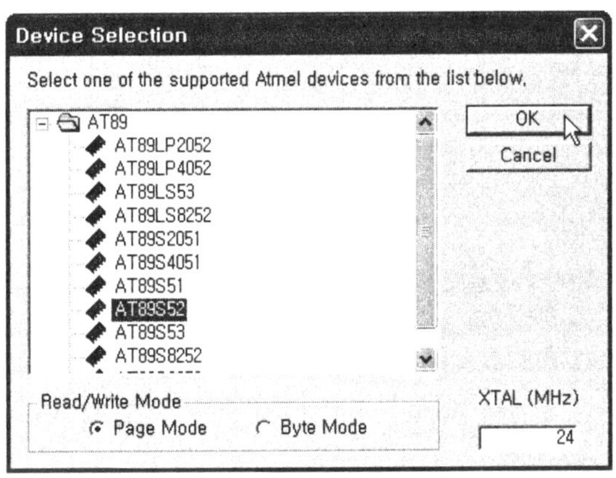

〈그림 3.2.13〉 AT89S52 모델을 선택하는 화면

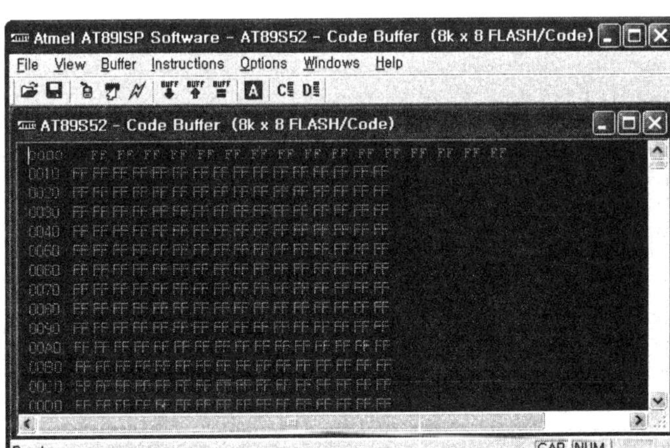

〈그림 3.2.14〉 MCU 모델을 AT89S52로 지정하여 프로그램이 활성화된 화면

④ AT89S ISP 다운로드 케이블이 올바르게 연결되고 *OK-89S52* 키트의 전원이 켜진 상태에서 이와 같이 MCU 모델을 지정하고 나면 이제 이 프로그램의 모든 동작이 활성화되면서 화면이 <그림 3.2.14>와 같이 바뀌고 모든 메뉴가 활성화된다.

⑤ *OK-89S52* 키트에 다운로드할 사용자 프로그램의 HEX 파일을 읽어오려면 File → Load Buffer... 메뉴를 누른다. 그러면 <그림 3.2.15>와 같은 파일 선택창이 나타나므로 여기서 원하는 HEX 파일을 선택하고 열기 아이콘을 누르면 된다. HEX 파일을 읽어들이면 <그림 3.2.16>과 같이 화면에 그 내용이 표시된다.

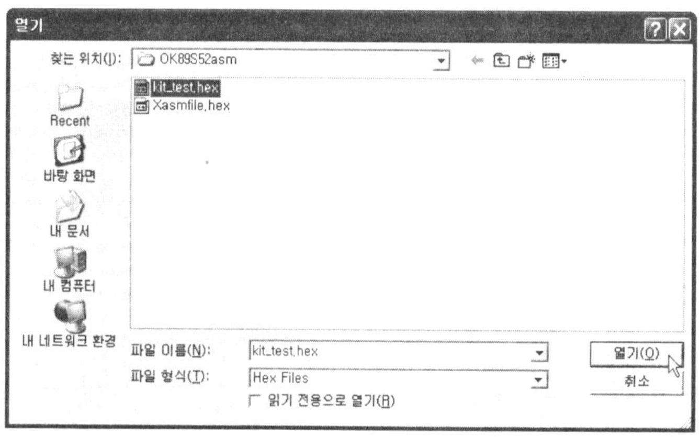

〈그림 3.2.15〉 Load Buffer... 메뉴에서 HEX 파일을 읽어들이는 화면

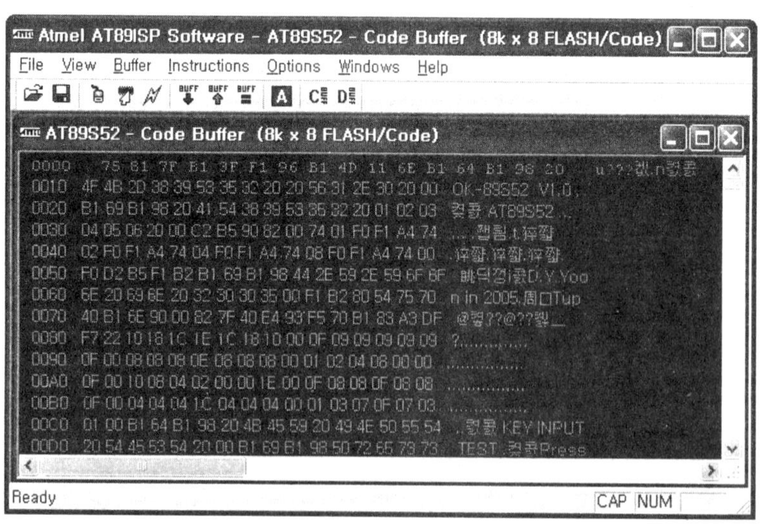

〈그림 3.2.16〉 Load Buffer... 메뉴에서 HEX 파일을 읽어들인 화면

⑥ 이제 *OK-89S52* 키트에 이 HEX 파일을 다운로드하려면 Instructions → Auto Program 메뉴를 누른다. 그러면 <그림 3.2.17>과 같이 진행 상태가 표시되면서 칩 삭제, 플래시 메모리 프로그래밍, 확인 등의 동작이 일련적으로 수행된다. 그런데, 이 동작은 Page Mode로 설정하였는데도 불구하고 상당히 느리게 수행되기 때문에 자주 프로그램을 다운로드해야 하는 경우에는 매우 불편하다. 이것이 AT89ISP 프로그램에서 가장 불편한 사항중의 하나다.

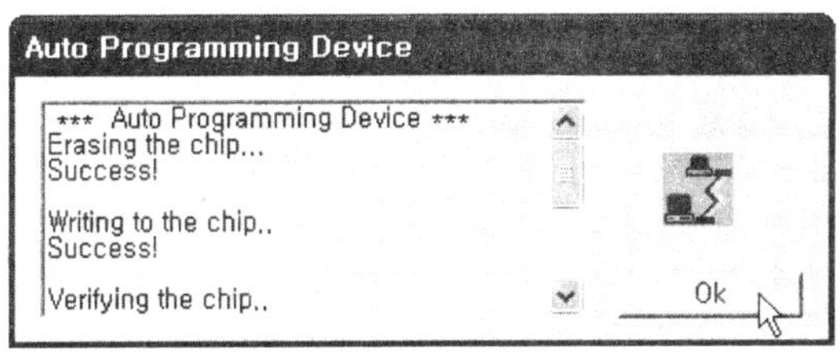

〈그림 3.2.17〉 Auto Program 메뉴에서 다운로드 동작을 수행하는 화면

⑦ 대부분의 다운로드 프로그램에서는 다운로드 동작이 끝나면 자동으로 타겟 보드의 프로그램이 실행되지만 AT89ISP에서는 그렇지 않다. 여기서는 Instructions → Run Target 메뉴를 눌러야만 타겟 보드의 프로그램이 실행되면서 <그림 3.2.18>의 메시지가 출력되고 화면은 비활성화된다. 이제 다시 다운로드를 수행하려면 Options → Initialize Target 메뉴를 눌러서 화면과 메뉴를 활성화시키고 타겟 보드의 프로그램 실행을 중단시켜야 한다. 이것이 AT89ISP 프로그램의 또 다른 불편 사항이다.

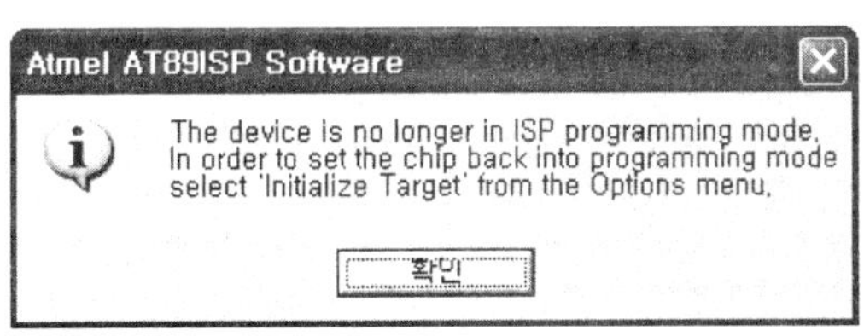

〈그림 3.2.18〉 Run Target 메뉴를 실행한 후의 화면

⑧ 그밖의 사항은 AT89ISP 프로그램에 포함되어 있는 User's Manual을 참조하여 독자 여러분이 스스로 익히기 바란다. 그러나, 굳이 이 사용자 매뉴얼을 읽지 않더라도 화면의 메뉴를 보면서 대부분의 기능을 사용하는데 별 어려움이 없다.

◀휴게실▶ **어셈블리 언어인가, C언어인가?**

마이크로콘트롤러를 이용한 제어 시스템을 설계할 때 어느 모델을 사용할 것인가 하는 문제가 해결되고 나면 곧바로 사용자들을 망설이게 하는 것은 늘 어셈블리 언어를 사용하여 프로그램을 작성할지 아니면 C언어를 사용하여 프로그램을 작성해야 할지 하는 문제이다. 그러나, 결론부터 말하면 이것은 사용자 선택의 문제가 아니고 시스템의 응용 목적에 따라 자동으로 정해지는 문제이다.

본 저자는 이에 관한 질문을 많이 받는데, 그때마다 다음과 같은 비유를 들어 답변한다. C언어와 같은 고급언어를 사용하는 것은 자동차의 自家 運轉者와 같다. 이들은 약간의 자동차 상식을 가지고 경험적인 숙련과정을 통하여 자신의 차를 운전한다. 자동차에 관한 기계적인 지식이 거의 없더라도 대부분의 운전자는 웬만한 정도의 목적지까지 자동차를 운전해 가는데 문제가 없다. 그러나, 좀더 연륜이 쌓인 운전자는 스틱 기어와 오토매틱 기어의 차이나, 주간 운전이나 비오는 날의 야간 운전 또는 눈길에서의 운전의 차이를 경험으로 알고 있다. 또한, 경력이 많은 운전자일수록 자동차의 간단한 문제 정도는 스스로 조치할 수 있다. 자동차를 바꾸더라도 그것이 승용차인한 다시 약간의 경험을 쌓으면 곧 익숙하게 새차를 운전할 수 있다. 그러나, 이들 자가 운전자는 자동차에 기계적인 문제가 발생하면 불가피하게 정비소에 가서 전문적인 整備士에게 의뢰할 수밖에 없다. 자가 운전자는 전문 교육을 받고 자격을 갖추지 않으면 스스로 정비사가 될 수 없기 때문이다.

이에 비하여 어셈블리 프로그래머는 자동차의 정비사에 비유될 수 있다. 그들은 자동차에 발생된 모든 문제에 관한 해결책을 알고 있다. 구동 계통, 연료 계통, 제동 계통 그리고 이러한 분야의 기계적인 기술이나 전기 전자적인 기술에 모두 익숙하므로 모든 문제를 숙달되게 진단하고, 장비와 부품이 있다면 모든 정비를 무난히 수행할 수 있다. 처음에는 몇 종류의 자동차 정비에만 능숙하겠지만 연륜이 쌓이면 결국 모든 자동차의 기능이 같고 심지어는 승용차나 화물차도 구조와 원리가 크게 다르지 않다는 사실을 알게 되며, 이렇게 되면 차종에 관계없이 모든 문제를 해결할 수 있게 될 것이다. 이들도 자신의 자가용 자동차를 가지고 있으며 당연히 운전도 할 수 있다. 오히려 기계의 특성을 잘 알고 있으므로 빗길이나 눈길에서 좀더 안전하고 능숙하게 운전할 수 있을 것이다.

흔히 C언어로 모든 프로그램을 고집하는 사람에게 왜 C언어를 사용하려느냐고 물으면 "C를 오래 써왔고 C에 능숙해서..."라고 대답한다. 그러나, 많은 경우 이 대답은 "어셈블리 언어를 몰라서..." 라는 사실의 변명에 다름 아니다. 놀랍게도 이런 경우일수록 자세히 물어보면 C언어에조차도 능숙하지 않은 사람이 많다. 설혹 C언어에 능숙하다고 하더라도 퍼스널컴퓨터에서 공부한 C언어 정도의 지식만으로 별다른 새로운 노력없이 다른 마이크로프로세서에서 C언어로 프로그램을 하겠다는 게으름일 경우가 많다. 사실, 고급언어가 좋다는 것은 바로 이러한 점이라는 것은 분명하다. 그러나, 앞의 자가 운전자와 정비사의 경우에서 보듯이 기계적인 특성을 자세히 알 필요가 없는 OA용 프로그램 정도에서는 이러한 생각이 별 무리가 없을 수도 있으나, 시스템의 하드웨어적인 특성을 자세히 알아야 하거나 실시간으로 고속처리를 수행해야 하는 제어성(制御性) 프로그램에서는 무리한 생각일 수밖에 없다. C언어는 결코 쉬운 언어가 아니다. C언어에 능숙할 정도의 능력과 열정을 가진 사람이라면 그 누구라도 어셈블리 언어에 대하여는 훨씬 더 쉽게 도사가 될 수 있다.

결론적으로 말하면, C언어가 모든 경우를 만족할 수 있는 만능이 아니듯이 어셈블리 언어도 능사가 아니라는 것이다. 어떤 환경에서 어떤 응용분야에 마이크로프로세서를 적용하느냐에 따라 적합한 언어가 있다. 경우에 따라서는 C언어와 어셈블리 언어를 혼용하는 것이 바람직할 수도 있다. 많은 제어 프로그램에서 C언어 프로그램내에 인라인 어셈블 명령을 포함하는 것이 그 예이다. 이 때문에 전문적인 엔지니어가 되고자 하면 C언어와 어셈블리 언어에 모두 능숙해야만 하는 것이다. 전쟁에서 미사일로만 싸울 수는 없으며 소총과 같은 원시적인 개인 화기가 필요한 경우도 있다.

오늘날은 퍼스널컴퓨터의 영향으로 많은 마이크로프로세서 사용자들이 C언어를 사용하여 제어 프로그램을 작성하려는 경향이 심화되고 있다. 그러나, 당신이 만약 마이크로콘트롤러 분야의 초보 입문자라면 어셈블리 언어로 시작할 것을 강력히 권한다. 다소 귀찮거나 불편한 일의 경험은 초보때가 아니면 하기 어렵다. 어셈블리 언어에 익숙한 사람은 필요하면 언제라도 자신의 프로그램에 쉽게 C언어를 도입할 수 있다. 그러나, 이미 C언어에만 익숙한 사람은 고집스럽게도 어셈블리 언어는 사용하려 하지 않는다. 이것은 자전거를 타던 사람은 형편이 좋아지면 쉽게 자가용 자동차를 사지만, 자가용을 타던 사람은 형편이 나빠져도 자전거는 타려하지 않는 것과 같다.

3.3 어셈블러와 C컴파일러의 설치 및 사용

이 절에서는 독일 Keil(독일어이므로 "케일"이 아니라 "카일"이라고 읽어야 한다)사의 매크로 어셈블러와 C컴파일러를 설치하고 사용하는 방법을 설명한다. 이러한 소프트웨어 개발 툴은 매우 고가이므로 개인 사용자로서는 정품을 구입하여 사용하는 것이 쉽지 않다. 그러나, Keil 소프트웨어의 국내 판매를 담당하던 MDS Technology(구 한국 MDS)에서 몇년전에 국내의 수백개 대학에 이 소프트웨어의 정품을 기증한 적이 있으므로 현재 많은 대학에서는 이를 사용하고 있다.

Keil의 PK51 V6.1은 2001년에 제2차로 기증된 제품으로 이것은 µVision2라고 부르는 IDE(Integrated Development Environment) 툴을 포함하며, 최근의 정품 PK51 소프트웨어와 구조와 사용법이 거의 유사하므로 이 책에서는 이를 기본으로 사용한다. PK51 V5.5는 1999~2000년에 제1차로 기증된 제품으로 이것은 µVision/51이라고 부르는 IDE 툴을 포함하는데, 이것은 그 이후의 µVision2이나 현재의 µVision3에 비하여 사용 방법이 꽤 다르다.

그러나, 위의 2가지중의 하나를 사용하는데 익숙해지면 최근의 정품을 구입하더라도 어려움 없이 이를 사용할 수 있을 것이다. 또한, 이러한 정품을 사용할 형편이 되지 못하는 독자들은 Keil사의 웹사이트에서 가장 최근의 평가용 버전을 다운받아 사용할 수도 있다. 평가용 버전은 여러 가지의 기능 제한이 있지만 이 책의 많은 예제들 중에서 일부를 제외하고는 별 문제없이 사용할 수 있다.

이 절에서는 이러한 3가지 버전의 Keil 소프트웨어 개발 툴을 설치하고 사용하는 방법을 요약하여 설명한다. 그러나, 이를 제대로 사용하려면 제4장의 프로그래밍 실습을 통하여 독자 여러분의 보다 많은 노력이 필요할 것이다.

1. PK51 V6.1을 사용하는 경우

Keil의 PK51 V6.1은 2001년에 MDS Technology사에서 제2차로 국내의 수십개 이상의 대학에 기증한 MCS-51용의 정품 소프트웨어 개발 툴이다. 이 제품에는 원래 하드웨어 락(lock)을 포함하고 있으나 학교기증용은 정품과 100% 동일한 기능을 가지면서 하드웨어 락을 없애 복사와 설치 및 사용이 자유롭게 가능하다. 저자가 근무하는 대학의 일부 학과에도 이 제품의 수십 카피가 기증되었다.

이 제품에는 매크로 어셈블러와 C컴파일러는 물론이고, 링커, 라이브러리 매니저, HEX 파일 변환기와 같은 여러 가지 유틸리티 소프트웨어를 포함하고 있다. 이것들은 MS-DOS 커맨드 레벨에서 사용할 수도 있으나, µVision2라고 부르는 IDE 툴을 사용하면 Windows 운영체제 환경에서 보다 편리하게 프로그램 개발을 수행할 수 있으며, 시뮬레이터나 에뮬레이터를 이용한 디버거도 사용할 수 있다. V6.1의 µVision2는 현재의 V8.X에 포함된 µVision3과 거의 유사하지만, V5.X까지 사용하던 µVision/51과는 사용법이 많이 달라졌다.

이 책의 모든 예제 프로그램들은 PK51 V6.1에서 사용하는 것을 기본으로 하였다. 그러나, 다른 버전에서도 거의 문제없이 사용할 수 있다.

PK51은 Professional Developer's Kit for MCS-51이라는 의미로서 이것은 모든 기능을 포함하는 풀 소프트웨어 팩키지이며, 이보다 일부 기능이 축소된 DK51이나 CA51 또는 A51과 같은 제품도 있다. 사용자가 PK51 V6.1 소프트웨어 팩키지를 사용하여 프로그램을 개발하는 과정을 도시하면 <그림 3.3.1>과 같다.

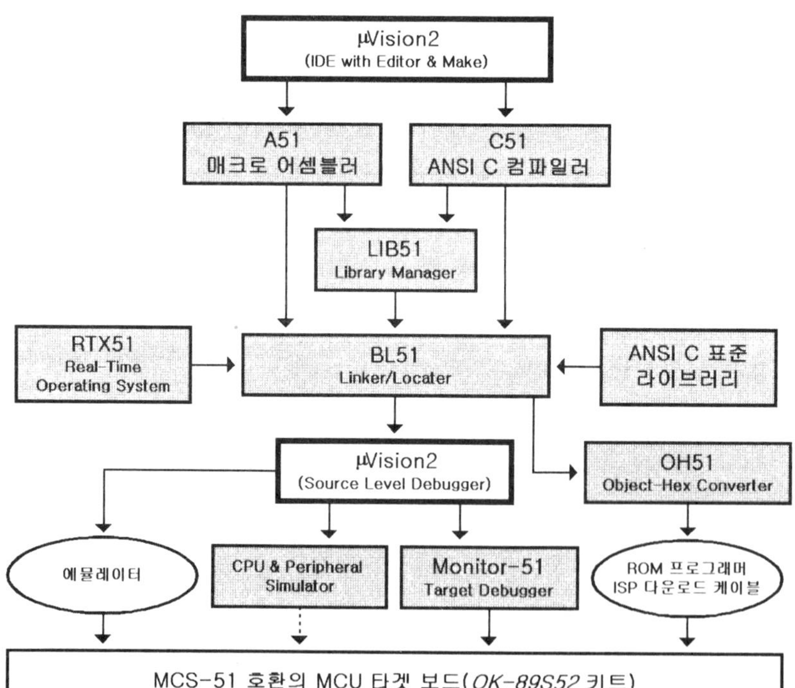

〈그림 3.3.1〉 PK51 V6.1을 사용한 사용자 프로그램의 개발 과정

(1) PK51 V6.1의 설치

Keil사의 PK51 V6.1 소프트웨어 패키지를 설치하는 방법은 다음과 같다. 여기서는 Windows XP 운영체제를 기준으로 설명하지만 그 외의 운영체제에서도 거의 이와 유사한 방법으로 설치할 수 있다.

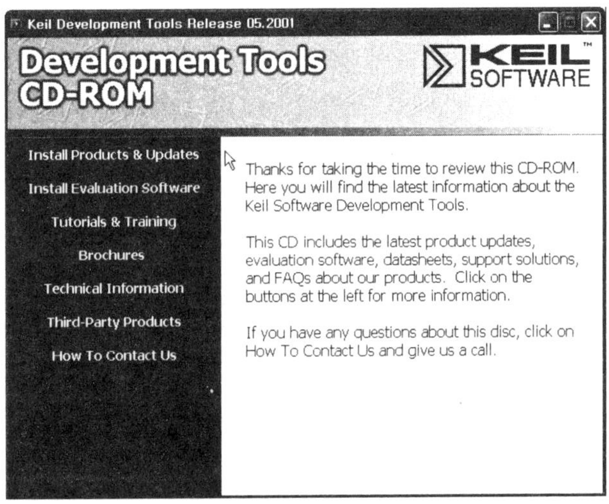

〈그림 3.3.2〉 PK51 V6.1의 CD를 넣었을 때의 초기 화면

〈그림 3.3.3〉 PK51 V6.1을 설치하기 위한 화면

① 대학에 기증된 PK51 V6.1은 CD 1장과 Add-on Disk 1장으로 구성되어 있다. 퍼스널컴퓨터에 PK51 V6.1의 CD를 넣으면 화면에는 <그림 3.3.2>가 나타난다. 만약,

이 화면이 나타나면 CD의 파일 중에서 setup.exe를 실행하면 된다.

② 이 화면의 메뉴에서 Install Products & Updates를 선택하면 <그림 3.3.3>이 나타난다.

③ 이 화면의 메뉴에서 C51 Compiler & Tools를 선택하면 어셈블러와 C컴파일러를 설치하기 위하여 <그림 3.3.4>와 같이 이를 설치할 폴더를 묻는다. 이때는 임의로 폴더명을 지정하지 말고 반드시 디폴트 폴더명 그대로 C:\Keil을 사용하기 바란다.

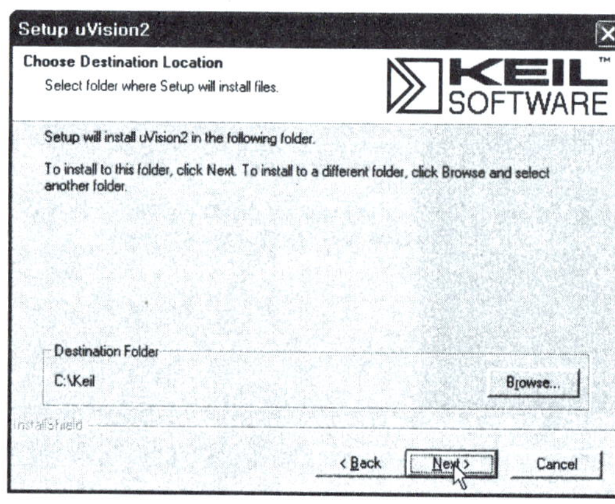

〈그림 3.3.4〉 PK51 V6.1을 설치할 폴더를 지정하는 화면

④ 다음에는 <그림 3.3.5>와 같이 이 소프트웨어 제품의 Serial Number를 입력하는 화면이 나타난다. 여기에 입력한 내용의 가운데 5자리는 모자이크 처리하였다.

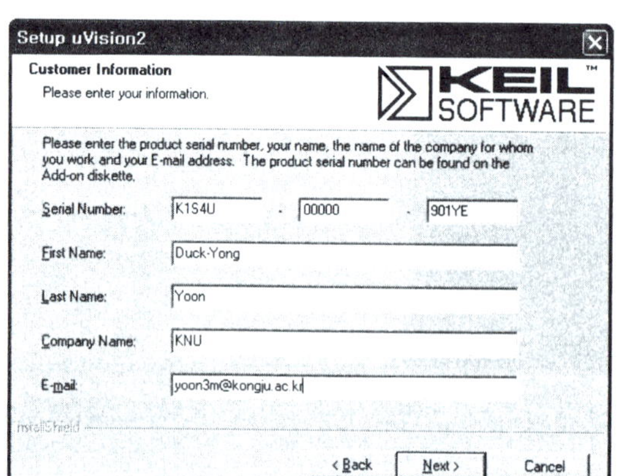

〈그림 3.3.5〉 PK51 V6.1의 Serial Number를 입력하는 화면

⑤ 대학에 기증한 제품에는 하드웨어 록이 없으나 <그림 3.3.6>과 같이 Add-on Disk를 입력하도록 요구한다. 이때는 A: 드라이브에 Add-on Disk를 넣고 Next를 누른다. 그러나, 이 Add-on Disk의 내용은 CD에 임의의 폴더를 만들고 거기에 복사하여 놓아도 되는데, 그 경우에는 Browse...에서 해당 CD의 폴더를 찾아서 지정하고 Next 아이콘을 누르면 된다.

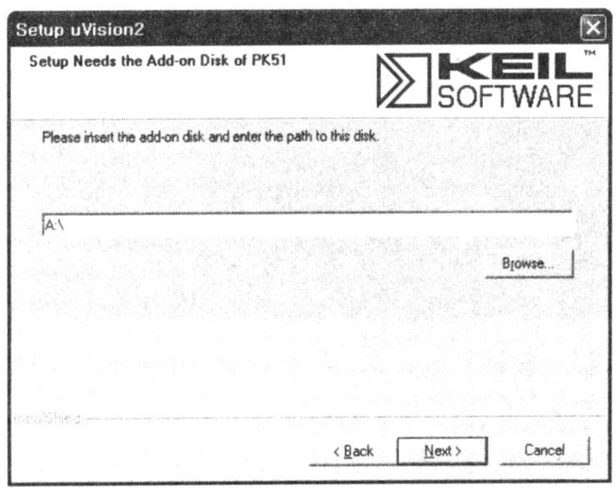

〈그림 3.3.6〉 PK51 V6.1의 Add-on Disk를 입력하는 화면

⑥ Serial Number가 올바르게 확인되고 Add-on Disk가 인식되었으면 모든 설치 준비가 끝난 것인데 이때는 <그림 3.3.7>과 같이 확인 화면이 나타난다. 이제 Next를 누르면 한참동안 설치가 수행된다. 그러나, 만약 <그림 3.3.7>과 같은 확인 화면이 나타나지 않는다면 Serial Number가 올바르게 확인되지 않았거나 Add-on Disk가 인식되지 않은 것이므로 앞에서부터 설치 작업을 다시 수행해야 한다.

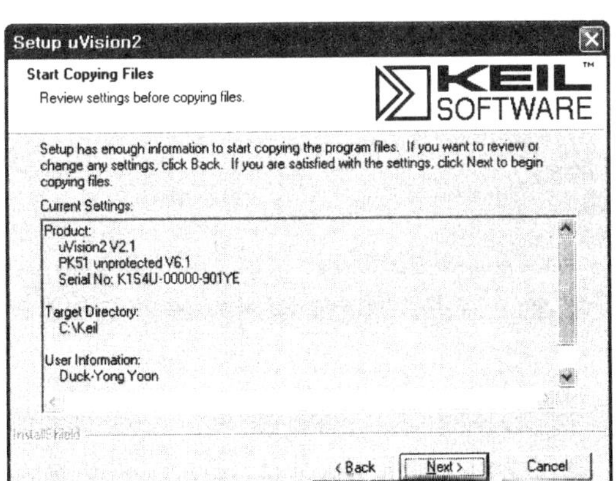

〈그림 3.3.7〉 모든 설치 준비가 끝난 화면

⑦ 설치가 종료되면 바탕화면에 <그림 3.3.8>과 같이 µVision2의 바로가기 아이콘이 생성된다.

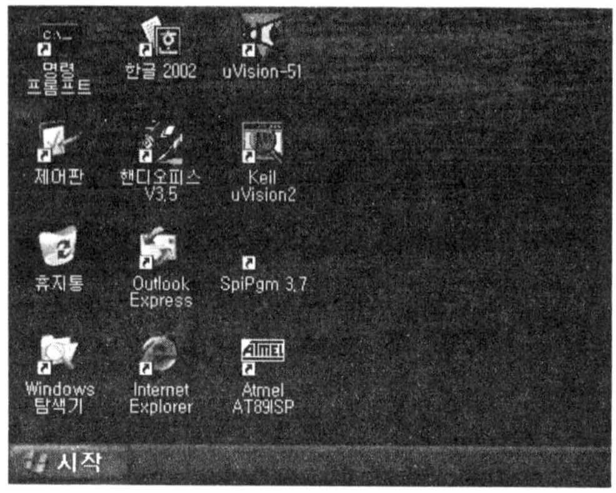

〈그림 3.3.8〉 PK51 V6.1의 설치가 완료되어 바로가기 아이콘이 생성된 화면

```
C:\─┬─
    ├─
    ├─Windows ...
    ├─
    └─Keil──┬─C51─────────┬─ASM
            │             ├─BIN
            │             ├─Examples──┬─ASM
            │             │           ├─BADCODE
            │             │           ├─ ...
            │             │           └─WHETS
            │             ├─HLP
            │             ├─INC───────┬─Acer
            │             │           ├─ADI
            │             │           ├─ ...
            │             │           └─Winbond
            │             ├─LIB
            │             ├─MON51
            │             └─RTX_TINY
            ├─UV2
            ├─OK89S52asm
            ├─OK89S52c
            └─SpiPgm37
```

〈그림 3.3.9〉 PK51 V6.1을 설치한 후의 디렉토리 구조

⑧ PK51 V6.1이 설치되고 나면 C: 드라이브에 <그림 3.3.9>와 같이 어셈블러 및 C컴파일러가 저장되어 있는 C:\Keil\C51 폴더와 µVision2가 저장되는 C:\Keil\UV2 폴더가 생성된다.

여기서 C:\Keil\AT89S52asm과 C:\Keil\AT89S52c 폴더는 각각 이 책에서 제공하는 어셈블리 및 C언어 예제 파일이 설치되는 폴더이며, C:\Keil\SpiPgm37 폴더는 다운로드 프로그램 SPI-Flash Programmer가 설치되는 폴더이다.

매크로 어셈블러 A51.EXE, C컴파일러 C51.EXE 및 이와 관련되는 유티리티 등의 모든 실행파일들은 C:\Keil\C51\BIN 폴더에 저장되어 있고, C컴파일러를 위한 라이브러리 파일 및 스타트업 파일은 C:\Keil\C51\LIB 폴더에 저장되어 있다. 또한, 어셈블리 언어에서 사용하는 SFR을 정의한 인클루드 파일은 모두 C:\Keil\C51\ASM 폴더에 저장되어 있고, C언어에서 사용하는 헤더 파일은 C:\Keil\C51\INC 폴더에 저장되어 있다.

(2) PK51 V6.1의 주요 메뉴

PK51 V6.1에서 프로그램을 작성할 때는 MS-DOS의 커맨드 레벨에서 사용하는 것도 가능하기는 하지만, 대부분의 경우에는 Windows 운영체제에서 IDE 소프트웨어인 µVision2를 사용한다. 이것의 주요 메뉴와 그 기능을 정리한다.

① µVision2의 주메뉴는 <그림 3.3.10>과 같이 10개로 구성되어 있는데, 이중에서 프로그램 작성에서 사용되는 것은 사실상 File, Edit, Project 메뉴의 3개뿐이다. 나머지는 프로그램 작성에서 거의 사용하지 않으며, 필요하다면 Help 메뉴를 사용할 수 있는 정도이다.

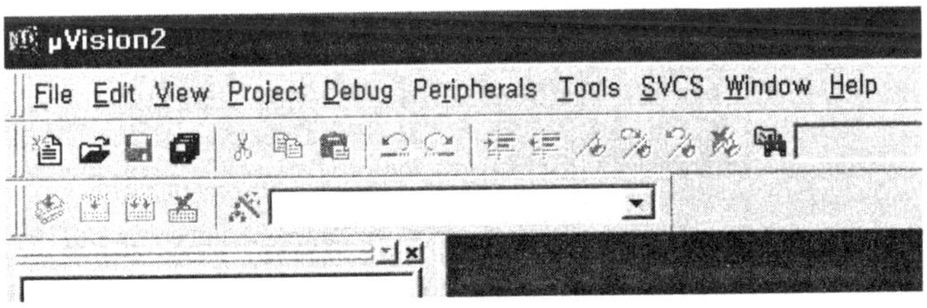

〈그림 3.3.10〉 µVision2의 주메뉴

② µVision2의 File 메뉴는 다시 <그림 3.3.11>과 같은 여러가지의 풀다운 메뉴를 가지며 이것들의 기능을 요약하면 <표 3.3.1>과 같다.

③ µVision2의 Edit 메뉴는 기능이 매우 전형적이라서 그냥 보면 알 수 있으므로 여기서 설명하지 않기로 한다.

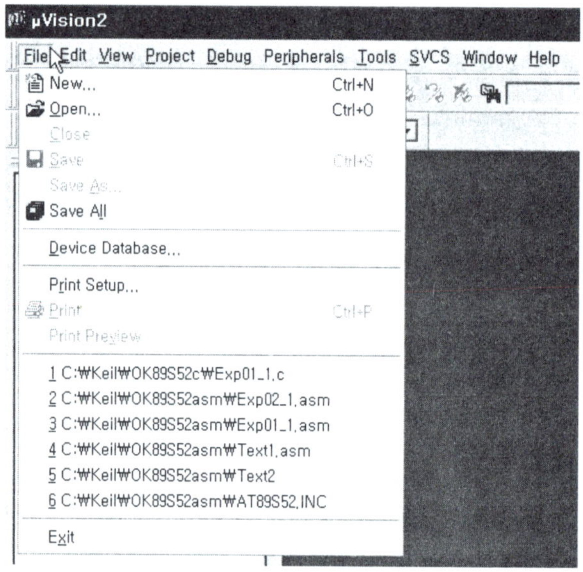

〈그림 3.3.11〉 File 메뉴의 풀다운 메뉴

〈표 3.3.1〉 File 메뉴의 풀다운 메뉴 기능

메 뉴	단축키	기 능
New	Ctrl+N	새로운 소스 파일을 만든다.
Open	Ctrl+O	기존에 만들어져 있는 소스 파일을 연다.
Close		편집하던 소스 파일을 닫는다.
Save	Ctrl+S	편집하던 소스 파일을 저장한다.
Save As...		편집하던 소스 파일을 다른 이름으로 저장한다.
Save All		열려있는 모든 소스 파일을 저장한다.
Device Database...		µVision2에서 지원하는 MCU 모델의 정보를 보여주거나 수정한다.
Print Setup...		프린터를 설정한다.
Print	Ctrl+P	편집하던 소스 파일을 인쇄한다.
Print Preview		프린터로 인쇄할 페이지를 화면으로 미리 본다.
1~9		최근에 사용하였던 9개의 소스 파일 및 그 경로명을 보여준다.
Exit		µVision2를 종료한다.

◀참고▶ File 메뉴에서 편집하는 소스 파일은 단지 파일 에디터 기능을 사용하는 것일 뿐이고 프로젝트와는 아무 관련이 없다. 따라서, 나중에 이를 프로젝트에 등록하지 않으면 번역하지 못한다.

④ µVision2의 Project 메뉴는 다시 <그림 3.3.12>와 같은 풀다운 메뉴를 가지며 이것들의 기능을 요약하면 <표 3.3.2>와 같다.

⑤ µVision2의 기능이나 사용방법을 좀더 자세히 알고싶으면 Help 메뉴를 보면 된다. 그러나, 프로젝트창에서 Books라는 항목을 클릭하면 µVision2 뿐만 아니라 PK51 V6.1의 모든 소프트웨어에 대한 사용자 매뉴얼을 볼 수 있다.

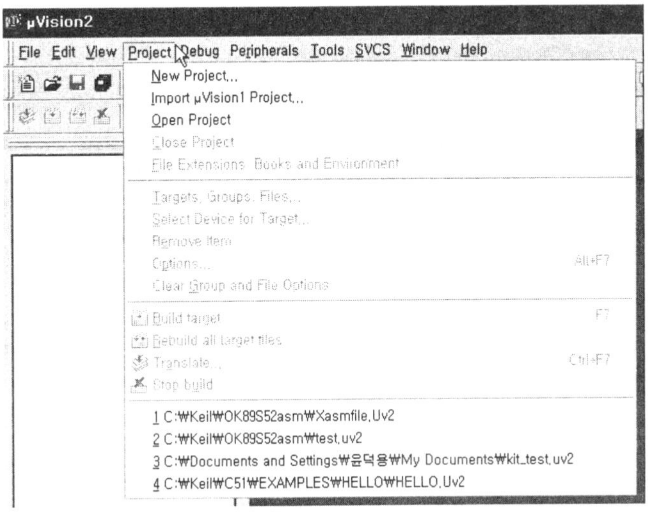

〈그림 3.3.12〉 Project 메뉴의 풀다운 메뉴

〈표 3.3.2〉 Project 메뉴의 풀다운 메뉴 기능

메 뉴	단축키	기 능
New Project...		새로운 프로젝트를 만든다.
Import μVision1 Project...		이전 버전인 μVision1의 프로젝트를 읽어들인다.
Open Project		기존의 프로젝트를 연다.
Close Project		현재의 프로젝트를 닫는다.
File Extension, Books and Environment		프로젝트의 환경을 설정한다.
Target, Groups, Files...		프로젝트에 그룹이나 소스 파일을 등록한다.
Select Device for Target...		디바이스 데이터 베이스에서 MCU 모델명을 선택한다.
Remove Item		프로젝트에서 그룹이나 소스 파일을 제거한다.
Options...	Alt + F7	Target의 옵션을 지정한다. 어셈블러나 C컴파일러에서 대부분의 옵션은 이것으로 지정한다.
Build target	F7	수정된 파일만을 다시 번역하여 오브젝트를 생성한다.
Rebuild all target files		모든 파일을 다시 번역하여 오브젝트를 생성한다.
Translate...	Ctrl + F7	현재의 파일을 번역한다.
Stop build		번역을 중단한다.
1~9		최근에 사용하였던 9개의 프로젝트와 경로명을 보여준다.

(3) PK51 V6.1에서 새로운 프로젝트의 생성

PK51 V6.1에서 새로운 프로젝트를 생성하고 여기에 기존의 어셈블리 또는 C언어 소스 프로그램을 등록하고 이를 번역하여 최종적으로 실행파일인 HEX 파일을 얻기까지의 과정을 설명하면 다음과 같다.

① 퍼스널컴퓨터의 바탕화면에서 μVision2의 바로가기 아이콘을 클릭하면 PK51 V6.1의 IDE 소프트웨어인 μVision2가 실행되어 <그림 3.3.13>과 같은 기본화면이 나타난다. 이 화면은 좌측의 프로젝트창(project window), 우측의 작업영역창(workspace window), 아래의 출력창(output window) 등으로 구성된다.

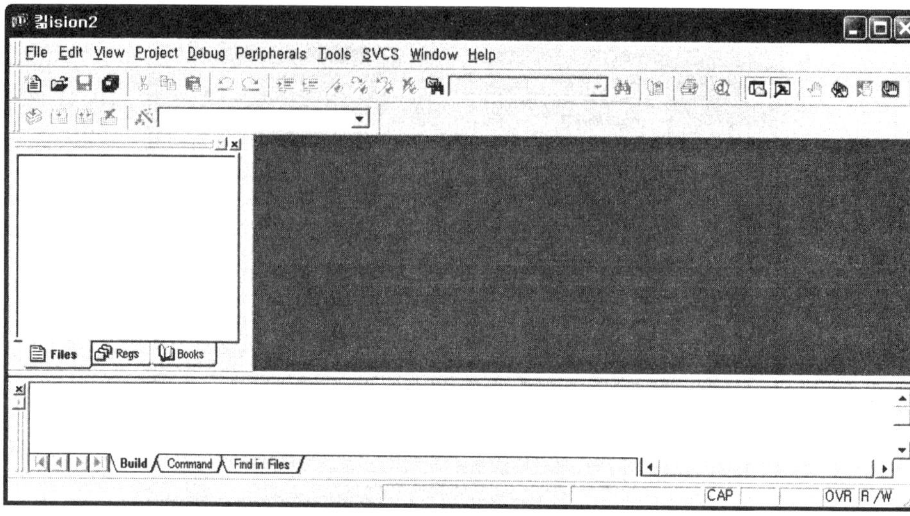

〈그림 3.3.13〉 µVision2의 초기 기본 화면

② 새로운 프로젝트를 생성하려면 <그림 3.3.14>처럼 Project → New Project... 메뉴를 누른다.

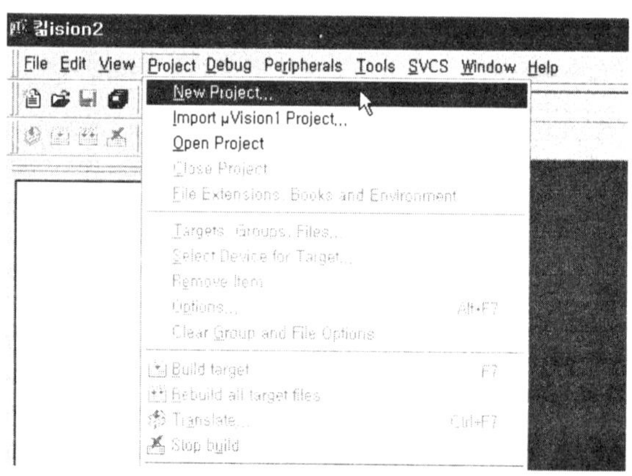

〈그림 3.3.14〉 새로운 프로젝트의 생성을 시작하는 화면

③ 이때 <그림 3.3.15>처럼 프로젝트명을 입력하는 화면이 나타나면 원하는 폴더로 가서 프로젝트명을 입력한다. 즉, 어셈블리 소스 프로그램을 작성하기 위한 프로젝트라면 C:\Keil\AT89S52asm\ 폴더를 선택하고, C언어 소스 프로그램을 작성하기 위한 프로젝트라면 C:\Keil\AT89S52c\ 폴더를 선택한다. 여기서는 어셈블리 언어의 경우이고 프로젝트명을 Test.Uv2로 사용하기로 한다.

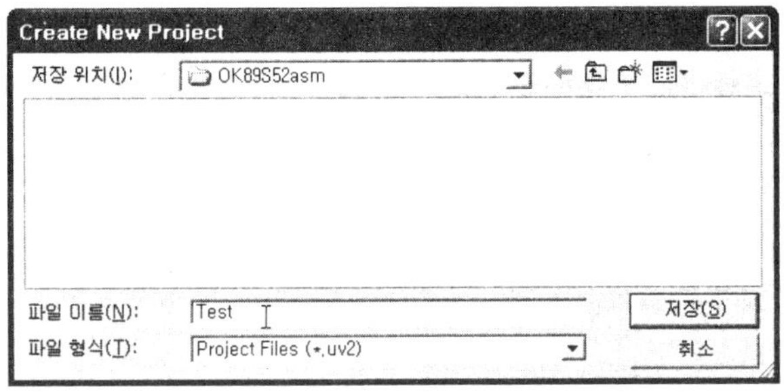

〈그림 3.3.15〉 새로운 프로젝트명을 입력하는 화면

④ 타겟으로 사용할 MCU 디바이스를 묻는 화면이 나타나면 먼저 <그림 3.3.16>과 같이 Atmel을 선택하여 클릭하고, 그 다음에 나타나는 <그림 3.3.17>의 화면에서는 AT89S8252를 선택한다. PK51 V6.1은 AT89S52를 지원하지 않으므로 새로 디바이스 데이터 베이스를 만들어 등록하면 좋지만 그냥 AT89S8252로 지정해도 무방하다.

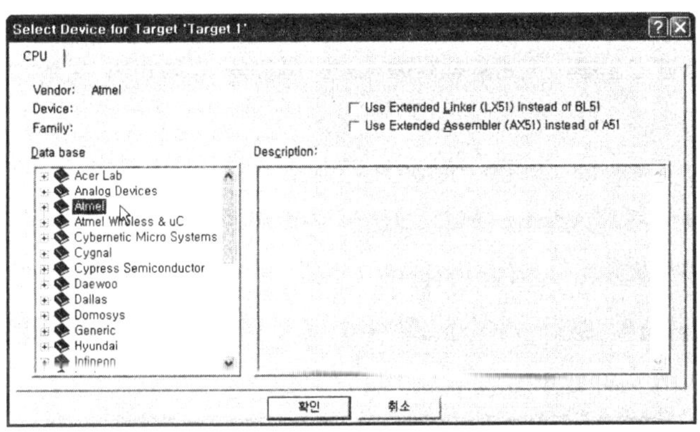

〈그림 3.3.16〉 타겟 MCU 디바이스를 선택하는 화면1

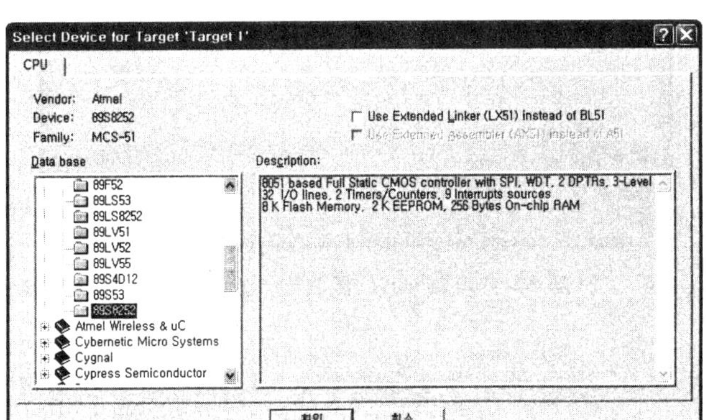

〈그림 3.3.17〉 타겟 MCU 디바이스를 선택하는 화면2

⑤ 이제 프로젝트창에서 Source Group 1에 마우스 커서를 올려놓고 오른쪽 버튼을 누르면 <그림 3.3.18>과 같이 Source Group 1에 소스 파일을 등록하는 화면이 나타난다.

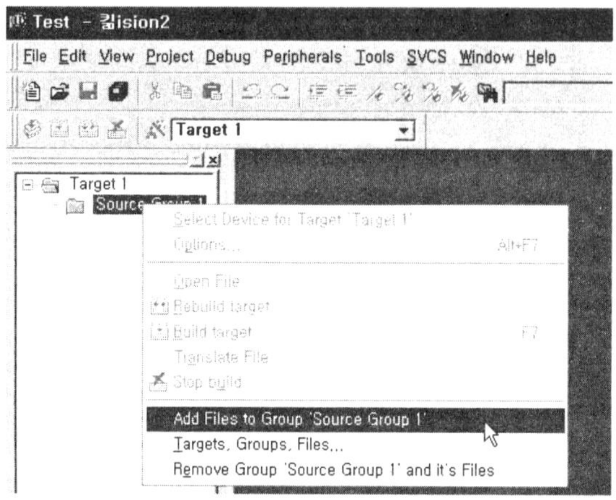

〈그림 3.3.18〉 프로젝트에 소스 파일을 등록하기 위한 화면

⑥ 여기서 Add Files to Group 'Source Group 1'을 선택하면 <그림 3.3.19>의 화면이 나타나는데, 여기서 C:\Keil\AT89S52asm\ 폴더에 있는 기존의 미리 만들어진 소스 파일 Test.asm을 선택하고 Add를 누른다. 물론 소스 파일이 여러개 사용된다면 이와 같은 방법으로 여러개의 소스 파일을 현재의 프로젝트에 함께 등록할 수도 있다.

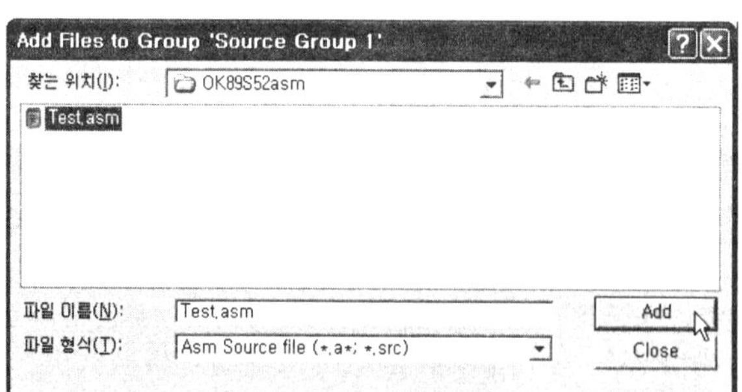

〈그림 3.3.19〉 현재의 프로젝트에 등록할 소스 파일명을 선택하는 화면

⑦ 이제 등록된 소스 파일명이 프로젝트창에 나타나고 이 파일명을 클릭하면 작업영역창에 <그림 3.3.20>과 같이 소스 파일의 내용이 나타난다.

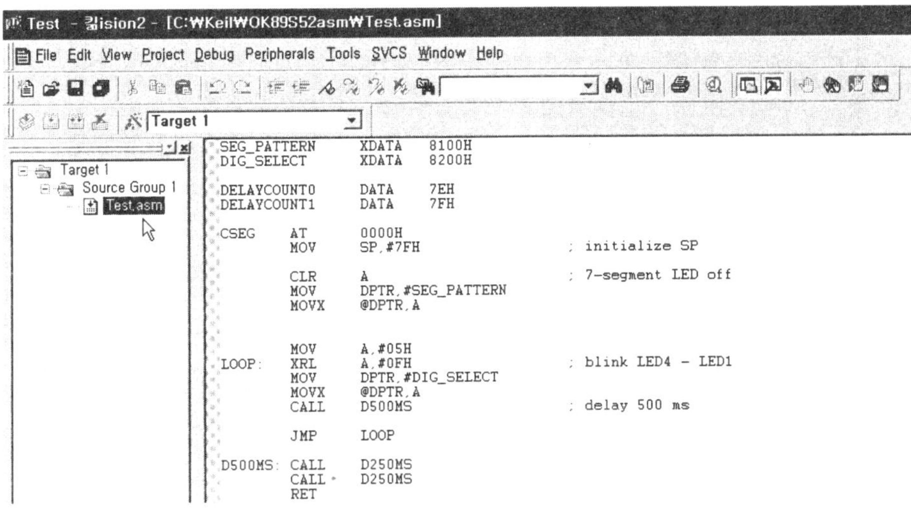

〈그림 3.3.20〉 프로젝트에 등록된 소스 파일이 작업영역창에 나타난 화면

⑧ 이제 어셈블러나 컴파일러가 소스 프로그램을 번역할 때 사용할 옵션을 지정해야 한다. 먼저 <그림 3.3.21>과 Target 1의 옵션을 지정하는 메뉴를 선택한다. 그러면 첫번째로는 <그림 3.3.22>와 같이 Target 옵션 설정 화면이 나타나는데, 여기서는 Xtal(MHz)을 24로 설정하고, Use On-chip ROM(0x0-0x1FFF) 항목을 ✓표로 체크한다. 또한, 필요하다면 Use multiple DPTR registers 항목을 ✓표로 체크한다. 그러나, 우리가 사용할 *OK-89S52* 키트에서는 기본적으로 외부 프로그램 메모리나 외부 데이터 메모리를 사용하지 않으므로 그 외의 설정은 필요 없다.

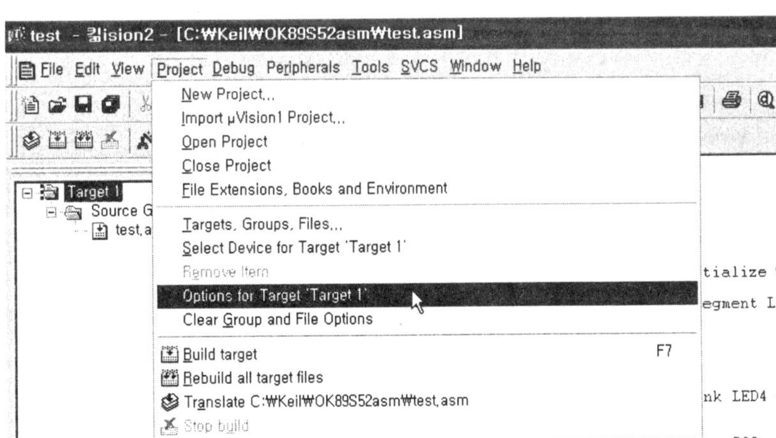

〈그림 3.3.21〉 타겟 옵션을 설정하기 위한 화면

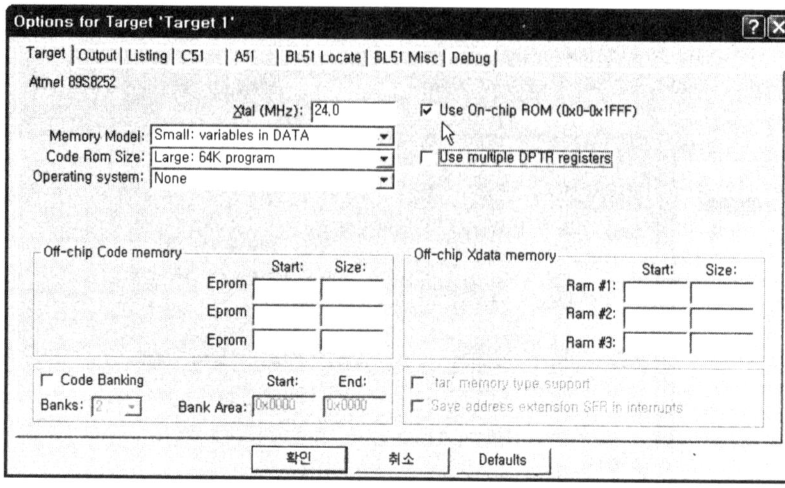

〈그림 3.3.22〉 타겟 옵션을 설정하는 화면1

⑨ Target 1의 두번째 옵션을 지정하는 화면은 <그림 3.3.23>과 같은데, 여기서는 Create HEX File 항목을 ✓표로 체크하고 Name of Executable 항목을 프로젝트명인 Test로 그냥 둔다. 이렇게 하면 나중에 소스 파일을 번역할 때 실행파일로서 Intel사 표준의 HEX 파일을 생성하며, 그 파일의 이름은 여기서 지정한대로 Test.hex가 된다.

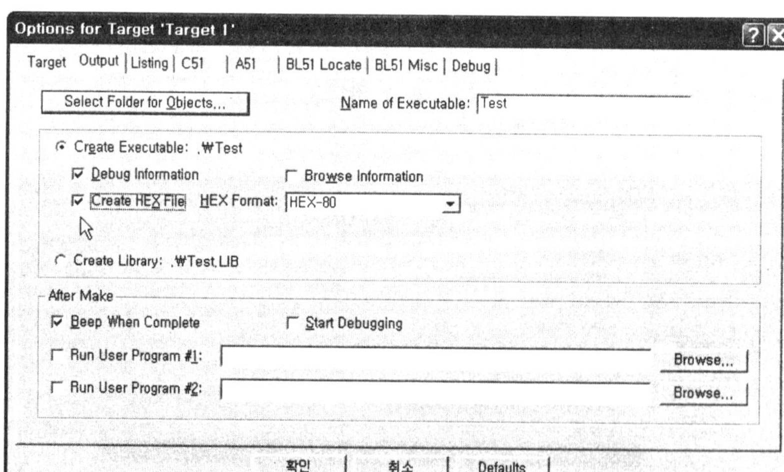

〈그림 3.3.23〉 타겟 옵션을 설정하는 화면2

⑩ Target 1의 세번째 옵션을 지정하는 화면은 <그림 3.3.24>와 같은데, 여기서는 출력 리스팅 파일에 포함될 내용들을 임의로 지정한다. 어셈블리 언어 프로그램에서

소스 파일이 매우 긴 경우에는 Symbols나 Cross Reference 항목을 ✓표로 체크하여 두면 나중에 보기 좋은 리스팅 파일이 생성된다. C언어 프로그램에서 Assembly Code 항목을 체크해 두면 컴파일 후에 생성되는 리스팅 파일에 컴파일러가 번역한 중간 어셈블리 소스 코드가 포함된다.

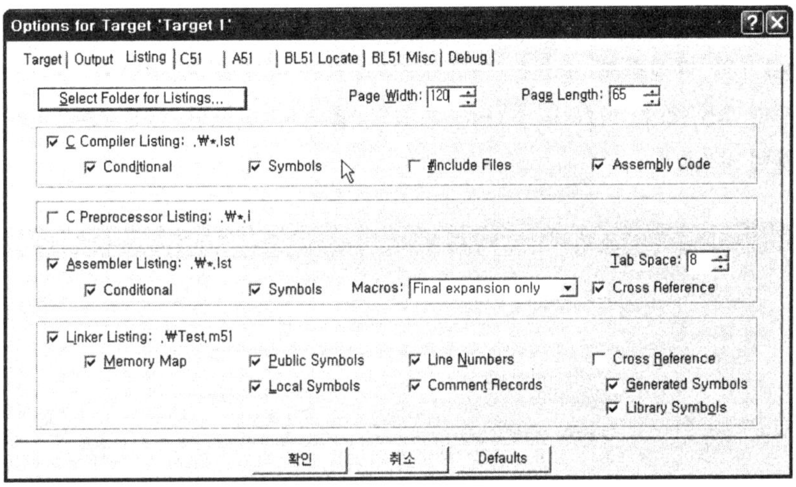

〈그림 3.3.24〉 타겟 옵션을 설정하는 화면3

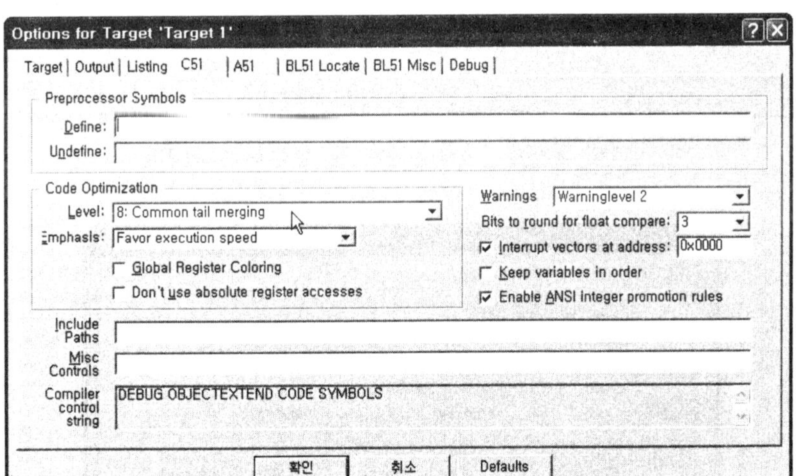

〈그림 3.3.25〉 타겟 옵션을 설정하는 화면4

⑪ Target 1의 네번째 옵션을 지정하는 화면은 <그림 3.3.25>와 같다. 여기서 디폴트로 최적화 레벨 Code Optimization은 8로 지정되어 있는데, 특별한 경우가 아니면 이

것은 수정할 필요없이 그냥 8을 유지한다. 최적화의 목적으로 프로그램 실행속도 향상에 중점을 두고자 하면 Emphasis를 Favor execution speed로 선택하고, 프로그램 코드 사이즈 축소에 중점을 두고자 하면 Favor code size로 선택한다. 만약, 사용자가 C컴파일러 C51에게 이밖에 추가로 지정할 옵션이 있으면 이를 Misc Controls 항에 직접 입력하면 된다.

⑫ Target 1의 다섯번째 옵션을 지정하는 화면은 <그림 3.3.26>과 같다. 만약, 사용자가 어셈블러 A51에게 이밖에 추가로 지정할 옵션이 있으면 이를 Misc Controls 항에 직접 입력하면 된다.

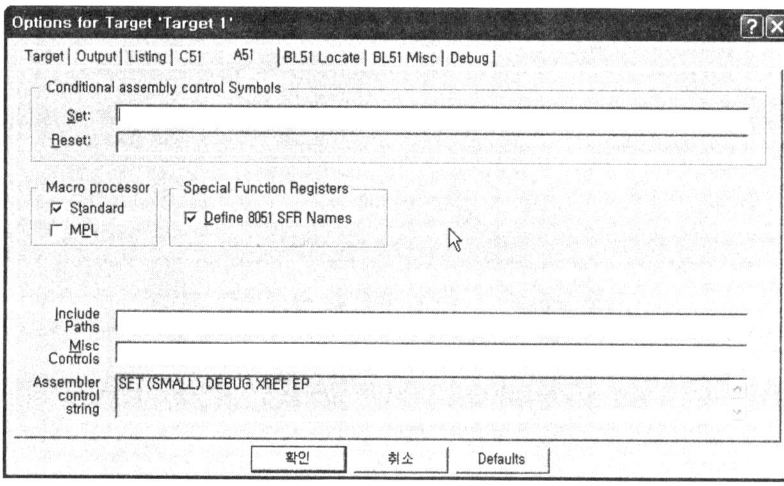

〈그림 3.3.26〉 타겟 옵션을 설정하는 화면5

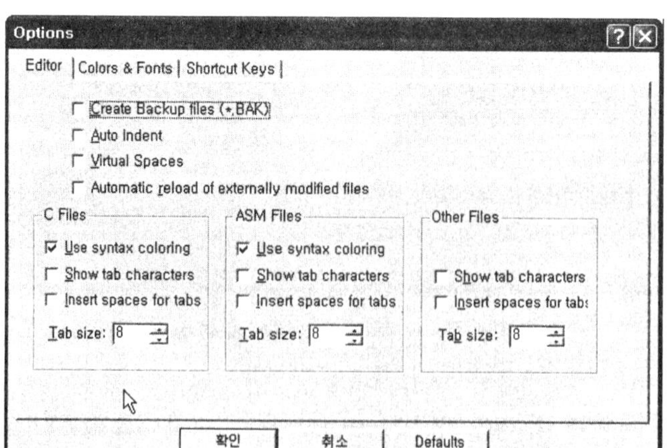

〈그림 3.3.27〉 작업영역창의 옵션을 설정하는 화면1

⑬ 이번에는 작업영역창의 화면상태를 설정한다. 이는 View → Options... 메뉴를 누르면 되는데, 첫번째로 <그림 3.3.27>과 같은 화면이 나타나면 모든 Tab size를 8로 설정하여야 한다.

작업영역창의 화면상태 설정에서 두번째 화면은 <그림 3.3.28>과 같은데, 여기서는 소스 파일의 글씨체를 지정하거나 각 문자들을 종류별로 다른 색으로 지정하여 보기 좋도록 만들 수 있다.

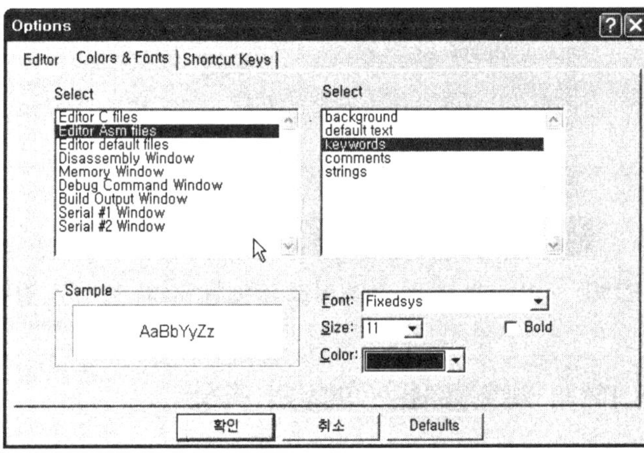

〈그림 3.3.28〉 작업영역창의 옵션을 설정하는 화면2

⑭ 이제 모든 설정이 끝나고 소스 프로그램의 편집이 완료되었으면 소스 프로그램을 번역한다. 만약 소스 파일명이 .a51 또는 .asm으로 끝나는 어셈블리 언어 프로그램이라면 이는 매크로 어셈블러 A51.EXE에 의하여 어셈블되며, 소스 파일명이 .c로 끝나는 C언어 프로그램이라면 이는 C컴파일러 C51.EXE에 의하여 컴파일된다. 컴파일 작업의 시작은 해당 메뉴를 선택해도 되지만 <그림 3.3.29>에 보인 것처럼 기본화면에 표시되어 있는 아이콘을 누르는 것이 보다 편리하다.

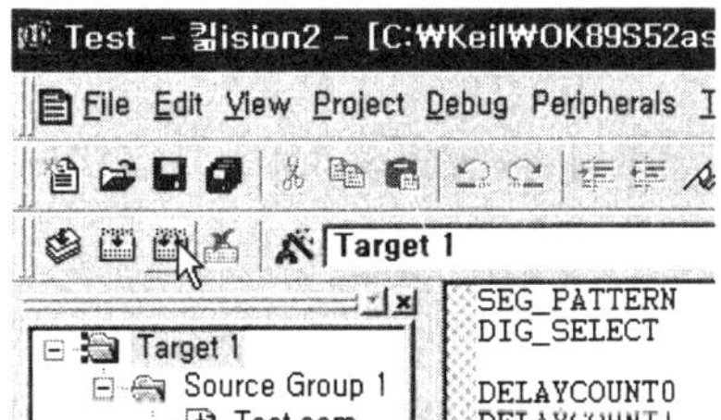

〈그림 3.3.29〉 프로젝트의 소스 프로그램을 어셈블 또는 컴파일하는 화면

⑮ 번역을 수행하고 나면 화면 아래의 출력창에 <그림 3.3.30>과 같은 메시지가 출력된다. 이 그림에서처럼 에러(Error)나 경고(Warning)가 발생하지 않았으면 현재의 프로젝트가 위치하는 폴더에 인텔 HEX 파일 Test.hex가 생성되어 있을 것이므로 이를 *OK-89S52* 키트에 다운로드하여 실행하면 된다. 그러나, 만약 에러나 경고가 발생되었다면 그 원인을 찾아서 수정한 후에 이를 다시 번역하여야 할 것이다.

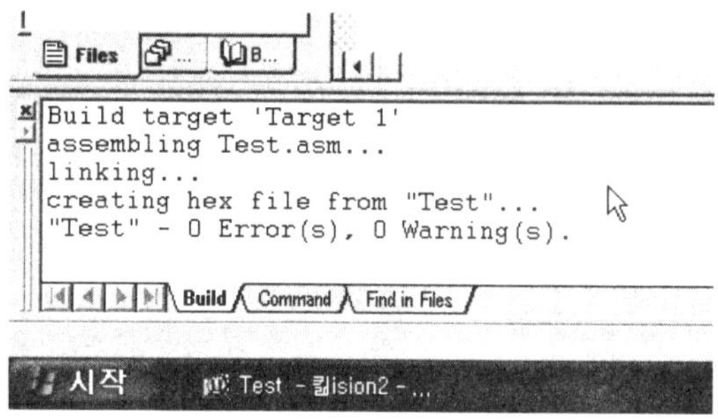

〈그림 3.3.30〉 어셈블 또는 컴파일이 끝났을 때의 메시지 출력 화면

(4) PK51 V6.1에서 새로운 소스 파일의 작성

PK51 V6.1의 프로젝트에서는 기존의 소스 파일을 등록하여 편집하거나 번역하는 기능은 있지만 새로운 소스 파일을 생성하는 기능은 없기 때문에 처음 소스 파일을 작성하려면 별도의 에디터로 미리 작업하여 두어야 한다.

이 방법에는 2가지를 생각할 수 있는데, 하나는 노트패드나 워드패드와 같이 외부의 에디터를 사용하여 소스 파일을 작성하는 방법이고, 또 하나는 μVision2에 들어있는 텍스트 에디터를 사용하는 방법이다. 여기서는 후자로서 μVision2에 내장된 에디터를 사용하는 방법을 간단히 설명한다.

① μVision2의 File → New... 메뉴를 눌러 새로운 파일을 생성한다. 그러면 작업영역창이 모두 클리어되면서 새로운 편집화면이 준비된다. 이때 화면에 기존의 프로젝트에 등록하여 편집하던 파일이 있었더라도 상관없다. 새로운 파일을 생성하여 편집하는 동안 프로젝트에 등록되어 있던 소스 파일은 잠시 화면에서 사라지는 것일 뿐이지 지워지거나 등록이 해제되는 것이 아니기 때문이다.

② 작업영역창에서 원하는 소스 파일의 내용을 편집한다.

③ 편집이 끝났으면 File → Save 메뉴를 눌러 파일을 저장한다. 아직 파일명을 지정하지 않았기 때문에 이때 저장할 파일명을 입력하도록 요구하므로 원하는 파일명을 입력한다.

④ 파일 작성을 종료하려면 반드시 File → Close 메뉴를 눌러 파일을 닫아준다.

⑤ 이렇게 작성된 소스 파일은 이제부터 프로젝트에 등록하여 사용할 수 있다.

그러나, 저자는 이처럼 매번 필요할 때마다 별도의 에디터 기능을 사용하여 소스 파일을 만들지 않는다. 오히려 이 방법은 불편하기 때문이다. 저자는 기존에 존재하는 임의의 파일을 새로 작성하기를 원하는 파일명으로 복사하고, 이를 프로젝트에 무조건 등록한다. 그리고는 프로젝트 안에서 이 파일을 원하는 내용으로 편집한다. 이렇게 하면 외부에서 따로 별도의 에디터를 사용하여 소스 파일을 편집할 필요가 없으며, 프로젝트에서는 필요한 만큼 여러개의 관련 파일들을 등록하여 놓고 각 파일 사이에서 임의로 블록 복사 등의 기능을 사용할 수 있어서 편집 작업이 상당히 편리하다. 이런 편집 작업을 위하여 일시적으로 프로젝트에 등록하였던 파일들은 편집이 끝나고 나중에 모두 이 프로젝트에서 등록을 해제하여 제거하면 된다.

(5) 예제 프로그램의 설치

이 책에서 PK51 V6.1을 사용하는 경우의 모든 예제 프로그램들은 어셈블리와 C언어로 나누어 2개의 압축 파일로 제공되므로 이를 설치하려면 이 압축파일들을 반드시 C:\Keil\ 폴더에 복사하여 놓고 알집 소프트웨어를 사용하여 압축을 풀면 된다.

이 예제 프로그램을 설치하기 전에 먼저 PK51 V6.1을 설치하는 것이 좋다. 압축이 풀리고 예제 프로그램들이 정상적으로 설치되면 그 결과는 <그림 3.3.9>와 같다.

2. PK51 V5.5를 사용하는 경우

Keil의 PK51 V5.5는 1999~2000년에 MDS Technology사에서 제1차로 국내의 1백개가 넘는 대학에 기증한 MCS-51용의 정품 소프트웨어 개발 툴이다. 이 제품에는 원래 하드웨어 락(lock)을 포함하고 있으나 학교기증용은 정품과 100% 동일한 기능을 가지면서 하드웨어 락을 없애 복사와 설치 및 사용이 자유롭게 가능하다. 저자가 근무하는 대학의 일부 학과에도 이 제품의 수십 카피가 기증되었다.

이 제품에는 매크로 어셈블러와 C컴파일러는 물론이고, 링커, 라이브러리 매니저, HEX 파일 변환기와 같은 여러 가지 유틸리티 소프트웨어를 포함하고 있다. 이것들은 MS-DOS 커맨드 레벨에서 사용할 수도 있으나, μVision/51(μVision 또는 μVision1이라고도 부름)이라고 부르는 IDE 툴을 사용하면 Windows 운영체제 환경에서 보다 편리하게 프로그램 개발을 수행할 수 있으며, 시뮬레이터나 에뮬레이터를 이용한 디버거도 사용할 수 있다. 그러나, V5.5의 μVision/51은 출시된지가 꽤 오래되었을 뿐만 아니라 그 이후 V6.X 버전부터 사용된 μVision2나 현재의 V8.X 버전에서 사용하는 μVision3과는 구조와 사용법이 많이 다르므로 사용이 많이 줄어드는 추세이다.

이 책의 모든 예제 프로그램들은 PK51 V6.1에서 사용하는 것을 기본으로 하고 있으나, 아직 많은 대학에서는 기증받은 PK51 V5.5를 사용하고 있는 현실이므로 이에 대한 설명을 함께 취급한다.

(1) PK51 V5.5의 설치

Keil사의 PK51 V5.5 소프트웨어 팩키지를 설치하는 방법은 다음과 같다. 여기서는 Windows XP 운영체제를 기준으로 설명하지만 그 외의 운영체제에서도 거의 이와 유사한 방법으로 설치할 수 있다.

① 대학에 기증된 PK51 V5.5는 3장의 3.5인치 디스켓으로 되어 있다. 이것들은 그냥 디스켓을 1번부터 지시에 따라 차례로 디스크 드라이브에 넣으면서 설치해도 되고, 그 내용을 CD 또는 하드디스크에 복사하여 두고 설치해도 된다. 여기서는 하드디스크에 C:\PK51_V55라는 폴더를 만들고 그 아래에 DISK1부터 DISK3까지의 서브 폴더를 만들어 각 디스크의 파일을 복사하여 놓은 상태에서 설치하는 것을 예로 든다.

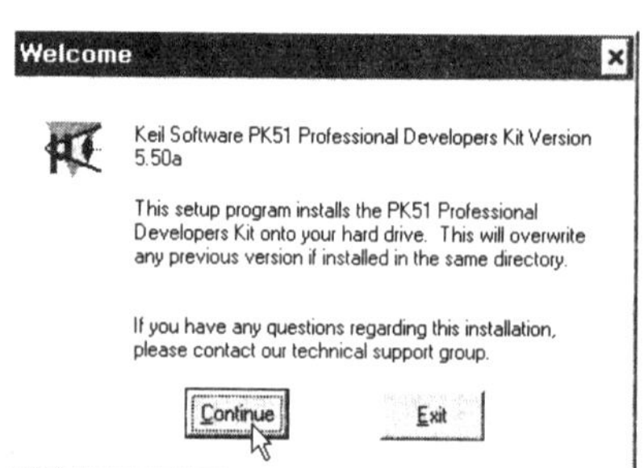

〈그림 3.3.31〉 PK51 V5.5의 설치를 시작하였을 때의 초기 화면

② 이제 C:\PK51_V55\DISK1\SETUP.EXE 파일을 실행하여 설치를 시작하면 첫번째로 <그림 3.3.31>과 같은 화면이 나타난다.

③ 여기서 Continue를 누르면 <그림 3.3.32>와 같이 이를 설치할 폴더를 묻는다. 이때는 임의로 폴더명을 지정하지 말고 반드시 디폴트 폴더명 그대로 C:\C51을 사용하기 바란다.

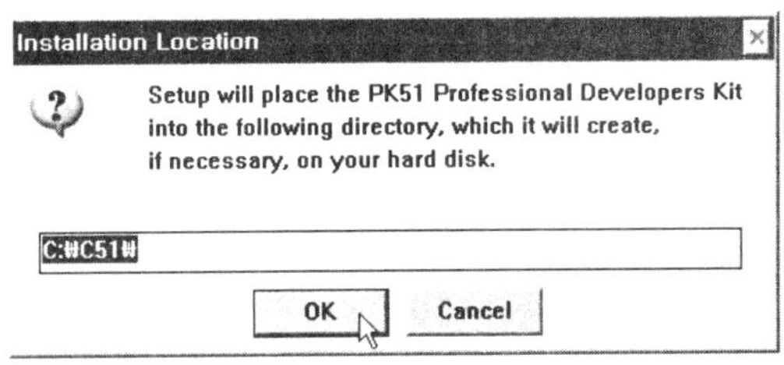

〈그림 3.3.32〉 PK51 V5.5를 설치할 폴더를 지정하는 화면

④ 다음에는 <그림 3.3.33>과 같이 이 소프트웨어 제품의 Serial Number를 입력하는 화면이 나타난다. 여기에 입력한 내용은 본 대학에서 기증받은 제품의 경우이다. 이때 주의할 것은 Serial Number의 중간에 포함된 하이픈(-)을 생략하고 입력해야 한다는 것이다. 즉, 이 경우에 원래의 Serial Number는 012XXX-012XXX이지만 이렇게 입력하지 않고 012XXX012XXX라고 입력한다.(XXX는 모자이크 처리한 것임.)

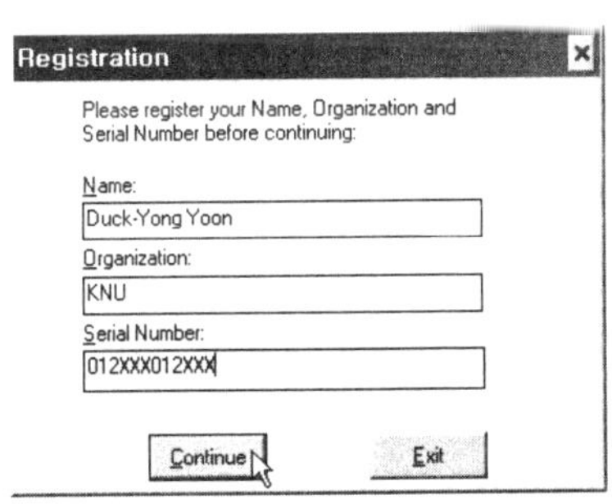

〈그림 3.3.33〉 PK51 V5.5의 Serial Number를 입력하는 화면

⑤ Serial Number가 올바르게 확인되었으면 모든 설치 준비가 끝난 것인데 이때는 <그림 3.3.34>와 같이 확인 화면이 나타난다. 이제 Yes를 누르면 설치가 시작된다. 그러나, 만약 <그림 3.3.34>와 같은 확인 화면이 나타나지 않는다면 Serial Number가 올바르게 확인되지 않은 것이므로 앞에서부터 설치 작업을 다시 수행해야 한다.

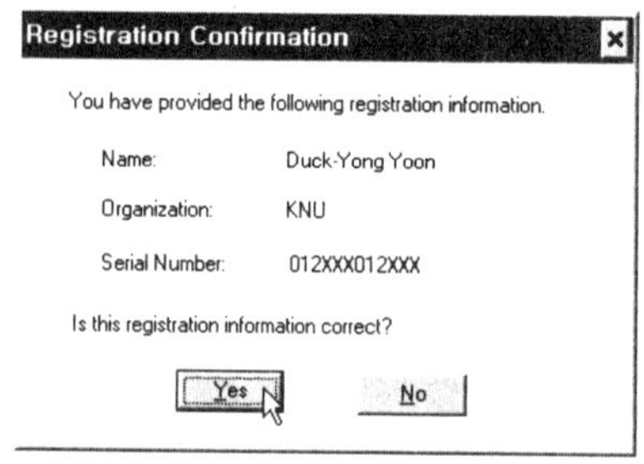

〈그림 3.3.34〉 PK51 V5.5의 Serial Number 입력을 확인하는 화면

⑥ 설치가 진행되는 동안에 1번 디스크의 설치가 완료되면 <그림 3.3.35>와 같이 2번 디스크 및 3번 디스크를 입력하라는 화면이 나타난다. 만약 이때 디스크로 직접 설치하는 경우라면 해당 디스크를 차례로 넣고 OK를 누르면 되지만, 여기서는 하드디스크에서 설치하는 중이므로 그림과 같이 해당 디스크의 내용이 복사되어 있는 폴더명을 입력하고 OK를 누른다.

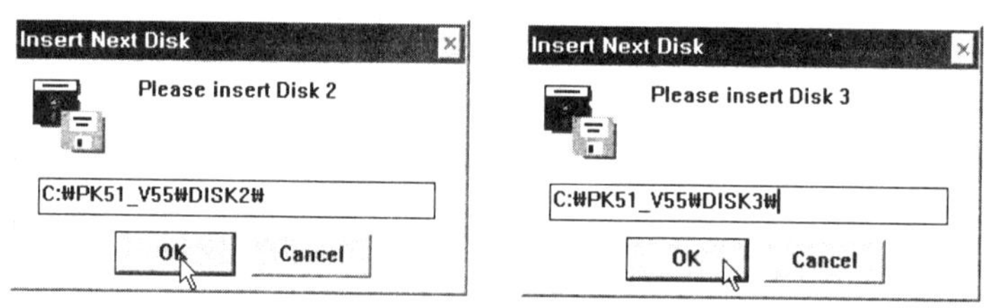

〈그림 3.3.35〉 PK51 V5.5의 설치중에 2번째 및 3번째 디스크 입력요구 화면

⑦ 디스크에 있는 파일의 설치가 끝나면 <그림 3.3.36>과 같이 환경변수를 설정할 것인지를 묻는 화면이 나타나는데 여기서는 그냥 OK를 누른다.

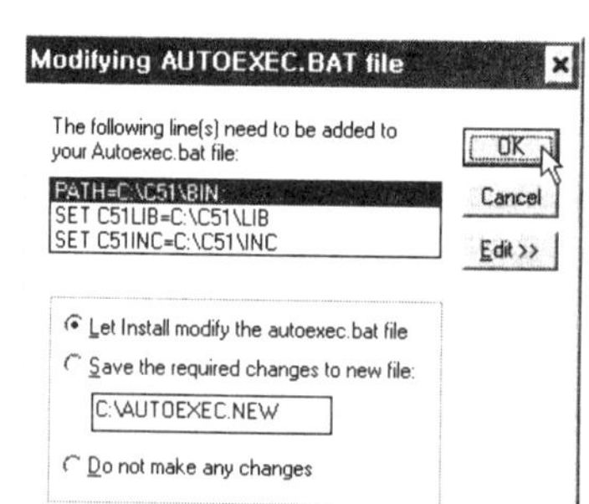

〈그림 3.3.36〉 PK51 V5.5의 환경변수 설정 화면

⑧ PK51 V5.5의 모든 설치가 끝나면 <그림 3.3.37>과 종료 화면이 나타나는데 여기서는 Restart Computer를 눌러도 되며, 나중에 다시 부팅하려면 Return Windows를 눌러도 된다.

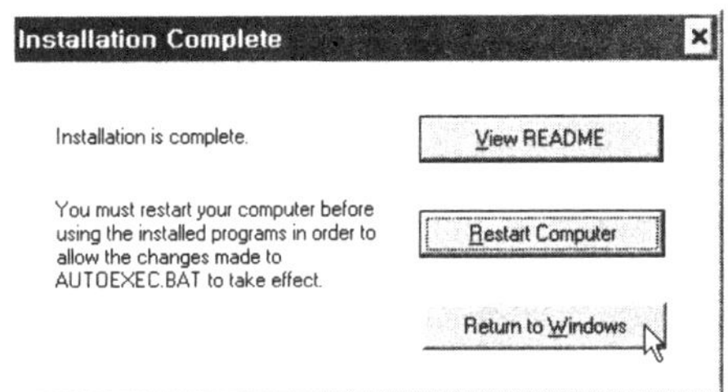

〈그림 3.3.37〉 PK51 V5.5의 설치를 완료하는 화면

⑨ 설치가 종료되면 바탕화면에 바로가기 아이콘이 자동으로 생성되지 않으므로 μVision51 프로그램인 C:\C51\BIN\UVW51.EXE 파일의 바로가기 아이콘을 만들어야 하는데 그 결과를 보이면 <그림 3.3.38>과 같다.

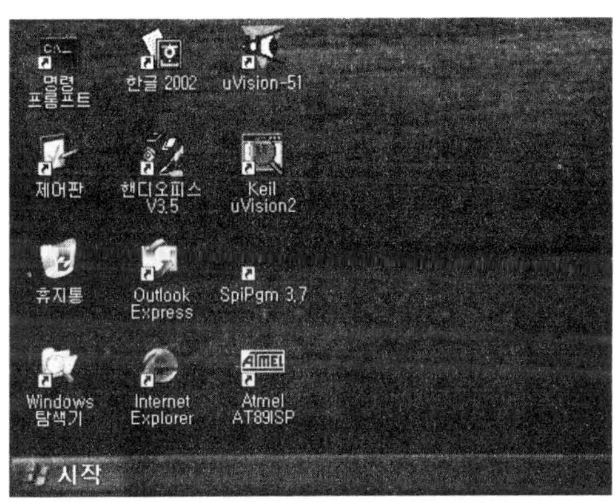

〈그림 3.3.38〉 PK51 V5.5의 설치를 완료하고 바로가기 아이콘을 만든 화면

⑩ PK51 V5.5가 설치되고 나면 C: 드라이브에 <그림 3.3.39>와 같이 폴더가 만들어진다. 여기서 C:\C51\AT89S52a와 C:\C51\AT89S52c 폴더는 각각 이 책에서 제공하는 어셈블리 및 C언어 예제 파일이 설치되는 폴더이며, C:\C51\SpiPgm37 폴더는 다운로드 프로그램 SPI-Flash Programmer가 설치되는 폴더이다.

매크로 어셈블러 A51.EXE, C컴파일러 C51.EXE 및 이와 관련되는 유틸리티 등의 모든 실행파일들은 C:\C51\BIN 폴더에 저장되어 있고, C컴파일러를 위한 라이브러리 파일 및 스타트업 파일은 C:\C51\LIB 폴더에 저장되어 있다. 또한, 어셈블리 언어에서 사용하는 SFR을 정의한 인클루드 파일들은 모두 C:\C51\ASM 폴더에 저장되어 있고, C언어에서 사용하는 헤더 파일들은 C:\C51\INC 폴더에 저장되어 있다.

```
C:\─┬─
    ├─
    ├─Windows ...
    ├─
    └─C51──────────┬─ASM
                   ├─BIN
                   ├─EXAMPLES──┬─ASM
                   │           ├─BL51_EX1
                   │           ├─ ...
                   │           └─WHETS
                   ├─INC
                   ├─LIB
                   ├─MISC
                   ├─MON51
                   ├─RTX_TINY
                   ├─OK89S52a
                   ├─OK89S52c
                   └─SpiPgm37
```

〈그림 3.3.39〉 PK51 V5.5를 설치한 후의 디렉토리 구조

(2) PK51 V5.5의 주요 메뉴

PK51 V5.5에서 프로그램을 작성할 때는 MS-DOS의 커맨드 레벨에서 사용하는 것도 가능하기는 하지만, 대부분의 경우에는 Windows 운영체제에서 IDE 소프트웨어인 μVision51을 사용한다.

이것의 주요 메뉴는 PK51 V6.1에 비하여 훨씬 간단하고 상당히 다르지만 대부분의 기능은 PK51 V6.1과 크게 다르지 않으므로 여기서 따로 설명하지 않는다. V6.1의 기능 설명을 읽어보면 대부분 V5.5의 기능도 이해할 수 있다.

PK51 V6.1의 μVision2에서 주메뉴는 모두 10개로 구성되어 있었지만, PK51 V5.5의 μVision51에서는 주메뉴가 8개뿐이다. 그러나, 프로그램 작성에서 가장 많이 사용하는 File, Edit, Project와 Help 메뉴는 서로 매우 비슷하여 이를 사용하는데 별로 어려움이 없다.

(3) PK51 V5.50에서 프로그램의 작성

PK51 V5.5에서 새로운 프로젝트를 생성하고 여기에 기존의 어셈블리 또는 C언어

소스 프로그램을 불러들이고 이를 번역하여 최종적으로 실행파일인 HEX 파일을 얻기까지의 과정을 설명하면 다음과 같다.

① 퍼스널컴퓨터의 바탕화면에서 µVision51의 바로가기 아이콘을 클릭하면 PK51 V5.5의 IDE 소프트웨어인 µVision51이 실행되어 <그림 3.3.40>과 같은 기본화면이 나타난다. 이 화면은 상단의 메뉴와 하단의 작업영역창으로 간단히 구성된다.

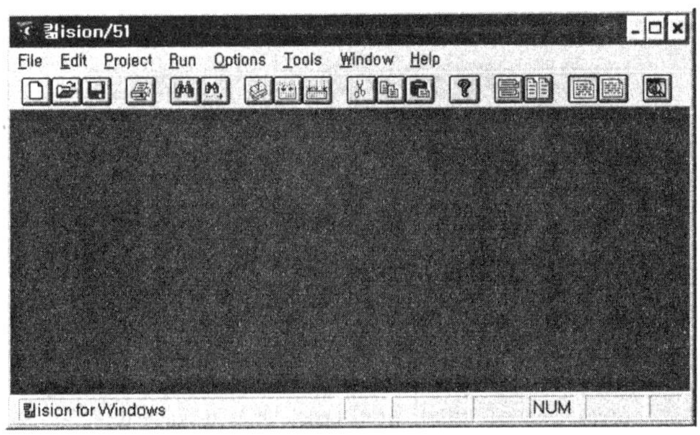

〈그림 3.3.40〉 µVision51의 초기 기본 화면

② 프로젝트를 생성하기 전에 먼저 <그림 3.3.41>과 같이 Options → Make... 메뉴에서 옵션을 설정하는 것이 좋다. 먼저 <그림 3.3.42>의 화면과 같이 컴파일 이후에 Make가 수행할 동작을 설정하고, <그림 3.3.43>과 같이 어셈블리 소스 파일의 확장자를 A51에서 ASM으로 수정한 후에 OK를 누른다.

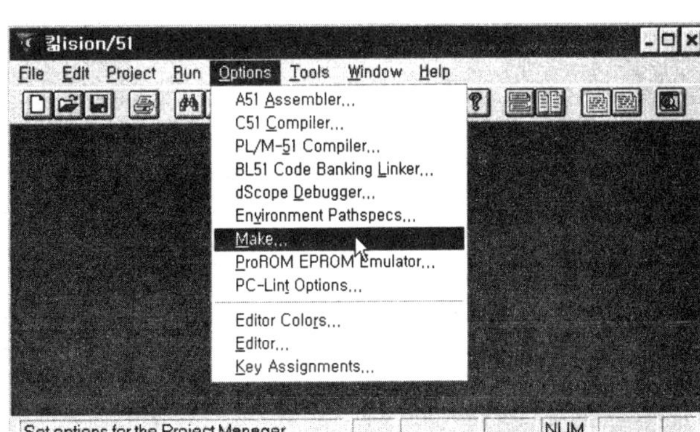

〈그림 3.3.41〉 µVision51의 Make 옵션을 선택하는 화면

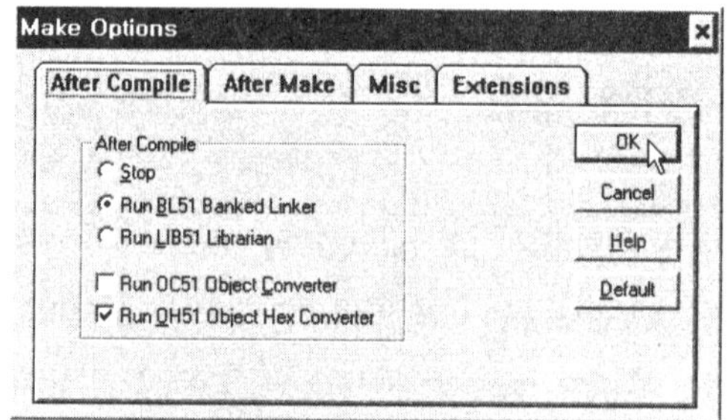

〈그림 3.3.42〉 μVision51의 컴파일 이후 동작의 Make 옵션을 설정하는 화면

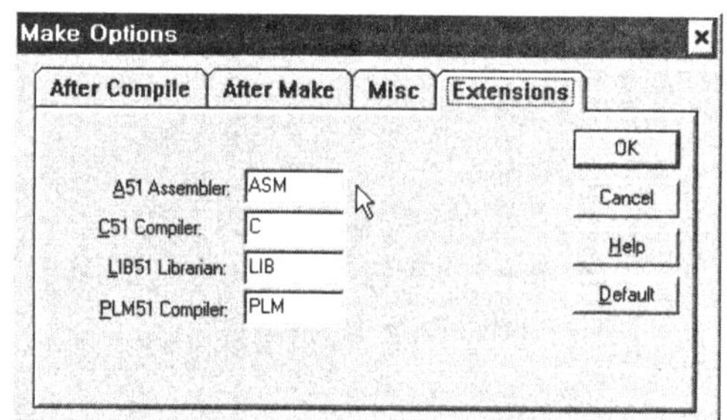

〈그림 3.3.43〉 μVision51의 파일 확장자에 관한 Make 옵션을 설정하는 화면

③ 새로운 프로젝트를 생성하려면 <그림 3.3.44>처럼 Project → New Project... 메뉴를 누른다.

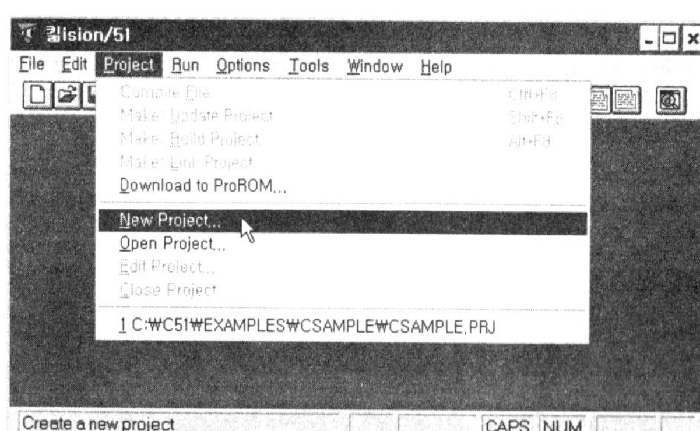

〈그림 3.3.44〉 새로운 프로젝트의 생성을 시작하는 화면

④ 이때 <그림 3.3.45>처럼 프로젝트명을 입력하는 화면이 나타나면 원하는 폴더로 가서 프로젝트명을 입력한다. 즉, 어셈블리 소스 프로그램을 작성하기 위한 프로젝트라면 C:\C51\AT89S52a\ 폴더를 선택하고, C언어 소스 프로그램을 작성하기 위한 프로젝

트라면 C:\C51\AT89S52c\ 폴더를 선택한다. 여기서는 어셈블리 언어의 경우이고 프로젝트명을 XASMFILE.PRJ로 사용하기로 한다.

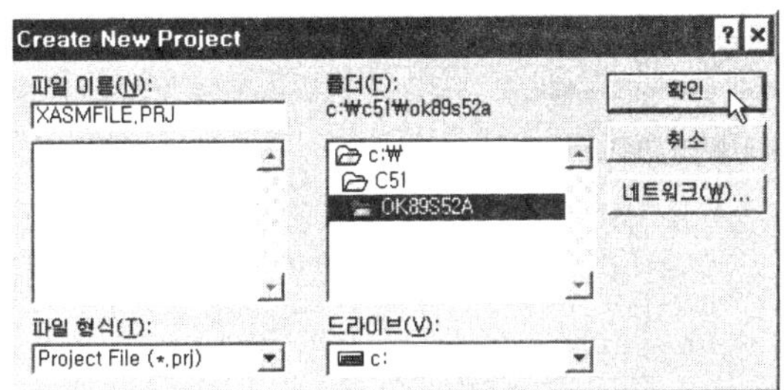

〈그림 3.3.45〉 새로운 프로젝트명을 입력하는 화면

⑤ 다음에 이 프로젝트에 소스 파일을 등록하는 화면이 나타나면 <그림 3.3.46>에서와 같이 Add를 누른다. 그러면 <그림 3.3.47>과 같이 프로젝트에 등록할 소스 파일을 선택하는 화면이 나타나는데, 어셈블리 프로젝트의 경우라면 C:\C51\AT89S52a\ 폴더에 있는 기존의 미리 만들어진 소스 파일을 선택하고, C언어 프로젝트의 경우라면 C:\C51\AT89S52c\ 폴더에 있는 소스 파일을 선택한 후에 Add를 누르고 Close한다.

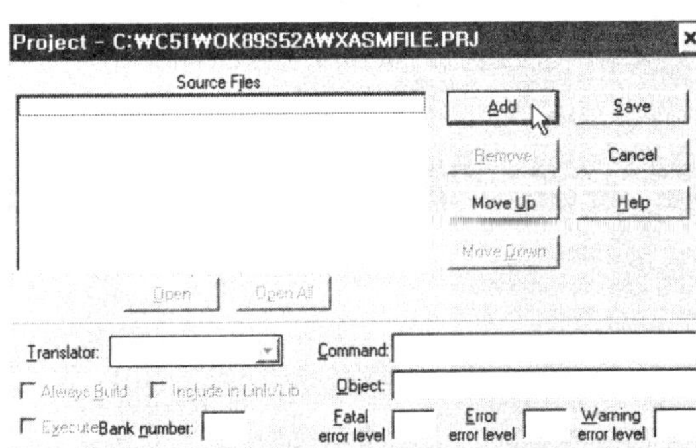

〈그림 3.3.46〉 프로젝트에 소스 파일을 등록하기 위한 화면

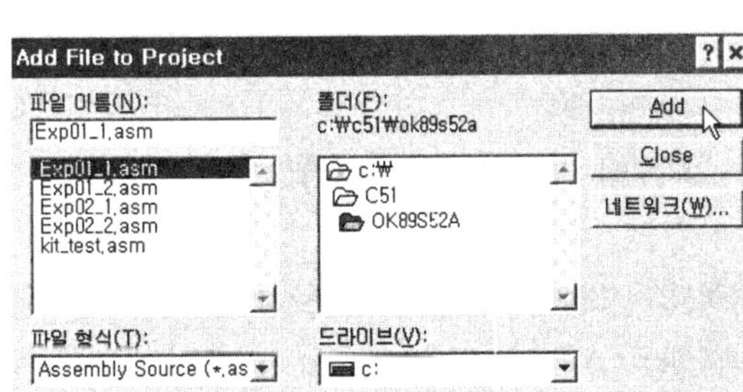

〈그림 3.3.47〉 프로젝트에 등록할 소스 파일을 선택하는 화면

⑥ 소스 파일을 선택하고 나면 다시 <그림 3.3.48>의 화면으로 되돌아 오는데, 여기서 Open을 누르면 이제 작업영역창에 소스가 보인다. 그리고 나면 반드시 Save를 눌러서 이상의 파일 등록 내역을 프로젝트에 저장한 후에 이 화면을 닫는다.

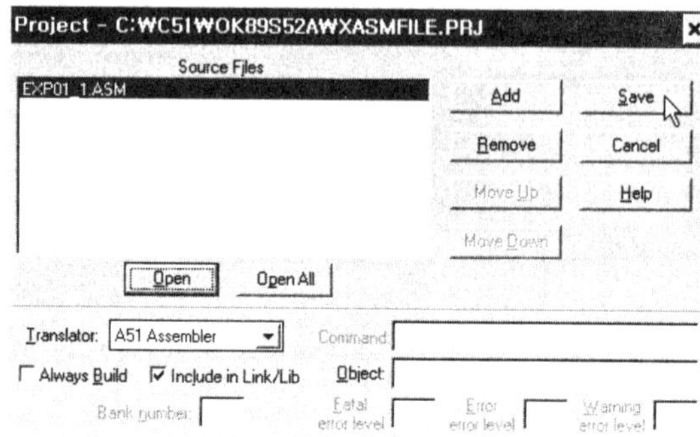

〈그림 3.3.48〉 프로젝트에 소스 파일을 등록하는 작업을 마무리하는 화면

⑦ <그림 3.3.49>는 프로젝트에 파일이 등록 완료되어 소스의 내용이 작업영역창에 표시되는 화면이다.

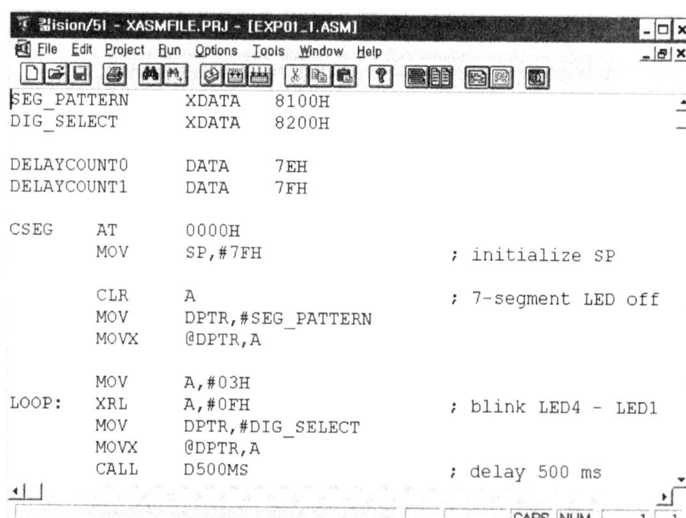

〈그림 3.3.49〉 현재의 프로젝트에 등록할 소스 파일명을 선택하는 화면

⑧ 이제 소스를 편집하고 어셈블 또는 컴파일을 수행하기 전에 옵션을 설정하거나 확인한다. 먼저 <그림 3.3.50>은 어셈블러 A51의 옵션을 설정하는 화면이다. 3개의 설정화면 Listing, Object, Misc를 모두 확인하는 것이 좋다.

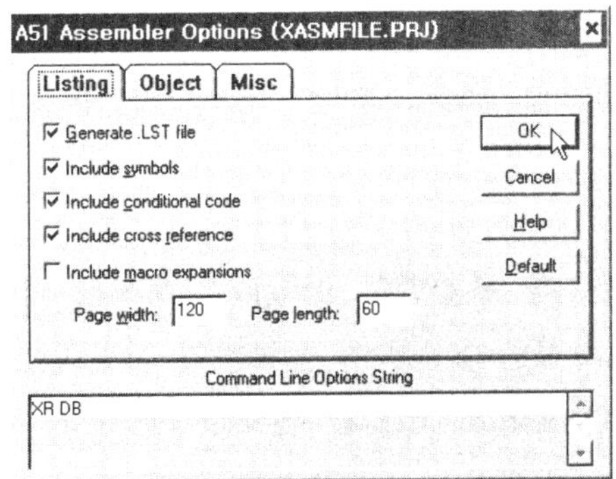

〈그림 3.3.50〉 어셈블러 옵션을 설정하는 화면

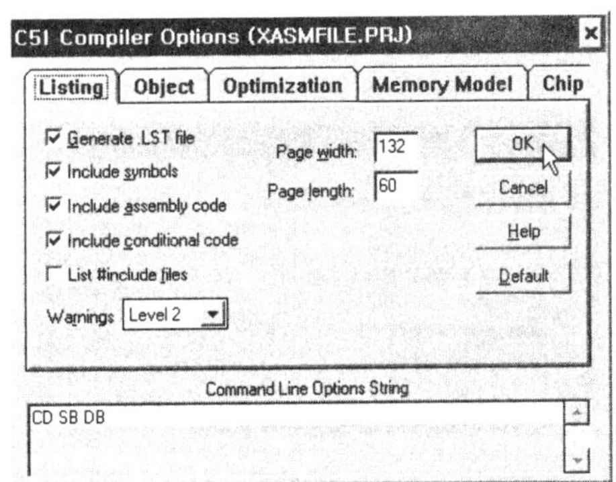

〈그림 3.3.51〉 컴파일러 옵션을 설정하는 화면

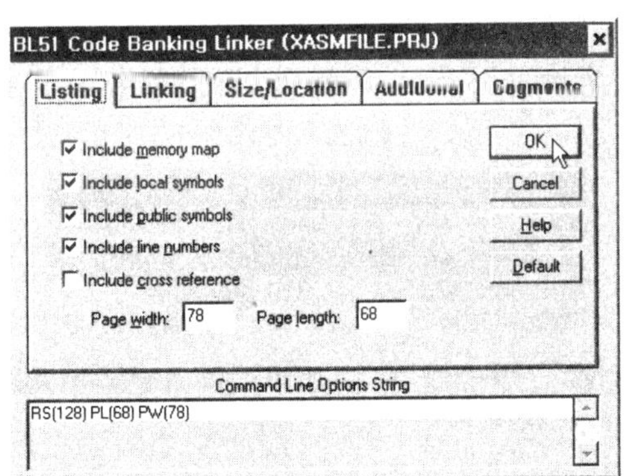

〈그림 3.3.52〉 링커/로케이터 옵션을 설정하는 화면

다음에는 <그림 3.3.51>과 같이 컴파일러 C51의 옵션을 설정하는 화면이다. 5개의 설정화면 Listing, Object, Optimization, Memory Model, Chip을 모두 확인하는 것이 좋으며, 최적화 단계는 특별한 경우가 아니라면 디폴트인 Level 6으로 그냥 둔다. 또한, Chip에서는 MCU 모델을 1: Standard 8051로 그냥 설정하면 된다.

다음에는 <그림 3.3.52>와 같이 링커/로케이터 BL51의 옵션을 설정하는 화면이다. 5개의 설정화면 Listing, Linking, Size/Location, Additional, Segments를 모두 확인하는 것이 좋다.

⑨ 이제 원하는대로 소스를 편집한다. µVision51에서는 어셈블러 소스를 편집할 경우 텍스트의 컬러를 여러가지로 편리하게 설정하여 사용하는 기능이 없다. 그러나, C언어 소스에서는 다양한 텍스트의 컬러를 설정할 수 있는데, 이 기능을 사용하려면 Options → Editor... 메뉴를 선택하여 <그림 3.3.53>과 같이 설정해야 한다. 실제의 컬러는 Options → Editor Color... 메뉴의 Color Syntax 화면에서 설정하는데 디폴트로 사용하는 것이 무난하다.

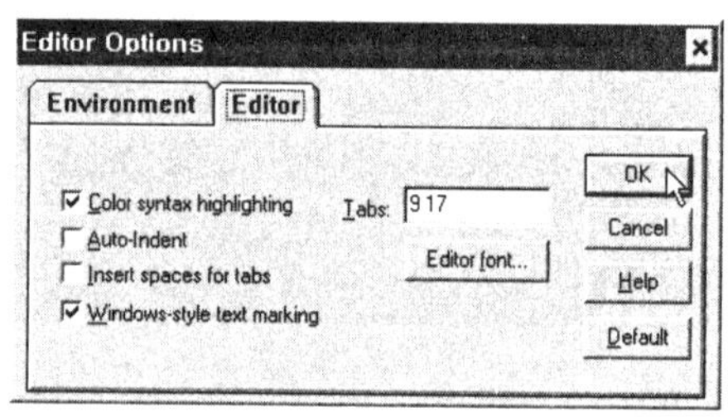

〈그림 3.3.53〉 C언어 소스의 텍스트 컬러 사용을 허용하는 화면

⑩ 이제 편집이 끝나고 어셈블 또는 컴파일을 수행하려면 Project → Make: Build Project 메뉴를 누르든지 또는 <그림 3.3.54>와 같이 해당 아이콘을 누르면 된다.

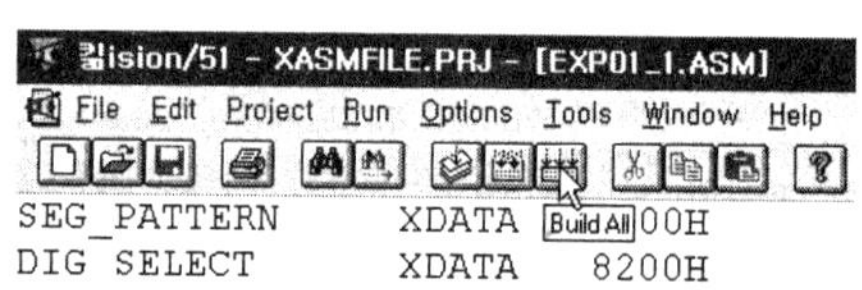

〈그림 3.3.54〉 어셈블 또는 컴파일을 수행하기 위한 아이콘

어셈블 또는 컴파일이 에러 없이 정상적으로 종료되면 <그림 3.3.55>와 같은 화면이 나타난다. 그러나, 에러가 발생하였다면 작업영역창에 에러 메시지가 출력된다.

만약 이상과 같이 어셈블리 언어 프로그램을 작성하였다면 어셈블이 수행된 후에 XASMFILE.HEX 파일이 생성된다. 그러나, C언어 프로그램을 작성하였다면 컴파일이 수행된 후에 XCFILE.HEX 파일이 생성된다. 이제 여러분은 이 HEX 파일을 SPI-Flash Programmer를 사용하여 *OK-89S52* 키트에 다운로드하여 실행하면 된다.

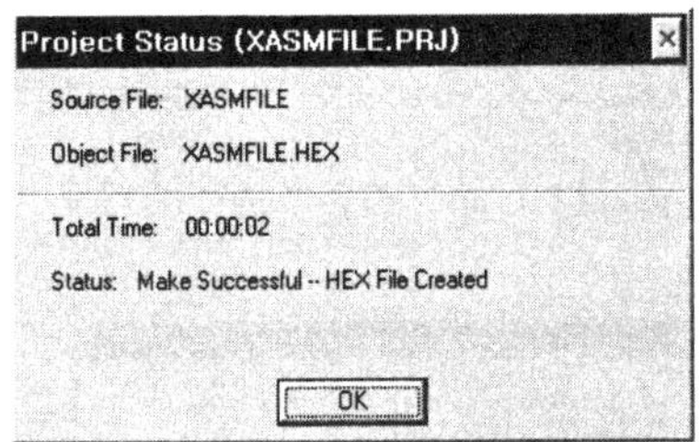

〈그림 3.3.55〉 어셈블 또는 컴파일이 에러 없이 정상적으로 종료된 화면

⑪ 이상에서는 새로운 프로젝트를 작성하는 방법을 중심으로 설명하였지만 이 책의 예제 파일들은 모두 적절한 프로젝트 파일과 함께 제공되므로 실제로 여러분이 이렇게 프로젝트를 만들 필요는 없다. 즉, 어셈블리 언어로 프로그램을 작성할 때는 C:\C51\OK89S52a\XASMFILE.PRJ를 불러서 사용하면 되고, C언어로 프로그램을 작성할 때는 C:\C51\OK89S52c\XCFILE.PRJ를 불러서 사용하면 된다. 이처럼 기존의 프로젝트를 읽어들이는 것은 <그림 3.3.56>과 같이 하면 된다.

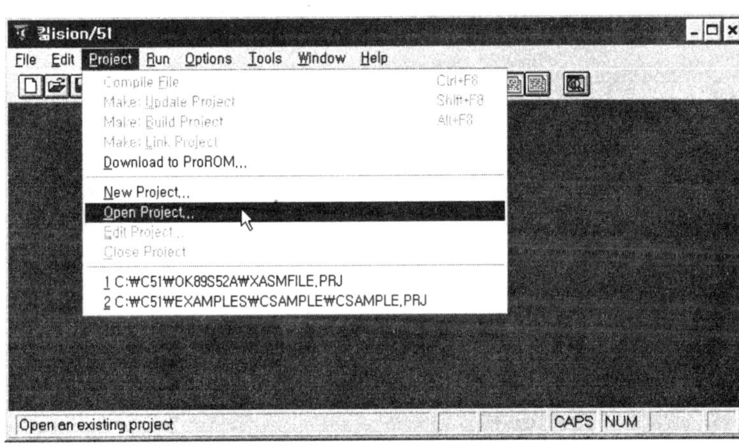

〈그림 3.3.56〉 기존의 프로젝트를 불러오기 위한 화면

⑫ 기존의 프로젝트를 불러들이고 이 프로젝트에서 기존의 소스 파일을 제거하고 새로운 소스 파일을 등록하려면 <그림 3.3.57>과 같이 Project → Edit Project... 메뉴를 누른다. 그러면 <그림 3.3.58>의 화면이 나타나는데, 여기서 제거할 파일을 선택하고 Remove를 누르면 소스 파일이 제거된다. 그 다음에는 앞에서 설명하였던 바와 같이 Add를 눌러서 새로운 소스 파일을 등록하고 Save하면 된다.

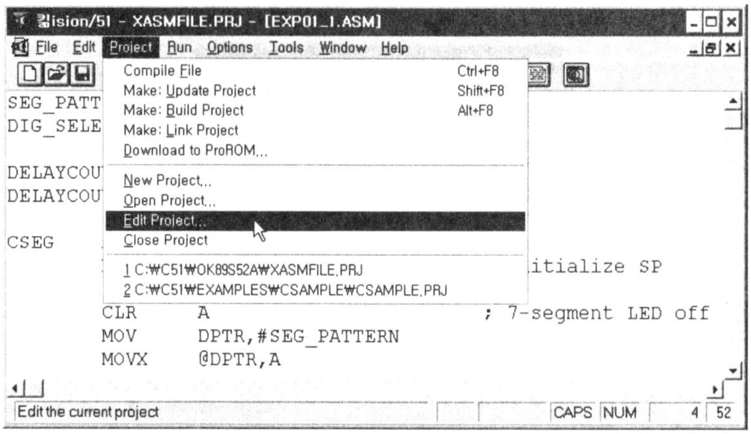

〈그림 3.3.57〉 현재의 프로젝트를 수정하기 위한 화면

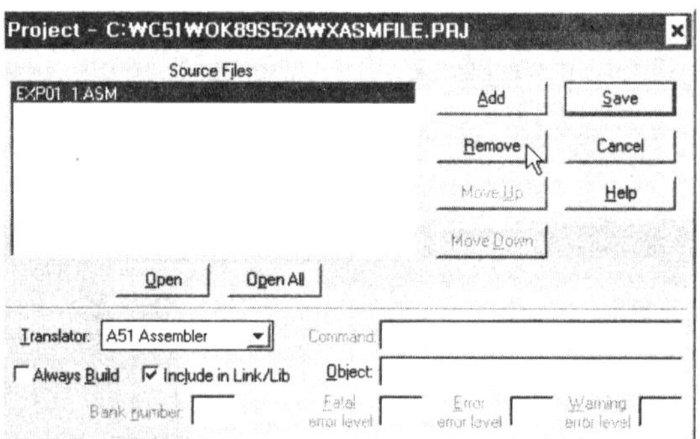

〈그림 3.3.58〉 현재의 프로젝트에 등록되어 있는 소스 파일을 제거하는 화면

3. PK51 평가용 버전을 사용하는 경우

소프트웨어의 평가용 버전(Evaluation Version)이라는 것은 사용자가 정품 소프트웨어의 성능을 대략적으로 맛볼 수 있도록 정품의 기능중에서 일부를 제한하거나 또는 이를 사용할 수 있는 기간을 제한하여 무료로 제공하는 소프트웨어로서 흔히 데모버전(Demonstration Version)이라고 부르기도 한다. 독일 Keil사의 인터넷 웹사이트(http:\\www.keil.com\)에서는 2006년초 현재 가장 최근 버전인 PK51 소프트웨어 패키지 V8.0의 평가용 버전을 제공하는데 여기에는 다음과 같은 기능 제한이 있다.

① 어셈블러, C컴파일러, 링커, 디버거 등은 모두 오브젝트 코드가 2KB 이내인 경우만을 올바르게 처리한다. 2KB의 제한은 소스 코드가 아니라 오브젝트 코드 기준이

라는데 유의해야 한다. (*OK-89S52* 키트에서 사용하기 위한 이 책의 예제 프로그램들은 대부분 간단하므로 평가용 버전으로도 번역하고 링크하여 실행할 수 있지만, 오브젝트가 2KB를 초과하는 일부 예제 프로그램은 사용하지 못한다.)

② C언어 프로그램은 항상 0x0800 번지부터 시작되도록 번역되고 링크된다. 결국 오브젝트가 2KB 이내로 되려면 프로그램은 0x0800~0x0FFF 번지에 할당되게 된다. 따라서, 만약 2KB 이내의 온칩 프로그램 메모리를 내장하는 MCS-51 호환 모델에서는 평가용 버전을 가지고 이를 사용할 수 없게 된다. (그러나, *OK-89S52* 키트에서 사용하는 AT89S52 모델은 0x0000~0x1FFF 번지에 8KB의 플래시 메모리를 내장하고 있으므로 이러한 제한에 별로 영향을 받지 않으며, 평가용 버전으로 처리된 오브젝트 코드의 0x0000 번지에는 0x0800~0x0FFF 번지 영역으로 점프하는 명령이 생성되어 놓이므로 이를 *OK-89252* 키트에 다운로드하여 실행하는데 아무 문제가 없다.)

③ SFR에서 여러 개의 DPTR 레지스터를 사용하는 기능을 지원하지 않는다. 따라서, AT89S52에 내장된 2개의 DPTR 레지스터를 모두 사용하지 못하고 디폴트로 지정된 1개의 DPTR 레지스터만을 사용한다.

④ 부동소수점 연산 처리에 관련되는 기능을 지원하지 않는다. 또한, 사용자 라이브러리도 지원하지 않는다.

⑤ C언어로 프로그램을 작성할 때 #pragma asm을 사용하는 인라인 어셈블 기능을 지원하지 않는다.

⑥ 정품 소프트웨어 패키지의 기능중에서 코드 뱅킹 기능, 라이브러리 매니저, 소규모 실시간 운영체제인 RTX51 등을 지원하지 않는다.

◀참고▶ 이상의 기능 제한은 V7.X부터 적용되는 것들이 많으며 대부분 C언어로 프로그램을 작성할 때 해당하는 것들이다. 그 이전의 버전에서는 평가용 버전이라도 어셈블러에는 아무런 기능 제한이 없이 자유롭게 사용할 수 있었다. 실제로 저자는 V5.X의 평가용 버전을 가지고 있는데, 이것으로는 아무런 제한 없이 모든 MCS-51 모델의 어셈블리 언어 프로그램을 작성할 수 있다.

PK51 V8.0의 평가용 버전은 앞에서 설명한 PK51 V6.1과 사용법이 매우 유사하므로 여기서 따로 설명하지 않는다. V8.0은 IDE 소프트웨어가 µVision2에서 µVision3으로 이름만 바뀌고, 주메뉴가 10개에서 11개로 늘어나면서 플래시 메모리 다운로드 기능이 추가된 것 이외에는 그다지 주목할만한 변화가 없다. 물론 여기서는 AT89S52 모델을 기본적인 디바이스로 지원한다.

3.4 매크로 어셈블러 A51.EXE

여기서는 Keil사의 MCS-51용 매크로 어셈블러 A51.EXE를 사용하는 경우의 사용자 프로그램 개발과정 및 이것의 사용 방법에 대하여 설명한다. 여기서는 PK51 V6.1을 중심으로 주요 사항만을 간략하게 요약하며, 더 이상의 자세한 내용이 필요하다면 Keil사의 해당 소프트웨어 설명서를 참조하라.

1. 매크로 어셈블러 A51의 개요

어셈블러는 소프트웨어 개발 툴로서 마이크로프로세서 명령(machine instruction), 어셈블러 지시어(assembler directive), 어셈블러 제어 옵션(assembler control) 등으로 구성되는 어셈블리 언어 프로그램을 번역하여 재배치 가능의 오브젝트 파일을 생성하며, 링커는 이를 마이크로프로세서가 실행할 수 있는 절대 오브젝트 파일로 만든다.

Keil사의 MCS-51용 매크로 어셈블러 A51을 이용한 어셈블리 프로그램의 개발과정을 보이면 <그림 3.4.1>과 같다. 여기서 어셈블리 소스 파일의 이름은 XXX.A51 또는 XXX.ASM, XXX.SRC를 사용하고, 링커가 생성하는 절대 오브젝트 파일의 이름에는 특별한 확장자를 사용하지 않으나 이를테면 XXX.OUT으로 할 수 있다.

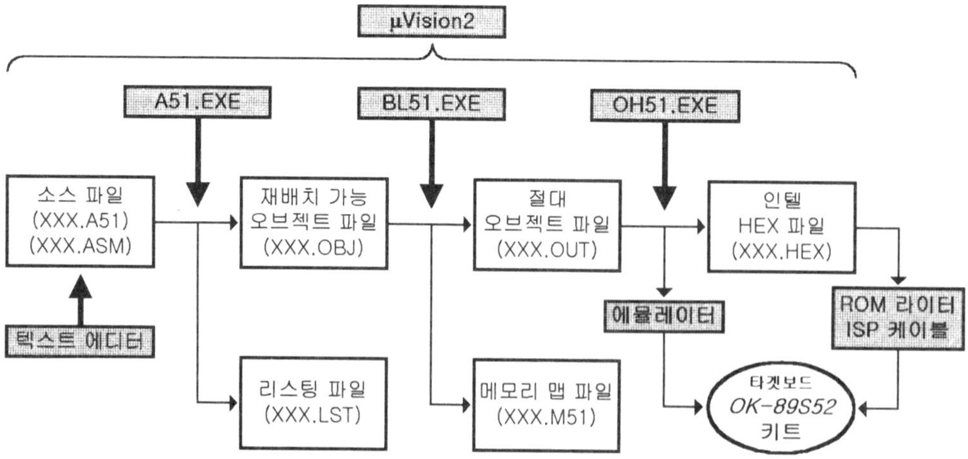

〈그림 3.4.1〉 PK51 V6.1을 사용한 MCS-51용 어셈블리 언어 프로그램의 개발과정

매크로 어셈블러 A51.EXE는 Intel사의 8비트 마이크로콘트롤러인 MCS-51 계열의 MCU 소자들은 물론이고 기타 많은 반도체 회사에서 생산하는 대부분의 MCS-51 호환제품들을 지원하며, 그 이름에서도 알 수 있듯이 매크로 처리 기능을 갖는다.

이것은 MS-DOS 커맨드 레벨에서 사용할 수도 있고 Windows 환경에서 IDE 소프트웨어인 μVision2와 함께 사용할 수도 있다. 어떻게 사용하든지 사용 방법에서 차이가 있을 뿐이지 근본적인 기능은 같다.

2. 매크로 어셈블러 A51의 사용 형식

MS-DOS의 커맨드 모드에서 매크로 어셈블러 A51.EXE를 기동하여 사용하는 형식은 다음과 같다.

```
A51 sourcefile [controls]
A51 @commandfile
```

여기서 *sourcefile*은 어셈블리 언어로 작성된 소스 파일의 이름으로서 XXX.A51, XXX.ASM, XXX.SRC 중에서 어느 것이라도 무방하며, 필요하면 파일명의 앞에 경로명(path name)을 덧붙일 수 있다. 한편, *controls*는 매크로 어셈블러의 기능을 지시하는 제어 옵션으로서 이를 <표 3.4.1>에 요약하였다. 이들 제어 옵션 스위치들은 여러개가 공백문자로 구분되어 나열될 수 있고 사용되는 순서에 관계없으며, 대소문자를 구분하지 않고 만약 생략되면 default값으로 처리된다.

A51은 @문자로 시작하여 커맨드 파일을 파라미터로 사용할 수도 있다. 커맨드 파일 *commandfile*의 내용은 정상적인 A51의 사용시 명령행에 포함되는 *sourcefile*명 및 *controls*와 동일한 내용으로 구성된다.

이러한 매크로 어셈블러 A51의 제어 옵션 스위치는 어셈블리 소스 프로그램내의 선두에서 다음과 같은 형식으로 사용될 수도 있다.

```
$controls          [;comment]
```

여기서 *controls*는 임의의 제어 옵션 스위치를 나타내며, 여러개가 사용되는 경우에는 1개 이상의 공백(space) 문자 또는 탭(tab) 문자로 구분하여 나열하면 된다. 한편, *comment*는 주석으로서 필요하면 사용할 수 있다.

〈표 3.4.1〉 A51의 제어 옵션 스위치

제어 옵션 스위치	약어	디폴트	기 능
			오브젝트 파일 제어 기능(Primary Control)
DEBUG	DB	NODEBUG	오브젝트 파일에 에뮬레이터나 시뮬레이터를 위한 디버깅 정보를 포함시킨다.
NOLINES		LINES	DEBUG 옵션이 사용되었을 때 소스 레벨 디버깅을 위한 행 번호 정보를 제외시킨다. 이는 구버전의 에뮬레이터나 시뮬레이터를 위한 기능이다.
NOMOD51	NOMO	MOD51	A51 어셈블러에서 디폴트로 정의하고 있는 SFR 심볼을 금지한다. 이는 MCS-51 호환기종들을 위한 기능이다.
OBJECT(*filename*) NOOBJECT	OJ NOOJ	OJ(*source*.OBJ)	지정된 이름으로 오브젝트 파일을 생성하거나 또는 오브젝트 파일의 생성을 금지한다.
REGISTERBANK(*number*) NOREGISTERBANK	RB NORB	RB(0)	소스 모듈에서 사용되는 레지스터 뱅크들을 지정한다. 이 정보는 나중에 BL51에 의하여 처리될 수 있도록 오브젝트 파일에 저장된다.
			리스팅 출력 제어 기능(Primary Control)
DATE(*date*)	DA	DA(*current*)	리스팅 파일의 각 페이지 상단에 표시될 날짜를 지정한다. 디폴트로 운영체제에서 얻어지는 날짜로 표시된다.
ERRORPRINT(*filename*)	EP	NOEP	에러 메시지를 지정된 파일에 출력하도록 한다. 디폴트로 에러 메시지는 콘솔에 표시된다.
NOMACRO	NOMR	MACRO	표준 매크로 처리 기능을 금지시켜, 매크로를 정의하고 호출해도 이것이 확장되지 않는다.
MPL		NOMPL	MPL(Macro Processing Language) 기능을 허용한다.
PRINT(*filename*) NOPRINT	PR NOPR	PR(*source*.LST)	지정된 파일명으로 리스팅 파일을 생성하도록 하거나 리스팅 파일을 금지한다. 디폴트로 소스 파일명과 동일하고 확장자가 .LST인 리스팅 파일을 생성한다.
NOSYMBOLS	NOSB	SB	리스팅 파일에 심볼 테이블을 포함하지 않도록 한다.
PAGELENGTH(*number*)	PL	PL(60)	리스팅 파일에서 페이지당의 행수(10~65535)를 지정한다.
PAGEWIDTH(*number*)	PW	PW(120)	리스팅 파일에서 1행당의 문자수(72~132)를 지정한다.
XREF	XR	NOXR	리스팅 파일에 심볼들의 크로스 레퍼런스 테이블을 포함시킨다.
			일반 제어 기능(General Control)
COND NOCOND		COND	COND는 IF-ELSEIF-ENDIF문에 의하여 어셈블되지 않은 부분을 리스팅 파일에 행번호 없이 포함되도록 하고, NOCOND는 이렇게 어셈블되지 않은 부분이 리스팅 파일에 포함되지 않도록 한다.
EJECT	EJ		리스팅 파일에 폼피드(form feed) 문자를 삽입하여 페이지를 넘긴다.
GEN NOGEN	GEN NOGEN	NOGEN	리스팅 파일에 매크로가 확장되어 생성된 행이나 오브젝트 코드가 포함되도록 하거나 이를 금지한다.
INCDIR(*path*; ...)	ID		INCLUDE를 사용하여 인클루드할 파일을 검색할 경로명을 지정한다. 여러개(최대 5개)의 경로명을 지정할 때는 이것들을 세미콜론(;)으로 나열한다. 그러면 프로젝트가 위치한 현재의 폴더에 이어서 이것으로 지정한 경로가 검색된다.
INCLUDE(*filename*)	IC		지정된 파일을 어셈블리 소스내로 읽어들여 인클루드한다. 이 인클루드 기능은 9단계까지의 nesting이 가능하다.
LIST NOLIST	LI NOLI	LI	이제부터 리스팅 파일에 소스 라인의 출력 리스트를 포함하도록 하거나 이를 금지한다.
REGUSE	RU	NORU	함수가 실행되는 동안에 값이 변하는 레지스터들을 지정한다. 이는 C51 컴파일러와 함께 사용되어 레지스터 최적화가 가능하도록 한다.
SAVE RESTORE	SA RS	NOSA NORS	SAVE는 LIST나 GEN 옵션에 의한 현재 셋팅값을 저장하고, RESTORE는 이들 셋팅값을 되찾는다. 이 기능은 9단계까지의 nesting이 가능하다.
SYMLIST NOSYMLIST	SL NOSL	SL	리스팅 파일의 심볼 테이블에 심볼 정의 리스트를 포함시키거나 또는 이를 포함하지 않도록 한다.
TITLE(*string*)	TT	TT(*source*)	리스팅 파일의 각 페이지 상단에 표시될 타이틀을 지정한다. 이는 60자까지 허용되며, 디폴트로 소스 파일명과 같은 타이틀이 표시된다.

A51의 제어 옵션 스위치 *controls*에는 2가지의 종류가 있는데, MS-DOS의 커맨드 라인과 어셈블리 소스 프로그램의 선두에서 사용될 수 있는 primary control은 한번 사용하면 그 효과가 전체 어셈블 과정에서 지속되며, <표 3.4.1>에서 오브젝트 파일 제어와 리스팅 파일 제어로 나누어 표시하였다. 이에 비하여 general control은 소스 프로그램의 여기저기에서 필요할 때 사용할 수 있는 것으로 한번 설정한 상태가 나중에 다른 것으로 변경될 수도 있다.

이 <표 3.4.1>에서 보듯이 오브젝트 파일과 리스팅 파일을 생성하는 것은 디폴트로 지정되므로 A51에서 아무 제어 옵션 스위치를 지정하지 않더라도 XXX.ASM을 어셈블하고 나면 XXX.OBJ와 XXX.LST를 생성한다.

예
```
C:\Keil\OK89S52asm>C:\KEIL\C51\BIN\A51 XXX.ASM[Enter↵]
```

A51을 사용할 때 한 명령 라인의 길이는 약 1행 정도로 제한되므로, 만약 명령 라인이 이보다 길어지면 마지막에 &문자를 입력하고 [Enter↵]키를 눌러 명령 라인을 다음 줄로 계속 연장시킬 수 있다. 이때는 A51 특유의 프롬프트 기호(prompt sign) >>가 자동적으로 표시되어 사용자가 현재의 행이 연장된 행이라는 것을 알 수 있게 된다.

예
```
C:\Keil\OK89S52asm>C:\KEIL\C51\BIN\A51 XXX.ASM &[Enter↵]
>> TITLE(Test Program) &[Enter↵]
>> PW(100)[Enter↵]
```

A51이 수행되고 나면 이 어셈블러는 <표 3.4.2>와 같은 ERRORLEVEL 변수값을 MS-DOS로 돌려준다.

〈표 3.4.2〉 A51에서 리턴되는 ERRORLEVEL 변수의 값

ERRORLEVEL	원 인
0	어떤 에러도 발생하지 않은 경우
1	warning이 발생한 경우
2	error(s)가 발생한 경우
3	fatal error(s)가 발생한 경우

이상은 MS-DOS의 커맨드 레벨에서 사용할 경우를 중심으로 설명하였는데, 만약 µVision2에서 A51을 사용하는 경우에는 <그림 3.4.2>에 보인 바와 같이 리스팅 출력 제어 기능을 설정하며, 기타의 제어 옵션 스위치는 <그림 3.4.3>에 나타낸 바와 같이 Misc Controls라는 창에 추가로 써넣으면 된다.

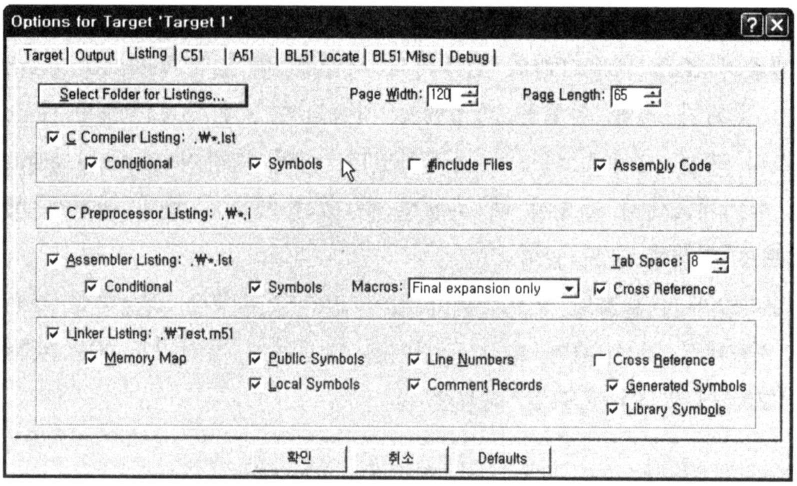

〈그림 3.4.2〉 μVision2에서 A51의 리스팅 출력 제어 기능을 설정하는 화면

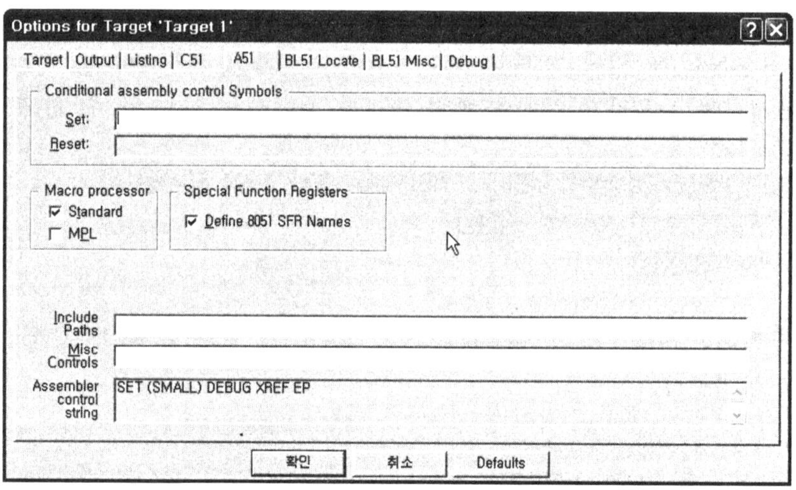

〈그림 3.4.3〉 μVision2에서 A51의 기타 옵션 스위치를 설정하는 화면

3. 조건부 어셈블 기능

A51에는 조건부 어셈블 기능이 있으며, 이에 필요한 제어 옵션이나 지시어들을 가지고 있다. 이는 원칙적으로 말하면 앞에서 설명한 general control에 해당한다고 볼 수 있다.

조건부 어셈블에 관련되는 지시어를 요약하면 <표 3.4.3>과 같다. 여기서, SET과 RESET은 MS-DOS 모드의 명령 라인이나 소스 프로그램에서 모두 사용될 수 있으며,

IF, ELSEIF, ELSE, ENDIF는 소스 프로그램내에서만 사용할 수 있다. IF 블록은 10단계까지 nesting될 수 있다.

〈표 3.4.3〉 A51의 조건부 어셈블 관련 지시어

지시어	기 능
SET(*symbol=number,...*)	지정된 심볼에 수치값을 할당한다. 값을 지정하지 않고 심볼만 지정하면 그 값이 FFFFH로 된다. 이 심볼들은 조건부 어셈블리 제어에만 사용된다.
RESET(*symbol,...*)	지정된 심볼에 수치 0000H를 할당한다. 이 심볼들은 조건부 어셈블리 제어에만 사용된다.
IF(*expression*)	조건부 어셈블 블록의 조건을 판단한다. 만약, 이 조건이 참(true)이면 이 IF 블록이 어셈블되고, 이 조건이 거짓(false)이면 이 IF 블록이 어셈블되지 않는다. IF 블록은 ELSEIF, ELSE, ENDIF 지시어에 의해서 종료된다.
ELSEIF(*expression*)	IF나 ELSEIF 지시어에 이어지는 또다른 선택을 위한 조건부 어셈블 블록의 조건을 판단한다. 만약, 이 조건이 참이면 이 ELSEIF 블록이 어셈블되고, 이 조건이 거짓이면 이 ELSEIF 블록이 어셈블되지 않는다. ELSEIF 블록은 ELSEIF, ELSE, ENDIF 지시어에 의해서 종료된다.
ELSE	IF나 ELSEIF 지시어에 이어지는 마지막 선택을 위한 조건부 어셈블 블록이다. 이 블록은 앞의 모든 IF 및 ELSEIF 블록이 거짓일 경우에만 어셈블된다. ELSE 블록은 ENDIF 지시어에 의해서 종료된다.
ENDIF	IF-ELSEIF-ELSE-ENDIF 구조를 종료한다. 그러나, 만약 IF 블록들이 중첩(nested)되어 있다면 이 ENDIF 지시어는 다른 IF 블록내에 포함되어 있을 수도 있다.

4. 어셈블리 프로그램의 구성

(1) 어셈블리 프로그램의 형식

어셈블리 프로그램은 아래와 같이 1개 이상의 문장(statement)으로 구성되며, 이들 문장에는 마이크로프로세서의 명령(machine instruction), 어셈블러 지시어(assembler directive), 어셈블러 제어 옵션(assembler control) 등이 사용될 수 있다. 어셈블러 제어 옵션 중에서 리스팅 출력 제어나 오브젝트 파일 제어와 같은 primary control 명령은 프로그램의 서두에 위치하여야 한다.

```
[primary control line(s)]
[segment directive]
[statement(s)]
END
```

이를 좀더 체계적으로 보면 하나의 프로그램은 1개의 절대번지 모듈에 입력 모듈들로부터 여러가지의 절대 세그먼트나 재배치 가능 세그먼트들을 연결시켜 구성된다. 또한, 모듈은 1개 또는 그 이상의 세그먼트로 구성되며, 사용자에 의하여 이름이 부여된다. 끝으로 세그먼트는 코드 메모리나 데이터 메모리의 블록으로서 절대 세그먼트와 재배치 가능 세그먼트가 있다. 절대 세그먼트들은 다른 세그먼트들과 결합되지 않으나, 재배치 가능 세그먼트들은 이름과 형, 속성이 있어서 다른 모듈에 속해 있더라도 동일한 이름을 가지는 세그먼트들은 나중에 BL51 링커/로케이터에 의하여 하나의 세그먼트로 결합된다.

(2) 어셈블리 문장의 형식

어셈블리 프로그램에 사용되는 문장은 기본적으로 다음과 같이 4개의 필드로 구성되며, 경우에 따라서는 일부의 필드가 생략될 수도 있다.

```
[label:]   [mnemonic] [operand,...]      [;comment]
```

여기서 *label* 필드는 반드시 콜론(:)이 함께 사용되며, 마이크로프로세서 명령, 매크로 호출, 데이터 예약 지시어, 코드 정의 지시어 등의 앞에서 사용될 수 있고 *label* 필드만 있는 행을 사용할 수도 있다. 이 *label*의 값은 번지의 역할을 수행하여 프로그램 실행시에 프로그램 카운터의 값과 같다. 반면에 이 *label*이 매크로 정의나 EQU 지시어에서와 같이 *name* 필드로 사용되는 경우에는 콜론을 사용하지 않는다.

mnemonic 필드는 마이크로프로세서의 명령, 어셈블리 지시어, 매크로 이름 등으로서 마이크로프로세서나 어셈블러의 동작을 지시한다.

operand 필드는 *mnemonic* 필드가 동작을 수행하는데 필요한 데이터나 파라미터 등을 지정하며, *mnemonic* 필드의 종류에 따라 사용되는 형식이 달라진다.

comment 필드는 설명에 해당하는 주석으로서 반드시 세미콜론(;)으로 시작하며, 어셈블러가 이를 해석하지 않고 무시한다.

각 필드의 사이에는 공백(space) 문자나 탭(tab) 문자가 임의로 놓일 수 있다. 그러나, 하나의 필드에 사용된 수, 이름, 심볼 등의 중간에는 공백문자를 사용할 수 없다. 어셈블리 프로그램의 모든 문장은 1행으로 이루어져야 하며 2행 이상에 걸쳐서 연속될 수 없다. 또한, *label*만 있는 행이나 빈 행을 사용할 수도 있으며, 각 문장의 마지막에는 CR 및 LF 문자가 위치해야 한다.

(3) 심볼

심볼(symbol)이란 값, 텍스트 블록, 어드레스, 레지스터 등을 나타내는 이름이다.

심볼은 숫자 상수나 표현식을 나타내기 위하여 사용될 수도 있다.

심볼은 모두 31문자 이내로 사용되어야 하는데, 여기에 사용할 수 있는 문자들은 A~Z, a~z, 0~9, _, ? 등 대부분의 ASCII 문자이며, 0~9를 제외한 다른 문자들로 시작할 수 있고, 대소문자는 구분하지 않는다.

심볼은 EQU 또는 SET 지시어를 사용하여 상수 표현식을 나타내는데 사용할 수 있고, 프로그램에서 label로 사용될 수도 있으며, 변수를 참조하는데 사용될 수도 있다.

예
```
FIVE        EQU    5
TRUE_FLAG   SET    1
LABEL:      DJNZ   R0,LABEL
RX_BUFFER   DATA   90H
```

(4) 오퍼런드

어셈블러 지시어의 오퍼런드에는 상수나 심볼이 사용된다. 마이크로프로세서 명령의 오퍼런드에는 직접 어드레싱, 간접 어드레싱, 레지스터 어드레싱, 즉치 어드레싱 등에 의한 다양한 표현이 사용되며, 이밖에도 비트 어드레싱이 사용될 수 있다.

구분 기호(delimiter)는 프로그램 문장에서 각 항의 사이를 구분하기 위하여 사용되는 기호로서 이를 요약하면 <표 3.4.4>와 같다.

〈표 3.4.4〉 A51에서 사용하는 구분 기호

문 자	의 미
공백 문자(space)	필드 사이의 구분기호 또는 심볼 구분기호로 사용된다.
HT	공백 문자와 동일한 의미로 취급된다.
CR, LF	행의 끝을 의미한다.
,	2개 이상의 오퍼랜드를 구분한다.
:	라벨의 끝을 의미한다.
;	주석의 시작을 의미한다.
#	즉치 데이터를 의미한다.
' '	문자 상수 또는 문자열을 나타낸다.
( )	표현식에서 연산 우선순위를 지정하는데 사용된다.
< >	매크로에서 반복적으로 확장될 파라미터 리스트를 나타낸다.
%	매크로 파라미터가 실제값을 대치되기 전에 표현식으로 취급되게 한다.
!	매크로 파라미터에서 literal character를 표시하는 기호로 사용된다.
&	매크로에서 텍스트와 더미 파라미터를 결합하는 기호로 사용된다.
;;	매크로 내에서의 주석으로서 매크로가 확장될 때 이것이 생략되도록 한다.

5. 데이터의 표현과 연산자

오퍼런드(operand)로는 숫자 상수, 심볼 이름, 문자 스트링, 표현식 등이 사용될 수 있으며, 연산자(operator)는 오퍼런드들을 결합하거나 비교하기 위하여 사용된다. 연산자는 마이크로프로세서 명령도 아니고 MCS-51의 어셈블리 코드를 발생하지도 않지만, 어셈블할 때 수행될 동작을 나타내며 이를 위한 연산이 수행된다.

표현식(expression)은 숫자, 문자 스트링, 심볼, 연산자 등의 결합이며, 1개의 32비트 값으로 계산된다. 이는 어셈블할 때 계산되므로 프로그래머가 미리 계산하기 곤란한 값을 계산하도록 하는데 유용하다.

(1) 수치 데이터

A51에서는 정수를 2진수, 8진수, 10진수, 16진수로 표현할 수 있는데, 이를 요약하면 <표 3.4.5>와 같다. 정수는 항상 0~9로 시작해야 하므로 A~F 또는 a~f로 시작되는 16진수의 앞에는 0을 붙여야 한다. A51 매크로 어셈블러에서는 특별히 16진수를 C언어에서와 같은 표현법(예 : 0x1234)으로 나타내는 것을 허용한다.

$문자는 숫자의 첫글자나 마지막 글자로 사용될 수는 없으나 읽기 편하도록 숫자의 내부에 포함될 수 있다. 즉, 123$456$789는 123456789와 같다.

〈표 3.4.5〉 A51에서 사용하는 정수 데이터의 표현

정 수	표 현	
2진수(binary)	0과 1만 사용.	B 또는 b로 끝나야 한다.
8진수(octal)	0~7을 사용.	O, o, Q, q 등으로 끝나야 한다.
10진수(decimal)	0~9를 사용.	D 또는 d로 끝나거나 아무 표시가 없다.
16진수(hexadecimal)	0~9 및 A~F, a~f를 사용.	H, h로 끝나거나 0X, 0x로 시작해야 한다.

(2) 문자 상수

문자 상수는 2문자 이내로 사용되어야 하며 작은 인용부호(' ')로 묶어져야 한다. 문자 상수는 항상 16비트의 2진수값으로 표현되는데, 1문자가 사용되면 이 문자의 ASCII 코드값이 하위 바이트에 저장되며, 2문자가 사용되는 경우에는 먼저 나온 문자가 상위 바이트, 나중 문자가 하위 바이트에 저장된다.

예
```
'A'    → 0041H
'AB'   → 4142H
''     → 0000H(null string)
'ABC'  → 3문자를 사용하였으므로 에러
```

(3) 문자열

문자열(character string)은 MCS-51 어셈블리 프로그램에서 메시지를 정의하기 위하여 지시어 DB와 함께 사용된다. 문자열도 문자 상수처럼 작은 인용부호(' ')로 묶어져야 하며, 이 문자열의 종료를 나타내기 위하여 마지막에 00H를 두는 방법이 종종 사용된다. 문자열 내에 작은 인용부호를 사용하려면 이를 연속하여 2개로 표시한다.

이렇게 작은 인용부호 내에 묶어진 문자열은 그 의미를 해석하지 않으므로 어셈블러 예약어를 사용해도 상관없으며, 당연히 대소문자를 구분한다.

```
예  LCD_MSG:    DB    '  TEST PROGRAM  ',00H
    TX_MSG:     DB    'Transmit Data A.',00H
```

(4) 로케이션 카운터

로케이션 카운터(location counter)는 어셈블러가 프로그램의 각 세그먼트 내에서의 현재 위치를 나타내는 오프셋 변수로서 사용자가 어셈블리 프로그램에서 이를 사용하려면 달러 기호($)로 나타낼 수 있다.

각 세그먼트에서 로케이션 카운터는 모두 0으로부터 시작하며, ORG 지시어를 사용하면 이 값을 변경할 수 있다.

```
예  LCD_MSG:    DB    '  TEST PROGRAM  ',00H
    MSG_LENGTH  EQU   $-LCD_MSG
                ORG   2000H
                SJMP  $
```

(5) 연산자

연산자는 오퍼런드나 표현식을 결합하거나 비교하는 것으로 여러 가지 종류의 연산자가 있다.

〈표 3.4.6〉 A51에서 사용하는 산술 연산자

연산자	사용 형식	기 능
+	+ *expression*	양수를 나타내는 기호(unary plus sign)
-	- *expression*	음수를 나타내는 기호(unary minus sign)
+	*expression* + *expression*	덧셈 연산
-	*expression* - *expression*	뺄셈 연산
*	*expression* * *expression*	곱셈 연산
/	*expression* / *expression*	나눗셈 연산
MOD	*expression* MOD *expression*	나머지 연산(modulo remainder)
( )	(*expression*)	수행 순서를 지정

먼저, 산술 연산자는 <표 3.4.6>과 같은데, 이것들은 연산의 종류에 따라 1~2개의 오퍼런드를 필요로 하며, 연산 결과는 항상 16비트로 된다. 연산에서 오버플로우(overflow)나 언더플로우(underflow)는 조사되지 않으며, 만약 0으로 나눗셈을 시도하면 어셈블 에러가 된다.

2진 연산자는 <표 3.4.7>과 같은데, 이것들은 비트단위 연산(bit-wise operation)을 수행한다.

〈표 3.4.7〉 A51에서 사용하는 비트 연산자

연산자	사용 형식	기 능
NOT	NOT *expression*	비트 단위의 반전(bit-wise complement)
SHR	*expression* SHR *count*	오른쪽으로 시프트(shift right)
SHL	*expression* SHL *count*	왼쪽으로 시프트(shift left)
AND	*expression* AND *expression*	비트 단위의 AND(bit-wise AND)
OR	*expression* OR *expression*	비트 단위의 OR(bit-wise OR)
XOR	*expression* XOR *expression*	비트 단위의 XOR(bit-wise XOR)

관계 연산자는 <표 3.4.8>과 같은데, 이것들은 2개의 오퍼런드를 비교하여 그 결과를 참(true, 0이 아닌 16비트 값으로 표시)과 거짓(false, 0000H로 표시)의 논리값으로 얻는다.

〈표 3.4.8〉 A51에서 사용하는 관계 연산자

연산자	사용 형식	기 능
EQ =	*expression1* EQ *expression2* *expression1* = *expression2*	*expression1*이 *expression2*와 같으면 참이다.
NE 〈〉	*expression1* NE *expression2* *expression1* 〈〉 *expression2*	*expression1*이 *expression2*와 같지 않으면 참이다.
GT 〉	*expression1* GT *expression2* *expression1* 〉 *expression2*	*expression1*이 *expression2*보다 크면 참이다.
LT 〈	*expression1* LT *expression2* *expression1* 〈 *expression2*	*expression1*이 *expression2*보다 작으면 참이다.
GTE 〉=	*expression1* GTE *expression2* *expression1* 〉= *expression2*	*expression1*이 *expression2*보다 크거나 같으면 참이다.
LTE 〈=	*expression1* LTE *expression2* *expression1* 〈= *expression2*	*expression1*이 *expression2*보다 작거나 같으면 참이다.

〈표 3.4.9〉 A51에서 사용하는 클래스 연산자

연산자	사용 형식	기 능
BIT	BIT *expression*	*expression*에 BIT 클래스를 할당한다.
CODE	CODE *expression*	*expression*에 CODE 클래스를 할당한다.
DATA	DATA *expression*	*expression*에 DATA 클래스를 할당한다.
IDATA	IDATA *expression*	*expression*에 IDATA 클래스를 할당한다.
XDATA	XDATA *expression*	*expression*에 XDATA 클래스를 할당한다.

클래스(class) 연산자는 <표 3.4.9>와 같은데, 이것들은 표현식을 어떤 메모리 클래스에 할당할지를 지정한다.

형(type) 연산자는 <표 3.4.10>과 같은데, 이것들은 표현식을 어떤 데이터 형에 할당할지를 지정한다. 만약, 사용될 수 없는 데이터 형을 지정하면 에러가 된다. 단, 여기서 LOW와 HIGH 연산자는 형 연산자가 아니라 기타 연산자로 분류된다. A51에서는 데이터 메모리에 16비트 데이터를 저장할 때 역워드순(little endian)으로 저장하는데, LOW는 이중에서 낮은 번지에 있는 하위 바이트를 지정하고, HIGH는 높은 번지에 있는 상위 바이트를 지정한다.

〈표 3.4.10〉 A51에서 사용하는 형 연산자

연산자	사용 형식	기 능
BYTE	BYTE *expression*	*expression*에 BYTE 형을 할당한다.
WORD	WORD *expression*	*expression*에 WORD 형을 할당한다.
DWORD	DWORD *expression*	*expression*에 DWORD 형을 할당한다.
NEAR	NEAR *expression*	*expression*에 NEAR 형을 할당한다.
FAR	FAR *expression*	*expression*에 FAR 형을 할당한다.
LOW	LOW *expression*	*expression*의 하위 바이트를 지정한다. (기타 연산자)
HIGH	HIGH *expression*	*expression*의 상위 바이트를 지정한다. (기타 연산자)

이러한 여러가지의 연산자들을 사용하여 표현식이 만들어진 경우에 이것들을 수행하는 우선순위는 <표 3.4.11>과 같다. 여기서 레벨1은 가장 우선순위가 높다는 것을 나타내고 레벨10은 가장 우선순위가 낮다는 것을 나타내며, 우선순위가 동일한 연산자들은 왼쪽부터 표현식에 사용된 순서대로 처리된다.

〈표 3.4.11〉 A51에서 사용하는 연산자의 우선순위

우선 순위	연 산 자
1(높다)	( )
2	NOT, HIGH, LOW
3	BIT, CODE, DATA, IDATA, XDATA
4	BYTE, WORD, DWORD, NEAR, FAR
5	+(unary), -(unary)
6	*, /, MOD
7	+, -
8	SHR, SHL
9	AND, OR, XOR
10(낮다)	=, 〈〉, 〉, 〈, 〉=, 〈=, EQ, NE, GT, LT, GTE, LTE

(6) 표현식

표현식(expression)은 어셈블 단계에서 어셈블러에 의하여 값이 결정될 수 있도록

오퍼런드와 연산자의 결합으로 이루어지며 32비트의 값으로 계산된다. 연산자를 가지지 않는 오퍼런드는 표현식의 가장 간단한 형태이다. 표현식은 오퍼런드가 사용되는 곳이면 어디라도 사용될 수 있다.

표현식은 number(N NUMB), CODE 어드레스(C ADDR), DATA 어드레스(D ADDR), IDATA 어드레스(I ADDR), XDATA 어드레스(X ADDR), BIT 어드레스(B ADDR) 등과 같은 클래스를 가진다. 이들 표현식의 클래스는 표현식이 1원 연산(unary operation)이나 +, -에 의하여 계산되더라도 기본적으로 달라지지 않는다. 그러나, +, -를 제외한 모든 2원 연산(binary operation) 표현식의 결과는 number 클래스로 된다.

6. 어셈블러 지시어

A51에서 사용하는 어셈블러 지시어는 <표 3.4.12>와 같이 기능별로 분류할 수 있다. 이 지시어는 어셈블러에게 어떤 지시를 내리지만 실행 코드를 생성하지는 않는다는 점에서 마이크로프로세서 명령과 구분된다.

A51은 2패스(pass) 어셈블러로 되어 있어서 첫번째 패스에서는 심볼 테이블이 만들어져 심볼값이 결정되고, 두번째 패스에서는 전방참조(forward reference)의 값들이 결정되어 모든 오브젝트 코드가 생성된다. 이 때문에 심볼값을 정의하는 표현식이나 로케이션 카운터를 정의하는 표현식은 전방참조가 불가능하다.

〈표 3.4.12〉 A51에서 사용하는 어셈블러 지시어의 요약

분 류	어셈블러 지시어
세그먼트 제어	SEGMENT, RSEG, CSEG, DSEG, ISEG, XSEG, BSEG
심볼 정의	EQU, SET, CODE, DATA, IDATA, XDATA, BIT
메모리 초기화	DB, DW
메모리 영역 예약	DS, DBIT
프로그램 연결	PUBLIC, EXTRN, NAME
어드레스 제어	ORG, USING
기타	END

(1) 세그먼트 제어 지시어

세그먼트란 코드 메모리나 데이터 메모리의 블록으로서, 프로그램 코드나 상수 데이터, 메모리 변수 등을 각각 지정된 메모리 영역에서 효율적으로 관리하기 위하여 사용한다. MCS-51은 비록 낮은 성능의 마이크로콘트롤러이지만, 이러한 메모리 관리 측면에서는 매우 우수한 구조적인 특성을 가진다.

A51은 각 세그먼트내에서 별도로 하나씩의 로케이션 카운터를 가진다. 로케이션 카운터는 세그먼트 내에서 메모리 번지를 지시하는데, 새로 세그먼트가 시작될 때에서는 로케이션 카운터가 0으로 시작하며, generic segment에서는 오프셋을 표시하고 absolute segment에서는 실제 번지를 표시한다. 이 값은 마이크로프로세서 명령이나 메모리 초기화 지시어, 메모리 예약 지시어 등에 의하여 차례로 증가하며, ORG 지시어에 의하여 지정된 값을 변경된다. 로케이션 카운터는 $문자로 표시하며, 이를 오퍼런드로 사용할 수도 있다.

▣ Generic Segment

generic segment는 이름과 클래스, 기타 여러가지 속성들을 가지며, 다른 모듈들에 있더라도 이름이 같으면 링커/로케이터에 의하여 하나의 세그먼트로 링크된다. 이 세그먼트는 SEGMENT 지시어에 의하여 생성되며, 이름과 클래스는 물론이고, 옵션으로 재배치 형과 메모리 할당의 형을 지정해야 한다.

재배치 가능으로 정의된 generic segment를 선택하여 사용하려면 RSEG 지시어로 이를 다시 액티브시켜야 한다.

예
```
USER_SEG  SEGMENT  CODE
             .
             .
          RSEG     USER_SEG
```

어셈블리 프로그램을 나중에 C언어 프로그램과 링크하려면 모든 어셈블리 루틴들이 각각 별도의 generic segment에 존재해야 하며, 이 세그먼트 이름이 C언어에서 지정하는 기준에 맞아야 한다.

▣ Stack Segment

MCS-51의 스택은 내부 데이터 메모리만을 사용할 수 있으며, 다음과 같은 방법으로 정의된다.

예
```
STACK     SEGMENT  IDATA
          RSEG     STACK          ; select stack segment
          DS       20H            ; reserve 32 byte space
```

이에 따라 사용자 프로그램에서 스택 포인터를 시정하려면 다음과 같이 프로그램을 작성한다.

```
예  CSEG     AT       0000H
             JMP      START           ; jump to startup routine
              .
              .
    START:   MOV      SP,#STACK-1     ; load stack pointer
```

▣ Absolute Segment

절대 세그먼트는 고정된 메모리 영역에 위치하는 것으로 CSEG, DSEG, ISEG, XSEG, BSEG 지시어에 의하여 생성된다.

사용자 프로그램이 시작되면 A51은 디폴트로 CODE 세그먼트로 간주하며, 로케이션 카운터는 0000H로 시작한다.

▣ SEGMENT 지시어

SEGMENT 지시어는 generic segment를 선언하는 지시어로서 그 형식은 다음과 같다.

seg_name **SEGMENT** *class* *relocation_type* *allocation_type*

여기서 *seg_name*은 정의할 세그먼트의 이름이며, 이 이름은 나중에 RSEG에 의해 참조되거나 또는 세그먼트의 시작번지를 나타내기 위하여 표현식에 사용될 수도 있다. *class*는 이 세그먼트를 위해 사용될 메모리 클래스로서 여기에 사용할 수 있는 것을 요약하면 <표 3.4.13>과 같다.

〈표 3.4.13〉 SEGMENT 지시어에서 사용하는 메모리 클래스(*class*)

메모리 클래스	기 능
CODE	CODE 스페이스의 메모리(0000H~FFFFH)
DATA	DATA 스페이스의 메모리(00H~7FH 및 SFR 영역)
IDATA	IDATA 스페이스의 메모리(00H~FFH)
XDATA	XDATA 스페이스의 메모리(0000H~FFFFH)
BIT	BIT 스페이스의 메모리(20H~2FH)

*relocation_type*은 링커/로케이터에 의하여 수행될 재배치 동작을 지정하며, 여기에 사용할 수 있는 것을 요약하면 <표 3.4.14>와 같다.

*allocation_type*은 링커/로케이터에 의하여 수행될 재배치 동작에서의 메모리 할당에 관한 옵션을 지정하며, 여기에 사용할 수 있는 것을 요약하면 <표 3.4.15>와 같다.

〈표 3.4.14〉 SEGMENT 지시어에서 사용하는 재배치 형(*relocation_type*)

재배치 형	기 능
AT *address*	지정된 번지에 위치하는 절대 세그먼트를 정의한다.
BITADDRESSABLE	비트 어드레싱이 가능한 영역(20H~2FH)에 위치할 세그먼트를 정의한다.
INBLOCK	이것은 CODE 세그먼트에서만 유효한 것으로, 하나의 2048바이트 블록내에 포함되어야 하는 세그먼트를 정의한다.
INPAGE	하나의 256바이트 페이지내에 포함되어야 하는 세그먼트를 정의한다.
OVERLAYABLE	오버레이 기법으로 다른 세그먼트들과 메모리를 공유할 세그먼트를 정의한다.

〈표 3.4.15〉 SEGMENT 지시어에서 사용하는 메모리 할당 형(*allocation_type*)

메모리 할당 형	기 능
BIT	세그먼트를 BIT 경계로 할당한다.(이것은 BIT 클래스의 세그먼트에서는 디폴트이다.)
BYTE	세그먼트를 BYTE 경계로 할당한다.(이것은 BIT 클래스를 제외한 세그먼트에서는 디폴트이다.)
WORD	세그먼트를 WORD 경계로 할당한다.
PAGE	세그먼트를 256바이트의 PAGE 경계로 할당한다.
BLOCK	세그먼트를 2048바이트의 BLOCK 경계로 할당한다.

▣ RSEG 지시어

RSEG 지시어는 SEGMENT 지시어에 의하여 이미 선언되어 있는 generic segment를 사용하기 위하여 선택하는 지시어로서 그 형식은 다음과 같다.

```
RSEG  seg_name
```

여기서, *seg_name*은 앞서 SEGMENT 지시어로 선언되어 있는 generic segment의 이름이다.

▣ CSEG, DSEG, ISEG, XSEG, BSEG 지시어

CSEG, DSEG, ISEG, XSEG, BSEG 지시어는 각각 CODE, DATA, IDATA, XDATA, BIT 메모리 영역에 절대 세그먼트를 사용하기 위한 지시어로서 그 사용 형식은 다음과 같다.

```
CSEG  AT  address
DSEG  AT  address
ISEG  AT  address
XSEG  AT  address
BSEG  AT  address
```

여기서, *address*는 이 세그먼트가 시작될 번지이며, 해당 메모리 영역에서 유효한

번지값이어야 한다. 이 번지 지정이 생략되면 해당 메모리 영역의 0번지에서 이 세그먼트가 시작된다.

(2) 심볼 정의에 관한 지시어

A51의 심볼 정의에 관한 지시어에는 EQU, SET, CODE, DATA, IDATA, XDATA, BIT 등이 있다.

▣ EQU, SET 지시어

EQU나 SET 지시어는 모두 심볼의 값과 속성을 정의하는데 사용되며, EQU에 의하여 정의된 심볼은 다시 정의하는 것이 불가능하나 SET에 의한 심볼은 다시 정의하는 것이 가능하다.

```
symbol_name  EQU  expression
symbol_name  SET  expression
```

여기서 *expression*은 전방참조를 제외한 어느 표현식이라도 사용 가능하며, A나 R0~R7과 같은 레지스터 이름을 사용할 수도 있다. *expression*에 레지스터 이름을 사용하면 레지스터가 허용되는 어느 곳에라도 이 심볼을 사용할 수 있다.

▣ CODE, DATA, IDATA, XDATA, BIT 지시어

CODE, DATA, IDATA, XDATA, BIT 지시어는 심볼에 각각 CODE, DATA, IDATA, XDATA, BIT 메모리 영역에 포함되는 어드레스값을 할당하기 위하여 사용하는 지시어이다.

```
symbol_name  CODE   code_address
symbol_name  DATA   data_address
symbol_name  IDATA  idata_address
symbol_name  XDATA  xdata_address
symbol_name  BIT    bit_address
```

여기서, *code_address*는 0000H~FFFFH 번지이고, *data_address*는 00H~7FH 번지, *idata_address*는 00H~FFH 번지, *xdata_address*는 0000H~FFFFH 번지로 지정되며, *bit_address*는 20H~2FH 번지로 지정되어야만 한다.

(3) 메모리 초기화에 관한 지시어

A51의 메모리 초기화에 관한 지시어에는 DB, DW 등이 있으며, 이것들은 상수 데이터를 정의하므로 코드 세그멘트에서만 사용할 수 있다.

▣ DB 지시어

DB 지시어는 바이트 데이터(8비트)를 정의하는 지시어이다.

```
[label:] DB expression, ...
```

여기서, *label*은 초기화된 메모리 번지를 나타내는 심볼이며, *expression*에는 심볼, 문자열, 표현식 등을 사용할 수 있다.

▣ DW 지시어

DW 지시어는 워드 데이터(16비트)를 정의하는 지시어로서 2바이트가 순워드순(big endian)으로 저장된다.

```
[label:] DW expression, ...
```

여기서, *label*은 초기화된 메모리 번지를 나타내는 심볼이며, *expression*에는 심볼, 문자열, 표현식 등을 사용할 수 있다.

(4) 메모리 영역 예약에 관한 지시어

A51의 메모리 영역 예약에 관한 지시어에는 DS, DBIT 등이 있다. 이것들은 모두 메모리 공간에서 지정된 갯수만큼의 바이트 또는 비트를 예약하는데 사용되므로 임의의 세그먼트에서 사용할 수 있다.

▣ DS 지시어

DS 지시어는 메모리 공간에서 지정된 개수 만큼의 바이트를 예약하는데 사용된다. 이것은 현재의 세그먼트에서 현재의 어드레스에 지정된 수의 바이트를 예약하며, 예약된 바이트수 만큼 어드레스가 증가한다.

```
[label:] DS expression
```

여기서, *label*은 초기화된 메모리 번지를 나타내는 심볼이며, *expression*에는 심볼, 문자열, 표현식 등을 사용할 수 있다. 여기서 *expression*은 이 메모리 영역을 초과하면 안되며, 전방참조를 사용할 수 없다.

■ DBIT 지시어

DBIT 지시어는 메모리 공간에서 지정된 개수 만큼의 비트를 예약하는데 사용된다. 이것은 현재의 세그먼트에서 현재의 어드레스에 지정된 수의 비트를 예약하며, 예약된 비트수 만큼 비트 로케이션 카운터가 증가한다.

[*label*:] **DBIT** *expression*

여기서, *label*은 초기화된 메모리 번지를 나타내는 BIT형의 심볼이며, *expression*에는 전방참조, 재배치 심볼, 외부 심볼 등을 사용할 수 없다.

(5) 프로그램 연결에 관한 지시어

A51의 프로그램 연결에 관한 지시어에는 PUBLIC, EXTRN, NAME 등이 있다. 이것은 프로그램 모듈 사이의 참조나 커뮤니케이션을 가능하게 한다.

■ PUBLIC 지시어

PUBLIC 지시어는 심볼의 이름과 이것이 다른 모듈에서도 액세스될 수 있다는 것을 선언하며, 그 형식은 다음과 같다. 이렇게 선언된 심볼을 외부 소스 파일에서 사용하려면 EXTRN으로 선언하여야 한다.

PUBLIC *symbol_name*[,...]

여기서 *symbol_name*은 공용 심볼로 선언될 심볼로서, 이것은 프로그램의 임의의 위치에서 심볼이나 라벨로 정의되어 있어야 한다.

■ EXTRN 지시어

EXTRN 지시어는 다른 모듈에서 정의된 심볼을 현재의 모듈에서 참조할 수 있도록 선언하며, 그 형식은 다음과 같다. EXTRN으로 선언될 심볼은 다른 모듈에서 미리 PUBLIC으로 선언되어 있어야 한다.

```
EXTRN class (symbol_name[,...]) [,...]
```

여기서 *symbol_name*은 외부참조로 선언될 심볼의 이름이며, *class*는 심볼이 정의되어 있는 메모리 클래스로서 CODE, DATA, IDATA, XDATA, BIT, NUMBER 등이다. 여기서, NUMBER는 형이 없는 심볼을 지정한다.

▣ NAME 지시어

NAME 지시어는 현재의 프로그램에 의하여 생성될 오브젝트 모듈의 이름을 정의하는 지시어로서 그 형식은 다음과 같다. 이 지시어는 프로그램의 서두에서 한번만 사용되어야 하며, 이를 지정하지 않으면 소스 파일명에서 확장자를 제외한 것과 동일한 오브젝트 모듈명으로 된다.

```
NAME module_name
```

여기서 *module_name*은 정의할 오브젝트 모듈의 이름이며, 최대 40문자까지 허용된다.

(6) 어드레스 제어에 관한 지시어 및 기타

A51의 어드레스 제어에 관한 지시어에는 ORG, USING 등이 있다. 기타 지시어로서 END도 여기에서 소개한다.

▣ ORG 지시어

ORG 지시어는 현재의 세그먼트에서 로케이션 카운터를 *expression* 값으로 지정한다.

```
ORG expression
```

여기서, *expression*에는 전방참조를 사용할 수 없다. 만약 현재의 세그먼트가 절대 세그먼트이면 *expression*도 절대 메모리 번지가 되며, 현재의 세그먼트가 재배치 가능 세그먼트이면 *expression*도 재배치 가능 메모리 번지인 오프셋이 된다. *expression*에 의하여 메모리 번지에 빈 공간이 발생될 수도 있다.

▣ USING 지시어

USING 지시어는 AR0~AR7 레지스터를 번역하기 위하여 어느 레지스터 뱅크를 사용할지를 지정하며, 그 형식은 다음과 같다.

```
USING expression
```

여기서 *expression*은 레지스터 뱅크의 번호로서 0~3의 값이 사용되어야 한다.

레지스터 AR0~AR7은 실제로 MCS-51이 가지고 있는 레지스터가 아닌 가상적인 레지스터로서, USING 지시어에 의해 지정된 레지스터 뱅크의 R0~R7에 해당하는 절대 어드레스를 가리키는 레지스터이다. 디폴트로는 레지스터 뱅크0이 AR0~AR7에 할당된다. USING 지시어에는 레지스터 뱅크를 선택하는 기능은 없으므로 이를 사용하려면 현재 레지스터 뱅크가 올바르게 선택되어 있는지를 확인해야 한다.

▣ END 지시어

END 지시어는 어셈블 동작의 종료를 나타내며, 항상 프로그램의 마지막 문장으로 사용되어야 한다.

```
END
```

END 지시어의 이후에 있는 텍스트는 어셈블러가 모두 무시한다. 모든 어셈블리 소스 파일에는 END 지시어가 있어야 하며, 이것이 사용되지 않으면 어셈블러는 에러를 발생한다.

7. 매크로의 사용

(1) 매크로의 개요

어셈블리 프로그램에서 동일한 루틴을 여기저기에서 반복적으로 사용하는 경우에는 이를 매크로(macro)로 처리하면 편리하다. 이것은 동일한 루틴을 여러 곳에서 반복하여 사용하는 대신에 이 루틴을 매크로로 정의하여 두고 필요할 때마다 호출함으로써 소스 프로그램의 입력이나 수정을 매우 간결하게 해주는 장점을 가지고 있는 구조화된 프로그래밍 기법으로서 어셈블리 프로그램에서 널리 사용된다.

매크로를 호출할 때마다 다른 데이터를 필요로 하는 경우에는 매크로 파라미터(macro parameter)를 사용하면 된다. 매크로를 사용하는 절차는 다음과 같다.

① 단계1 - 매크로의 정의 : 어셈블러 지시어 MACRO 및 ENDM과 더미 파라미터(dummy parameter)들을 사용하여 매크로를 정의(macro definition)하는 단계이다. 매크로는 반드시 호출하기 전에 먼저 정의되어야 한다. 따라서, 매크로는 대부분 프로그램의 서두에서 정의하거나 $INCLUDE 지시어를 사용하여 외부 파일에서 읽어오게 된다. 매크로를 정의할 때는 다른 매크로를 호출할 수도 있으며, 이와 같이 9단계까지 중첩될 수 있다.

② 단계2 - 매크로의 호출 : 소스 프로그램에서 미리 정의된 매크로의 이름을 "사용자 명령"처럼 사용함으로써 미리 정의되어 있는 매크로를 호출(macro call)하는 단계이다. 이때 파라미터를 사용하는 매크로인 경우에는 더미 파라미터를 적절한 실제 파라미터(actual parameter)로 지정하여야 한다.

③ 단계3 - 매크로의 확장 : 어셈블러가 소스를 번역할 때 그것을 호출한 위치로 매크로 루틴을 확장(macro expansion)하는 단계이다. 이때 어셈블러는 매크로 정의에서의 더미 파라미터를 지정된 실제 파라미터로 대체한다.

이와 같이 매크로는 소스 프로그램을 간결하게 해주며 프로그램의 실행속도 측면에서 유리하다. 이에 비하여 일반 서브루틴은 소스 프로그램을 간결하게 해주는 것은 매크로와 유사하지만, 실행속도 측면에서는 매크로에 비하여 불리하며, 반면에 오브젝트 코드가 짧아져서 최소의 프로그램 메모리를 차지하게 된다.

(2) 매크로의 정의에 관한 지시어

매크로를 정의하는데 관련되는 지시어를 요약하면 다음과 같다.

▣ MACRO 및 ENDM 지시어

매크로를 정의하는 형식은 다음과 같이 MACRO 및 ENDM 지시어로 묶어져야 하며, 필요하다면 파라미터를 사용할 수 있다. 매크로의 정의는 최고 9단계까지 중첩(nested macro)될 수 있다.

```
macro_name   MACRO  [dummyparameter, ...]
             [LOCAL  localsymbol [, ...]]
             macro body
             [EXITM]
             macro body
             ENDM
```

여기서 *macro_name*은 매크로를 호출할 때 사용하는 매크로의 이름으로서 일반적인 심볼의 규칙에 따라 이름을 정할 수 있다. 어셈블러는 이를 opcode table에 저장하여 일반 명령처럼 사용할 수 있도록 한다. *dummyparameter*들은 매크로의 오퍼랜드에 해당하는 것으로 16개까지 콤마(,)로 나열하여 사용할 수 있다. 만약 이 더미 파라미터에 문자열이 사용되면 이때는 & 연산자가 사용되어야 한다. 이 더미 파라미터는 나중에 매크로를 호출할 때 실제 파라미터로 대치되어야 한다.

ENDM 지시어는 MACRO 뿐만 아니라 REPT, IRP, IRPC 등의 반복처리 지시어와 함께 사용되기도 한다.

▣ LOCAL 지시어

LOCAL 지시어는 매크로를 정의할 때 사용된 라벨이 매크로가 여러 차례 호출 및 확장됨에 따라 하나의 프로그램에서 동일한 라벨명이 여러 군데에서 중복하여 사용되는 것을 방지하기 위하여 이를 국부적인 라벨로 선언하는 지시어이다. LOCAL로 선언된 라벨은 나중에 매크로가 확장될 때 ??*nnnn* 형태의 라벨명으로 바뀌고 매크로가 확장될 때마다 *nnnn*이 0000부터 일련적으로 증가함으로써 동일한 라벨명이 여러곳에 중복하여 존재하지 않도록 한다.

```
LOCAL  localsymbol [, ...]
```

여기서 *localsymbol*은 LOCAL로 선언하려는 라벨명이며, 16개까지 콤마(,)로 나열하여 사용할 수 있다.

▣ REPT 지시어

이것은 macro body가 *expression*으로 지정한 횟수만큼 반복되도록 하는 기능으로서 매크로 정의에서처럼 ENDM 지시어로 종료된다.

```
REPT   expression
macro body to be repeated
ENDM
```

여기서 *expression*은 반복할 횟수를 지정한다.

예
```
REPT    3
NOP
ENDM
  ⇩
NOP
NOP
NOP
```

▣ IRP 지시어

이것은 macro body가 지정된 인수 리스트에 따라 반복(indefinite repeat)되도록 하는 것으로 사용 형식은 다음과 같이 ENDM 지시어로 종료된다.

IRP *dummyparameter, <actualparameter>*
macro body to be repeated
ENDM

여기서 *dummyparameter*는 *actualparameter*로 차례로 대체되면서 macro body가 반복된다.

예
```
IRP     REGNAME,<R0,R1,R2,R3>
MOV     REGNAME,#00H
ENDM
  ⇩
MOV     R0,#00H
MOV     R1,#00H
MOV     R2,#00H
MOV     R3,#00H
```

▣ IRPC 지시어

이것은 macro body에서 더미 파라미터가 실제 파라미터의 1문자씩으로 대체되면서 반복(indefinite repeat character)되도록 하는 것으로, 역시 형식은 ENDM 지시어로 종료된다.

IRPC *dummyparameter, <actualparameter>*
macro body to be repeated
ENDM

여기서 *dummyparameter*는 *actualparameter*로 1문자씩 차례로 대체되면서 macro body가 반복된다.

예
```
IRPC    CHAR,<ABC>
MOV     A,#'CHAR'
CALL    PUTCH
ENDM
   ⇩
MOV     A,#'A'
CALL    PUTCH
MOV     A,#'B'
CALL    PUTCH
MOV     A,#'C'
CALL    PUTCH
```

■ EXITM

이것은 MACRO 뿐만 아니라 REPT, IRP, IRPC 등의 반복처리 지시어와 ENDM 지시어 사이에 놓여서 매크로 확장이나 반복처리 동작을 종료시킨다. 그러면 EXITM 지시어와 ENDM 지시어 사이에 있는 macro body는 무시되고 사용되지 않게 된다.

EXITM

(3) 매크로 연산자

매크로 연산자는 매크로 정의 안에서만 사용되는 특별한 연산자로서, 대부분은 어셈블러에게 파라미터를 지정할 때 의미상의 애매함을 방지하기 위하여 사용된다.

예를 들어 3개의 파라미터 PARAM1, 컴마(,), PARAM2를 가지는 매크로를 정의할 때 이를 구분하는 기호로 컴마를 사용하게 되므로 어셈블러는 이를 4개의 파라미터로 인식하고 2번째와 3번째 파라미터는 생략된 것으로 처리한다. 이때는 파라미터인 컴마 문자 앞에 ! 기호를 두어 그 다음에 오는 1개의 문자가 literal character임을 표시하도록 하면 된다. 이러한 특별한 매크로 연산자를 요약하면 <표 3.4.16>과 같다.

이상에서 설명한 A51의 기능들은 대부분의 매크로 어셈블러에서 거의 공통적으로 사용하는 기능들이기도 하다. 그러나, A51에는 이보다 훨씬 더 많은 특별한 매크로 기능을 제공하는데, 이에 관해서는 여기서 더 이상 취급하지 않으니 Keil사의 매뉴얼을 참조하기 바란다.

〈표 3.4.16〉 A51에서의 매크로 연산자

연산자	의 미
NUL	NUL은 파라미터가 생략된 것을 나타내며, 컴마를 연속으로 2개 사용하거나 작은 인용부호를 2개 연속으로 사용하는 것도 같은 의미로 된다. 예 MAC2 MACRO PARAM1,,PARAM2 MAC3 MACRO PARAM1,'',PARAM2
&	텍스트와 더미 파라미터를 결합하는 기호로 사용된다. 결합된 문자열에 & 기호는 포함되지 않는다.
< >	IRP 지시어에서 반복적으로 확장될 파라미터 리스트를 나타내거나, IRPC 지시어에서 차례로 반복될 문자열을 나타낸다.
%	파라미터를 expression으로 표시하고 이를 문자열로 사용하는 것이 아니고 이 expression의 값으로 사용하도록 한다.
;;	매크로 정의에서만 사용하는 주석으로서 매크로가 확장될 때는 이것이 생략되도록 한다.
!	이 기호의 다음에 위치하는 1문자를 literal character로 취급하여 파라미터로 처리한다. 파라미터로 ! 문자를 사용하려면 이를 2개 사용하여 !!로 한다. 예 MAC1 MACRO PARAM1,!,,PARAM2

◀휴게실▶ **어셈블리 언어와 C언어에 관한 5가지의 잘못된 편견**

마이크로콘트롤러에서 주로 C언어를 선호하는 사람들이 가질 수 있는 잘못된 편견을 정리한다. 그리고 그에 대한 진실로 함께 밝힌다.

① C언어를 사용하면 하드웨어를 잘 몰라도 프로그램이 가능하다...!
- 전혀 그렇지 않다. 그야말로 황당한 이야기이다.
- 어셈블리 언어에서나 C언어에서나 MCU 분야에서는 하드웨어를 모르면 프로그램할 수 없다.
- 그것은 C언어를 사용하기 때문이 아니라 운영체제를 가진 범용 컴퓨터에서는 그럴 수 있다.

② 어셈블리 언어는 배우기 어렵고, C언어는 배우기가 쉽다...!
- 오히려 어셈블리 언어가 훨씬 더 간단하고 배우기 쉽다.
- C언어는 상당히 알고리즘적이기는 하지만 규정이 엄격하지 않고 꽤 어려운 언어이다.
- 어셈블리 언어가 어려운 것이 아니라 MCU나 하드웨어에 대한 이해가 부족하기 때문이다.

③ 마이크로프로세서에서는 C언어로 먼저 시작하고 나중에 필요하면 어셈블리 언어를 배우면 된다...!
- 오히려 반드시 마이크로프로세서 공부는 어셈블리 언어로 시작해야 한다.
- 먼저 C언어에 익숙해지면 나중에는 절대로 어셈블리 언어를 사용하지 못한다.

④ 앞으로 어셈블리 언어는 없어지고 모두 C언어와 같은 고급언어를 사용하게 될 것이다...!
- 마이크로프로세서가 존재하는 한 어셈블리 언어도 존재한다.
- 마이크로콘트롤러에서는 어셈블리 언어가 적합한 분야가 있고 C언어가 더 적합한 분야도 있다.
- 어셈블리 언어를 사용하면 하드웨어 비용이 절감되고, C언어를 사용하면 소프트웨어 비용이 절감된다.

⑤ 어셈블리 언어는 호환성이 없어서 아무리 열심히 배워도 다른 MCU를 사용하게 되면 소용없다...!
- 어셈블리 언어도 충분히 숙달되면 마이크로프로세서마다 크게 다르게 느껴지지 않는다.
- C언어도 하드웨어 의존적인 기능에서는 마이크로콘트롤러마다 상당히 다른 부분이 많나.

3.5 C컴파일러 C51.EXE

여기서는 Keil사의 MCS-51용 C컴파일러 C51.EXE를 사용하는 경우의 사용자 프로그램 개발과정 및 이것의 사용 방법에 대하여 설명한다. 여기서는 PK51 V6.1을 중심으로 주요 사항만을 간략하게 요약하며, 더 이상의 자세한 내용이 필요하다면 Keil사의 해당 소프트웨어 설명서를 참조하라.

1. C컴파일러 C51의 개요

C컴파일러는 오늘날 MCU에서도 널리 사용되고 있는 소프트웨어 개발 툴로서 C언어로 작성된 프로그램을 번역하여 최종적으로 마이크로프로세서가 실행할 수 있는 기계어 명령 코드로 구성되는 오브젝트 파일을 생성한다. MCS-51용의 C51은 기본적으로 ANSI C 규격을 따르고 있어서 표준적인 C언어 기능의 대부분을 지원하므로 범용성 또는 이식성이 우수하고, 구조화 프로그래밍이나 효율적인 프로그래밍에도 유리한 소프트웨어 언어라고 할 수 있다. 그러나, C51은 ANSI C 규격에는 없는 많은 추가적인 기능을 가지고 있으므로 이를 충분히 익혀서 사용할 필요가 있다.

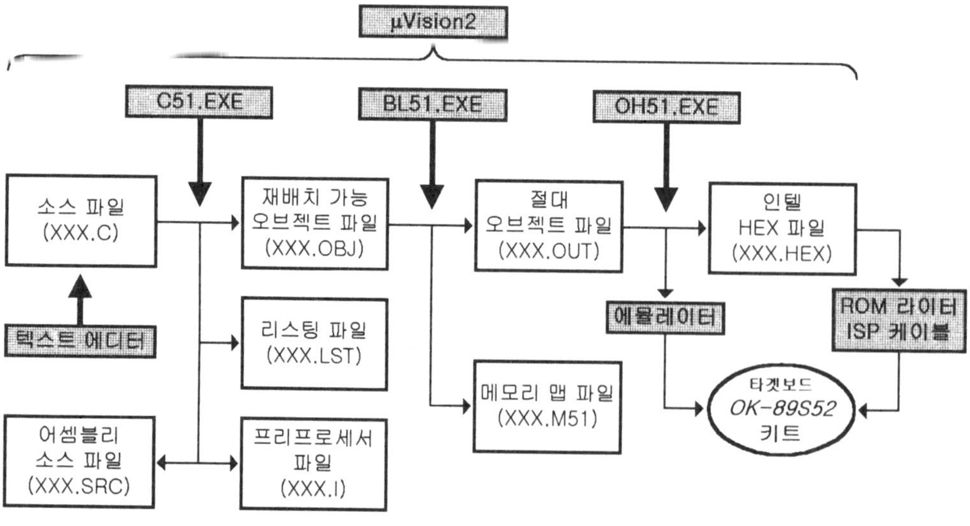

〈그림 3.5.1〉 PK51 V6.1을 사용한 MCS-51용 C언어 프로그램의 개발과정

Keil사의 MCS-51용 C컴파일러 C51을 이용한 C언어 프로그램의 개발과정을 보이면 <그림 3.5.1>과 같다. 여기서 C언어 소스 파일의 이름은 기본적으로 XXX.C를 사용하며, 링커가 생성하는 절대 오브젝트 파일의 이름에는 특별한 확장자를 사용하지 않으나 이를테면 XXX.OUT으로 할 수 있다. 이 그림에서는 링커/로케이터 BL51.EXE가 재배치 가능 오브젝트 파일을 곧바로 절대 오브젝트 파일로 링크하는 경우만을 보였으나, 소스 프로그램에서 뱅크 스위칭을 사용하는 경우에는 OC51.EXE를 사용하여 재배치 가능 오브젝트 파일을 각 뱅크에 해당하는 여러개의 오브젝트 파일로 변환하고 나서 다시 BL51.EXE 링커를 사용하여 이것들을 각각 절대 오브젝트 파일로 링크해야 하는 것에 유의하라.

이 C51.EXE는 Intel사의 8비트 마이크로콘트롤러인 MCS-51 계열과 기타 많은 반도체 회사에서 생산하는 대부분의 MCS-51 호환제품들을 지원하며, 그 주요 특징을 요약하면 다음과 같다.

① 표준의 ANSI C 및 K&R(Brian W. Kernighan and Dennis M. Ritchie) 규격을 따르고 있어 성능이 높고 호환성 및 이식성이 우수하다.
② C언어 소스 코드를 번역하여 재배치 가능한 오브젝트 코드로 번역하며, 만약 필요하다면 사용자가 어셈블리 코드 파일을 생성하여 볼 수도 있다.
③ 컴파일러는 직접적으로 함수를 호출(call)하는 방식을 사용하여 쉽게 C언어와 어셈블리 언어 소스에서 서로 함수를 호출할 수 있다.
④ C언어 소스 프로그램의 내부에서 인라인 어셈블(inline assemble) 명령을 사용할 수 있다.
⑤ 컴파일러 제어 명령이나 선행처리기 지시어를 사용하여 컴파일러에게 다양한 기능을 지정할 수 있다.
⑥ 최적화 기능을 가지고 있어서 실행속도와 메모리 공간의 효율성을 고려한 오브젝트 코드를 생성할 수 있다. 최적화의 단계는 0~9중에서 사용자가 임의로 지정할 수 있다.
⑦ 여러가지의 기본적인 헤더 파일과 런타임 라이브러리(run-time library) 파일을 제공한다.
⑧ 다양한 메모리 모델 지정, 비트 어드레싱 데이터 지원, SFR 지원, 뱅크 스위칭 기능, 인터럽트 서비스 루틴 등 MCS-51 마이크로콘트롤러에 적합한 많은 확장 기능을 제공한다.

2. C컴파일러 C51의 사용 형식

MS-DOS의 커맨드 모드에서 C컴파일러 C51.EXE를 기동하여 사용하는 형식은 다음과 같다.

```
C51 sourcefile [directives]
```

여기서 *sourcefile*은 C언어로 작성된 소스 파일의 이름으로서 XXX.C를 사용하며, 필요하면 파일명의 앞에 경로명(path name)을 덧붙일 수 있다. 한편, *directives*는 C컴파일러의 기능을 지시하는 제어 옵션(control directive)으로서 이를 <표 3.5.1>에 요약하였다. 이들 제어 옵션 스위치들은 여러개가 공백문자로 구분되어 나열될 수 있고 사용되는 순서에 관계없으며, DEFINE 지시어를 제외하고는 모두 대소문자를 구분하지 않고 만약 생략되면 default값으로 처리된다.

<표 3.5.1>에 보인 C51의 제어 옵션들은 기능에 따라 소스 파일 제어, 오브젝트 파일 제어, 리스팅 파일 제어 등 3가지가 있고, 이것들은 모두 MS-DOS에서 컴파일러를 기동하는 명령행에서 옵션 스위치로 사용(C로 표시)될 수도 있고 소스 프로그램의 내부에서 #pragma 지시어로 사용(P로 표시)되기도 한다. 그러나, 소스 프로그램내에서 #pragma 지시어로 사용되는 명령의 대부분은 반드시 프로그램의 선두 부분에 사용되어야 하며, 하나의 프로그램내에서 한번만 사용되어야 한다.

C51 컴파일러를 사용할 때 인클루드 파일을 검색하기 위한 경로명은 MS-DOS에서 다음과 같이 환경변수로 설정할 수 있는데, 이것은 PK51을 설치할 때 배치파일 AUTOEXEC.BAT에 미리 설정하여 두면 편리하다. 만약 여러개의 경로를 지정하려면 세미콜론(;)으로 이것들을 나열한다.

예
```
set C51INC=C:\Keil\C51\INC
set C51INC=C:\Keil\C51\INC;C:\Keil\OK89S52c
```

이러한 C컴파일러 C51의 제어 옵션 스위치중에서 소스 프로그램내에서 사용될 수 있는 것은 다음과 같은 형식으로 사용된다.

```
#pragma directive_list        [/* comment */]
```

〈표 3.5.1〉 C51.EXE의 제어 옵션 스위치

제어 옵션 스위치	약어	디폴트	기능	비고
			소스 파일 제어 기능	
DEFINE(*name*, ...)	DF		선행처리기에 의하여 #if, #ifdef, #ifndef와 함께 사용될 이름을 정의한다. 이 이름은 대소문자를 구별한다. 이것은 MS-DOS 명령행에서만 사용되며, 프로그램내에서는 #define 지시어를 사용해야 한다.	C
INCDIR(*path*;...)	ID		INCLUDE를 사용하여 인클루드할 파일을 검색할 경로명을 지정한다. 여러개(최대 50개)의 경로명을 지정할 때는 이것들을 세미콜론(;)으로 나열한다. 그러면 프로젝트가 위치한 현재의 폴더에 이어서 이것으로 지정한 경로가 검색된다.	C/P
NOEXTEND		EXTEND	C51의 확장 기능을 금지하고 표준 ANSI C의 기능만을 지원한다. 이렇게 하면 bit, reentrant, using 등의 지시어는 에러가 된다.	C/P
			오브젝트 파일 제어 기능	
AREGS NOAREGS		AREGS	AREGS는 함수를 호출할 때 레지스터 R0~R7에 대하여 절대 레지스터 어드레싱으로 PUSH/POP하여 효율적인 코드를 생성한다. NOAREGS는 MCS-51의 모든 레지스터 뱅크를 사용할 수 있게 한다. REGISTERBANK 지시어를 사용하면 어느 뱅크를 사용할지를 지정할 수 있다.	P
ASM ENDASM			SRC 지시어에 의하여 생성되는 어셈블리 소스 파일에 출력될 텍스트 블록의 시작과 끝을 표시한다. 그러나, 이것은 C컴파일러에 의하여 인라인 어셈블되지는 않으며, 따라서 오브젝트 모듈에 포함되지도 않는다.	P
DEBUG	DB	NODEBUG	오브젝트 파일에 에뮬레이터를 위한 디버깅 정보를 포함하도록 한다.	C/P
DISABLE			하나의 함수가 실행되는 동안에는 모든 인터럽트를 금지하도록 한다.	P
FLOATFUZZY(*number*)	FF	FLOATFUZZY(3)	부동소수점 수의 비교가 수행될 때 간략화하기 위하여 반올림(round)될 최하위 비트들의 수를 지정한다.	C/P
INTERVAL(*interval*)		INTERVAL(8)	SIECO-51 소자를 사용할 때 인터럽트 벡터의 절대번지 간격을 지정한다. 이는 interval × n + offset + 3으로 계산된다.	C/P
INTPROMOTE NOINTPROMOTE	IP NOIP	INTPROMOTE	INTPROMOTE는 ANSI C와 가장 유사한 방식으로 정수를 취급하도록 한다. 그러나, 이 방식은 매우 비효율적인 MCS-51 코드를 생성하므로 NOINTPROMOTE를 사용하면 이것이 디스에이블된다.	C/P
INTVECTOR(*offset*) NOINTVECTOR	IV NOIV	INTVECTOR(0)	인터럽트 벡터 테이블이 0이 아닌 번지에서 시작할 수 있도록 인터럽트 벡터 번지의 오프셋값을 지정한다. 이는 interval × n + offset + 3으로 계산된다. NOINTVECTOR는 인터럽트 벡터의 생성을 금지시킨다.	C/P
MAXARGS(*number*)		MAXARGS(15) MAXARGS(40)	함수에서 사용할 수 있는 파라미터의 최대 갯수를 지정한다. 이는 재진입 함수(reentrant function)에는 영향을 주지 않는다.	C/P
NOAMAKE	NOAM	AMAKE	이는 구버전의 MCS-51 개발 툴과 호환성을 위하여 C51에 의하여 생성되는 프로젝트 정보를 금지한다.	C/P
OBJECT NOOBJECT	OJ NOOJ	OJ(*source*.OBJ)	오브젝트 파일을 생성할지 여부와 파일명을 지정한다.	C/P
OBJECTEXTEND	OE		오브젝트 파일에 다른 에뮬레이터나 시뮬레이터에서 사용될 수 있도록 추가적인 변수의 정의나 형에 대한 정보를 포함시킨다.	C/P
OMF2	O2		C51은 기본적으로 OMF51 형식의 오브젝트 파일을 생성하지만, 이 옵션을 지정하면 OMF2 형식의 오브젝트 파일을 생성한다.	C/P
ONEREGBANK	OB		USING을 사용하지 않은 인터럽트 서비스 루틴 함수의 서두에서 레지스터 뱅크0을 선택하도록 지정한다.	C/P
OPTIMIZE(*level*)	OT	OT(8,SPEED)	컴파일러가 오브젝트 파일을 생성할 때 최적화 레벨을 0~9, size, speed로 설정한다.	C/P
ORDER	OR	NOORDER	컴파일러의 해시 알고리즘(hash algorithm)을 무시하고, 모든 변수가 정의된 순서대로 배열되도록 한다.	C/P
REGFILE(*filcname.reg*)	RF		전체 레지스터 최적화를 위하여 지정된 레지스터 정의 파일을 읽는다.	C/P
REGISTERBANK(*number*)	RB	REGISTERBANK(3)	바로 뒤에 이어질 함수를 위한 레지스터 뱅크를 지정한다. 그러나, USING 지시어를 사용하면 이 지시어에 우선한다.	C/P

〈표 3.5.1〉 C51.EXE의 제어 옵션 스위치(계속)

제어 옵션 스위치	약어	디폴트	기 능	비고
오브젝트 파일 제어 기능				
REGPARMS NOREGPARMS		REGPARMS	REGPARMS는 함수의 파라미터를 3개까지는 레지스터를 이용하여 전달하도록하여 프로그램 처리속도가 향상된다. 그러나, NOREGPARMS는 함수의 파라미터를 모두 특정 메모리 영역으로 전달하도록 한다.	C/P
ROM(SMALL) ROM(COMPACT) ROM(LARGE)		ROM(LARGE)	프로그램 메모리의 크기를 지정하는데, 이는 JMP와 CALL 명령에 영향을 준다. SMALL은 CALL과 JMP 명령을 ACALL과 AJMP 명령으로 처리하며, 프로그램 크기가 2KB 이내로 제한된다. LARGE는 CALL과 JMP 명령을 LCALL과 LJMP 명령으로 처리하며, 프로그램 및 함수의 크기가 64KB까지 가능하다. COMPACT는 CALL이 LCALL로 처리되며, JMP는 함수내에서 AJMP로 처리되어 전체 프로그램은 64KB까지 가능하고 함수는 2KB까지 가능하다.	C/P
SAVE RESTORE			AREGS, REGPARMS, OPTIMIZE 지시어로 설정한 것을 저장하거나 되찾는다.	C/P
SMALL COMPACT LARGE	SM CP LA	SMALL	메모리 모델을 각각 SMALL, COMPACT, LARGE로 지정한다. SMALL 모델은 함수나 프로시저의 모든 변수나 로컬 데이터들이 내부 데이터 메모리에 저장되므로 용량이 제한되지만 효율적인 코드가 생성된다. 이에 비하여 LARGE 모델은 모든 변수나 로컬 데이터들이 외부 데이터 메모리에 저장되므로 64KB까지를 사용할 수 있으나, DPTR을 사용하므로 비효율적인 코드가 생성된다. COMPACT 모델은 모든 변수나 로컬 데이터들이 외부 데이터 메모리에 저장하지만 @R0, @R1에 의한 간접지정이 가능하도록 256바이트만을 사용한다.	C/P
SRC[(*source.ext*)]			오브젝트 파일을 생성하지 않고 어셈블리 소스 파일을 생성한다. 파일명을 지정하지 않으면 C소스 파일명과 동일한 이름으로 되고 확장자는 .SRC로 된다.	C/P
STRING(*memory*)	ST		스트링이 저장될 메모리를 지정한다. *memory*에는 CODE, XDATA, FAR에서 1가지를 사용할 수 있다. 단, XDATA와 FAR는 OMF2 형식에서만 사용할 수 있다.	C/P
리스팅 파일 제어 기능				
CODE	CD	NOCODE	리스팅 파일에 컴파일러에 의하여 생성된 어셈블리 소스를 포함하도록 한다.	C/P
COND NOCOND	CO NOCO	COND	리스팅 파일에 조건이 어긋나 컴파일되지 않은 소스를 포함할지 여부를 지정한다.	C/P
EJECT	EJ		리스팅 파일에 폼 피드(form feed) 문자를 삽입하여 새로운 페이지로 넘겨 출력되도록 한다.	C/P
LISTINCLUDE	LC	NOLISTINCLUDE	리스팅 파일에 인클루드 파일의 내용을 표시하도록 지정한다.	C/P
PAGELENGTH(*number*)	PL	PL(60)	리스팅 파일에서 페이지당의 행수를 지정한다. (최대값은 65535)	C/P
PAGEWIDTH(*number*)	PW	PW(132)	리스팅 파일에서 행당의 문자수를 지정한다. (최소값 78, 최대값 132)	C/P
PREPRINT[(*filename*)]	PP	NOPREPRINT	프리 프린트(preprint) 파일을 생성할지 여부와 그 파일명을 지정한다. 이 파일명을 특별히 지정하지 않으면 *source*.I로 된다.	C
PRINT[(*filename*)] NOPRINT	PR NOPR	PR(*source*.LST)	리스팅 파일을 생성할지 여부와 파일명을 지정한다.	C/P
SYMBOLS	SB	NOSYMBOLS	리스팅 파일에 심볼 테이블의 리스트를 포함할지 여부를 지정한다.	C/P
WARNINGLEVEL(*number*)	WL	WL(2)	컴파일러가 발생하는 경고 메시지를 억제하도록 한다. 0~2로 설정할 수 있는데, 0은 거의 모든 경고 메시지의 출력을 금지하고, 1은 잘못된 코드를 발생할 수 있는 경고만을 출력하며, 2는 모든 경고 메시지를 출력한다.	C/P

여기서 *directive_list*는 임의의 제어 옵션 스위치를 나타내며, 여러개가 사용되는 경우에는 1개 이상의 공백(space) 문자 또는 탭(tab) 문자로 구분하여 나열하면 된다. 한편, *comment*는 주석으로서 필요하면 사용할 수 있다.

예
```
#pragma pagelength(70) pagewidth(100)
#pragma src(asmfile.a51)
```

C51이 수행되고 나면 이 컴파일러는 <표 3.5.2>와 같은 ERRORLEVEL 변수값을 MS-DOS로 돌려준다.

〈표 3.5.2〉 C51에서 리턴되는 ERRORLEVEL 변수의 값

ERRORLEVEL	원 인
0	어떤 에러도 발생하지 않은 경우
1	warning이 발생한 경우
2	error(s)가 발생한 경우
3	fatal error(s)가 발생한 경우

이상은 MS-DOS의 커맨드 레벨에서 사용할 경우를 중심으로 설명하였는데, 만약 µVision2에서 C51을 사용하는 경우에는 <그림 3.5.2>에 보인 바와 같이 리스팅 출력 제어 기능을 설정하며, 기타의 제어 옵션 스위치는 <그림 3.5.3>에 나타낸 바와 같이 Misc Controls라는 창에 추가로 써넣으면 된다.

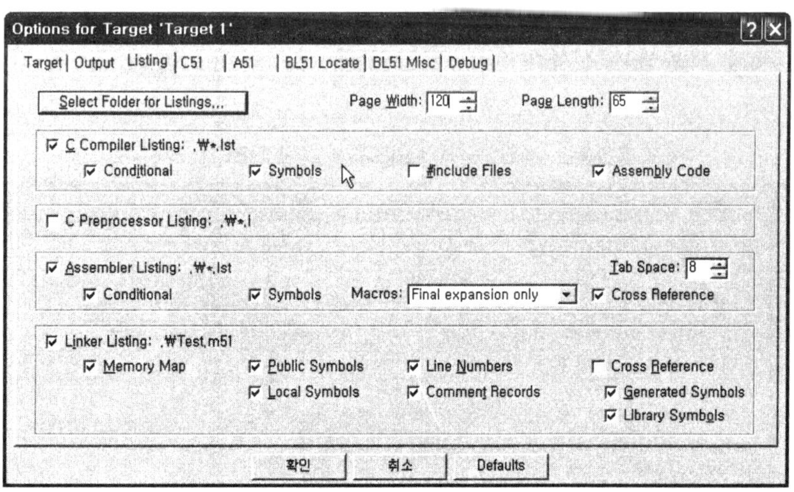

〈그림 3.5.2〉 µVision2에서 C51의 리스팅 출력 제어 기능을 설정하는 화면

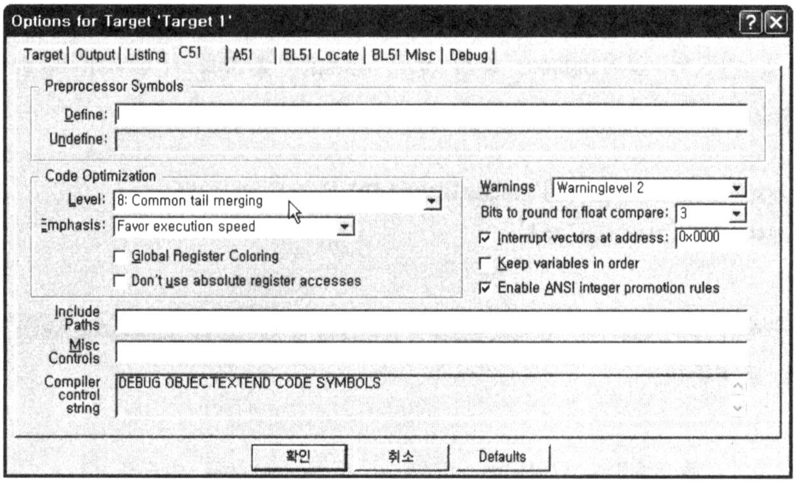

〈그림 3.5.3〉 µVision2에서 C51의 기타 옵션 스위치를 설정하는 화면

3. 선행처리기

선행처리기(preprocessor)는 소스를 컴파일하기 전에 지시어(directive)들을 먼저 처리한다. C51의 선행처리기는 ANSI C 표준의 모든 지시어들을 지원한다.

(1) 지시어

선행처리기 지시어는 #문자로 시작하며 소스 프로그램의 선두에 공백문자 없이 사용한다. C51에서 사용하는 선행처리기 지시어들을 요약하면 <표 3.5.3>과 같다.

〈표 3.5.3〉 C51에서 사용하는 선행처리기 지시어

지시어	기 능
pragma	MS-DOS 커맨드 라인에 포함되는 C51의 제어 옵션들을 소스 프로그램내에서 사용할 수 있도록 한다.
include	외부 파일로부터 소스 텍스트를 읽어 들인다. < >로 묶어진 파일은 include 디렉토리를 먼저 검색하고, " "로 묶어진 파일은 현재의 디렉토리를 먼저 검색한다.
error	컴파일러가 사용자에 의하여 정의된 에러 메시지를 출력하도록 한다.
line	에러의 위치를 확인하기 위하여 에러 메시지에서 파일명과 함께 행 번호를 지정한다.
define undef	선행처리기 매크로 또는 상수를 정의한다. 선행처리기 매크로 또는 상수를 정의한 것을 삭제한다.
ifdef ifndef	name이 정의되었다면 조건부 컴파일을 수행한다. name이 정의되지 않았다면 조건부 컴파일을 수행한다.

if
elif
else
endif
	어떤 표현식에 의하여 조건부 컴파일을 수행한다.
	if, ifdef, ifndef와 같은 조건문에서 또다른 조건에 의한 분기문이다.
	if, ifdef, ifndef와 같은 조건문에서 이와 반대의 조건에 의한 분기문이다.
	if, ifdef, ifndef, elif, else 조건 블록을 종료한다.

(2) 스트링 연산자

매크로 정의내에서 사용될 때 스트링 연산자(stringize operator) #는 매크로 인수를 스트링 상수로 변환하라는 의미를 가진다. 이것은 지정된 인수나 파라미터 리스트를 가지는 매크로에서만 사용될 수 있다. #문자의 다음에 위치하는 인수는 매크로 확장될 때 즉시 인용부호(" ")로 묶어지면서 지정된 문자열로 대체된다.

예
```
#define stringer(x) printf(#x "\n")
stringer(text);
```

이 예에서 #x는 매크로 인수 x가 나중에 스트링으로 확장되는 것을 의미하므로 stringer(text);는 printf("text" "\n");로 확장되고, 이는 다시 printf("text\n");와 같은 의미가 된다.

이때 만약 파라미터로서 전달되는 문자열이 \ 나 " 문자를 포함하면 그 앞에 \ 문자가 자동으로 추가된다.

(3) 토큰 접속 연산자

매크로 정의내에서 사용될 때 토큰 접속 연산자(token-pasting operator) ##는 2개의 매크로 인수를 결합하라는 의미를 가진다. 이것은 매크로 정의에서 2개로 분리되어 있는 토큰을 1개의 토큰으로 결합한다.

예
```
#define paster(n) printf("token" #n " = %d", token##n)
paster(9);
```

이 예에는 스트링 연산자와 토큰 접속 연산자가 모두 사용되었으며, 선행처리기에 의해 처리된 결과는 printf("token9 = %d",token9);가 된다.

〈표 3.5.4〉 C51에서 내부적으로 정의된 매크로 상수

상 수	기 능
__C51__	C51 컴파일러의 버전 번호로서 V3.00이면 300으로 표시된다.
__DATE__	컴파일이 시작된 날짜를 나타낸다.
__FILE__	컴파일되는 파일의 이름을 나타낸다.
__LINE__	컴파일되는 파일에서 현재의 행 번호를 나타낸다.
__MODEL__	선택된 메모리 모델을 나타낸다.(0=small, 1=compact, 2=large)
__TIME__	컴파일이 시작된 시각을 나타낸다.
__STDC__	표준의 ANSI C 규격에 완전하게 일치되는 것을 나타내기 위하여 1로 정의된다.

(4) 내부적으로 정의된 매크로 상수

C51은 선행처리기 지시어와 컴파일러에서 사용하기 위하여 내부적으로 <표 3.5.4>와 같은 상수를 정의하고 있다.

4. C51에서의 C언어 확장 기능

(1) MCS-51의 메모리 영역, 메모리 모델, 메모리 형

대부분의 마이크로프로세서에서는 동일한 메모리 영역에 프로그램, 데이터, 상수 등을 로드할 수 있지만, MCS-51은 특이하게 프로그램 메모리와 데이터 메모리로 나누어지며, 이것들은 다시 리드만 가능하고 라이트는 불가능한 영역, 리드와 라이트가 모두 가능한 영역, 좀더 빠르게 리드와 라이트가 가능한 영역 등으로 나누어진다.

프로그램 메모리(code 형)는 실행 코드와 상수를 저장하는 메모리 영역으로 리드만 가능하고 라이트는 불가능하다. 이것은 64KB에 이르며, C언어에서의 함수, 라이브러리, 상수 등은 모두 여기에 저장된다.

내부 데이터 메모리는 MCS-51의 내부에 존재하는 메모리로서 데이터의 리드와 라이트가 모두 가능하다. 이것은 CPU 소자에 따라 128바이트와 256바이트인 경우가 있는데, 하위 128바이트(00H~7FH)는 직접지정과 간접지정이 모두 가능하고, 상위 128바이트(80H~FFH)는 간접지정만 가능하며, 이중에서 20H~2FH 번지의 16바이트는 비트 어드레싱이 가능하다. 이 내부 데이터 메모리는 용량은 제한되어 있지만 8비트 어드레스를 이용하여 매우 고속으로 액세스되는 장점이 있으며, 메모리의 형이 data, idata, bdata 등으로 나누어진다. data 형은 항상 내부 데이터 메모리의 하위 128바이트를 가리키며, 여기에 저장되는 변수들은 직접지정으로 액세스된다. idata 형은 내부 데이터 메모리의 256바이트 모두를 가리키며, 여기에 저장되는 변수들은 간접지정으로 액세스되므로 직접지정에 비하여 느리다. bdata 형은 내부 데이터 메모리의 20H~2FH 번지에 16바이트를 가리키며, 여기에 저장되는 변수들은 비트 단위로 액세스될 수 있다.

외부 데이터 메모리는 MCS-51의 외부에 존재하는 메모리로서 데이터의 리드와 라이트가 모두 가능하며 최대 64KB에 이른다. 이 외부 데이터 메모리는 용량은 크지만 DPTR을 사용하여 간접적으로만 액세스할 수 있으므로 매우 느린 것이 단점이며, 메모리의 형이 xdata와 pdata로 나누어진다. xdata 형은 외부 데이터 메모리의 어느.위치라도 지정할 수 있으며, pdata 형은 외부 데이터 메모리의 1페이지(256바이트)만을 지정한다.

SFR 메모리는 상위 128바이트(80H~FFH)에 존재하는 또다른 영역으로서 직접지정이나 비트 어드레싱만 가능하다. 여기에는 시스템 메모리나 주변장치를 제어하는 레지스터들이 위치하며, 비트, 바이트, 워드 단위로 사용될 수 있다.

메모리 모델은 함수의 인수나 변수를 위하여 어느 메모리 형이 사용될지를 결정하며, SMALL, COMPACT, LARGE 등의 3가지가 있다. SMALL 모델에서는 모든 변수들이 data형인 내부 데이터 메모리 128바이트에 위치한다. 이것은 변수 액세스가 매우 효율적으로 수행되지만, 변수들이 스택과 함께 좁은 메모리 영역을 사용하므로 링커/로케이터에 의하여 오버레이(overlay) 기법을 사용하도록 하는 것이 좋다. 사용자는 특별한 경우가 아니면 이 SMALL 모델을 사용하는 것이 바람직하다.

COMPACT 모델에서는 모든 변수들이 pdata형인 1페이지의 외부 데이터 메모리에 위치한다. 이것은 @R0, @R1로 간접적으로 액세스되는 256바이트의 메모리를 사용하며, 액세스 속도가 SMALL 모델보다는 느리지만 LARGE 모델보다는 빠르다.

LARGE 모델에서는 모든 변수들이 xdata형인 외부 데이터 메모리 64KB에 위치한다. 이것은 DPTR을 사용하여 변수 액세스가 매우 비효율적으로 수행되지만, 매우 넓은 메모리 영역을 사용할 수 있다.

〈표 3.5.5〉 C51에서 사용하는 MCS-51의 메모리 형

메모리 형	기 능
code	최대 64KB 용량의 프로그램 메모리이다. MOVC A,@A+DPTR 또는 MOVC A,@A+PC 명령으로 액세스한다.
data	내부 메모리의 하위 128바이트이다. 직접지정으로 빠르게 액세스된다.
idata	내부 메모리의 256바이트이다. 간접지정으로 비교적 느리게 액세스된다.
bdata	내부 메모리의 특정한 16바이트이다. 비트 어드레싱으로 액세스할 수 있다.
xdata	최대 64KB 용량의 외부 데이터 메모리이다. MOVX A,@DPTR 또는 MOVX @DPTR,A 명령으로 액세스한다.
pdata	1페이지(256바이트)의 외부 데이터 메모리이다. MOVX A,@Ri 또는 MOVX @Ri,A 명령으로 액세스한다.

(2) 데이터의 형식

C51 컴파일러에서 사용하는 데이터의 형을 <표 3.5.6>에 요약하였다. 이중에는 ANSI C의 표준인 것들이 대부분이지만 몇가지는 MCS-51 특유의 메모리 데이터 형식을 지원하기 위한 것도 있다.

〈표 3.5.6〉 C51.EXE에서 데이터의 형

데이터의 형	길 이		표현 범위	비 고
unsigned char	8 비트	1 바이트	0~255	ANSI C 표준
signed char	8 비트	1 바이트	-128~+127	ANSI C 표준
enum	16 비트	2 바이트	-32,768~+32,767	ANSI C 표준
unsigned short	16 비트	2 바이트	0~65,535	ANSI C 표준
short	16 비트	2 바이트	-32,768~+32,767	ANSI C 표준
unsigned int	16 비트	2 바이트	0~65,535	ANSI C 표준
signed int	16 비트	2 바이트	-32,768~+32,767	ANSI C 표준
unsigned long	32 비트	4 바이트	0~4,294,967,295	ANSI C 표준
signed long	32 비트	4 바이트	-2,147,483,648~+2,147,483,647	ANSI C 표준
float	32 비트	4 바이트	$\pm1.175494\times10^{-38}$~$\pm3.402823\times10^{38}$	ANSI C 표준
bit	1 비트	-	0~1	C51 특유
sbit	1 비트	-	0~1	C51 특유
sfr	8 비트	1 바이트	0~255	C51 특유
sfr16	16 비트	2 바이트	0~65,535	C51 특유

C51에서 데이터를 선언할 때는 데이터의 형과 메모리의 형을 차례로 사용하여 아래의 예와 같이 사용한다.

예

```
unsigned char code text[] = "STRING";
unsigned char data var1;
float idata x,y,z;
char bdata flag;
unsigned long xdata array[100];
unsigned int pdata var2;
```

◀참고▶ C51에서 데이터를 선언할 때는 unsigned char data var1; 처럼 데이터 형과 메모리 형의 순서로 선언하는 것이 원칙이다. 그러나, 현재 C51에서는 구버전과의 호환성 때문에 data unsigned char var1; 처럼 메모리 형과 데이터 형의 순서로 선언하는 것도 허용한다. 그러나, 이제부터는 가급적이면 unsigned char data var1; 처럼 사용하는 것이 바람직하다.

bit형은 변수나 함수의 인수, 함수의 리턴값으로 사용될 수 있으며, 다른 C언어 데이터의 형이 선언될 때만 사용할 수 있다. 이것은 bdata 영역의 최대 16바이트 또는 128비트로 제한된다. #pragma disable에 의하여 인터럽트가 금지된 함수나 using *n*에 의하여 레지스터 뱅크를 사용하는 함수는 bit형의 값을 리턴할 수 없으며, 포인터 변수나 배열은 당연히 bit형을 사용할 수 없다.

이에 비하여 비트 어드레싱 데이터는 바이트나 비트 단위로 액세스할 수 있는 변수를 가리키며 bdata 영역에 저장된다. 이러한 변수를 비트 단위로 액세스하려면 sbit와 ^기호를 사용한다.

예
```
static bit time_flag = 0;              /* bit variable */
int bdata var1;                        /* bit-addressable int */
char bdata vector[5];                  /* bit-addressable array */
sbit mybit0  = var1 ^ 0;               /* bit  0 of var1 */
sbit mybit15 = var1 ^ 15;              /* bit 15 of var1 */
sbit vector00 = vector[0] ^ 0;         /* bit 0 of vector[0] */
sbit vector15 = vector[1] ^ 7;         /* bit 7 of vector[1] */
vector[0] = 'a';                       /* byte addressing */
var1 = -10;                            /* word addressing */
mybit15 = 0;                           /* clear bit 15 of var1 */
vector15 = 1;                          /* set bit 7 of vector[1] */
```

C51에서는 가능하다면 unsigned char형의 데이터를 주로 사용하는 것이 바람직하다. MCS-51은 부호있는 연산명령이 부족하고 직접적으로는 8비트만을 처리하므로 그 밖의 데이터 처리는 라이브러리 루틴을 사용하여 처리속도가 느려지기 때문이다.

C51에서 사용하는 데이터들은 모두 순워드순(big endian)으로 저장되는데 유의해야 한다. 예를들어 unsigned int형으로 1234H가 저장될 때 변수의 첫번째 번지에 12H가 저장되고 그 다음의 높은 번지에 34H가 저장된다. 이러한 특징은 4바이트를 차지하는 unsigned long, signed long, float형의 데이터에서도 마찬가지이다.

(3) SFR의 액세스

SFR의 종류는 MCS-51 시리즈의 각 소자에 따라 다른데, C51에서는 이를 위하여 각 소자에 적합한 인클루드 파일을 제공한다. C51은 SFR을 액세스하기 위하여 sfr, sfr16, sbit 데이터형을 사용할 수 있다. SFR은 char나 int를 사용하는 대신에 sfr을 사용하는 것을 제외하면 일반 C언어의 데이터를 선언하는 것과 동일하다. 또한, 타이머2처럼 16비트 길이를 가지는 SFR을 선언할 때는 sfr16을 사용한다.

한편, SFR중에서 비트 어드레싱이 가능한 것은 sbit 키워드를 사용할 수 있다. sbit를 사용하여 비트 어드레싱으로 SFR을 액세스하는데는 다음 예와 같이 3가지의 방법이 있다.

예
```
sfr P0 = 0x80;              /* port 0, address 0x80 */
sfr P1 = 0x90;              /* port 1, address 0x90 */
sfr PSW = 0xD0;             /* PSW, address 0xD0 */
sfr16 T2 = 0xCC;            /* Timer 2, address 0xCC and 0xCD */
sfr16 RCAP2 = 0xCA;         /* Timer 2 Capture, address 0xCA and 0xCB */
sbit EA = 0xAF;             /* enable all,     bit 7 of IE  (방법 1) */
sbit CY = PSW ^ 7;          /* carry flag,     bit 7 of PSW (방법 2) */
sbit OV = 0xD0 ^ 2;         /* overflow flag, bit 2 of PSW (방법 3) */
```

(4) 변수를 절대번지에 위치

변수를 메모리의 절대번지에 위치시키려면 _at_ 키워드를 사용하며, 그 형식은 다음과 같다.

[memory_space] data_type variable_name **_at_** *constant* ;

여기서, *memory_space*는 이 변수가 저장될 메모리 영역을 나타내고, *data_type*은 변수의 데이터 형을 나타내며, *constant*는 이 변수를 위치시킬 절대번지를 나타낸다. 이 번지는 해당 메모리 영역내에 포함되어야 하며, 만약 이에 어긋나면 에러가 된다.

_at_ 키워드를 사용하여 절대번지에 위치시키는 변수는 초기값을 가질 수 없으며, bit형을 가지는 변수나 함수는 절대번지에 위치시킬 수 없다.

예
```
idata int  var1 _at_ 0x50;
idata char var2 _at_ 0xA0;
xdata int  var3 _at_ 0x9000;
xdata char text[256] _at_ 0xB000;
```

(5) 포인터의 사용

C51은 일반 ANSI C의 *문자를 사용하는 변수 포인터 선언을 지원하며, 여기에 MCS-51 특유의 메모리 특성을 고려한 또다른 포인터 사용법을 지원한다. 즉, C51에서는 일반 포인터(generic pointer)와 메모리 지정 포인터(memory-specific pointer)의 2가지를 지원한다.

일반 포인터는 ANSI C에서 사용하는 기본적인 포인터로서 이것은 항상 3바이트를 사용하여 변수를 가리킨다. 첫번째 바이트는 메모리 형을 나타내는 것으로 0x00이면 idata/data/bdata를 나타내고, 0x01이면 xdata를 나타내며, 0xFE면 pdata, 0xFF면 code를 나타낸다. 두번째 바이트는 변수가 위치하는 오프셋(offset)의 상위 바이트이며, 세번째 바이트는 이 오프셋의 하위 바이트이다. 일반 포인터는 메모리 영역의 어느 위치에서라도 변수를 액세스할 수 있기 때문에 많은 라이브러리 루틴에서 이를 사용하지만, 처리속도가 늦은 단점이 있다.

예
```
char *strptr;
int  *numptr;
long *varptr;
```

그러나, 메모리 형을 명시하는 방법을 사용함으로써 일반 포인터가 저장될 메모리 영역을 지정할 수도 있다.

예
```
char * xdata strptr;
int  * data  numptr;
long * idata varptr;
```

이에 비하여 메모리 지정 포인터는 포인터 선언에 메모리 형을 함께 지정함으로써 항상 지정된 메모리 영역을 참조하도록 하는 것이다. 여기서는 메모리 형이 컴파일 단계에서 지정되므로 해당 메모리 형에 적합하도록 액세스 방법이 결정되며, 따라서 메모리 지정 포인터는 1바이트(idata, data, bdata, pdata 포인터) 또는 2바이트(code, xdata 포인터)를 사용하여 저장될 수 있다. 메모리 지정 포인터는 처리속도가 빨라지며, 컴파일러가 이에 관련된 정보를 메모리 액세스 최적화에 사용할 수 있게 된다.

예
```
char code  *strptr;
int  idata *numptr;
long xdata *varptr;
```

여기서도 메모리 형을 명시하는 방법을 사용함으로써 메모리 지정 포인터가 저장될 메모리 영역을 지정할 수도 있다.

예
```
char code  * xdata strptr;
int  idata * data numptr;
long xdata * idata varptr;
```

(6) 함수의 선언

C51에서의 함수는 ANSI C의 함수와 같은 기능에 인터럽트 서비스 루틴 함수의 지정, 사용될 레지스터 뱅크의 지정, 메모리 모델의 선택, 재진입(reentrancy)의 지정 등 C51 특유의 기능을 추가적으로 가진다.

C51에서 함수를 선언하는 형식은 다음과 같다.

[*return_type*] *function_name*([*arg_list*]) {small|compact|large} [reentrant][interrupt *n*][using *n*]

여기서, *return_type*은 이 함수로부터 되돌려지는 값의 데이터 형이며, 생략하면 int로 간주된다. *function_name*은 함수의 이름이고 *arg_list*는 이 함수의 인수들을 나타낸다. small, compact, large는 이 함수를 위한 메모리 모델이며, reentrant는 이 함수가

재진입 함수인 것을 나타내고, interrupt *n*은 이 함수가 인터럽트 서비스 루틴 함수라는 것을 나타내며, using *n*은 이 함수가 사용할 레지스터 뱅크를 지정한다.

대부분의 C컴파일러에서는 함수의 인수를 전달하는데 스택을 사용한다. 그러나, MCS-51은 스택으로 내부 데이터 메모리만을 사용할 수 있어서 용량의 제한을 받게 되므로 C51에서는 함수의 인수를 전달하는데 특정한 메모리 영역을 사용한다. 함수를 호출하는 측(caller)에서는 함수로 제어를 넘겨주기 전에 이 메모리 영역에 인수들을 복사해두며 호출된 함수(called function)는 이를 읽어 사용한다. 단, 복귀주소만은 당연히 스택에 저장되며, 인터럽트 서비스 루틴 함수에서는 레지스터 뱅크를 스위치하거나 레지스터들을 대피하기 위하여 스택을 사용한다.

C51 컴파일러는 함수의 인수가 3개까지는 CPU의 레지스터를 사용하여 전달하도록 허용한다. 이는 인수를 전달하고 함수내에서 이를 액세스하는 속도를 상당히 높이는 장점이 있다. 이렇게 레지스터를 사용하려면 C51에서 REGPARMS 옵션을 지정하여야 한다. 함수의 인수 전달에 레지스터를 사용하는 경우 레지스터들의 용도를 정리하면 <표 3.5.7>과 같다.

또한, 함수에서 리턴되는 값은 항상 CPU 레지스터를 사용하여 전달되는데, 그 내역을 정리하면 <표 3.5.8>과 같다.

〈표 3.5.7〉 C51 함수에서 레지스터를 사용한 인수 전달

인수의 순서	char 또는 1바이트 포인터	int 또는 2바이트 포인터	long 또는 float	일반 포인터
1	R7	R6, R7	R4~R7	R1~R3
2	R5	R4, R5	R4~R7	R1~R3
3	R3	R2, R3		R1~R3

〈표 3.5.8〉 C51 함수에서 리턴값의 전달

리턴 값	레지스터	비 고
bit	Carry Flag	
char, unsigned char, 1바이트 포인터	R7	
int, unsigned int, 2바이트 포인터	R6, R7	R6이 MSB, R7이 LSB
long, unsigned long	R4~R7	R4가 MSB, R7이 LSB
float	R4~R7	32비트 IEEE 포맷을 사용
일반 포인터	R1~R3	R3에 메모리 형, R2가 MSB, R1이 LSB

함수의 인수로 bit형이 사용되면 이는 레지스터로 전달되지 않으므로 bit형의 인수는 모든 인수들의 마지막에 위치시키는 것이 바람직하다.

(7) 인터럽트 서비스 루틴 함수

C언어에서는 인터럽트 서비스 루틴도 함수의 일종이다. 앞절에서도 설명하였듯이 C51에서 인터럽트 서비스 루틴 함수는 이를 선언할 때 interrupt *n*이라는 키워드를 추가하는 것 이외에는 별다른 점이 없다. 그러나, C51에서 인터럽트 처리 프로그램을 작성하는 경우에는 여러가지 사항을 고려하여야 한다.

MCS-51의 80C31 부류에서는 5개의 인터럽트를 사용하고 80C32 부류에서는 6개의 인터럽트를 사용한다. 그러나, MCS-51 시리즈의 새로운 소자가 출시되면 인터럽트의 종류도 증가될 수 있으므로, C51에서는 <표 3.5.9>처럼 32개까지의 인터럽트를 사용할 수 있도록 하였다. 여기서, 인터럽트 번호는 인터럽트 서비스 루틴 함수를 선언할 때 interrupt *n*이라는 키워드의 *n*에 해당한다.

〈표 3.5.9〉 C51에서 지원하는 인터럽트 번호

인터럽트 번호	인터럽트 종류	벡터 어드레스	인터럽트 번호	인터럽트 종류	벡터 어드레스
0	외부 인터럽트 0	0003H	16	(예약)	0083H
1	타이머/카운터 0	000BH	17	(예약)	008BH
2	외부 인터럽트 1	0013H	18	(예약)	0093H
3	타이머/카운터 1	001BH	19	(예약)	009BH
4	직렬 포트	0023H	20	(예약)	00A3H
5	타이머/카운터 2	002BH	21	(예약)	00ABH
6	(예약)	0033H	22	(예약)	00B3H
7	(예약)	003BH	23	(예약)	00BBH
8	(예약)	0043H	24	(예약)	00C3H
9	(예약)	004BH	25	(예약)	00CBH
10	(예약)	0053H	26	(예약)	00D3H
11	(예약)	005BH	27	(예약)	00DBH
12	(예약)	0063H	28	(예약)	00E3H
13	(예약)	006BH	29	(예약)	00EBH
14	(예약)	0073H	30	(예약)	00F3H
15	(예약)	007BH	31	(예약)	00FBH

사용자는 인터럽트 서비스 루틴에 해당하는 함수를 선언할 때 interrupt *n* 키워드로 인터럽트 번호를 지정하고, 레지스터 뱅크를 사용할 경우에는 using *n*이라는 키워드 사용할 뱅크를 지정하기만 하면 C51은 이를 인터럽트 서비스 루틴으로 처리하고 그에 해당하는 인터럽트 벡터를 생성한다.

예
```
unsigned int int_cnt, second;

void timer0(void) interrupt 1 using 2
{ if(++int_cnt == 4000)
    { second++;
      int_cnt = 0;
    }
}
```

C51은 인터럽트 서비스 루틴의 오브젝트를 생성할 때 필요하면 ACC, B, DPH, DPL, PSW 등의 레지스터를 스택에 저장한다. 또한, using을 사용하여 레지스터 뱅크를 지정하지 않으면 인터럽트 함수에서 사용하는 모든 작업 레지스터들도 스택에 저장하며, 이렇게 저장된 레지스터들은 인터럽트 함수의 끝에서 RETI 명령으로 리턴되기 전에 모두 복귀된다.

인터럽트 서비스 루틴 함수에는 당연히 인수가 사용되지 말아야 하며 이를 사용하면 에러가 된다. 또한, 마찬가지로 인터럽트 함수는 리턴값을 사용할 수 없다. 인터럽트 서비스 루틴 함수를 사용자 프로그램에서 일반 함수처럼 호출하면 안된다.

C51에서 옵션으로 NOINTVECTOR를 지정하면 인터럽트 벡터인 LJMP 명령을 생성하지 않는다. 이 경우에는 별도의 루틴으로 인터럽트 벡터를 생성해 주어야 하는데, 이를 이용하면 이중 벡터링 기법을 쉽게 처리할 수 있다.

인터럽트 서비스 루틴 함수내에서 다른 함수를 호출할 때는 동일한 레지스터 뱅크를 사용하는 것이어야 하며, 그렇지 않을 경우에는 예측할 수 없는 결과를 야기한다. 그러나, C51에서 NOAREGS 옵션을 사용하면 R0~R7을 절대번지로 번역하는 것을 금지하여 모든 레지스터 뱅크 영역을 자유롭게 사용하도록 하므로 다른 레지스터 뱅크를 사용하는 함수를 호출할 수 있다.

5. 고급 C언어 프로그래밍 테크닉

(1) 사용자가 수정해야 하는 파일

C51에서는 사용자가 자신의 하드웨어 시스템에 적합하도록 몇가지의 소스 파일을 수정(customization)하여 사용해야 한다. 이러한 파일에는 C언어 프로그램이 올바르게 기동할 수 있도록 해주는 STARTUP.A51 파일, 정적 변수를 초기화하는데 사용되는 INIT.A51 파일, 저수준의 스트림 I/O를 수행하는 GETKEY.C 및 PUTCHAR.C 파일 등이 있으며, 기타 메모리 할당 기능에 관련되는 CALLOC.C, FREE.C, INIT_MEM.C, MALLOC.C REALLOC.C 파일 등이 있다.

이러한 소스 파일들은 이미 어셈블 또는 컴파일되어 C언어의 기본 라이브러리 파일에 포함되어 있어서 사용자 프로그램을 링크할 때 자동으로 이것들이 링크된다. 만약, 사용자가 이를 수정하여 사용하고자 하면 MS-DOS 커맨드 레벨에서는 이를 번역한 오브젝트 파일들을 링커/로케이터 BL51을 사용하여 사용자 프로그램의 오브젝트 파일과 링크하면 된다. 그러나, μVision2에서는 자신이 수정한 이러한 소스 파일과 사용자 프로그램의 소스를 프로젝트에 함께 등록하여 어셈블 및 컴파일하면 된다.

STARTUP.A51 파일은 사용자가 작성한 C51용 프로그램을 기동시키는 역할을 수행한다. 이 파일에서는 메모리를 초기화하고, 스택 포인터의 값을 지정하며, C언어의 main 함수로 제어를 넘겨준다. 그러나, C51 컴파일러에서 기본적으로 제공하는 이 STARTUP.A51 파일은 프로그램 메모리의 0x0000 번지부터 사용자 프로그램을 작성하는 경우에 알맞도록 작성되어 있으므로 내부 플래시 메모리를 사용하는 *OK-89S52* 키트에서는 이를 그대로 사용하면 된다.

PUTCHAR.C 파일은 저수준의 문자 출력 루틴인 PUTCHAR() 함수를 포함하고 있다. 문자를 출력하는 모든 스트림(stream) 루틴들은 내부적으로 이를 사용하므로 사용자는 자신의 하드웨어(RS-232C, LCD 등)에 맞게 이를 수정하여야 한다. PK51에 기본적으로 제공되는 PUTCHAR.C 파일에서는 직렬 포트를 통하여 문자를 출력하도록 되어 있다. 이 출력제어에서는 XON/XOFF 제어를 사용하며, 라인피드 문자('\n')는 캐리지리턴/라인피드 문자열('\r\n')로 자동 변환된다.

〈표 3.5.10〉 C51의 최적화 기능

단계	기 능
0	Constant Folding : 표현식을 하나의 숫자 상수로 줄이기 위하여 계산을 수행한다. Simple Access Optimizing : 내부 데이터와 비트 어드레스를 액세스하는 것을 최적화한다. Jump Optimizing : 점프 기능이 항상 최종 목적지로 직접 수행되도록 한다.
1	Dead Code Elimination : 실행되지 않는 코드 조각들을 제거한다. Jump Negation : 조건부 분기 명령의 조건을 반대로하여 간략화될 수 있는지 조사한다.
2	Data Overlaying : 데이터 및 비트 세그먼트가 오버레이될 수 있는지를 조사하여 표시해 둠으로써 나중에 BL51에 의하여 처리될 수 있도록 한다.
3	Peephole Optimizing : 불필요하게 복잡한 MOV 명령들을 제거하고 간단한 명령으로 대체한다.
4	Register Variables : 자동 변수나 함수의 인수를 가능하면 레지스터에 저장한다. Extended Access Optimizing : 메모리 변수나 상수를 직접 명령에 포함시킨다. Local Common Subexpression Elimination : 동일한 계산식이 반복적으로 사용되면 그 결과를 저장했다가 다시 사용한다. Case/Switching Optimizing : switch와 case문을 점프 테이블이나 점프 스트링으로 대체한다.
5	Global Common Subexpression Elimination : 함수내에서 동일한 계산이 나오면 이를 한번만 계산하고 그 결과를 레지스터에 저장하였다가 사용한다. Simple Loop Optimizing : 메모리 영역을 상수로 채우는 프로그램 루프를 최적화한다.
6	Loop Rotation : 프로그램을 루프로 처리한다.
7	Extended Index Access Optimizing : DPTR 레지스터를 포인터 또는 어레이 액세스에 적극적으로 사용한다.
8	Reuse of Common Entry Code : 하나의 함수를 여러번 호출할 때 선두의 셋업 코드를 재사용한다.
9	Common Block Subroutine : 반복하여 사용되는 부분이 있으면 이를 서브루틴으로 처리한다.

(2) 최적화

C51은 코드를 생성하고 오브젝트 파일을 출력할 때 가장 효율적이 되도록 최적화를 수행하는 기능을 가지고 있다. 최적화는 가장 오브젝트 코드가 짧아지도록 하는 기

능과 실행 속도가 빠르게 하는 기능이 있다.

C51이 수행하는 최적화에는 0~9의 10단계가 있는데, 단계가 높아지면 그 하위 단계에 있는 기능은 모두 기본으로 포함한다. 각 단계별 기능을 요약하면 <표 3.5.10>과 같다. C51에서 최적화의 단계는 OPTIMIZE(*level*) 지시어를 사용하여 지정하며, 이밖에 NOAREGS나 NOREGPARMS 지시어도 컴파일 후의 코드 발생에 영향을 준다. 디폴트로는 OPTIMIZE(8, SPEED)로 처리된다.

(3) 세그먼트 이름을 정하는 원칙

C51에 의하여 생성되는 오브젝트(프로그램 코드, 프로그램 데이터, 상수 데이터)는 프로그램 메모리 또는 데이터 메모리의 세그먼트에 저장되며, 이 세그먼트에는 재배치 가능 세그먼트와 절대 세그먼트가 있다.

각각의 재배치 가능 세그먼트에는 이름과 형을 가지고 있다. 세그먼트의 이름은 반드시 <표 3.5.11>과 같은 메모리형의 접두어에 *module_name*이 합쳐져서 만들어진다. 여기서 *module_name*은 소스 파일의 이름에서 패스명과 확장자를 제외한 것이다. 세그먼트 명은 항상 대문자로만 표시된다.

이렇게 하여 만들어진 데이터 오브젝트 파일에서 세그먼트의 이름은 <표 3.5.12>와 같다. 그러나, 프로그램 오브젝트에서는 세그먼트 이름을 정할 때 함수명이 추가되어 ?PR?*function_name*?*module_name*으로 정해진다.

〈표 3.5.11〉 C51에 의하여 생성되는 오브젝트의 세그먼트 접두어

세그먼트 접두어	데이터 형	세그먼트 내용
?PR?	code	실행 가능한 프로그램 코드
?CO?	code	프로그램 메모리에 있는 상수 데이터
?XD?	xdata	외부 데이터 메모리
?DT?	data	직접번지 지정의 내부 데이터 메모리
?ID?	idata	간접번지 지정의 내부 데이터 메모리
?BI?	bit	내부 데이터 메모리에 있는 비트 데이터
?BA?	bdata	내부 데이터 메모리에 있는 비트 어드레싱 데이터
?PD?	pdata	외부 데이터 메모리에 있는 페이지 데이터

〈표 3.5.12〉 C51에 의하여 생성되는 데이터 오브젝트의 세그먼트 이름

세그먼트 이름	세그먼트 내용
?CO?*module_name*	code 메모리에 선언된 상수(스트링 및 초기화된 변수)
?XD?*module_name*	xdata 메모리에 선언된 오브젝트
?DT?*module_name*	data 메모리에 선언된 오브젝트
?ID?*module_name*	idata 메모리에 선언된 오브젝트
?BI?*module_name*	bit 오브젝트
?BA?*module_name*	비트 어드레싱 데이터 오브젝트
?PD?*module_name*	pdata 메모리에 선언된 오브젝트

이렇게하여 만들어진 데이터 오브젝트 파일에서 세그먼트의 이름은 <표 3.5.12>와 같다. 그러나, 프로그램 오브젝트에서는 세그먼트 이름을 정할 때 함수명이 추가되어 ?PR?*function_name*?*module_name*으로 정해진다.

C51에서는 함수가 인수를 전달할 때 3개까지는 레지스터를 사용하며 그 이상의 인수는 고정된 메모리 영역을 이용하여 전달한다. 이렇게 인수를 전달하는데 사용되는 메모리 영역은 함수를 호출하는 쪽의 모듈에서 알 수 있는 위치라야 하며, 이를 위해 메모리는 ?*function_name*?BYTE 또는 ?*function_name*?BIT로 정의된다.

어떤 함수가 인수와 로컬 변수, 로컬 bit 변수를 모두 가지는 경우 이 함수에 의하여 만들어지는 세그먼트는 메모리 모델에 따라 <표 3.5.13>과 같게 된다.

〈표 3.5.13〉 C51에 의하여 생성되는 함수 오브젝트의 세그먼트 이름

메모리 모델	세그먼트 내용	세그먼트 형	세그먼트 이름
small 모델	프로그램 코드	code	?PR?*function_name*?*module_name*
	로컬 변수	data	?DT?*function_name*?*module_name*
	로컬 bit 변수	bit	?BI?*function_name*?*module_name*
compact 모델	프로그램 코드	code	?PR?*function_name*?*module_name*
	로컬 변수	pdata	?PD?*function_name*?*module_name*
	로컬 bit 변수	bit	?BI?*function_name*?*module_name*
large 모델	프로그램 코드	code	?PR?*function_name*?*module_name*
	로컬 변수	xdata	?XD?*function_name*?*module_name*
	로컬 bit 변수	bit	?BI?*function_name*?*module_name*

보통 함수에 비하여 레지스터 인수를 가지거나 재진입(reentrant) 속성을 가지는 함수에 대하여는 런타임 에러를 피하기 위하여 내부적으로 약간 다르게 이름을 수정한다. 이를 요약하면 <표 3.5.14>와 같다.

〈표 3.5.14〉 C51에 의하여 내부적으로 처리되는 함수의 이름

함수 선언	처리되는 이름	설 명
void func1(void)	FUNC1	인수가 없거나 인수를 레지스터로 전달하지 않는 함수는 원래의 이름을 그대로 사용하고 대문자로 변환된다.
void func2(char)	_FUNC2	인수를 레지스터로 전달하는 함수는 원래의 이름 앞에 언더스코어(_)를 붙이고 대문자로 변환된다.
void func3(void) reentrant	_?FUNC3	재진입 함수는 원래의 이름 앞에 _? 문자를 붙이고 대문자로 변환된다.

(4) 인라인 어셈블 기능

C51에서는 인라인 어셈블(inline assemble) 기능을 지원하기는 하지만 좀 특별한 방법으로 사용해야 한다. 즉, C언어 소스 프로그램에서 인라인 어셈블 명령을 사용하

면 이를 컴파일러가 바로 컴파일하는 것이 아니라, 일단 C언어 소스를 번역하여 생성한 어셈블리 코드와 인라인 어셈블 명령이 모두 포함되는 중간 어셈블리 소스 파일을 만들고, 이를 다시 A51로 어셈블하여 오브젝트 코드를 만드는 과정을 거쳐야 한다.

C언어 소스 내에서 어셈블리 명령을 사용하기 시작하려면 #pragma asm 지시어를 사용하고, 어셈블리 명령어의 사용을 끝내려면 #pragma endasm 지시어를 사용한다. 또한, 이러한 어셈블리 명령을 사용하였을 경우에 전체적으로 C언어 소스를 컴파일하여 중간 어셈블리 파일을 생성하려면 프로그램의 선두에 #pragma src(*source.ext*) 지시어를 사용하면 된다.

예

```
#pragma src(TEST.ASM)

void main(void)
{ test();
#pragma asm
   NOP
   JMP  $
#pragma endasm
}
```

(5) C와 어셈블리 프로그램의 인터페이스

C51에 의하여 작성된 프로그램은 A51에서 작성된 루틴과 쉽게 인터페이스할 수 있다. C51에서 A51의 루틴을 호출할 수도 있고 그 반대도 물론 가능하다. 또한, A51에서 PUBLIC으로 선언된 변수를 C51에서 사용할 수도 있다. 이와 같이 어셈블리 루틴을 C언어에서 호출하는 방법을 사용하면 특별한 기능의 처리속도를 향상시킬 수 있고 하드웨어 의존적인 처리에 보다 유리하다.

C언어에서 어셈블리 루틴을 호출할 때 가장 주의할 것은 파라미터 전달이다. C51에서는 기본적으로 3개까지의 파라미터는 레지스터로 전달하고, 그 나머지는 고정된 메모리 영역을 사용한다. 그러나, NOREGPARMS 지시어를 사용하면 레지스터를 이용한 파라미터 전달을 금지시킬 수 있다. 레지스터로 파라미터를 전달하는 함수는 C51에 의하여 함수의 이름 앞에 언더스코어(_) 문자가 첨부된다. C51에서 함수의 파라미터를 전달할 때 사용되는 레지스터는 <표 3.5.7>에 요약한 바 있다.

고정된 메모리 영역을 이용하여 전달되는 함수의 파라미터는 세그먼트 이름이 ?*function_name*?BYTE 또는 ?*function_name*?BIT로 정의된다. 이러한 고정된 메모리 영역은 사용되는 메모리 모델에 따라 내부 데이터 메모리일 수도 있고 외부 데이터 메모리일 수도 있다.

함수에서 리턴되는 값은 CPU의 레지스터를 사용하는데, 리턴값에 따라 사용되는 레지스터는 <표 3.5.8>에서 보인 바가 있다.

(6) 메모리 또는 I/O의 절대번지 액세스

원래 C언어에서는 정적 변수(static variable) 또는 글로벌 변수(global variable)의 절대번지를 지정하는 기능을 지원하지 않는다. 그러나, C51에서는 다음과 같이 4가지의 방법으로 메모리 또는 I/O의 절대번지를 액세스할 수 있다.

▣ 절대번지 액세스 매크로를 사용하는 방법

C51에서는 메모리의 절대번지를 액세스하는 매크로를 표준 라이브러리로 제공하는데, 이는 다음과 같이 PK51에 기본으로 제공되는 C:\Keil\C51\INC\ABSACC.H 파일에 정의되어 있다.

〈헤더파일 ABSACC.H〉 절대번지 액세스를 위한 매크로 정의 파일

```
/*--------------------------------------------------------------------------
ABSACC.H

Direct access to 8051, extended 8051 and Philips 80C51MX memory areas.
Copyright (c) 1988-2001 Keil Elektronik GmbH and Keil Software, Inc.
All rights reserved.
--------------------------------------------------------------------------*/

#define CBYTE ((unsigned char volatile code  *) 0)
#define DBYTE ((unsigned char volatile data  *) 0)
#define PBYTE ((unsigned char volatile pdata *) 0)
#define XBYTE ((unsigned char volatile xdata *) 0)

#define CWORD ((unsigned int volatile code  *) 0)
#define DWORD ((unsigned int volatile data  *) 0)
#define PWORD ((unsigned int volatile pdata *) 0)
#define XWORD ((unsigned int volatile xdata *) 0)

#ifdef __CX51__
#define FVAR(object, addr)   (*((object volatile far *) (addr)))
#define FARRAY(object, base) ((object volatile far *) (base))
#else
#define FVAR(object, addr)    (*((object volatile far *) ((addr)+0x10000L)))
#define FCVAR(object, addr)   (*((const object far *) ((addr)+0x810000L)))
#define FARRAY(object, base)  ((object volatile far *) ((base)+0x10000L))
#define FCARRAY(object, base) ((const object volatile far *) ((base)+0x810000L))
#endif
```

따라서, 이를 인클루드하면 다음과 같이 절대번지에서 바이트 데이터(8비트) 또는 워드 데이터(16비트)를 액세스할 수 있다. 이들 매크로에서 사용하는 인덱스(index)는

절대번지 값을 의미하는 것이 아니며, 절대번지 = 인덱스 × sizeof(unsigned int) 에 의하여 정해진다는 것에 유의하라.

예
```
#include <ABSACC.H>

unsigned char value8;
unsigned int value16;

value8 = DBYTE[0x0010];   /* read 0010H 번지            (내부 데이터) */
DWORD[0x0020] = 0xA000;   /* write 2×0020H = 0040H 번지(내부 데이터) */
value16 = XWORD[0x1000];  /* read 2×1000H = 2000H 번지 (외부 데이터) */
XBYTE[0x1100] = 0xA0;     /* write 1100H 번지           (외부 데이터) */
```

▣ 링커에 의하여 절대번지를 지정하는 방법

이 방법은 액세스하려는 절대번지를 하나의 C언어 모듈에 포함되는 변수로 선언하고, 이를 BL51 링커/로케이터에서 번지 제어 지시어를 사용하여 절대번지로 지정하는 방법이다.

예를 들어서 지금 ALARM.C라는 파일내에서 다음과 같이 alarm_control이라는 구조체를 사용하고, 이를 xdata 영역의 0x1000 번지에 저장하려고 한다.

예
```
struct alarm_status
 { unsigned int alarm_number;
   unsigned char enable_flag;
   unsigned int time_delay;
   unsigned char status;
 };

xdata struct alarm_status alarm_control;
```

C51이 이를 컴파일하여 생성하는 오브젝트 파일에는 xdata 영역에 이 변수를 위한 세그먼트를 포함하고 있다. 그러면 이것은 모듈내에서 유일한 변수이므로 당연히 alarm_control은 이 세그먼트내에서 유일한 변수이다. 이 세그먼트의 이름은 원칙에 따라 ?XD?ALARM이라고 정해진다.

BL51은 번지제어 지시어를 사용하여 어느 세그먼트라도 그것의 베이스 어드레스를 지정할 수 있다. 지금 alarm_control은 xdata 영역에 위치하도록 선언되어 있으므로 BL51은 다음과 같이하여 이를 0x1000 번지에 위치시킬 수 있다.

예
```
BL51 ALARM.OBJ,... TO ALARM.OUT XDATA(?XD?ALARM(1000H)) ...
```

▣ 키워드 _at_ 를 사용하는 방법

이 방법은 C언어 소스 파일내에서 변수를 선언할 때 _at_ 키워드를 사용하는 것으로, 그 예를 보이면 다음과 같다.

예
```
struct link {
  struct link idata *next;
  char        code  *test;
 };

idata struct link list _at_ 0x40;
xdata char text[256]   _at_ 0xE000;
xdata int number       _at_ 0x8000;

void main(void) {
  link.next = (void *)0;
  number    = 0x1234;
  text[0]   = 'a';
}
```

▣ 포인터를 사용하는 방법

이것은 C51에서 특히 여러가지의 외부 I/O 번지를 지정하는데 가장 널리 사용하는 방법이다. 이 책과 *OK-89S52* 키트에서도 여러가지의 외부 I/O 장치를 액세스하는데 주로 이 방법을 사용한다. 당연한 이야기이지만 MCS-51에서 외부 I/O는 xdata 메모리 영역에 해당한다.

예
```
#define LCD_WR_INST (*(unsigned char xdata *)0x8300)
#define LCD_WR_DATA (*(unsigned char xdata *)0x8301)

LCD_WR_INST = 0xC0;
LCD_WR_DATA = 'A';
```

6. 라이브러리 레퍼런스

C51의 런타임 라이브러리(run-time library)에서는 사용자 프로그램에 사용할 수 있는 약 100개 이상의 함수나 매크로를 제공한다. 여기에는 부동소수점 연산, 문자열이나 버퍼의 취급, 데이터 변환 등이 포함되며, 이것들은 사용자 프로그램을 작성하는데 편의성을 제공한다.

C51에서 제공하는 라이브러리 루틴의 대부분은 ANSI C와 기능이 일치하지만, 일

부의 함수들은 MCS-51의 특징적인 구조에 적합하도록 하기 위하여 ANSI C와 약간 다르게 수정된 기능을 가지고 있는 경우도 있다.

여기서는 이러한 라이브러리 함수나 매크로 기능중에서 몇가지 중요한 것만을 소개하니 더 이상의 자세한 것은 C51 매뉴얼을 참조하기 바란다.

(1) 기본 내장 함수

모든 라이브러리 루틴을 호출하기 위하여 C51은 ACALL이나 LCALL 명령을 생성하지만, 이 기본 내장 함수들은 그러한 절차가 필요없이 라이브러리 루틴을 생성하기 위한 인라인 코드가 만들어진다. 이렇게 생성된 인라인 코드들은 라이브러리 루틴을 호출하는 것에 비하여 좀더 빠르고 효율적으로 실행된다.

기본 내장 함수들을 헤더파일 INTRINS.H에 정의되어 있으며, 이것들의 기능을 요약하면 <표 3.5.15>와 같다.

〈표 3.5.15〉 C51에 기본으로 내장된 함수(INTRINS.H에 정의)

함 수	설 명
crol	unsigned char _crol_(unsigned char *c*, unsigned char *b*); 8비트 바이트 데이터 *c*를 왼쪽으로 *b*비트 만큼 밀어 로테이트한다.
cror	unsigned char _cror_(unsigned char *c*, unsigned char *b*); 8비트 바이트 데이터 *c*를 오른쪽으로 *b*비트 만큼 밀어 로테이트한다.
irol	unsigned int _crol_(unsigned int *i*, unsigned char *b*); 16비트 워드 데이터 *i*를 왼쪽으로 *b*비트 만큼 밀어 로테이트한다.
iror	unsigned int _cror_(unsigned int *i*, unsigned char *b*); 16비트 워드 데이터 *i*를 오른쪽으로 *b*비트 만큼 밀어 로테이트한다.
lrol	unsigned long _crol_(unsigned long *l*, unsigned char *b*); 32비트 정수 데이터 *l*을 왼쪽으로 *b*비트 만큼 밀어 로테이트한다.
lrol	unsigned long _cror_(unsigned long *l*, unsigned char *b*); 32비트 정수 데이터 *l*을 오른쪽으로 *b*비트 만큼 밀어 로테이트한다.
chkfloat	unsigned char _chkfloat_(float *value*); 부동소수점 수의 상태를 조사하여 상태에 관한 정보를 리턴한다. (0 = 정상, 1 = 0., 2 = positive overflow, 3 = negative overflow, 4 = NaN)
nop	void _nop_(void); 프로그램에 MCS-51의 NOP 명령을 1개 삽입한다. 이는 1사이클의 시간지연 효과가 있다.
testbit	bit _testbit_(bit *b*); MCS-51의 JBC 명령을 생성시켜 비트 *b*를 조사하여 점프하고 이를 클리어시킨다.

(2) 런타임 라이브러리 파일

C51에는 메모리 모델에 따라 6가지의 compile-time library 파일을 제공하며, 이밖에도 몇가지의 라이브러리 모듈은 소스 코드의 형태로 제공된다.

소스로 제공되는 라이브러리는 주로 하드웨어에 관련되는 I/O 기능을 지원하기 위한 것이며, 이것들은 사용자가 자신의 시스템에 적합하도록 수정하여 링크함으로써 기본 라이브러리 루틴들을 대체하도록 해야 한다.

〈표 3.5.16〉 C51에 기본으로 제공되는 라이브러리 파일

함 수	설 명
C51S.LIB	부동소수점 연산 기능을 가지지 않는 SMALL 모델의 라이브러리 파일이다.
C51C.LIB	부동소수점 연산 기능을 가지지 않는 COMPACT 모델의 라이브러리 파일이다.
C51L.LIB	부동소수점 연산 기능을 가지지 않는 LARGE 모델의 라이브러리 파일이다.
C51PFS.LIB	부동소수점 연산 기능을 가지는 SMALL 모델의 라이브러리 파일이다.
C51PFC.LIB	부동소수점 연산 기능을 가지는 COMPACT 모델의 라이브러리 파일이다.
C51PFL.LIB	부동소수점 연산 기능을 가지는 LARGE 모델의 라이브러리 파일이다.

(3) 절대번지 액세스를 위한 매크로

C51에는 절대번지를 액세스하는 기능을 수행하기 위하여 헤더파일 ABSACC.H에 CBYTE, CWORD, DBYTE, DWORD, PBYTE, PWORD, XBYTE, XWORD와 같은 매크로를 정의하여 놓았다. 이것들의 기능이나 사용법은 이미 앞에서 설명한 바 있다.

(4) 데이터 변환 함수

C51에는 여러가지의 데이터 변환함수를 제공하는데, 이것들은 ASCII 문자열을 숫자로 변환하는 기능을 수행한다. 데이터 변환 함수를 요약하면 <표 3.5.17>과 같으며, 이것들은 모두 헤더파일 STDLIB.H에 정의되어 있다.

〈표 3.5.17〉 C51에서 지원하는 데이터 변환 함수(STDLIB.H에 정의)

함수	설 명
atoi	int atoi(void *string); 10진수 형태의 문자열인 *string*을 16비트 정수로 변환한다. 문자열의 서두에는 + 또는 -문자가 포함될 수 있다.
atol	long atol(void *string); 10진수 형태의 문자열인 *string*을 32비트 정수로 변환한다. 문자열의 서두에는 + 또는 -문자가 포함될 수 있다.
atof	float atof(void *string); 부동소수점수 형태의 문자열인 *string*을 32비트의 부동소수점수로 변환한다. 문자열의 서두나 지수부에는 + 또는 -문자가 포함될 수 있으며, 지수를 나타내는 e나 E도 포함될 수 있다.

(5) 수학 함수

C51에는 부동소수점 수에 대한 대부분의 수학 함수를 지원한다. 이것들을 요약하면 <표 3.5.18>과 같은데, 이것들은 모두 헤더파일 MATH.H에 정의되어 있으나, rand와

srand 함수만은 STDLIB.H에 정의되어 있다.

〈표 3.5.18〉 C51에서 지원하는 수학 함수(MATH.H에 정의)

함수	설 명
abs	int abs(int *value*); int형 데이터 *value*의 절대값을 취한다.
cabs	char cabs(char *value*); char형 데이터 *value*의 절대값을 취한다.
labs	long labs(long *value*); long형 데이터 *value*의 절대값을 취한다.
fabs	float fabs(float *value*); float형 데이터 *value*의 절대값을 취한다.
acos	float acos(float *x*); float형 데이터 *x*의 역코사인(arc cosine) 값을 계산한다. *x*는 -1.0~+1.0의 범위라야 하며, 결과는 0~π가 된다.
asin	float asin(float *x*); float형 데이터 *x*의 역사인(arc sine) 값을 계산한다. *x*는 -1.0~+1.0의 범위라야 하며, 결과는 -π/2~+π/2가 된다.
atan	float atan(float *x*); float형 데이터 *x*의 역탄젠트(arc tangent) 값을 계산한다. *x*는 어떤 범위의 수라도 가능하며, 결과는 -π/2~+π/2가 된다.
atan2	float atan2(float *y*, float *x*); 두 float형 데이터를 나눈 *y*/*x*의 역탄젠트(arc tangent) 값을 계산한다. *x*는 어떤 범위의 수라도 가능하며, 결과는 -π~+π가 된다.
cos	float cos(float *x*); float형 데이터 *x*의 코사인(cosine) 값을 계산한다. *x*는 -65535~+65535의 범위라야 하며, 이를 벗어나면 NaN 에러가 된다.
sin	float sin(float *x*); float형 데이터 *x*의 사인(sine) 값을 계산한다. *x*는 -65535~+65535의 범위라야 하며, 이를 벗어나면 NaN 에러가 된다.
tan	float tan(float *x*); float형 데이터 *x*의 탄젠트(tangent) 값을 계산한다. *x*는 -65535~+65535의 범위라야 하며, 이를 벗어나면 NaN 에러가 된다.
cosh	float cosh(float *x*); float형 데이터 *x*의 hyperbolic cosine 값을 계산한다.
sinh	float sinh(float *x*); float형 데이터 *x*의 hyperbolic sine 값을 계산한다.
tanh	float tanh(float *x*); float형 데이터 *x*의 hyperbolic tangent 값을 계산한다.
exp	float exp(float *x*); float형 데이터 *x*의 지수 함수 e^x의 값을 계산한다.
log	float log(float *x*); float형 데이터 *x*의 자연로그(natural logarithm) 값을 계산한다. 밑인 e는 2.718282...이다.
log10	float log10(float *x*); float형 데이터 *x*의 상용로그(common logarithm) 값을 계산한다. 밑은 10이다.
sqrt	float sqrt(float *x*); float형 데이터 *x*의 제곱근(square root) 값을 계산한다.
pow	float pow(float *x*, float *y*); float형 데이터 *x*의 *y*제곱 함수인 x^y 값을 계산한다.
rand	int rand(void); 0~32767 범위의 난수를 발생한다. (☞ STDLIB.H 파일에 정의되어 있음.)
srand	int srand(int *seed*); rand 함수에서 난수 발생을 위하여 사용할 시작값인 *seed*를 지정한다. *seed*가 같으면 그 뒤에 발생되는 난수는 항상 같은 순서로 된다. (☞ STDLIB.H 파일에 정의되어 있음.)
ceil	float ceil(float *value*); float형 데이터 *value*보다 작거나 같은 범위에서 가장 큰 정수를 선정한다.
floor	float floor(float *value*); float형 데이터 *value*보다 크거나 같은 범위에서 가장 작은 정수를 선정한다.
modf	float modf(float *value*, float **ip*); float형 데이터 *value*를 정수부와 소수부로 분리한다. 정수부는 *ip*에 부동소수점 수로 저장되고, 소수부는 *value*에 저장된다.

3.6 PK51의 기타 유틸리티

여기서는 Keil사의 MCS-51용 매크로 어셈블러 및 C컴파일러에 부속되는 유틸리티 프로그램들에 대하여 설명한다. 이것들은 MS-DOS 모드에서 사용자가 직접 호출하여 사용할 수도 있고, μVision2에서는 이 IDE가 내부적으로 호출하여 사용한다. 여기서는 이것들의 주요 사항만을 간략하게 요약하므로 만약 더 이상의 자세한 내용이 필요하다면 Keil사의 해당 소프트웨어 설명서를 참조하라.

1. 코드 뱅킹 링커/로케이터 BL51.EXE

BL51은 A51 어셈블러, C51 컴파일러 등에 의하여 생성된 재배치 가능한 오브젝트 모듈들을 하나의 실행 가능한 절대 오브젝트 파일 또는 뱅크 오브젝트 파일로 결합하는 링커/로케이터(linker/locator) 프로그램이다. 이것은 코드 뱅킹(code banking)이나 뱅크 스위칭(bank switching)을 사용하므로 64KB 이상의 프로그램도 처리할 수 있으며, RTX51 실시간 멀티 태스킹 운영체제를 사용하면 반드시 링커로는 BL51을 사용해야 한다.

BL51에서 이러한 코드 뱅킹이나 뱅크 스위칭 기능을 제외한 단순한 재배치 링커/로케이터 유틸리티가 Lx51이다. 현재 Keil사의 PK51 소프트웨어 팩키지에는 기본적으로 BL51과 Lx51이 모두 제공된다.

프로그램을 모듈식 기법을 사용하여 하나의 소스 파일이 아니라 여러개의 모듈로 분리하는 방식으로 작성하면 나중에 이를 관리하는 것은 물론이고 디버깅 및 테스트 등의 과정이 보다 용이하고 효율적으로 된다. 이러한 각각의 소스 파일들이 어셈블러나 컴파일러에 의하여 번역되면 각각 재배치 가능한 오브젝트 모듈들이 만들어지는데, 이것들을 하나의 출력 오브젝트 파일로 재배치하고 링크하는 것이 재배치 링커/로더(relocatable linker/loader) 또는 재배치 링커/로케이터의 기본적인 기능이다.

(1) BL51의 기능

BL51은 하나 또는 여러개의 재배치 가능 오브젝트 파일이나 라이브러리 파일을 입력으로 받아서 하나의 절대 오브젝트 파일(absolute object file)이나 뱅크 오브젝트 파일(banked object file)을 생성하며, 옵션으로 메모리 맵 파일을 생성할 수도 있다. 절대 오브젝트 파일은 OH51을 사용하여 인텔 HEX 파일로 변환할 수 있으며, 뱅크 오브젝트 파일은 OC51을 사용하여 각 뱅크당 1개씩의 절대 오브젝트 파일들로 변환하고 나서 이것들을 다시 OH51로 하나씩 인텔 HEX 파일로 변환해야 한다.

Lx51이나 BL51이 공통적으로 수행하는 기본적인 재배치 링커/로케이터 기능을 요약하면 다음과 같다.

- 재배치 가능 오브젝트 모듈이나 라이브러리를 하나의 모듈로 결합한다.
- 동일한 이름을 가지는 재배치 가능 세그먼트들을 하나의 세그먼트로 결합한다.
- 모든 재배치 가능 또는 절대 세그먼트에 메모리를 할당한다.
- 프로그램 구조를 분석하여 데이터 메모리를 오버레이 기법으로 처리한다.
- external symbol 및 public symbol의 값을 결정한다.
- 재배치 가능 세그먼트의 어드레스를 계산하여 절대 어드레스를 결정한다.
- 전체 프로그램을 포함하는 절대 오브젝트 파일을 생성한다.
- 링크/로케이트 처리나 각 심볼들의 크로스 레퍼런스에 관련된 정보들을 포함하는 리스팅 파일 또는 메모리 맵 파일을 생성한다.
- 링크/로케이트 과정에서 발견되는 에러를 검출한다.

여기서 BL51의 경우에는 Lx51에 비하여 다음과 같은 기능을 추가적으로 더 가지고 있다. 이들 4가지 기능을 제외하면 Lx51과 BL51은 기능과 사용법이 모두 동일하다. 이러한 뱅크 스위칭 기능은 C51 프로그램에만 적용되며, 어셈블리 언어 프로그램에는 해당되지 않는다.

- 코드 뱅킹 또는 뱅크 스위칭
- 64KB를 넘는 프로그램의 처리
- RTX51 Tiny를 이용한 실시간 멀티 태스킹 운영체제
- RTX51 Full을 이용한 실시간 멀티 태스킹 운영체제

MCS-51 계열의 마이크로콘트롤러들은 직접적으로 최대 64KB까지의 코드 영역을 지원하는데, BL51은 코드 뱅킹 또는 뱅크 스위칭이라는 기법을 사용하여 64KB 이상의 프로그램이 사용될 수 있도록 지원한다. 뱅크 스위칭 기법에서는 메모리가 공통 부분과 각 뱅크 부분으로 구분되며, 각 뱅크를 선택하려면 추가적인 하드웨어가 필요하다.

이러한 추가적인 하드웨어에는 일반적으로 I/O 포트의 몇개 비트들이 A0~A15에 대한 상위 어드레스로 사용된다.

예를 들어서 0000H~7FFFH 번지를 프로그램의 공통적인 부분(common ROM)으로 사용하고, 8000H~FFFFH 번지를 4개의 뱅크 부분(code bank ROM)으로 사용한다면 메모리는 <그림 3.6.1>과 같은 구조가 된다. 여기서, 4개의 뱅크중에 하나를 선택하는데는 2비트의 추가적인 어드레스가 필요하며, 각 뱅크를 스위칭하는데는 약 50사이클의 시간과 2바이트의 스택이 사용된다. 뱅크 스위칭을 사용하였을 때 공통 부분은 모든 뱅크에서 공통적으로 액세스할 수 있는 프로그램 메모리로서, 리셋 벡터, 인터럽트 벡터, 코드 상수(code constant), 인터럽트 서비스 루틴 함수, 런타임 라이브러리(run-time library) 함수, 뱅크 스위칭을 위한 프로그램 코드 등은 이 공통 부분에 위치시키는 것이 바람직하다.

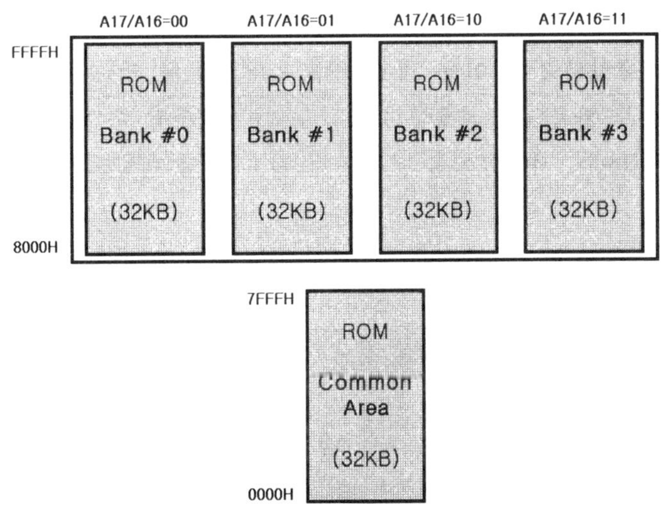

〈그림 3.6.1〉 뱅크 스위칭의 예

(2) BL51의 사용 형식

MS-DOS 모드에서 코드 뱅킹 재배치 링커/로케이터 BL51.EXE를 기동하여 사용하는 형식은 다음과 같다. 물론, Lx51을 사용하는 형식도 이와 동일하다.

BL51 *inputlist* [**TO** *outputfile*] [*directives*] 또는
BL51 *@commandfile*

여기서 *inputlist*는 오브젝트 파일이나 라이브러리 파일로서 2개 이상이 사용되는 경우에는 콤마(,)로 나열한다. 이들 각 파일명의 앞에는 필요하면 디렉토리의 경로명(path name)을 덧붙일 수 있다. 오브젝트 파일(XXX.OBJ)은 어셈블리 소스 파일을 어셈블하거나 C언어 소스 파일을 컴파일하여 얻어지는 재배치 가능 또는 절대 오브젝트 파일이고, 라이브러리 파일(XXX.LIB)은 PK51에 제공되는 표준 라이브러리 파일 또는 사용자가 LIB51 유틸리티에 의하여 만든 라이브러리 파일이다. 라이브러리 파일에서 특정 모듈을 무조건 링크하여 출력 모듈에 포함시키고자 하면 해당 라이브러리 파일의 뒤에 XXX.LIB(MUL32, DIV32)처럼 이를 ( )로 표시하여 주면 된다.

*outputfile*은 BL51이 생성하여 출력하는 절대번지 실행 파일명으로서 만약 이를 지정하지 않으면 파일명은 *inputlist*에 나열된 첫번째 파일의 이름과 동일하고 확장자는 없는 것으로 된다. 이 출력 파일의 확장자는 특별히 지정되어 있지 않으나, 일반적으로는 확장자를 .OUT으로 지정하여 사용하는 경우가 많다.

*directives*는 BL51의 여러가지 기능을 제어하는 명령 또는 파라미터들로서 이것들은 <표 3.6.1>에 요약하였다. 이들 제어 옵션 스위치들은 기능에 따라 5가지로 나눌 수 있는데, 여러개가 사용되면 공백문자로 구분되어 나열될 수 있고, 이것들이 사용되는 순서에는 관계없으며, 대소문자를 구분하지 않고 만약 생략되면 default값으로 처리된다.

한편, *commandfile*은 BL51의 명령 행에서 지정할 수 있는 파라미터들을 텍스트 파일로 작성한 것이다. 이 링커 커맨드 파일의 파일명은 반드시 @의 뒤에 사용되어야 한다.

BL51을 사용할 때 한 명령의 행은 약 1행 이내로 제한되므로, 만약 명령행이 이보다 길어지면 마지막에 &문자를 입력하고 Enter↵키를 눌러 명령행을 다음 줄로 계속 연장시킬 수 있다. 이때는 BL51 특유의 프롬프트 기호 >>가 컴퓨터 화면에 자동적으로 표시되어 사용자에게 현재의 행이 연장된 행이라는 것을 알 수 있도록 한다.

예
```
C:\Keil\OK89S52c>C:\KEIL\C51\BIN\BL51 XXX.OBJ,YYY.OBJ TO ZZZ.OUT &Enter↵
>> PW(120) &Enter↵
>> PL(80)Enter↵
```

이러한 명령행의 연장 방법은 BL51 명령행을 배치 파일로 처리하기 위한 링커 커맨드 파일에서도 마찬가지로 적용된다.

〈표 3.6.1〉 BL51의 제어 옵션 스위치

제어 옵션 스위치	약어	디폴트	기 능
Listing File Directive			
PRINT(*filename*) NOPRINT	PR NOPR	PR(*outputfile*.M51)	리스팅 파일(memory map file)의 파일명을 지정한다. 이를 지정하지 않으면 리스팅 파일명은 출력 파일과 동일한 이름으로 되고, 확장자는 .M51로 된다.
IXREF[(NOGENERATED, NOLIBRARIES)]	IX	NOIXREF	리스팅 파일에 각 모듈간의 크로스 레퍼런스 리포트를 포함시킨다. NOGENERATED(약어로 NOGN) 옵션을 사용하면 C컴파일러에 의하여 만들어진 ?로 시작하는 심볼을 제외하며, NOLIBRARIES(약어로 NOLI) 옵션을 사용하면 라이브러리 파일에서 정의된 심볼을 제외한다.
NOLINES	NOLI	LINES	리스팅 파일에 행 번호 정보를 포함하지 않도록 한다.
NOMAP	NOMA	MAP	리스팅 파일에 메모리 맵을 포함하지 않도록 한다.
NOPUBLICS	NOPU	PUBLICS	리스팅 파일에 퍼블릭 심볼(public symbol)을 포함하지 않도록 한다.
NOSYMBOLS	NOSY	SYMBOLS	리스팅 파일에 로컬 심볼(local symbol)을 포함하지 않도록 한다.
PAGEWIDTH(*value*)	PW	PW(78)	리스팅 파일에서 1행의 문자수를 72~132로 지정한다.(CR 및 LF는 제외)
PAGELENGTH(*value*)	PL	PW(68)	리스팅 파일에서 1페이지의 행수를 10 이상으로 지정한다.
Absolute Object Output File Directive			
NAME(*modname*)	NA	NA(*firstinput*)	출력할 절대번지 실행 파일의 이름을 지정한다. 이를 지정하지 않으면 입력 모듈중에서 첫번째의 것과 동일한 이름으로 된다.
NOAJMP	NOAJ	AJMP	AJMP 명령을 사용하지 않고 뱅크 스위치 코드를 생성하도록 한다.
NODEBUGLINES	NODL	DEBUGLINES	출력할 실행 파일에 소스의 행 번호 정보를 포함하지 않도록 한다. 이 정보는 나중에 인서킷 에뮬레이터나 시뮬레이터에서 소스 레벨 디버깅에 필요하다.
NODEBUGPUBLICS	NODP	DEBUGPUBLICS	출력할 실행 파일에 퍼블릭 심볼을 포함하지 않도록 한다. 이 정보는 나중에 인서킷 에뮬레이터나 시뮬레이터에서 이 값이나 어드레스를 표시하는데 필요하다.
NODEBUGSYMBOLS	NODS	DEBUGSYMBOLS	출력할 실행 파일에 로컬 심볼을 포함하지 않도록 한다. 이 정보는 나중에 인서킷 에뮬레이터나 시뮬레이터에서 이 값이나 어드레스를 표시하는데 필요하다.
Segment Size and Location Directive			
BIT(*address*|*segname*(*address*))	DI		비트 어드레싱이 가능한 내부 데이터 메모리 세그먼트의 시작번지, 세그먼트의 순서, 세그먼트의 절대번지 위치 등을 지정한다.
DATA(*address*|*segname*(*address*))	DA		직접 번지지정이 가능한 내부 데이터 메모리 세그먼트의 시작번지, 세그먼트의 순서, 세그먼트의 절대번지 위치 등을 지정한다.
IDATA(*address*|*segname*(*address*))	ID		간접 번지지정이 가능한 내부 데이터 메모리 세그먼트의 시작번지, 세그먼트의 순서, 세그먼트의 절대번지 위치 등을 지정한다.
XDATA(*address*|*segname*(*address*))	XD		외부 데이터 메모리에 있는 세그먼트의 시작번지, 세그먼트의 순서, 세그먼트의 절대번지 위치 등을 지정한다.
PDATA(*address*)			PDATA 세그먼트로 지정된 외부 데이터 메모리의 시작번지를 지정한다.
CODE(*address*|*segname*(*address*))	CO		코드 메모리에 있는 세그먼트의 시작번지, 세그먼트의 순서, 세그먼트의 절대번지 위치 등을 지정한다.
RAMSIZE(*value*)	RS	RAMSIZE(128)	내부 데이터 메모리에서 유효한 바이트수를 64~256의 범위에서 지정한다.
STACK(*segname*(*address*))	ST		내부 데이터 메모리에서 상위 IDATA 영역에 위치하게 될 세그먼트들 지정한다. 이 세그먼트는 내부 데이터 메모리를 사용하는 모든 다른 세그먼트들의 뒤에 놓인다.
PRECEDE(*segname*(*address*))	PC		내부 데이터 메모리에서 다른 세그먼트들보다 앞에 놓일 세그먼트를 지정한다. 이 세그먼트는 레지스터 뱅크나 절대 BIT, DATA, IDATA 세그먼트들의 뒤에 놓이지만, 내부 데이터 메모리의 기타 모든 세그먼트들에 비하면 앞에 놓인다.

〈표 3.6.1〉 BL51의 제어 옵션 스위치(계속)

제어 옵션 스위치	약어	디폴트	기 능
High-Level Language Directive			
NODEFAULTLIBRARY	NLIB	DEFAULTLIBRARY	BL51이 런타임 라이브러리 파일로부터 모듈을 불러오는 것을 금지한다.
NOOVERLAY OVERLAY(*asfname*{!|~}*sfname*) OVERLAY(*asfname*!*) OVERLAY(!**asfname*)	OL/ NOOL	OVERLAY	BL51이 오버레이 기능을 사용할 때 세그먼트들 사이의 참조를 제어한다.
REGFILE(*filename*)	RF		BL51에 의해 생성된 레지스터 용도 파일의 이름을 지정한다. 이 파일에 있는 정보들은 C51 컴파일러가 각 함수를 호출하는 코드를 생성할 때 사용된 것이다.
Code Banking(Bank Switching) Directive - Lx51에는 없는 기능			
BANKAREA(*start_addr*, *end_addr*)	BA		BL51이 뱅크 스위칭을 사용할 때 코드 뱅크 영역에 해당하는 시작번지와 끝번지를 지정한다. BANKx 옵션을 사용하여 다르게 지정하지 않는한 뱅크에 할당된 모든 세그먼트들은 이 영역내에 위치해야 한다.
BANKx(*filename*(*sfname*)) BANKx(*start_addr*, *sfname*(*address*))	B0~ B31		BL51이 뱅크 스위칭을 사용할 때 지정된 코드 뱅크 영역에 포함시킬 오브젝트 모듈, 라이브러리 파일, 세그먼트 등을 지정한다. 여기서 x는 뱅크 번호로서 0~31 범위에서 사용된다.
COMMON(*filename*(*sfname*)) COMMON(*saddr*, *sfname*(*addr*))	CO		BL51이 뱅크 스위칭을 사용할 때 공통 코드영역에 포함시킬 오브젝트 모듈, 라이브러리 파일, 세그먼트 등을 지정한다.
RTX51			BL51이 RTX51 Full 실시간 멀티 태스킹 운영체제를 사용하기 위하여 RTX51 Full 라이브러리 파일에 있는 기능이 링크되어야 한다는 것을 나타낸다.
RTX51TINY			BL51이 RTX51 Tiny 실시간 멀티 태스킹 운영체제를 사용하기 위하여 RTX51 Tiny 라이브러리 파일에 있는 기능이 링크되어야 한다는 것을 나타낸다.

예 명령행의 내용

C:\Keil\OK89S52c>C:\KEIL\C51\BIN\BL51 @XXX.CMD [Enter↵]

커맨드 파일(XXX.CMD)의 내용

XXX.OBJ,YYY.OBJ TO ZZZ.OUT & [Enter↵]
PW(120) & [Enter↵]
PL(80) [Enter↵]

BL51의 동작이 수행되고 나면 이것은 <표 3.6.2>와 같은 ERRORLEVEL 변수값을 MS-DOS로 돌려준다. 이 값은 MS-DOS 모드의 배치 파일에서 사용될 수 있다.

〈표 3.6.2〉 BL51에서 리턴되는 ERRORLEVEL 변수의 값

ERRORLEVEL	원 인
0	어떤 에러도 발생하지 않은 경우
1	warning이 발생한 경우
2	error(s)가 발생한 경우
3	fatal error(s)가 발생한 경우

(3) 세그먼트의 연결 및 메모리 할당

앞에서도 설명하였듯이 BL51은 A51 어셈블러나 C51 컴파일러가 생성한 오브젝트 모듈을 링크하여 절대번지 출력 모듈을 만든다. 그러나, 라이브러리 파일은 매우 많은 오브젝트 모듈들을 포함하며, 이중에서 외부에서 참조된 것들만 BL51에 의하여 링크된다.

C51에 의하여 만들어진 오브젝트는 코드 메모리 또는 데이터 메모리 영역에 위치하는 세그먼트에 저장된다. 세그먼트란 이처럼 A51 또는 C51에 의하여 소스 프로그램으로부터 만들어진 코드 블록 또는 데이터 블록이다. 모든 세그먼트는 재배치 가능 세그먼트와 절대 세그먼트로 나누어지며, 재배치 가능 세그먼트에는 이름과 속성이 있다. 이 세그먼트의 이름은 모듈 이름을 포함하여 대문자로 표현되는데, 이 모듈 이름은 오브젝트가 만들어진 소스 파일명에서 경로명과 파일 확장자를 제외한 것이다. 각 세그먼트는 세그먼트가 위치하는 메모리의 종류에 따라 <표 3.5.11>과 같은 접두어를 가진다.

세그먼트에는 절대 세그먼트와 재배치 가능 세그먼트의 2가지가 있다. 절대 세그먼트는 지정된 특정 번지에 위치하며, 링커에 의하여 다른 곳으로 움직여지지 않는다. 또한, 절대 세그먼트는 세그먼트 이름을 가지지 않으며, 다른 세그먼트와 결합되지 않는다.

〈표 3.6.3〉 재배치 가능 세그먼트의 속성

속 성	설 명
이름 (Name)	재배치 가능 세그먼트들은 이름을 가지고 있어서 서로 다른 모듈에 있더라도 같은 이름의 세그먼트라면 하나로 링크된다. 절대 세그먼트에는 이름이 없다.
형 (Type)	형은 이 세그먼트가 속하는 메모리 공간의 종류를 나타낸다. 형에는 CODE, DATA, IDATA, XDATA, BIT 등이 있다.
할당 방식 (Location Method)	할당 방식은 링커/로케이터에 의하여 재배치 동작이 수행되는 방법을 지정한다. 여기에는 BITADDRESSABLE, INBLOCK, INPAGE, PAGE, UNIT, OVERLAYABLE 등이 있다.
길이(Length)	길이는 세그먼트의 길이를 지정한다.
베이스 어드레스 (Base Address)	베이스 어드레스는 세그먼트가 처음 할당된 번지를 지정한다. 절대 세그먼트에서는 이 번지가 어셈블러에 의하여 지정되지만, 재배치 세그먼트에서는 링커/로케이터에 의하여 할당된다.

재배치 가능 세그먼트는 이름(name)이나 형(type)과 같은 속성(attribute)을 가진다. 여러개의 오브젝트 모듈에 동일한 이름의 세그먼트들이 흩어져 있으면 이것들은 모두 하나의 세그먼트로 간주된다. 그래서, 링커는 이러한 재배치 가능 세그먼트들을 링크하여 하나의 세그먼트로 만든다.

세그먼트의 속성들은 세그먼트 내에 있는 코드나 데이터들을 어떻게 링크하고 할당할 것인지를 결정하는데 사용된다. 동일한 이름을 가지는 세그먼트들은 동일한 형을 가져야 하며, 만약 그렇지 않으면 에러가 발생한다. 그리고, 하나로 결합된 세그먼트의 길이는 물리적인 메모리의 길이를 초과하지 말아야 하며, 이 세그먼트들의 할당 방식은 서로 대응되어야 한다.

하나로 합쳐진 세그먼트들은 물리적인 메모리에 할당되는데, 세그먼트의 형에 따른 메모리 할당의 관계는 <표 3.6.4>와 같다.

〈표 3.6.4〉 세그먼트 형과 물리 메모리 영역의 관계

메모리 영역	세그먼트 형	어드레스 범위	길 이
코드	CODE	0000H~FFFFH	64K 바이트
직접번지 지정의 내부 데이터	DATA	00H~7FH	128 바이트
간접번지 지정의 내부 데이터	IDATA	00H~FFH*	256 바이트*
외부 데이터	XDATA	0000H~FFFFH	64K 바이트
내부 데이터의 비트 공간	BIT	00H~7FH	128 비트

*는 MCS-51의 모델에 따라 128바이트인 것도 있음.

내부 데이터 메모리에는 BIT, DATA, IDATA의 형을 가진 세그먼트들이 할당될 수 있는데, 이 세그먼트들이 놓이는 순서는 다음과 같다.

① 레지스터 뱅크
② 절대 BIT, DATA, IDATA 세그먼트
③ 명령 행의 옵션에서 PRECEDE로 지정된 세그먼트
④ 명령 행의 옵션에서 BIT로 지정된 세그먼트
⑤ 비트 어드레싱이 가능한 DATA 세그먼트
⑥ 다른 재배치 가능의 BIT 세그먼트
⑦ 명령 행의 옵션에서 DATA로 지정된 세그먼트
⑧ 다른 재배치 가능의 DATA 세그먼트
⑨ 명령 행의 옵션에서 IDATA로 지정된 세그먼트
⑩ 다른 재배치 가능의 IDATA 세그먼트(?STACK 세그먼트 제외)
⑪ 명령 행의 옵션에서 STACK으로 지정된 세그먼트
⑫ ?STACK 세그먼트와 명령행에서 지정되지 않은 IDATA 세그먼트

외부 데이터 메모리에는 XDATA, PDATA의 형을 가진 세그먼트들이 할당될 수 있는데, 이 세그먼트들이 놓이는 순서는 다음과 같다.

① 절대 외부 데이터 세그먼트
② 명령 행의 옵션에서 XDATA로 지정된 세그먼트
③ 다른 재배치 가능의 외부 데이터 세그먼트

코드 메모리에는 CODE의 형을 가진 세그먼트들만이 할당될 수 있는데, 이 세그먼트들이 놓이는 순서는 다음과 같다.

① 절대 코드 세그먼트
② 명령 행의 옵션에서 CODE로 지정된 세그먼트
③ 다른 재배치 가능의 코드 세그먼트

MCS-51에서는 스택으로 사용할 수 있는 내부 데이터 메모리의 용량이 매우 작기 때문에 C언어 함수에서의 로컬 변수나 파라미터들을 스택이 아니라 지정된 메모리 영역에 저장한다. 이와 같이 C언어 함수에서의 로컬 변수나 파라미터들을 오버레이(overlay)시키는 기법을 사용함으로써 링커/로케이터는 사용 가능한 메모리 공간의 극대화를 꾀한다. 이를 위해 링커/로케이터는 각 함수들 사이의 참조나 콜을 분석하고, 이 정보로부터 어느 데이터 세그먼트나 비트 세그먼트들을 오버레이시켜야 할지를 결정한다. 따라서, 사용자는 단지 OVERLAY, NOOVERLAY 옵션을 지정해 주기만 하면 된다.

2. 오브젝트 파일 HEX 변환기 OH51.EXE

OH51.EXE는 재배치 링커/로케이터인 BL51.EXE가 생성한 OMF51 형식의 절대 오브젝트 파일(absolute object file)을 일반적으로 사용되는 인텔 HEX(hexadecimal) 형식의 ASCII 파일로 변환하는 유틸리티 소프트웨어이다. 이는 MCS-51용의 OMF51 형식으로 구성된 절대 오브젝트 파일을 인식하지 못하는 ROM 라이터나 ROM 에뮬레이터 등을 위해서 필요하다.

(1) 사용 형식

MS-DOS 모드에서 HEX 파일 변환 유틸리티 OH51.EXE를 기동하여 사용하는 형식은 다음과 같다.

OH51 *absolute_object_file* [**HEXFILE**(*filename*)]

여기서 *absolute_object_file*은 BL51 또는 L51 링커에 의하여 생성된 절대 오브젝트 파일의 이름을 나타내며, *filename*은 Intel HEX 형식의 출력 파일을 나타낸다. 만약, HEXFILE(*filename*) 옵션이 지정되지 않으면 출력되는 HEX 파일의 이름은 입력된 절대 오브젝트 파일명과 같게 되고 확장자는 .HEX로 지정된다.

예 C:\Keil\OK89S52c>C:\KEIL\C51\BIN\OH51 XXX.OBJ HEXFILE(YYY.HEX) Enter↵
C:\Keil\OK89S52c>C:\KEIL\C51\BIN\OH51 XXX.OBJ Enter↵

(2) 인텔 HEX 파일 형식

OH51.EXE가 생성하는 출력 파일은 표준적인 Intel HEX 형식의 파일인데 이 파일의 구성형식은 <그림 3.6.2>와 같다. Intel HEX 파일에는 16비트 어드레스 형식과 32비트 어드레스 형식이 있는데, MCS-51은 16비트의 어드레스 버스를 가지므로 여기서는 16비트 어드레스 형식만을 설명한다.

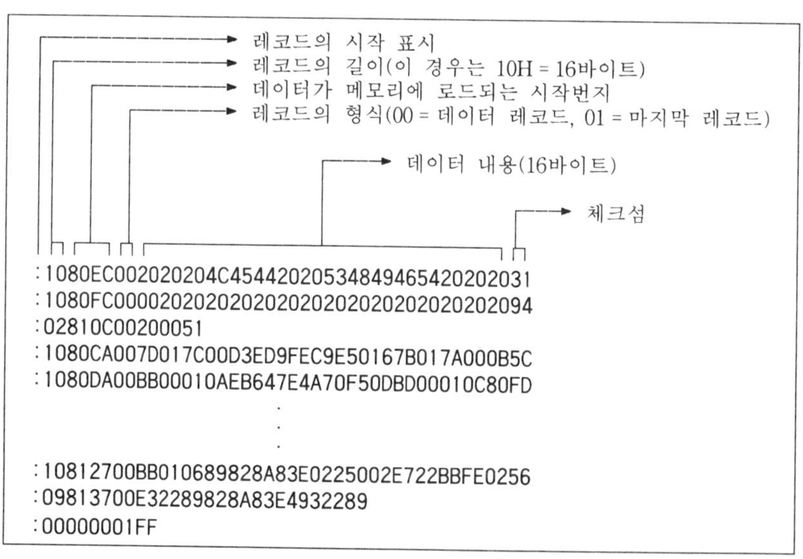

〈그림 3.6.2〉 Intel HEX 파일의 형식

Intel HEX 파일의 각 행은 레코드 단위로 표시되며, 각 레코드는 콜론(:)으로 시작하고 체크섬 데이터 및 CR, LF 문자로 끝난다.

체크섬(checksum)은 데이터 전송중의 에러를 검출하기 위한 수단으로 사용되는 에러검출 코드로서 이 행의 레코드 시작 기호(:)를 제외한 모든 전송문자들을 각각 2개씩 연속된 8비트의 2진수로 변환하여 더한 후에 이것의 2의 보수를 취한 값으로 표시한다. 따라서, 전송된 문자들로부터 실제 계산된 체크섬 데이터와 각 행의 마지막에 표시되어 있는 체크섬 데이터를 서로 더하면 항상 0이 되어야 한다.

32비트 어드레스 형식의 Intel HEX 파일은 첫번째 레코드에 어드레스의 상위 16비트가 표시되고 나머지의 레코드는 16비트 어드레스 형식과 같게 표현되는데, 이 첫번째 레코드의 형식은 04로 표시된다.

3. 뱅크 오브젝트 파일 변환기 OC51.EXE

OC51.EXE는 앞에서 설명한 뱅크 스위칭 재배치 링커/로케이터인 BL51.EXE가 생성한 뱅크 오브젝트 파일(banked object file)을 절대 오브젝트 파일로 변환하는 유틸리티 소프트웨어이다. 뱅크 스위칭 기능을 사용하지 않는 오브젝트 파일은 BL51에 의하여 바로 절대 오브젝트 파일로 링크된다.

그러나, 뱅크 스위칭을 사용하는 프로그램의 경우에는 BL51이 오브젝트 파일들을 링크하여 특별한 뱅크 오브젝트 파일을 생성하는데, 이것은 동일한 메모리 물리번지에 몇개의 코드 뱅크를 포함하도록 하므로 인텔의 절대 오브젝트 파일 형식인 OMF51과 호환이 되지 않는다. 따라서, 이러한 뱅크 오브젝트 파일을 여러개의 절대 오브젝트 파일로 변환하려면 OC51을 사용해야 한다. OC51은 각 코드 뱅크마다 1개씩의 절대 오브젝트 파일을 생성한다. 뱅크 오브젝트 파일에 포함되어 있던 심볼릭 디버깅(symbolic debugging) 정보들은 생성되는 절대 오브젝트 파일에 복사된다.

OC51에 의하여 뱅크 오브젝트 파일로부터 여러개로 분할되어 생성된 절대 오브젝트 파일들은 다시 OH51을 이용하여 인텔 HEX 파일들로 변환될 수 있다.

MS-DOS 모드에서 뱅크 오브젝트 파일 변환 유틸리티 OC51.EXE를 기동하여 사용하는 형식은 다음과 같다.

OC51 *banked_object_file*

여기서 *banked_object_file*은 BL51에 의하여 생성된 뱅크 오브젝트 파일의 이름을 나타낸다. 출력으로 생성될 절대 오브젝트 파일들은 이와 동일한 파일 이름을 사용하며, 확장자는 .Bnn으로 된다. 여기서 nn은 뱅크 번호 00~31의 숫자이다.

예 C:\Keil\OK89S52c>C:\KEIL\C51\BIN\OC51 XXX.OBJ Enter↵

뱅크 스위칭을 지정하기 위하여 BL51에서 BANKx, BANKAREA, COMMON 등의 옵션을 주었을 경우에만 OC51을 사용해야 한다. 사용자 프로그램에서 뱅크 스위칭을 사용하지 않았을 경우에는 절대 오브젝트 파일을 만들기 위하여 OC51을 사용하지 말아야 한다.

4. 라이브러리 매니저 LIB51.EXE

LIB51.EXE는 사용자가 라이브러리 파일을 만들거나 수정 또는 검사하는 기능을 가지는 유틸리티 프로그램으로서 어셈블러나 C컴파일러에 기본으로 제공된다. 라이브러리 파일은 1개 또는 그 이상의 오브젝트 파일들을 특별한 형식으로 모아두는 파일이다. 오브젝트 파일은 BL51 또는 L51에 의하여 파일 전체가 링크되지만, 라이브러리 파일은 외부에서 참조된 오브젝트 모듈만 선택적으로 링크된다.

(1) 사용 형식

LIB51은 MS-DOS의 커맨드 라인에서 커맨드를 주어 모든 기능을 한번에 실행하는 방식(command mode)과 이 프로그램 내에서 대화형으로 실행하는 방법(interactive mode)이 있다.

LIB51을 커맨드 모드로 실행하는 형식은 다음과 같다.

LIB51 *command*

여기서 *command*는 LIB51 라이브러리 매니저의 기능을 지정하기 위한 명령이며, 이를 실행하고 나면 LIB51을 종료하고 다시 MS-DOS로 돌아온다. 여러개의 명령을 주려면 명령 행의 마지막에 & 문자를 주고 Enter↵키를 누르면 되는데, 이렇게 하면 화면에는 >> 기호가 출력되면서 계속하여 *command*를 추가할 수 있게 되므로 대화형 모드처럼 사용할 수 있다.

한편, LIB51을 대화형 모드로 사용하는 형식은 다음과 같다.

LIB51

이와 같이 LIB51을 실행하면 화면에는 LIB51 특유의 프롬프트 기호 *를 표시하면서 LIB51의 명령어가 입력되기를 기다린다. 이러한 LIB51의 명령 처리는 EXIT 명령어를 입력할 때까지 계속된다.

(2) LIB51의 명령어

LIB51에서 사용하는 명령어를 요약하면 <표 3.6.5>와 같다.

〈표 3.6.5〉 LIB51의 명령어

명 령 어	약어	기 능
CREATE *libraryfile*	C	지정된 이름으로 새로운 라이브러리 파일을 생성한다. 파일명은 확장자까지 지정해야 하며, 일반적으로 .LIB라고 하는 것이 좋다. 만약, 이 파일명이 이미 존재하면 에러 메시지를 출력한다.
ADD {*filename*[(*modulename*[, ...])]}[, ...] TO *libraryfile*	A	기존의 라이브러리 파일에 오브젝트 파일 또는 다른 라이브러리 파일의 모듈들을 추가한다. 만약, 파일명 *filename*만 지정되면 이 파일의 모든 모듈들이 라이브러리 파일에 추가된다.
TRANSFER {*filename*[(*modulename*[, ...])]} [, ...] TO *libraryfile*	T	라이브러리 파일에 오브젝트 파일 또는 다른 라이브러리 파일의 모듈들을 복사한다. 만약, 라이브러리 파일이 존재하지 않으면 이를 생성한다.
REPLACE {*filename*[(*modulename*[, ...])]} [, ...] IN *libraryfile*	R	라이브러리 파일의 지정된 모듈을 새로운 버전으로 대체한다. 만약, 옛 라이브러리 파일에 지정된 모듈이 존재하지 않으면 새로운 라이브러리 파일에서 이 모듈이 읽혀져서 옛 라이브러리 파일에 추가된다.
DELETE *libraryfile*(*modulename*[, ...])	D	기존의 라이브러리 파일로부터 지정된 모듈을 삭제한다. 만약, 지정된 모듈명이 존재하지 않으면 에러 메시지가 출력된다.
EXTRACT *libraryfile*(*modulename*) TO *file*	X	라이브러리 파일로부터 지정된 모듈을 꺼내어 일반 오브젝트 파일을 생성한다. 그러나, 라이브러리 파일의 내용은 원래대로 유지된다.
LIST *libraryfile* [TO *file*] [PUBLICS]	L[P]	라이브러리 파일에 저장되어있는 모든 모듈명을 화면에 표시하거나 지정된 파일로 저장한다. PUBLICS 옵션을 지정하면 각 모듈에 포함되어있는 퍼블릭 심볼의 이름도 함께 표시된다.
EXIT	E	LIB51의 동작을 종료하고 MS-DOS로 돌아간다.
HELP	H	LIB51의 모든 명령어를 화면에 보여준다.

(3) μVision2에서 LIB51의 사용

PK51 V6.1의 μVision2에서 라이브러리 매니저를 사용하려면 <그림 3.6.3>에 보인 것처럼 Project → Options for Target 메뉴에서 Output 화면을 선택한 후에 Create Library 항목을 체크하여 선택하면 된다. 그러면 μVision2는 링커/로케이터 BL51 대신에 라이브러리 매니저 LIB51을 호출하여 실행하며, 따라서 Create Executable 항목이 해제되어 링커/로케이터 BL51의 기능이 무효화되므로 재배치 가능한 오브젝트 모듈들을 링크하여 하나의 실행 파일을 생성하는 것이 아니라 출력으로 라이브러리 파일이 만들어진다.

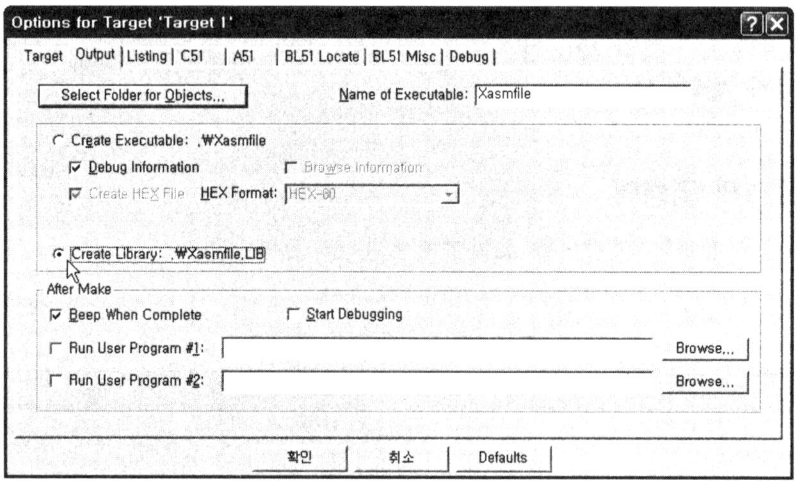

〈그림 3.6.3〉 PK51 V6.1에서 라이브러리 매니저의 사용

◀휴게실▶ 어셈블리 언어와 C언어의 사용에 관한 결론

마이크로콘트롤러 응용 시스템에서 어셈블리 언어를 사용할 것인지 C언어를 사용할 것인지에 대한 문제의 결론은 다음과 같다.

① 마이크로콘트롤러 응용 분야에서는 어셈블리 언어가 적합할 때도 있고 C언어가 더 적합할 때도 있다. 사용할 컴퓨터 언어는 응용 분야나 사용 환경에 따라 결정되는 것이지 개발자의 취향으로 결정할 문제가 아니다.

② 그러나, 아무래도 기본은 어셈블리 언어요, C언어는 보조 수단이라고 할 수 있다. 어셈블리 언어를 기본으로 사용하되 필요할 때는 C언어를 혼용하거나 C언어를 사용하여 프로그래밍한다. C언어를 사용하는 경우에도 어셈블리 언어를 충분히 알고 있는 것이 좋다.

③ 어셈블리 언어를 많이 사용하면 하드웨어 비용을 절감할 수 있고, C언어를 많이 사용하면 소프트웨어 비용을 절감할 수 있다.

④ 어셈블리 프로그램을 먼저 배우고 나중에 C언어 프로그램을 배워라. 아니면 적어도 어셈블리 언어와 C언어 프로그램을 동시에 배워라. 단, C언어를 사용하려면 사전에 범용 컴퓨터에서 어느 정도의 C언어 프로그래밍 경력을 갖추고 있는 것이 좋다.

⑤ 어셈블리 언어를 사용할 때는 어셈블러의 기능을, C언어를 사용할 때는 C컴파일러의 기능을 먼저 제대로 익히고 프로그램을 작성하라. 프로그래밍 과정에서 수많은 시행착오를 거치면서 이것들의 기능을 하나씩 익히려는 것은 무모한 일이다.

단원정리 문제

1. TTL 소자에서 74LS형과 74HC형은 어떤 공통점과 차이점이 있는지 비교하여 설명하라.

2. 마이크로프로세서 트레이닝 키트에서 모니터 프로그램(monitor program)이란 무엇인가?

3. 마이크로콘트롤러에서 ISP(In-System Programming) 기능이란 무엇인가?

4. 동글(dongle)이란 무엇인가?

5. 어셈블리 언어 프로그램에서 마이크로프로세서 명령(instruction)과 어셈블리 지시어(directive 또는 pseudo instruction)의 차이점을 설명하라. 또한, 제어 옵션(control)은 이것들과 어떻게 다른가?

6. 어셈블리 언어 프로그램에서 매크로를 사용하면 어떤 장점이 있는가? 또, 이는 일반 서브루틴에 비하여 어떤 장단점이 있는가 설명하라.

7. C언어 프로그램을 작성할 때 스타트업 파일(startup file)이란 무엇인가?

8. 어셈블리 언어가 C언어에 비하여 가지는 장점에는 무엇이 있겠는가?

9. C언어가 어셈블리 언어에 비하여 가지는 장점에는 무엇이 있겠는가?

10. 소스 프로그램을 번역할 때 어셈블러 또는 컴파일러가 바로 최종적인 실행 파일을 생성하지 않고 링커/로케이터를 거치는 이유는 무엇인지 설명하라.

11. 오브젝트 파일(object file)과 라이브러리 파일(library file)은 기능적으로 어떻게 다른지 설명하라.

12. 사용자 프로그램을 다운로드할 때 인텔 HEX 형식 파일을 사용하는 이유는 무엇이며, 이 파일 형식은 어떻게 되어 있는지 설명하라.

13. PK51 V6.1에서는 AT89S52 모델을 지원하지 않는다. 그런데, 새로운 프로젝트를 생성하면서 타겟 디바이스를 AT89S8252로 지정하면 AT89S52용의 프로그램을 작성하는데 별로 문제가 없이 처리되는 이유는 무엇인가?

14. 소프트웨어 제품중에서 평가용 버전(evaluation version)이란 무엇인가?

15. PK51에서 µVision3은 µVision2에 비하여 어떤 사항들이 달라졌는지 요약하여 설명하라.

16. 다음중에서 PK51 소프트웨어 개발 툴에 포함되지 않는 것은? ----------- ( )
① µVision 통합 개발 환경 ② 시뮬레이터/디버거
③ A51 매크로 어셈블러 ④ D51 역어셈블러
⑤ C51 ANSI C컴파일러 ⑥ BL51 뱅크 스위칭 링커/로케이터

17. 다음중 매크로 어셈블러 A51을 실행할 때 어셈블리 소스 파일을 번역하여 소스 리스팅 파일을 생성하도록 지정하는 제어 옵션은? --------------------- ( )
① OBJECT ② PRINT ③ XREF ④ LIST

18. 다음중 매크로 어셈블러 A51에서 디폴트로 정의된 SFR의 정의를 무효화시키는 제어 옵션은? -- ( )
① DEBUG ② NOGEN ③ XREF ④ NOMOD51

19. A51을 사용한 어셈블리 프로그램에서 문자 상수를 잘못 사용한 것은? ---- ( )
① 'A' ② 'AB' ③ 'ABC' ④ ''

20. A51을 사용한 어셈블리 프로그램에서 문자열을 올바르게 표시한 것은? --- ( )
① 'ABCD' ② "ABCD" ③ @ABCD ④ #ABCD

21. C51을 사용한 C언어 프로그램에서 문자 상수를 올바르게 표시한 것은? --- ( )

① 'A' ② "A" ③ @A ④ #A

22. C51을 사용한 C언어 프로그램에서 문자열을 올바르게 표시한 것은? ------ ( )

① 'ABCD' ② "ABCD" ③ @ABCD ④ #ABCD

23. 다음중 A51에서 어셈블리 프로그램을 작성할 때 심볼을 다른 모듈에서도 사용할 수 있도록 공용으로 선언하는 지시어는? ---------------------------- ( )

① EXTRN ② NAME ③ PUBLIC ④ SEGMENT

24. 다음중 A51에서 어셈블리 프로그램을 작성할 때 현재의 모듈에서 참조하는 심볼이 다른 모듈에서 정의된 것이라는 의미의 지시어는? ------------------ ( )

① EXTRN ② NAME ③ PUBLIC ④ SEGMENT

25. 다음중 A51에서 매크로 정의 내부에서만 의미를 가지는 심볼을 정의하여 나중에 매크로가 확장되었을 때 문제가 발생하지 않도록 해주는 지시어는? ------ ( )

① MACRO ② ENDM ③ REPT ④ LOCAL

26. 어셈블리 언어 프로그램에서 가장 간단하게 무한루프를 구현한 것은? ---- ( )

① NOP ② SJMP $ ③ DJNZ R0,$ ④ CJNE R0,#00H,$

27. 다음중 C51 컴파일러에서 컴파일된 리스팅 파일에 어셈블리 언어 소스를 포함하도록 하는 제어 옵션은? -- ( )

① ASM ② CODE ③ PRINT ④ OBJECT

28. 다음중 C51에서 제어 옵션을 소스 프로그램의 선두에서 사용할 수 있도록 하는 지시어는? --- ( )

① #include ② #pragma ③ interrupt ④ using

29. 다음중 C51에서의 메모리 형 중에서 항상 MCU 내부의 메모리에 대하여만 적용되는 것은? -- ( )

① code ② idata ③ pdata ④ xdata

30. 다음 중에서 문법적으로 오류이거나 실행 결과가 다른 것은? ------------ ( )

① sfr P0 = 0x80;
P0_0 = 1;

② sbit X = 0x80 ^ 0;
X = 1;

③ sfr P0 = 0x80;
sbit X = P0 ^ 0;
X = 1;

④ sbit X = 0x80;
X = 1;

31. 다음 C51의 데이터 형식에서 데이터 메모리를 가장 많이 차지하는 것은? -- ( )

① unsigned char ② unsigned short ③ unsigned int ④ float

32. 다음 C51의 데이터 선언 형식중에서 가장 바람직한 것은? -------------- ( )

① unsigned char xdata x;
② unsigned xdata char x;
③ xdata unsigned char x;
④ xdata char unsigned x;

33. 다음중에서 C51의 평가용 버전에서 사용 가능한 기능은? --------------- ( )

① HEX 파일의 생성
② 오브젝트가 2KB 이상인 프로그램 작성
③ 부동소수점 연산
④ 인라인 어셈블 기능

34. 다음중에서 링커/로케이터 BL51이 링크하지 않는 것은? ---------------- ( )

① 사용자 소스 프로그램을 컴파일하여 생성된 재배치 가능 오브젝트 파일
② PK51에서 제공하는 기본 헤더 파일
③ 사용자가 만든 라이브러리 파일
④ PK51에서 제공하는 기본 런타임 라이브러리 파일

35. 다음 C컴파일러의 최적화 기능에 대한 설명으로 잘못된 것은? ---------- ( )

① C언어 소스를 컴파일하여 보다 효율적인 오브젝트 코드를 생성하는 기능이다.
② 어셈블리 언어 프로그램에서도 사용된다.
③ 실행속도를 높이기 위한 목적이나 오브젝트 코드 사이즈를 짧게 하는 목적으로 사용된다.
④ 최적화 레벨을 높게 설정할수록 좀더 효율적인 최적화가 수행된다.
⑤ PK51 V5.5에서는 0~6의 최적화 레벨을 사용할 수 있다.
⑥ PK51 V6.1에서는 0~9의 최적화 레벨을 사용할 수 있다.

제4장

어셈블리와 C언어 프로그래밍

총 66개의 어셈블리 예제 프로그램

총 77개의 C언어 예제 프로그램

☞

이 장에서는 저자가 설계한 AT89S52 마이크로콘트롤러의 트레이닝 키트인 *OK-89S52*를 이용하여 사용자가 어셈블리 프로그램과 C언어 프로그램을 작성하는 기술을 구체적으로 공부하기로 한다.

이에 앞서서 먼저 한가지 강조하면 "어셈블리 언어를 공부해야 하는지? 아니면 C언어로 프로그래밍하는 것을 배워야 하는지?"와 같은 어리석은 생각은 이제부터 하지 말기 바란다. 어셈블리 언어와 C언어는 배타적으로 어느 하나만을 배워서 되는 것이 아니다. 그들 각각은 상황과 응용분야에 따라 적합한 쓰임새와 경우가 있으므로 모두 철저히 배우고 익혀서 자유자재로 구사할 수 있어야 한다. 이는 한국어를 아무리 잘한다고 해도 영어를 배워야 하는 것과 같은 이치이다. 한국에서는 한국어를 사용하는 것이 올바르고 미국에 가서는 영어를 사용해야 편리하다.

이 장에서는 어셈블러와 C컴파일러를 모두 Keil사의 8051 소프트웨어 개발툴로 사용한다. 기본적으로는 MDS Technology사가 국내의 수많은 대학에 제2차로 기증한 PK51 V6.1(μVision2 포함)을 기준으로 사용하지만, 제1차로 기증한 PK51 V5.5(μVision-51 포함)를 사용해도 좋다. 현재 판매되고 있는 버전은 이보다 훨씬 업그레이드되었으나 이것은 V6.1에 비하여 크게 달라진 것은 없다.

그러나, 개인 아마추어 사용자라면 이러한 정품 소프트웨어를 가지고 있지 않을 것이므로 우선 평가용 버전을 사용해도 된다. 이 책에서는 예제 프로그램과 함께 가장 최근의 평가용 버전 소프트웨어를 제공할 것인데, 일부 예제 프로그램을 제외하고는 평가용 버전으로 사용하더라도 별 문제가 없다.

4.1 어셈블러와 C컴파일러의 설치 및 사용

이 절에서는 퍼스널컴퓨터에 Keil사의 매크로 어셈블러와 C컴파일러를 설치하고 이를 사용하는 방법과, 사용자 프로그램을 작성하고 이를 번역하여 생성된 인텔 HEX 파일을 *OK-89S52* 키트에 다운로드하고 실행하는 방법을 익힌다.

관련 내용	(1) 제3.1절 *OK-89S52* 키트의 구조와 기능 (2) 제3.2절 다운로드 프로그램의 설치 및 사용 (3) 제3.3절 어셈블러와 C컴파일러의 설치 및 사용

1. 프로그래밍 실습을 시작하기 전에

이제부터 AT89S52의 프로그래밍 실습을 시작하기 전에 여러분은 제1장~제3장을 충분히 읽고 그 내용을 최대한 이해하도록 노력하라. 물론 지금으로서는 여러분이 이 부분의 내용들을 모두 이해하는 것은 매우 어렵겠지만, 그렇다고 하더라도 제1장에서 AT89S52의 기본적인 구조와 기능이나 제3장에서 *OK-89S52* 키트의 개략적인 구조와 이에 필요한 소프트웨어들의 구성 및 설치에 대하여는 특별히 세심한 관심을 가져야만 앞으로의 실습을 진행할 수 있다. 또한, 실제로 *OK-89S52* 키트를 옆에 두고 직접 관찰하면서 눈에 보이는 기본적인 구조를 익혀두는 것이 좋다. 지금 책이나 키트에서 이해가 잘 되지 않는 부분들은 이제부터 점차적으로 한가지씩 익혀나간다는 마음가짐으로 시작하면 된다. 앞에서도 강조하였듯이 이 책에서는 **어셈블리 언어와 C언어를 동일한 비중으로 취급**한다.

이 분야의 초보자로서 가장 바람직하지 않은 태도중의 하나는 마이크로프로세서의 기본 구조나 어셈블리 프로그램 기술의 걸음마도 떼어보지 않고 모터가 무엇인지도 배우기 전에 로봇부터 만들어 보겠다든가 하는 허황된 마음을 갖는 것이다. 목표를 크게 세우고 공부하는 것은 좋으나 기술을 배우는데는 거쳐야할 단계가 있다. 기술의 세계에서 단계를 무시한 발전은 기대하기 어려우며, 과정 없이 결과만을 얻으려 하는 것은 무모하다. 자신의 발로 걸음마도 떼지 못하는 사람은 절대로 올림픽의 100미터 경기에 나갈 수가 없는 것이다. 마이크로프로세서나 전자, 제어 기술에 대하여 아무 것도 모르면서 여기저기 돌아다니다가 주워온 회로를 가지고 마이크로마우스라고 만들어 놓고는 제대로 동작을 하지 않으니 도대체 어디가 잘못되었느냐고 남에게 묻는 것은 무모함이나 황당함 이외에 아무 것도 아니다.

이제 여러분은 이 책과 함께 *OK-89S52* 키트를 이용하여 AT89S52 마이크로콘트롤러를 익히려는 첫걸음 단계에서 다음과 같은 경귀를 항상 염두에 두기 바란다.

① **百聞이 不如一見** : 백번 듣는 것보다 내 눈으로 한번 직접 보는 것이 나으니라.
② **百見이 不如一打** : 백번 보는 것보다 내 손으로 한번 직접 키보드를 쳐보는 것이 나으니라.
③ **百打가 不如一作** : 백번 키보드를 치는 것보다 내 머리로 한번 직접 설계하거나 프로그램을 작성해 보는 것이 나으니라.

그러나, 처음부터 설계와 프로그래밍이 내 뜻대로 쉽게 되지는 않는다. 남의 것을 보는데서 출발하여 기초를 충분히 닦고 정석(定石)대로 따라하다 보면 스스로 능력과 개성을 발휘할 때가 오는 것이니, **무릇 창조(創造)는 모방(模倣)에서 출발하느니라**. 기초를 닦아야 할 때 행여 재주를 부리려고 나서지 말아야 한다.

마이크로콘트롤러를 배우고는 싶은데 꾸준히 공부를 계속하지 못한다면 그것은 아마도 2가지중의 하나다. 하나는 공부 방법이 잘못된 경우이다. 재미가 없는데 꾸준히 공부가 될 수가 없다. 마이크로콘트롤러가 재미있으려면 책만 보지 말고 **좋은 키트를 가지고 프로그래밍 실습을 병행해야 한다**. 책을 읽어 이해가 안되는 부분은 프로그래밍 실습으로 보충하고 프로그램에서 풀리지 않는 의문은 책에서 찾아내야 한다.

또 하나는 마음이 나약하여 쉽게 지치고 포기하는 경우다. 그러나, 만약 여러분의 마음이 독하지 못하여 **작심삼일(作心三日)이면 3일마다 작심(作心)하라**. 프로그램에서 내가 그 의미를 모르고는 비록 1개의 명령이라도 사용하지 마라. 남의 프로그램을 읽을 때 단 한 줄이라도 이해가 안되는 부분이 있으면 그 다음 줄로 넘어가지 마라. 오늘 밤 내가 공부하다가 **모르면 잠을 자지 마라**.

2. 소프트웨어 개발 툴 및 예제 프로그램의 설치

이제부터 프로그래밍 실습을 수행하려면 먼저 제3.2절 및 제3.3절의 설명에 따라서 Keil 소프트웨어 개발 툴과 SPI-Flash Programmer 다운로드 프로그램을 여러분의 퍼스널컴퓨터에 설치해야 한다. 또한 여러분은 정상적으로 확실하게 동작하는 것이 확인된 *OK-89S52* 키트와 AVR-ISP Parallel 다운로드 케이블을 가지고 있어야 한다.

그리고, 이제부터 어셈블리 언어나 C언어 프로그램을 작성하는 동안 이들 소프트웨어의 기능이나 문법에 관한 문제가 생기면 항상 제3.4절 및 제3.5절의 설명을 참조하거나 이들 소프트웨어에 포함된 도움말 기능을 이용하기 바란다.

(1) Keil사의 PK51 V6.1의 설치

첫번째로는 여러분의 퍼스널컴퓨터에 PK51 V6.1을 설치한다. 이를 설치하면 매크로 어셈블러 A51.EXE, C컴파일러 C51.EXE, 코드 뱅킹 링커 BL51.EXE, HEX 파일 변환기 OH51.EXE 등과 같은 소프트웨어 개발 툴과 IDE 소프트웨어인 µVision2가 설치된다. 이것의 설치 방법은 제3.3절에서 자세히 설명하였으므로 그 설명을 보고 설치를 수행하라.

만약 여러분이 PK51 V5.5를 가지고 있다면 그것을 설치하여 사용해도 된다. 또한 그외의 다른 버전을 가지고 있더라도 그것을 사용하면 된다. 하지만, 이러한 정품 소프트웨어 개발 툴을 가지고 있지 않다면 이를 구할 때까지 우선 평가용 버전을 사용할 수 있다. 평가용 버전을 사용하려면 Ohm사나 저자의 홈페이지 자료실에서도 제공하는 가장 최근 버전인 V8.0을 사용하라. 여기서는 IDE 소프트웨어가 µVision3으로 업그레이드되었지만 PK51 V6.1의 µVision2와 거의 사용방법이 유사하므로 어렵지 않게 사용할 수 있다.

(2) 예제 프로그램의 설치

PK51 V6.1 또는 그외의 버전이 설치되었으면, 두번째로는 이 책에서 제공하는 예제 프로그램을 설치한다. 이것도 제3.3절에서 설명한대로 압축을 풀어 간단히 설치할 수 있다. 모든 소프트웨어를 설치할 때는 자기 마음대로 폴더 이름을 지정하지 말고 반드시 책에서 하라는 대로 따라하라. 소프트웨어의 디렉토리 구조나 폴더명을 임의로 처리하면 나중에 뜻하지 않은 문제가 발생할 수도 있다.

(3) 다운로드 프로그램의 설치

이제 마지막으로 여러분은 ISP를 사용하는 다운로드 프로그램을 설치해야 한다. 만약, *OK-89S52* 키트의 콘넥터 CN3에 AVR-ISP Parallel V2.0 다운로드 케이블을 접속하여 사용할 예정이라면 다운로드 프로그램은 SPI-Flash Programmer 3.7을 설치해야 한다. 제3.2절에서 설명하였듯이 이 소프트웨어는 압축 파일로 제공되므로 압축을 풀어서 쉽게 설치할 수 있다. 설치가 끝나면 이 프로그램을 좀더 편리하게 사용할 수 있도록 바탕화면에 C:\Keil\SpiPgm37\SpiPgm.exe 파일의 바로가기 아이콘을 만들어 두는 것이 좋다.

(4) *OK-89S52* 키트의 준비 및 테스트

소프트웨어가 모두 설치되었으면 이제 퍼스널컴퓨터의 병렬포트와 *OK-89S52* 키트의 콘넥터 CN3의 사이에 AVR-ISP Parallel V2.0 다운로드 케이블을 접속하고 키트의 전원을 켠다.

OK-89S52 키트는 Ohm사에서 완제품을 구입할 수도 있고, PCB만을 구입하여 자신이 직접 조립할 수도 있다. 자신이 이를 조립할 경우에는 제3.1절의 설명을 참조하여 안전하고 확실하게 조립하라.

키트가 정상적으로 동작하는지 확인이 되지 않은 상태라면 먼저 키트의 동작을 테스트하는 것이 필요하다. 이를 위해서 다운로드 프로그램 SPI-Flash Programmer 3.7을 사용하여 C:\Keil\OK89S52asm\kit_test.hex 파일을 다운로드한다. 이 다운로드 프로그램의 사용방법은 제3.2절을 참조하라. kit_test.hex는 *OK-89S52* 키트의 여러 가지 동작을 확인할 수 있도록 만들어진 진단용 프로그램이다. 이 테스트 프로그램을 실행하고 키트의 동작을 확인하는 방법에 대해서는 제3.1절을 참조하라.

3. 어셈블리 언어 프로그램의 작성 및 실행

여기서는 첫번째로 어셈블리 소스 파일을 프로젝트에 등록하여 편집하고, 이를 어셈블하여 HEX 파일을 생성하며, *OK-89S52* 키트에 다운로드하여 실행하는 과정을 익힌다. 여기서 우리가 중점을 두어 익히고자 하는 것은 이러한 프로그램의 작성 및 실행 과정이므로 프로그램의 내용이 이해하기 어려우면 우선 그냥 넘어가도 좋다.

(1) 처음으로 어셈블리 언어 프로젝트를 사용

① 바탕화면에서 µVision2의 바로가기 아이콘을 누르면 이 IDE 소프트웨어가 실행되면서 <그림 4.1.1>과 같이 Xasmfile.Uv2 프로젝트가 열리고 이에 등록되어 있는 어셈블리 소스 파일 Exp01_1.asm이 작업영역창에 나타날 것이다.

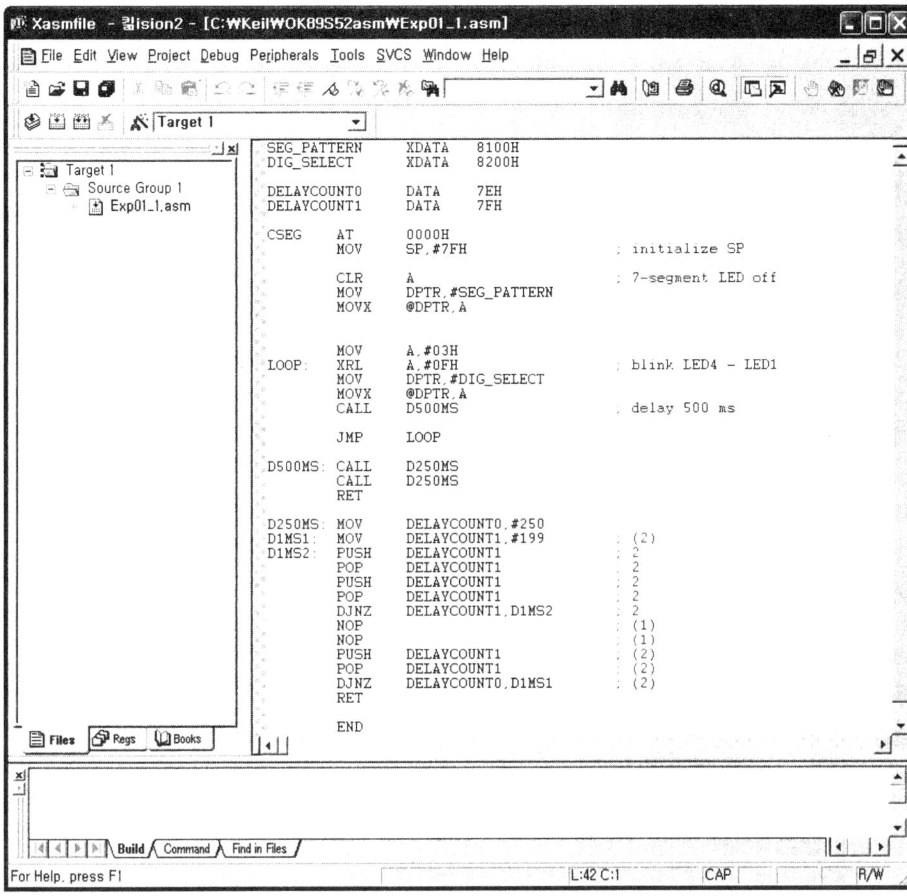

〈그림 4.1.1〉 처음 µVision2를 실행하여 프로젝트 Xasmfile.Uv2가 열린 화면

② 만약 처음에 이러한 화면이 나타나지 않는다면 이는 예제 프로그램 설치 후에 프로젝트 내용을 수정하였거나 또는 다른 프로젝트를 수행하였던 적이 있는 것이므로 Project → Open Project 메뉴에서 C:\Keil\OK89S52asm\Xasmfile.Uv2 프로젝트를 새로 열면 된다.

③ 이 예제 프로그램 Exp01_1.asm의 내용은 다음과 같다. 이것은 *OK-89S52* 키트에서 LED1, LED2와 LED3, LED4를 0.5초 간격으로 교대로 점등하기 위한 프로그램이다.

〈프로그램 Exp01_1.asm〉 LED를 점등하는 예제(1)

```
SEG_PATTERN     XDATA   8100H
DIG_SELECT      XDATA   8200H

DELAYCOUNT0     DATA    7EH
DELAYCOUNT1     DATA    7FH

CSEG    AT      0000H
        MOV     SP,#7FH                 ; initialize SP

        CLR     A                       ; 7-segment LED off
        MOV     DPTR,#SEG_PATTERN
        MOVX    @DPTR,A

        MOV     A,#03H
LOOP:   XRL     A,#0FH                  ; blink LED4 - LED1
        MOV     DPTR,#DIG_SELECT
        MOVX    @DPTR,A
        CALL    D500MS                  ; delay 500 ms

        JMP     LOOP

D500MS: CALL    D250MS
        CALL    D250MS
        RET

D250MS: MOV     DELAYCOUNT0,#250
D1MS1:  MOV     DELAYCOUNT1,#199        ; (2)
D1MS2:  PUSH    DELAYCOUNT1             ; 2
        POP     DELAYCOUNT1             ; 2
        PUSH    DELAYCOUNT1             ; 2
        POP     DELAYCOUNT1             ; 2
        DJNZ    DELAYCOUNT1,D1MS2       ; 2
        NOP                             ; (1)
        NOP                             ; (1)
        PUSH    DELAYCOUNT1             ; (2)
        POP     DELAYCOUNT1             ; (2)
        DJNZ    DELAYCOUNT0,D1MS1       ; (2)
        RET

        END
```

☞ AT89S52의 내부 플래시 메모리는 0000H~1FFFH 번지에 위치하며, 따라서 여기에 다운로드하여 실행할 어셈블리 언어 프로그램을 작성할 때는 서두에서 항상 CSEG AT 0000H 지시어를 사용하여 프로그램이 0000H 번지에서 시작되도록 한다. 그리고 프로그램의 마지막 부분에는 어셈블 작업의 종료 표시로서 언제나 END 지시어를 사용한다.

④ Project → Rebuild all target files 메뉴를 누르거나 또는 해당 아이콘을 클릭하여 어셈블 및 링크를 수행한다.

⑤ 에러가 발생하지 않았으면 소스 프로그램이 정상적으로 어셈블되고 링크되어

Xasmfile.hex 파일이 생성된 것이다. 다운로드 프로그램 SPI-Flash Programmer를 사용하여 C:\Keil\OK89S52asm\Xasmfile.hex 파일을 *OK-89S52* 키트에 다운로드하고 실행하라. LED가 어떻게 점등되는지 관찰하라.

(2) 어셈블리 소스 프로그램의 수정

① 현재 작업영역창에 나타나 있는 예제 프로그램 Exp01_1.asm에서 MOV A,#03H 부분을 MOV A,#05H로 수정하라.

② Project → Rebuild all target files 메뉴를 누르거나 또는 해당 아이콘을 클릭하여 수정된 소스 파일을 다시 어셈블한다.

③ 다운로드 프로그램을 사용하여 새로 생성된 C:\Keil\OK89S52asm\Xasmfile.hex 파일을 *OK-89S52* 키트에 다운로드하고 실행하라. LED의 점등 방법이 앞에서와 어떻게 달라졌는지 관찰하라.

(3) 프로젝트에서 소스 프로그램을 다른 것으로 교체 등록

이 책에서는 매우 많은 예제 프로그램을 사용하므로 모든 예제 프로그램에 대하여 각각 그에 맞는 프로젝트를 다시 만든다면 상당히 불편하다. 그래서 이 책에서 어셈블리 언어 프로그램을 작성할 때는 항상 동일하게 C:\Keil\OK89S52asm\Xasmfile.Uv2 프로젝트를 사용하면서 필요할 때마다 소스 파일을 교체 등록하여 사용하기로 한다. 여기서는 이에 관한 방법을 설명한다.

① 현재 프로젝트에서는 예제 프로그램 Exp01_1.asm을 사용하고 있다. 이제 이를 2번째 예제 프로그램인 Exp01_2.asm으로 교체하고자 한다.

② 프로젝트창에서 현재 사용하는 소스 프로그램 이름인 Exp01_1.asm의 위에 마우스 커서를 올려놓고 오른쪽 버튼을 누르면 <그림 4.1.2>와 같은 팝업창이 뜬다. 여기서 Remove File 'Exp01_1.asm' 메뉴를 클릭하면 이 파일이 현재의 프로젝트에서 등록이 해제되어 제거된다. 프로젝트에서 이 파일을 제거하면 프로젝트창에서 이 소스 파일의 이름이 없어지게 된다. 단, 작업영역창에는 이 소스 프로그램의 내용이 계속하여 나타나지만 내부적으로는 제거된 것이다.

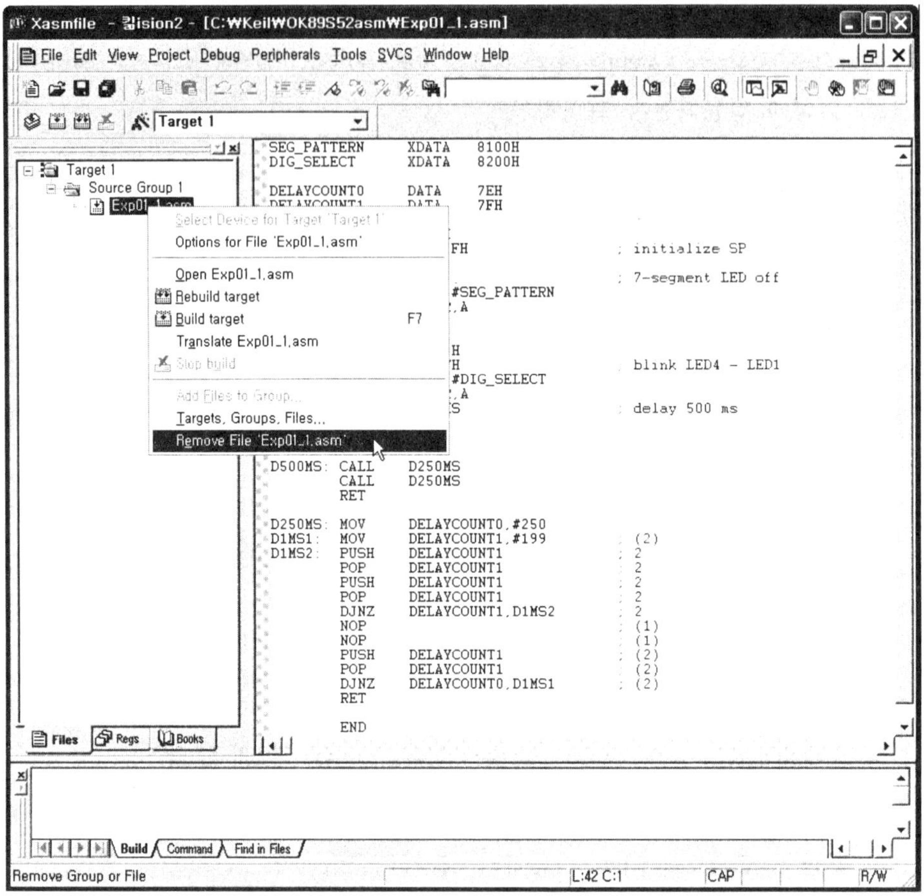

〈그림 4.1.2〉 현재의 프로젝트에서 소스 파일을 제거하기 위한 화면

③ 이제 프로젝트에 새로운 소스 파일을 읽어들이려면 프로젝트창에서 Source Group 1의 위에 마우스 커서를 올려놓고 오른쪽 버튼을 누르면 <그림 4.1.3>과 같은 팝업창이 뜬다. 여기서 Add Files to Group 'Source Group 1' 메뉴를 클릭하면 이 프로젝트에 새로 등록할 파일을 선택하는 윈도우가 <그림 4.1.4>처럼 나타난다. 그러면 C:\Keil\OK89S52asm\ 폴더에서 등록하기를 원하는 소스 파일을 선택하고 Add 아이콘을 누르고 나서 Close하면 된다.

여기서는 Exp01_2.asm 파일만을 등록하였지만, 필요하다면 같은 방법으로 여러개의 소스 파일을 등록할 수도 있다. 이렇게 하여 이 프로젝트에서 사용하는 소스 파일을 Exp01_1.asm에서 Exp01_2.asm으로 교체하였다.

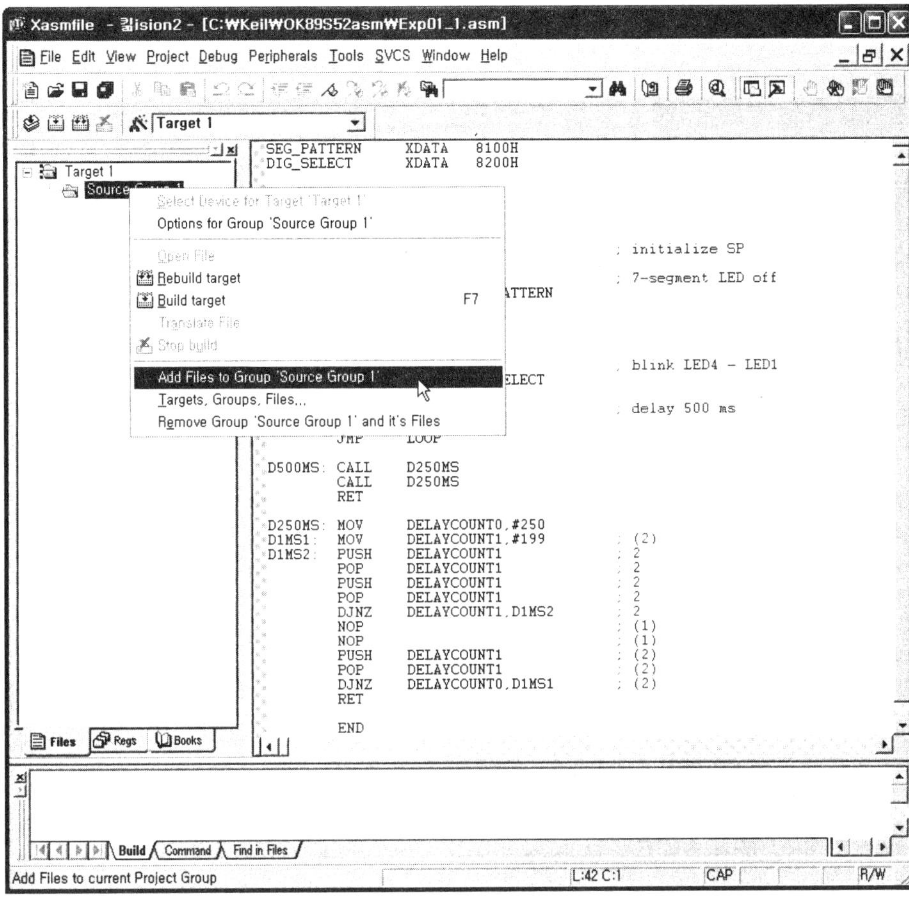

〈그림 4.1.3〉 현재의 프로젝트에 새로운 소스 파일을 등록하기 위한 화면

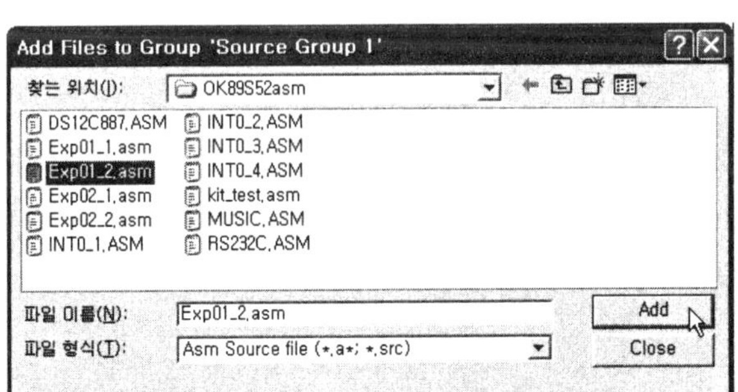

〈그림 4.1.4〉 등록할 소스 파일을 선택하는 화면

④ 새로운 소스 파일을 등록하였으면 이것이 프로젝트창에 표시되는데, 여기서 이 소스 파일명을 클릭하면 <그림 4.1.5>와 같이 작업영역창에 새로운 소스 프로그램의

내용이 표시된다.

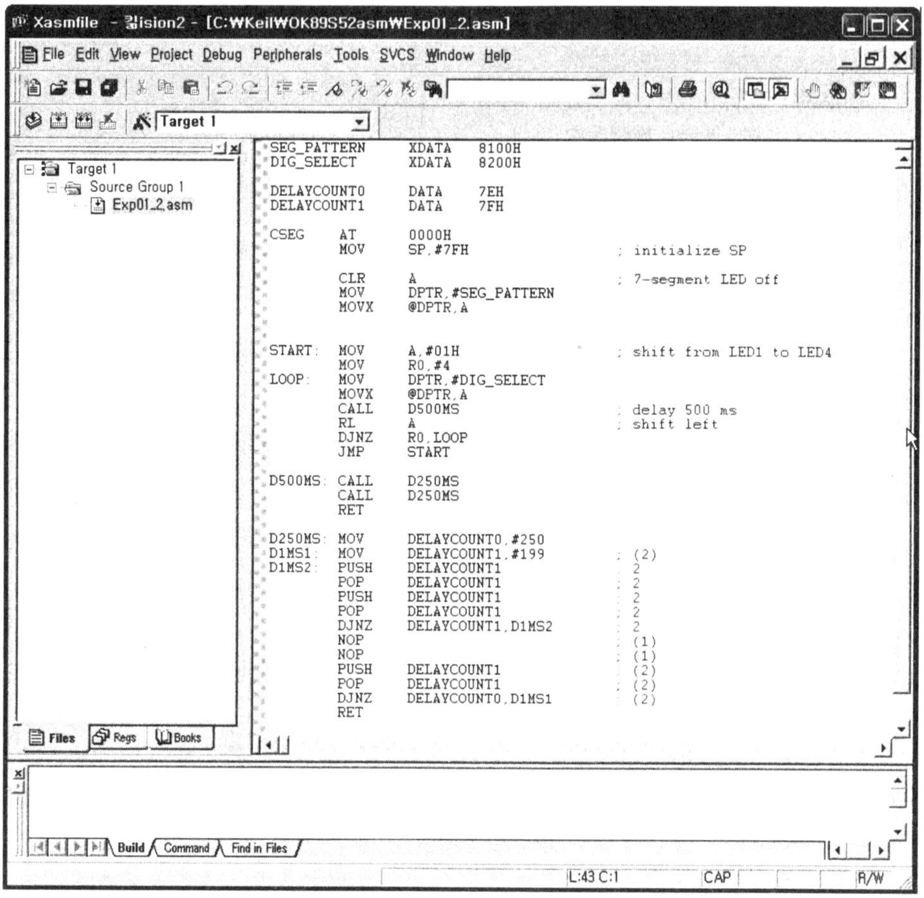

〈그림 4.1.5〉 교체된 Exp01_2.asm 파일의 내용이 표시되는 화면

⑤ 프로젝트에 새로 교체된 예제 프로그램 Exp01_2.asm의 내용은 다음과 같다. 이것은 *OK-89S52* 키트에서 LED1~LED4를 0.5초 간격으로 차례로 시프트하면서 점등하기 위한 프로그램이다.

〈프로그램 Exp01_2.asm〉 LED를 점등하는 예제(2)

```
SEG_PATTERN     XDATA   8100H
DIG_SELECT      XDATA   8200H

DELAYCOUNT0     DATA    7EH
DELAYCOUNT1     DATA    7FH
```

```
CSEG    AT      0000H
        MOV     SP,#7FH                 ; initialize SP

        CLR     A                       ; 7-segment LED off
        MOV     DPTR,#SEG_PATTERN
        MOVX    @DPTR,A

START:  MOV     A,#01H                  ; shift from LED1 to LED4
        MOV     R7,#4
LOOP:   MOV     DPTR,#DIG_SELECT
        MOVX    @DPTR,A
        CALL    D500MS                  ; delay 500 ms
        RL      A                       ; shift left
        DJNZ    R7,LOOP
        JMP     START

D500MS: CALL    D250MS
        CALL    D250MS
        RET

D250MS: MOV     DELAYCOUNT0,#250
D1MS1:  MOV     DELAYCOUNT1,#199        ; (2)
D1MS2:  PUSH    DELAYCOUNT1             ; 2
        POP     DELAYCOUNT1             ; 2
        PUSH    DELAYCOUNT1             ; 2
        POP     DELAYCOUNT1             ; 2
        DJNZ    DELAYCOUNT1,D1MS2       ; 2
        NOP                             ; (1)
        NOP                             ; (1)
        PUSH    DELAYCOUNT1             ; (2)
        POP     DELAYCOUNT1             ; (2)
        DJNZ    DELAYCOUNT0,D1MS1       ; (2)
        RET

        END
```

⑥ Project → Rebuild all target files 메뉴를 누르거나 또는 해당 아이콘을 클릭하여 어셈블 및 링크를 수행한다.

⑦ 에러가 발생하지 않았으면 소스 프로그램이 정상적으로 어셈블되고 링크되어 Xasmfile.hex 파일이 생성된 것이다. 소스 파일을 다른 것으로 교체하였지만 어셈블리 프로젝트에서는 항상 HEX 파일이 Xasmfile.hex로 만들어지는 것에 유의해야 한다.

다운로드 프로그램을 사용하여 C:\Keil\OK89S52asm\Xasmfile.hex 파일을 *OK-89S52* 키트에 다운로드하고 실행하라. LED가 어떻게 점등되는지 관찰하라.

⑧ 어셈블리 프로그램 작성이 모두 끝났으면 File → Exit 메뉴를 눌러서 µVision2 프로그램을 종료한다.

(4) MS-DOS 커맨드 레벨에서 사용하는 방법

이 책에서는 이상에서 설명한 바와 같이 어셈블리 언어나 C언어 프로그램을 작성하는 과정을 Windows 운영체제 환경에서 μVision2를 사용하여 수행하는 것이 기본이지만, 이밖에도 MS-DOS 환경의 커맨드 레벨에서 작업하는 방법도 있다. Keil의 어셈블러와 C컴파일러는 당초 MS-DOS 운영체제에서 출발하였으며 현재까지도 이 기능을 유지하고 있기 때문이다.

MS-DOS 운영체제에서는 독립적인 텍스트 에디터를 사용하여 소스 파일을 편집해야 하며, 원칙적으로 어셈블러, 링커, HEX 파일 변환 등의 작업을 하나씩 수행한다. 이때 텍스트 에디터로는 퀵 에디터와 같은 MS-DOS 전용의 에디터를 사용할 수도 있고, Windows용의 노트패드나 워드패드 등을 사용할 수도 있다. 한편, 사용자가 어셈블에서 HEX 파일 변환까지의 처리과정을 매번 키입력을 통하여 커맨드로 지시하는 것은 많은 불편이 있으므로 이 책에서는 좀더 편리하게 사용하도록 아래와 같은 배치파일(batch file)을 만들어 제공한다.

〈파일 ASM.BAT〉 MS-DOS 환경에서 어셈블 작업을 처리하는 배치파일

```
if "%1" == ""     goto ERROR
if not "%2" == "" goto ERROR

C:\KEIL\C51\BIN\A51 %1.ASM XREF
if errorlevel 2 goto END
C:\KEIL\C51\BIN\BL51 %1.OBJ TO %1.OUT IXREF
if errorlevel 2 goto END
C:\KEIL\C51\BIN\OH51 %1.OUT
goto END

:ERROR
echo off
echo    ****************************************
echo    *  Syntax :  ASM sourcefile[.asm]   *
echo    ****************************************
:END
```

이 배치파일을 사용하여 어셈블리 소스 프로그램을 어셈블하고 최종적으로 HEX 파일까지를 생성하는 과정은 <그림 4.1.6>과 같이 아주 간단하다. 즉, 예제 프로그램 Exp01_1.asm 파일을 어셈블하고자 하면

C:\Keil\AT89S52asm>ASM EXP01_1 [Enter↵]

와 같이 확장자를 생략하고 파일명만을 지정하여 배치파일을 실행하면 된다. 어셈블 작업이 정상적으로 완료되면 EXP01_1.HEX 파일이 생성되며, SPI-Flash Programmer 프로그램을 사용하여 이를 *OK-89S52* 키트에 다운로드하여 실행하면 된다.

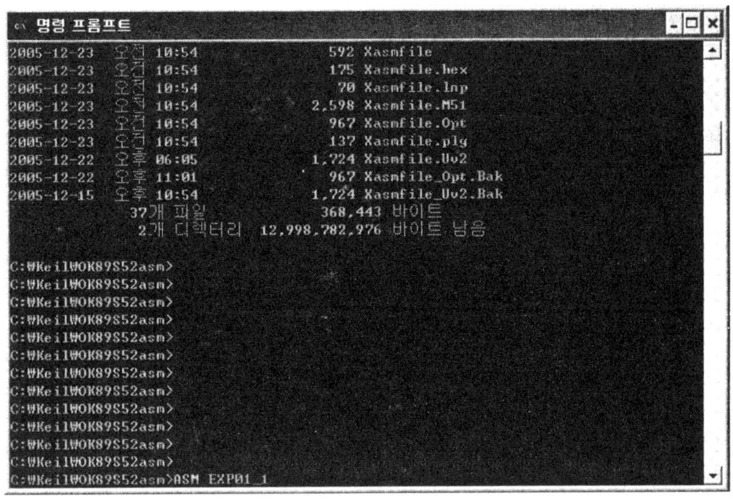

〈그림 4.1.6〉 MS-DOS 환경에서 어셈블 작업을 처리하는 배치파일의 실행

4. C언어 프로그램의 작성 및 실행

이번에는 C언어의 소스 파일을 프로젝트에 등록하여 편집하고, 이를 컴파일하여 HEX 파일을 생성하며, *OK-89S52* 키트에 다운로드하여 실행하는 과정을 익힌다. 이는 어셈블리 언어의 경우와 매우 유사하다. 여기서도 우리가 중점을 두어 익히고자 하는 것은 이러한 프로그램의 작성 및 실행 과정이므로 프로그램의 내용이 이해하기 어려우면 우선 그냥 넘어가도 좋다.

(1) 처음으로 C언어 프로젝트를 사용

① 바탕화면에서 μVision2의 바로가기 아이콘을 누르면 이 IDE 소프트웨어가 실행된다. 그러나, 이제까지 어셈블리 프로그램을 위하여 Xasmfile.Uv2 프로젝트를 사용했었으므로 화면에는 이 프로젝트가 열릴 것이다.

② 그러면 Project → Open Project 메뉴에서 C:\Keil\OK89S52c\Xcfile.Uv2 프로젝트를

새로 열면 된다. 이 프로젝트를 열면 <그림 4.1.7>과 같이 화면에는 예제 프로그램 Exp01_1.c가 나타날 것이다.

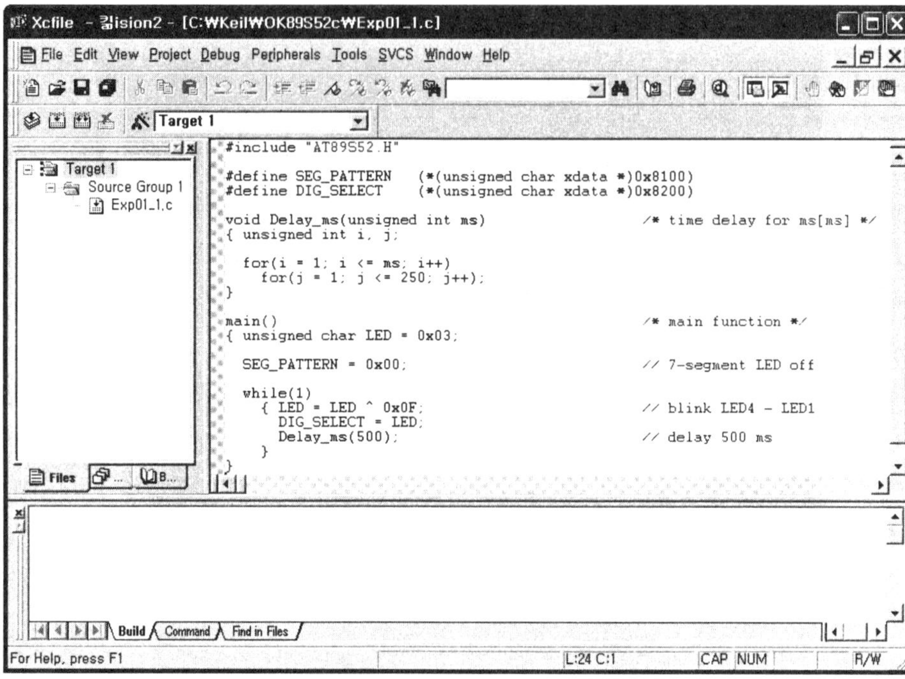

〈그림 4.1.7〉 µVision2를 실행하고 프로젝트 Xcfile.Uv2를 열었을 때의 화면

③ 예제 프로그램 Exp01_1.c의 내용은 다음과 같다. 이것은 *OK-89S52* 키트에서 LED1, LED2와 LED3, LED4를 0.5초 간격으로 교대로 점등하기 위한 프로그램이다.

〈프로그램 Exp01_1.c〉 LED를 점등하는 예제(1)

```
#include "AT89S52.H"

#define SEG_PATTERN   (*(unsigned char xdata *)0x8100)
#define DIG_SELECT    (*(unsigned char xdata *)0x8200)

Delay_ms(unsigned int ms)                    /* time delay for ms[ms] */
{ unsigned int i, j;

  for(i = 1; i <= ms; i++)
    for(j = 1; j <= 250; j++);
}

main()                                       /* main function */
{ unsigned char LED = 0x03;

  SEG_PATTERN = 0x00;                        // 7-segment LED off
```

```
    while(1)
      { LED = LED ^ 0x0F;                          // blink LED4 - LED1
        DIG_SELECT = LED;
        Delay_ms(500);                             // delay 500 ms
      }
  }
```

☞ C언어에는 실행 프로그램이 내부 플래시 메모리의 0000H 번지에서 시작하도록 지정하는 기능을 가지고 있지 않다. 이것은 나중에 설명할 어셈블리 언어로 된 스타트업 파일 STARTUP.A51에서 따로 지정하며, 이를 특별히 따로 지정하지 않으면 C컴파일러가 디폴트로 처리한다.

④ Project → Rebuild all target files 메뉴를 누르거나 또는 해당 아이콘을 클릭하여 컴파일 및 링크를 수행한다.

⑤ 에러가 발생하지 않았으면 소스 프로그램이 정상적으로 어셈블되고 링크되어 Xcfile.hex 파일이 생성된 것이다. 다운로드 프로그램 SPI-Flash Programmer를 사용하여 C:\Keil\OK89S52c\Xcfile.hex 파일을 *OK-89S52* 키트에 다운로드하고 실행하라. LED가 어떻게 점등되는지 관찰하라.

(2) C언어 소스 프로그램의 수정

① 현재 작업영역창에 나타나 있는 예제 프로그램 Exp01_1.c에서 unsigned char LED = 0x03; 부분을 unsigned char LED = 0x05; 로 수정하라.

② Project → Rebuild all target files 메뉴를 누르거나 또는 해당 아이콘을 클릭하여 수정된 소스 파일을 다시 컴파일한다.

③ 다운로드 프로그램을 사용하여 새로 생성된 C:\Keil\OK89S52c\Xcfile.hex 파일을 *OK-89S52* 키트에 다운로드하고 실행하라. LED의 점등 방법이 앞에서와 어떻게 달라졌는지 관찰하라.

(3) 프로젝트에서 소스 프로그램을 다른 것으로 교체 등록

이 책에서는 매우 많은 예제 프로그램을 사용하므로 모든 예제 프로그램에 대하여 각각 그에 맞는 프로젝트를 다시 만든다면 상당히 불편하다. 그래서 이 책에서 C언어 프로그램을 작성할 때는 항상 동일하게 C:\Keil\OK89S52c\Xcfile.Uv2 프로젝트를 사용하면서 필요할 때마다 소스 파일을 교체 등록하여 사용하기로 한다. 여기서는 이에 관한 방법을 설명한다.

① 현재 프로젝트에서는 예제 프로그램 Exp01_1.c를 사용하고 있다. 이제 이를 2번째 예제 프로그램인 Exp01_2.c로 교체하고자 한다.

② 프로젝트창에서 현재 사용하는 소스 프로그램 이름인 Exp01_1.c의 위에 마우스 커서를 올려놓고 오른쪽 버튼을 누르면 <그림 4.1.8>과 같은 팝업창이 뜬다. 여기서 Remove File 'Exp01_1.c' 메뉴를 클릭하면 이 파일이 현재의 프로젝트에서 등록 해제되어 제거된다. 프로젝트에서 이 파일을 제거하면 프로젝트창에서 이 소스 파일의 이름이 없어지게 된다. 단, 작업영역창에는 이 소스 프로그램의 내용이 계속하여 나타나지만 내부적으로는 제거된 것이다.

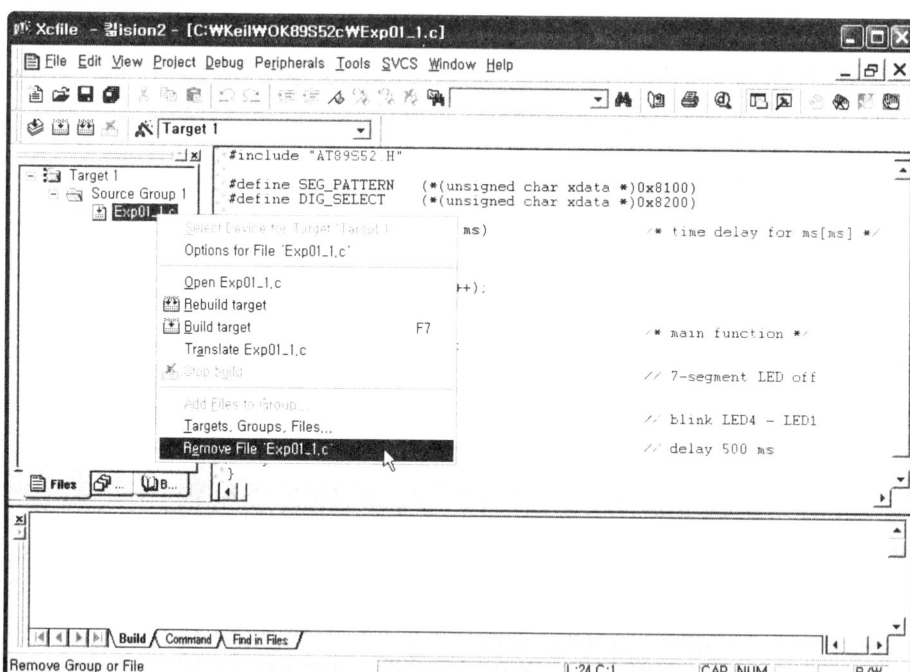

〈그림 4.1.8〉 현재의 프로젝트에서 소스 파일을 제거하기 위한 화면

③ 이제 프로젝트에 새로운 소스 파일을 등록하려면 프로젝트창에서 Source Group 1의 위에 마우스 커서를 올려놓고 오른쪽 버튼을 누르면 <그림 4.1.9>와 같은 팝업창

이 뜬다. 여기서 Add Files to Group 'Source Group 1' 메뉴를 클릭하면 이 프로젝트에 읽어들일 파일을 선택하는 윈도우가 <그림 4.1.10>처럼 나타난다. 그러면 C:\Keil\OK89S52c\ 폴더에서 읽어들이기를 원하는 소스 파일을 선택하고 Add 아이콘을 누르고 나서 Close하면 된다.

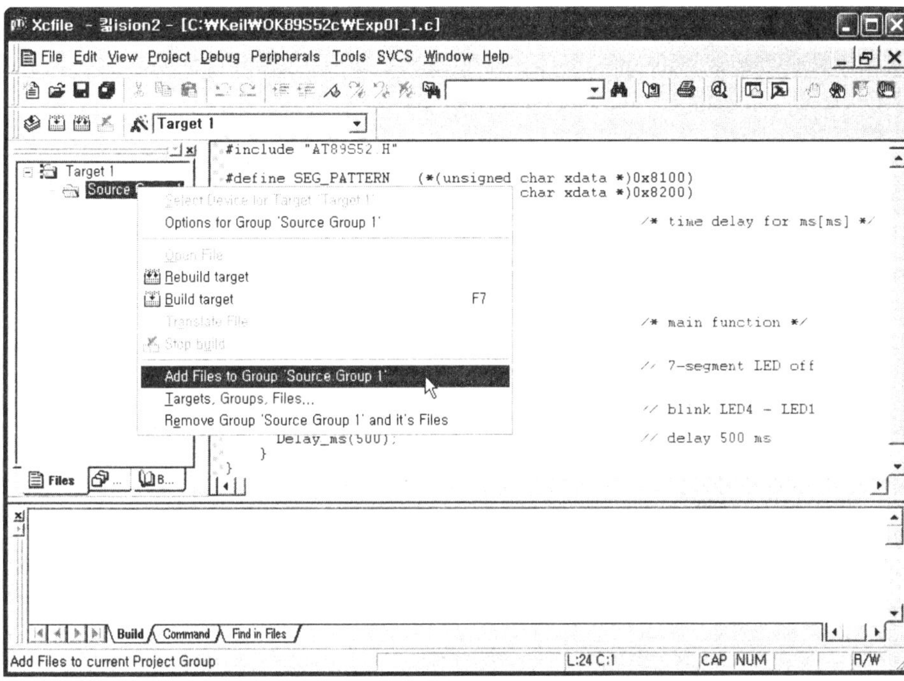

〈그림 4.1.9〉 현재의 프로젝트에 새로운 소스 파일을 등록하기 위한 화면

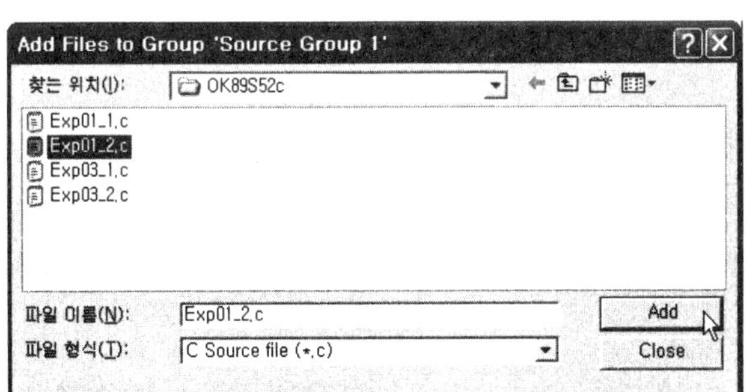

〈그림 4.1.10〉 등록할 소스 파일을 선택하는 화면

여기서는 Exp01_2.c 파일만을 등록하였지만, 필요하다면 같은 방법으로 여러개의 소스 파일을 등록할 수도 있다. 이렇게 하여 이 프로젝트에서 사용하는 소스 파일을

Exp01_1.c에서 Exp01_2.c로 교체하였다.

④ 새로운 소스 파일을 등록하였으면 이것이 프로젝트창에 표시되는데, 여기서 이 소스 파일명을 클릭하면 <그림 4.1.11>과 같이 작업영역창에 새로운 소스 프로그램의 내용이 표시된다.

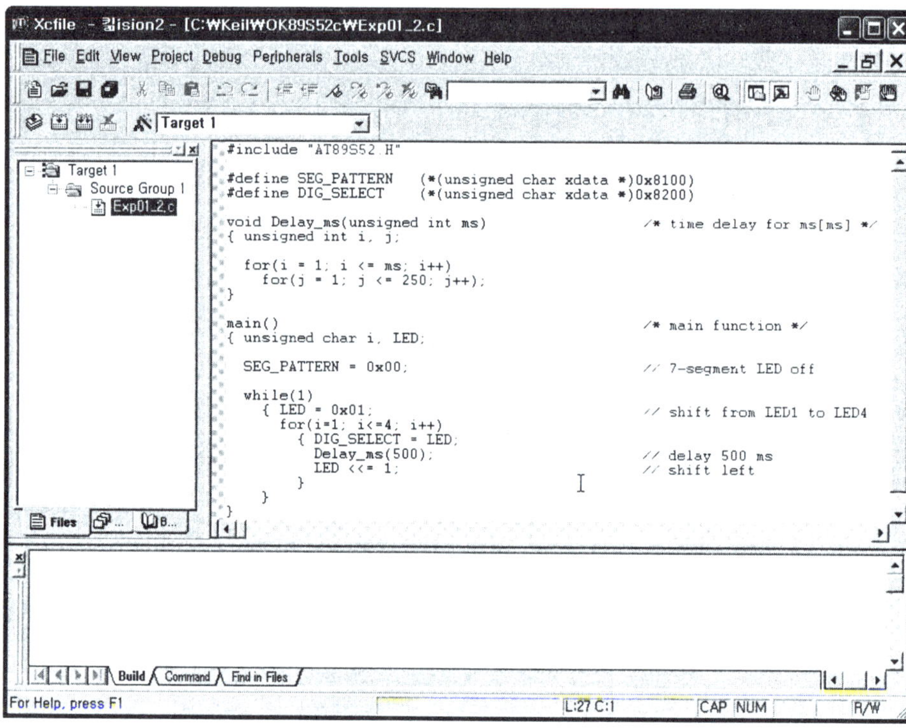

〈그림 4.1.11〉 교체된 Exp01_2.c 파일의 내용이 표시되는 화면

⑤ 프로젝트에 새로 교체된 예제 프로그램 Exp01_2.c의 내용은 다음과 같다. 이것은 *OK-89S52* 키트에서 LED1~LED4를 0.5초 간격으로 차례로 시프트하면서 점등하기 위한 프로그램이다.

〈프로그램 Exp01_2.c〉 LED를 점등하는 예제(2)

```
#include "AT89S52.H"

#define SEG_PATTERN   (*(unsigned char xdata *)0x8100)
#define DIG_SELECT    (*(unsigned char xdata *)0x8200)

Delay_ms(unsigned int ms)                          /* time delay for ms[ms] */
```

```
{ unsigned int i, j;

  for(i = 1; i <= ms; i++)
    for(j = 1; j <= 250; j++);
}

main()                                          /* main function */
{ unsigned char i, LED;

  SEG_PATTERN = 0x00;                           // 7-segment LED off

  while(1)
    { LED = 0x01;                               // shift from LED1 to LED4
      for(i=1; i<=4; i++)
        { DIG_SELECT = LED;
          Delay_ms(500);                        // delay 500 ms
          LED <<= 1;                            // shift left
        }
    }
}
```

⑥ Project → Rebuild all target files 메뉴를 누르거나 또는 해당 아이콘을 클릭하여 컴파일 및 링크를 수행한다.

⑦ 에러가 발생하지 않았으면 소스 프로그램이 정상적으로 어셈블되고 링크되어 Xcfile.hex 파일이 생성된 것이다. 소스 파일을 교체하였지만 C언어 프로젝트에서는 항상 HEX 파일이 Xcfile.hex로 만들어지는 것에 유의해야 한다.

다운로드 프로그램을 사용하여 C:\Keil\OK89S52c\Xcfile.hex 파일을 *OK-89S52* 키트에 다운로드하고 실행하라. LED가 어떻게 점등되는지 관찰하라.

⑧ C언어 프로그램 작성이 모두 끝났으면 File → Exit 메뉴를 눌러서 μVision2 프로그램을 종료한다.

(4) MS-DOS 커맨드 레벨에서 사용하는 방법

이 책에서는 이상에서 설명한 바와 같이 어셈블리 언어나 C언어 프로그램을 작성하는 과정을 Windows 운영체제 환경에서 μVision2를 사용하여 수행하는 것이 기본이지만, 이밖에도 MS-DOS 환경의 커맨드 레벨에서 작업하는 방법도 있다. Keil의 어셈블러와 C컴파일러는 당초 MS-DOS 운영체제에서 출발하였으며 현재까지도 이 기능을 유지하고 있기 때문이다.

MS-DOS 운영체제에서는 독립적인 텍스트 에디터를 사용하여 소스 파일을 편집해야 하며, 원칙적으로 C컴파일러, 링커, HEX 파일 변환 등의 작업을 하나씩 수행한다. 이때 텍스트 에디터로는 퀵 에디터와 같은 MS-DOS 전용의 에디터를 사용할 수도 있고, Windows용의 노트패드나 워드패드 등을 사용할 수도 있다. 한편, 사용자가 컴파일에서 HEX 파일 변환까지의 처리과정을 매번 키입력을 통하여 커맨드로 지시하는 것은 많은 불편이 있으므로 이 책에서는 좀더 편리하게 사용하도록 아래와 같은 배치파일(batch file)을 만들어 제공한다.

〈파일 C.BAT〉 MS-DOS 환경에서 어셈블 작업을 처리하는 배치파일

```
if "%1" == ""     goto ERROR
if not "%2" == "" goto ERROR

C:\KEIL\C51\BIN\C51 %1.C CODE
if errorlevel 2 goto END
C:\KEIL\C51\BIN\BL51 %1.OBJ TO %1.OUT IXREF
if errorlevel 2 goto END
C:\KEIL\C51\BIN\OH51 %1.OUT
goto END

:ERROR
echo off
echo     ***********************************
echo     *   Syntax :  C sourcefile[.c]    *
echo     ***********************************
:END
```

이 배치파일을 사용하여 C언어 소스 프로그램을 컴파일하고 최종적으로 HEX 파일까지를 생성하는 과정은 <그림 4.1.12>와 같이 아주 간단하다. 즉, 예제 프로그램 Exp01_1.c 파일을 컴파일하고자 하면

C:\Keil\AT89S52c>C EXP01_1 [Enter↵]

와 같이 확장자를 생략하고 파일명만을 지정하여 배치파일을 실행하면 된다. 컴파일 작업이 정상적으로 완료되면 EXP01_1.HEX 파일이 생성되며, SPI-Flash Programmer 프로그램을 사용하여 이를 *OK-89S52* 키트에 다운로드하여 실행하면 된다.

◀**참고**▶ C언어 프로그램을 컴파일하여 링크할 때는 사용자 프로그램의 오브젝트 파일 앞에 스타트업 파일의 오브젝트 파일을 링크해 주어야 한다. 그러나, 이는 디폴트로 C컴파일러 라이브러리 파일 C51x.LIB에 포함되어 있으므로 생략해도 된다. 단, 스타트업 파일의 내용을 수정하는 경우에는 이를 따로

```
C:\KEIL\C51\LIB>C:\KEIL\C51\BIN\A51 STARTUP.A51 [Enter]
```

와 같이 어셈블하여 STARTUP.OBJ 파일을 만들어 두고, 위의 배치 파일에서

```
C:\KEIL\C51\BIN\BL51 %1.OBJ TO %1.OUT IXREF
```

를

```
C:\KEIL\C51\BIN\BL51 C:\KEIL\C51\LIB\STARTUP.OBJ, %1.OBJ TO %1.OUT IXREF
```

로 수정해 주어야 한다. 그러면, 링커는 디폴트로 라이브러리 파일 C51x.LIB에 포함되어 있는 스타트업 코드를 무시하고 이 STARTUP.OBJ 파일을 링크하여 처리한다.

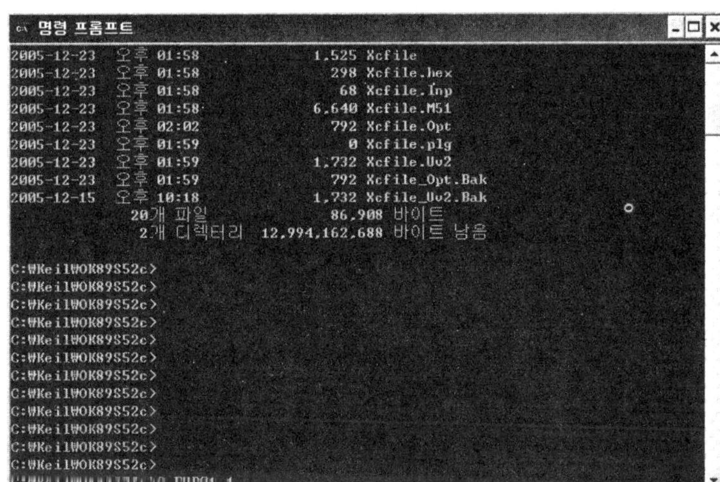

〈그림 4.1.12〉 MS-DOS 환경에서 컴파일 작업을 처리하는 배치파일의 실행

5. 실습 과제

(1) 어셈블리 언어 프로그램에서 프로그램의 시작번지는 어떻게 지시하는가?

(2) C언어 프로그램에서 /* ~ */ 문은 어떤 의미인가? 또한 이와 유사한 기능을 수행하는 다른 방법은 무엇인가?

(3) PK51 V6.1은 소스 프로그램을 번역할 때 어셈블리 언어 소스 파일과 C언어 소스 파일을 어떻게 구분하는가?

4.2 AT89S52의 어셈블리 프로그램 기초

이 절에서는 퍼스널컴퓨터에서 Keil사의 PK51 V6.1을 사용하여 어셈블리 언어로 프로그램을 작성하고 이 사용자 프로그램을 어셈블 및 링크하여 생성된 인텔 HEX 파일을 *OK-89S52* 키트에 다운로드하고 실행하는 방법을 익힌다.

관련 내용	(1) 제1.3절 AT89S52의 명령 세트 (2) 제3.3절 어셈블러와 C컴파일러의 설치 및 사용 (3) 제3.4절 매크로 어셈블러 A51.EXE

1. 어셈블리 언어 프로그램 작성에 대하여

이제부터 모든 어셈블리 언어 프로그램의 예제 파일은 파일명을 Exp??_?.asm의 형식으로 사용한다. 여기서 앞의 ??는 제4장의 절 번호(또는 실습번호)를 나타내며, 뒤의 ?는 예제 프로그램의 일련 번호를 나타낸다. 예를 들어 파일명 Exp02_1.asm은 제4.2절의 첫번째 어셈블리 예제 프로그램이라는 것을 나타낸다.

또한 이제부터 모든 어셈블리 언어 예제 프로그램은 각각 따로 프로젝트를 만들지 않고 모두 Xasmfile.Uv2 프로젝트로 처리하기로 한다. 따라서, 필요하면 앞서 사용하였던 예제 프로그램 파일을 이 프로젝트에서 제거하고 새로 사용할 예제 프로그램 파일을 이 프로젝트에 추가하면 된다. 이렇게 모든 예제의 프로젝트명을 Xasmfile.Uv2로 사용하고, 이를 어셈블할 때 출력파일도 프로젝트명과 동일한 것을 사용하도록 설정하였으므로 어셈블리 예제 프로그램의 HEX 파일은 항상 Xasmfile.hex라는 이름으로 생성되며, 여러분은 이를 *OK-89S52* 키트에 다운로드하여 실행하면 된다.

2. 비능률적인 어셈블리 프로그래밍

먼저 일반적인 방법으로 *OK-89S52* 키트에서 실행하기 위한 프로그램을 작성하여 보기로 한다. 그러나, 이러한 방법은 모든 예제에서 필요할 때마다 매번 상당히 많은 동일한 서브루틴들을 반복하여 사용해야 하므로 불편하고 비능률적인 프로그래밍 방법이라는 것을 곧 알게 된다.

μVision2에서 어셈블리 예제 프로그램 Exp02_1.asm을 불러오는 방법은 다음과 같다. 이것은 앞의 제4.1에서도 공부하였지만 여기서 다시 한번 반복하니 잘 익혀두기 바란다. 어셈블리 언어 프로그래밍 과정에서 이와 같은 μVision2의 사용법은 매우 기본적인 것이므로 이제부터는 따로 설명하지 않을 것이다.

① 자신의 퍼스널컴퓨터 바탕화면에서 μVision2의 바로가기 아이콘을 눌러서 이를 실행한다. 그러면 μVision2가 실행되고 화면에는 어떤 프로젝트가 나타나는데, 아마도 이것은 가장 최근에 실행하였던 예제 프로그램 Exp01_2.c를 작성하였던 C언어 프로젝트 Xcfile.Uv2일 것이다. 이는 화면의 프로젝트창에 나타나는 소스 파일명을 보면 알 수 있다. 그러나, 만약 지금 화면에 어셈블리 언어 프로젝트 Xasmfile.Uv2가 표시되고 있다면 아래의 ②~③ 과정은 생략된다.

② 그럼 우선 이를 어셈블리 언어 프로젝트 Xasmfile.Uv2로 바꾸어야 하는데, 이를 위해서는 <그림 4.2.1>과 같이 Project → Open Project 메뉴를 누른다.

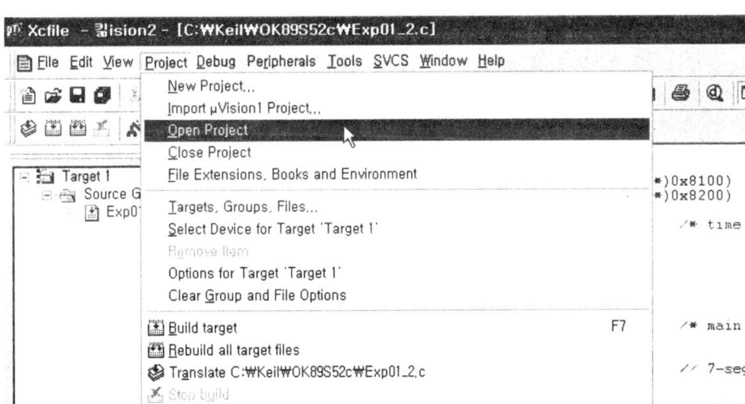

〈그림 4.2.1〉 어셈블리 언어 프로젝트 Xasmfile.Uv2를 불러오기 위한 화면

③ 그러면 <그림 4.2.2>와 같이 프로젝트 이름을 입력하는 화면이 나타난다. 만약 화면에 이와 다른 폴더가 나타나면 C:\Keil\OK89S52asm\ 폴더를 찾아가야 하며, 이 화면에 나타나는 프로젝트 이름중에서 Xasmfile.Uv2를 선택한다.

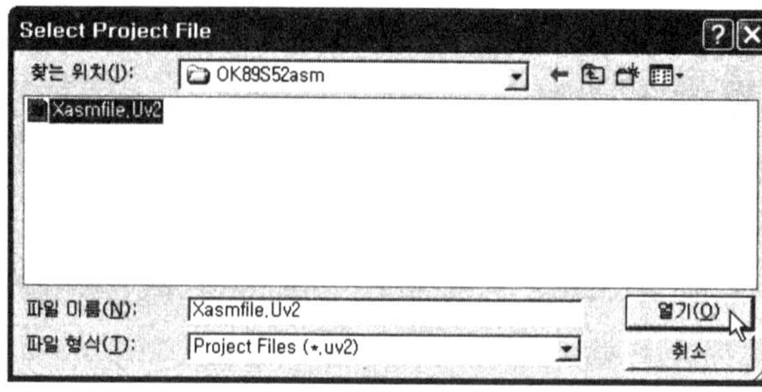

〈그림 4.2.2〉 불러올 프로젝트 이름을 입력하는 화면

④ 이번에는 프로젝트창에서 현재 등록된 소스 프로그램 이름(아마 Exp01_2.asm으로 되어 있을 것이다.)을 삭제해야 한다. 이를 위하여 프로젝트창에서 어셈블리 소스 파일의 이름 위에 마우스 커서를 올려놓고 오른쪽 버튼을 누르면 <그림 4.2.3>과 같은 팝업창이 뜬다. 여기서 Remove File 'Exp01_2.asm' 메뉴를 클릭하면 이 파일이 현재의 프로젝트에서 제거된다.

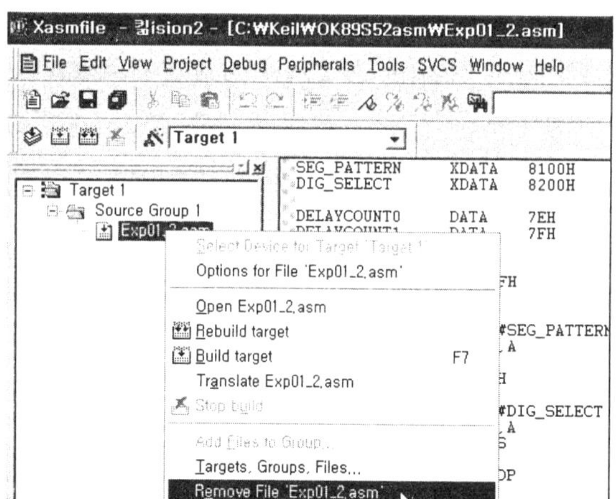

〈그림 4.2.3〉 프로젝트에서 기존의 소스 파일을 삭제하기 위한 화면

⑤ 다음에는 이제 우리가 원하는 어셈블리 예제 프로그램 Exp02_1.asm을 이 프로젝트에 등록해야 한다. 프로젝트창에서 Source Group 1의 위에 마우스 커서를 올려놓고 오른쪽 버튼을 누르면 <그림 4.2.4>와 같은 팝업창이 뜬다. 여기서 Add Files to Group 'Source Group 1' 메뉴를 누른다.

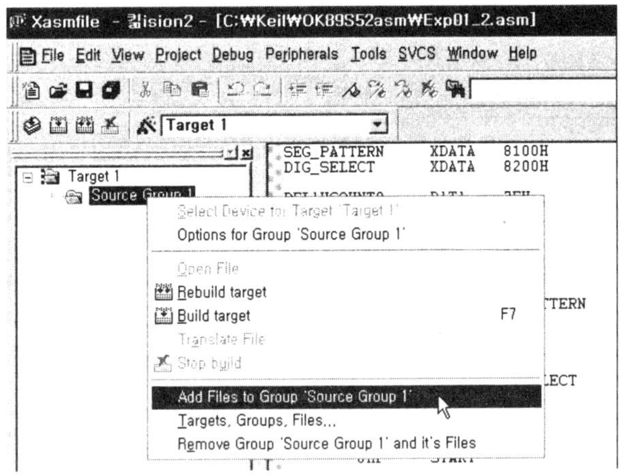

〈그림 4.2.4〉 프로젝트에 새로운 소스 파일을 등록하기 위한 화면

⑥ 그러면 <그림 4.2.5>와 같이 어셈블리 소스 파일의 이름을 입력하는 화면이 나타난다. 만약 화면에 이와 다른 폴더가 나타나면 C:\Keil\OK89S52asm\ 폴더를 찾아가야 하며, 이 화면에 나타나는 여러가지 어셈블리 파일의 이름중에서 Exp02_1.asm을 선택하고 Add 아이콘을 누른 후에 Close한다.

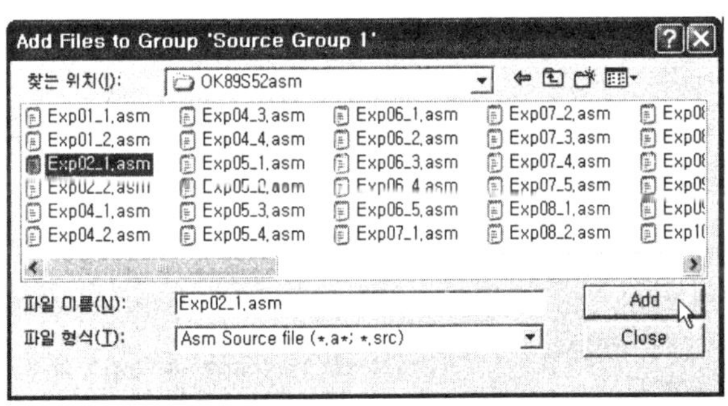

〈그림 4.2.5〉 등록할 소스 파일을 선택하는 화면

⑦ 여기까지 하면 이제 우리가 작업하려는 어셈블리 프로젝트에 예제 프로그램 Exp02_1.asm을 등록한 것이며, 프로젝트창에 새로 등록한 어셈블리 소스 파일의 이름이 표시된다. 그러나, 이렇게 하더라도 소스 파일의 내용은 아직 작업영역창에 보이지 않으므로 이를 보이게 하려면 <그림 4.2.6>과 같이 프로젝트창에 있는 소스 파일의 이름을 클릭해야 한다.

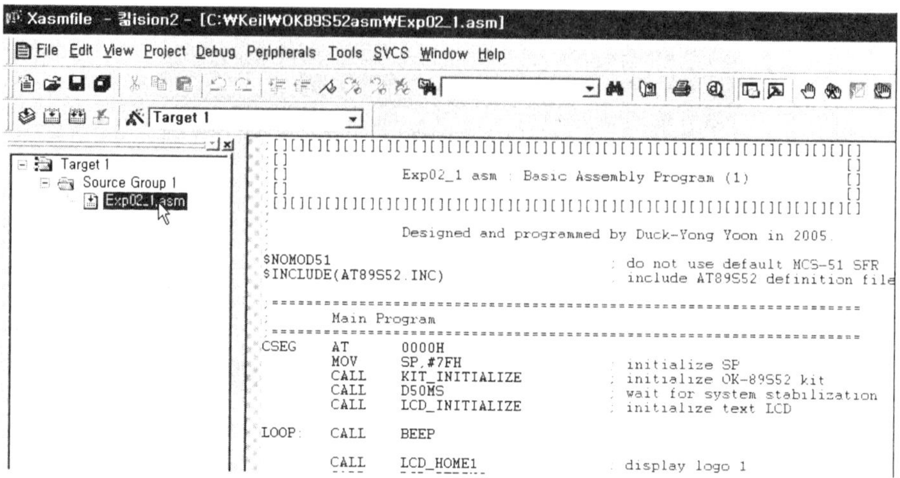

〈그림 4.2.6〉 프로젝트에 새로 등록한 Exp02_1.asm 파일의 내용이 표시되는 화면

이 어셈블리 예제 프로그램 Exp02_1.asm은 *OK-89S52* 키트의 텍스트형 LCD 모듈에 2가지의 메시지를 2초 간격으로 교대로 디스플레이하는 프로그램이며 그 내용은 다음과 같다.

〈프로그램 Exp02_1.asm〉 텍스트형 LCD 모듈에 메시지를 출력하는 예제(1)

```
;[][][][][][][][][][][][][][][][][][][][][][][][][][][][][][][][][][]
;[]                                                               []
;[]            Exp02_1.asm : Basic Assembly Program (1)           []
;[]                                                               []
;[][][][][][][][][][][][][][][][][][][][][][][][][][][][][][][][][][]
;
;              Designed and programmed by Duck-Yong Yoon in 2005.
;
$NOMOD51                                ; do not use default MCS-51 SFR
$INCLUDE(AT89S52.INC)                   ; include AT89S52 definition file

;====================================================================
;       Main Program
;====================================================================
CSEG    AT      0000H
        MOV     SP,#7FH                 ; initialize SP
        CALL    KIT_INITIALIZE          ; initialize OK-89S52 kit
        CALL    D50MS                   ; wait for system stabilization
        CALL    LCD_INITIALIZE          ; initialize text LCD

LOOP:   CALL    BEEP

        CALL    LCD_HOME1               ; display logo 1
        CALL    LCD_STRING
        DB      ' OK-89S52  V1.0 ',0
        CALL    LCD_HOME2
        CALL    LCD_STRING
```

```
        DB      'D.Y.YOON in 2005',0
        CALL    D2SEC

        CALL    LCD_HOME1               ; display logo 2
        CALL    LCD_STRING
        DB      '   Ohm Book Co.   ',0
        CALL    LCD_HOME2
        CALL    LCD_STRING
        DB      'Tel. 02-776-4868',0
        CALL    D2SEC

        JMP     LOOP

;=====================================================================
;       Memory Address
;=====================================================================
LCD_BUFFER      DATA    70H     ; LCD buffer to write command or data
LCD_DPL         DATA    72H     ; DPTR register buffer in LCD_STRING
LCD_DPH         DATA    73H

DELAYCOUNT0     DATA    7EH     ; software time delay counter 0
DELAYCOUNT1     DATA    7FH     ; software time delay counter 1

;=====================================================================
;       I/O Address
;=====================================================================
;---------------------------------------------
;       7-Segment LED (x8)
;---------------------------------------------
SEG_PATTERN     XDATA   8100H   ; segment pattern data
DIG_SELECT      XDATA   8200H   ; digit select data

;---------------------------------------------
;       LCD Module(16x2)
;---------------------------------------------
LCD_WR_INST     XDATA   8300H   ; write LCD instruction
LCD_WR_DATA     XDATA   8301H   ; write LCD display data

; ====================================================================
;       Initialize OK-89S52 Kit
; ====================================================================
KIT_INITIALIZE:
        SETB    P3.5                    ; buzzer off
        CLR     A                       ; clear 7-segment LED
        MOV     DPTR,#SEG_PATTERN
        MOVX    @DPTR,A
        MOV     DPTR,#DIG_SELECT
        MOVX    @DPTR,A
        RET

; ====================================================================
;       LCD Display Subroutine
; ====================================================================
;---------------------------------------------
;       Initialize LCD Module
;---------------------------------------------
LCD_INITIALIZE:
        MOV     LCD_BUFFER,#38H         ; function set(8 bit, 2 line, 5x7 dot)
        CALL    LCD_COMMAND
        MOV     LCD_BUFFER,#0CH         ; display control(display ON, cursor OFF)
        CALL    LCD_COMMAND
        MOV     LCD_BUFFER,#06H         ; entry mode set(increment, not shift)
        CALL    LCD_COMMAND
```

```
        MOV     LCD_BUFFER,#01H         ; clear display
        CALL    LCD_COMMAND
        CALL    D2MS
        RET

;--------------------------------------------------
;       Set LCD Cursor Position
;--------------------------------------------------
LCD_HOME1:MOV   LCD_BUFFER,#80H         ; go home 1 (line 1, column 1)
        JMP     LCD_COMMAND
LCD_HOME2:MOV   LCD_BUFFER,#0C0H        ; go home 2 (line 2, column 1)
        JMP     LCD_COMMAND

;--------------------------------------------------
;       Write a Command to LCD(LCD_BUFFER)
;--------------------------------------------------
LCD_COMMAND:
        PUSH    DPH
        PUSH    DPL
        PUSH    ACC
        MOV     DPTR,#LCD_WR_INST
        MOV     A,LCD_BUFFER
        MOVX    @DPTR,A
        POP     ACC
        POP     DPL
        POP     DPH
        CALL    D50US
        RET

;--------------------------------------------------
;       Display a Character on LCD(LCD_BUFFER)
;--------------------------------------------------
LCD_DATA:PUSH   DPH
        PUSH    DPL
        PUSH    ACC
        MOV     DPTR,#LCD_WR_DATA
        MOV     A,LCD_BUFFER
        MOVX    @DPTR,A
        POP     ACC
        POP     DPL
        POP     DPH
        CALL    D50US
        RET

;--------------------------------------------------
;       Display String on LCD
;--------------------------------------------------
LCD_STRING:MOV  LCD_DPH,DPH
        MOV     LCD_DPL,DPL
        POP     DPH                     ; get start address of string
        POP     DPL
        PUSH    ACC
LCD_STR1:CLR    A                       ; read a character. end string ?
        MOVC    A,@A+DPTR
        JZ      LCD_STR2                ; if yes, return
        MOV     LCD_BUFFER,A
        CALL    LCD_DATA                ; if no, display a character
        INC     DPTR
        JMP     LCD_STR1
LCD_STR2:POP    ACC
        INC     DPTR
        PUSH    DPL                     ; store new return address
        PUSH    DPH
```

```
        MOV     DPH,LCD_DPH
        MOV     DPL,LCD_DPL
        RET

;==================================================================
;       Buzzer Sound
;==================================================================
BEEP:   CLR     P3.5                         ; buzzer on
        CALL    D50MS
        SETB    P3.5                         ; buzzer off
        RET

;==================================================================
;       Time Delay(for 24MHz Clock)
;==================================================================
;---------------------------------------------
;       Time Delay
;---------------------------------------------
D50US:  PUSH    DELAYCOUNT0
        MOV     DELAYCOUNT0,#5
        JMP     BASE10US

D2MS:   PUSH    DELAYCOUNT0
        MOV     DELAYCOUNT0,#2
        JMP     BASE1MS

D50MS:  PUSH    DELAYCOUNT0
        MOV     DELAYCOUNT0,#50
        JMP     BASE1MS

D100MS: PUSH    DELAYCOUNT0
        MOV     DELAYCOUNT0,#100
        JMP     BASE1MS

D200MS: PUSH    DELAYCOUNT0
        MOV     DELAYCOUNT0,#200
        JMP     BASE1MS

D500MS: CALL    D100MS
        CALL    D200MS
        CALL    D200MS
        RET

D2SEC:  CALL    D500MS
        CALL    D500MS
        CALL    D500MS
        CALL    D500MS
        RET

;---------------------------------------------
;       Basic 10 us Delay (20 cycles)
;---------------------------------------------
BASE10US:NOP                                 ; 1
        NOP                                  ; 1
        PUSH    DELAYCOUNT1                  ; 2
        POP     DELAYCOUNT1                  ; 2
        PUSH    DELAYCOUNT1                  ; 2
        POP     DELAYCOUNT1                  ; 2
        PUSH    DELAYCOUNT1                  ; 2
        POP     DELAYCOUNT1                  ; 2
        PUSH    DELAYCOUNT1                  ; 2
        POP     DELAYCOUNT1                  ; 2
        DJNZ    DELAYCOUNT0,BASE10US         ; 2
```

```
        POP     DELAYCOUNT0
        RET

;------------------------------------------------
;       Basic 1 ms Delay (2000 cycles)
;------------------------------------------------
BASE1MS:PUSH    DELAYCOUNT1
BASE1MS1:MOV    DELAYCOUNT1,#199        ; (2)
BASE1MS2:PUSH   DELAYCOUNT1             ; 2
        POP     DELAYCOUNT1             ; 2
        PUSH    DELAYCOUNT1             ; 2
        POP     DELAYCOUNT1             ; 2
        DJNZ    DELAYCOUNT1,BASE1MS2    ; 2
        NOP                             ; (1)
        NOP                             ; (1)
        PUSH    DELAYCOUNT1             ; (2)
        POP     DELAYCOUNT1             ; (2)
        DJNZ    DELAYCOUNT0,BASE1MS1    ; (2)
        POP     DELAYCOUNT1
        POP     DELAYCOUNT0
        RET

        END
```

☞ 이 책의 모든 어셈블리 프로그램의 서두에는 항상 $NOMOD51 지시어를 사용하여 디폴트로 지정된 MCS-51의 SFR에 대한 정의를 해제하고, $INCLUDE(AT89S52.INC) 지시어를 사용하여 AT89S52의 SFR을 정의한 파일을 인클루드시켜 주어야 한다. 이 인클루드 파일 AT89S52.INC는 Keil사의 PK51 V6.1 소프트웨어에서 기본 제공하지 않으므로 저자가 작성하여 미리 C:\Keil\OK89S52asm\ 폴더에 설치하여 두었다.

이 프로그램의 메인 루틴은 CSEG AT 0000H에서 JMP LOOP 명령까지 뿐이다. 나머지 대부분은 메인 루틴에서 사용하는 서브루틴이다. 서브루틴이나 인터럽트를 사용하는 프로그램에서는 스택이 사용되므로 프로그램이 시작될 때 항상 스택 포인터를 지정해 주어야 한다. *OK-89S52* 키트에서는 스택으로 내부 데이터 메모리의 80H~FFH 번지를 스택으로 사용하므로 프로그램의 서두에서 항상 MOV SP,#7FH 명령을 사용하여 스택 포인터 SP의 값을 지정하여 준다.

이 예제에서는 프로그램의 내용이 이해하기 어려우면 일단 그냥 넘어가도 좋다. 이번 실습에서도 프로그램의 내용보다는 어셈블리 프로그램의 기본적인 구조를 이해하는데 주력하고, 어셈블리 프로그램을 작성하고 어셈블하여 실행하는 절차에 더 신경을 쓰기 바란다.

여기서 어셈블리 언어 인클루드 파일 AT89S52.INC는 AT89S52 마이크로콘트롤러의 SFR을 정의하기 위한 파일이다. PK51 V6.1에서는 이를 지원하지 않으므로 이 책에서는 이를 직접 만들어 사용한다. 앞으로 모든 어셈블리 언어 예제 프로그램에서는 서두에 이를 인클루드해 주어야 하며, 이에 따라 어셈블러 내부에서 디폴트로 인식하는 MCS-51의 SFR은 해제하도록 $NOMOD51 지시어를 사용해야 한다. 이 인클루드 파일의 내용은 아래와 같다.

〈파일 AT89S52.INC〉 AT89S52의 SFR을 정의하기 위한 인클루드 파일

```
$NOLIST
;====================================================================
; AT89S52.INC : Atmel AT89S52 MCU Declarations
;--------------------------------------------------------------------
; Designed for Keil Macro Assembler A51.EXE by Duck-Yong Yoon in 2005.
;====================================================================
;
; ***** Byte Registers ***********************************************
;
P0      DATA 80H        ; Port 0
SP      DATA 81H        ; Stack Pointer
DPL     DATA 82H        ; Data Pointer Low Byte
DPH     DATA 83H        ; Data Pointer High Byte
DP0L    DATA 82H        ; Alternate Definition
DP0H    DATA 83H        ; Alternate Definition
DP1L    DATA 84H        ; Data Pointer 1 Low Byte
DP1H    DATA 85H        ; Data Pointer 1 High Byte
PCON    DATA 87H        ; Power Control Register

TCON    DATA 88H        ; Timer Control Register
TMOD    DATA 89H        ; Timer Mode Control Register
TL0     DATA 8AH        ; Timer 0 Low Byte
TL1     DATA 8BH        ; Timer 1 Low Byte
TH0     DATA 8CH        ; Timer 0 High Byte
TH1     DATA 8DH        ; Timer 1 High Byte
AUXR    DATA 8EH        ; Auxiliary Register

P1      DATA 90H        ; Port 1
SCON    DATA 98H        ; Serial Port Control Register
SBUF    DATA 99H        ; Serial Port Buffer

P2      DATA 0A0H       ; Port 2
AUXR1   DATA 0A2H       ; Auxiliary Register 1
WDTRST  DATA 0A6H       ; Watchdog Timer Reset Register
IE      DATA 0A8H       ; Interrupt Enable Register

P3      DATA 0B0H       ; Port 3
IP      DATA 0B8H       ; Interrupt Priority Register

T2CON   DATA 0C8H       ; Timer 2 Control Register
T2MOD   DATA 0C9H       ; Timer 2 Mode Control Register
RCAP2L  DATA 0CAH       ; Timer 2 Capture Register Low Byte
RCAP2H  DATA 0CBH       ; Timer 2 Capture Register High Byte
TL2     DATA 0CCH       ; Timer 2 Low Byte
TH2     DATA 0CDH       ; Timer 2 High Byte

PSW     DATA 0D0H       ; Program Status Word
ACC     DATA 0E0H       ; Accumulator
B       DATA 0F0H       ; B Register
;
; ***** Bit Registers ************************************************
;
; P0 (80H) Bit Registers
;
P0_0    BIT  80H
P0_1    BIT  81H
P0_2    BIT  82H
P0_3    BIT  83H
P0_4    BIT  84H
P0_5    BIT  85H
```

```
P0_6    BIT  86H
P0_7    BIT  87H
;
;TCON (88H) Bit Registers
;
IT0     BIT  88H        ; Interrupt 0 Type Control Bit
IE0     BIT  89H        ; Interrupt 0 Edge Flag
IT1     BIT  8AH        ; Interrupt 1 Type Control Bit
IE1     BIT  8BH        ; Interrupt 1 Edge Flag
TR0     BIT  8CH        ; Timer 0 Run Control Bit
TF0     BIT  8DH        ; Timer 0 Overflow Flag
TR1     BIT  8EH        ; Timer 1 Run Control Bit
TF1     BIT  8FH        ; Timer 1 Overflow Flag
;
; P1 (90H) Bit Registers
;
P1_0    BIT  90H
P1_1    BIT  91H
P1_2    BIT  92H
P1_3    BIT  93H
P1_4    BIT  94H
P1_5    BIT  95H
P1_6    BIT  96H
P1_7    BIT  97H

T2      BIT  90H        ; Timer 2 external input & clock out
T2EX    BIT  91H        ; Timer 2 capture/reload trigger & direction control
MOSI    BIT  95H        ; SPI MOSI - Master data output, slave data input
MISO    BIT  96H        ; SPI MISO - Master data input, slave data output
SCK     BIT  97H        ; SPI SCK  - Master clock output, slave clock input
;
; SCON (98H) Bit Registers
;
RI      BIT  98H        ; Receive Interrupt Flag
TI      BIT  99H        ; Transmit Interrupt Flag
RB8     BIT  9AH        ; 9th data bit or stop bit received
TB8     BIT  9BH        ; 9th data bit to be transmitted in modes 2 & 3
REN     BIT  9CH        ; Receive Enable
SM2     BIT  9DH        ; Serial Port Mode Bit 2
SM1     BIT  9EH        ; Serial Port Mode Bit 1
SM0     BIT  9FH        ; Serial Port Mode Bit 0
;
; P2 (A0H) Bit Registers
;
P2_0    BIT  0A0H
P2_1    BIT  0A1H
P2_2    BIT  0A2H
P2_3    BIT  0A3H
P2_4    BIT  0A4H
P2_5    BIT  0A5H
P2_6    BIT  0A6H
P2_7    BIT  0A7H
;
; IE (A8H) Bit Registers
;
EX0     BIT  0A8H       ; External Interrupt 0 Enable
ET0     BIT  0A9H       ; Timer 0 Interrupt Enable
EX1     BIT  0AAH       ; External Interrupt 1 Enable
ET1     BIT  0ABH       ; Timer 1 Interrupt Enable
ES      BIT  0ACH       ; Serial Port Interrupt Enable
ET2     BIT  0ADH       ; Timer 2 Interrupt Enable
EA      BIT  0AFH       ; Global Interrupt Enable
;
```

```
; P3 (B0H) Bit Registers
;
P3_0     BIT  0B0H
P3_1     BIT  0B1H
P3_2     BIT  0B2H
P3_3     BIT  0B3H
P3_4     BIT  0B4H
P3_5     BIT  0B5H
P3_6     BIT  0B6H
P3_7     BIT  0B7H

RXD      BIT  0B0H        ; Serial data input
TXD      BIT  0B1H        ; Serial data output
INT0     BIT  0B2H        ; External interrupt 0
INT1     BIT  0B3H        ; External interrupt 1
T0       BIT  0B4H        ; Timer 0 external input
T1       BIT  0B5H        ; Timer 1 external input
WR       BIT  0B6H        ; External data memory write strobe
RD       BIT  0B7H        ; External data memory read strobe
;
; IP (B8H) Bit Registers
;
PX0      BIT  0B8H        ; External Interrupt 0 Priority Bit
PT0      BIT  0B9H        ; Timer 0 Interrupt Priority Bit
PX1      BIT  0BAH        ; External Interrupt 1 Priority Bit
PT1      BIT  0BBH        ; Timer 1 Interrupt Priority Bit
PS       BIT  0BCH        ; Serial Port Interrupt Priority Bit
PT2      BIT  0BDH        ; Timer 2 Interrupt Priority Bit
;
; T2CON (C8H) Bit Registers
;
CP_RL2   BIT  0C8H        ; 0=Reload,     1=Capture select
C_T2     BIT  0C9H        ; 0=Timer,      1=Counter
TR2      BIT  0CAH        ; 0=Stop timer, 1=Start timer
EXEN2    BIT  0CBH        ; Timer 2 external enable
TCLK     BIT  0CCH        ; 0=Baud rate by Timer 1, 1=Baud rate by Timer 2
RCLK     BIT  0CDH        ; 0=Baud rate by Timer 1, 1=Baud rate by Timer 2
EXF2     BIT  0CEH        ; Timer 2 external flag
TF2      BIT  0CFH        ; Timer 2 overflow flag
;
; PSW (D0H) Bit Registers
;
P        BIT  0D0H        ; Parity Flag
FL       BIT  0D1H        ; User Flag
OV       BIT  0D2H        ; Overflow Flag
RS0      BIT  0D3H        ; Register Bank Select Bit 0
RS1      BIT  0D4H        ; Register Bank Select Bit 1
F0       BIT  0D5H        ; User Flag 0
AC       BIT  0D6H        ; Auxiliary Carry Flag
CY       BIT  0D7H        ; Carry Flag

$LIST
```

☞ 여기서 인클루드 파일을 $NOLIST ~ $LIST 지시어로 감싼 것은 이 부분이 나중에 사용자 프로그램을 어셈블하여 생성되는 리스팅 파일에 표시되지 않도록 하기 위함이다. 리스팅 파일에 이를 표시하도록 하면 쓸데없이 파일이 길어져서 이를 읽기에 불편하기 때문이다.

위에서 병렬 I/O 포트 P0~P3의 각 비트를 비트 어드레싱하는데 사용할 수 있도록 Px_y 형식으로 정의한 것은 생략해도 된다. MCS-51에서는 원래 이를 Px.y의 형식으로 사용하고 있으며 어셈블러에서도 이렇게 표시하는 것을 정상적으로 인식하기 때문이다. 그러나, 굳이 여기서 Px.y의 형식 이외에 Px_y의 형식을 추가로 사용할 수 있도록 한 것은 C언어와의 통일성을 맞추기 위함이다. C언어에서는 병렬 I/O 포트에서 Px.y의 형식을 사용하지 못하고 Px_y의 형식만을 사용할 수 있다.

이제 프로그램을 Project → Build target 또는 Project → Rebuild all target files 메뉴를 클릭하거나 해당 아이콘을 눌러서 어셈블하라. 만약 어셈블 과정에서 어떤 에러도 발생하지 않았다면 Xasmfile.hex 파일이 생성되었을 것이니 SPI-Flash Programmer 프로그램을 이용하여 이를 *OK-89S52* 키트에 다운로드하여 실행하라. 그리고 LCD 모듈에 표시되는 내용을 관찰하여 보라.

3. 능률적인 어셈블리 프로그래밍

앞에서 사용한 어셈블리 예제 프로그램은 단순히 텍스트형 LCD 모듈에 2가지의 메시지를 출력하는 내용이지만 프로그램의 소스 파일은 상당히 길다. 이것은 텍스트형 LCD 모듈을 사용하려면 이를 초기화하거나 액세스하는데 필요한 여러가지의 서브루틴이 필요하고, 여기에 부수적으로 시간지연 서브루틴까지 필요하기 때문이다.

그러나, 이러한 기본적인 서브루틴은 단지 이 예제 프로그램 뿐만 아니라 앞으로 대부분의 예제에서도 마찬가지로 필요하다. 그때마다 이와 같이 프로그램에 이러한 서브루틴을 포함하도록 직접 입력하는 것은 상당히 힘들고 지루한 작업이 될 수 있다. 이를 쉽게 해결하려면 이러한 기본적이고 공통적인 서브루틴들을 모아서 별도의 파일로 만들어놓고 이를 필요할 때마다 인클루드하여 주면 된다.

다음은 앞의 예제 프로그램 Exp02_1.asm을 이와 같은 인클루드 파일을 사용하여 간단하게 다시 작성한 것이다. 전체 프로그램이 얼마나 간단해졌는지를 뚜렷이 느낄 수 있을 것이다.

〈프로그램 Exp02_2.asm〉 텍스트형 LCD 모듈에 메시지를 출력하는 예제(2)

```
;[][][][][][][][][][][][][][][][][][][][][][][][][][][][][][][][][][][][][][][][][][]
;[]                                                                               []
;[]              Exp02_2.asm : Basic Assembly Program (2)                         []
;[]                                                                               []
;[][][][][][][][][][][][][][][][][][][][][][][][][][][][][][][][][][][][][][][][][][]
;
;                Designed and programmed by Duck-Yong Yoon in 2005.
;
$NOMOD51                                  ; do not use default MCS-51 SFR
$INCLUDE(AT89S52.INC)                     ; include AT89S52 definition file
```

```
;===================================================================
;       Main Program
;===================================================================
CSEG    AT      0000H
        MOV     SP,#7FH                 ; initialize SP
        CALL    KIT_INITIALIZE          ; initialize OK-89S52 kit
        CALL    D50MS                   ; wait for system stabilization
        CALL    LCD_INITIALIZE          ; initialize text LCD

LOOP:   CALL    BEEP

        CALL    LCD_HOME1               ; display logo 1
        CALL    LCD_STRING
        DB      ' OK-89S52  V1.0 ',0
        CALL    LCD_HOME2
        CALL    LCD_STRING
        DB      'D.Y.YOON in 2005',0
        CALL    D2SEC

        CALL    LCD_HOME1               ; display logo 2
        CALL    LCD_STRING
        DB      '   Ohm Book Co.   ',0
        CALL    LCD_HOME2
        CALL    LCD_STRING
        DB      'Tel. 02-776-4868',0
        CALL    D2SEC

        JMP     LOOP

;===================================================================
;       Include User Subroutine File
;===================================================================
$INCLUDE(OK89S52.INC)                   ; include OK-89S52 subroutine file
        END
```

☞ 프로그램은 번지 0000H 번지부터 실행되어야 하므로 이러한 서브루틴은 반드시 메인 루틴의 뒷부분에 위치시켜야 한다. 따라서, 서브루틴 파일은 프로그램의 말미에서 인클루드하였다.

이 예제 프로그램을 프로젝트에 교체 등록하고 어셈블하여 *OK-89S52* 키트에서 실행해 보라. 앞의 예제 Exp02_1.asm과 동일한 실행 결과를 얻을 수 있는가?

이제 여러분이 이 책에서 앞으로 어셈블리 언어로 사용자 프로그램을 작성할 때는 항상 예제 프로그램 Exp02_2.asm에서와 같이 **프로그램의 서두에서는 SFR을 정의하기 위한 AT89S52.INC 파일을 인클루드하고 프로그램의 말미에서는 공통 서브루틴 파일인 OK89S52.INC 파일을 인클루드하여 준다**는 것을 기억하라.

그러나, 이밖에도 필요하면 추가로 인클루드 파일을 만들어 사용할 수 있다. 예를 들어 나중에 스피커를 통하여 음악 멜로디 연주를 할 때는 그에 필요한 음악연주용 서브루틴들을 모아둔 인클루드 파일을 추가로 사용한다. 만약 인클루드 파일에 포함되지 않은 추가적인 정의를 하려면 프로그램 서두에서 직접 써넣으면 되고, 인클루드 파일에 포함되지 않은 서브루틴을 사용하려면 프로그램 말미에 이를 직접 써넣으면 된다. 인클루드 파일에는 가급적이면 어느 예제 프로그램에서나 공통적으로 자주 사용하는 내용들만을 포함시키는 것이 바람직하다.

공통적인 서브루틴들을 모아놓은 OK89S52.INC 파일의 내용은 다음과 같다. 이 인클루드 파일에는 사용자에게 유용한 공통 서브루틴은 물론이고, 필요한 메모리 변수와 *OK-89S52* 키트의 외부 확장 I/O 어드레스를 정의하여 두었다. 이제부터 여러분은 이 인클루드 파일의 내용을 잘 이해하고 활용하는 것이 유능한 프로그래머가 되는 지름길이 될 것이다.

〈파일 OK89S52.INC〉 공통적인 서브루틴을 모아놓은 인클루드 파일

```
;======================================================================
;       Memory Address
;======================================================================
;-------------------------------------------------
;       Internal Data Memory Map
;-------------------------------------------------
; 0000H-001FH : 4 register banks
; 0020H-007FH : user data area
; 0080H-00FFH : stack area

;-------------------------------------------------
;       Variables Used in Common Subroutines
;-------------------------------------------------
ZERO_FLAG       BIT     2FH.0   ; LCD zero display flag
KEY_FLAG        BIT     2FH.1   ; key input flag

LCD_BUFFER      DATA    70H     ; LCD buffer to write command or data
CURSOR          DATA    71H     ; cursor position
LCD_DPL         DATA    72H     ; DPTR register buffer in LCD_STRING
LCD_DPH         DATA    73H

TXD_BUFFER      DATA    74H     ; TXD buffer for serial port
RXD_BUFFER      DATA    75H     ; RXD buffer for serial port
TXD_DPL         DATA    76H     ; DPTR register buffer in TXD_STRING
TXD_DPH         DATA    77H

BUFFER3         DATA    78H     ; buffer for multiplication and division
BUFFER2         DATA    79H
BUFFER1         DATA    7AH
BUFFER0         DATA    7BH
REMAINDERL      DATA    7CH     ; remaider buffer for division
REMAINDERH      DATA    7DH

DELAYCOUNT0     DATA    7EH     ; software time delay counter 0
DELAYCOUNT1     DATA    7FH     ; software time delay counter 1

;======================================================================
;       I/O Address
;======================================================================
;-------------------------------------------------
;       DS12C887 RTC
;-------------------------------------------------
```

```
RTC_SECOND      XDATA   8000H   ; second    (00-59, BCD)
RTC_SEC_ALM     XDATA   8001H   ; second alarm
RTC_MINUTE      XDATA   8002H   ; minute    (00-59, BCD)
RTC_MIN_ALM     XDATA   8003H   ; minute alarm
RTC_HOUR        XDATA   8004H   ; hour      (AM = 01-12, PM = 81-92, BCD)
RTC_HOUR_ALM    XDATA   8005H   ; hour alarm
RTC_WEEKDAY     XDATA   8006H   ; week day  (SUN = 1, SAT = 7)
RTC_DATE        XDATA   8007H   ; date      (01-31, BCD)
RTC_MONTH       XDATA   8008H   ; month     (01-12, BCD)
RTC_YEAR        XDATA   8009H   ; year      (00-99, BCD)
RTC_A           XDATA   800AH   ; Register A : b7 = UIP flag(read only)
                                ;              b6-4 = 010   oscillator on
                                ;              b3-0 = 0000  no SQW frequency
                                ;                     0011  8192 Hz
                                ;                     1111  2 Hz
RTC_B           XDATA   800BH   ; Register B : b7 = set UIP transfer
                                ;              b6 = PIE(periodic interrupt enable)
                                ;              b5 = AIE(alarm interrupt enable)
                                ;              b4 = UIE(update ended interrupt enable)
                                ;              b3 = square wave enable(SQW)
                                ;              b2 = data mode(0=BCD, 1=binary)
                                ;              b1 = 12/24 bit control(0=12, 1=24)
                                ;              b0 = daylight saving enable
RTC_C           XDATA   800CH   ; Register C : b7 = interrupt request flag
                                ;              b6 = PF(periodic interrupt flag)
                                ;              b5 = AF(alarm interrupt flag)
                                ;              b4 = UF(update ended interrupt flag)
                                ;              b3-0 = not used
RTC_D           XDATA   800DH   ; Register D : b7 = VRT(valid RAM and time, read only)
                                ;              b6-0 = not used
RTC_FLAG        XDATA   800FH   ; battery backup and time OK("G") flag

;------------------------------------------------
;       7-Segment LED (x8)
;------------------------------------------------
SEG_PATTERN     XDATA   8100H   ; segment pattern data
DIG_SELECT      XDATA   8200H   ; digit select data

;------------------------------------------------
;       LCD Module(16x2)
;------------------------------------------------
LCD_WR_INST     XDATA   8300H   ; write LCD instruction
LCD_WR_DATA     XDATA   8301H   ; write LCD display data

;------------------------------------------------
;       ADC0809 A/D Converter
;------------------------------------------------
ADC_CH0         XDATA   8400H   ; select A/D converter channel
ADC_CH1         XDATA   8401H
ADC_CH2         XDATA   8402H
ADC_CH3         XDATA   8403H
ADC_CH4         XDATA   8404H
ADC_CH5         XDATA   8405H
ADC_CH6         XDATA   8406H
ADC_CH7         XDATA   8407H
ADC_READ        XDATA   8400H   ; read A/D converter

;------------------------------------------------
;       DAC0800 D/A Converter
;------------------------------------------------
DAC_CS          XDATA   8500H   ; D/A converter output

;=================================================================
;       Jumper S/W Setting
;=================================================================
; J1 = ON  : external program memory(U9 : 27C256 or 29C256)
```

```
;       OFF : internal program memory(8KB flash)
; J2 = ON   : DAC0800 unipolar output(from   0[V] to +10[V])
;       OFF : DAC0800 bipolar output (from -10[V] to +10[V])

; ======================================================================
;       Initialize OK-89S52 Kit
; ======================================================================
KIT_INITIALIZE:
        SETB    P3.5                    ; buzzer off
        CLR     A                       ; clear 7-segment LED
        MOV     DPTR,#SEG_PATTERN
        MOVX    @DPTR,A
        MOV     DPTR,#DIG_SELECT
        MOVX    @DPTR,A
        CLR     KEY_FLAG                ; clear KEY_FLAG
        RET

; ======================================================================
;       LCD Display Subroutine
; ======================================================================
;-------------------------------------------------
;       Initialize LCD Module
;-------------------------------------------------
LCD_INITIALIZE:
        MOV     LCD_BUFFER,#38H         ; function set(8 bit, 2 line, 5x7 dot)
        CALL    LCD_COMMAND
        MOV     LCD_BUFFER,#0CH         ; display control(display ON, cursor OFF)
        CALL    LCD_COMMAND
        MOV     LCD_BUFFER,#06H         ; entry mode set(increment, not shift)
        CALL    LCD_COMMAND
        MOV     LCD_BUFFER,#01H         ; clear display
        CALL    LCD_COMMAND
        CALL    D2MS
        RET

;-------------------------------------------------
;       Set LCD Cursor Position
;-------------------------------------------------
LCD_HOME1:MOV   LCD_BUFFER,#80H         ; go home 1 (line 1, column 1)
        JMP     LCD_COMMAND
LCD_HOME2:MOV   LCD_BUFFER,#0C0H        ; go home 2 (line 2, column 1)
        JMP     LCD_COMMAND

;-------------------------------------------------
;       Write a Command to LCD(LCD_BUFFER)
;-------------------------------------------------
LCD_COMMAND:
        PUSH    DPH
        PUSH    DPL
        PUSH    ACC
        MOV     DPTR,#LCD_WR_INST
        MOV     A,LCD_BUFFER
        MOVX    @DPTR,A
        POP     ACC
        POP     DPL
        POP     DPH
        CALL    D50US
        RET

;-------------------------------------------------
;       Display a Character on LCD(LCD_BUFFER)
;-------------------------------------------------
LCD_DATA:PUSH   DPH
        PUSH    DPL
        PUSH    ACC
        MOV     DPTR,#LCD_WR_DATA
        MOV     A,LCD_BUFFER
```

```
        MOVX    @DPTR,A
        POP     ACC
        POP     DPL
        POP     DPH
        CALL    D50US
        RET

;------------------------------------------------
;       Display String on LCD
;------------------------------------------------
LCD_STRING:MOV  LCD_DPH,DPH
        MOV     LCD_DPL,DPL
        POP     DPH                     ; get start address of string
        POP     DPL
        PUSH    ACC
LCD_STR1:CLR    A                       ; read a character. end string ?
        MOVC    A,@A+DPTR
        JZ      LCD_STR2                ; if yes, return
        MOV     LCD_BUFFER,A
        CALL    LCD_DATA                ; if no, display a character
        INC     DPTR
        JMP     LCD_STR1
LCD_STR2:POP    ACC
        INC     DPTR
        PUSH    DPL                     ; store new return address
        PUSH    DPH
        MOV     DPH,LCD_DPH
        MOV     DPL,LCD_DPL
        RET

;------------------------------------------------
;       Display 4 Digit HEX Data(DPTR)
;------------------------------------------------
LCD_4HEX:MOV    LCD_BUFFER,DPH          ; high byte
        CALL    LCD_2HEX
        MOV     LCD_BUFFER,DPL          ; low byte
        CALL    LCD_2HEX
        RET

;------------------------------------------------
;       Display 2 Digit HEX Data(LCD_BUFFER)
;------------------------------------------------
LCD_2HEX:PUSH   ACC
        PUSH    B
        MOV     A,LCD_BUFFER            ; upper digit
        PUSH    ACC
        ANL     A,#11110000B
        SWAP    A
        CJNE    A,#0AH,LCD_2HEX1
        JMP     LCD_2HEX2
LCD_2HEX1:JNC   LCD_2HEX2
        ADD     A,#'0'
        JMP     LCD_2HEX3
LCD_2HEX2:CLR   C
        SUBB    A,#0AH
        ADD     A,#'A'
LCD_2HEX3:MOV   LCD_BUFFER,A
        CALL    LCD_DATA
        POP     ACC                     ; lower digit
        ANL     A,#00001111B
        CJNE    A,#0AH,LCD_2HEX4
        JMP     LCD_2HEX5
LCD_2HEX4:JNC   LCD_2HEX5
        ADD     A,#'0'
        JMP     LCD_2HEX6
LCD_2HEX5:CLR   C
        SUBB    A,#0AH
```

```
        ADD     A,#'A'
LCD_2HEX6:MOV   LCD_BUFFER,A
        CALL    LCD_DATA
        POP     B
        POP     ACC
        RET

;-------------------------------------------------
;       Display 5/4/3/2-Digit Decimal Number(DPTR)
;-------------------------------------------------
LCD_5DEC:PUSH   00H                     ; push registers
        PUSH    01H
        PUSH    02H
        PUSH    03H
        PUSH    04H
        PUSH    05H
        PUSH    06H
        PUSH    07H
        PUSH    DPL
        PUSH    DPH
        CLR     ZERO_FLAG               ; clear zero zone flag
        MOV     R2,#0
        MOV     R3,#0
        MOV     R4,DPH                  ; input data = DPTR
        MOV     R5,DPL
        MOV     DPTR,#10000             ; display 10^4 digit
        MOV     R6,DPH
        MOV     R7,DPL
        CALL    DIV16
        MOV     A,R5
        ADD     A,#'0'
        CJNE    A,#'0',LCD_5DEC1
        MOV     A,#' '
        JMP     LCD_5DEC2
LCD_5DEC1:SETB  ZERO_FLAG
LCD_5DEC2:MOV   LCD_BUFFER,A
        CALL    LCD_DATA
        MOV     A,R2
        MOV     R4,A
        MOV     A,R3
        MOV     R5,A
        JMP     LCD_4DEC1

LCD_4DEC:PUSH   00H                     ; push registers
        PUSH    01H
        PUSH    02H
        PUSH    03H
        PUSH    04H
        PUSH    05H
        PUSH    06H
        PUSH    07H
        PUSH    DPL
        PUSH    DPH
        CLR     ZERO_FLAG               ; clear zero zone flag
        MOV     R4,DPH                  ; input data = DPTR
        MOV     R5,DPL
LCD_4DEC1:MOV   R2,#00H
        MOV     R3,#00H
        MOV     DPTR,#1000              ; display 10^3 digit
        MOV     R6,DPH
        MOV     R7,DPL
        CALL    DIV16
        MOV     A,R5
        ADD     A,#'0'
        JB      ZERO_FLAG,LCD_4DEC3
        CJNE    A,#'0',LCD_4DEC2
        MOV     A,#' '
```

```
        JMP     LCD_4DEC3
LCD_4DEC2:SETB  ZERO_FLAG
LCD_4DEC3:MOV   LCD_BUFFER,A
        CALL    LCD_DATA
        MOV     A,R2
        MOV     R4,A
        MOV     A,R3
        MOV     R5,A
        JMP     LCD_3DEC1

LCD_3DEC:PUSH   00H                     ; push registers
        PUSH    01H
        PUSH    02H
        PUSH    03H
        PUSH    04H
        PUSH    05H
        PUSH    06H
        PUSH    07H
        PUSH    DPL
        PUSH    DPH
        CLR     ZERO_FLAG               ; clear zero zone flag
        MOV     R4,DPH                  ; input data = DPTR
        MOV     R5,DPL
LCD_3DEC1:MOV   R7,#100                 ; display 10^2 digit
        CALL    DIV8
        MOV     A,R5
        ADD     A,#'0'
        JB      ZERO_FLAG,LCD_3DEC3
        CJNE    A,#'0',LCD_3DEC2
        MOV     A,#' '
        JMP     LCD_3DEC3
LCD_3DEC2:SETB  ZERO_FLAG
LCD_3DEC3:MOV   LCD_BUFFER,A
        CALL    LCD_DATA
        MOV     A,R4
        MOV     R5,A
        JMP     LCD_2DEC1

LCD_2DEC:PUSH   00H                     ; push registers
        PUSH    01H
        PUSH    02H
        PUSH    03H
        PUSH    04H
        PUSH    05H
        PUSH    06H
        PUSH    07H
        PUSH    DPL
        PUSH    DPH
        CLR     ZERO_FLAG               ; clear zero zone flag
        MOV     R5,DPL                  ; input data = DPL
LCD_2DEC1:MOV   R4,#0
        MOV     R7,#10                  ; display 10^1 digit
        CALL    DIV8
        MOV     A,R5
        ADD     A,#'0'
        JB      ZERO_FLAG,LCD_2DEC3
        CJNE    A,#'0',LCD_2DEC2
        MOV     A,#' '
        JMP     LCD_2DEC3
LCD_2DEC2:SETB  ZERO_FLAG
LCD_2DEC3:MOV   LCD_BUFFER,A
        CALL    LCD_DATA
        MOV     A,R4                    ; display 10^0 digit
        ADD     A,#'0'
        MOV     LCD_BUFFER,A
        CALL    LCD_DATA
        POP     DPH
```

```
        POP     DPL
        POP     07H
        POP     06H
        POP     05H
        POP     04H
        POP     03H
        POP     02H
        POP     01H
        POP     00H
        RET

;-------------------------------------------------
;       Display 8-Bit Binary Data(LCD_BUFFER)
;-------------------------------------------------
LCD_8BIN:PUSH   ACC
        PUSH    07H
        MOV     R7,#8
        MOV     A,LCD_BUFFER
LCD_8BIN1:RL    A
        MOV     LCD_BUFFER,A
        ANL     A,#00000001B
        ORL     A,#'0'
        XCH     A,LCD_BUFFER
        CALL    LCD_DATA
        DJNZ    R7,LCD_8BIN1
        POP     07H
        POP     ACC
        RET

;=================================================================
;       Input Key Switch with Beep & Debounce(A=key value)
;=================================================================
KEY_IN: MOV     A,P1                    ; read key input
        ANL     A,#00011110B
        CJNE    A,#00011110B,KEY_IN2    ; if no key, check key off
        JNB     KEY_FLAG,KEY_IN1
        CALL    D20MS
        CLR     KEY_FLAG
KEY_IN1:RET
KEY_IN2:JNB     KEY_FLAG,KEY_IN3        ; if key input, check continuous key
        MOV     A,#00011110B            ; if continuous, treat as no key input
        RET
KEY_IN3:CALL    BEEP                    ; if new key, beep & delay for debounce
        SETB    KEY_FLAG
        RET

;=================================================================
;       Buzzer Sound
;=================================================================
;-------------------------------------------------
;       Sound Beep
;-------------------------------------------------
BEEP:   CLR     P3.5                    ; buzzer on
        CALL    D50MS
        SETB    P3.5                    ; buzzer off
        RET

;-------------------------------------------------
;       Sound Error
;-------------------------------------------------
ERROR:  CALL    BEEP                    ; beep 2 times
        CALL    D100MS
        CALL    BEEP
        RET

;=================================================================
;       Time Delay(for 24MHz Clock)
```

```
;==================================================================
;---------------------------------------------
;        Time Delay
;---------------------------------------------
D10US:  PUSH    DELAYCOUNT0
        MOV     DELAYCOUNT0, #1
        JMP     BASE10US

D20US:  PUSH    DELAYCOUNT0
        MOV     DELAYCOUNT0, #2
        JMP     BASE10US

D50US:  PUSH    DELAYCOUNT0
        MOV     DELAYCOUNT0, #5
        JMP     BASE10US

D100US: PUSH    DELAYCOUNT0
        MOV     DELAYCOUNT0, #10
        JMP     BASE10US

D200US: PUSH    DELAYCOUNT0
        MOV     DELAYCOUNT0, #20
        JMP     BASE10US

D500US: PUSH    DELAYCOUNT0
        MOV     DELAYCOUNT0, #50
        JMP     BASE10US

D1MS:   PUSH    DELAYCOUNT0
        MOV     DELAYCOUNT0, #1
        JMP     BASE1MS

D2MS:   PUSH    DELAYCOUNT0
        MOV     DELAYCOUNT0, #2
        JMP     BASE1MS

D5MS:   PUSH    DELAYCOUNT0
        MOV     DELAYCOUNT0, #5
        JMP     BASE1MS

D10MS:  PUSH    DELAYCOUNT0
        MOV     DELAYCOUNT0, #10
        JMP     BASE1MS

D20MS:  PUSH    DELAYCOUNT0
        MOV     DELAYCOUNT0, #20
        JMP     BASE1MS

D50MS:  PUSH    DELAYCOUNT0
        MOV     DELAYCOUNT0, #50
        JMP     BASE1MS

D100MS: PUSH    DELAYCOUNT0
        MOV     DELAYCOUNT0, #100
        JMP     BASE1MS

D200MS: PUSH    DELAYCOUNT0
        MOV     DELAYCOUNT0, #200
        JMP     BASE1MS

D500MS: CALL    D100MS
        CALL    D200MS
        CALL    D200MS
        RET

D2SEC:  CALL    D500MS
        CALL    D500MS
```

```
D1SEC:  CALL    D500MS
        CALL    D500MS
        RET

D5SEC:  CALL    D1SEC
        CALL    D2SEC
        CALL    D2SEC
        RET

;------------------------------------------------
;       Basic 10 us Delay (20 cycles)
;------------------------------------------------
BASE10US:NOP                            ; 1
        NOP                             ; 1
        PUSH    DELAYCOUNT1             ; 2
        POP     DELAYCOUNT1             ; 2
        PUSH    DELAYCOUNT1             ; 2
        POP     DELAYCOUNT1             ; 2
        PUSH    DELAYCOUNT1             ; 2
        POP     DELAYCOUNT1             ; 2
        PUSH    DELAYCOUNT1             ; 2
        POP     DELAYCOUNT1             ; 2
        DJNZ    DELAYCOUNT0,BASE10US    ; 2
        POP     DELAYCOUNT0
        RET

;------------------------------------------------
;       Basic 1 ms Delay (2000 cycles)
;------------------------------------------------
BASE1MS:PUSH    DELAYCOUNT1
BASE1MS1:MOV    DELAYCOUNT1,#199        ; (2)
BASE1MS2:PUSH   DELAYCOUNT1             ; 2
        POP     DELAYCOUNT1             ; 2
        PUSH    DELAYCOUNT1             ; 2
        POP     DELAYCOUNT1             ; 2
        DJNZ    DELAYCOUNT1,BASE1MS2    ; 2
        NOP                             ; (1)
        NOP                             ; (1)
        PUSH    DELAYCOUNT1             ; (2)
        POP     DELAYCOUNT1             ; (2)
        DJNZ    DELAYCOUNT0,BASE1MS1    ; (2)
        POP     DELAYCOUNT1
        POP     DELAYCOUNT0
        RET

;==================================================================
;       16-Bit Arithmetic Subroutine
;==================================================================
;------------------------------------------------
;       16-Bit Addition (R4:R5 + R6:R7 = R4:R5)
;------------------------------------------------
ADD16:  MOV     A,R5                    ; add low bytes
        ADD     A,R7
        MOV     R5,A
        MOV     A,R4                    ; add high bytes
        ADDC    A,R6
        MOV     R4,A
        RET

;------------------------------------------------
;       16-Bit Subtraction (R4:R5 - R6:R7 = R4:R5)
;------------------------------------------------
SUB16:  CLR     C                       ; subtract low bytes
        MOV     A,R5
        SUBB    A,R7
        MOV     R5,A
        MOV     A,R4                    ; subtract high bytes
```

```
        SUBB    A,R6
        MOV     R4,A
        RET

;---------------------------------------------
;       16-Bit * 16-Bit = 32-Bit Multiplication
;       (R4:R5 * R6:R7  = R2:R3:R4:R5)
;---------------------------------------------
MUL16:  MOV     BUFFER3,#0              ; clear upper 16 bits of result
        MOV     BUFFER2,#0
        MOV     B,R5                    ; R5 * R7
        MOV     A,R7
        MUL     AB
        MOV     BUFFER0,A
        MOV     BUFFER1,B
        MOV     B,R4                    ; R4 * R7
        MOV     A,R7
        MUL     AB
        ADD     A,BUFFER1
        MOV     BUFFER1,A
        MOV     A,B
        ADDC    A,BUFFER2
        MOV     BUFFER2,A
        JNC     MUL16A
        INC     BUFFER3
MUL16A: MOV     B,R5                    ; R5 * R6
        MOV     A,R6
        MUL     AB
        ADD     A,BUFFER1
        MOV     BUFFER1,A
        MOV     A,B
        ADDC    A,BUFFER2
        MOV     BUFFER2,A
        JNC     MUL16B
        INC     BUFFER3
MUL16B: MOV     B,R4                    ; R4 * R6
        MOV     A,R6
        MUL     AB
        ADD     A,BUFFER2
        MOV     BUFFER2,A
        MOV     A,B
        ADDC    A,BUFFER3
        MOV     BUFFER3,A
        MOV     R2,BUFFER3              ; load answer
        MOV     R3,BUFFER2
        MOV     R4,BUFFER1
        MOV     R5,BUFFER0
        RET

;---------------------------------------------
;       32-Bit / 16-Bit = 16-Bit Division
;       (R2:R3:R4:R5 / R6:R7 --> Q = R4:R5, R = R2:R3)
;---------------------------------------------
DIV16:  CJNE    R6,#0,DIV16GO           ; if divisor = 0, error
        CJNE    R7,#0,DIV16GO
        SETB    OV                      ; OV = 1 (divide-by-zero)
        RET

DIV16GO:MOV     BUFFER3,#0              ; clear upper 16 bits of buffer
        MOV     BUFFER2,#0
        MOV     BUFFER1,#0              ; clear quotient
        MOV     BUFFER0,#0
        MOV     REMAINDERH,#0           ; clear remainder
        MOV     REMAINDERL,#0
        MOV     R0,#32                  ; loop counter
DIV16A: CLR     C                       ; shift dividend by 1 bit to left
        MOV     A,R5                    ;   and return MSB in C
```

```
        RLC     A
        MOV     R5,A
        MOV     A,R4
        RLC     A
        MOV     R4,A
        MOV     A,R3
        RLC     A
        MOV     R3,A
        MOV     A,R2
        RLC     A
        MOV     R2,A
        MOV     A,REMAINDERL
        RLC     A
        MOV     REMAINDERL,A
        MOV     A,REMAINDERH
        RLC     A
        MOV     REMAINDERH,A
        CLR     C                       ; remainder >= divisor ?
        MOV     A,REMAINDERH
        SUBB    A,R6
        JC      DIV16C
        JNZ     DIV16B
        CLR     C
        MOV     A,REMAINDERL
        SUBB    A,R7
        JC      DIV16C
DIV16B: CLR     C                       ; if yes, remainder - divisor
        MOV     A,REMAINDERL
        SUBB    A,R7
        MOV     REMAINDERL,A
        MOV     A,REMAINDERH
        SUBB    A,R6
        MOV     REMAINDERH,A
        SETB    C                       ; shift 1 into quotient
        JMP     DIV16D
DIV16C: CLR     C                       ; shift 0 into quotient
DIV16D: MOV     A,BUFFER0               ; shift quotient by 1 bit to left
        RLC     A                       ;   and shift C into LSB
        MOV     BUFFER0,A
        MOV     A,BUFFER1
        RLC     A
        MOV     BUFFER1,A
        MOV     A,BUFFER2
        RLC     A
        MOV     BUFFER2,A
        MOV     A,BUFFER3
        RLC     A
        MOV     BUFFER3,A
        DJNZ    R0,DIV16A

        MOV     R2,REMAINDERH           ; make remainder
        MOV     R3,REMAINDERL
        MOV     R4,BUFFER1              ; make quotient
        MOV     R5,BUFFER0
        CLR     OV                      ; OV = 0
        RET

;-----------------------------------------------
;       16-Bit / 8-Bit = 8-Bit Division
;       (R4:R5 / R7 --> Q = R5, R = R4)
;-----------------------------------------------
DIV8:   CJNE    R7,#0,DIV8GO            ; if divisor = 0, error
        SETB    OV                      ; OV = 1 (divide-by-zero error)
        RET

DIV8GO: PUSH    B
        MOV     BUFFER2,#0              ; clear buffers
```

```
        MOV     BUFFER1,R4              ; set dividend
        MOV     BUFFER0,R5
        MOV     A,BUFFER1
        MOV     B,R7
        DIV     AB
        MOV     BUFFER1,B
        PUSH    ACC                     ; (high byte of quotient)

        MOV     R0,#8                   ; loop counter
        MOV     BUFFER3,#0              ; clear quotient
DIV8A:  MOV     A,BUFFER0
        RLC     A
        MOV     BUFFER0,A
        MOV     A,BUFFER1
        RLC     A
        MOV     BUFFER1,A
        MOV     A,BUFFER2
        RLC     A
        MOV     BUFFER2,A
        CJNE    A,#0,DIV8B
        MOV     A,R7
        CJNE    A,BUFFER1,DIV8C
DIV8B:  CPL     C
DIV8C:  MOV     A,BUFFER3
        RLC     A
        MOV     BUFFER3,A
        JNB     ACC.0,DIV8D
        MOV     A,BUFFER1
        SUBB    A,R7
        MOV     BUFFER1,A
        MOV     A,BUFFER2
        SUBB    A,#0
        MOV     BUFFER2,A
DIV8D:  DJNZ    R0,DIV8A

        MOV     A,R7                    ; make remainder
        MOV     B,BUFFER3
        MUL     AB
        MOV     B,A
        MOV     A,R5
        SUBB    A,B
        MOV     R4,A
        MOV     R5,BUFFER3              ; make quotient
        POP     ACC
        CLR     OV
        POP     B
        RET
```

이 인클루드 파일 OK89S52.INC에 포함되어 있는 서브루틴들을 모두 요약 정리하면 <표 4.2.1>과 같다. 이 서브루틴들은 앞으로 여러분이 *OK-89S52* 키트에서 어셈블리 언어로 프로그램을 작성할 때 유용하게 사용할 것이므로 잘 기억해 두어야 한다. 그리고, 현재로서는 이 서브루틴들의 내용을 모두 이해하기가 어렵겠지만 앞으로는 점차로 그 내용까지도 이해하는 것이 좋다.

〈표 4.2.1〉 OK89S52.INC 파일에 포함된 서브루틴 요약

서브루틴	기 능	입력 파라미터	출력 파라미터
KIT_INITIALIZE	*OK-89S52* 키트의 기본 설정을 초기화한다.	-	-
LCD_INITIALIZE	텍스트형 LCD 모듈을 초기화한다.	-	-
LCD_HOME1 LCD_HOME2	텍스트형 LCD 모듈에서 커서의 위치를 각각 1행과 2행의 첫번째 문자에 위치시킨다.	-	-
LCD_COMMAND	텍스트형 LCD 모듈에 1개의 제어명령을 출력한다.	LCD_BUFFER	-
LCD_DATA	텍스트형 LCD 모듈에서 현재의 커서 위치에 1문자를 표시한다.	LCD_BUFFER	-
LCD_STRING	텍스트형 LCD 모듈에서 현재의 커서 위치부터 문자열을 출력한다. 문자열의 끝은 0으로 표시된다.	-	-
LCD_2HEX LCD_4HEX	텍스트형 LCD 모듈에서 현재의 커서 위치부터 각각 2자리와 4자리의 16진수를 표시한다.	LCD_BUFFER DPTR	-
LCD_2DEC LCD_3DEC LCD_4DEC LCD_5DEC	텍스트형 LCD 모듈에서 현재의 커서 위치부터 각각 2, 3, 4, 5자리의 10진수를 표시한다.	DPL DPTR DPTR DPTR	-
LCD_8BIN	텍스트형 LCD 모듈에서 현재의 커서 위치부터 8비트의 2진수를 표시한다.	LCD_BUFFER	-
KEY_IN	키 KEY1~KEY4의 입력을 읽어온다. 디바운싱 기능을 포함한다.	-	A
BEEP ERROR	버저를 50ms 동안 1차례 울린다. 버저를 50ms 동안 2차례 울린다.	-	-
D10US~D500US D1MS~D500MS D1SEC~D5SEC	지정된 시간만큼 지연을 수행한다.	-	-
ADD16	16비트의 두 양의 정수를 덧셈한다. (R4:R5 = R4:R5 + R6:R7)	R4:R5, R6:R7	R4:R5
SUB16	16비트의 두 양의 정수를 뺄셈한다. (R4:R5 = R4:R5 - R6:R7)	R4:R5, R6:R7	R4:R5
MUL16	16비트의 두 양의 정수를 곱셈하여 32비트를 얻는다. (R2:R3:R4:R5 = R4:R5 * R6:R7)	R4:R5, R6:R7	R2:R3:R4:R5
DIV16	32비트 정수를 16비트 정수로 나눗셈한다. (R2:R3:R4:R5/R6:R7 → 몫=R4:R5, 나머지=R2:R3)	R2:R3:R4:R5, R6:R7	R4:R5, R2:R3
DIV8	16비트 정수를 8비트 정수로 나눗셈한다. (R4:R5/R7 → 몫=R5, 나머지=R4)	R4:R5, R7	R5, R4

4. 프로그램의 디버깅

이상과 같이 사용자가 어셈블리 언어 프로그램을 작성하고 μVision2를 사용하여 어셈블해보면 여러가지의 출력 파일이 생성되며 경우에 따라서는 에러(error)나 경고(warning) 메시지가 발생할 수 있다.

μVision2를 사용하여 어셈블리 언어 프로그램을 개발할 때 생성되는 파일들을 모두 요약하면 <표 4.2.2>와 같다. 즉, 어셈블러 A51.EXE는 어셈블리 언어 소스 파일 Exp02_1.asm을 어셈블하여 오브젝트 파일 Exp02_1.OBJ와 리스팅 파일 Exp02_1.LST를 생성한다. 그러면, 링커/로케이터 BL51.EXE는 오브젝트 파일 Exp02_1.OBJ와 필요할 경우 별도의 라이브러리 파일을 링크하여 MCU 실행 파일 Xasmfile과 메모리 맵 파일 Xasmfile.M51을 만든다. 이 실행파일 Xasmfile은 에뮬레이터 등을 사용하여 타겟 MCU

인 *OK-89S52* 키트의 AT89S52에서 실행한다. 그러나, 이를 ROM에 기입하거나 ISP로 다운로드하려면 그대로 사용하지 못하므로 OH51.EXE는 이를 인텔 HEX 형식의 Xasmfile.hex 파일로 변환한다.

이상과 같이 어셈블리 소스 프로그램을 번역할 때는 오브젝트 파일과 리스팅 파일을 제외하고는 모두 프로젝트 이름을 따르고 있다는 점에 주의해야 한다.

〈표 4.2.2〉 μVision2에서 사용하는 어셈블리 언어 관련 파일의 기능

파일명	확장자	내 용
Exp02_1 (소스 파일명)	.asm	어셈블리 언어 소스 파일
	.OBJ	어셈블 후에 생성되는 오브젝트 파일
	.LST	소스를 어셈블하여 생성되는 리스팅 파일
Xasmfile (프로젝트명)	.Uv2	μVision2의 프로젝트 파일
	.Opt	타겟 옵션을 저장하는 파일
	.lnp	링커/로케이터를 위한 커맨드 파일
	.plg	어셈블에서 링크를 거쳐 HEX 파일을 생성하기까지 전체 과정을 기록한 파일
	.M51	링크/로케이터 작업 후에 생성되는 메모리 맵 파일
	(없음)	링크/로케이터 작업 후에 생성되는 최종적인 MCU 실행 파일
	.hex	MCU 실행 파일을 인텔 HEX 파일 형식으로 변환한 것

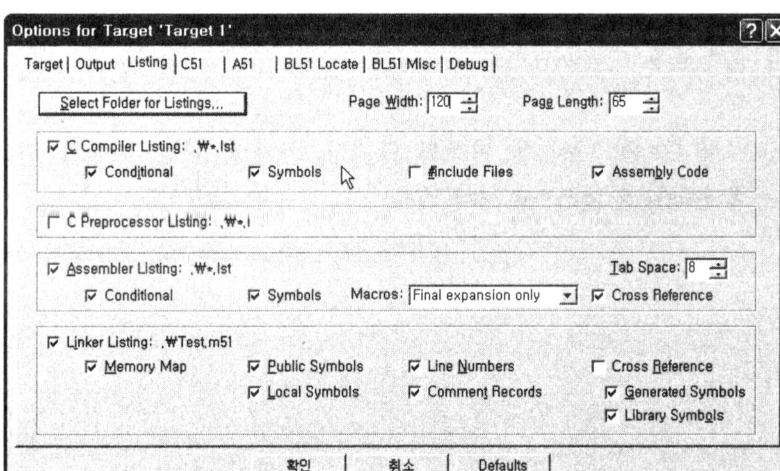

〈그림 4.2.7〉 타겟 옵션에서 출력파일 내용을 설정하는 화면

이와 같이 어셈블리 소스 파일을 어셈블하여 링크하는 과정에서 에러나 경고가 발생하였다면 이를 디버깅하여 다시 작업해야 한다. 에러나 경고가 발생하면 먼저 이것이 어셈블 과정에서 발생한 것인지 또는 링크 과정에서 발생한 것인지를 파악해야 한다. 만약 어셈블 과정에서 발생한 에러나 경고라면 이는 리스팅 파일 Exp02_1.LST에 그 내용이 표시되어 있으며, 링크 과정에서 발생한 에러나 경고라면 이는 메모리 맵

파일 Xasmfile.M51에 그 내용이 표시되어 있다.

따라서, 여러분은 파워 프로그래머가 되려면 리스팅 파일이나 메모리 맵 파일의 내용을 정확히 파악하는 방법을 충분히 익혀둘 필요가 있다. 또한, μVision2를 사용할 때 <그림 4.2.7>에 보인 바와 같이 타겟 옵션에서 이들 출력 파일에 자신이 필요로 하는 충분한 내용을 포함하도록 설정하여 두어야 한다.

5. 실습 과제

(1) 어셈블리 소스 프로그램에서 서브루틴을 작성하고 사용하는 형식에 대하여 설명하라.

(2) 어셈블리 언어에서 메모리 변수를 DATA로 정의하고 외부 I/O 번지를 XDATA라는 지시어로 정의하는 이유를 설명하라.

(3) 어셈블리 언어 프로그램을 번역하여 생성된 리스팅 파일에서 Cross Reference란 무엇인지 설명하라.

(4) 예제 프로그램 Exp02_2.asm을 자신의 학교명, 학과명, 학번, 이름을 디스플레이하는 프로그램 Exp02_2r.asm으로 수정하라.

4.3 AT89S52의 C언어 프로그램 기초

이 절에서는 퍼스널컴퓨터에서 Keil사의 PK51 V6.1을 사용하여 C언어로 프로그램을 작성하고 이 사용자 프로그램을 컴파일 및 링크하여 생성된 인텔 HEX 파일을 *OK-89S52* 키트에 다운로드하고 실행하는 방법을 익힌다.

관련 내용	(1) 제1.3절 AT89S52의 명령 세트 (2) 제3.3절 어셈블러와 C컴파일러의 설치 및 사용 (3) 제3.5절 C컴파일러 C51.EXE

1. C언어 프로그램 작성에 대하여

이제부터 모든 C언어 프로그램의 예제 파일은 파일명을 Exp??_?.c의 형식으로 사용한다. 여기서 앞의 ??는 제4장의 절 번호(또는 실습번호)를 나타내며, 뒤의 ?는 예제 프로그램의 일련 번호를 나타낸다. 예를 들어 파일명 Exp03_1.c는 제4.3절의 첫번째 C언어 예제 프로그램이라는 것을 나타낸다.

또한 이제부터 모든 C언어 예제 프로그램은 각각 따로 프로젝트를 만들지 않고 모두 Xcfile.Uv2 프로젝트로 처리하기로 한다. 따라서, 필요하면 앞서 사용하였던 예제 프로그램 파일을 이 프로젝트에서 제거하고 새로 사용할 예제 프로그램 파일을 이 프로젝트에 추가하면 된다. 이렇게 모든 예제의 프로젝트명을 Xcfile.Uv2로 사용하고, 이를 컴파일할 때 출력파일도 프로젝트명과 동일한 것을 사용하도록 설정하였으므로 C언어 예제 프로그램의 HEX 파일은 항상 Xcfile.hex라는 이름으로 생성되며, 여러분은 이를 *OK-89S52* 키트에 다운로드하여 실행하면 된다.

2. 비능률적인 C언어 프로그래밍

먼저 일반적인 방법으로 *OK-89S52* 키트에서 실행하기 위한 프로그램을 작성하여 보기로 한다. 그러나, 이러한 방법은 모든 예제에서 필요할 때마다 매번 상당히 많은 동일한 사용자 함수들을 반복하여 사용해야 하므로 불편하고 비능률적인 프로그래밍 방법이라는 것을 곧 알게 된다.

µVision2에서 C언어 예제 프로그램 Exp03_1.c를 불러오는 방법은 다음과 같다. 이것은 앞의 제4.1에서도 공부하였지만 여기서 다시 한번 반복하니 잘 익혀두기 바란다. C언어 프로그래밍 과정에서 이와 같은 µVision2의 사용법은 매우 기본적인 것이므로 이제부터는 따로 설명하지 않을 것이다.

① 자신의 퍼스널컴퓨터 바탕화면에서 µVision2의 바로가기 아이콘을 눌러서 이를 실행한다. 그러면 µVision2가 실행되고 화면에는 어떤 프로젝트가 나타나는데, 아마도 이것은 가장 최근에 실행하였던 예제 프로그램 Exp02_2.asm을 작성하였던 어셈블리언어 프로젝트 Xasmfile.Uv2일 것이다. 이는 화면의 프로젝트창에 나타나는 소스 파일명을 보면 알 수 있다. 그러나, 만약 지금 화면에 C언어 프로젝트 Xcfile.Uv2가 표시되고 있다면 아래의 ②~③ 과정은 생략된다.

② 그럼 우선 이를 C언어 프로젝트 Xcfile.Uv2로 바꾸어야 하는데, 이를 위해서는 <그림 4.3.1>과 같이 Project → Open Project 메뉴를 누른다.

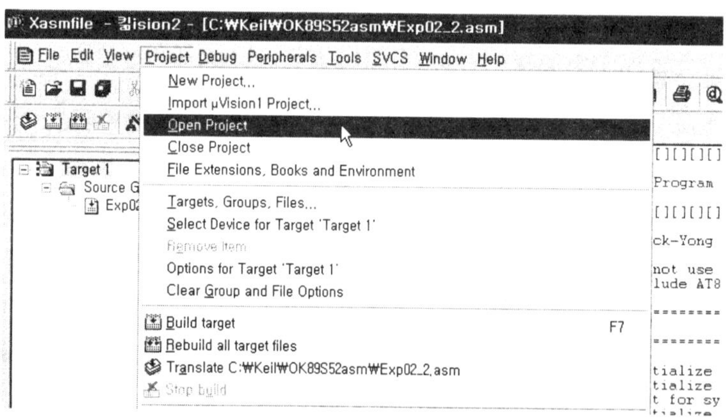

〈그림 4.3.1〉 C언어 프로젝트 Xcfile.Uv2를 불러오기 위한 화면

③ 그러면 <그림 4.3.2>와 같이 프로젝트 이름을 입력하는 화면이 나타난다. 만약 화면에 이와 다른 폴더가 나타나면 C:\Keil\OK89S52c\ 폴더를 찾아가야 하며, 이 화면에 나타나는 프로젝트 이름중에서 Xcfile.Uv2를 선택한다.

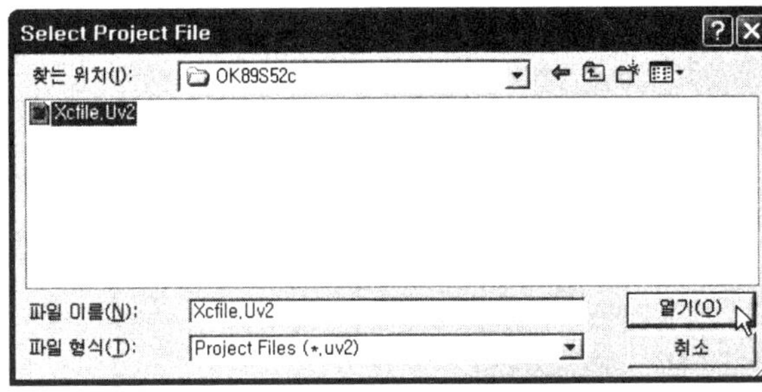

〈그림 4.3.2〉 불러올 프로젝트 이름을 입력하는 화면

④ 이번에는 프로젝트창에서 현재 등록된 소스 프로그램 이름(아마 Exp01_2.c로 되어 있을 것이다.)을 삭제해야 한다. 이를 위하여 프로젝트창에서 C언어 소스 파일의 이름 위에 마우스 커서를 올려놓고 오른쪽 버튼을 누르면 <그림 4.3.3>과 같은 팝업창이 뜬다. 여기서 Remove File 'Exp01_2.c' 메뉴를 클릭하면 이 파일이 현재의 프로젝트에서 제거된다.

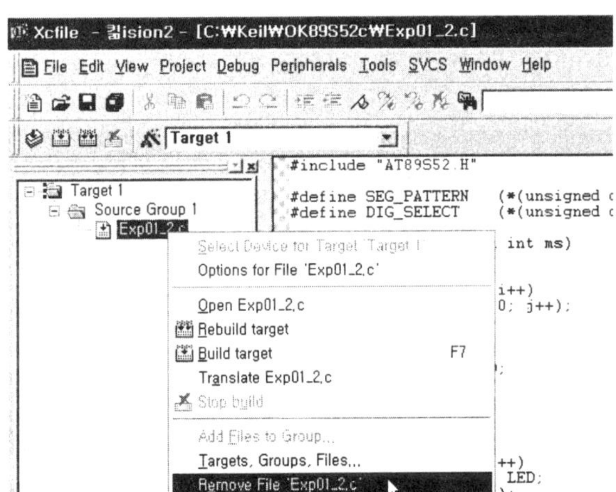

〈그림 4.3.3〉 프로젝트에서 기존의 소스 파일을 삭제하기 위한 화면

⑤ 다음에는 이제 우리가 원하는 C언어 예제 프로그램 Exp03_1.c를 이 프로젝트에 등록해야 한다. 프로젝트창에서 Source Group 1의 위에 마우스 커서를 올려놓고 오른쪽 버튼을 누르면 <그림 4.3.4>와 같은 팝업창이 뜬다. 여기서 Add Files to Group 'Sourcc Group 1' 메뉴를 누른다.

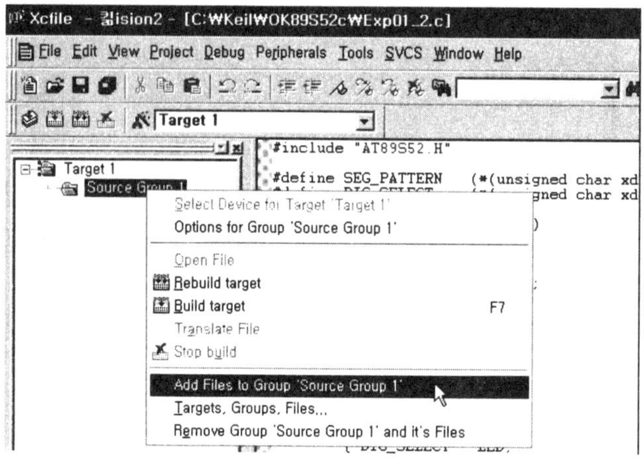

〈그림 4.3.4〉 프로젝트에 새로운 소스 파일을 등록하기 위한 화면

⑥ 그러면 <그림 4.3.5>와 같이 C언어 소스 파일의 이름을 입력하는 화면이 나타난다. 만약 화면에 이와 다른 폴더가 나타나면 C:\Keil\OK89S52c\ 폴더를 찾아가야 하며, 이 화면에 나타나는 여러가지 어셈블리 파일의 이름중에서 Exp03_1.c를 선택하고 Add 아이콘을 누른 후에 Close한다.

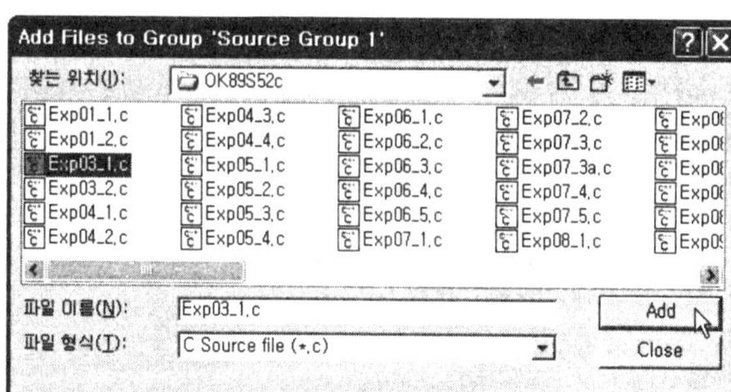

〈그림 4.3.5〉 등록할 소스 파일을 선택하는 화면

⑦ 여기까지 하면 이제 우리가 작업하려는 C언어 프로젝트에 예제 프로그램 Exp03_1.c를 등록한 것이며, 프로젝트창에 새로 등록한 C언어 소스 파일의 이름이 표시된다. 그러나, 이렇게 하더라도 소스 파일의 내용은 아직 작업영역창에 보이지 않으므로 이를 보이게 하려면 <그림 4.3.6>과 같이 프로젝트창에 있는 소스 파일의 이름을 클릭해야 한다.

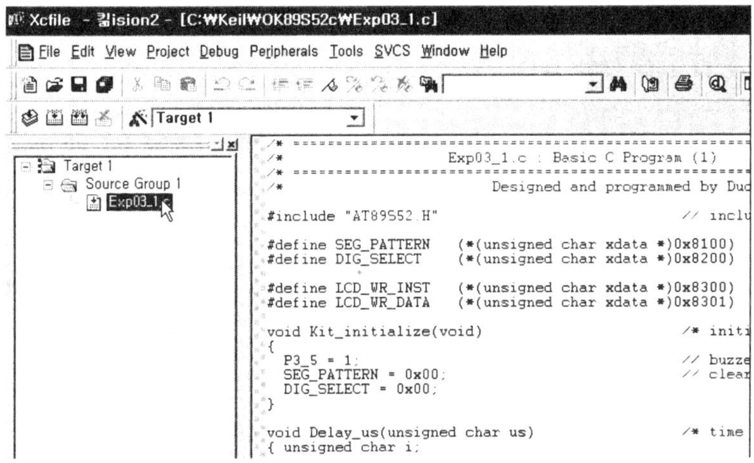

〈그림 4.3.6〉 프로젝트에 새로 등록한 Exp03_1.c 파일의 내용이 표시되는 화면

이 어셈블리 예제 프로그램 Exp03_1.c는 *OK-89S52* 키트의 텍스트형 LCD 모듈에 2가지의 메시지를 2초 간격으로 교대로 디스플레이하는 프로그램이며 그 내용은 다음과 같다.

〈프로그램 Exp03_1.c〉 텍스트형 LCD 모듈에 메시지를 출력하는 예제(1)

```
/* ========================================================================== */
/*                    Exp03_1.c : Basic C Program (1)                         */
/* ========================================================================== */
/*                       Designed and programmed by Duck-Yong Yoon in 2005.   */

#include "AT89S52.H"                            // include AT89S52 definition file

#define SEG_PATTERN   (*(unsigned char xdata *)0x8100)  /* segment pattern data */
#define DIG_SELECT    (*(unsigned char xdata *)0x8200)  /* digit select data */

#define LCD_WR_INST   (*(unsigned char xdata *)0x8300)  /* LCD module */
#define LCD_WR_DATA   (*(unsigned char xdata *)0x8301)

Kit_initialize()                                /* initialize OK-89S52 kit */
{
  P3_5 = 1;                                     // buzzer off
  SEG_PATTERN = 0x00;                           // clear 7-segment LED
  DIG_SELECT = 0x00;
}

Delay_us(unsigned char us)                      /* time delay for us[us] */
{ unsigned char i;

  us = us >> 2;
  for(i = 1; i <= us; i++);
}

Delay_ms(unsigned int ms)                       /* time delay for ms[ms] */
{ unsigned int i, j;
```

```
  for(i = 1; i <= ms; i++)
    for(j = 1; j <= 250; j++);
}

Beep()                                          /* beep sound for 50 ms */
{ P3_5 = 0;
  Delay_ms(50);
  P3_5 = 1;
}

LCD_command(char command)                       /* write a command on text LCD */
{
  LCD_WR_INST = command;
  Delay_us(50);
}

LCD_data(char character)                        /* display a character on text LCD */
{
  LCD_WR_DATA = character;
  Delay_us(50);
}

LCD_string(char command, char *string)          /* display a string on text LCD */
{
  LCD_command(command);
  while(*string != '\0')
    { LCD_data(*string);
      string++;
    }
}

LCD_initialize()                                /* initialize text LCD module */
{
  LCD_command(0x38);                          // function set(8 bit, 2 line, 5x7 dot)
  LCD_command(0x0C);                          // display control(display ON, cursor OFF)
  LCD_command(0x06);                          // entry mode set(increment, not shift)
  LCD_command(0x01);                          // clear display
  Delay_ms(2);
}

main()
{
  Kit_initialize();                             // initialize OK-89S52 kit
  Delay_ms(50);                                 // wait for system stabilization
  LCD_initialize();                             // initialize text LCD module

  while(1)
    { Beep();

      LCD_string(0x80," OK-89S52  V1.0 ");      // display logo 1
      LCD_string(0xC0,"D.Y.YOON in 2005");
      Delay_ms(2000);

      LCD_string(0x80,"  Ohm Book Co.  ");      // display logo 2
      LCD_string(0xC0,"Tel. 02-776-4868");
      Delay_ms(2000);
    }
}
```

☞ 이 책의 모든 C언어 프로그램의 서두에는 항상 #include "AT89S52.H" 지시어를 사용하여 AT89S52의 SFR을 정의한 헤더파일을 인클루드시켜 주어야 한다. 이 헤더파일 AT89S52.H는 Keil사의 PK51 V6.1 소프트웨어에서 기본 제공하지 않으므로 저자가 작성하여 미리 C:\Keil\OK89S52c\ 폴더에 설치하여 두었다.
이 프로그램의 메인 루틴은 main() 함수뿐이다. 나머지 대부분은 메인 함수에서 호출하여 사용하는 사용자 정의 함수이다. C언어 내장 함수는 항상 소문자로 구성되는데 비하여 이 책의 모든 사용자 정의 함수는 대문자로 시작한다는 것에 유의하라.
이 예제에서는 프로그램의 내용이 이해하기 어려우면 일단 그냥 넘어가도 좋다. 이번 실습에서도 프로그램의 내용보다는 C언어 프로그램의 기본적인 구조를 이해하는데 주력하고, C언어 프로그램을 작성하고 컴파일하여 실행하는 절차에 더 신경을 쓰기 바란다.

여기서 C언어 헤더파일 AT89S52.H는 AT89S52 마이크로콘트롤러의 SFR을 정의하기 위한 파일이다. PK51 V6.1에서는 이를 지원하지 않으므로 이 책에서는 이를 직접 만들어 사용한다. 앞으로 모든 C언어 예제 프로그램에서는 서두에 이를 인클루드해 주어야 한다. 이 헤더파일의 내용은 아래와 같다.

〈파일 AT89S52.H〉 AT89S52의 SFR을 정의하기 위한 헤더파일

```
/*==============================================================================*/
/* AT89S52.H : Atmel AT89S52 MCU Declarations                                   */
/*------------------------------------------------------------------------------*/
/* Designed for Keil C Compiler C51.EXE by Duck-Yong Yoon in 2005.              */
/*==============================================================================*/

#ifndef AT89S52_HEADER_FILE
#define AT89S52_HEADER_FILE 1

/*----------------------------------------------
       Byte Registers
----------------------------------------------*/
sfr P0     = 0x80;      /* Port 0 */
sfr SP     = 0x81;      /* Stack Pointer */
sfr DPL    = 0x82;      /* Data Pointer Low Byte */
sfr DPH    = 0x83;      /* Data Pointer High Byte */
sfr DP0L   = 0x82;      /* Alternate Definition */
sfr DP0H   = 0x83;      /* Alternate Definition */
sfr DP1L   = 0x84;      /* Data Pointer 1 Low Byte */
sfr DP1H   = 0x85;      /* Data Pointer 1 High Byte */
sfr PCON   = 0x87;      /* Power Control Register */

sfr TCON   = 0x88;      /* Timer Control Register */
sfr TMOD   = 0x89;      /* Timer Mode Control Register */
sfr TL0    = 0x8A;      /* Timer 0 Low Byte */
sfr TL1    = 0x8B;      /* Timer 1 Low Byte */
sfr TH0    = 0x8C;      /* Timer 0 High Byte */
sfr TH1    = 0x8D;      /* Timer 1 High Byte */
sfr AUXR   = 0x8E;      /* Auxiliary Register */

sfr P1     = 0x90;      /* Port 1 */
sfr SCON   = 0x98;      /* Serial Port Control Register */
sfr SBUF   = 0x99;      /* Serial Port Buffer */
```

```
sfr P2     = 0xA0;      /* Port 2 */
sfr AUXR1  = 0xA2;      /* Auxiliary Register 1 */
sfr WDTRST = 0xA6;      /* Watchdog Timer Reset Register */
sfr IE     = 0xA8;      /* Interrupt Enable Register */

sfr P3     = 0xB0;      /* Port 3 */
sfr IP     = 0xB8;      /* Interrupt Priority Register */

sfr T2CON  = 0xC8;      /* Timer 2 Control Register */
sfr T2MOD  = 0xC9;      /* Timer 2 Mode Control Register */
sfr RCAP2L = 0xCA;      /* Timer 2 Capture Register Low Byte */
sfr RCAP2H = 0xCB;      /* Timer 2 Capture Register High Byte */
sfr TL2    = 0xCC;      /* Timer 2 Low Byte */
sfr TH2    = 0xCD;      /* Timer 2 High Byte */

sfr PSW    = 0xD0;      /* Program Status Word */
sfr ACC    = 0xE0;      /* Accumulator */
sfr B      = 0xF0;      /* B Register */

/*------------------------------------------------
        P0 (0x80) Bit Registers
------------------------------------------------*/
sbit P0_0  = 0x80;
sbit P0_1  = 0x81;
sbit P0_2  = 0x82;
sbit P0_3  = 0x83;
sbit P0_4  = 0x84;
sbit P0_5  = 0x85;
sbit P0_6  = 0x86;
sbit P0_7  = 0x87;

/*------------------------------------------------
        TCON (0x88) Bit Registers
------------------------------------------------*/
sbit IT0   = 0x88;      /* Interrupt 0 Type Control Bit */
sbit IE0   = 0x89;      /* Interrupt 0 Edge Flag */
sbit IT1   = 0x8A;      /* Interrupt 1 Type Control Bit */
sbit IE1   = 0x8B;      /* Interrupt 1 Edge Flag */
sbit TR0   = 0x8C;      /* Timer 0 Run Control Bit */
sbit TF0   = 0x8D;      /* Timer 0 Overflow Flag */
sbit TR1   = 0x8E;      /* Timer 1 Run Control Bit */
sbit TF1   = 0x8F;      /* Timer 1 Overflow Flag */

/*------------------------------------------------
        P1 (0x90) Bit Registers
------------------------------------------------*/
sbit P1_0  = 0x90;
sbit P1_1  = 0x91;
sbit P1_2  = 0x92;
sbit P1_3  = 0x93;
sbit P1_4  = 0x94;
sbit P1_5  = 0x95;
sbit P1_6  = 0x96;
sbit P1_7  = 0x97;

sbit T2    = 0x90;      /* Timer 2 external input & clock out */
sbit T2EX  = 0x91;      /* Timer 2 capture/reload trigger & direction control */
sbit MOSI  = 0x95;      /* SPI MOSI - Master data output, slave data input */
sbit MISO  = 0x96;      /* SPI MISO - Master data input, slave data output */
sbit SCK   = 0x97;      /* SPI SCK  - Master clock output, slave clock input */

/*------------------------------------------------
        SCON (0x98) Bit Registers
------------------------------------------------*/
sbit RI    = 0x98;      /* Receive Interrupt Flag */
```

```
sbit TI    = 0x99;      /* Transmit Interrupt Flag */
sbit RB8   = 0x9A;      /* 9th data bit or stop bit received */
sbit TB8   = 0x9B;      /* 9th data bit to be transmitted in modes 2 & 3 */
sbit REN   = 0x9C;      /* Receive Enable */
sbit SM2   = 0x9D;      /* Serial Port Mode Bit 2 */
sbit SM1   = 0x9E;      /* Serial Port Mode Bit 1 */
sbit SM0   = 0x9F;      /* Serial Port Mode Bit 0 */

/*------------------------------------------------
        P2 (0xA0) Bit Registers
------------------------------------------------*/
sbit P2_0  = 0xA0;
sbit P2_1  = 0xA1;
sbit P2_2  = 0xA2;
sbit P2_3  = 0xA3;
sbit P2_4  = 0xA4;
sbit P2_5  = 0xA5;
sbit P2_6  = 0xA6;
sbit P2_7  = 0xA7;

/*------------------------------------------------
        IE (0xA8) Bit Registers
------------------------------------------------*/
sbit EX0   = 0xA8;      /* External Interrupt 0 Enable */
sbit ET0   = 0xA9;      /* Timer 0 Interrupt Enable */
sbit EX1   = 0xAA;      /* External Interrupt 1 Enable */
sbit ET1   = 0xAB;      /* Timer 1 Interrupt Enable */
sbit ES    = 0xAC;      /* Serial Port Interrupt Enable */
sbit ET2   = 0xAD;      /* Timer 2 Interrupt Enable */
sbit EA    = 0xAF;      /* Global Interrupt Enable */

/*------------------------------------------------
        P3 (0xB0) Bit Registers
------------------------------------------------*/
sbit P3_0  = 0xB0;
sbit P3_1  = 0xB1;
sbit P3_2  = 0xB2;
sbit P3_3  = 0xB3;
sbit P3_4  = 0xB4;
sbit P3_5  = 0xB5;
sbit P3_6  = 0xB6;
sbit P3_7  = 0xB7;

sbit RXD   = 0xB0;      /* Serial data input */
sbit TXD   = 0xB1;      /* Serial data output */
sbit INT0  = 0xB2;      /* External interrupt 0 */
sbit INT1  = 0xB3;      /* External interrupt 1 */
sbit T0    = 0xB4;      /* Timer 0 external input */
sbit T1    = 0xB5;      /* Timer 1 external input */
sbit WR    = 0xB6;      /* External data memory write strobe */
sbit RD    = 0xB7;      /* External data memory read strobe */

/*------------------------------------------------
        IP (0xB8) Bit Registers
------------------------------------------------*/
sbit PX0   = 0xB8;      /* External Interrupt 0 Priority Bit */
sbit PT0   = 0xB9;      /* Timer 0 Interrupt Priority Bit */
sbit PX1   = 0xBA;      /* External Interrupt 1 Priority Bit */
sbit PT1   = 0xBB;      /* Timer 1 Interrupt Priority Bit */
sbit PS    = 0xBC;      /* Serial Port Interrupt Priority Bit */
sbit PT2   = 0xBD;      /* Timer 2 Interrupt Priority Bit */

/*------------------------------------------------
        T2CON (0xC8) Bit Registers
------------------------------------------------*/
```

```
sbit CP_RL2= 0xC8;       /* 0=Reload,      1=Capture select */
sbit C_T2  = 0xC9;       /* 0=Timer,       1=Counter */
sbit TR2   = 0xCA;       /* 0=Stop timer, 1=Start timer */
sbit EXEN2 = 0xCB;       /* Timer 2 external enable */
sbit TCLK  = 0xCC;       /* 0=Baud rate by Timer 1, 1=Baud rate by Timer 2 */
sbit RCLK  = 0xCD;       /* 0=Baud rate by Timer 1, 1=Baud rate by Timer 2 */
sbit EXF2  = 0xCE;       /* Timer 2 external flag */
sbit TF2   = 0xCF;       /* Timer 2 overflow flag */

/*----------------------------------------------
        PSW (0xD0) Bit Registers
----------------------------------------------*/
sbit P     = 0xD0;       /* Parity Flag */
sbit FL    = 0xD1;       /* User Flag */
sbit OV    = 0xD2;       /* Overflow Flag */
sbit RS0   = 0xD3;       /* Register Bank Select Bit 0 */
sbit RS1   = 0xD4;       /* Register Bank Select Bit 1 */
sbit F0    = 0xD5;       /* User Flag 0 */
sbit AC    = 0xD6;       /* Auxiliary Carry Flag */
sbit CY    = 0xD7;       /* Carry Flag */

#endif
```

☞ 여기서 헤더파일을 #ifndef ~ #endif 지시어로 감싼 것은 이 부분이 여러개의 소스 파일에서 중복하여 인클루드될 때 에러가 발생하는 것을 방지하기 위함이다.

C언어에서는 병렬 I/O 포트 P0~P3의 각 비트를 비트 어드레싱할 때 Px.y 형식은 사용하지 못하며 반드시 Px_y의 형식으로만 사용한다는 것에 유의하라.

이제 프로그램을 Project → Build target 또는 Project → Rebuild all target files 메뉴를 클릭하거나 해당 아이콘을 눌러서 컴파일하라. 만약 컴파일 과정에서 어떤 에러도 발생하지 않았다면 Xcfile.hex 파일이 생성되었을 것이니 SPI-Flash Programmer 프로그램을 이용하여 이를 *OK-89S52* 키트에 다운로드하여 실행하라. 그리고 LCD 모듈에 표시되는 내용을 관찰하여 보라.

3. 능률적인 C언어 프로그래밍

앞에서 사용한 C언어 예제 프로그램은 단순히 텍스트형 LCD 모듈에 2가지의 메시지를 출력하는 내용이지만 프로그램의 소스 파일은 상당히 길다. 이것은 텍스트형 LCD 모듈을 사용하려면 이를 초기화하거나 액세스하는데 필요한 여러가지의 사용자 정의 함수가 필요하고, 여기에 부수적으로 시간지연 함수까지 필요하기 때문이다.

그러나, 이러한 기본적인 사용자 정의 함수는 단지 이 예제 프로그램 뿐만 아니라 앞으로 대부분의 예제에서도 마찬가지로 필요하다. 그때마다 이와 같이 프로그램에 이러한 사용자 정의 함수를 포함하도록 직접 입력하는 것은 상당히 힘들고 지루한 작업이 될 수 있다. 이를 쉽게 해결하려면 이러한 기본적이고 공통적인 사용자 정의 함수들을 모아서 별도의 헤더파일로 만들어놓고 이를 필요할 때마다 인클루드하여 주면 된다.

다음은 앞의 예제 프로그램 Exp03_1.c를 이와 같은 헤더파일을 사용하여 간단하게 다시 작성한 것이다. 전체 프로그램이 얼마나 간단해졌는지를 뚜렷이 느낄 수 있을 것이다.

〈프로그램 Exp03_2.c〉 텍스트형 LCD 모듈에 메시지를 출력하는 예제(2)

```
/* ========================================================================== */
/*                     Exp03_2.c : Basic C Program (2)                        */
/* ========================================================================== */
/*                        Designed and programmed by Duck-Yong Yoon in 2005.  */

#include "AT89S52.H"                              // include AT89S52 definition file
#include "OK89S52.H"                              // include OK-89S52 kit function

main()
{
  Kit_initialize();                               // initialize OK-89S52 kit
  Delay_ms(50);                                   // wait for system stabilization
  LCD_initialize();                               // initialize text LCD module

  while(1)
    { Beep();

      LCD_string(0x80," OK-89S52  V1.0 ");        // display logo 1
      LCD_string(0xC0,"D.Y.YOON in 2005");
      Delay_ms(2000);

      LCD_string(0x80,"  Ohm Book Co.  ");        // display logo 2
      LCD_string(0xC0,"Tel. 02-776-4868");
      Delay_ms(2000);
    }
}
```

☞ C언어에서의 헤더파일은 항상 프로그램의 선두에서 인클루드해 주어야 한다. 만약, 이러한 사용자 정의 함수가 메인 함수의 뒤에 놓이면 이를 호출하기 위하여 프로그램의 선두에서 함수명을 먼저 정의해 주어야 한다.

이 예제 프로그램을 프로젝트에 교체 등록하고 컴파일하여 *OK-89S52* 키트에서 실행해 보라. 앞의 예제 프로그램 Exp03_1.c와 동일한 실행 결과를 얻을 수 있는가?

이제 여러분이 이 책에서 앞으로 C언어로 사용자 프로그램을 작성할 때는 항상 예제 프로그램 Exp03_2.c에서와 같이 **프로그램의 서두에서 SFR을 정의하기 위한 AT89S52.H 파일과 사용자 정의 함수를 모아놓은 헤더파일인 OK89S52.H 파일을 인클루드하여 준다**는 것을 기억하라.

그러나, 이밖에도 필요하면 추가로 헤더파일을 만들어 사용할 수 있다. 만약 헤더파일에 포함되지 않은 추가적인 사용자 정의 함수를 사용하려면 프로그램 서두에서 직접 써넣으면 된다. 헤더파일에는 가급적이면 어느 예제 프로그램에서나 공통적으로 자주 사용하는 내용들만을 포함시키는 것이 바람직하다.

공통적인 사용자 정의 함수들을 모아놓은 OK89S52.H 파일의 내용은 다음과 같다. 이 헤더파일에는 사용자에게 유용한 공통 사용자 정의 함수는 물론이고, 필요한 메모리 변수와 *OK-89S52* 키트의 외부 확장 I/O 어드레스를 정의하여 두었다. 이제부터 여러분은 이 헤더파일의 내용을 잘 이해하고 활용하는 것이 유능한 프로그래머가 되는 지름길이 될 것이다.

〈파일 OK89S52.H〉 공통적인 사용자 정의 함수를 모아놓은 헤더파일

```
/* OK89S52.H : Designed by Duck-Yong Yoon in 2005.                          */
/* ------------------------------------------------------------------------ */
/*                OK-89S52 Kit I/O Address                                  */
/* ------------------------------------------------------------------------ */

#define RTC_SECOND      (*(unsigned char xdata *)0x8000)  /* DS12C887 RTC */
#define RTC_SEC_ALM     (*(unsigned char xdata *)0x8001)
#define RTC_MINUTE      (*(unsigned char xdata *)0x8002)
#define RTC_MIN_ALM     (*(unsigned char xdata *)0x8003)
#define RTC_HOUR        (*(unsigned char xdata *)0x8004)
#define RTC_HOUR_ALM    (*(unsigned char xdata *)0x8005)
#define RTC_WEEKDAY     (*(unsigned char xdata *)0x8006)
#define RTC_DATE        (*(unsigned char xdata *)0x8007)
#define RTC_MONTH       (*(unsigned char xdata *)0x8008)
#define RTC_YEAR        (*(unsigned char xdata *)0x8009)
#define RTC_A           (*(unsigned char xdata *)0x800A)
#define RTC_B           (*(unsigned char xdata *)0x800B)
#define RTC_C           (*(unsigned char xdata *)0x800C)
#define RTC_D           (*(unsigned char xdata *)0x800D)
#define RTC_FLAG        (*(unsigned char xdata *)0x800F)

#define SEG_PATTERN     (*(unsigned char xdata *)0x8100)  /* segment pattern data */
#define DIG_SELECT      (*(unsigned char xdata *)0x8200)  /* digit select data */

#define LCD_WR_INST     (*(unsigned char xdata *)0x8300)  /* LCD module */
#define LCD_WR_DATA     (*(unsigned char xdata *)0x8301)

#define ADC_CH0         (*(unsigned char xdata *)0x8400)  /* select ADC0809 channel */
#define ADC_CH1         (*(unsigned char xdata *)0x8401)
#define ADC_CH2         (*(unsigned char xdata *)0x8402)
#define ADC_CH3         (*(unsigned char xdata *)0x8403)
#define ADC_CH4         (*(unsigned char xdata *)0x8404)
#define ADC_CH5         (*(unsigned char xdata *)0x8405)
#define ADC_CH6         (*(unsigned char xdata *)0x8406)
#define ADC_CH7         (*(unsigned char xdata *)0x8407)
```

```
#define ADC_READ      (*(unsigned char xdata *)0x8400)  /* read ADC0809 */

#define DAC_CS        (*(unsigned char xdata *)0x8500)  /* output DAC0800 */

/* -------------------------------------------------------------------------- */
/*             OK-89S52 Kit User-defined Function                              */
/* -------------------------------------------------------------------------- */

Kit_initialize()                              /* initialize OK-89S52 kit */
{
  P3_5 = 1;                                   // buzzer off
  SEG_PATTERN = 0x00;                         // clear 7-segment LED
  DIG_SELECT = 0x00;
}

Delay_us(unsigned char us)                    /* time delay for us[us] */
{ unsigned char i;

  us = us >> 2;
  for(i = 1; i <= us; i++);
}

Delay_ms(unsigned int ms)                     /* time delay for ms[ms] */
{ unsigned int i, j;

  for(i = 1; i <= ms; i++)
    for(j = 1; j <= 250; j++);
}

Beep()                                        /* beep sound for 50 ms */
{ P3_5 = 0;
  Delay_ms(50);
  P3_5 = 1;
}

unsigned char key_flag = 0;

unsigned char Key_input()                     /* input key switch KEY4 - KEY1 */
{ unsigned char key;

  key = P1 & 0x1E;                           // any key pressed ?
  if(key == 0x1E)                            // if no key, check key off
    { if(key_flag == 0)
        return key;
      else
        { Delay_ms(20);
          key_flag = 0;
          return key;
        }
    }
  else                                       // if key input, check continuous key
    { if(key_flag != 0)                      // if continuous key, treat as no key input
        return 0x1E;
      else                                   // if new key, beep and delay for debounce
        { Beep();
          key_flag = 1;
          return key;
        }
    }
}

LCD_command(char command)                     /* write a command on text LCD */
{
  LCD_WR_INST = command;
```

```
  Delay_us(50);
}

LCD_data(char character)                        /* display a character on text LCD */
{
  LCD_WR_DATA = character;
  Delay_us(50);
}

LCD_string(char command, char *string)          /* display a string on text LCD */
{
  LCD_command(command);
  while(*string != '\0')
     { LCD_data(*string);
       string++;
     }
}

LCD_initialize()                                 /* initialize text LCD module */
{
  LCD_command(0x38);                           // function set(8 bit, 2 line, 5x7 dot)
  LCD_command(0x0C);                           // display control(display ON, cursor OFF)
  LCD_command(0x06);                           // entry mode set(increment, not shift)
  LCD_command(0x01);                           // clear display
  Delay_ms(2);

  Key_input();                                 // dummy function call to avoid warning
}
```

이 사용자 정의 함수들은 앞으로 여러분이 *OK-89S52* 키트에서 C언어로 프로그램을 작성할 때 유용하게 사용할 것이므로 잘 기억해 두어야 한다. 그리고, 현재로서는 이 함수들의 내용을 모두 이해하기가 어렵겠지만 앞으로는 점차로 그 내용까지도 이해하는 것이 좋다.

4. 프로그램의 디버깅

이상과 같이 사용자가 C언어 프로그램을 작성하고 μVision2를 사용하여 컴파일해 보면 여러가지의 출력 파일이 생성되며 경우에 따라서는 에러(error)나 경고(warning) 메시지가 발생할 수 있다.

μVision2를 사용하여 C언어 프로그램을 개발할 때 생성되는 파일들을 모두 요약하면 <표 4.3.2>와 같다. 즉, 컴파일러 C51.EXE는 C언어 소스 파일 Exp03_1.c를 컴파일하여 오브젝트 파일 Exp03_1.OBJ와 리스팅 파일 Exp03_1.LST를 생성한다. 그러면, 링커/로케이터 BL51.EXE는 오브젝트 파일 Exp03_1.OBJ와 필요할 경우 별도의 라이브러리 파일을 링크하여 MCU 실행 파일 Xcfile과 메모리 맵 파일 Xcfile.M51을 만든다.

이 실행파일 Xcfile은 에뮬레이터 등을 사용하여 타겟 MCU인 *OK-89S52* 키트의 AT89S52에서 실행한다. 그러나, 이를 ROM에 기입하거나 ISP로 다운로드하려면 그대로 사용하지 못하므로 OH51.EXE는 이를 인텔 HEX 형식의 Xcfile.hex 파일로 변환한다.

이상과 같이 C언어 소스 프로그램을 번역할 때는 오브젝트 파일과 리스팅 파일을 제외하고는 모두 프로젝트 이름을 따르고 있다는 점에 주의해야 한다.

〈표 4.3.2〉 µVision2에서 사용하는 C언어 관련 파일의 기능

파일명	확장자	내 용
Exp03_1 (소스 파일명)	.c	C언어 소스 파일
	.I	C언어 프리프로세서의 출력 파일
	.OBJ	컴파일 후에 생성되는 오브젝트 파일
	.LST	소스를 컴파일하여 생성되는 리스팅 파일
Xcfile (프로젝트명)	.Uv2	µVision2의 프로젝트 파일
	.Opt	타겟 옵션을 저장하는 파일
	.lnp	링커/로케이터를 위한 커맨드 파일
	.plg	컴파일에서 링크를 거쳐 HEX 파일을 생성하기까지 전체 과정을 기록한 파일
	.M51	링크/로케이터 작업 후에 생성되는 메모리 맵 파일
	(없음)	링크/로케이터 작업 후에 생성되는 최종적인 MCU 실행 파일
	.hex	MCU 실행 파일을 인텔 HEX 파일 형식으로 변환한 것

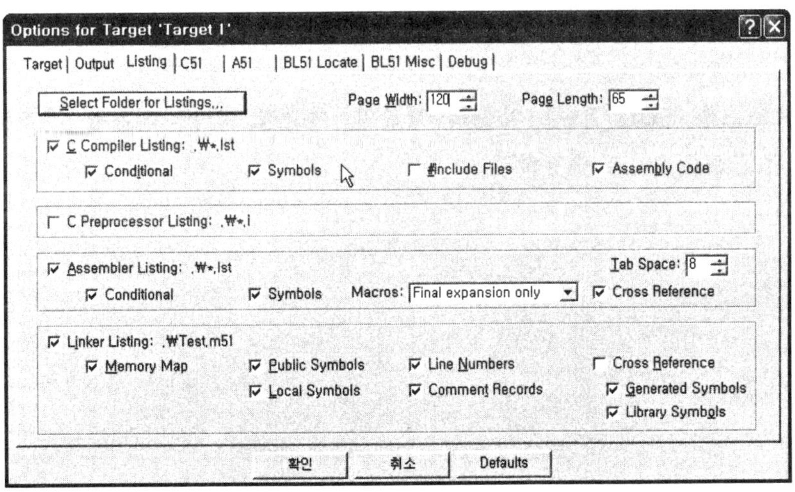

〈그림 4.3.7〉 타겟 옵션에서 출력파일 내용을 설정하는 화면

이와 같이 C언어 소스 파일을 컴파일하여 링크하는 과정에서 에러나 경고가 발생하였다면 이를 디버깅하여 다시 작업해야 한다. 에러나 경고가 발생하면 먼저 이것이 컴파일 과정에서 발생한 것인지 또는 링크 과정에서 발생한 것인지를 파악해야 한다. 만

약 컴파일 과정에서 발생한 에러나 경고라면 이는 리스팅 파일 Exp03_1.LST에 그 내용이 표시되어 있으며, 링크 과정에서 발생한 에러나 경고라면 이는 메모리 맵 파일 Xcfile.M51에 그 내용이 표시되어 있다.

따라서, 여러분은 파워 프로그래머가 되려면 리스팅 파일이나 메모리 맵 파일의 내용을 정확히 파악하는 방법을 충분히 익혀둘 필요가 있다. 또한, μVision2를 사용할 때 <그림 4.3.7>에 보인 바와 같이 타겟 옵션에서 이들 출력 파일에 자신이 필요로 하는 충분한 내용을 포함하도록 설정하여 두어야 한다.

5. 실습 과제

(1) C언어 소스 프로그램에서 사용자 정의 함수를 작성하고 사용하는 형식에 대하여 설명하라.

(2) C언어에서 #include < >와 #include " " 지시어는 어떻게 다른가?

(3) C언어 소스 프로그램을 컴파일하여 중간에 생성된 어셈블리 언어 코드를 보고자 하면 μVision2에서 어떻게 설정해야 하는가?

(4) 예제 프로그램 Exp02_2.c를 자신의 학교명, 학과명, 학번, 이름을 디스플레이하는 프로그램 Exp02_2r.c로 수정하라.

4.4 기본적인 프로그래밍 기법

이 절에서는 *OK-89S52* 키트에서 어셈블리 언어와 C언어로 프로그래밍할 때 매우 자주 사용되는 몇가지의 중요한 기본적인 프로그래밍 기법을 익힌다.

관련 내용	(1) 제1.3절 AT89S52의 명령 세트 (2) 제3.3절 어셈블러와 C컴파일러의 설치 및 사용 (3) 제3.5절 C컴파일러 C51.EXE

1. 시간지연 루틴

마이크로콘트롤러에서 프로그램을 작성하다보면 가장 자주 사용하는 루틴중의 하나가 아마도 시간지연(time delay) 루틴일 것이다. 마이크로프로세서는 너무나도 동작이 빠르기 때문에 텍스트형 LCD 모듈처럼 훨씬 느린 주변장치의 속도에 맞도록 동작 타이밍을 일치시키고자 하면 시간지연이 필요하다. 또한, 빠르게 동작하는 마이크로프로세서에 비하여 사람의 눈으로 볼 수 있도록 LED를 느리게 점멸하거나 키입력 루틴에서 소프트웨어적으로 시간지연을 주는 방법으로 디바운싱을 구현하려면 역시 시간지연 루틴이 절대적으로 필요하다.

정밀한 시간지연 루틴을 구현하려면 하드웨어적으로 타이머를 이용하는 것이 좋지만, 이렇게 하는 것은 시스템 사이의 호환성을 떨어뜨릴 뿐만 아니라 이 루틴이 타이머라는 하드웨어를 독점적으로 점유하기 때문에 그만큼 사용 가능한 I/O 디바이스가 감소하여 불리하다. 따라서, 아주 정밀한 시간지연이 요구되지 않는 대부분의 경우에는 소프트웨어적으로 시간지연 루틴을 구현하는 것이 일반적이다.

(1) 어셈블리 언어의 경우

시간지연을 구현하는 것은 소프트웨어 명령의 실행시간을 이용하는 방법과 하드웨어적인 타이머 기능을 이용하는 방법이 있다. 이 책에서는 항상 소프트웨어적인 방법을 사용하지만 여기서는 타이머를 이용하는 하드웨어적인 방법도 소개한다.

▣ 소프트웨어적인 시간지연 방법

어셈블리 언어에서 소프트웨어적으로 시간지연을 구현하는 것은 각 명령의 실행시간을 고려하여 반복처리 루틴을 구성함으로써 전체적으로 각 명령들이 실행되는 횟수에 따라 실행 시간을 계산하여 시간지연을 얻는다. 이때 반복처리 루틴에 포함되는 각 명령들은 물론이고 반복처리를 구현하는 분기명령의 실행시간까지 철저하게 계산해야 한다.

CPU 코어가 프로그램 메모리에서 명령을 인출하여 실행할 때 명령큐(instruction queue)를 사용하거나 파이프라인(pipeline) 처리방식을 사용하는 방식에서는 명령 하나 하나의 실행시간을 정확히 알기 어려우므로 소프트웨어적인 방법으로는 정확한 시간 지연 루틴을 작성하기가 곤란하다. 그러나, MCS-51 계열의 AT89S52는 CPU가 순차 처리방식으로 매우 단순한 구조를 가지고 있어서 시스템 클럭의 주파수가 정해지면 각 명령의 실행시간을 정확하게 알 수 있으므로 소프트웨어적인 방법으로 시간지연 루틴을 작성하기가 매우 쉽다.

어셈블리 프로그램에서의 시간지연을 구현하는 서브루틴들은 제4.2절에서 소개한 인클루드 파일 OK89S52.INC에 포함되어 있는데 이 부분을 발췌 정리하여 아래에 다시 보였다.

〈인클루드 파일 OK89S52.INC〉 시간지연 서브루틴 부분만을 발췌하여 정리

(이전 생략)

```
;========================================================================
;       Time Delay (for 24MHz clock)
;========================================================================
;---------------------------------------------
;       us 단위의 시간지연 서브루틴
;---------------------------------------------
D10US:  PUSH    DELAYCOUNT0
        MOV     DELAYCOUNT0,#1
        JMP     BASE10US

D20US:  PUSH    DELAYCOUNT0
        MOV     DELAYCOUNT0,#2
        JMP     BASE10US

D50US:  PUSH    DELAYCOUNT0
        MOV     DELAYCOUNT0,#5
        JMP     BASE10US

D100US: PUSH    DELAYCOUNT0
        MOV     DELAYCOUNT0,#10
        JMP     BASE10US

D200US: PUSH    DELAYCOUNT0
        MOV     DELAYCOUNT0,#20
        JMP     BASE10US
```

```
D500US: PUSH    DELAYCOUNT0
        MOV     DELAYCOUNT0,#50
        JMP     BASE10US

;----------------------------------------------
;       Basic 10 us Delay (20 cycles)
;----------------------------------------------
BASE10US:NOP                             ; 1
        NOP                              ; 1
        PUSH    DELAYCOUNT1              ; 2
        POP     DELAYCOUNT1              ; 2
        PUSH    DELAYCOUNT1              ; 2
        POP     DELAYCOUNT1              ; 2
        PUSH    DELAYCOUNT1              ; 2
        POP     DELAYCOUNT1              ; 2
        PUSH    DELAYCOUNT1              ; 2
        POP     DELAYCOUNT1              ; 2
        DJNZ    DELAYCOUNT0,BASE10US     ; 2
        POP     DELAYCOUNT0
        RET

;----------------------------------------------
;       ms 및 sec 단위의 시간지연 서브루틴
;----------------------------------------------
D1MS:   PUSH    DELAYCOUNT0
        MOV     DELAYCOUNT0,#1
        JMP     BASE1MS

D2MS:   PUSH    DELAYCOUNT0
        MOV     DELAYCOUNT0,#2
        JMP     BASE1MS

D5MS:   PUSH    DELAYCOUNT0
        MOV     DELAYCOUNT0,#5
        JMP     BASE1MS

D10MS:  PUSH    DELAYCOUNT0
        MOV     DELAYCOUNT0,#10
        JMP     BASE1MS

D20MS:  PUSH    DELAYCOUNT0
        MOV     DELAYCOUNT0,#20
        JMP     BASE1MS

D50MS:  PUSH    DELAYCOUNT0
        MOV     DELAYCOUNT0,#50
        JMP     BASE1MS

D100MS: PUSH    DELAYCOUNT0
        MOV     DELAYCOUNT0,#100
        JMP     BASE1MS

D200MS: PUSH    DELAYCOUNT0
        MOV     DELAYCOUNT0,#200
        JMP     BASE1MS

D500MS: CALL    D100MS
        CALL    D200MS
        CALL    D200MS
        RET

D2SEC:  CALL    D500MS
        CALL    D500MS
D1SEC:  CALL    D500MS
        CALL    D500MS
        RET
```

```
D5SEC:   CALL    D1SEC
         CALL    D2SEC
         CALL    D2SEC
         RET

;---------------------------------------------
;        Basic 1 ms Delay (2000 cycles)
;---------------------------------------------
BASE1MS:PUSH     DELAYCOUNT1
BASE1MS1:MOV     DELAYCOUNT1,#199          ; (2)
BASE1MS2:PUSH    DELAYCOUNT1               ; 2
         POP     DELAYCOUNT1               ; 2
         PUSH    DELAYCOUNT1               ; 2
         POP     DELAYCOUNT1               ; 2
         DJNZ    DELAYCOUNT1,BASE1MS2      ; 2
         NOP                               ; (1)
         NOP                               ; (1)
         PUSH    DELAYCOUNT1               ; (2)
         POP     DELAYCOUNT1               ; (2)
         DJNZ    DELAYCOUNT0,BASE1MS1      ; (2)
         POP     DELAYCOUNT1
         POP     DELAYCOUNT0
         RET

                 (이후 생략)
```

여기서 이러한 소프트웨어적인 시간지연 루틴의 가장 기본은 10μs의 시간지연 루틴 BASE10US와 1ms의 시간지연 루틴 BASE1MS다.

OK-89S52 키트의 AT89S52는 24MHz의 시스템 클럭으로 동작하므로 1머신 사이클은 0.5μs가 되고 20개의 머신 사이클이면 10μs가 된다. 따라서, BASE10US 서브루틴에서는 여러개의 의미없는 명령을 실행하여 10μs의 기본적인 시간 지연을 얻으며, 이를 필요한 만큼 루프로 반복함으로써 원하는 μs 단위의 시간지연을 얻을 수 있다. 즉, μs 단위의 서브루틴에서는 DELAYCOUNT0이라는 변수에 1~255 또는 0을 지정할 수 있으므로 10~2560μs의 시간지연을 만들 수 있다. 이 루틴의 앞뒤에 불가피하게 약간의 오버헤드(overhead)가 포함되는 것을 고려하더라도 이를 사용하면 상당히 정확한 시간지연을 얻을 수 있다.

그러나, 좀더 긴 시간의 지연 루틴을 구현하려면 이 서브루틴 BASE10US로는 불편하므로 다시 새로운 1ms의 기본적인 지연 루틴 BASE1MS를 만들었다. 여기서는 내부적으로 199번의 반복루프를 통하여 훨씬 더 많은 수의 명령을 실행함으로써 2000개의 머신 사이클 즉 1ms의 기본적인 시간지연 루틴을 구현하였고, 이것을 DELAYCOUNT0 만큼 반복하여 1~256ms의 시간지연을 만들 수 있다. sec 단위의 시간지연 서브루틴들은 다시 ms 단위의 서브루틴들을 조합하여 만든다.

여기서 DELAYCOUNT0이라는 변수가 중복하여 사용되므로 서브루틴의 시작 부분에서 이를 스택에 저장하고 서브루틴이 끝날 무렵에 이를 되찾는 것이 중요하다. 그렇지 않으면 모든 시간지연 서브루틴마다 이 변수를 별도로 사용해야만 한다. 이렇게 하나의 변수를 사용하면서 이를 PUSH/POP하는 것은 메모리 변수의 수를 감소시켜 데이터 메모리를 절약하는 효과가 있고, 메인 루틴과 인터럽트 서비스 루틴에서 시간지연 서브루틴을 중복하여 사용하더라도 별 문제가 없도록 해준다.

◀주의▶ 이상에서 설명한 어셈블리 언어 프로그램에서의 시간지연 루틴은 AT89S52를 24MHz로 동작시키는 경우에만 적용된다. 시스템 클럭의 주파수가 달라지면 1클럭 사이클의 주기도 달라지므로 그에 따라 시간지연 루틴을 다시 설계해야 한다. 또한, MCS-51 계열의 MCU들은 기본적으로 1머신 사이클이 12클럭 주기로 구성되지만 그렇지 않은 일부 MCS-51 호환 모델에서는 이 시간지연 루틴이 적용되지 않으니 그에 맞게 다시 설계해야 한다.

이러한 소프트웨어적인 시간지연 서브루틴은 모두 인클루드 파일 OK89S52.INC에 포함되어 있으므로 이를 인클루드하고 서브루틴을 호출하여 사용하면 된다. 그러한 사용예로서 아래와 같은 예제 프로그램을 보기로 한다.

〈프로그램 Exp04_1.asm〉 소프트웨어적인 시간지연 루틴의 응용 프로그램

```
;[][][][][][][][][][][][][][][][][][][][][][][][][][][][][][][][][][][][][][]
;[]                                                                       []
;[]       Exp04_1.asm : Software Time Delay Application                   []
;[]                                                                       []
;[][][][][][][][][][][][][][][][][][][][][][][][][][][][][][][][][][][][][][]
;
;              Designed and programmed by Duck-Yong Yoon in 2005.
;
$NOMOD51                                ; do not use default MCS-51 SFR
$INCLUDE(AT89S52.INC)                   ; include AT89S52 definition file

;=====================================================================
;       Main Program
;=====================================================================
CSEG    AT      0000H
        MOV     SP,#7FH                 ; initialize SP
        CALL    KIT_INITIALIZE          ; initialize OK-89S52 kit
        CALL    D50MS                   ; wait for system stabilization
        CALL    LCD_INITIALIZE          ; initialize text LCD
        CALL    BEEP

        CALL    LCD_HOME1               ; display title
        CALL    LCD_STRING
        DB      ' S/W Time Delay ',0
        CALL    LCD_HOME2
        CALL    LCD_STRING
        DB      'Press KEY4-KEY1!',0

        MOV     R0,#1                   ; initial speed mode
        MOV     R1,#05H                 ; initial LED data

READ_KEY:CALL   KEY_IN                  ; key input
```

```
        CJNE    A,#00011100B,CK_KEY2     ; if KEY1, speed mode 1
        MOV     R0,#1
        CALL    LCD_HOME2
        CALL    LCD_STRING
        DB      '       100[ms]     ',0
        JMP     LED_DISPLAY

CK_KEY2:CJNE    A,#00011010B,CK_KEY3     ; if KEY2, speed mode 2
        MOV     R0,#2
        CALL    LCD_HOME2
        CALL    LCD_STRING
        DB      '       200[ms]     ',0
        JMP     LED_DISPLAY

CK_KEY3:CJNE    A,#00010110B,CK_KEY4     ; if KEY3, speed mode 3
        MOV     R0,#3
        CALL    LCD_HOME2
        CALL    LCD_STRING
        DB      '       300[ms]     ',0
        JMP     LED_DISPLAY

CK_KEY4:CJNE    A,#00001110B,LED_DISPLAY; if KEY4, speed mode 4
        MOV     R0,#4
        CALL    LCD_HOME2
        CALL    LCD_STRING
        DB      '       400[ms]     ',0

LED_DISPLAY:
        MOV     A,R1                     ; output LED with complement
        XRL     A,#0FH
        MOV     R1,A
        MOV     DPTR,#DIG_SELECT
        MOVX    @DPTR,A
        CJNE    R0,#1,LED2               ; and time delay
        CALL    D100MS
        JMP     READ_KEY
LED2:   CJNE    R0,#2,LED3
        CALL    D200MS
        JMP     READ_KEY
LED3:   CJNE    R0,#3,LED4
        CALL    D100MS
        CALL    D200MS
        JMP     READ_KEY
LED4:   CALL    D200MS
        CALL    D200MS
        JMP     READ_KEY

;=====================================================================
;       Include User Subroutine File
;=====================================================================
$INCLUDE(OK89S52.INC)                    ; include OK-89S52 subroutine file
        END
```

☞ 이제 여기서부터 여러분은 프로그램의 내용을 자세히 이해하도록 해야 한다. 프로그램 소스의 단 한 줄이라도 이해가 안되는 부분이 없도록 철저하게 명령과 지시어의 의미를 파악하는 노력을 해야 한다. 그리고, 이 책에서 사용하는 프로그래밍 테크닉을 철저하게 따라해야 한다.

키 KEY4~KEY1을 입력하는 프로그래밍 기술은 나중에 공부하지만 여기서도 *OK-89S52* 키트의 회로도를 보면서 이해할 필요가 있다. 또한, LED4~LED1을 점등하는 프로그래밍 기술도 키트의 회로도와 함께 이해해야 한다.

이 예제 프로그램을 어셈블하여 *OK-89S52* 키트에 다운로드하고 실행한 상태에서 키 KEY4~KEY1을 교대로 누르면서 LED4~LED1의 점멸 속도를 확인하라.

▣ 하드웨어적인 시간지연 방법

하드웨어적으로 시간지연을 구현하는 것은 타이머를 이용하는 것이다. 즉, 타이머가 일정한 주파수의 시스템 클럭을 계수하면서 원하는 시간의 경과를 체크하면 된다. 이 방법은 소프트웨어적인 시간지연 방법보다는 상대적으로 구현하기가 쉽지만, 하드웨어 의존성이 크고 타이머를 1개 사용하므로 사용자가 쓸 수 있는 주변장치가 그만큼 감소하며, 메인 루틴과 인터럽트 서비스 루틴에서 이를 중복하여 사용할 수 없다는 단점이 있다.

OK-89S52 키트에서 AT89S52의 타이머0을 사용하여 하드웨어적으로 시간지연을 구현하는 방법으로 앞의 예제 프로그램 Exp04_1.asm을 수정하면 다음과 같다.

〈프로그램 Exp04_2.asm〉 하드웨어적인 시간지연 루틴의 응용 프로그램

```
;[][][][][][][][][][][][][][][][][][][][][][][][][][][][][][][][][][]
;[]                                                                []
;[]        Exp04_2.asm : Hardware Time Delay Application           []
;[]                                                                []
;[][][][][][][][][][][][][][][][][][][][][][][][][][][][][][][][][][]
;
;          Designed and programmed by Duck-Yong Yoon in 2005.
;
$NOMOD51                               ; do not use default MCS-51 SFR
$INCLUDE(AT89S52.INC)                  ; include AT89S52 definition file

;==================================================================
;       Main Program
;==================================================================
CSEG    AT      0000H
        MOV     SP,#7FH                ; initialize SP
        CALL    KIT_INITIALIZE         ; initialize OK-89S52 kit
        CALL    D50MS                  ; wait for system stabilization
        CALL    LCD_INITIALIZE         ; initialize text LCD
        CALL    BEEP

        CALL    LCD_HOME1              ; display title
        CALL    LCD_STRING
        DB      ' H/W Time Delay ',0
        CALL    LCD_HOME2
        CALL    LCD_STRING
        DB      'Press KEY4-KEY1!',0

        MOV     R0,#1                  ; initial speed mode
        MOV     R1,#05H                ; initial LED data

READ_KEY:CALL   KEY_IN                 ; key input
        CJNE    A,#00011100B,CK_KEY2   ; if KEY1, speed mode 1
        MOV     R0,#1
        CALL    LCD_HOME2
        CALL    LCD_STRING
```

```
        DB      '       100[ms]     ',0
        JMP     LED_DISPLAY

CK_KEY2:CJNE    A,#00011010B,CK_KEY3     ; if KEY2, speed mode 2
        MOV     R0,#2
        CALL    LCD_HOME2
        CALL    LCD_STRING
        DB      '       200[ms]     ',0
        JMP     LED_DISPLAY

CK_KEY3:CJNE    A,#00010110B,CK_KEY4     ; if KEY3, speed mode 3
        MOV     R0,#3
        CALL    LCD_HOME2
        CALL    LCD_STRING
        DB      '       300[ms]     ',0
        JMP     LED_DISPLAY

CK_KEY4:CJNE    A,#00001110B,LED_DISPLAY; if KEY4, speed mode 4
        MOV     R0,#4
        CALL    LCD_HOME2
        CALL    LCD_STRING
        DB      '       400[ms]     ',0

LED_DISPLAY:
        MOV     A,R1                     ; output LED with complement
        XRL     A,#0FH
        MOV     R1,A
        MOV     DPTR,#DIG_SELECT
        MOVX    @DPTR,A
        CJNE    R0,#1,LED2               ; and time delay
        CALL    T100MS
        JMP     READ_KEY
LED2:   CJNE    R0,#2,LED3
        CALL    T200MS
        JMP     READ_KEY
LED3:   CJNE    R0,#3,LED4
        CALL    T300MS
        JMP     READ_KEY
LED4:   CALL    T400MS
        JMP     READ_KEY

;----------------------------------------------
;       Time Delay Routines by Hardware
;----------------------------------------------
T100MS: PUSH    DELAYCOUNT0
        MOV     DELAYCOUNT0,#100
        JMP     T1MS

T200MS: PUSH    DELAYCOUNT0
        MOV     DELAYCOUNT0,#200
        JMP     T1MS

T300MS: CALL    T100MS
        CALL    T200MS
        RET

T400MS: CALL    T200MS
        CALL    T200MS
        RET

;----------------------------------------------
;       Basic 1 ms Delay by Timer 0
;----------------------------------------------
T1MS:   ANL     TMOD,#11110000B          ; Timer 0, mode 1
        ORL     TMOD,#00000001B
        SETB    TR0                      ; Timer 0 run enable
```

```
T1MS1:  MOV     TH0,#0                  ; initial Timer 0 value
        MOV     TL0,#0
T1MS2:  MOV     A,TH0                   ; TH0:TL0 = 2000 ?
        CJNE    A,#HIGH 2000,T1MS2
        MOV     A,TL0
        CJNE    A,#LOW 2000,T1MS3
T1MS3:  JC      T1MS2
        DJNZ    DELAYCOUNT0,T1MS1
        POP     DELAYCOUNT0
        RET

;==============================================================
;       Include User Subroutine File
;==============================================================
$INCLUDE(OK89S52.INC)                   ; include OK-89S52 subroutine file
        END
```

☞ 여기서는 타이머0의 모드1을 사용하여 시간지연을 구현하였다. 인클루드 파일에 있는 소프트웨어적인 시간지연 서브루틴과의 충돌을 피하기 위하여 서브루틴의 이름을 다르게 하였음에 유의하라. 이때 타이머0에는 24MHz/12=2MHz의 클럭이 입력되므로 1클럭 주기는 0.5μs이며, 따라서 처음에 TH0:TL0=0으로 시작하여 이 값이 2000이 되면 1ms가 경과한 것이다. 이러한 기본적인 1ms 지연 루틴을 DELAYCOUNT0만큼 반복하면 원하는 시간지연을 ms 단위로 얻을 수 있다.

이 예제 프로그램을 어셈블하여 *OK-89S52* 키트에 다운로드하고 실행한 상태에서 키 KEY4~KEY1을 교대로 누르면서 LED4~LED1의 점멸 속도를 확인하라. 앞의 예제 프로그램 Exp04_1.asm에서와 동일한 결과를 얻을 수 있는가?

(2) C언어의 경우

C언어 프로그램에서도 시간지연을 구현하는 것은 소프트웨어 명령의 실행시간을 이용하는 방법과 하드웨어적인 타이머 기능을 이용하는 방법이 있다.

▣ 소프트웨어적인 시간지연 방법

C언어에서 소프트웨어적으로 시간지연을 구현하는 루틴도 기본적으로는 각 명령의 실행시간을 고려하여 반복처리 루틴으로 구현하지만 이는 적어도 초보자들에게는 어셈블리 언어의 경우에 비하여 상당히 어렵다. 그것은 C언어 소스는 어떻게 컴파일되어 어셈블리 명령으로 번역되는지를 알기가 어렵기 때문이다. 흔히 C언어에서는 그냥 적당히 for 문으로 반복처리 루프를 돌려서 얼마인지도 모르는 시간지연 함수를 만들어 사용하는 것을 볼 수 있는데 이는 참으로 무모하고 답답한 일이다.

그러나, 어느 정도의 숙련된 프로그래머라면 걱정할 필요가 없다. 어느 컴파일러에서나 C언어 파일을 컴파일하면 어셈블리 소스로 된 중간 파일을 생성할 수 있기 때문에 이를 분석하여 보면 어셈블리 언어에서와 마찬가지로 상당히 정확한 시간지연 함수를 만들 수 있다. C컴파일러에 따라서는 인라인 어셈블 명령과 for문을 사용하여 시간지연 함수를 구현하기도 하지만, PK51에서는 비교적 인라인 어셈블 기능이 사용하기에 불편하므로 이 책에서는 이 방법을 사용하지 않는다.

C언어 프로그램에서의 시간지연을 구현하는 함수는 제4.3절에서 소개한 헤더파일 OK89S52.H에 포함되어 있는데 이 부분을 발췌 정리하여 아래에 다시 보였다.

〈헤더파일 OK89S52.H〉 시간지연 함수 부분만을 발췌하여 정리

```
                (이전 생략)

Delay_us(unsigned char us)                        /* time delay for us[us] */
{ unsigned char i;

  us = us >> 2;
  for(i = 1; i <= us; i++);
}

Delay_ms(unsigned int ms)                         /* time delay for ms[ms] */
{ unsigned int i, j;

  for(i = 1; i <= ms; i++)
    for(j = 1; j <= 250; j++);
}

                (이후 생략)
```

여기서 보듯이 μs 단위의 시간지연이 필요하면 Delay_us() 함수를 사용하며, 이때는 인수로 4~255의 값을 사용할 수 있다. 이 시간지연 함수 Delay_us()에서의 시간지연 값은 어느 정도의 오차를 포함하고 있으므로 정밀한 용도로는 사용하지 않는 것이 좋다.

그러나, ms 단위의 시간지연이 필요하면 Delay_ms() 함수를 사용하며, 이때는 인수로 1~65534의 값을 사용할 수 있으므로 약 65초의 시간지연까지 적용된다. 이 시간지연 함수 Delay_ms()에서의 시간지연 값은 이를 컴파일할 때 최적화 레벨을 4이상으로 설정하면 비교적 정확하며, 3이하로 설정하면 오차가 커진다.

PK51 V6.1에서 최적화 레벨을 8로 설정하고 예제 프로그램 Exp01_1.c를 컴파일하였을 때 생성되는 리스팅 파일에서 Delay_ms() 함수의 어셈블리 언어 소스 부분을 보면 아래와 같다.

〈리스팅 파일〉 시간지연 함수 Delay_ms()를 컴파일하여 생성된 어셈블리 소스

```
                (이전 생략)

   6           Delay_ms(unsigned int ms)                    /* time delay for ms[ms] */
   7           { unsigned int i, j;
   8     1
   9     1       for(i = 1; i <= ms; i++)
  10     1         for(j = 1; j <= 250; j++);
  11     1     }

                (중간 생략)

             ; FUNCTION _Delay_ms (BEGIN)
                                              ; SOURCE LINE # 6
;---- Variable 'ms' assigned to Register 'R6/R7' ----
                                              ; SOURCE LINE # 7
                                              ; SOURCE LINE # 9
;---- Variable 'i' assigned to Register 'R4/R5' ----
0000 7D01              MOV     R5,#01H
0002 7C00              MOV     R4,#00H
0004          ?C0001:
0004 D3                SETB    C
0005 ED                MOV     A,R5
0006 9F                SUBB    A,R7
0007 EC                MOV     A,R4
0008 9E                SUBB    A,R6
0009 5016              JNC     ?C0007
                                              ; SOURCE LINE # 10
;---- Variable 'j' assigned to Register 'R2/R3' ----
000B 7B01              MOV     R3,#01H
000D 7A00              MOV     R2,#00H
000F          ?C0004:
000F 0B                INC     R3                  ; ★1
0010 BB0001            CJNE    R3,#00H,?C0011      ; ★2
0013 0A                INC     R2
0014          ?C0011:
0014 EB                MOV     A,R3                ; ★1
0015 64FB              XRL     A,#0FBH             ; ★1
0017 4A                ORL     A,R2                ; ★1
0018 70F5              JNZ     ?C0004              ; ★2
001A          ?C0003:
001A 0D                INC     R5
001B BD0001            CJNE    R5,#00H,?C0012
001E 0C                INC     R4
001F          ?C0012:
001F 80E3              SJMP    ?C0001
                                              ; SOURCE LINE # 11
0021          ?C0007:
0021 22                RET
             ; FUNCTION _Delay_ms (END)

                (이후 생략)
```

☞ 이 Delay_ms() 함수의 어셈블리 언어 소스를 보면 for(j = 1; j <= 250; j++); 부분에서 변수 j는 R2/R3 레지스터에 의하여 카운트되며 ★로 표시된 부분이 모두 8사이클에 수행되는데 이것이 250번 반복되므로 2000사이클 즉 1[ms]가 소요된다. 그러면, 이러한 1[ms]의 반복 루틴에 다시 앞뒤로 몇개 명령이 더 추가되어 for(i = 1; i <= ms; i++) 부분에 해당하는 루틴이 ms번 반복된다. 이는 R4/R5 레지스터에

의하여 카운트되며, ms번 반복되는 부분은 ?C0001:에서 ?C0012:까지이다.

★로 표시된 부분이 정확하게 1[ms]에 수행되고 여기에 앞뒤에 몇개의 명령이 추가되어 실제 지연시간이 ms[ms]보다 약간 더 길어지는데, 이를 좀더 정확히 하려면 j를 248이나 249정도로 줄이는 것이 더 좋겠지만, 여기서는 이 정도로도 상당히 정확한 시간지연이 만들어지므로 알기 쉽게 그냥 250으로 하였다.

◀주의▶ 이상에서 설명한 C언어 프로그램에서의 시간지연 루틴은 AT89S52를 24MHz로 동작시키는 경우에만 적용된다. 시스템 클럭의 주파수가 달라지면 1클럭 사이클의 주기도 달라지므로 그에 따라 시간지연 루틴을 다시 설계해야 한다. 또한, MCS-51 계열의 MCU들은 기본적으로 1머신 사이클이 12클럭 주기로 구성되지만 그렇지 않은 일부 MCS-51 호환 모델에서는 이 시간지연 루틴이 적용되지 않으니 그에 맞게 다시 설계해야 한다.

한편, C컴파일러는 최적화 기능이 있어서 이를 어떤 레벨로 설정하느냐에 따라 어셈블리 소스가 다르게 생성되는데, 이 책에서는 최적화 레벨을 4이상으로 설정하는 것으로 가정하고 시간지연 함수를 만들었으며, 만약 최적화 레벨을 3이하로 설정하고 컴파일하면 시간지연 값이 원하는 것보다 더 커진다.

이러한 소프트웨어적인 시간지연 함수는 헤더파일 OK89S52.H에 포함되어 있으므로 이를 인클루드하고 함수를 호출하여 사용하면 된다. 그러한 사용예로서 아래와 같은 예제 프로그램을 보기로 한다.

〈프로그램 Exp04_1.c〉 소프트웨어적인 시간지연 루틴의 응용 프로그램

```
/* ========================================================================== */
/*                  Exp04_1.c : Software Time Delay Application               */
/* ========================================================================== */
/*                       Designed and programmed by Duck-Yong Yoon in 2005.   */

#include "AT89S52.H"                              // include AT89S52 definition file
#include "OK89S52.H"                              // include OK-89S52 kit function

main()
{ unsigned char mode, LED;

  Kit_initialize();                               // initialize OK-89S52 kit
  Delay_ms(50);                                   // wait for system stabilization
  LCD_initialize();                               // initialize text LCD module
  Beep();

  LCD_string(0x80," S/W Time Delay ");            // display title
  LCD_string(0xC0,"Press KEY4-KEY1!");

  mode = 1;                                       // initial speed mode
  LED = 0x05;                                     // initial LED data

  while(1)
    { switch(Key_input())                         // key input
        { case 0x1C : mode = 1;
                      LCD_string(0xC0,"    100 [ms]    ");
                      break;
          case 0x1A : mode = 2;
                      LCD_string(0xC0,"    200 [ms]    ");
                      break;
          case 0x16 : mode = 3;
```

```
                    LCD_string(0xC0,"     300 [ms]     ");
                    break;
        case 0x0E : mode = 4;
                    LCD_string(0xC0,"     400 [ms]     ");
                    break;
        default   : LED ^= 0x0F;               // output LED with complement
                    DIG_SELECT = LED;
                    if(mode == 1)        Delay_ms(100);
                    else if(mode == 2)   Delay_ms(200);
                    else if(mode == 3)   Delay_ms(300);
                    else                 Delay_ms(400);
                    break;
      }
    }
}
```

☞ 이제 여기서부터 여러분은 프로그램의 내용을 자세히 이해하도록 해야 한다. 프로그램 소스의 단 한 줄이라도 이해가 안되는 부분이 없도록 철저하게 명령과 지시어의 의미를 파악하는 노력을 해야 한다. 그리고, 이 책에서 사용하는 프로그래밍 테크닉을 철저하게 따라해야 한다.

키 KEY4~KEY1을 입력하는 프로그래밍 기술은 나중에 공부하지만 여기서도 *OK-89S52* 키트의 회로도를 보면서 이해할 필요가 있다. 또한, LED4~LED1을 점등하는 프로그래밍 기술도 키트의 회로도와 함께 이해해야 한다.

이 예제 프로그램을 컴파일하여 *OK-89S52* 키트에 다운로드하고 실행한 상태에서 키 KEY4~KEY1을 교대로 누르면서 LED4~LED1의 점멸 속도를 확인하라.

▣ 하드웨어적인 시간지연 방법

C언어에서도 마찬가지로 하드웨어적으로 시간지연을 구현하는 것은 타이머를 이용하는 것이다. 즉, 타이머가 일정한 주파수의 시스템 클럭을 계수하면서 원하는 시간의 경과를 체크하면 된다. 이 방법은 소프트웨어적인 시간지연 방법보다는 상대적으로 구현하기가 쉽지만, 하드웨어 의존성이 크고 타이머를 1개 사용하므로 사용자가 쓸 수 있는 주변장치가 그만큼 감소하며, 메인 루틴과 인터럽트 서비스 루틴에서 이를 중복하여 사용할 수 없다는 단점이 있다.

OK-89S52 키트에서 AT89S52의 타이머0을 사용하여 하드웨어적으로 시간지연을 구현하는 방법으로 앞의 예제 프로그램 Exp04_1.c를 수정하면 다음과 같다.

〈프로그램 Exp04_2.c〉 하드웨어적인 시간지연 루틴의 응용 프로그램

```
/* ============================================================================ */
/*                 Exp04_2.c : Hardware Time Delay Application                  */
/* ============================================================================ */
/*                    Designed and programmed by Duck-Yong Yoon in 2005.        */
```

```
#include "AT89S52.H"                          // include AT89S52 definition file
#include "OK89S52.H"                          // include OK-89S52 kit function

Timer0_ms(unsigned int ms)                    /* time delay for ms[ms] */
{ unsigned i, time;

  if(ms == 0) return;

  TMOD &= 0xF0;                               // Timer 0, mode 1
  TMOD |= 0x01;
  TR0 = 1;                                    // Timer 0 run enable

  for(i = 1; i <= ms; i++)
    { TH0  = 0x00;                            // initial Timer 0 value
      TL0  = 0x00;
      time = 0;
      while(time < 2000)                      // TH0:TL0 = 2000 ?
        time = TH0 * 256 + TL0;
    }
}

main()
{ unsigned char mode, LED;

  Kit_initialize();                           // initialize OK-89S52 kit
  Delay_ms(50);                               // wait for system stabilization
  LCD_initialize();                           // initialize text LCD module
  Beep();

  LCD_string(0x80," H/W Time Delay ");        // display title
  LCD_string(0xC0,"Press KEY4-KEY1!");

  mode = 1;                                   // initial speed mode
  LED = 0x05;                                 // initial LED data

  while(1)
    { switch(Key_input())                     // key input
        { case 0x1C : mode = 1;
                      LCD_string(0xC0,"    100 [ms]    ");
                      break;
          case 0x1A : mode = 2;
                      LCD_string(0xC0,"    200 [ms]    ");
                      break;
          case 0x16 : mode = 3;
                      LCD_string(0xC0,"    300 [ms]    ");
                      break;
          case 0x0E : mode = 4;
                      LCD_string(0xC0,"    400 [ms]    ");
                      break;
          default   : LED ^= 0x0F;            // output LED with complement
                      DIG_SELECT = LED;
                      if(mode == 1)       Timer0_ms(100);
                      else if(mode == 2)  Timer0_ms(200);
                      else if(mode == 3)  Timer0_ms(300);
                      else                Timer0_ms(400);
                      break;
        }
    }
}
```

☞ 여기서는 타이머0의 모드1을 사용하여 시간지연을 구현하였다. 헤더파일에 있는 소프트웨어적인 시간지연 함수와의 충돌을 피하기 위하여 함수의 이름을 다르게 하였음에 유의하라. 이때 타이머0에는 24MHz/12=2MHz의 클럭이 입력되므로 1클럭 주기는 0.5μs이며, 따라서 처음에 TH0:TL0=0으로 시작하여 이 값이 2000이 되면 1ms가 경과한 것이다. 이러한 기본적인 1ms 지연 루틴을 ms만큼 반복하면 원하는 시간지연을 ms 단위로 얻을 수 있다.

이 예제 프로그램을 컴파일하여 *OK-89S52* 키트에 다운로드하고 실행한 상태에서 키 KEY4~KEY1을 교대로 누르면서 LED4~LED1의 점멸 속도를 확인하라. 앞의 예제 프로그램 Exp04_1.c에서와 동일한 결과를 얻을 수 있는가?

2. 무한 루프의 사용

운영체제를 가진 범용 컴퓨터에서는 사용자 프로그램의 실행이 끝나면 CPU의 제어가 운영체제로 되돌아가지만, 마이크로콘트롤러에서는 운영체제를 사용하지 않는 경우가 대부분이므로 사용자 프로그램의 실행이 종료되면 되돌아 갈 곳이 없다. 그럼에도 불구하고 만약 사용자 프로그램의 실행이 종료된다면 그 이후에는 CPU가 메모리에서 지정되지 않은 임의의 영역을 읽어서 명령으로 해석하고 실행하기 때문에 예측할 수 없는 결과가 발생하게 된다. 따라서, 마이크로콘트롤러의 사용자 프로그램에서는 실행이 종료되지 않는 무한 루프 구조로 프로그램을 작성하는 것이 일반적이다.

(1) 어셈블리 언어의 경우

무한 루프 구조로 프로그램을 작성하는 것에는 2가지의 형태가 있다. 첫째로는 프로그램의 주요부를 실행하고 나서 마지막에 의미없는 하나의 명령을 반복하여 실행하면서 무한 루프에 빠지도록 하는 것이다. 이렇게 처리하는 경우에는 결국 프로그램의 주요부는 1회만 실행되는 결과가 된다. 다음은 이와 같은 프로그램의 예이다.

〈프로그램 Exp04_3.asm〉 프로그램의 무한 루프 처리방식(1)

```
;[][][][][][][][][][][][][][][][][][][][][][][][][][][][][][][][][][][][]
;[]                                                                    []
;[]          Exp04_3.asm : Indefinite Loop(1) - Run One Time           []
;[]                                                                    []
;[][][][][][][][][][][][][][][][][][][][][][][][][][][][][][][][][][][][]
;
;             Designed and programmed by Duck-Yong Yoon in 2005.
;
```

```
$NOMOD51                                  ; do not use default MCS-51 SFR
$INCLUDE(AT89S52.INC)                     ; include AT89S52 definition file

;=====================================================================
;       Main Program
;=====================================================================
CSEG    AT      0000H
        MOV     SP,#7FH                   ; initialize SP
        CALL    KIT_INITIALIZE            ; initialize OK-89S52 kit
        CALL    D50MS                     ; wait for system stabilization
        CALL    LCD_INITIALIZE            ; initialize text LCD
        CALL    BEEP

        CALL    LCD_HOME1                 ; display title
        CALL    LCD_STRING
        DB      'Indefinite Loop ',0
        CALL    LCD_HOME2
        CALL    LCD_STRING
        DB      '   Run one time  ',0

        MOV     A,#01H                    ; shift from LED1 to LED4
        MOV     R7,#4

LOOP:   MOV     DPTR,#DIG_SELECT
        MOVX    @DPTR,A
        CALL    D500MS                    ; delay 500 ms
        RL      A                         ; shift left
        DJNZ    R7,LOOP

        SJMP    $                         ; indefinite loop

;=====================================================================
;       Include User Subroutine File
;=====================================================================
$INCLUDE(OK89S52.INC)                     ; include OK-89S52 subroutine file
        END
```

☞ 여기서는 전체 프로그램이 1회 실행되고 나서 마지막에 SJMP $ 명령만 반복하여 실행되고 있으며, 이 명령은 LABEL: SJMP LABEL로 처리해도 된다. 왜 그런지는 어셈블리 언어의 문법을 익혀서 이해하도록 하라. 물론 이때 LJMP $ 명령을 사용해도 기능적으로는 동일하지만 점프할 목적지가 가까운 경우에는 굳이 3바이트의 LJMP $ 명령을 사용할 필요가 없으며 2바이트의 SJMP $ 명령으로 충분하다.

둘째로는 프로그램의 주요부를 무한히 반복하여 실행하면서 무한 루프에 빠지도록 하는 것이다. 대부분의 마이크로콘트롤러 프로그램은 이런 구조를 가지는데, 다음은 이와 같은 프로그램의 예이다.

〈프로그램 Exp04_4.asm〉 프로그램의 무한 루프 처리방식(2)

```
;[][][][][][][][][][][][][][][][][][][][][][][][][][][][][][][][][][][][]
;[]                                                                    []
;[]        Exp04_4.asm : Indefinite Loop(2) - Repeat                   []
;[]                                                                    []
```

```
;[][][][][][][][][][][][][][][][][][][][][][][][][][][][][][][][][][][][]
;
;               Designed and programmed by Duck-Yong Yoon in 2005.
;
$NOMOD51                                ; do not use default MCS-51 SFR
$INCLUDE(AT89S52.INC)                   ; include AT89S52 definition file

;=====================================================================
;       Main Program
;=====================================================================
CSEG    AT      0000H
        MOV     SP,#7FH                 ; initialize SP
        CALL    KIT_INITIALIZE          ; initialize OK-89S52 kit
        CALL    D50MS                   ; wait for system stabilization
        CALL    LCD_INITIALIZE          ; initialize text LCD
        CALL    BEEP

        CALL    LCD_HOME1               ; display title
        CALL    LCD_STRING
        DB      'Indefinite Loop ',0
        CALL    LCD_HOME2
        CALL    LCD_STRING
        DB      '     Repeat     ',0

LOOP1:  MOV     A,#01H                  ; shift from LED1 to LED4
        MOV     R7,#4

LOOP2:  MOV     DPTR,#DIG_SELECT
        MOVX    @DPTR,A
        CALL    D500MS                  ; delay 500 ms
        RL      A                       ; shift left
        DJNZ    R7,LOOP2

        SJMP    LOOP1

;=====================================================================
;       Include User Subroutine File
;=====================================================================
$INCLUDE(OK89S52.INC)                   ; include OK-89S52 subroutine file
        END
```

☞ 여기서는 LOOP1:에서 SJMP LOOP1까지 부분이 무한히 반복하여 실행된다. 따라서, 앞의 예제 프로그램 Exp04_3.asm과는 다른 실행 결과가 된다. 여기서는 프로그램의 루프가 짧으므로 SJMP LOOP1 명령을 사용했지만 루프가 길어지면 당연히 LJMP LOOP1을 사용하게 된다.

이상의 예제 Exp04_3.asm 및 Exp04_4.asm에서 만약 이를 무한 루프로 처리하지 않는다면 CPU는 메인 루틴을 실행하고 나서 그 뒤에 위치한 서브루틴을 실행하게 될 것이다. 그러나, 이 서브루틴은 정상적으로 호출되지 않은 것이므로 이 서브루틴이 실행되고 나서 리턴할 때 어느 곳으로 가게 될지 예측할 수 없는 상황이 된다.

그러나, 만약 메인 루틴의 뒤에 이와 같이 서브루틴이 위치하지 않는 경우에는 그냥 비어 있는 메모리 공간이므로 이 부분을 CPU가 읽어서 명령으로 해독하는 경우에는 어떤 실행결과가 나타날지 예측할 수 없다. 만약 이 뒷부분의 프로그램 메모리가 플래시 메모리나 EPROM이라면 이를 지웠을 경우의 초기상태인 FFH로 되어 있을 가능성이 높으며, 만약 CPU가 이를 읽어서 실행한다면 이는 MCS-51에서 MOV R7,A 명령에 해당하므로 끝없이 이 무의미한 명령을 실행하게 될 것이다. 이 때문에 마이크로콘트롤러에 따라서는 FFH를 리셋 명령으로 만들어 이런 상황이 되면 CPU를 리셋시키도록 한 경우도 있다.

(2) C언어의 경우

C언어에서도 무한 루프 구조로 프로그램을 작성하는 것에는 2가지의 형태가 있다. 첫째로는 프로그램의 주요부를 실행하고 나서 마지막에 의미없는 하나의 명령을 반복하여 실행하면서 무한 루프에 빠지도록 하는 것이다. 이렇게 처리하는 경우에는 결국 프로그램의 주요부는 1회만 실행되는 결과가 된다. 다음은 이러한 프로그램의 예이다.

〈프로그램 Exp04_3.c〉 프로그램의 무한 루프 처리방식(1)

```
/* ========================================================================== */
/*                  Exp04_3.c : Indefinite Loop(1) - Run One Time              */
/* ========================================================================== */
/*                        Designed and programmed by Duck-Yong Yoon in 2005.  */

#include "AT89S52.H"                            // include AT89S52 definition file
#include "OK89S52.H"                            // include OK-89S52 kit function

main()
{ unsigned char i, LED;

  Kit_initialize();                             // initialize OK-89S52 kit
  Delay_ms(50);                                 // wait for system stabilization
  LCD_initialize();                             // initialize text LCD module
  Beep();

  LCD_string(0x80,"Indefinite Loop ");          // display title
  LCD_string(0xC0,"  Run one time  ");

  LED = 0x01;                                   // shift from LED1 to LED4
  for(i=1; i<=4; i++)
    { DIG_SELECT = LED;
      Delay_ms(500);                            // delay 500 ms
      LED <<= 1;                                // shift left
    }

  while(1);                                     // indefinite loop
}
```

☞ 여기서는 전체 프로그램이 1회 실행되고 나서 마지막에 while(1); 명령만 반복하여 실행되고 있으며, 이 명령은 for(;;);로 처리해도 된다. 왜 그런지는 C언어의 문법을 익혀서 이해하도록 하라.

둘째로는 프로그램의 주요부를 무한히 반복하여 실행하면서 무한 루프에 빠지도록 하는 것이다. 대부분의 마이크로콘트롤러 프로그램은 이런 구조를 가지는데, 다음은 이와 같은 프로그램의 예이다.

〈프로그램 Exp04_4.c〉 프로그램의 무한 루프 처리방식(2)

```
/* ========================================================================= */
/*                Exp04_4.c : Indefinite Loop(2) - Repeat                   */
/* ========================================================================= */
/*                    Designed and programmed by Duck-Yong Yoon in 2005.    */

#include "AT89S52.H"                          // include AT89S52 definition file
#include "OK89S52.H"                          // include OK-89S52 kit function

main()
{ unsigned char i, LED;

  Kit_initialize();                           // initialize OK-89S52 kit
  Delay_ms(50);                               // wait for system stabilization
  LCD_initialize();                           // initialize text LCD module
  Beep();

  LCD_string(0x80,"Indefinite Loop ");        // display title
  LCD_string(0xC0,"     Repeat      ");

  while(1)
    { LED = 0x01;                             // shift from LED1 to LED4
      for(i=1; i<=4; i++)
        { DIG_SELECT = LED;
          Delay_ms(500);                      // delay 500 ms
          LED <<= 1;                          // shift left
        }
    }
}
```

☞ 여기서는 while(1)문 안에 포함된 부분이 무한히 반복하여 실행된다. 따라서, 앞의 예제 프로그램 Exp04_3.c와는 다른 실행 결과가 된다. 물론 여기서 while(1) 명령을 for(;;) 명령으로 사용해도 된다.

이상의 예제 Exp04_3.c 및 Exp04_4.c에서 만약 이를 무한 루프로 처리하지 않는다면 CPU는 메인 함수를 실행하고 알 수 없는 곳으로 리턴할 것이다. main() 함수도 하나의 함수이기 때문에 이것이 종료되면 스택의 복귀주소로 리턴하게 되는데, 스타트업 코드에서 이를 LCALL 명령으로 호출하지 않고 LJMP 명령을 사용하였다면 되돌아 갈 곳을 알 수 없으며, 정상적으로 호출하였다고 하더라도 되돌아 간 이후의 동작은 지정되지 않는다.

3. 실습 과제

(1) 소프트웨어적인 시간지연 방법과 타이머를 이용한 시간지연 방법의 장단점을 비교하여 설명하라.

(2) 어셈블리 언어 예제 프로그램 Exp04_2.asm에서

```
CJNE    A,#HIGH 2000,T1MS2
MOV     A,TL0
CJNE    A,#LOW 2000,T1MS3
```

부분은 원래

```
CJNE    A,#07H,T1MS2
MOV     A,TL0
CJNE    A,#D0H,T1MS3
```

이라고 표현되어야 할 부분이다. 이것이 왜 같은 의미가 되는지 설명하라.

(3) C언어 예제 프로그램 Exp04_2.c에서

```
while(time < 2000)                          // TH0:TL0 = 2000 ?
time = TH0 * 256 + TL0;
```

와 같이 TH0:TL0 레지스터의 값을 얻기 위하여 time = TH0 * 256 + TL0로 계산하는 이유를 설명하라.

(4) 예제 프로그램 Exp04_3.c에서 while(1);문을 사용하였을 때와 for(;;);문을 사용하였을 때 각각 이 부분이 어떻게 어셈블리 소스로 번역되는지 조사하여 설명하라.

(5) 예제 프로그램 Exp04_1.c에서 switch문을 사용하지 않고 if ~ else if ~ else 형태를 사용하도록 수정한 프로그램 Exp04_1r.c를 작성하라.

4.5 텍스트형 LCD 모듈 출력 프로그램

이 절에서는 *OK-89S52* 키트에서 사용하는 텍스트형 LCD 모듈의 구조, 기능, 사용 방법에 대하여 공부한 다음에 이를 프로그램하는 기술을 익히기로 한다. 이 LCD 모듈은 앞으로 거의 모든 예제에서 기본적으로 사용하므로 잘 알아두어야 한다.

1. 텍스트형 LCD 모듈의 특징

종래의 7세그먼트 LED(Light Emitting Diode)가 아라비아 숫자 및 16진수에 필요한 A~F 정도의 문자를 겨우 표현할 수 있는데 비하여, LCD(Liquid Crystal Display) 모듈은 모든 ASCII 문자들을 비교적 미려하게 표현할 수 있으므로 오늘날 전기/전자 기기의 간단한 문자표시용 출력장치에 널리 사용된다. 그러나, LCD 소자는 LED처럼 스스로 발광하는 능력을 가지고 있지 않아서 주위의 조도가 낮은 곳에서는 사용하기 어렵고, 사람이 이를 보는 각도에 따라 시각적 특성이 달라지며, 일반적으로 5×7 도트로 1개의 문자를 표현하므로 영문 소문자의 g, j, p, q, y와 같은 문자들은 다소 어색하게 표시된다. 이중에서 LCD 모듈이 발광능력이 없는 단점은 표시부의 배경 부분에 LED 등을 사용하여 밝게 조명을 하는 기능을 부착한 백라이트(backlight)형으로 보완되고 있다.

이와 같은 LCD 모듈은 LCD 판넬과 LCD 콘트롤러 및 드라이버 IC를 1개의 기판에 모두 장착하여 하나의 일체형 단일 부품으로 만든 소자로서, 지정된 위치에 도트 매트릭스(dot matrix) 방식으로 ASCII 문자를 표시할 수 있는 텍스트형(text 또는 character type)과 그래픽 방식으로 화면을 표시할 수 있는 그래픽형(graphic type)이 있다. 텍스트형은 표시문자가 ASCII 문자 정도로 제한되는 단점이 있으나, 대부분의 경우에 그 구조가 간단하고 사용 방법이 거의 표준화되어 있어 매우 편리하므로 현재까지 널리 사용되어 오고 있다. 이에 비하여 그래픽형은 영문 ASCII 문자 이외에 한글이나 한자까지 자유롭게 표시할 수 있고 그밖에도 임의의 도형을 표시할 수 있으므로 점차로 그 사용이 증가하고 있다. 그러나, 그래픽형은 상대적으로 구조가 복잡하고 제조회사나 모델에 따라서 구조와 사용방법이 상당히 다른 경우가 많아서 사용이 불편하고 프로그래밍 과정이 번거롭다는 단점이 있다. 또한, 화면의 해상도가 높은 만큼 외형상 크기도 그래픽형이 상대적으로 크며, 가격도 텍스트형에 비하여 그래픽형이 상당히 비싼 편이다.

우리나라는 텍스트형이나 그래픽형 모두 세계적인 수준에 있으며, 본 절에서 설명하는 텍스트형 LCD 모듈은 현대 LCD에서 여러 가지 모델을 생산하고 있다. 여기서는 16자×2행의 백라이트 기능을 가지는 모델인 현대 LCD의 HC16202NY-LY를 중심으로 설명한다. 그러나, 텍스트형은 회사에 따라 모델이 다르고 문자의 행과 열의 수가 달라지더라도 외형만 다를 뿐이며, 내부 구조가 거의 같으므로 동일한 방법으로 프로그래밍할 수 있다.

<표 4.5.1>에는 표시문자수에 따른 여러가지 텍스트형 LCD 모듈의 종류를 보였으며, 또한 참고로서 <표 4.5.2>에는 현대 LCD에서 생산 판매하는 텍스트형 LCD 모듈의 모델들을 보였다.

일반적인 텍스트형 LCD 모듈의 특징을 요약하면 다음과 같다.

① +5V의 단일 전원으로 동작한다.

② 1개의 칩에 CG(Character Generator) ROM, CG RAM, DD(Display Data) RAM 등을 내장한 LCD 콘트롤러 및 드라이버 LSI를 사용하므로 전체적인 크기가 작아서 사용하기에 편리하다. 추가적인 드라이버 LSI가 사용되는 경우도 있다.

③ 마이크로프로세서와의 인터페이스(접속 핀번호 및 신호명)가 거의 표준화되어 있으며, 8비트 또는 4비트 데이터 버스로 접속할 수 있다. 그러나, LCD 모듈은 일반적인 I/O 인터페이스용의 반도체 소자들에 비하면 액세스 시간이 상당히 길어서 동작이 느린 편이므로 접속에 유의해야 한다.

④ 내부 제어 명령이 거의 표준화되어 있어서 제조회사나 모델에 상관없이 동일한 방법으로 초기화하고 구동할 수 있다.

⑤ 각 문자를 5×7(또는 5×10) 도트의 매트릭스 방식으로 표시하며, <표 4.5.1>에 정리한 바와 같이 표시행의 수와 1행당의 문자수에 따라 다양한 모델이 있다.

⑥ 일반적인 영문 ASCII 문자를 모두 표시(일본어를 포함하여 192 문자)할 수 있으며, 최대 8개까지의 사용자 정의 문자를 만들어 사용할 수도 있다.

⑦ 문자를 표시할 때 커서의 위치가 자동으로 증가하며, 커서를 임의의 위치로 이동시킬 수도 있다. 물론, 화면에서 커서를 보이거나 보이지 않게 설정할 수도 있다.

⑧ DD RAM과 CG RAM에 CPU가 데이터를 쓰는 것은 물론이고 그 내용을 읽어들일 수도 있다.

⑨ 백라이트 기능을 갖는 모델의 경우에는 어두운 곳에서도 화면을 선명하게 볼 수

있다. 그러나, 이중에서 LED를 사용한 백라이트형 모델은 소비전력이 상당히 크며, EL(Electro-Luminescence)이나 CCFL(Cold Cathode Fluorescent Lamp)형의 백라이트는 추가적인 장치를 요구하므로 이를 사용하려면 경제적 비용이 증가된다.

텍스트형 LCD 모듈은 콘트롤러가 일본에서 처음으로 상용화되었기 때문에 ASCII 문자는 물론 일본어 문자가 기본 표시문자로 포함되어 있으나, 현재는 이것이 세계 각국에서 기본적으로 사용하는 디스플레이 소자가 되었으므로 모델에 따라서는 일본어 문자 대신에 다른 특수문자의 표시 기능을 가지는 제품도 많이 출시되고 있다.

〈표 4.5.1〉 텍스트형 LCD 모듈의 종류

모 델	비 고
8문자×1행, 8문자×2행 16문자×1행, 16문자×2행, 16문자×4행 20문자×1행, 20문자×2행, 20문자×4행 24문자×1행, 24문자×2행, 24문자×4행 32문자×1행, 32문자×2행 40문자×1행, 40문자×2행, 40문자×4행	각 모델별로 백라이트형이 따로 있으며, 백라이트의 색에는 red, orange, amber, yellow, green 등이 있다. 현재 이러한 제품을 생산하는 제조회사에는 현대 LCD, Powertip, Nanya 등이 있다.

〈표 4.5.2〉 현대 LCD의 텍스트형 LCD 모듈 제품

모 델	문자수 (열×행)	외형 칫수 (W×H×D mm)	표시부 칫수 (W×H mm)	문자 폰트 (W×H dot)	문자 크기 (W×H mm)	백라이트		
						없음	LED	EL
HC08201	8×2	40×35.4×9	30.4×13.9	5×7	2.95×4.15	○		
HC16101	16×1	80×36×10	64.5×13.8	5×10	3.15×7.90	○	○	○
HC16102	16×1	80×36×10	64.5×13.8	5×7	3.20×5.20	○	○	○
HC16201	16×2	84×44×11	61.0×16.0	5×7	2.95×4.85	○	○	○
HC16202	16×2	80×36×10	64.5×13.8	5×7	2.95×3.80	○	○	○
HC16203	16×2	122×44×11	99.0×24.0	5×7	4.84×8.06	○	○	○
HC16204	16×2	100×42×10.5	80.0×20.5	5×7	4.07×6.78	○		○
HC16205	16×2	85×29×10	64.5×13.8	5×7	2.95×3.80	○	○	○
HC16206	16×2	80×36×11	61.0×15.8	5×7	2.95×4.85	○		
HC16208	16×2	85×30×9.5	64.5×16.0	5×7	2.78×4.27	○		○
HC16209	16×2	84×44×11	63.5×15.8	5×7	2.96×4.86	○		○
HC16212	16×2	85×36×10.5	63.5×15.8	5×7	3.20×4.85	○		○
HC16218	16×2	100×47×10.5	80.0×20.5	5×7	4.07×6.78	○		○
HC16401	16×4	87×60×10	61.8×25.2	5×7	2.95×4.15	○	○	○
HC20101	20×1	111×46.5×10	84.0×13.0	5×7	3.20×5.20	○		○
HC20201	20×2	116×37×11	83.0×18.6	5×7	3.20×4.85	○	○	○
HC20202	20×2	116×39×10	83.0×18.8	5×7	3.20×4.85	○		○
HC20203	20×2	114×37×11	83.0×18.6	5×7	3.20×4.85	○	○	○
HC20401	20×4	98×60×10	76.0×25.2	5×7	2.95×4.15	○	○	○
HC24101	24×1	118×36×11	93.5×15.8	5×10	3.20×7.45	○	○	○
HC24102	24×1	126×36×11	100.0×13.8	5×7	3.07×5.76	○		○
HC24103	24×1	126×36×11	100.0×13.8	5×10	3.20×7.90	○		○
HC24201	24×2	118×36×11	93.5×15.8	5×7	3.20×4.85	○	○	○
HC24202	24×2	113×36×11	93.5×15.8	5×7	3.20×4.85	○		○
HC24203	24×2	116×28×8.0	85.0×13.0	5×7	2.95×3.80	○		○
HC24401	24×4	110×62×10	82.0×41.0	5×7	2.80×5.20	○		○
HC40101	40×1	182×33.5×11	152.5×16.5	5×10	3.20×7.45	○	○	○
HC40201	40×2	182×33.5×11	152.5×16.5	5×7	3.20×4.85	○	○	○
HC40401	40×4	190×54×10.5	147.0×29.5	5×7	2.80×4.29	○		○

2. 텍스트형 LCD 모듈의 구조

(1) 내부 구조

일반적으로 텍스트형 LCD 모듈의 내부는 콘트롤러, 드라이버, LCD 패널, 백라이트 유닛 등으로 구성되며, 개략적인 구조를 보이면 <그림 4.5.1>과 같다. 보통 콘트롤러와 드라이버는 각각 별도의 LSI로 되어 있으나, 요즈음에는 이 기능들을 일체형으로 만든 반도체 소자도 출시되고 있다.

여기서는 모든 기술적인 사양들을 현재 널리 사용되고 있는 삼성전자의 LCD 콘트롤러 S6A0069(옛 모델명 KS0066) 및 드라이버 S6A0065(옛 모델명 KS0065) 모델을 중심으로 설명한다. LCD 콘트롤러/드라이버에는 이와 유사한 기능을 가지는 모델들이 많은데 이것들은 <표 4.5.3>에 정리하였다. 그러나, 다른 모델들의 경우에도 삼성전자의 모델들과 크게 다르지 않으므로 프로그램할 때는 기능이 같은 것으로 간주하고 사용하더라도 별로 문제가 없다. 이들 소자의 데이터 시트는 분량이 매우 많으므로 이 책에 싣지 않고 저자와 출판사의 홈페이지 자료실 게시판에 제공하기로 한다.

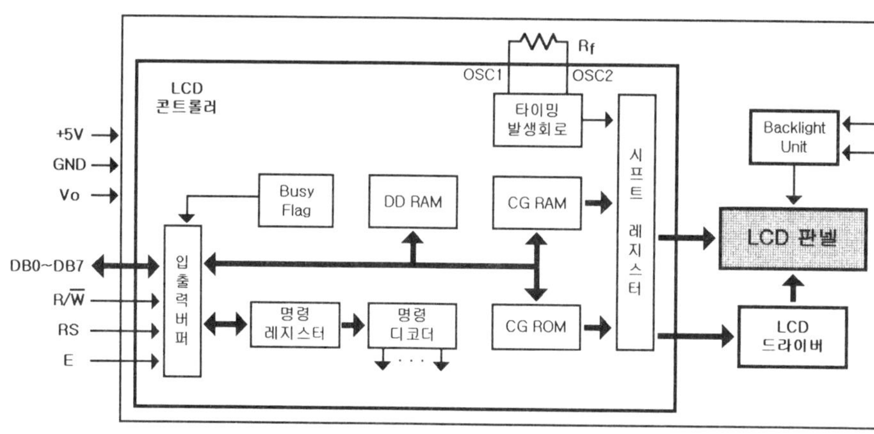

〈그림 4.5.1〉 텍스트형 LCD 모듈의 내부 구조

〈표 4.5.3〉 텍스트형 LCD 모듈의 콘트롤러 및 드라이버 LSI

반도체 회사	LCD 콘트롤러	LCD 드라이버
삼성전자	S6A0069 (구 모델 KS0066)	S6A0065 (구 모델 KS0065)
Hitachi	HD44780U	HD44100
Epson	SED1278	SED1181
Sitronix	ST7066	ST7065
Novatek	NT3881	NT3882

LCD 콘트롤러의 내부에는 표시할 문자 데이터를 저장하는 DD RAM, 이들 문자 코드를 실제로 표시할 문자 폰트로 변환하는 CG ROM, 사용자 정의 문자를 저장하는 CG RAM 등의 메모리를 내장하고 있다. 또한, LCD 모듈을 초기화하거나 제어하는데 사용되는 명령을 저장하는 명령 레지스터 및 이를 해독하는 명령 해독기가 있으며, 각 문자의 폰트를 시프트 레지스터에 의하여 수평 구동신호와 수직 구동신호로 변환하는 회로를 내장하고 있다.

LCD 모듈의 내부 동작을 위한 클럭은 외부에서 OSC1 단자로 공급될 수도 있으나 대부분은 OSC1 및 OSC2 단자에 저항 Rf를 접속함으로써 내장된 클럭발생회로에 의하여 만들어진다. +5V 전원을 사용하는 대부분의 LCD 모듈에서는 Rf = 91[kΩ]을 접속하여 발진 주파수를 270[kHz]로 사용한다.

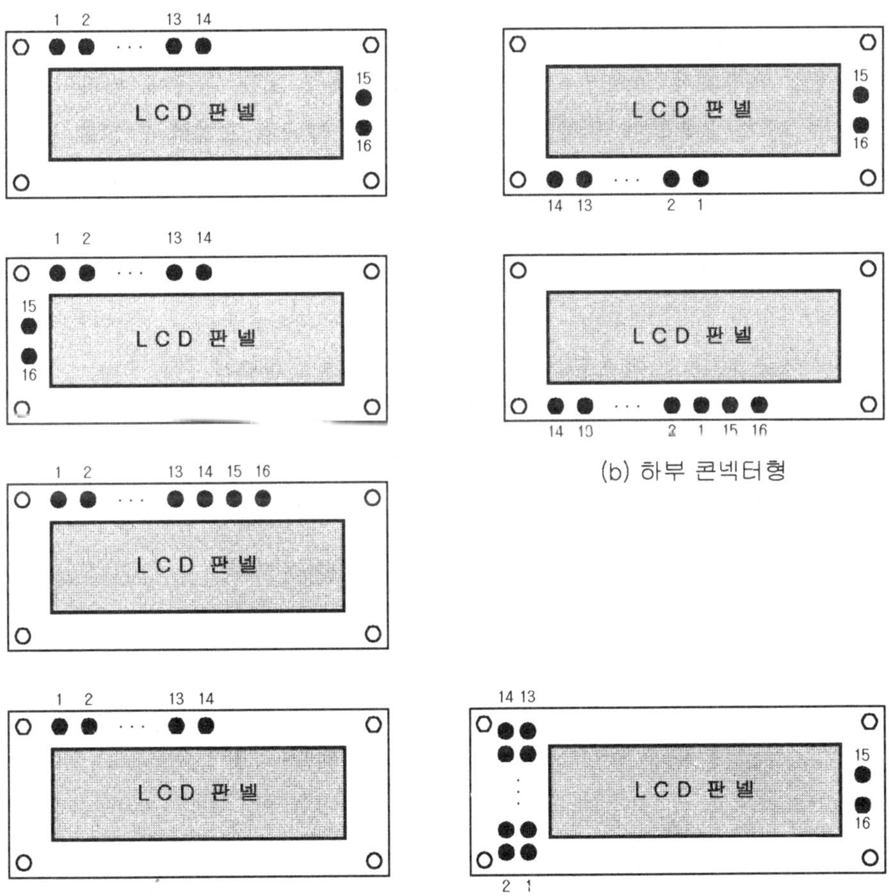

(a) 상부 콘넥터형 (c) 좌측 콘넥터형

〈그림 4.5.2〉 텍스트형 LCD 모듈의 외부 구조

(2) 외부 구조

텍스트형 LCD 모듈의 외부 구조에는 여러가지의 형태가 있으나 이것들을 정리하면 대체로 <그림 4.5.2>와 같은 3가지로 나눌 수 있다. 상부 콘넥터형은 텍스트형 LCD 모듈에서 가장 많이 사용되는 형태로서 14핀의 콘넥터가 좌측 상단에 위치하며, 백라이트가 있는 모델의 경우에는 이를 위한 2개의 핀이 LCD 모듈의 우측 또는 좌측 편에 위치한다. 그러나, 나중에 백라이트 단자가 14핀 콘넥터에 나란히 이어서 16핀으로 구성되는 형태(현대 LCD의 HC16202NY-LY는 여기에 해당함)도 출시되었고, 현재는 별도의 백라이트 단자가 없이 14핀의 콘넥터 중에서 +5V 및 GND 단자를 통하여 LED 백라이트의 전원까지 공급되는 모델도 나오고 있다. *OK-89S52* 키트에서는 상부 콘넥터형을 사용한다.

하부 콘넥터형은 LCD 모듈의 하단에 콘넥터가 위치하며, 대부분의 경우 오른쪽에서부터 1번 핀이 시작되는 것에 유의해야 한다. 요즈음에는 백라이트 단자를 포함한 16핀이 일렬로 배열되어 있으면서도 여기에 다시 좌측 또는 우측에 백라이트 단자인 15번 및 16번 핀이 중복하여 달려있는 모델도 있고, 하나의 모델에서 상부 콘넥터형과 하부 콘넥터형의 핀들을 모두 가지고 있는 제품도 출시되고 있다. 또한, 이들중에서 LED 백라이트 단자가 좌측 또는 우측에 있는 경우 15번(A) 및 16번(K) 핀이 이 그림에서와 달리 상하가 서로 반대로 되어있는 모델도 종종 있으니 주의해야 한다.

〈표 4.5.4〉 텍스트형 LCD 모듈 인터페이스 콘넥터 핀의 기능

핀	신호명	기 능	
1	Vss	전원 GND	
2	Vdd	전원 +5V	
3	V_O	화면밝기 제어 동작전압, operating voltage (Vdd-V_O = 4.2~4.6V)	
4	R_S	Register Select (1 = data register, 0 = instruction register)	
5	R/$\overline{W}$	Read/Write (1 = CPU ← LCD, 0 = CPU → LCD)	
6	E	Enable signal for read/write LCD	
7	DB0	(LSB)	
8	DB1		
9	DB2		
10	DB3	데이터 버스	
11	DB4	(4비트 인터페이스 모드에서는 DB7~DB4를 사용)	
12	DB5		
13	DB6		
14	DB7	(MSB)	
15	A/EL1	Anode : +LED(LED backlight용 전원 +3.9~4.4V)	EL 단자 1
16	K/EL2	Cathode : -LED(LED backlight용 전원의 GND)	EL 단자 2

☞ V_O에는 주로 낮은 전압을 인가할수록 화면이 선명하게 표시되며 대체로 GND 레벨이면 무난하다.
☞ 4비트로 인터페이스하는 경우 DB7~DB4에는 상위 니블과 하위 니블의 순서로 데이터를 전송한다.

텍스트형 LCD 모듈을 마이크로프로세서와 인터페이스하기 위한 14핀 콘넥터 및 백라이트 기능이 있는 모델의 경우에 추가되는 2개의 백라이트용 전원 단자를 요약하면 <표 4.5.4>와 같다. 여기서, LED 백라이트형인 경우에는 15번 및 16번 핀이 각각 애노드(A ; Anode) 및 캐소드(K ; Cathode) 단자로 사용되지만, EL 백라이트형인 경우에는 이것들이 백라이트용의 교류전원 단자로 사용된다.

LCD 모듈에 외부에서 전원을 접속하는 방법의 예를 보이면 <그림 4.5.3>과 같다. 여기서 Vo는 화면의 밝기를 제어하는 단자로서 대부분 부전압(-)을 인가할수록 표시화면이 또렷해지는데, 대체로 Vdd-Vo = 4.2~4.6[V]가 적정한 수준이므로 그림의 (a)보다는 (b)처럼 처리하는 경우가 많으며, V_R=10[kΩ]~20[kΩ] 정도로 사용한다. 이를 더욱 간단히 하려면 Vo 단자를 수백[Ω] 정도의 저항을 통하여 GND에 풀다운시키면 된다. 그러나, 이렇게 하면 LCD 모듈의 모델에 따라 저항값이 다소 달라지는 경우가 있으므로 사용자가 화면을 보면서 시행착오법으로 이 저항값을 선정하여야 한다.

LED 백라이트에서는 전원에 직렬로 저항을 사용하는 방법이 일반적이지만, 백라이트용으로 +5V의 안정된 전원을 사용하는 경우에는 그림의 (c)처럼 직렬로 다이오드를 1개 연결하면 쉽게 백라이트 전원의 사양을 만족시킬 수 있는 좋은 방법이 된다.

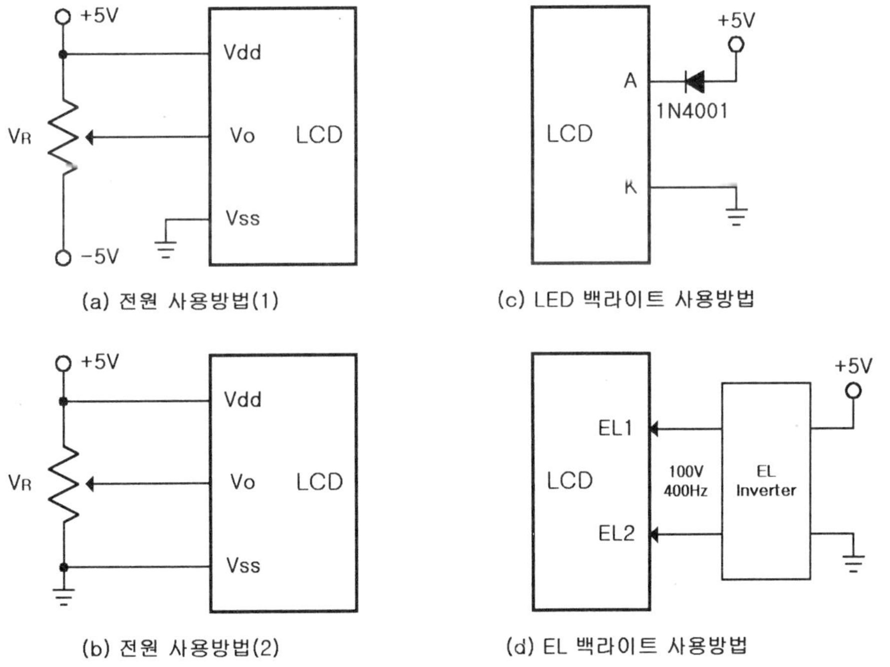

〈그림 4.5.3〉 텍스트형 LCD 모듈의 전원 접속 방법

그러나, EL 백라이트형 LCD 모듈의 경우에는 약 $100V_{AC}$/400Hz의 교류전원을 필요로 하므로 그림의 (d)에서처럼 EL 백라이트용의 인버터를 추가로 사용해야 한다. 이러한 인버터는 소형으로 +5V 직류 입력에 $100V_{AC}$/400Hz 정도의 교류 출력을 갖는 제품들이 판매되고 있다.

(3) 동작 타이밍

LCD 모듈을 마이크로프로세서와 접속할 때는 각 제어신호의 동작 타이밍을 세심하게 고려하여야 한다. LCD 모듈은 일반적인 주변 LSI들에 비하여 제어신호의 동작이 다소 특이하고 동작시간이 상당히 느린 편이므로 이를 마이크로프로세서에 접속할 때는 인터페이스 회로를 주의하여 설계하여야 한다.

LCD 모듈의 리드 및 라이트 동작시의 타이밍도를 보이면 <그림 4.5.4>와 같다. 여기서 표시된 타이밍값은 LCD 콘트롤러로서 Hitachi사의 HD44780U를 사용한 경우지만, 이 값들은 삼성전자의 S6A0069, Epson의 SED1278, Sitronix의 ST7066 등도 거의 유사하다.(그러나, 매우 오래된 HD44780S 모델은 동작이 이보다 훨씬 느리다.)

특히, 텍스트형 LCD 모듈의 타이밍에서 주의할 사항은 액세스 시간이 길어서 최소한 인가해 주어야 하는 $R/\overline{W}$ 신호폭이 상당히 넓으므로 대부분의 마이크로프로세서에서 여러 개의 웨이트 사이클을 주어야 하며, 인에이블 신호 E에는 보통 칩선택 신호를 정논리로 하여 사용하므로 이보다 앞과 뒤로 펄스폭이 길어야 되는 $R/\overline{W}$ 신호에는 CPU의 $\overline{WR}$ 신호를 그대로 사용하면 동작 타이밍이 맞지 않는다는 것이다. 이러한 까다로운 타이밍 조건 때문에 대부분의 마이크로프로세서에서는 어드레스 디코더의 출력과 $\overline{RD}$ 및 $\overline{WR}$ 신호를 모두 조합하여 E 신호를 만들고, LCD 모듈의 Rs 및 $R/\overline{W}$ 신호에는 각각 CPU의 어드레스 신호 A1, A0을 사용하는 것이 좋다. 따라서, 이렇게 하면 LCD 모듈은 동일한 I/O 번지에서 리드/라이트 동작을 수행하는 것이 아니라 리드 번지와 라이트 번지가 별도로 정해진다. *OK-89S52* 키트에서는 LCD 모듈에 항상 라이트 동작만 수행하므로 $R/\overline{W}$ 신호에는 GND를 연결하였으며, Rs 신호에는 어드레스 버스의 A0을 연결하였다.

그러나, DSP를 비롯한 고성능 마이크로프로세서에서는 시스템 클럭 주파수가 높고 CPU의 동작이 매우 빠르기 때문에 이런 방법도 사용하기 곤란하며, 이 경우에는 병렬 I/O 포트를 사용하여 인터페이스하는 것이 바람직하다. 그러나, 이렇게 하면 하드웨어의 타이밍 문제는 해결되지만, LCD 모듈의 제어신호를 일일이 병렬 출력 비트로 제어해야 하기 때문에 소프트웨어가 복잡해진다.

동작 모드	타이밍	기호	Min.	Typ.	Max.	단위
Write Operation	Enable cycle time	t_{cycE}	500	-	-	ns
	Enable high level width	PW_{EH}	230	-	-	
	Enable rise/fall time	t_{Er}, t_{Ef}	-	-	20	
	Address setup time(Rs, R/$\overline{W}$, E)	t_{AS}	40	-	-	
	Address hold time (Rs, R/$\overline{W}$, E)	t_{AH}	10	-	-	
	Data setup time	t_{DSW}	80	-	-	
	Data hold time	t_H	10	-	-	
Read Operation	Enable cycle time	t_{cycE}	500	-	-	ns
	Enable high level width	PW_{EH}	230	-	-	
	Enable rise/fall time	t_{Er}, t_{Ef}	-	-	20	
	Address setup time(Rs, R/$\overline{W}$, E)	t_{AS}	40	-	-	
	Address hold time (Rs, R/$\overline{W}$, E)	t_{AH}	10	-	-	
	Data delay time	t_{DDR}	-	-	160	
	Data hold time	t_{DHR}	5	-	-	

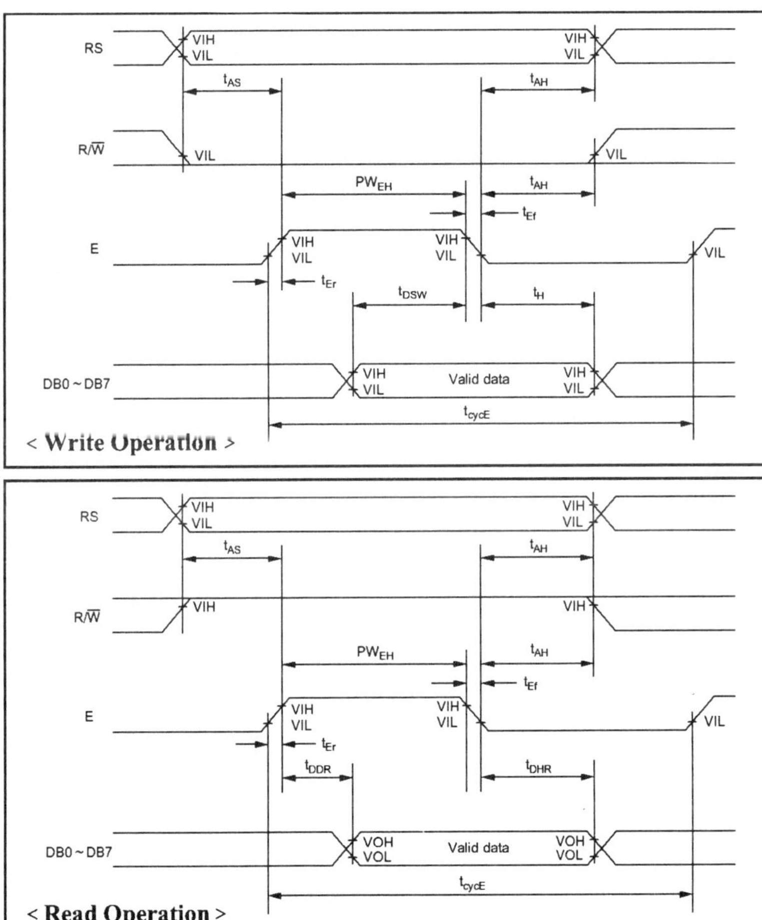

〈그림 4.5.4〉 텍스트형 LCD 모듈의 동작 타이밍

3. 텍스트형 LCD 모듈의 프로그래밍

(1) 제어 명령

텍스트형 LCD 모듈을 사용하기 위한 제어 명령(Instruction 또는 Command)을 정리하면 <표 4.5.5>와 같다. 이들 명령은 마이크로프로세서가 LCD 모듈을 초기화하거나 제어하는 프로그램에서 사용되며 데이터 버스 DB0~DB7을 통하여 전송된다.

LCD 모듈이 각 명령을 받아 이를 실행하는데는 지정된 길이의 시간이 필요하므로 CPU는 그 다음의 명령이나 데이터를 보내기 전에 충분히 시간지연을 주어 대기하거나, 또는 LCD 모듈의 상태를 읽고 busy flag을 조사하여 앞에서 전송한 제어 명령의 실행이 완료되었는지의 여부를 확인하여야 한다. 이 표에 표시된 실행시간은 LCD 콘트롤러로서 Hitachi사의 HD44780U를 f_{osc}=270kHz에서 사용한 경우지만, 이 값들은 삼성전자의 S6A0069, Epson의 SED1278, Sitronix의 ST7066 등도 거의 유사하다.(이 동작 시간은 매우 오래된 HD44780S를 사용한 모델에서도 이와 거의 유사하다.)

〈표 4.5.5〉 텍스트형 LCD 모듈의 제어 명령표

기 능	제어 신호		제 어 명 령								실행 시간
	Rs	$R/\overline{W}$	DB7	DB6	DB5	DB4	DB3	DB2	DB1	DB0	(Max.)
① Clear display	0	0	0	0	0	0	0	0	0	1	1.52 ms
② Return home	0	0	0	0	0	0	0	0	1	-	1.52 ms
③ Entry mode set	0	0	0	0	0	0	0	1	I/D	S	37 μs
④ Display ON/OFF control	0	0	0	0	0	0	1	D	C	B	37 μs
⑤ Cursor or display shift	0	0	0	0	0	1	S/C	R/L	-	-	37 μs
⑥ Function set	0	0	0	0	1	DL	N	F	-	-	37 μs
⑦ Set CG RAM address	0	0	0	1	CG RAM address						37 μs
⑧ Set DD RAM address	0	0	1	DD RAM address							37 μs
⑨ Read busy flag and address	0	1	BF	Address Counter							0 μs
Data write to CG RAM or DD RAM	1	0	write data								41 μs
Data read from CG RAM or DD RAM	1	1	read data								41 μs

☞ -는 Don't care 비트를 나타냄. 여기서 각 명령 동작의 실행시간은 f_{osc}=270kHz일 경우임.

① Clear display

모든 DD RAM 번지에 공백 문자(20H)를 써서 화면 전체를 지우고, 어드레스 카운터(address counter)를 DD RAM 어드레스 00H로 하여 커서를 home 위치로 한다. 또한 이 명령은 엔트리 모드에서 I/D=1로 강제 설정하는 기능을 포함한다.

② Return home

DD RAM의 내용은 변경하지 않고 어드레스 카운터를 00H로 하여 커서만을 home 위치로 보낸다.

③ Entry mode set

CPU가 LCD 모듈에 데이터를 리드하거나 라이트할 경우에 DD RAM 어드레스 즉 커서의 위치를 오른쪽으로 증가시킬 것인가(I/D=1) 왼쪽으로 감소시킬 것인가(I/D=0)를 결정하며, 또 이때 화면을 시프트할 것인지(S=1) 아닌지(S=0)를 지정한다.

④ Display ON/OFF control

현재 DD RAM의 내용이 화면에 표시되도록 ON/OFF하거나(D), 커서를 ON/OFF 하거나(C), 커서를 깜박이게 할 것인지(B)의 여부를 지정한다. 커서가 깜빡이는 시간 간격은 f_{osc}=270kHz에서 약 380ms 정도이다.

⑤ Cursor or display shift

화면표시 내용은 변경하지 않는 상태에서 화면(S/C=1) 또는 커서(S/C=0)를 오른쪽(R/L=1) 또는 왼쪽(R/L=0)으로 시프트하도록 지정한다.

⑥ Function set

CPU와의 인터페이스에서 데이터의 길이를 8비트(DL=1) 또는 4비트(DL=0)로 지정하고, 화면표시 행수를 2행(N=1) 또는 1행(N=0)으로 지정하며, 문자의 폰트를 5×11 도트(F=1, 실제 표시는 5×10 도트) 또는 5×8 도트(F=0, 실제 표시는 5×7 도트)로 지정한다.

◀참고▶ CPU와 4비트 방식으로 인터페이스할 경우에는 DB4~DB7을 사용하며, 상위 4비트를 먼저 전송하고 하위 4비트를 나중에 전송해야 한다. 또한, 외형적으로 16문자×1행으로 되어 있는 LCD 모듈은 소프트웨어적으로 8문자×2행의 구조를 가지므로 N=1로 설정해야 하는데 유의하라.

⑦ Set CG RAM address

CG RAM의 어드레스를 지정한다. 이후에 송수신하는 데이터는 CG RAM의 데이터이다.

⑧ Set DD RAM address

DD RAM의 어드레스를 지정한다. 이후에 송수신하는 데이터는 DD RAM의 데이터이다.

⑨ Read busy flag & address

LCD 모듈이 내부 동작중임을 나타내는 busy flag(BF) 및 어드레스 카운터의 내용을 리드한다. LCD 모듈이 각 제어 코드를 실행하는데는 지정된 시간이 필요하므로

CPU는 다음 제어 코드를 보내기 전에 충분히 시간지연을 주어 대기하는 방법을 사용할 수도 있으며, CPU가 이 BF를 읽어서 이것이 1로 표시되어 있는 경우에는 계속 기다리고 0인 경우에는 다음 제어 코드를 보내는 방법을 사용하면 보다 효율적인 처리가 가능하다.

▣ 초기화 프로그래밍 순서 - 8비트 인터페이스의 경우

CPU와 텍스트형 LCD 모듈 사이에 8비트 데이터 버스를 사용하여 인터페이스한 경우에 LCD 모듈에 전원을 투입하고 나서 이를 초기화하여 사용하는 과정을 요약하면 다음과 같다.

① 전원을 투입하거나 리셋 스위치를 누른다.
② 초기화를 수행하기 전에 최소한 30 ms 이상을 기다린다.
③ Function set 명령(0011****B)을 보내고, 4.1ms 이상을 기다린 후에 다시 Function set 명령(0011****B)을 보내며, 100μs 이상을 기다린 후에 다시 한번 Function set 명령(0011****B)을 보낸다. 이상의 3회 라이트 동작에서는 비지 체크를 수행하면 안된다.(*는 don't care)
④ Function set 명령(0011XX00B)을 보낸다.
⑤ Display ON/OFF control 명령(00001XXXB)을 보낸다.
⑥ Entry mode set 명령(000001XXB)을 보낸다.
⑦ DD RAM 어드레스를 보낸다.
⑧ 표시할 문자 데이터를 보낸다.
⑨ 필요할 경우 ⑦~⑧의 과정을 반복한다.

◀참고▶ 텍스트형 LCD 모듈이 리셋되고 나서 내부적인 준비를 마치고 동작을 개시하려면 LCD 모듈에 따라 약 15~30 ms가 소요되므로 전원 투입후나 리셋 후에 최초의 초기화 명령을 보내기 전에는 충분한 시간 지연을 주어야 한다. +3.3V형 LCD 모듈에서는 이 시간이 40~50 ms정도에 달하는 것도 있다. 이렇게 리셋 후에 약간의 대기시간을 필요로 하는 것은 82C55A와 같은 주변 LSI에서도 필요한데, 이러한 현상은 각 소자들이 리셋신호를 인식하는 전압레벨이 다르거나 리셋후의 동작과정이 소자마다 다른데 기인한다. 이 때문에 시스템 부팅시에는 최소한 50 ms 정도의 충분한 시간 지연을 주는 것이 바람직하다.

◀참고▶ 위에서 ③번의 초기화 처리과정은 HD44780U, SED1278, ST7066 등에서만 해당된다. 그러나, 삼성전자의 S6A0069(또는 KS0066) LCD 콘트롤러에서는 이를 개선하였기 때문에 ③번 항목이 필요없으므로 생략한다. 이는 아래에서 설명하는 4비트 인터페이스의 경우에도 동일하게 적용된다.

◀참고▶ 텍스트형 LCD 모듈에 전원이 인가되었으나 초기화가 올바르게 되지 않은 상태에서는 첫번째 행의 모든 문자들이 검은 색으로 표시된다.

▣ 초기화 프로그래밍 순서 - 4비트 인터페이스의 경우

CPU와 텍스트형 LCD 모듈 사이에 4비트 데이터 버스를 사용하여 인터페이스한 경우에 LCD 모듈에 전원을 투입하고 나서 이를 초기화하여 사용하는 과정을 요약하면 다음과 같다.

① 전원을 투입하거나 리셋 스위치를 누른다.
② 초기화를 수행하기 전에 최소한 30 ms 이상을 기다린다.
③ Function set 명령(0011****B)을 보내고, 4.1ms 이상을 기다린 후에 다시 Function set 명령(0011****B)을 보내며, 100μs 이상을 기다린 후에 다시 한번 Function set 명령(0011****B)을 보낸다. 이상의 3회 라이트 동작에서는 비지 체크를 수행하면 안된다.(*는 don't care)
④ Function set 명령(0010****B)을 8비트로 보낸다.
⑤ Function set 명령(0010XX00B)을 상위 4비트와 하위 4비트로 나누어 각각 DB7~DB4로 보낸다.
⑥ Display ON/OFF control 명령(00001XXXB)을 상위 4비트와 하위 4비트로 나누어 각각 DB7~DB4로 보낸다.
⑦ Entry mode set 명령(000001XXB)을 상위 4비트와 하위 4비트로 나누어 각각 DB7~DB4로 보낸다.
⑧ DD RAM 어드레스를 상위 4비트와 하위 4비트로 나누어 각각 DB7~DB4로 보낸다.
⑨ 표시할 문자 데이터를 상위 4비트와 하위 4비트로 나누어 각각 DB7~DB4로 보낸다.
⑩ 필요할 경우 ⑧~⑨의 과정을 반복한다.

◀참고▶ LCD 모듈이 리셋되고 나면 이것은 디폴트(default)로 8비트 인터페이스 모드로 동작하므로 ④에서 라이트한 Function set 명령은 LCD 모듈이 비록 상위 4비트만을 받았더라도 8비트 모드로 처리된 것이다. 따라서, LCD 모듈이 이 명령의 하위 4비트까지 받도록 하려면 ⑤에서처럼 처음부터 4비트씩 다시 보내야만 한다. 이후의 모든 명령이나 데이터는 1바이트를 상위 4비트와 하위 4비트로 나누어 2차례에 전송해야 한다.

(2) DD RAM 어드레스

텍스트형 LCD 모듈의 DD RAM은 표시할 문자들의 ASCII 코드 데이터가 저장되는 내부 메모리이며 모두 80개의 번지가 있는데, 화면의 각 행과 열의 문자 위치에는 고유한 어드레스값이 부여되어 있다.

그런데, 첫번째 행은 DD RAM 어드레스가 00H부터 시작되고 2번째 행은 항상 40H부터 시작되므로, LCD 모듈이 2행 이상으로 구성되는 경우에 각 행과 행 사이에는 어드레스가 연속하여 있지 않게 되어 주의하여야 한다. 또한, 물리적으로 4행으로 되어 있는 LCD 모듈은 어드레스가 1행과 3행이 이어져 있고 2행과 4행이 이어져 있어서 논리적으로는 2행으로 동작한다.

텍스트형 LCD 모듈의 각 모델에 따라 표시 문자의 위치에 대한 DD RAM의 어드레스를 보이면 <그림 4.5.5>와 같다.

	1															16
1행	00	01	02	03	04	05	06	07	40	41	42	43	44	45	46	47

(a) 16문자×1행 (☞ 2행인 것처럼 설정할 것.)

제1행	00	01	02	03	04	05	06	07	08	09	0A	0B	0C	0D	0E	0F
제2행	40	41	42	43	44	45	46	47	48	49	4A	4B	4C	4D	4E	4F

(b) 16문자×2행

제1행	00	01	02	03	04	05	06	07	08	09	0A	0B	0C	0D	0E	0F
제2행	40	41	42	43	44	45	46	47	48	49	4A	4B	4C	4D	4E	4F
제3행	10	11	12	13	14	15	16	17	18	19	1A	1B	1C	1D	1E	1F
제4행	50	51	52	53	54	55	56	57	58	59	5A	5B	5C	5D	5E	5F

(c) 16문자×4행

	1																			20
제1행	00	01	02	03	04	05	06	07	08	09	0A	0B	0C	0D	0E	0F	10	11	12	13
제2행	40	41	42	43	44	45	46	47	48	49	4A	4B	4C	4D	4E	4F	50	51	52	53

(d) 20문자×2행

제1행	00	01	02	03	04	05	06	07	08	09	0A	0B	0C	0D	0E	0F	10	11	12	13
제2행	40	41	42	43	44	45	46	47	48	49	4A	4B	4C	4D	4E	4F	50	51	52	53
제3행	14	15	16	17	18	19	1A	1B	1C	1D	1E	1F	20	21	22	23	24	25	26	27
제4행	54	55	56	57	58	59	5A	5B	5C	5D	5E	5F	60	61	62	63	64	65	66	67

(e) 20문자×4행

	1																							24
제1행	00	01	02	03	04	05	06	07	08	09	0A	0B	0C	0D	0E	0F	10	11	12	13	14	15	16	17
제2행	40	41	42	43	44	45	46	47	48	49	4A	4B	4C	4D	4E	4F	50	51	52	53	54	55	56	57

(f) 24문자×2행

	1																							40
제1행	00	01	02	03	04	05	06	07	08	09	0A	0B	0C	0D	0E	0F	10	11	12	13		25	26	27
제2행	40	41	42	43	44	45	46	47	48	49	4A	4B	4C	4D	4E	4F	50	51	52	53		65	66	67

(g) 40문자×2행

〈그림 4.5.5〉 텍스트형 LCD 모듈의 DD RAM 어드레스

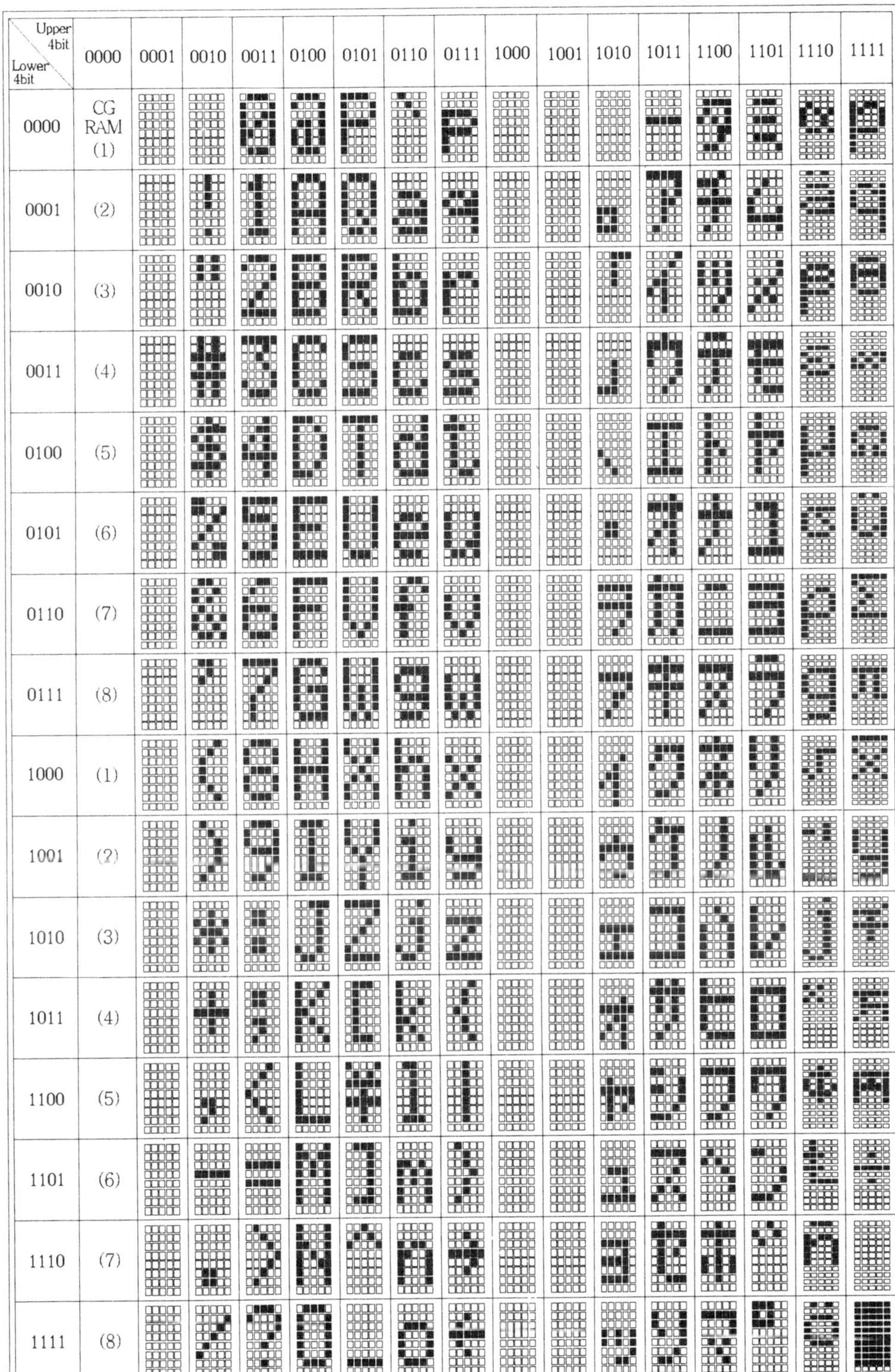

〈그림 4.5.6〉 텍스트형 LCD 모듈의 표시문자 세트

(3) 표시 문자 세트

텍스트형 LCD 모듈에서 화면에 표시할 수 있는 문자의 종류와 그 코드값을 보이면 <그림 4.5.6>과 같다. 표시 가능한 문자들중에는 대부분의 ASCII 도형문자들이 포함되며, 기타 일본어 가나문자와 몇가지의 특수문자들이 포함된다. 그러나, 요즈음에는 대부분의 LCD 콘트롤러에서 일본어가 사용되던 위치에 다른 특수문자 세트를 가지는 여러가지 버전이 판매되고 있으며, 이러한 경우에도 00H~0FH의 사용자 정의문자 영역과 20H~7DH의 ASCII 문자 영역은 항상 동일한 구조를 갖는다.

문자 코드의 00H~0FH의 영역에는 64바이트의 CG RAM이 내장되어 있어서 사용자 정의문자를 저장하여 사용할 수 있다. 여기에는 최대 8문자(5×7 도트의 경우) 또는 4문자(5×10 도트의 경우)까지 사용자가 폰트를 정의할 수 있는데, 이는 당연히 전원이 투입된 후에 사용자에 의하여 새로 정의되어야 유효하므로 전원을 끄고나면 사용자 정의 문자는 모두 소실되어 기억되지 않는다.

◀참고▶ 코드 영역 E0H~FFH는 5×10 도트용의 문자를 정의하는 영역인데, 여기서 g, j, p, q, y는 영문의 알파벳 소문자와 같으나, 원래의 알파벳의 소문자에서는 문자의 폰트를 5×7 도트로 사용하는데 비하여 이 문자들은 5×10 도트를 사용하므로 다른 일반 문자들보다 아래쪽으로 약간 길어지는 점이 다르다. 그러나, 이 문자들을 5×7 도트형의 LCD 모듈에서 사용하면 아래 부분이 모두 잘려서 보이지 않게 된다.

(4) 사용자 정의 문자

앞에서도 설명한 바와 같이 텍스트형 LCD 모듈에는 LCD 콘트롤러가 내장되어 있는데, 이것의 내부에는 각종 제어회로와 DD RAM, CG ROM, CG RAM 등의 메모리를 함께 가지고 있다. CG ROM에는 모두 192개(일본어형) 또는 240개(유럽형)의 기본 문자 폰트(character font)를 가지고 있어서 사용자가 화면에 표시하고자 하는 문자 코드를 DD RAM에 써주기만 하면 이것에 해당하는 폰트가 자동으로 CG ROM에서 찾아져서 화면에 디스플레이된다.

그러나, 이처럼 CG ROM에 지정된 기본 문자 이외의 문자를 화면에 표시하려면 사용자 정의문자를 만들어 사용할 수 있는데, 이와 같이 사용자 정의문자를 지정하는데 사용하는 메모리가 CG RAM이며, 이 CG RAM에는 5×7 도트를 사용하는 경우에 최대 8문자까지 정의할 수 있고, 5×10 도트의 경우에는 최대 4문자까지 정의하여 사용할 수 있다. 사용자 정의문자는 <그림 4.5.6>의 00H~0FH 영역에 할당되어 있는데 1문자가 2개의 코드 영역을 차지하므로 실제 코드값은 00H~07H(또는 08H~0FH)로 사용한다.

〈표 4.5.6〉 텍스트형 LCD 모듈에서의 사용자 정의문자 지정방법

문자 코드(DD RAM data)	CG RAM address	CG RAM data(문자 폰트)
7 6 5 4 3 2 1 0	X X 5 4 3 2 1 0	7 6 5 4 3 2 1 0
0 0 0 0 X 0 0 0	0 1 0 0 0 0 0 0	X X X 0 1 0 0 0
	0 0 1	X X X 0 1 1 0 0
	0 1 0	X X X 0 1 1 1 0
	0 1 1	X X X 0 1 1 1 1
	1 0 0	X X X 0 1 1 1 0
	1 0 1	X X X 0 1 1 0 0
	1 1 0	X X X 0 1 0 0 0
	1 1 1	X X X 0 0 0 0 0
0 0 0 0 X 0 0 1	0 1 0 0 1 0 0 0	X X X 0 1 1 1 1
	0 0 1	X X X 0 1 0 0 1
	0 1 0	X X X 0 1 0 0 1
	0 1 1	X X X 0 1 0 0 1
	1 0 0	X X X 0 1 0 0 1
	1 0 1	X X X 0 1 0 0 1
	1 1 0	X X X 0 1 1 1 1
	1 1 1	X X X 0 0 0 0 0
0 0 0 0 X 0 1 0	0 1 0 1 0 0 0 0	X X X 0 1 0 0 0
	0 0 1	X X X 0 1 0 0 0
	0 1 0	X X X 0 1 0 0 0
	0 1 1	X X X 0 1 1 1 0
	1 0 0	X X X 0 1 0 0 0
	1 0 1	X X X 0 1 0 0 0
	1 1 0	X X X 0 1 0 0 0
	1 1 1	X X X 0 0 0 0 0
0 0 0 0 X 0 1 1	0 1 0 1 1 0 0 0	X X X 0 0 0 0 1
	0 0 1	X X X 0 0 0 1 0
	0 1 0	X X X 0 0 1 0 0
	0 1 1	X X X 0 1 0 0 0
	1 0 0	X X X 0 0 0 0 0
	1 0 1	X X X 0 0 0 0 0
	1 1 0	X X X 0 1 1 1 1
	1 1 1	X X X 0 0 0 0 0
0 0 0 0 X 1 0 0	0 1 1 0 0 0 0 0	X X X 1 0 0 0 0
	0 0 1	X X X 0 1 0 0 0
	0 1 0	X X X 0 0 1 0 0
	0 1 1	X X X 0 0 0 1 0
	1 0 0	X X X 0 0 0 0 0
	1 0 1	X X X 0 0 0 0 0
	1 1 0	X X X 1 1 1 1 0
	1 1 1	X X X 0 0 0 0 0
0 0 0 0 X 1 0 1	0 1 1 0 1 0 0 0	X X X 0 1 1 1 1
	0 0 1	X X X 0 1 0 0 0
	0 1 0	X X X 0 1 0 0 0
	0 1 1	X X X 0 1 1 1 1
	1 0 0	X X X 0 1 0 0 0
	1 0 1	X X X 0 1 0 0 0
	1 1 0	X X X 0 1 1 1 1
	1 1 1	X X X 0 0 0 0 0
0 0 0 0 X 1 1 0	0 1 1 1 0 0 0 0	X X X 0 0 1 0 0
	0 0 1	X X X 0 0 1 0 0
	0 1 0	X X X 0 0 1 0 0
	0 1 1	X X X 1 1 1 0 0
	1 0 0	X X X 0 0 1 0 0
	1 0 1	X X X 0 0 1 0 0
	1 1 0	X X X 0 0 1 0 0
	1 1 1	X X X 0 0 0 0 0
0 0 0 0 X 1 1 1	0 1 1 1 1 0 0 0	X X X 0 0 0 1 0
	0 0 1	X X X 0 0 1 1 0
	0 1 0	X X X 0 1 1 1 0
	0 1 1	X X X 1 1 1 1 0
	1 0 0	X X X 0 1 1 1 0
	1 0 1	X X X 0 0 1 1 0
	1 1 0	X X X 0 0 0 1 0
	1 1 1	X X X 0 0 0 0 0

☞ 여기서 X는 don't care를 의미함.

CG RAM에 사용자 정의문자의 폰트를 작성해 넣으려면 초기화 과정에서 문자 코드와 문자 폰트를 <표 4.5.6>에 나타낸 방법으로 미리 설정해 두는 것이 좋다. 텍스트형 LCD 모듈의 CG RAM에 프로그램으로 실제 사용자 정의문자의 폰트를 작성해 넣는 방법을 요약하면 다음과 같다.

① 사용자 정의문자 코드는 00H~0FH 영역에 해당되며, 이중에서 아래의 3비트만 유효하고 b3은 don't care이므로 실제 코드값은 00H~07H(또는 08H~0FH)로 지정해야 한다.

② 이 문자 코드의 아래 3비트 b2~b0는 그대로 CG RAM 어드레스의 b5~b3에 대응되고 CG RAM 어드레스의 그 나머지 비트 b2~b0에 의하여 문자코드 1개당 8개의 번지가 할당된다. <표 4.5.5>에서 보였던 바와 같이 CG RAM 어드레스를 지정하는 명령의 상위 2비트는 무조건 b7 = 0, b6 = 1로 된다.

③ 따라서, 예를 들어 문자코드 00H의 문자폰트를 써넣으려면 먼저 CG RAM 어드레스 지정 명령 40H(= 01000000B)를 instruction 번지(Rs = 0)에 쓰고, 다음에 8개의 CG RAM 데이터를 순서대로 data 번지(Rs = 1)에 쓴다.(여기서, CG RAM의 어드레스는 Entry mode set 명령에서 커서를 증가시키는 방향으로 설정하였다면 자동으로 1씩 증가되므로 8개의 폰트 데이터를 순서대로 써넣으면 되는 것이다.)

마찬가지로 문자코드 01H의 문자폰트를 써넣으려면 먼저 CG RAM 어드레스 지정 명령 48H(= 01001000B)를 instruction 번지(Rs = 0)에 쓰고, 다음에 8개의 CG RAM 데이터를 순서대로 data 번지(Rs = 1)에 쓴다.

④ 문자 폰트 데이터는 도트(dot)를 검게 표시하고 싶은 부분의 비트를 1로 하고 공백 부분은 0으로 한다. 5×8 도트의 경우에 마지막인 8번째 줄은 커서가 나타나는 위치로서 일반적으로 문자 표시에는 사용하지 않으므로 모두 0으로 한다. 이렇게 하면 실제의 문자 폰트는 5×7 도트로 구성된다.

⑤ <표 4.5.6>에서의 예는 문자코드 00H~07H 영역에 차례로 8개의 문자 "▶", "ㅁ", "ㅏ", "스"(2문자), "ㅌ", "ㅓ", "◀"의 폰트를 설정하는 경우를 보인 것이다.

◀휴게실▶ **텍스트형 및 그래픽형 LCD 모듈의 근본적인 차이**

텍스트형 LCD 모듈과 그래픽형 모듈의 근본적인 차이점은 무엇일까? 이것은 아주 간단한 이야기지만, 사용자들이 이를 잘 구분하지 못하는 경우를 의외로 자주 보게 된다. 이를 분명히 알아두는 것이 LCD 모듈을 공부하는데 매우 중요한 키포인트가 될 것이므로 여기에서 설명하기로 한다.

텍스트형 LCD 모듈에는 아래 <그림 4.5.7>의 (a)에서 보는 것처럼 1개의 텍스트 문자를 표시할 자리가 각 문자당 5×8 도트씩으로 미리 마련되어 있다. 예를 들어 16자×2행 짜리의 텍스트형 LCD 모듈이라면 화면 전체에 이런 자리가 32개 있는 것이다. 이 각 문자 박스는 5×8 도트로 구성되지만 가장 아래의 도트 라인은 사용하지 않고 비워두므로 실제 문자의 크기는 5×7 도트로 되어 있다. 마지막 라인은 예를 들면 커서와 같은 특수한 용도로만 사용된다. 5×8 도트의 문자 박스들 사이에는 약간의 빈 공간이 있다. 문자와 문자 사이에 약간의 거리를 둠으로써 사람이 이를 읽을 때 가독성을 좋게 하기 위함이다. 도트 1개의 크기와 문자 사이의 이격 거리가 얼마인지는 LCD 모듈의 모델마다 다른데, 이는 각 LCD 모듈 데이터 시트의 사양에서 dot size, character size, character pitch 등을 보면 알 수 있다.

텍스트형 LCD 모듈의 사용자가 각 문자 박스에 원하는 문자를 표시하려면 우선 제어 명령으로 커서를 해당 위치로 지정하고 나서 그 문자의 1바이트 ASCII 코드만을 출력하면 된다. 즉, 사용자는 LCD의 각 도트 하나하나를 직접 구동할 수 없고 단지 ASCII 코드를 출력하면 그 문자에 해당하는 폰트를 내장 ROM에서 불러다가 화면에 표시하는 것은 LCD 콘트롤러의 역할이다. 이 때문에 텍스트형 LCD 모듈 내부에는 반드시 문자 발생기(character generator) ROM과 LCD 콘트롤러를 가지고 있다.

이에 비하여 그래픽형 LCD 모듈은 <그림 4.5.7>의 (b)에서 보는 것처럼 모든 도트들이 바둑판처럼 가로 세로가 일정한 간격의 배열로 되어 있어서 여기에 텍스트 문자든 그래픽이든 자유롭게 나타낼 수 있으며, 물론 화면에서 각 텍스트 문자를 표시할 자리도 따로 정해져 있지 않고 또한 문자의 크기를 일정하게 지정하지도 않는다.

따라서, 그래픽형 LCD 모듈에 텍스트 문자를 디스플레이할 때는 사용자가 일일이 도트 하나하나를 구동하여 그래픽적인 방법으로 문자의 모양을 그려주어야 하는데, 이와 같이 콘트롤러를 가지고 있지 않은 그래픽형 LCD 모듈에서는 화면에 텍스트 문자를 디스플레이하는 것만도 상당히 복잡한 프로그램을 필요로 한다. 그래서, 이러한 불편을 개선한 콘트롤러 내장형의 그래픽 LCD 모듈에서는 기본적인 그래픽 기능을 가지면서도 텍스트형 LCD 모듈에서처럼 사용자가 ASCII 코드만을 출력하는 방법으로 화면에 텍스트 문자를 디스플레이할 수 있다.

그러나, 콘트롤러를 내장하지 않은 그래픽형 LCD 모듈의 경우는 좀 덜하지만 콘트롤러를 내장한 그래픽형 LCD 모듈은 이 콘트롤러 LSI의 종류에 따라 LCD 모듈의 기능과 사용법이 전혀 다른 경우가 대부분이므로 사용자가 이를 일일이 익혀서 사용하여야 한다.

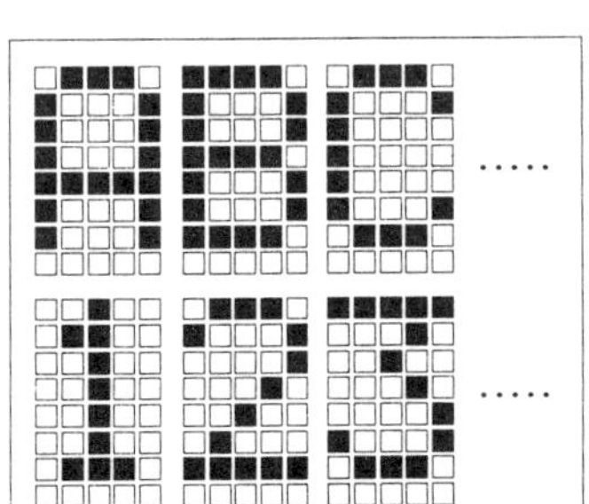
(a) 텍스트형 LCD 모듈

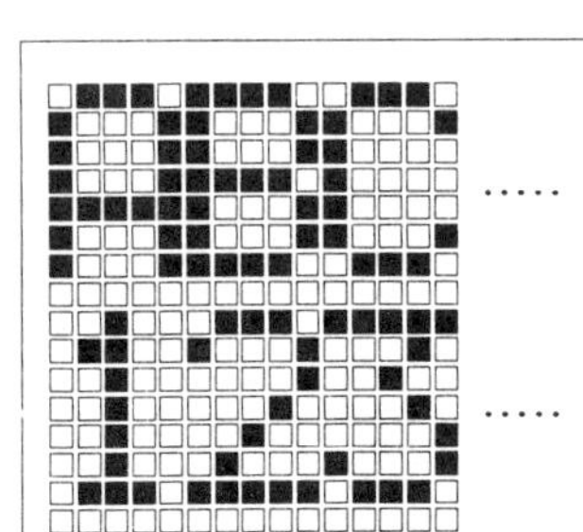
(b) 그래픽형 LCD 모듈

〈그림 4.5.7〉 텍스트형 LCD 모듈과 그래픽형 LCD 모듈의 차이

4. 텍스트형 LCD 모듈의 기본 프로그램

텍스트형 LCD 모듈을 사용하는 프로그램으로 먼저 이를 초기화하고 여기에 문자열을 출력하는 예제를 살펴본다.

(1) 초기화 및 ASCII 문자열의 출력

텍스트형 LCD 모듈을 초기화하고 여기에 ASCII 문자열을 출력하는 기본적인 예제 프로그램은 다음과 같다.

▣ 어셈블리 언어의 경우

이 예제에서는 텍스트형 LCD 모듈을 초기화하고 여기에 16자 이내의 문자열을 출력하거나 16자 이상의 긴 행을 표시하고 이를 좌우로 시프트하는 루틴을 공부한다.

<프로그램 Exp05_1.asm> 기본 LCD 출력 예제

```
;[][][][][][][][][][][][][][][][][][][][][][][][][][][][][][][][][][][][][][][][]
;[]                                                                            []
;[]              Exp05_1.asm : Basic LCD Module Display                        []
;[]                                                                            []
;[][][][][][][][][][][][][][][][][][][][][][][][][][][][][][][][][][][][][][][][]
;
;                Designed and programmed by Duck-Yong Yoon in 2005.
;
$NOMOD51                                ; do not use default MCS-51 SFR
$INCLUDE(AT89S52.INC)                   ; include AT89S52 definition file

;=====================================================================
;       Main Program
;=====================================================================
CSEG    AT      0000H
        MOV     SP,#7FH                 ; initialize SP
        CALL    KIT_INITIALIZE          ; initialize OK-89S52 kit
        CALL    D50MS                   ; wait for system stabilization
        CALL    LCD_INITIALIZE          ; initialize text LCD

;----------------------------------------------
;       Display Messages on LCD
;----------------------------------------------
LOOP:   CALL    BEEP
        CALL    LCD_HOME1               ; display logo
        CALL    LCD_STRING
        DB      ' OK-89S52  V1.0 ',0
        CALL    LCD_HOME2               ; display message 1
        CALL    LCD_STRING
        DB      '  AT89S52-24PC  ',0
        CALL    D2SEC
        CALL    LCD_HOME2               ; display message 2
        CALL    LCD_STRING
        DB      '   2006/01/01   ',0
```

```
        CALL    D2SEC

;-------------------------------------------------
;       Display and Shift on LCD
;-------------------------------------------------
        CALL    BEEP
        CALL    LCD_HOME1               ; display long line
        CALL    LCD_STRING
        DB      '0123456789ABCDEF0123456789ABCDEF',0
        CALL    LCD_HOME2
        CALL    LCD_STRING
        DB      'Go shift left and right 16 times',0
        CALL    D1SEC

        MOV     R7,#16                  ; shift left
LEFT:   MOV     DPTR,#LCD_WR_INST
        MOV     A,#18H
        MOVX    @DPTR,A
        CALL    D100MS                  ; by 300ms time interval
        CALL    D200MS
        DJNZ    R7,LEFT
        CALL    D1SEC

        MOV     R7,#16                  ; shift right
RIGHT:  MOV     DPTR,#LCD_WR_INST
        MOV     A,#1CH
        MOVX    @DPTR,A
        CALL    D100MS                  ; by 300ms time interval
        CALL    D200MS
        DJNZ    R7,RIGHT
        CALL    D1SEC

        JMP     LOOP

;==================================================================
;       Include User Subroutine File
;==================================================================
$INCLUDE(OK89S52.INC)                   ; include OK-89S52 subroutine file
        END
```

☞ MCU가 기동되고 나서 텍스트형 LCD 모듈을 초기화하기 전에 수십 ms(여기서는 50ms)의 시간지연을 주는 것이 정석이라는 것을 기억하라. 이것은 전원을 투입한 후에 동작을 개시하는 시간이 대부분의 경우 MCU보다 LCD 모듈이 늦기 때문이다. 또한, 앞의 제4.2절에서 소개한 인클루드 파일 OK89S52.INC에서 LCD_INITIALIZE, LCD_COMMAND, LCD_DATA, LCD_STRING의 서브루틴들에 대한 동작을 이해하라. 이 예제에서는 간단한 반복처리 기법에 대하여도 관심을 가지고 이해하라.

▣ C언어의 경우

앞의 어셈블리 예제 프로그램 Exp05_1.asm과 동일한 기능의 프로그램을 C언어로 작성하면 다음과 같다.

<프로그램 Exp05_1.c> 기본 LCD 출력 예제

```
/* ======================================================================== */
/*                    Exp05_1.c : Basic LCD Module Display                  */
```

```
/* ============================================================================ */
/*                        Designed and programmed by Duck-Yong Yoon in 2005.   */

#include "AT89S52.H"                          // include AT89S52 definition file
#include "OK89S52.H"                          // include OK-89S52 kit function

main()
{ unsigned char i;

  Kit_initialize();                           // initialize OK-89S52 kit
  Delay_ms(50);                               // wait for system stabilization
  LCD_initialize();                           // initialize text LCD module

  while(1)
    { Beep();
      LCD_string(0x80," OK-89S52  V1.0 ");     // display logo
      LCD_string(0xC0,"  AT89S52-24PC   ");    // display message 1
      Delay_ms(2000);
      LCD_string(0xC0,"   2006/01/01    ");    // display message 2
      Delay_ms(2000);

      Beep();
      LCD_string(0x80,"0123456789ABCDEF0123456789ABCDEF"); // display long line
      LCD_string(0xC0,"Go shift left and right 16 times");
      Delay_ms(1000);

      for(i=0; i<16; i++)                     // shift left
        { LCD_command(0x18);
          Delay_ms(300);                      // by 300ms time interval
        }
      Delay_ms(1000);

      for(i=0; i<16; i++)                     // shift right
        { LCD_command(0x1C);
          Delay_ms(300);                      // by 300ms time interval
        }
      Delay_ms(1000);
    }
}
```

(2) 사용자 정의 문자의 출력

텍스트형 LCD 모듈에 8글자의 사용자 정의 문자를 다운로드하고 이를 디스플레이해 보는 예제 프로그램은 다음과 같다.

▣ 어셈블리 언어의 경우

이 예제에서는 텍스트형 LCD 모듈에 8개의 사용자 정의 문자 "▶", "ㅁ", "ㅏ", "스"(2문자), "ㅌ", "ㅓ", "◀"의 폰트를 다운로드하고 이를 LCD 모듈의 출력 문자열에 포함시켜 디스플레이한다.

〈프로그램 Exp05_2.asm〉 사용자 정의 문자 출력 예제

```
;[][][][][][][][][][][][][][][][][][][][][][][][][][][][][][][][][][]
;[]                                                                []
;[]       Exp05_2.asm : User-Defined Character Display                []
;[]                                                                []
;[][][][][][][][][][][][][][][][][][][][][][][][][][][][][][][][][][]
;
;         Designed and programmed by Duck-Yong Yoon in 2005.
;
$NOMOD51                                ; do not use default MCS-51 SFR
$INCLUDE(AT89S52.INC)                   ; include AT89S52 definition file

;=====================================================================
;        Main Program
;=====================================================================
CSEG     AT       0000H
         MOV      SP,#7FH               ; initialize SP
         CALL     KIT_INITIALIZE        ; initialize OK-89S52 kit
         CALL     D50MS                 ; wait for system stabilization
         CALL     LCD_INITIALIZE        ; initialize text LCD

         CALL     SET_FONT              ; set user character font

LOOP:    CALL     BEEP
         CALL     LCD_HOME1             ; display logo
         CALL     LCD_STRING
         DB       ' OK-89S52  V1.0 ',0
         CALL     LCD_HOME2             ; display message 1
         CALL     LCD_STRING
         DB       ' AT89S52 ',01H,02H,03H,04H,05H,06H,' ',0
         CALL     D2SEC
         CALL     LCD_HOME2             ; display message 2
         CALL     LCD_STRING
         DB       '   2006/01/01   ',0
         CALL     D2SEC
         CALL     LCD_HOME2             ; display message 3
         CALL     LCD_STRING
         DB       ' DUCK-YONG YOON ',0
         CALL     D2SEC

         JMP      LOOP

;=====================================================================
;        Set User Character Font
;=====================================================================
SET_FONT:MOV      LCD_BUFFER,#40H       ; set CG RAM address
         CALL     LCD_COMMAND
         MOV      R7,#64
         MOV      DPTR,#FONT
SET_FONT1:CLR     A                     ; read font data
         MOVC     A,@A+DPTR
         MOV      LCD_BUFFER,A
         CALL     LCD_DATA              ; download font data
         INC      DPTR
         DJNZ     R7,SET_FONT1
         RET

FONT:    DB       00010000B,00011000B   ; character 0
         DB       00011100B,00011110B
         DB       00011100B,00011000B
         DB       00010000B,00000000B
         DB       00001111B,00001001B   ; character 1
         DB       00001001B,00001001B
         DB       00001001B,00001001B
```

```
        DB      00001111B,00000000B
        DB      00001000B,00001000B     ; character 2
        DB      00001000B,00001110B
        DB      00001000B,00001000B
        DB      00001000B,00000000B
        DB      00000001B,00000010B     ; character 3
        DB      00000100B,00001000B
        DB      00000000B,00000000B
        DB      00001111B,00000000B
        DB      00010000B,00001000B     ; character 4
        DB      00000100B,00000010B
        DB      00000000B,00000000B
        DB      00011110B,00000000B
        DB      00001111B,00001000B     ; character 5
        DB      00001000B,00001111B
        DB      00001000B,00001000B
        DB      00001111B,00000000B
        DB      00000100B,00000100B     ; character 6
        DB      00000100B,00011100B
        DB      00000100B,00000100B
        DB      00000100B,00000000B
        DB      00000001B,00000011B     ; character 7
        DB      00000111B,00001111B
        DB      00000111B,00000011B
        DB      00000001B,00000000B

;==================================================================
;       Include User Subroutine File
;==================================================================
$INCLUDE(OK89S52.INC)                   ; include OK-89S52 subroutine file
        END
```

☞ 사용자 정의 문자를 다운로드하는 동작은 각 문자의 CGRAM 번지를 지정하고 8바이트의 폰트 데이터를 라이트하면 된다. 여기서는 8문자를 연속으로 다운로드하므로 첫 문자의 CGRAM 번지를 지정하고 나서 64바이트의 폰트 데이터를 라이트하였다. 프로그램 메모리에 있는 상수 데이터를 읽을 때는 MOVC 명령과 DPTR 레지스터를 사용하는데 유의하라.

사용자 정의 문자에서 0x01~0x07의 문자들은 문자열에 포함시킬 수는 있지만 문자열을 의미하는 " " 안에 ASCII 문자로 포함시킬 수 없기 때문에 직접 코드값으로 지정하여야 한다. 또한, LCD_STRING 서브루틴으로 문자열을 출력할 때 코드값이 0x00인 사용자 정의 문자는 이 문자열에 포함시킬 수가 없다. 이 서브루틴의 내부에서 0x00은 문자열의 끝을 표시하는 의미로 사용하고 있기 때문이다. 따라서, 만약 이 0x00 문자를 출력하려면 LCD_DATA 서브루틴을 사용하여 출력한다.

▣ C언어의 경우

앞의 어셈블리 예제 프로그램 Exp05_2.asm을 C언어로 작성하면 다음과 같다.

〈프로그램 Exp05_2.c〉 사용자 정의 문자 출력 예제

```
/* ========================================================================== */
/*                 Exp05_2.c : User-Defined Character Display                 */
/* ========================================================================== */
/*                          Designed and programmed by Duck-Yong Yoon in 2005.  */
```

```
#include "AT89S52.H"                              // include AT89S52 definition file
#include "OK89S52.H"                              // include OK-89S52 kit function

Set_font()                                        /* set user character font */
{ unsigned char i;
  unsigned char code font[] = {
    0x10, 0x18, 0x1C, 0x1E, 0x1C, 0x18, 0x10, 0x00,    // character 0
    0x0F, 0x09, 0x09, 0x09, 0x09, 0x09, 0x0F, 0x00,    // character 1
    0x08, 0x08, 0x08, 0x0E, 0x08, 0x08, 0x08, 0x00,    // character 2
    0x01, 0x02, 0x04, 0x08, 0x00, 0x00, 0x0F, 0x00,    // character 3
    0x10, 0x08, 0x04, 0x02, 0x00, 0x00, 0x1E, 0x00,    // character 4
    0x0F, 0x08, 0x08, 0x0F, 0x08, 0x08, 0x0F, 0x00,    // character 5
    0x04, 0x04, 0x04, 0x1C, 0x04, 0x04, 0x04, 0x00,    // character 6
    0x01, 0x03, 0x07, 0x0F, 0x07, 0x03, 0x01, 0x00 }; // character 7

  LCD_command(0x40);                              // set CGRAM address
  for(i=0; i<64; i++)                             // download font data
    LCD_data(font[i]);
}

main()
{
  Kit_initialize();                               // initialize OK-89S52 kit
  Delay_ms(50);                                   // wait for system stabilization
  LCD_initialize();                               // initialize text LCD module

  Set_font();                                     // set user character font

  while(1)
    { Beep();
      LCD_string(0x80," OK-89S52  V1.0 ");        // display logo
      LCD_string(0xC0," AT89S52 ");               // display message 1
      LCD_data(0x01);
      LCD_data(0x02);
      LCD_data(0x03);
      LCD_data(0x04);
      LCD_data(0x05);
      LCD_data(0x06);
      LCD_data(' ');
      Delay_ms(2000);
      LCD_string(0xC0,"   2006/01/01   ");        // display message 2
      Delay_ms(2000);
      LCD_string(0xC0," DUCK-YONG YOON ");        // display message 3
      Delay_ms(2000);
    }
}
```

☞ 사용자 정의 문자의 폰트처럼 배열로 처리된 큰 용량의 상수 데이터는 내부 데이터 메모리인 SRAM보다는 프로그램 메모리인 플래시 메모리에 저장하는 것이 바람직하다. 이 경우에는 상수가 64바이트에 불과하므로 그런 필요성이 덜하지만 상수 데이터의 용량이 커질수록 이런 필요성은 높아진다. 따라서, 이 프로그램에서 이를 정의할 때는 unsigned char font[] = 라고 하지 않고 unsigned char code font[] = 라고 하였다.

5. 수치 데이터의 출력 프로그램

텍스트형 LCD 모듈에 수치 데이터(value)를 디스플레이하려면 먼저 숫자의 각 자리(digit)에 해당하는 글자를 하나씩 ASCII 문자로 변환하여 출력해야 한다. 이는 상당히 복잡하며 정수의 경우와 부동소수점수의 경우가 다르고, 정수 중에서도 2진수, 10진수, 16진수의 처리 방식이 모두 다르다.

(1) 정수 데이터의 출력

먼저 수치 데이터 중에서 정수값을 텍스트형 LCD 모듈에 디스플레이하는 프로그래밍 기술을 익혀보기로 한다.

▣ 어셈블리 언어의 경우

이 예제에서는 8비트 수치 데이터를 1~255 범위에서 1씩 증가시키면서 이를 10진수는 물론 16진수와 2진수로까지 LCD 모듈에 동시에 표시한다.

〈프로그램 Exp05_3.asm〉 정수 데이터의 출력 예제

```
;[][][][][][][][][][][][][][][][][][][][][][][][][][][][][][][][][][]
;[]                                                              []
;[]            Exp05_3.asm : Integer Number Display              []
;[]                                                              []
;[][][][][][][][][][][][][][][][][][][][][][][][][][][][][][][][][][]
;
;              Designed and programmed by Duck Yong Yoon in 2005.
;
$NOMOD51                                ; do not use default MCS-51 SFR
$INCLUDE(AT89S52.INC)                   ; include AT89S52 definition file

;=================================================================
;       Main Program
;=================================================================
CSEG    AT      0000H
        MOV     SP,#7FH                 ; initialize SP
        CALL    KIT_INITIALIZE          ; initialize OK-89S52 kit
        CALL    D50MS                   ; wait for system stabilization
        CALL    LCD_INITIALIZE          ; initialize text LCD
        CALL    BEEP

        CALL    LCD_HOME1               ; display title
        CALL    LCD_STRING
        DB      '  INTEGER = 000   ',0
        CALL    LCD_HOME2
        CALL    LCD_STRING
        DB      '= 00H = 00000000',0

        MOV     R7,#255                 ; loop counter
        MOV     R0,#01H                 ; starting number
```

```
LOOP:   MOV     LCD_BUFFER,#8BH         ; display decimal number
        CALL    LCD_COMMAND
        MOV     DPH,#0
        MOV     DPL,R0
        CALL    LCD_3DEC
        MOV     LCD_BUFFER,#0C2H        ; display hexadecimal number
        CALL    LCD_COMMAND
        MOV     LCD_BUFFER,R0
        CALL    LCD_2HEX
        MOV     LCD_BUFFER,#0C8H        ; display binary number
        CALL    LCD_COMMAND
        MOV     LCD_BUFFER,R0
        CALL    LCD_8BIN
        CALL    D1SEC
        INC     R0                      ; increment number
        DJNZ    R7,LOOP                 ; end ?

        SJMP    $

;======================================================================
;       Include User Subroutine File
;======================================================================
$INCLUDE(OK89S52.INC)                   ; include OK-89S52 subroutine file
        END
```

☞ 수치 데이터를 LCD 모듈에 표시하려면 숫자의 각 자리를 1문자의 ASCII 코드로 변환하여 출력하여야 한다. 10진수에서는 각 자리의 수가 0~9로 되지만, 16진수에서는 0~F로 되어야 하며, 2진수에서는 1비트가 1자리가 된다. 10진수는 10의 멱급수로 표시할 수 있으므로 각 자리는 10의 누승 데이터로 나눈 몫으로 구할 수 있으며, 이렇게 구한 각 자리의 수를 ASCII 문자로 변환하면 된다. 예를 들어 234는

$$234 = 2\times10^2 + 3\times10^1 + 4\times10^0$$

으로 표시되므로 100자리의 수는 234를 10^2에 해당하는 100으로 나눈 몫이며, 10자리의 수는 그 나머지를 다시 10^1에 해당하는 10으로 나눈 몫이고, 1자리의 수는 최종적인 나머지가 된다. 그러나, 16진수는 이보다 처리가 훨씬 용이하여 최하위 비트부터 4비트씩 끊어나가면 각 4비트 단위의 수가 그대로 1자리의 16진수로 된다.

어셈블리 프로그램을 작성할 때는 정수 데이터를 텍스트형 LCD 모듈에 표시하는 서브루틴들을 다양하게 인클루드 파일 OK89S52.INC에 만들어 두었기 때문에 사용자 프로그램에서는 편리하게 이를 호출하여 사용할 수 있다. 그러나, 여러분은 여기에 포함되어 있는 서브루틴들의 내용을 철저하게 이해하는 것이 좋다. 특히 10진수에서는 1~9의 숫자가 처음으로 나타나기 전에 왼쪽에 붙는 0은 의미가 없어서 표시하지 않는 것이 일반적이므로 이를 처리하기 위하여 ZERO_FLAG을 사용하고 있는 부분에 주목하라. 그러나, 16진수나 2진수에서는 자리수를 명확히 하기 위하여 왼쪽 자리의 0도 표시하여 주는 것이 일반적이다.

위의 예제에서 빠른 속도로 변하는 숫자들을 그대로 LCD 모듈에 표시하면 사람의 눈으로 읽기가 거의 불가능하기 때문에 일부러 시간지연을 주면서 1초 간격으로 천천히 디스플레이하였다.

▣ C언어의 경우

앞의 어셈블리 예제 프로그램 Exp05_3.asm을 C언어로 작성하면 다음과 같다.

〈프로그램 Exp05_3.c〉 정수 데이터의 출력 예제

```
/* ========================================================================== */
/*                    Exp05_3.c : Integer Number Display                      */
/* ========================================================================== */
/*                          Designed and programmed by Duck-Yong Yoon in 2005. */

#include "AT89S52.H"                          // include AT89S52 definition file
#include "OK89S52.H"                          // include OK-89S52 kit function

LCD_3d(unsigned int number)                   /* display 3-digit decimal number */
{ unsigned char i,flag;

  flag = 0;
  i = number/100;                             // 10^2
  if(i == 0) LCD_data(' ');
  else {     LCD_data(i + '0');
             flag = 1;
       }

  number = number % 100;                      // 10^1
  i = number/10;
  if((i == 0) && (flag == 0))
             LCD_data(' ');
  else {     LCD_data(i + '0');
             flag = 1;
       }

  i = number % 10;                            // 10^0
  LCD_data(i + '0');
}

LCD_2hex(unsigned char number)                /* display 2-digit hex number */
{ unsigned char i;

  i = (number >> 4) & 0x0F;                   // 16^1
  if(i <= 9) LCD_data(i + '0');
  else       LCD_data(i - 10 + 'A');

  i = number & 0x0F;                          // 16^0
  if(i <= 9) LCD_data(i + '0');
  else       LCD_data(i - 10 + 'A');
}

LCD_8bin(unsigned char number)                /* display 8-bit binary number */
{
  LCD_data(((number >> 7) & 0x01) + '0');     // 2^7
  LCD_data(((number >> 6) & 0x01) + '0');     // 2^6
  LCD_data(((number >> 5) & 0x01) + '0');     // 2^5
  LCD_data(((number >> 4) & 0x01) + '0');     // 2^4
  LCD_data(((number >> 3) & 0x01) + '0');     // 2^3
  LCD_data(((number >> 2) & 0x01) + '0');     // 2^2
  LCD_data(((number >> 1) & 0x01) + '0');     // 2^1
  LCD_data((number & 0x01) + '0');            // 2^0
}

main()
{ unsigned char i;

  Kit_initialize();                           // initialize OK-89S52 kit
  Delay_ms(50);                               // wait for system stabilization
```

```
    LCD_initialize();                        // initialize text LCD module
    Beep();

    LCD_string(0x80," INTEGER = 000  ");     // display title
    LCD_string(0xC0,"= 00H = 00000000");

    for(i=1; i>0; i++)                       // integer number from 1 to 255
      { LCD_command(0x8B);                   // display decimal number
        LCD_3d((unsigned int)i);
        LCD_command(0xC2);                   // display hexadecimal number
        LCD_2hex(i);
        LCD_command(0xC8);                   // display binary number
        LCD_8bin(i);
        Delay_ms(1000);
      }

    while(1);
  }
```

☞ C언어에서는 헤더파일 OK89S52.H에 수치 데이터 표현을 위한 사용자 함수를 만들어 놓지 않았기 때문에 위와 같이 필요할 때마다 사용자가 직접 함수를 작성하여 사용해야 한다. 그러나, 원리를 알고 이해하면 루틴이 그다지 어려운 것은 아니기 때문에 이렇게 작성하면 된다. 어셈블리 언어에서든 C언어에서든 수치 데이터를 텍스트형 LCD 모듈에 표시하려면 숫자의 각 자리를 1문자의 ASCII 코드로 변환하여 출력하여야 한다는 것을 항상 염두에 두기 바란다.

여기서도 10진수에서는 1~9의 숫자가 처음으로 나타나기 전에 왼쪽에 붙는 0은 의미가 없어서 표시하지 않는 것이 일반적이므로 이를 처리하기 위하여 flag이라는 변수를 사용하고 있는 부분에 주목하고, main 함수에서는 for 문이나 while 문을 사용한 C언어에서의 반복처리 기법을 확실히 이해하라.

(2) 부동소수점 수의 출력

다음에는 LCD 모듈에 수치 데이터 중에서 부동소수점 수(floating-point number) 즉 실수(real number)를 디스플레이하는 프로그래밍 기술을 익혀보기로 한다.

▣ 어셈블리 언어의 경우

어셈블리 언어에서는 실수의 연산을 수행하기가 지극히 어려우나, 정수들끼리의 연산을 수행하여 그 결과가 실수로 나오는 것을 LCD 모듈에 표현하는 일은 자주 경험하게 된다.

예를 들면 아래의 예제에서는 *OK-89S52* 키트의 A/D 컨버터를 통하여 가변저항 VR1에서의 전압을 정수값으로 읽어서 이를 실수인 0.0~5.0V의 전압값으로 환산하고 텍스트형 LCD 모듈에 표시하는 프로그램이다. A/D 컨버터의 응용에 관한 예제는 나중에 제4.16절에서 자세히 취급하므로 여기서 A/D 컨버터의 동작 원리에 관련된 부분은 그냥 무시하고 넘어가도 좋다.

〈프로그램 Exp05_4.asm〉 실수 데이터의 출력 예제

```
;[][][][][][][][][][][][][][][][][][][][][][][][][][][][][][][][][][][]
;[]                                                                  []
;[]        Exp05_4.asm : Floating Point Number Display               []
;[]                                                                  []
;[][][][][][][][][][][][][][][][][][][][][][][][][][][][][][][][][][][]
;
;              Designed and programmed by Duck-Yong Yoon in 2005.
;
$NOMOD51                                ; do not use default MCS-51 SFR
$INCLUDE(AT89S52.INC)                   ; include AT89S52 definition file

;======================================================================
;       Main Program
;======================================================================
CSEG    AT      0000H
        MOV     SP,#7FH                 ; initialize SP
        CALL    KIT_INITIALIZE          ; initialize OK-89S52 kit
        CALL    D50MS                   ; wait for system stabilization
        CALL    LCD_INITIALIZE          ; initialize text LCD
        CALL    BEEP

        CALL    LCD_HOME1               ; display title
        CALL    LCD_STRING
        DB      '   VR1 Voltage     ',0
        CALL    LCD_HOME2
        CALL    LCD_STRING
        DB      '     + 0.0 [V]     ',0

        MOV     T2CON,#00000100B        ; TR2=1, C/-T2=0
        MOV     T2MOD,#00000010B        ; clock on
        MOV     DPTR,#65528             ; clock = 750kHz
        MOV     RCAP2H,DPH
        MOV     RCAP2L,DPL
        CALL    D100MS

LOOP:   MOV     LCD_BUFFER,#0C5H        ; set cursor position
        CALL    LCD_COMMAND

        MOV     R7,#10                  ; repeat 10 times
        MOV     R4,#0                   ; clear total value
        MOV     R5,#0
RD_ADC0:MOV     DPTR,#ADC_CH0           ; select ADC0 and start
        MOVX    @DPTR,A
        CALL    D200US
        MOV     DPTR,#ADC_READ          ; read A/D data
        MOVX    A,@DPTR
        ADD     A,R5                    ; add total value
        MOV     R5,A
        MOV     A,R4
        ADDC    A,#0
        MOV     R4,A
        DJNZ    R7,RD_ADC0

        MOV     R6,#0                   ; voltage = data * 5 / 256
        MOV     R7,#5                   ; (use voltage * 10 for X.X[V])
        CALL    MUL16                   ; convert binary to ASCII X.X
        MOV     DPTR,#256
        MOV     R6,DPH
        MOV     R7,DPL
        CALL    DIV16

        MOV     R7,#10                  ; divide by 10
        CALL    DIV8
```

```
        MOV     A,R5
        ADD     A,#'0'
        MOV     LCD_BUFFER,A
        CALL    LCD_DATA
        MOV     LCD_BUFFER,#'.'
        CALL    LCD_DATA
        MOV     A,R4
        ADD     A,#'0'
        MOV     LCD_BUFFER,A
        CALL    LCD_DATA

        CALL    D200MS
        JMP     LOOP

;==================================================================
;       Include User Subroutine File
;==================================================================
$INCLUDE(OK89S52.INC)                   ; include OK-89S52 subroutine file
        END
```

☞ A/D 변환결과의 0x00~0xFF(0~255)는 0.0~5.0V의 전압에 대응한다.(정확히 말하면 256이 5.0V) 따라서, A/D 컨버터로 읽은 값 x가 얼마의 전압에 대응하는지를 계산하려면 비례식으로부터

$$256 : 5.0 = x : \text{전압} \qquad \therefore \text{전압} = \frac{5x}{256}\ [\mathrm{V}]$$

로 계산된다. 그러나, 이 결과는 일반적으로 0.0~5.0 범위의 실수로 나오기 때문에 이를 소수점 아래의 첫째 자리까지 표시하려면 그 결과에 10을 곱하여 0~50으로 만들고 이를 10으로 나눈 몫을 정수부로 하고 나머지를 소수부로 처리하면 된다. 물론, 소수점 아래의 둘째 자리까지 표시하고 싶다면 위의 식에 100을 곱하여 0~500의 범위로 만들면 된다.

이와 같이 실수에 10의 누승을 곱하여 소수부를 정수화시키면 모든 것을 정수연산으로 처리할 수 있으므로 편리하다. 위의 예제 프로그램에서는 A/D 변환 데이터를 10회 읽어 누적하였으므로 x에 5를 곱하였지만 결과적으로는 10을 더 곱해 정수화시킨 것으로 취급된다. 이와 같이 A/D 변환값을 10번 읽은 것은 평균으로 처리한 결과가 되므로 A/D 컨버터에서 아날로그 입력신호가 전원의 불안정이나 잡음에 매우 민감하여 변환 결과값이 흔들리는 것을 방지하는 효과도 있다.

▣ C언어의 경우

앞의 어셈블리 예제 프로그램 Exp05_4.asm을 C언어로 작성하면 다음과 같다.

〈프로그램 Exp05_4.c〉 실수 데이터의 출력 예제

```
/* ================================================================== */
/*              Exp05_4.c : Floating Point Number Display             */
/* ================================================================== */
/*                  Designed and programmed by Duck-Yong Yoon in 2005. */

#include "AT89S52.H"                    // include AT89S52 definition file
#include "OK89S52.H"                    // include OK-89S52 kit function
```

```
LCD_1d1(float number)                           /* display floating point number x.x */
{ unsigned char i, j;

  j = (int)(number*10. + 0.5);
  i = j / 10;                                   // 10^0
  LCD_data(i + '0');
  LCD_data('.');
  i = j % 10;                                   // 10^-1
  LCD_data(i + '0');
}

main()
{ unsigned char i;
  unsigned int sum;

  Kit_initialize();                             // initialize OK-89S52 kit
  Delay_ms(50);                                 // wait for system stabilization
  LCD_initialize();                             // initialize text LCD module
  Beep();

  LCD_string(0x80,"  VR1 Voltage   ");          // display title
  LCD_string(0xC0,"   + 0.0 [V]    ");

  T2CON = 0x04;                                 // TR2=1, C/-T2=0
  T2MOD = 0x02;                                 // clock on
  RCAP2H = 65528 >> 8;
  RCAP2L = 65528 & 0xFF;
  Delay_ms(100);

  while(1)
    { LCD_command(0xC5);                        // set cursor position
      sum = 0;                                  // clear total value
      for(i = 1; i <= 10; i++)
        { ADC_CH0 = 0;                          // select ADC0 and start
          Delay_us(200);
          sum += ADC_READ;                      // read A/D data
        }
      i = sum / 10;                             // display voltage x.x [V]
      LCD_1d1((float)i*5./256.);

      Delay_ms(200);
    }
}
```

☞ C언어에서는 헤더파일 OK89S52.H에 역시 부동소수점 수의 표현을 위한 사용자 함수를 만들어 놓지 않았기 때문에 위와 같이 필요할 때마다 사용자가 직접 함수를 작성하여 사용해야 한다. 그러나, 원리를 알고 이해하면 루틴이 그다지 어려운 것은 아니기 때문에 이렇게 작성하면 된다. 부동소수점수를 ASCII 문자열로 변환할 때는 이와 같이 먼저 10의 누승을 곱하여 정수로 만들고 나서 이를 다시 10의 누승으로 차례로 나누면서 그 몫을 ASCII 문자로 변환하면 된다.

함수명 LCD_1d1()에서 앞의 숫자는 표시할 정수부의 자릿수를 나타내고 뒤의 숫자는 소수부의 자릿수를 나타낸다. 즉, 함수 LCD_1d1()는 정수 1자리, 소수점 아래 1자리인 실수이므로 x.x의 형태로 표시된다.

(3) C언어에서 printf 함수를 사용한 서식지정 출력

텍스트형 LCD 모듈에 정수나 실수를 디스플레이하려면 반드시 이와 같이 수치 데이터를 ASCII 문자열로 변환하는 것이 필요하다. 원리적으로 이를 이해하면 그다지 어려운 일은 아니지만 크기가 다른 여러 가지 종류의 수치 데이터를 매번 이와 같은 디스플레이 전용 처리루틴을 작성하여 사용해야 한다는 것은 분명히 번거로운 일이다. 이것은 LCD 모듈에서 뿐만 아니라 RS-232C 통신을 통하여 수치 데이터를 외부로 전송하는 경우에도 마찬가지이다.

그러나, 일반 C언어의 경우에는 printf() 함수에서 %를 사용한 서식지정 출력 기능을 사용하면 이러한 번거로움을 피할 수 있다. 마이크로콘트롤러용의 C컴파일러에서도 대부분 이러한 printf() 함수를 사용할 수 있는데, 이를 위해서는 각 컴파일러에서 지정하는 방법을 따라야 한다. PK51에서도 물론 이러한 printf() 함수를 지원하고 있으므로 수치 데이터를 % 서식지정 방법으로 LCD 모듈에 쉽게 출력하는 용도에 사용할 수 있다. 이에 관한 프로그래밍 기술은 제4.18절에서 따로 취급하기로 한다.

6. 실습 과제

(1) 인클루드 파일 OK89S52.INC에서 서브루틴 LCD_STRING의 동작을 상세하게 설명하라.

(2) 예제 Exp05_3.c의 함수 LCD_3d()에서 변수 flag이 하는 역할을 설명하라.

(3) 예제 Exp05_4.c의 함수 LCD_1d1()에서 실수를 정수화할 때 10의 멱수를 곱한 후에 끝 부분에서 0.5를 더해주는 이유는 무엇인가?

(4) 예제 프로그램 Exp05_3.asm을 다음과 같이 16비트 수를 사용하여 0~30000 범위의 수를 반복적으로 표기하는 프로그램 Exp05_3r.asm으로 수정하라.

```
16-Bit Integer
0000H = 00000
```

4.6 산술연산 및 논리연산 프로그램

이 절에서는 AT89S52의 산술 및 논리연산 기능과 C언어의 산술 및 논리연산 기능을 사용하는 프로그래밍 기술을 익힌다. 이는 마이크로콘트롤러 프로그래밍의 아주 기본적인 기술에 해당한다.

관련 내용	(1) 제1.3절 AT89S52의 명령 세트 (2) 제3.4절 매크로 어셈블러 A51.EXE (3) 제3.5절 C컴파일러 C51.EXE

1. 산술 및 논리연산 기능 개요

오늘날 컴퓨터나 마이크로프로세서는 인류가 처음 이를 개발하였을 당시와는 달리 계산의 용도보다는 정보처리기나 제어기로 더 많이 사용되지만, 그럼에도 불구하고 마이크로프로세서 공부의 기본적인 단계에서는 역시 이것의 연산기능을 익히는 것이 중요하다. 마이크로프로세서의 연산기능을 이해하는 것은 이것의 기본 기능을 이해하는 것과 직결되기 때문이다. 연산기능에는 산술연산 기능과 논리연산 기능이 있다.

AT89S52의 산술연산 기능은 제1.3절에서 명령 세트와 함께 자세히 설명하였으며, 산술연산 및 논리연산 명령은 <표 1.3.5> ~ <표 1.3.7>에 정리하였다. 한편 PK51의 매크로 어셈블러 A51.EXE를 사용하는 경우 어셈블리 언어에서 사용하는 연산기능은 제3.4절의 <표 3.4.6> ~ <표 3.4.8>에 정리한 바 있다.

고급언어인 C언어는 기계중심의 어셈블리 언어에 비하여 정수 및 부동소수점 수에 대한 산술연산 기능이 훨씬 수월하고 편리하다. 예를 들어 저성능 CPU의 어셈블리 언어에서는 곱셈 및 나눗셈 명령을 사용할 수 없지만, 이 CPU에 대해서도 C언어에서는 정수의 곱셈 및 나눗셈이 자유롭게 수행되며 대부분 부동소수점 수의 승제산도 가능하다. 아마도 이것이 C언어가 어셈블리 언어에 비하여 가장 유리한 점이라고 할 것이다. 또한, C언어는 어셈블리 언어 수준에 버금가는 논리연산 기능도 가지고 있다. 사실 대부분의 마이크로프로세서에서 어셈블리 명령으로 수행할 수 있는 논리연산 기능은 AND, OR, XOR에다가 1의 보수 또는 2의 보수를 취하는 정도에 불과하다. 그리고, 넓은 의미에서 논리연산에 해당하는 것으로 비트 이동(shift)이나 비트 회전(rotate) 등이 있는데 이런 기능의 일부는 C언어에서도 지원된다. 특별히 MCS-51 시리즈의 마이크로콘트롤러는 비트 단위의 부울연산 기능을 가지는 장점이 있는데, 대부분의 표준적인 ANSI C컴파일러는 이 기능을 지원하지 않지만 MCS-51 계열의 마이크로콘트롤러를 위한 C51 컴파일러에서는 이러한 기능도 충분히 지원한다.

PK51의 ANSI C 컴파일러 C51.EXE에서 사용하는 각종 산술연산 및 논리연산의 기능과 이에 사용되는 연산자를 정리하면 <표 4.6.1>과 같다. 이는 C언어를 사용하는데 매우 기본적으로 적용되는 기본적인 사항이다.

〈표 4.6.1〉 C언어의 연산기능 및 연산자

종 류	사용 형식	간략형	기 능
산술 연산	a = a + b	a += b	a와 b를 더하여 a에 저장한다.
	a = a - b	a -= b	a에서 b를 빼어 a에 저장한다.
	a = a * b	a *= b	a와 b를 곱하여 a에 저장한다.
	a = a / b	a /= b	a에서 b를 나누어 몫을 a에 저장한다.
	a = a % b	a %= b	a에서 b를 나누어 나머지를 a에 저장한다.
	a++		a값을 사용하고 나서 1만큼 증가시켜 놓는다.
	a--		a값을 사용하고 나서 1만큼 감소시켜 놓는다.
	++a		a값을 먼저 1만큼 증가시키고 나서 사용한다.
	--a		a값을 먼저 1만큼 감소시키고 나서 사용한다.
비트단위의 논리 연산	a = a & b	a &= b	a와 b를 AND하여 a에 저장한다.
	a = a ¦ b	a ¦= b	a와 b를 OR하여 a에 저장한다.
	a = a ^ b	a ^= b	a와 b를 XOR하여 a에 저장한다.
	a = a << b	a <<= b	a를 비트수 b만큼 좌측으로 시프트하여 a에 저장한다.
	a = a >> b	a >>= b	a를 비트수 b만큼 우측으로 시프트하여 a에 저장한다.
	a = ~b		b를 반전(1의 보수)시켜 a에 저장한다.
논리 연산	!(a식)		(a식)의 논리값을 반전시킨다.
	(a식) && (b식)		(a식)과 (b식)의 논리값이 모두 참이면 결과가 참이다.
	(a식) ¦¦ (b식)		(a식) 또는 (b식)의 논리값이 참이면 결과가 참이다.
비교 연산	a == b		a와 b가 같으면 비교 결과가 참이다.
	a != b		a와 b가 같지 않으면 비교 결과가 참이다.
	a > b		a가 b보다 크면 비교 결과가 참이다.
	a >= b		a가 b보다 크거나 같으면 비교 결과가 참이다.
	a < b		a가 b보다 작으면 비교 결과가 참이다.
	a <= b		a가 b보다 작거나 같으면 비교 결과가 참이다.

2. 산술연산 프로그램

여기서는 8비트 또는 16비트의 데이터를 16진수나 10진수로 표시하면서 덧셈하는 예를 살펴보기로 한다. 물론 숫자표시를 16진수로 하든 10진수로 하든 그것은 표시방법의 차이가 있을 뿐이지 내용이 달라지는 것은 아니다.

(1) 16진수 표시 덧셈

▣ 어셈블리 언어의 경우

8비트와 16비트 양의 정수를 16진수로 표시하면서 덧셈하는 프로그램을 어셈블리 언어로 작성하여 보면 다음과 같다.

〈프로그램 Exp06_1.asm〉 16진수 표시 덧셈 프로그램

```
;[][][][][][][][][][][][][][][][][][][][][][][][][][][][][][][][][][][][][][][][][][][]
;[]                                                                                  []
;[]              Exp06_1.asm : Basic Hexadecimal Addition                            []
;[]                                                                                  []
;[][][][][][][][][][][][][][][][][][][][][][][][][][][][][][][][][][][][][][][][][][][]
;
;               Designed and programmed by Duck-Yong Yoon in 2005.
;
$NOMOD51                                ; do not use default MCS-51 SFR
$INCLUDE(AT89S52.INC)                   ; include AT89S52 definition file

;=====================================================================
;       Main Program
;=====================================================================
CSEG    AT      0000H
        MOV     SP,#7FH                 ; initialize SP
        CALL    KIT_INITIALIZE          ; initialize OK-89S52 kit
        CALL    D50MS                   ; wait for system stabilization
        CALL    LCD_INITIALIZE          ; initialize text LCD

START:  CALL    BEEP
        CALL    LCD_HOME1               ; display title
        CALL    LCD_STRING
        DB      ' 8-Bit Addition ',0
        CALL    LCD_HOME2
        CALL    LCD_STRING
        DB      '00H + 00H = 00H ',0

        MOV     R7,#7                   ; loop counter
        MOV     R0,#11H                 ; starting number
LOOP1:  MOV     LCD_BUFFER,#0C0H        ; display augend
        CALL    LCD_COMMAND
        MOV     LCD_BUFFER,R0
        CALL    LCD_2HEX
        MOV     LCD_BUFFER,#0C6H        ; display addend
        CALL    LCD_COMMAND
        MOV     LCD_BUFFER,R0
        CALL    LCD_2HEX
        MOV     LCD_BUFFER,#0CCH        ; display result of addition
        CALL    LCD_COMMAND
        MOV     A,R0
        ADD     A,R0
        MOV     LCD_BUFFER,A
        CALL    LCD_2HEX
        CALL    D2SEC
        MOV     A,R0                    ; increment by 11H
        ADD     A,#11H
        MOV     R0,A
        DJNZ    R7,LOOP1

        CALL    BEEP
```

```
        CALL    LCD_HOME1               ; display title
        CALL    LCD_STRING
        DB      ' 0000H + 0000H  ',0
        CALL    LCD_HOME2
        CALL    LCD_STRING
        DB      '      = 0000H    ',0

        MOV     R7,#7                   ; loop counter
        MOV     R1,#11H                 ; starting number
        MOV     R0,#11H
LOOP2:  MOV     LCD_BUFFER,#81H         ; display augend
        CALL    LCD_COMMAND
        MOV     DPH,R1
        MOV     DPL,R0
        CALL    LCD_4HEX
        MOV     LCD_BUFFER,#89H         ; display addend
        CALL    LCD_COMMAND
        MOV     DPH,R1
        MOV     DPL,R0
        CALL    LCD_4HEX
        MOV     LCD_BUFFER,#0C6H        ; display result of addition
        CALL    LCD_COMMAND
        MOV     A,R0
        ADD     A,R0
        MOV     DPL,A
        MOV     A,R1
        ADDC    A,R1
        MOV     DPH,A
        CALL    LCD_4HEX
        CALL    D2SEC
        MOV     A,R0                    ; increment by 1111H
        ADD     A,#11H
        MOV     R0,A
        MOV     A,R1
        ADDC    A,#11H
        MOV     R1,A
        DJNZ    R7,LOOP2

        JMP     START

;=====================================================================
;       Include User Subroutine File
;=====================================================================
$INCLUDE(OK89S52.INC)                   ; include OK-89S52 subroutine file
        END
```

☞ 여기서는 캐리가 발생하여 결과가 오버플로우되지 않는 범위에서만 덧셈하기 위하여 11H+11H, 22H+22H, ..., 77H+77H 및 1111H+1111H, 2222H+2222H, ..., 7777H+7777H의 덧셈만 수행하였다.

이 프로그램을 어셈블하여 다운로드하고 실행하라. 그리고, 텍스트형 LCD 모듈에 표시되는 연산 결과가 옳은지 관찰하라.

▣ C언어의 경우

위의 예제 Exp06_1.asm을 C언어로 다시 작성하면 다음과 같다.

〈프로그램 Exp06_1.c〉 16진수 표시 덧셈 프로그램

```
/* ========================================================================= */
/*                    Exp06_1.c : Basic Hexadecimal Addition                 */
/* ========================================================================= */
/*                     Designed and programmed by Duck-Yong Yoon in 2005.   */

#include "AT89S52.H"                          // include AT89S52 definition file
#include "OK89S52.H"                          // include OK-89S52 kit function

LCD_2hex(unsigned char number)                /* display 2-digit hex number */
{ unsigned char i;

  i = (number >> 4) & 0x0F;                   // 16^1
  if(i <= 9) LCD_data(i + '0');
  else       LCD_data(i - 10 + 'A');

  i = number & 0x0F;                          // 16^0
  if(i <= 9) LCD_data(i + '0');
  else       LCD_data(i - 10 + 'A');
}

LCD_4hex(unsigned int number)                 /* display 4-digit hex number */
{ unsigned char i;

  i = (number >> 12) & 0x000F;                // 16^3
  if(i <= 9) LCD_data(i + '0');
  else       LCD_data(i - 10 + 'A');

  i = (number >> 8) & 0x000F;                 // 16^2
  if(i <= 9) LCD_data(i + '0');
  else       LCD_data(i - 10 + 'A');

  i = (number >> 4) & 0x000F;                 // 16^1
  if(i <= 9) LCD_data(i + '0');
  else       LCD_data(i - 10 + 'A');

  i = number & 0x000F;                        // 16^0
  if(i <= 9) LCD_data(i + '0');
  else       LCD_data(i - 10 + 'A');
}

main()
{ unsigned char i, j;
  unsigned int k;

  Kit_initialize();                           // initialize OK-89S52 kit
  Delay_ms(50);                               // wait for system stabilization
  LCD_initialize();                           // initialize text LCD module

  while(1)
    { Beep();
      LCD_string(0x80," 8-Bit Addition ");    // display title
      LCD_string(0xC0,"00H + 00H = 00H ");

      for(i=1, j=0x11; i<=7; i++, j+=0x11)    // integer from 0x11 to 0x77
        { LCD_command(0xC0);                  // display augend
          LCD_2hex(j);
          LCD_command(0xC6);                  // display addend
          LCD_2hex(j);
          LCD_command(0xCC);                  // display result of addition
          LCD_2hex(j+j);
```

```
        Delay_ms(2000);
      }

    Beep();
    LCD_string(0x80," 0000H + 0000H  ");       // display title
    LCD_string(0xC0,"    = 0000H     ");

    for(i=1, k=0x1111; i<=7; i++, k+=0x1111)  // integer from 0x1111 to 0x7777
      { LCD_command(0x81);                     // display augend
        LCD_4hex(k);
        LCD_command(0x89);                     // display addend
        LCD_4hex(k);
        LCD_command(0xC6);                     // display result of addition
        LCD_4hex(k+k);
        Delay_ms(2000);
      }
  }
}
```

이 프로그램을 컴파일하여 실행하고 앞의 어셈블리 언어 예제와 동일한 결과를 얻을 수 있는지 확인하라.

(2) 10진수 표시 덧셈

▣ 어셈블리 언어의 경우

8비트 양의 정수를 10진수로 표시하면서 덧셈하는 프로그램을 어셈블리 언어로 작성하여 보면 다음과 같다.

〈프로그램 Exp06_2.asm〉 10진수 표시 덧셈 프로그램

```
;[][][][][][][][][][][][][][][][][][][][][][][][][][][][][][][][][][][][]
;[]                                                                    []
;[]              Exp06_2.asm : Basic Decimal Addition                  []
;[]                                                                    []
;[][][][][][][][][][][][][][][][][][][][][][][][][][][][][][][][][][][][]
;
;               Designed and programmed by Duck-Yong Yoon in 2005.
;
$NOMOD51                                ; do not use default MCS-51 SFR
$INCLUDE(AT89S52.INC)                   ; include AT89S52 definition file

;======================================================================
;       Main Program
;======================================================================
CSEG    AT      0000H
        MOV     SP,#7FH                 ; initialize SP
        CALL    KIT_INITIALIZE          ; initialize OK-89S52 kit
        CALL    D50MS                   ; wait for system stabilization
        CALL    LCD_INITIALIZE          ; initialize text LCD
        CALL    BEEP
```

```
        CALL    LCD_HOME1                   ; display title
        CALL    LCD_STRING
        DB      ' 8-Bit Addition ',0
        CALL    LCD_HOME2
        CALL    LCD_STRING
        DB      '000 + 000 = 000 ',0

        MOV     R1,#10
LOOP1:  MOV     R0,#10
LOOP2:  MOV     LCD_BUFFER,#0C0H            ; display augend
        CALL    LCD_COMMAND
        MOV     DPL,R1
        MOV     DPH,#0
        CALL    LCD_3DEC
        MOV     LCD_BUFFER,#0C6H            ; display addend
        CALL    LCD_COMMAND
        MOV     DPL,R0
        MOV     DPH,#0
        CALL    LCD_3DEC
        MOV     LCD_BUFFER,#0CCH            ; display result of addition
        CALL    LCD_COMMAND
        MOV     A,R1
        ADD     A,R0
        MOV     DPL,A
        CLR     A
        ADDC    A,#0
        MOV     DPH,A
        CALL    LCD_3DEC
        CALL    D500MS
        MOV     A,R0                        ; addend end(R0=200) ?
        ADD     A,#10
        MOV     R0,A
        CJNE    R0,#210,LOOP2
        MOV     A,R1                        ; addend end(R1=200) ?
        ADD     A,#10
        MOV     R1,A
        CJNE    R1,#210,LOOP1

        SJMP    $

;=====================================================================
;       Include User Subroutine File
;=====================================================================
$INCLUDE(OK89S52.INC)                       ; include OK-89S52 subroutine file
        END
```

☞ 여기서는 10+10, 20+20, ..., 200+200 범위의 덧셈이 수행되므로 캐리가 발생하여 8비트 결과로는 오버플로우가 되는 영역이 있게 된다. 그러나, 덧셈의 결과를 16비트로 저장하여 모든 8비트 양의 정수 덧셈이 가능하도록 하였다.

이 프로그램을 어셈블하여 다운로드하고 실행하라. 그리고, 텍스트형 LCD 모듈에 표시되는 연산 결과가 옳은지 관찰하라.

■ C언어의 경우

위의 예제 Exp06_2.asm을 C언어로 다시 작성하면 다음과 같다.

〈프로그램 Exp06_2.c〉 10진수 표시 덧셈 프로그램

```
/* ========================================================================== */
/*                    Exp06_2.c : Basic Decimal Addition                      */
/* ========================================================================== */
/*                         Designed and programmed by Duck-Yong Yoon in 2005.  */

#include "AT89S52.H"                       // include AT89S52 definition file
#include "OK89S52.H"                       // include OK-89S52 kit function

LCD_3d(unsigned int number)                /* display 3-digit decimal number */
{ unsigned char i,flag;

  flag = 0;
  i = number/100;                          // 10^2
  if(i == 0) LCD_data(' ');
  else {     LCD_data(i + '0');
             flag = 1;
       }

  number = number % 100;                   // 10^1
  i = number/10;
  if((i == 0) && (flag == 0))
             LCD_data(' ');
  else {     LCD_data(i + '0');
             flag = 1;
       }

  i = number % 10;                         // 10^0
  LCD_data(i + '0');
}

main()
{ unsigned char i, j;

  Kit_initialize();                        // initialize OK-89S52 kit
  Delay_ms(50);                            // wait for system stabilization
  LCD_initialize();                        // initialize text LCD module
  Beep();

  LCD_string(0x80," 8-Bit Addition ");     // display title
  LCD_string(0xC0,"000 + 000 = 000 ");

  for(i=10; i<=200; i+=10)                 // i = from 10 to 200
    for(j=10; j<=200; j+=10)               // j = from 10 to 200
      { LCD_command(0xC0);                 // display augend
        LCD_3d((unsigned int)i);
        LCD_command(0xC6);                 // display addend
        LCD_3d((unsigned int)j);
        LCD_command(0xCC);                 // display result of addition
        LCD_3d(i+j);
        Delay_ms(500);
      }

  while(1);
}
```

이 프로그램을 컴파일하여 실행하고 앞의 어셈블리 언어 예제와 동일한 결과를 얻을 수 있는지 확인하라.

(3) 총합을 구하는 프로그램

▣ 어셈블리 언어의 경우

지정된 범위의 8비트 양의 정수를 누적하여 더한 총합을 구하는 프로그램을 어셈블리 언어로 작성하여 보면 다음과 같다.

〈프로그램 Exp06_3.asm〉 총합을 구하는 프로그램

```
;[][][][][][][][][][][][][][][][][][][][][][][][][][][][][][][][][][][][][]
;[]                                                                      []
;[]             Exp06_3.asm : Sequential Addition                        []
;[]                                                                      []
;[][][][][][][][][][][][][][][][][][][][][][][][][][][][][][][][][][][][][]
;
;               Designed and programmed by Duck-Yong Yoon in 2005.
;
$NOMOD51                                ; do not use default MCS-51 SFR
$INCLUDE(AT89S52.INC)                   ; include AT89S52 definition file

;=====================================================================
;       Main Program
;=====================================================================
CSEG    AT      0000H
        MOV     SP,#7FH                 ; initialize SP
        CALL    KIT_INITIALIZE          ; initialize OK-89S52 kit
        CALL    D50MS                   ; wait for system stabilization
        CALL    LCD_INITIALIZE          ; initialize text LCD

START:  CALL    BEEP
        CALL    LCD_HOME1               ; display title
        CALL    LCD_STRING
        DB      ' 1+2+3+ ... +100 ',0
        CALL    LCD_HOME2
        CALL    LCD_STRING
        DB      '      = 00000     ',0

        MOV     R2,#0                   ; initial sum
        MOV     R1,#0
        MOV     R0,#0                   ; initial addend
LOOP1:  INC     R0
        MOV     A,R1
        ADD     A,R0
        MOV     R1,A
        MOV     A,R2
        ADDC    A,#0
        MOV     R2,A
        CJNE    R0,#100,LOOP1

        MOV     LCD_BUFFER,#0C6H        ; display total sum
        CALL    LCD_COMMAND
        MOV     DPH,R2
        MOV     DPL,R1
```

```
        CALL    LCD_5DEC
        CALL    D2SEC

        CALL    BEEP
        CALL    LCD_HOME1               ; display title
        CALL    LCD_STRING
        DB      ' 1+2+3+ ... +255 ',0
        CALL    LCD_HOME2
        CALL    LCD_STRING
        DB      '     = 00000     ',0

        MOV     R2,#0                   ; initial sum
        MOV     R1,#0
        MOV     R0,#0                   ; initial addend
LOOP2:  INC     R0
        MOV     A,R1
        ADD     A,R0
        MOV     R1,A
        MOV     A,R2
        ADDC    A,#0
        MOV     R2,A
        CJNE    R0,#255,LOOP2

        MOV     LCD_BUFFER,#0C6H        ; display total sum
        CALL    LCD_COMMAND
        MOV     DPH,R2
        MOV     DPL,R1
        CALL    LCD_5DEC
        CALL    D2SEC

        JMP     START

;======================================================================
;       Include User Subroutine File
;======================================================================
$INCLUDE(OK89S52.INC)                   ; include OK-89S52 subroutine file
        END
```

☞ R0 레지스터를 사용하여 더하는 수들은 8비트지만 총합은 매우 커지므로 R2와 R1 레지스터를 사용하여 16비트 길이로 저장하였다.

▣ C언어의 경우

위의 예제 Exp06_3.asm을 C언어로 다시 작성하면 다음과 같다.

〈프로그램 Exp06_3.c〉 총합을 구하는 프로그램

```
/* ======================================================================= */
/*                    Exp06_3.c : Sequential Addition                     */
/* ======================================================================= */
/*                 Designed and programmed by Duck-Yong Yoon in 2005.   */

#include "AT89S52.H"                        // include AT89S52 definition file
#include "OK89S52.H"                        // include OK-89S52 kit function

LCD_5d(unsigned int number)                 /* display 5-digit decimal number */
{ unsigned char i,flag;
```

```
    flag = 0;
    i = number/10000;                          // 10^4
    if(i == 0) LCD_data(' ');
    else {      LCD_data(i + '0');
                flag = 1;
         }

    number = number % 10000;                   // 10^3
    i = number/1000;
    if((i == 0) && (flag == 0))
                LCD_data(' ');
    else {      LCD_data(i + '0');
                flag = 1;
         }

    number = number % 1000;                    // 10^2
    i = number/100;
    if((i == 0) && (flag == 0))
                LCD_data(' ');
    else {      LCD_data(i + '0');
                flag = 1;
         }

    number = number % 100;                     // 10^1
    i = number/10;
    if((i == 0) && (flag == 0))
                LCD_data(' ');
    else {      LCD_data(i + '0');
                flag = 1;
         }

    i = number % 10;                           // 10^0
    LCD_data(i + '0');
}

main()
{ unsigned char i;
  unsigned int sum;

  Kit_initialize();                            // initialize OK-89S52 kit
  Delay_ms(50);                                // wait for system stabilization
  LCD_initialize();                            // initialize text LCD module

  while(1)
    { Beep();
      LCD_string(0x80,"1+2+3+ ... +100 ");     // display title
      LCD_string(0xC0,"    = 00000     ");

      for(i=1, sum=0; i<=100; i++)             // integer from 1 to 100
        sum += i;

      LCD_command(0xC6);                       // display total sum
      LCD_5d(sum);
      Delay_ms(2000);

      Beep();
      LCD_string(0x80,"1+2+3+ ... +255 ");     // display title
      LCD_string(0xC0,"    = 00000     ");

      for(i=255, sum=0; i>0; i--)              // integer from 1 to 255
        sum += i;
```

```
        LCD_command(0xC6);                          // display total sum
        LCD_5d(sum);
        Delay_ms(2000);
      }
  }
```

3. 논리연산 프로그램

여기서는 논리연산 명령의 동작이나 응용을 확인할 수 있는 예제 프로그램을 살펴보기로 한다.

(1) 논리연산

▣ 어셈블리 언어의 경우

여러가지 논리연산을 수행하는 프로그램을 어셈블리 언어로 작성하여 보면 다음과 같다.

〈프로그램 Exp06_4.asm〉 논리연산 프로그램

```
;[][][][][][][][][][][][][][][][][][][][][][][][][][][][][][][][][][]
;[]                                                                []
;[]           Exp06_4.asm : Bit-Wise Operation                     []
;[]                                                                []
;[][][][][][][][][][][][][][][][][][][][][][][][][][][][][][][][][][]
;
;             Designed and programmed by Duck-Yong Yoon in 2005.
;
$NOMOD51                                ; do not use default MCS-51 SFR
$INCLUDE(AT89S52.INC)                   ; include AT89S52 definition file

;=====================================================================
;       Main Program
;=====================================================================
CSEG    AT      0000H
        MOV     SP,#7FH                 ; initialize SP
        CALL    KIT_INITIALIZE          ; initialize OK-89S52 kit
        CALL    D50MS                   ; wait for system stabilization
        CALL    LCD_INITIALIZE          ; initialize text LCD

        MOV     DPTR,#DIG_SELECT        ; initial LED
        MOV     R0,#00H
        MOV     A,R0
        MOVX    @DPTR,A

START:  CALL    BEEP
        CALL    LCD_HOME1               ; display title
```

```
        CALL    LCD_STRING
        DB      '          10011101',0
        CALL    LCD_HOME2
        CALL    LCD_STRING
        DB      'AND 0F =00000000',0

        MOV     LCD_BUFFER,#0C8H        ; 9DH .AND. 0FH = 0DH
        CALL    LCD_COMMAND
        MOV     A,#9DH
        ANL     A,#0FH
        MOV     LCD_BUFFER,A
        CALL    LCD_8BIN
        MOV     DPTR,#DIG_SELECT        ; blink LED1
        MOV     A,R0
        XRL     A,#00000001B
        MOV     R0,A
        MOVX    @DPTR,A
        CALL    D1SEC
        CALL    D2SEC

        CALL    LCD_HOME1               ; display title
        CALL    LCD_STRING
        DB      '          10011101',0
        CALL    LCD_HOME2
        CALL    LCD_STRING
        DB      ' OR 0F =00000000',0

        MOV     LCD_BUFFER,#0C8H        ; 9DH .OR. 0FH = 9FH
        CALL    LCD_COMMAND
        MOV     A,#9DH
        ORL     A,#0FH
        MOV     LCD_BUFFER,A
        CALL    LCD_8BIN
        MOV     DPTR,#DIG_SELECT        ; blink LED2
        MOV     A,R0
        XRL     A,#00000010B
        MOV     R0,A
        MOVX    @DPTR,A
        CALL    D1SEC
        CALL    D2SEC

        CALL    LCD_HOME1               ; display title
        CALL    LCD_STRING
        DB      '          10011101',0
        CALL    LCD_HOME2
        CALL    LCD_STRING
        DB      'XOR 0F =00000000',0

        MOV     LCD_BUFFER,#0C8H        ; 9DH .XOR. 0FH = 92H
        CALL    LCD_COMMAND
        MOV     A,#9DH
        XRL     A,#0FH
        MOV     LCD_BUFFER,A
        CALL    LCD_8BIN
        MOV     DPTR,#DIG_SELECT        ; blink LED3
        MOV     A,R0
        XRL     A,#00000100B
        MOV     R0,A
        MOVX    @DPTR,A
        CALL    D1SEC
        CALL    D2SEC

        JMP     START
;===================================================================
;       Include User Subroutine File
```

```
;==================================================================
$INCLUDE(OK89S52.INC)                    ; include OK-89S52 subroutine file
        END
```

☞ 논리연산 기능은 선택적 리셋, 선택적 세트, 선택적 반전 등의 용도로 많이 사용된다. 이것들은 예를 들면 LED 점멸에 활용할 수 있다.

이 프로그램을 어셈블하여 다운로드하고 실행하라. 그리고, 텍스트형 LCD 모듈과 LED4~LED1에 표시되는 논리연산 결과가 옳은지 관찰하라.

▣ C언어의 경우

위의 예제 Exp06_4.asm을 C언어로 다시 작성하면 다음과 같다.

〈프로그램 Exp06_4.c〉 논리연산 프로그램

```
/* ============================================================================ */
/*                    Exp06_4.c : Bit-Wise Operation                             */
/* ============================================================================ */
/*                       Designed and programmed by Duck-Yong Yoon in 2005.   */

#include "AT89S52.H"                          // include AT89S52 definition file
#include "OK89S52.H"                          // include OK-89S52 kit function

LCD_8bin(unsigned char number)                /* display 8-bit binary number */
{
  LCD_data(((number >> 7) & 0x01) + '0');     // 2^7
  LCD_data(((number >> 6) & 0x01) + '0');     // 2^6
  LCD_data(((number >> 5) & 0x01) + '0');     // 2^5
  LCD_data(((number >> 4) & 0x01) + '0');     // 2^4
  LCD_data(((number >> 3) & 0x01) + '0');     // 2^3
  LCD_data(((number >> 2) & 0x01) + '0');     // 2^2
  LCD_data(((number >> 1) & 0x01) + '0');     // 2^1
  LCD_data((number & 0x01) + '0');            // 2^0
}

main()
{ unsigned char x, LED;

  Kit_initialize();                           // initialize OK-89S52 kit
  Delay_ms(50);                               // wait for system stabilization
  LCD_initialize();                           // initialize text LCD module

  LED = 0x00;                                 // intial LED
  DIG_SELECT = LED;

  while(1)
    { Beep();
      LCD_string(0x80,"        10011101");    // display title
      LCD_string(0xC0,"AND OF =00000000");

      x = 0x9D;                               // 0x9D & 0x0F = 0x0D
      LCD_command(0xC8);
      LCD_8bin(x & 0x0F);
```

```
        LED ^= 0x01;
        DIG_SELECT = LED;
        Delay_ms(3000);

        LCD_string(0x80,"        10011101");      // display title
        LCD_string(0xC0," OR 0F =00000000");

        x = 0x9D;                                 // 0x9D | 0x0F = 0x9F
        LCD_command(0xC8);
        LCD_8bin(x | 0x0F);
        LED ^= 0x02;
        DIG_SELECT = LED;
        Delay_ms(3000);

        LCD_string(0x80,"        10011101");      // display title
        LCD_string(0xC0,"XOR 0F =00000000");

        x = 0x9D;                                 // 0x9D ^ 0x0F = 0x92
        LCD_command(0xC8);
        LCD_8bin(x ^ 0x0F);
        LED ^= 0x04;
        DIG_SELECT = LED;
        Delay_ms(3000);
    }
}
```

이 프로그램을 컴파일하여 실행하고 앞의 어셈블리 언어 예제와 동일한 결과를 얻을 수 있는지 확인하라.

(2) 비트 시프트

▣ 어셈블리 언어의 경우

AT89S52의 어셈블리 명령에는 흔히 사용하는 비트 시프트(bit shift) 명령이 없으며 비트 로테이트(bit rotate) 명령만 가지고 있다. 비트 로테이트 명령을 응용하는 프로그램을 어셈블리 언어로 작성하여 보면 다음과 같다.

〈프로그램 Exp06_5.asm〉 비트 로테이트 프로그램

```
;[][][][][][][][][][][][][][][][][][][][][][][][][][][][][][][][][][]
;[]                                                                []
;[]              Exp06_5.asm : Bit Shift Left/Right                []
;[]                                                                []
;[][][][][][][][][][][][][][][][][][][][][][][][][][][][][][][][][][]
;
;               Designed and programmed by Duck-Yong Yoon in 2005.
;
$NOMOD51                                ; do not use default MCS-51 SFR
$INCLUDE(AT89S52.INC)                   ; include AT89S52 definition file

;==================================================================
;       Main Program
```

```
;======================================================================
CSEG    AT      0000H
        MOV     SP,#7FH                 ; initialize SP
        CALL    KIT_INITIALIZE          ; initialize OK-89S52 kit
        CALL    D50MS                   ; wait for system stabilization
        CALL    LCD_INITIALIZE          ; initialize text LCD

START:  CALL    BEEP
        CALL    LCD_HOME1               ; display title
        CALL    LCD_STRING
        DB      '        10011101',0
        CALL    LCD_HOME2
        CALL    LCD_STRING
        DB      ' << 0 = 00000000',0

        MOV     R0,#9DH                 ; unsigned char
        MOV     R7,#0                   ; rotate left
LOOP1:  MOV     LCD_BUFFER,#0C4H
        CALL    LCD_COMMAND
        MOV     A,R7
        ADD     A,#'0'
        MOV     LCD_BUFFER,A
        CALL    LCD_DATA
        MOV     LCD_BUFFER,#0C8H
        CALL    LCD_COMMAND
        MOV     LCD_BUFFER,R0
        CALL    LCD_8BIN
        CALL    D2SEC
        MOV     A,R0
        RL      A
        MOV     R0,A
        INC     R7
        CJNE    R7,#9,LOOP1

        CALL    BEEP
        CALL    LCD_HOME1               ; display title
        CALL    LCD_STRING
        DB      '        10011101',0
        CALL    LCD_HOME2
        CALL    LCD_STRING
        DB      ' >> 0 = 00000000',0

        MOV     R0,#9DH                 ; unsigned char
        MOV     R7,#0                   ; rotate right
LOOP2:  MOV     LCD_BUFFER,#0C4H
        CALL    LCD_COMMAND
        MOV     A,R7
        ADD     A,#'0'
        MOV     LCD_BUFFER,A
        CALL    LCD_DATA
        MOV     LCD_BUFFER,#0C8H
        CALL    LCD_COMMAND
        MOV     LCD_BUFFER,R0
        CALL    LCD_8BIN
        CALL    D2SEC
        MOV     A,R0
        RR      A
        MOV     R0,A
        INC     R7
        CJNE    R7,#9,LOOP2

        MOV     DPTR,#DIG_SELECT        ; shift from LED1 to LED4
        MOV     A,#01H
        MOV     R7,#5
LOOP3:  MOVX    @DPTR,A
        CALL    D500MS
```

```
        RL      A
        DJNZ    R7,LOOP3

        JMP     START

;=====================================================================
;       Include User Subroutine File
;=====================================================================
$INCLUDE(OK89S52.INC)                   ; include OK-89S52 subroutine file
        END
```

이 프로그램을 어셈블하여 다운로드하고 실행하라. 그리고, 텍스트형 LCD 모듈과 LED4~LED1에 표시되는 결과가 옳은지 관찰하라.

▣ C언어의 경우

C언어에서 좌측방향 및 우측방향 비트 시프트 기능을 확인하는 예제 프로그램을 작성하면 다음과 같다. 좌측방향의 비트 시프트는 동작이 단순하지만, 부호있는 정수의 경우 우측방향의 비트 시프트 기능은 주의가 필요하다.

〈프로그램 Exp06_4.c〉 비트 시프트 프로그램

```
/* ============================================================================ */
/*                        Exp06_5.c : Bit Shift Left/Right                      */
/* ============================================================================ */
/*                          Designed and programmed by Duck-Yong Yoon in 2005.  */

#include "AT89S52.H"                        // include AT89S52 definition file
#include "OK89S52.H"                        // include OK-89S52 kit function

LCD_8bin(unsigned char number)              /* display 8-bit binary number */
{
  LCD_data(((number >> 7) & 0x01) + '0');   // 2^7
  LCD_data(((number >> 6) & 0x01) + '0');   // 2^6
  LCD_data(((number >> 5) & 0x01) + '0');   // 2^5
  LCD_data(((number >> 4) & 0x01) + '0');   // 2^4
  LCD_data(((number >> 3) & 0x01) + '0');   // 2^3
  LCD_data(((number >> 2) & 0x01) + '0');   // 2^2
  LCD_data(((number >> 1) & 0x01) + '0');   // 2^1
  LCD_data((number & 0x01) + '0');          // 2^0
}

main()
{ unsigned char i,x,LED;
  signed char y;

  Kit_initialize();                         // initialize OK-89S52 kit
  Delay_ms(50);                             // wait for system stabilization
  LCD_initialize();                         // initialize text LCD module

  while(1)
    { Beep();
      LCD_string(0x80,"        10011101");  // display title
      LCD_string(0xC0," << 0 = 00000000");
```

```
        x = 0x9D;                                        // unsigned char
        for(i=0; i<=8; i++)                              // shift left
          { LCD_command(0xC4);
            LCD_data(i+'0');
            LCD_command(0xC8);
            LCD_8bin(x);
            Delay_ms(2000);
            x <<= 1;
          }

        Beep();
        LCD_string(0x80,"          10011101");           // display title
        LCD_string(0xC0," >> 0 = 00000000");

        x = 0x9D;                                        // unsigned char
        for(i=0; i<=8; i++)                              // shift right
          { LCD_command(0xC4);
            LCD_data(i+'0');
            LCD_command(0xC8);
            LCD_8bin(x);
            Delay_ms(2000);
            x >>= 1;
          }

        Beep();
        LCD_string(0x80," signed 10011101");             // display title
        LCD_string(0xC0," >> 0 = 00000000");

        y = 0x9D;                                        // signed char
        for(i=0; i<=8; i++)                              // shift right
          { LCD_command(0xC4);
            LCD_data(i+'0');
            LCD_command(0xC8);
            LCD_8bin(y);
            Delay_ms(2000);
            y >>= 1;
          }

        Beep();
        LCD_string(0x80," signed 01011101");             // display title
        LCD_string(0xC0," >> 0 = 00000000");

        y = 0x5D;                                        // signed char
        for(i=0; i<=8; i++)                              // shift right
          { LCD_command(0xC4);
            LCD_data(i+'0');
            LCD_command(0xC8);
            LCD_8bin(y);
            Delay_ms(2000);
            y >>= 1;
          }

        for(i=1, LED=0x01; i<=5; i++)                    // shift from LED1 to LED4
          { DIG_SELECT = LED;
            Delay_ms(500);
            LED <<= 1;
          }
    }
}
```

☞ 좌측방향으로 비트 시프트하는 경우 우측에 입력되는 비트는 무조건 0이다. 그러나, 우측방향의 비트 시프트에는 주의가 필요하다. unsigned char와 같이 부호없는 정수의 경우에는 우측으로 비트 시프트할

때 좌측에 입력되는 비트는 무조건 0이다.

그러나, signed char와 같이 부호있는 정수의 경우에는 우측으로 비트 시프트할 때 부호를 변경하지 않고 유지해야 하므로, 최상위 비트가 1로서 음수인 경우에는 좌측에 1이 입력되고, 최상위 비트가 0으로서 양수인 경우에는 좌측에 0이 입력된다. 이와 같은 비트 시프트를 산술연산에 활용하는 경우 좌측방향 시프트는 곱하기 2에 해당하고, 우측방향 시프트는 나누기 2에 해당한다.

이 프로그램을 컴파일하여 실행하고 앞의 어셈블리 언어 예제와 동일한 결과를 얻을 수 있는지 확인하라.

4. 실습 과제

(1) C언어 예제 Exp06_3.c에서 1+2+3+ ... +255를 연산하는 반복처리 루틴을 구현하기 위하여 for(i=1, sum=0; i<=255; i++)라고 하지 않고 for(i=255, sum=0; i>0; i--)로 처리한 이유를 설명하라.

(2) ANSI C 표준의 컴파일러에서는 ^가 XOR 연산자로 사용되지만 C51 컴파일러에서는 또 다른 용도가 하나 더 있는데 이를 설명하라.

(3) 예제 프로그램 Exp06_3.asm을 총합이 250을 넘기 직전까지 계산하는 프로그램으로 수정하고, 프로그램을 실행하면 LCD 모듈에 다음과 같이 마지막으로 더한 수를 ??자리에 표시하고 그때의 총합을 ???자리에 표시하는 프로그램 Exp06_3r.asm으로 수정하라.

```
Sequential Add
1+2+...+?? = ???
```

(4) 위의 프로그램 Exp06_3r.asm을 C언어 프로그램 Exp06_3r.c로 작성하라.

4.7 분기 및 반복처리 프로그램

이 절에서는 AT89S52의 비교명령이나 C언어의 비교 및 반복처리 기능을 사용하는 프로그래밍 기술을 익힌다. 이는 마이크로콘트롤러 프로그래밍의 아주 기본적인 기술에 해당한다.

관련 내용	(1) 제1.3절 AT89S52의 명령 세트 (2) 제3.4절 매크로 어셈블러 A51.EXE (3) 제3.5절 C컴파일러 C51.EXE

1. 분기 및 반복처리 기능 개요

프로그램에서 분기 및 반복처리는 매우 기본적이고 중요한 프로그래밍 테크닉의 하나이다. 분기(branch)는 어떤 조건에 따라 프로그램의 흐름을 변경하고자 할 때 사용하는 기법으로 대소관계의 비교는 이와 밀접하게 관련된다. AT89S52는 산술연산 기능이 매우 떨어지기도 하지만, 상태 레지스터의 플랙이 빈약하고 이에 따라 수치 데이터의 대소관계를 비교하는 기능도 상당히 나쁜 편이다. 이 때문에 AT89S52의 어셈블리 언어 프로그램으로 수치 데이터의 대소관계를 비교하려면 각별히 신경을 써서 복잡하게 프로그램을 작성해야 한다. 대소관계를 비교하는 것은 부호없는 정수의 경우와 2의 보수의 경우가 서로 매우 다른데 이에 대하여는 제1.3절의 <표 1.3.14>에서 정리한 바가 있다. 그러나, AT89S52의 상태 레지스터에는 이 표에서 설명하는 제로 플랙 Z와 부호 플랙 S가 없으므로, 제로 플랙은 SUBB 명령을 실행한 후에 누산기의 값을 조사하여 판단해야 하고, 부호 플랙은 누산기의 최상위 비트(ACC.7)를 조사하여 판단해야 한다는 것에 유의해야 한다. AT89S52에서의 대소관계 비교에 따른 분기처리는 CJNE 명령과 몇가지의 조건부 분기명령을 사용한다.

C언어에서는 대소관계 비교나 이에 따른 분기처리가 아주 용이하다. 여기에는 전형적으로 if문이나 if... else if... else문이 사용되며, 기준값의 비교결과에 따라 분기의 경우의 수가 매우 많을 때는 switch문을 사용한다.

프로그램의 어느 한정된 부분이 한 곳에서 여러번 반복하여 실행되도록 하였을 때 이것을 반복처리(loop)라고 한다. 프로그램에서 반복처리 기법을 사용하면 필요한 횟수만큼 데이터를 바꾸어 가면서 동일한 처리과정을 반복하여 실행할 수 있으므로 전체의 프로그램이 간결해져서 프로그램의 입력에 따르는 수고를 덜 수 있고, 실행 파일도 짧아져서 주기억장치의 불필요한 낭비를 막을 수 있으며, 프로그램의 흐름을 이해하거나 관리하는 것이 쉬워진다.

반복처리 기법에는 <그림 4.7.1>에 보인 바와 같이 3가지의 형태가 있다. Do Until형이나 Do While형의 반복처리 구조에서는 반복횟수가 미리 정해져서 알 수 있는 경우도 있고 반복횟수를 예측할 수 없는 경우도 있으나, 무한루프형은 무한히 반복되므로 반복횟수가 의미가 없다. Do Until형은 반복 처리되는 부분을 먼저 실행하고 나서 루프를 반복할지의 여부를 결정하는 방식이다. 따라서, 이 방식에서는 반복처리 루틴이 반드시 한번 이상 실행된다. Do While형은 반복 처리되는 부분을 실행하기 전에 반복할 조건의 검사가 이루어지고 이에 따라 루프를 벗어날지의 여부를 결정하는 방식이다. 따라서, 이 방식에서는 반복처리 루틴이 한번도 실행되지 않을 수도 있다. 무한루프형은 무제한으로 반복처리가 계속되는 방식으로 사용빈도는 낮으나 인터럽트 대기상태나 프로그램 종료처리 등과 같은 경우에 사용될 수 있다. 그러나, 프로그램을 잘못하여 원하지 않는 무한루프로 들어가지 않도록 주의할 필요가 있다.

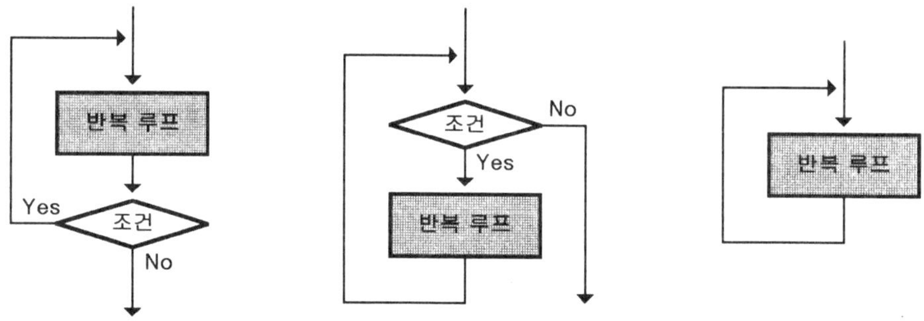

(a) Do Until형 (b) Do While형 (c) 무한루프형

〈그림 4.7.1〉 반복처리 기법의 종류

반복처리 기법을 사용한 프로그램을 설계할 때는 다음과 같은 사항을 세심하게 고려하여야 한다.

① 반복처리 루틴에 들어가기 전에 먼저 루프 카운터(loop counter)나 루프내에서 사용될 데이터의 초기값을 적절히 지정해 주어야 한다.
② 반복처리 구조의 프로그램 작성에서 가장 중요한 것은 루프를 벗어날 조건을 어떻

게 판단할 것인가 하는 문제이다. 반복횟수가 미리 정해져 있는 경우에는 루프 카운터를 사용하면 되지만, 반복횟수가 정해져 있지 않은 경우에는 루프내에서의 처리 결과를 조사하고 지정된 조건에 따라 루프를 벗어나도록 한다.

③ 루프 카운터로는 적절한 크기의 변수를 사용한다. 어셈블리 언어에서는 기본적으로 R0~R7의 8비트 레지스터와 DJNZ 명령을 많이 사용하므로 반복횟수가 256 이하로 제한되며 이보다 많은 횟수의 반복처리를 수행하려면 다중 루프(nested loop)로 만들어야 한다. C언어에서는 반복횟수가 정해지는 반복처리에 for문을 널리 사용하며, 조건부 반복처리에는 while문이나 do... while문을 많이 사용한다.

④ 루프 카운터는 증가하는 방향의 상향식으로 사용할 수도 있고 감소하는 방향의 하향식으로 사용할 수도 있다. 어셈블리 언어에서는 DJNZ 명령을 많이 사용하므로 하향식으로 사용하는 것이 편리하다.

⑤ 루프 카운터나 루프를 벗어나는 조건으로 사용되는 레지스터나 변수는 루프내에서 다른 용도로 사용해서는 안된다. 만약, 불가피하게 이것을 사용해야 할 경우에는 이를 미리 스택에 저장하고(push) 루프를 벗어날 조건을 판단하기 전에 이를 다시 스택에서 꺼내오면(pop) 된다.

2. 대소관계 비교 및 분기 프로그램

여기서는 8비트 양의 정수 또는 2의 보수 표현법으로 된 정수의 크기를 비교하거나 그에 따른 분기 프로그램을 작성하는 예를 살펴보기로 한다. 또한 C언어에서 분기의 수가 많을 때 switch문을 사용하는 방법을 살펴본다.

(1) 대소관계 비교 분기

▣ 어셈블리 언어의 경우

각각 8비트 양의 정수와 2의 보수로 표현된 두 정수들을 비교하고 그 결과를 대소관계로 표시하는 프로그램을 어셈블리 언어로 작성하여 보면 다음과 같다.

〈프로그램 Exp07_1.asm〉 8비트 대소관계 비교 프로그램(1)

```
;[][][][][][][][][][][][][][][][][][][][][][][][][][][][][][][][][][][][][][][][]
;[]                                                                            []
;[]          Exp07_1.asm : Numerical Data Comparison(1)                        []
```

```
;[]                                                                  []
;[][][][][][][][][][][][][][][][][][][][][][][][][][][][][][][][][][]
;
;               Designed and programmed by Duck-Yong Yoon in 2005.
;
$NOMOD51                                ; do not use default MCS-51 SFR
$INCLUDE(AT89S52.INC)                   ; include AT89S52 definition file

;=====================================================================
;       Macro Definition
;=====================================================================
UCOMP   MACRO   DATA1,DATA2             ; unsigned 8-bit compare
        LOCAL   CMP1_1,CMP1_2,CMP1_OK
        MOV     LCD_BUFFER,#0C7H        ; cursor position
        CALL    LCD_COMMAND
        MOV     A,#DATA1
        CJNE    A,#DATA2,CMP1_1
        MOV     A,#'='                  ; =
        JMP     CMP1_OK
CMP1_1: JNC     CMP1_2
        MOV     A,#'<'                  ; <
        JMP     CMP1_OK
CMP1_2: MOV     A,#'>'                  ; >
CMP1_OK:MOV     LCD_BUFFER,A            ; display comparison
        CALL    LCD_DATA
        CALL    D2SEC
        ENDM

COMP    MACRO   DATA1,DATA2             ; signed 8-bit compare
        LOCAL   CMP2_1,CMP2_2,CMP2_3,CMP2_4,CMP2_OK
        MOV     LCD_BUFFER,#0C7H        ; cursor position
        CALL    LCD_COMMAND
        CLR     C
        MOV     A,#DATA1
        SUBB    A,#DATA2
        JNZ     CMP2_1
        MOV     A,#'='                  ; =
        JMP     CMP2_OK
CMP2_1: JB      ACC.7,CMP2_2
        JB      PSW.2,CMP2_3            ; sign(0) .XOR. overflow(1) = 1
        JMP     CMP2_4                  ; sign(0) .XOR. overflow(0) = 0
CMP2_2: JB      PSW.2,CMP2_4            ; sign(1) .XOR. overflow(1) = 0
CMP2_3: MOV     A,#'<'                  ; <
        JMP     CMP2_OK
CMP2_4: MOV     A,#'>'                  ; >
CMP2_OK:MOV     LCD_BUFFER,A            ; display comparison
        CALL    LCD_DATA
        CALL    D2SEC
        ENDM

;=====================================================================
;       Main Program
;=====================================================================
CSEG    AT      0000H
        MOV     SP,#7FH                 ; initialize SP
        CALL    KIT_INITIALIZE          ; initialize OK-89S52 kit
        CALL    D50MS                   ; wait for system stabilization
        CALL    LCD_INITIALIZE          ; initialize text LCD

START:  CALL    BEEP
        CALL    LCD_HOME1               ; display title
        CALL    LCD_STRING
        DB      'Unsigned Compare',0
        CALL    LCD_HOME2               ; unsigned 8-bit compare
        CALL    LCD_STRING
```

```
        DB      '    100 ? 100    ',0
        UCOMP   100,100

        CALL    LCD_HOME2
        CALL    LCD_STRING
        DB      '    100 ? 150    ',0
        UCOMP   100,150

        CALL    LCD_HOME2
        CALL    LCD_STRING
        DB      '    200 ? 150    ',0
        UCOMP   200,150

        CALL    BEEP
        CALL    LCD_HOME1                  ; display title
        CALL    LCD_STRING
        DB      ' Signed Compare ',0
        CALL    LCD_HOME2                  ; signed 8-bit compare
        CALL    LCD_STRING
        DB      '   -100 ? -100   ',0
        COMP    -100,-100

        CALL    LCD_HOME2
        CALL    LCD_STRING
        DB      '   +100 ? -100   ',0
        COMP    +100,-100

        CALL    LCD_HOME2
        CALL    LCD_STRING
        DB      '   -100 ? +100   ',0
        COMP    -100,+100

        CALL    LCD_HOME2
        CALL    LCD_STRING
        DB      '   -100 ? -120   ',0
        COMP    -100,-120

        CALL    LCD_HOME2
        CALL    LCD_STRING
        DB      '    120 ? -100   ',0
        COMP    -120,-100

        JMP     START

;===========================================================================
;       Include User Subroutine File
;===========================================================================
$INCLUDE(OK89S52.INC)                      ; include OK-89S52 subroutine file
        END
```

☞ 여기서는 동일한 루틴이 일부 데이터만 다르게 사용하면서 여러번 반복되므로 매크로를 사용하였다. 매크로 UCOMP는 8비트 양의 정수 표현법으로 표시된 두 수(unsigned char)를 대소 비교하는 루틴이며, 매크로 COMP는 8비트 2의 보수 표현법으로 표시된 두 수(signed char)를 대소 비교하는 루틴이다. 양의 정수에 대한 대소관계 비교방법도 잘 알아두어야 하지만, 특히 2의 보수 표현법으로 표시된 두 정수를 비교하는 방법은 <표 1.3.14>를 참조하면서 잘 이해하기 바란다.

이 프로그램을 어셈블하여 다운로드하고 실행하라. 그리고, 텍스트형 LCD 모듈에 표시되는 비교 결과가 옳은지 관찰하라.

위의 예제에서는 비교하려는 두 정수를 메인 루틴에서 일일이 텍스트형 LCD 모듈에 표시하여 주고 있으므로 여러가지의 경우를 비교하려면 다소 번거롭다. 여기서 대소관계 표시기호는 물론이고 두 정수를 LCD 모듈에 표시하는 기능을 모두 매크로에서 처리하도록 좀더 편리하게 수정하면 다음과 같다.

〈프로그램 Exp07_2.asm〉 8비트 대소관계 비교 프로그램(2)

```
;[][][][][][][][][][][][][][][][][][][][][][][][][][][][][][][][][][]
;[]                                                                []
;[]          Exp07_2.asm : Numerical Data Comparison(2)            []
;[]                                                                []
;[][][][][][][][][][][][][][][][][][][][][][][][][][][][][][][][][][]
;
;              Designed and programmed by Duck-Yong Yoon in 2005.
;
$NOMOD51                                        ; do not use default MCS-51 SFR
$INCLUDE(AT89S52.INC)                           ; include AT89S52 definition file

;===================================================================
;       Macro Definition
;===================================================================
UCOMP   MACRO   DATA1,DATA2                     ; unsigned 8-bit compare
        LOCAL   CMP1_1,CMP1_2,CMP1_OK
        MOV     LCD_BUFFER,#0C3H                ; display first data
        CALL    LCD_COMMAND
        MOV     DPH,#0
        MOV     DPL,#DATA1
        CALL    LCD_3DEC
        MOV     LCD_BUFFER,#0C9H                ; display second data
        CALL    LCD_COMMAND
        MOV     DPH,#0
        MOV     DPL,#DATA2
        CALL    LCD_3DEC
        MOV     LCD_BUFFER,#0C7H                ; display comparison
        CALL    LCD_COMMAND
        MOV     A,#DATA1
        CJNE    A,#DATA2,CMP1_1
        MOV     A,#'='                          ; =
        JMP     CMP1_OK
CMP1_1: JNC     CMP1_2
        MOV     A,#'<'                          ; <
        JMP     CMP1_OK
CMP1_2: MOV     A,#'>'                          ; >
CMP1_OK:MOV     LCD_BUFFER,A                    ; display comparison
        CALL    LCD_DATA
        CALL    D2SEC
        ENDM

COMP    MACRO   DATA1,DATA2                     ; signed 8-bit compare
        LOCAL   CMP2_1,CMP2_2,CMP2_3,CMP2_4,CMP2_OK
        MOV     LCD_BUFFER,#0C2H                ; display first data
        CALL    LCD_COMMAND
        MOV     LCD_BUFFER,#DATA1
        CALL    LCD_S3DEC
        MOV     LCD_BUFFER,#0C9H                ; display second data
```

```
        CALL    LCD_COMMAND
        MOV     LCD_BUFFER,#DATA2
        CALL    LCD_S3DEC
        MOV     LCD_BUFFER,#0C7H        ; display comparison
        CALL    LCD_COMMAND
        CLR     C
        MOV     A,#DATA1
        SUBB    A,#DATA2
        JNZ     CMP2_1
        MOV     A,#'='                  ; =
        JMP     CMP2_OK
CMP2_1: JB      ACC.7,CMP2_2
        JB      PSW.2,CMP2_3            ; sign(0) .XOR. overflow(1) = 1
        JMP     CMP2_4                  ; sign(0) .XOR. overflow(0) = 0
CMP2_2: JB      PSW.2,CMP2_4            ; sign(1) .XOR. overflow(1) = 0
CMP2_3: MOV     A,#'<'                  ; <
        JMP     CMP2_OK
CMP2_4: MOV     A,#'>'                  ; >
CMP2_OK:MOV     LCD_BUFFER,A            ; display comparison
        CALL    LCD_DATA
        CALL    D2SEC
        ENDM

;=====================================================================
;       Main Program
;=====================================================================
CSEG    AT      0000H
        MOV     SP,#7FH                 ; initialize SP
        CALL    KIT_INITIALIZE          ; initialize OK-89S52 kit
        CALL    D50MS                   ; wait for system stabilization
        CALL    LCD_INITIALIZE          ; initialize text LCD

START:  CALL    BEEP
        CALL    LCD_HOME1               ; display title
        CALL    LCD_STRING
        DB      'Unsigned Compare',0
        CALL    LCD_HOME2               ; unsigned 8-bit compare
        CALL    LCD_STRING
        DB      '                ',0
        UCOMP   100,100
        UCOMP   100,150
        UCOMP   200,150

        CALL    BEEP
        CALL    LCD_HOME1               ; display title
        CALL    LCD_STRING
        DB      '  Signed Compare ',0
        CALL    LCD_HOME2               ; signed 8-bit compare
        CALL    LCD_STRING
        DB      '                ',0
        COMP    -100,-100
        COMP    +100,-100
        COMP    -100,+100
        COMP    -100,-120
        COMP    -120,-100

        JMP     START

;-----------------------------------------------
;       Display Signed 3-Digit Decimal Number
;-----------------------------------------------
LCD_S3DEC:MOV   A,LCD_BUFFER            ; positive number ?
        CJNE    A,#80H,LCD_S3D1
        JMP     LCD_S3D2
LCD_S3D1:JC     LCD_S3D3
LCD_S3D2:CPL    A                       ; if no, '-' ablsolute number
```

```
        INC     A
        MOV     LCD_BUFFER,A
        PUSH    LCD_BUFFER
        MOV     LCD_BUFFER,#'-'
        JMP     LCD_S3D4
LCD_S3D3:PUSH   LCD_BUFFER              ; if yes, '+' number
        MOV     LCD_BUFFER,#'+'
LCD_S3D4:CALL   LCD_DATA
        MOV     DPH,#0
        POP     LCD_BUFFER
        MOV     DPL,LCD_BUFFER
        CALL    LCD_3DEC
        RET

;===================================================================
;       Include User Subroutine File
;===================================================================
$INCLUDE(OK89S52.INC)                   ; include OK-89S52 subroutine file
        END
```

☞ 부호있는 정수를 LCD 모듈에 표시하는 서브루틴은 인클루드 파일 OK89S52.H에 마련되어 있지 않으므로 여기서 서브루틴 LCD_S3DEC로 작성하여 사용하였다. 여기서는 이 수가 양수인지 음수인지를 먼저 판단하여 부호를 표시하고, 이 수의 절대값을 취하여 크기를 표시한다.

이 프로그램을 어셈블하여 다운로드하고 실행하라. 그리고, 텍스트형 LCD 모듈에 표시되는 실행 결과가 앞의 예제 Exp07_1.asm에서와 같은지 관찰하라.

▣ C언어의 경우

위의 예제 Exp07_1.asm을 C언어로 다시 작성하면 다음과 같다.

〈프로그램 Exp07_1.c〉 8비트 대소관계 비교 프로그램(1)

```
/* ========================================================================= */
/*                  Exp07_1.c : Numerical Data Comparison(1)                 */
/* ========================================================================= */
/*                        Designed and programmed by Duck-Yong Yoon in 2005. */

#include "AT89S52.H"                            // include AT89S52 definition file
#include "OK89S52.H"                            // include OK-89S52 kit function

Ucompare(unsigned char a, unsigned char b)      /* unsigned char compare */
{ LCD_command(0xC7);
  if(a == b)        LCD_data('=');
  else if (a > b)   LCD_data('>');
  else              LCD_data('<');
  Delay_ms(2000);
}

Compare(signed char a, signed char b)           /* signed char compare */
{ LCD_command(0xC7);
  if(a == b)        LCD_data('=');
```

```
    else if (a > b) LCD_data('>');
    else            LCD_data('<');
    Delay_ms(2000);
  }

  main()
  {
    Kit_initialize();                           // initialize OK-89S52 kit
    Delay_ms(50);                               // wait for system stabilization
    LCD_initialize();                           // initialize text LCD module

    while(1)
      { Beep();
        LCD_string(0x80,"Unsigned Compare");     // display title
        LCD_string(0xC0,"    100 ? 100    ");    // unsigned 8-bit compare
        Ucompare(100,100);

        LCD_string(0xC0,"    100 ? 150    ");
        Ucompare(100,150);

        LCD_string(0xC0,"    200 ? 150    ");
        Ucompare(200,150);

        Beep();
        LCD_string(0x80," Signed Compare ");     // display title
        LCD_string(0xC0,"   -100 ? -100   ");    // signed 8-bit compare
        Compare(-100,-100);

        LCD_string(0xC0,"   +100 ? -100   ");
        Compare(+100,-100);

        LCD_string(0xC0,"   -100 ? +100   ");
        Compare(-100,+100);

        LCD_string(0xC0,"   -100 ? -120   ");
        Compare(-100,-120);

        LCD string(0xC0,"   -120 ? -100   ");
        Compare(-120,-100);
      }
  }
```

☞ 여기서는 동일한 루틴이 일부 데이터만 다르게 사용하면서 여러번 반복되므로 함수를 사용하였다. 함수 Ucompare()는 8비트 양의 정수 표현법으로 표시된 두 수(unsigned char)를 대소 비교하는 루틴이며, 함수 Compare()는 8비트 2의 보수 표현법으로 표시된 두 수(signed char)를 대소 비교하는 루틴이다. 어셈블리 언어에 비하여 C언어에서의 대소관계 비교는 아주 쉽다는 것을 알 수 있다. 이런 사항도 고급언어를 사용하는 경우 유리한 점의 하나라고 할 수 있다.

이 프로그램을 컴파일하여 실행하고 앞의 어셈블리 언어 예제 Exp07_1.asm과 동일한 결과를 얻을 수 있는지 확인하라.

위의 예제에서는 비교하려는 두 정수를 메인 함수에서 일일이 텍스트형 LCD 모듈에 표시하여 주고 있으므로 여러가지의 경우를 비교하려면 다소 번거롭다. 여기서 대소관계 표시기호는 물론이고 두 정수를 LCD 모듈에 표시하는 기능을 모두 함수에서 처리하도록 편리하게 수정하면 다음과 같다.

〈프로그램 Exp07_2.c〉 8비트 대소관계 비교 프로그램(2)

```
/* ========================================================================= */
/*                  Exp07_2.c : Numerical Data Comparison(2)                 */
/* ========================================================================= */
/*                       Designed and programmed by Duck-Yong Yoon in 2005.  */

#include <MATH.H>
#include "AT89S52.H"                        // include AT89S52 definition file
#include "OK89S52.H"                        // include OK-89S52 kit function

LCD_3d(unsigned char number)                /* unsigned 3-digit decimal number */
{ unsigned char i, flag;

  flag = 0;
  i = number/100;                           // 10^2
  if(i == 0) LCD_data(' ');
  else {     LCD_data(i + '0');
             flag = 1;
       }

  number = number % 100;                    // 10^1
  i = number/10;
  if((i == 0) && (flag == 0))
             LCD_data(' ');
  else {     LCD_data(i + '0');
             flag = 1;
       }

  i = number % 10;                          // 10^0
  LCD_data(i + '0');
}

LCD_s3d(signed char number)                 /* signed 3-digit decimal number */
{ unsigned char i, flag, absolute;

  if(number >= 0) LCD_data('+');            // sign
  else            LCD_data('-');

  absolute = abs(number);                   // calculate absolute

  flag = 0;
  i = absolute/100;                         // 10^2
  if(i == 0) LCD_data(' ');
  else {     LCD_data(i + '0');
             flag = 1;
       }

  absolute = absolute % 100;                // 10^1
  i = absolute/10;
  if((i == 0) && (flag == 0))
             LCD_data(' ');
  else {     LCD_data(i + '0');
             flag = 1;
       }
```

```
    i = absolute % 10;                            // 10^0
    LCD_data(i + '0');
  }

  Ucompare(unsigned char a, unsigned char b)      /* unsigned char compare */
  { LCD_command(0xC3);                            // display first data
    LCD_3d(a);
    LCD_command(0xC9);                            // display second data
    LCD_3d(b);
    LCD_command(0xC7);                            // display comparison
    if(a == b)       LCD_data('=');
    else if (a > b) LCD_data('>');
    else             LCD_data('<');
    Delay_ms(2000);
  }

  Compare(signed char a, signed char b)           /* signed char compare */
  { LCD_command(0xC2);                            // display first data
    LCD_s3d(a);
    LCD_command(0xC9);                            // display second data
    LCD_s3d(b);
    LCD_command(0xC7);                            // display comparison
    if(a == b)       LCD_data('=');
    else if (a > b) LCD_data('>');
    else             LCD_data('<');
    Delay_ms(2000);
  }

  main()
  {
    Kit_initialize();                             // initialize OK-89S52 kit
    Delay_ms(50);                                 // wait for system stabilization
    LCD_initialize();                             // initialize text LCD module

    while(1)
      { Beep();
        LCD_string(0x80,"Unsigned Compare");      // display title
        LCD_string(0xC0,"                ");      // unsigned 8-bit compare
        Ucompare(100,100);
        Ucompare(100,150);
        Ucompare(200,150);

        Beep();
        LCD_string(0x80," Signed Compare ");      // display title
        LCD_string(0xC0,"                ");      // signed 8-bit compare
        Compare(-100,-100);
        Compare(+100,-100);
        Compare(-100,+100);
        Compare(-100,-120);
        Compare(-120,-100);
      }
  }
```

☞ 양의 정수를 3자리의 10진수로 텍스트형 LCD 모듈에 표시하는 함수는 LCD_3d()인데 비하여, 부호있는 정수를 부호와 3자리의 10진수로 LCD 모듈에 표시하는 함수는 LCD_s3d()로 사용하였다. 부호있는 정수의 절대값을 취하는 C언어 내장함수는 abs()인데 이를 사용하려면 헤더파일 MATH.H를 미리 인클루드시켜 주어야 한다.

이 프로그램을 컴파일하여 다운로드하고 실행하라. 그리고, 텍스트형 LCD 모듈에 표시되는 실행 결과가 앞의 예제 Exp07_1.c에서와 같은지 관찰하라.

(2) 경우의 수가 많은 비교 분기

▣ 어셈블리 언어의 경우

OK-89S52 키트에서 키 KEY4~KEY1을 입력하고 각 키에 해당하는 처리루틴을 실행하려면 분기의 수가 많아진다. 이런 경우 처리 프로그램을 어셈블리 언어로 작성하여 보면 다음과 같다.

〈프로그램 Exp07_3.asm〉 경우의 수가 많은 비교 분기

```
;[][][][][][][][][][][][][][][][][][][][][][][][][][][][][][][][][][][][][]
;[]                                                                      []
;[]              Exp07_3.asm : Comparison & Branch                       []
;[]                                                                      []
;[][][][][][][][][][][][][][][][][][][][][][][][][][][][][][][][][][][][][]
;
;               Designed and programmed by Duck-Yong Yoon in 2005.
;
$NOMOD51                                ; do not use default MCS-51 SFR
$INCLUDE(AT89S52.INC)                   ; include AT89S52 definition file

;=====================================================================
;       Main Program
;=====================================================================
CSEG    AT      0000H
        MOV     SP,#7FH                 ; initialize SP
        CALL    KIT_INITIALIZE          ; initialize OK-89S52 kit
        CALL    D50MS                   ; wait for system stabilization
        CALL    LCD_INITIALIZE          ; initialize text LCD
        CALL    BEEP

        CALL    LCD_HOME1               ; display title
        CALL    LCD_STRING
        DB      '    KEY INPUT     ',0
        CALL    LCD_HOME2
        CALL    LCD_STRING
        DB      'Press KEY4-KEY1!',0

READ_KEY:CALL   KEY_IN                  ; key input
        CJNE    A,#00011100B,CK_KEY2    ; KEY1 ?
        MOV     DPTR,#DIG_SELECT
        MOV     A,#01H
        MOVX    @DPTR,A
        CALL    LCD_HOME2
        CALL    LCD_STRING
        DB      '       KEY1       ',0
        JMP     READ_KEY

CK_KEY2:CJNE    A,#00011010B,CK_KEY3    ; KEY2 ?
        MOV     DPTR,#DIG_SELECT
        MOV     A,#02H
        MOVX    @DPTR,A
```

```
        CALL    LCD_HOME2
        CALL    LCD_STRING
        DB      '       KEY2      ',0
        JMP     READ_KEY

CK_KEY3:CJNE    A,#00010110B,CK_KEY4     ; KEY3 ?
        MOV     DPTR,#DIG_SELECT
        MOV     A,#04H
        MOVX    @DPTR,A
        CALL    LCD_HOME2
        CALL    LCD_STRING
        DB      '       KEY3      ',0
        JMP     READ_KEY

CK_KEY4:CJNE    A,#00001110B,READ_KEY    ; KEY4 ?
        MOV     DPTR,#DIG_SELECT
        MOV     A,#08H
        MOVX    @DPTR,A
        CALL    LCD_HOME2
        CALL    LCD_STRING
        DB      '       KEY4      ',0
        JMP     READ_KEY

;==================================================================
;       Include User Subroutine File
;==================================================================
$INCLUDE(OK89S52.INC)                    ; include OK-89S52 subroutine file
        END
```

☞ 이와 같이 분기의 경우가 많을 때는 CJNE 명령으로 분기조건을 비교하여 각 분기에 해당하는 루틴을 처리한다. 이는 C언어에서의 if문과 유사하다.

이 프로그램을 어셈블하여 다운로드하고 실행하라. 그리고, 각 키 입력이 텍스트형 LCD 모듈과 LED4~LED1에 올바르게 표시되는지 관찰하라.

▣ C언어의 경우

위의 예제 Exp07_3.asm을 C언어로 다시 작성하면 다음과 같다.

〈프로그램 Exp07_3.c〉 경우의 수가 많은 비교 분기(1)

```
/* ====================================================================== */
/*                    Exp07_3.c : Comparison & Branch                     */
/* ====================================================================== */
/*                  Designed and programmed by Duck-Yong Yoon in 2005.    */

#include "AT89S52.H"                          // include AT89S52 definition file
#include "OK89S52.H"                          // include OK-89S52 kit function

main()
{ unsigned char key;
```

```
   Kit_initialize();                          // initialize OK-89S52 kit
   Delay_ms(50);                              // wait for system stabilization
   LCD_initialize();                          // initialize text LCD module
   Beep();

   LCD_string(0x80,"   KEY INPUT    ");       // display title
   LCD_string(0xC0,"Press KEY4-KEY1!");

   while(1)
     { key = Key_input();                     // key input
       if(key == 0x1C)                        // KEY1 ?
         { LCD_string(0xC0,"      KEY1      ");
           DIG_SELECT = 0x01;
         }
       else if(key == 0x1A)                   // KEY2 ?
         { LCD_string(0xC0,"      KEY2      ");
           DIG_SELECT = 0x02;
         }
       else if(key == 0x16)                   // KEY3 ?
         { LCD_string(0xC0,"      KEY3      ");
           DIG_SELECT = 0x04;
         }
       else if(key 0x0E)                      // KEY4 ?
         { LCD_string(0xC0,"      KEY4      ");
           DIG_SELECT = 0x08;
         }
     }
}
```

☞ 여기서는 사용하지 않았지만 마지막에 기타 나머지의 모든 조건을 한번에 묶어서 사용하려면 else라는 항목을 만들면 된다.

이 프로그램을 컴파일하여 실행하고 앞의 어셈블리 언어 예제 Exp07_3.asm과 동일한 결과를 얻을 수 있는지 확인하라.

C언어에서는 위의 예제에서처럼 분기의 경우가 많아지면 이를 일일이 if문으로 처리하기 보다는 다음과 같이 switch문으로 처리하는 것이 더욱 편리하다.

〈프로그램 Exp07_3a.c〉 경우의 수가 많은 비교 분기(2)

```
/* ========================================================================== */
/*                   Exp07_3a.c : Comparison & Switch                         */
/* ========================================================================== */
/*                        Designed and programmed by Duck-Yong Yoon in 2005.  */

#include "AT89S52.H"                          // include AT89S52 definition file
#include "OK89S52.H"                          // include OK-89S52 kit function

main()
{
  Kit_initialize();                           // initialize OK-89S52 kit
  Delay_ms(50);                               // wait for system stabilization
  LCD_initialize();                           // initialize text LCD module
```

```
    Beep();

    LCD_string(0x80,"    KEY INPUT    ");            // display title
    LCD_string(0xC0,"Press KEY4-KEY1!");

    while(1)
      { switch(Key_input())                          // key input
          { case 0x1C : LCD_string(0xC0,"      KEY1      ");
                        DIG_SELECT = 0x01;
                        break;
            case 0x1A : LCD_string(0xC0,"      KEY2      ");
                        DIG_SELECT = 0x02;
                        break;
            case 0x16 : LCD_string(0xC0,"      KEY3      ");
                        DIG_SELECT = 0x04;
                        break;
            case 0x0E : LCD_string(0xC0,"      KEY4      ");
                        DIG_SELECT = 0x08;
                        break;
          }
      }
  }
```

☞ 여기서는 사용하지 않았지만 마지막에 기타 나머지의 조건을 사용하려면 case 0x??: 대신에 default: 라는 항목을 만들면 된다.

이 프로그램을 컴파일하여 실행하고 앞의 예제 Exp07_3.c와 동일한 결과를 얻을 수 있는지 확인하라.

3. 반복처리 프로그램

여기서는 반복처리 프로그램을 작성하는 예를 살펴보기로 한다. 필요하면 다중루프를 사용할 수도 있다.

(1) 지정된 횟수의 반복처리

▣ 어셈블리 언어의 경우

OK-89S52 키트에서 LED4~LED1을 순차적으로 점등하는 프로그램을 어셈블리 언어로 작성하여 보면 다음과 같다.

〈프로그램 Exp07_4.asm〉 지정된 횟수의 반복

```
;[][][][][][][][][][][][][][][][][][][][][][][][][][][][][][][][][][][][][][][][][]
;[]                                                                            []
;[]                    Exp07_4.asm : Single Loop                               []
;[]                                                                            []
;[][][][][][][][][][][][][][][][][][][][][][][][][][][][][][][][][][][][][][][][][]
;
;               Designed and programmed by Duck-Yong Yoon in 2005.
;
$NOMOD51                                        ; do not use default MCS-51 SFR
$INCLUDE(AT89S52.INC)                           ; include AT89S52 definition file

;=====================================================================
;       Main Program
;=====================================================================
CSEG    AT      0000H
        MOV     SP,#7FH                         ; initialize SP
        CALL    KIT_INITIALIZE                  ; initialize OK-89S52 kit
        CALL    D50MS                           ; wait for system stabilization
        CALL    LCD_INITIALIZE                  ; initialize text LCD
        CALL    BEEP

        CALL    LCD_HOME1                       ; display title
        CALL    LCD_STRING
        DB      '   Single Loop    ',0
        CALL    LCD_HOME2
        CALL    LCD_STRING
        DB      '                  ',0

START:  MOV     A,#01H                          ; initial data
        MOV     R7,#4                           ; loop counter

LOOP:   MOV     DPTR,#DIG_SELECT                ; output LED
        MOVX    @DPTR,A
        CALL    D500MS                          ; delay 500 ms
        RL      A                               ; shift left
        DJNZ    R7,LOOP

        JMP     START

;=====================================================================
;       Include User Subroutine File
;=====================================================================
$INCLUDE(OK89S52.INC)                           ; include OK-89S52 subroutine file
        END
```

☞ 어셈블리 언어에서 지정된 횟수의 반복처리 루틴을 구현할 때는 주로 DJNZ 명령과 R7~R0 레지스터 중에서 하나를 사용하는데 이 책의 예제에서는 특별한 이유가 없다면 루프 카운터로 R7 레지스터를 즐겨 사용한다.

▣ C언어의 경우

위의 예제 Exp07_4.asm을 C언어로 다시 작성하면 다음과 같다.

〈프로그램 Exp07_4.c〉 지정된 횟수의 반복

```
/* ========================================================================== */
/*                       Exp07_4.c : Single Loop                              */
/* ========================================================================== */
/*                       Designed and programmed by Duck-Yong Yoon in 2005.   */

#include "AT89S52.H"                              // include AT89S52 definition file
#include "OK89S52.H"                              // include OK-89S52 kit function

main()
{ unsigned char i,LED;

  Kit_initialize();                               // initialize OK-89S52 kit
  Delay_ms(50);                                   // wait for system stabilization
  LCD_initialize();                               // initialize text LCD module
  Beep();

  LCD_string(0x80,"  Single Loop    ");           // display title
  LCD_string(0xC0,"                 ");

  while(1)
    { LED = 0x01;                                 // initial data
      for(i=1; i <= 4; i++)
        { DIG_SELECT = LED;                       // output LED
          Delay_ms(500);                          // delay 500 ms
          LED <<= 1;                              // shift left
        }
    }
}
```

☞ C언어에서 지정된 횟수의 반복처리 루틴을 구현할 때는 for문을 사용한다.

이 프로그램을 컴파일하여 실행하고 앞의 어셈블리 언어 예제 Exp07_4.asm과 동일한 결과를 얻을 수 있는지 확인하라.

(2) 다중 루프

▣ 어셈블리 언어의 경우

다중 루프를 사용하여 텍스트형 LCD 모듈에 구구단을 디스플레이하는 프로그램을 어셈블리 언어로 작성하여 보면 다음과 같다.

〈프로그램 Exp07_5.asm〉 다중 루프를 사용한 구구단 프로그램

```
;[][][][][][][][][][][][][][][][][][][][][][][][][][][][][][][][][][][]
;[]                                                                  []
;[]                  Exp07_5.asm : Nested Loops                      []
;[]                                                                  []
```

```
;[][][][][][][][][][][][][][][][][][][][][][][][][][][][][][][][][][][][][][][][][][][][][][]
;
;               Designed and programmed by Duck-Yong Yoon in 2005.
;
$NOMOD51                                    ; do not use default MCS-51 SFR
$INCLUDE(AT89S52.INC)                       ; include AT89S52 definition file

;=====================================================================
;       Main Program
;=====================================================================
CSEG    AT      0000H
        MOV     SP,#7FH                     ; initialize SP
        CALL    KIT_INITIALIZE              ; initialize OK-89S52 kit
        CALL    D50MS                       ; wait for system stabilization
        CALL    LCD_INITIALIZE              ; initialize text LCD

        CALL    LCD_HOME1                   ; display title
        CALL    LCD_STRING
        DB      '  Nested Loops  ',0
        CALL    LCD_HOME2
        CALL    LCD_STRING
        DB      '   0 x 0 = 00   ',0

START:  CALL    BEEP
        MOV     R0,#2                       ; R0 = from 2 to 9
LOOP1:  MOV     R1,#1                       ; R1 = from 1 to 9
LOOP2:  MOV     LCD_BUFFER,#0C3H            ; display multiplicand
        CALL    LCD_COMMAND
        MOV     A,R0
        ADD     A,#'0'
        MOV     LCD_BUFFER,A
        CALL    LCD_DATA
        MOV     LCD_BUFFER,#0C7H            ; display multiplier
        CALL    LCD_COMMAND
        MOV     A,R1
        ADD     A,#'0'
        MOV     LCD_BUFFER,A
        CALL    LCD_DATA
        MOV     LCD_BUFFER,#0CBH            ; display multiplication
        CALL    LCD_COMMAND
        MOV     A,R0
        MOV     B,R1
        MUL     AB
        MOV     DPL,A
        CALL    LCD_2DEC
        CALL    D1SEC
        INC     R1                          ; R1 = R1 + 1
        CJNE    R1,#10,LOOP2                ; end(9) ?
        INC     R0                          ; R0 = R0 + 1
        CJNE    R0,#10,LOOP1                ; end(9) ?

        JMP     START

;=====================================================================
;       Include User Subroutine File
;=====================================================================
$INCLUDE(OK89S52.INC)                       ; include OK-89S52 subroutine file
        END
```

☞ 여기서는 루프 카운터가 반복 횟수를 나타내는 것이 아니라 직접 구구단의 인수로 사용되므로 다중

루프에서 외부 루프(outer loop)의 R0 레지스터는 2~9의 범위에서 변화되고, 내부 루프(inner loop)의 R1 레지스터는 1~9의 범위에서 변화되도록 하였다. 각 루프가 끝나는 조건을 판단하는 방법에 유의하면서 이 프로그램을 이해하라.

▣ C언어의 경우

위의 예제 Exp07_5.asm을 C언어로 다시 작성하면 다음과 같다.

〈프로그램 Exp07_5.c〉 다중 루프를 사용한 구구단 프로그램

```
/* ============================================================================ */
/*                     Exp07_5.c : Nested Loops                                 */
/* ============================================================================ */
/*                     Designed and programmed by Duck-Yong Yoon in 2005.       */

#include "AT89S52.H"                          // include AT89S52 definition file
#include "OK89S52.H"                          // include OK-89S52 kit function

LCD_2d(unsigned char number)                  /* display 2-digit decimal number */
{ unsigned char i;

  i = number/10;                              /* 10^1 */
  if(i == 0) LCD_data(' ');
  else       LCD_data(i + '0');

  i = number % 10;                            /* 10^0 */
  LCD_data(i + '0');
}

main()
{ unsigned char i,j;

  Kit_initialize();                           // initialize OK-89S52 kit
  Delay_ms(50);                               // wait for system stabilization
  LCD_initialize();                           // initialize text LCD module

  LCD_string(0x80," Nested Loops   ");        // display title
  LCD_string(0xC0,"   0 x 0 = 00   ");

  while(1)
    { Beep();
      for(i = 2; i <= 9; i++)
        { for(j = 1; j <= 9; j++)
            { LCD_command(0xC3);              // display multiplicand
              LCD_data(i+'0');
              LCD_command(0xC7);              // display multiplier
              LCD_data(j+'0');
              LCD_command(0xCB);              // display multiplication
              LCD_2d(i*j);
              Delay_ms(1000);
            }
        }
    }
}
```

이 프로그램을 컴파일하여 실행하고 앞의 어셈블리 언어 예제 Exp07_5.asm과 동일한 결과를 얻을 수 있는지 확인하라.

4. 실습 과제

(1) AT89S52에서 모든 조건부 분기명령 및 JMP, AJMP, LJMP 명령의 점프 범위에 대하여 설명하라.

(2) 예제 프로그램 Exp07_4.c에서는 반복처리 루프의 초기값을

```
LED = 0x01;
for(i=1; i <= 4; i++)
  { ...
  }
```

와 같이 별도의 행으로 지정하지 말고 for문의 내부에 포함시키는 방법으로 수정한 프로그램 Exp07_4r.c를 작성하라.

(3) 예제 프로그램 Exp07_5.asm을 다음과 같이 2자리 구구단으로 수정한 프로그램 Exp07_5r.asm을 작성하라. 단, 피승수와 승수는 각각 10에서 90까지 10의 간격으로 변화한다.

```
MULTIPLY TABLE
00 x 00 = 0000
```

(4) 위의 프로그램 Exp07_5r.asm을 C언어 프로그램 Exp07_5r.c로 작성하라.

4.8 승제산 및 실수 연산 프로그램

이 절에서는 어셈블리 언어에서의 정수 곱셈 및 나눗셈 프로그래밍 기술에 대하여 익히고, C언어에서의 실수 연산 프로그래밍 기술을 익힌다.

관련 내용	(1) 제1.2절 AT89S52의 구조와 기능 (2) 제1.3절 AT89S52의 명령 세트

1. 어셈블리 언어에서의 승제산

AT89S52는 산술연산 기능이 비교적 취약한 마이크로콘트롤러지만 다행히 덧셈 및 뺄셈 명령 이외에 8비트의 곱셈명령 MUL AB와 8비트의 나눗셈 명령 DIV AB를 1개씩 가지고 있다. 하지만, 어셈블리 언어에서 제대로 된 곱셈이나 나눗셈 연산을 수행하려면 이것으로는 턱없이 부족하여 사용자가 직접 복잡한 연산 프로그램을 작성해야 하는 경우가 많다.

곱셈 연산 기능이 상당히 우수한 Intel사의 80x86 계열 범용 마이크로프로세서나 80C196KC 마이크로콘트롤러는 다음과 같은 곱셈 연산 명령을 가지고 있으며, 그것도 부호없는 두 정수를 곱하는 명령과 2의 보수로 표현된 두 정수를 곱하는 명령을 각각 별도로 가지고 있다.

① 8비트 곱셈 : 16비트 = 8비트 × 8비트
② 16비트 곱셈 : 32비트 = 16비트 × 16비트

이러한 경우 32비트 레지스터를 가지고 있지 않은 마이크로프로세서에서는 2개의 16비트 레지스터를 접속하여 32비트 데이터를 저장하는데 사용한다. AT89S52에서는 16비트의 곱셈 명령을 가지고 있지 않으므로 이중에서 부호없는 두 16비트 정수의 곱셈을 수행하는 서브루틴을 작성하여 사용하기로 한다. 그러나, 이러한 16비트 곱셈 프로그램을 사용자가 작성하는 것은 쉬운 일이 아니므로 인클루드 파일 OK89S52.INC에서 서브루틴 MUL16으로 만들어 두었으니 쉽게 호출하여 사용할 수 있다. AT89S52의

내부 레지스터는 DPTR을 제외하면 모두 8비트 구조이므로, 16비트 데이터를 표시하는데는 2개의 레지스터를 사용하며 32비트 데이터를 표현하는데는 4개의 레지스터를 사용한다.

한편, 80x86 계열 범용 마이크로프로세서나 80C196KC 마이크로콘트롤러는 곱셈 연산에 상응하는 수준의 나눗셈 연산 명령도 가지고 있는데, 여기에도 역시 부호없는 두 정수를 나누는 명령과 2의 보수로 표현된 두 정수를 나누는 명령을 각각 별도로 가지고 있다.

① 8비트 나눗셈 : 16비트 ÷ 8비트 ⇨ 몫 = 8비트, 나머지 = 8비트
② 16비트 나눗셈 : 32비트 ÷ 16비트 ⇨ 몫 = 16비트, 나머지 = 16비트

이러한 정수의 나눗셈 명령에서는 항상 연산결과를 몫과 나머지의 2가지로 얻어내게 된다는데 유의해야 한다. 그러나, 부동소수점 연산을 수행하는 DSP의 부동소수점 나눗셈 명령에서는 결과가 실수로 얻어지므로 나머지라는 개념이 없다. AT89S52에서는 8비트끼리의 나눗셈 명령은 가지고 있지만 위에서 열거한 나눗셈 명령들은 가지고 있지 않으므로 이중에서 부호없는 두 정수의 나눗셈 연산을 수행하는 서브루틴들을 작성하여 사용하기로 한다. 그러나, 이러한 8비트 나눗셈 및 16비트 나눗셈 프로그램을 사용자가 작성하는 것은 쉬운 일이 아니므로 인클루드 파일 OK89S52.INC에서 서브루틴 DIV8과 DIV16으로 만들어 두었으니 쉽게 호출하여 사용할 수 있다.

AT89S52의 마이크로콘트롤러를 이용하여 제어 프로그램을 작성하다보면 상당히 복잡한 연산을 필요로 하는 경우도 있다. 그러나, 이러한 연산이 위에서 열거한 명령이나 서브루틴으로 처리하기 어려운 정도라면 그것은 더 이상 어셈블리 언어 프로그램에 연연하지 말고 C언어를 사용하는 방법을 모색하는 것이 좋다. 마이크로프로세서나 마이크로콘트롤러에서 어셈블리 프로그램보다 C언어가 뚜렷한 강점을 가지는 경우는 바로 이러한 경우라고 할 수 있다.

(1) 8비트 곱셈 프로그램 - 구구단

다음은 AT89S52의 8비트 곱셈 명령을 이용하여 텍스트형 LCD 모듈에 ? x ? 형태의 구구단을 표시하는 프로그램이다.

〈프로그램 Exp08_1.asm〉 구구단 프로그램

```
;[][][][][][][][][][][][][][][][][][][][][][][][][][][][][][][][][][][]
```

```
;[]                                                                []
;[]        Exp08_1.asm : Multiplication Table(1) - ? x ?           []
;[]                                                                []
;[][][][][][][][][][][][][][][][][][][][][][][][][][][][][][][][][][]
;
;              Designed and programmed by Duck-Yong Yoon in 2005.
;
$NOMOD51                                ; do not use default MCS-51 SFR
$INCLUDE(AT89S52.INC)                   ; include AT89S52 definition file

;====================================================================
;       Main Program
;====================================================================
CSEG    AT      0000H
        MOV     SP,#7FH                 ; initialize SP
        CALL    KIT_INITIALIZE          ; initialize OK-89S52 kit
        CALL    D50MS                   ; wait for system stabilization
        CALL    LCD_INITIALIZE          ; initialize text LCD

START:  CALL    BEEP
        CALL    LCD_HOME1               ; display title
        CALL    LCD_STRING
        DB      ' MULTI TABLE(1) ',0
        CALL    LCD_HOME2
        CALL    LCD_STRING
        DB      '    0 x 0 = 00   ',0

        MOV     R0,#2                   ; R0 = from 2 to 9
LOOP1:  MOV     R1,#1                   ; R1 = from 1 to 9
LOOP2:  MOV     LCD_BUFFER,#0C3H        ; display multiplicand
        CALL    LCD_COMMAND
        MOV     A,R0
        ADD     A,#'0'
        MOV     LCD_BUFFER,A
        CALL    LCD_DATA
        MOV     LCD_BUFFER,#0C7H        ; display multiplier
        CALL    LCD_COMMAND
        MOV     A,R1
        ADD     A,#'0'
        MOV     LCD_BUFFER,A
        CALL    LCD_DATA
        MOV     LCD_BUFFER,#0CBH        ; display multiplication
        CALL    LCD_COMMAND
        MOV     A,R0
        MOV     B,R1
        MUL     AB
        MOV     DPL,A
        CALL    LCD_2DEC
        CALL    D1SEC
        INC     R1                      ; R1 = R1 + 1
        CJNE    R1,#10,LOOP2            ; end(9) ?
        INC     R0                      ; R0 = R0 + 1
        CJNE    R0,#10,LOOP1            ; end(9) ?

        JMP     START

;====================================================================
;       Include User Subroutine File
;====================================================================
$INCLUDE(OK89S52.INC)                   ; include OK-89S52 subroutine file
        END
```

☞ 여기서 구구단의 피승수(multiplicand)는 R0 레지스터에 저장하고 승수(multiplier)는 R1 레지스터에

저장하고 있다. 곱셈 결과는 16비트로 표시되며, 상위 바이트가 B 레지스터에 저장되고 하위 바이트가 A 레지스터에 저장된다. 그러나, 단자리 구구단에 최대의 곱셈 결과가 나오는 것은 9×9 = 81인 경우이므로 항상 B = 0이 된다는 것을 알 수 있다.

한편, 이 프로그램에서는 2개의 반복처리 루프를 수행하기 위하여 각각 피승수와 승수를 1씩 증가시킨 후에 이것들이 루프 한계값에 도달하였지를 판단하는 방법을 사용하였다. 또한, 각각의 곱셈이 수행될 때마다 1초의 시간지연을 주어 천천히 표시함으로써 사람이 눈으로 계산 결과를 확인할 수 있도록 하였다.

이 프로그램을 어셈블하여 다운로드하고 실행하라. 그리고, 구구단이 올바르게 표시되는지 관찰하라.

다음은 AT89S52의 8비트 곱셈 명령을 이용하여 텍스트형 LCD 모듈에 ?? x ?? 형태의 10자리 구구단을 표시하는 프로그램이다.

〈프로그램 Exp08_2.asm〉 10자리 구구단 프로그램

```
;[][][][][][][][][][][][][][][][][][][][][][][][][][][][][][][][][][]
;[]                                                                []
;[]      Exp08_2.asm : Multiplication Table(2) - ?? x ??           []
;[]                                                                []
;[][][][][][][][][][][][][][][][][][][][][][][][][][][][][][][][][][]
;
;           Designed and programmed by Duck-Yong Yoon in 2005.
;
$NOMOD51                                ; do not use default MCS-51 SFR
$INCLUDE(AT89S52.INC)                   ; include AT89S52 definition file

;==================================================================
;       Main Program
;==================================================================
CSEG    AT      0000H
        MOV     SP,#7FH                 ; initialize SP
        CALL    KIT_INITIALIZE          ; initialize OK-89S52 kit
        CALL    D50MS                   ; wait for system stabilization
        CALL    LCD_INITIALIZE          ; initialize text LCD

START:  CALL    BEEP
        CALL    LCD_HOME1               ; display title
        CALL    LCD_STRING
        DB      ' MULTI TABLE(2) ',0
        CALL    LCD_HOME2
        CALL    LCD_STRING
        DB      ' 00 x 00 = 0000 ',0

        MOV     R0,#10                  ; R0 = from 10 to 90
LOOP1:  MOV     R1,#10                  ; R1 = from 10 to 90
LOOP2:  MOV     LCD_BUFFER,#0C1H        ; display multiplicand
        CALL    LCD_COMMAND
        MOV     DPL,R0
        CALL    LCD_2DEC
        MOV     LCD_BUFFER,#0C6H        ; display multiplier
        CALL    LCD_COMMAND
        MOV     DPL,R1
        CALL    LCD_2DEC
        MOV     LCD_BUFFER,#0CBH        ; display multiplication
        CALL    LCD_COMMAND
```

```
        MOV     A,R0
        MOV     B,R1
        MUL     AB
        MOV     DPH,B
        MOV     DPL,A
        CALL    LCD_4DEC
        CALL    D1SEC
        MOV     A,R1                    ; R1 = R1 + 10
        ADD     A,#10
        MOV     R1,A
        CJNE    R1,#100,LOOP2           ; end(90) ?
        MOV     A,R0                    ; R0 = R0 + 10
        ADD     A,#10
        MOV     R0,A
        CJNE    R0,#100,LOOP1           ; end(90) ?

        JMP     START

;=====================================================================
;       Include User Subroutine File
;=====================================================================
$INCLUDE(OK89S52.INC)                   ; include OK-89S52 subroutine file
        END
```

☞ 여기서는 대부분의 루틴이 앞의 예제와 유사하지만 피승수와 승수가 커졌으므로 곱셈 결과 B 레지스터가 0으로 되지 않는 경우가 많아지며, 따라서 B:A 레지스터에 저장되어 있는 결과를 4자리의 10진수로 표시하였다.

이 프로그램을 어셈블하여 다운로드하고 실행하라. 그리고, 10자리 구구단이 올바르게 표시되는지 관찰하라.

(2) 16비트 곱셈 프로그램

다음은 OK89S62.INC의 16비트 곱셈을 수행하는 서브루틴 MUL16을 이용하여 텍스트형 LCD 모듈에 ????H x ????H 형태의 곱셈 연산을 표시하는 프로그램이다.

〈프로그램 Exp08_3.asm〉 16비트 곱셈 프로그램

```
;[][][][][][][][][][][][][][][][][][][][][][][][][][][][][][][][][][][]
;[]                                                                  []
;[]             Exp08_3.asm : 16-Bit Multiplication                  []
;[]                                                                  []
;[][][][][][][][][][][][][][][][][][][][][][][][][][][][][][][][][][][]
;
;               Designed and programmed by Duck-Yong Yoon in 2005.
;
$NOMOD51                                ; do not use default MCS-51 SFR
$INCLUDE(AT89S52.INC)                   ; include AT89S52 definition file

;=====================================================================
;       Main Program
;=====================================================================
```

```
CSEG    AT      0000H
        MOV     SP,#7FH                 ; initialize SP
        CALL    KIT_INITIALIZE          ; initialize OK-89S52 kit
        CALL    D50MS                   ; wait for system stabilization
        CALL    LCD_INITIALIZE          ; initialize text LCD

START:  CALL    BEEP
        CALL    LCD_HOME1               ; display title
        CALL    LCD_STRING
        DB      ' 0000H x 0000H   ',0
        CALL    LCD_HOME2
        CALL    LCD_STRING
        DB      '   = 00000000H   ',0

        MOV     R1,#15
        MOV     DPTR,#1111H             ; R4:R5 = multiplicand
LOOP:   MOV     R4,DPH
        MOV     R5,DPL
        MOV     R6,DPH                  ; R6:R7 = multiplier
        MOV     R7,DPL
        PUSH    DPH
        PUSH    DPL

        MOV     LCD_BUFFER,#081H        ; display multiplicand
        CALL    LCD_COMMAND
        MOV     DPH,R4
        MOV     DPL,R5
        CALL    LCD_4HEX
        MOV     LCD_BUFFER,#089H        ; display multiplier
        CALL    LCD_COMMAND
        MOV     DPH,R6
        MOV     DPL,R7
        CALL    LCD_4HEX
        MOV     LCD_BUFFER,#0C4H        ; display multiplication
        CALL    LCD_COMMAND
        CALL    MUL16                   ; (16-bit multiplication)
        MOV     DPH,R2
        MOV     DPL,R3
        CALL    LCD_4HEX
        MOV     DPH,R4
        MOV     DPL,R5
        CALL    LCD_4HEX
        CALL    D1SEC

        POP     ACC                     ; increment by 1111H
        ADD     A,#11H
        MOV     DPL,A
        POP     ACC
        ADDC    A,#11H
        MOV     DPH,A
        DJNZ    R1,LOOP

        JMP     START
;==================================================================
;       Include User Subroutine File
;==================================================================
$INCLUDE(OK89S52.INC)                   ; include OK-89S52 subroutine file
        END
```

☞ 인클루드 파일 OK89S52.INC에 마련된 16비트 곱셈 서브루틴 MUL16을 사용하려면 이것이 두 16비트 양의 정수의 곱셈 R4:R5 * R6:57을 수행하여 그 결과를 32비트로 R4:R5:R6:57 레지스터에 저장하는 것을

알아야 한다.

이 프로그램을 어셈블하여 다운로드하고 실행하라. 그리고, 16비트 곱셈이 올바르게 수행되는지 관찰하라.

(3) 8비트 나눗셈 프로그램

다음은 AT89S52의 8비트 나눗셈 명령을 이용하여 텍스트형 LCD 모듈에 ? ÷ ? 형태의 나눗셈을 표시하는 프로그램이다.

〈프로그램 Exp08_4.asm〉 나눗셈 프로그램

```
;[][][][][][][][][][][][][][][][][][][][][][][][][][][][][][][][][][][][]
;[]                                                                    []
;[]              Exp08_4.asm : Division Table(1) - ? / ?               []
;[]                                                                    []
;[][][][][][][][][][][][][][][][][][][][][][][][][][][][][][][][][][][][]
;
;               Designed and programmed by Duck-Yong Yoon in 2005.
;
$NOMOD51                                ; do not use default MCS-51 SFR
$INCLUDE(AT89S52.INC)                   ; include AT89S52 definition file

;=====================================================================
;       Main Program
;=====================================================================
CSEG    AT      0000H
        MOV     SP,#7FH                 ; initialize SP
        CALL    KIT_INITIALIZE          ; initialize OK-89S52 kit
        CALL    D50MS                   ; wait for system stabilization
        CALL    LCD_INITIALIZE          ; initialize text LCD

START:  CALL    BEEP
        CALL    LCD_HOME1               ; display title
        CALL    LCD_STRING
        DB      ' Divide  0 / 0  ',0
        CALL    LCD_HOME2
        CALL    LCD_STRING
        DB      '  Q = 0 , R = 0  ',0

        MOV     R0,#1                   ; R0 = from 1 to 9
LOOP1:  MOV     R1,#1                   ; R1 = from 1 to 9
LOOP2:  MOV     LCD_BUFFER,#89H         ; display dividend
        CALL    LCD_COMMAND
        MOV     A,R0
        ADD     A,#'0'
        MOV     LCD_BUFFER,A
        CALL    LCD_DATA
        MOV     LCD_BUFFER,#8DH         ; display divisor
        CALL    LCD_COMMAND
        MOV     A,R1
        ADD     A,#'0'
        MOV     LCD_BUFFER,A
        CALL    LCD_DATA
        MOV     LCD_BUFFER,#0C5H        ; display quotient
        CALL    LCD_COMMAND
```

```
        MOV     A,R0
        MOV     B,R1
        DIV     AB
        ADD     A,#'0'
        MOV     LCD_BUFFER,A
        CALL    LCD_DATA
        MOV     LCD_BUFFER,#0CDH        ; display remainder
        CALL    LCD_COMMAND
        MOV     A,B
        ADD     A,#'0'
        MOV     LCD_BUFFER,A
        CALL    LCD_DATA
        CALL    D1SEC
        INC     R1                      ; R1 = R1 + 1
        CJNE    R1,#10,LOOP2            ; end(9) ?
        INC     R0                      ; R0 = R0 + 1
        CJNE    R0,#10,LOOP1            ; end(9) ?

        JMP     START

;======================================================================
;       Include User Subroutine File
;======================================================================
$INCLUDE(OK89S52.INC)                   ; include OK-89S52 subroutine file
        END
```

☞ 여기서 피젯수(dividend)는 R0 레지스터에 저장되고 젯수(divisor)는 R1 레지스터에 저장되어 있다가, 연산을 수행할 때마다 피젯수는 A 레지스터로 옮겨지고 젯수는 B 레지스터로 옮겨진다. DIV AB 명령을 사용하여 나눗셈을 수행하고 나면 몫은 A 레지스터에 저장되고 나머지는 B 레지스터에 저장된다.

한편, 이 프로그램에서는 2개의 반복처리 루프를 수행하기 위하여 각각 피젯수와 젯수를 1씩 증가시킨 후에 이것들이 루프 한계값에 도달하였지를 판단하는 방법을 사용하였다. 또한, 각각의 나눗셈이 수행될 때마다 1초의 시간지연을 주어 천천히 표시함으로써 사람이 눈으로 계산 결과를 확인할 수 있도록 하였다.

이 프로그램을 어셈블하여 다운로드하고 실행하라. 그리고, 나눗셈이 올바르게 수행되는지 관찰하라.

다음은 AT89S52의 8비트 나눗셈 명령을 이용하여 LCD 모듈에 ?? ÷ ?? 형태의 나눗셈을 표시하는 프로그램이다.

〈프로그램 Exp08_5.asm〉 10자리 나눗셈 프로그램

```
;[][][][][][][][][][][][][][][][][][][][][][][][][][][][][][][][][][][]
;[]                                                                  []
;[]              Exp08_5.asm : Division Table(2) - ?? / ??           []
;[]                                                                  []
;[][][][][][][][][][][][][][][][][][][][][][][][][][][][][][][][][][][]
;
;               Designed and programmed by Duck-Yong Yoon in 2005.

$NOMOD51                                ; do not use default MCS-51 SFR
$INCLUDE(AT89S52.INC)                   ; include AT89S52 definition file

;======================================================================
```

```
;       Main Program
;==================================================================
CSEG    AT      0000H
        MOV     SP,#7FH                 ; initialize SP
        CALL    KIT_INITIALIZE          ; initialize OK-89S52 kit
        CALL    D50MS                   ; wait for system stabilization
        CALL    LCD_INITIALIZE          ; initialize text LCD

START:  CALL    BEEP
        CALL    LCD_HOME1               ; display title
        CALL    LCD_STRING
        DB      ' Divide 00 / 00 ',0
        CALL    LCD_HOME2
        CALL    LCD_STRING
        DB      ' Q = 00, R = 00 ',0

        MOV     R0,#10                  ; R0 = from 10 to 90
LOOP1:  MOV     R1,#10                  ; R1 = from 10 to 90
LOOP2:  MOV     LCD_BUFFER,#88H         ; display dividend
        CALL    LCD_COMMAND
        MOV     DPL,R0
        CALL    LCD_2DEC
        MOV     LCD_BUFFER,#8DH         ; display divisor
        CALL    LCD_COMMAND
        MOV     DPL,R1
        CALL    LCD_2DEC
        MOV     LCD_BUFFER,#0C5H        ; display quotient
        CALL    LCD_COMMAND
        MOV     A,R0
        MOV     B,R1
        DIV     AB
        MOV     DPL,A
        CALL    LCD_2DEC
        MOV     LCD_BUFFER,#0CDH        ; display remainder
        CALL    LCD_COMMAND
        MOV     A,B
        MOV     DPL,A
        CALL    LCD_2DEC
        CALL    D1SEC
        MOV     A,R1                    ; R1 = R1 + 10
        ADD     A,#10
        MOV     R1,A
        CJNE    R1,#100,LOOP2           ; end(90) ?
        MOV     A,R0                    ; R0 = R0 + 10
        ADD     A,#10
        MOV     R0,A
        CJNE    R0,#100,LOOP1           ; end(90) ?

        JMP     START

;==================================================================
;       Include User Subroutine File
;==================================================================
$INCLUDE(OK89S52.INC)                   ; include OK-89S52 subroutine file
        END
```

이 프로그램을 어셈블하여 다운로드하고 실행하라. 그리고, 나눗셈이 올바르게 수행되는지 관찰하라.

2. C언어에서의 실수 연산

어셈블리 언어에서는 덧셈, 뺄셈도 비교적 복잡하게 수행되고, 곱셈 및 나눗셈은 지원하는 명령이 부실하여 서브루틴으로 작성해야 하는 경우가 많았으나, C언어에서는 이러한 정수의 산술 연산이 매우 용이하게 수행된다. 더구나, 부동소수점으로 표현되는 실수(floating-point real number)의 연산은 어셈블리 언어에서는 거의 사용하기 어렵지만, 이러한 실수 연산도 C언어에서는 아주 쉽게 수행할 수 있다.

C언어와 같은 고급언어의 가장 좋은 점 중의 하나가 바로 이렇게 정수 및 실수에 대한 산술연산이 쉽다는 것이라고 할 수 있다. 특히, 오늘날 직접적으로 실수 연산이 불가능한 대부분의 마이크로프로세서나 마이크로콘트롤러에서 실수 연산을 필요로 한다면 거의 선택의 여지가 없이 C언어가 사용된다. 더구나, AT89S52와 같이 CPU 자체의 연산 기능이 비교적 낮은 마이크로콘트롤러의 경우에는 더욱 그러하다.

하지만, 실제로 마이크로프로세서를 사용하는 응용 분야에서 실수 연산을 필요로 하는 경우는 그리 많지 않다. 거의 연산이 필요없는 응용 분야도 많고, 대부분의 경우에는 정수연산, 그것도 부호없는 정수 연산으로 충분한 경우가 많다. 그러나, 오늘날은 고속으로 실수 연산이 필요한 응용 분야가 점차로 늘어나고 있는데, 이런 응용 분야를 위하여 개발된 마이크로프로세서가 DSP(Digital Signal Processor)이다. 물론, DSP에는 정수 연산만 지원하는 것도 있지만 DSP의 참맛은 아무래도 부동소수점 연산형에 있다고 할 것이다. 이것은 하나의 어셈블리 명령으로 부동소수점 수의 곱셈이나 나눗셈을 수행하며, DSP에 따라서는 간단한 수학함수를 직접 계산하는 명령도 가지고 있다. 더구나, 고도로 발전된 CPU 설계 기술을 적용하여 이러한 명령들을 대부분 1클럭 사이클에 실행하는 놀라운 처리속도를 가지고 있다.

C언어에서 실수연산을 수행하면 이 루틴을 C컴파일러의 런타임 라이브러리에서 링크하여 가져오므로 오브젝트 파일이 상당히 길어지며, 따라서 내부 플래시 메모리 용량이 작은 MCU에서는 이를 사용하기 어려울 수도 있다. PK51에서는 <표 3.5.16>에 정리하였듯이 실수 연산 루틴을 지원하는 라이브러리 파일을 따로 가지고 있다.

여기서는 C언어의 이러한 용이한 실수연산 기능을 이용하여 간단한 곱셈이나 나눗셈을 수행하는 프로그램을 작성하여 보기로 한다.

(1) 곱셈 프로그램

다음은 실수의 곱셈을 수행하는 프로그램이다. 승수와 피승수는 모두 1.1에서 9.9까지 1.1씩 증가한다.

〈프로그램 Exp08_1.c〉 실수 곱셈 프로그램(1)

```
/* ========================================================================== */
/*                Exp08_1.c : Real Number Multiplication(1)                   */
/* ========================================================================== */
/*                       Designed and programmed by Duck-Yong Yoon in 2005.   */

#include "AT89S52.H"                           // include AT89S52 definition file
#include "OK89S52.H"                           // include OK-89S52 kit function

LCD_1d1(float number)                          /* display real number x.x */
{ unsigned int i,j;

  j = (int)(number*10. + 0.5);
  i = j / 10;                                  // 10^0
  LCD_data(i + '0');
  LCD_data('.');
  i = j % 10;                                  // 10^-1
  LCD_data(i + '0');
}

LCD_2d2(float number)                          /* display real number xx.xx */
{ unsigned int i,j;

  j = (int)(number*100. + 0.5);
  i = j / 1000;                                // 10^1
  if(i == 0) LCD_data(' ');
  else       LCD_data(i + '0');

  j = j % 1000;                                // 10^0
  i = j / 100;
  LCD_data(i + '0');
  LCD_data('.');

  j = j % 100;                                 // 10^-1
  i = j / 10;
  LCD_data(i + '0');

  i = j % 10;                                  // 10^-2
  LCD_data(i + '0');
}

main()
{ unsigned char i,j;
  float x,y;

  Kit_initialize();                            // initialize OK-89S52 kit
  Delay_ms(50);                                // wait for system stabilization
  LCD_initialize();                            // initialize text LCD module

  LCD_string(0x80," Real Multi(1)  ");         // display title
  LCD_string(0xC0,"0.0 x 0.0 =00.00");

  while(1)
    { Beep();
      for(i=1, x=0.0; i<=9; i++)               // multiplicand from 1.1 to 9.9
        { x += 1.1;
          for(j=1, y=0.0; j<=9; j++)           // multiplier from 1.1 to 9.9
            { y += 1.1;
              LCD_command(0xC0); LCD_1d1(x);   // display multiplicand
              LCD_command(0xC6); LCD_1d1(y);   // display multiplier
```

```
            LCD_command(0xCB); LCD_2d2(x*y);  // display multiplication
            Delay_ms(2000);
          }
      }
    }
}
```

☞ 여기서 반복처리는 루프 카운터 i와 j가 1씩 증가할 때마다 각각 피승수 x와 승수 y를 1.1씩 더하는 방법으로 수행하였다. 특히, 이 프로그램에서는 실수를 ASCII 문자로 변환하여 텍스트형 LCD 모듈에 표시하는 사용자 함수에 주목하라. 그리고, 소수점 아래 1자리의 수끼리 곱하면 소수점 아래 2자리까지를 갖는 수가 만들어진다는 것에 유의하라.

사용자 정의 함수 LCD_1d1()은 실수를 x.x의 형태로 정수부 1자리와 소수부 1자리로 표시하는 것으로서, 이것은 원래의 실수에 10을 곱하여 정수화하고 이를 적절히 10의 멱수로 나누어 ASCII 문자로 변환하는 방법을 사용한다. 여기서 캐스트 형변환 (int)는 단순히 소수부를 삭제하고 정수부만을 취하므로 수치 표현의 정확성을 높이려면 정수화할 수치에 미리 0.5를 더하여 반올림이 수행되도록 하는 것이 좋다. 이것은 결과적으로 원래의 수에서 소수점 아래 두번째 자리로부터 소수점 아래 첫번째 자리로 반올림을 취하는 것이 된다. 같은 방법으로 사용자 정의 함수 LCD_2d2()에서는 실수를 xx.xx의 형태로 정수부 2자리 및 소수부 2자리로 표시한다. 이와 같이 소수점 아래 2자리까지를 정수화하려면 원래의 실수에 100을 곱한다.

이 프로그램을 컴파일하여 다운로드하고 실행하라. 그리고, 텍스트형 LCD 모듈에 표시되는 계산값이 정확한지 관찰하라.

다음은 위의 예제 프로그램에서 피승수 및 승수로 사용되는 변수 x와 y를 사용자가 1.1씩 증가시켜 만들지 않고 for문에서 반복 조건으로 직접 이를 사용하도록 수정한 것이다.

〈프로그램 Exp08_2.c〉 실수 곱셈 프로그램(2)

```
/* ========================================================================= */
/*                Exp08_2.c : Real Number Multiplication(2)                  */
/* ========================================================================= */
/*                     Designed and programmed by Duck-Yong Yoon in 2005.    */

#include "AT89S52.H"                          // include AT89S52 definition file
#include "OK89S52.H"                          // include OK-89S52 kit function

LCD_1d1(float number)                         /* display real number x.x */
{ unsigned int i,j;

  j = (int)(number*10. + 0.5);
  i = j / 10;                                 // 10^0
  LCD_data(i + '0');
  LCD_data('.');
  i = j % 10;                                 // 10^-1
  LCD_data(i + '0');
}

LCD_2d2(float number)                         /* display real number xx.xx */
```

```
{ unsigned int i,j;

  j = (int)(number*100. + 0.5);
  i = j / 1000;                              // 10^1
  if(i == 0) LCD_data(' ');
  else       LCD_data(i + '0');

  j = j % 1000;                              // 10^0
  i = j / 100;
  LCD_data(i + '0');
  LCD_data('.');

  j = j % 100;                               // 10^-1
  i = j / 10;
  LCD_data(i + '0');

  i = j % 10;                                // 10^-2
  LCD_data(i + '0');
}

main()
{ float x,y;

  Kit_initialize();                          // initialize OK-89S52 kit
  Delay_ms(50);                              // wait for system stabilization
  LCD_initialize();                          // initialize text LCD module

  LCD_string(0x80," Real Multi(2)   ");      // display title
  LCD_string(0xC0,"0.0 x 0.0 =00.00");

  while(1)
    { Beep();
      for(x=1.1; x<=9.9; x += 1.1)            // multiplicand from 1.1 to 9.9
        { for(y=1.1; y<=9.9; y +=1.1)         // multiplier from 1.1 to 9.9
            { LCD_command(0xC0); LCD_1d1(x);  // display multiplicand
              LCD_command(0xC6); LCD_1d1(y);  // display multiplier
              LCD_command(0xCB); LCD_2d2(x*y); // display multiplication
              Delay_ms(2000);
            }
        }
    }
}
```

☞ 이렇게 for문에서 변수 x, y를 직접 처리함으로써 프로그램이 훨씬 간단해진다는 것을 알 수 있다. 그러나, 현재의 경우에는 문제가 없으나 이러한 실수 반복처리 프로그램에서 C컴파일러에 따라서는 for문의 종료 조건을 x <= 9.9로 하지 않고 x <= 10.0과 같은 방법으로 해야할 경우도 있다는데 유의해야 한다. 이것은 내부에서 10진수로 표현된 실수를 2진수로 저장할 때의 변환오차 때문에 1.1을 9번 더한 수와 9.9가 서로 정확하게 일치하지 않아 for문이 x = 8.8에서 종료되는 것을 피하기 위함이다.

이 프로그램을 컴파일하여 다운로드하고 실행하라. 그리고, 텍스트형 LCD 모듈에 표시되는 모든 실수 곱셈 연산의 결과값이 정확한지 관찰하라. 그리고, LCD_2d2() 함수에서 `j = (int)(number*100. + 0.5);` 를 `j = (int)(number*100.);` 으로 반올림을 수행하지 않도록 수정하고, 이 프로그램을 다시 컴파일하여 실행시켜 보라. 프로그램의 실행이 어떻게 달라지는가?

(2) 나눗셈 프로그램

다음은 실수의 나눗셈을 수행하는 프로그램이다. 승수와 피승수는 모두 1.1에서 9.9까지 1.1씩 증가한다.

〈프로그램 Exp08_3.c〉 실수 나눗셈 프로그램

```
/* ========================================================================== */
/*                        Exp08_3.c : Real Division                           */
/* ========================================================================== */
/*                        Designed and programmed by Duck-Yong Yoon in 2005.  */

#include <MATH.H>
#include "AT89S52.H"                              // include AT89S52 definition file
#include "OK89S52.H"                              // include OK-89S52 kit function

LCD_1d1(float number)                             /* display real number x.x */
{ unsigned int i,j;

  j = (int)(number*10. + 0.5);
  i = j / 10;                                     // 10^0
  LCD_data(i + '0');
  LCD_data('.');
  i = j % 10;                                     // 10^-1
  LCD_data(i + '0');
}

LCD_1d2(float number)                             /* display real number x.xx */
{ unsigned int i,j;

  j = (int)(number*100. + 0.5);
  i = j / 100;                                    // 10^0
  LCD_data(i + '0');
  LCD_data('.');

  j = j % 100;                                    // 10^-1
  i = j / 10;
  LCD_data(i + '0');

  i = j % 10;                                     // 10^-2
  LCD_data(i + '0');
}

main()
{ float x,y;

  Kit_initialize();                               // initialize OK-89S52 kit
  Delay_ms(50);                                   // wait for system stabilization
  LCD_initialize();                               // initialize text LCD module

  LCD_string(0x80," Real Division  ");            // display title
  LCD_string(0xC0,"0.0 / 0.0 = 0.00");

  while(1)
    { Beep();
      for(x=1.1; x<=9.9; x += 1.1)
        { for(y=1.1; y<=9.9; y += 1.1)
            { LCD_command(0xC0); LCD_1d1(x);      // display dividend
              LCD_command(0xC6); LCD_1d1(y);      // display divisor
              LCD_command(0xCC); LCD_1d2(x/y);    // display quotient
              Delay_ms(2000);
```

```
            }
        }
    }
}
```

☞ 부동소수점 실수의 나눗셈에서는 오직 몫이 존재할 뿐이며 나머지라는 것이 존재하지 않는다는데 유의하라. 비록 나눗셈에서 몫이 똑 떨어지는 수가 되지 않고 무리수가 되더라도 나머지는 없다.

이 프로그램을 컴파일하여 다운로드하고 실행하라. 그리고, 텍스트형 LCD 모듈에 표시되는 모든 실수 나눗셈 연산의 결과값이 정확한지 관찰하라. 그리고, LCD_1d2() 함수에서 j = (int)(number*100. + 0.5); 를 j = (int)(number*100.); 으로 반올림을 수행하지 않도록 수정하고, 이 프로그램을 다시 컴파일하여 실행시켜 보라. 프로그램의 실행이 어떻게 달라지는가?

3. C언어에 내장된 수학함수를 사용한 연산

여기서는 C컴파일러에 내장된 수학함수를 사용하여 여러가지의 필요한 실수연산을 수행하는 프로그램을 작성하여 보기로 한다. PK51에서는 이러한 수학함수를 대부분 헤더파일 MATH.H에 정의하여 놓았으므로 수학함수를 사용하려면 이를 인클루드해 주어야 한다.

(1) 제곱근 sqrt()를 계산하는 프로그램

다음은 0.0에서 97.5까지 2.5씩 변화시키면서 이들 수의 제곱근(square root)을 계산하는 프로그램이다.

〈프로그램 Exp08_4.c〉 제곱근 sqrt()를 계산하는 프로그램

```
/* ========================================================================== */
/*                    Exp08_4.c : Calculation of sqrt(x)                      */
/* ========================================================================== */
/*                       Designed and programmed by Duck-Yong Yoon in 2005.   */

#include <MATH.H>
#include "AT89S52.H"                        // include AT89S52 definition file
#include "OK89S52.H"                        // include OK-89S52 kit function

LCD_2d1(float number)                       /* display real number xx.x */
{ unsigned int i,j;
```

```
    j = (int)(number*10. + 0.5);
    i = j / 100;                                    // 10^1
    if(i == 0) LCD_data(' ');
    else       LCD_data(i + '0');

    j = j % 100;                                    // 10^0
    i = j / 10;
    LCD_data(i + '0');
    LCD_data('.');

    i = j % 10;                                     // 10^-1
    LCD_data(i + '0');
}

LCD_1d3(float number)                               /* display real number x.xxx */
{ unsigned int i,j;

    j = (int)(number*1000. + 0.5);
    i = j / 1000;                                   // 10^0
    LCD_data(i + '0');
    LCD_data('.');

    j = j % 1000;                                   // 10^-1
    i = j / 100;
    LCD_data(i + '0');

    j = j % 100;                                    // 10^-2
    i = j / 10;
    LCD_data(i + '0');

    i = j % 10;                                     // 10^-3
    LCD_data(i + '0');
}

main()
{ float x;

    Kit_initialize();                               // initialize OK-89S52 kit
    Delay_ms(50);                                   // wait for system stabilization
    LCD_initialize();                               // initialize text LCD module

    LCD_string(0x80," Real Function  ");            // display title
    LCD_string(0xC0,"sqrt(00.0)=0.000");

    while(1)
      { Beep();
        for(x=0.0; x<=97.5; x += 2.5)
          { LCD_command(0xC5); LCD_2d1(x);          // display argument
            LCD_command(0xCB); LCD_1d3(sqrt(x));    // display sqrt
            Delay_ms(2000);
          }
      }
}
```

☞ PK51에서 모든 수학함수들은 헤더파일 MATH.H에 정의되어 있으므로 이것들을 사용하려면 항상 프로그램의 서두에서 이 헤더파일을 인클루드해 주어야 한다.

이 프로그램을 컴파일하여 다운로드하고 실행하라. 그리고, 텍스트형 LCD 모듈에 표시되는 계산 결과값이 정확한지 관찰하라.

(2) 자연대수 log() 및 상용대수 log10()을 계산하는 프로그램

다음은 5.0에서 95.0까지 5.0씩 변화시키면서 이들 수의 자연대수와 상용대수를 계산하는 프로그램이다.

〈프로그램 Exp08_5.c〉 자연대수 및 상용대수를 계산하는 프로그램

```
/* ========================================================================== */
/*                Exp08_5.c : Calculation of log(x), log10(x)                 */
/* ========================================================================== */
/*                          Designed and programmed by Duck-Yong Yoon in 2005.  */

#include <MATH.H>
#include "AT89S52.H"                            // include AT89S52 definition file
#include "OK89S52.H"                            // include OK-89S52 kit function

LCD_2d0(float number)                           /* display real number xx. */
{ unsigned int i,j;

  j = (int)number;
  i = j / 10;                                   // 10^1
  if(i == 0) LCD_data(' ');
  else       LCD_data(i + '0');

  i = j % 10;                                   // 10^0
  LCD_data(i + '0');
  LCD_data('.');
}

LCD_1d3(float number)                           /* display real number x.xxx */
{ unsigned int i,j;

  j = (int)(number*1000. + 0.5);
  i = j / 1000;                                 // 10^0
  LCD_data(i + '0');
  LCD_data('.');

  j = j % 1000;                                 // 10^-1
  i = j / 100;
  LCD_data(i + '0');

  j = j % 100;                                  // 10^-2
  i = j / 10;
  LCD_data(i + '0');

  i = j % 10;                                   // 10^-3
  LCD_data(i + '0');
}

main()
{ float x;

  Kit_initialize();                             // initialize OK-89S52 kit
  Delay_ms(50);                                 // wait for system stabilization
  LCD_initialize();                             // initialize text LCD module

  LCD_string(0x80,"  log(00.)=0.000");          // display title
```

```
    LCD_string(0xC0,"log10(00.)=0.000");

    while(1)
      { Beep();
        for(x=5.0; x<=95.0; x += 5.0)
          { LCD_command(0x86); LCD_2d0(x);          // display natural logarithm
            LCD_command(0x8B); LCD_1d3(log(x));
            LCD_command(0xC6); LCD_2d0(x);          // display common logarithm
            LCD_command(0xCB); LCD_1d3(log10(x));
            Delay_ms(2000);
          }
      }
  }
```

☞ 대수함수의 입력 파라미터는 0.0보다 커야한다는 것에 유의하라. 지정된 범위를 벗어나는 파라미터를 사용하더라도 C컴파일러가 에러 메시지를 발생하지는 않으나, 이를 실행하였을 때는 예측할 수 없는 계산 결과를 가져온다.

이 프로그램을 컴파일하여 다운로드하고 실행하라. 그리고, 텍스트형 LCD 모듈에 표시되는 계산 결과값이 정확한지 관찰하라. 이 프로그램의 for(x=5.0; x<=95.0; x += 5.0) 부분에서 x=5.0을 x=0.0으로 수정하여 실행해 보라. 그러면 x=0.0에 대한 대수값이 어떻게 계산되는가?

(3) 삼각함수 sin() 및 cos()을 계산하는 프로그램

다음은 -360°에서 +360°까지 30°씩 변화시키면서 이들 각도에 대한 삼각함수 sin() 및 cos()을 계산하는 프로그램이다.

〈프로그램 Exp08_6.c〉 삼각함수 sin() 및 cos()을 계산하는 프로그램

```
/* ============================================================================ */
/*                 Exp08_6.c : Calculation of sin(x),cos(x)                      */
/* ============================================================================ */
/*                          Designed and programmed by Duck-Yong Yoon in 2005.  */

#include <MATH.H>
#include "AT89S52.H"                        // include AT89S52 definition file
#include "OK89S52.H"                        // include OK-89S52 kit function

LCD_s3d(int number)                              /* display signed decimal number
+xxx */
{ signed int i;
  unsigned char flag;

  flag = 0;

  if(number >= 0) LCD_data('+');              // sign
```

```
  else            LCD_data('-');

  number = abs(number);

  i = number/100;                                // 10^2
  if((i == 0) && (flag == 0))
            LCD_data(' ');
  else {    LCD_data(i + '0');
            flag = 1;
       }

  number = number % 100;                         // 10^1
  i = number/10;
  if((i == 0) && (flag == 0))
            LCD_data(' ');
  else      LCD_data(i + '0');

  i = number % 10;                               // 10^0
  LCD_data(i + '0');
}

LCD_s1d3(float number)                           /* display signed real number +x.xxx
*/
{ unsigned int i, j;

  if(number >= 0.0) LCD_data('+');               // sign
  else              LCD_data('-');

  number = fabs(number);
  j = (int)(number*1000. + 0.5);

  i = j / 1000;                                  // 10^0
  LCD_data(i + '0');
  LCD_data('.');

  j = j % 1000;                                  // 10^-1
  i = j / 100;
  LCD_data(i + '0');

  j = j % 100;                                   // 10^-2
  i = j / 10;
  LCD_data(i + '0');

  i = j % 10;                                    // 10^-3
  LCD_data(i + '0');
}

main()
{ signed int i;
  float x;

  Kit_initialize();                              // initialize OK-89S52 kit
  Delay_ms(50);                                  // wait for system stabilization
  LCD_initialize();                              // initialize text LCD module

  LCD_string(0x80,"sin(+000)=+0.000");           // display title
  LCD_string(0xC0,"cos(+000)=+0.000");

  while(1)
    { Beep();
      for(i=-360; i <= +360; i += 30)
```

```
        { x = i * 3.141592654 / 180.;
          LCD_command(0x84); LCD_s3d(i);         // display sine
          LCD_command(0x8A); LCD_s1d3(sin(x));
          LCD_command(0xC4); LCD_s3d(i);         // display cosine
          LCD_command(0xCA); LCD_s1d3(cos(x));
          Delay_ms(2000);
        }
    }
}
```

☞ 삼각함수의 입력 파라미터는 항상 radian 단위로 사용해야 한다는 것에 유의하라. 이를 각도 단위로 입력하면 엉뚱한 결과를 가져온다. 또한, 이 프로그램에서 부호있는 정수와 실수를 LCD 모듈에 표시하는 사용자 함수 LCD_s3d() 및 LCD_s1d3()을 사용하였는데 이것들의 동작도 충분히 이해하도록 하라.

이 프로그램을 컴파일하여 다운로드하고 실행하라. 그리고, 텍스트형 LCD 모듈에 표시되는 계산 결과값이 정확한지 관찰하라.

4. 실습 과제

(1) 어셈블리 예제 프로그램 Exp08_2.asm을 동일한 기능을 수행하는 C언어 프로그램 Exp08_2r.c로 다시 작성하라.

(2) 예제 프로그램 Exp08_5.c에서 상용대수를 계산하는데 헤더파일 MATH.H에 정의된 log10() 함수를 직접 사용하지 말고, 이를 log() 함수를 응용하여 계산하는 방법으로 수정한 프로그램 Exp08_5r.c를 작성하라.

(3) 예제 프로그램 Exp08_6.c에서 탄젠트를 계산하는데 헤더파일 MATH.H에 정의된 tan() 함수를 직접 사용한 경우와, 이를 sin() 및 cos() 함수를 응용하여 계산한 경우를 텍스트형 LCD 모듈에 나란히 표시하도록 수정한 프로그램 Exp08_6r.c를 작성하라. 단, -60°~+60°범위에서 5°간격으로 계산값을 표시하라.

4.9 워치독 타이머 응용 프로그램

이 절에서는 AT89S52에 내장된 워치독 타이머를 응용하는 프로그래밍 기술을 익힌다.

관련 내용	(1) 제1.2절 AT89S52의 구조와 기능 (2) 제1.3절 AT89S52의 명령 세트

1. AT89S52의 워치독 타이머 기능

워치독 타이머(Watchdog Timer)란 마이크로프로세서를 이용한 응용 시스템에서 CPU의 동작을 감시하는 신뢰성 향상 기술이다. 즉, CPU가 정상적으로 동작하고 있는 동안에는 프로그램에 의하여 주기적으로 이 감시 타이머를 리셋시켜 타임아웃 신호가 발생하지 않도록 한다. 그러나, 만약 시스템이 프로그램 오류, 하드웨어적인 고장, 잡음 등에 의하여 오동작하거나, 시스템의 특정 부분에서 과부하로 프로그램 실행이 막혀있는 등의 현상이 발생하면 이 워치독 타이머를 주기적으로 리셋시키지 못하게 되므로 일정 시간이 경과하면 타임아웃 신호가 발생된다. 이 워치독 타임아웃 신호는 주로 CPU를 리셋시키는 기능에 연결되어 있어서 워치독 타임아웃이 발생하면 CPU를 다시 부팅함으로써 시스템의 위험상태가 계속되지 않게 한다.

AT89S52 마이크로콘트롤러의 워치독 타이머는 14비트의 카운터와 SFR의 A6H 번지에 있는 워치독 타이머 리셋 레지스터 WDTRST로 구성된다. 이것은 리셋 후에 디폴트로 동작하는 않는 상태로 있으며, 이것의 동작을 개시하려면 WDTRST 레지스터에 1EH와 E1H를 차례로 써주어야 한다. 워치독 타이머의 동작이 일단 시작되면 이를 멈추는 방법은 CPU를 리셋시키는 것 이외에는 없다.

워치독 타이머의 동작이 개시되면 14비트의 카운터는 시스템 클럭이 동작하는 동안 계속하여 각 머신 사이클마다 1씩 증가한다. 워치독 타이머에 의한 타임아웃이 발생하지 않게 하려면 사용자 프로그램에서 주기적으로 WDTRST 레지스터에 1EH와 E1H를 차례로 써서 카운터를 클리어시켜 주어야 하는데, 만약 *OK-89S52*에서처럼 시스템 클럭의 주파수가 24MHz라면

$$\frac{12}{24 \times 10^6} \times 16383 \fallingdotseq 8.2\,[\mathrm{ms}]$$

이내에 한번씩 카운터를 클리어시켜 주어야 한다. AT89S52에서는 이와 같이 타임아웃 주기가 너무 짧고 일정하게 고정되어 있어서 워치독 타이머를 사용하기가 상당히 어렵고 실용성이 떨어진다. 그러나, AT89S8253과 같은 좀더 개선된 모델에서는 이를 소프트웨어적으로 가변시켜 설정할 수 있다. 즉, AT89S52에서는 워치독 타이머에 무조건 시스템 클럭/12의 클럭 주파수가 공급되지만, AT89S8253에서는 이것이 2^n으로 분주(n은 0~7)되는 프리스케일러를 거쳐서 공급되므로 24MHz의 시스템 클럭을 사용할 경우 사용자가 타임아웃 주기를 8.2ms에서 1024ms까지 가변시킬 수 있다.

만약, WDTRST 레지스터에 대하여 이러한 주기적인 라이트 동작이 수행되지 않는다면 14비트 카운터가 오버플로우되어 CPU를 리셋시키며, 이때 만약 보조 레지스터 AUXR에서 DISRTO=0으로 설정하여 놓았다면 CPU의 RST 단자에 시스템 클럭의 98주기동안 1이 출력되어 CPU를 리셋시킨다.

2. 정상적인 워치독 타이머 사용 프로그램

여기서는 워치독 타이머를 설정하여 사용하면서 정상적으로 주기적인 워치독 타이머 클리어 동작을 수행하여 타임아웃이 발생하지 않는 예를 살펴보기로 한다.

▣ 어셈블리 언어의 경우

워치독 타이머를 동작시켜 정상적으로 사용하는 프로그램을 어셈블리 언어로 작성하여 보면 다음과 같다.

〈프로그램 Exp09_1.asm〉 워치독 타이머 사용 프로그램(1)

```
;[][][][][][][][][][][][][][][][][][][][][][][][][][][][][][][][][][][][]
;[]                                                                    []
;[]           Exp09_1.asm : Watchdog Timer - Normal                    []
;[]                                                                    []
;[][][][][][][][][][][][][][][][][][][][][][][][][][][][][][][][][][][][]
;
;               Designed and programmed by Duck-Yong Yoon in 2005.
;
$NOMOD51                                ; do not use default MCS-51 SFR
$INCLUDE(AT89S52.INC)                   ; include AT89S52 definition file

;===================================================================
```

```
;       Main Program
;=====================================================================
CSEG    AT      0000H
        MOV     SP,#7FH                 ; initialize SP
        CALL    KIT_INITIALIZE          ; initialize OK-89S52 kit
        CALL    D50MS                   ; wait for system stabilization
        CALL    LCD_INITIALIZE          ; initialize text LCD
        CALL    BEEP

;-----------------------------------------------
;       Watchdog Timer Off
;-----------------------------------------------
        CALL    LCD_HOME1               ; display title
        CALL    LCD_STRING
        DB      '  Watchdog Off  ',0
        CALL    LCD_HOME2
        CALL    LCD_STRING
        DB      '                ',0
        CALL    D1SEC

        MOV     A,#01H                  ; initial data
        MOV     R7,#5                   ; loop counter
LOOP1:  MOV     DPTR,#DIG_SELECT        ; output LED
        MOVX    @DPTR,A
        CALL    D500MS                  ; delay 500 ms
        RL      A                       ; shift left
        DJNZ    R7,LOOP1

;-----------------------------------------------
;       Watchdog Timer On
;-----------------------------------------------
        CALL    LCD_HOME1               ; display title
        CALL    LCD_STRING
        DB      '  Watchdog On   ',0
        CALL    LCD_HOME2
        CALL    LCD_STRING
        DB      '      Normal    ',0
        CALL    D1SEC

LOOP2:  MOV     A,#01H                  ; initial data
        MOV     R7,#5                   ; loop counter
LOOP21: MOV     DPTR,#DIG_SELECT        ; output LED
        MOVX    @DPTR,A

        MOV     R6,#20                  ; delay 100 ms
LOOP22: MOV     WDTRST,#1EH             ; reset watchdog timer
        MOV     WDTRST,#0E1H
        CALL    D5MS
        DJNZ    R6,LOOP22

        RL      A                       ; shift left
        DJNZ    R7,LOOP21

        JMP     LOOP2

;=====================================================================
;       Include User Subroutine File
;=====================================================================
$INCLUDE(OK89S52.INC)                   ; include OK-89S52 subroutine file
        END
```

☞ 여기서 LOOP1은 아직 워치독 타이머를 사용하지 않는 상태에서 실행되고, LOOP2는 워치독 타이머를 사용하면서 실행된다. 이렇게 앞에 워치독 타이머를 사용하지 않는 상태를 둔 것은 만약 워치독 타이머의 타임아웃에 의하여 시스템이 리셋되고 다시 부팅될 경우에 이를 알아볼 수 있도록 하기 위함이다. 즉, 만약 리셋되어 *OK-89S52* 키트가 다시 부팅한다면 비프음이 울리고 1초동안 기다렸다가 500ms 속도로 LED4~LED1이 한번 좌측으로 이동하며 점등되는 동작이 수행된다. 그러나, 워치독 타임아웃이 발생하지 않는다면 LOOP2에 의하여 100ms 속도로 LED4~LED1이 좌측으로 이동하며 점등되는 동작을 반복하여 수행하게 된다.

여기서는 워치독 타이머의 타임아웃이 발생하지 않도록 하기 위하여 100ms의 시간지연을 구현하면서 이를 5ms씩 20회 반복하면서 그 사이에 워치독 타이머를 클리어시키는 동작을 끼워넣는 방법을 사용하였다. AT89S52의 워치독 타이머 클리어 주기는 약 8.2ms 이하여야 하므로 이렇게 하면 타임아웃이 발생하지 않는다.

이 프로그램을 어셈블하여 다운로드하고 실행하라. 그리고, 워치독 타이머의 타임아웃이 발생하는가?

▣ C언어의 경우

위의 예제 Exp09_1.asm을 C언어로 다시 작성하면 다음과 같다.

〈프로그램 Exp09_1.c〉 워치독 타이머 사용 프로그램(1)

```
/* ======================================================================== */
/*                     Exp09_1.c : Watchdog Timer - Normal                  */
/* ======================================================================== */
/*                       Designed and programmed by Duck-Yong Yoon in 2005.  */

#include "AT89S52.H"                        // include AT89S52 definition file
#include "OK89S52.H"                        // include OK-89S52 kit function

main()
{ unsigned char i,j,LED;

  Kit_initialize();                         // initialize OK-89S52 kit
  Delay_ms(50);                             // wait for system stabilization
  LCD_initialize();                         // initialize text LCD module
  Beep();

  LCD_string(0x80,"  Watchdog Off  ");      // display title
  LCD_string(0xC0,"                ");
  Delay_ms(1000);

  for(i=1, LED=0x01; i<=5; i++)             // shift LED by 500ms step
    { DIG_SELECT = LED;
      Delay_ms(500);
      LED <<= 1;
    }

  LCD_string(0x80,"  Watchdog On   ");      // display title
  LCD_string(0xC0,"     Normal     ");
```

```
    Delay_ms(1000);

    while(1)
      { for(i=1, LED=0x01; i<=5; i++)               // shift LED by 100ms step
          { DIG_SELECT = LED;
            for(j=1; j<=20; j++)
              { WDTRST = 0x1E;                      // reset watchdog timer
                WDTRST = 0xE1;
                Delay_ms(5);
              }
            LED <<= 1;
          }
      }
}
```

이 프로그램을 컴파일하여 실행하고 앞의 어셈블리 언어 예제 Exp09_1.asm과 동일한 결과를 얻을 수 있는지 확인하라.

3. 워치독 타이머의 타임아웃 발생 프로그램

여기서는 워치독 타이머를 설정하여 사용하면서 정상적으로 주기적인 워치독 타이머 클리어 동작을 수행하지 못하여 타임아웃이 발생하고 이 때문에 키트가 다시 부팅하는 예를 살펴보기로 한다.

▣ 어셈블리 언어의 경우

워치독 타이머를 동작시켜 타임아웃이 발생하도록 하는 프로그램을 어셈블리 언어로 작성하여 보면 다음과 같다.

〈프로그램 Exp09_2.asm〉 워치독 타이머 사용 프로그램(2)

```
;[][][][][][][][][][][][][][][][][][][][][][][][][][][][][][][][][][][]
;[]                                                                  []
;[]          Exp09_2.asm : Watchdog Timer - Timeout                  []
;[]                                                                  []
;[][][][][][][][][][][][][][][][][][][][][][][][][][][][][][][][][][][]
;
;            Designed and programmed by Duck-Yong Yoon in 2005.
;
$NOMOD51                              ; do not use default MCS-51 SFR
$INCLUDE(AT89S52.INC)                 ; include AT89S52 definition file

;=====================================================================
;       Main Program
;=====================================================================
```

```
CSEG    AT      0000H
        MOV     SP,#7FH                 ; initialize SP
        CALL    KIT_INITIALIZE          ; initialize OK-89S52 kit
        CALL    D50MS                   ; wait for system stabilization
        CALL    LCD_INITIALIZE          ; initialize text LCD
        CALL    BEEP

;-----------------------------------------------
;       Watchdog Timer Off
;-----------------------------------------------
        CALL    LCD_HOME1               ; display title
        CALL    LCD_STRING
        DB      '  Watchdog Off  ',0
        CALL    LCD_HOME2
        CALL    LCD_STRING
        DB      '                ',0
        CALL    D1SEC

        MOV     A,#01H                  ; initial data
        MOV     R7,#5                   ; loop counter
LOOP1:  MOV     DPTR,#DIG_SELECT        ; output LED
        MOVX    @DPTR,A
        CALL    D500MS                  ; delay 500 ms
        RL      A                       ; shift left
        DJNZ    R7,LOOP1

;-----------------------------------------------
;       Watchdog Timer On
;-----------------------------------------------
        CALL    LCD_HOME1               ; display title
        CALL    LCD_STRING
        DB      '  Watchdog On   ',0
        CALL    LCD_HOME2
        CALL    LCD_STRING
        DB      '    Timeout     ',0
        CALL    D1SEC

LOOP2:  MOV     A,#01H                  ; initial data
        MOV     R7,#5                   ; loop counter
LOOP21: MOV     DPTR,#DIG_SELECT        ; output LED
        MOVX    @DPTR,A

        MOV     R6,#10                  ; delay 100 ms
LOOP22: MOV     WDTRST,#1EH             ; reset watchdog timer
        MOV     WDTRST,#0E1H
        CALL    D10MS
        DJNZ    R6,LOOP22

        RL      A                       ; shift left
        DJNZ    R7,LOOP21

        JMP     LOOP2

;===============================================================
;       Include User Subroutine File
;===============================================================
$INCLUDE(OK89S52.INC)                   ; include OK-89S52 subroutine file
        END
```

☞ 여기서는 AT89S52의 워치독 타이머가 타임아웃을 발생하도록 하기 위하여 일부러 클리어 주기를 길게 하였다. 즉, 타임아웃이 발생하지 않게 하려면 클리어 주기를 약 8.2ms 이하로 처리해야 하므로, 여기서는 100ms의 시간지연을 구현할 때 이를 10ms씩 10회 반복하면서 그 사이에 워치독 타이머를 클리어시키는 동작을 끼워넣는 방법을 사용하였다. 이렇게 하면 10ms 주기는 타임아웃을 발생하지 않는 최대 클리어 주기 8.2ms보다 크므로 타임아웃이 발생한다. 이 예제에서는 실험을 위하여 이와 같이 인위적으로 타임아웃을 발생하였지만, 실제 응용 시스템에서는 CPU가 정상적으로 프로그램을 수행하면 이런 상황이 발생하지 않도록 해야 한다.

이 프로그램을 어셈블하여 다운로드하고 실행하라. 그리고, 워치독 타이머의 타임아웃이 발생하는가?

▣ C언어의 경우

위의 예제 Exp09_2.asm을 C언어로 다시 작성하면 다음과 같다.

〈프로그램 Exp09_2.c〉 워치독 타이머 사용 프로그램(2)

```
/* ============================================================================ */
/*                    Exp09_2.c : Watchdog Timer - Timeout                      */
/* ============================================================================ */
/*                       Designed and programmed by Duck-Yong Yoon in 2005.    */

#include "AT89S52.H"                          // include AT89S52 definition file
#include "OK89S52.H"                          // include OK-89S52 kit function

main()
{ unsigned char i,j,LED;

  Kit_initialize();                           // initialize OK-89S52 kit
  Delay_ms(50);                               // wait for system stabilization
  LCD_initialize();                           // initialize text LCD module
  Beep();

  LCD_string(0x80,"  Watchdog Off   ");       // display title
  LCD_string(0xC0,"                 ");
  Delay_ms(1000);

  for(i=1, LED=0x01; i<=5; i++)               // shift LED by 500ms step
    { DIG_SELECT = LED;
      Delay_ms(500);
      LED <<= 1;
    }

  LCD_string(0x80,"  Watchdog On    ");       // display title
  LCD_string(0xC0,"    Timeout      ");
  Delay_ms(1000);

  while(1)
    { for(i=1, LED=0x01; i<=5; i++)           // shift LED by 100ms step
        { DIG_SELECT = LED;
          for(j=1; j<=10; j++)
            { WDTRST = 0x1E;                  // reset watchdog timer
```

```
                WDTRST = 0xE1;
                Delay_ms(10);
            }
          LED <<= 1;
        }
    }
}
```

이 프로그램을 컴파일하여 실행하고 앞의 어셈블리 언어 예제 Exp09_2.asm과 동일한 결과를 얻을 수 있는지 확인하라.

4. 실습 과제

(1) 워치독 타이머는 왜 사용하는지 구체적으로 설명하라.

(2) AT89S52에서 워치독 타이머의 타임아웃 주기가 8.2ms로 고정되어 있으면 왜 실용성이 떨어지는지 설명하라.

(3) AT89S52에서 시스템이 부팅하였을 때 전원 투입 리셋(power-on reset)에 의한 부팅인지 워치독 타이머의 타임아웃 리셋에 의한 리셋인지 구분해야 할 경우가 있다. 이를 어떻게 하면 구분할 수 있는지 설명하라.

(4) 예제 프로그램 Exp09_2.asm을 전원 투입 리셋의 경우에는 현재와 같이 부팅 직후에 1번만 비프음이 울리고(CALL BEEP 명령 사용) 워치독 타임아웃 리셋에 의한 부팅일 경우에는 에러음이 울리도록(CALL ERROR 명령 사용) 수정한 프로그램 Exp09_2r.asm을 작성하라.

4.10 키입력 및 인터럽트 처리 프로그램

이 절에서는 *OK-89S52* 키트에 내장된 키의 입력을 수행하는 프로그램과 인터럽트 처리 프로그램을 작성하는 프로그래밍 기술을 익힌다.

관련 내용	(1) 제1.4절 AT89S52의 인터럽트 처리 (2) 제3.1절 *OK-89S52* 키트의 구조와 기능

1. 키입력 프로그램

OK-89S52 키트에는 데이터 입력을 위하여 4개의 키 KEY4~KEY1을 가지고 있으며, 외부 인터럽트 $\overline{\text{INT0}}$ 신호의 입력을 위하여 키 스위치 SW2를 가지고 있다. 이들 키를 입력하는 것은 얼핏 매우 단순해 보이지만 여기에 디바운싱 기술을 적용하여 제대로 키를 읽는 기술은 그리 단순하지 않다.

(1) 키입력의 기본

키(key)에는 여러 가지 종류가 있는데 마이크로프로세서 응용 시스템에서 사용하는 대부분의 키는 기계적인 방법으로 금속 접점을 ON/OFF시키는 구조로 되어 있으며, 이를 <그림 4.10.1>의 (a)와 같이 풀업 저항(pull-up resistor)과 함께 사용하여 키를 누르지 않았을 때는 논리적으로 H상태(+5V)의 출력을 발생하고 키를 눌렀을 때는 L상태(0V)의 출력을 발생하도록 하여 마이크로프로세서가 키 입력 여부를 확인할 수 있게 된다.

그러나, 이러한 기계적인 접점 방식으로 되어 있는 키를 누르거나 뗄 때는 접점 부분에서의 기계적인 진동(bouncing)에 의하여 출력 파형이 <그림 4.10.2>와 같은 형태로 되고, 이를 매우 빠르게 동작하는 마이크로프로세서가 읽어들이게 되면 키를 여러 번 누른 것으로 잘못 인식될 수 있다. 이러한 진동은 대부분 최대 약 20ms 정도 이내에 끝나는 것으로 알려져 있으나, 키 접점 부분이 산화, 부식, 먼지 등으로 청결하지 못한 경우에는 더 길어질 수도 있다.

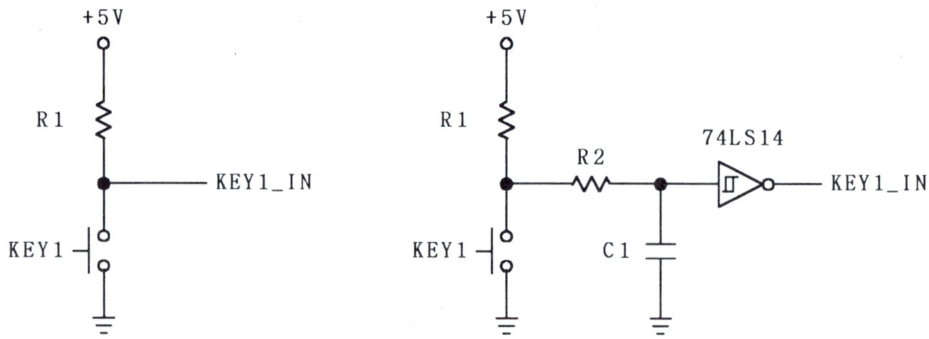

(a) 키 입력 기본회로 (b) 디바운싱 기능이 포함된 키 입력 회로

〈그림 4.10.1〉 키 입력 회로

〈그림 4.10.2〉 바운싱 현상이 포함된 키 입력 신호

마이크로프로세서가 안정된 키 입력 동작을 수행하기 위해서는 이러한 키 접점에서의 진동을 제거해야 하는데 이를 디바운싱(debouncing)이라고 한다. 키 접점에서의 하드웨어적인 디바운싱 기법으로는 <그림 4.10.1>의 (b)처럼 저항 및 콘덴서를 이용한 저역통과 필터(LPF ; Low-Pass Filter)로 진동 신호를 완만하게 만들고, 여기에 슈미트 트리거(Schmitt Trigger) 회로를 추가하여 정확한 디지털 신호를 얻어내는 방법이 사용된다. 하지만, 이러한 하드웨어적인 디바운싱 방법은 추가적인 회로가 필요하게 되고 따라서 키의 수가 많을 때는 경제적인 부담과 수용 면적의 증가 때문에 이를 적용하기가 어렵다.

소프트웨어적인 디바운싱 기법에서는 시간지연(time delay) 루틴을 이용한다. 즉, 키가 눌려질 때는 처음 L상태가 검출되면 약 20ms의 시간지연 후에 다시 L상태를 확인하고 나서 키가 눌러진 것으로 인식하고, 반대로 키가 떼어질 때는 처음 H상태가 검출되면 약 20ms의 시간지연 후에 다시 H상태를 확인하고 나서 키가 떼어진 것으로 인식하면 된다. 이렇게 하여 1번 눌러진 동작과 1번 떼어진 동작이 수행되어야만 키가 정확히 1번 입력된 것으로 처리된다. 퍼스널컴퓨터에서는 키가 일정한 시간동안 계속하여 눌러져 있으면 이를 반복키(typematic key)로 처리하지만 마이크로프로세서 응용 시스템에서는 이런 기능을 거의 사용하지 않는다. 소프트웨어적인 디바운싱 방법은 마이크로프로세서의 키 스캔 동작에 따르는 처리시간이 부담되지만 키입력 회로가 간단해지고 시스템에 유연성이 있으므로 널리 사용된다.

이러한 키는 낱개로 몇 개 정도가 사용되는 경우도 있지만 많은 수의 키를 포함하는 전용 보드를 사용하기도 한다. 보통은 숫자키나 몇 개의 기능키 정도를 가지는 소규모 보드를 키패드(keypad)라고 하고, 알파벳키와 숫자키, 기능키 등을 가지는 완전한 보드를 키보드(keyboard)라고 한다.

◀휴게실▶ **키 접점 방식**

키보드에 사용되는 각각의 키는 기본적으로 눌러진 상태와 눌러지지 않은 상태를 구분하는 스위치로 동작하는데, 키보드는 이와 같은 2가지의 상태를 발생하고 검출하는 방식에 따라 hard contact keyboard, capacitive keyboard, rubber keyboard, Hall-Effect keyboard 등으로 나눌 수 있다.

hard contact 방식의 키보드는 구조가 매우 간단하고 가격이 싸므로 가장 광범위하게 사용되며, 대부분의 퍼스널컴퓨터와 마이크로프로세서 트레이닝 키트에서도 이를 사용하고 있다. 그러나, 기계접점이 전기적 신호를 직접 ON/OFF하므로 바운싱 현상이 심하고, 이를 오래 사용하면 접점의 상태가 나빠져서 키의 수명이 짧아지거나 접점 사이에 이물질이 끼어있을 경우 동작이 불량해지는 것이 단점이다.

capacitive keyboard는 키를 눌렀을 때와 누르지 않았을 때 nickel-plated copper로 만들어진 한 쌍의 패드(pad) 사이에 정전 용량이 수십 pF에서 수 pF로 변하는 것을 검출하는 방식으로 동작한다. 이 정전 용량의 변화를 검출하는데는 보통 마이크로프로세서를 사용하며, 바운싱 현상이 적어서 debouncing time을 고려하더라도 300 CPS(characters per second) 이상의 고속 입력이 가능하고, 접점이 직접 접촉하지 않으므로 수명이 길며, 접점 사이에 이물질이 있더라도 동작상태에 영향이 적다. 이는 퍼스널컴퓨터에서 일부 사용했던 적이 있다.

rubber keyboard에서는 접점에 금속이 아닌 도전성의 molded rubber sheet를 사용하고 있는데, 이것은 키를 소형화하기에 유리하고 바운싱이 적은 장점이 있다. 그러나, 가격이 비교적 비싸므로 키의 수가 적거나 키보드를 제어하기 위하여 마이크로프로세서를 사용하기 어려운 전화기, 휴대용 계산기, 리모콘 등에 주로 사용한다.

Hall-Effect 방식의 키보드는 각 키에 영구자석 및 홀 소자를 사용하고 키가 눌러져 이들 사이의 거리가 가까워지면 홀 소자에 전압이 발생하는 것을 이용한다. 이는 성능이 우수하고 수명이 길지만, 가격이 비싸므로 일반적인 용도에는 잘 사용하지 않는다.

앞에서 설명한 소프트웨어적인 디바운싱 기법을 적용하여 *OK-89S52* 키트에 내장된 4개의 키 KEY4~KEY1을 읽어들이는 루틴은 어셈블리 언어 프로그램용의 인클루드 파일 OK89S52.INC에 KEY_IN이라는 서브루틴으로 작성하여 놓았으며, C언어 프로그램용의 헤더파일 OK89S52.H에 Key_input()이라는 함수로 작성하여 놓았으므로 사용자는 필요할 때 이를 호출하여 쉽게 키입력을 수행할 수 있다.

어셈블리 언어에서의 키입력 서브루틴인 KEY_IN의 동작을 보여주는 플로우차트는 <그림 4.10.3>과 같다. C언어에서의 키입력 함수 Key_input()도 구조는 이와 동일하며, 다만 플랙 KEY_FLAG이 C언어에서는 key_flag으로 사용되는 것뿐이다.

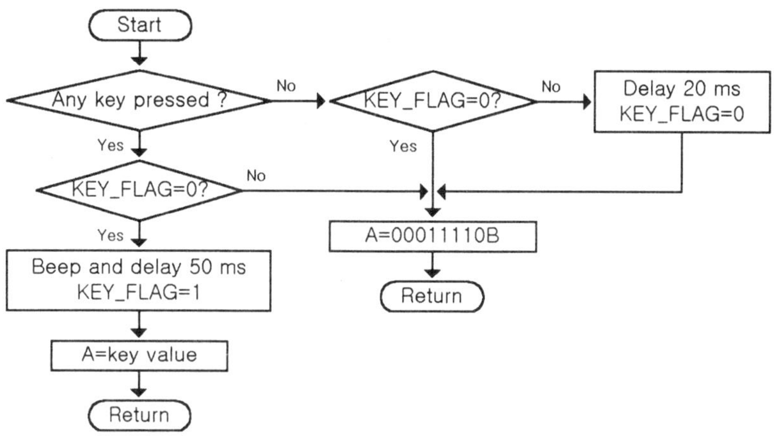

〈그림 4.10.3〉 키 입력 서브루틴 KEY_IN의 순서도

어셈블리 언어 인클루드 파일 OK89S52.INC에 포함된 키입력 서브루틴 KEY_IN과 C어어 헤더파일 OK89S52.H에 포함된 키입력 함수 Key_input()을 발췌하여 다시 보이면 다음과 같다.

〈인클루드 파일〉 OK89S52.INC에 포함된 KEY_IN 서브루틴

```
KEY_FLAG        BIT     2FH.1   ; key input flag

;====================================================================
;       Input Key Switch with Beep & Debounce(A=key value)
;====================================================================
KEY_IN: MOV     A,P1                    ; read key input
        ANL     A,#00011110B
        CJNE    A,#00011110B,KEY_IN2    ; if no key, check key off
        JNB     KEY_FLAG,KEY_IN1
        CALL    D20MS
        CLR     KEY_FLAG
KEY_IN1:RET
KEY_IN2:JNB     KEY_FLAG,KEY_IN3        ; if key input, check continuous key
        MOV     A,#00011110B            ; if continuous, treat as no key input
        RET
KEY_IN3:CALL    BEEP                    ; if new key, beep & delay for debounce
        SETB    KEY_FLAG
        RET
```

〈헤더파일〉 OK89S52.H에 포함된 Key_input() 함수

```
unsigned char key_flag = 0;

unsigned char Key_input()                  /* input key switch KEY4 - KEY1 */
{ unsigned char key;

  key = P1 & 0x1E;                         // any key pressed ?
  if(key == 0x1E)                          // if no key, check key off
    { if(key_flag == 0)
        return key;
      else
        { Delay_ms(20);
          key_flag = 0;
          return key;
        }
    }
  else                                     // if key input, check continuous key
    { if(key_flag != 0)                    // if continuous key, treat as no key input
        return 0x1E;
      else                                 // if new key, beep and delay for debounce
        { Beep();
          key_flag = 1;
          return key;
        }
    }
}
```

(2) 기본적인 키입력 프로그램

여기서는 *OK-89S52* 키트에 내장된 4개의 키 KEY4~KEY1을 읽어들여 어느 키가 눌려졌는지를 확인하는 예를 살펴보기로 한다. 이 동작은 *OK-89S52* 키트의 회로도와 함께 이해하는 것이 필요하다.

▣ 어셈블리 언어의 경우

디바운싱 기능을 사용하지 않고 키를 검출하여 그 키입력에 해당하는 병렬 I/O 포트 P1의 비트값을 텍스트형 LCD 모듈에 보여주는 프로그램을 어셈블리 언어로 작성하여 보면 다음과 같다.

〈프로그램 Exp10_1.asm〉 디바운싱을 사용하지 않은 키입력 프로그램

```
;[][][][][][][][][][][][][][][][][][][][][][][][][][][][][][][][][][]
;[]                                                                []
;[]              Exp10_1.asm : Key Input - No Debouncing           []
;[]                                                                []
;[][][][][][][][][][][][][][][][][][][][][][][][][][][][][][][][][][]
;
;                Designed and programmed by Duck-Yong Yoon in 2005.
```

```
;
$NOMOD51                                ; do not use default MCS-51 SFR
$INCLUDE(AT89S52.INC)                   ; include AT89S52 definition file

;====================================================================
;       Main Program
;====================================================================
CSEG    AT      0000H
        MOV     SP,#7FH                 ; initialize SP
        CALL    KIT_INITIALIZE          ; initialize OK-89S52 kit
        CALL    D50MS                   ; wait for system stabilization
        CALL    LCD_INITIALIZE          ; initialize text LCD
        CALL    BEEP

        CALL    LCD_HOME1               ; display title
        CALL    LCD_STRING
        DB      '    KEY INPUT     ',0
        CALL    LCD_HOME2
        CALL    LCD_STRING
        DB      ' P1 = 00011110B ',0

READ_KEY:MOV    LCD_BUFFER,#0C6H        ; cursor position
        CALL    LCD_COMMAND
        MOV     A,P1                    ; key input
        ANL     A,#00011110B
        MOV     LCD_BUFFER,A            ; display binary data
        CALL    LCD_8BIN
        RR      A                       ; display LED
        XRL     A,#00001111B
        MOV     DPTR,#DIG_SELECT
        MOVX    @DPTR,A
        JMP     READ_KEY

;====================================================================
;       Include User Subroutine File
;====================================================================
$INCLUDE(OK89S52.INC)                   ; include OK-89S52 subroutine file
        END
```

☞ *OK-89S52* 키트에서 키 KEY4~KEY1은 각각 AT89S52의 병렬 I/O 포트 P1.4~P1.1 비트에 접속되어 있으며, 회로도를 보면 알 수 있듯이 누르지 않은 키는 논리값 1로 입력되고 누른 키는 논리값 0으로 입력된다는 점을 항상 기억해야 한다. 포트 P1의 나머지 비트들은 키입력 동작에서 무의미하므로 AND 마스킹의 선택적 리셋 기능을 사용하여 잘라낸다.

이 프로그램을 어셈블하여 다운로드하고 실행하라. 그리고, 키 KEY4~KEY1을 차례로 누르면서 텍스트형 LCD 모듈에 나타나는 비트값 및 LED4~LED1에 표시되는 사항이 올바른지 관찰하라.

이번에는 디바운싱 기능과 키입력이 1회만 검출되도록 하는 기능을 사용한 키입력 프로그램을 어셈블리 언어로 작성하여 보면 다음과 같다.

〈프로그램 Exp10_2.asm〉 디바운싱을 사용한 키입력 프로그램

```
;[][][][][][][][][][][][][][][][][][][][][][][][][][][][][][][][][][]
;[]                                                                []
;[]            Exp10_2.asm : Key Input - Debouncing                []
;[]                                                                []
;[][][][][][][][][][][][][][][][][][][][][][][][][][][][][][][][][][]
;
;              Designed and programmed by Duck-Yong Yoon in 2005.
;
$NOMOD51                                     ; do not use default MCS-51 SFR
$INCLUDE(AT89S52.INC)                        ; include AT89S52 definition file

;====================================================================
;       Main Program
;====================================================================
CSEG    AT      0000H
        MOV     SP,#7FH                      ; initialize SP
        CALL    KIT_INITIALIZE               ; initialize OK-89S52 kit
        CALL    D50MS                        ; wait for system stabilization
        CALL    LCD_INITIALIZE               ; initialize text LCD
        CALL    BEEP

        CALL    LCD_HOME1                    ; display title
        CALL    LCD_STRING
        DB      '    KEY INPUT    ',0
        CALL    LCD_HOME2
        CALL    LCD_STRING
        DB      'Press KEY4-KEY1!',0

READ_KEY:CALL   KEY_IN                       ; key input
        CJNE    A,#00011100B,CK_KEY2         ; KEY1 ?
        MOV     DPTR,#DIG_SELECT
        MOV     A,#01H
        MOVX    @DPTR,A
        CALL    LCD_HOME2
        CALL    LCD_STRING
        DB      '   KEY1 is OK !   ',0
        JMP     READ_KEY

CK_KEY2:CJNE    A,#00011010B,CK_KEY3         ; KEY2 ?
        MOV     DPTR,#DIG_SELECT
        MOV     A,#02H
        MOVX    @DPTR,A
        CALL    LCD_HOME2
        CALL    LCD_STRING
        DB      '   KEY2 is OK !   ',0
        JMP     READ_KEY

CK_KEY3:CJNE    A,#00010110B,CK_KEY4         ; KEY3 ?
        MOV     DPTR,#DIG_SELECT
        MOV     A,#04H
        MOVX    @DPTR,A
        CALL    LCD_HOME2
        CALL    LCD_STRING
        DB      '   KEY3 is OK !   ',0
        JMP     READ_KEY

CK_KEY4:CJNE    A,#00001110B,READ_KEY        ; KEY4 ?
        MOV     DPTR,#DIG_SELECT
        MOV     A,#08H
        MOVX    @DPTR,A
        CALL    LCD_HOME2
        CALL    LCD_STRING
        DB      '   KEY4 is OK !   ',0
```

```
        JMP     READ_KEY

;==========================================================================
;       Include User Subroutine File
;==========================================================================
$INCLUDE(OK89S52.INC)                       ; include OK-89S52 subroutine file
        END
```

이 프로그램을 어셈블하여 다운로드하고 실행하라. 그리고, 키 KEY4~KEY1을 차례로 누르면서 텍스트형 LCD 모듈에 나타나는 메시지 및 LED4~LED1에 표시되는 사항이 올바른지 관찰하라.

▣ C언어의 경우

위의 예제 Exp10_1.asm을 C언어로 다시 작성하면 다음과 같다.

〈프로그램 Exp10_1.c〉 디바운싱을 사용하지 않은 키입력 프로그램

```
/* ============================================================================ */
/*                   Exp10_1.c : Key Input - No Debouncing                      */
/* ============================================================================ */
/*                         Designed and programmed by Duck-Yong Yoon in 2005.   */

#include "AT89S52.H"                        // include AT89S52 definition file
#include "OK89S52.H"                        // include OK-89S52 kit function

LCD_8bin(unsigned char number)              /* display 8-bit binary number */
{
  LCD_data(((number >> 7) & 0x01) + '0');   // 2^7
  LCD_data(((number >> 6) & 0x01) + '0');   // 2^6
  LCD_data(((number >> 5) & 0x01) + '0');   // 2^5
  LCD_data(((number >> 4) & 0x01) + '0');   // 2^4
  LCD_data(((number >> 3) & 0x01) + '0');   // 2^3
  LCD_data(((number >> 2) & 0x01) + '0');   // 2^2
  LCD_data(((number >> 1) & 0x01) + '0');   // 2^1
  LCD_data((number & 0x01) + '0');          // 2^0
}

main()
{ unsigned char key;

  Kit_initialize();                         // initialize OK-89S52 kit
  Delay_ms(50);                             // wait for system stabilization
  LCD_initialize();                         // initialize text LCD module
  Beep();

  LCD_string(0x80,"   KEY INPUT    ");      // display title
  LCD_string(0xC0," P1 = 00011110  ");

  while(1)
    { LCD_command(0xC6);                    // cursor position
      key = P1 & 0x1E;                      // key input
```

```
      LCD_8bin(key);                              // display binary data
      DIG_SELECT = (key >> 1) ^ 0x0F;             // display LED
    }
}
```

이 프로그램을 컴파일하여 실행하고 앞의 어셈블리 언어 예제 Exp10_1.asm과 동일한 결과를 얻을 수 있는지 확인하라.

위의 예제 Exp10_2.asm을 C언어로 다시 작성하면 다음과 같다.

〈프로그램 Exp10_2.c〉 디바운싱을 사용한 키입력 프로그램

```
/* ========================================================================== */
/*                  Exp10_2.c : Key Input - Debouncing                        */
/* ========================================================================== */
/*                        Designed and programmed by Duck-Yong Yoon in 2005.  */

#include "AT89S52.H"                        // include AT89S52 definition file
#include "OK89S52.H"                        // include OK-89S52 kit function

main()
{
  Kit_initialize();                         // initialize OK-89S52 kit
  Delay_ms(50);                             // wait for system stabilization
  LCD_initialize();                         // initialize text LCD module
  Beep();

  LCD_string(0x80,"    KEY INPUT     ");      // display title
  LCD_string(0xC0,"Press KEY4-KEY1!");

  while(1)
    { switch(Key_input())                   // key input
        { case 0x1C : LCD_string(0xC0,"   KEY1 is OK !   ");
                      DIG_SELECT = 0x01;
                      break;
          case 0x1A : LCD_string(0xC0,"   KEY2 is OK !   ");
                      DIG_SELECT = 0x02;
                      break;
          case 0x16 : LCD_string(0xC0,"   KEY3 is OK !   ");
                      DIG_SELECT = 0x04;
                      break;
          case 0x0E : LCD_string(0xC0,"   KEY4 is OK !   ");
                      DIG_SELECT = 0x08;
                      break;
        }
    }
}
```

이 프로그램을 컴파일하여 실행하고 앞의 어셈블리 언어 예제 Exp10_2.asm과 동일한 결과를 얻을 수 있는지 확인하라.

(3) 키입력 카운트 프로그램

앞에서의 기본적인 키입력 프로그램에서는 단지 키입력을 확인하는 정도였으나 그 내부에는 중요한 테크닉이 포함되어 있었는데 이들 예제에서는 이러한 사항을 이해하기가 쉽지 않았다. 그러나, 이제부터 키입력 카운트 프로그램을 살펴보면 디바운싱 기능이나 키를 한번 눌렀을 때 정확히 키입력이 1번만 수행되도록 하는 기능이 얼마나 중요한지를 알 수 있다.

▣ 어셈블리 언어의 경우

디바운싱 기능을 사용하지 않고 키를 검출하여 각 키가 몇번 입력되었는지를 텍스트형 LCD 모듈에 표시하는 프로그램을 어셈블리 언어로 작성하면 다음과 같다.

〈프로그램 Exp10_3.asm〉 디바운싱을 사용하지 않은 키입력 카운트 프로그램

```
;[][][][][][][][][][][][][][][][][][][][][][][][][][][][][][][][][][][][][][]
;[]                                                                        []
;[]           Exp10_3.asm : Key Input Count - No Debouncing                []
;[]                                                                        []
;[][][][][][][][][][][][][][][][][][][][][][][][][][][][][][][][][][][][][][]
;
;               Designed and programmed by Duck-Yong Yoon in 2005.
;
$NOMOD51                                  ; do not use default MCS-51 SFR
$INCLUDE(AT89S52.INC)                     ; include AT89S52 definition file

;===========================================================================
;       Main Program
;===========================================================================
CSEG    AT      0000H
        MOV     SP,#7FH                   ; initialize SP
        CALL    KIT_INITIALIZE            ; initialize OK-89S52 kit
        CALL    D50MS                     ; wait for system stabilization
        CALL    LCD_INITIALIZE            ; initialize text LCD
        CALL    BEEP

        CALL    LCD_HOME1                 ; display title
        CALL    LCD_STRING
        DB      'KEY1=00  KEY2=00',0
        CALL    LCD_HOME2
        CALL    LCD_STRING
        DB      'KEY3=00  KEY4=00',0

        MOV     R1,#0                     ; initialize key count
        MOV     R2,#0
        MOV     R3,#0
        MOV     R4,#0

READ_KEY:MOV    A,P1                      ; key input without debouncing
        ANL     A,#00011110B
        CJNE    A,#00011100B,CK_KEY2      ; KEY1 ?
        MOV     DPTR,#DIG_SELECT
        MOV     A,#01H
        MOVX    @DPTR,A
```

```
        INC     R1                      ; display key1 count
        CJNE    R1,#99,CK_KEY11
        JMP     CK_KEY12
CK_KEY11:JC     CK_KEY12
        MOV     R1,#0
CK_KEY12:MOV    LCD_BUFFER,#85H
        CALL    LCD_COMMAND
        MOV     DPL,R1
        CALL    LCD_2DEC
        JMP     READ_KEY

CK_KEY2:CJNE    A,#00011010B,CK_KEY3    ; KEY2 ?
        MOV     DPTR,#DIG_SELECT
        MOV     A,#02H
        MOVX    @DPTR,A
        INC     R2                      ; display key2 count
        CJNE    R2,#99,CK_KEY21
        JMP     CK_KEY22
CK_KEY21:JC     CK_KEY22
        MOV     R2,#0
CK_KEY22:MOV    LCD_BUFFER,#8EH
        CALL    LCD_COMMAND
        MOV     DPL,R2
        CALL    LCD_2DEC
        JMP     READ_KEY

CK_KEY3:CJNE    A,#00010110B,CK_KEY4    ; KEY3 ?
        MOV     DPTR,#DIG_SELECT
        MOV     A,#04H
        MOVX    @DPTR,A
        INC     R3                      ; display key3 count
        CJNE    R3,#99,CK_KEY31
        JMP     CK_KEY32
CK_KEY31:JC     CK_KEY32
        MOV     R3,#0
CK_KEY32:MOV    LCD_BUFFER,#0C5H
        CALL    LCD_COMMAND
        MOV     DPL,R3
        CALL    LCD_2DEC
        JMP     READ_KEY

CK_KEY4:CJNE    A,#00001110B,READ_KEY   ; KEY4 ?
        MOV     DPTR,#DIG_SELECT
        MOV     A,#08H
        MOVX    @DPTR,A
        INC     R4                      ; display key4 count
        CJNE    R4,#99,CK_KEY41
        JMP     CK_KEY42
CK_KEY41:JC     CK_KEY42
        MOV     R4,#0
CK_KEY42:MOV    LCD_BUFFER,#0CEH
        CALL    LCD_COMMAND
        MOV     DPL,R4
        CALL    LCD_2DEC
        JMP     READ_KEY

;==================================================================
;       Include User Subroutine File
;==================================================================
$INCLUDE(OK89S52.INC)                   ; include OK-89S52 subroutine file
        END
```

☞ 여기서는 서브루틴 KEY_IN을 사용하지 않고 직접 병렬 I/O 포트 P1을 읽어 키를 검출하였으므로

디바운싱 기능이나 키입력을 1번만 수행하는 기능은 포함되지 않는다. 키 KEY4~KEY1을 누른 회수는 각각 레지스터 R4~R1에 저장되며, LCD 모듈에 이를 2자리 10진수로 표시하기 위하여 0~99 범위에서만 카운트하도록 하였다.

이 프로그램을 어셈블하여 다운로드하고 실행하라. 그리고, 키 KEY4~KEY1을 차례로 누르면서 텍스트형 LCD 모듈에 나타나는 카운트값을 관찰하라. 디바운싱 기능과 키입력을 1회만 수행하는 기능이 포함되어 있지 않으므로 키를 분명히 1번만 눌렀는데도 카운트값이 들쭉날쭉 마구잡이로 변하는 것을 볼 수 있는가?

이번에는 디바운싱 기능과 키입력이 1회만 검출되도록 하는 기능을 사용한 키입력 카운트 프로그램을 어셈블리 언어로 작성하여 보면 다음과 같다.

〈프로그램 Exp10_4.asm〉 디바운싱을 사용한 키입력 카운트 프로그램

```
;[][][][][][][][][][][][][][][][][][][][][][][][][][][][][][][][][][][]
;[]                                                                  []
;[]          Exp10_4.asm : Key Input Count - Debouncing              []
;[]                                                                  []
;[][][][][][][][][][][][][][][][][][][][][][][][][][][][][][][][][][][]
;
;               Designed and programmed by Duck-Yong Yoon in 2005.
;
$NOMOD51                                ; do not use default MCS-51 SFR
$INCLUDE(AT89S52.INC)                   ; include AT89S52 definition file

;====================================================================
;       Main Program
;====================================================================
CSEG    AT      0000H
        MOV     SP,#7FH                 ; initialize SP
        CALL    KIT_INITIALIZE          ; initialize OK-89S52 kit
        CALL    D50MS                   ; wait for system stabilization
        CALL    LCD_INITIALIZE          ; initialize text LCD
        CALL    BEEP

        CALL    LCD_HOME1               ; display title
        CALL    LCD_STRING
        DB      'KEY1=00  KEY2=00',0
        CALL    LCD_HOME2
        CALL    LCD_STRING
        DB      'KEY3=00  KEY4=00',0

        MOV     R1,#0                   ; initialize key count
        MOV     R2,#0
        MOV     R3,#0
        MOV     R4,#0

READ_KEY:CALL   KEY_IN                  ; key input with debouncing
        CJNE    A,#00011100B,CK_KEY2    ; KEY1 ?
        MOV     DPTR,#DIG_SELECT
        MOV     A,#01H
        MOVX    @DPTR,A
        INC     R1                      ; display key1 count
```

```
        CJNE    R1,#99,CK_KEY11
        JMP     CK_KEY12
CK_KEY11:JC     CK_KEY12
        MOV     R1,#0
CK_KEY12:MOV    LCD_BUFFER,#85H
        CALL    LCD_COMMAND
        MOV     DPL,R1
        CALL    LCD_2DEC
        JMP     READ_KEY

CK_KEY2:CJNE    A,#00011010B,CK_KEY3    ; KEY2 ?
        MOV     DPTR,#DIG_SELECT
        MOV     A,#02H
        MOVX    @DPTR,A
        INC     R2                      ; display key2 count
        CJNE    R2,#99,CK_KEY21
        JMP     CK_KEY22
CK_KEY21:JC     CK_KEY22
        MOV     R2,#0
CK_KEY22:MOV    LCD_BUFFER,#8EH
        CALL    LCD_COMMAND
        MOV     DPL,R2
        CALL    LCD_2DEC
        JMP     READ_KEY

CK_KEY3:CJNE    A,#00010110B,CK_KEY4    ; KEY3 ?
        MOV     DPTR,#DIG_SELECT
        MOV     A,#04H
        MOVX    @DPTR,A
        INC     R3                      ; display key3 count
        CJNE    R3,#99,CK_KEY31
        JMP     CK_KEY32
CK_KEY31:JC     CK_KEY32
        MOV     R3,#0
CK_KEY32:MOV    LCD_BUFFER,#0C5H
        CALL    LCD_COMMAND
        MOV     DPL,R3
        CALL    LCD_2DEC
        JMP     READ_KEY

CK_KEY4:CJNE    A,#00001110B,READ_KEY   ; KEY4 ?
        MOV     DPTR,#DIG_SELECT
        MOV     A,#08H
        MOVX    @DPTR,A
        INC     R4                      ; display key4 count
        CJNE    R4,#99,CK_KEY41
        JMP     CK_KEY42
CK_KEY41:JC     CK_KEY42
        MOV     R4,#0
CK_KEY42:MOV    LCD_BUFFER,#0CEH
        CALL    LCD_COMMAND
        MOV     DPL,R4
        CALL    LCD_2DEC
        JMP     READ_KEY

;=====================================================================
;       Include User Subroutine File
;=====================================================================
$INCLUDE(OK89S52.INC)                   ; include OK-89S52 subroutine file
        END
```

☞ 여기서는 서브루틴 KEY_IN을 사용하여 디바운싱 기능과 키입력을 정확히 1번만 수행하는 기능을 수행하였다. 역시 키 KEY4~KEY1을 누른 회수는 각각 레지스터 R4~R1에 저장되며, LCD 모듈에 이를 2

자리 10진수로 표시하기 위하여 0~99 범위에서만 카운트하도록 하였다.

이 프로그램을 어셈블하여 다운로드하고 실행하라. 그리고, 키 KEY4~KEY1을 차례로 누르면서 텍스트형 LCD 모듈에 나타나는 카운트값을 관찰하라. 디바운싱 기능과 키입력을 1회만 수행하는 기능이 포함되어 있으므로 키를 누를 때마다 해당 키의 카운트값이 정확히 1씩 증가하는 것을 볼 수 있는가?

▣ C언어의 경우

위의 예제 Exp10_3.asm을 C언어로 다시 작성하면 다음과 같다.

〈프로그램 Exp10_3.c〉 디바운싱을 사용하지 않은 키입력 카운트 프로그램

```
/* ========================================================================== */
/*               Exp10_3.c : Key Input Count - No Debouncing                  */
/* ========================================================================== */
/*                        Designed and programmed by Duck-Yong Yoon in 2005.  */

#include "AT89S52.H"                          // include AT89S52 definition file
#include "OK89S52.H"                          // include OK-89S52 kit function

LCD_2d(unsigned char number)                  /* display 2-digit decimal number */
{ unsigned char i;

  i = number/10;                              /* 10^1 */
  if(i == 0) LCD_data(' ');
  else       LCD_data(i + '0');

  i = number % 10;                            /* 10^0 */
  LCD_data(i + '0');
}

main()
{ unsigned char key1=0, key2=0, key3=0, key4=0;

  Kit_initialize();                           // initialize OK-89S52 kit
  Delay_ms(50);                               // wait for system stabilization
  LCD_initialize();                           // initialize text LCD module
  Beep();

  LCD_string(0x80,"KEY1=00  KEY2=00");        // display title
  LCD_string(0xC0,"KEY3=00  KEY4=00");

  while(1)
    { switch(P1 & 0x1E)                       // key input without debouncing
        { case 0x1C : DIG_SELECT = 0x01;
                      key1++;                 // display key1 count
                      if(key1 > 99) key1 = 0;
                      LCD_command(0x85);
                      LCD_2d(key1);
                      break;
          case 0x1A : DIG_SELECT = 0x02;
                      key2++;                 // display key2 count
```

```
                        if(key2 > 99) key2 = 0;
                        LCD_command(0x8E);
                        LCD_2d(key2);
                        break;
            case 0x16 : DIG_SELECT = 0x04;
                        key3++;                    // display key3 count
                        if(key3 > 99) key3 = 0;
                        LCD_command(0xC5);
                        LCD_2d(key3);
                        break;
            case 0x0E : DIG_SELECT = 0x08;
                        key4++;                    // display key4 count
                        if(key4 > 99) key4 = 0;
                        LCD_command(0xCE);
                        LCD_2d(key4);
                        break;
          }
      }
  }
```

이 프로그램을 컴파일하여 실행하고 앞의 어셈블리 언어 예제 Exp10_3.asm과 동일한 결과를 얻을 수 있는지 확인하라.

위의 예제 Exp10_4.asm을 C언어로 다시 작성하면 다음과 같다.

〈프로그램 Exp10_4.c〉 디바운싱을 사용한 키입력 카운트 프로그램

```
/* ========================================================================== */
/*                Exp10_4.c : Key Input Count - Debouncing                    */
/* ========================================================================== */
/*                          Designed and programmed by Duck-Yong Yoon in 2005. */

#include "AT89S52.H"                          // include AT89S52 definition file
#include "OK89S52.H"                          // include OK-89S52 kit function

LCD_2d(unsigned char number)                  /* display 2-digit decimal number */
{ unsigned char i;

  i = number/10;                              /* 10^1 */
  if(i == 0) LCD_data(' ');
  else       LCD_data(i + '0');

  i = number % 10;                            /* 10^0 */
  LCD_data(i + '0');
}

main()
{ unsigned char key1=0, key2=0, key3=0, key4=0;

  Kit_initialize();                           // initialize OK-89S52 kit
  Delay_ms(50);                               // wait for system stabilization
  LCD_initialize();                           // initialize text LCD module
  Beep();

  LCD_string(0x80,"KEY1=00  KEY2=00");        // display title
```

```
    LCD_string(0xC0,"KEY3=00  KEY4=00");

    while(1)
      { switch(Key_input())                       // key input with debouncing
          { case 0x1C : DIG_SELECT = 0x01;
                        key1++;                   // display key1 count
                        if(key1 > 99) key1 = 0;
                        LCD_command(0x85);
                        LCD_2d(key1);
                        break;
            case 0x1A : DIG_SELECT = 0x02;
                        key2++;                   // display key2 count
                        if(key2 > 99) key2 = 0;
                        LCD_command(0x8E);
                        LCD_2d(key2);
                        break;
            case 0x16 : DIG_SELECT = 0x04;
                        key3++;                   // display key3 count
                        if(key3 > 99) key3 = 0;
                        LCD_command(0xC5);
                        LCD_2d(key3);
                        break;
            case 0x0E : DIG_SELECT = 0x08;
                        key4++;                   // display key4 count
                        if(key4 > 99) key4 = 0;
                        LCD_command(0xCE);
                        LCD_2d(key4);
                        break;
          }
      }
  }
```

이 프로그램을 컴파일하여 실행하고 앞의 어셈블리 언어 예제 Exp10_4.asm과 동일한 결과를 얻을 수 있는지 확인하라.

2. 인터럽트 처리 프로그램

AT89S52는 벡터형 인터럽트 방식을 사용하므로 어셈블리 언어에서 인터럽트 처리 프로그램을 작성할 때는 각 인터럽트에 해당하는 벡터 위치에 인터럽트 서비스 루틴을 작성하여 두어야 한다. 그러나, 이 위치의 메모리 공간이 좁을 때는 벡터 위치에 점프 명령을 두어 다른 곳에 작성하여 놓은 실제의 인터럽트 서비스 루틴으로 점프시키는 방법을 사용하게 된다.

표준의 C언어에서는 원천적으로 인터럽트와 같이 매우 하드웨어 의존적인 기능을 지원하지 않으므로 C컴파일러마다 인터럽트와 관련된 기능을 처리하는 방식이 다르다. PK51에서 인터럽트 처리함수는

void *function_name*(void) interrupt *n* [using *bank*]

처럼 보통의 함수 이름 뒤에 interrupt *n*의 형식으로 이 함수가 인터럽트 처리함수라는 것을 명시하면 된다. 여기서 *n*은 인터럽트마다 부여된 고유한 인터럽트 번호로서 이는 앞의 <표 3.5.9>에서 보였다. 그러면 이 함수는 인터럽트 처리함수가 되므로 일반 사용자 함수와 달리 마지막에 RET 명령이 아니라 RETI 명령을 사용하도록 번역되고, 해당 인터럽트 벡터 위치에 이 함수로 점프하는 LJMP 명령이 만들어진다. 만약 추가 옵션으로 using *bank*를 사용하면 인터럽트 함수 내에서 레지스터 R0~R7을 *bank*로 교체하여 사용한다. 여기서 *bank*는 0~3의 레지스터 뱅크 번호이다.

여기서는 *OK-89S52* 키트에서 외부 인터럽트 $\overline{\text{INT0}}$ 신호의 입력을 위하여 만들어 놓은 키 스위치 SW2를 이용하여 외부 인터럽트를 발생시키는 여러가지 예를 살펴보기로 한다. 타이머에 의한 인터럽트 처리 기술은 나중에 제4.13절에서 공부한다.

(1) 기본적인 외부 인터럽트 발생

먼저 *OK-89S52* 키트에 내장된 키 스위치 SW2를 이용하여 인터럽트를 발생시키는 예를 살펴보기로 한다. 이 동작은 *OK-89S52* 키트의 회로도와 함께 이해하는 것이 필요하다.

▣ 어셈블리 언어의 경우

SW2를 사용하여 레벨 트리거 방식으로 외부 인터럽트 $\overline{\text{INT0}}$을 발생시키고 인터럽트가 발생하면 서비스 루틴에서 LED4~LED1을 200ms 속도로 1차례 점등하는 프로그램을 어셈블리 언어로 작성하여 보면 다음과 같다.

〈프로그램 Exp10_5.asm〉 레벨 트리거 방식의 -INT0 인터럽트 처리 프로그램

```
;[][][][][][][][][][][][][][][][][][][][][][][][][][][][][][][][][][]
;[]                                                                []
;[]     Exp10_5.asm : -INT0 Interrupt Program(Level Trigger)      []
;[]                                                                []
;[][][][][][][][][][][][][][][][][][][][][][][][][][][][][][][][][][]
;
;                  Designed and programmed by Duck-Yong Yoon in 2005.
;
$NOMOD51                              ; do not use default MCS-51 SFR
$INCLUDE(AT89S52.INC)                 ; include AT89S52 definition file

;==================================================================
;       Main Program
;==================================================================
```

```
CSEG    AT      0000H
        JMP     BOOT

CSEG    AT      0003H
        JMP     INT0_ISR                ; -INT0 interrupt service routine

BOOT:   MOV     SP,#7FH                 ; initialize SP
        CALL    KIT_INITIALIZE          ; initialize OK-89S52 kit
        CALL    D50MS                   ; wait for system stabilization
        CALL    LCD_INITIALIZE          ; initialize text LCD
        CALL    BEEP

        CALL    LCD_HOME1               ; display title
        CALL    LCD_STRING
        DB      '-INT0 Interrupt ',0
        CALL    LCD_HOME2
        CALL    LCD_STRING
        DB      '(Level Trigger) ',0

        MOV     TCON,#00000000B         ; -INT0=level trigger(IT0=0)
        MOV     IP,#00000001B           ; interrupt priority
        MOV     IE,#10000001B           ; enable interrupt(EA=EX0=1)

        SJMP    $                       ; wait interrupt

;---------------------------------------------------
;       -INT0 Interrupt Service Routine
;---------------------------------------------------
INT0_ISR:MOV    A,#01H                  ; shift from LED1 to LED4
        MOV     R7,#5
INT0_IS1:MOV    DPTR,#DIG_SELECT
        MOVX    @DPTR,A
        CALL    D200MS                  ; delay 200 ms
        RL      A
        DJNZ    R7,INT0_IS1
        RETI

;=================================================================
;       Include User Subroutine File
;=================================================================
$INCLUDE(OK89S52.INC)                   ; include OK-89S52 subroutine file
        END
```

☞ 외부 인터럽트0의 인터럽트 벡터는 0003H 번지이므로 인터럽트 서비스 루틴을 여기서부터 작성해야 하지만, 이 부분은 여러가지 인터럽트 벡터들이 집중적으로 위치하는 곳이라서 나중에 다른 인터럽트를 추가로 사용하게 되면 자리가 좁아지므로 실제 인터럽트 서비스 루틴은 다른 곳에 작성하여 두고 0003H 번지에는 그곳으로 점프하는 명령을 넣어둔다.

인터럽트의 모든 초기화가 끝나고 메인 루틴에서는 더 이상 할 일이 없으므로 무한루프로 처리하였다. 따라서, 이 프로그램에서는 메인 루틴이 SJMP $ 명령을 반복하여 실행하면서 무한루프를 돌고 있으므로 나중에 인터럽트가 발생하더라도 메인 루틴과 인터럽트 서비스 루틴 사이에 레지스터나 데이터 변수가 충돌될 우려가 없기 때문에 인터럽트 서비스 루틴에서 어떤 PUSH/POP 명령도 사용하지 않았다.

이 프로그램을 어셈블하여 다운로드하고 실행하라. 그리고, 스위치 SW2를 여러가지 방법으로 눌러서 인터럽트가 발생하는 것을 확인하라. 이 프로그램에서는 인터럽트 신호 $\overline{\text{INT0}}$을 레벨 트리거 방식으로 처리하였으므로 스위치를 누를 때만 인터럽트가 요청되며 따라서 스위치를 짧게 누르면 정확히 1번만 인터럽트가 발생한다. 그러나, 스위치를 오래 누르고 있으면 인터럽트 서비스 루틴에서 복귀하자마자 또 다시 인터럽트가 검출되므로 반복하여 인터럽트가 발생된다. 이는 레벨 트리거 방식으로 인터럽트를 요청할 때는 인터럽트 신호의 길이가 중요하다는 것을 의미한다.

그러나, 사람이 손으로 스위치 SW2를 누르는 방법으로 인터럽트 신호를 짧게 하는 것이 매우 어렵기 때문에 이런 경우에는 인터럽트 신호를 레벨 트리거 방식보다는 에지 트리거 방식으로 처리하는 것이 유리하다. SW2를 사용하여 에지 트리거 방식으로 외부 인터럽트 $\overline{INT0}$을 발생시키고 인터럽트가 발생할 때마다 서비스 루틴에서 LED 4~LED1을 200ms 속도로 1차례 점등하는 프로그램을 어셈블리 언어로 작성하여 보면 다음과 같다.

〈프로그램 Exp10_6.asm〉 에지 트리거 방식의 -INT0 인터럽트 처리 프로그램

```
;[][][][][][][][][][][][][][][][][][][][][][][][][][][][][][][][][][][][][][][][][]
;[]                                                                          []
;[]      Exp10_6.asm : -INT0 Interrupt Program(Edge Trigger)                 []
;[]                                                                          []
;[][][][][][][][][][][][][][][][][][][][][][][][][][][][][][][][][][][][][][][][][]
;
;                 Designed and programmed by Duck-Yong Yoon in 2005.
;
$NOMOD51                                ; do not use default MCS-51 SFR
$INCLUDE(AT89S52.INC)                   ; include AT89S52 definition file

;===================================================================
;        Main Program
;===================================================================
CSEG    AT      0000H
        JMP     BOOT

CSEG    AT      0003H
        JMP     INT0_ISR                ; -INT0 interrupt service routine

BOOT:   MOV     SP,#7FH                 ; initialize SP
        CALL    KIT_INITIALIZE          ; initialize OK-89S52 kit
        CALL    D50MS                   ; wait for system stabilization
        CALL    LCD_INITIALIZE          ; initialize text LCD
        CALL    BEEP

        CALL    LCD_HOME1               ; display title
        CALL    LCD_STRING
        DB      '-INT0 Interrupt ',0
        CALL    LCD_HOME2
        CALL    LCD_STRING
        DB      ' (Edge Trigger) ',0

        MOV     TCON,#00000001B         ; -INT0=edge trigger(IT0=1)
        MOV     IP,#00000001B           ; interrupt priority
        MOV     IE,#10000001B           ; enable interrupt(EA=EX0=1)

        SJMP    $                       ; wait interrupt

;-------------------------------------------------
```

```
;       -INT0 Interrupt Service Routine
;-----------------------------------------------
INT0_ISR:MOV    A,#01H                  ; shift from LED1 to LED4
        MOV     R7,#5
INT0_IS1:MOV    DPTR,#DIG_SELECT
        MOVX    @DPTR,A
        CALL    D200MS                  ; delay 200 ms
        RL      A
        DJNZ    R7,INT0_IS1
        RETI

;=================================================================
;       Include User Subroutine File
;=================================================================
$INCLUDE(OK89S52.INC)                   ; include OK-89S52 subroutine file
        END
```

이 프로그램을 어셈블하여 다운로드하고 실행하라. 그리고, 스위치 SW2를 여러가지 방법으로 눌러서 인터럽트가 발생하는 것을 확인하라. 이 프로그램에서는 인터럽트 신호 $\overline{\text{INT0}}$을 에지 트리거 방식으로 처리하였으므로 스위치를 오래 누르고 있어도 인터럽트는 1번만 발생한다. 그러나, 이와 같이 에지 트리거 방식으로 인터럽트를 처리하면 스위치를 누를 때 접점에서의 기계적 진동(bouncing)에 의하여 인터럽트가 여러번 걸릴 수 있고, 또한 스위치를 뗄 때도 마찬가지 이유로 인터럽트가 걸리 수 있다. 이러한 현상을 억제하려면 좀더 어려운 프로그래밍 기술이 요구된다.

▣ C언어의 경우

위의 예제 Exp10_5.asm을 C언어로 다시 작성하면 다음과 같다.

〈프로그램 Exp10_5.c〉 레벨 트리거 방식의 -INT0 인터럽트 처리 프로그램

```
/* ========================================================================== */
/*              Exp10_5.c : -INT0 Interrupt Program(Level Trigger)            */
/* ========================================================================== */
/*                       Designed and programmed by Duck-Yong Yoon in 2005.   */

#include "AT89S52.H"                        // include AT89S52 definition file
#include "OK89S52.H"                        // include OK-89S52 kit function

void INT0_ISR(void) interrupt 0             // -INT0 interrupt function
{ unsigned char i,LED;

  for(i=1, LED=0x01; i<=5; i++)             // shift from LED1 to LED4
    { DIG_SELECT = LED;
      Delay_ms(200);                        // delay 200 ms
      LED <<= 1;
    }
}
```

```
main()
{
  Kit_initialize();                              // initialize OK-89S52 kit
  Delay_ms(50);                                  // wait for system stabilization
  LCD_initialize();                              // initialize text LCD module
  Beep();

  LCD_string(0x80,"-INT0 Interrupt ");           // display title
  LCD_string(0xC0,"(Level Trigger) ");

  TCON = 0x00;                                   // -INT0=level trigger(IT0=0)
  IP = 0x01;                                     // interrupt priority
  IE = 0x81;                                     // enable interrupt(EA=EX0=1)

  while(1);                                      // wait interrupt
}
```

이 프로그램을 컴파일하여 실행하고 앞의 어셈블리 언어 예제 Exp10_5.asm과 동일한 결과를 얻을 수 있는지 확인하라.

위의 예제 Exp10_6.asm을 C언어로 다시 작성하면 다음과 같다.

〈프로그램 Exp10_6.c〉 에지 트리거 방식의 -INT0 인터럽트 처리 프로그램

```
/* ============================================================================ */
/*              Exp10_6.c : -INT0 Interrupt Program(Edge Trigger)               */
/* ============================================================================ */
/*                        Designed and programmed by Duck-Yong Yoon in 2005.    */

#include "AT89S52.H"                             // include AT89S52 definition file
#include "OK89S52.H"                             // include OK-89S52 kit function

void INT0_ISR(void) interrupt 0                  // -INT0 interrupt function
{ unsigned char i,LED;

  for(i=1, LED=0x01; i<=5; i++)                  // shift from LED1 to LED4
    { DIG_SELECT = LED;
      Delay_ms(200);                             // delay 200 ms
      LED <<= 1;
    }
}

main()
{
  Kit_initialize();                              // initialize OK-89S52 kit
  Delay_ms(50);                                  // wait for system stabilization
  LCD_initialize();                              // initialize text LCD module
  Beep();

  LCD_string(0x80,"-INT0 Interrupt ");           // display title
  LCD_string(0xC0," (Edge Trigger) ");

  TCON = 0x01;                                   // -INT0=edge trigger(IT0=1)
  IP = 0x01;                                     // interrupt priority
  IE = 0x81;                                     // enable interrupt(EA=EX0=1)
```

```
  while(1);                                       // wait interrupt
}
```

이 프로그램을 컴파일하여 실행하고 앞의 어셈블리 언어 예제 Exp10_6.asm과 동일한 결과를 얻을 수 있는지 확인하라.

(2) 인터럽트 카운트 프로그램

여기서는 *OK-89S52* 키트에 내장된 키 스위치 SW2를 누를 때 에지 트리거 방식으로 정확히 1번만 인터럽트가 발생하도록 하는 프로그래밍 기술을 살펴보기로 한다.

▣ 어셈블리 언어의 경우

디바운싱 기술을 적용하지 않고 SW2를 사용하여 에지 트리거 방식으로 외부 인터럽트 $\overline{\text{INT0}}$을 발생시키고 그 인터럽트 발생횟수를 텍스트형 LCD 모듈에 표시하는 프로그램을 어셈블리 언어로 작성하여 보면 다음과 같다.

〈프로그램 Exp10_7.asm〉 -INT0 인터럽트 카운트 프로그램(1)

```
;[][][][][][][][][][][][][][][][][][][][][][][][][][][][][][][][][][]
;[]                                                                []
;[]   Exp10_7.asm : -INT0 Interrupt Count Program(No Debouncing)   []
;[]                                                                []
;[][][][][][][][][][][][][][][][][][][][][][][][][][][][][][][][][][]
;
;              Designed and programmed by Duck-Yong Yoon in 2005.
;
$NOMOD51                               ; do not use default MCS-51 SFR
$INCLUDE(AT89S52.INC)                  ; include AT89S52 definition file

;====================================================================
;       Main Program
;====================================================================
CSEG    AT      0000H
        JMP     BOOT

CSEG    AT      0003H
        JMP     INT0_ISR               ; -INT0 interrupt service routine

BOOT:   MOV     SP,#7FH                ; initialize SP
        CALL    KIT_INITIALIZE         ; initialize OK-89S52 kit
        CALL    D50MS                  ; wait for system stabilization
        CALL    LCD_INITIALIZE         ; initialize text LCD
        CALL    BEEP

        CALL    LCD_HOME1              ; display title
        CALL    LCD_STRING
        DB      '  -INT0 Count    ',0
```

```
        CALL    LCD_HOME2
        CALL    LCD_STRING
        DB      '       000      ',0

        MOV     TCON,#00000001B         ; -INT0=edge trigger(IT0=1)
        MOV     IP,#00000001B           ; interrupt priority
        MOV     IE,#10000001B           ; enable interrupt(EA=EX0=1)

        MOV     R0,#0                   ; initial interrupt count

LOOP1:  MOV     A,#01H                  ; shift from LED1 to LED4
        MOV     R7,#4
LOOP2:  MOV     DPTR,#DIG_SELECT
        MOVX    @DPTR,A
        CALL    D200MS                  ; delay 200 ms
        RL      A
        DJNZ    R7,LOOP2
        JMP     LOOP1

;----------------------------------------------
;       -INT0 Interrupt Service Routine
;----------------------------------------------
INT0_ISR:PUSH   PSW                     ; store registers
        PUSH    ACC
        PUSH    DPH
        PUSH    DPL
        INC     R0                      ; increment interrupt count
        MOV     LCD_BUFFER,#0C6H        ; display interrupt count
        CALL    LCD_COMMAND
        MOV     DPH,#0
        MOV     DPL,R0
        CALL    LCD_3DEC
        POP     DPL                     ; restore registers
        POP     DPH
        POP     ACC
        POP     PSW
        RETI

;=============================================================
;       Include User Subroutine File
;=============================================================
$INCLUDE(OK89S52.INC)                   ; include OK-89S52 subroutine file
        END
```

☞ 이 프로그램에서는 수시로 인터럽트가 발생하여 서비스 루틴을 실행하는 사이에 메인 루틴은 자신의 일을 수행하고 있는 모습을 확인할 수 있도록 하기 위하여 메인 루틴에서 LED 시프트 디스플레이 동작을 수행하도록 하였다. 그러나, 이렇게 하면 메인 루틴과 인터럽트 서비스 루틴 사이에 레지스터나 데이터 변수의 충돌이 발생할 수 있으므로 이러한 가능성이 있는 레지스터들은 인터럽트 서비스 루틴의 시작 부분에서 PUSH 명령으로 대피시키고 끝 부분에서 POP 명령으로 되찾도록 하였다.

이 프로그램을 어셈블하여 다운로드하고 실행하라. 그리고, 스위치 SW2를 여러가지 방법으로 눌러서 인터럽트가 발생하는 것을 확인하라. 이 프로그램에서는 인터럽트 신호 $\overline{\text{INT0}}$을 에지 트리거 방식으로 처리하면서 디바운싱 기술을 적용하지 않았으므로 텍스트형 LCD 모듈에 표시되는 카운트값이 정확히 1씩 증가하지 않는 경우가 발생한다.

위의 프로그램에 인터럽트가 정확히 1번씩만 발생하도록 SW2의 디바운싱 기술을 적용하여 보면 다음과 같다.

〈프로그램 Exp10_8.asm〉 -INT0 인터럽트 카운트 프로그램(2)

```
;[][][][][][][][][][][][][][][][][][][][][][][][][][][][][][][][][][][]
;[]                                                                  []
;[]     Exp10_8.asm : -INT0 Interrupt Count Program(Debouncing)      []
;[]                                                                  []
;[][][][][][][][][][][][][][][][][][][][][][][][][][][][][][][][][][][]
;
;               Designed and programmed by Duck-Yong Yoon in 2005.
;
$NOMOD51                                ; do not use default MCS-51 SFR
$INCLUDE(AT89S52.INC)                   ; include AT89S52 definition file

;======================================================================
;       Main Program
;======================================================================
CSEG    AT      0000H
        JMP     BOOT

CSEG    AT      0003H
        JMP     INT0_ISR                ; -INT0 interrupt service routine

BOOT:   MOV     SP,#7FH                 ; initialize SP
        CALL    KIT_INITIALIZE          ; initialize OK-89S52 kit
        CALL    D50MS                   ; wait for system stabilization
        CALL    LCD_INITIALIZE          ; initialize text LCD
        CALL    BEEP

        CALL    LCD_HOME1               ; display title
        CALL    LCD_STRING
        DB      '   -INT0 Count   ',0
        CALL    LCD_HOME2
        CALL    LCD_STRING
        DB      '       000       ',0

        MOV     TCON,#00000001B         ; -INT0=edge trigger(IT0=1)
        MOV     IP,#00000001B           ; interrupt priority
        MOV     IE,#10000001B           ; enable interrupt(EA=EX0=1)

        MOV     R0,#0                   ; initial interrupt count

LOOP1:  MOV     A,#01H                  ; shift from LED1 to LED4
        MOV     R7,#4
LOOP2:  MOV     DPTR,#DIG_SELECT
        MOVX    @DPTR,A
        CALL    D200MS                  ; delay 200 ms
        RL      A
        DJNZ    R7,LOOP2
        JMP     LOOP1

;---------------------------------------------
;       -INT0 Interrupt Service Routine
;---------------------------------------------
INT0_ISR:PUSH   PSW                     ; store registers
        PUSH    ACC
```

```
        PUSH    DPH
        PUSH    DPL
        CALL    BEEP                    ; beep and delay for debouncing
        INC     R0                      ; increment interrupt count
        MOV     LCD_BUFFER,#0C6H        ; display interrupt count
        CALL    LCD_COMMAND
        MOV     DPH,#0
        MOV     DPL,R0
        CALL    LCD_3DEC
INT0_IS1:JNB    P3.2,INT0_IS1           ; wait until SW2 off(-INT0=1)
        CALL    D50MS                   ; delay for debouncing
        JNB     P3.2,INT0_IS1
        CLR     IE0                     ; clear another interrupt
        POP     DPL                     ; restore registers
        POP     DPH
        POP     ACC
        POP     PSW
        RETI

;===================================================================
;       Include User Subroutine File
;===================================================================
$INCLUDE(OK89S52.INC)                   ; include OK-89S52 subroutine file
        END
```

☞ 이 프로그램에서 사용한 디바운싱 프로그래밍 기술이 유일한 해결책은 아니므로 독자 여러분이 여러가지 기법을 스스로 만들어 시도하여 보기 바란다. 이 프로그램에서 사용한 방법은 시간지연에 의한 디바운싱도 중요하지만 인터럽트 서비스 루틴을 종료하기 전에 IE0 플랙을 클리어하는 것이 특히 중요하다.

이 프로그램을 어셈블하여 다운로드하고 실행하라. 그리고, 스위치 SW2를 여러가지 방법으로 눌러서 인터럽트가 발생하는 것을 확인하라. 이 프로그램에서는 인터럽트 신호 $\overline{\text{INT0}}$을 에지 트리거 방식으로 처리하면서 디바운싱 기술을 적용하였으므로 텍스트형 LCD 모듈에 표시되는 카운트값이 정확히 1씩 증가한다. 그러나, 키를 오래 누르고 있으면 디바운싱 기술에서 키가 떨어질 때까지 기다리면서 디바운싱을 처리하였기 때문에 메인 루틴의 실행이 계속 중단되는 단점이 있다.

▣ C언어의 경우

위의 예제 Exp10_7.asm을 C언어로 다시 작성하면 다음과 같다.

〈프로그램 Exp10_7.c〉 -INT0 인터럽트 카운트 프로그램(1)

```
/* ========================================================================== */
/*          Exp10_7.c : -INT0 Interrupt Count Program(No Debouncing)         */
/* ========================================================================== */
/*                         Designed and programmed by Duck-Yong Yoon in 2005. */

#include "AT89S52.H"                          // include AT89S52 definition file
```

```
#include "OK89S52.H"                              // include OK-89S52 kit function

LCD_3d(unsigned int number)                       /* display 3-digit decimal number */
{ unsigned char i,flag;

  flag = 0;
  i = number/100;                                 // 10^2
  if(i == 0) LCD_data(' ');
  else {     LCD_data(i + '0');
             flag = 1;
       }

  number = number % 100;                          // 10^1
  i = number/10;
  if((i == 0) && (flag == 0))
             LCD_data(' ');
  else {     LCD_data(i + '0');
             flag = 1;
       }

  i = number % 10;                                // 10^0
  LCD_data(i + '0');
}

unsigned char int_count=0;                        // interrupt counter

void INT0_ISR(void) interrupt 0                   // -INT0 interrupt function
{
  int_count++;                                    // increment interrupt count
  LCD_command(0xC6);                              // display interrupt count
  LCD_3d(int_count);
}

main()
{ unsigned char i,LED;

  Kit_initialize();                               // initialize OK-89S52 kit
  Delay_ms(50);                                   // wait for system stabilization
  LCD_initialize();                               // initialize text LCD module
  Beep();

  LCD_string(0x80,"  -INT0 Count    ");           // display title
  LCD_string(0xC0,"       000       ");

  TCON = 0x01;                                    // -INT0=edge trigger(IT0=1)
  IP = 0x01;                                      // interrupt priority
  IE = 0x81;                                      // enable interrupt(EA=EX0=1)

  while(1)
    { for(i=1, LED=0x01; i<=4; i++)               // shift from LED1 to LED4
        { DIG_SELECT = LED;
          Delay_ms(200);                          // delay 200 ms
          LED <<= 1;
        }
    }
}
```

이 프로그램을 컴파일하여 실행하고 앞의 어셈블리 언어 예제 Exp10_7.asm과 동일한 결과를 얻을 수 있는지 확인하라.

위의 예제 Exp10_8.asm을 C언어로 다시 작성하면 다음과 같다.

〈프로그램 Exp10_8.c〉 -INT0 인터럽트 카운트 프로그램(2)

```
/* ============================================================================ */
/*            Exp10_8.c : -INT0 Interrupt Count Program(Debouncing)            */
/* ============================================================================ */
/*                        Designed and programmed by Duck-Yong Yoon in 2005.   */

#include "AT89S52.H"                         // include AT89S52 definition file
#include "OK89S52.H"                         // include OK-89S52 kit function

LCD_3d(unsigned int number)                  /* display 3-digit decimal number */
{ unsigned char i,flag;

  flag = 0;
  i = number/100;                            // 10^2
  if(i == 0) LCD_data(' ');
  else {     LCD_data(i + '0');
             flag = 1;
       }

  number = number % 100;                     // 10^1
  i = number/10;
  if((i == 0) && (flag == 0))
             LCD_data(' ');
  else {     LCD_data(i + '0');
             flag = 1;
       }

  i = number % 10;                           // 10^0
  LCD_data(i + '0');
}

unsigned char int_count=0;                   // interrupt counter

void INT0_ISR(void) interrupt 0              // -INT0 interrupt function
{
  Beep();                                    // beep and delay for debouncing
  int_count++;                               // increment interrupt count
  LCD_command(0xC6);                         // display interrupt count
  LCD_3d(int_count);
  loop: while(!P3_2);                        // wait until SW2 off(-INT0=1)
        Delay_ms(50);                        // delay for debouncing
  if(!P3_2) goto loop;
  IE0 = 0;                                   // clear another interrupt
}

main()
{ unsigned char i,LED;

  Kit_initialize();                          // initialize OK-89S52 kit
  Delay_ms(50);                              // wait for system stabilization
  LCD_initialize();                          // initialize text LCD module
  Beep();

  LCD_string(0x80," -INT0 Count     ");      // display title
  LCD_string(0xC0,"       000       ");

  TCON = 0x01;                               // -INT0=edge trigger(IT0=1)
  IP = 0x01;                                 // interrupt priority
  IE = 0x81;                                 // enable interrupt(EA=EX0=1)

  while(1)
    { for(i=1, LED=0x01; i<=4; i++)          // shift from LED1 to LED4
        { DIG_SELECT = LED;
          Delay_ms(200);                     // delay 200 ms
```

```
            LED <<= 1;
        }
    }
}
```

이 프로그램을 컴파일하여 실행하고 앞의 어셈블리 언어 예제 Exp10_8.asm과 동일한 결과를 얻을 수 있는지 확인하라.

3. 실습 과제

(1) AT89S52의 외부 인터럽트에서 레벨 트리거 방식과 에지 트리거 방식의 차이를 비교하여 설명하라.

(2) 예제 프로그램 Exp10_8.asm에서 디바운싱을 위하여는 인터럽트 서비스 루틴의 끝부분에서 IE0 플랙을 0으로 클리어하는 것이 필요한 이유를 설명하라.

(3) 인터럽트 서비스 루틴에서 레지스터 R7~R0에 대하여는 PUSH/POP 명령을 사용하지 않고 다른 방법으로 레지스터를 대피시킬 수 있는데 그 방법을 설명하라.

(4) 예제 프로그램 Exp10_8.asm과 다른 방법을 사용하여 디바운싱 기능을 구현한 프로그램 Exp10_8r.asm을 작성하라.

4.11 7세그먼트 LED 출력 프로그램

이 절에서는 7세그먼트 LED의 구조와 동작원리를 이해하고, *OK-89S52* 키트에 내장된 8글자에 해당하는 7세그먼트 LED에 원하는 내용을 디스플레이하는 프로그래밍 기술을 익히기로 한다.

1. 7세그먼트 LED의 개요

여기서는 먼저 7세그먼트 LED의 일반적인 구조와 동작원리, 그리고 사용자가 이를 디스플레이하는 방법 등을 알아보기로 한다.

(1) 7세그먼트 LED의 구조

7세그먼트(segment) LED(Light Emitting Diode)는 <그림 4.11.1>처럼 7개의 막대형 LED를 사용하여 0~9의 아라비아 숫자나 간단한 기호 또는 몇가지의 영문자를 표시할 수 있도록 만든 LED 복합 소자이다. 대부분의 7세그먼트 LED에서는 여기에 또 하나의 LED를 추가하여 소수점(dot point)까지 표시하는 기능을 가지고 있으므로 1바이트(8비트) 디지털 데이터를 사용하여 이들 8개의 세그먼트를 구동함으로써 1글자를 디스플레이하는데 적합하며, 74LS47 BCD-to-Seven-Segment Decoder/Driver를 사용하면 4비트의 병렬 데이터로 1글자를 보다 쉽게 디스플레이할 수 있다.

7세그먼트 LED에는 1개의 소자로 1자리(digit)의 문자만을 표시하는 것에서부터 4자리나 6자리 등 여러 자리의 문자를 표시할 수 있는 것이 있으며 글자의 크기에 따라 다양한 모델이 있다. *OK-89S52* 키트에서는 취급이 간편하도록 4자리의 문자를 나타낼 수 있는 소자를 2개 사용하였다.

또한, 세그먼트 LED에는 이보다 훨씬 많은 세그먼트를 가지고 있어서 모든 알파벳 문자를 표현할 수 있는 것도 있으나, 이러한 종류는 가격이 비싸고 출력제어 회로도 복잡하므로 특별한 경우가 아니면 잘 사용하지 않는다. 세그먼트 LED보다 더욱 다양하고 미려한 문자 또는 그래픽을 표시하거나 좀 더 큰 화면을 구성하는데는 도트 매트릭스(dot matrix) LED를 사용하기도 한다.

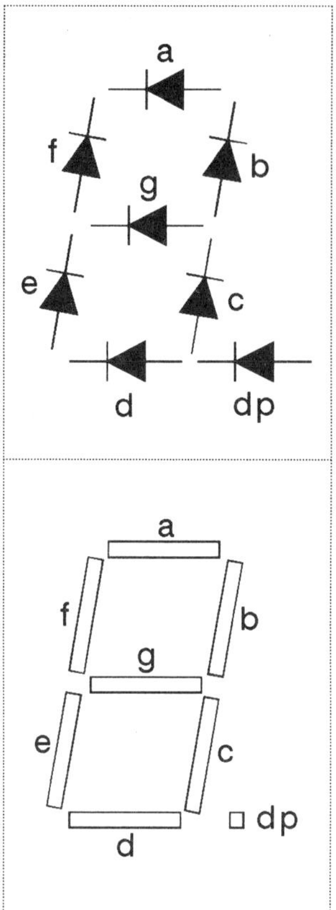

문자	a (D7)	b (D6)	c (D5)	d (D4)	e (D3)	f (D2)	g (D1)	dp (D0)
0	√	√	√	√	√	√		
1		√	√					
2	√	√		√	√		√	
3	√	√	√	√			√	
4		√	√			√	√	
5	√		√	√		√	√	
6	√		√	√	√	√	√	
7	√	√	√			√		
8	√	√	√	√	√	√	√	
9	√	√	√	√		√	√	
A	√	√	√		√	√	√	
b			√	√	√	√	√	
C	√			√	√	√		
d		√	√	√	√		√	
E	√			√	√	√	√	
F	√				√	√	√	
8.	√	√	√	√	√	√	√	√

〈그림 4.11.1〉 7세그먼트 LED의 구조 및 문자표시 동작

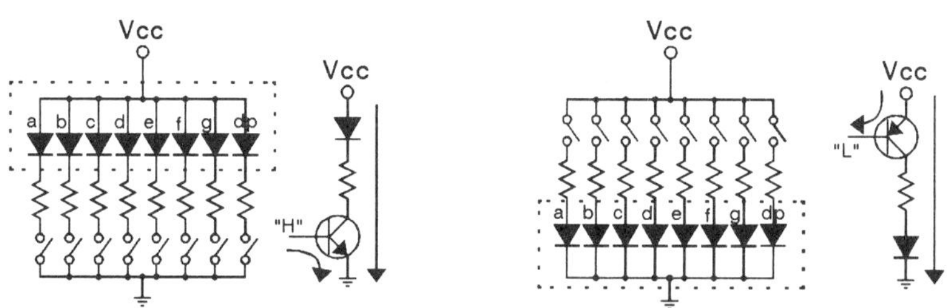

(a) 공통 애노드형 (b) 공통 캐소드형

〈그림 4.11.2〉 공통 애노드형 및 공통 캐소드형 7세그먼트 LED의 구동

7세그먼트 LED는 각 세그먼트를 구성하는 LED의 회로구성에 따라 공통 애노드형(common anode)과 공통 캐소드형(common cathode)으로 나눌 수 있다. 이것들을 각각 구동하여 점등하는 회로는 <그림 4.11.2>와 같은데, 이 2가지 방식 중에서 어느 것을 사용할 것인가 하는 문제는 7세그먼트 LED를 제어하는 회로의 출력단 데이터 논리상

태나 각 세그먼트를 점등하기 위한 스위칭 소자의 종류에 따라 결정된다. 즉, 그림의 (a)와 같이 공통 애노드형의 경우에는 LED의 스위칭 소자로서 NPN 트랜지스터를 low-side switch로 사용하여 제어회로 출력단의 데이터 논리상태가 H(high)일 때 점등하도록 구성하는 것이 편리하며, 그림의 (b)와 같이 공통 캐소드형의 경우에는 LED의 스위칭 소자로서 PNP 트랜지스터를 high-side switch로 사용하여 제어회로 출력단의 데이터 논리상태가 L(low)일 때 점등하도록 구성하는 것이 편리하다.

각각의 7세그먼트 LED를 제어 및 구동하는데는 TTL의 74LS46/47/48/49 또는 74LS246/247/248/249 소자와 같은 7세그먼트 LED 디스플레이 전용의 디코더/드라이버(decoder/driver) 소자를 사용할 수도 있으나, 이것들은 표시 가능한 문자가 4비트의 디지털 입력에 대응되는 16가지 종류로 제한되므로 다양한 문자나 기호를 표시할 수 없다는 점에서는 오히려 불리할 경우도 있다.

이에 비하여 마이크로프로세서를 이용하여 7세그먼트 LED의 각 세그먼트들을 1비트씩의 데이터로 제어한다면 소프트웨어의 부담은 증가하지만 다양한 모양을 표시할 수 있다는 장점을 갖는다. *OK-89S52* 키트에서 0x8100 번지에 해당하는 칩선택 신호 $\overline{\text{SEG_PATTERN}}$을 사용하여 출력되는 8비트 데이터 D7~D0과 각 세그먼트의 관계는 <그림 4.11.1>의 표에서 보인 바와 같다.

7세그먼트 LED에서도 각각의 세그먼트들은 일반 LED와 같이 약 10~20[mA]의 전류로 점등하는 것이 밝기나 수명의 측면에서 바람직하다. 그러나, LED를 펄스 구동하는 경우에는 훨씬 더 큰 전류를 흘리는 것이 허용되므로 다음에서 설명하는 바와 같이 다이나믹 디스플레이 방식에서는 LED의 밝기를 증가시키기 위하여 이보다 큰 전류를 흘리는 경우가 많다.

(2) 7세그먼트 LED의 구동 방법

7세그먼트 LED를 마이크로콘트롤러의 출력장치로 사용하는 경우에는 여러가지의 다양한 내용을 표시하기 위하여 6~8자리의 숫자 또는 문자를 표시할 수 있도록 하는 것이 좋다. 이와 같이 여러개의 7세그먼트 LED를 동시에 디스플레이하는데는 하드웨어의 부담을 늘리고 소프트웨어를 간편하게 하는 방법과 반대로 하드웨어의 부담을 줄이고 소프트웨어의 처리를 늘리는 방법이 있어서 아래와 같이 2가지의 구동 방식을 생각할 수 있다. 이중에서 어느 방식을 사용할 것인지를 선택하는데는 LED를 구동하는데 소요되는 총 전류의 크기도 중요한 요소가 된다.

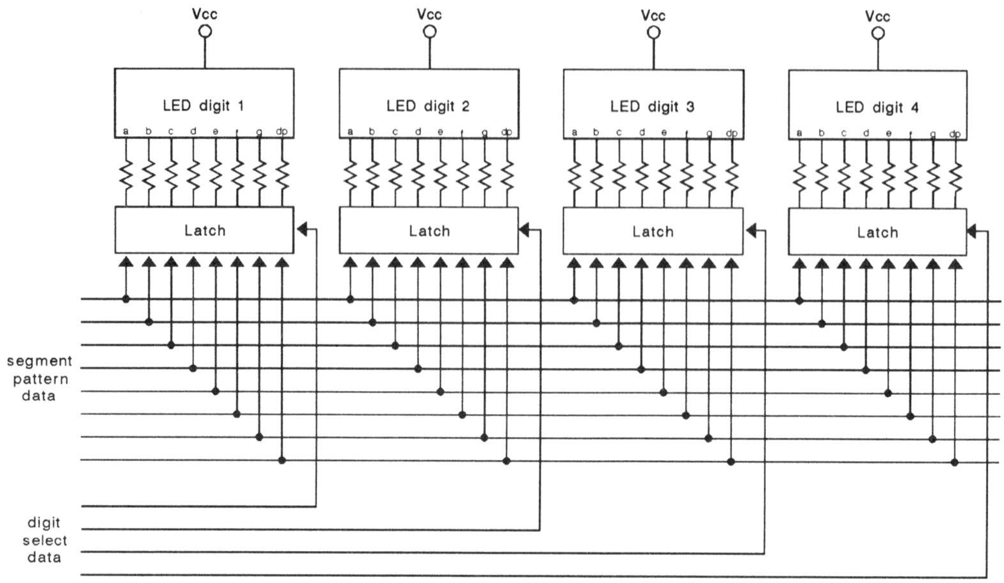

(a) Static Display 방식

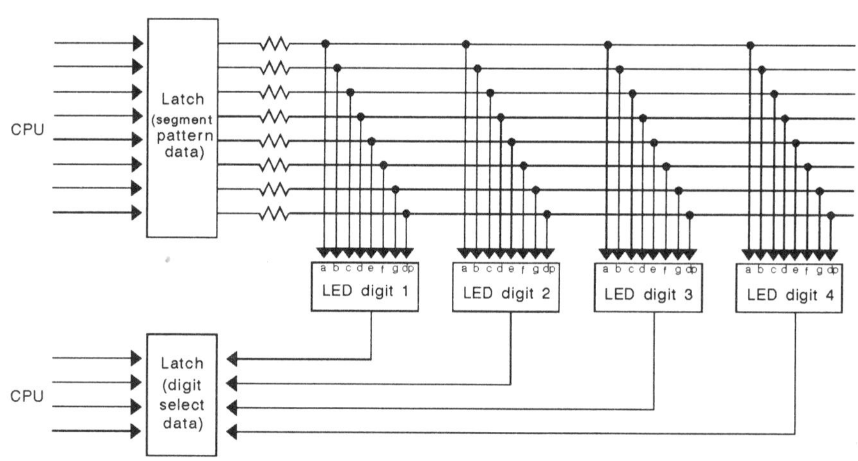

(b) Dynamic Display 방식

〈그림 4.11.3〉 여러 개의 7세그먼트 LED를 구동하는 방식

▣ Static Display 방식

靜的인 표시(static display) 방식은 <그림 4.11.3> (a)에서와 같이 CPU가 각 자리의 7세그먼트 LED에 표시할 데이터를 출력하면 이를 래치회로에 기억시켜두고 이 래치 및 드라이버 회로의 출력 데이터에 의하여 LED의 점등이 안정되게 지속되는 방식이다. 이 래치에 디코더 및 드라이버 기능을 가지는 논리소자를 사용하는 경우에는 각

표시문자에 대응되는 입력 데이터가 4비트로 보다 간단하게 처리된다.

이 표시방식은 CPU가 각 자리의 7세그먼트 LED에 표시할 데이터를 한 번씩 출력하는 것으로 동작이 완료되므로 CPU의 부담이 적다는 것이 장점이지만, 모든 LED가 항상 동시에 점등되어 있으므로 이에 따른 소비전력이 매우 크며, 표시 자리수가 많아질수록 회로의 복잡성이 크게 증가한다는 단점을 가진다.

▣ Dynamic Display 방식

動的인 표시(dynamic display 또는 multiplexing display) 방식은 <그림 4.11.3>의 (b)에서와 같이 CPU가 각 자리의 7세그먼트 LED에 표시할 데이터를 반복적으로 출력하면서 한 번에 한 자리씩만을 점등하는 방식이다. 즉, 첫번째로 digit 1에 표시할 데이터(segment pattern data) 및 digit 1의 위치를 선택하는 데이터(digit select data)를 출력하고 나서 잠시 시간지연을 준 후에, 두번째로 digit 2에 표시할 데이터 및 digit 2의 위치를 선택하는 데이터를 출력하고 나서 마찬가지로 잠시 지연시키는 방법으로 모든 자리에 대하여 순차적으로 돌아가면서 점등하며, 이후에는 digit 1부터 동작을 다시 반복한다. 이렇게 되면 LED 소자의 잔상시간과 사람 눈의 잔상효과에 의하여 모든 자리의 문자들이 동시에 점등되어 있는 것과 같은 효과를 얻을 수 있다.

그러나, 이때 LED 출력의 깜빡임 현상(flickering)이 없도록 하려면 LED 표시의 반복주기를 짧게 하여 적어도 1초에 20회 이상으로 표시동작이 반복되도록 해야 하며, 각 LED 세그먼트를 10~20[mA]의 전류로 동작시켜서는 static display 방식에 비하여 훨씬 흐리게 보이므로 LED를 밝게 하려면 동작전류를 수십 [mA] 정도로 늘려주는 것이 바람직하다.

이 표시방식은 CPU가 각 자리의 7세그먼트 LED를 계속하여 표시하는 동작을 반복하고 있어야 하므로 CPU의 부담이 크다는 것이 단점이지만, 어느 순간에든지 LED는 1자리만 점등되어 있게 되므로 소비전력이 상당히 작아지며, 표시 자리수가 많아지더라도 회로가 비교적 간단하다는 장점을 가진다. 따라서, 대부분의 트레이닝 키트에서는 이 방식을 사용하며, *OK-89S52* 키트에서도 물론 이 방식을 사용한다.

(3) *OK-89S52* 키트에서 사용하는 7세그먼트 LED 구동 회로

OK-89S52 키트에서는 4글자짜리 7세그먼트 LED를 2개 사용하여 모두 8글자를 디스플레이하는데, 이것들을 구동하는 방법은 <그림 4.11.4>에 보인 바와 같이 2개의 병렬출력을 이용한 다이나믹 디스플레이 방식을 사용한다. 즉, 0x8100 번지에 해당하는

칩선택 신호 $\overline{\text{SEG_PATTERN}}$을 통해서는 7세그먼트 LED에 표시할 문자의 모양을 결정하는 segment pattern data를 출력하고, 0x8200 번지에 해당하는 칩선택 신호 $\overline{\text{DIG_SELECT}}$를 통해서는 8문자 중에서 어느 위치의 7세그먼트 LED에 출력할 것인지를 결정하는 digit select data를 출력한다. 각 번지의 출력 데이터에는 버퍼로서 74LS574 8비트 D형 플립플롭을 사용하며, 여기서 사용하는 7세그먼트 LED는 공통 캐소드형이므로 애노드측의 각 세그먼트 데이터를 스위칭하는데는 PNP형 트랜지스터 어레이(transistor array)인 UDN2981을 사용하였고, 캐소드측의 각 문자위치 데이터를 스위칭하는데는 NPN형 트랜지스터 어레이인 ULN2803을 사용하였다.

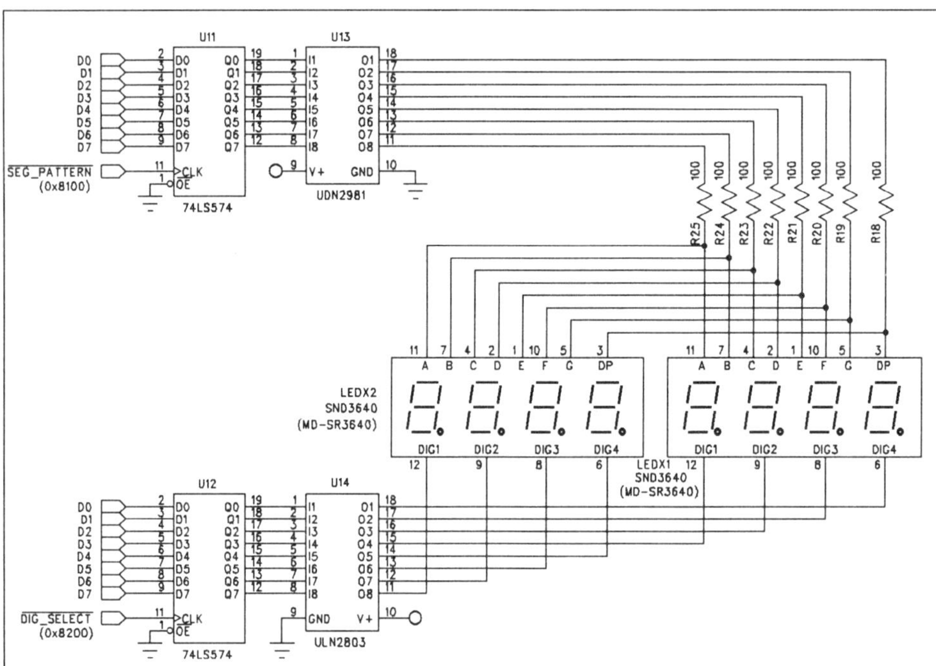

〈그림 4.11.4〉 7세그먼트 LED 보드의 회로도

각 글자의 7세그먼트 LED는 보통 1~2[ms] 정도씩 점등하는 것이 좋은데, 이렇게 하면 약 62.5~125[Hz]의 속도로 점등이 반복되어 사람의 눈으로 볼 때 전혀 깜빡임이 느껴지지 않고 모든 문자가 동시에 켜져 있는 것처럼 보인다. 그러나, 이와 같이 8개의 7세그먼트 LED를 순차적으로 다이나믹 디스플레이 방식으로 구동하면 전체적인 밝기는 스태틱 디스플레이 방식에 비하여 1/8로 낮아지므로 각 LED 세그먼트의 동작 전류를 크게 하는 것이 좋다. 따라서, 흔히 LED의 전류제한 저항으로는 330[Ω]을 사용하는데 비하여 여기서는 100[Ω] 저항을 사용하였으며 전류를 이보다 좀더 크게 하려면 저항을 예를 들어 68[Ω] 정도로 더 작게 접속해야 한다. 그러나, LED의 전류를 수십 [mA] 이상으로 지나치게 크게 구동하면 이는 LED의 수명을 짧게 하므로 바람직하지 않다.

OK-89S52 키트에서 사용하는 4글자짜리 공통 캐소드형 7세그먼트 LED는 우리나라 삼광반도체의 SND-3640SR이며 이밖에 미광전자의 MD-SR3640도 사용할 수 있는데 이것의 외형과 내부 구조를 도시하면 <그림 4.11.5>와 같다.

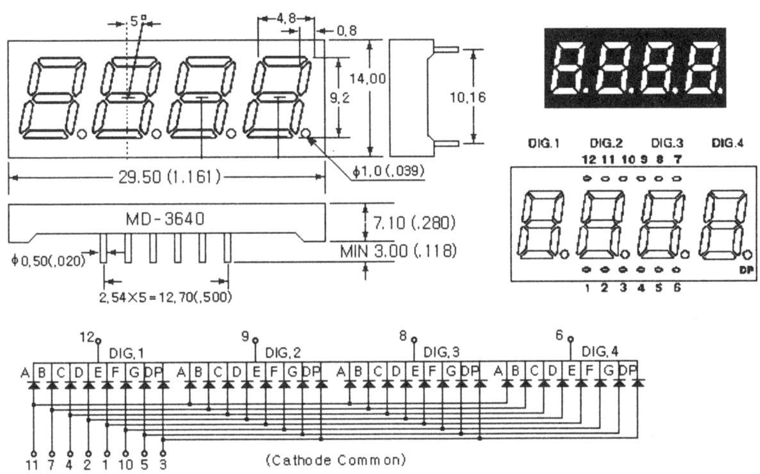

〈그림 4.11.5〉 MD-SR3640 소자의 외형

2. 각 자리에 동일한 글자를 표시하기

앞에서도 설명하였듯이 *OK-89S52* 키트에서는 8개의 7세그먼트 LED를 다이나믹 디스플레이 방식으로 구동한다. 그러나, 8문자의 7세그먼트 LED에 모두 동일한 내용을 표시하는 경우에는 8개 문자가 모두 선택되도록 digit select data를 출력하여 놓고 그 이후에는 segment pattern data만 출력하면 되므로 이것은 마치 스태틱 디스플레이 방식을 사용하는 것처럼 단순하다.

▣ 어셈블리 언어의 경우

8개의 7세그먼트 LED에 동일한 내용을 표시하는 어셈블리 예제는 다음과 같다.

〈프로그램 Exp11_1.asm〉 각 세그먼트 LED에 동일한 문자를 표시하는 프로그램

```
;[][][][][][][][][][][][][][][][][][][][][][][][][][][][][][][][][][][][]
;[]                                                                    []
;[]     Exp11_1.asm : 7-Segment LED Display - Same Characters          []
;[]                                                                    []
;[][][][][][][][][][][][][][][][][][][][][][][][][][][][][][][][][][][][]
;
;               Designed and programmed by Duck-Yong Yoon in 2005.
;
$NOMOD51                                ; do not use default MCS-51 SFR
$INCLUDE(AT89S52.INC)                   ; include AT89S52 definition file

;======================================================================
;       Main Program
;======================================================================
CSEG    AT      0000H
        MOV     SP,#7FH                 ; initialize SP
        CALL    KIT_INITIALIZE          ; initialize OK-89S52 kit
        CALL    D50MS                   ; wait for system stabilization
        CALL    LCD_INITIALIZE          ; initialize text LCD
        CALL    BEEP

        CALL    LCD_HOME1               ; display title
        CALL    LCD_STRING
        DB      ' 7-segment LED  ',0
        CALL    LCD_HOME2
        CALL    LCD_STRING
        DB      '                ',0

;---------------------------------------------
;       Display from 0 to F, and H, -, ., '
;---------------------------------------------
LOOP:   MOV     DPTR,#DIG_SELECT        ; select all digits
        MOV     A,#11111111B
        MOVX    @DPTR,A

        MOV     R0,#00H                 ; display from 0 to F
LOOP1:  MOV     A,R0
        CALL    BIN2LED
        MOV     DPTR,#SEG_PATTERN
        MOVX    @DPTR,A
        CALL    D1SEC
        INC     R0
        CJNE    R0,#10H,LOOP1

        MOV     A,#'H'                  ; display "H"
        CALL    BIN2LED
        MOV     DPTR,#SEG_PATTERN
        MOVX    @DPTR,A
        CALL    D1SEC

        MOV     A,#'-'                  ; display "-"
        CALL    BIN2LED
        MOV     DPTR,#SEG_PATTERN
        MOVX    @DPTR,A
        CALL    D1SEC

        MOV     A,#'.'                  ; display "."
        CALL    BIN2LED
        MOV     DPTR,#SEG_PATTERN
        MOVX    @DPTR,A
```

```
        CALL    D1SEC

        MOV     A,#27H                  ; display "'"
        CALL    BIN2LED
        MOV     DPTR,#SEG_PATTERN
        MOVX    @DPTR,A
        CALL    D1SEC

;----------------------------------------------
;       Display Random Pattern
;----------------------------------------------
        MOV     R6,#8                   ; outer loop counter
        MOV     R0,#80H
LOOP2:  MOV     DPTR,#DIG_SELECT        ; select digit from 8 to 1
        MOV     A,R0
        MOVX    @DPTR,A
        MOV     R7,#8                   ; inner loop counter
        MOV     DPTR,#RANDOM
LOOP21: CLR     A                       ; read segment pattern data
        MOVC    A,@A+DPTR
        PUSH    DPH
        PUSH    DPL
        MOV     DPTR,#SEG_PATTERN       ; output segment pattern data
        MOVX    @DPTR,A
        POP     DPL
        POP     DPH
        CALL    D100MS
        INC     DPTR
        DJNZ    R7,LOOP21
        MOV     A,R0                    ; shift right
        RR      A
        MOV     R0,A
        DJNZ    R6,LOOP2
        JMP     LOOP

RANDOM: DB      00000100B,10000000B     ; random segment patter data
        DB      01000000B,00000010B
        DB      00001000B,00010000B
        DB      00100000B,00000010B

;----------------------------------------------
;       Convert Binary to 7-segment LED Pattern
;----------------------------------------------
; Input  : A = 8-bit binary(from 0b00000000 to 0b00001111), "-", "."
; Output : A = 7-segment LED pattern data

BIN2LED:PUSH    DPH
        PUSH    DPL
        CJNE    A,#'H',BIN2L1           ; if A="H", A=10H
        MOV     A,#10H
        JMP     BIN2L6
BIN2L1: CJNE    A,#'-',BIN2L2           ; if A="-", A=11H
        MOV     A,#11H
        JMP     BIN2L6
BIN2L2: CJNE    A,#'.',BIN2L3           ; if A=".", A=12H
        MOV     A,#12H
        JMP     BIN2L6
BIN2L3: CJNE    A,#27H,BIN2L4           ; if A="'", A=13H
        MOV     A,#13H
        JMP     BIN2L6
BIN2L4: CJNE    A,#10H,BIN2L5           ; if not available, A=00H
BIN2L5: JC      BIN2L6
        MOV     A,#00H
```

```
        JMP     BIN2L7
BIN2L6: MOV     DPTR,#LED_TABLE         ; read LED pattern data
        MOVC    A,@A+DPTR
BIN2L7: POP     DPL
        POP     DPH
        RET

LED_TABLE:                              ; 7-segment LED data table
        DB      11111100B,01100000B     ; 0,1
        DB      11011010B,11110010B     ; 2,3
        DB      01100110B,10110110B     ; 4,5
        DB      10111110B,11100100B     ; 6,7
        DB      11111110B,11110110B     ; 8,9
        DB      11101110B,00111110B     ; A,b
        DB      10011100B,01111010B     ; C,d
        DB      10011110B,10001110B     ; E,F
        DB      01101110B,00000010B     ; H,-
        DB      00000001B,01000000B     ; .,'

;==================================================================
;       Include User Subroutine File
;==================================================================
$INCLUDE(OK89S52.INC)                   ; include OK-89S52 subroutine file
        END
```

☞ 여기서는 자주 사용하는 0~F(0b00000000~0b00001111)의 숫자나 "H","-", ".", "'" 등의 글자를 표시하는데는 이 2진수값이나 ASCII 코드를 segment pattern data로 변환하는 서브루틴 BIN2LED를 사용하였다. LOOP1에서와 같이 전체 글자에 동일한 내용을 디스플레이하거나 LOOP2에서와 같이 1글자만을 디스플레이할 때는 먼저 글자 위치를 선택해 놓은 상태에서 세그먼트 패턴 데이터만을 출력하므로 사실상 스태틱 디스플레이와 같다.

이 프로그램을 어셈블하여 다운로드하고 실행하라. 그리고, LED에 표시되는 내용을 여러 가지로 변경하도록 프로그램을 수정하여 보라.

▣ C언어의 경우

앞의 Exp11_1.asm 프로그램을 C언어로 작성하여 보면 다음과 같다.

〈프로그램 Exp11_1.c〉 각 세그먼트 LED에 동일한 문자를 표시하는 프로그램

```
/* ======================================================================== */
/*          Exp11_1.c : 7-Segment LED Display - Same Characters             */
/* ======================================================================== */
/*                      Designed and programmed by Duck-Yong Yoon in 2005.  */

#include "AT89S52.H"                        // include AT89S52 definition file
#include "OK89S52.H"                        // include OK-89S52 kit function

unsigned char Bin2LED(unsigned char number)   /* convert binary to LED pattern */
{
```

```
  if(number == 0)        return 0xFC;
  else if(number == 1)  return 0x60;
  else if(number == 2)  return 0xDA;
  else if(number == 3)  return 0xF2;
  else if(number == 4)  return 0x66;
  else if(number == 5)  return 0xB6;
  else if(number == 6)  return 0xBE;
  else if(number == 7)  return 0xE4;
  else if(number == 8)  return 0xFE;
  else if(number == 9)  return 0xF6;
  else if(number == 10) return 0xEE;
  else if(number == 11) return 0x3E;
  else if(number == 12) return 0x9C;
  else if(number == 13) return 0x7A;
  else if(number == 14) return 0x9E;
  else if(number == 15) return 0x8E;
  else if(number == 'H') return 0x6E;
  else if(number == '-') return 0x02;
  else if(number == '.') return 0x01;
  else if(number == 0x27) return 0x40;
  else return 0x00;
}

main()
{ unsigned char i,j,digit;
  unsigned char random[8] = {0x04,0x80,0x40,0x02,0x08,0x10,0x20,0x02};

  Kit_initialize();                              // initialize OK-89S52 kit
  Delay_ms(50);                                  // wait for system stabilization
  LCD_initialize();                              // initialize text LCD module
  Beep();

  LCD_string(0x80," 7-segment LED  ");           // display title
  LCD_string(0xC0,"                ");

  while(1)
    { DIG_SELECT = 0xFF;                         // select all digits
      for(i=0; i<=0x0F; i++)                     // display from 0 to F
        { SEG_PATTERN = Bin2LED(i);
          Delay_ms(1000);
        }
      SEG_PATTERN = Bin2LED('H');                // display "H"
      Delay_ms(1000);
      SEG_PATTERN = Bin2LED('-');                // display "-"
      Delay_ms(1000);
      SEG_PATTERN = Bin2LED('.');                // display "."
      Delay_ms(1000);
      SEG_PATTERN = Bin2LED(0x27);               // display "'"
      Delay_ms(1000);

      for(i=1, digit=0x80; i<=8; i++)            // display random pattern
        { DIG_SELECT = digit;
          for(j=0; j<=7; j++)
            { SEG_PATTERN = random[j];
              Delay_ms(100);
            }
          digit >>= 1;
        }
    }
}
```

3. 각 자리에 서로 다른 글자를 표시하기

8개의 7세그먼트 LED에 각각 서로 다른 글자들을 표시하려면 이제 진정한 다이나믹 디스플레이 방식을 사용해야 한다. 즉, 각 글자들을 일정한 시간씩 교대로 점등하여 잔상효과로서 모든 글자가 동시에 켜져 있는 것처럼 보이도록 한다. 여기서는 각 글자 위치를 1 ms씩 점등하는 것으로 처리한다.

▣ 어셈블리 언어의 경우

8개의 7세그먼트 LED에 각각 서로 다른 내용을 표시하는 어셈블리 예제는 다음과 같다.

<프로그램 Exp11_2.asm> 각 세그먼트 LED에 서로 다른 문자를 표시하는 프로그램

```
;[][][][][][][][][][][][][][][][][][][][][][][][][][][][][][][][][][]
;[]                                                                []
;[]  Exp11_2.asm : 7-Segment LED Display - Different Characters    []
;[]                                                                []
;[][][][][][][][][][][][][][][][][][][][][][][][][][][][][][][][][][]
;
;          Designed and programmed by Duck-Yong Yoon in 2005.
;
$NOMOD51                               ; do not use default MCS-51 SFR
$INCLUDE(AT89S52.INC)                  ; include AT89S52 definition file

;===================================================================
;       Main Program
;===================================================================
CSEG    AT      0000H
        MOV     SP,#7FH                ; initialize SP
        CALL    KIT_INITIALIZE         ; initialize OK-89S52 kit
        CALL    D50MS                  ; wait for system stabilization
        CALL    LCD_INITIALIZE         ; initialize text LCD
        CALL    BEEP

        CALL    LCD_HOME1              ; display title
        CALL    LCD_STRING
        DB      ' 7-segment LED  ',0
        CALL    LCD_HOME2
        CALL    LCD_STRING
        DB      '                ',0

START:  MOV     R7,#250                ; display from 0 to 7
LOOP1:  MOV     R6,#8
        MOV     R1,#80H
        MOV     R0,#0
LOOP11: MOV     DPTR,#SEG_PATTERN      ; output segment pattern data
        MOV     A,R0
        CALL    BIN2LED
        MOVX    @DPTR,A
        MOV     DPTR,#DIG_SELECT       ; output digit select data
        MOV     A,R1
```

```
        MOVX    @DPTR,A
        CALL    D1MS                    ; delay 1ms
        INC     R0
        MOV     A,R1
        RR      A
        MOV     R1,A
        DJNZ    R6,LOOP11
        DJNZ    R7,LOOP1

        MOV     R7,#250                 ; display from 8 to F
LOOP2:  MOV     R6,#8
        MOV     R1,#80H
        MOV     R0,#8
LOOP21: MOV     DPTR,#SEG_PATTERN       ; output segment pattern data
        MOV     A,R0
        CALL    BIN2LED
        MOVX    @DPTR,A
        MOV     DPTR,#DIG_SELECT        ; output digit select data
        MOV     A,R1
        MOVX    @DPTR,A
        CALL    D1MS                    ; delay 1ms
        INC     R0
        MOV     A,R1
        RR      A
        MOV     R1,A
        DJNZ    R6,LOOP21
        DJNZ    R7,LOOP2

        JMP     START

;----------------------------------------------
;       Convert Binary to 7-segment LED Pattern
;----------------------------------------------
; Input  : A = 8-bit binary(from 0b00000000 to 0b00001111), "-", "."
; Output : A = 7-segment LED pattern data

BIN2LED:PUSH    DPH
        PUSH    DPL
        CJNE    A,#'H',BIN2L1           ; if A="H", A=10H
        MOV     A,#10H
        JMP     BIN2L6
BIN2L1: CJNE    A,#'-',BIN2L2           ; if A="-", A=11H
        MOV     A,#11H
        JMP     BIN2L6
BIN2L2: CJNE    A,#'.',BIN2L3           ; if A=".", A=12H
        MOV     A,#12H
        JMP     BIN2L6
BIN2L3: CJNE    A,#27H,BIN2L4           ; if A="'", A=13H
        MOV     A,#13H
        JMP     BIN2L6
BIN2L4: CJNE    A,#10H,BIN2L5           ; if not available, A=00H
BIN2L5: JC      BIN2L6
        MOV     A,#00H
        JMP     BIN2L7
BIN2L6: MOV     DPTR,#LED_TABLE         ; read LED pattern data
        MOVC    A,@A+DPTR
BIN2L7: POP     DPL
        POP     DPH
        RET

LED_TABLE:                              ; 7-segment LED data table
        DB      11111100B,01100000B     ; 0,1
        DB      11011010B,11110010B     ; 2,3
        DB      01100110B,10110110B     ; 4,5
        DB      10111110B,11100100B     ; 6,7
```

```
        DB      11111110B,11110110B     ; 8,9
        DB      11101110B,00111110B     ; A,b
        DB      10011100B,01111010B     ; C,d
        DB      10011110B,10001110B     ; E,F
        DB      01101110B,00000010B     ; H,-
        DB      00000001B,01000000B     ; .,'

;==================================================================
;       Include User Subroutine File
;==================================================================
$INCLUDE(OK89S52.INC)                   ; include OK-89S52 subroutine file
        END
```

☞ 다이나믹 디스플레이 방식에서는 CPU가 지속적으로 segment pattern data와 digit select data를 반복하여 출력해야 하기 때문에 다른 일을 할 여유가 없다. CPU는 8글자의 7세그먼트 LED를 교대로 반복하여 표시하므로 이 7세그먼트 LED에 어떤 내용이 표시되는 시간은 1회의 표시 시간에 반복횟수를 곱한 시간으로 결정된다. *OK-89S52* 키트에서는 7세그먼트 LED가 8글자이므로 1글자를 1ms씩 표시한다면 1회의 화면표시 시간은 약 8ms가 된다. 여기서는 하나의 화면을 2초동안 표시하고자 하는데, 이는 1회의 화면표시에 약 8ms가 소요되므로 이를 모두 250번 반복하면 된다. 만약 표시하려는 시간이 달라지면 이와 같은 방법으로 계산하여 설계하면 된다.

이 프로그램에서 레지스터 R0은 표시할 글자의 종류를 나타내고, R1은 글자의 위치를 나타내며, R6은 하나의 루틴으로 8개의 글자위치를 이동하면서 1ms씩 표시하는 루프 카운터로 사용되었다. 이렇게 하면 이것은 1회의 표시 동작이 수행되는데 이를 루프 카운터 R7을 사용하여 250번 반복하여 2초가 되게 하였다.

▣ C언어의 경우

앞의 Exp11_2.asm 프로그램을 C언어로 작성하여 보면 다음과 같다.

〈프로그램 Exp11_2.c〉 각 세그먼트 LED에 서로 다른 문자를 표시하는 프로그램

```
/* ========================================================================== */
/*          Exp11_2.c : 7-Segment LED Display - Different Characters          */
/* ========================================================================== */
/*                          Designed and programmed by Duck-Yong Yoon in 2005.  */

#include "AT89S52.H"                            // include AT89S52 definition file
#include "OK89S52.H"                            // include OK-89S52 kit function

unsigned char Bin2LED(unsigned char number)     /* convert binary to LED pattern */
{
  if(number == 0)       return 0xFC;
  else if(number == 1)  return 0x60;
  else if(number == 2)  return 0xDA;
  else if(number == 3)  return 0xF2;
  else if(number == 4)  return 0x66;
  else if(number == 5)  return 0xB6;
  else if(number == 6)  return 0xBE;
  else if(number == 7)  return 0xE4;
  else if(number == 8)  return 0xFE;
  else if(number == 9)  return 0xF6;
  else if(number == 10) return 0xEE;
```

```
    else if(number == 11) return 0x3E;
    else if(number == 12) return 0x9C;
    else if(number == 13) return 0x7A;
    else if(number == 14) return 0x9E;
    else if(number == 15) return 0x8E;
    else if(number == 'H') return 0x6E;
    else if(number == '-') return 0x02;
    else if(number == '.') return 0x01;
    else if(number == 0x27) return 0x40;
    else return 0x00;
  }

  main()
  { unsigned char i,j,digit;

    Kit_initialize();                              // initialize OK-89S52 kit
    Delay_ms(50);                                  // wait for system stabilization
    LCD_initialize();                              // initialize text LCD module
    Beep();

    LCD_string(0x80," 7-segment LED  ");           // display title
    LCD_string(0xC0,"                ");

    while(1)
      { for(i=1; i<= 250; i++)                     // display from 0 to 7
          { for(j=0, digit=0x80; j<=7; j++)
              { SEG_PATTERN = Bin2LED(j);          // output segment pattern data
                DIG_SELECT = digit;                // output digit select data
                Delay_ms(1);                       // delay 1ms
                digit >>= 1;
              }
          }

        for(i=1; i<= 250; i++)                     // display from 8 to F
          { for(j=8, digit=0x80; j<=0x0F; j++)
              { SEG_PATTERN = Bin2LED(j);          // output segment pattern data
                DIG_SELECT = digit;                // output digit select data
                Delay_ms(1);                       // delay 1ms
                digit >>= 1;
              }
          }
      }
  }
```

이 프로그램을 컴파일하여 다운로드하고 실행하라. 여기서 다이나믹 디스플레이에 사용되는 각 글자의 표시 시간을 부여하는 부분 Delay_ms(1);을 2군데 모두 삭제하고 실행시켜 7세그먼트 LED의 표시상태를 관찰하여 보라. 또한 각 글자의 표시 시간을 부여하는 부분 Delay_ms(1);에서 시간지연값을 점차로 증가시켜 7세그먼트 LED에서 깜빡임이 나타나기 시작하는 시간지연값을 찾아보라. 또한, 이를 7세그먼트 LED 반복 표시 주파수로 환산하여 보라.

4. 수치 데이터의 표시

이제 앞에서 텍스트형 LCD 모듈에 했던 것처럼 8개의 7세그먼트 LED에 16진수 또는 10진수의 수치 데이터를 표시하는 프로그래밍 기술을 공부한다. LCD 모듈에는 CPU가 1번 데이터를 출력하는 것으로 충분하지만, 7세그먼트 LED에서는 CPU가 표시동작을 반복적으로 처리해 주어야 한다는 것을 다시 한번 염두에 두어야 한다.

▣ 어셈블리 언어의 경우

텍스트형 LCD 모듈과 8개의 7세그먼트 LED에 각각 1~255의 수치 데이터를 16진수와 10진수로 동시에 표시하는 어셈블리 예제는 다음과 같다.

〈프로그램 Exp11_3.asm〉 LCD와 7세그먼트 LED에 수치 데이터를 표시

```
;[][][][][][][][][][][][][][][][][][][][][][][][][][][][][][][][][][][]
;[]                                                                  []
;[]      Exp11_3.asm : 7-Segment LED Display - Numerical Data        []
;[]                                                                  []
;[][][][][][][][][][][][][][][][][][][][][][][][][][][][][][][][][][][]
;
;               Designed and programmed by Duck-Yong Yoon in 2005.
;
$NOMOD51                                ; do not use default MCS-51 SFR
$INCLUDE(AT89S52.INC)                   ; include AT89S52 definition file

PATTERN DATA    30H                     ; 7-segment LED pattern data

;=====================================================================
;       Main Program
;=====================================================================
CSEG    AT      0000H
        MOV     SP,#7FH                 ; initialize SP
        CALL    KIT_INITIALIZE          ; initialize OK-89S52 kit
        CALL    D50MS                   ; wait for system stabilization
        CALL    LCD_INITIALIZE          ; initialize text LCD
        CALL    BEEP

        CALL    LCD_HOME1               ; display title
        CALL    LCD_STRING
        DB      '   LCD & LED    ',0
        CALL    LCD_HOME2
        CALL    LCD_STRING
        DB      '   00H = 000    ',0

        MOV     R7,#8                   ; clear initial LED pattern data
        MOV     R0,#PATTERN
        CLR     A
INITIAL:MOV     @R0,A
        DJNZ    R7,INITIAL

START:  MOV     R3,#1
```

```
LOOP1:  MOV     LCD_BUFFER,#0C3H        ; display hexadecimal on LCD
        CALL    LCD_COMMAND
        MOV     LCD_BUFFER,R3
        CALL    LCD_2HEX
        MOV     LCD_BUFFER,#0C9H        ; display decimal on LCD
        CALL    LCD_COMMAND
        MOV     DPH,#0
        MOV     DPL,R3
        CALL    LCD_3DEC

        MOV     LCD_BUFFER,R3           ; convert hex to LED pattern
        CALL    LED_2HEX
        MOV     LCD_BUFFER,R3           ; convert decimal to LED pattern
        CALL    LED_3DEC

        MOV     R7,#125                 ; display 7-segment LED
LOOP2:  MOV     R6,#8
        MOV     R1,#80H
        MOV     R0,#PATTERN
LOOP21: MOV     DPTR,#SEG_PATTERN       ; output segment pattern data
        MOV     A,@R0
        MOVX    @DPTR,A
        MOV     DPTR,#DIG_SELECT        ; output digit select data
        MOV     A,R1
        MOVX    @DPTR,A
        CALL    D1MS                    ; delay 1ms
        INC     R0
        MOV     A,R1
        RR      A
        MOV     R1,A
        DJNZ    R6,LOOP21
        DJNZ    R7,LOOP2

        INC     R3
        CJNE    R3,#0,LOOP1
        JMP     START

;---------------------------------------------
;       Display 2 Digit HEX Data(LCD_BUFFER)
;---------------------------------------------
LED_2HEX:MOV    A,LCD_BUFFER            ; upper digit 16^1
        PUSH    ACC
        ANL     A,#11110000B
        SWAP    A
        CALL    BIN2LED
        MOV     PATTERN+0,A
        POP     ACC                     ; lower digit 16^0
        ANL     A,#00001111B
        CALL    BIN2LED
        MOV     PATTERN+1,A
        MOV     A,#'H'
        CALL    BIN2LED
        MOV     PATTERN+2,A
        RET

;---------------------------------------------
;       Display 3-Digit Decimal Data(LCD_BUFFER)
;---------------------------------------------
LED_3DEC:CLR    ZERO_FLAG               ; clear zero zone flag
        MOV     R4,DPH                  ; input data = DPTR
        MOV     R5,DPL
LED_3DEC1:MOV   R7,#100                 ; display 10^2 digit
        CALL    DIV8
```

```
        MOV     A,R5
        CJNE    A,#0,LED_3DEC2
        MOV     A,#00H
        JMP     LED_3DEC3
LED_3DEC2:SETB  ZERO_FLAG
        CALL    BIN2LED
LED_3DEC3:MOV   PATTERN+5,A
        MOV     A,R4
        MOV     R5,A
        MOV     R4,#0
        MOV     R7,#10                  ; display 10^1 digit
        CALL    DIV8
        MOV     A,R5
        JB      ZERO_FLAG,LED_3DEC4
        CJNE    A,#0,LED_3DEC4
        MOV     A,#00H
        JMP     LED_3DEC5
LED_3DEC4:SETB  ZERO_FLAG
        CALL    BIN2LED
LED_3DEC5:MOV   PATTERN+6,A
        MOV     A,R4                    ; display 10^0 digit
        CALL    BIN2LED
        MOV     PATTERN+7,A
        RET

;---------------------------------------------
;       Convert Binary to 7-segment LED Pattern
;---------------------------------------------
; Input  : A = 8-bit binary(from 0b00000000 to 0b00001111), "-", "."
; Output : A = 7-segment LED pattern data

BIN2LED:PUSH    DPH
        PUSH    DPL
        CJNE    A,#'H',BIN2L1           ; if A="H", A=10H
        MOV     A,#10H
        JMP     BIN2L6
BIN2L1: CJNE    A,#'-',BIN2L2           ; if A="-", A=11H
        MOV     A,#11H
        JMP     BIN2L6
BIN2L2: CJNE    A,#'.',BIN2L3           ; if A=".", A=12H
        MOV     A,#12H
        JMP     BIN2L6
BIN2L3: CJNE    A,#27H,BIN2L4           ; if A="'", A=13H
        MOV     A,#13H
        JMP     BIN2L6
BIN2L4: CJNE    A,#10H,BIN2L5           ; if not available, A=00H
BIN2L5: JC      BIN2L6
        MOV     A,#00H
        JMP     BIN2L7
BIN2L6: MOV     DPTR,#LED_TABLE         ; read LED pattern data
        MOVC    A,@A+DPTR
BIN2L7: POP     DPL
        POP     DPH
        RET

LED_TABLE:                              ; 7-segment LED data table
        DB      11111100B,01100000B     ; 0,1
        DB      11011010B,11110010B     ; 2,3
        DB      01100110B,10110110B     ; 4,5
        DB      10111110B,11100100B     ; 6,7
        DB      11111110B,11110110B     ; 8,9
        DB      11101110B,00111110B     ; A,b
        DB      10011100B,01111010B     ; C,d
```

```
        DB      10011110B,10001110B      ; E,F
        DB      01101110B,00000010B      ; H,-
        DB      00000001B,01000000B      ; .,'

;===================================================================
;       Include User Subroutine File
;===================================================================
$INCLUDE(OK89S52.INC)                    ; include OK-89S52 subroutine file
        END
```

☞ 다이나믹 디스플레이 방식에서는 MCU가 지속적으로 segment pattern data와 digit select data를 반복하여 출력해야 하기 때문에 다른 일을 할 여유가 없다. 이 때문에 MCU가 다른 처리를 수행하면서 7세그먼트 LED를 표시해야 하는 경우에는 7세그먼트 LED 표시 동작을 기본으로 수행하면서 그 사이의 짧은 시간동안 다른 일을 처리하는 시분할 처리 방식을 수행하든지 또는 주기적인 타이머 인터럽트를 사용하여 7세그먼트 LED를 표시하는 것이 바람직하다. 여기서는 7세그먼트 LED의 표시 동작 사이에 한번씩 텍스트형 LCD 모듈에 데이터를 출력하는 동작을 수행함으로써 사람이 볼 때는 텍스트형 LCD 모듈과 7세그먼트 LED에 동시에 같은 내용이 디스플레이되게 된다.

수치 데이터는 먼저 8글자의 7세그먼트 LED의 패턴 데이터로 변환되어 8개의 메모리 변수에 저장되어 있다. 반복적인 7세그먼트 LED 표시 루틴에서는 이 8개의 메모리 변수를 읽어서 표시하면 된다. 2자리의 16진수를 7세그먼트 LED 패턴으로 변환하는데는 LED_2HEX 서브루틴을 사용하였고, 3자리의 10진수를 7세그먼트 LED 패턴으로 변환하는데는 LED_3DEC 서브루틴을 사용하였다.

▣ C언어의 경우

앞의 Exp11_2.asm 프로그램을 C언어로 작성하여 보면 다음과 같다.

〈프로그램 Exp11_3.c〉 LCD와 7세그먼트 LED에 수치 데이터를 표시

```
/* ========================================================================== */
/*              Exp11_3.c : 7-Segment LED Display - Numerical Data            */
/* ========================================================================== */
/*                         Designed and programmed by Duck-Yong Yoon in 2005.  */

#include "AT89S52.H"                          // include AT89S52 definition file
#include "OK89S52.H"                          // include OK-89S52 kit function

LCD_2hex(unsigned char number)                /* display 2-digit hex number */
{ unsigned char i;

  i = (number >> 4) & 0x0F;                   // 16^1
  if(i <= 9) LCD_data(i + '0');
  else       LCD_data(i - 10 + 'A');

  i = number & 0x0F;                          // 16^0
  if(i <= 9) LCD_data(i + '0');
  else       LCD_data(i - 10 + 'A');
}

LCD_3d(unsigned int number)                   /* display 3-digit decimal number */
{ unsigned char i,flag;
```

```
  flag = 0;
  i = number/100;                                    // 10^2
  if(i == 0) LCD_data(' ');
  else {     LCD_data(i + '0');
             flag = 1;
       }

  number = number % 100;                             // 10^1
  i = number/10;
  if((i == 0) && (flag == 0))
             LCD_data(' ');
  else {     LCD_data(i + '0');
             flag = 1;
       }

  i = number % 10;                                   // 10^0
  LCD_data(i + '0');
}

unsigned char Bin2LED(unsigned char number)          /* convert binary to LED pattern */
{
  if(number == 0)        return 0xFC;
  else if(number == 1)   return 0x60;
  else if(number == 2)   return 0xDA;
  else if(number == 3)   return 0xF2;
  else if(number == 4)   return 0x66;
  else if(number == 5)   return 0xB6;
  else if(number == 6)   return 0xBE;
  else if(number == 7)   return 0xE4;
  else if(number == 8)   return 0xFE;
  else if(number == 9)   return 0xF6;
  else if(number == 10)  return 0xEE;
  else if(number == 11)  return 0x3E;
  else if(number == 12)  return 0x9C;
  else if(number == 13)  return 0x7A;
  else if(number == 14)  return 0x9E;
  else if(number == 15)  return 0x8E;
  else if(number == 'H')  return 0x6E;
  else if(number == '-')  return 0x02;
  else if(number == '.')  return 0x01;
  else if(number == 0x27) return 0x40;
  else return 0x00;
}

unsigned char pattern[8] = {0,0,0,0,0,0,0,0};      // 7-segment LED pattern data

LED_2hex(unsigned char number)                       /* display 2-digit hex number */
{
  pattern[0] = Bin2LED(number >> 4);                 // 16^1
  pattern[1] = Bin2LED(number & 0x0F);               // 16^0
  pattern[2] = Bin2LED('H');
}

LED_3d(unsigned int number)                          /* display 3-digit decimal number */
{ unsigned char i,flag;

  flag = 0;
  i = number/100;                                    // 10^2
  if(i == 0) pattern[5] = 0x00;
  else {     pattern[5] = Bin2LED(i);
             flag = 1;
       }
```

```
    number = number % 100;                          // 10^1
    i = number/10;
    if((i == 0) && (flag == 0))
              pattern[6] = 0x00;
    else {    pattern[6] = Bin2LED(i);
              flag = 1;
         }

    i = number % 10;                                // 10^0
    pattern[7] = Bin2LED(i);
  }

  main()
  { unsigned char i,j,k,digit;

    Kit_initialize();                               // initialize OK-89S52 kit
    Delay_ms(50);                                   // wait for system stabilization
    LCD_initialize();                               // initialize text LCD module
    Beep();

    LCD_string(0x80,"   LCD & LED    ");           // display title
    LCD_string(0xC0,"   00H = 000    ");

    while(1)
      { for(i=1; i>0; i++)                          // display from 1 to 255
          { LCD_command(0xC3);                      // display hexadecimal on LCD
            LCD_2hex(i);
            LCD_command(0xC9);                      // display decimal on LCD
            LCD_3d(i);

            LED_2hex(i);                            // convert hex to LED pattern
            LED_3d(i);                              // convert decimal to LED pattern

            for(j=1; j<=125; j++)                   // display 7-segment LED
              for(k=0, digit=0x80; k<=7; k++)
                { SEG_PATTERN = pattern[k];         // output segment pattern data
                  DIG_SELECT = digit;               // output digit select data
                  Delay_ms(1);                      // delay 1ms
                  digit >>= 1;
                }
          }
      }
  }
```

☞ 다이나믹 디스플레이 방식에서는 MCU가 지속적으로 segment pattern data와 digit select data를 반복하여 출력해야 하기 때문에 다른 일을 할 여유가 없다. 이 때문에 MCU가 다른 처리를 수행하면서 7세그먼트 LED를 표시해야 하는 경우에는 7세그먼트 LED 표시 동작을 기본으로 수행하면서 그 사이의 짧은 시간동안 다른 일을 처리하는 시분할 처리 방식을 수행하든지 또는 주기적인 타이머 인터럽트를 사용하여 7세그먼트 LED를 표시하는 것이 바람직하다. 여기서는 7세그먼트 LED의 표시 동작 사이에 한번씩 텍스트형 LCD 모듈에 데이터를 출력하는 동작을 수행함으로써 사람이 볼 때는 텍스트형 LCD 모듈과 7세그먼트 LED에 동시에 같은 내용이 디스플레이되게 된다.

수치 데이터는 먼저 8글자의 7세그먼트 LED의 패턴 데이터로 변환되어 메모리 변수 배열 pattern[8]에 저장되어 있다. 반복적인 7세그먼트 LED 표시 루틴에서는 이 8개의 메모리 변수를 읽어서 표시하면 된다. 2자리의 16진수를 7세그먼트 LED 패턴으로 변환하는데는 LED_2hex() 함수를 사용하였고, 3자리의 10진수를 7세그먼트 LED 패턴으로 변환하는데는 LED_3d() 함수를 사용하였다.

5. 실습 과제

(1) *OK-89S52* 키트에서 어셈블리 프로그램을 사용할 때는 제4.2절에서 설명한 인클루드 파일 OK89S52.INC의 서브루틴 KIT_INITIALIZE에서 보듯이 항상

```
CLR     A                       ; clear 7-segment LED
MOV     DPTR,#SEG_PATTERN
MOVX    @DPTR,A
MOV     DPTR,#DIG_SELECT
MOVX    @DPTR,A
```

를 실행하고 있다. 또한, C언어 프로그램을 사용하는 경우에는 제4.3절에서 설명한 헤더파일 OK89S52.H의 함수 Kit_initialize()에서 보듯이 항상

```
SEG_PATTERN = 0x00;             // clear 7-segment LED
DIG_SELECT = 0x00;
```

를 실행하고 있다. 키트를 사용할 때 항상 이와 같이 초기화해야 하는 이유는 무엇인가?

(2) *OK-89S52* 키트에서 사용하는 7세그먼트 LED인 SND-3640SR에서 LED의 순방향 전압강하 V_F는 2.0[V]이며, UDN2981과 ULN2803의 스위치 온 전압 $V_{CE(sat)}$는 각각 1.2[V]와 0.8[V]라고 가정한다. 7세그먼트 LED가 켜졌을 때 1개의 LED에 흐르는 전류를 계산하라. 그리고, 이 전류를 좀더 크게 하려면 어떻게 해야 하는가 설명하라.

(3) 예제 프로그램 Exp11_3.c에서 16비트의 수를 1~65535 범위의 10진수로 표시하도록 수정한 프로그램 Exp11_3r.c를 작성하라. 단, 16진수는 텍스트형 LCD 모듈에만 표시한다.

4.12 음악연주 및 음향발생 프로그램

이 절에서는 AT89S52의 타이머2를 이용한 음악연주 및 음향발생에 관련된 프로그래밍 기술을 익혀보기로 한다. 이를 위해서는 당연히 먼저 음악의 기본 이론 및 음향발생의 원리를 알아야 한다.

OK-89S52 키트에서는 음악 및 음향을 발생하기 위하여 소형 스피커를 1개 내장해 놓았으며, 이것은 타이머2의 주파수 출력 신호 P1.0(T2)에 의하여 구동된다.

관련 내용	(1) 제2.2절 AT89S52의 타이머/카운터 (2) 제3.1절 *OK-89S52* 키트의 구조와 기능

1. 음악 멜로디 연주의 원리

여기서는 AT89S52에 내장된 타이머2를 사용하여 음악의 멜로디를 연주하는 원리에 대하여 알아보기로 한다. 음악에서 멜로디(melody)란 음계와 박자로 구성되는데 이것은 매우 과학적인 이론과 규칙성을 가진다. 음계는 스피커를 구동하는 신호의 주파수에 따라 결정되고 박자는 연주 지속시간에 의하여 결정되므로 마이크로프로세서에서 멜로디를 연주하려면 타이머의 분주 기능을 이용하여 쉽게 원하는 주파수의 신호를 발생할 수 있고, 시간지연 루틴을 사용하여 원하는 연주 시간을 용이하게 구현할 수 있다.

음악의 멜로디에 필요한 주파수를 발생하기 위해서는 CPU의 시스템 클럭으로 사용된 정확하고 일정한 주파수를 분주하여 사용하는 것이 바람직하므로 타이머/카운터의 기능중에서 타이머의 분주 기능을 사용하게 된다. AT89S52의 타이머2에는 시스템 클럭을 원하는 값으로 분주하여 50% 듀티비의 출력 주파수를 발생하는 16비트 프로그래머블 클럭 출력 모드가 있으므로 이와 같은 목적에 사용하기에 아주 적합하다.

(1) 음악의 기본 구성

음악은 기본적으로 음의 높이(음계, 음정, tone), 음의 길이(박자, beat), 음의 강약,

음의 색깔 등으로 구성된다. 음의 높이는 스피커를 구동하는 신호의 주파수와 관계되어 주파수가 높으면 고음이 발생되고 주파수가 낮으면 저음이 발생된다. 음의 길이는 음표(note)와 쉼표(rest)로 구분되는데 이는 각 음계에 해당하는 신호 발생시간의 길고 짧음에 비례한다. 또한, 음의 강약은 신호 파형의 진폭에 의해 결정되고, 음의 색깔은 신호 파형에 고조파(高調波) 성분의 포함 정도나 진폭의 변화(envelope)에 의해 결정된다.

마이크로프로세서는 디지털 신호(digital signal)만을 직접 처리할 수 있기 때문에 음의 높이나 음의 길이를 변화시키는 것은 용이하지만, 음의 강약 또는 음의 색깔을 변화시키는 것은 단순하지 않다. 이와 같은 기능을 갖는 본격적인 전자 음악 합성기(electronic music synthesizer)를 만들려면 주파수 발생 회로는 물론 각종 고조파 신호들을 증폭하고 합성할 수 있어야 하는데, 이를 위해서는 D/A 컨버터나 Op Amp와 같은 별도의 복잡한 회로들이 필요하게 된다. 이러한 방식으로 처리되는 사운드 카드나 전자 악기는 이미 많은 제품들이 개발되어 판매되고 있다.

그러나, 여기서는 마이크로콘트롤러에 내장된 타이머/카운터 기능을 이용하여 음높이와 음길이를 가변함으로써 단순히 음악의 멜로디를 연주할 수 있는 프로그램 작성에 대하여 연구하기로 한다. 이러한 프로그램은 기본적인 음악 이론에 근거하여 다양한 방법으로 작성될 수 있을 것이나, 여기서는 프로그래밍 기술을 익히고 실제 악보를 보고 이를 프로그램으로 옮기기 쉽도록 하려는 목적에 주안점을 두어 저자가 설계한 방법을 사용하여 설명한다.

(2) 음계 발생의 원리

음악에서 음계는 0에서 8까지 9개의 옥타브(octave)로 구성되며, 각 옥타브에는 C, C#, D, D#, E, F, F#, G, G#, A, A#, B 등 반음(半音)의 간격으로 볼 때 12개의 음이 존재한다. 이들 각 음계에는 모두 표준 주파수가 정해져 있고, 이웃하는 2개의 음계 사이에는 $1 : 2^{1/12}$, 즉 1 : 1.05946의 비율로 주파수가 증가하게 되어 있다. 따라서, 이와 같이 각 음계마다 약 6%씩 주파수가 증가하면 어느 음계와 이보다 1 옥타브 증가한 12번째 음과는 정확히 2배의 주파수 차이를 가지게 된다.

음계를 발생시키려면 타이머2의 16비트 프로그래머블 클럭 출력 모드를 사용하여 시스템 클럭을 분주하면 되는데, *OK-89S52* 키트에서는 24MHz의 시스템 클럭을 사용하므로 T2 단자의 출력 주파수는 다음과 같이 표시된다.

$$
\begin{aligned}
f_{T2} &= \frac{F_{OSC}}{2\times2\times[65536-(RCAP2H{:}RCAP2L)]} \\
&= \frac{24\times10^6}{2\times2\times[65536-(RCAP2H{:}RCAP2L)]} \\
&= \frac{6\times10^6}{65536-(RCAP2H{:}RCAP2L)}\ [Hz]
\end{aligned}
$$

따라서, 타이머2의 16비트 캡쳐 레지스터 RCAP2H 및 RCAP2L의 값을 조정하면 원하는 음계의 주파수를 얻을 수 있게 된다.

〈표 4.12.1〉 음계별 표준 주파수와 타이머2에 의한 출력 주파수

옥타브	음계		표준 주파수[Hz]	RCAP2의 설정값	출력 주파수[Hz]	정확도 출력/표준[%]
	음계명	서브루틴				
2	A	VLA	110.000	10991	110.001	100.001
	A#	VLAX	116.541	14052	116.542	100.001
	B	VLB	123.471	16942	123.472	100.001
3	C	LOC	130.813	19669	130.813	100.000
	C#	LOCX	138.591	22243	138.591	100.000
	D	LOD	146.832	24673	146.832	100.000
	D#	LODX	155.563	26966	155.561	99.999
	E	LOE	164.814	29131	164.813	99.999
	F	LOF	174.614	31174	174.611	99.998
	F#	LOFX	184.997	33103	184.997	100.000
	G	LOG	195.998	34923	195.995	99.998
	G#	LOGX	207.652	36642	207.656	100.002
	A	LOA	220.000	38263	219.998	99.999
	A#	LOAX	233.082	39794	233.082	100.000
	B	LOB	246.942	41238	246.934	99.997
4	C	MIC	261.626	42602	261.620	99.998
	C#	MICX	277.183	43890	277.187	100.001
	D	MID	293.665	45105	293.671	100.002
	D#	MIDX	311.127	46251	311.123	99.999
	E	MIE	329.628	47334	329.634	100.002
	F	MIF	349.228	48355	349.223	99.999
	F#	MIFX	369.994	49320	370.005	100.003
	G	MIG	391.995	50230	392.003	100.002
	G#	MIGX	415.305	51089	415.311	100.001
	A	MIA	440.000	51900	440.012	100.003
	A#	MIAX	466.164	52665	466.164	100.000
	B	MIB	493.883	53387	493.868	99.997
5	C	HIC	523.251	54069	523.241	99.998
	C#	HICX	554.365	54713	554.375	100.002
	D	HID	587.330	55320	587.314	99.997
	D#	HIDX	622.254	55894	622.278	100.004
	E	HIE	659.255	56435	659.268	100.002
	F	HIF	698.456	56946	698.487	100.004
	F#	HIFX	739.989	57428	740.010	100.003
	G	HIG	783.991	57883	784.006	100.002
	G#	HIGX	830.609	58312	830.565	99.995
	A	HIA	880.000	58718	880.023	100.003
	A#	HIAX	932.328	59100	932.256	99.992
	B	HIB	987.767	59462	987.817	100.005
6	C	VHC	1046.502	59803	1046.572	100.007
	C#	VHCX	1108.731	60124	1108.647	99.992
	D	VHD	1174.659	60428	1174.628	99.997
	D#	VHDX	1244.508	60715	1244.555	100.004
	E	VHE	1318.510	60985	1318.392	99.991

<표 4.12.1>에 옥타브 2~6의 표준 주파수와 AT89S52의 타이머2를 사용하여 이를 발생시키는 방법을 보였다. 9개의 옥타브중에서 중간의 기준은 옥타브 4이므로 이를 middle octave로 하여 상하로 high octave와 low octave 각각 1개씩만을 고려하면 대부분 음악을 연주하는데 별 문제가 없다. 그러나, 더욱 넓은 음역을 포함시켜 실용적으로 문제가 없게 하려면 옥타브 2의 일부 음계와 옥타브 6의 일부 음계까지를 포함시키는 것이 좋다.

앞에서 설명한 바와 같이 표준 주파수는 무리수(無理數)로 증가하여 소숫점 이하의 값을 가지게 되는데, 24MHz의 시스템 클럭 및 16비트 프로그래머블 클럭 출력 모드에서 분주를 위한 시정수로는 16비트 정수만을 사용할 수 있으므로 이들 음계 주파수를 정확히 발생시키는 것은 불가능하다. 따라서, 위의 식에 근거하여 RCAP2H 및 RCAP2L의 값을 <표 4.12.1>에 보인 값으로 프로그램하고 가장 근사치의 주파수를 발생하도록 하면 모든 음계들이 거의 ±0.01% 이내의 오차 범위에 들어가는 만족스러운 결과를 얻을 수 있다.

이와 같이 각 음계에 대하여 결정된 주파수를 출력하려면 AT89S52를 프로그래밍해야 하는데 이것은 각 음계별로 서브루틴으로 작성하면 편리하다. 음계의 각 옥타브에 대한 서브루틴의 이름은 사용자가 기억하기 좋도록 하기 위하여 옥타브 3, 4, 5의 서브루틴 이름에 각각 LO(low), MI(middle), HI(high)의 두문자(頭文字)를 사용하고, 그 다음에 음계명을 놓도록 하며, 반음 올림을 표시하는 #은 라벨(label)명으로 사용할 수 없는 어셈블러가 가끔 있으므로 X로 표기하도록 한다. 또한, 옥타브 2에는 두문자로 VL(very low)을 사용하고, 옥타브 6에는 VH(very high)를 사용하였다.

이렇게 만든 음계 및 박자에 관한 서브루틴들은 MUSIC52.INC로 명명하여 인클루드 파일로 만들어 놓고 사용자 프로그램에서 음악연주를 수행할 때 이를 인클루드하여 사용하면 편리하다.

(3) 음표 및 쉼표 발생의 원리

음표나 쉼표는 각 음계의 연주시간(演奏時間) 또는 휴지시간(休止時間)을 나타내는 것으로 <표 4.12.2>와 같이 각각 10가지씩의 종류가 있다. 그러나, 여기서 연주시간이라 하면 상대적인 것이며 절대적인 시간값을 갖는 것은 아니다. 예를 들어 4분 음표는 온음표에 비하여 연주시간이 1/4의 길이를 가지며, 32분 음표는 온음표의 1/32에 해당한다. 이와 같은 연주시간의 상대 길이를 <표 4.12.2>에 함께 표시하였다. 이 표에서는 표시하지 않았지만 실제로는 음표의 경우에 겹3분 음표가 포함된다.

〈표 4.12.2〉 음표 및 쉼표의 종류와 상대길이

종류	음표		쉼표		상대 길이
32분	𝅘𝅥𝅰	NOTE32	𝅀	REST32	$\frac{1}{32} = \frac{1}{32}$
16분	𝅘𝅥𝅯	NOTE16	𝄿	REST16	$\frac{1}{16} = \frac{2}{32}$
점16분	𝅘𝅥𝅯.	NOTE16D	𝄿.	REST16D	$\frac{1}{16} + \frac{1}{16} \times \frac{1}{2} = \frac{3}{32}$
8분	♪	NOTE8	𝄾	REST8	$\frac{1}{8} = \frac{4}{32}$
점8분	♪.	NOTE8D	𝄾.	REST8D	$\frac{1}{8} + \frac{1}{8} \times \frac{1}{2} = \frac{6}{32}$
4분	♩	NOTE4	𝄽	REST4	$\frac{1}{4} = \frac{8}{32}$
점4분	♩.	NOTE4D	𝄽.	REST4D	$\frac{1}{4} + \frac{1}{4} \times \frac{1}{2} = \frac{12}{32}$
2분	𝅗𝅥	NOTE2	𝄼	REST2	$\frac{1}{2} = \frac{16}{32}$
점2분	𝅗𝅥.	NOTE2D	𝄼.	REST2D	$\frac{1}{2} + \frac{1}{2} \times \frac{1}{2} = \frac{24}{32}$
온	𝅝	NOTE1	𝄻	REST1	$1 = \frac{32}{32}$

☞ 겹3분 음표는 NOTE16T, NOTE8T, NOTE4T로 하였음.

각 음표의 실제 연주시간은 음표의 종류뿐만 아니라 음악의 연주 속도를 표시하는 템포(tempo)에 의해 결정된다. 여기서는 편의상 템포를 1~7로 정의하며, tempo = 1이 가장 빠른 것으로 하고 tempo = 7은 가장 느린 것으로 하기로 한다. 또한, 가장 짧은 연주시간 단위인 32분 음표를 21[ms]의 기본 시간(base time)으로 정의하고, 이 기본 시간에 상대 길이와 템포 값을 곱한 시간을 실제 음표의 연주시간으로 한다. 예를 들어 tempo = 4(보통 빠르기)에서 32분 음표, 16분 음표, 8분 음표, 4분음표의 연주시간을 각각 계산하여 보면

𝅘𝅥𝅰 = base time × 상대 길이 × tempo
 = 21[ms] × 1 × 4 = 84[ms]

𝅘𝅥𝅯 = 21[ms] × 2 × 4 = 168[ms]

♪ = 21[ms] × 4 × 4 = 336[ms]

♩ = 21[ms] × 8 × 4 = 672[ms]

가 된다. 이렇게 하면 tempo = 4에서 4분 음표를 약 89개 연주하여 보통 빠르기의 기준인 88개와 거의 유사하게 된다.

음표 및 쉼표를 프로그램으로 작성하는 것도 음계에서처럼 각각을 서브루틴으로 처리하면 편리하다. 즉, 음계에서 타이머2를 사용하여 원하는 주파수를 출력함으로써

연주가 개시되었으므로 음표는 위에서처럼 계산한 시간만큼의 단순한 시간지연 루틴(delay routine)에 의해 수행되며, 쉼표는 음계가 연주되지 않도록 타이머2의 클럭 출력을 차단하고 나서 음표와 동일한 시간지연 루틴을 수행하면 된다. 템포 값은 메모리 변수로 하여 음악연주 시작전의 첫머리에 지정하도록 하고, 각 음표 및 쉼표의 서브루틴에서 이를 참조하여 지연시간을 결정하도록 한다.

```
MOV     TEMPO,#4        ; tempo = 4
CALL    LOB             ; line 1
CALL    NOTE8
CALL    MID
CALL    NOTE8
CALL    MIG
CALL    NOTE8
CALL    LOB
CALL    NOTE8
CALL    MID
CALL    NOTE4
CALL    MIC
CALL    NOTE4
CALL    MIE
CALL    NOTE4
CALL    MIE
CALL    NOTE4
CALL    MID
CALL    NOTE8
CALL    MIFX
CALL    NOTE8
CALL    MIA
CALL    NOTE8
CALL    HIC
CALL    NOTE8
CALL    MIB
CALL    NOTE8
CALL    MIA
CALL    NOTE8
CALL    MIG
CALL    NOTE2
CALL    REST4
```

〈그림 4.12.1〉 "옹달샘" 악보의 일부 및 이를 연주하는 프로그램의 예

이렇게 만든 음표 및 쉼표 서브루틴들도 헤더 파일 MUSIC52.INC에 만들어 놓고 사용자 프로그램에서 음악연주를 수행할 때 이를 인클루드하여 사용하면 편리하다.

(4) 악보 연주 프로그램의 작성

앞에서 설명한 바와 같이 음계, 음표, 쉼표 등을 처리하는 서브루틴을 모두 완성하였으면 주어진 악보를 연주하는 프로그램을 작성하는 것은 악보를 보면서 각 음에 대하여 음계 및 음표 서브루틴을 호출(call)하기만 하면 된다. 이와 같은 음악연주 프로그램 작성시 유의 사항을 나열하면 다음과 같다.

① 프로그램 또는 각 연주곡의 서두에서 반드시 템포를 지정하라. 템포는 1~7의 범위에서 적절히 선택한다.

② 곡이 어떤 장조(長調) 또는 단조(短調)로 되어 있든지 관계없이 무조건 그냥 음계로 읽어라. 이때 #(sharp) 또는 ♭(flat)이 붙은 음에 유의하고, ♭이 붙은 음은 그 아래의 음에 #이 붙은 것으로 간주하여 처리하라.

③ 각 음은 반드시 음계 서브루틴을 먼저 호출하고 나서 음표 서브루틴을 호출하라. 그러나, 쉼표의 경우에는 그냥 쉼표 서브루틴을 호출하면 된다.

④ 동일한 음계가 연속될 경우에는 마이크로프로세서의 처리속도가 매우 빨라서 연속된 하나의 음처럼 연주될 수 있으므로 이를 방지하기 위하여 음계와 음계 사이에는 아주 짧은 시간동안의 시간 간격을 두어 음이 짧게 끊어지도록 하였다. 따라서, 이를 원하지 않으면 2개의 음표를 1개의 음으로 처리하는 것이 좋다. 예를 들어 같은 음계의 4분 음표와 8분 음표가 연속되면 이를 점4분 음표인 것으로 처리한다.

⑤ 겹3분 음표는 해당 음표 2개의 길이를 3등분하여 연주하라는 것인데, 이것들은 각각 NOTE16T, NOTE8T, NOTE4T 등의 서브루틴으로 만들어 두었으니 호출하여 사용하라.

이제 이와 같은 사항에 유의하면서 동요 “옹달샘” 악보의 일부를 연주하는 프로그램을 작성하여 보면 <그림 4.12.1>과 같다.

2. 음향 발생의 원리

타이머/카운터의 분주 기능을 이용하면 앞에서와 같이 음악은 물론 특수 음향을 발생할 수도 있다. 음향을 발생시키기 위해서는 여러가지 주파수의 소리를 반복시키거나 혼합시키는 방법이 주로 이용되는데, 규칙적인 디지털 전자 음향은 발생이 비교적 용이하지만 자연음과 같이 불규칙적인 음향은 D/A 컨버터와 같은 아날로그 회로를 사용하지 않으면 구현하기가 매우 어려우며, 이와 같은 것은 신호처리 이론뿐만 아니라 많은 경험이 요구되는 작업이다. 컴퓨터의 게임 프로그램 등에서 초창기에는 단순한 디지털 전자 합성 음향을 많이 사용하였으나 지금은 기술이 발전하여 매우 어렵고 재미있는 효과음을 내는 것을 많이 볼 수 있다.

여기서는 아주 초보적이고 간단한 예로서 적색 경보음 및 전자식 전화벨을 닮은 음향 등의 발생에 대하여 알아보기로 한다.

(1) 적색경보 음향

적색 경보음은 기본적으로 점점 주파수가 상승하였다가 다시 하강하는 음의 연속이다. 점진적으로 주파수가 증가하는 신호는 타이머에서 분주비를 프로그램 루프에 의해 점차 감소시키면 얻을 수 있으며, 점진적으로 주파수가 감소하는 신호는 이와 반대로 하면 된다.

하나의 프로그램에서도 발생 주파수의 범위를 변화시키거나 각 주파수에서의 음이 발생되는 지속 시간을 다르게 하면 갖가지 재미있는 다른 음향을 만들어 볼 수 있다. 이때 사람의 귀로 들을 수 있는 가청 주파수 범위는 약 20[Hz]~20000[Hz]라는 것을 고려하여야 한다.

(2) 전화벨 음향

전자식 전화 벨 소리는 서로 다른 주파수의 2가지의 음을 연속 반복시킴으로써 만들 수 있다. 즉, 약 320[Hz]의 저주파(低周波) 소리와 480[Hz] 정도의 고주파(高周波) 소리를 약1초 동안 각 25[ms] 정도씩 반복시킨 후에 1초 동안 쉬면 전화벨과 매우 유사한 소리가 된다. 이 경우에도 역시 발생 주파수는 타이머에서 분주비를 변화시키면 쉽게 조정되며, 음향의 지속 시간 및 휴지 시간을 위해서 시간지연 루틴을 사용해야 한다.

저주파 소리 및 고주파 소리의 주파수를 이와 다른 임의의 값으로 바꾸거나 지속

시간 25[ms]를 여러가지로 바꾸어 보면 이것은 전화 벨소리와는 전혀 관계가 없을 것 같은 119 구급차 소리, 맹꽁이 소리 등으로 쉽게 변형되어 갖가지의 재미있는 다른 음향을 만들어 볼 수 있다.

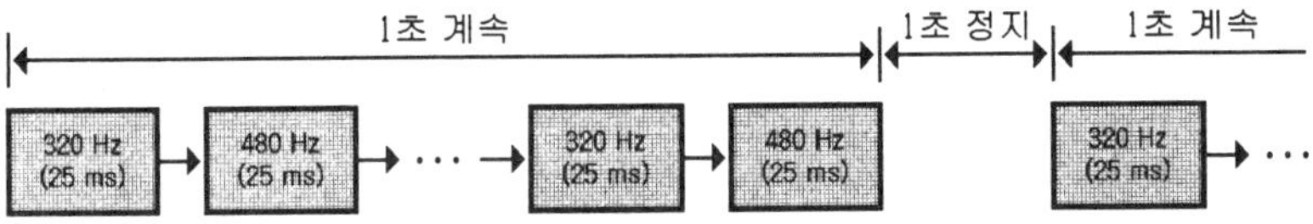

(a) 전화 벨 소리

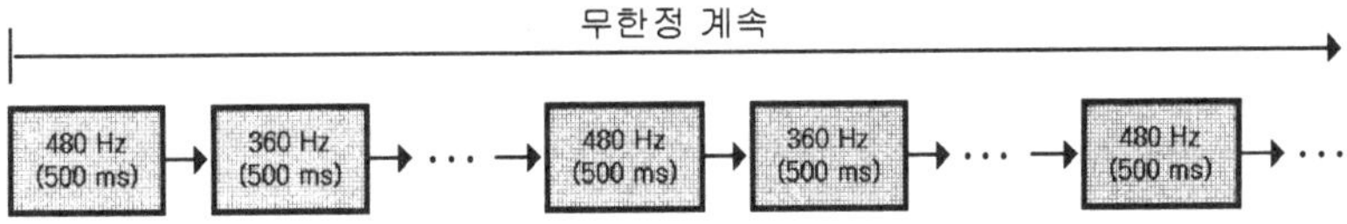

(b) 119 구급차 소리

〈그림 4.12.2〉 규칙적인 음향 발생의 원리

3. 음악 멜로디 연주 프로그램

앞에서 설명한 바와 같이 여기서는 타이머2의 16비트 프로그래머블 클럭 출력 모드를 이용하여 시스템 클럭을 분주한 출력으로 스피커를 구동하여 음악 멜로디를 연주하는 프로그램을 작성하여 보기로 한다.

▣ 어셈블리 언어의 경우

어셈블리 언어에서는 음계를 만드는 서브루틴과 음표 및 쉼표를 만드는 서브루틴들이 상당히 복잡하므로 이를 인클루드 파일로 처리한다. 이러한 기능을 수행하는 인클루드 파일 MUSIC52.INC는 다음과 같다.

〈프로그램 MUSIC52.INC〉 음악 멜로디 연주를 위한 인클루드 파일

```
; ==================================================================
;      Subroutine to Make Note in OK-89S52 Kit V1.0
; ==================================================================
;------------------------------------------------
;      Note of Octave 2 (Very Low Octave)
;------------------------------------------------
```

```
VLA:    MOV     DPTR,#10991             ; note A
        CALL    NOTE_T2
        RET
VLAX:   MOV     DPTR,#14052             ; note A#
        CALL    NOTE_T2
        RET
VLB:    MOV     DPTR,#16942             ; note B
        CALL    NOTE_T2
        RET

;----------------------------------------------
;       Note of Octave 3 (Low Octave)
;----------------------------------------------
LOC:    MOV     DPTR,#19669             ; note C
        CALL    NOTE_T2
        RET
LOCX:   MOV     DPTR,#22243             ; note C#
        CALL    NOTE_T2
        RET
LOD:    MOV     DPTR,#24673             ; note D
        CALL    NOTE_T2
        RET
LODX:   MOV     DPTR,#26966             ; note D#
        CALL    NOTE_T2
        RET
LOE:    MOV     DPTR,#29131             ; note E
        CALL    NOTE_T2
        RET
LOF:    MOV     DPTR,#31174             ; note F
        CALL    NOTE_T2
        RET
LOFX:   MOV     DPTR,#33103             ; note F#
        CALL    NOTE_T2
        RET
LOG:    MOV     DPTR,#34923             ; note G
        CALL    NOTE_T2
        RET
LOGX:   MOV     DPTR,#36642             ; note G#
        CALL    NOTE_T2
        RET
LOA:    MOV     DPTR,#38263             ; note A
        CALL    NOTE_T2
        RET
LOAX:   MOV     DPTR,#39794             ; note A#
        CALL    NOTE_T2
        RET
LOB:    MOV     DPTR,#41238             ; note B
        CALL    NOTE_T2
        RET

;----------------------------------------------
;       Note of Octave 4 (Middle Octave)
;----------------------------------------------
MIC:    MOV     DPTR,#42602             ; note C
        CALL    NOTE_T2
        RET
MICX:   MOV     DPTR,#43890             ; note C#
        CALL    NOTE_T2
        RET
MID:    MOV     DPTR,#45105             ; note D
        CALL    NOTE_T2
        RET
MIDX:   MOV     DPTR,#46251             ; note D#
        CALL    NOTE_T2
        RET
```

```
MIE:    MOV     DPTR,#47334             ; note E
        CALL    NOTE_T2
        RET
MIF:    MOV     DPTR,#48355             ; note F
        CALL    NOTE_T2
        RET
MIFX:   MOV     DPTR,#49320             ; note F#
        CALL    NOTE_T2
        RET
MIG:    MOV     DPTR,#50230             ; note G
        CALL    NOTE_T2
        RET
MIGX:   MOV     DPTR,#51089             ; note G#
        CALL    NOTE_T2
        RET
MIA:    MOV     DPTR,#51900             ; note A
        CALL    NOTE_T2
        RET
MIAX:   MOV     DPTR,#52665             ; note A#
        CALL    NOTE_T2
        RET
MIB:    MOV     DPTR,#53387             ; note B
        CALL    NOTE_T2
        RET

;---------------------------------------------
;       Note of Octave 5 (High Octave)
;---------------------------------------------
HIC:    MOV     DPTR,#54069             ; note C
        CALL    NOTE_T2
        RET
HICX:   MOV     DPTR,#54713             ; note C#
        CALL    NOTE_T2
        RET
HID:    MOV     DPTR,#55320             ; note D
        CALL    NOTE_T2
        RET
HIDX:   MOV     DPTR,#55894             ; note D#
        CALL    NOTE_T2
        RET
HIE:    MOV     DPTR,#56435             ; note E
        CALL    NOTE_T2
        RET
HIF:    MOV     DPTR,#56946             ; note F
        CALL    NOTE_T2
        RET
HIFX:   MOV     DPTR,#57428             ; note F#
        CALL    NOTE_T2
        RET
HIG:    MOV     DPTR,#57883             ; note G
        CALL    NOTE_T2
        RET
HIGX:   MOV     DPTR,#58312             ; note G#
        CALL    NOTE_T2
        RET
HIA:    MOV     DPTR,#58718             ; note A
        CALL    NOTE_T2
        RET
HIAX:   MOV     DPTR,#59100             ; note A#
        CALL    NOTE_T2
        RET
HIB:    MOV     DPTR,#59462             ; note B
        CALL    NOTE_T2
        RET
```

```
;----------------------------------------------------------
;        Note of Octave 6 (Very High Octave)
;----------------------------------------------------------
VHC:     MOV      DPTR,#59803             ; note C
         CALL     NOTE_T2
         RET
VHCX:    MOV      DPTR,#60124             ; note C#
         CALL     NOTE_T2
         RET
VHD:     MOV      DPTR,#60428             ; note D
         CALL     NOTE_T2
         RET
VHDX:    MOV      DPTR,#60715             ; note D#
         CALL     NOTE_T2
         RET
VHE:     MOV      DPTR,#60985             ; note E
         CALL     NOTE_T2
         RET

;----------------------------------------------------------
;        Make Note by Timer 2
;----------------------------------------------------------
NOTE_T2:MOV       A,RCAP2H                ; if same note, cut shortly
         CJNE     A,DPH,NOTE_OK
         MOV      A,RCAP2L
         CJNE     A,DPL,NOTE_OK
         CALL     SPK_OFF
         CALL     D1MS
NOTE_OK:MOV       T2CON,#00000100B        ; TR2=1, C/-T2=0
         MOV      T2MOD,#00000010B        ; T2OE=1(speaker on)
         MOV      RCAP2H,DPH
         MOV      RCAP2L,DPL
         RET

;----------------------------------------------------------
;        Speaker Off
;----------------------------------------------------------
SPK_OFF:MOV       T2MOD,#00000000B        ; T2OE = 0
         RET

; ==================================================================
;        Subroutine for Length of Note and Rest in OK-89S52 Kit V1.0
; ==================================================================
NOTE32:
REST32:  MOV      R7,#1*3                 ; delay for note or rest
         CALL     PLAY
         CALL     SPK_OFF                 ; speaker off
         RET
NOTE16:
REST16:  MOV      R7,#2*3                 ; delay for note or rest
         CALL     PLAY
         CALL     SPK_OFF                 ; speaker off
         RET
NOTE16D:
REST16D:MOV       R7,#3*3                 ; delay for note or rest
         CALL     PLAY
         CALL     SPK_OFF                 ; speaker off
         RET
NOTE16T:MOV       R7,#2*2                 ; delay for note(triple)
         CALL     PLAY
         CALL     SPK_OFF                 ; speaker off
         RET
NOTE8:
REST8:   MOV      R7,#4*3                 ; delay for note or rest
         CALL     PLAY
```

```
        CALL    SPK_OFF                 ; speaker off
        RET
NOTE8D:
REST8D: MOV     R7,#6*3                 ; delay for note or rest
        CALL    PLAY
        CALL    SPK_OFF                 ; speaker off
        RET
NOTE8T: MOV     R7,#4*2                 ; delay for note(triple)
        CALL    PLAY
        CALL    SPK_OFF                 ; speaker off
        RET
NOTE4:
REST4:  MOV     R7,#8*3                 ; delay for note or rest
        CALL    PLAY
        CALL    SPK_OFF                 ; speaker off
        RET
NOTE4D:
REST4D: MOV     R7,#12*3                ; delay for note or rest
        CALL    PLAY
        CALL    SPK_OFF                 ; speaker off
        RET
NOTE4T: MOV     R7,#8*2                 ; delay for note(triple)
        CALL    PLAY
        CALL    SPK_OFF                 ; speaker off
        RET
NOTE2:
REST2:  MOV     R7,#16*3                ; delay for note or rest
        CALL    PLAY
        CALL    SPK_OFF                 ; speaker off
        RET
NOTE2D:
REST2D: MOV     R7,#24*3                ; delay for note or rest
        CALL    PLAY
        CALL    SPK_OFF                 ; speaker off
        RET
NOTE1:
REST1:  MOV     R7,#32*3                ; delay for note or rest
        CALL    PLAY
        CALL    SPK_OFF                 ; speaker off
        RET

;-----------------------------------------------
;       Note & Rest Play Time with Base Time 21 ms
;-----------------------------------------------
TEMPO   DATA    71H                     ; music speed

PLAY:   MOV     R6,TEMPO                ; play time = R7*TEMPO*7 ms
BASETIME:CALL   D5MS
        CALL    D2MS
        DJNZ    R6,BASETIME
        DJNZ    R7,PLAY
        RET
```

☞ 동일한 음계가 연속될 때는 1ms 동안 연주를 중단하여 음과 음의 사이가 연속되지 않고 짧게 끊어지도록 하였다. 스피커를 끄는 것은 타이머2에서 T2OE 비트를 0으로 설정하면 된다. TEMPO는 내부 데이터 메모리의 71H번지를 사용하여 CURSOR와 겹치지만 이 CURSOR는 디지털 시계 프로그램에서만 사용하는 변수로서 하나의 프로그램에서 2가지를 중복되게 사용하지 않으므로 아무 문제가 없다.

이 인클루드 파일을 이용하여 "퐁당퐁당", "낭랑 18세", "돌아가는 삼각지", "칠갑산", "허공" 등 5곡의 멜로디를 연주하는 프로그램은 다음과 같다.

〈프로그램 Exp12_1.asm〉 음악 멜로디 연주 프로그램

```
;[][][][][][][][][][][][][][][][][][][][][][][][][][][][][][][][][][][]
;[]                                                                  []
;[]              Exp12_1.asm : Music Melody Play                     []
;[]                                                                  []
;[][][][][][][][][][][][][][][][][][][][][][][][][][][][][][][][][][][]
;
;            Designed and programmed by Duck-Yong Yoon in 2005.
;
$NOMOD51                                ; do not use default MCS-51 SFR
$INCLUDE(AT89S52.INC)                   ; include AT89S52 definition file

;=====================================================================
;       Main Program
;=====================================================================
CSEG    AT      0000H
        MOV     SP,#7FH                 ; initialize SP
        CALL    KIT_INITIALIZE          ; initialize OK-89S52 kit
        CALL    D50MS                   ; wait for system stabilization
        CALL    LCD_INITIALIZE          ; initialize text LCD

;-------------------------------------------------
;       Music 1 : Children's Song - "Pongdang Pongdang"
;-------------------------------------------------
MUSIC1: CALL    LCD_HOME1               ; display title
        CALL    LCD_STRING
        DB      '  * MUSIC PLAY *  ',0
        CALL    LCD_HOME2               ; display music
        CALL    LCD_STRING
        DB      'PongdangPongdang',0
        MOV     TEMPO,#4                ; tempo = 4
        CALL    MIC                     ; line 1
        CALL    NOTE8
        CALL    MID
        CALL    NOTE8
        CALL    MIE
        CALL    NOTE8
        CALL    MIE
        CALL    NOTE8
        CALL    MIC
        CALL    NOTE8
        CALL    MIE
        CALL    NOTE8
        CALL    MIG
        CALL    NOTE16
        CALL    MIA
        CALL    NOTE16
        CALL    MIG
        CALL    NOTE8
        CALL    MIC
        CALL    NOTE8
        CALL    MID
        CALL    NOTE8
        CALL    MIE
        CALL    NOTE8
        CALL    MIE
        CALL    NOTE8
        CALL    MIC
```

```
        CALL    NOTE8
        CALL    MIE
        CALL    NOTE8
        CALL    MIG
        CALL    NOTE16
        CALL    MIA
        CALL    NOTE16
        CALL    MIG
        CALL    NOTE8
        CALL    MIA                             ; line 2
        CALL    NOTE4
        CALL    MIG
        CALL    NOTE8
        CALL    MIE
        CALL    NOTE8
        CALL    MIA
        CALL    NOTE4
        CALL    MIG
        CALL    NOTE8
        CALL    MIE
        CALL    NOTE8
        CALL    MID
        CALL    NOTE8
        CALL    MID
        CALL    NOTE8
        CALL    MIC
        CALL    NOTE8
        CALL    MID
        CALL    NOTE8
        CALL    MIE
        CALL    NOTE8
        CALL    MIG
        CALL    NOTE8
        CALL    MIG
        CALL    NOTE4
        CALL    MIA                             ; line 3
        CALL    NOTE8D
        CALL    MIA
        CALL    NOTE16
        CALL    MIG
        CALL    NOTE8
        CALL    MIA
        CALL    NOTE8
        CALL    HIC
        CALL    NOTE8
        CALL    HIC
        CALL    NOTE8
        CALL    HIC
        CALL    NOTE8
        CALL    REST8
        CALL    MIG
        CALL    NOTE8D
        CALL    MIG
        CALL    NOTE16
        CALL    MIE
        CALL    NOTE8
        CALL    MID
        CALL    NOTE8
        CALL    MIC
        CALL    NOTE4D
        CALL    REST8
        CALL    MID                             ; line 4
        CALL    NOTE8D
        CALL    MIE
        CALL    NOTE16
        CALL    MIC
```

```
        CALL    NOTE8
        CALL    MIE
        CALL    NOTE8
        CALL    MIG
        CALL    NOTE8
        CALL    MIG
        CALL    NOTE8
        CALL    MIG
        CALL    NOTE4
        CALL    MID
        CALL    NOTE8
        CALL    MIE
        CALL    NOTE16
        CALL    MIF
        CALL    NOTE16
        CALL    MIE
        CALL    NOTE8
        CALL    MID
        CALL    NOTE8
        CALL    MIC
        CALL    NOTE4D
        CALL    REST8
        CALL    D1SEC

;-------------------------------------------------
;       Music 2 : Pop Song - "18-Year Old Girl"
;-------------------------------------------------
MUSIC2: CALL    LCD_HOME2               ; display music
        CALL    LCD_STRING
        DB      '18-Year Old Girl',0
        MOV     TEMPO,#3                ; tempo = 3
        CALL    MIG                     ; line 1
        CALL    NOTE4D

           (중략)

        CALL    HIC
        CALL    NOTE2
        CALL    D1SEC

;-------------------------------------------------
;       Music 3 : Old Song - "Come back to Triangle Rotary"
;-------------------------------------------------
MUSIC3: CALL    LCD_HOME2               ; display music
        CALL    LCD_STRING
        DB      'Triangle Rotary ',0
        MOV     TEMPO,#5                ; tempo = 5
        CALL    MIC                     ; prelude
        CALL    NOTE4

           (중략)

        CALL    MIC
        CALL    NOTE2D
        CALL    D1SEC

;-------------------------------------------------
;       Music 4 : Country Song - "Chil-Gab Mountain"
;-------------------------------------------------
MUSIC4: CALL    LCD_HOME2               ; display music
        CALL    LCD_STRING
        DB      '  Chil-Gab San  ',0
        MOV     TEMPO,#4                ; tempo = 4
        CALL    HIG                     ; prelude line 1
        CALL    NOTE16
```

```
            (중략)

        CALL    MIG
        CALL    NOTE1
        CALL    REST1
        CALL    D1SEC

;-------------------------------------------------
;       Music 5 : Pop Song - "Heo-Gong(Empty Sky)"
;-------------------------------------------------
MUSIC5: CALL    LCD_HOME2               ; display music
        CALL    LCD_STRING
        DB      '     Empty Sky     ',0
        MOV     TEMPO,#4                ; tempo = 4
        CALL    MIA                     ; line 1
        CALL    NOTE8

            (중략)

        CALL    HID
        CALL    NOTE1
        CALL    REST1
        CALL    D1SEC

        JMP     MUSIC1

;=====================================================================
;       Include User Subroutine File
;=====================================================================
$INCLUDE(OK89S52.INC)                   ; include OK-89S52 subroutine file
$INCLUDE(MUSIC52.INC)                   ; include music subroutine file
        END
```

이 프로그램을 어셈블하여 다운로드하고 실행하라. 이 프로그램이 올바르게 수행되려면 물론 *OK-89S52* 키트의 콘넥터 CN5를 통하여 소형 스피커를 접속해야 한다.

▣ C언어의 경우

앞의 Exp12_1.asm 프로그램을 C언어로 작성하여 보면 다음과 같다. C언어에서는 음계와 음표를 하나의 함수에서 처리하고 쉼표는 별도의 함수로 만들었다. 따라서, 전체적으로 음악연주를 위한 함수들이 간단하므로 이러한 함수들을 따로 헤더파일로 만들어 인클루드하지 않고 프로그램 자체에 포함시키는 방법을 사용하였다.

〈프로그램 Exp12_1.c〉 음악 멜로디 연주 프로그램

```
/* ======================================================================== */
/*                    Exp12_1.c : Music Melody Play                         */
/* ======================================================================== */
/*                 Designed and programmed by Duck-Yong Yoon in 2005.       */

#include "AT89S52.H"                    // include AT89S52 definition file
#include "OK89S52.H"                    // include OK-89S52 kit function
```

```
#define VLA      10991                         // define note, octave 2
#define VLAX     14052
#define VLB      16942
#define LOC      19669                         // define note, octave 3
#define LOCX     22243
#define LOD      24673
#define LODX     26966
#define LOE      29131
#define LOF      31174
#define LOFX     33103
#define LOG      34923
#define LOGX     36642
#define LOA      38263
#define LOAX     39794
#define LOB      41238
#define MIC      42602                         // define note, octave 4
#define MICX     43890
#define MID      45105
#define MIDX     46251
#define MIE      47334
#define MIF      48355
#define MIFX     49320
#define MIG      50230
#define MIGX     51089
#define MIA      51900
#define MIAX     52665
#define MIB      53387
#define HIC      54069                         // define note, octave 5
#define HICX     54713
#define HID      55320
#define HIDX     55894
#define HIE      56435
#define HIF      56946
#define HIFX     57428
#define HIG      57883
#define HIGX     58312
#define HIA      58718
#define HIAX     59100
#define HIB      59462
#define VHC      59803                         // define note, octave 6
#define VHCX     60124
#define VHD      60428
#define VHDX     60715
#define VHE      60985

#define NOTE32   1*3                           // define note length
#define NOTE16   2*3
#define NOTE16D  3*3
#define NOTE16T  2*2
#define NOTE8    4*3
#define NOTE8D   6*3
#define NOTE8T   4*2
#define NOTE4    8*3
#define NOTE4D   12*3
#define NOTE4T   8*2
#define NOTE2    16*3
#define NOTE2D   24*3
#define NOTE1    32*3

#define REST32   1*3                           // define rest length
#define REST16   2*3
#define REST16D  3*3
#define REST8    4*3
#define REST8D   6*3
#define REST4    8*3
```

```
#define REST4D  12*3
#define REST2   16*3
#define REST2D  24*3
#define REST1   32*3

unsigned char tempo;

Play_note(unsigned int sound, unsigned int note) /* play note */
{
  if(sound == RCAP2H*256+RCAP2L)              // if same note, cut shortly
    Delay_ms(1);

  T2CON = 0x04;                               // TR2=1, C/-T2=0
  T2MOD = 0x02;                               // T2OE=1(speaker on)
  RCAP2H = (sound >> 8);
  RCAP2L = sound & 0x00FF;

  Delay_ms(note*tempo*7);                     // note play time

  T2MOD = 0x00;                               // speaker off(T2OE=0)
}

Play_rest(unsigned int rest)                  /* play rest */
{
  Delay_ms(rest*tempo*7);                     // rest play time
}

main()
{
  Kit_initialize();                           // initialize OK-89S52 kit
  Delay_ms(50);                               // wait for system stabilization
  LCD_initialize();                           // initialize text LCD module

  while(1)
    { LCD_string(0x80," * MUSIC PLAY * ");    // display title
      LCD_string(0xC0,"PongdangPongdang");    // display music
      tempo = 4;                              // set tempo
      Play_note(MIC,NOTE8);                   // line 1
      Play_note(MID,NOTE8);
      Play_note(MIE,NOTE8);
      Play_note(MIE,NOTE8);
      Play_note(MIC,NOTE8);
      Play_note(MIE,NOTE8);
      Play_note(MIG,NOTE16);
      Play_note(MIA,NOTE16);
      Play_note(MIG,NOTE8);
      Play_note(MIC,NOTE8);
      Play_note(MID,NOTE8);
      Play_note(MIE,NOTE8);
      Play_note(MIE,NOTE8);
      Play_note(MIC,NOTE8);
      Play_note(MIE,NOTE8);
      Play_note(MIG,NOTE16);
      Play_note(MIA,NOTE16);
      Play_note(MIG,NOTE8);
      Play_note(MIA,NOTE4);                   // line 2
      Play_note(MIG,NOTE8);
      Play_note(MIE,NOTE8);
      Play_note(MIA,NOTE4);
      Play_note(MIG,NOTE8);
      Play_note(MIE,NOTE8);
      Play_note(MID,NOTE8);
      Play_note(MID,NOTE8);
      Play_note(MIC,NOTE8);
      Play_note(MID,NOTE8);
      Play_note(MIE,NOTE8);
```

```
Play_note(MIG,NOTE8);
Play_note(MIG,NOTE4);
Play_note(MIA,NOTE8D);                    // line 3
Play_note(MIA,NOTE16);
Play_note(MIG,NOTE8);
Play_note(MIA,NOTE8);
Play_note(HIC,NOTE8);
Play_note(HIC,NOTE8);
Play_note(HIC,NOTE8);
Play_rest(REST8);
Play_note(MIG,NOTE8D);
Play_note(MIG,NOTE16);
Play_note(MIE,NOTE8);
Play_note(MID,NOTE8);
Play_note(MIC,NOTE4D);
Play_rest(REST8);
Play_note(MID,NOTE8D);                    // line 4
Play_note(MIE,NOTE16);
Play_note(MIC,NOTE8);
Play_note(MIE,NOTE8);
Play_note(MIG,NOTE8);
Play_note(MIG,NOTE8);
Play_note(MIG,NOTE4);
Play_note(MID,NOTE8);
Play_note(MIE,NOTE16);
Play_note(MIF,NOTE16);
Play_note(MIE,NOTE8);
Play_note(MID,NOTE8);
Play_note(MIC,NOTE4D);
Play_rest(REST8);
Delay_ms(1000);

LCD_string(0xC0,"18-Year Old Girl");      // display music
tempo = 3;                                // set tempo
Play_note(MIG,NOTE4D);                    // line 1

   (중략)

Play_note(HIC,NOTE2);
Delay_ms(1000);

LCD_string(0xC0,"Triangle Rotary ");      // display music
tempo = 5;                                // set tempo
Play_note(MIC,NOTE4);                     // prelude

   (중략)

Play_note(MIC,NOTE2D);
Delay_ms(1000);

LCD_string(0xC0,"  Chil-Gab San  ");      // display music
tempo = 4;                                // set tempo
Play_note(HIG,NOTE16);                    // prelude line 1

   (중략)

Play_note(MIG,NOTE1);
Play_rest(REST1);
Delay_ms(1000);

LCD_string(0xC0,"   Empty Sky    ");      // display music
tempo = 4;                                // set tempo
Play_note(MIA,NOTE8);                     // line 1

   (중략)
```

```
        Play_note(HID,NOTE1);
        Play_rest(REST1);
        Delay_ms(1000);
      }
  }
```

☞ 동일한 음계가 연속될 때는 1ms 동안 연주를 중단하여 음과 음의 사이가 연속되지 않고 짧게 끊어지도록 하였다. 스피커를 끄는 것은 타이머2에서 T2OE 비트를 0으로 설정하면 된다. tempo는 여러 함수에서 공용으로 사용되므로 전역변수로 처리한다.

4. 음향 발생 프로그램

이번에는 전자식 전화벨 소리나 119 구급차 소리와 같이 비교적 규칙적이어서 구현하기 쉬운 음향을 발생하는 프로그램을 작성하여 본다.

(1) 전화벨 소리 프로그램

▣ 어셈블리 언어의 경우

전자식 전화기의 벨소리를 어셈블리 언어로 구현한 프로그램은 다음과 같다.

〈프로그램 Exp12_2.asm〉 전화벨 소리 프로그램

```
;[][][][][][][][][][][][][][][][][][][][][][][][][][][][][][][][][][][][][][][][]
;[]                                                                          []
;[]              Exp12_2.asm : Telephone Bell Sound                          []
;[]                                                                          []
;[][][][][][][][][][][][][][][][][][][][][][][][][][][][][][][][][][][][][][][][]
;
;               Designed and programmed by Duck-Yong Yoon in 2005.
;
$NOMOD51                                ; do not use default MCS-51 SFR
$INCLUDE(AT89S52.INC)                   ; include AT89S52 definition file

;=====================================================================
;       Main Program
;=====================================================================
CSEG    AT      0000H
        MOV     SP,#7FH                 ; initialize SP
        CALL    KIT_INITIALIZE          ; initialize OK-89S52 kit
        CALL    D50MS                   ; wait for system stabilization
        CALL    LCD_INITIALIZE          ; initialize text LCD

        CALL    LCD_HOME1               ; display title
        CALL    LCD_STRING
        DB      '  *  SOUND  *   ',0
        CALL    LCD_HOME2
```

```
        CALL    LCD_STRING
        DB      ' Telephone Bell ',0

        MOV     T2CON,#00000100B        ; TR2=1, C/-T2=0

SOUND:  MOV     R7,#3
SOUND1: MOV     R6,#20
        MOV     T2MOD,#00000010B        ; speaker on(T2OE=1)
SOUND2: MOV     DPTR,#46786             ; 320 Hz
        MOV     RCAP2H,DPH
        MOV     RCAP2L,DPL
        CALL    D20MS
        CALL    D5MS
        MOV     DPTR,#53036             ; 480 Hz
        MOV     RCAP2H,DPH
        MOV     RCAP2L,DPL
        CALL    D20MS
        CALL    D5MS
        DJNZ    R6,SOUND2
        MOV     T2MOD,#00000000B        ; speaker off(T2OE=0)
        CALL    D1SEC
        DJNZ    R7,SOUND1
        CALL    D2SEC
        JMP     SOUND

;=====================================================================
;       Include User Subroutine File
;=====================================================================
$INCLUDE(OK89S52.INC)                   ; include OK-89S52 subroutine file
        END
```

이 프로그램을 어셈블하여 다운로드하고 실행하라. 전화벨 소리가 실제 전화기처럼 제대로 들리는가? 이 프로그램에서 2가지의 주파수와 이들 각 신호 발생의 지속 시간을 여러 가지로 변경하여 보라. 다양한 새로운 음향을 얻을 수 있을 것이다.

▣ C언어의 경우

앞의 Exp12_2.asm과 동일한 기능을 수행하는 프로그램을 C언어로 작성하여 보면 다음과 같다.

〈프로그램 Exp12_2.c〉 전화벨 소리 프로그램

```
/* ========================================================================== */
/*                    Exp12_2.c : Telephone Bell Sound                        */
/* ========================================================================== */
/*                          Designed and programmed by Duck-Yong Yoon in 2005. */

#include "AT89S52.H"                            // include AT89S52 definition file
#include "OK89S52.H"                            // include OK-89S52 kit function

main()
{ unsigned char i,j;
```

```
  Kit_initialize();                            // initialize OK-89S52 kit
  Delay_ms(50);                                // wait for system stabilization
  LCD_initialize();                            // initialize text LCD module
  Beep();

  LCD_string(0x80,"   *  SOUND  *    ");       // display title
  LCD_string(0xC0," Telephone Bell ");

  T2CON = 0x04;                                // TR2=1, C/-T2=0

  while(1)
    { for(i=1; i<=3; i++)                      // repeat 3 times
        { T2MOD = 0x02;                        // speaker on(T2OE=1)
          for(j=1; j<=20; j++)
            { RCAP2H = 46786 >> 8;             // 320Hz
              RCAP2L = 46786 & 0x00FF;
              Delay_ms(25);
              RCAP2H = 53036 >> 8;             // 480Hz
              RCAP2L = 53036 & 0x00FF;
              Delay_ms(25);
            }
          T2MOD = 0x00;                        // speaker off(T2OE=0)
          Delay_ms(1000);
        }
      Delay_ms(2000);
    }
}
```

이 프로그램을 컴파일하여 다운로드하고 실행하라. 어셈블리 언어 프로그램과 동일한 실행 결과를 얻을 수 있는가?

(2) 119 구급차 소리 프로그램

▣ 어셈블리 언어의 경우

119 구급차가 발생하는 고유한 사이렌 소리를 어셈블리 언어로 구현한 프로그램은 아래와 같다.

〈프로그램 Exp12_3.asm〉 119 구급차 소리 프로그램

```
;[][][][][][][][][][][][][][][][][][][][][][][][][][][][][][][][][][][]
;[]                                                                  []
;[]            Exp12_3.asm : 119 Ambulance Sound                     []
;[]                                                                  []
;[][][][][][][][][][][][][][][][][][][][][][][][][][][][][][][][][][][]
;
;              Designed and programmed by Duck-Yong Yoon in 2005.
;
$NOMOD51                                    ; do not use default MCS-51 SFR
$INCLUDE(AT89S52.INC)                       ; include AT89S52 definition file
```

```
;======================================================================
;       Main Program
;======================================================================
CSEG    AT      0000H
        MOV     SP,#7FH                 ; initialize SP
        CALL    KIT_INITIALIZE          ; initialize OK-89S52 kit
        CALL    D50MS                   ; wait for system stabilization
        CALL    LCD_INITIALIZE          ; initialize text LCD

        CALL    LCD_HOME1               ; display title
        CALL    LCD_STRING
        DB      '   *  SOUND  *    ',0
        CALL    LCD_HOME2
        CALL    LCD_STRING
        DB      ' 119 Ambulance    ',0

        MOV     T2CON,#00000100B        ; TR2=1, C/-T2=0

SOUND:  MOV     R7,#5
        MOV     T2MOD,#00000010B        ; speaker on(T2OE=1)
SOUND1: MOV     DPTR,#53036             ; 480 Hz
        MOV     RCAP2H,DPH
        MOV     RCAP2L,DPL
        CALL    D500MS
        MOV     DPTR,#48869             ; 360 Hz
        MOV     RCAP2H,DPH
        MOV     RCAP2L,DPL
        CALL    D500MS
        DJNZ    R7,SOUND1
        MOV     T2MOD,#00000000B        ; speaker off(T2OE=0)
        CALL    D1SEC
        JMP     SOUND

;======================================================================
;       Include User Subroutine File
;======================================================================
$INCLUDE(OK89S52.INC)                   ; include OK-89S52 subroutine file
        END
```

이 프로그램을 어셈블하여 다운로드하고 실행하라. 119 구급차와 같은 소리가 제대로 들리는가?

▣ C언어의 경우

앞의 Exp12_3.asm과 동일한 기능을 수행하는 프로그램을 C언어로 작성하여 보면 다음과 같다.

〈프로그램 Exp12_3.c〉 119 구급차 소리 프로그램

```
/* ========================================================================== */
/*                   Exp12_3.c : 119 Ambulance Sound                          */
/* ========================================================================== */
/*                  Designed and programmed by Duck-Yong Yoon in 2005.        */
```

```
#include "AT89S52.H"                              // include AT89S52 definition file
#include "OK89S52.H"                              // include OK-89S52 kit function

main()
{ unsigned char i;

  Kit_initialize();                               // initialize OK-89S52 kit
  Delay_ms(50);                                   // wait for system stabilization
  LCD_initialize();                               // initialize text LCD module
  Beep();

  LCD_string(0x80,"  *  SOUND  *   ");            // display title
  LCD_string(0xC0," 119 Ambulance  ");

  T2CON = 0x04;                                   // TR2=1, C/-T2=0

  while(1)
    { T2MOD = 0x02;                               // speaker on(T2OE=1)
      for(i=1; i<=5; i++)                         // repeat 3 times
        { RCAP2H = 53036 >> 8;                    // 480Hz
          RCAP2L = 53036 & 0x00FF;
          Delay_ms(500);
          RCAP2H = 48869 >> 8;                    // 360Hz
          RCAP2L = 48869 & 0x00FF;
          Delay_ms(500);
        }
      T2MOD = 0x00;                               // speaker off(T2OE=0)
      Delay_ms(1000);
    }
}
```

이 프로그램을 컴파일하여 다운로드하고 실행하라. 어셈블리 언어 프로그램과 동일한 실행 결과를 얻을 수 있는가?

5. 실습 과제

(1) *OK-89S52* 키트에서 타이머2의 출력신호 T2는 어떤 용도로 사용되는지 설명하라.

(2) 자신이 소속된 학교의 교가(校歌)나 좋아하는 노래를 1곡 선정하여 이를 C언어로 연주하는 프로그램 Exp12_1r.c를 작성하라.

(3) 예제 프로그램 Exp12_2.c를 수정하여 자신이 원하는 임의의 음향을 발생하는 프로그램 Exp12_2r.c를 작성하라.

4.13 타이머와 인터럽트 프로그램

이 절에서는 AT89S52의 타이머와 이를 사용하는 인터럽트 프로그래밍 기술을 익힌다. 이를 이용한 응용으로 전자 스톱워치를 만들어 본다.

관련 내용	(1) 제1.4절 AT89S52의 인터럽트 처리 (2) 제2.2절 AT89S52의 타이머/카운터

1. 주기적인 인터럽트 발생

마이크로콘트롤러에서 타이머를 이용하여 주기적으로 일정하게 인터럽트를 발생시키는 일은 매우 많다. 주기적인 인터럽트를 발생하여 디지털 시계를 구현하는 것도 이러한 예이며, 자동제어에서 일정한 샘플링 주기로 제어를 수행하거나 동시에 여러 가지의 일을 처리하기 위하여 시분할 방식으로 각각의 일을 번갈아 수행하는 경우도 이에 해당한다. 이런 경우 인터럽트 발생주기를 사용자가 임의로 결정할 수 있어야 하고 그 주기가 매우 정확해야 하는데, 이는 MCU에 내장된 타이머/카운터의 타이머 기능을 이용하는 것이 좋다. 특히 정확한 주기의 인터럽트를 발생시킬 때는 타이머의 자동재저장(auto-reload) 모드를 사용하는 것이 좋다.

타이머에서 오버플로우 인터럽트가 발생할 때의 자동 재저장 기능이 얼마나 중요하지에 대하여는 제2.2절에서 충분히 공부하였으나 이를 그림으로 다시 한번 설명하면 <그림 4.13.1>과 같다. 즉, 자동 재저장 기능이 없는 타이머는 오버플로우 인터럽트가 발생하면 타이머가 FFH→00H(16비트 타이머에서는 FFFFH→0000H)로 클리어되므로 인터럽트 서비스 루틴에서 이를 소프트웨어적으로 다시 초기화해 주어야 한다. 그러나, 인터럽트가 요청되어 처리를 시작하기까지의 지연시간과 타이머를 초기화하는 소프트웨어의 처리시간이 인터럽트 설정주기에 추가되므로 이런 경우에는 실제로 발생하는 인터럽트 주기가 설정치에 비하여 더 길어지게 된다. 이러한 오차가 일정하다면 인터럽트 설정 주기를 그만큼 줄이는 방법으로 보완할 수도 있겠지만, 인터럽트 지연시간은 상황에 따라 달아지므로 이러한 보완도 불가능하다.

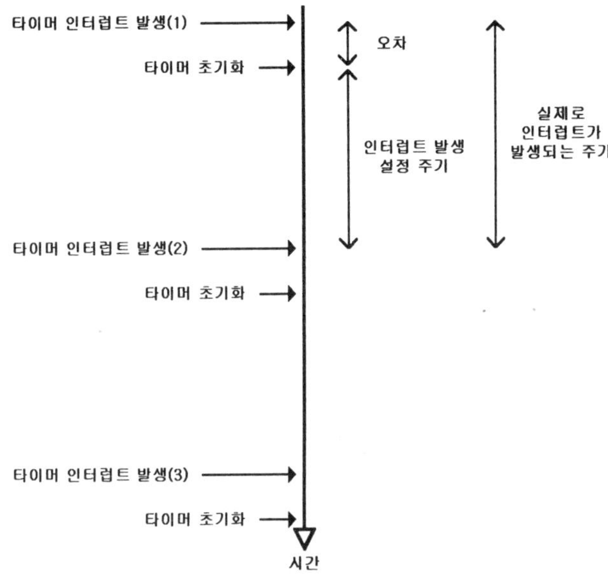

〈그림 4.13.1〉 자동 재저장 기능이 없는 타이머의 주기적인 인터럽트

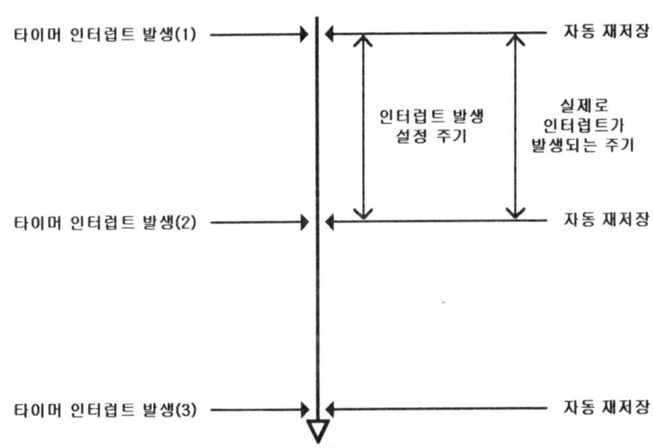

〈그림 4.13.2〉 자동 재저장 기능이 있는 타이머의 주기적인 인터럽트

그러나, <그림 4.13.2>와 같이 자동 재저장 기능이 있는 타이머에서는 원천적으로 이런 문제가 발생하지 않는다. 즉, 자동 재저장 기능이 있는 타이머는 오버플로우 인터럽트가 발생하면 타이머가 FFH→00H(16비트 타이머에서는 FFFFH→0000H)로 클리어되는 순간에 자동 재저장 기능에 의하여 하드웨어적으로 타이머가 0이 아닌 초기설정 값을 가지게 되므로 이후부터 정확히 인터럽트 설정 주기만큼의 시간이 지나면 다시 인터럽트를 발생하게 된다.

(1) 자동 재저장 모드를 사용하지 않은 주기적 인터럽트 발생

여기서는 16비트 구조로 동작하는 타이머0/1의 모드1을 사용하여 주기가 긴 인터럽트를 발생시키는 예제를 살펴보기로 한다. 모드1은 자동 재저장 기능이 없으므로 주기적인 인터럽트를 반복적으로 발생하려면 인터럽트 서비스 루틴에서 다시 타이머의 초기값을 소프트웨어적으로 설정해 주어야 하며, 이 때문에 인터럽트 주기에 오버헤드(overhead)가 추가되어 오차가 발생하게 된다.

인터럽트 발생을 눈으로 가장 쉽게 확인하는 방법은 인터럽트가 발생할 때마다 LED를 점멸하는 것이다. 그러나, 사람의 눈은 매우 느리고 잔상 시간이 길어서 빠르게 점멸하는 LED는 계속 켜져 있는 것처럼 느끼기 때문에 인터럽트 발생 주기를 매우 길게 해주어야 한다. 하지만, 24MHz의 시스템 클럭과 타이머의 분주기능으로 발생할 수 있는 인터럽트 주기는 그렇게 길지 못하므로 인터럽트가 발생되는 것을 소프트웨어적으로 카운트하고 지정된 횟수에 이르렀을 때만 원하는 일을 처리함으로써 인터럽트 발생 주기가 긴 것처럼 처리할 수 있다.

▣ 어셈블리 언어의 경우

다음은 16비트 구조로 동작하는 타이머0의 모드1을 사용하여 약 40Hz의 속도로 인터럽트를 발생하고 이를 다시 소프트웨어적으로 카운트하여 약 2Hz(0.5초의 주기)의 낮은 속도로 LED1과 LED4를 깜빡이는 프로그램이다.

〈프로그램 Exp13_1.asm〉 타이머0의 모드1을 사용한 주기적인 인터럽트 발생

```
;[][][][][][][][][][][][][][][][][][][][][][][][][][][][][][][][][][][][][][][][][][]
;[]                                                                              []
;[]              Exp13_1.asm : Timer 0, Mode 1 Interrupt                         []
;[]                                                                              []
;[][][][][][][][][][][][][][][][][][][][][][][][][][][][][][][][][][][][][][][][][][]
;
;                Designed and programmed by Duck-Yong Yoon in 2005.
;
$NOMOD51                                ; do not use default MCS-51 SFR
$INCLUDE(AT89S52.INC)                   ; include AT89S52 definition file

;=====================================================================
;       Main Program
;=====================================================================
CSEG    AT      0000H
        JMP     BOOT

CSEG    AT      000BH
        JMP     TF0_ISR                 ; Timer 0 interrupt service routine

BOOT:   MOV     SP,#7FH                 ; initialize SP
        CALL    KIT_INITIALIZE          ; initialize OK-89S52 kit
        CALL    D50MS                   ; wait for system stabilization
```

```
        CALL    LCD_INITIALIZE          ; initialize text LCD
        CALL    BEEP

        CALL    LCD_HOME1               ; display title
        CALL    LCD_STRING
        DB      ' Timer 0,Mode 1 ',0
        CALL    LCD_HOME2
        CALL    LCD_STRING
        DB      ' blink LED4 & 1 ',0

        MOV     TMOD,#00000001B         ; Timer 0, mode 1
        MOV     TCON,#00010000B         ; TR0=1
        MOV     DPTR,#0-50000           ; initial Timer 0 value
        MOV     TH0,DPH                 ; (24MHz/12/50000 = 40Hz)
        MOV     TL0,DPL
        MOV     IP,#00000010B           ; interrupt priority
        MOV     IE,#10000010B           ; EA=ET0=1

        MOV     R7,#20                  ; interrupt counter(40Hz/20 = 2Hz)
        MOV     DPTR,#DIG_SELECT        ; initialize LED4, LED1
        MOV     R0,#00000001B
        MOV     A,R0
        MOVX    @DPTR,A

        SJMP    $                       ; infinite loop

TF0_ISR:MOV     DPTR,#0-50000           ; initialize Timer 0 value
        MOV     TH0,DPH
        MOV     TL0,DPL
        DJNZ    R7,TF0_IS1              ; interrupt by 20 times ?
        MOV     R7,#20
        MOV     DPTR,#DIG_SELECT        ; if yes, blink LED4, LED1
        MOV     A,R0
        XRL     A,#00001001B
        MOV     R0,A
        MOVX    @DPTR,A
TF0_IS1:RETI

;=====================================================================
;       Include User Subroutine File
;=====================================================================
$INCLUDE(OK89S52.INC)                   ; include OK-89S52 subroutine file
        END
```

☞ 여기서는 타이머0을 타이머 모드로 사용하므로 24MHz÷12의 내부 클럭이 입력되며, 여기에 다시 모드1을 사용하여 ÷50000을 수행하므로 인터럽트 발생 주파수는 약 24MHz÷12÷50000 = 40Hz가 된다. 그러나, 40Hz의 속도로 인터럽트가 발생하여 LED를 점멸하면 사람의 눈에는 LED 점멸 속도가 너무 빨라서 항상 LED가 켜져 있는 것처럼 보인다. 이러한 경우에는 인터럽트 서비스 루틴에서 인터럽트 발생횟수를 카운트하는 소프트웨어 카운터를 사용한다. 여기서는 이를 이용하여 ÷20을 수행하였으므로 결과적으로는 인터럽트 발생 사이클이 2Hz인 것처럼 된다. 즉, 인터럽트가 20번 발생할 때마다 한번씩 LED를 켜거나 끄게 되므로 LED 점멸 시간이 500[ms]로 되어 정확하게 1초에 한번씩 LED가 ON/OFF를 반복한다.

타이머0의 모드1은 자동 재저장 기능이 없기 때문에 인터럽트가 발생할 때마다 타이머0의 초기값을 다시 초기화해주어야만 ÷50000을 수행할 수 있다. 타이머0의 오버플로우가 발생하여 인터럽트가 걸리면 이는 0의 값으로 되고 여기서부터 다시 카운트 동작이 시작되기 때문이다. 타이머0을 초기화할 때 TH0과 TL0 레지스터에 0-50000을 저장하는데 어떻게 타이머의 초기값으로 음수를 지정할 수 있느냐고 생각한다면 마이크로프로세서나 디지털 수치 데이터의 개념을 모르는 어리석은 일이다. 0-50000은 다시 말하면

65536-50000이며, 65536을 65536이라고 하지 않고 0으로 표현한 것은 16비트 수로는 0~65535의 범위만을 표시할 수 있기 때문이다. 타이머0의 모드1에서 오버플로우는 타이머의 값이 FFFFH(65535)→0000H(65536)로 바뀌는 과정이므로 50000개의 펄스가 들어왔을 때 오버플로우가 발생하도록 하려면 미리 65536-50000이라는 초기값을 지정해 두어야 하는 것이다.

그러나, 이와 같이 자동 재저장 기능이 없어서 인터럽트가 발생할 때마다 인터럽트 서비스 루틴에서 소프트웨어적으로 타이머0을 다시 초기화하는 것은 인터럽트 발생의 주기에 상당한 오차를 유발한다. 인터럽트가 요청되어 처리되기 시작하기까지의 시간과 소프트웨어적으로 타이머0을 초기화하는데 필요한 명령의 실행시간이 인터럽트 발생 주기에 추가되기 때문이다. 만약 이런 방법으로 디지털 시계를 구현한다면 그 시계는 상당히 느려지는 부정확한 시계가 될 것이다.

이 프로그램을 어셈블하여 다운로드하고 실행하라. 그리고, LED4와 LED1이 1초에 한번씩 교대로 점멸하는지 관찰하라.

▣ C언어의 경우

위의 예제 Exp13_1.asm에서와 동일한 기능을 수행하는 C언어 프로그램을 작성하여 보면 다음과 같다.

〈프로그램 Exp13_1.c〉 타이머0의 모드1을 사용한 주기적인 인터럽트 발생

```
/* ========================================================================== */
/*                  Exp13_1.c : Timer 0, Mode 1 Interrupt                     */
/* ========================================================================== */
/*                        Designed and programmed by Duck-Yong Yoon in 2005.  */

#include "AT89S52.H"                        // include AT89S52 definition file
#include "OK89S52.H"                        // include OK-89S52 kit function

unsigned char int_count;                    // interrupt counter
unsigned char LED;                          // LED output value

void TF0_ISR(void) interrupt 1              // Timer 0 interrupt function
{
  TH0 = (0-50000) >> 8;                     // initial Timer 0 value
  TL0 = (0-50000) & 0x00FF;

  int_count--;                              // interrupt by 20 times ?
  if(int_count == 0)
    { int_count = 20;
      LED ^= 0x09;                          // if yes, blink LED4, LED1
      DIG_SELECT = LED;
    }
}

main()
{
  Kit_initialize();                         // initialize OK-89S52 kit
  Delay_ms(50);                             // wait for system stabilization
  LCD_initialize();                         // initialize text LCD module
  Beep();
```

```
    LCD_string(0x80," Timer 0,Mode 1 ");          // display title
    LCD_string(0xC0," blink LED4 & 1 ");

    TMOD = 0x01;                                  // Timer 0, mode 1
    TCON = 0x10;                                  // TR0=1
    TH0 = (0-50000) >> 8;                         // initial Timer 0 value
    TL0 = (0-50000) & 0x00FF;                     // (24MHz/12/50000 = 40Hz)
    IP = 0x02;                                    // interrupt priority
    IE = 0x82;                                    // EA=ET0=1

    int_count = 20;                               // interrupt counter(40Hz/20 = 2Hz)
    LED = 0x01;                                   // initialize LED4, LED1
    DIG_SELECT = LED;

    while(1);                                     // infinite loop
}
```

이 프로그램을 컴파일하여 다운로드하고 실행하라. 그리고, 어셈블리 언어 프로그램과 동일한 결과를 얻을 수 있는지 확인하라.

(2) 자동 재저장 모드를 사용한 주기적 인터럽트 발생

타이머0이나 타이머1을 사용하여 오버헤드 없이 정확한 주기의 인터럽트를 발생시키려면 반드시 모드2 즉 자동 재저장 모드를 사용하여야 한다. 그러나, 타이머0/1의 자동 재저장 모드는 모두 8비트로 동작하므로 이를 사용하면 인터럽트 발생 주기가 짧아져서 사용하기에 불편할 경우가 많으며, 이 인터럽트 발생 주기를 길게 하려면 소프트웨어적으로 인터럽트 발생을 카운트하는 것이 필요하다. 그러나, 타이머2는 16비트의 자동 재저장 모드를 가지고 있으므로 이런 점에서 매우 유용하다. 하지만, 타이머2는 AT89S52 이상의 모델에서만 사용할 수 있으며 AT89S51에는 타이머2를 가지고 있지 않다는데 유의해야 한다.

▣ 어셈블리 언어의 경우

다음은 8비트 구조로 동작하는 타이머0의 모드2를 사용하여 정확히 8000Hz의 속도로 인터럽트를 발생하고 이를 다시 소프트웨어적으로 카운트하여 약 2Hz(0.5초의 주기)의 낮은 속도로 LED1과 LED4를 깜빡이는 프로그램이다.

〈프로그램 Exp13_2.asm〉 타이머0의 모드2를 사용한 주기적인 인터럽트 발생

```
;[][][][][][][][][][][][][][][][][][][][][][][][][][][][][][][][][][][]
;[]                                                                  []
;[]           Exp13_2.asm : Timer 0, Mode 2 Interrupt                []
;[]                                                                  []
```

```
;[][][][][][][][][][][][][][][][][][][][][][][][][][][][][][][][][][][][]
;
;               Designed and programmed by Duck-Yong Yoon in 2005.
;
$NOMOD51                                ; do not use default MCS-51 SFR
$INCLUDE(AT89S52.INC)                   ; include AT89S52 definition file

;====================================================================
;       Main Program
;====================================================================
CSEG    AT      0000H
        JMP     BOOT

CSEG    AT      000BH
        JMP     TF0_ISR                 ; Timer 0 interrupt service routine

BOOT:   MOV     SP,#7FH                 ; initialize SP
        CALL    KIT_INITIALIZE          ; initialize OK-89S52 kit
        CALL    D50MS                   ; wait for system stabilization
        CALL    LCD_INITIALIZE          ; initialize text LCD
        CALL    BEEP

        CALL    LCD_HOME1               ; display title
        CALL    LCD_STRING
        DB      ' Timer 0,Mode 2 ',0
        CALL    LCD_HOME2
        CALL    LCD_STRING
        DB      ' blink LED4 & 1 ',0

        MOV     TMOD,#00000010B         ; Timer 0, mode 2
        MOV     TCON,#00010000B         ; TR0=1
        MOV     A,#0-250                ; initialize time constant
        MOV     TH0,A                   ; (24MHz/12/250 = 8000Hz)
        MOV     TL0,A                   ; initial Timer 0 value
        MOV     IP,#00000010B           ; interrupt priority
        MOV     IE,#10000010B           ; EA=ET0=1

        MOV     R6,#200                 ; interrupt counter
        MOV     R7,#20                  ; (8000Hz/200/20 = 2Hz)
        MOV     DPTR,#DIG_SELECT        ; initialize LED4, LED1
        MOV     R0,#00000001B
        MOV     A,R0
        MOVX    @DPTR,A

        SJMP    $                       ; infinite loop

TF0_ISR:DJNZ    R6,TF0_IS1              ; interrupt by 200 times ?
        MOV     R6,#200
        DJNZ    R7,TF0_IS1              ; interrupt by 200*20 times ?
        MOV     R7,#20
        MOV     DPTR,#DIG_SELECT        ; if yes, blink LED4, LED1
        MOV     A,R0
        XRL     A,#00001001B
        MOV     R0,A
        MOVX    @DPTR,A
TF0_IS1:RETI

;====================================================================
;       Include User Subroutine File
;====================================================================
$INCLUDE(OK89S52.INC)                   ; include OK-89S52 subroutine file
        END
```

☞ 여기서는 타이머0을 타이머 모드로 사용하므로 24MHz÷12의 내부 클럭이 입력되며, 여기에 다시 모드2를 사용하여 ÷250을 수행하므로 인터럽트 발생 주파수는 정확히 24MHz÷12÷250 = 8000Hz가 된다. 그러나, 이를 2Hz로 만들려면 인터럽트 발생을 소프트웨어로 카운트하여 ÷4000을 수행해야 하는데 이것도 8비트로는 불가능하므로 ÷200과 ÷20을 수행하여 결과적으로 ÷4000이 되도록 하였다.

타이머0의 모드2는 자동 재저장 기능이 있기 때문에 처음에 시정수를 저장하는 레지스터 TH0에 0-250을 초기화하는 것으로 충분하며 인터럽트 서비스 루틴에서 이를 다시 초기화하지 않는다. TL0에도 0-250을 초기화하는 것은 첫번째 인터럽트 발생 주기에서만 의미가 있다.

타이머0을 초기화할 때 TH0과 TL0 레지스터에 0-250을 저장하는데 어떻게 타이머의 초기값으로 음수를 지정할 수 있느냐고 생각한다면 역시 어리석은 일이다. 0-250은 다시 말하면 256-250이며, 256을 256이라고 하지 않고 0으로 표현한 것은 8비트 수로는 0~255의 범위만을 표시할 수 있기 때문이다. 타이머0의 모드2에서 오버플로우는 타이머의 값이 FFH(255)→00H(256)로 바뀌는 과정이므로 250개의 펄스가 들어왔을 때 오버플로우가 발생하도록 하려면 미리 256-250이라는 초기값을 지정해 두어야 하는 것이다.

이 프로그램을 어셈블하여 다운로드하고 실행하라. 그리고, LED4와 LED1이 1초에 한번씩 교대로 점멸하는지 관찰하라.

다음은 16비트 구조로 동작하는 타이머2의 자동 재저장 모드를 사용하여 정확히 40Hz의 속도로 인터럽트를 발생하고 이를 다시 소프트웨어적으로 카운트하여 약 2Hz(0.5초의 주기)의 낮은 속도로 LED1과 LED4를 깜빡이는 프로그램이다.

〈프로그램 Exp13_3.asm〉 타이머2를 사용한 주기적인 인터럽트 발생

```
;[][][][][][][][][][][][][][][][][][][][][][][][][][][][][][][][][][][][]
;[]                                                                    []
;[]      Exp13_3.asm : Timor 2, Auto-reload Mode Interrupt             []
;[]                                                                    []
;[][][][][][][][][][][][][][][][][][][][][][][][][][][][][][][][][][][][]
;
;               Designed and programmed by Duck-Yong Yoon in 2005.
;
$NOMOD51                                ; do not use default MCS-51 SFR
$INCLUDE(AT89S52.INC)                   ; include AT89S52 definition file

;=====================================================================
;       Main Program
;=====================================================================
CSEG    AT      0000H
        JMP     BOOT

CSEG    AT      002BH
        JMP     TF2_ISR                 ; Timer 2 interrupt service routine

BOOT:   MOV     SP,#7FH                 ; initialize SP
        CALL    KIT_INITIALIZE          ; initialize OK-89S52 kit
        CALL    D50MS                   ; wait for system stabilization
        CALL    LCD_INITIALIZE          ; initialize text LCD
        CALL    BEEP

        CALL    LCD_HOME1               ; display title
```

```
        CALL    LCD_STRING
        DB      ' T2,Auto-reload ',0
        CALL    LCD_HOME2
        CALL    LCD_STRING
        DB      ' blink LED4 & 1 ',0

        MOV     T2CON,#00000100B        ; Timer 2, 16-bit auto-reload mode
        MOV     T2MOD,#00000000B        ; (up counter)
        MOV     DPTR,#0-50000           ; initialize time constant
        MOV     RCAP2H,DPH              ; (24MHz/12/50000 = 40Hz)
        MOV     RCAP2L,DPL
        MOV     TH2,DPH                 ; initial Timer 2 value
        MOV     TL2,DPL
        MOV     IP,#00100000B           ; interrupt priority
        MOV     IE,#10100000B           ; EA=ET2=1

        MOV     R7,#20                  ; interrupt counter(40Hz/20 = 2Hz)
        MOV     DPTR,#DIG_SELECT        ; initialize LED4, LED1
        MOV     R0,#00000001B
        MOV     A,R0
        MOVX    @DPTR,A

        SJMP    $                       ; infinite loop

TF2_ISR:CLR     TF2                     ; clear TF2 flag
        DJNZ    R7,TF2_IS1              ; interrupt by 20 times ?
        MOV     R7,#20
        MOV     DPTR,#DIG_SELECT        ; if yes, blink LED4, LED1
        MOV     A,R0
        XRL     A,#00001001B
        MOV     R0,A
        MOVX    @DPTR,A
TF2_IS1:RETI

;=====================================================================
;       Include User Subroutine File
;=====================================================================
$INCLUDE(OK89S52.INC)                   ; include OK-89S52 subroutine file
        END
```

☞ 여기서는 타이머2를 타이머 모드로 사용하므로 24MHz÷12의 내부 클럭이 입력되며, 여기에 16비트 구조의 자동 재저장 모드를 사용하여 ÷50000을 수행하므로 인터럽트 발생 주파수는 정확히 24MHz÷12÷50000 = 40Hz가 된다. 이를 2Hz로 만들려면 인터럽트 발생을 소프트웨어로 카운트하여 간단히 ÷20을 수행하면 되므로 앞의 타이머0을 사용한 예제 프로그램 Exp13_2.asm에서 보다 간편하다.

타이머0과 타이머1에서는 인터럽트가 발생되어 처리되기 시작하면 자동으로 인터럽트 플랙 TF0 또는 TF1이 0으로 클리어되지만, 타이머2에서는 인터럽트가 처리되기 시작하더라도 자동으로 인터럽트 플랙 TF2가 0으로 클리어되지 않으므로 인터럽트 서비스 루틴에서 이를 클리어시켜야 한다는 점에 유의하라.

이 프로그램을 어셈블하여 다운로드하고 실행하라. 그리고, LED4와 LED1이 1초에 한번씩 교대로 점멸하는지 관찰하라.

▣ C언어의 경우

위의 예제 Exp13_2.asm에서와 동일한 기능을 수행하는 C언어 프로그램을 작성하여 보면 다음과 같다.

〈프로그램 Exp13_2.c〉 타이머0의 모드2를 사용한 주기적인 인터럽트 발생

```
/* ========================================================================== */
/*                   Exp13_2.c : Timer 0, Mode 2 Interrupt                    */
/* ========================================================================== */
/*                        Designed and programmed by Duck-Yong Yoon in 2005.  */

#include "AT89S52.H"                           // include AT89S52 definition file
#include "OK89S52.H"                           // include OK-89S52 kit function

unsigned int int_count;                        // interrupt counter
unsigned char LED;                             // LED output value

void TF0_ISR(void) interrupt 1                 // Timer 0 interrupt function
{
  int_count--;                                 // interrupt by 4000 times ?
  if(int_count == 0)
    { int_count = 4000;
      LED ^= 0x09;                             // if yes, blink LED4, LED1
      DIG_SELECT = LED;
    }
}

main()
{
  Kit_initialize();                            // initialize OK-89S52 kit
  Delay_ms(50);                                // wait for system stabilization
  LCD_initialize();                            // initialize text LCD module
  Beep();

  LCD_string(0x80," Timer 0,Mode 2 ");         // display title
  LCD_string(0xC0," blink LED4 & 1 ");

  TMOD = 0x02;                                 // Timer 0, mode 2
  TCON = 0x10;                                 // TR0=1
  TH0 = (0-250);                               // initialize time constant
  TL0 = (0-250);                               // (24MHz/12/250 = 8000Hz)
  IP = 0x02;                                   // interrupt priority
  IE = 0x82;                                   // EA=ET0=1

  int_count = 4000;                            // int. counter(8000Hz/4000 = 2Hz)
  LED = 0x01;                                  // initialize LED4, LED1
  DIG_SELECT = LED;

  while(1);                                    // infinite loop
}
```

이 프로그램을 컴파일하여 다운로드하고 실행하라. 그리고, 어셈블리 언어 프로그램과 동일한 결과를 얻을 수 있는지 확인하라.

위의 예제 Exp13_3.asm에서와 동일한 기능을 수행하는 C언어 프로그램을 작성하여 보면 다음과 같다.

〈프로그램 Exp13_3.c〉 타이머2를 사용한 주기적인 인터럽트 발생

```
/* ============================================================================ */
/*              Exp13_3.c : Timer 2, Auto-reload Mode Interrupt                 */
/* ============================================================================ */
/*                        Designed and programmed by Duck-Yong Yoon in 2005.   */

#include "AT89S52.H"                            // include AT89S52 definition file
#include "OK89S52.H"                            // include OK-89S52 kit function

unsigned char int_count;                        // interrupt counter
unsigned char LED;                              // LED output value

void TF2_ISR(void) interrupt 5                  // Timer 2 interrupt function
{
  TF2 = 0;                                      // clear TF2 flag
  int_count--;                                  // interrupt by 20 times ?
  if(int_count == 0)
    { int_count = 20;
      LED ^= 0x09;                              // if yes, blink LED4, LED1
      DIG_SELECT = LED;
    }
}

main()
{
  Kit_initialize();                             // initialize OK-89S52 kit
  Delay_ms(50);                                 // wait for system stabilization
  LCD_initialize();                             // initialize text LCD module
  Beep();

  LCD_string(0x80," T2,Auto-reload ");          // display title
  LCD_string(0xC0," blink LED4 & 1 ");

  T2CON = 0x04;                                 // Timer 2, 16-bit auto-reload mode
  T2MOD = 0x00;                                 // (up counter)
  RCAP2H = (0-50000) >> 8;                      // initialize time constant
  RCAP2L = (0-50000) & 0x00FF;                  // (24MHz/12/50000 = 40Hz)
  TH2 = (0-50000) >> 8;                         // initial Timer 2 value
  TL2 = (0-50000) & 0x00FF;
  IP = 0x20;                                    // interrupt priority
  IE = 0xA0;                                    // EA=ET2=1

  int_count = 20;                               // interrupt counter(40Hz/20 = 2Hz)
  LED = 0x01;                                   // initialize LED4, LED1
  DIG_SELECT = LED;

  while(1);                                     // infinite loop
}
```

이 프로그램을 컴파일하여 다운로드하고 실행하라. 그리고, 어셈블리 언어 프로그램과 동일한 결과를 얻을 수 있는지 확인하라.

2. 다중 인터럽트의 처리

인터럽트를 사용할 경우에는 메인 루틴과 인터럽트 서비스 루틴 사이의 레지스터나 변수의 충돌이 발생하지 않도록 세심하게 고려하여 프로그램을 작성해야 한다. 그러나, 여러개의 인터럽트가 다중으로 사용될 때는 각 인터럽트 서비스 루틴 사이에서도 레지스터나 변수의 충돌이 발생하지 않도록 주의해야 한다. 하나의 인터럽트가 처리되고 있는 동안에 다른 인터럽트가 발생할 수도 있기 때문이다.

그러나, 프로그램의 내용에 따라서는 반대로 메인 루틴과 각 인터럽트 서비스 루틴에서 공통으로 사용해야 하는 변수도 있다. C언어에서 이런 경우 전역변수를 사용하게 된다.

▣ 어셈블리 언어의 경우

다음은 타이머0과 타이머1을 모두 모드2로 사용하여 각각 다른 주기의 인터럽트를 발생하는 프로그램이다. 타이머0은 10000Hz로 인터럽트를 발생하고 소프트웨어적인 인터럽트 카운터로 이를 1000분주하여 10Hz의 속도로 LED1을 점멸하며, 타이머1은 8000Hz로 인터럽트를 발생하고 소프트웨어적인 인터럽트 카운터로 이를 4000분주하여 2Hz의 속도로 LED4를 점멸한다.

〈프로그램 Exp13_4.asm〉 타이머0과 타이머1의 다중 인터럽트 프로그램

```
;[][][][][][][][][][][][][][][][][][][][][][][][][][][][][][][][][][][]
;[]                                                                  []
;[]         Exp13_4.asm : Nested Interrupt Timer 0 & Timer 1         []
;[]                                                                  []
;[][][][][][][][][][][][][][][][][][][][][][][][][][][][][][][][][][][]
;
;               Designed and programmed by Duck-Yong Yoon in 2005.
;
$NOMOD51                                ; do not use default MCS-51 SFR
$INCLUDE(AT89S52.INC)                   ; include AT89S52 definition file

;====================================================================
;       Main Program
;====================================================================
CSEG    AT      0000H
        JMP     BOOT

CSEG    AT      000BH
        JMP     TF0_ISR                 ; Timer 0 interrupt service routine

CSEG    AT      001BH
        JMP     TF1_ISR                 ; Timer 1 interrupt service routine
```

```
BOOT:   MOV     SP,#7FH                 ; initialize SP
        CALL    KIT_INITIALIZE          ; initialize OK-89S52 kit
        CALL    D50MS                   ; wait for system stabilization
        CALL    LCD_INITIALIZE          ; initialize text LCD
        CALL    BEEP

        CALL    LCD_HOME1               ; display title
        CALL    LCD_STRING
        DB      'Timer 1  Timer 0',0
        CALL    LCD_HOME2
        CALL    LCD_STRING
        DB      ' LED4       LED1 ',0

        MOV     TMOD,#00100010B         ; Timer 0 and 1, mode 2
        MOV     TCON,#01010000B         ; TR0=TR1=1
        MOV     A,#0-200                ; initialize Timer 0 time constant
        MOV     TH0,A                   ; (24MHz/12/200 = 10000Hz)
        MOV     TL0,A                   ; initial Timer 0 value
        MOV     A,#0-250                ; initialize Timer 1 time constant
        MOV     TH1,A                   ; (24MHz/12/250 = 8000Hz)
        MOV     TL1,A                   ; initial Timer 0 value

        MOV     IP,#00001010B           ; interrupt priority
        MOV     IE,#10001010B           ; EA=ET1=ET0=1

        MOV     R4,#100                 ; interrupt counter of Timer 0
        MOV     R5,#10                  ; (10000Hz/100/10 = 10Hz)
        MOV     R6,#200                 ; interrupt counter of Timer 1
        MOV     R7,#20                  ; (8000Hz/200/20 = 2Hz)

        MOV     DPTR,#DIG_SELECT        ; initialize LED4, LED1
        MOV     R0,#00000000B
        MOV     A,R0
        MOVX    @DPTR,A

        SJMP    $                       ; infinite loop

TF0_ISR:PUSH    PSW
        PUSH    ACC
        PUSH    DPH
        PUSH    DPL
        DJNZ    R4,TF0_IS1              ; interrupt by 100 times ?
        MOV     R4,#100
        DJNZ    R5,TF0_IS1              ; interrupt by 100*10 times ?
        MOV     R5,#10
        MOV     DPTR,#DIG_SELECT        ; if yes, blink LED1
        MOV     A,R0
        XRL     A,#00000001B
        MOV     R0,A
        MOVX    @DPTR,A
TF0_IS1:POP     DPL
        POP     DPH
        POP     ACC
        POP     PSW
        RETI

TF1_ISR:PUSH    PSW
        PUSH    ACC
        PUSH    DPH
        PUSH    DPL
        DJNZ    R6,TF1_IS1              ; interrupt by 200 times ?
        MOV     R6,#200
        DJNZ    R7,TF1_IS1              ; interrupt by 200*20 times ?
```

```
        MOV     R7,#20
        MOV     DPTR,#DIG_SELECT        ; if yes, blink LED4
        MOV     A,R0
        XRL     A,#00001000B
        MOV     R0,A
        MOVX    @DPTR,A
TF1_IS1:POP     DPL
        POP     DPH
        POP     ACC
        POP     PSW
        RETI

;=====================================================================
;       Include User Subroutine File
;=====================================================================
$INCLUDE(OK89S52.INC)                   ; include OK-89S52 subroutine file
        END
```

☞ 이 프로그램에서는 메인 루틴이 단순히 SJMP $ 명령만을 반복하여 실행하고 있으므로 2개의 인터럽트 서비스 루틴 사이에서의 레지스터 충돌만 방지하도록 처리하면 된다. 따라서, 각 루틴에서 사용되는 상태 레지스터 PSW, 누산기 A, 포인터 레지스터 DPTR 등의 레지스터를 PUSH/POP 명령으로 보호하였다. 그러나, 타이머0의 인터럽트 서비스 루틴에서만 고유하게 사용되는 R4, R5 레지스터와 타이머1의 인터럽트 서비스 루틴에서만 고유하게 사용되는 R6, R7 레지스터는 PUSH/POP할 필요가 없으며, 공통 변수로 사용되는 R0 레지스터도 보호할 필요가 없다.

이 프로그램을 어셈블하여 다운로드하고 실행하라. 그리고, LED4는 2Hz의 속도로 점멸하고 LED1은 10Hz의 속도로 점멸하는지 관찰하라.

▣ C언어의 경우

위의 예제 Exp13_4.asm에서와 동일한 기능을 수행하는 C언어 프로그램을 작성하여 보면 다음과 같다.

〈프로그램 Exp13_4.c〉 타이머0과 타이머1의 다중 인터럽트 프로그램

```
/* ========================================================================== */
/*              Exp13_4.c : Nested Interrupt of Timer 0 & Timer 1             */
/* ========================================================================== */
/*                         Designed and programmed by Duck-Yong Yoon in 2005.  */

#include "AT89S52.H"                        // include AT89S52 definition file
#include "OK89S52.H"                        // include OK-89S52 kit function

unsigned int int0_count, int1_count;        // interrupt counter
unsigned char LED;                          // LED output value

void TF0_ISR(void) interrupt 1              // Timer 0 interrupt function
{
```

```
    int0_count--;                          // interrupt by 1000 times ?
    if(int0_count == 0)
      { int0_count = 1000;
        LED ^= 0x01;                       // if yes, blink LED1
        DIG_SELECT = LED;
      }
  }

  void TF1_ISR(void) interrupt 3           // Timer 1 interrupt function
  {
    int1_count--;                          // interrupt by 4000 times ?
    if(int1_count == 0)
      { int1_count = 4000;
        LED ^= 0x08;                       // if yes, blink LED4
        DIG_SELECT = LED;
      }
  }

  main()
  {
    Kit_initialize();                      // initialize OK-89S52 kit
    Delay_ms(50);                          // wait for system stabilization
    LCD_initialize();                      // initialize text LCD module
    Beep();

    LCD_string(0x80,"Timer 1  Timer 0");   // display title
    LCD_string(0xC0," LED4      LED1 ");

    TMOD = 0x22;                           // Timer 0 and 1, mode 2
    TCON = 0x50;                           // TR0=TR1=1
    TH0 = (0-200);                         // initialize time constant of Timer 0
    TL0 = (0-200);                         // (24MHz/12/200 = 10000Hz)
    TH1 = (0-250);                         // initialize time constant of Timer 1
    TL1 = (0-250);                         // (24MHz/12/250 = 8000Hz)

    IP = 0x0A;                             // interrupt priority
    IE = 0x8A;                             // EA=ET1=ET0=1

    int0_count = 1000;                     // int. counter(10000Hz/1000 = 10Hz)
    int1_count = 4000;                     // int. counter(8000Hz/4000 = 2Hz)

    LED = 0x00;                            // initialize LED4, LED1
    DIG_SELECT = LED;

    while(1);                              // infinite loop
  }
```

이 프로그램을 컴파일하여 다운로드하고 실행하라. 그리고, 어셈블리 언어 프로그램과 동일한 결과를 얻을 수 있는지 확인하라.

3. 타이머를 이용한 스톱워치

여기서는 타이머를 이용하여 전자 스톱워치를 구현해보기로 한다. 스톱워치는 최소 시간단위가 1/100초까지 표시되어야 하며, 그 위의 단위로는 초만을 사용하는 경우와 시:분:초를 사용하는 경우를 각각 프로그램해 보기로 한다.

이 프로그램에서 스톱워치의 스타트 버튼은 KEY1, 스톱 버튼은 KET4, 리셋 버튼은 KEY3을 사용하기로 한다.

▣ 어셈블리 언어의 경우

타이머0의 모드1을 사용하여 전자 스톱워치를 구현한 어셈블리 언어 프로그램은 다음과 같다.

〈프로그램 Exp13_5.asm〉 타이머0의 모드1을 사용한 스톱워치

```
;[][][][][][][][][][][][][][][][][][][][][][][][][][][][][][][][][][]
;[]                                                               []
;[]           Exp13_5.asm : Stop Watch using Timer 0              []
;[]                                                               []
;[][][][][][][][][][][][][][][][][][][][][][][][][][][][][][][][][][]
;
;             Designed and programmed by Duck-Yong Yoon in 2005.
;
$NOMOD51                              ; do not use default MCS-51 SFR
$INCLUDE(AT89S52.INC)                 ; include AT89S52 definition file

TIME_H          DATA    30H           ; time high byte
TIME_L          DATA    31H           ; time low byte
ZONE_FLAG       DATA    32H           ; zone flag for zero
RUN_FLAG        DATA    33H           ; stop watch operation flag

;====================================================================
;       Main Program
;====================================================================
CSEG    AT      0000H
        JMP     BOOT

CSEG    AT      000BH
        JMP     TF0_ISR               ; Timer 0 interrupt service routine

BOOT:   MOV     SP,#7FH               ; initialize SP
        CALL    KIT_INITIALIZE        ; initialize OK-89S52 kit
        CALL    D50MS                 ; wait for system stabilization
        CALL    LCD_INITIALIZE        ; initialize text LCD
        CALL    BEEP

        CALL    LCD_HOME1             ; display title
        CALL    LCD_STRING
        DB      ' STOP WATCH(T0) ',0
CLEAR:  CALL    LCD_HOME2
        CALL    LCD_STRING
```

```
        DB      '  000.00 [SEC]  ',0

        MOV     TIME_H,#0               ; clear time
        MOV     TIME_L,#0
        MOV     RUN_FLAG,#0             ; RUN_FLAG=0
        MOV     DPTR,#DIG_SELECT        ; LED3 on
        MOV     A,#00000100B
        MOVX    @DPTR,A

READ_KEY:CALL   KEY_IN                  ; key input
        CJNE    A,#00011100B,CK_KEY3    ; if KEY1, start
        MOV     A,RUN_FLAG
        CJNE    A,#0,READ_KEY
        MOV     TMOD,#00000001B         ; Timer 0, mode 1
        MOV     TCON,#00010000B         ; TR0=1
        MOV     DPTR,#0-20000           ; initial Timer 0 value
        MOV     TH0,DPH                 ; (24MHz/12/20000 = 100Hz)
        MOV     TL0,DPL
        MOV     IP,#00000010B           ; interrupt priority
        MOV     IE,#10000010B           ; EA=ET0=1
        MOV     DPTR,#DIG_SELECT        ; LED1 on
        MOV     A,#00000001B
        MOVX    @DPTR,A
        MOV     RUN_FLAG,#1             ; RUN_FLAG=1
        JMP     READ_KEY

CK_KEY3:CJNE    A,#00010110B,CK_KEY4    ; if KEY3, reset
        MOV     A,RUN_FLAG
        CJNE    A,#0,READ_KEY
        JMP     CLEAR

CK_KEY4:CJNE    A,#00001110B,READ_KEY   ; if KEY4, stop
        MOV     A,RUN_FLAG
        CJNE    A,#1,READ_KEY
        CLR     ET0
        MOV     DPTR,#DIG_SELECT        ; LED4 on
        MOV     A,#00001000B
        MOVX    @DPTR,A
        MOV     RUN_FLAG,#0             ; RUN_FLAG=0
        JMP     READ_KEY

;======================================================================
;       Interrupt Service Routine for Timer 0
;======================================================================
TF0_ISR:PUSH    PSW
        PUSH    ACC
        PUSH    DPH
        PUSH    DPL
        MOV     DPTR,#0-20000           ; initial Timer 0 value
        MOV     TH0,DPH                 ; (24MHz/12/20000 = 100Hz)
        MOV     TL0,DPL
        MOV     DPH,TIME_H              ; increment interrupt counter
        MOV     DPL,TIME_L
        INC     DPTR
        MOV     TIME_H,DPH
        MOV     TIME_L,DPL

        MOV     LCD_BUFFER,#0C2H        ; cursor position
        CALL    LCD_COMMAND
        MOV     ZONE_FLAG,#0
        MOV     R2,#0                   ; display 10^2 digit
        MOV     R3,#0
        MOV     R4,TIME_H
```

```
        MOV     R5,TIME_L
        MOV     DPTR,#10000
        MOV     R6,DPH
        MOV     R7,DPL
        CALL    DIV16
        MOV     A,R5
        ADD     A,#'0'
        CJNE    A,#'0',LCD_3D21
        MOV     A,#' '
        JMP     LCD_3D22
LCD_3D21:MOV    ZONE_FLAG,#1
LCD_3D22:MOV    LCD_BUFFER,A
        CALL    LCD_DATA

        MOV     A,R2                    ; display 10^1 digit
        MOV     R4,A
        MOV     A,R3
        MOV     R5,A
        MOV     R2,#0
        MOV     R3,#0
        MOV     DPTR,#1000
        MOV     R6,DPH
        MOV     R7,DPL
        CALL    DIV16
        MOV     A,R5
        ADD     A,#'0'
        MOV     R1,ZONE_FLAG
        CJNE    R1,#0,LCD_3D24
        CJNE    A,#'0',LCD_3D23
        MOV     A,#' '
        JMP     LCD_3D24
LCD_3D23:MOV    ZONE_FLAG,#1
LCD_3D24:MOV    LCD_BUFFER,A
        CALL    LCD_DATA

        MOV     A,R2                    ; display 10^0 digit
        MOV     R4,A
        MOV     A,R3
        MOV     R5,A
        MOV     R7,#100
        CALL    DIV8
        MOV     A,R5
        ADD     A,#'0'
        MOV     LCD_BUFFER,A
        CALL    LCD_DATA
        MOV     LCD_BUFFER,#'.'
        CALL    LCD_DATA
        MOV     A,R4                    ; display 10^-1 digit
        MOV     B,#10
        DIV     AB
        ADD     A,#'0'
        MOV     LCD_BUFFER,A
        CALL    LCD_DATA
        MOV     A,B                     ; display 10^-2 digit
        ADD     A,#'0'
        MOV     LCD_BUFFER,A
        CALL    LCD_DATA

        POP     DPL
        POP     DPH
        POP     ACC
        POP     PSW
        RETI
```

```
;==================================================================
;       Include User Subroutine File
;==================================================================
$INCLUDE(OK89S52.INC)                  ; include OK-89S52 subroutine file
        END
```

☞ 이 예제에서는 전체 프로그램의 구조를 파악하는 것이 중요하다. 메인 프로그램에서는 키입력을 검출하여 그에 따른 동작을 지시하는 것만을 수행하며, 스톱워치의 계시 동작은 모두 인터럽트 서비스 루틴에서 처리된다. 이 때문에 스톱워치를 텍스트형 LCD 모듈에 표시하는 루틴은 상당히 긴데도 불구하고 모두 인터럽트 서비스 루틴내에서 처리하였다.

시간을 측정하는 변수는 1/100초 단위로 16비트 정수로 측정하여 소수점 아래 2자리까지 표시하므로 최대 655.35초까지 측정할 수 있다. 그러나, 사실 이런 기능의 전자 스톱워치는 없다. 쓸만한 스톱워치가 되려면 시:분:초 및 1/100초까지 측정할 수 있어야 일반적이다. 이는 아래의 두번째 스톱워치 프로그램 예제에서 살펴본다.

여기서는 타이머0의 모드1을 사용하였으므로 자동 재저장 기능이 되지 않아서 인터럽트 발생 주기가 정확히 1/100초로 되지 않으며, 따라서 이 스톱워치는 눈으로는 쉽게 확인하기 어렵지만 장시간 측정해보면 작지 않은 오차가 발생하는 것은 알 수 있다. 이 문제를 해결하려면 자동 재저장 모드를 사용하여 인터럽트가 정확히 1/100초에 1번씩 발생하도록 해야 한다.

이 프로그램을 어셈블하여 다운로드하고 실행하라. 그리고, KEY4~KEY1을 사용하여 스톱워치를 동작시켜 보라. 스톱 워치를 스타트한 이후에는 스톱 버튼만이 동작하고, 리셋 버튼은 스톱 상태에서만 동작하는데 유의하라.

타이머2의 자동 재저장 모드를 사용하여 시:분:초와 1/100초까지 나타내는 전자 스톱워치를 구현한 어셈블리 언어 프로그램은 다음과 같다.

〈프로그램 Exp13_6.asm〉 타이머2의 자동 재저장 모드를 사용한 스톱워치

```
;[][][][][][][][][][][][][][][][][][][][][][][][][][][][][][][][][]
;[]                                                              []
;[]              Exp13_6.asm : Stop Watch using Timer 2          []
;[]                                                              []
;[][][][][][][][][][][][][][][][][][][][][][][][][][][][][][][][][]
;
;               Designed and programmed by Duck-Yong Yoon in 2005.
;
$NOMOD51                               ; do not use default MCS-51 SFR
$INCLUDE(AT89S52.INC)                  ; include AT89S52 definition file

SECOND_H        DATA    30H            ; second*100 high byte
SECOND_L        DATA    31H            ; second*100 low byte
MINUTE          DATA    32H            ; minute
HOUR            DATA    33H            ; hour
RUN_FLAG        DATA    34H            ; stop watch operation flag
```

```
;===============================================================
;       Main Program
;===============================================================
CSEG    AT      0000H
        JMP     BOOT

CSEG    AT      002BH
        JMP     TF2_ISR                 ; Timer 2 interrupt service routine

BOOT:   MOV     SP,#7FH                 ; initialize SP
        CALL    KIT_INITIALIZE          ; initialize OK-89S52 kit
        CALL    D50MS                   ; wait for system stabilization
        CALL    LCD_INITIALIZE          ; initialize text LCD
        CALL    BEEP

        CALL    LCD_HOME1               ; display title
        CALL    LCD_STRING
        DB      ' STOP WATCH(T2) ',0
CLEAR:  CALL    LCD_HOME2
        CALL    LCD_STRING
        DB      '   00:00:00.00    ',0

        MOV     SECOND_H,#0             ; clear time
        MOV     SECOND_L,#0
        MOV     MINUTE,#0
        MOV     HOUR,#0
        MOV     RUN_FLAG,#0             ; RUN_FLAG=0
        MOV     DPTR,#DIG_SELECT        ; LED3 on
        MOV     A,#00000100B
        MOVX    @DPTR,A

READ_KEY:CALL   KEY_IN                  ; key input
        CJNE    A,#00011100B,CK_KEY3    ; if KEY1, start
        MOV     A,RUN_FLAG
        CJNE    A,#0,READ_KEY
        MOV     T2CON,#00000100B        ; Timer 2, 16-bit auto-reload mode
        MOV     T2MOD,#00000000B        ; (up counter)
        MOV     DPTR,#0-20000           ; initialize time constant
        MOV     RCAP2H,DPH              ; (24MHz/12/20000 = 100Hz)
        MOV     RCAP2L,DPL
        MOV     TH2,DPH                 ; initial Timer 2 value
        MOV     TL2,DPL
        MOV     IP,#00100000B           ; interrupt priority
        MOV     IE,#10100000B           ; EA=ET2=1
        MOV     DPTR,#DIG_SELECT        ; LED1 on
        MOV     A,#00000001B
        MOVX    @DPTR,A
        MOV     RUN_FLAG,#1             ; RUN_FLAG=1
        JMP     READ_KEY

CK_KEY3:CJNE    A,#00010110B,CK_KEY4    ; if KEY3, reset
        MOV     A,RUN_FLAG
        CJNE    A,#0,READ_KEY
        JMP     CLEAR

CK_KEY4:CJNE    A,#00001110B,READ_KEY   ; if KEY4, stop
        MOV     A,RUN_FLAG
        CJNE    A,#1,READ_KEY
        CLR     ET2
        MOV     DPTR,#DIG_SELECT        ; LED4 on
        MOV     A,#00001000B
        MOVX    @DPTR,A
        MOV     RUN_FLAG,#0             ; RUN_FLAG=0
```

```
        JMP     READ_KEY

;==================================================================
;       Interrupt Service Routine for Timer 2
;==================================================================
TF2_ISR:PUSH    PSW
        PUSH    ACC
        PUSH    DPH
        PUSH    DPL
        CLR     TF2
        MOV     DPH,SECOND_H            ; increment interrupt counter
        MOV     DPL,SECOND_L
        INC     DPTR
        MOV     SECOND_H,DPH
        MOV     SECOND_L,DPL
        MOV     DPTR,#6000              ; second = 60 ?
        MOV     A,DPH
        CJNE    A,SECOND_H,TF2_IS1
        MOV     A,DPL
        CJNE    A,SECOND_L,TF2_IS1
        MOV     SECOND_H,#0             ; if yes, second = 0
        MOV     SECOND_L,#0
        INC     MINUTE                  ;         and increment minute
        MOV     A,MINUTE                ; minute = 60 ?
        CJNE    A,#60,TF2_IS1
        MOV     MINUTE,#0               ; if yes, minute = 0
        INC     HOUR                    ;         and increment hour
        MOV     A,HOUR                  ; hour = 100 ?
        CJNE    A,#100,TF2_IS1
        MOV     HOUR,#0                 ; if yes, hour = 0
TF2_IS1:CALL    DSP_TIME                ; display stop watch time
        POP     DPL
        POP     DPH
        POP     ACC
        POP     PSW
        RETI

;---------------------------------------------
;       Display Stop Watch Time
;---------------------------------------------
DSP_TIME:MOV    LCD_BUFFER,#0C2H        ; display hour
        CALL    LCD_COMMAND
        MOV     LCD_BUFFER,HOUR
        CALL    LCD_2D

        MOV     LCD_BUFFER,#0C5H        ; display minute
        CALL    LCD_COMMAND
        MOV     LCD_BUFFER,MINUTE
        CALL    LCD_2D

        MOV     R4,SECOND_H             ; second*100 / 100
        MOV     R5,SECOND_L
        MOV     R7,#100
        CALL    DIV8                    ; R5 = quotient, R4 = remainder
        MOV     LCD_BUFFER,#0C8H        ; display second
        CALL    LCD_COMMAND
        MOV     LCD_BUFFER,R5
        CALL    LCD_2D
        MOV     LCD_BUFFER,#0CBH        ; display 1/100 second
        CALL    LCD_COMMAND
        MOV     LCD_BUFFER,R4
        CALL    LCD_2D
        RET
```

```
;------------------------------------------------
;       Display 2-Digit Decimal Number
;------------------------------------------------
LCD_2D: MOV     A,LCD_BUFFER            ; LCD_BUFFER / 10
        MOV     B,#10
        DIV     AB                      ; A = quotient, B = remainder
        ADD     A,#'0'                  ; display 10^1 digit
        MOV     LCD_BUFFER,A
        CALL    LCD_DATA
        MOV     A,B                     ; display 10^0 digit
        ADD     A,#'0'
        MOV     LCD_BUFFER,A
        CALL    LCD_DATA
        RET

;================================================================
;       Include User Subroutine File
;================================================================
$INCLUDE(OK89S52.INC)                   ; include OK-89S52 subroutine file
        END
```

☞ 이 예제에서는 시, 분, 초를 각각 독립적인 변수로 사용하였다. 시와 분은 8비트 변수로 충분하지만, 초는 1/100초 단위로 측정해야 하므로 16비트 변수를 사용하였다. 여기서는 타이머2의 자동 재저장 모드를 사용하였으므로 인터럽트 발생 주기가 정확히 1/100초로 되어 시스템 클럭의 주파수만 정확하다면 거의 오차가 없는 전자 스톱워치를 구현하게 된다.

텍스트형 LCD 모듈에 시간을 표시할 때 2자리의 10진수를 표시하는 서브루틴 LCD_2D를 만들어 사용하였다. 여기서는 10자리가 0이더라도 이를 공백(space) 문자로 처리하지 않고 0으로 표시하는 것이 좋은데 인클루드 파일 OK89S52.INC에 포함되어 있는 서브루틴 LCD_2DEC는 그렇지 않으므로 이와 같이 별도로 서브루틴을 만들어 사용하였다.

이 프로그램을 어셈블하여 다운로드하고 실행하라. 그리고, KEY4~KEY1을 사용하여 스톱워치를 동작시켜 보라.

▣ C언어의 경우

앞의 Exp13_5.asm 프로그램을 C언어로 작성하여 보면 다음과 같다.

〈프로그램 Exp13_5.c〉 타이머0의 모드1을 사용한 스톱워치

```
/* ==================================================================== */
/*                Exp13_5.c : Stop Watch using Timer 0                  */
/* ==================================================================== */
/*                    Designed and programmed by Duck-Yong Yoon in 2005. */

#include "AT89S52.H"                    // include AT89S52 definition file
#include "OK89S52.H"                    // include OK-89S52 kit function

unsigned int time;                      // time = second * 100
```

```
unsigned char run_flag;                          // stop watch operation flag

LCD_3d2(unsigned int number)                     /* display time xxx.xx */
{ unsigned char i,flag;

  flag = 0;
  i = number / 10000;                            // 10^2
  if(i == 0) LCD_data(' ');
  else {     LCD_data(i + '0');
             flag = 1;
       }

  number = number % 10000;                       // 10^1
  i = number / 1000;
  if((i == 0) && (flag == 0))
             LCD_data(' ');
  else {     LCD_data(i + '0');
             flag = 1;
       }

  number = number % 1000;                        // 10^0
  i = number / 100;
  LCD_data(i + '0');
  LCD_data('.');

  number = number % 100;                         // 10^-1
  i = number / 10;
  LCD_data(i + '0');

  i = number % 10;                               // 10^-2
  LCD_data(i + '0');
}

void TF0_ISR(void) interrupt 1                   /* Timer 0 int. service routine */
{ TH0 = (0-20000) >> 8;                          // initial Timer 0 value
  TL0 = (0-20000) & 0x00FF;                      // (24MHz/12/20000 = 100Hz)

  time++;                                        // increment interrupt counter
  LCD_command(0xC2);                             // display stop watch time
  LCD_3d2(time);
}

main()
{
  Kit_initialize();                              // initialize OK-89S52 kit
  Delay_ms(50);                                  // wait for system stabilization
  LCD_initialize();                              // initialize text LCD module
  Beep();

  LCD_string(0x80," STOP WATCH(T0) ");           // display title
  LCD_string(0xC0,"  000.00 [SEC]  ");

  time = 0;                                      // clear time
  run_flag = 0;                                  // run_flag=0
  DIG_SELECT = 0x04;                             // LED3 on

  while(1)
    { switch(Key_input())
        { case 0x1C : if(run_flag == 1) break;  // if KEY1, start
                      TMOD = 0x01;               // Timer 0, mode 1
                      TCON = 0x10;               // TR0=1
                      TH0 = (0-20000) >> 8;      // initial Timer 0 value
                      TL0 = (0-20000) & 0x00FF;  // (24MHz/12/20000 = 100Hz)
```

```
                IP = 0x02;                       // interrupt priority
                IE = 0x82;                       // EA=ET0=1
                DIG_SELECT = 0x01;               // LED1 on
                run_flag = 1;                    // run_flag=1
                break;
      case 0x16 : if(run_flag == 1) break;       // if KEY3, reset
                LCD_string(0xC0," 000.00 [SEC]  ");
                time = 0;                        // clear time
                DIG_SELECT = 0x04;               // LED3 on
                break;
      case 0x0E : if(run_flag == 0) break;       // if KEY4, stop
                ET0 = 0;
                DIG_SELECT = 0x08;               // LED4 on
                run_flag = 0;                    // run_flag=0
                break;
      default   : break;
    }
  }
}
```

이 프로그램을 컴파일하여 다운로드하고 실행하라. 그리고, KEY4~KEY1을 사용하여 스톱워치를 동작시켜 보라.

앞의 Exp13_6.asm 프로그램을 C언어로 작성하여 보면 다음과 같다.

〈프로그램 Exp13_6.c〉 타이머2의 자동 재저장 모드를 사용한 스톱워치

```
/* ========================================================================== */
/*                    Exp13_6.c : Stop Watch using Timer 2                     */
/* ========================================================================== */
/*                     Designed and programmed by Duck-Yong Yoon in 2005.      */

#include "AT89S52.H"                          // include AT89S52 definition file
#include "OK89S52.H"                          // include OK-89S52 kit function

unsigned int second;                          // second * 100
unsigned char minute;                         // minute
unsigned char hour;                           // hour
unsigned char run_flag;                       // stop watch operation flag

LCD_2d(unsigned char number)                  /* display time xx */
{
  LCD_data(number / 10 + '0');                // 10^1
  LCD_data(number % 10 + '0');                // 10^0
}

void TF2_ISR(void) interrupt 5                /* Timer 2 int. service routine */
{
  TF2 = 0;                                    // clear TF2 flag
  second++;                                   // increment interrupt counter
  if(second == 6000)                          // second = 60 ?
    { second = 0;                             // if yes, second = 0
      minute++;                               //         and increment minute
      if(minute == 60)                        // minute = 60 ?
        { minute = 0;                         // if yes, minute = 0
          hour++;                             //         and increment hour
```

```
        if(hour == 100)                         // hour = 100 ?
          hour = 0;                             // if yes, hour = 0
      }
    }
  LCD_command(0xC2);                            // display stop watch time
  LCD_2d(hour);
  LCD_command(0xC5);
  LCD_2d(minute);
  LCD_command(0xC8);
  LCD_2d(second/100);
  LCD_command(0xCB);
  LCD_2d(second%100);
}

main()
{
  Kit_initialize();                             // initialize OK-89S52 kit
  Delay_ms(50);                                 // wait for system stabilization
  LCD_initialize();                             // initialize text LCD module
  Beep();

  LCD_string(0x80," STOP WATCH(T2) ");          // display title
  LCD_string(0xC0,"  00:00:00.00   ");

  second = 0;                                   // clear time
  minute = 0;
  hour = 0;
  run_flag = 0;                                 // run_flag=0
  DIG_SELECT = 0x04;                            // LED3 on

  while(1)
    { switch(Key_input())
        { case 0x1C : if(run_flag == 1) break;  // if KEY1, start
                      T2CON = 0x04;             // Timer 2, 16-bit reload mode
                      T2MOD = 0x00;             // (up counter)
                      RCAP2H = (0-20000) >> 8;  // initialize time constant
                      RCAP2L = (0-20000) & 0x00FF;// (24MHz/12/20000 = 100Hz)
                      TH2 = (0-20000) >> 8;     // initial Timer 2 value
                      TL2 = (0-20000) & 0x00FF;
                      IP = 0x20;                // interrupt priority
                      IE = 0xA0;                // EA=ET2=1
                      DIG_SELECT = 0x01;        // LED1 on
                      run_flag = 1;             // run_flag=1
                      break;
          case 0x16 : if(run_flag == 1) break;  // if KEY3, reset
                      LCD_string(0xC0,"  00:00:00.00   ");
                      second = 0;               // clear time
                      minute = 0;
                      hour = 0;
                      DIG_SELECT = 0x04;        // LED3 on
                      break;
          case 0x0E : if(run_flag == 0) break;  // if KEY4, stop
                      ET2 = 0;
                      DIG_SELECT = 0x08;        // LED4 on
                      run_flag = 0;             // run_flag=0
                      break;
          default   : break;
        }
    }
}
```

이 프로그램을 컴파일하여 다운로드하고 실행하라. 그리고, KEY4~KEY1을 사용하여 스톱워치를 동작시켜 보라.

4. 실습 과제

(1) 자동 재저장 기능을 사용하지 않은 예제 프로그램 Exp13_1.asm에서 인터럽트 발생 주기는 최대 얼마까지 오차가 발생할 수 있는지 계산하여 보라.

(2) 예제 프로그램 Exp13_1.c에서 16비트 레지스터에 값을 부여할 때

```
MOV   DPTR,#0-50000
MOV   TH0,DPH
MOV   TL0,DPL
```

와 같이 처리하는 것보다는

```
MOV   TH0,#HIGH(0-50000)
MOV   TL0,#LOW(0-50000)
```

와 같이 처리하는 것이 유리하다. 이 2가지는 어떤 차이점이 있는지 설명하라.

(3) 예제 프로그램 Exp13_2.c를 타이머1의 모드2를 사용하는 프로그램 Exp13_2r.c로 수정하라.

(4) 예제 프로그램 Exp13_6.c를 타이머0의 모드2를 사용하는 프로그램 Exp13_6r.c로 수정하라.

4.14 디지털 시계 프로그램

이 절에서는 AT89S52의 타이머를 이용한 응용 프로그램으로서 디지털 시계를 구현하여 보기로 한다. 또한, *OK-89S52* 키트에 내장된 RTC 소자인 DS12C887을 사용한 본격적인 디지털 시계 프로그래밍 기술도 익힌다.

관련 내용	(1) 제1.4절 AT89S52의 인터럽트 처리 (2) 제2.2절 AT89S52의 타이머/카운터 (2) 제3.1절 *OK-89S52* 키트의 구조와 기능

1. 타이머를 이용한 디지털 시계

마이크로콘트롤러를 이용하여 디지털 시계를 구현하려면 기본적으로 정확한 1Hz 속도의 인터럽트 발생 필요하다. 즉, 1초에 한번씩 발생하는 인터럽트를 이용하여 초(秒)를 증가시키고, 이것이 60번 반복되면 분(分)을 증가시키며, 그 결과 60분이 되면 다시 시(時)를 증가시키고 오전/오후를 처리하는 방식으로 프로그래밍하면 된다.

마이크로콘트롤러의 타이머는 내부의 시스템 클럭을 분주할 때 대부분 자동 재저장(auto-reload) 기능을 가지고 있어서 정확하게 1초 주기로 인터럽트를 발생하는 것이 용이하다. 그러나, 시스템 클럭의 주파수가 매우 높거나 타이머가 8비트 구조로 되어 있는 경우에는 타이머만을 사용하여 이렇게 긴 주기의 인터럽트를 직접 발생하기 어렵게 되는데 이런 경우는 짧은 주기의 인터럽트 발생을 소프트웨어적으로 카운트하여 1초 주기를 만들 수 있다.

단, 본 절에서 기본적으로 사용할 아래 그림과 같이 시계 문자판 내의 콜론(:)을 점멸시키려면 이는 0.5초 간격으로 ON/OFF가 수행되어야 하므로 1Hz가 아니라 2Hz의 인터럽트가 필요하다.

```
Digital Clock
 12:00:00 AM
```

이러한 디지털 시계를 실용성 있게 구현하려면, 첫째는 표시되는 시각을 언제라도 수정할 수 있어야 하며, 전원을 껐다가 다시 켜더라도 항상 표시되는 값이 현재 시각과 맞아야 한다. 이중에서 후자를 위해서는 최소한 클럭에 관련되는 회로들을 배터리로 백업해야 하는데 이러한 기능을 가지는 소자를 특별히 RTC(Real-Time Clock)라고 한다.

OK-89S52 키트에는 배터리 백업 기능을 포함하는 RTC 소자인 DS12C887을 내장하여 아주 쉽게 정확한 시계를 구현할 수 있다. 이 소자를 사용하면 배터리 백업 기능 이외에도 캘린더나 알람 기능을 용이하게 처리할 수 있다. 오늘날 이러한 RTC의 기능들은 퍼스널컴퓨터나 많은 산업용 제어기에서도 사용하고 있다. 이에 대하여는 뒤에서 따로 취급한다.

(1) 타이머0을 사용한 디지털 시계 프로그램

타이머0에서 자동 재저장 모드인 모드2를 사용하면 인터럽트 발생 주기가 아주 짧기 때문에 1초를 만들기 위하여 인터럽트 발생을 카운트하는 소프트웨어 카운터가 16 비트로 처리되어야 한다.

▣ 어셈블리 언어의 경우

타이머0의 모드2를 사용하여 앞의 그림과 같은 디지털 시계를 어셈블리 언어로 구현하면 다음과 같다.

〈프로그램 Exp14_1.asm〉 타이머0의 모드2를 사용한 디지털 시계 프로그램

```
;[][][][][][][][][][][][][][][][][][][][][][][][][][][][][][][][][][][]
;[]                                                                  []
;[]            Exp14_1.asm : Digital Clock using Timer 0             []
;[]                                                                  []
;[][][][][][][][][][][][][][][][][][][][][][][][][][][][][][][][][][][]
;
;              Designed and programmed by Duck-Yong Yoon in 2005.
;
$NOMOD51                              ; do not use default MCS-51 SFR
$INCLUDE(AT89S52.INC)                 ; include AT89S52 definition file

SECOND  DATA    31H                   ; second in BCD format
MINUTE  DATA    32H                   ; minute in BCD format
HOUR    DATA    33H                   ; hour in BCD format
AMPM    DATA    34H                   ; AM='A', PM='P'

;====================================================================
;       Main Program
;====================================================================
```

```
CSEG    AT      0000H
        JMP     BOOT

CSEG    AT      000BH
        JMP     TF0_ISR                 ; Timer 0 interrupt service routine

BOOT:   MOV     SP,#7FH                 ; initialize SP
        CALL    KIT_INITIALIZE          ; initialize OK-89S52 kit
        CALL    D50MS                   ; wait for system stabilization
        CALL    LCD_INITIALIZE          ; initialize text LCD
        CALL    BEEP

        CALL    LCD_HOME1               ; display title
        CALL    LCD_STRING
        DB      ' Digital Clock   ',0
        CALL    LCD_HOME2
        CALL    LCD_STRING
        DB      '   12:00:00 AM   ',0

        MOV     HOUR,#12H               ; initial time
        MOV     MINUTE,#00H
        MOV     SECOND,#00H
        MOV     AMPM,#'A'

        MOV     TMOD,#00000010B         ; Timer 0, mode 2
        MOV     TCON,#00010000B         ; TR0=1
        MOV     TH0,#0-250              ; initialize time constant
        MOV     TL0,#0-250              ; (24MHz/12/250 = 8000Hz)
        MOV     IP,#00000010B           ; interrupt priority
        MOV     IE,#10000010B           ; EA=ET0=1

        MOV     R6,#200                 ; software counter
        MOV     R7,#40                  ; (8000Hz/200/40 = 1Hz)

        SJMP    $

;=====================================================================
;       Interrupt Service Routine for Timer 0
;=====================================================================
TF0_ISR:DJNZ    R6,TF0_IS4              ; interrupt 200 times ?
        MOV     R6,#200
        DJNZ    R7,TF0_IS4              ; interrupt 200*40 times ?
        MOV     R7,#40
        MOV     A,SECOND                ; if yes, increment second
        ADD     A,#1
        DA      A
        MOV     SECOND,A
        CJNE    A,#60H,TF0_IS3          ; 60 seconds ?
        MOV     SECOND,#00H             ; if yes, clear seconds
        MOV     A,MINUTE                ;   and increment minute
        ADD     A,#1
        DA      A
        MOV     MINUTE,A
        CJNE    A,#60H,TF0_IS3          ; 60 minutes ?
        MOV     MINUTE,#00H             ; if yes, clear minutes
        MOV     A,HOUR                  ;   and increment hour
        ADD     A,#1
        DA      A
        MOV     HOUR,A
        CJNE    A,#12H,TF0_IS2          ; 12 hours ?
        MOV     A,AMPM                  ; if yes, decide AM/PM
        CJNE    A,#'A',TF0_IS1
        MOV     AMPM,#'P'
```

```
        JMP     TF0_IS3
TF0_IS1:MOV     AMPM,#'A'
        JMP     TF0_IS3
TF0_IS2:CJNE    A,#13H,TF0_IS3          ; 13 hours ?
        MOV     HOUR,#01H               ; if yes, set 1 hour
TF0_IS3:CALL    DSP_TIME                ; display time
TF0_IS4:RETI

DSP_TIME:MOV    LCD_BUFFER,#0C2H        ; cursor position, hour
        CALL    LCD_COMMAND
        MOV     A,HOUR                  ; display hour
        MOV     LCD_BUFFER,A
        CALL    LCD_2HEX
        MOV     LCD_BUFFER,#0C5H        ; cursor position, minute
        CALL    LCD_COMMAND
        MOV     A,MINUTE                ; display minute
        MOV     LCD_BUFFER,A
        CALL    LCD_2HEX
        MOV     LCD_BUFFER,#0C8H        ; cursor position, second
        CALL    LCD_COMMAND
        MOV     A,SECOND                ; display second
        MOV     LCD_BUFFER,A
        CALL    LCD_2HEX
        MOV     LCD_BUFFER,#0CBH        ; cursor position, AM/PM
        CALL    LCD_COMMAND
        MOV     A,AMPM                  ; display AM/PM
        MOV     LCD_BUFFER,A
        CALL    LCD_DATA
        RET

;=====================================================================
;       Include User Subroutine File
;=====================================================================
$INCLUDE(OK89S52.INC)                   ; include OK-89S52 subroutine file
        END
```

☞ 여기서는 타이머0이 24MHz÷12÷250 = 8000Hz의 주파수로 인터럽트를 발생하며, 따라서 2단계의 소프트웨어 카운터가 각각 ÷200 및 ÷40으로 인터럽트를 카운트하여 결과적으로 ÷8000을 수행함으로써 1초의 시간 주기를 만들어낸다. 이론적으로 시계의 오차가 발생하지 않도록 하려면 타이머0을 반드시 자동 재저장 모드로 사용해야 한다는데 유의해야 한다.

여기서는 12시제를 사용하여 디지털 시계를 구현하였으므로 시간은 01:00:00부터 12:59:59까지 표현되며 오전 및 오후를 각각 AM, PM으로 표시하였다. 시, 분, 초는 텍스트형 LCD 모듈에 ASCII 문자로 변환하여 디스플레이하기 편리하게 하도록 2진수를 사용하지 않고 BCD 값으로 처리하였다.

시계를 초기화하고 동작이 시작되면 메인 루틴은 특별히 할 일이 없으므로 무한 루프로 처리하였다. 이 시계의 초기값은 12:00:00 AM으로 시작하는데, 이 프로그램에는 현재 시각을 설정하는 기능을 가지고 있지 않으므로 시계를 원하는 값으로 맞추려면 시계의 초기값이 원하는 시간값으로 되도록 프로그램을 수정하여야 한다.

이 프로그램을 이셈블하여 다운로드하고 실행하라.

▣ C언어의 경우

앞의 Exp14_1.asm 프로그램을 C언어로 작성하여 보면 다음과 같다.

〈프로그램 Exp14_1.c〉 타이머0의 모드2를 사용한 디지털 시계 프로그램

```
/* ========================================================================= */
/*                    Exp14_1.c : Digital Clock using Timer 0                */
/* ========================================================================= */
/*                          Designed and programmed by Duck-Yong Yoon in 2005.  */

#include "AT89S52.H"                          // include AT89S52 definition file
#include "OK89S52.H"                          // include OK-89S52 kit function

unsigned int int_count;                       // interrupt counter
unsigned char second;                         // second
unsigned char minute;                         // minute
unsigned char hour;                           // hour
unsigned char ampm;                           // AM='A', PM='P'

LCD_2d(unsigned char number)                  /* display time xx */
{
  LCD_data(number / 10 + '0');                // 10^1
  LCD_data(number % 10 + '0');                // 10^0
}

void TF0_ISR(void) interrupt 1                /* Timer 0 int. service routine */
{ int_count--;
  if(int_count != 0) return;                  // interrupt 8000 times ?
  int_count = 8000;
  second++;                                   // if yes, increment second
  if(second == 60)                            // 60 seconds ?
    { second = 0;                             // if yes, clear seconds
      minute++;                               //         and increment minute
      if(minute == 60)                        // 60 minutes ?
        { minute = 0;                         // if yes, clear minutes
          hour++;                             //         and inrement hour
          if((hour == 12) && (ampm == 'A'))   // 12 hours ?
            ampm = 'P';                       // if yes, decide AM/PM
          else if((hour == 12) && (ampm == 'P'))
            ampm = 'A';
          else if(hour == 13)
            hour = 1;
        }
    }
  LCD_command(0xC2);                          // display hour
  LCD_2d(hour);
  LCD_command(0xC5);                          // display minute
  LCD_2d(minute);
  LCD_command(0xC8);                          // display second
  LCD_2d(second);
  LCD_command(0xCB);                          // display AM/PM
  LCD_data(ampm);
}

main()
{
  Kit_initialize();                           // initialize OK-89S52 kit
  Delay_ms(50);                               // wait for system stabilization
  LCD_initialize();                           // initialize text LCD module
```

```
  Beep();

  LCD_string(0x80," Digital Clock  ");        // display title
  LCD_string(0xC0,"  12:00:00 AM   ");

  hour = 12;                                  // initial time
  minute = 0;
  second = 0;
  ampm = 'A';

  TMOD = 0x02;                                // Timer 0, mode 2
  TCON = 0x10;                                // TR0=1
  TH0 = 0-250;                                // initialize time constant
  TL0 = 0-250;                                // (24MHz/12/250 = 8000Hz)
  IP = 0x02;                                  // interrupt priority
  IE = 0x82;                                  // EA=ET0=1

  int_count = 8000;                           // software counter
                                              // (8000Hz/8000 = 1Hz)
  while(1);
}
```

이 프로그램을 컴파일하여 다운로드하고 실행하라. 앞의 어셈블리 언어 프로그램 예제와 동일한 결과를 얻을 수 있는가?

(2) 타이머2를 사용한 디지털 시계 프로그램

타이머2에서 16비트 자동 재저장 모드를 사용하면 인터럽트 발생 주기를 훨씬 길게 할 수 있기 때문에 1초를 만들기 위하여 인터럽트 발생을 카운트하는 소프트웨어 카운터가 8비트로 좀더 간편하게 처리될 수 있다.

▣ 어셈블리 언어의 경우

타이머2의 자동 재저장 모드를 사용하여 앞의 그림과 같은 디지털 시계를 어셈블리 언어로 구현하면 다음과 같다. 그리고 여기서는 추가로 콜론(:)을 점멸하는 기능을 가지도록 하였다.

〈프로그램 Exp14_2.asm〉 타이머2를 사용한 디지털 시계 프로그램

```
;[][][][][][][][][][][][][][][][][][][][][][][][][][][][][][][][]
;[]                                                            []
;[]          Exp14_2.asm : Digital Clock using Timer 2         []
;[]                                                            []
;[][][][][][][][][][][][][][][][][][][][][][][][][][][][][][][][]
;
;           Designed and programmed by Duck-Yong Yoon in 2005.
;
```

```
$NOMOD51                                ; do not use default MCS-51 SFR
$INCLUDE(AT89S52.INC)                   ; include AT89S52 definition file

SECOND  DATA    31H                     ; second in BCD format
MINUTE  DATA    32H                     ; minute in BCD format
HOUR    DATA    33H                     ; hour in BCD format
AMPM    DATA    34H                     ; AM='A', PM='P'

;=====================================================================
;       Main Program
;=====================================================================
CSEG    AT      0000H
        JMP     BOOT

CSEG    AT      002BH
        JMP     TF2_ISR                 ; Timer 2 interrupt service routine

BOOT:   MOV     SP,#7FH                 ; initialize SP
        CALL    KIT_INITIALIZE          ; initialize OK-89S52 kit
        CALL    D50MS                   ; wait for system stabilization
        CALL    LCD_INITIALIZE          ; initialize text LCD
        CALL    BEEP

        CALL    LCD_HOME1               ; display title
        CALL    LCD_STRING
        DB      ' Digital Clock  ',0
        CALL    LCD_HOME2
        CALL    LCD_STRING
        DB      '  12:00:00 AM   ',0

        MOV     HOUR,#12H               ; initial time
        MOV     MINUTE,#00H
        MOV     SECOND,#00H
        MOV     AMPM,#'A'

        MOV     T2CON,#00000100B        ; Timer 2, 16-bit auto-reload mode
        MOV     T2MOD,#00000000B        ; (up counter)
        MOV     DPTR,#0-50000           ; initialize time constant
        MOV     RCAP2H,DPH              ; (24MHz/12/50000 = 40Hz)
        MOV     RCAP2L,DPL
        MOV     TH2,DPH                 ; initial Timer 2 value
        MOV     TL2,DPL
        MOV     IP,#00100000B           ; interrupt priority
        MOV     IE,#10100000B           ; EA=ET2=1

        MOV     R6,#1                   ; colon blink flag
        MOV     R7,#20                  ; software counter
                                        ; (40Hz/20 = 2Hz)
        SJMP    $

;=====================================================================
;       Interrupt Service Routine for Timer 2
;=====================================================================
TF2_ISR:CLR     TF2
        DJNZ    R7,TF2_IS6              ; interrupt 20 times ?
        MOV     R7,#20
        MOV     A,R6                    ; colon on or off ?
        XRL     A,#00000001B
        MOV     R6,A
        CJNE    A,#0,TF2_IS1
        MOV     A,#' '                  ; colon turn off
        JMP     TF2_IS2
TF2_IS1:MOV     A,#':'                  ; colon turn on
```

```
TF2_IS2:MOV     LCD_BUFFER,#0C4H
        CALL    LCD_COMMAND
        MOV     LCD_BUFFER,A
        CALL    LCD_DATA
        MOV     LCD_BUFFER,#0C7H
        CALL    LCD_COMMAND
        MOV     LCD_BUFFER,A
        CALL    LCD_DATA
        CJNE    A,#':',TF2_IS6
        MOV     A,SECOND                ; increment second
        ADD     A,#1
        DA      A
        MOV     SECOND,A
        CJNE    A,#60H,TF2_IS5          ; 60 seconds ?
        MOV     SECOND,#00H             ; if yes, clear seconds
        MOV     A,MINUTE                ;   and increment minute
        ADD     A,#1
        DA      A
        MOV     MINUTE,A
        CJNE    A,#60H,TF2_IS5          ; 60 minutes ?
        MOV     MINUTE,#00H             ; if yes, clear minutes
        MOV     A,HOUR                  ;   and increment hour
        ADD     A,#1
        DA      A
        MOV     HOUR,A
        CJNE    A,#12H,TF2_IS4          ; 12 hours ?
        MOV     A,AMPM                  ; if yes, decide AM/PM
        CJNE    A,#'A',TF2_IS3
        MOV     AMPM,#'P'
        JMP     TF2_IS5
TF2_IS3:MOV     AMPM,#'A'
        JMP     TF2_IS5
TF2_IS4:CJNE    A,#13H,TF2_IS5          ; 13 hours ?
        MOV     HOUR,#01H               ; if yes, set 1 hour
TF2_IS5:CALL    DSP_TIME                ; display time
TF2_IS6:RETI

DSP_TIME:MOV    LCD_BUFFER,#0C2H        ; cursor position, hour
        CALL    LCD_COMMAND
        MOV     A,HOUR                  ; display hour
        MOV     LCD_BUFFER,A
        CALL    LCD_2HEX
        MOV     LCD_BUFFER,#0C5H        ; cursor position, minute
        CALL    LCD_COMMAND
        MOV     A,MINUTE                ; display minute
        MOV     LCD_BUFFER,A
        CALL    LCD_2HEX
        MOV     LCD_BUFFER,#0C8H        ; cursor position, second
        CALL    LCD_COMMAND
        MOV     A,SECOND                ; display second
        MOV     LCD_BUFFER,A
        CALL    LCD_2HEX
        MOV     LCD_BUFFER,#0CBH        ; cursor position, AM/PM
        CALL    LCD_COMMAND
        MOV     A,AMPM                  ; display AM/PM
        MOV     LCD_BUFFER,A
        CALL    LCD_DATA
        RET

;===============================================================
;       Include User Subroutine File
;===============================================================
$INCLUDE(OK89S52.INC)                   ; include OK-89S52 subroutine file
```

```
END
```

☞ 여기서는 타이머2가 24MHz÷12÷50000 = 40Hz의 주파수로 인터럽트를 발생하며, 따라서 소프트웨어 카운터가 ÷20으로 인터럽트 발생을 카운트하여 0.5초의 시간 주기를 만들어낸다. 0.5초마다 콜론(:)을 ON/OFF하는 동작을 수행하지만, 이것이 2번 수행될 때 한번씩 1초를 증가시킨다. 역시 이 프로그램에도 현재 시각을 설정하는 기능은 가지고 있지 않다.

이 프로그램을 어셈블하여 다운로드하고 실행하라.

▣ C언어의 경우

앞의 Exp14_2.asm 프로그램을 C언어로 작성하여 보면 다음과 같다.

〈프로그램 Exp14_2.c〉 타이머2를 사용한 디지털 시계 프로그램

```
/* ========================================================================== */
/*                 Exp14_2.c : Digital Clock using Timer 2                    */
/* ========================================================================== */
/*                        Designed and programmed by Duck-Yong Yoon in 2005.  */

#include "AT89S52.H"                        // include AT89S52 definition file
#include "OK89S52.H"                        // include OK-89S52 kit function

unsigned char int_count;                    // interrupt counter
unsigned char colon_flag;                   // colon blink flag
unsigned char second;                       // second
unsigned char minute;                       // minute
unsigned char hour;                         // hour
unsigned char ampm;                         // AM='A', PM='P'

LCD_2d(unsigned char number)                /* display time xx */
{
  LCD_data(number / 10 + '0');              // 10^1
  LCD_data(number % 10 + '0');              // 10^0
}

void TF2_ISR(void) interrupt 5              /* Timer 2 int. service routine */
{ unsigned char colon;

  TF2 = 0;                                  // clear TF2 flag
  int_count--;
  if(int_count != 0) return;                // interrupt 20 times ?
  int_count = 20;
  colon_flag ^= 0x01;                       // colon on or off ?
  if(colon_flag == 0) colon = ' ';
  else                colon = ':';
  LCD_command(0xC4);
  LCD_data(colon);
  LCD_command(0xC7);
  LCD_data(colon);
  if(colon == ':') return;
  second++;                                 // increment second
```

```
    if(second == 60)                              // 60 seconds ?
      { second = 0;                               // if yes, clear seconds
        minute++;                                 //         and increment minute
        if(minute == 60)                          // 60 minutes ?
          { minute = 0;                           // if yes, clear minutes
            hour++;                               //         and inrement hour
            if((hour == 12) && (ampm == 'A'))     // 12 hours ?
              ampm = 'P';                         // if yes, decide AM/PM
            else if((hour == 12) && (ampm == 'P'))
              ampm = 'A';
            else if(hour == 13)
              hour = 1;
          }
      }
    LCD_command(0xC2);                            // display hour
    LCD_2d(hour);
    LCD_command(0xC5);                            // display minute
    LCD_2d(minute);
    LCD_command(0xC8);                            // display second
    LCD_2d(second);
    LCD_command(0xCB);                            // display AM/PM
    LCD_data(ampm);
  }

  main()
  {
    Kit_initialize();                             // initialize OK-89S52 kit
    Delay_ms(50);                                 // wait for system stabilization
    LCD_initialize();                             // initialize text LCD module
    Beep();

    LCD_string(0x80," Digital Clock  ");          // display title
    LCD_string(0xC0,"   12:00:00 AM  ");

    hour = 12;                                    // initial time
    minute = 0;
    second = 0;
    ampm = 'A';

    T2CON = 0x04;                                 // Timer 2, 16-bit reload mode
    T2MOD = 0x00;                                 // (up counter)
    RCAP2H = (0-50000) >> 8;                      // initialize time constant
    RCAP2L = (0-50000) & 0x00FF;                  // (24MHz/12/50000 = 40Hz)
    TH2 = (0-50000) >> 8;                         // initial Timer 2 value
    TL2 = (0-50000) & 0x00FF;
    IP = 0x20;                                    // interrupt priority
    IE = 0xA0;                                    // EA=ET2=1

    colon_flag = 1;                               // colon blink flag
    int_count = 20;                               // software counter
                                                  // (40Hz/20 = 2Hz)
    while(1);
  }
```

이 프로그램을 컴파일하여 다운로드하고 실행하라. 앞의 어셈블리 언어 프로그램 예제와 동일한 결과를 얻을 수 있는가?

(3) 현재 시각을 설정할 수 있는 디지털 시계 프로그램

앞의 2가지 예제에서는 프로그램 내에서 가지고 있는 초기값으로 시계가 출발하였으므로 이는 현재 시각과 맞지 않으며 따라서 매우 실용적이지 못한 시계였다. 이제 여기서는 프로그램을 실행하고 나서 4개의 키를 사용하여 현재 시각을 설정할 수 있는 시계 프로그램을 작성하여 보기로 한다. 이제까지의 모든 예제 프로그램에서는 텍스트형 LCD 모듈에서 커서가 보이지 않도록 초기화하고 사용하였으나, 여기서는 시, 분, 초, AM/PM을 사람이 눈으로 보면서 설정해야 하므로 현재 수정하는 항목에 커서가 나타나야 하며 따라서 텍스트 LCD 모듈에서 커서가 보이도록 초기화하였다.

이러한 프로그램을 어셈블리 언어로 작성하면 소스가 매우 길어지므로 여기서는 C 언어의 예제만을 보이기로 한다. 앞의 예제 프로그램 Exp14_2.c에 현재 시각을 설정하는 기능을 추가한 프로그램은 다음과 같다.

〈프로그램 Exp14_2a.c〉 현재 시각을 설정하는 기능을 가진 디지털 시계 프로그램

```
/* ========================================================================= */
/*        Exp14_2a.c : Digital Clock using Timer 2 with Time Adjust          */
/* ========================================================================= */
/*                      Designed and programmed by Duck-Yong Yoon in 2005.   */

#include "AT89S52.H"                              // include AT89S52 definition file
#include "OK89S52.H"                              // include OK-89S52 kit function

unsigned char cursor;                             // LCD cursor position
unsigned char int_count;                          // interrupt counter
unsigned char colon_flag;                         // colon blink flag
unsigned char second;                             // second
unsigned char minute;                             // minute
unsigned char hour;                               // hour
unsigned char ampm;                               // AM='A', PM='P'

LCD_2d(unsigned char number)                      /* display time xx */
{
  LCD_data(number / 10 + '0');                    // 10^1
  LCD_data(number % 10 + '0');                    // 10^0
}

void TF2_ISR(void) interrupt 5                    /* Timer 2 int. service routine */
{ unsigned char colon;

  TF2 = 0;                                        // clear TF2 flag
  int_count--;
  if(int_count != 0) return;                      // interrupt 20 times ?
  int_count = 20;
  colon_flag ^= 0x01;                             // colon on or off ?
  if(colon_flag == 0) colon = ' ';
  else                colon = ':';
  LCD_command(0xC4);
  LCD_data(colon);
  LCD_command(0xC7);
  LCD_data(colon);
```

```
  LCD_command(cursor);
  if(colon == ':') return;
  second++;                                   // increment second
  if(second == 60)                            // 60 seconds ?
    { second = 0;                             // if yes, clear seconds
      minute++;                               //        and increment minute
      if(minute == 60)                        // 60 minutes ?
        { minute = 0;                         // if yes, clear minutes
          hour++;                             //        and inrement hour
          if((hour == 12) && (ampm == 'A'))   // 12 hours ?
            ampm = 'P';                       // if yes, decide AM/PM
          else if((hour == 12) && (ampm == 'P'))
            ampm = 'A';
          else if(hour == 13)
            hour = 1;
        }
    }
  LCD_command(0xC2);                          // display hour
  LCD_2d(hour);
  LCD_command(0xC5);                          // display minute
  LCD_2d(minute);
  LCD_command(0xC8);                          // display second
  LCD_2d(second);
  LCD_command(0xCB);                          // display AM/PM
  LCD_data(ampm);
  LCD_command(cursor);
}

Cursor_left()                                 /* go cursor left */
{
  if(cursor == 0xC2)      cursor = 0xCF;
  else if(cursor == 0xCF) cursor -= 4;
  else                    cursor -= 3;
  LCD_command(cursor);
}

Cursor_right()                                /* go cursor right */
{
  if(cursor == 0xCF)      cursor = 0xC2;
  else if(cursor == 0xCB) cursor += 4;
  else                    cursor += 3;
  LCD_command(cursor);
}

Increment()                                   /* increment time */
{ switch(cursor)
    { case 0xC2 : hour++;                     // in case of hour
                  if(hour == 13) hour = 1;
                  LCD_command(0xC2); LCD_2d(hour);
                  LCD_command(cursor);
                  break;
      case 0xC5 : minute++;                   // in case of minute
                  if(minute == 60) minute = 0;
                  LCD_command(0xC5); LCD_2d(minute);
                  LCD_command(cursor);
                  break;
      case 0xC8 : second++;                   // in case of second
                  if(second == 60) second = 0;
                  LCD_command(0xC8); LCD_2d(second);
                  LCD_command(cursor);
                  break;
      case 0xCB : if(ampm == 'A') ampm = 'P';  // in case of AM/PM
                  else            ampm = 'A';
                  LCD_command(0xCB); LCD_data(ampm);
```

```
                    LCD_command(cursor);
                    break;
      default     : break;
    }
}

Decrement()                                         /* decrement time */
{ switch(cursor)
    { case 0xC3 : hour--;                           // in case of hour
                  if(hour == 0) hour = 12;
                  LCD_command(0xC2); LCD_2d(hour);
                  LCD_command(cursor);
                  break;
      case 0xC6 : minute--;                         // in case of minute
                  if(minute == -1) minute = 59;
                  LCD_command(0xC5); LCD_2d(minute);
                  LCD_command(cursor);
                  break;
      case 0xC9 : second--;                         // in case of second
                  if(second == -1) second = 59;
                  LCD_command(0xC8); LCD_2d(second);
                  LCD_command(cursor);
                  break;
      case 0xCC : if(ampm == 'A') ampm = 'P';       // in case of AM/PM
                  else            ampm = 'A';
                  LCD_command(0xCB); LCD_data(ampm);
                  LCD_command(cursor);
                  break;
      default     : break;
    }
}

main()
{
  Kit_initialize();                                 // initialize OK-89S52 kit
  Delay_ms(50);                                     // wait for system stabilization
  LCD_initialize();                                 // initialize text LCD module
  Beep();

  LCD_string(0x80," Digital Clock  ");              // display title
  LCD_string(0xC0,"  12:00:00 AM   ");

  cursor = 0xCF;                                    // initial cursor position
  LCD_command(0x0F);                                // cursor ON

  hour = 12;                                        // initial time
  minute = 0;
  second = 0;
  ampm = 'A';

  T2CON = 0x04;                                     // Timer 2, 16-bit reload mode
  T2MOD = 0x00;                                     // (up counter)
  RCAP2H = (0-50000) >> 8;                          // initialize time constant
  RCAP2L = (0-50000) & 0x00FF;                      // (24MHz/12/50000 = 40Hz)
  TH2 = (0-50000) >> 8;                             // initial Timer 2 value
  TL2 = (0-50000) & 0x00FF;
  IP = 0x20;                                        // interrupt priority
  IE = 0xA0;                                        // EA=ET2=1

  colon_flag = 1;                                   // colon blink flag
  int_count = 20;                                   // software counter
                                                    // (40Hz/20 = 2Hz)
  while(1)
    { switch(Key_input())                           // key input
```

```
          { case 0x0E : Cursor_left();          // if KEY4, go cursor left
                        break;
            case 0x16 : Cursor_right();         // if KEY3, go cursor right
                        break;
            case 0x1A : Increment();            // if KEY2, increment time
                        break;
            case 0x1C : Decrement();            // if KEY1, decrement time
                        break;
            default   : break;
          }
       }
  }
```

☞ 이와 같이 현재 시각을 설정하는 기능은 4개의 키를 사용하는데, 이 프로그램에서 KEY4는 커서 좌측 이동, KEY3은 커서 우측 이동, KEY2는 시간값 증가, KEY1은 시간값 감소의 기능을 수행한다.

여기서는 전체적인 프로그램의 흐름을 파악하는 것이 중요하며, 현재 커서가 어느 위치에 있는지에 따라 4개의 키가 수행하는 기능이 달라지는데 유의해야 한다. 즉, 이 프로그램에서는 1초에 한번씩 인터럽트가 발생하여 텍스트형 LCD 모듈에 시간을 표시하고 있는 동안에 메인 프로그램에서는 키입력을 검출하여 현재 시각을 설정할 수 있도록 한다.

그리고, 커서의 위치가 어떻게 처리되는지를 이해하는 것이 중요하다. 즉, 현재 시각 중에서 시, 분, 초, 오전/오후의 각 항목을 눈으로 보면서 설정할 수 있으려면 텍스트형 LCD 모듈에서 커서가 보이도록 해야 하며, 이 값을 수정하고 있는 동안에도 계속 인터럽트가 발생하여 LCD 모듈을 표시하게 되므로 커서의 위치가 수시로 달라지게 된다. 따라서, 항상 사용자가 화면에서 수정중인 항목에 해당하는 커서의 위치를 내부적으로 기억하고 있다가 인터럽트 처리가 끝난 후에는 커서를 원래의 위치로 되돌려 놓아야 한다는 것이 매우 중요한 프로그래밍 포인트이다. 그러면 사람의 눈에는 커서가 그 항목의 자리에 고정적으로 머물러 있는 것처럼 보인다. 이와 같은 목적으로 현재 설정 항목에 해당하는 커서의 논리적인 위치를 나타내기 위하여 변수 cursor를 사용하였다.

이 정도의 프로그램을 여러분이 충분히 파악하고 이해할 수 있다면 이제 여러분의 프로그래밍 실력은 상당한 수준에 이르렀다고 보아도 된다.

이 프로그램을 컴파일하여 다운로드하고 실행하라. 그리고, KEY4~KEY1을 사용하여 현재 시각을 설정하여 보라. 현재 시각의 설정이 끝나면 커서는 다시 우측 끝자리에 되돌려 두는 것이 좋다.

2. DS12C887 RTC의 구조와 기능

실시간 시계(RTC ; Real-Time Clock)는 우리가 일상 생활에서 사용하는 실제의 시간을 표시하는 소자이다. 오늘날 이것은 시간 정보가 필요한 범용 컴퓨터나 자동화 기기에 널리 사용되는 추세에 있다. RTC가 이렇게 널리 사용됨에 따라 마이크로콘트롤러를 공부하는 사람들이 이를 알아야 되기 때문에 *OK-89S52* 키트에서도 이를 내장하여 사용하고 있다.

(1) RTC의 원리 및 종류

RTC는 항상 실시간으로 시간을 표시하는 정보를 저장하고 있는 소자로서, 이를 위해서는 최소한 ① 정확한 기준 주파수를 발생하는 수정발진자, ② 이 기준 주파수를 적절히 분주하여 초/분/시(오전, 오후 포함)/일(요일 포함)/월/년(윤년 환산기능 포함) 등의 정보로 변환하는 카운터 회로, ③ 공급전원이 꺼지더라도 시계가 멈추지 않도록 항상 회로를 동작시켜 주는 배터리 백업 회로 등이 필요하다.

이러한 구성을 기준으로 생각할 때 RTC 소자에는 다음과 같은 3가지의 형태가 있다. 첫째는 수정발진자와 배터리 백업 회로를 외부에 별도로 접속하게 되어 있어서 사실상 카운터 및 제어회로만을 가지고 있는 가장 초보적인 형태이다. 이러한 소자의 대표적인 모델로는 Ricoh사의 RP5C15, Motorola사의 MC146818A 등이 있다. 물론 이러한 기능을 수행하는 시계 회로는 카운터 전용의 소자나 논리소자들을 사용하여 사용자가 설계할 수도 있지만, 이렇게 하드웨어적으로만 구성할 경우에는 회로가 상당히 복잡하여 경제적으로나 보드를 차지하는 면적으로 볼 때 불리해진다.

초창기의 RTC는 대부분 이러한 형태였지만, 외부에 별도로 사용하는 32.768[kHz] 수정발진자의 정밀도나 안정도가 비교적 낮고, 또한 배터리 회로를 사용하는데 여러가지의 불편이 있어서 오늘날은 점점 사용 빈도가 감소하는 추세이다. IBM PC AT 이상의 퍼스널컴퓨터에서는 MC146818A 호환의 RTC 소자를 사용한다. 이들 소자중에는 배터리 백업회로를 사용하지 않는 것도 있는데, 이는 컴퓨터의 전원을 켤 때마다 사용자가 올바른 시간값을 다시 설정해 주어야 하므로 상당히 불편하다.

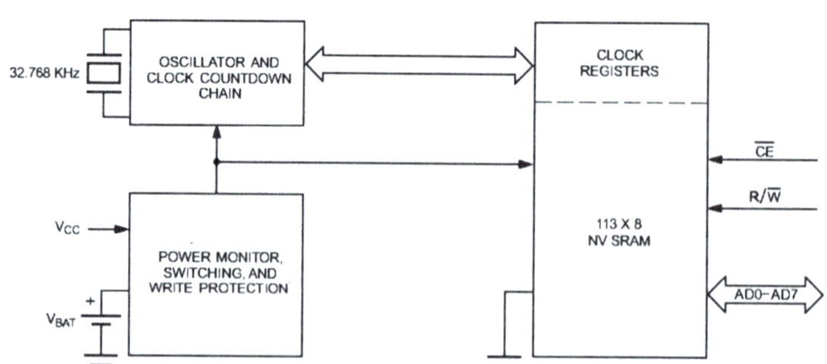

〈그림 4.14.1〉 수정발진자 및 배터리를 내장한 일체형 RTC 소자의 구조

둘째는 이 3가지의 구성 요소를 1개의 패키지에 모두 내장(encapsulated package)한 소자로서 이 구조는 <그림 4.14.1>과 같다. 이러한 소자로는 종래의 MC146818A와 핀배열이 동일하여 직접 대치가 가능한 Dallas사의 DS1287, DS12887 등이 있다. 이것은 패키지에 내장된 수정 발진 회로의 정밀도나 안정도가 상당히 높고, 또한 배터리 회로를 내장하고 있어서 단일 소자로서 1개의 IC처럼 보드에 실장하기가 쉬우며, 외부 전원이 차단된 상태에서도 데이터의 보증시간이 약 10년 정도로서 매우 길기 때문에 오늘날 그 사용 빈도가 크게 증가하고 있다. 현재는 IBM PC 호환 퍼스널컴퓨터나 각종 제어계측 장비에서 이러한 모델들이 널리 사용되고 있으며, *OK-89S52* 키트에서도 DS12C887을 1개 사용한다.

이 소자에는 수십 바이트 이상(DS1287은 50바이트, DS12887은 114바이트)의 배터리 백업 SRAM을 내장하고 있어서 불휘발성 데이터를 저장하는 용도로 사용할 수 있다. 그러나, 대부분의 경우 어드레스 및 데이터 버스가 시분할 다중화되어 있어서 이와 동일한 버스 구조를 갖는 Intel사의 마이크로콘트롤러에 접속하는 경우에는 별 문제가 없으나 다른 CPU의 경우에는 하드웨어적인 인터페이스가 불편할 수도 있다.

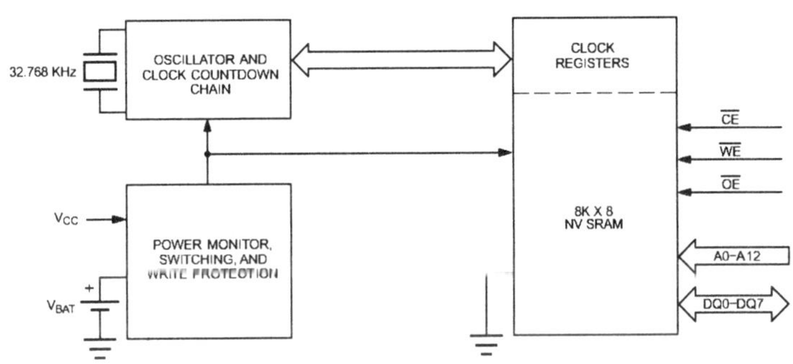

〈그림 4.14.2〉 대용량의 배터리 백업 SRAM을 내장하는 일체형 RTC 소자

셋째는 위의 일체형 RTC처럼 3가지의 구성 요소를 1패키지에 모두 내장하는 것은 물론이고, 여기에 대용량(수KB~수백KB)의 SRAM까지를 포함하는 소자로서 그 구조는 <그림 4.14.2>와 같다. 이러한 소자로는 Dallas사의 DS1243Y/1244Y/1248Y/1251Y, DS1742/1743 등이 있다. 이것은 RTC 기능에 주기억장치로 사용할 수 있는 대용량의 SRAM을 포함하고 있기 때문에 RAM 전체를 배터리 백업해야 하는 제어계측 시스템의 경우에 유용하다.

이러한 소자들은 앞에서 설명한 일체형 RTC와 달리 어드레스 버스와 데이터 버스가 별도로 분리되어 있으며, 더구나 이것들이 기존의 일반 SRAM이나 EPROM과 호환이 되는 핀배열로 되어 있어서 인터페이스하기에 매우 편리하다. 그러나, 아직은 이러한 소자들의 가격이 상대적으로 비싼 편이며 액세스 시간이 비교적 길어서 널리 사용되지는 않고 있다.

이밖에도 RTC 소자에는 워치독 기능을 함께 가지거나 CPU와 직렬로 인터페이스하는 모델 등 여러가지가 있다.

DS12887은 일체형 RTC 소자로서 오늘날 대부분의 IBM PC 호환 퍼스널컴퓨터에서 이를 사용하고 있기 때문에 시중에서 구하기 쉽고 값도 싸다. DS12887에서 약간 변형된 기종으로 DS12887A와 DS12C887이 있는데, DS12887A에는 $\overline{\text{RCLR}}$ 단자가 1개 추가되어 있고, DS12C887은 Y2K 문제를 일으키는 문제를 근본적으로 해결한 모델이다. 그러나, 이것들은 모두 기본적인 시계 기능에서는 동일하다. 이 때문에 *OK-89S52* 키트에서는 DS12C887을 기본으로 사용한다.

(2) DS12C887의 특징

① 수정발진 회로와 배터리 백업 회로를 포함하는 일체형 RTC이다. 배터리는 리튬(lithium) 이온 전지로 되어 있어서 +5V 전원에 의하여 항상 재충전되며, 전원이 꺼진 상태에서도 10년 이상 동안 데이터를 보장한다.

② IBM PC에 직접 사용할 수 있는 기능과 핀배열을 가지고 있다.

③ 핀수를 절약하기 위하여 어드레스 버스와 데이터 버스가 시분할 다중화되어 있으며, CPU와의 하드웨어 접속을 Motorola 방식이나 Intel 방식으로 지정할 수 있다.

④ 연, 월, 일, 요일, 시, 분, 초 데이터를 저장하고 있으며, 서기 2100년까지 윤년을 자동으로 환산하여 처리하는 기능을 가진다.

⑤ 12시제 및 24시제를 임의로 사용할 수 있으며, 12시제를 사용하는 경우에는 오전, 오후를 표시할 수 있다.

⑥ 알람(alarm) 및 일광절약시간제(daylight savings time, summer time) 처리기능을 가진다.

⑦ 모든 데이터를 2진수 또는 BCD로 표시할 수 있다.

⑧ 내부에는 모두 128바이트의 RAM이 있는데, 이중에서 14바이트는 RTC용으로 사용하고 나머지 114바이트는 범용 RAM으로 사용한다.

⑨ 프로그래머블 인터럽트 기능을 가진다.

⑩ DS12C887 모델의 경우에는 연도의 상위 2자리를 저장하는 레지스터를 추가하여 Y2K 문제를 해결하였다.

⑪ 시계의 정확도는 +25[℃]에서 오차가 1개월에 ±1분 이내이다.

⑫ +5V 전원으로 동작하며, 24핀 600MIL DIP형 패키지로 되어 있다.

(3) DS12C887의 외부 구조

DS12C887 소자의 외부 핀구조는 <그림 4.14.3>과 같고, 각 핀의 기능을 간단히 요약하면 <표 4.14.1>과 같다. 이것은 128바이트의 내부 어드레스를 가지며, 따라서 *OK-89S52* 키트에서는 8000H~807FH 번지를 사용하고 있다.

〈표 4.14.1〉 DS12C887 외부 핀의 기능

신호 이름	I/O	기 능
Vcc, GND	-	Power Supply : +5V 전원 및 접지 단자이다. 전원전압이 +4.25V 이하로 떨어지면 리드나 라이트 동작이 금지되며, +3.0V 이하로 떨어지면 클럭과 RAM이 내부의 리튬전지에 의하여 동작한다.
AD0~AD7	I/O (3-state)	Multiplexed Bidirectional Address/Data Bus : 핀수를 절약하기 위하여 시분할 다중화된 어드레스 및 데이터 버스이다. 이것들은 DS12C887의 액세스시에 먼저 어드레스 버스로 사용되어 AS 신호의 하강 에지에서 내부에 래치되며, 그 이후에는 R/$\overline{\text{W}}$ 신호에 의하여 제어되는 데이터 버스로 사용된다.
MOT	I	Mode Select : 2가지의 버스 방식중에서 1가지를 지정하는 신호로서, MOT = 1이면 Motorola 버스 타이밍으로 동작하고, MOT = 0이거나 개방시켜 두면 Intel 버스 타이밍으로 동작한다. 이 신호는 내부적으로 20[kΩ] 저항에 의하여 풀다운되어 있다.
$\overline{\text{CS}}$	I	Chip Select : DS12C887을 액세스하기 위한 칩선택 단자이다. $\overline{\text{CS}}$ = 0로 되지 않은 상태에서의 버스 사이클은 무효가 되며, Vcc가 +4.25V 이하일 경우에는 이 신호의 입력이 금지된다.
AS	I	Address Strobe : 시분할 다중화된 어드레스 및 데이터 버스로부터 어드레스를 분리하는데 사용되는 신호이다. 이 신호는 Motorola 계열의 AS나 Intel 계열 마이크로콘트롤러의 ALE 신호에 접속하여 사용하며, 이것의 하강 에지에서 어드레스값이 DS12C887의 내부에 래치된다.
R/$\overline{\text{W}}$	I	Read/Write : DS12C887에서 데이터를 리드하거나 여기에 데이터를 라이트하는 것을 나타내는 신호이다. 이 신호는 Motorola 타이밍에서는 R/$\overline{\text{W}}$ 신호로 동작하고, Intel 타이밍에서는 $\overline{\text{WR}}$신호로 동작한다.
DS	I	Data Strobe : 이 신호는 Motorola 타이밍에서는 데이터 유효를 나타내는 DS 신호로 동작하고, Intel 타이밍에서는 $\overline{\text{RD}}$신호로 동작한다.
$\overline{\text{RESET}}$	I	Reset : 시계와 RAM 데이터에는 영향을 주지 않고 지정된 내부 제어 비트들을 클리어한다. 전원 투입시에는 이 신호가 200[ms] 이상동안 L이 되어야 확실한 리셋이 보장된다. 전형적으로 이 리셋신호는 Vcc에 접속하는데, 이렇게 하면 전원을 끄고 켤 때 제어 레지스터를 변경시키지 않고 안정된 동작을 하게 된다.
$\overline{\text{IRQ}}$	O	Interrupt Request : DS12C887이 CPU측으로 인터럽트를 요청하기 위한 개방 드레인형 출력단자이다. 해당 인터럽트 허용 비트가 셋트되고 인터럽트를 야기하는 상태 비트가 존재하는한 이 신호는 계속 L로 출력된다.
SQW	O	Square Wave : 15가지 주파수에서 한 가지로 지정하여 출력할 수 있는 구형파 출력단자이다. Vcc가 +4.25V 이하일 경우에는 이 신호가 동작하지 않는다.
NC	-	No Connection : 사용하지 않는 핀이다.

☞ DS12887A 모델에서는 21번 핀이 $\overline{\text{RCLR}}$ 단자로서 Vcc가 인가되지 않은 상태에서 내부의 범용 RAM을 클리어하는데 사용된다.

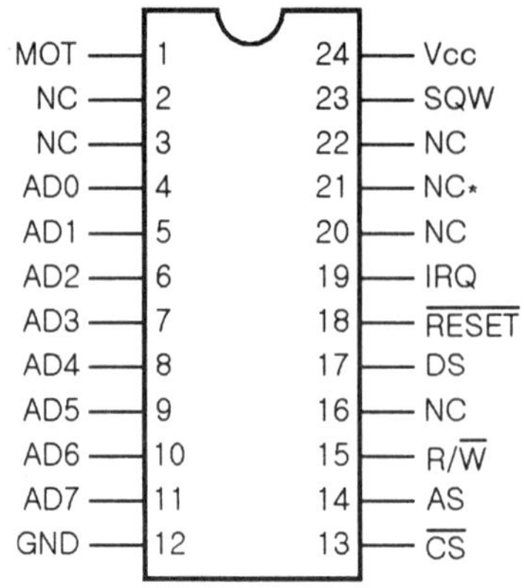

〈그림 4.14.3〉 DS12C887의 외부 구조

(4) DS12C887의 내부 구조

DS12C887의 내부 구조는 <그림 4.14.4>와 같다. 이밖에 DS12887이나 DS12887A 모델에서는 연도의 상위 바이트를 표시하는 레지스터(century byte)가 없으므로 범용 RAM이 114바이트로 된다. 그 밖의 내부 기능은 이 3가지의 모델이 모두 동일하다.

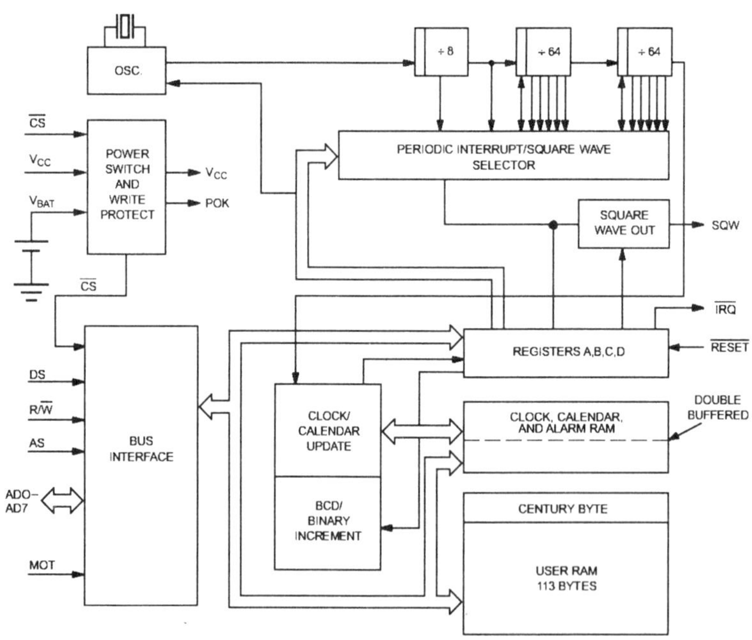

〈그림 4.14.4〉 DS12C887의 내부 구조

전원 Vcc가 +4.25V 이상으로 인가되고 나서 내부 회로가 안정적으로 동작할 수 있도록 약 200[ms] 정도의 시간 여유를 둔 이후에 CPU가 이를 액세스하는 것이 바람직하다.

▣ 내부 어드레스 맵과 데이터

DS12C887의 내부 어드레스 맵은 <그림 4.14.5>와 같다. 그러나, 앞에서도 설명하였듯이 DS12887이나 DS12887A에서는 연도의 상위 바이트를 표시하는 레지스터가 없으므로 범용 RAM이 0EH~7FH 번지의 114바이트로 된다.

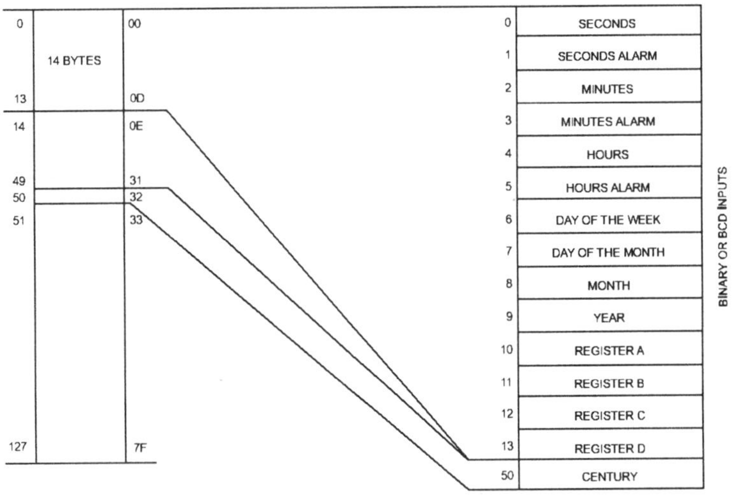

〈그림 4.14.5〉 DS12C887의 내부 어드레스 맵

〈표 4.14.2〉 DS12C887의 내부 데이터 모드

번지	기능	범위	데이터 표현	
			2진수	BCD
0(00H)	초	0~59	00~3B	00~59
1(01H)	초 알람	0~59	00~3B	00~59
2(02H)	분	0~59	00~3B	00~59
3(03H)	분 알람	0~59	00~3B	00~59
4(04H)	시(12시제)	1~12	01~0C AM, 81~8C PM	01~12 AM, 81~92 PM
	시(24시제)	0~23	00~17	00~23
5(05H)	시 알람(12시제)	1~12	01~0C AM, 81~8C PM	01~12 AM, 81~92 PM
	시 알람(24시제)	0~23	00~17	00~23
6(06H)	요일(1=일요일)	1~7	01~07	01~07
7(07H)	날짜	1~31	01~1F	01~31
8(08H)	월	1~12	01~0C	01~12
9(09H)	연	0~99	00~63	00~99
50(32H)	세기	19, 20	-	19, 20

각 번지의 시각, 요일, 날짜, 알람 등의 데이터는 모두 8비트 데이터로서 2진수나 BCD(Binary-Coded Decimal)로 동작시킬 수 있는데 이를 요약하면 <표 4.14.2>와 같다. 이들 값을 프로그램으로 수정하려면 먼저 레지스터 B의 b7(SET)을 1로 설정해야 하며, 프로그램이 끝났으면 이 비트를 다시 클리어시켜 두어야 한다.

시간은 12시제와 24시제를 임의로 사용할 수 있다. 그러나, 12시제에서 24시제로 또는 그 반대로 변경하려면 이 시간값을 다시 초기화해야 하며 내부에서 자동으로 환산 처리되지는 않는다. 12시제를 사용할 때는 시간값의 최상위 비트가 오전, 오후를 표시하며, 0 = 오전(AM), 1 = 오후(PM)로 된다.

알람은 시, 분, 초에만 해당되므로 기본적으로 1일 단위로 설정된다. 그러나, 이 3바이트의 알람 데이터에는 각각 don't care를 설정할 수 있다. 예를 들어 시 알람 바이트에 don't care를 설정하면 1시간 단위로 알람이 작동하게 된다.

세기를 나타내는 레지스터(century byte)는 DS12C887 모델에만 적용되는 것으로 BCD 모드에서만 사용할 수 있으며, 연도가 99에서 00으로 바뀔 때 무조건 20이 써넣어진다.

내부 RAM은 모두 114바이트(DS12C887에서는 113바이트)로서 이것은 특별한 용도가 지정되어 있지 않으므로 사용자가 임의로 액세스하여 사용할 수 있다. IBM PC의 경우에는 이 영역이 MC146818A와 호환이면 되므로 0EH~3FH 번지의 50바이트만 존재하는데, 이것들은 시스템 셋업 데이터(configuration setup data)를 저장하는 용도로 사용된다.

또한, *OK-89S52* 키트에서는 이 영역을 특별한 용도로 사용하지 않고 비워 두었으므로 사용자가 필요에 따라 사용할 수 있다. 다만, 0FH 번지(키트의 0x230F 번지)는 시계 프로그램에서 이 소자의 배터리 백업 데이터 유효성을 체크하는 코드를 저장하는 영역으로 사용하고 있다.

▣ 내부 데이터의 액세스 방법

DS12C887은 외부에서 데이터를 리드 또는 라이트하더라도 내부 카운터 회로가 동작하는데 영향을 받지 않도록 이중 버퍼(double buffer) 구조로 되어 있으며, 따라서 일반적으로는 CPU가 임의의 시간에 DS12C887을 액세스할 수 있다. 내부의 이중 버퍼는 무조건 1초에 한번씩 업데이트 사이클을 수행하며, 또한 매초마다 시간값과 알람 데이터를 비교한다. 그러나, 레지스터 B의 b7(SET)을 1로 설정하면 버퍼 내용이 더이상 업데이트되지 않고 동결된다. 이 때문에 실제의 데이터와 액세스되는 데이터에는 시차가 발생할 수 있으며, CPU측에서 프로그램으로 이들 데이터를 정확히 액세스하는데는 다음과 같이 3가지의 방법이 있다.

첫째는, 업데이트 종료 인터럽트(updated-ended interrupt)를 이용하는 방법이다. 업데이트 사이클은 무조건 1초에 한번씩 수행되므로 이 사이클 종료후에 인터럽트가 발생하면 향후 약 999[ms] 동안은 데이터 액세스가 가능한 시간이 된다. 이 인터럽트를 사용할 때는 인터럽트 처리루틴에서 반드시 레지스터 C의 b7(IRQF)을 클리어시켜야 한다.

둘째는, 현재 업데이트 사이클이 수행중인지를 판단하기 위하여 레지스터 A의 b7(UIP)을 조사하는 방법이다. UIP 비트는 1초에 한번씩 펄스를 발생하며 이 비트가 H가 되면 244[μs] 이후에 업데이트가 수행되므로 UIP가 L로 읽혀졌다면 업데이트가 수행되기 전에 최소한 244[μs]의 시간 여유가 있다는 의미가 된다.

셋째는, 업데이트 사이클이 수행중인지를 판단하기 위하여 주기적인 인터럽트를 이용하는 방법이다. 이것은 <그림 4.14.6>에 보인 바와 같이 주기적인 인터럽트의 중앙부분에서 UIP 펄스가 발생하므로 적어도 $t_{PI/2}$ + t_{BUC} 이내에 데이터 액세스를 완료하면 된다.

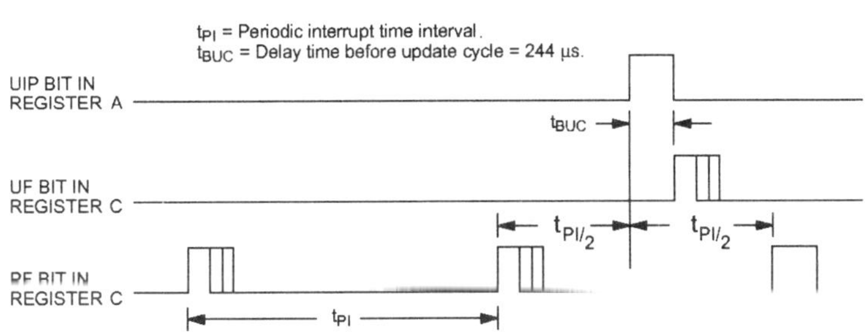

〈그림 4.14.6〉 DS12C887의 주기적 인터럽트와 업데이트 종료 인터럽트의 관계

▣ 기타 주요 기능

DS12C887은 공장에서 생산 출하될 때 내부의 발진회로가 작동하지 않도록 설정되어 있다. 이는 이 소자를 사용자가 시스템에 장착할 때까지 내부의 리튬전지 소모량을 최소화하기 위함이다. 따라서, 사용자는 소프트웨어적으로 발진회로를 동작시키기 위한 수단이 있어야 하는데, 이는 레지스터 A의 b6~b4에 010을 써넣으면 된다.

DS12C887은 3가지의 인터럽트 소스를 가지고 있다. 첫째로, 알람 인터럽트는 현재 시각이 알람 설정치와 일치할 때 발생하며, don't care 기능을 이용하면 1초당 한번에서 하루에 한번까지 다양한 알람을 설정할 수 있다. 둘째로, 주기적인 인터럽트는 122[μs]에서 500[ms]까지 다양한 시간 주기로 인터럽트를 발생시킬 수 있다. 셋째로, 업데이트 종료 인터럽트는 프로그램에 의하여 데이터를 업데이트하는 사이클이 종료할 때 발생시킬 수 있다. 인터럽트에 대한 보다 자세한 사항은 DS12C887의 데이터 시트를 참조하라.

〈표 4.14.3〉 DS12C887의 인터럽트 주기 및 SQW 단자의 출력 주파수 설정

레지스터 A				인터럽트 주기 t_{PI}	SQW 출력 주파수
RS3	RS2	RS1	RS0		
0	0	0	0	-	-
0	0	0	1	3.90625 ms	256 Hz
0	0	1	0	7.8125 ms	128 Hz
0	0	1	1	122.070 μs	8192 Hz
0	1	0	0	244.141 μs	4096 Hz
0	1	0	1	488.281 μs	2048 Hz
0	1	1	0	976.5625 μs	1024 Hz
0	1	1	1	1.953125 ms	512 Hz
1	0	0	0	3.90625 ms	256 Hz
1	0	0	1	7.8125 ms	128 Hz
1	0	1	0	15.625 ms	64 Hz
1	0	1	1	31.25 ms	32 Hz
1	1	0	0	62.5 ms	16 Hz
1	1	0	1	125 ms	8 Hz
1	1	1	0	250 ms	4 Hz
1	1	1	1	500 ms	2 Hz

SQW 단자에는 다양한 주파수로 구형파를 출력시킬 수 있는데, 이것은 레지스터 A의 b3(RS3)~b0(RS0)으로 설정하며 이를 요약하면 <표 4.14.3>과 같다. 그러나, 이렇게 설정된 주파수 출력은 레지스터 B의 b3(SQWE)에 의하여 출력이 허용되거나 금지될 수 있다. 이 신호를 외부에서 필요로 하지 않는다면 출력을 금지하는 것이 소비전력이나 잡음발생의 측면에서 바람직하다. 이렇게 설정된 주파수는 주기적인 인터럽트를 발생시키는 주기로도 사용된다. 이 인터럽트는 레지스터 B의 b6(PIE)에 의하여 설정된다.

(5) 제어 레지스터의 기능

DS12C887에는 모두 4개의 제어 레지스터가 있으며, 이것들은 업데이트 사이클에 관계없이 항상 액세스할 수 있다. 이중에서 레지스터 C와 D는 읽을 수만 있는 레지스터이며, 레지스터 A의 b7(UIP)도 읽을 수만 있다.

Vcc가 +4.25V 이상일 때 $\overline{\text{RESET}} = 0$이 입력되면 다음과 같은 리셋 동작이 수행된다.

① 레지스터 B에서 PIE = AIE = UIE = SQWE = 0으로 클리어 된다.

② 레지스터 C에서 IRQF = PF = AF = UF = 0으로 클리어 된다.

③ 출력 신호 $\overline{\text{IRQ}}$가 하이 임피던스 상태로 된다.

④ $\overline{\text{RESET}}$이 다시 H로 될 때까지 모든 내부 액세스가 불가능하다.

▣ 레지스터 A

레지스터 A의 비트 구성은 <그림 4.14.7>과 같고, 이 레지스터는 주로 DS12C887을 제어하는데 사용된다.

b7	b6	b5	b4	b3	b2	b1	b0
UIP	DV2	DV1	DV0	RS3	RS2	RS1	RS0

〈그림 4.14.7〉 레지스터 A

UIP(Update in Progress) 비트는 읽을 수만 있는 상태 비트로서, 이것이 1이면 곧 업데이트 동작이 수행된다는 것을 나타내고, 0이면 최소한 244[μs] 이내에는 업데이트가 수행되지 않는다는 것을 나타낸다. 내부 데이터를 액세스할 때는 이 비트가 0일 때 수행하는 것이 좋다. 레지스터 B의 b7(SET)을 1로 하면 업데이트가 금지되며 UIP가 0으로 된다.

DV2~DV0는 내부 발진회로를 ON, OFF하는데 사용된다. 이들 비트를 010으로 하면 발진회로가 ON되고 모든 내부 동작이 정상적으로 수행된다. 그러나, 11X인 경우에는 발진회로는 ON되지만 카운터 회로는 리셋 상태를 유지한다. 이 비트들을 그 밖의 값으로 지정하면 발진회로가 OFF된다.

RS3~RS0(Rate Selection)은 <표 4.14.3>에 보인 바와 같이 SQW 단자로 출력되는 구형파의 주파수나 또는 인터럽트 주기를 설정하는데 사용한다. 이 SQW 단자로의 주파수 출력은 레지스터 B의 SQWE 비트에 의하여 허용/금지되며, 주기적인 인터럽트는 PIE 비트에 의하여 허용/금지된다. 물론 이 2가지가 동시에 허용될 수도 있다.

▣ 레지스터 B

레지스터 B의 비트 구성은 <그림 4.14.8>과 같고, 이 레지스터는 주로 DS12C887의 인터럽트나 시스템 기능을 제어하는데 사용된다.

b7	b6	b5	b4	b3	b2	b1	b0
SET	PIE	AIE	UIE	SQWE	DM	24/12	DSE

〈그림 4.14.8〉 레지스터 B

SET는 0으로 설정될 때 정상적인 내부 동작이 수행되어, 1초에 한번씩 증가되는 내부 시간값들이 업데이트되어 버퍼에 전송된다. 그러나, SET = 1이면 업데이트 전송이 금지되며, 따라서 프로그램은 업데이트 동작을 방해하지 않고 내부 데이터를 초기화 로드할 수 있다.

PIE(Periodic Interrupt Enable), AIE(Alarm Interrupt Enable), UIE(Update-ended Interrupt Enable) 비트들은 각각 해당 인터럽트 발생을 허용하도록 설정한다. PIE는 레지스터 A의 RS3~RS0에 의하여 <표 4.14.3>에 보인 바와 같은 주기로 $\overline{IRQ}$ 단자에 인터럽트 신호를 발생하도록 허용한다. AIE는 현재의 시간값이 알람 바이트에 설정된 값과 같을 때 인터럽트를 발생하도록 허용한다. UIE는 매초마다 업데이트 동작이 종료되면 인터럽트를 발생하도록 허용한다.

SQWE(Square Wave Enable)는 레지스터 A의 RS3~RS0에 의하여 <표 4.14.3>에 보인 바와 같은 주파수로 SQW 단자에 구형파가 출력되는 것을 허용한다. 이를 0으로 하면 SQW 단자가 L상태로 유지된다.

DM(Data Mode)은 내부 데이터를 2진수로 표현할 것인지 또는 BCD로 표현할 것인지를 설정한다. 1이면 2진수, 0이면 BCD이다.

24/12 비트는 1로 설정되면 24시제, 0이면 12시제로 시간을 표시하도록 한다. 그리고, DSE(Daylight Saving Enable)는 이 비트를 1로 설정하면 4월의 첫번째 일요일에 1:59:59 AM의 다음에 3:00:00 AM이 되도록 하고, 10월의 마지막 일요일에 처음으로 1:59:59 AM이 된 다음에 또다시 1:00:00 AM이 되도록 하여 일광시간절약제를 가능하게 한다.

▣ 레지스터 C

레지스터 C의 비트 구성은 <그림 4.14.9>와 같은데, 이 레지스터는 읽기 전용의 상태 레지스터이다.

b7	b6	b5	b4	b3	b2	b1	b0
IRQF	PF	AF	UF	0	0	0	0

〈그림 4.14.9〉 레지스터 C

IRQF(Interrupt Request Flag)는 PF = PIE = 1, AF = AIE = 1, UF = UIE = 1 중에서 1가지 이상이 발생하면 1로 표시된다. 즉, 이를 논리함수로 표현하면 IRQF = PF·PIE = AF·AIE = UF·UIE가 된다. 이 비트가 1인 동안에는 항상 $\overline{IRQ}$ 단자가 L로 출력된다. 그러나, CPU가 레지스터 C를 리드하면 모든 플랙 비트들은 클리어된다.

또한, PF(Periodic Interrupt Flag), AF(Alarm Interrupt Flag), UF(Update-ended Interrupt Flag)은 각각 해당되는 인터럽트가 발생된 것을 나타낸다.

■ 레지스터 D

레지스터 D의 비트 구성은 <그림 4.14.10>과 같다. VRT(Valid RAM and Time) 비트는 내부의 리튬전지 에너지가 충분하여 시간값과 RAM 데이터가 유효하다는 것을 나타낸다. 이 비트는 제조회사에 의하여 1로 설정되어 있는데, 사용자가 이를 라이트하는 것은 불가능하며 항상 1로 읽혀져야 한다. 만약, 이 비트가 0으로 읽혀지면 내부 데이터를 신뢰할 수 없게 된다.

b7	b6	b5	b4	b3	b2	b1	b0
VRT	0	0	0	0	0	0	0

〈그림 4.14.10〉 레지스터 D

3. DS12C887을 이용한 디지털 시계 프로그램

(1) 캘린더 기능을 포함하는 디지털 시계 프로그램

여기서는 DS12C887을 사용하여 연/월/일 및 요일을 포함하는 캘린더 기능과 현재 시각을 설정하는 기능을 가지는 기본적인 디지털 시계 프로그램을 작성해 보기로 한다. 캘린더는 텍스트형 LCD 모듈의 윗줄에 표시하고 시간은 아랫줄에 표시한다. 이것은 RTC를 사용하였으므로 현재시각을 한번 설정해 놓으면 전원을 껐다가 다시 켜도 시계를 다시 맞출 필요가 없다. 이 시계는 상당히 정확하여 한달에 수초에서 수십초 정도 이내의 오차를 가진다.

■ 어셈블리 언어의 경우

DS12C887을 사용하여 텍스트형 LCD 모듈 및 7세그먼트 LED에 동시에 표시되는 시계를 어셈블리 언어로 구현한 프로그램은 다음과 같다.

〈프로그램 Exp14_3.asm〉 캘린더 기능을 포함하는 디지털 시계 프로그램

```
;[][][][][][][][][][][][][][][][][][][][][][][][][][][][][][][][][][][]
;[]                                                                  []
;[]        Exp14_3.asm : Digital Clock using DS12C887                []
;[]                                                                  []
;[][][][][][][][][][][][][][][][][][][][][][][][][][][][][][][][][][][]
;
;               Designed and programmed by Duck-Yong Yoon in 2005.
;
$NOMOD51                                ; do not use default MCS-51 SFR
$INCLUDE(AT89S52.INC)                   ; include AT89S52 definition file

;=====================================================================
;       Main Program
;=====================================================================
CSEG    AT      0000H
        MOV     SP,#7FH                 ; initialize SP
        CALL    KIT_INITIALIZE          ; initialize OK-89S52 kit
        CALL    D50MS                   ; wait for system stabilization
        CALL    LCD_INITIALIZE          ; initialize text LCD

;---------------------------------------------
;       Check If RTC Data are available
;---------------------------------------------
        CALL    LCD_HOME1               ; display logo
        CALL    LCD_STRING
        DB      ' Digital Clock  ',0
        CALL    LCD_HOME2
        CALL    LCD_STRING
        DB      '  by DS12C887   ',0
        CALL    D2SEC

        MOV     DPTR,#RTC_FLAG          ; RTC_FLAG = "G"(Good) ?
        MOVX    A,@DPTR
        CJNE    A,#'G',RTC_SET
        CALL    BEEP
        JMP     RTC_GOOD
RTC_SET:CALL    ERROR
        MOV     A,#'G'                  ; if not, initialize RTC
        MOVX    @DPTR,A
        MOV     DPTR,#RTC_YEAR          ; initialize year(2006)
        MOV     A,#06H
        MOVX    @DPTR,A
        MOV     DPTR,#RTC_MONTH         ; initialize month(01)
        MOV     A,#01H
        MOVX    @DPTR,A
        MOV     DPTR,#RTC_DATE          ; initialize date(01)
        MOV     A,#01H
        MOVX    @DPTR,A
        MOV     DPTR,#RTC_WEEKDAY       ; initialize week day(SUN)
        MOV     A,#01H
        MOVX    @DPTR,A
        MOV     DPTR,#RTC_HOUR          ; initialize hour(12, AM)
        MOV     A,#12H
        MOVX    @DPTR,A
        MOV     DPTR,#RTC_MINUTE        ; initialize minute(00)
        MOV     A,#00H
        MOVX    @DPTR,A
        MOV     DPTR,#RTC_SECOND        ; initialize second(00)
        MOV     A,#00H
        MOVX    @DPTR,A

        MOV     DPTR,#RTC_A             ; initialize Register A
        MOV     A,#00101111B            ;  (oscillator on, SQW = 2 Hz)
```

```
        MOVX    @DPTR,A
        MOV     DPTR,#RTC_B             ; initialize Register B (12 hour, BCD)
        MOV     A,#00000000B            ;  (interrupt disable, SQW disable)
        MOVX    @DPTR,A

RTC_GOOD:CALL   LCD_HOME1               ; display title
        CALL    LCD_STRING
        DB      ' 2006/01/01 SUN ',0
        CALL    LCD_HOME2
        CALL    LCD_STRING
        DB      '   12:00:00 AM   ',0

        MOV     LCD_BUFFER,#0FH         ; cursor ON, cursor blink
        CALL    LCD_COMMAND
        JMP     ADJ_HOME                ; initial cursor position

;----------------------------------------------
;       Adjust Year
;----------------------------------------------
ADJ_YEAR:MOV    CURSOR,#81H             ; set cursor position
ADJ_YEA1:CALL   DSP_RTC
        CALL    KEY_IN                  ; input key switch KEY4-4
        CJNE    A,#00001110B,ADJ_YEA2   ; if KEY4, go left
        JMP     ADJ_HOME
ADJ_YEA2:CJNE   A,#00010110B,ADJ_YEA3   ; if KEY3, go right
        JMP     ADJ_MONTH
ADJ_YEA3:CJNE   A,#00011010B,ADJ_YEA4   ; if KEY2, increment
        MOV     LCD_BUFFER,#20H
        CALL    LCD_2HEX
        MOV     DPTR,#RTC_YEAR
        MOVX    A,@DPTR
        ADD     A,#01H
        DA      A
        MOVX    @DPTR,A
        MOV     LCD_BUFFER,A
        CALL    LCD_2HEX
        JMP     ADJ_YEA1
ADJ_YEA4:CJNE   A,#00011100B,ADJ_YEA1   ; if KEY1, decrement
        MOV     LCD_BUFFER,#20H
        CALL    LCD_2HEX
        MOV     DPTR,#RTC_YEAR
        MOVX    A,@DPTR
        CALL    DEC_YEAR
        MOV     DPTR,#RTC_YEAR
        MOVX    @DPTR,A
        MOV     LCD_BUFFER,A
        CALL    LCD_2HEX
        JMP     ADJ_YEA1

DEC_YEAR:CJNE   A,#00H,DEC_YEA1         ; decrement of 00H = 99H
        MOV     A,#99H
        RET
DEC_YEA1:MOV    R1,A                    ; convert BCD to binary
        ANL     A,#11110000B
        SWAP    A
        MOV     B,#10
        MUL     AB
        MOV     B,A
        MOV     A,R1
        ANL     A,#00001111B
        ADD     A,B
        DEC     A                       ; increment
        MOV     B,#10                   ; convert binary to BCD
        DIV     AB
        SWAP    A
        ORL     A,B
```

```
        RET

;------------------------------------------------
;       Adjust Month
;------------------------------------------------
ADJ_MONTH:MOV   CURSOR,#86H             ; set cursor position
ADJ_MON1:CALL   DSP_RTC
        CALL    KEY_IN                  ; input key switch KEY4-4
        CJNE    A,#00001110B,ADJ_MON2   ; if KEY4, go left
        JMP     ADJ_YEAR
ADJ_MON2:CJNE   A,#00010110B,ADJ_MON3   ; if KEY3, go right
        JMP     ADJ_DATE
ADJ_MON3:CJNE   A,#00011010B,ADJ_MON4   ; if KEY2, increment
        MOV     DPTR,#RTC_MONTH
        MOVX    A,@DPTR
        CALL    INC_MONTH
        MOV     DPTR,#RTC_MONTH
        MOVX    @DPTR,A
        MOV     LCD_BUFFER,A
        CALL    LCD_2HEX
        JMP     ADJ_MON1
ADJ_MON4:CJNE   A,#00011100B,ADJ_MON1   ; if KEY1, decrement
        MOV     DPTR,#RTC_MONTH
        MOVX    A,@DPTR
        CALL    DEC_MONTH
        MOV     DPTR,#RTC_MONTH
        MOVX    @DPTR,A
        MOV     LCD_BUFFER,A
        CALL    LCD_2HEX
        JMP     ADJ_MON1

INC_MONTH:CJNE  A,#12H,INC_MON1         ; increment of 12H = 01H
        MOV     A,#01H
        RET
INC_MON1:ADD    A,#01H                  ; increment by 1
        DA      A
        RET

DEC_MONTH:CJNE  A,#01H,DEC_MON1         ; decrement of 01H = 12H
        MOV     A,#12H
        RET
DEC_MON1:JMP    DEC_YEA1

;------------------------------------------------
;       Adjust Date
;------------------------------------------------
ADJ_DATE:MOV    CURSOR,#89H             ; set cursor position
ADJ_DAT1:CALL   DSP_RTC
        CALL    KEY_IN                  ; input key switch KEY4-4
        CJNE    A,#00001110B,ADJ_DAT2   ; if KEY4, go left
        JMP     ADJ_MONTH
ADJ_DAT2:CJNE   A,#00010110B,ADJ_DAT3   ; if KEY3, go right
        JMP     ADJ_WEEK
ADJ_DAT3:CJNE   A,#00011010B,ADJ_DAT4   ; if KEY2, increment
        MOV     DPTR,#RTC_DATE
        MOVX    A,@DPTR
        CALL    INC_DATE
        MOV     DPTR,#RTC_DATE
        MOVX    @DPTR,A
        MOV     LCD_BUFFER,A
        CALL    LCD_2HEX
        JMP     ADJ_DAT1
ADJ_DAT4:CJNE   A,#00011100B,ADJ_DAT1   ; if KEY1, decrement
        MOV     DPTR,#RTC_DATE
        MOVX    A,@DPTR
        CALL    DEC_DATE
```

```
        MOV     DPTR,#RTC_DATE
        MOVX    @DPTR,A
        MOV     LCD_BUFFER,A
        CALL    LCD_2HEX
        JMP     ADJ_DAT1

INC_DATE:CJNE   A,#31H,INC_DAT1          ; increment of 31H = 01H
        MOV     A,#01H
        RET
INC_DAT1:ADD    A,#01H                   ; increment by 1
        DA      A
        RET

DEC_DATE:CJNE   A,#01H,DEC_DAT1          ; decrement of 01H = 31H
        MOV     A,#31H
        RET
DEC_DAT1:JMP    DEC_YEA1

;-----------------------------------------------
;       Adjust Weekday
;-----------------------------------------------
ADJ_WEEK:MOV    CURSOR,#8CH              ; set cursor position
ADJ_WEE1:CALL   DSP_RTC
        CALL    KEY_IN                   ; input key switch KEY4-4
        CJNE    A,#00001110B,ADJ_WEE2    ; if KEY4, go left
        JMP     ADJ_DATE
ADJ_WEE2:CJNE   A,#00010110B,ADJ_WEE3    ; if KEY3, go right
        JMP     ADJ_HOUR
ADJ_WEE3:CJNE   A,#00011010B,ADJ_WEE4    ; if KEY2, increment
        MOV     DPTR,#RTC_WEEKDAY
        MOVX    A,@DPTR
        CALL    INC_WEEK
        MOV     DPTR,#RTC_WEEKDAY
        MOVX    @DPTR,A
        MOV     LCD_BUFFER,A
        CALL    RD_WEEK1
        JMP     ADJ_WEE1
ADJ_WEE4:CJNE   A,#00011100B,ADJ_WEE1    ; if KEY1, decrement
        MOV     DPTR,#RTC_WEEKDAY
        MOVX    A,@DPTR
        CALL    DEC_WEEK
        MOV     DPTR,#RTC_WEEKDAY
        MOVX    @DPTR,A
        MOV     LCD_BUFFER,A
        CALL    RD_WEEK1
        JMP     ADJ_WEE1

INC_WEEK:CJNE   A,#07H,INC_WEE1          ; increment of 07H = 01H
        MOV     A,#01H
        RET
INC_WEE1:INC    A
        RET

DEC_WEEK:CJNE   A,#01H,DEC_WEE1          ; decrement of 01H = 07H
        MOV     A,#07H
        RET
DEC_WEE1:DEC    A
        RET

;-----------------------------------------------
;       Adjust Hour
;-----------------------------------------------
ADJ_HOUR:MOV    CURSOR,#0C2H             ; set cursor position
ADJ_HOU1:CALL   DSP_RTC
        CALL    KEY_IN                   ; input key switch KEY4-4
        CJNE    A,#00001110B,ADJ_HOU2    ; if KEY4, go left
```

```
        JMP     ADJ_WEEK
ADJ_HOU2:CJNE   A,#00010110B,ADJ_HOU3   ; if KEY3, go right
        JMP     ADJ_MINUTE
ADJ_HOU3:CJNE   A,#00011010B,ADJ_HOU4   ; if KEY2, increment
        MOV     DPTR,#RTC_HOUR
        MOVX    A,@DPTR
        CALL    INC_HOUR
        MOV     DPTR,#RTC_HOUR
        MOVX    @DPTR,A
        MOV     LCD_BUFFER,A
        CALL    LCD_2HEX
        JMP     ADJ_HOU1
ADJ_HOU4:CJNE   A,#00011100B,ADJ_HOU1   ; if KEY1, decrement
        MOV     DPTR,#RTC_HOUR
        MOVX    A,@DPTR
        CALL    DEC_HOUR
        MOV     DPTR,#RTC_HOUR
        MOVX    @DPTR,A
        MOV     LCD_BUFFER,A
        CALL    LCD_2HEX
        JMP     ADJ_HOU1

INC_HOUR:CJNE   A,#12H,INC_HOU1         ; increment of 12H = 01H
        MOV     A,#01H
        RET
INC_HOU1:CJNE   A,#92H,INC_HOU2         ; increment of 92H = 81H
        MOV     A,#81H
        RET
INC_HOU2:ADD    A,#01H                  ; increment by 1
        DA      A
        RET

DEC_HOUR:CJNE   A,#01H,DEC_HOU1         ; decrement of 01H = 12H
        MOV     A,#12H
        RET
DEC_HOU1:CJNE   A,#81H,DEC_HOU2         ; decrement of 81H = 92H
        MOV     A,#92H
        RET
DEC_HOU2:JMP    DEC_YEA1

;-----------------------------------------------
;       Adjust Minute
;-----------------------------------------------
ADJ_MINUTE:MOV  CURSOR,#0C5H            ; set cursor position
ADJ_MIN1:CALL   DSP_RTC
        CALL    KEY_IN                  ; input key switch KEY4-4
        CJNE    A,#00001110B,ADJ_MIN2   ; if KEY4, go left
        JMP     ADJ_HOUR
ADJ_MIN2:CJNE   A,#00010110B,ADJ_MIN3   ; if KEY3, go right
        JMP     ADJ_SECOND
ADJ_MIN3:CJNE   A,#00011010B,ADJ_MIN4   ; if KEY2, increment
        MOV     DPTR,#RTC_MINUTE
        MOVX    A,@DPTR
        CALL    INC_MINSEC
        MOV     DPTR,#RTC_MINUTE
        MOVX    @DPTR,A
        MOV     LCD_BUFFER,A
        CALL    LCD_2HEX
        JMP     ADJ_MIN1
ADJ_MIN4:CJNE   A,#00011100B,ADJ_MIN1   ; if KEY1, decrement
        MOV     DPTR,#RTC_MINUTE
        MOVX    A,@DPTR
        CALL    DEC_MINSEC
        MOV     DPTR,#RTC_MINUTE
        MOVX    @DPTR,A
        MOV     LCD_BUFFER,A
```

```
        CALL    LCD_2HEX
        JMP     ADJ_MIN1

INC_MINSEC:CJNE A,#59H,INC_MIN1         ; increment of 59H = 00H
        MOV     A,#00H
        RET
INC_MIN1:ADD    A,#01H                  ; increment by 1
        DA      A
        RET

DEC_MINSEC:CJNE A,#00H,DEC_MIN1         ; decrement of 00H = 59H
        MOV     A,#59H
        RET
DEC_MIN1:JMP    DEC_YEA1

;-----------------------------------------------
;       Adjust Second
;-----------------------------------------------
ADJ_SECOND:MOV  CURSOR,#0C8H            ; set cursor position
ADJ_SEC1:CALL   DSP_RTC
        CALL    KEY_IN                  ; input key switch KEY4-4
        CJNE    A,#00001110B,ADJ_SEC2   ; if KEY4, go left
        JMP     ADJ_MINUTE
ADJ_SEC2:CJNE   A,#00010110B,ADJ_SEC3   ; if KEY3, go right
        JMP     ADJ_AMPM
ADJ_SEC3:CJNE   A,#00011010B,ADJ_SEC4   ; if KEY2, increment
        MOV     DPTR,#RTC_SECOND
        MOVX    A,@DPTR
        CALL    INC_MINSEC
        MOV     DPTR,#RTC_SECOND
        MOVX    @DPTR,A
        MOV     LCD_BUFFER,A
        CALL    LCD_2HEX
        JMP     ADJ_SEC1
ADJ_SEC4:CJNE   A,#00011100B,ADJ_SEC1   ; if KEY1, decrement
        MOV     DPTR,#RTC_SECOND
        MOVX    A,@DPTR
        CALL    DEC_MINSEC
        MOV     DPTR,#RTC_SECOND
        MOVX    @DPTR,A
        MOV     LCD_BUFFER,A
        CALL    LCD_2HEX
        JMP     ADJ_SEC1

;-----------------------------------------------
;       Adjust AM/PM
;-----------------------------------------------
ADJ_AMPM:MOV    CURSOR,#0CBH            ; set cursor position
ADJ_AP1:CALL    DSP_RTC
        CALL    KEY_IN                  ; input key switch KEY4-4
        CJNE    A,#00001110B,ADJ_AP2    ; if KEY4, go left
        JMP     ADJ_SECOND
ADJ_AP2:CJNE    A,#00010110B,ADJ_AP3    ; if KEY3, go right
        JMP     ADJ_HOME
ADJ_AP3:CJNE    A,#00011010B,ADJ_AP4    ; if KEY2 or KEY1, toggle
        JMP     ADJ_AP5
ADJ_AP4:CJNE    A,#00011100B,ADJ_AP1
ADJ_AP5:MOV     DPTR,#RTC_HOUR
        MOVX    A,@DPTR
        MOV     B,A
        CLR     C
        SUBB    A,#80H
        JC      ADJ_AP6
        MOV     A,B                     ; if PM, PM -> AM
        ANL     A,#01111111B
        MOVX    @DPTR,A
```

```
        MOV     LCD_BUFFER,#0CBH
        CALL    LCD_COMMAND
        MOV     LCD_BUFFER,#'A'
        CALL    LCD_DATA
        JMP     ADJ_AP1
ADJ_AP6:MOV     A,B                     ; if AM, AM -> PM
        ORL     A,#10000000B
        MOVX    @DPTR,A
        MOV     LCD_BUFFER,#0CBH
        CALL    LCD_COMMAND
        MOV     LCD_BUFFER,#'P'
        CALL    LCD_DATA
        JMP     ADJ_AP1

;---------------------------------------------
;       Adjust Home Position
;---------------------------------------------
ADJ_HOME:MOV    CURSOR,#0CFH            ; set cursor position
ADJ_HOM1:CALL   DSP_RTC
        CALL    KEY_IN                  ; input key switch KEY4-4
        CJNE    A,#00001110B,ADJ_HOM2   ; if KEY4, go left
        JMP     ADJ_AMPM
ADJ_HOM2:CJNE   A,#00010110B,ADJ_HOM1   ; if KEY3, go right
        JMP     ADJ_YEAR

;===================================================================
;       RTC Subroutine
;===================================================================
;---------------------------------------------
;       Read and Display Clock from RTC
;---------------------------------------------
DSP_RTC:MOV     LCD_BUFFER,#0CH         ; cursor OFF
        CALL    LCD_COMMAND

        MOV     DPTR,#RTC_MINUTE        ; CH = minute
        MOVX    A,@DPTR
        MOV     R1,A
        MOV     DPTR,#RTC_SECOND        ; CL = second
        MOVX    A,@DPTR
        MOV     R2,A

        CALL    RD_YEAR                 ; read and display year/month/date
        CALL    RD_MONTH
        CALL    RD_DATE
        CALL    RD_WEEK
        CALL    RD_HOUR                 ; read and display hour/minute/second
        CALL    RD_MINUTE
        CALL    RD_SECOND

        MOV     LCD_BUFFER,CURSOR       ; go back cursor position
        CALL    LCD_COMMAND
        MOV     LCD_BUFFER,#0FH         ; cursor ON, cursor blink
        CALL    LCD_COMMAND
        CALL    D10MS                   ; time delay for cursor

        CJNE    R1,#00H,DSP_RTC1        ; minute = 00 and second = 00 ?
        CJNE    R2,#00H,DSP_RTC1
        CALL    BEEP                    ; if yes, beep
        CALL    D500MS
        CALL    D200MS
        CALL    D200MS
        CALL    D50MS
DSP_RTC1:RET

;---------------------------------------------
;       Read Year and Display on LCD
```

```
;-----------------------------------------------
RD_YEAR:MOV     LCD_BUFFER,#81H         ; set LCD cursor position
        CALL    LCD_COMMAND
        MOV     LCD_BUFFER,#20H         ; display 20XX on LCD
        CALL    LCD_2HEX                ; display on LCD
        MOV     DPTR,#RTC_YEAR          ; read year from RTC
        MOVX    A,@DPTR                 ; display on LCD
        MOV     LCD_BUFFER,A
        CALL    LCD_2HEX
        RET

;-----------------------------------------------
;       Read Month and Display on LCD
;-----------------------------------------------
RD_MONTH:MOV    LCD_BUFFER,#86H         ; set LCD cursor position
        CALL    LCD_COMMAND
        MOV     DPTR,#RTC_MONTH         ; read month from RTC
        MOVX    A,@DPTR                 ; display on LCD
        MOV     LCD_BUFFER,A
        CALL    LCD_2HEX
        RET

;-----------------------------------------------
;       Read Date and Display on LCD
;-----------------------------------------------
RD_DATE:MOV     LCD_BUFFER,#89H         ; set LCD cursor position
        CALL    LCD_COMMAND
        MOV     DPTR,#RTC_DATE          ; read date from RTC
        MOVX    A,@DPTR                 ; display on LCD
        MOV     LCD_BUFFER,A
        CALL    LCD_2HEX
        RET

;-----------------------------------------------
;       Read Weekday and Display on LCD
;-----------------------------------------------
RD_WEEK:MOV     LCD_BUFFER,#8CH         ; set LCD cursor position
        CALL    LCD_COMMAND
        MOV     DPTR,#RTC_WEEKDAY       ; read weekday from RTC
        MOVX    A,@DPTR
RD_WEEK1:CLR    C
        SUBB    A,#1
        MOV     B,#3
        MUL     AB
        MOV     DPTR,#WEEKDAY
        ADD     A,DPL
        MOV     DPL,A
        MOV     A,DPH
        ADDC    A,#0
        MOV     DPH,A
        CLR     A                       ; display on LCD
        MOVC    A,@A+DPTR
        MOV     LCD_BUFFER,A
        CALL    LCD_DATA
        MOV     A,#1
        MOVC    A,@A+DPTR
        MOV     LCD_BUFFER,A
        CALL    LCD_DATA
        MOV     A,#2
        MOVC    A,@A+DPTR
        MOV     LCD_BUFFER,A
        CALL    LCD_DATA
        RET

WEEKDAY:DB      'SUN','MON','TUE','WED','THU','FRI','SAT'
```

```
;---------------------------------------------------
;       Read Hour and Display on LCD
;---------------------------------------------------
RD_HOUR:MOV     LCD_BUFFER,#0C2H        ; set LCD cursor position
        CALL    LCD_COMMAND
        MOV     DPTR,#RTC_HOUR          ; read hour from RTC
        MOVX    A,@DPTR
        ANL     A,#01111111B
        MOV     LCD_BUFFER,A            ; display on LCD
        CALL    LCD_2HEX
        MOV     LCD_BUFFER,#0CBH        ; set LCD cursor position
        CALL    LCD_COMMAND
        MOV     DPTR,#RTC_HOUR          ; read hour from RTC
        MOVX    A,@DPTR
        CLR     C                       ; AM or PM ?
        SUBB    A,#80H
        JNC     RD_HOUR1
        MOV     LCD_BUFFER,#'A'
        JMP     RD_HOUR2
RD_HOUR1:MOV    LCD_BUFFER,#'P'
RD_HOUR2:CALL   LCD_DATA                ; display on LCD
        RET

;---------------------------------------------------
;       Read Minute and Display on LCD
;---------------------------------------------------
RD_MINUTE:MOV   LCD_BUFFER,#0C5H        ; set LCD cursor position
        CALL    LCD_COMMAND
        MOV     DPTR,#RTC_MINUTE        ; read minute from RTC
        MOVX    A,@DPTR                 ; display on LCD
        MOV     LCD_BUFFER,A
        CALL    LCD_2HEX
        RET

;---------------------------------------------------
;       Read Second and Display on LCD
;---------------------------------------------------
RD_SECOND:MOV   LCD_BUFFER,#0C8H        ; set LCD cursor position
        CALL    LCD_COMMAND
        MOV     DPTR,#RTC_SECOND        ; read second from RTC
        MOVX    A,@DPTR                 ; display on LCD
        MOV     LCD_BUFFER,A
        CALL    LCD_2HEX
        RET

;==================================================================
;       Include User Subroutine File
;==================================================================
$INCLUDE(OK89S52.INC)                   ; include OK-89S52 subroutine file
        END
```

☞ DS12C887을 사용하여 시계를 구현할 때는 모든 시간값이 이 소자에서 처리되므로 프로그램에서는 이를 읽어서 텍스트형 LCD 모듈에 표시하는 일과 현재 시각을 설정하기 위한 키입력을 검출하는 일을 교대로 반복하면 되기 때문에 굳이 인터럽트를 사용할 필요가 없다.

현재 시각 중에서 연, 월, 일, 요일, 시, 분, 초, 오전/오후를 눈으로 보면서 설정할 수 있으려면 텍스트형 LCD 모듈에서 커서가 보이도록 해야 하며, 이 값을 수정한 이후에 LCD 모듈에 시간을 표시하고 다시 커서가 원래의 위치로 되돌아 와야 하므로 항상 사용자가 화면에서 수정중인 시간에 해당하는 커서의 위치를 내부적으로 기억하고 있어야 한다는 것이 중요한 포인트이다. 또한, 시간값을 표시할 때는 커서를 보이지 않도록 설정하고 수정중인 위치로 돌아가 키입력을 기다리는 동안에는 다시 커서를 보이도록 하는 테크닉이 매우 중요하다. 이렇게 처리하지 않으면 화면에서 문자를 출력하면서 커서가 돌아다닐 때 커서의 잔상이 남기 때문에 화면이 아주 지저분해 보이는 현상이 나타나게 된다. 또한 중간에 잠깐씩의 시간 지연을 주지 않고 계속하여 시간을 표시하는 동작을 반복하면 커서가 눈에 보일 시간이 없게 된다. 이 프로그램에서는 이를 위해 DSP_RTC 서브루틴에서 10ms의 시간 간격을 주었다.

이 시계에는 어떤 원인으로 DS12C887의 시간값이 지워지거나 불합리한 값으로 되어 있으면 시계를 초기값으로 자동 설정하는 기능이 있고, 매시 정각에 비프를 울리는 등 세부적으로 여러가지 기능을 함께 가지고 있다. 이 프로그램에서 KEY4는 커서 좌측 이동, KEY3은 커서 우측 이동, KEY2는 시간값 증가, KEY1은 시간값 감소의 기능을 수행한다.

이 프로그램을 어셈블하여 다운로드하고 실행하라. 그리고, KEY4~KEY1을 사용하여 날짜와 현재 시각을 올바르게 설정하여 보라. 이 프로그램은 상당히 길지만, 이제 여러분은 이런 정도의 프로그램을 이해해야 하는 시기가 되었으므로 이 프로그램의 내용을 정확히 이해하기 위해 노력해야 한다.

▣ C언어의 경우

앞의 Exp14_3.asm 프로그램을 C언어로 작성하여 보면 다음과 같다.

〈프로그램 Exp14_3.c〉 캘린더 기능을 포함하는 디지털 시계 프로그램

```
/* ====================================================================== */
/*                 Exp14_3.c : Digital Clock using DS12C887               */
/* ====================================================================== */
/*                        Designed and programmed by Duck-Yong Yoon in 2005.  */

#include "AT89S52.H"                          // include AT89S52 definition file
#include "OK89S52.H"                          // include OK-89S52 kit function

unsigned char cursor;                         // cursor position
unsigned char year;                           // year
unsigned char month;                          // month
unsigned char date;                           // date
unsigned char hour;                           // hour
unsigned char minute;                         // minute
unsigned char second;                         // second

LCD_2BCD(unsigned char number)                /* display 2-digit BCD number */
{ unsigned char i;

  i = (number >> 4) & 0x0F;                   // 10^1
  LCD_data(i + '0');

  i = number & 0x0F;                          // 10^0
  LCD_data(i + '0');
}

DSP_RTC()                                     /* display clock from RTC */
{ unsigned char weekday;
```

```
  LCD_command(0x0C);                              // cursor OFF

  LCD_command(0x81);                              // display year
  LCD_2BCD(0x20);
  year = RTC_YEAR;
  LCD_2BCD(year);

  LCD_command(0x86);                              // display month
  month = RTC_MONTH;
  LCD_2BCD(month);

  LCD_command(0x89);                              // display date
  date = RTC_DATE;
  LCD_2BCD(date);

  weekday = RTC_WEEKDAY;                          // display weekday
  if(weekday == 1)       LCD_string(0x8C,"SUN");
  else if(weekday == 2) LCD_string(0x8C,"MON");
  else if(weekday == 3) LCD_string(0x8C,"TUE");
  else if(weekday == 4) LCD_string(0x8C,"WED");
  else if(weekday == 5) LCD_string(0x8C,"THU");
  else if(weekday == 6) LCD_string(0x8C,"FRI");
  else                   LCD_string(0x8C,"SAT");

  LCD_command(0xC2);                              // display hour
  hour = RTC_HOUR;
  LCD_2BCD(hour & 0x7F);
  LCD_command(0xCB);                              // display AM, PM
  if(hour < 0x80) LCD_data('A');
  else            LCD_data('P');
  hour = hour & 0x7F;

  LCD_command(0xC5);                              // display minute
  minute = RTC_MINUTE;
  LCD_2BCD(minute);

  LCD_command(0xC8);                              // display second
  second = RTC_SECOND;
  LCD_2BCD(second);

  LCD_command(cursor);                            // go cursor position
  LCD_command(0x0F);                              // cursor ON
  Delay_ms(20);                                   // time delay for cursor

  if((minute == 0x00) && (second == 0x00))        // beep for each o'clock
    { Beep();
      Delay_ms(950);
    }
}

unsigned char BCD_increment(unsigned char number) /* BCD increment */
{ unsigned char i;

  i = (number >> 4)*10 + (number & 0x0F);         // convert BCD to binary
  i++;                                            // incrment
  i = ((i/10) << 4) + (i % 10);                   // convert binary to BCD
  return i;
}

unsigned char BCD_decrement(unsigned char number) /* BCD decrement */
{ unsigned char i;

  i = (number >> 4)*10 + (number & 0x0F);         // convert BCD to binary
  i--;                                            // decrement
```

```
  i = ((i/10) << 4) + (i % 10);                // convert binary to BCD
  return i;
}

Cursor_left()                                  /* go cursor left */
{
  if(cursor == 0xCF)      cursor = 0xCC;
  else if(cursor == 0xCC) cursor = 0xC9;
  else if(cursor == 0xC9) cursor = 0xC6;
  else if(cursor == 0xC6) cursor = 0xC3;
  else if(cursor == 0xC3) cursor = 0x8E;
  else if(cursor == 0x8E) cursor = 0x8A;
  else if(cursor == 0x8A) cursor = 0x87;
  else if(cursor == 0x87) cursor = 0x84;
  else if(cursor == 0x84) cursor = 0xCF;
}

Cursor_right()                                 /* go cursor right */
{
  if(cursor == 0xCF)      cursor = 0x84;
  else if(cursor == 0x84) cursor = 0x87;
  else if(cursor == 0x87) cursor = 0x8A;
  else if(cursor == 0x8A) cursor = 0x8E;
  else if(cursor == 0x8E) cursor = 0xC3;
  else if(cursor == 0xC3) cursor = 0xC6;
  else if(cursor == 0xC6) cursor = 0xC9;
  else if(cursor == 0xC9) cursor = 0xCC;
  else if(cursor == 0xCC) cursor = 0xCF;
}

Increment()                                    /* increment time */
{ unsigned char year, month, date, weekday, hour, minute, second;

  switch(cursor)
    { case 0x84 : year = RTC_YEAR;                // in case of year
                  if(year == 0x99)      year = 0x00;
                  else                  year = BCD_increment(year);
                  RTC_YEAR = year;
                  break;
      case 0x87 : month = RTC_MONTH;              // in case of month
                  if(month == 0x12)     month = 0x01;
                  else                  month = BCD_increment(month);
                  RTC_MONTH = month;
                  break;
      case 0x8A : date = RTC_DATE;                // in case of date
                  if(date == 0x31)      date = 0x01;
                  else                  date = BCD_increment(date);
                  RTC_DATE = date;
                  break;
      case 0x8E : weekday = RTC_WEEKDAY;          // in case of weekday
                  if(weekday == 0x07)   weekday = 0x01;
                  else                  weekday++;
                  RTC_WEEKDAY = weekday;
                  break;
      case 0xC3 : hour = RTC_HOUR;                // in case of hour
                  if(hour == 0x12)      hour = 0x01;
                  else if(hour == 0x92) hour = 0x81;
                  else                  hour = BCD_increment(hour);
                  RTC_HOUR = hour;
                  break;
      case 0xC6 : minute = RTC_MINUTE;            // in case of minute
                  if(minute == 0x59)    minute = 0x00;
                  else                  minute = BCD_increment(minute);
                  RTC_MINUTE = minute;
```

```
                    break;
        case 0xC9 : second = RTC_SECOND;              // in case of second
                    if(second == 0x59)    second = 0x00;
                    else                  second = BCD_increment(second);
                    RTC_SECOND = second;
                    break;
        case 0xCC : hour = RTC_HOUR;                  // in case of AM/PM
                    if(hour < 0x80)       hour |= 0x80;
                    else                  hour &= 0x7F;
                    RTC_HOUR = hour;
                    break;
        default   : break;
      }
  }

  Decrement()                                         /* decrement time */
  { unsigned char year, month, date, weekday, hour, minute, second;

    switch(cursor)
      { case 0x84 : year = RTC_YEAR;                  // in case of year
                    if(year == 0x00)      year = 0x99;
                    else                  year = BCD_decrement(year);
                    RTC_YEAR = year;
                    break;
        case 0x87 : month = RTC_MONTH;                // in case of month
                    if(month == 0x01)     month = 0x12;
                    else                  month = BCD_decrement(month);
                    RTC_MONTH = month;
                    break;
        case 0x8A : date = RTC_DATE;                  // in case of date
                    if(date == 0x01)      date = 0x31;
                    else                  date = BCD_decrement(date);
                    RTC_DATE = date;
                    break;
        case 0x8E : weekday = RTC_WEEKDAY;            // in case of weekday
                    if(weekday == 0x01)   weekday = 0x07;
                    else                  weekday--;
                    RTC_WEEKDAY = weekday;
                    break;
        case 0xC3 : hour = RTC_HOUR;                  // in case of hour
                    if(hour == 0x01)      hour = 0x12;
                    else if(hour == 0x81) hour = 0x92;
                    else                  hour = BCD_decrement(hour);
                    RTC_HOUR = hour;
                    break;
        case 0xC6 : minute = RTC_MINUTE;              // in case of minute
                    if(minute == 0x00)    minute = 0x59;
                    else                  minute = BCD_decrement(minute);
                    RTC_MINUTE = minute;
                    break;
        case 0xC9 : second = RTC_SECOND;              // in case of second
                    if(second == 0x00)    second = 0x59;
                    else                  second = BCD_decrement(second);
                    RTC_SECOND = second;
                    break;
        case 0xCC : hour = RTC_HOUR;                  // in case of AM/PM
                    if(hour < 0x80)       hour |= 0x80;
                    else                  hour &= 0x7F;
                    RTC_HOUR = hour;
                    break;
        default   : break;
      }
  }
```

```
main()
{
  Kit_initialize();                             // initialize OK-89S52 kit
  Delay_ms(50);                                 // wait for system stabilization
  LCD_initialize();                             // initialize text LCD module

  LCD_string(0x80," Digital Clock  ");          // display logo
  LCD_string(0xC0,"  by DS12C887   ");
  Delay_ms(2000);

  if(RTC_FLAG != 'G')                           // RTC data are available ?
    { Beep();
      Delay_ms(100);
      Beep();
      RTC_FLAG = 'G';                           // initialize RTC data flag
      RTC_YEAR = 0x06;                          // initialize year(2006)
      RTC_MONTH = 0x01;                         // initialize month(01)
      RTC_DATE = 0x01;                          // initialize date(01)
      RTC_WEEKDAY = 0x01;                       // initialize weekday(SUN)
      RTC_HOUR = 0x12;                          // initialize hour(12)
      RTC_MINUTE = 0x00;                        // initialize minute(00)
      RTC_SECOND = 0x00;                        // initialize second(00)
      RTC_A = 0x2F;                             // oscillator ON, SQW=2Hz
      RTC_B = 0x00;                             // interrupt disable, SQW disable
    }
  else
    Beep();

  LCD_string(0x80," 2006/01/01 SUN ");          // display title
  LCD_string(0xC0,"  12:00:00 AM   ");
  LCD_command(0x0F);                            // cursor ON, cursor blink
  cursor = 0xCF;                                // initial cursor position

  while(1)
    { DSP_RTC();                                // display clock

      switch(Key_input())                       // key input
        { case 0x0E : Cursor_left();            // if KEY4, go cursor left
                      break;
          case 0x1C : Cursor_right();           // if KEY3, go cursor right
                      break;
          case 0x1A : Increment();              // if KEY2, increment time
                      break;
          case 0x1C : Decrement();              // if KEY1, decrement time
                      break;
          default   : break;
        }
    }
}
```

☞ 이 프로그램은 어셈블리 언어 프로그램 Exp14_3.asm과 기능적으로는 완전히 같지만 프로그램의 흐름은 상당히 다르다. 여기서는 C언어의 특징 때문에 어셈블리 언어와 똑같은 흐름으로 프로그램을 작성하기가 곤란하기 때문에 그렇게 처리하였다.

이 프로그램을 컴파일하여 다운로드하고 실행하라. 어셈블리 언어 프로그램과 동일한 실행 결과를 얻을 수 있는가?

(2) 7세그먼트 LED에도 함께 표시되는 디지털 시계 프로그램

여기서는 앞의 DS12C887을 사용한 시계 프로그램에서 시계를 텍스트형 LCD 모듈뿐만아니라 7세그먼트 LED에도 함께 표시하는 기능을 추가한다. 7세그먼트는 8글자에 불과하므로 캘린더와 시간을 교대로 표시하도록 한다. 단, 구조상 7세그먼트 LED에는 AM, PM을 표시할 수 없으며, 콜론(:)을 표시하는 것도 불가능하므로 이것 대신에 하이픈(-)으로 표시하기로 한다.

▣ 어셈블리 언어의 경우

DS12C887을 사용한 시계 프로그램 Exp14_3.asm에 7세그먼트 LED 표시기능을 추가한 새로운 시계 프로그램은 다음과 같다.

〈프로그램 Exp14_4.asm〉 7세그먼트 LED에도 표시되는 디지털 시계 프로그램

```
;[][][][][][][][][][][][][][][][][][][][][][][][][][][][][][][][][][][][]
;[]                                                                    []
;[]         Exp14_4.asm : Digital Clock with Calendar                  []
;[]                                                                    []
;[][][][][][][][][][][][][][][][][][][][][][][][][][][][][][][][][][][][]
;
;               Designed and programmed by Duck-Yong Yoon in 2005.
;
$NOMOD51                                        ; do not use default MCS-51 SFR
$INCLUDE(AT89S52.INC)                           ; include AT89S52 definition file

OLD_SEC DATA    30H                             ; old second
BLINK   DATA    31H                             ; blink

;===================================================================
;       Main Program
;===================================================================
CSEG    AT      0000H
        MOV     SP,#7FH                         ; initialize SP
        CALL    KIT_INITIALIZE                  ; initialize OK-89S52 kit
        CALL    D50MS                           ; wait for system stabilization
        CALL    LCD_INITIALIZE                  ; initialize text LCD
```

(중략 : 이 부분은 앞의 Exp14_3.asm 프로그램과 동일함.)

```
;===================================================================
;       RTC Subroutine
;===================================================================
;-----------------------------------------------
;       Read and Display Clock from RTC
;-----------------------------------------------
DSP_RTC:MOV     LCD_BUFFER,#0CH                 ; cursor OFF
        CALL    LCD_COMMAND

        MOV     DPTR,#RTC_MINUTE                ; CH = minute
        MOVX    A,@DPTR
        MOV     R1,A
        MOV     DPTR,#RTC_SECOND                ; CL = second
        MOVX    A,@DPTR
```

```
        MOV     R2,A

        CALL    RD_YEAR                 ; read and display year/month/date
        CALL    RD_MONTH
        CALL    RD_DATE
        CALL    RD_WEEK
        CALL    RD_HOUR                 ; read and display hour/minute/second
        CALL    RD_MINUTE
        CALL    RD_SECOND

        MOV     LCD_BUFFER,CURSOR       ; go back cursor position
        CALL    LCD_COMMAND
        MOV     LCD_BUFFER,#0FH         ; cursor ON, cursor blink
        CALL    LCD_COMMAND
        CALL    D2MS                    ; time delay for cursor

        CJNE    R1,#00H,DSP_RTC1        ; minute = 00 and second = 00 ?
        CJNE    R2,#00H,DSP_RTC1
        CALL    BEEP                    ; if yes, beep
        CALL    D500MS
        CALL    D200MS
        CALL    D200MS
        CALL    D50MS
        RET
DSP_RTC1:CALL   DSP_LED                 ; display clock on 7-segment LED
        RET

;----------------------------------------------
;       Read Year and Display on LCD
;----------------------------------------------
RD_YEAR:MOV     LCD_BUFFER,#81H         ; set LCD cursor position
        CALL    LCD_COMMAND
        MOV     LCD_BUFFER,#20H         ; display 20XX on LCD
        CALL    LCD_2HEX                ; display on LCD
        MOV     DPTR,#RTC_YEAR          ; read year from RTC
        MOVX    A,@DPTR                 ; display on LCD
        MOV     LCD_BUFFER,A
        CALL    LCD_2HEX
        RET

;----------------------------------------------
;       Read Month and Display on LCD
;----------------------------------------------
RD_MONTH:MOV    LCD_BUFFER,#86H         ; set LCD cursor position
        CALL    LCD_COMMAND
        MOV     DPTR,#RTC_MONTH         ; read month from RTC
        MOVX    A,@DPTR                 ; display on LCD
        MOV     LCD_BUFFER,A
        CALL    LCD_2HEX
        RET

;----------------------------------------------
;       Read Date and Display on LCD
;----------------------------------------------
RD_DATE:MOV     LCD_BUFFER,#89H         ; set LCD cursor position
        CALL    LCD_COMMAND
        MOV     DPTR,#RTC_DATE          ; read date from RTC
        MOVX    A,@DPTR                 ; display on LCD
        MOV     LCD_BUFFER,A
        CALL    LCD_2HEX
        RET

;----------------------------------------------
;       Read Weekday and Display on LCD
;----------------------------------------------
RD_WEEK:MOV     LCD_BUFFER,#8CH         ; set LCD cursor position
```

```
        CALL     LCD_COMMAND
        MOV      DPTR,#RTC_WEEKDAY          ; read weekday from RTC
        MOVX     A,@DPTR
RD_WEEK1:CLR     C
        SUBB     A,#1
        MOV      B,#3
        MUL      AB
        MOV      DPTR,#WEEKDAY
        ADD      A,DPL
        MOV      DPL,A
        MOV      A,DPH
        ADDC     A,#0
        MOV      DPH,A
        CLR      A                          ; display on LCD
        MOVC     A,@A+DPTR
        MOV      LCD_BUFFER,A
        CALL     LCD_DATA
        MOV      A,#1
        MOVC     A,@A+DPTR
        MOV      LCD_BUFFER,A
        CALL     LCD_DATA
        MOV      A,#2
        MOVC     A,@A+DPTR
        MOV      LCD_BUFFER,A
        CALL     LCD_DATA
        RET

WEEKDAY:DB       'SUN','MON','TUE','WED','THU','FRI','SAT'

;------------------------------------------------
;       Read Hour and Display on LCD
;------------------------------------------------
RD_HOUR:MOV      LCD_BUFFER,#0C2H           ; set LCD cursor position
        CALL     LCD_COMMAND
        MOV      DPTR,#RTC_HOUR             ; read hour from RTC
        MOVX     A,@DPTR
        ANL      A,#01111111B
        MOV      LCD_BUFFER,A               ; display on LCD
        CALL     LCD_2HEX
        MOV      LCD_BUFFER,#0CBH           ; set LCD cursor position
        CALL     LCD_COMMAND
        MOV      DPTR,#RTC_HOUR             ; read hour from RTC
        MOVX     A,@DPTR
        CLR      C                          ; AM or PM ?
        SUBB     A,#80H
        JNC      RD_HOUR1
        MOV      LCD_BUFFER,#'A'
        JMP      RD_HOUR2
RD_HOUR1:MOV     LCD_BUFFER,#'P'
RD_HOUR2:CALL    LCD_DATA                   ; display on LCD
        RET

;------------------------------------------------
;       Read Minute and Display on LCD
;------------------------------------------------
RD_MINUTE:MOV    LCD_BUFFER,#0C5H           ; set LCD cursor position
        CALL     LCD_COMMAND
        MOV      DPTR,#RTC_MINUTE           ; read minute from RTC
        MOVX     A,@DPTR                    ; display on LCD
        MOV      LCD_BUFFER,A
        CALL     LCD_2HEX
        RET

;------------------------------------------------
;       Read Second and Display on LCD
;------------------------------------------------
```

```
RD_SECOND:MOV   LCD_BUFFER,#0C8H        ; set LCD cursor position
        CALL    LCD_COMMAND
        MOV     DPTR,#RTC_SECOND        ; read second from RTC
        MOVX    A,@DPTR                 ; display on LCD
        MOV     LCD_BUFFER,A
        CALL    LCD_2HEX
        RET

;------------------------------------------------
;       Display Time on 7-segment LED
;------------------------------------------------
DSP_LED:MOV     DPTR,#RTC_SECOND        ; read second from RTC
        MOVX    A,@DPTR
        CJNE    A,OLD_SEC,DSP_LED1      ; new second ?
        INC     BLINK                   ; if no, increment blink counter
        JMP     DSP_LED2
DSP_LED1:MOV    BLINK,#0                ; if yes, clear blink counter
        MOV     OLD_SEC,A
DSP_LED2:ANL    A,#00011111B            ; if 11~15, 31~35 or 51~55 second,
        CJNE    A,#11H,DSP_LED3         ;    then display date
        JMP     LED_CALENDAR
DSP_LED3:CJNE   A,#12H,DSP_LED4
        JMP     LED_CALENDAR
DSP_LED4:CJNE   A,#13H,DSP_LED5
        JMP     LED_CALENDAR
DSP_LED5:CJNE   A,#14H,DSP_LED6
        JMP     LED_CALENDAR
DSP_LED6:CJNE   A,#15H,LED_TIME
        JMP     LED_CALENDAR

LED_TIME:MOV    DPTR,#RTC_HOUR          ; read hour from RTC
        MOVX    A,@DPTR
        ANL     A,#01111111B
        PUSH    ACC
        SWAP    A                       ; display hour
        ANL     A,#00001111B
        CALL    BIN2LED
        MOV     DPTR,#SEG_PATTERN
        MOVX    @DPTR,A
        MOV     DPTR,#DIG_SELECT
        MOV     A,#10000000B
        MOVX    @DPTR,A
        CALL    D1MS
        POP     ACC
        ANL     A,#00001111B
        CALL    BIN2LED
        MOV     DPTR,#SEG_PATTERN
        MOVX    @DPTR,A
        MOV     DPTR,#DIG_SELECT
        MOV     A,#01000000B
        MOVX    @DPTR,A
        CALL    D1MS
        MOV     DPTR,#RTC_MINUTE        ; read minute from RTC
        MOVX    A,@DPTR
        PUSH    ACC
        SWAP    A                       ; display minute
        ANL     A,#00001111B
        CALL    BIN2LED
        MOV     DPTR,#SEG_PATTERN
        MOVX    @DPTR,A
        MOV     DPTR,#DIG_SELECT
        MOV     A,#00010000B
        MOVX    @DPTR,A
        CALL    D1MS
        POP     ACC
        ANL     A,#00001111B
```

```
        CALL    BIN2LED
        MOV     DPTR,#SEG_PATTERN
        MOVX    @DPTR,A
        MOV     DPTR,#DIG_SELECT
        MOV     A,#00001000B
        MOVX    @DPTR,A
        CALL    D1MS
        MOV     DPTR,#RTC_SECOND        ; read second from RTC
        MOVX    A,@DPTR
        PUSH    ACC
        SWAP    A                       ; display second
        ANL     A,#00001111B
        CALL    BIN2LED
        MOV     DPTR,#SEG_PATTERN
        MOVX    @DPTR,A
        MOV     DPTR,#DIG_SELECT
        MOV     A,#00000010B
        MOVX    @DPTR,A
        CALL    D1MS
        POP     ACC
        ANL     A,#00001111B
        CALL    BIN2LED
        MOV     DPTR,#SEG_PATTERN
        MOVX    @DPTR,A
        MOV     DPTR,#DIG_SELECT
        MOV     A,#00000001B
        MOVX    @DPTR,A
        CALL    D1MS
        MOV     A,BLINK                 ; 0.5 sec over ?
        CJNE    A,#50,LED_TIME1
LED_TIME1:JNC   LED_TIME2
        MOV     A,#00000010B            ; if no, display "-"
        JMP     LED_TIME3
LED_TIME2:MOV   A,#00000000B            ; if yes, display " "
LED_TIME3:MOV   DPTR,#SEG_PATTERN
        MOVX    @DPTR,A
        MOV     DPTR,#DIG_SELECT
        MOV     A,#00100000B
        MOVX    @DPTR,A
        CALL    D1MS
        MOV     DPTR,#DIG_SELECT
        MOV     A,#00000100B
        MOVX    @DPTR,A
        CALL    D1MS
        MOV     DPTR,#DIG_SELECT        ; clear 7-segment LED
        MOV     A,#00000000B
        MOVX    @DPTR,A
        RET

LED_CALENDAR:
        MOV     A,#20H                  ; upper 2 digits of year
        PUSH    ACC
        SWAP    A                       ; display upper 2 digits of year
        ANL     A,#00001111B
        CALL    BIN2LED
        MOV     DPTR,#SEG_PATTERN
        MOVX    @DPTR,A
        MOV     DPTR,#DIG_SELECT
        MOV     A,#10000000B
        MOVX    @DPTR,A
        CALL    D1MS
        POP     ACC
        ANL     A,#00001111B
        CALL    BIN2LED
        MOV     DPTR,#SEG_PATTERN
        MOVX    @DPTR,A
```

```
        MOV     DPTR,#DIG_SELECT
        MOV     A,#01000000B
        MOVX    @DPTR,A
        CALL    D1MS
        MOV     DPTR,#RTC_YEAR          ; read year from RTC
        MOVX    A,@DPTR
        PUSH    ACC
        SWAP    A                       ; display year
        ANL     A,#00001111B
        CALL    BIN2LED
        MOV     DPTR,#SEG_PATTERN
        MOVX    @DPTR,A
        MOV     DPTR,#DIG_SELECT
        MOV     A,#00100000B
        MOVX    @DPTR,A
        CALL    D1MS
        POP     ACC
        ANL     A,#00001111B
        CALL    BIN2LED
        MOV     B,A
        MOV     A,BLINK                 ; 0.5 sec over ?
        CJNE    A,#50,LED_CAL1
LED_CAL1:JNC    LED_CAL2
        MOV     A,#00000001B            ; if no, display "."
        JMP     LED_CAL3
LED_CAL2:MOV    A,#00000000B            ; if yes, display " "
LED_CAL3:ORL    A,B
        MOV     DPTR,#SEG_PATTERN
        MOVX    @DPTR,A
        MOV     DPTR,#DIG_SELECT
        MOV     A,#00010000B
        MOVX    @DPTR,A
        CALL    D1MS
        MOV     DPTR,#RTC_MONTH         ; read month from RTC
        MOVX    A,@DPTR
        PUSH    ACC
        SWAP    A                       ; display month
        ANL     A,#00001111B
        CALL    BIN2LED
        MOV     DPTR,#SEG_PATTERN
        MOVX    @DPTR,A
        MOV     DPTR,#DIG_SELECT
        MOV     A,#00001000B
        MOVX    @DPTR,A
        CALL    D1MS
        POP     ACC
        ANL     A,#00001111B
        CALL    BIN2LED
        MOV     B,A
        MOV     A,BLINK                 ; 0.5 sec over ?
        CJNE    A,#50,LED_CAL4
LED_CAL4:JNC    LED_CAL5
        MOV     A,#00000001B            ; if no, display "."
        JMP     LED_CAL6
LED_CAL5:MOV    A,#00000000B            ; if yes, display " "
LED_CAL6:ORL    A,B
        MOV     DPTR,#SEG_PATTERN
        MOVX    @DPTR,A
        MOV     DPTR,#DIG_SELECT
        MOV     A,#00000100B
        MOVX    @DPTR,A
        CALL    D1MS
        MOV     DPTR,#RTC_DATE          ; read date from RTC
        MOVX    A,@DPTR
        PUSH    ACC
        SWAP    A                       ; display date
```

```
        ANL     A,#00001111B
        CALL    BIN2LED
        MOV     DPTR,#SEG_PATTERN
        MOVX    @DPTR,A
        MOV     DPTR,#DIG_SELECT
        MOV     A,#00000010B
        MOVX    @DPTR,A
        CALL    D1MS
        POP     ACC
        ANL     A,#00001111B
        CALL    BIN2LED
        MOV     DPTR,#SEG_PATTERN
        MOVX    @DPTR,A
        MOV     DPTR,#DIG_SELECT
        MOV     A,#00000001B
        MOVX    @DPTR,A
        CALL    D1MS
        MOV     DPTR,#DIG_SELECT        ; clear 7-segment LED
        MOV     A,#00000000B
        MOVX    @DPTR,A
        RET

;-----------------------------------------------
;       Convert Binary to 7-segment LED Pattern
;-----------------------------------------------
; Input  : A = 8-bit binary(from 0b00000000 to 0b00001111), "-", "."
; Output : A = 7-segment LED pattern data

BIN2LED:PUSH    DPH
        PUSH    DPL
        CJNE    A,#'H',BIN2L1           ; if A="H", A=10H
        MOV     A,#10H
        JMP     BIN2L6
BIN2L1: CJNE    A,#'-',BIN2L2           ; if A="-", A=11H
        MOV     A,#11H
        JMP     BIN2L6
BIN2L2: CJNE    A,#'.',BIN2L3           ; if A=".", A=12H
        MOV     A,#12H
        JMP     BIN2L6
BIN2L3: CJNE    A,#27H,BIN2L4           ; if A="'", A=13H
        MOV     A,#13H
        JMP     BIN2L6
BIN2L4: CJNE    A,#10H,BIN2L5           ; if not available, A=00H
BIN2L5: JC      BIN2L6
        MOV     A,#00H
        JMP     BIN2L7
BIN2L6: MOV     DPTR,#LED_TABLE         ; read LED pattern data
        MOVC    A,@A+DPTR
BIN2L7: POP     DPL
        POP     DPH
        RET

LED_TABLE:                              ; 7-segment LED data table
        DB      11111100B,01100000B     ; 0,1
        DB      11011010B,11110010B     ; 2,3
        DB      01100110B,10110110B     ; 4,5
        DB      10111110B,11100100B     ; 6,7
        DB      11111110B,11110110B     ; 8,9
        DB      11101110B,00111110B     ; A,b
        DB      10011100B,01111010B     ; C,d
        DB      10011110B,10001110B     ; E,F
        DB      01101110B,00000010B     ; H,-
        DB      00000001B,01000000B     ; .,'

;=================================================================
;       Include User Subroutine File
```

```
;==================================================================
$INCLUDE(OK89S52.INC)                        ; include OK-89S52 subroutine file
        END
```

☞ *OK-89S52* 키트에서의 7세그먼트 LED 동작은 다이나믹 디스플레이(dynamic display) 방식을 사용하고 있으므로 여기에 시계를 표시하려면 MCU가 반복적으로 이를 출력하여야 한다. 따라서, 텍스트형 LCD 모듈에 시간을 표시하고 10ms의 시간지연을 주던 것을 2ms로 줄이고 대신에 나머지 8ms 동안에는 7세그먼트 LED를 1차례 디스플레이하므로 전체적으로 한번의 시간을 표시하는데는 10ms가 걸리도록 하였다. 7세그먼트에 시간을 표시할 때는 하이픈(-)을 0.5초에 한번씩 깜빡이고 캘린더를 표시할 때는 도트 포인트(dot point)를 0.5초에 한번씩 깜빡이는 기능을 추가하기 위하여 1초의 시간을 약 반으로 나누는 기법을 사용한 것에 주목하라.

이 프로그램을 어셈블하여 다운로드하고 실행하라. 그리고, KEY4~KEY1을 사용하여 날짜와 현재 시각을 올바르게 설정하여 보라. 이 프로그램은 앞의 Exp13_3.asm 예제에 비하여 더욱 복잡해 졌지만 여러분은 이를 이해해야 한다.

▣ C언어의 경우

앞의 Exp14_4.asm 프로그램을 C언어로 작성하여 보면 다음과 같다.

〈프로그램 Exp14_4.c〉 7세그먼트 LED에도 표시되는 디지털 시계 프로그램

```
/* ======================================================================== */
/*                  Exp14_4.c : Digital Clock with Calendar                 */
/* ======================================================================== */
/*                      Designed and programmed by Duck-Yong Yoon in 2005.  */

#include "AT89S52.H"                            // include AT89S52 definition file
#include "OK89S52.H"                            // include OK-89S52 kit function

unsigned char cursor;                           // cursor position
unsigned char year;                             // year
unsigned char month;                            // month
unsigned char date;                             // date
unsigned char hour;                             // hour
unsigned char minute;                           // minute
unsigned char second;                           // second
unsigned char old_second;                       // old second
unsigned char blink;                            // .

LCD_2BCD(unsigned char number)                  /* display 2-digit BCD number */
{ unsigned char i;

  i = (number >> 4) & 0x0F;                     // 10^1
  LCD_data(i + '0');

  i = number & 0x0F;                            // 10^0
  LCD_data(i + '0');
}
```

```
DSP_RTC()                                          /* display clock from RTC */
{ unsigned char weekday;

  LCD_command(0x0C);                               // cursor OFF

  LCD_command(0x81);                               // display year
  LCD_2BCD(0x20);
  year = RTC_YEAR;
  LCD_2BCD(year);

  LCD_command(0x86);                               // display month
  month = RTC_MONTH;
  LCD_2BCD(month);

  LCD_command(0x89);                               // display date
  date = RTC_DATE;
  LCD_2BCD(date);

  weekday = RTC_WEEKDAY;                           // display weekday
  if(weekday == 1)       LCD_string(0x8C,"SUN");
  else if(weekday == 2)  LCD_string(0x8C,"MON");
  else if(weekday == 3)  LCD_string(0x8C,"TUE");
  else if(weekday == 4)  LCD_string(0x8C,"WED");
  else if(weekday == 5)  LCD_string(0x8C,"THU");
  else if(weekday == 6)  LCD_string(0x8C,"FRI");
  else                   LCD_string(0x8C,"SAT");

  LCD_command(0xC2);                               // display hour
  hour = RTC_HOUR;
  LCD_2BCD(hour & 0x7F);
  LCD_command(0xCB);                               // display AM, PM
  if(hour < 0x80) LCD_data('A');
  else            LCD_data('P');
  hour = hour & 0x7F;

  LCD_command(0xC5);                               // display minute
  minute = RTC_MINUTE;
  LCD_2BCD(minute);

  LCD_command(0xC8);                               // display second
  second = RTC_SECOND;
  LCD_2BCD(second);

  LCD_command(cursor);                             // go cursor position
  LCD_command(0x0F);                               // cursor ON
  Delay_ms(2);                                     // time delay for cursor

  if((minute == 0x00) && (second == 0x00))         // beep for each o'clock
    { Beep();
      Delay_ms(950);
    }
}

unsigned char Bin2LED(unsigned char number)        /* convert binary to LED pattern */
{
  if(number == 0)        return 0xFC;
  else if(number == 1)   return 0x60;
  else if(number == 2)   return 0xDA;
  else if(number == 3)   return 0xF2;
  else if(number == 4)   return 0x66;
  else if(number == 5)   return 0xB6;
  else if(number == 6)   return 0xBE;
  else if(number == 7)   return 0xE4;
  else if(number == 8)   return 0xFE;
  else if(number == 9)   return 0xF6;
  else if(number == 10)  return 0xEE;
```

```
  else if(number == 11) return 0x3E;
  else if(number == 12) return 0x9C;
  else if(number == 13) return 0x7A;
  else if(number == 14) return 0x9E;
  else if(number == 15) return 0x8E;
  else if(number == 'H') return 0x6E;
  else if(number == '-') return 0x02;
  else if(number == '.') return 0x01;
  else if(number == 0x27) return 0x40;
  else return 0x00;
}

DSP_LED()                                        /* display clock on LED */
{ unsigned char i;

  if(second == old_second)                       // check 0.5 sec
    blink++;
  else
    { blink = 0;
      old_second = second;
    }

  i = second & 0x1F;
  if((i < 0x11) || (i > 0x15))
    { SEG_PATTERN = Bin2LED(hour >> 4);          // display hour
      DIG_SELECT = 0x80;
      Delay_ms(1);
      SEG_PATTERN = Bin2LED(hour & 0x0F);
      DIG_SELECT = 0x40;
      Delay_ms(1);
      if(blink < 50)
        SEG_PATTERN = Bin2LED('-');              // if before 0.5 sec, display "-"
      else
        SEG_PATTERN = 0x00;                      // if after 0.5 sec, display " "
      DIG_SELECT = 0x20;
      Delay_ms(1);
      SEG_PATTERN = Bin2LED(minute >> 4);        // display minute
      DIG_SELECT = 0x10;
      Delay_ms(1);
      SEG_PATTERN = Bin2LED(minute & 0x0F);
      DIG_SELECT = 0x08;
      Delay_ms(1);
      if(blink < 50)
        SEG_PATTERN = Bin2LED('-');              // if before 0.5 sec, display "-"
      else
        SEG_PATTERN = 0x00;                      // if after 0.5 sec, display " "
      DIG_SELECT = 0x04;
      Delay_ms(1);
      SEG_PATTERN = Bin2LED(second >> 4);        // display second
      DIG_SELECT = 0x02;
      Delay_ms(1);
      SEG_PATTERN = Bin2LED(second & 0x0F);
      DIG_SELECT = 0x01;
      Delay_ms(1);
    }
  else
    { SEG_PATTERN = Bin2LED(0x20 >> 4);          // display year
      DIG_SELECT = 0x80;
      Delay_ms(1);
      SEG_PATTERN = Bin2LED(0x20 & 0x0F);
      DIG_SELECT = 0x40;
      Delay_ms(1);
      SEG_PATTERN = Bin2LED(year >> 4);
      DIG_SELECT = 0x20;
      Delay_ms(1);
      if(blink < 50)
```

```
        SEG_PATTERN = Bin2LED(year & 0x0F) + 0x01;
      else
        SEG_PATTERN = Bin2LED(year & 0x0F);
      DIG_SELECT = 0x10;
      Delay_ms(1);
      SEG_PATTERN = Bin2LED(month >> 4);        // display month
      DIG_SELECT = 0x08;
      Delay_ms(1);
      if(blink < 50)
        SEG_PATTERN = Bin2LED(month & 0x0F) + 0x01;
      else
        SEG_PATTERN = Bin2LED(month & 0x0F);
      DIG_SELECT = 0x04;
      Delay_ms(1);
      SEG_PATTERN = Bin2LED(date >> 4);         // display date
      DIG_SELECT = 0x02;
      Delay_ms(1);
      SEG_PATTERN = Bin2LED(date & 0x0F);
      DIG_SELECT = 0x01;
      Delay_ms(1);
    }

  DIG_SELECT = 0x00;                            // clear 7-segment LED
}

unsigned char BCD_increment(unsigned char number) /* BCD increment */
{ unsigned char i;

  i = (number >> 4)*10 + (number & 0x0F);       // convert BCD to binary
  i++;                                          // incrment
  i = ((i/10) << 4) + (i % 10);                 // convert binary to BCD
  return i;
}

unsigned char BCD_decrement(unsigned char number) /* BCD decrement */
{ unsigned char i;

  i = (number >> 4)*10 + (number & 0x0F);       // convert BCD to binary
  i--;                                          // decrement
  i = ((i/10) << 4) + (i % 10);                 // convert binary to BCD
  return i;
}

Cursor_left()                                   /* go cursor left */
{
  if(cursor == 0xCF)      cursor = 0xCC;
  else if(cursor == 0xCC) cursor = 0xC9;
  else if(cursor == 0xC9) cursor = 0xC6;
  else if(cursor == 0xC6) cursor = 0xC3;
  else if(cursor == 0xC3) cursor = 0x8E;
  else if(cursor == 0x8E) cursor = 0x8A;
  else if(cursor == 0x8A) cursor = 0x87;
  else if(cursor == 0x87) cursor = 0x84;
  else if(cursor == 0x84) cursor = 0xCF;
}

Cursor_right()                                  /* go cursor right */
{
  if(cursor == 0xCF)      cursor = 0x84;
  else if(cursor == 0x84) cursor = 0x87;
  else if(cursor == 0x87) cursor = 0x8A;
  else if(cursor == 0x8A) cursor = 0x8E;
  else if(cursor == 0x8E) cursor = 0xC3;
  else if(cursor == 0xC3) cursor = 0xC6;
  else if(cursor == 0xC6) cursor = 0xC9;
  else if(cursor == 0xC9) cursor = 0xCC;
```

```
  else if(cursor == 0xCC) cursor = 0xCF;
}

Increment()                                        /* increment time */
{ unsigned char year, month, date, weekday, hour, minute, second;

  switch(cursor)
    { case 0x84 : year = RTC_YEAR;                  // in case of year
                  if(year == 0x99)      year = 0x00;
                  else                  year = BCD_increment(year);
                  RTC_YEAR = year;
                  break;
      case 0x87 : month = RTC_MONTH;                // in case of month
                  if(month == 0x12)     month = 0x01;
                  else                  month = BCD_increment(month);
                  RTC_MONTH = month;
                  break;
      case 0x8A : date = RTC_DATE;                  // in case of date
                  if(date == 0x31)      date = 0x01;
                  else                  date = BCD_increment(date);
                  RTC_DATE = date;
                  break;
      case 0x8E : weekday = RTC_WEEKDAY;            // in case of weekday
                  if(weekday == 0x07)   weekday = 0x01;
                  else                  weekday++;
                  RTC_WEEKDAY = weekday;
                  break;
      case 0xC3 : hour = RTC_HOUR;                  // in case of hour
                  if(hour == 0x12)      hour = 0x01;
                  else if(hour == 0x92) hour = 0x81;
                  else                  hour = BCD_increment(hour);
                  RTC_HOUR = hour;
                  break;
      case 0xC6 : minute = RTC_MINUTE;              // in case of minute
                  if(minute == 0x59)    minute = 0x00;
                  else                  minute = BCD_increment(minute);
                  RTC_MINUTE = minute;
                  break;
      case 0xC9 : second = RTC_SECOND;              // in case of second
                  if(second == 0x59)    second = 0x00;
                  else                  second = BCD_increment(second);
                  RTC_SECOND = second;
                  break;
      case 0xCC : hour = RTC_HOUR;                  // in case of AM/PM
                  if(hour < 0x80)       hour |= 0x80;
                  else                  hour &= 0x7F;
                  RTC_HOUR = hour;
                  break;
      default   : break;
    }
}

Decrement()                                        /* decrement time */
{ unsigned char year, month, date, weekday, hour, minute, second;

  switch(cursor)
    { case 0x84 : year = RTC_YEAR;                  // in case of year
                  if(year == 0x00)      year = 0x99;
                  else                  year = BCD_decrement(year);
                  RTC_YEAR = year;
                  break;
      case 0x87 : month = RTC_MONTH;                // in case of month
                  if(month == 0x01)     month = 0x12;
                  else                  month = BCD_decrement(month);
                  RTC_MONTH = month;
                  break;
```

```
        case 0x8A : date = RTC_DATE;                  // in case of date
                    if(date == 0x01)       date = 0x31;
                    else                   date = BCD_decrement(date);
                    RTC_DATE = date;
                    break;
        case 0x8E : weekday = RTC_WEEKDAY;            // in case of weekday
                    if(weekday == 0x01)    weekday = 0x07;
                    else                   weekday--;
                    RTC_WEEKDAY = weekday;
                    break;
        case 0xC3 : hour = RTC_HOUR;                  // in case of hour
                    if(hour == 0x01)       hour = 0x12;
                    else if(hour == 0x81)  hour = 0x92;
                    else                   hour = BCD_decrement(hour);
                    RTC_HOUR = hour;
                    break;
        case 0xC6 : minute = RTC_MINUTE;              // in case of minute
                    if(minute == 0x00)     minute = 0x59;
                    else                   minute = BCD_decrement(minute);
                    RTC_MINUTE = minute;
                    break;
        case 0xC9 : second = RTC_SECOND;              // in case of second
                    if(second == 0x00)     second = 0x59;
                    else                   second = BCD_decrement(second);
                    RTC_SECOND = second;
                    break;
        case 0xCC : hour = RTC_HOUR;                  // in case of AM/PM
                    if(hour < 0x80)        hour |= 0x80;
                    else                   hour &= 0x7F;
                    RTC_HOUR = hour;
                    break;
        default   : break;
      }
}

main()
{
  Kit_initialize();                           // initialize OK-89S52 kit
  Delay_ms(50);                               // wait for system stabilization
  LCD_initialize();                           // initialize text LCD module

  LCD_string(0x80," Digital Clock  ");        // display logo
  LCD_string(0xC0,"  by DS12C887   ");
  Delay_ms(2000);

  if(RTC_FLAG != 'G')                         // RTC data are available ?
    { Beep();
      Delay_ms(100);
      Beep();
      RTC_FLAG = 'G';                         // initialize RTC data flag
      RTC_YEAR = 0x06;                        // initialize year(2006)
      RTC_MONTH = 0x01;                       // initialize month(01)
      RTC_DATE = 0x01;                        // initialize date(01)
      RTC_WEEKDAY = 0x01;                     // initialize weekday(SUN)
      RTC_HOUR = 0x12;                        // initialize hour(12)
      RTC_MINUTE = 0x00;                      // initialize minute(00)
      RTC_SECOND = 0x00;                      // initialize second(00)
      RTC_A = 0x2F;                           // oscillator ON, SQW=2Hz
      RTC_B = 0x00;                           // interrupt disable, SQW disable
    }
  else
    Beep();

  LCD_string(0x80," 2006/01/01 SUN ");        // display title
  LCD_string(0xC0,"  12:00:00 AM   ");
  LCD_command(0x0F);                          // cursor ON, cursor blink
```

```
    cursor = 0xCF;                              // initial cursor position

    while(1)
      { DSP_RTC();                              // display clock on LCD module
        DSP_LED();                              // display clock on 7-segment LED

        switch(Key_input())                     // key input
          { case 0x0E : Cursor_left();          // if KEY4, go cursor left
                        break;
            case 0x16 : Cursor_right();         // if KEY3, go cursor right
                        break;
            case 0x1A : Increment();            // if KEY2, increment time
                        break;
            case 0x1C : Decrement();            // if KEY1, decrement time
                        break;
            default   : break;
          }
      }
  }
```

이 프로그램을 컴파일하여 다운로드하고 실행하라. 어셈블리 언어 프로그램과 동일한 실행 결과를 얻을 수 있는가?

4. 실습 과제

(1) 예제 프로그램 Exp14_4.asm에서 7세그먼트 LED에 캘린더 또는 시계를 표시하고 난 후에는 반드시

```
MOV     DPTR,#DIG_SELECT        ; clear 7-segment LED
MOV     A,#00000000B
MOVX    @DPTR,A
```

와 같이 하여 7세그먼트 LED를 꺼주어야 하는 이유는 무엇인가 설명하라.

(2) 예제 프로그램 Exp14_2.c에서 매시 정각에 비프음을 한번씩 울리는 기능을 추가하도록 수정한 프로그램 Exp14_2r.c를 작성하라.

(3) 예제 프로그램 Exp14_2a.c를 이와 동일한 기능을 수행하는 어셈블리 예제 프로그램 Exp14_2r.asm으로 작성하라.

4.15 직렬통신 프로그램

이 절에서는 AT89S52의 직렬통신 포트를 사용하여 비동기 RS-232C 통신을 수행하는 프로그램 작성 기술을 익힌다. 이 직렬통신 포트는 비동기 통신만을 사용할 수 있으며, 여기서는 패리티 기능이 없는 10비트 프레임 전송 기능의 모드1을 사용한다.

퍼스널컴퓨터와 *OK-89S52* 키트 사이에 비동기 직렬통신을 수행하려면 퍼스널컴퓨터에도 당연히 이에 대응되는 통신 프로그램이 있어야 한다. 이는 윈도우즈 운영체제에 포함된 하이퍼터미널을 사용하면 된다.

관련 내용	(1) 제2.3절 AT89S52의 직렬통신 포트 (2) 제3.1절 *OK-89S52* 키트의 구조와 기능

1. 폴링 방법에 의한 비동기 직렬통신

먼저 송신 및 수신에서 플랙을 폴링하는 방법으로 통신을 수행하는 프로그램을 작성한다. 송신할 때는 SCON 레지스터의 TI 인터럽트 플랙 비트를 조사하여 현재 송신 버퍼가 비어있는지를 확인하고 송신할 데이터를 출력해야 하며, 수신할 때는 같은 레지스터의 RI 인터럽트 플랙 비트를 조사하여 현재 버퍼에 수신되어 있는 데이터가 있는지를 확인하고 수신 데이터를 읽어야 한다. 이러한 플랙 비트를 CPU가 빈번하게 조사하여 동작을 처리하는 것을 폴링(polling)이라고 한다.

▣ 어셈블리 언어의 경우

직렬통신 포트를 사용하여 폴링 방식으로 데이터를 전송하는 프로그램을 어셈블리 언어로 작성하면 다음과 같다.

프로그램 실행 후에 KEY4~KEY1을 누르면 각각 지정된 메시지가 *OK-89S52* 키트에서 퍼스널컴퓨터로 송신되며, 퍼스널컴퓨터에서 키보드를 사용하여 임의의 문자를 입력하면 퍼스널컴퓨터는 직렬포트로 이것을 전송하고 *OK-89S52* 키트가 이를 수신하여 텍스트형 LCD 모듈의 아랫줄에 표시한다.

〈프로그램 Exp15_1.asm〉 폴링 방식에 의한 직렬통신 프로그램

```
;[][][][][][][][][][][][][][][][][][][][][][][][][][][][][][][][][][]
;[]                                                               []
;[]        Exp15_1.asm : RS-232C Communication by Polling         []
;[]                                                               []
;[][][][][][][][][][][][][][][][][][][][][][][][][][][][][][][][][][]
;
;            Designed and programmed by Duck-Yong Yoon in 2005.
;
$NOMOD51                                ; do not use default MCS-51 SFR
$INCLUDE(AT89S52.INC)                   ; include AT89S52 definition file

;=====================================================================
;       Main Program
;=====================================================================
CSEG    AT      0000H
        MOV     SP,#7FH                 ; initialize SP
        CALL    KIT_INITIALIZE          ; initialize OK-89S52 kit
        CALL    D50MS                   ; wait for system stabilization
        CALL    LCD_INITIALIZE          ; initialize text LCD
        CALL    BEEP

        CALL    LCD_HOME1               ; display title
        CALL    LCD_STRING
        DB      '     RS-232C      ',0
        CALL    LCD_HOME2
        CALL    LCD_STRING
        DB      '                  ',0

        MOV     T2CON,#00110100B        ; TCLK=RCLK=1, TR2=1, C/-T2=0
        MOV     T2MOD,#00000000B        ; (baud rate generator)
        MOV     DPTR,#65497             ; 19200 bps
        MOV     RCAP2H,DPH
        MOV     RCAP2L,DPL
        MOV     SCON,#52H               ; 8 bit, 1 stop, REN=TI=1
        MOV     A,SBUF                  ; dummy read(clear SBUF)

        MOV     LCD_BUFFER,#0FH         ; cursor ON
        CALL    LCD_COMMAND
        MOV     LCD_BUFFER,#0C0H        ; initialize cursor position
        CALL    LCD_COMMAND
        MOV     CURSOR,#1

;---------------------------------------------
;       Key Scan and Transmit a String
;---------------------------------------------
READ_KEY:CALL   KEY_IN                  ; key input
        CJNE    A,#00011100B,CK_KEY2    ; KEY1 ?
        MOV     DPTR,#DIG_SELECT        ; turn on LED1
        MOV     A,#00000001B
        MOVX    @DPTR,A
        CALL    TXD_STRING              ; transmit string by serial port
        DB      'KEY1 was pressed.',0DH,0AH,0
        JMP     CK_RXD

CK_KEY2:CJNE    A,#00011010B,CK_KEY3    ; KEY2 ?
        MOV     DPTR,#DIG_SELECT        ; turn on LED2
        MOV     A,#00000010B
        MOVX    @DPTR,A
        CALL    TXD_STRING              ; transmit string by serial port
```

```
        DB      'KEY2 was pressed.',0DH,0AH,0
        JMP     CK_RXD

CK_KEY3:CJNE    A,#00010110B,CK_KEY4    ; KEY3 ?
        MOV     DPTR,#DIG_SELECT        ; turn on LED3
        MOV     A,#00000100B
        MOVX    @DPTR,A
        CALL    TXD_STRING              ; transmit string by serial port
        DB      'KEY3 was pressed.',0DH,0AH,0
        JMP     CK_RXD

CK_KEY4:CJNE    A,#00001110B,CK_RXD     ; KEY4 ?
        MOV     DPTR,#DIG_SELECT        ; turn on LED4
        MOV     A,#00001000B
        MOVX    @DPTR,A
        CALL    TXD_STRING              ; transmit string by serial port
        DB      'KEY4 was pressed.',0DH,0AH,0

;-----------------------------------------------
;       Check If a Character Was Received
;-----------------------------------------------
CK_RXD: CALL    RXD_CH                  ; check if a character was received
        JC      CK_RXD1                 ; if not, skip
        MOV     A,RXD_BUFFER            ; if yes, display a character
        MOV     LCD_BUFFER,A
        CALL    LCD_DATA
        INC     CURSOR                  ; 16 characters OK ?
        MOV     A,CURSOR
        CJNE    A,#17,CK_RXD1
        MOV     LCD_BUFFER,#0C0H        ; if yes, go first column
        CALL    LCD_COMMAND
        MOV     CURSOR,#1
        CALL    BEEP
CK_RXD1:JMP     READ_KEY

;==============================================================
;       Subroutines to Communicate by Serial Port
;==============================================================
;-----------------------------------------------
;       Transmit a Character(TXD_BUFFER)
;-----------------------------------------------
TXD_CH: JNB     TI,TXD_CH               ; transmit ready ?
        CLR     TI                      ; if yes, clear TI and transmit
        MOV     SBUF,TXD_BUFFER
        RET

;-----------------------------------------------
;       Transmit ASCIIZ String
;-----------------------------------------------
TXD_STRING:POP  DPH                     ; get start address of string
        POP     DPL
TXD_STR1:CLR    A                       ; read a character. end string ?
        MOVC    A,@A+DPTR
        JZ      TXD_STR2                ; if yes, return
        MOV     TXD_BUFFER,A            ; if no, transmit a character
        CALL    TXD_CH
        INC     DPTR
        JMP     TXD_STR1
TXD_STR2:INC    DPTR                    ; store new return address
        PUSH    DPL
        PUSH    DPH
        RET
```

```
;-----------------------------------------------
;       Receive a Character(RXD_BUFFER)
;-----------------------------------------------
RXD_CH: JNB     RI,RXD_CH1              ; receive ready ?
        MOV     RXD_BUFFER,SBUF         ; if yes, receive and clear RI
        CLR     RI                      ;   and return with CY=0
        CLR     C
        RET
RXD_CH1:SETB    C                       ; if no, return with CY=1
        RET

;=================================================================
;       Include User Subroutine File
;=================================================================
$INCLUDE(OK89S52.INC)                   ; include OK-89S52 subroutine file
        END
```

☞ 폴링 방식에서는 프로그램을 실행하는 도중에 수시로 플랙 비트를 조사해야 한다. 송신 플랙 비트는 송신의 필요성이 있을 때만 조사하면 되지만, 수신은 언제 발생할지 모르기 때문에 특히 신경써서 수신 플랙을 체크해야 한다. 수신 플랙의 체크가 너무 빈번하면 CPU의 명령처리 효율이 저하되고, 수신 플랙의 체크가 너무 드물면 수신된 데이터를 놓칠 수 있다.

이렇게 폴링 방식으로 송수신을 반복하는 프로그램에서는 수신 서브루틴에서 RI 플랙이 1이 될 때까지 기다리며 폴링하는 방법을 사용하면 안된다. 만약 직렬통신 포트로 아무 문자도 수신되지 않는 경우에는 프로그램이 이를 폴링하면서 무한루프에 빠지기 때문이다. 그래서 위의 프로그램에서는 수신된 문자가 없으면 캐리 플랙 CY를 1로 하여 바로 리턴하는 방법을 사용하였다. 그러나, 수신된 문자가 있는 경우에는 캐리 플랙을 0으로 하고 수신 문자를 RXD_BUFFER에 저장하여 리턴한다.

또한 AT89S52의 직렬통신을 수행할 때 잊지 말아야 할 사항은 송신완료를 확인하고 새로운 문자를 송신하고자 하는 경우에는 반드시 다음 단계의 폴링을 위하여 TI 비트를 0으로 클리어 해주어야 하며, 수신완료를 확인하고 수신 문자를 입력하는 경우에는 반드시 다음 단계의 폴링을 위하여 RI 비트를 0으로 클리어 해주어야 한다는 것이다. 이것들은 자동으로 클리어되지 않는다.

이 프로그램을 어셈블하여 다운로드하고 실행하라. 이제부터 예제 프로그램을 실행할 때는 <그림 3.1.13>과 같이 제작한 RS-232C 통신 케이블을 *OK-89S52* 키트의 콘넥터 CN4와 퍼스널컴퓨터의 직렬포트 COM1 또는 COM2 사이에 연결하여야 한다. 그리고, 퍼스널 컴퓨터에서 하이퍼터미널과 같은 통신 프로그램을 실행한다.

만약 여러분이 Windows XP 운영체제에서 "하이퍼터미널" 프로그램을 사용한다면 <그림 4.15.1>과 같이 파일→속성→연결대상→구성 메뉴를 선택하여 통신 포맷을 "비트/초" 19200, "데이터 비트" 8, "패리티" 없음, "정지 비트" 1, "흐름 제어" 없음으로 설정하라.

이러한 모든 준비가 끝났으면 *OK-89S52* 키트의 KEY4~KEY1을 누르면서 퍼스널 컴퓨터의 모니터 화면을 관찰하여 송신 동작이 정상적으로 수행되는지 확인하라. 또한, 퍼스널 컴퓨터의 키보드로 임의의 문자를 입력하면서 *OK-89S52* 키트의 텍스트형

LCD 모듈을 관찰하여 수신 동작이 정상적으로 수행되는지 확인하라.

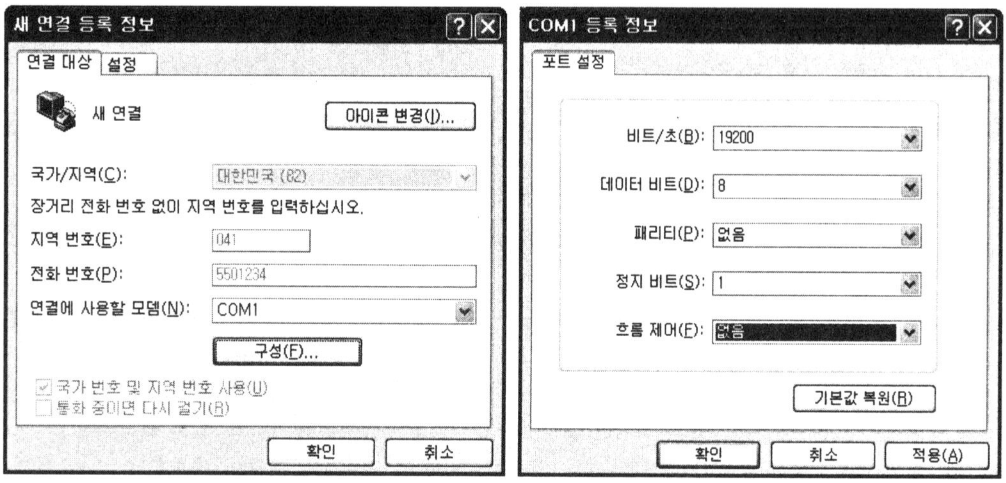

〈그림 4.15.1〉 Windows XP에서 하이퍼터미널의 설정

▣ C언어의 경우

앞의 Exp15_1.asm 프로그램과 동일한 기능이 수행되도록 C언어로 프로그램을 작성하여 보면 다음과 같다.

〈프로그램 Exp15_1.c〉 폴링 방식에 의한 직렬통신 프로그램

```
/* ========================================================================= */
/*               Exp15_1.c : RS-232C Communication by Polling                */
/* ========================================================================= */
/*                          Designed and programmed by Duck-Yong Yoon in 2005.  */

#include "AT89S52.H"                          // include AT89S52 definition file
#include "OK89S52.H"                          // include OK-89S52 kit function

unsigned char cursor;                         /* LCD cursor position */

TXD_char(unsigned char character)             /* transmit a character */
{ while(!TI);                                 // transmit ready ?
  TI = 0;                                     // if yes, TI=0
  SBUF = character;                           //      and transmit a character
}

TXD_string(unsigned char *string)             /* transmit a string */
{ while(*string != '\0')
    { TXD_char(*string);
      string++;
    }
}
```

```
RXD_char()                                   /* receive a character */
{ if(RI)                                     // receive ready ?
    { LCD_data(SBUF);                        // if yes, receive and RI=0
      RI = 0;                                //      and display a character
      cursor += 1;                           // 16 characters OK ?
      if(cursor == 17)
        { LCD_command(0xC0);                 // if yes, go first column
          cursor = 1;
          Beep();
        }
    }
}

main()
{
  Kit_initialize();                          // initialize OK-89S52 kit
  Delay_ms(50);                              // wait for system stabilization
  LCD_initialize();                          // initialize text LCD module
  Beep();

  LCD_string(0x80,"    RS-232C     ");       // display title
  LCD_string(0xC0,"                ");

  T2CON = 0x34;                              // TCLK=RCLK=1, TR2=1, C/-T2=0
  T2MOD = 0x00;                              // (baud rate generator)
  RCAP2H = 65497 >> 8;                       // 19200 bps
  RCAP2L = 65497 & 0x00FF;
  SCON = 0x52;                               // 8 data, 1 stop, REN=TI=1
  cursor = SBUF;                             // dummy read(clear SBUF)

  LCD_command(0x0F);                         // cursor ON
  LCD_command(0xC0);                         // initialize cursor position
  cursor = 1;

  while(1)
    { switch(Key_input())                    // key input
        { case 0x1C : DIG_SELECT = 0x01;
                      TXD_string("KEY1 was pressed.");
                      TXD_char(0x0D); TXD_char(0x0A);
                      break;
          case 0x1A : DIG_SELECT = 0x02;
                      TXD_string("KEY2 was pressed.");
                      TXD_char(0x0D); TXD_char(0x0A);
                      break;
          case 0x16 : DIG_SELECT = 0x04;
                      TXD_string("KEY3 was pressed.");
                      TXD_char(0x0D); TXD_char(0x0A);
                      break;
          case 0x0E : DIG_SELECT = 0x08;
                      TXD_string("KEY4 was pressed.");
                      TXD_char(0x0D); TXD_char(0x0A);
                      break;
          default   : break;
        }
      RXD_char();                            // check if a character received
    }
}
```

이 프로그램을 컴파일하여 다운로드하고 실행하라. 그리고, KEY4~KEY1을 누르면서 퍼스널 컴퓨터의 모니터 화면을 관찰하여 송신 동작이 정상적으로 수행되는지 확인하라. 또한, 퍼스널 컴퓨터의 키보드로 임의의 문자를 입력하면서 *OK-89S52* 키트의 텍스트형 LCD 모듈을 관찰하여 수신 동작이 정상적으로 수행되는지 확인하라. 어셈블리 언어 예제에서와 동일한 결과를 얻을 수 있는가?

2. 인터럽트 방법에 의한 비동기 직렬통신

이번에는 인터럽트를 사용하여 데이터를 수신하는 방법으로 통신을 수행하는 프로그램을 작성한다. 그러나, 송신을 인터럽트로 수행할 필요성은 거의 없으므로 송신 동작은 앞에서와 같이 폴링 방법을 사용한다.

▣ 어셈블리 언어의 경우

직렬통신 포트를 사용하여 인터럽트 방식으로 데이터를 전송하는 프로그램을 어셈블리 언어로 작성하면 다음과 같다.

〈프로그램 Exp15_2.asm〉 인터럽트 방식에 의한 직렬통신 프로그램

```
;[][][][][][][][][][][][][][][][][][][][][][][][][][][][][][][][][][][][]
;[]                                                                    []
;[]        Exp15_2.asm : RS-232C Communication by Interrupt            []
;[]                                                                    []
;[][][][][][][][][][][][][][][][][][][][][][][][][][][][][][][][][][][][]
;
;               Designed and programmed by Duck-Yong Yoon in 2005.
;
$NOMOD51                                ; do not use default MCS-51 SFR
$INCLUDE(AT89S52.INC)                   ; include AT89S52 definition file

;==================================================================
;       Main Program
;==================================================================
CSEG    AT      0000H
        JMP     BOOT

CSEG    AT      0023H
        JMP     TIRI_ISR                ; serial interrupt service routine

BOOT:   MOV     SP,#7FH                 ; initialize SP
        CALL    KIT_INITIALIZE          ; initialize OK-89S52 kit
        CALL    D50MS                   ; wait for system stabilization
        CALL    LCD_INITIALIZE          ; initialize text LCD
        CALL    BEEP
```

```
        CALL    LCD_HOME1               ; display title
        CALL    LCD_STRING
        DB      '     RS-232C      ',0
        CALL    LCD_HOME2
        CALL    LCD_STRING
        DB      '                  ',0

        MOV     T2CON,#00110100B        ; TCLK=RCLK=1, TR2=1, C/-T2=0
        MOV     T2MOD,#00000000B        ; (baud rate generator)
        MOV     DPTR,#65497             ; 19200 bps
        MOV     RCAP2H,DPH
        MOV     RCAP2L,DPL
        MOV     SCON,#52H               ; 8 bit, 1 stop, REN=TI=1
        MOV     A,SBUF                  ; dummy read(clear SBUF)

        MOV     IP,#00010000B           ; interrupt priority
        MOV     IE,#10010000B           ; EA=ES=1

        MOV     LCD_BUFFER,#0FH         ; cursor ON
        CALL    LCD_COMMAND
        MOV     LCD_BUFFER,#0C0H        ; initialize cursor position
        CALL    LCD_COMMAND
        MOV     CURSOR,#1

;-----------------------------------------------
;       Key Scan and Transmit a String
;-----------------------------------------------
READ_KEY:CALL   KEY_IN                  ; key input
        CJNE    A,#00011100B,CK_KEY2    ; KEY1 ?
        MOV     DPTR,#DIG_SELECT        ; turn on LED1
        MOV     A,#00000001B
        MOVX    @DPTR,A
        CALL    TXD_STRING              ; transmit string by serial port
        DB      'KEY1 was pressed.',0DH,0AH,0
        JMP     READ_KEY

CK_KEY2:CJNE    A,#00011010B,CK_KEY3    ; KEY2 ?
        MOV     DPTR,#DIG_SELECT        ; turn on LED2
        MOV     A,#00000010B
        MOVX    @DPTR,A
        CALL    TXD_STRING              ; transmit string by serial port
        DB      'KEY2 was pressed.',0DH,0AH,0
        JMP     READ_KEY

CK_KEY3:CJNE    A,#00010110B,CK_KEY4    ; KEY3 ?
        MOV     DPTR,#DIG_SELECT        ; turn on LED3
        MOV     A,#00000100B
        MOVX    @DPTR,A
        CALL    TXD_STRING              ; transmit string by serial port
        DB      'KEY3 was pressed.',0DH,0AH,0
        JMP     READ_KEY

CK_KEY4:CJNE    A,#00001110B,READ_KEY   ; KEY4 ?
        MOV     DPTR,#DIG_SELECT        ; turn on LED4
        MOV     A,#00001000B
        MOVX    @DPTR,A
        CALL    TXD_STRING              ; transmit string by serial port
        DB      'KEY4 was pressed.',0DH,0AH,0
        JMP     READ_KEY

;=================================================================
;       Subroutines to Communicate by Serial Port
```

```
;=======================================================================
;-----------------------------------------------
;       Transmit a Character(TXD_BUFFER)
;-----------------------------------------------
TXD_CH: JNB     TI,TXD_CH               ; transmit ready ?
        CLR     TI                      ; if yes, clear TI and transmit
        MOV     SBUF,TXD_BUFFER
        RET

;-----------------------------------------------
;       Transmit ASCIIZ String
;-----------------------------------------------
TXD_STRING:POP  DPH                     ; get start address of string
        POP     DPL
TXD_STR1:CLR    A                       ; read a character. end string ?
        MOVC    A,@A+DPTR
        JZ      TXD_STR2                ; if yes, return
        MOV     TXD_BUFFER,A            ; if no, transmit a character
        CALL    TXD_CH
        INC     DPTR
        JMP     TXD_STR1
TXD_STR2:INC    DPTR                    ; store new return address
        PUSH    DPL
        PUSH    DPH
        RET

;=======================================================================
;       Serial Port Interrupt Service Routine
;=======================================================================
TIRI_ISR:PUSH   PSW
        PUSH    ACC
        JNB     RI,TIRI_IS1             ; receive ready ?
        MOV     LCD_BUFFER,SBUF         ; if yes, receive and clear RI
        CLR     RI
        CALL    LCD_DATA                ; display a character
        INC     CURSOR                  ; 16 characters OK ?
        MOV     A,CURSOR
        CJNE    A,#17,TIRI_IS1
        MOV     LCD_BUFFER,#0C0H        ; if yes, go first column
        CALL    LCD_COMMAND
        MOV     CURSOR,#1
        CALL    BEEP
TIRI_IS1:POP    ACC
        POP     PSW
        RETI

;=======================================================================
;       Include User Subroutine File
;=======================================================================
$INCLUDE(OK89S52.INC)                   ; include OK-89S52 subroutine file
        END
```

☞ AT89S52에서는 TI=1이거나 RI=1이거나 모두 동일한 인터럽트가 발생되므로 인터럽트 서비스 루틴에서 이들 비트를 조사하여 지금 발생한 인터럽트가 송신완료 인터럽트인지 수신완료 인터럽트인지를 구분하고 그에 맞는 동작을 수행해야 한다. 바로 이런 점 때문에 다른 인터럽트 플래그과 달리 TI와 RI 플래그 비트는 인터럽트 처리가 시작되더라도 자동적으로 클리어되지 않으며, 따라서 인터럽트 서비스 루틴에서 이를 소프트웨어적으로 클리어해 주어야 한다.

이 프로그램을 어셈블하여 다운로드하고 실행하라. 그리고, KEY4~KEY1을 누르면서 퍼스널 컴퓨터의 모니터 화면을 관찰하여 송신 동작이 정상적으로 수행되는지 확인하라. 또한, 퍼스널 컴퓨터의 키보드로 임의의 문자를 입력하면서 *OK-89S52* 키트의 텍스트형 LCD 모듈을 관찰하여 수신 동작이 정상적으로 수행되는지 확인하라.

▣ C언어의 경우

앞의 Exp10_2.asm 프로그램과 동일한 기능이 수행되도록 C언어로 작성하여 보면 다음과 같다.

〈프로그램 Exp15_2.c〉 인터럽트 방식에 의한 직렬통신 프로그램

```
/* ========================================================================== */
/*              Exp15_2.c : RS-232C Communication by Interrupt               */
/* ========================================================================== */
/*                     Designed and programmed by Duck-Yong Yoon in 2005.   */

#include "AT89S52.H"                        // include AT89S52 definition file
#include "OK89S52.H"                        // include OK-89S52 kit function

unsigned char cursor;                       // LCD cursor position

TXD_char(unsigned char character)           /* transmit a character */
{ while(!TI);                               // transmit ready ?
  TI = 0;                                   // if yes, TI=0
  SBUF = character;                         //      and transmit a character
}

TXD_string(unsigned char *string)           /* transmit a string */
{ while(*string != '\0')
    { TXD_char(*string);
      string++;
    }
}

void TIRI_ISR(void) interrupt 4             /* serial int. service routine */
{ if(RI)                                    // receive ready ?
    { LCD_data(SBUF);                       // if yes, receive and RI=0
      RI = 0;                               //      and display a character
      cursor += 1;                          // 16 characters OK ?
      if(cursor == 17)
        { LCD_command(0xC0);                // if yes, go first column
          cursor = 1;
          Beep();
        }
    }
}

main()
{
  Kit_initialize();                         // initialize OK-89S52 kit
  Delay_ms(50);                             // wait for system stabilization
  LCD_initialize();                         // initialize text LCD module
```

```
    Beep();

    LCD_string(0x80,"    RS-232C     ");          // display title
    LCD_string(0xC0,"                ");

    T2CON = 0x34;                                 // TCLK=RCLK=1, TR2=1, C/-T2=0
    T2MOD = 0x00;                                 // (baud rate generator)
    RCAP2H = 65497 >> 8;                          // 19200 bps
    RCAP2L = 65497 & 0x00FF;
    SCON = 0x52;                                  // 8 data, 1 stop, REN=TI=1
    cursor = SBUF;                                // dummy read(clear SBUF)

    IP = 0x10;                                    // interrupt priority
    IE = 0x90;                                    // EA=ES=1

    LCD_command(0x0F);                            // cursor ON
    LCD_command(0xC0);                            // initialize cursor position
    cursor = 1;

    while(1)
      { switch(Key_input())                       // key input
          { case 0x1C : DIG_SELECT = 0x01;
                        TXD_string("KEY1 was pressed.");
                        TXD_char(0x0D); TXD_char(0x0A);
                        break;
            case 0x1A : DIG_SELECT = 0x02;
                        TXD_string("KEY2 was pressed.");
                        TXD_char(0x0D); TXD_char(0x0A);
                        break;
            case 0x16 : DIG_SELECT = 0x04;
                        TXD_string("KEY3 was pressed.");
                        TXD_char(0x0D); TXD_char(0x0A);
                        break;
            case 0x0E : DIG_SELECT = 0x08;
                        TXD_string("KEY4 was pressed.");
                        TXD_char(0x0D); TXD_char(0x0A);
                        break;
            default   : break;
          }
      }
  }
```

이 프로그램을 컴파일하여 다운로드하고 실행하라. 그리고, KEY4~KEY1을 누르면서 퍼스널 컴퓨터의 모니터 화면을 관찰하여 송신 동작이 정상적으로 수행되는지 확인하라. 또한, 퍼스널 컴퓨터의 키보드로 임의의 문자를 입력하면서 *OK-89S52* 키트의 텍스트형 LCD 모듈을 관찰하여 수신 동작이 정상적으로 수행되는지 확인하라. 어셈블리 언어 예제에서와 동일한 결과를 얻을 수 있는가?

3. 실습 과제

(1) AT89S52에서는 직렬포트의 송신완료와 수신완료 인터럽트가 서로 다른 인터럽트 벡터로 되어 있지 않고 동일하게 4번 인터럽트(벡터 번지 0023H 번지)로 발생된다. 이것이 어떤 단점을 가져오는지 설명하라.

(2) 예제 프로그램 Exp15_1.asm과 같이 폴링방식으로 사용할 때는 그런 현상이 없지만 Exp15_2.asm처럼 인터럽트 방식을 사용하면 KEY4~KEY1을 눌렀을 때 50ms의 키입력 비프음이 상당히 길어지며, 이런 현상은 Exp15_2.c와 같은 C언어 예제 프로그램에서는 더욱 심해진다. 이런 현상이 발생하는 이유는 무엇인지 설명하라.

(3) 왜 송신 동작에서는 인터럽트 방식을 잘 사용하지 않고 주로 폴링 방식을 사용하는지 그 이유를 설명하라.

(4) 예제 프로그램 Exp15_1.asm을 전송속도 1200 bps로 동작하도록 수정한 프로그램 Exp15_1r.asm을 작성하라. 이를 *OK-89S52* 키트에서 실행하고 하이퍼터미널로 테스트하여 보라.

(5) 예제 프로그램 Exp15_1.c를 전송속도 57600 bps로 동작하도록 수정한 프로그램 Exp15_1r.c를 작성하라. 이를 *OK-89S52* 키트에서 실행하고 하이퍼터미널로 테스트하여 보라.

4.16 A/D 컨버터 입력 프로그램

이 절에서는 *OK-89S52* 키트에서 AT89S52의 외부에 접속하여 사용하는 A/D 컨버터 ADC0809를 응용하는 프로그래밍 기술을 공부하기로 한다.

관련 내용	(1) 제1.3절 AT89S52의 명령 세트 (2) 제3.1절 *OK-89S52* 키트의 구조와 기능

1. *OK-89S52* 키트의 A/D 컨버터

오늘날 많은 마이크로콘트롤러에는 A/D 컨버터나 D/A 컨버터와 같은 아날로그 처리 회로를 내장하고 있다. 그러나, AT89S52는 A/D 컨버터를 내장하고 있지 않으므로 *OK-89S52* 키트에서는 <그림 4.16.1>의 회로도에 보인 바와 같이 마이크로콘트롤러의 외부에 8채널 8비트의 저가형 A/D 컨버터인 NS(National Semiconductor)사의 ADC0809를 인터페이스하여 사용하고 있다.

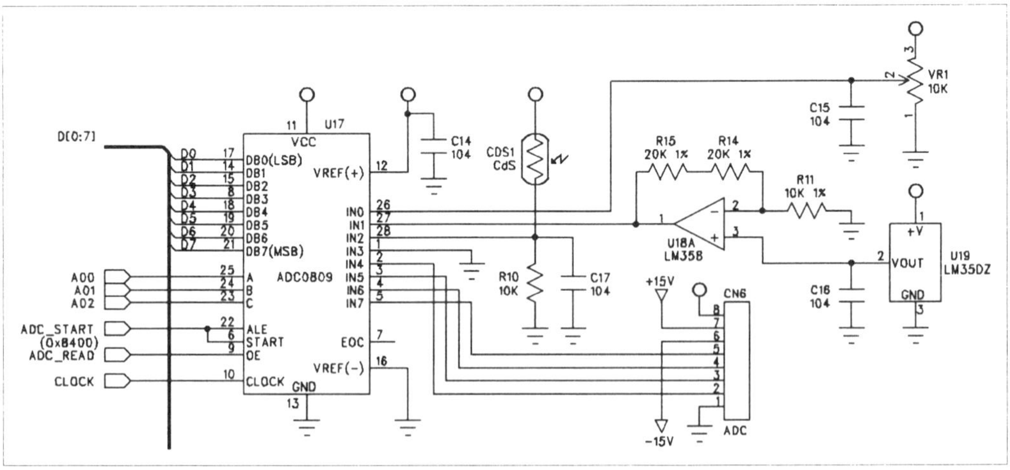

〈그림 4.16.1〉 *OK-89S52* 키트의 A/D 컨버터 관련 회로

ADC0809에서는 A/D 변환 동작을 위하여 CLOCK 단자에 1280kHz 이하의 클럭신호를 공급해야 하는데, *OK-89S52* 키트에서는 이에 적합한 클럭 신호가 없으므로 타이머2의 주파수 분주기능을 이용하여 이를 공급할 수 있도록 T2 신호를 CLOCK 단자에 연결하여 두었다. *OK-89S52* 키트에서는 여기에 타이머2의 16비트 프로그래머블 클럭 출력 모드를 사용하여 1MHz의 클럭을 공급하는 것이 권장된다.

OK-89S52 키트에서 ADC0809의 8채널 아날로그 입력에는 채널0인 IN0 단자에 가변저항 VR1에 의하여 만들어진 전압을 입력하고, 채널1인 IN1 단자에는 반도체 온도센서 LM35DZ의 출력을 Op Amp로 증폭하여 입력하였으며, 채널2인 IN2 단자에는 광센서 CdS에 의하여 만들어진 전압을 입력하였다. 채널3은 사용하지 않으며, 채널4~7은 콘넥터 CN6을 통하여 외부에서 아날로그 신호를 입력할 수 있도록 하였다.

채널0의 가변저항 VR1은 왼쪽 끝에서 0V의 전압을 출력하며, 시계방향으로 돌릴수록 전압이 증가하다가 오른쪽 끝까지 돌리면 +5V의 전압이 출력된다.

채널1의 반도체 온도센서 LM35DZ는 섭씨 0도에서 0V의 출력을 내며, 1도 증가에 따라 10mV씩 증가하는 전압 출력을 나타내는데, 여기서 사용한 비반전 증폭기는 증폭률이 5이므로 이를 거쳐서 채널0에 실제로 입력되는 신호는 1℃에 50mV씩 변화되는 결과가 된다. 따라서, 온도센서에서 0~100℃의 온도변화가 이루어지면 채널0의 입력은 0~5V로 변하게 된다.

채널2의 CdS는 빛의 밝기에 따라 저항값이 감소하므로, 주위가 어두울수록 채널2에 입력되는 전압은 낮아져서 0V에 접근하고 주위가 밝을수록 전압은 높아져서 +5V에 접근한다. 이 변화량은 CdS의 종류에 따라 다르다.

〈표 4.16.1〉 National Semiconductor사의 주요 병렬형 A/D 컨버터

모델명	분해능(비트)	채널	입력범위	변환시간	전원	핀수
ADC0800	8	1	±5[V]	50[μs]	+5[V], -12[V]	18
ADC0801	8	1	0~+5[V]	100[μs]	+5[V]	20
ADC0802	8	1	0~+5[V]	100[μs]	+5[V]	20
ADC0803	8	1	0~+5[V]	100[μs]	+5[V]	20
ADC0804	8	1	0~+5[V]	100[μs]	+5[V]	20
ADC0805	8	1	0~+5[V]	100[μs]	+5[V]	20
ADC0808	8	8	0~+5[V]	100[μs]	+5[V]	28
ADC0809	8	8	0~+5[V]	100[μs]	+5[V]	28
ADC0816	8	16	0~+5[V]	100[μs]	+5[V]	40
ADC0817	8	16	0~+5[V]	100[μs]	+5[V]	40
ADC0820	8	1	0~+5[V]	1.5[μs]	+5[V]	20
ADC0841	8	1	0~+5[V]	40[μs]	+5[V]	20
ADC0844	8	4	0~+5[V]	40[μs]	+5[V]	20
ADC0848	8	8	0~+5[V]	40[μs]	+5[V]	24
ADC1001	10(8비트 접속)	1	0~+5[V]	200[μs]	+5[V]	20
ADC1005	10(8비트 접속)	1	0~+5[V]	50[μs]	+5[V]	20
ADC1210	12	1	0~+5[V]	100[μs]	+5[V], -15[V]	24
ADC1211	12	1	0~+5[V]	100[μs]	+5[V], -15[V]	24

NS사의 주요 병렬형 A/D 컨버터의 종류와 특성들을 요약하면 <표 4.16.1>과 같다. 이것들은 모두 마이크로프로세서와 쉽게 접속할 수 있는 병렬출력형이며, 데이터 변환방식은 축차비교형으로 되어 있다.

이중에서 *OK-89S52* 키트에서 사용하는 8채널 8비트 A/D 컨버터인 ADC0809는 저가격형이며 낮은 분해능으로도 충분한 응용 분야에 널리 사용되는 모델로서 그 특징을 요약하면 다음과 같다.

① 아날로그 입력이 8채널 멀티플렉서(multiplexer)로 되어 있는 8비트 병렬출력형 A/D 컨버터이다.

② 축차비교형(successive approximation)으로서 비교적 변환속도가 빠르고(640kHz에서 100μs) 가격도 저렴하다. 그러나, 클럭주파수를 높이면 변환속도를 이보다 약 2배 정도까지 빠르게 할 수도 있다.

③ +5V 단일 전원으로 동작하며, 아날로그 입력전압의 범위는 0~+5V이다. A/D 변환에 필요한 기준전압은 외부에서 공급해야 한다.

④ 영점 조정이나 최대값(full scale) 조정이 필요 없어서 사용하기에 간편하다.

⑤ 제어신호가 매우 단순하고 액세스 시간이 125ns로 빨라서 대부분의 8비트 마이크로프로세서와 용이하게 접속할 수 있다.

⑥ 모든 디지털 입출력 신호는 TTL 레벨이고, 제어신호가 마이크로프로세서와 접속하기에 용이하며, 28핀 DIP형 패키지로 되어 있다.

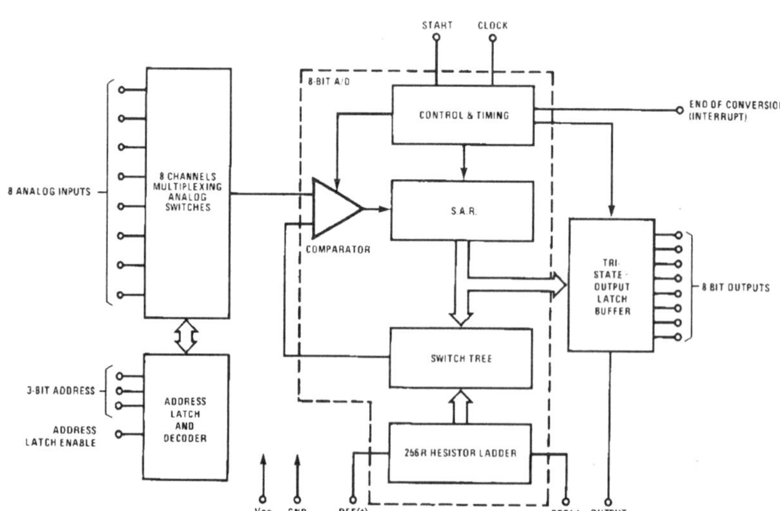

〈그림 4.16.2〉 ADC0809의 내부 구성 블록도

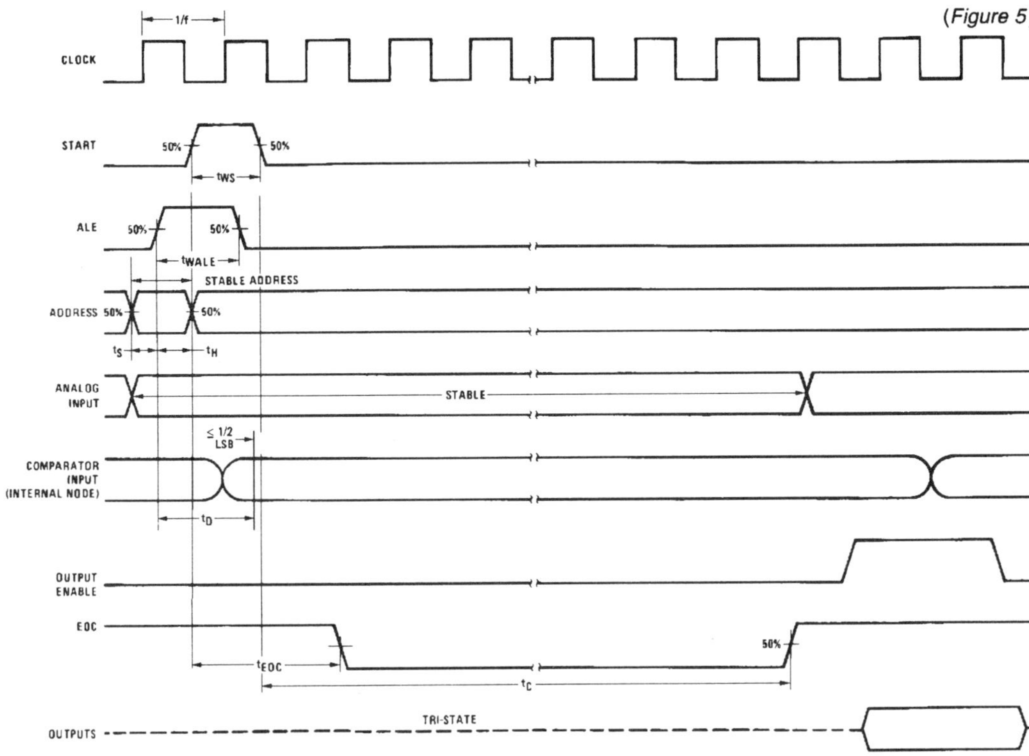

Electrical Characteristics

Timing Specifications $V_{CC}=V_{REF(+)}=5V$, $V_{REF(-)}=GND$, $t_r=t_f=20$ ns and $T_A=25°C$ unless otherwise noted.

Symbol	Parameter	Conditions	Min	Typ	Max	Units
t_{WS}	Minimum Start Pulse Width	(*Figure 5*)		100	200	ns
t_{WALE}	Minimum ALE Pulse Width	(*Figure 5*)		100	200	ns
t_s	Minimum Address Set-Up Time	(*Figure 5*)		25	50	ns
t_H	Minimum Address Hold Time	(*Figure 5*)		25	50	ns
t_D	Analog MUX Delay Time From ALE	$R_S=0\Omega$ (*Figure 5*)		1	2.5	μs
t_{H1}, t_{H0}	OE Control to Q Logic State	$C_L=50$ pF, $R_L=10k$		125	250	ns
t_{1H}, t_{0H}	OE Control to Hi-Z	$C_L=10$ pF, $R_L=10k$		125	250	ns
t_c	Conversion Time	$f_c=640$ kHz, (*Figure 5*)	90	100	116	μs
f_c	Clock Frequency		10	640	1280	kHz
t_{EOC}	EOC Delay Time	(*Figure 5*)	0		8+2 μS	Clock Periods
C_{IN}	Input Capacitance	At Control Inputs		10	15	pF
C_{OUT}	TRI-STATE Output Capacitance	At TRI-STATE Outputs		10	15	pF

〈그림 4.16.3〉 ADC0809의 동작 타이밍

ADC0809의 내부 구성을 블록도로 보이면 <그림 4.16.2>와 같다. 이 그림을 보면 1개의 8비트 축차비교형 A/D 컨버터에 8개 채널의 아날로그 입력신호가 멀티플렉서에 의하여 선택적으로 연결되고, 이 아날로그 채널은 ALE 신호와 3비트의 어드레스 입력에 의하여 선택되는 것을 알 수 있다.

ADC0809의 동작 타이밍은 <그림 4.16.3>에 보였다. 이 타이밍도를 보면 알 수 있듯이 ADC0809를 사용한 A/D 변환 동작은 다음과 같이 3단계로 수행된다.

첫째, 8개의 아날로그 채널중에서 1개를 선택하기 위한 3비트의 어드레스를 지정한다. 이를 위해서 CPU는 3비트의 어드레스를 지정하고 ALE(Address Latch Enable) 신호에 펄스를 주어야 한다.

OK-89S52 키트에서는 I/O 어드레스 디코더에서 8400H 번지의 칩선택 신호와 AT89S52의 $\overline{WR}$를 결합하여 ADC_START 신호를 만들어 이를 ALE에 연결하였으며, 어드레스 버스의 A00~A02를 3비트의 채널 선택 어드레스 A~C 입력으로 사용하였다. 이렇게 하면 AT89S52에서 볼 때 8400H~8407H 번지에 임의의 데이터를 출력하면 8개 채널중의 하나가 선택된다. 물론, 이때 출력하는 데이터는 아무 의미가 없는 dummy data이다.

둘째, A/D 변환을 시작하도록 START 신호에 펄스를 준다. 이렇게 하면 앞 단계에서 선택된 아날로그 입력 채널에 대하여 A/D 변환 동작이 시작된다. 그런데, ADC0809의 데이터 시트에서는 ALE 신호와 START 신호를 동시에 주는 것이 가능하도록 되어 있으므로 *OK-89S52* 키트에서는 I/O 어드레스 디코더에서 만든 8400H~8407H 번지의 ADC_START 신호를 ALE 단자와 START 단자에 함께 연결하였다.

셋째, ADC0809처럼 중저가형 A/D 컨버터에서 A/D 변환에는 상당히 긴 시간이 필요한데 이는 A/D 컨버터에 사용되는 클럭 주파수에 따라 달라진다. <그림 4.16.3>에서 보면 640kHz의 클럭을 사용할 때 A/D 변환시간은 100μs인 것을 알 수 있다. *OK-89S52* 키트에서는 타이머2의 주파수 분주기능에 의한 출력 단자 T2를 통하여 1MHz를 공급하므로 변환시간은 100μs 이하로 상당히 짧아지게 될 것이다.

이러한 변환시간이 지나면 CPU가 디지털 데이터를 읽을 수 있는데 이를 위하여 A/D 변환 동작의 완료를 확인하는 방법에는 EOC(End of Conversion) 단자의 논리상태를 폴링(polling)하는 방법, 이 EOC 신호를 인터럽트 요청신호로 사용하는 방법, 변환시간 이상의 충분한 시간동안 지연을 주고 나서 읽어들이는 방법 등이 있다. 이중에서 *OK-89S52* 키트에서는 100μs의 충분한 시간지연을 주는 방법을 사용한다.

◀휴게실▶

A/D 컨버터의 분류

○ 분해능에 따라

- 저분해능형 - 2비트형, 3½비트형, 4비트형, 6비트형, 8비트형
- 고분해능형 - 10비트형, 12비트형, 14비트형, 16비트형, 24비트형

○ 변환시간에 따라

- 저속형 - 적분형(변환시간 수ms 이상)
- 중속형 - 축차비교형(변환시간 수십μs 이상)
- 고속형 - 병렬비교형(변환시간 수μs 이하)

○ 데이터 변환방식에 따라

- 적분방식
  - 전압-시간 변환형
    - 램프형
    - 듀얼 슬로프형(이중 적분형)
    - 쿼드 슬로프형, 트리플 램프형
    - 펄스폭 변조형
    - 전하평형형
  - 전압-주파수 변환형
    - 전하 평형형
    - 리셋트형
    - 알터네이트 적분형
- 비교방식
  - 궤환 비교형
    - 계수비교형
    - 추적비교형(추종비교형)
    - 축차비교형(축차근사형)
  - 무궤환 비교형
    - 병렬비교형(flash형)
    - 종속비교형
    - 직렬비교형

○ 입력전압의 극성 및 출력 데이터 형식에 따라

- 단극성형
  - straight(또는 true) binary형
  - complementary binary형
  - BCD(Binary-Coded Decimal)형
  - complementary BCD형
- 양극성형
  - offset binary형
  - complementary offset binary형
  - sign magnitude binary형
  - 1's complement형
  - 2's complement형
  - complementary 2's complement형
  - sign magnitude BCD형

○ 데이터 출력 형태에 따라

- 병렬 출력형 - 마이크로프로세서 접속형
- 직렬 출력형
- 주파수 출력형 - VFC(Voltage/Frequency Converter), VCO(Voltage-Controlled Oscillator)

○ 아날로그 입력 채널수에 따라

- 싱글 채널형
- 멀티 채널형

○ 기타

- Track/Hold 내장형
- Track/Hold 외장형

2. 기본적인 A/D 컨버터 입력 프로그램

먼저 여기서는 ADC0809의 8개 채널중에서 하나를 선택하여 여기에 입력되는 아날로그 신호를 디지털 값으로 읽어들이는 프로그램을 작성해 보기로 한다.

(1) 단순한 A/D 컨버터의 입력

▣ 어셈블리 언어의 경우

채널0~1로 입력되는 아날로그 신호를 차례로 A/D 변환하여 디지털 값으로 텍스트형 LCD 모듈에 표시하는 프로그램을 어셈블리 언어로 작성하면 다음과 같다.

〈프로그램 Exp16_1.asm〉 채널0~1을 A/D 변환하여 디지털 값으로 표시

```
;[][][][][][][][][][][][][][][][][][][][][][][][][][][][][][][][][][][][]
;[]                                                                  []
;[]             Exp16_1.asm : Basic A/D Conversion                   []
;[]                                                                  []
;[][][][][][][][][][][][][][][][][][][][][][][][][][][][][][][][][][][][]
;
;               Designed and programmed by Duck-Yong Yoon in 2005.
;
$NOMOD51                                ; do not use default MCS-51 SFR
$INCLUDE(AT89S52.INC)                   ; include AT89S52 definition file

;====================================================================
;       Main Program
;====================================================================
CSEG    AT      0000H
        MOV     SP,#7FH                 ; initialize SP
        CALL    KIT_INITIALIZE          ; initialize OK-89S52 kit
        CALL    D50MS                   ; wait for system stabilization
        CALL    LCD_INITIALIZE          ; initialize text LCD
        CALL    BEEP

        CALL    LCD_HOME1               ; display title
        CALL    LCD_STRING
        DB      ' A/D CH0 = 00H  ',0
        CALL    LCD_HOME2
        CALL    LCD_STRING
        DB      ' A/D CH1 = 00H  ',0

        MOV     T2CON,#00000100B        ; TR2=1, C/-T2=0
        MOV     T2MOD,#00000010B        ; programmable clock out mode
        MOV     DPTR,#65530             ; clock = 1MHz
        MOV     RCAP2H,DPH
        MOV     RCAP2L,DPL
        MOV     TH2,DPH
        MOV     TL2,DPL
        CALL    D100MS                  ; wait for ADC stabilization

;------------------------------------------------
;       Read VR1 Voltage Sensor(ADC0809 IN0)
```

```
;-----------------------------------------------
RD_IN0: MOV    LCD_BUFFER,#8BH         ; cursor position
        CALL   LCD_COMMAND
        MOV    DPTR,#ADC_CH0           ; select and start ADC0809 IN0
        MOVX   @DPTR,A
        CALL   D100US
        MOV    DPTR,#ADC_READ          ; read A/D
        MOVX   A,@DPTR
        MOV    LCD_BUFFER,A            ; display A/D result in hex
        CALL   LCD_2HEX

;-----------------------------------------------
;       Read LM35DZ Temperature Sensor(ADC0809 IN1)
;-----------------------------------------------
RD_IN1: MOV    LCD_BUFFER,#0CBH        ; cursor position
        CALL   LCD_COMMAND
        MOV    DPTR,#ADC_CH1           ; select and start ADC0809 IN1
        MOVX   @DPTR,A
        CALL   D100US
        MOV    DPTR,#ADC_READ          ; read A/D
        MOVX   A,@DPTR
        MOV    LCD_BUFFER,A            ; display A/D result in hex
        CALL   LCD_2HEX

        CALL   D200MS
        JMP    RD_IN0

;===================================================================
;       Include User Subroutine File
;===================================================================
$INCLUDE(OK89S52.INC)                  ; include OK-89S52 subroutine file
        END
```

☞ *OK-89S52* 키트의 A/D 컨버터에는 기본적으로 클럭 신호를 입력하고 있지 않고 타이머2에서 출력하는 클럭을 사용하도록 설계하여 놓았으므로 A/D 변환을 수행하기 전에 먼저 반드시 타이머2를 초기화하여 원하는 주파수 신호를 A/D 컨버터에 공급하도록 하여야 한다. 따라서, 여기서는 타이머2가 16비트 프로그래머블 클럭 출력 모드를 사용하여 1MHz를 출력하도록 설정하고, 이것이 ADC0809에 입력되어 동작이 안정될 때까지 100ms의 충분한 시간지연을 주었다.

A/D 변환을 수행할 때는 먼저 해당 채널의 어드레스로 더미 데이터를 출력하여 채널 선택 어드레스가 ALE 신호에 의하여 ADC0809의 내부에 래치되도록 하고 동시에 A/D 변환이 시작되도록 한다. 그리고 나서 A/D 변환이 완료될 때까지 약 100μs를 충분히 기다린 후에 A/D 변환 결과를 읽어들이면 된다.

이와 같은 방법으로 채널0과 1을 모두 읽어서 텍스트형 LCD 모듈에 표시하는데, 이를 빠르게 반복하면 LCD 모듈에 표시되는 값이 변동할 경우 그 속도가 너무 빨라서 사람이 이를 제대로 알아보기 어려우므로 200ms의 시간지연을 주어 1초에 약5회 정도로 천천히 디스플레이되도록 하였다.

이 프로그램을 어셈블하여 다운로드하고 실행하라. 그리고, ⊖자형의 스크류 드라이버로 *OK-89S52* 키트의 가변저항 VR1을 좌우로 천천히 돌리면서 텍스트형 LCD 모듈에 표시되는 채널 CH0의 값을 관찰하라. 또한, 온도센서 LM35DZ를 엄지와 검지 손가락으로 가볍게 쥐어 온도가 변하도록 하면서 LCD 모듈에 표시되는 채널 CH1의 값을 관찰하라. A/D 변환된 16진수 값이 상당히 흔들리는 것을 볼 수 있는가?

▣ C언어의 경우

앞의 Exp16_1.asm과 동일한 기능을 수행하는 프로그램을 C언어로 작성하여 보면 다음과 같다.

〈프로그램 Exp16_1.c〉 채널0~1을 A/D 변환하여 디지털 값으로 표시

```
/* ========================================================================== */
/*                          Exp16_1.c : Basic A/D Conversion                  */
/* ========================================================================== */
/*                    Designed and programmed by Duck-Yong Yoon in 2005.      */

#include "AT89S52.H"                          // include AT89S52 definition file
#include "OK89S52.H"                          // include OK-89S52 kit function

LCD_2hex(unsigned char number)                /* display HEX number xxH */
{ unsigned char i;

  i = number >> 4;                            // 16^1
  if(i <= 9) LCD_data(i + '0');
  else       LCD_data(i - 10 + 'A');

  i = number & 0x0F;                          // 16^0
  if(i <= 9) LCD_data(i + '0');
  else       LCD_data(i - 10 + 'A');
}

main()
{
  Kit_initialize();                           // initialize OK-89S52 kit
  Delay_ms(50);                               // wait for system stabilization
  LCD_initialize();                           // initialize text LCD module
  Beep();

  LCD_string(0x80," A/D CH0 = 00H  ");        // display title
  LCD_string(0xC0," A/D CH1 = 00H  ");

  T2CON = 0x04;                               // TR2=1, C/-T2=0
  T2MOD = 0x02;                               // programmable clock out mode
  RCAP2H = 65530 >> 8;                        // clock = 1MHz
  RCAP2L = 65530 & 0x00FF;
  TH2 = 65530 >> 8;
  TL2 = 65530 & 0x00FF;
  Delay_ms(100);                              // wait for ADC stabilization

  while(1)
    { LCD_command(0x8B);                      // cursor position
      ADC_CH0 = 0;                            // select and start ADC0809 IN0
      Delay_us(100);
      LCD_2hex(ADC_READ);                     // display A/D result in hex

      LCD_command(0xCB);                      // cursor position
      ADC_CH1 = 0;                            // select and start ADC0809 IN1
      Delay_us(100);
      LCD_2hex(ADC_READ);                     // display A/D result in hex

      Delay_ms(200);
    }
}
```

(2) A/D 컨버터 입력 데이터의 평균 처리

▣ 어셈블리 언어의 경우

앞에서와 같은 방법으로 단순하게 A/D 변환을 수행하면 아날로그 입력신호에 포함된 미세한 잡음이나 A/D 컨버터의 전원 리플 등에 의하여 A/D 변환결과가 상당히 흔들리는 것을 경험하게 된다. 이런 경우에는 아날로그 신호 입력단에 필터를 사용하거나 전원을 안정화시키는 등의 하드웨어적인 방법을 사용하기도 하고 A/D 변환결과에 디지털 필터를 사용하여 소프트웨어적으로 안정하게 처리하는 것이 원칙이지만, AT89S52를 사용하는 낮은 성능의 저가형 시스템에서는 이런 방법이 적합하지 않을 때가 많다. 이러한 경우에 A/D 변환 및 그 결과를 처리하는 시스템에서 시간적인 여유가 있다면 동일한 아날로그 입력에 대하여 여러번 A/D 변환을 수행하고 이것의 평균값을 구하여 사용하는 것이 전형적인 방법이다.

앞의 예제 프로그램 Exp16_1.asm에 평균처리 기법을 적용하여 다시 작성하여 보면 다음과 같다.

〈프로그램 Exp16_2.asm〉 A/D 변환에서 평균처리 기법을 적용

```
;[][][][][][][][][][][][][][][][][][][][][][][][][][][][][][][][][][][][][][][][]
;[]                                                                            []
;[]        Exp16_2.asm : A/D Conversion by Averaging Method                    []
;[]                                                                            []
;[][][][][][][][][][][][][][][][][][][][][][][][][][][][][][][][][][][][][][][][]
;
;               Designed and programmed by Duck-Yong Yoon in 2005.
;
$NOMOD51                                ; do not use default MCS-51 SFR
$INCLUDE(AT89S52.INC)                   ; include AT89S52 definition file

;=====================================================================
;       Main Program
;=====================================================================
CSEG    AT      0000H
        MOV     SP,#7FH                 ; initialize SP
        CALL    KIT_INITIALIZE          ; initialize OK-89S52 kit
        CALL    D50MS                   ; wait for system stabilization
        CALL    LCD_INITIALIZE          ; initialize text LCD
        CALL    BEEP

        CALL    LCD_HOME1               ; display title
        CALL    LCD_STRING
        DB      ' A/D CH0 = 00H  ',0
        CALL    LCD_HOME2
        CALL    LCD_STRING
        DB      ' A/D CH1 = 00H  ',0

        MOV     T2CON,#00000100B        ; TR2=1, C/-T2=0
        MOV     T2MOD,#00000010B        ; programmable clock out mode
        MOV     DPTR,#65530             ; clock = 1MHz
        MOV     RCAP2H,DPH
```

```
        MOV     RCAP2L,DPL
        MOV     TH2,DPH
        MOV     TL2,DPL
        CALL    D100MS                  ; wait for ADC stabilization

;---------------------------------------------
;       Read VR1 Voltage Sensor(ADC0809 IN0)
;---------------------------------------------
RD_IN0: MOV     LCD_BUFFER,#8BH         ; cursor position
        CALL    LCD_COMMAND

        MOV     R7,#16                  ; repeat 16 times
        MOV     R4,#0                   ; clear total value(R4:R5=0)
        MOV     R5,#0
RD_IN0A:MOV     DPTR,#ADC_CH0           ; select and start ADC0809 IN0
        MOVX    @DPTR,A
        CALL    D100US
        MOV     DPTR,#ADC_READ          ; read A/D
        MOVX    A,@DPTR
        ADD     A,R5                    ; add A/D result to total value
        MOV     R5,A                    ; (R4:R5 = R4:R5 + A/D)
        MOV     A,R4
        ADDC    A,#0
        MOV     R4,A
        CALL    D1MS                    ; delay for interval
        DJNZ    R7,RD_IN0A

        MOV     R7,#4                   ; calculate average
RD_IN0B:MOV     A,R4                    ; (R4:R5 = R4:R5 / 16
        RRC     A                       ;       = R4:R5 >> 4)
        ANL     A,#01111111B
        MOV     R4,A
        MOV     A,R5
        RRC     A
        MOV     R5,A
        DJNZ    R7,RD_IN0B

        MOV     LCD_BUFFER,R5           ; display A/D result in hex
        CALL    LCD_2HEX

;---------------------------------------------
;       Read LM35DZ Temperature Sensor(ADC0809 IN1)
;---------------------------------------------
RD_IN1: MOV     LCD_BUFFER,#0CBH        ; cursor position
        CALL    LCD_COMMAND

        MOV     R7,#16                  ; repeat 16 times
        MOV     R4,#0                   ; clear total value(R4:R5=0)
        MOV     R5,#0
RD_IN1A:MOV     DPTR,#ADC_CH1           ; select and start ADC0809 IN1
        MOVX    @DPTR,A
        CALL    D100US
        MOV     DPTR,#ADC_READ          ; read A/D
        MOVX    A,@DPTR
        ADD     A,R5                    ; add A/D result to total value
        MOV     R5,A                    ; (R4:R5 = R4:R5 + A/D)
        MOV     A,R4
        ADDC    A,#0
        MOV     R4,A
        CALL    D1MS                    ; delay for interval
        DJNZ    R7,RD_IN1A

        MOV     R7,#4                   ; calculate average
RD_IN1B:MOV     A,R4                    ; (R4:R5 = R4:45 / 16
        RRC     A                       ;       = R4:R5 >> 4)
        ANL     A,#01111111B
```

```
        MOV     R4,A
        MOV     A,R5
        RRC     A
        MOV     R5,A
        DJNZ    R7,RD_IN1B

        MOV     LCD_BUFFER,R5           ; display A/D result in hex
        CALL    LCD_2HEX

        CALL    D200MS
        JMP     RD_IN0

;===================================================================
;       Include User Subroutine File
;===================================================================
$INCLUDE(OK89S52.INC)                   ; include OK-89S52 subroutine file
        END
```

☞ 평균을 취하기 위하여 여러번 A/D 변환을 수행하는 횟수는 조건이 허락하는 범위에서 많을수록 좋다. 이를 결정하는 조건이란 전체적으로 A/D 변환에 주어진 시간이나 이 값을 누적시켜 더하여 저장할 변수의 크기 등이다. 또한 이 횟수를 더할 때는 평균처리에 용이하도록 하는 것도 중요한 팁이다. 즉, 10이나 20번 A/D 변환을 수행하면 나중에 평균값을 구하기 위하여 이들 횟수로 나눗셈을 수행해야 하지만, 16, 32, 64번 등과 같이 2의 누승만큼의 A/D 변환을 수행하면 비트 시프트 방법으로 훨씬 더 빠르게 나눗셈을 수행할 수 있다. 여기서는 16번 A/D 변환을 수행하고 우측으로 4비트를 시프트하는 방법으로 ÷16 연산을 간편하게 수행하였다.

또한 이렇게 여러번 A/D 변환을 수행할 때는 각 A/D 변환 사이에 적절한 시간 간격을 주는 것이 좋다. 시간 간격을 주지않고 연속적으로 A/D 변환을 수행하면 아날로그 신호에 포함된 하나의 잡음신호에 대하여 여러번 A/D 변환을 수행할 수 있으므로 이를 평균 처리하는 효과가 떨어진다. 여기서는 각 A/D 변환 사이에 1ms의 시간지연을 주었다.

이 프로그램을 어셈블하여 다운로드하고 실행하라. 그리고, LCD 모듈에 표시되는 A/D 변환 결과를 관찰하라. 앞의 Exp16_2.asm 프로그램에 비하여 A/D 변환된 값이 더 안정적인 것을 확인할 수 있는가? 또한 이 프로그램에서 2군데의 CALL D1MS 명령을 CALL D10MS로 수정한 후에 프로그램을 실행하여 보라.

▣ C언어의 경우

앞의 Exp16_2.asm과 동일한 기능을 수행하는 프로그램을 C언어로 작성하여 보면 다음과 같다.

〈프로그램 Exp16_2.c〉 A/D 변환에서 평균처리 기법을 적용

```
/* ======================================================================== */
/*              Exp16_2.c : A/D Conversion by Averaging Method              */
/* ======================================================================== */
```

```
/*                              Designed and programmed by Duck-Yong Yoon in 2005.  */

#include "AT89S52.H"                              // include AT89S52 definition file
#include "OK89S52.H"                              // include OK-89S52 kit function

LCD_2hex(unsigned char number)                    /* display HEX number xxH */
{ unsigned char i;

  i = number >> 4;                                // 16^1
  if(i <= 9) LCD_data(i + '0');
  else       LCD_data(i - 10 + 'A');

  i = number & 0x0F;                              // 16^0
  if(i <= 9) LCD_data(i + '0');
  else       LCD_data(i - 10 + 'A');
}

main()
{ unsigned char i;
  unsigned int sum;

  Kit_initialize();                               // initialize OK-89S52 kit
  Delay_ms(50);                                   // wait for system stabilization
  LCD_initialize();                               // initialize text LCD module
  Beep();

  LCD_string(0x80," A/D CH0 = 00H  ");            // display title
  LCD_string(0xC0," A/D CH1 = 00H  ");

  T2CON = 0x04;                                   // TR2=1, C/-T2=0
  T2MOD = 0x02;                                   // programmable clock out mode
  RCAP2H = 65530 >> 8;                            // clock = 1MHz
  RCAP2L = 65530 & 0x00FF;
  TH2 = 65530 >> 8;
  TL2 = 65530 & 0x00FF;
  Delay_ms(100);                                  // wait for ADC stabilization

  while(1)
    { LCD_command(0x8B);                          // cursor position
      sum = 0;                                    // clear total sum
      for(i=1; i<=16; i++)
        { ADC_CH0 = 0;                            // select and start ADC0809 IN0
          Delay_us(100);
          sum += ADC_READ;                        // add A/D result to total sum
          Delay_ms(1);                            // delay for interval
        }
      sum >>= 4;                                  // calculate average
      LCD_2hex(sum);                              // display A/D result in hex

      LCD_command(0xCB);                          // cursor position
      sum = 0;                                    // clear total sum
      for(i=1; i<=16; i++)
        { ADC_CH1 = 0;                            // select and start ADC0809 IN1
          Delay_us(100);
          sum += ADC_READ;                        // add A/D result to total sum
          Delay_ms(1);                            // delay for interval
        }
      sum >>= 4;                                  // calculate average
      LCD_2hex(sum);                              // display A/D result in hex

      Delay_ms(200);
    }
}
```

3. A/D 컨버터를 이용한 전압 측정

이번에는 채널0을 통하여 입력되는 가변저항 VR1의 전압값을 A/D 변환하여 읽어들이고 이를 디지털 값이 아니라 원래 읽어들이고자 하는 물리량인 전압값으로 환산하여 텍스트형 LCD 모듈에 표시하는 프로그램을 공부한다.

▣ 어셈블리 언어의 경우

채널0을 통하여 가변저항 VR1의 출력을 A/D 변환하여 읽어들이고 이 결과를 전압값으로 환산하여 텍스트형 LCD 모듈에 표시하는 프로그램을 어셈블리 언어로 작성하면 다음과 같다.

〈프로그램 Exp16_3.asm〉 가변저항 VR1을 A/D 변환하여 전압값으로 표시

```
;[][][][][][][][][][][][][][][][][][][][][][][][][][][][][][][][][][]
;[]                                                                []
;[]        Exp16_3.asm : Read Voltage Sensor by ADC0809 IN0        []
;[]                                                                []
;[][][][][][][][][][][][][][][][][][][][][][][][][][][][][][][][][][]
;
;               Designed and programmed by Duck-Yong Yoon in 2005.
;
$NOMOD51                                ; do not use default MCS-51 SFR
$INCLUDE(AT89S52.INC)                   ; include AT89S52 definition file

;===================================================================
;       Main Program
;===================================================================
CSEG    AT      0000H
        MOV     SP,#7FH                 ; initialize SP
        CALL    KIT_INITIALIZE          ; initialize OK-89S52 kit
        CALL    D50MS                   ; wait for system stabilization
        CALL    LCD_INITIALIZE          ; initialize text LCD
        CALL    BEEP

        CALL    LCD_HOME1               ; display title
        CALL    LCD_STRING
        DB      '  VR1 Voltage   ',0
        CALL    LCD_HOME2
        CALL    LCD_STRING
        DB      '     0.0[V]     ',0

        MOV     T2CON,#00000100B        ; TR2=1, C/-T2=0
        MOV     T2MOD,#00000010B        ; programmable clock out mode
        MOV     DPTR,#65530             ; clock = 1MHz
        MOV     RCAP2H,DPH
        MOV     RCAP2L,DPL
        MOV     TH2,DPH
        MOV     TL2,DPL
        CALL    D100MS                  ; wait for ADC stabilization

;-------------------------------------------------------------
;       Read VR1 Voltage Sensor(ADC0809 IN0)
```

```
;-----------------------------------------------
RD_IN0: MOV     R7,#10              ; repeat 10 times
        MOV     R4,#0               ; clear total value(R4:R5=0)
        MOV     R5,#0
RD_IN0A:MOV     DPTR,#ADC_CH0       ; select and start ADC0809 IN0
        MOVX    @DPTR,A
        CALL    D100US
        MOV     DPTR,#ADC_READ      ; read A/D
        MOVX    A,@DPTR
        ADD     A,R5                ; add A/D result to total value
        MOV     R5,A                ; (R4:R5 = R4:R5 + A/D)
        MOV     A,R4
        ADDC    A,#0
        MOV     R4,A
        CALL    D1MS                ; delay for interval
        DJNZ    R7,RD_IN0A

        MOV     LCD_BUFFER,#0C5H    ; cursor position
        CALL    LCD_COMMAND
        MOV     R6,#0               ; voltage = data * 5 / 256
        MOV     R7,#5               ; (use voltage * 10 for X.X[V])
        CALL    MUL16               ; convert binary to ASCII X.X
        MOV     DPTR,#256
        MOV     R6,DPH
        MOV     R7,DPL
        CALL    DIV16
        MOV     R7,#10              ; divide by 10
        CALL    DIV8
        MOV     A,R5
        ADD     A,#'0'
        MOV     LCD_BUFFER,A
        CALL    LCD_DATA
        MOV     LCD_BUFFER,#'.'
        CALL    LCD_DATA
        MOV     A,R4
        ADD     A,#'0'
        MOV     LCD_BUFFER,A
        CALL    LCD_DATA

        CALL    D200MS
        JMP     RD_IN0

;=================================================================
;       Include User Subroutine File
;=================================================================
$INCLUDE(OK89S52.INC)               ; include OK-89S52 subroutine file
        END
```

☞ 여기서도 데이터가 흔들리는 것을 방지하기 평균처리 기법을 적용한다. 그러나, 여기서는 16번 A/D 변환을 수행하지 않고 10번 A/D 변환을 수행하기로 한다. 이렇게 하면 나중에 소수점 첫째자리까지 표시하기 위하여 10으로 곱하는 과정을 생략하면서 평균처리의 효과까지 거둘 수 있어서 전체적으로 연산이 매우 편리해지기 때문이다.

A/D 변환결과의 00H~FFH(0~255)는 0.0~5.0V의 전압에 대응한다. 정확히 말하면 FFH+1인 256이 5.0V에 대응한다. 따라서, A/D 컨버터로 읽어들인 임의의 값 x가 얼마의 아날로그 전압에 대응하는지를 계산하려면 비례식으로부터

$$256 : 5 = x : \text{전압} \qquad \therefore \text{전압} = \frac{5x}{256}\ [\text{V}]$$

로 계산된다. 그러나, 이 결과는 0.0~5.0의 실수로 나오기 때문에 이를 소수점 아래의 첫째 자리까지 표시하려면 그 결과에 10을 곱하여 0~50으로 만들고 이를 10으로 나눈 몫을 정수부로 하고, 그 나머지를 소수부로 처리하면 x.x 형태로 표시된다.

이와 같이 실수에 10의 누승을 곱하여 소수부를 정수화시키면 모든 것을 정수연산으로 처리할 수 있으므로 편리하다. 이 프로그램에서는 이렇게 10을 곱해주는 대신에 10번 A/D 변환을 수행한 결과를 누적하여 더함으로써 10으로 나누고 나중에 10을 곱해주는 2번의 연산을 생략하였다.

이 프로그램을 어셈블하여 다운로드하고 실행하라. 그리고, ⊖자형의 스크류 드라이버로 *OK-89S52* 키트의 가변저항 VR1을 좌우로 천천히 돌리면서 텍스트형 LCD 모듈에 표시되는 전압값을 관찰하라.

▣ C언어의 경우

앞의 Exp16_3.asm과 동일한 기능을 수행하는 프로그램을 C언어로 작성하여 보면 다음과 같다.

〈프로그램 Exp16_3.c〉 가변저항 VR1을 A/D 변환하여 전압값으로 표시

```
/* ========================================================================== */
/*               Exp16_3.c : Read Voltage Sensor by ADC0809 IN0               */
/* ========================================================================== */
/*                          Designed and programmed by Duck-Yong Yoon in 2005.  */

#include "AT89S52.H"                          // include AT89S52 definition file
#include "OK89S52.H"                          // include OK-89S52 kit function

LCD_1d1(float number)                         /* display real number x.x */
{ unsigned char i;
  unsigned int j;

  j = (int)(number*10. + 0.5);
  i = j / 10;                                 // 10^0
  LCD_data(i + '0');
  LCD_data('.');
  i = j % 10;                                 // 10^-1
  LCD_data(i + '0');
}

main()
{ unsigned char i;
  unsigned int sum;

  Kit_initialize();                           // initialize OK-89S52 kit
  Delay_ms(50);                               // wait for system stabilization
  LCD_initialize();                           // initialize text LCD module
  Beep();

  LCD_string(0x80,"  VR1 Voltage   ");        // display title
  LCD_string(0xC0,"     0.0[V]     ");

  T2CON = 0x04;                               // TR2=1, C/-T2=0
  T2MOD = 0x02;                               // programmable clock out mode
```

```
    RCAP2H = 65530 >> 8;                              // clock = 1MHz
    RCAP2L = 65530 & 0x00FF;
    TH2 = 65530 >> 8;
    TL2 = 65530 & 0x00FF;
    Delay_ms(100);                                    // wait for ADC stabilization

    while(1)
      { sum = 0;                                      // clear total sum
        for(i=1; i<=10; i++)
          { ADC_CH0 = 0;                              // select and start ADC0809 IN0
            Delay_us(100);
            sum += ADC_READ;                          // add A/D result to total sum
            Delay_ms(1);                              // delay for interval
          }
        LCD_command(0xC5);                            // cursor position
        LCD_1d1((float)sum*5./10./256.);              // display A/D result in x.x

        Delay_ms(200);
      }
  }
```

4. A/D 컨버터를 이용한 온도 측정

이번에는 채널1을 통하여 입력되는 LM35DZ의 온도센서 신호를 A/D 변환하여 읽어들이고 이를 디지털 값이 아니라 원래 읽어들이고자 하는 물리량인 섭씨 온도값으로 환산하여 텍스트형 LCD 모듈에 표시하는 프로그램을 공부한다.

▣ 어셈블리 언어의 경우

채널1을 통하여 반도체 온도센서 LM35DZ의 출력을 A/D 변환하여 읽어들이고 이 결과를 현재 기온인 섭씨 온도값으로 환산하여 텍스트형 LCD 모듈에 표시하는 프로그램을 어셈블리 언어로 작성하면 다음과 같다.

〈프로그램 Exp16_4.asm〉 LM35DZ를 A/D 변환하여 섭씨 온도값으로 표시

```
;[][][][][][][][][][][][][][][][][][][][][][][][][][][][][][][][][][][]
;[]                                                                  []
;[]      Exp16_4.asm : Read Temperature Sensor by ADC0809 IN1        []
;[]                                                                  []
;[][][][][][][][][][][][][][][][][][][][][][][][][][][][][][][][][][][]
;
;                 Designed and programmed by Duck-Yong Yoon in 2005.
;
$NOMOD51                                ; do not use default MCS-51 SFR
$INCLUDE(AT89S52.INC)                   ; include AT89S52 definition file

;====================================================================
;       Main Program
;====================================================================
```

```
CSEG    AT      0000H
        MOV     SP,#7FH                 ; initialize SP
        CALL    KIT_INITIALIZE          ; initialize OK-89S52 kit
        CALL    D50MS                   ; wait for system stabilization
        CALL    LCD_INITIALIZE          ; initialize text LCD
        CALL    BEEP

        CALL    LCD_HOME1               ; display title
        CALL    LCD_STRING
        DB      'LM35 Temperature',0
        CALL    LCD_HOME2
        CALL    LCD_STRING
        DB      '     00.0[',0DFH,'C]     ',0

        MOV     T2CON,#00000100B        ; TR2=1, C/-T2=0
        MOV     T2MOD,#00000010B        ; programmable clock out mode
        MOV     DPTR,#65530             ; clock = 1MHz
        MOV     RCAP2H,DPH
        MOV     RCAP2L,DPL
        MOV     TH2,DPH
        MOV     TL2,DPL
        CALL    D100MS                  ; wait for ADC stabilization

;--------------------------------------------------
;       Read LM35DZ Temperature Sensor(ADC0809 IN1)
;--------------------------------------------------
RD_IN1: MOV     R7,#10                  ; repeat 10 times
        MOV     R4,#0                   ; clear total value(R4:R5=0)
        MOV     R5,#0
RD_IN1A:MOV     DPTR,#ADC_CH1           ; select and start ADC0809 IN1
        MOVX    @DPTR,A
        CALL    D100US
        MOV     DPTR,#ADC_READ          ; read A/D
        MOVX    A,@DPTR
        ADD     A,R5                    ; add A/D result to total value
        MOV     R5,A                    ; (R4:R5 = R4:R5 + A/D)
        MOV     A,R4
        ADDC    A,#0
        MOV     R4,A
        CALL    D1MS                    ; delay for interval
        DJNZ    R7,RD_IN1A

        MOV     LCD_BUFFER,#0C4H        ; cursor position
        CALL    LCD_COMMAND
        MOV     DPTR,#100               ; temperature = data * 100 / 256
        MOV     R6,DPH                  ; (use temperature * 10 for XX.X[C])
        MOV     R7,DPL                  ; convert binary to ASCII XX.X
        CALL    MUL16
        MOV     DPTR,#256
        MOV     R6,DPH
        MOV     R7,DPL
        CALL    DIV16
        MOV     R7,#100                 ; divide by 100
        CALL    DIV8
        MOV     A,R5
        ADD     A,#'0'
        MOV     LCD_BUFFER,A
        CALL    LCD_DATA
        MOV     A,R4                    ; divide by 10
        MOV     R5,A
        MOV     R4,#0
        MOV     R7,#10
        CALL    DIV8
        MOV     A,R5
        ADD     A,#'0'
        MOV     LCD_BUFFER,A
```

```
        CALL    LCD_DATA
        MOV     LCD_BUFFER,#'.'
        CALL    LCD_DATA
        MOV     A,R4
        ADD     A,#'0'
        MOV     LCD_BUFFER,A
        CALL    LCD_DATA

        CALL    D200MS
        JMP     RD_IN1
;====================================================================
;       Include User Subroutine File
;====================================================================
$INCLUDE(OK89S52.INC)                   ; include OK-89S52 subroutine file
        END
```

☞ 여기서도 데이터가 흔들리는 것을 방지하기 평균처리 기법을 적용한다. 그러나, 여기서는 16번 A/D 변환을 수행하지 않고 10번 A/D 변환을 수행하기로 한다. 이렇게 하면 나중에 소수점 첫째자리까지 표시하기 위하여 10으로 곱하는 과정을 생략하면서 평균처리의 효과까지 거둘 수 있어서 전체적으로 연산이 매우 편리해지기 때문이다.

반도체 온도센서 LM35DZ는 10[mV/℃]의 전압을 출력하지만 비반전 증폭기에서 이를 5배로 증폭하므로 A/D 컨버터에는 100[℃]일 때 5[V]가 입력된다. 따라서, A/D 변환결과의 00H~FFH(0~255)는 0.0~100.0℃의 온도에 대응한다. 정확히 말하면 FFH+1인 256이 100.0℃에 대응한다. 따라서, A/D 컨버터로 읽어들인 임의의 값 x가 얼마의 온도에 대응하는지를 계산하려면 비례식으로부터

$$256 : 100 = x : \text{온도} \qquad \therefore \text{온도} = \frac{100x}{256} \ [℃]$$

로 계산된다. 그러나, 이 결과는 0.0~100.0의 실수로 나오기 때문에 이를 소수점 아래의 첫째 자리까지 표시하려면 그 결과에 10을 곱하여 0~1000으로 만들고 이를 100으로 나눈 몫을 10자리 정수부로 하고, 그 나머지를 다시 10으로 나눈 몫을 1자리 정수부로 하며, 최종적인 나머지를 소수부로 처리하면 xx.x 형태로 표시된다.

이와 같이 실수에 10의 누승을 곱하여 소수부를 정수화시키면 모든 것을 정수연산으로 처리할 수 있으므로 편리하다. 이 프로그램에서는 이렇게 10을 곱해주는 대신에 10번 A/D 변환을 수행한 결과를 누적하여 더함으로써 10으로 나누고 나중에 10을 곱해주는 2번의 연산을 생략하였다.

이 프로그램을 어셈블하여 다운로드하고 실행하라. 주변에 온도계가 있다면 이 온도계의 눈금과 텍스트형 LCD 모듈에 표시된 현재 기온을 비교해 보라. 현재의 기온이 올바르게 측정되고 있는 것으로 판단되는가? 만약 표시되는 온도값이 실제의 기온과 1℃ 이상 차이가 난다면 *OK-89S52* 키트의 전원 전압을 체크하여 보라. 이 키트의 전원 전압이 정확하게 +5V로 공급되지 않으면 A/D 컨버터의 기준전압도 잘못되므로 당연히 A/D 컨버터가 정확하게 온도값을 읽어내지 못하게 된다.

그리고, 텍스트형 LCD 모듈에 표시되는 온도값을 눈으로 보면서 반도체 온도센서 LM35DZ를 왼손의 엄지와 검지 손가락으로 살짝 눌러 잡아 시간이 지나면서 체온에 의하여 표시 온도가 점차로 올라가도록 해보라.

▣ C언어의 경우

앞의 Exp16_4.asm과 동일한 기능을 수행하는 프로그램을 C언어로 작성하여 보면 다음과 같다.

〈프로그램 Exp16_4.c〉 LM35DZ를 A/D 변환하여 섭씨 온도값으로 표시

```
/* ========================================================================== */
/*            Exp16_4.c : Read Temperature Sensor by ADC0809 IN1             */
/* ========================================================================== */
/*                         Designed and programmed by Duck-Yong Yoon in 2005.  */

#include "AT89S52.H"                         // include AT89S52 definition file
#include "OK89S52.H"                         // include OK-89S52 kit function

LCD_2d1(float number)                        /* display real number xx.x */
{ unsigned char i;
  unsigned int j;

  j = (int)(number*10. + 0.5);
  i = j / 100;                               // 10^1
  if(i == 0) LCD_data(' ');
  else       LCD_data(i + '0');

  j = j % 100;                               // 10^0
  i = j / 10;
  LCD_data(i + '0');
  LCD_data('.');

  i = j % 10;                                // 10^-1
  LCD_data(i + '0');
}

main()
{ unsigned char i;
  unsigned int sum;

  Kit_initialize();                          // initialize OK-89S52 kit
  Delay_ms(50);                              // wait for system stabilization
  LCD_initialize();                          // initialize text LCD module
  Beep();

  LCD_string(0x80,"LM35 Temperature");      // display title
  LCD_string(0xC0,"     00.0[");
  LCD_data(0xDF);
  LCD_string(0xCA,"C]     ");

  T2CON = 0x04;                              // TR2=1, C/-T2=0
  T2MOD = 0x02;                              // programmable clock out mode
  RCAP2H = 65530 >> 8;                       // clock = 1MHz
  RCAP2L = 65530 & 0x00FF;
  TH2 = 65530 >> 8;
  TL2 = 65530 & 0x00FF;
```

```
    Delay_ms(100);                              // wait for ADC stabilization

    while(1)
      { sum = 0;                                // clear total sum
        for(i=1; i<=10; i++)
          { ADC_CH1 = 0;                        // select and start ADC0809 IN1
            Delay_us(100);
            sum += ADC_READ;                    // add A/D result to total sum
            Delay_ms(1);                        // delay for interval
          }
        LCD_command(0xC4);                      // cursor position
        LCD_2d1((float)sum*10./256.);           // display A/D result in xx.x

        Delay_ms(200);
      }
  }


        Delay_ms(200);
      }
  }
```

5. A/D 컨버터를 이용한 조도 측정

이번에는 채널2를 통하여 입력되는 CdS 광센서 신호를 A/D 변환하여 읽어들이고 이를 응용하는 프로그램을 공부한다.

▣ 어셈블리 언어의 경우

채널2를 통하여 CdS 광센서의 출력을 A/D 변환하여 읽어들이고 이를 이용하여 주위의 밝기를 텍스트형 LCD 모듈에 표시하는 프로그램을 어셈블리 언어로 작성하면 다음과 같다.

〈프로그램 Exp16_5.asm〉 CdS 광센서를 A/D 변환하여 밝기를 표시

```
;[][][][][][][][][][][][][][][][][][][][][][][][][][][][][][][][][][][][][]
;[]                                                                      []
;[]      Exp16_5.asm : Read Light Sensor by ADC0809 IN2                  []
;[]                                                                      []
;[][][][][][][][][][][][][][][][][][][][][][][][][][][][][][][][][][][][][]
;
;               Designed and programmed by Duck-Yong Yoon in 2005.
;
$NOMOD51                                    ; do not use default MCS-51 SFR
$INCLUDE(AT89S52.INC)                       ; include AT89S52 definition file

;==================================================================
;       Main Program
;==================================================================
CSEG    AT      0000H
```

```
        MOV     SP,#7FH                 ; initialize SP
        CALL    KIT_INITIALIZE          ; initialize OK-89S52 kit
        CALL    D50MS                   ; wait for system stabilization
        CALL    LCD_INITIALIZE          ; initialize text LCD
        CALL    BEEP

        CALL    LCD_HOME1               ; display title
        CALL    LCD_STRING
        DB      '   Light Sensor   ',0
        CALL    LCD_HOME2
        CALL    LCD_STRING
        DB      '00% :             ',0

        MOV     T2CON,#00000100B        ; TR2=1, C/-T2=0
        MOV     T2MOD,#00000010B        ; programmable clock out mode
        MOV     DPTR,#65530             ; clock = 1MHz
        MOV     RCAP2H,DPH
        MOV     RCAP2L,DPL
        MOV     TH2,DPH
        MOV     TL2,DPL
        CALL    D100MS                  ; wait for ADC stabilization

;-----------------------------------------------
;       Read CDS1 Light Sensor(ADC0809 IN2)
;-----------------------------------------------
RD_IN2: MOV     R7,#10                  ; repeat 10 times
        MOV     R4,#0                   ; clear total value(R4:R5=0)
        MOV     R5,#0
RD_IN2A:MOV     DPTR,#ADC_CH2           ; select and start ADC0809 IN2
        MOVX    @DPTR,A
        CALL    D100US
        MOV     DPTR,#ADC_READ          ; read A/D
        MOVX    A,@DPTR
        ADD     A,R5                    ; add A/D result to total value
        MOV     R5,A                    ; (R4:R5 = R4:R5 + A/D)
        MOV     A,R4
        ADDC    A,#0
        MOV     R4,A
        CALL    D1MS                    ; delay for interval
        DJNZ    R7,RD_IN2A

        MOV     LCD_BUFFER,#0C0H        ; display % of light
        CALL    LCD_COMMAND
        MOV     R7,#10                  ; divide total value by 10
        CALL    DIV8
        MOV     A,R5                    ; calculate %
        MOV     B,#100
        MUL     AB
        MOV     R4,B
        MOV     R5,A
        MOV     R7,#255
        CALL    DIV8
        MOV     B,R5
        MOV     DPL,R5                  ; display %
        CALL    LCD_2DEC

        MOV     LCD_BUFFER,#0C6H        ; display light message
        CALL    LCD_COMMAND
        MOV     A,B
        CJNE    A,#25,RD_IN2B           ; light < 25% ?
        JMP     RD_IN2C
RD_IN2B:JNC     RD_IN2C
        CALL    LCD_STRING
        DB      'Very dark ',0
        JMP     RD_IN2G
RD_IN2C:CJNE    A,#50,RD_IN2D           ; 25% <= light < 50% ?
```

```
        JMP     RD_IN2E
RD_IN2D:JNC     RD_IN2E
        CALL    LCD_STRING
        DB      '   Dark    ',0
        JMP     RD_IN2G
RD_IN2E:CJNE    A,#75,RD_IN2F           ; 50% <= light < 75% ?
        JMP     RD_IN2G
RD_IN2F:JNC     RD_IN2G
        CALL    LCD_STRING
        DB      '   Light   ',0
        JMP     RD_IN2G
RD_IN2G:CALL    LCD_STRING              ; 75% <= light ?
        DB      'Very light',0

        CALL    D200MS
        JMP     RD_IN2

;====================================================================
;       Include User Subroutine File
;====================================================================
$INCLUDE(OK89S52.INC)                   ; include OK-89S52 subroutine file
        END
```

☞ CdS는 조도에 따라 등가저항이 변화하는 소자인데 이것의 구체적인 특성은 소자에 따라 다르므로 이를 이용하여 조도를 측정하려면 정확한 CdS의 광학적 특성 데이터를 가지고 있어야 한다. 이러한 정확한 광학적 특성은 데이터 시트에도 명시되어 있지 않으므로 대부분의 경우 이는 사용자가 조도계를 가지고 일일이 측정하여 구해야 한다. 따라서, *OK-89S52* 키트에 임의의 CdS 소자를 접속한 경우에는 사용자가 이 소자의 광학적 특성을 정확히 알지 못하는 경우가 대부분일 것이므로, 여기서는 이를 이용하여 조도를 측정하기 보다는 대략적인 밝기를 알 수 있는 프로그램을 작성하였다.

즉, 주변이 어두울수록 CdS의 저항값이 ∞[Ω]에 접근하는데 그렇게 되면 ADC0809의 채널 IN2에 입력되는 전압은 0[V]에 가까워지며 이때를 밝기 0[%]로 한다. 반대로 주변이 밝을수록 CdS의 저항값이 0[Ω]에 접근하는데 그렇게 되면 ADC0809의 채널 IN2에 입력되는 전압은 5[V]에 가까워지며 이때를 밝기 100[%]로 한다. *OK-89S52* 키트에서 CdS 아래의 저항 R10은 10KΩ을 사용하였지만 CdS의 특성에 따라서는 이를 변경할 수도 있다. 이렇게 광센서의 전압을 %단위로 바꾸어 표시하고, 이것이 25% 미만이면 “Very dark”라고 하고, 25~50%이면 “Dark”라고 하며, 50~75%이면 “Light”라고 하고, 75% 이상이면 “Very light”라고 한다.

이 프로그램을 어셈블하여 다운로드하고 실행하라. 그리고, CdS 광센서 주변의 빛을 여러가지로 변화시키면서 텍스트형 LCD 모듈에 표시되는 밝기 표시를 관찰하라.

▣ C언어의 경우

앞의 Exp16_5.asm과 동일한 기능을 수행하는 프로그램을 C언어로 작성하여 보면 다음과 같다.

〈프로그램 Exp16_5.c〉 CdS 광센서를 A/D 변환하여 밝기를 표시

```
/* ========================================================================== */
/*              Exp16_5.c : Read Light Sensor by ADC0809 IN2                  */
/* ========================================================================== */
/*                       Designed and programmed by Duck-Yong Yoon in 2005.   */

#include "AT89S52.H"                    // include AT89S52 definition file
#include "OK89S52.H"                    // include OK-89S52 kit function

LCD_2d(unsigned char number)            /* display 2-digit decimal number */
{ unsigned char i;

  i = number/10;                        // 10^1
  if(i == 0) LCD_data(' ');
  else       LCD_data(i + '0');

  i = number % 10;                      // 10^0
  LCD_data(i + '0');
}

main()
{ unsigned char i;
  unsigned int sum;

  Kit_initialize();                     // initialize OK-89S52 kit
  Delay_ms(50);                         // wait for system stabilization
  LCD_initialize();                     // initialize text LCD module
  Beep();

  LCD_string(0x80,"  Light Sensor  ");  // display title
  LCD_string(0xC0,"00% :           ");

  T2CON = 0x04;                         // TR2=1, C/-T2=0
  T2MOD = 0x02;                         // programmable clock out mode
  RCAP2H = 65530 >> 8;                  // clock = 1MHz
  RCAP2L = 65530 & 0x00FF;
  TH2 = 65530 >> 8;
  TL2 = 65530 & 0x00FF;
  Delay_ms(100);                        // wait for ADC stabilization

  while(1)
    { sum = 0;                          // clear total sum
      for(i=1; i<=10; i++)
        { ADC_CH2 = 0;                  // select and start ADC0809 IN2
          Delay_us(100);
          sum += ADC_READ;              // add A/D result to total sum
          Delay_ms(1);                  // delay for interval
        }
      LCD_command(0xC0);                // cursor position
      i = (sum/10)*100/255;             // calculate %
      LCD_2d(i);                        // display %

      if(i < 25)                        // display light message
        LCD_string(0xC6,"Very dark ");
      else if(i < 50)
        LCD_string(0xC6,"  Dark    ");
      else if(i < 75)
        LCD_string(0xC6,"  Light   ");
      else
        LCD_string(0xC6,"Very light");
```

```
        Delay_ms(200);
    }
}
```

6. 실습 과제

(1) <그림 4.16.1.>의 Op Amp를 이용한 비반전 증폭기(non-inverting amplifier)에서 어떻게 증폭률이 5가 되는지, 그리고 여기서 사용한 저항들은 왜 모두 1% 오차라고 명시하였는지 설명하라. 또한 *OK-89S52* 키트의 설계자는 왜 여기서 반전증폭기(inverting amplifier)를 사용하지 않고 비반전 증폭기를 사용했는지도 설명하라.

(2) A/D 컨버터에서 발생할 수 있는 오차의 종류에는 어떤 것이 있으며, 이 각각의 오차를 보정하는 방법은 무엇인지 설명하라.

(3) 어셈블리 예제 프로그램 Exp16_2.asm이나 C언어 예제 프로그램 Exp16_2.c에서 평균처리를 위하여 여러번 A/D 변환을 수행할 때 각 A/D 변환의 사이에 1ms 정도나 그 이상의 충분한 시간지연을 주지 않으면 평균처리의 효과가 현저히 떨어지는 것을 확인할 수 있는데 그 이유를 설명하라.

(4) 가변저항 VR1을 오른쪽 끝까지 돌렸을 때 어셈블리 예제 프로그램 Exp16_3.asm에서는 4.9V로 측정되고 C언어 예제 프로그램 Exp16_3.c에서는 5.0V로 측정되는 것을 확인할 수 있다. 왜 이런 차이가 나는지 그 이유를 설명하고 어느 것이 더 정확한 측정 결과이며 이 문제를 해결할 수 있는 방법은 무엇인지 설명하라.

(5) 예제 프로그램 Exp16_3.asm을 수정하여 VR1의 전압이 소수점 아래 둘째 자리까지 표시되도록 한 프로그램 Exp16_3r.asm을 작성하라.

(6) 예제 프로그램 Exp16_4.c를 수정하여 현재 기온이 소수점 아래 둘째 자리까지 표시되도록 한 프로그램 Exp16_4r.c를 작성하라.

4.17 D/A 컨버터 출력 프로그램

이 절에서는 *OK-89S52* 키트에서 AT89S52의 외부에 접속한 8비트 D/A 컨버터 DAC0800을 응용하는 프로그래밍 기술을 공부하기로 한다.

관련 내용	(1) 제1.3절 AT89S52의 명령 세트 (2) 제3.1절 *OK-89S52* 키트의 구조와 기능

1. *OK-89S52* 키트의 D/A 컨버터

AT89S52에는 D/A 컨버터를 내장하고 있지 않으므로 제3.1절에서 설명한 바와 같이 *OK-89S52* 키트에서는 8비트 D/A 컨버터인 DAC0800을 외부에 인터페이스하여 사용하고 있다. 이 D/A 컨버터는 자체적인 래치 기능이 없으므로 <그림 4.17.1>에도 다시 회로도를 보인 바와 같이 8비트 래치를 사용하여 CPU의 데이터 버스에 접속하고 어드레스 디코더를 이용하여 8500H 번지에 디지털 데이터를 출력하면 이것이 8비트 래치를 거쳐서 D/A 컨버터에 입력된다. 이것은 전류 출력형 D/A 컨버터이므로 Op Amp를 접속하여 전압출력으로 변환하여야 하며, 회로 구성 방법에 따라 +/- 양극성의 전압출력도 가능하다.

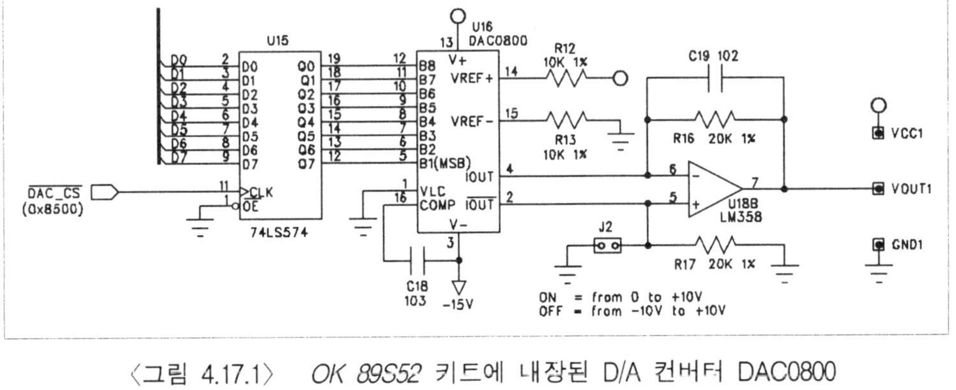

〈그림 4.17.1〉 *OK 89S52* 키트에 내장된 D/A 컨버터 DAC0800

여기서 점퍼 스위치 J2는 D/A 컨버터로 출력되는 아날로그 전압의 극성 또는 범위를 설정하는데 사용된다. 즉, 이 회로에서 점퍼 스위치 J2를 ON시키면 출력전압은 + 방향의 단극성(unipolar)으로 되고, D/A 컨버터 출력의 최대값이

$$\begin{aligned} V_{OUT1} &= \frac{V_{REF}}{R_{12}} R_{16}\left(\frac{1}{2}+\frac{1}{4}+\frac{1}{8}+\frac{1}{16}+\frac{1}{32}+\frac{1}{64}+\frac{1}{128}+\frac{1}{256}\right) \\ &= \frac{5}{(10\times 10^3)} \times (20\times 10^3) \times \frac{255}{256} = 9.961\,[\mathrm{V}] \end{aligned}$$

이므로 출력전압의 범위는 약 0～+10[V]가 된다. 이때 디지털 데이터 00H는 출력전압 0V에 대응하고, FFH는 출력전압 9.961V에 대응한다.

그러나, 점퍼 스위치 J2를 OFF시키면 출력전압은 + 및 -방향의 양극성(bipolar)으로 되고, D/A 컨버터 출력의 최대값이

$$\begin{aligned} V_{OUT1} &= \pm\frac{V_{REF}}{R_{12}} R_{16}\left(\frac{1}{2}+\frac{1}{4}+\frac{1}{8}+\frac{1}{16}+\frac{1}{32}+\frac{1}{64}+\frac{1}{128}\right) \\ &= \pm\frac{5}{(10\times 10^3)} \times (20\times 10^3) \times \frac{127}{128} = \pm 9.922\,[\mathrm{V}] \end{aligned}$$

이므로 출력전압의 범위는 약 -10～+10[V]가 된다. 이때 디지털 데이터 80H는 출력전압 0V에 대응하고, 데이터가 FFH 쪽으로 증가할수록 출력전압은 +9.922V에 접근하며, 데이터가 00H 쪽으로 감소할수록 출력전압은 -9.922V에 접근한다.

D/A 컨버터 출력전압의 오차를 적게 하려면 DAC0800의 14번 핀에 인가하는 기준전압을 정확하게 +5V로 유지하여야 하며, 저항 R12, R13, R16, R17에는 오차범위 1% 이내의 정밀저항을 사용하는 것이 좋다.

또한, 이 회로에서 Op Amp는 DAC0800의 출력이 전류로 되어 있는 것을 전압으로 변환하며, 콘덴서 C19는 입력 디지털 값의 변화에 따라 출력되는 아날로그 전압이 변할 때 출력신호에 나타날 수 있는 글리치(glitch) 현상을 방지하고 출력파형이 계단모양으로 되는 것을 부드럽게 처리해 주는 저역통과 필터(LPF ; Low-Pass Filter) 기능을 수행한다.

D/A 컨버터를 이용하여 어떤 함수 파형을 발생하는 경우에 이를 실시간으로 계산하려면 매우 빠른 연산처리가 필요하므로 DSP가 아니면 구현하기가 어렵다. 따라서, 대부분 중저속 마이크로프로세서에서는 이를 미리 오프라인(off-line)으로 계산하여 그 결과를 조견표(lookup table)로 만들어 두고 이를 일정한 시간간격으로 차례로 읽어서 D/A 컨버터에 출력하는 방법을 사용한다.

◀휴게실▶ **D/A 컨버터의 분류**

○ 분해능에 따라
- 저분해능형 - 4비트형, 6비트형, 8비트형
- 고분해능형 - 10비트형, 12비트형, 14비트형, 16비트형, 24비트형

○ 변환시간(셋틀링 시간)에 따라
- 저속형 - 변환시간 수μs 이상
- 고속형 - 변환시간 수백ns 이하

○ 데이터 변환방식에 따라
- 저항 네트워크형
- 저항 사다리형

○ 아날로그 출력의 형태에 따라
- 전류출력형
- 전압출력형

○ 아날로그 출력의 극성에 따라
- 단극성형
- 양극성형

○ 데이터 입력 형태에 따라
- 병렬 입력형
- 직렬 입력형

○ 아날로그 출력 채널수에 따라
- 싱글 채널형
- 멀티 채널형

○ 기타
- 기준전원 내장형
- 입력 레지스터 내장형

2. 기본적인 D/A 컨버터 출력 프로그램

먼저 D/A 컨버터를 통하여 일정한 시간지연을 주면서 미리 계산된 데이터를 출력

하여 일정한 주파수와 진폭을 가지는 삼각파(triangular wave)나 정현파(sinusoidal wave)를 발생시키는 프로그램을 작성하여 본다.

(1) 삼각파 발생 프로그램

▣ 어셈블리 언어의 경우

조견표의 데이터를 출력할 때마다 일정한 시간지연을 주는 방법으로 DAC0800을 이용하여 약 1kHz의 삼각파를 출력하고자 하는 프로그램을 어셈블리 언어로 구현하면 다음과 같다. 이 삼각파는 진폭이 약 -7.8~+7.8[V] 범위에서 동작하는데, 1주기의 데이터는 100등분으로 분할하여 미리 계산하고 이를 테이블로 처리하였으며, 1개의 데이터를 출력할 때마다 10[μs]의 시간지연을 주었다.

〈프로그램 Exp17_1.asm〉 삼각파 발생 프로그램

```
;[][][][][][][][][][][][][][][][][][][][][][][][][][][][][][][][][][][][]
;[]                                                                    []
;[]    Exp17_1.asm : Basic D/A Converter Triangular Wave Output        []
;[]                                                                    []
;[][][][][][][][][][][][][][][][][][][][][][][][][][][][][][][][][][][][]
;
;               Designed and programmed by Duck-Yong Yoon in 2005.
;
$NOMOD51                                ; do not use default MCS-51 SFR
$INCLUDE(AT89S52.INC)                   ; include AT89S52 definition file

;=======================================================================
;       Main Program
;=======================================================================
CSEG    AT      0000H
        MOV     SP,#7FH                 ; initialize SP
        CALL    KIT_INITIALIZE          ; initialize OK-89S52 kit
        CALL    D50MS                   ; wait for system stabilization
        CALL    LCD_INITIALIZE          ; initialize text LCD
        CALL    BEEP

        CALL    LCD_HOME1               ; display title
        CALL    LCD_STRING
        DB      '   D/A Output    ',0
        CALL    LCD_HOME2
        CALL    LCD_STRING
        DB      'Triangular Wave ',0

LOOP:   MOV     R7,#100                 ; 100 step data counter
        MOV     DPTR,#TRI_DATA
LOOP1:  CLR     A                       ; output D/A data
        MOVC    A,@A+DPTR
        PUSH    DPH
        PUSH    DPL
        MOV     DPTR,#DAC_CS
        MOVX    @DPTR,A
```

```
        POP     DPL
        POP     DPH
        CALL    D10US                   ; delay 10 us
        INC     DPTR
        DJNZ    R7,LOOP1                ; last data ?
        JMP     LOOP

TRI_DATA:DB       80H, 84H, 88H, 8CH, 90H; triangular wave data table
        DB        94H, 98H, 9CH,0A0H,0A4H
        DB       0A8H,0ACH,0B0H,0B4H,0B8H
        DB       0BCH,0C0H,0C4H,0C8H,0CCH
        DB       0D0H,0D4H,0D8H,0DCH,0E0H
        DB       0E4H,0E0H,0DCH,0D8H,0D4H
        DB       0D0H,0CCH,0C8H,0C4H,0C0H
        DB       0BCH,0B8H,0B4H,0B0H,0ACH
        DB       0A8H,0A4H,0A0H, 9CH, 98H
        DB        94H, 90H, 8CH, 88H, 84H
        DB        80H, 7CH, 78H, 74H, 70H
        DB        6CH, 68H, 64H, 60H, 5CH
        DB        58H, 54H, 50H, 4CH, 48H
        DB        44H, 40H, 3CH, 38H, 34H
        DB        30H, 2CH, 28H, 24H, 20H
        DB        1CH, 20H, 24H, 28H, 2CH
        DB        30H, 34H, 38H, 3CH, 40H
        DB        44H, 48H, 4CH, 50H, 54H
        DB        58H, 5CH, 60H, 64H, 68H
        DB        6CH, 70H, 74H, 78H, 7CH

;===================================================================
;       Include User Subroutine File
;===================================================================
$INCLUDE(OK89S52.INC)                   ; include OK-89S52 subroutine file
        END
```

☞ 만약, 이 100개의 데이터를 정확히 10[μs]의 시간간격으로 일정하게 D/A 컨버터에 출력한다면 이 삼각파의 1주기 데이터를 모두 출력하는데 1000[μs]가 걸릴 것이므로 삼각파의 출력주파수는 1[kHz]가 될 것이다. 그러나, 이 프로그램에서는 10[μs]의 시간지연 루틴이 정확하지 않고 다소 오차가 있으며, 또한 1개의 데이터를 출력할 때마다 이 시간지연값 이외에도 이 루틴을 실행하는데 시간이 소요되어 전체 처리 시간이 더 길어진다.

이렇게 1개의 데이터를 출력하는 처리 루프의 전체 실행시간은 약 25[μs] 정도가 되므로, 1주기의 데이터 100개를 출력하는데는 2500[μs] = 2.5[ms]가 걸리며, 따라서 실제의 삼각파 출력주파수는 400[Hz] 정도로 낮아진다.

이 프로그램을 어셈블하여 다운로드하고 실행하라. 이때 *OK-89S52* 키트에서 점퍼 스위치를 J2=ON으로 설정하고 출력신호 VOUT1을 오실로스코프로 측정한 파형을 보이면 <그림 4.17.2>의 (a)와 같고, J2=OFF로 설정하고 출력신호를 측정한 파형은 그림의 (b)와 같다. 실제로 오실로스코프로 이 파형을 관측하여 이와 같게 되는지 확인하라.

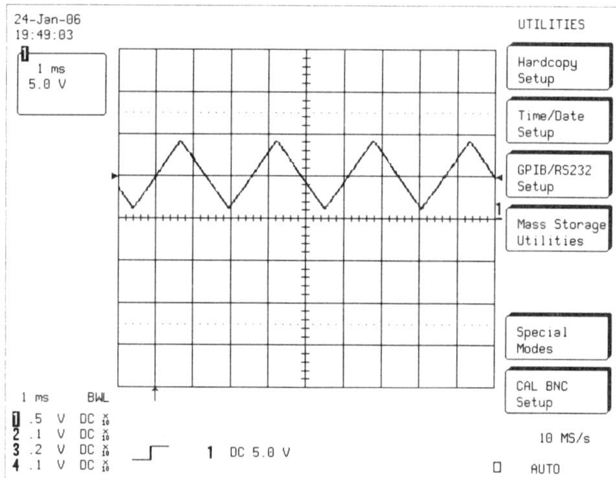

(a) J2를 ON시킨 경우

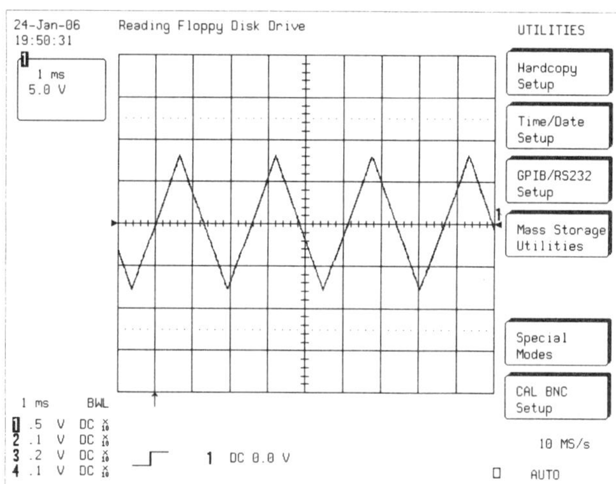

(b) J2를 OFF시킨 경우

〈그림 4.17.2〉 프로그램 Exp17_1.asm에 의한 삼각파 출력 파형

▣ C언어의 경우

앞의 Exp17_1.asm과 동일한 기능을 수행하는 프로그램을 C언어로 작성하여 보면 다음과 같다.

〈프로그램 Exp17_1.c〉 삼각파 발생 프로그램

```
/* ========================================================================== */
/*           Exp17_1.c : Basic D/A Converter Triangular Wave Output            */
```

```
/* ============================================================================ */
/*                        Designed and programmed by Duck-Yong Yoon in 2005.   */

#include "AT89S52.H"                           // include AT89S52 definition file
#include "OK89S52.H"                           // include OK-89S52 kit function

unsigned char code tri_data[100] = {           // triangular wave data table
    0x80,0x84,0x88,0x8C,0x90,0x94,0x98,0x9C,0xA0,0xA4,
    0xA8,0xAC,0xB0,0xB4,0xB8,0xBC,0xC0,0xC4,0xC8,0xCC,
    0xD0,0xD4,0xD8,0xDC,0xE0,0xE4,0xE0,0xDC,0xD8,0xD4,
    0xD0,0xCC,0xC8,0xC4,0xC0,0xBC,0xB8,0xB4,0xB0,0xAC,
    0xA8,0xA4,0xA0,0x9C,0x98,0x94,0x90,0x8C,0x88,0x84,
    0x80,0x7C,0x78,0x74,0x70,0x6C,0x68,0x64,0x60,0x5C,
    0x58,0x54,0x50,0x4C,0x48,0x44,0x40,0x3C,0x38,0x34,
    0x30,0x2C,0x28,0x24,0x20,0x1C,0x20,0x24,0x28,0x2C,
    0x30,0x34,0x38,0x3C,0x40,0x44,0x48,0x4C,0x50,0x54,
    0x58,0x5C,0x60,0x64,0x68,0x6C,0x70,0x74,0x78,0x7C };

main()
{ unsigned char i;

  Kit_initialize();                            // initialize OK-89S52 kit
  Delay_ms(50);                                // wait for system stabilization
  LCD_initialize();                            // initialize text LCD module
  Beep();

  LCD_string(0x80,"    D/A Output    ");       // display title
  LCD_string(0xC0,"Triangular Wave ");

  while(1)
    { for(i = 0; i <= 99; i++)
        { DAC_CS = tri_data[i];                // output D/A data
          Delay_us(10);                        // dealy 10 us
        }
    }
}
```

☞ 이 프로그램에서 삼각파의 데이터 테이블 tri_data[100]을 그냥 unsigned char로 정의하면 메모리형이 data로 간주되어 이것이 내부 데이터 메모리인 SRAM에 저장될 것이다. 그러나, 만약 *OK-89S52* 키트에서처럼 내부 RAM의 80H~FFH 번지를 스택으로 사용하고 00H~2FH 번지는 레지스터나 비트 어드레싱 등의 특별한 영역으로 사용되는 것을 고려하면 실제로 사용자가 쓸 수 있는 영역은 30H~7FH 번지 정도에 불과하다. 따라서, 이 프로그램에서처럼 100바이트나 되는 대용량의 상수 데이터를 내부 RAM에 저장하는 것은 바람직하지 않다. 이런 경우에는 AT89S52의 외부에 SRAM을 확장하여 접속하고 프로그램에서 unsigned char xdata tri_data[100]으로 정의하면 되지만, *OK-89S52* 키트에서는 외부에 SRAM을 접속하지 않았으므로 이렇게 사용하는 것이 불가능하다. 따라서, 이 프로그램에서는 이를 unsigned char code tri_data[100]으로 정의하여 이 테이블을 프로그램 메모리에 상수로 저장하도록 하였다.

이 프로그램을 컴파일하여 다운로드하고 실행하라. 그리고 오실로스코프로 출력단지 VOUT1의 삼각파 출력파형을 관측하여 보라.

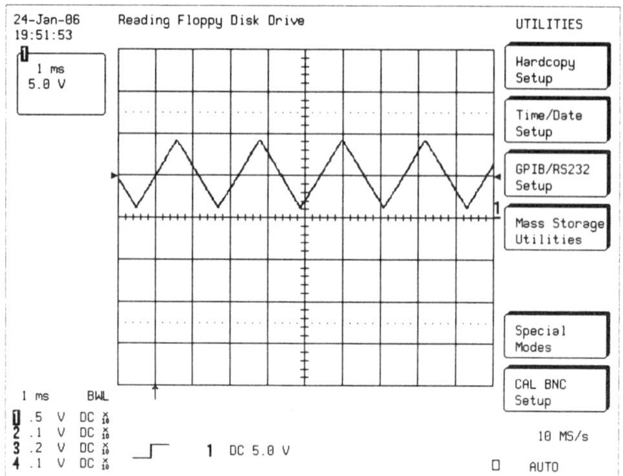

(a) J2를 ON시킨 경우

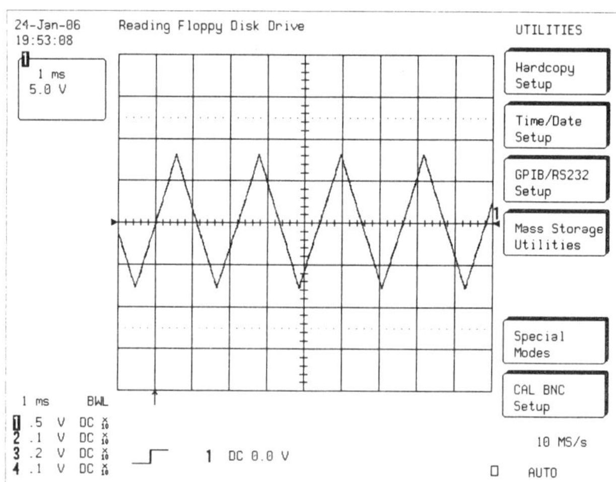

(b) J2를 OFF시킨 경우

〈그림 4.17.3〉 프로그램 Exp17_1.c에 의한 삼각파 출력 파형

이 파형을 관측하여 보면 <그림 4.17.3>에 보인 바와 같이 의외로 어셈블리 예제 Exp17_1.asm에서의 출력 파형에 비하여 더 높은 주파수로 출력되는 것을 알 수 있다. 즉, 어셈블리 프로그램에서는 약 400Hz의 삼각파가 출력되는데 C언어 프로그램에서는 이보다 약간 높은 450Hz 정도의 삼각파가 출력된다. 그럼 C언어의 실행속도가 더 빠르다는 것인가? 그렇다. C컴파일러가 생성한 리스팅 파일을 살펴보면 이 데이터 테이블을 읽어서 D/A 컨버터에 출력하는 루틴이 다음과 같이 번역되어 앞의 어셈블리 언어 예제에서 보다 더 빠르게 실행된다. 때로는 이처럼 프로그래머가 작성한 어셈블리

프로그램은 C컴파일러가 번역한 것에 비하여 비효율적인 경우도 있다.

〈파일 Exp17_1.LST〉 C언어 예제 프로그램 Exp17_1.c의 리스팅 파일

```
C51 COMPILER V6.14, COMPILATION OF MODULE EXP17_1
OBJECT MODULE PLACED IN .\Exp17_1.OBJ
COMPILER INVOKED BY: C:\Keil\C51\BIN\C51.EXE .\Exp17_1.c DEBUG OBJECTEXTEND CODE SYMBOLS

stmt level    source

   1          /* ========================================================================== */
   2          /*                Exp17_1.c : Basic D/A Converter Triangular Wave Output        */
   3          /* ========================================================================== */
   4          /*                          Designed and programmed by Duck-Yong Yoon in 2005.  */
   5
   6          #include "AT89S52.H"                       // include AT89S52 definition file
   7          #include "OK89S52.H"                       // include OK-89S52 kit function
   8
   9          unsigned char code tri_data[100] = {       // triangular wave data table
  10              0x80,0x84,0x88,0x8C,0x90,0x94,0x98,0x9C,0xA0,0xA4,

                           (중간 생략)

  19              0x58,0x5C,0x60,0x64,0x68,0x6C,0x70,0x74,0x78,0x7C };
  20
  21          main()
  22          { unsigned char i;
  23    1
  24    1       Kit_initialize();                          // initialize OK-89S52 kit
  25    1       Delay_ms(50);                              // wait for system stabilization
  26    1       LCD_initialize();                          // initialize text LCD module
  27    1       Beep();
  28    1
  29    1       LCD_string(0x80,"   D/A Output   ");         // display title
  30    1       LCD_string(0xC0,"Triangular Wave ");
  31    1
  32    1       while(1)
  33    1         { for(i = 0; i <= 99; i++)
  34    2             { DAC_CS = tri_data[i];                // output D/A data
  35    3               Delay_us(10);                        // dealy 10 us
  36    3             }
  37    2         }
  38    1     }

                           (중간 생략)

0026             ?C0027:
                                                         ; SOURCE LINE # 32
                                                         ; SOURCE LINE # 33
;---- Variable 'i' assigned to Register 'R5' ----
0026 E4                      CLR     A
0027 FD                      MOV     R5,A
0028             ?C0029:
                                                         ; SOURCE LINE # 34
0028 ED                      MOV     A,R5
0029 900000        R         MOV     DPTR,#tri_data
002C 93                      MOVC    A,@A+DPTR
002D 908500                  MOV     DPTR,#08500H
0030 F0                      MOVX    @DPTR,A
                                                         ; SOURCE LINE # 35
0031 7F0A                    MOV     R7,#0AH
0033 120000        R         LCALL   _Delay_us
                                                         ; SOURCE LINE # 36
0036 0D                      INC     R5
0037 BD64EE                  CJNE    R5,#064H,?C0029
003A 80EA                    SJMP    ?C0027
                 ; FUNCTION main (END)

                           (이하 생략)
```

(2) 정현파 발생 프로그램

▣ 어셈블리 언어의 경우

조건표의 데이터를 출력할 때마다 일정한 시간지연을 주는 방법으로 DAC0800을 이용하여 약 1kHz의 정현파를 출력하고자 하는 프로그램을 어셈블리 언어로 구현하면 다음과 같다. 이 정현파는 진폭이 약 -10~+10[V] 범위에서 동작하는데, 1주기의 데이터는 100등분으로 분할하여 미리 계산하고 이를 테이블로 처리하였으며, 1개의 데이터를 출력할 때마다 10[μs]의 시간지연을 주었다.

〈프로그램 Exp17_2.asm〉 정현파 발생 프로그램

```
;[][][][][][][][][][][][][][][][][][][][][][][][][][][][][][][][][][][][]
;[]                                                                    []
;[]    Exp17_2.asm : Basic D/A Converter Sinusoidal Wave Output       []
;[]                                                                    []
;[][][][][][][][][][][][][][][][][][][][][][][][][][][][][][][][][][][][]
;
;               Designed and programmed by Duck-Yong Yoon in 2005.
;
$NOMOD51                                ; do not use default MCS-51 SFR
$INCLUDE(AT89S52.INC)                   ; include AT89S52 definition file

;=====================================================================
;       Main Program
;=====================================================================
CSEG    AT      0000H
        MOV     SP,#7FH                 ; initialize SP
        CALL    KIT_INITIALIZE          ; initialize OK-89S52 kit
        CALL    D50MS                   ; wait for system stabilization
        CALL    LCD_INITIALIZE          ; initialize text LCD
        CALL    BEEP

        CALL    LCD_HOME1               ; display title
        CALL    LCD_STRING
        DB      '   D/A Output   ',0
        CALL    LCD_HOME2
        CALL    LCD_STRING
        DB      'Sinusoidal Wave ',0

LOOP:   MOV     R7,#0                   ; 100 step data counter
LOOP1:  MOV     DPTR,#SIN_DATA          ; output D/A data
        MOV     A,R7
        MOVC    A,@A+DPTR
        MOV     DPTR,#DAC_CS
        MOVX    @DPTR,A
        CALL    D10US                   ; delay 10 us
        INC     R7
        CJNE    R7,#100,LOOP1           ; last data ?
        JMP     LOOP

SIN_DATA:DB      80H, 88H, 90H, 98H,0A0H; sinusoidal wave data table
        DB      0A7H,0AFH,0B6H,0BDH,0C4H
        DB      0CBH,0D1H,0D7H,0DDH,0E2H
```

```
        DB      0E7H,0EBH,0EFH,0F3H,0F6H
        DB      0F9H,0FBH,0FDH,0FEH,0FFH
        DB      0FFH,0FFH,0FEH,0FDH,0FBH
        DB      0F9H,0F6H,0F3H,0EFH,0EBH
        DB      0E7H,0E2H,0DDH,0D7H,0D1H
        DB      0CBH,0C4H,0BDH,0B6H,0AFH
        DB      0A7H,0A0H, 98H, 90H, 88H
        DB       80H, 78H, 70H, 68H, 60H
        DB       59H, 51H, 4AH, 43H, 3CH
        DB       35H, 2FH, 29H, 23H, 1EH
        DB       19H, 15H, 11H, 0DH, 0AH
        DB       07H, 05H, 03H, 02H, 01H
        DB       01H, 01H, 02H, 03H, 05H
        DB       07H, 0AH, 0DH, 11H, 15H
        DB       19H, 1EH, 23H, 29H, 2FH
        DB       35H, 3CH, 43H, 4AH, 51H
        DB       59H, 60H, 68H, 70H, 78H

;==================================================================
;       Include User Subroutine File
;==================================================================
$INCLUDE(OK89S52.INC)                   ; include OK-89S52 subroutine file
        END
```

이 프로그램을 어셈블하여 다운로드하고 실행하라. 이때 *OK-89S52* 키트에서 점퍼 스위치를 J2=ON으로 설정하고 출력신호 VOUT1을 오실로스코프로 측정한 파형을 보이면 <그림 4.17.4>의 (a)와 같고, J2=OFF로 설정하고 출력신호를 측정한 파형은 그림의 (b)와 같다. 이 프로그램에서는 상수 데이터 테이블을 읽어서 출력하는 루틴을 예제 Exp17_1.asm에서와 같이 처리하지 않고 C컴파일러가 번역한 방법을 사용하였으므로 처리속도가 빨라져서 정현파 출력 파형의 주파수는 약 450Hz가 되었다.

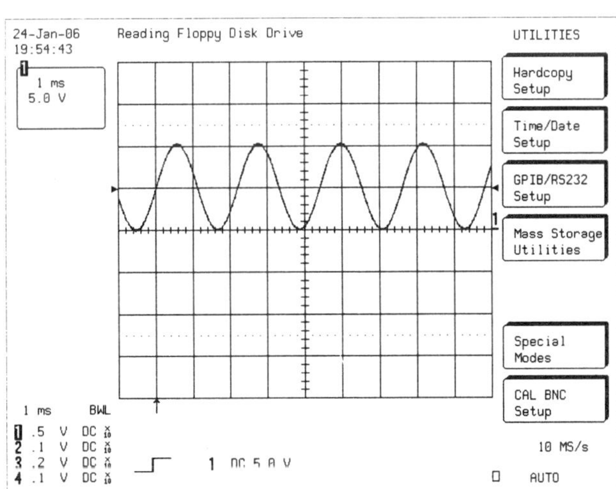

(a) J1을 ON시킨 경우

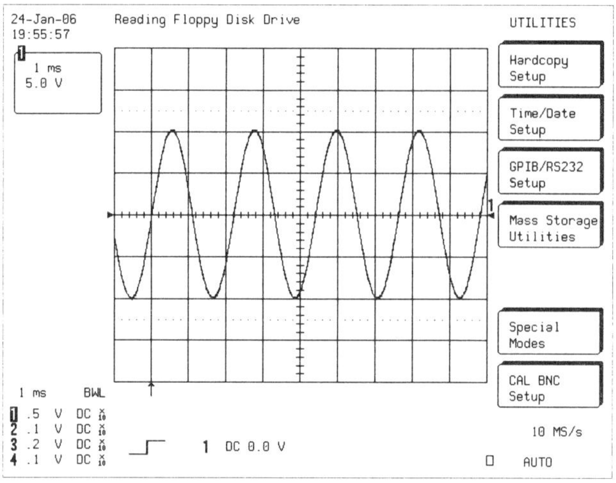

(b) J1을 OFF시킨 경우

〈그림 4.17.4〉 프로그램 Exp17_2.asm에 의한 정현파 출력 파형

▣ C언어의 경우

앞의 Exp17_2.asm과 동일한 기능을 수행하는 프로그램을 C언어로 작성하여 보면 다음과 같다.

〈프로그램 Exp17_2.c〉 정현파 발생 프로그램

```
/* ========================================================================== */
/*              Exp17_2.c : Basic D/A Converter Sinusoidal Wave Output        */
/* ========================================================================== */
/*                        Designed and programmed by Duck-Yong Yoon in 2005.  */

#include "AT89S52.H"                            // include AT89S52 definition file
#include "OK89S52.H"                            // include OK-89S52 kit function

unsigned char code sin_data[100] = {            // sinusoidal wave data table
    0x80,0x88,0x90,0x98,0xA0,0xA7,0xAF,0xB6,0xBD,0xC4,
    0xCB,0xD1,0xD7,0xDD,0xE2,0xE7,0xEB,0xEF,0xF3,0xF6,
    0xF9,0xFB,0xFD,0xFE,0xFF,0xFF,0xFF,0xFE,0xFD,0xFB,
    0xF9,0xF6,0xF3,0xEF,0xEB,0xE7,0xE2,0xDD,0xD7,0xD1,
    0xCB,0xC4,0xBD,0xB6,0xAF,0xA7,0xA0,0x98,0x90,0x88,
    0x80,0x78,0x70,0x68,0x60,0x59,0x51,0x4A,0x43,0x3C,
    0x35,0x2F,0x29,0x23,0x1E,0x19,0x15,0x11,0x0D,0x0A,
    0x07,0x05,0x03,0x02,0x01,0x01,0x01,0x02,0x03,0x05,
    0x07,0x0A,0x0D,0x11,0x15,0x19,0x1E,0x23,0x29,0x2F,
    0x35,0x3C,0x43,0x4A,0x51,0x59,0x60,0x68,0x70,0x78 };

main()
{ unsigned char i;

  Kit_initialize();                             // initialize OK-89S52 kit
  Delay_ms(50);                                 // wait for system stabilization
  LCD_initialize();                             // initialize text LCD module
```

```
    Beep();

    LCD_string(0x80,"   D/A Output   ");          // display title
    LCD_string(0xC0,"Sinusoidal Wave ");

    while(1)
      { for(i = 0; i <= 99; i++)
          { DAC_CS = sin_data[i];                 // output D/A data
            Delay_us(10);                         // dealy 10 us
          }
      }
  }
```

이 프로그램을 컴파일하여 다운로드하고 실행하라. 그리고 오실로스코프로 출력단자 VOUT1의 삼각파 출력파형을 관측하여 보라. 앞의 어셈블리 예제에서와 거의 동일한 결과를 얻을 수 있는가?

3. 인터럽트에 의한 D/A 컨버터 출력 프로그램

앞에서와 같이 일정한 시간지연을 주면서 D/A 컨버터에 미리 계산된 데이터를 출력하는 방법은 프로그램의 처리시간 때문에 원하는 것보다 더 낮은 주파수의 신호를 출력하게 되고, 더구나 그것이 CPU의 처리속도에 따라 달라지기 때문에 정확히 원하는 주파수의 출력신호를 만들기 어렵게 된다. 이를 해결하는 방법은 주기적인 인터럽트를 발생하여 데이터 테이블을 D/A 컨버터에 출력하는 것이다. 여기서는 타이머0의 자동 재저장 모드에 의한 주기적인 인터럽트를 사용하여 원하는 수파수와 진폭을 가지는 삼각파나 정현파를 발생시키는 프로그램을 작성하여 본다.

(1) 삼각파 발생 프로그램

▣ 어셈블리 언어의 경우

앞의 어셈블리 언어 프로그램 Exp17_1.asm을 인터럽트를 사용하여 정확히 200Hz의 삼각파를 발생하는 프로그램으로 다시 작성하여 보면 다음과 같다.

〈프로그램 Exp17_3.asm〉 삼각파 발생 프로그램

```
;[][][][][][][][][][][][][][][][][][][][][][][][][][][][][][][][][][]
;[]                                                                []
;[]     Exp17_3.asm : DAC Triangular Wave Output by Interrupt      []
```

```
;[]                                                                []
;[][][][][][][][][][][][][][][][][][][][][][][][][][][][][][][][][][][]
;
;               Designed and programmed by Duck-Yong Yoon in 2005.
;
$NOMOD51                                ; do not use default MCS-51 SFR
$INCLUDE(AT89S52.INC)                   ; include AT89S52 definition file

;===================================================================
;       Main Program
;===================================================================
CSEG    AT      0000H
        JMP     BOOT

CSEG    AT      000BH
        JMP     TF0_ISR                 ; Timer 0 interrupt service routine

BOOT:   MOV     SP,#7FH                 ; initialize SP
        CALL    KIT_INITIALIZE          ; initialize OK-89S52 kit
        CALL    D50MS                   ; wait for system stabilization
        CALL    LCD_INITIALIZE          ; initialize text LCD
        CALL    BEEP

        CALL    LCD_HOME1               ; display title
        CALL    LCD_STRING
        DB      '   D/A Output   ',0
        CALL    LCD_HOME2
        CALL    LCD_STRING
        DB      'Triangular Wave ',0

        MOV     TMOD,#00000010B         ; Timer 0, mode 2
        MOV     TCON,#00010000B         ; TR0=1
        MOV     TH0,#0-100              ; initialize time constant
        MOV     TL0,#0-100              ; (24MHz/12/100 = 20kHz)
        MOV     IP,#00000010B           ; interrupt priority
        MOV     IE,#10000010B           ; EA=ET0=1

        MOV     R7,#100                 ; initial step counter
        MOV     DPTR,#TRI_DATA          ; initial data pointer
        SJMP    $                       ; infinite loop

TRI_DATA:DB      80H, 84H, 88H, 8CH, 90H; triangular wave data table
        DB       94H, 98H, 9CH,0A0H,0A4H
        DB      0A8H,0ACH,0B0H,0B4H,0B8H
        DB      0BCH,0C0H,0C4H,0C8H,0CCH
        DB      0D0H,0D4H,0D8H,0DCH,0E0H
        DB      0E4H,0E0H,0DCH,0D8H,0D4H
        DB      0D0H,0CCH,0C8H,0C4H,0C0H
        DB      0BCH,0B8H,0B4H,0B0H,0ACH
        DB      0A8H,0A4H,0A0H, 9CH, 98H
        DB       94H, 90H, 8CH, 88H, 84H
        DB       80H, 7CH, 78H, 74H, 70H
        DB       6CH, 68H, 64H, 60H, 5CH
        DB       58H, 54H, 50H, 4CH, 48H
        DB       44H, 40H, 3CH, 38H, 34H
        DB       30H, 2CH, 28H, 24H, 20H
        DB       1CH, 20H, 24H, 28H, 2CH
        DB       30H, 34H, 38H, 3CH, 40H
        DB       44H, 48H, 4CH, 50H, 54H
        DB       58H, 5CH, 60H, 64H, 68H
        DB       6CH, 70H, 74H, 78H, 7CH

;===================================================================
;       Interrupt Service Routine for Timer 0, Mode 2
;===================================================================
```

```
TF0_ISR:CLR     A                        ; output D/A data
        MOVC    A,@A+DPTR
        PUSH    DPH
        PUSH    DPL
        MOV     DPTR,#DAC_CS
        MOVX    @DPTR,A
        POP     DPL
        POP     DPH
        INC     DPTR
        DJNZ    R7,TF0_IS1               ; last data ?
        MOV     R7,#100                  ; initial step counter
        MOV     DPTR,#TRI_DATA           ; initial data pointer
TF0_IS1:RETI

;==================================================================
;       Include User Subroutine File
;==================================================================
$INCLUDE(OK89S52.INC)                    ; include OK-89S52 subroutine file
        END
```

☞ 이 프로그램에서는 타이머0을 자동 재저장 모드를 하고 정확히 20kHz의 속도로 인터럽트를 발생한다. 인터럽트가 발생할 때마다 데이터를 1개씩 출력하고 100개의 데이터를 모두 출력하면 1주기가 5[ms]가 되므로 삼각파의 출력 주파수는 정확히 200[Hz]가 된다.

이 프로그램을 어셈블하여 다운로드하고 실행하라. 이때 *OK-89S52* 키트에서 점퍼 스위치를 J2=OFF으로 설정하고 출력신호 VOUT1을 오실로스코프로 측정한 파형을 보이면 <그림 4.17.5>와 같이 1주기는 5ms 즉, 출력 주파수는 정확히 200Hz가 된다.

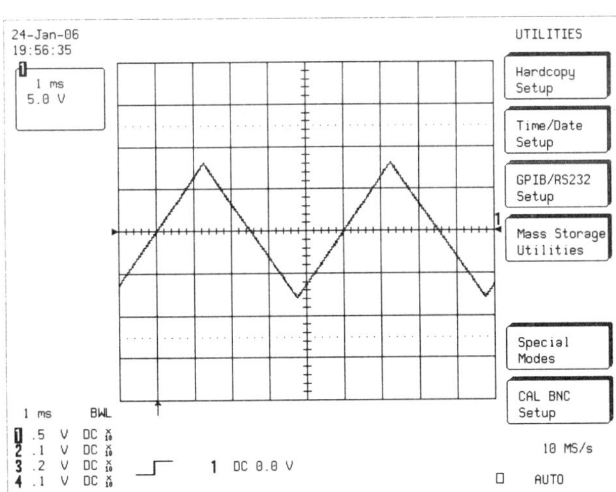

〈그림 4.17.5〉 프로그램 Exp17_3.asm에 의한 삼각파 출력 파형

▣ C언어의 경우

앞의 Exp17_3.asm과 동일한 기능을 수행하는 프로그램을 C언어로 작성하여 보면 다음과 같다.

〈프로그램 Exp17_3.c〉 삼각파 발생 프로그램

```
/* ========================================================================== */
/*            Exp17_3.c : DAC Triangular Wave Output by Interrupt              */
/* ========================================================================== */
/*                        Designed and programmed by Duck-Yong Yoon in 2005.  */

#include "AT89S52.H"                            // include AT89S52 definition file
#include "OK89S52.H"                            // include OK-89S52 kit function

unsigned char code tri_data[100] = {            // triangular wave data table
    0x80,0x84,0x88,0x8C,0x90,0x94,0x98,0x9C,0xA0,0xA4,
    0xA8,0xAC,0xB0,0xB4,0xB8,0xBC,0xC0,0xC4,0xC8,0xCC,
    0xD0,0xD4,0xD8,0xDC,0xE0,0xE4,0xE0,0xDC,0xD8,0xD4,
    0xD0,0xCC,0xC8,0xC4,0xC0,0xBC,0xB8,0xB4,0xB0,0xAC,
    0xA8,0xA4,0xA0,0x9C,0x98,0x94,0x90,0x8C,0x88,0x84,
    0x80,0x7C,0x78,0x74,0x70,0x6C,0x68,0x64,0x60,0x5C,
    0x58,0x54,0x50,0x4C,0x48,0x44,0x40,0x3C,0x38,0x34,
    0x30,0x2C,0x28,0x24,0x20,0x1C,0x20,0x24,0x28,0x2C,
    0x30,0x34,0x38,0x3C,0x40,0x44,0x48,0x4C,0x50,0x54,
    0x58,0x5C,0x60,0x64,0x68,0x6C,0x70,0x74,0x78,0x7C };

unsigned char count;                            // interrupt counter

void TF0_ISR(void) interrupt 1                  /* Timer 0 int. service routine */
{ count++;                                      // increment software count
  if(count == 100)
    count = 0;

  DAC_CS = tri_data[count];                     // output D/A data
}

main()
{
  Kit_initialize();                             // initialize OK-89S52 kit
  Delay_ms(50);                                 // wait for system stabilization
  LCD_initialize();                             // initialize text LCD module
  Beep();

  LCD_string(0x80,"   D/A Output   ");           // display title
  LCD_string(0xC0,"Triangular Wave ");

  TMOD = 0x02;                                  // Timer 0, mode 2
  TCON = 0x10;                                  // TR0=1
  TH0 = 0-100;                                  // initialize time constant
  TL0 = 0-100;                                  // (24MHz/12/100 = 20kHz)
  IP = 0x02;                                    // interrupt priority
  IE = 0x82;                                    // EA=ET0=1

  count = 0;                                    // initial interrupt counter

  while(1);                                     // infinite loop
}
```

이 프로그램을 컴파일하여 다운로드하고 실행하라. 그리고 오실로스코프로 출력단자 VOUT1의 삼각파 출력파형을 관측하여 보라. 앞의 어셈블리 예제에서와 거의 동일한 결과를 얻을 수 있는가?

(2) 정현파 발생 프로그램

▣ 어셈블리 언어의 경우

앞의 어셈블리 언어 프로그램 Exp17_2.asm을 인터럽트를 사용하여 정확히 200Hz의 정현파를 발생하는 프로그램으로 다시 작성하여 보면 다음과 같다.

〈프로그램 Exp17_4.asm〉 정현파 발생 프로그램

```
;[][][][][][][][][][][][][][][][][][][][][][][][][][][][][][][][][][]
;[]                                                                []
;[]     Exp17_4.asm : DAC Sinusoidal Wave Output by Interrupt      []
;[]                                                                []
;[][][][][][][][][][][][][][][][][][][][][][][][][][][][][][][][][][]
;
;               Designed and programmed by Duck-Yong Yoon in 2005.
;
$NOMOD51                                ; do not use default MCS-51 SFR
$INCLUDE(AT89S52.INC)                   ; include AT89S52 definition file

;===================================================================
;       Main Program
;===================================================================
CSEG    AT      0000H
        JMP     BOOT

CSEG    AT      000BH
        JMP     TF0_ISR                 ; Timer 0 interrupt service routine

BOOT:   MOV     SP,#7FH                 ; initialize SP
        CALL    KIT_INITIALIZE          ; initialize OK-89S52 kit
        CALL    D50MS                   ; wait for system stabilization
        CALL    LCD_INITIALIZE          ; initialize text LCD
        CALL    BEEP

        CALL    LCD_HOME1               ; display title
        CALL    LCD_STRING
        DB      '   D/A Output   ',0
        CALL    LCD_HOME2
        CALL    LCD_STRING
        DB      'Triangular Wave ',0

        MOV     TMOD,#00000010B         ; Timer 0, mode 2
        MOV     TCON,#00010000B         ; TR0=1
        MOV     TH0,#0-100              ; initialize time constant
        MOV     TL0,#0-100              ; (24MHz/12/100 = 20kHz)
        MOV     IP,#00000010B           ; interrupt priority
        MOV     IE,#10000010B           ; EA=ET0=1
```

```
        MOV     R7,#100                 ; initial step counter
        MOV     DPTR,#SIN_DATA          ; initial data pointer
        SJMP    $                       ; infinite loop

SIN_DATA:DB      80H, 88H, 90H, 98H,0A0H; sinusoidal wave data table
        DB      0A7H,0AFH,0B6H,0BDH,0C4H
        DB      0CBH,0D1H,0D7H,0DDH,0E2H
        DB      0E7H,0EBH,0EFH,0F3H,0F6H
        DB      0F9H,0FBH,0FDH,0FEH,0FFH
        DB      0FFH,0FFH,0FEH,0FDH,0FBH
        DB      0F9H,0F6H,0F3H,0EFH,0EBH
        DB      0E7H,0E2H,0DDH,0D7H,0D1H
        DB      0CBH,0C4H,0BDH,0B6H,0AFH
        DB      0A7H,0A0H, 98H, 90H, 88H
        DB       80H, 78H, 70H, 68H, 60H
        DB       59H, 51H, 4AH, 43H, 3CH
        DB       35H, 2FH, 29H, 23H, 1EH
        DB       19H, 15H, 11H, 0DH, 0AH
        DB       07H, 05H, 03H, 02H, 01H
        DB       01H, 01H, 02H, 03H, 05H
        DB       07H, 0AH, 0DH, 11H, 15H
        DB       19H, 1EH, 23H, 29H, 2FH
        DB       35H, 3CH, 43H, 4AH, 51H
        DB       59H, 60H, 68H, 70H, 78H

;=======================================================================
;       Interrupt Service Routine for Timer 0, Mode 2
;=======================================================================
TF0_ISR:CLR     A                       ; output D/A data
        MOVC    A,@A+DPTR
        PUSH    DPH
        PUSH    DPL
        MOV     DPTR,#DAC_CS
        MOVX    @DPTR,A
        POP     DPL
        POP     DPH
        INC     DPTR
        DJNZ    R7,TF0_IS1              ; last data ?
        MOV     R7,#100                 ; initial step counter
        MOV     DPTR,#SIN_DATA          ; initial data pointer
TF0_IS1:RETI

;=======================================================================
;       Include User Subroutine File
;=======================================================================
$INCLUDE(OK89S52.INC)                   ; include OK-89S52 subroutine file
        END
```

☞ 이 프로그램에서는 타이머0을 자동 재저장 모드를 하고 정확히 20kHz의 속도로 인터럽트를 발생한다. 인터럽트가 발생할 때마다 데이터를 1개씩 출력하고 100개의 데이터를 모두 출력하면 1주기가 5[ms]가 되므로 정현파의 출력 주파수는 정확히 200[Hz]가 된다.

이 프로그램을 어셈블하여 다운로드하고 실행하라. 이때 *OK-89S52* 키트에서 점퍼스위치를 J2=OFF으로 설정하고 출력신호 VOUT1을 오실로스코프로 측정한 파형을 보이면 <그림 4.17.6>과 같이 1주기는 5ms 즉, 출력 주파수는 정확히 200Hz가 된다.

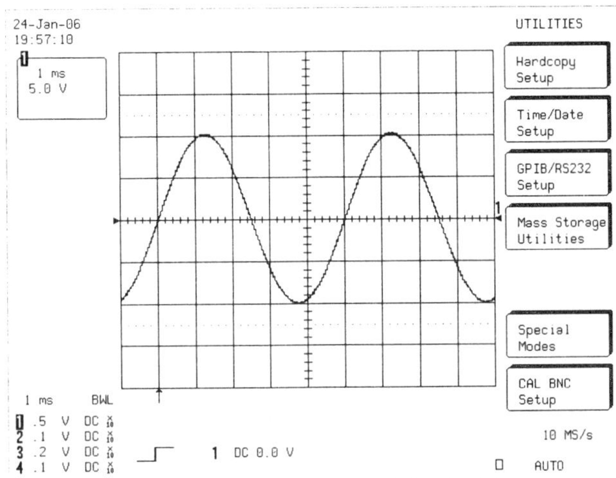

〈그림 4.17.6〉 프로그램 Exp17_4.asm에 의한 정현파 출력 파형

▣ C언어의 경우

앞의 Exp17_4.asm과 동일한 기능을 수행하는 프로그램을 C언어로 작성하여 보면 다음과 같다.

〈프로그램 Exp17_4.c〉 정현파 발생 프로그램

```
/* ========================================================================== */
/*              Exp17_4.c : DAC Sinusoidal Wave Output by Interrupt          */
/* ========================================================================== */
/*                         Designed and programmed by Duck-Yong Yoon in 2005.  */

#include "AT89S52.H"                          // include AT89S52 definition file
#include "OK89S52.H"                          // include OK-89S52 kit function

unsigned char code sin_data[100] = {          // sinusoidal wave data table
    0x80,0x88,0x90,0x98,0xA0,0xA7,0xAF,0xB6,0xBD,0xC4,
    0xCB,0xD1,0xD7,0xDD,0xE2,0xE7,0xEB,0xEF,0xF3,0xF6,
    0xF9,0xFB,0xFD,0xFE,0xFF,0xFF,0xFF,0xFE,0xFD,0xFB,
    0xF9,0xF6,0xF3,0xEF,0xEB,0xE7,0xE2,0xDD,0xD7,0xD1,
    0xCB,0xC4,0xBD,0xB6,0xAF,0xA7,0xA0,0x98,0x90,0x88,
    0x80,0x78,0x70,0x68,0x60,0x59,0x51,0x4A,0x43,0x3C,
    0x35,0x2F,0x29,0x23,0x1E,0x19,0x15,0x11,0x0D,0x0A,
    0x07,0x05,0x03,0x02,0x01,0x01,0x01,0x02,0x03,0x05,
    0x07,0x0A,0x0D,0x11,0x15,0x19,0x1E,0x23,0x29,0x2F,
    0x35,0x3C,0x43,0x4A,0x51,0x59,0x60,0x68,0x70,0x78 };

unsigned char count;                          // interrupt counter

void TF0_ISR(void) interrupt 1                /* Timer 0 int. service routine */
{ count++;                                    // increment software count
  if(count == 100)
    count = 0;
```

```
    DAC_CS = sin_data[count];                    // output D/A data
  }

  main()
  {
    Kit_initialize();                            // initialize OK-89S52 kit
    Delay_ms(50);                                // wait for system stabilization
    LCD_initialize();                            // initialize text LCD module
    Beep();

    LCD_string(0x80,"    D/A Output    ");       // display title
    LCD_string(0xC0,"Triangular Wave ");

    TMOD = 0x02;                                 // Timer 0, mode 2
    TCON = 0x10;                                 // TR0=1
    TH0 = 0-100;                                 // initialize time constant
    TL0 = 0-100;                                 // (24MHz/12/100 = 20kHz)
    IP = 0x02;                                   // interrupt priority
    IE = 0x82;                                   // EA=ET0=1

    count = 0;                                   // initial interrupt counter

    while(1);                                    // infinite loop
  }
```

이 프로그램을 컴파일하여 다운로드하고 실행하라. 그리고 오실로스코프로 출력단자 VOUT1의 삼각파 출력파형을 관측하여 보라. 앞의 어셈블리 예제에서와 거의 동일한 결과를 얻을 수 있는가?

4. 키입력에 의한 D/A 컨버터 출력 전압의 가변

이번에는 KEY4~KEY1의 키입력에 의하여 D/A 컨버터로 출력되는 직류전압 신호를 -10V~+10V의 범위에서 가변할 수 있는 프로그램을 작성하여 보기로 한다. KEY1과 KEY2는 각각 D/A 컨버터의 출력 디지털값을 10H씩 크게 증가 또는 감소시키는데 사용하며, KEY3과 KEY4는 각각 D/A 컨버터 출력을 01H씩 미세하게 증가 또는 감소시키는데 사용한다.

▣ 어셈블리 언어의 경우

키입력으로 D/A 컨버터의 출력 전압을 가변할 수 있는 프로그램을 어셈블리 언어로 구현하면 다음과 같다.

〈프로그램 Exp17_5.asm〉 D/A 컨버터의 출력 전압을 가변하는 프로그램

```
;[][][][][][][][][][][][][][][][][][][][][][][][][][][][][][][][][][][][]
;[]                                                                  []
;[]       Exp17_5.asm : D/A Converter Output Voltage by Key          []
;[]                                                                  []
;[][][][][][][][][][][][][][][][][][][][][][][][][][][][][][][][][][][][]
;
;                Designed and programmed by Duck-Yong Yoon in 2005.
;
$NOMOD51                                ; do not use default MCS-51 SFR
$INCLUDE(AT89S52.INC)                   ; include AT89S52 definition file

VOLT    DATA    30H                     ; D/A value for voltage output

;=====================================================================
;       Main Program
;=====================================================================
CSEG    AT      0000H
        MOV     SP,#7FH                 ; initialize SP
        CALL    KIT_INITIALIZE          ; initialize OK-89S52 kit
        CALL    D50MS                   ; wait for system stabilization
        CALL    LCD_INITIALIZE          ; initialize text LCD
        CALL    BEEP

        CALL    LCD_HOME1               ; display title
        CALL    LCD_STRING
        DB      '   D/A Output    ',0
        CALL    LCD_HOME2
        CALL    LCD_STRING
        DB      ' 80H = +00.0[V] ',0

        MOV     DPTR,#DAC_CS            ; set initial voltage +0.00[V]
        MOV     VOLT,#80H
        MOV     A,VOLT
        MOVX    @DPTR,A

READ_KEY:CALL   KEY_IN                  ; input key
        CJNE    A,#00011100B,CK_KEY2    ; if KEY1, increment by 10H
        MOV     A,VOLT
        ADD     A,#10H
        MOV     VOLT,A
        CALL    DAC_OUT
        JMP     READ_KEY

CK_KEY2:CJNE    A,#00011010B,CK_KEY3    ; if KEY2, decrement by 10H
        MOV     A,VOLT
        CLR     C
        SUBB    A,#10H
        MOV     VOLT,A
        CALL    DAC_OUT
        JMP     READ_KEY

CK_KEY3:CJNE    A,#00010110B,CK_KEY4    ; if KEY3, increment by 01H
        INC     VOLT
        CALL    DAC_OUT
        JMP     READ_KEY

CK_KEY4:CJNE    A,#00001110B,READ_KEY   ; if KEY4, decrement by 01H
        DEC     VOLT
        CALL    DAC_OUT
```

```
        JMP     READ_KEY

;-----------------------------------------------------------
;       Output D/A and Display Voltage Value
;-----------------------------------------------------------
DAC_OUT:MOV     DPTR,#DAC_CS            ; output D/A
        MOV     A,VOLT
        MOVX    @DPTR,A
        MOV     LCD_BUFFER,#0C1H        ; display D/A in HEX format
        CALL    LCD_COMMAND
        MOV     LCD_BUFFER,VOLT
        CALL    LCD_2HEX
        MOV     LCD_BUFFER,#0C7H        ; display D/A voltage
        CALL    LCD_COMMAND
        MOV     A,VOLT                  ; VOLT >= 80H ?
        CJNE    A,#80H,SIGN
        JMP     POSITIVE
SIGN:   JNC     POSITIVE
        MOV     LCD_BUFFER,#'-'         ; if VOLT < 80H, negative voltage
        CALL    LCD_DATA
        MOV     A,#80H
        CLR     C
        SUBB    A,VOLT
        JMP     SIGN_OK
POSITIVE:MOV    LCD_BUFFER,#'+'         ; if VOLT >= 80H, positive voltage
        CALL    LCD_DATA
        MOV     A,VOLT
        CLR     C
        SUBB    A,#80H
SIGN_OK:MOV     B,#100                  ; voltage = (A/128) * 10
        MUL     AB                      ; display 00.0 format
        MOV     R4,B
        MOV     R5,A
        MOV     R7,#128
        CALL    DIV8
        MOV     A,R5
        MOV     B,#100
        DIV     AB
        ADD     A,#'0'
        CJNE    A,#'0',NON_ZERO
        MOV     A,#' '
NON_ZERO:MOV    LCD_BUFFER,A
        CALL    LCD_DATA
        MOV     A,B
        MOV     B,#10
        DIV     AB
        ADD     A,#'0'
        MOV     LCD_BUFFER,A
        CALL    LCD_DATA
        MOV     LCD_BUFFER,#'.'
        CALL    LCD_DATA
        MOV     A,B
        ADD     A,#'0'
        MOV     LCD_BUFFER,A
        CALL    LCD_DATA
        RET

;===================================================================
;       Include User Subroutine File
;===================================================================
$INCLUDE(OK89S52.INC)                   ; include OK-89S52 subroutine file
        END
```

☞ D/A 컨버터에 80H를 출력할 때 전압은 0.0V가 되고, 16진수로 이보다 크거나 같은 값을 출력하면 +전압이 발생되며, 이보다 작은 값을 출력하면 -전압이 발생된다. KEY1과 KEY2는 큰 폭의 증감에 사용되고, KEY3과 KEY4는 작은 폭의 증감에 사용된다.
이 프로그램에서는 특히 80H를 중심으로 하는 +/- 극성의 전압값을 어떻게 계산하여 텍스트형 LCD 모듈에 표시하였는지에 주목하여 프로그램을 이해하라.

이 프로그램을 어셈블하여 다운로드하고 실행하라. 그리고, J2=OFF로 하고 출력 전압을 오실로스코프나 디지털 멀티미터로 측정하면서 KEY4~KEY1을 이용하여 출력 전압을 가변시켜 보라.

▣ C언어의 경우

앞의 Exp17_5.asm과 동일한 기능을 수행하는 프로그램을 C언어로 작성하여 보면 다음과 같다.

〈프로그램 Exp17_5.c〉 D/A 컨버터의 출력 전압을 가변하는 프로그램

```
/* ========================================================================== */
/*              Exp17_5.c : D/A Converter Output Voltage by Key               */
/* ========================================================================== */
/*                         Designed and programmed by Duck-Yong Yoon in 2005.  */

#include "AT89S52.H"                        // include AT89S52 definition file
#include "OK89S52.H"                        // include OK-89S52 kit function

LCD_2hex(unsigned char number)              /* display HEX number xxH */
{ unsigned char i;

  i = (number >> 4) & 0x0F;                 // 16^1
  if(i <= 9) LCD_data(i + '0');
  else       LCD_data(i - 10 + 'A');

  i = number & 0x0F;                        // 16^0
  if(i <= 9) LCD_data(i + '0');
  else       LCD_data(i - 10 + 'A');
}

LCD_s2d1(unsigned char number)               /* display signed real number +xx.x
*/
{ unsigned char i;
  unsigned int j;
  float voltage;

  if(number >= 0x80)                        // positive
    { number = number - 0x80;
      LCD_data('+');
    }
  else                                      // negative
    { number = 0x80 - number;
      LCD_data('-');
```

```
    }

  voltage = number * 10. / 128.;                    // calculate voltage

  j = (int)(voltage * 10. + 0.5);
  i = j / 100;                                      // 10^1
  if(i == 0) LCD_data(' ');
  else       LCD_data(i + '0');
  i = j % 100;
  LCD_data(i / 10 + '0');                           // 10^0
  LCD_data('.');
  LCD_data(i % 10 + '0');                           // 10^-1
}

main()
{ unsigned char volt;

  Kit_initialize();                                 // initialize OK-89S52 kit
  Delay_ms(50);                                     // wait for system stabilization
  LCD_initialize();                                 // initialize text LCD module
  Beep();

  LCD_string(0x80,"   D/A Output    ");             // display title
  LCD_string(0xC0," 80H = +00.0[V] ");

  volt = 0x80;                                      // initial voltage 0.0[V]
  DAC_CS = volt;

  while(1)
    { switch(Key_input())                           // key input
        { case 0x1C : volt += 0x10;                 // if KEY1, increment by 0x10
                      DAC_CS = volt;
                      break;
          case 0x1A : volt -= 0x10;                 // if KEY2, decrement by 0x10
                      DAC_CS = volt;
                      break;
          case 0x16 : volt += 0x01;                 // if KEY3, increment by 0x01
                      DAC_CS = volt;
                      break;
          case 0x0E : volt -= 0x01;                 // if KEY4, decrement by 0x01
                      DAC_CS = volt;
                      break;
          default   : break;
        }

      LCD_command(0xC1);                            // display D/A in HEX format
      LCD_2hex(volt);
      LCD_command(0xC7);                            // display D/A voltage
      LCD_s2d1(volt);
    }
}
```

이 프로그램을 컴파일하여 다운로드하고 실행하라. 앞의 어셈블리 언어 예제에서와 동일한 실행 결과를 얻을 수 있는가?

5. 실습 과제

(1) 앞의 <그림 4.17.1>에서 J2를 ON시켰을 경우와 OFF시켰을 경우에 출력전압의 극성이 서로 달라지는 이유는 무엇인지 D/A 컨버터의 출력기능과 OP Amp의 동작원리로 설명하라.

(2) DAC0800과 같이 대부분의 D/A 컨버터에서는 출력전압의 +피크치와 -피크치의 절대값이 서로 약간 다르다. 이렇게 되는 이유는 무엇인지 설명하라.

(3) 앞의 예제에서는 프로그램을 간단히 하기 위하여 정현파를 발생할 때 1주기를 100등분하여 조견표에 데이터가 100개 존재하도록 만들었다. 이를 삼각함수에서 변수가 1도 간격이 되도록 1주기를 360등분하여 조견표의 데이터를 360개로 늘렸다면 어떤 장단점이 있는지 설명하라.

(4) 예제 프로그램 Exp17_3.c에서 J2=ON으로 설정하였을 때 출력전압의 파형이 0~+10V 범위에서 변하는 200Hz의 톱니파(sawtooth wave)가 되도록 수정한 프로그램 Exp17_3r.c를 작성하라.

(5) 예제 프로그램 Exp17_4.asm에서 출력 파형의 주파수를 400Hz로 수정한 프로그램 Exp17_4r.asm을 작성하라.

(6) 예제 프로그램 Exp17_5.c에서 J2=ON으로 설정하였을 때의 출력전압이 텍스트형 LCD 모듈에 표시되도록 수정한 프로그램 Exp17_5r.c를 작성하라.

4.18 고급 C언어 프로그래밍

이제 여러분이 제4장의 실습을 처음부터 여기까지 단계적으로 모두 수행해 왔다면 여러분은 적어도 PK51에 관한한 상당한 수준의 프로그래머가 되었다고 자부해도 좋다. 더구나 여러분이 이 과정에서 어셈블리 언어와 C언어 프로그래밍 기술을 병행하여 익혀왔다면 더욱 그러하다.

그러나, 다른 한편으로 보면 여러분은 이제까지 단지 *OK-89S52* 키트라는 한정된 하드웨어만을 사용해왔기 때문에 앞으로 여러분이 스스로 응용 시스템의 하드웨어를 설계하고 그에 맞는 응용 소프트웨어를 작성하는 등의 좀더 많은 실무적인 경험을 쌓지 않으면 아직은 마이크로콘트롤러의 응용 분야의 고급 엔지니어라고 말하기는 어렵다. 한 차원 높은 수준의 하드웨어 설계 기술과 프로그래밍 기술을 익히면서 자신만의 실무적 노하우를 축적하고, 어떤 응용 시스템이나 어떤 개발환경에서도 쉽게 적응할 수 있는 능력은 오랜 실무 경험을 통해서만 얻어지는 것이기 때문이다.

이 절에서는 프로그래밍 실습의 마지막으로서 *OK-89S52* 키트나 AT89S52를 기본적인 수준에서 사용할 때는 필요없지만 좀더 높은 수준의 프로그래밍 기술을 익히려면 알아야 하는 고급 C언어 프로그래밍 기술들을 모아서 공부하기로 한다.

관련 내용	(1) 제3.4절 매크로 어셈블러 A51.EXE (2) 제3.5절 C컴파일러 C51.EXE (3) 제3.6절 PK51의 기타 유틸리티

1. 최적화

대부분의 C컴파일러가 그러하듯이 PK51에도 C언어 소스를 컴파일하여 오브젝트를 생성할 때 가장 효율적이 되도록 하는 최적화(optimization) 기능을 가지고 있다. 어셈블리 언어 프로그램에서는 어셈블러가 마이크로프로세서의 어셈블리 명령을 단지 기계어 코드로 하나씩 번역하기 때문에 프로그램이 달라질 수 없다. 그러나, C언어에서는 이를 번역할 때 이것이 일단 어셈블리 언어로 번역되고 다시 이를 어셈블하여 기계어 코드로 만들어지기 때문에 C언어 소스가 중간의 어셈블리 소스로 번역되는데는 수많은 방법이 있을 수 있다. 이렇게 C언어 소스를 어셈블리 언어 소스로 번역할 때 어디에 중점을 둘 것인지 가이드를 지정하는 것을 최적화라고 할 수 있다.

PK51 V6.1의 경우 최적화는 0~9의 10단계가 있는데, 이는 OPTIMIZE(level) 옵션으로 지정하며 μVision2에서는 <그림 3.3.25>와 같이 타겟 옵션의 C51 화면에서 지정한다. 최적화는 디폴트로 8로 설정되어 있으며, 9에 가깝게 설정할수록 최적화 수준이 높아지고 어느 최적화 단계를 설정하면 그 하위 단계의 기능을 모두 포함한다. 최적화 옵션에는 OPTIMIZE(*level*,SPEED)처럼 처리속도에 중점을 두어 최적화하도록 지정할 수도 있고, OPTIMIZE(*level*,SIZE)처럼 코드 사이즈에 중점을 두어 최적화를 수행할 수도 있다. 각 최적화 단계에 따른 처리 기능은 <표 3.5.10>에서 요약하여 설명한 바 있다.

최적화를 수행하였을 때와 수행하지 않았을 때의 차이는 프로그램에 따라 다르다. 어느 프로그램에서는 최적화의 효과가 매우 클 수도 있으며, 어느 프로그램에서는 최적화의 효과가 거의 없거나 미미할 수도 있다.

다음은 PK51이 C언어 소스 프로그램을 컴파일할 때 최적화 기능이 프로그램의 실행속도를 얼마나 빠르게 하는지를 확인하기 위한 예제 프로그램이다.

〈프로그램 Exp18_1.c〉 최적화의 효과를 확인하는 프로그램

```
/* ========================================================================== */
/*              Exp18_1.c : Execution Time by Optimization Level              */
/* ========================================================================== */
/*                     Designed and programmed by Duck-Yong Yoon in 2005.    */

#pragma optimize(9,SPEED)

#include "AT89S52.H"                        // include AT89S52 definition file
#include "OK89S52.H"                        // include OK-89S52 kit function

LCD_5d(unsigned int number)                 /* display 5-digit decimal number */
{ unsigned char flag, i;

  flag = 0;
  i = number/10000;                         // 10^4
  if(i == 0) LCD_data(' ');
  else {     LCD_data(i + '0');
             flag = 1;
       }

  number = number % 10000;                  // 10^3
  i = number/1000;
  if((i == 0) && (flag == 0))
             LCD_data(' ');
  else {     LCD_data(i + '0');
             flag = 1;
       }
```

```
  number = number % 1000;                    // 10^2
  i = number/100;
  if((i == 0) && (flag == 0))
            LCD_data(' ');
  else {    LCD_data(i + '0');
            flag = 1;
       }

  number = number % 100;                     // 10^1
  i = number/10;
  if((i == 0) && (flag == 0))
            LCD_data(' ');
  else {    LCD_data(i + '0');
            flag = 1;
       }

  i = number % 10;                           // 10^0
  LCD_data(i + '0');
}

main()
{ unsigned int i, j, time;
  float x, y;

  Kit_initialize();                          // initialize OK-89S52 kit
  Delay_ms(50);                              // wait for system stabilization
  LCD_initialize();                          // initialize text LCD module
  Beep();

  TMOD = 0x01;                               // Timer 0, mode 1
  TCON = 0x10;                               // TR0=1
  TH0  = 0;                                  // clear Timer 0
  TL0  = 0;

  LCD_string(0x80," Execution Time ");       // display title
  LCD_string(0xC0,"   00000 [us]   ");

  for(i=1, x=0.0; i <= 20; i++)
    { j = i + 500;                           // integer addition
      j = i * 500;                           // integer multiplication
      x += 12.34;                            // real addition
      y = x * 56.78 * j;                     // real & integer
    }

  time = TH0*256 + TL0;                      // read Timer 0
  LCD_command(0xC3);                         // display execution time
  LCD_5d(time/2);

  while(1);
}
```

☞ 이 프로그램은 단지 실행속도를 측정하기 위한 것이므로 내용 자체에는 별로 의미를 둘 필요가 없다. 프로그램의 실행속도는 타이머0의 모드1을 사용하여 측정하였다. 즉, 프로그램의 서두에서 타이머0을 모드1로 초기화하고 16비트 타이머의 값을 0으로 해놓은 후에 프로그램의 끝 부분에서 이 16비트 타이머를 읽으면 실행시간이 머신 사이클의 수로 읽힌다. 타이머0에는 시스템 클럭을 12로 나눈 주파수가 입력되기 때문이다. *OK-89S52* 키트에서는 시스템 클럭이 24MHz이므로 1머신 사이클은 0.5[μs]이며 따라서 타이머0을 읽어들인 값에 0.5를 곱하여 텍스트형 LCD 모듈에 표시하면 이것이 μs 단위의 실행시간이 된다.

여기서 최적화 레벨은 프로그램의 서두의 #pragma optimize(0,SIZE) 또는 #pragma optimize(9,SPEED) 처럼 지시어로 지정할 수도 있고, μVision2에서 옵션으로 설정할 수도 있다. 소스에서 #pragma 지시어를 사용하면 μVision2에서의 옵션은 무시된다.

이 프로그램을 컴파일하고 다운로드하여 실행한 후에 텍스트형 LCD 모듈에 표시되는 실행시간을 기록하라. 그리고, 소스에서 최적화를 #pragma optimize(0,SIZE)로 수정한 후에 다시 컴파일하고 다운로드하여 실행한 상태에서 텍스트형 LCD 모듈에 표시되는 실행시간을 기록하라. 이 프로그램의 경우 최적화 레벨을 0으로 설정하였을 때의 실행시간은 10761[μs]지만 최적화 레벨을 9로 설정하였을 때는 10118[μs]로 감소하여 실행속도가 (10761-10118)*100/10761 = 6% 정도나 빨라졌다.

2. 스타트업 파일의 수정

C언어 소스 프로그램은 1개의 main() 함수와 기타 많은 함수들로 구성되는데 이것들을 번역하면 main() 함수가 바로 실행될 수 있도록 실행파일이 만들어지지 못한다. 이 main() 함수가 올바르게 실행되려면 여러가지의 조건이 있지만, 최소한 main() 함수가 어느 번지부터 위치하는지를 CPU가 알 수 있도록 하고 여러가지의 초기화 작업이 끝나면 이곳으로 CPU의 실행 제어가 옮겨져야 하는데 C언어에서는 이것이 쉽지 않다. C언어는 사용자 중심의 언어이므로 기계 중심의 어셈블리 언어에 비하여 하드웨어 의존적인 기능은 매우 떨어지기 때문이다.

그래서 대부분의 마이크로콘트롤러용 C언어에서는 자신에게 적합한 main() 함수의 실행개시 수단을 제공하는데 이를 스타트업 코드(startup code)라고 한다. 즉, CPU가 리셋되고 나면 첫번째로 이 스타트업 코드를 수행하도록 실행파일이 만들어진다. 이처럼 C언어는 하드웨어 의존적인 처리기능이 취약하므로 스타트업 코드는 어셈블리 언어로 작성되며 이런 기능을 수행하는 어셈블리 언어 파일을 스타트업 파일(startup file)이라고 한다.

일반적으로 스타트업 코드는 먼저 스택 포인터와 같은 기본적인 하드웨어를 초기화한 후에 C언어 프로그램의 초기화 루틴을 수행하여 모든 글로벌 변수나 기타의 필요한 초기화를 수행한 후에 main() 함수를 호출하여 실행한다. 대부분의 C언어 프로그램에서는 main() 함수의 실행을 종료하지 않도록 되어 있지만, main() 함수도 하나의 함수이므로 이것의 실행이 종료되면 다시 스타트업 코드로 제어가 넘겨져서 exit() 함수를 수행함으로써 전체 프로그램이 완전히 종료되는 구조를 가지는 스타트업 파일도 있다. C언어 프로그램이 번역될 때는 항상 사용자 프로그램을 컴파일한 오브젝트 파일과 C컴파일러가 제공하는 기본 런타임 라이브러리 파일에 이 스타트업 파일을 어셈블한 오브젝트 파일을 함께 링크하여 하나의 실행 프로그램을 만들게 된다.

PK51에서는 이 스타트업 파일을 C:\Keil\C51\LIB\STARTUP.A51로 제공하며 이것을 어셈블한 오브젝트는 기본적으로 C컴파일러의 런타임 라이브러리 파일안에 포함되어 있으므로 사용자가 따로 링크시켜 줄 필요가 없이 자동으로 링크된다. PK51의 기본 런타임 라이브러리 파일은 <표 3.5.16>에서 보인 바 있다.

OK-89S52 키트는 무조건 사용자 프로그램의 시작번지가 AT89S52의 0x0000 번지이며 스택은 필요에 따라 내부 RAM의 임의의 영역을 사용해도 되므로 PK51에서 기본으로 제공하는 스타트업 코드를 그대로 사용하면 된다. 따라서, 이 책의 모든 C언어 예제 프로그램에서는 별도로 스타트업 파일을 사용하지 않았다. 그러나, 만약 사용자가 다른 하드웨어를 사용하여 이러한 사양이 달라진다면 스타트업 파일을 수정해야할 경우도 있다. 이처럼 PK51에서 기본으로 제공하는 스타트업 코드를 사용하지 않으려면 C:\Keil\C51\LIB\STARTUP.A51 파일을 원하는 내용으로 수정하고 이를 어셈블하여 사용자 프로그램에 링크하면 된다. 이와 같이 스타트업 파일을 링크하면 런타임 라이브러리에 포함된 스타트업 코드는 자동으로 무시된다.

다음은 PK51의 스타트업 파일 STARTUP.A51을 수정하여 사용자 프로그램에 링크하는 기능을 익히기 위한 예제 프로그램이다.

〈프로그램 Exp18_2.c〉 스타트업 파일을 수정하여 사용하기 위한 프로그램

```
/* ========================================================================== */
/*                 Exp18_2.c : Modify Startup File STARTUP.A51                */
/* ========================================================================== */
/*                          Designed and programmed by Duck-Yong Yoon in 2005. */

#include "AT89S52.H"                                // include AT89S52 definition file
#include "OK89S52.H"                                // include OK-89S52 kit function

#define LED1 (*(unsigned char data *)0x30)          // internal SRAM address
#define LED2 (*(unsigned char data *)0x31)

main()
{
  Kit_initialize();                                 // initialize OK-89S52 kit
  Delay_ms(50);                                     // wait for system stabilization
  LCD_initialize();                                 // initialize text LCD module
  Beep();

  LCD_string(0x80," Modify Startup ");              // display title
  LCD_string(0xC0,"   STARTUP.A51  ");
```

```
    while(1)
      { DIG_SELECT = LED1;                         // LED data 1 of 0x30 address
        Delay_ms(500);
        DIG_SELECT = LED2;                         // LED data 2 of 0x31 address
        Delay_ms(500);
      }
  }
```

☞ 이 프로그램은 AT89S52 내부 RAM의 0x30 번지와 0x31 번지에 저장된 변수값을 읽어서 0.5초 간격으로 LED4~LED1에 반복 디스플레이하는 동작을 수행한다. 그러나, 이 프로그램에는 0x30 번지와 0x31 번지에 초기 데이터를 저장하는 부분이 없으며 이는 스타트업 파일에서 수행한다.

이 프로그램을 그대로 컴파일하고 다운로드하여 실행하라. LED4~LED1이 점등되는가? 이 프로그램을 실행하면 LED4~LED1 중에서 어떤 것도 점등되지 않는 것이 정상이다. 이 프로그램을 그냥 컴파일하면 이는 메모리 모델이 small로 되므로 PK51에 제공되는 런타임 라이브러리 파일 C:\Keil\C51\LIB\C51S.LIB에 포함된 스타트업 코드가 링크되는데, 이 스타트업 코드에는 내부 RAM을 모두 00H로 클리어하는 루틴을 가지고 있기 때문에 30H와 31H 번지의 내용도 00H로 되며 따라서 이것들을 LED4~LED1에 출력해봐야 아무 LED도 켜지지 않는다.

이제 이 STARTUP.A51 파일을 수정하여 여기서 30H와 31H 번지의 내용을 각각 05H와 0AH로 초기화하도록 해보자. 그런데, C:\Keil\C51\LIB\STARTUP.A51의 원본 파일은 그냥 보존하는 것이 좋으므로 먼저 이를 C:\Keil\OK89S52c\STARTUP.A51로 복사한다. 그리고 이 파일을 <그림 4.18.1>처럼 프로젝트창에 소스 파일 Exp18_2.c와 함께 등록한 후에 한 후에 다음과 같이 편집한다.

〈파일 STARTUP.A51〉 수정된 스타트업 파일

```
;------------------------------------------------------------------------------
;  This file is part of the C51 Compiler package
;  Copyright (c) 1988-2001 Keil Elektronik GmbH and Keil Software, Inc.
;------------------------------------------------------------------------------
;  STARTUP.A51:  This code is executed after processor reset.
;
;  To translate this file use A51 with the following invocation:
;
;     A51 STARTUP.A51
;
;  To link the modified STARTUP.OBJ file to your application use the following
;  BL51 invocation:
;
;     BL51 <your object file list>, STARTUP.OBJ <controls>
;
;------------------------------------------------------------------------------
```

```
;
;  User-defined Power-On Initialization of Memory
;
;  With the following EQU statements the initialization of memory
;  at processor reset can be defined:
;
IDATALEN        EQU     80H     ; the length of IDATA memory in bytes.
;
;  Notes:  The IDATA space overlaps physically the DATA and BIT areas of the
;          8051 CPU. At minimum the memory space occupied from the C51
;          run-time routines must be set to zero.
;------------------------------------------------------------------------------
;
;  The following EQU statements define the stack pointer for reentrant
;  functions and initialized it:
;
;  Stack Space for reentrant functions in the SMALL model.
;
IBPSTACK        EQU     0       ; set to 1 if small reentrant is used.
IBPSTACKTOP     EQU     0FFH+1  ; set top of stack to highest location+1.
;
;------------------------------------------------------------------------------

                NAME    ?C_STARTUP

?C_C51STARTUP   SEGMENT   CODE
?STACK          SEGMENT   IDATA

                RSEG    ?STACK
                DS      1

                EXTRN CODE (?C_START)
                PUBLIC  ?C_STARTUP

                CSEG    AT      0
?C_STARTUP:     LJMP    STARTUP1

                RSEG    ?C_C51STARTUP

STARTUP1:       MOV     R0,#IDATALEN - 1
                CLR     A
IDATALOOP:      MOV     @R0,A
                DJNZ    R0,IDATALOOP

EXTRN DATA (?C_IBP)
                MOV     ?C_IBP,#LOW IBPSTACKTOP

                MOV     SP,#?STACK - 1

                MOV     30H,#00000101B          ; LED data 1
                MOV     31H,#00001010B          ; LED data 2

                LJMP    ?C_START

                END
```

☞ 이 스타트업 파일에서는 필요없는 부분을 삭제하고 끝 부분에 30H 번지와 31H 번지에 초기값을 부여하는 명령을 삽입하였다. 전체적인 루틴이 간단하므로 보면 어렵지 않게 이해할 수 있을 것이다.

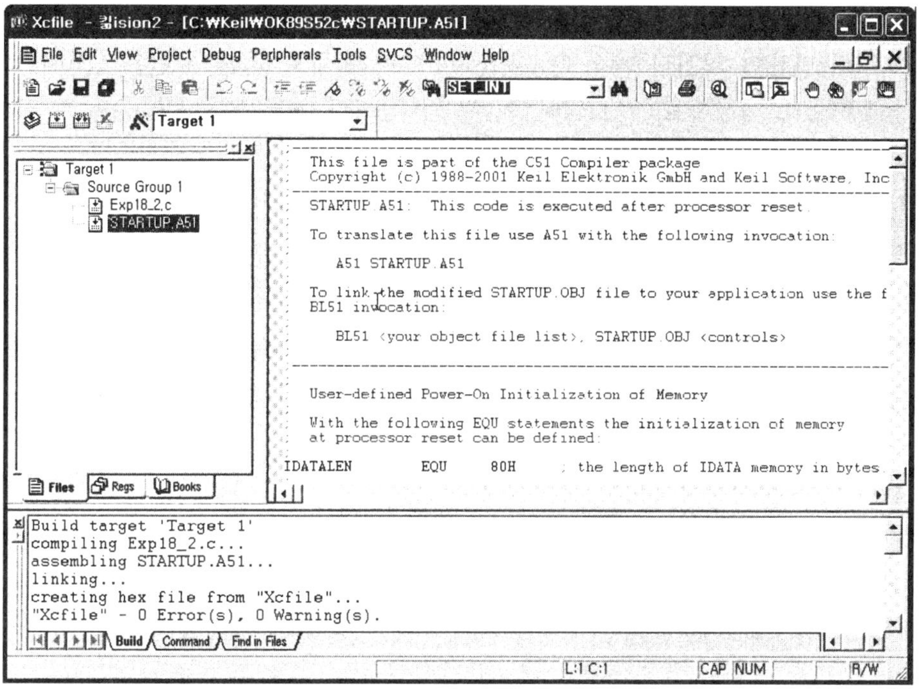

〈그림 4.18.1〉 스타트업 파일의 편집

이와 같이 스타트업 파일을 수정하였으면 이제 이를 컴파일하고 다운로드하여 실행하라. LED4~LED1이 점등되는가? 이 프로그램을 실행하면 LED3, LED1과 LED4, LED2가 교대로 0.5초씩 점등하게 된다.

3. 인라인 어셈블 기능

오늘날 대부분의 마이크로콘트롤러에서는 어셈블리 언어 뿐만 아니라 C언어를 널리 사용하고 있다. C언어는 경우에 따라 어셈블리 언어보다 프로그램 개발 시간이 짧아지고 소스가 간결하여 이해하기 쉬우며 유지 보수에도 편리한 장점이 있다. 그러나, C언어의 기능이 아무리 훌륭하게 발전하더라도 C언어는 C언어일 뿐이며 어셈블리 언어의 고유한 장점을 능가할 수는 없다. 마이크로콘트롤러의 고유한 기능을 세밀하게 처리하거나 각 MCU의 하드웨어 특성에 의존하는 기능을 정확하게 처리하는데는 역시 어셈블리 언어가 뛰어나다.

이 때문에 진정한 마이크로콘트롤러 엔지니어라면 어셈블리 언어나 C언어의 어느 한쪽만을 고집하지 않고 응용 분야에 따라 적절한 언어를 선택하여 사용하며, 때로는 하나의 프로그램에 이 2가지의 언어를 혼용하기도 한다. 즉, 하드웨어에 의존하는 부분이 적고 산술연산이 많거나 매크로(macro)한 처리를 주로 하는 루틴은 C언어를 사용하여 효율적으로 작성하고, 하드웨어 의존도가 높거나 빠르고 미세(micro)한 실행 처리가 요구되는 루틴들은 어셈블리 언어로 작성하는 것이다.

하나의 프로그램에서 C언어와 어셈블리 언어를 혼용하는 방법은 크게 2가지 형태로 나눌 수 있다. 첫째는, C언어 프로그램 내에서 필요한 루틴의 일부분을 인라인 어셈블(inline assemble) 명령으로 작성하는 것이다. 대부분의 C컴파일러에는 인라인 어셈블 기능을 지원하지만, C컴파일러에 따라서는 이를 지원하지 않거나 또는 어셈블리 명령 중에서 일부를 제외하고 제한적으로 지원하는 경우도 있다. PK51의 경우에는 어셈블리 명령중에 특별히 사용이 제한되는 것은 없으나 인라인 어셈블 기능을 사용하는 방법이 매우 불편하게 되어 있다.

둘째는, 하나의 프로그램을 여러개의 소스 파일로 나누어 어느 것은 C언어를 사용하여 작성하고 어느 것은 어셈블리 언어로 작성한 후에, 이를 각각 컴파일 또는 어셈블하여 오브젝트 파일로 만들고, 이것들을 링커로 링크하여 하나의 실행파일을 만드는 방법이다.

위의 어느 경우에나 C언어 루틴과 어셈블리 언어 루틴의 사이에 서로 주고받는 파라미터(parameter)가 없으면 문제가 좀 단순해지지만 이러한 파라미터가 있는 경우에는 그 C언어와 어셈블리 언어에서 파라미터나 데이터를 처리하는 규칙을 정확히 알고 처리해야 하기 때문에 컴파일러 및 어셈블러 매뉴얼을 자세히 읽고 세심한 주의를 기울여서 프로그램을 작성하여야 한다. 이러한 처리 방법은 C컴파일러와 어셈블러마다 많은 차이가 있으며, 경우에 따라서는 같은 회사의 제품이라도 소프트웨어 버전에 따라 다른 경우도 있다.

인라인 어셈블 기능을 지원하는 대부분의 C컴파일러에서는 인라인 어셈블 명령을 사용할 때 특별한 지시어를 사용하여 이 행이 인라인 어셈블 명령이라는 것을 표시하고 이를 컴파일하면 C언어 프로그램과 인라인 어셈블 명령을 사용한 부분이 함께 컴파일되어 오브젝트 파일을 생성한다. 그러나, PK51에서는 인라인 어셈블 기능을 사용하는 방법이 이보다 다소 불편하게 되어 있다. PK51 V6.1에서 인라인 어셈블 명령을 사용하는 절차를 요약하면 다음과 같다.

① C소스 파일내에서 인라인 어셈블 명령을 사용하기 전에 #pragma asm 지시어를 사용하고 인라인 어셈블 명령이 끝나면 #pragma endasm 지시어를 사용하여 인라인 어셈블 명령을 사용한 부분을 블록처럼 묶어서 표시해야 한다. 그 사이에 들어가는 인라

인 어셈블 명령의 행들은 매크로 어셈블러 A51.EXE에서의 어셈블리 언어 프로그램 형식과 동일하다.

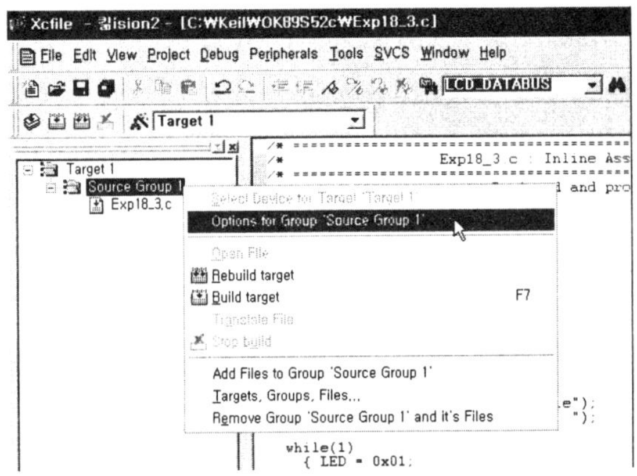

(a) 소스 그룹을 선택하고 마우스의 오른쪽 버튼을 클릭

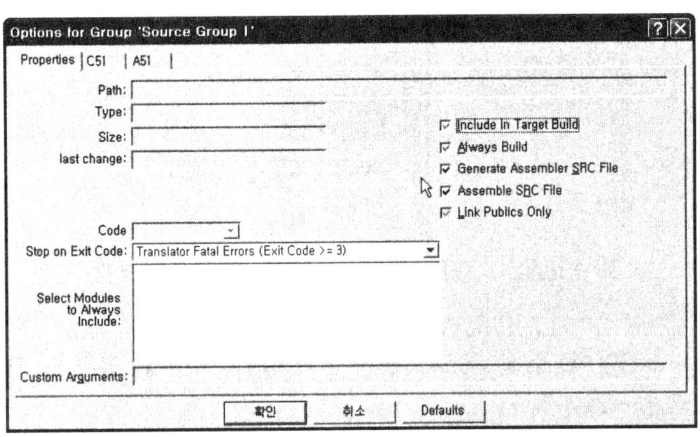

(b) 인라인 어셈블에 관련된 옵션 항목을 설정

〈그림 4.18.2〉 인라인 어셈블 기능의 설정

② μVision2의 파일 옵션에서 <그림 4.18.2> (a)와 같이 소스 그룹을 선택하고 마우스의 오른쪽 버튼을 클릭하면 그림 (b)와 같은 화면이 나타나는데, 이 그룹 옵션의 Properties 화면에서 Generate Assembler SRC File 항목과 Assemble SRC File 항목을 체크하여 선택한다. 이렇게 하면 PK51은 C언어 소스를 컴파일하여 이와 동일한 파일명을 사용하고 확장자가 .SRC인 어셈블리 언어 소스 파일을 생성한 후에 이를 다시 어셈블한다.

③ 그러나, 이렇게 어셈블리 언어 소스를 번역하여 생성된 오브젝트는 자동으로 C 언어의 런타임 라이브러리와 함께 링크되지 않으므로 사용자가 <그림 4.18.3>과 같이 프로젝트창에 이를 불러내어 등록함으로써 강제로 링크하도록 설정하여야 한다. 이때 등록할 런타임 라이브러리는 모두 C:\Keil\C51\LIB\C51S.LIB 폴더에 제공되고 있으며, 사용자 프로그램의 성격에 따라 <표 3.5.16>에 나타낸 것중에서 하나만을 선택하여 등록해야 한다.

④ 이제 인라인 어셈블에 대한 준비 절차가 모두 완료되었으므로 Build All 아이콘을 눌러서 이 프로젝트를 컴파일, 어셈블, 링크한다.

〈그림 4.18.3〉 런타임 라이브러리 파일의 링크를 지정

다음은 PK51의 C언어 소스 프로그램에서 인라인 어셈블 명령을 사용하여 LED를 점등하는 예제 프로그램이다.

〈프로그램 Exp18_3.c〉 인라인 어셈블 명령을 사용하는 예제 프로그램

```
/* ============================================================================ */
/*                  Exp18_3.c : Inline Assemble in C Program                     */
/* ============================================================================ */
/*                         Designed and programmed by Duck-Yong Yoon in 2005.    */

#include "AT89S52.H"                          // include AT89S52 definition file
#include "OK89S52.H"                          // include OK-89S52 kit function

unsigned char LED;

main()
{ unsigned char i;

  Kit_initialize();                           // initialize OK-89S52 kit
```

```
    Delay_ms(50);                          // wait for system stabilization
    LCD_initialize();                      // initialize text LCD module
    Beep();

    LCD_string(0x80,"Inline Assemble ");   // display title
    LCD_string(0xC0,"   LED Shift    ");

    while(1)
      { LED = 0x01;
        for(i = 1; i <= 4; i++)            // LED from 1 to 4
          {
            #pragma asm
             LED_CS EQU 8200H              ; LED4-LED1 output address
             MOV    DPTR,#LED_CS
             MOV    A,LED                  ; LED is global variable
             MOVX   @DPTR,A
            #pragma endasm
             Delay_ms(300);
             LED <<= 1;
          }

        LED = 0x08;
        for(i = 1; i <= 4; i++)            // LED from 4 to 1
          {
            #pragma asm
             MOV    DPTR,#LED_CS
             MOV    A,LED                  ; LED is global variable
             MOVX   @DPTR,A
            #pragma endasm
             Delay_ms(300);
             LED >>= 1;
          }
      }
  }
```

☞ 이 프로그램에서 인라인 어셈블 기능을 사용한 부분은 C언어로 처리해도 되지만 단지 인라인 어셈블 기능을 익히기 위하여 예로 든 것이다. 여기서 8200H 번지를 DIG_SELECT라고 정의하지 않고 LED_CS라고 다르게 정의한 것은 이것이 이미 헤더파일 OK89S52.H에서 정의되어 사용되고 있기 때문이다. 또한, 이 프로그램에서 LED처럼 C언어와 어셈블리 언어에서 공통으로 사용되는 변수는 반드시 직접 번지지정이 가능한 내부 데이터 메모리의 data 영역을 사용하도록 main() 함수의 밖에서 전역변수로 정의해야 한다.

인라인 어셈블 명령에 주석을 붙이고자 하면 이는 C언어 형식으로 //로 시작할 수도 있고 어셈블리 언어 형식으로 ;로 시작할 수도 있다. 주석을 //로 시작하면 이는 C소스에서만 존재하며 중간에 생성된 어셈블리 .SRC 파일에서는 이 주석 부분이 삭제되어 나타나지 않는다. 그러나, 주석을 ;로 시작한 것은 어셈블리 소스 파일에도 그대로 나타난다.

인라인 어셈블 명령을 사용하여 작성한 Exp18_3.c 파일을 컴파일하면 어셈블리 소스 파일 Exp18_3.SRC와 리스팅 파일 Exp18_3.LST가 생성되며, 이 어셈블리 소스 파일 Exp18_3.SRC가 어셈블되면 오브젝트 파일 Exp18_3.OBJ와 리스팅 파일 Exp18_3.ls1이 생성된다. 오브젝트 파일 Exp18_3.OBJ는 런타임 라이브러리 파일 C51S.LIB와 링크되어 최종적으로 실행 파일 Xcfile.hex가 만들어지므로 이를 *OK-89S52* 키트에 다운로드하여 실행하면 된다.

이 프로그램을 그대로 컴파일하여 보라. 인라인 어셈블 명령을 처리하지 못하므로 에러가 발생하는 것을 볼 수 있는가?

그럼 이제는 앞의 <그림 4.18.2>에서도 보였듯이 그룹 옵션의 Properties 화면에서 Generate Assembler SRC File 항목과 Assemble SRC File 항목을 체크하여 선택하고, <그림 4.18.3>처럼 프로젝트창에 런타임 라이브러리 파일 C:\Keil\C51\LIB\C51S.LIB을 등록한 후에 이를 컴파일하라. 에러 없이 모든 컴파일 절차가 수행되었으면 이를 다운로드하고 실행하라. LED4~LED1의 시프트 동작이 정상적으로 수행되는가?

4. C언어 파일과 어셈블리 언어 파일의 혼용

하나의 프로그램을 C언어 소스 파일과 어셈블리 언어 소스 파일로 각각 나누어 작성하여 링크하는 방법에는 C언어 소스를 주프로그램으로 하고 여기에서 어셈블리 언어 루틴을 호출하는 경우와 그 반대의 경우를 생각할 수 있으나 대부분은 前者를 사용한다. C언어는 함수 중심의 언어로서 다른 함수를 호출하는 규칙이 매우 잘 정의되어 있어서 외부의 어셈블리 루틴을 하나의 함수처럼 호출하는 것이 편리하기 때문이다. 그러나, C언어 프로그램에서 사용자 프로그램의 앞에 항상 스타트업 코드를 링크하는 것은 형식상 後者의 경우에 해당한다. 이것은 어셈블리 루틴을 주프로그램으로 하여 프로그램의 시작번지를 원하는 절대번지에 위치시키고 스택 포인터를 지정한 후에 C언어 루틴을 실행하기 위한 초기화를 수행하고 main() 함수를 호출하여 수행하는 구조를 갖는다.

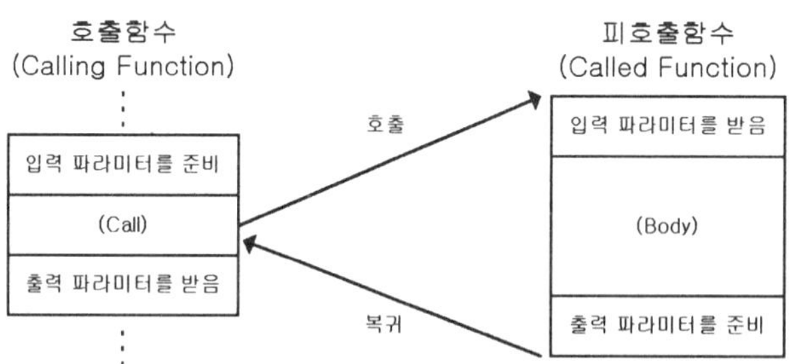

〈그림 4.18.4〉 C언어에서 함수를 호출하는 과정

C언어 모듈에서 어셈블리 언어 모듈을 호출하려면 먼저 C언어가 함수를 호출할 때 파라미터를 사용하는 규칙을 알아야 한다. C언어에서 함수를 호출하는 경우에는 C 컴

파일러가 이 규칙에 따라 소스 프로그램을 번역하므로 문제가 없지만, 어셈블리 모듈은 사용자가 임의로 작성하므로 여기에서도 C컴파일러가 사용하는 규칙을 따르지 않는다면 이들 프로그램 모듈간에는 서로 작업 내용이 제대로 연결되지 않게 된다.

C언어에서 함수를 호출하는 과정은 <그림 4.18.4>와 같은데, 대부분의 C컴파일러에서는 입출력 파라미터를 전달하는데 기본으로 레지스터를 사용하며, 파라미터가 많아서 레지스터만으로 불가능할 경우에는 스택을 추가로 사용한다. 이렇게 하는 이유는 레지스터를 사용하는 것이 스택을 사용하는 것에 비하여 프로그램의 처리속도가 빠르지만 레지스터는 그 수가 제한되어 있기 때문이다.

그러나, PK51은 기본적으로 REGPARMS 옵션에 의하여 입출력 파라미터를 전달하는데 레지스터 R7~R0을 사용하지만, NOREGPARMS 옵션을 지정하면 특정한 메모리 번지를 정하여 파라미터를 전달하는데 사용한다. PK51에서 이와 같이 파라미터 전달에 기본적으로 스택을 사용하지 않는 것은 MCS-51에서는 스택으로 내부 RAM만을 사용할 수 있으므로 스택의 용량이 부족하여 자칫하면 스택 오버플로우가 발생할 우려가 있기 때문이다. PK51에서 함수의 파라미터 전달에 레지스터를 사용하는 규칙은 <표 3.5.7> 및 <표 3.5.8>에서 요약한 바 있다.

PK51을 사용한 C언어 루틴에서는 어셈블리 루틴을 호출할 때는 일반 함수를 호출하는 것과 동일하게 사용한다. 그러나, 이를 그냥 호출하여 사용하면 컴파일할 때 에러가 발생하므로 프로그램의 서두에서 이 어셈블리 루틴의 이름을 C언어 함수처럼 정의하여 글로벌로 처리해 두어야 한다.

이렇게 C언어 소스에 의하여 호출될 어셈블리 루틴을 작성하는 경우에는 이들 파라미터 전달에 사용되는 레지스터 규칙을 철저히 준수하여야 한다. 또한, 어셈블리 루틴 내부에서 자체적으로 사용되는 레지스터나 변수들은 C언어 루틴에서와 충돌이 되지 않도록 가능하면 스택에 대피시키는 것이 바람직하다. 또한, 이 어셈블리 루틴이 나중에 C언어 루틴과 올바르게 링크되도록 하려면 반드시 이를 SEGMENT 지시어를 사용하여 generic segment로 정의하고 이 세그먼트를 다시 RSEG로 선언해 주어야 한다. 그러나, 이 어셈블리 모듈을 원하는 절대번지에 위치시키려면 스타트업 코드에서처럼 CSEG AT 지시어를 사용하면 된다.

(1) C언어 프로그램에서의 함수 호출 방법

다음은 C언어에서 함수를 호출할 때 컴파일러가 이를 어떻게 번역하는지를 살펴보기 위한 예제 프로그램이다.

〈프로그램 Exp18_4.c〉 C언어에서 함수를 호출하는 예제 프로그램

```
/* ========================================================================== */
/*                    Exp18_4.c : Function Call by C Program                  */
/* ========================================================================== */
/*                        Designed and programmed by Duck-Yong Yoon in 2005.  */

#include "AT89S52.H"                              // include AT89S52 definition file

#define SEG_PATTERN    (*(unsigned char xdata *)0x8100)
#define DIG_SELECT     (*(unsigned char xdata *)0x8200)

Delay_ms(unsigned int ms)                         /* time delay for ms[ms] */
{ unsigned int i, j;

  for(i = 1; i <= ms; i++)
    for(j = 1; j <= 250; j++);
}

Beep()                                            /* beep sound for 50 ms */
{ P3_5 = 0;
  Delay_ms(50);
  P3_5 = 1;
}

main()                                            /* main function */
{ unsigned char i, LED;

  SEG_PATTERN = 0x00;                             // 7-segment LED off

  while(1)
    { LED = 0x01;                                 // shift from LED1 to LED4
      for(i=1; i<=4; i++)
        { DIG_SELECT = LED;
          Delay_ms(500);                          // delay 500 ms
          LED <<= 1;                              // shift left
        }
      Beep();                                     // beep
    }
}
```

이 프로그램을 컴파일하여 다운로드하고 실행하라. 이때 컴파일하여 생성된 소스 리스팅 파일은 다음과 같다. 이를 보면 C컴파일러의 중요한 특성을 확인할 수 있다.

〈리스팅 파일 Exp18_4.LST〉 Exp14_4.c를 컴파일하여 생성된 리스팅 파일

```
C51 COMPILER V6.14   EXP18_4                                01/01/2006 12:00:00 PAGE 1

C51 COMPILER V6.14, COMPILATION OF MODULE EXP18_4
OBJECT MODULE PLACED IN .\Exp18_4.OBJ
COMPILER INVOKED BY: C:\Keil\C51\BIN\C51.EXE .\Exp18_4.c DEBUG OBJECTEXTEND CODE SYMBOLS

stmt level    source

   1          /* ========================================================================== */
   2          /*                    Exp18_4.c : Function Call by C Program                  */
   3          /* ========================================================================== */
   4          /*                        Designed and programmed by Duck-Yong Yoon in 2005.  */
```

```
        #include "AT89S52.H"                          // include AT89S52 definition file

        #define SEG_PATTERN   (*(unsigned char xdata *)0x8100)
        #define DIG_SELECT    (*(unsigned char xdata *)0x8200)

        Delay_ms(unsigned int ms)                     /* time delay for ms[ms] */
        { unsigned int i, j;
   1
   1      for(i = 1; i <= ms; i++)
   1        for(j = 1; j <= 250; j++);
   1    }

        Beep()                                        /* beep sound for 50 ms */
        { P3_5 = 0;
   1      Delay_ms(50);
   1      P3_5 = 1;
   1    }

        main()                                        /* main function */
        { unsigned char i, LED;
   1
   1      SEG_PATTERN = 0x00;                         // 7-segment LED off
   1
   1      while(1)
   1        { LED = 0x01;                             // shift from LED1 to LED4
   2          for(i=1; i<=4; i++)
   2            { DIG_SELECT = LED;
   3              Delay_ms(500);                      // delay 500 ms
   3              LED <<= 1;                          // shift left
   3            }
   2          Beep();                                 // beep
   2        }
   1    }

C51 COMPILER V6.14   EXP18_4                                 01/01/2006 12:00:00 PAGE 2

ASSEMBLY LISTING OF GENERATED OBJECT CODE

             ; FUNCTION _Delay_ms (BEGIN)
                                                ; SOURCE LINE # 11
;---- Variable 'ms' assigned to Register 'R6/R7' ----
                                                ; SOURCE LINE # 12
                                                ; SOURCE LINE # 14
;---- Variable 'i' assigned to Register 'R4/R5' ----
0000 7D01              MOV     R5,#01H
0002 7C00              MOV     R4,#00H
0004         ?C0001:
0004 D3                SETB    C
0005 ED                MOV     A,R5
0006 9F                SUBB    A,R7
0007 EC                MOV     A,R4
0008 9E                SUBB    A,R6
0009 5016              JNC     ?C0007
                                                ; SOURCE LINE # 15
;---- Variable 'j' assigned to Register 'R2/R3' ----
000B 7B01              MOV     R3,#01H
000D 7A00              MOV     R2,#00H
000F         ?C0004:
000F 0B                INC     R3
0010 BB0001            CJNE    R3,#00H,?C0015
0013 0A                INC     R2
0014         ?C0015:
0014 EB                MOV     A,R3
0015 64FB              XRL     A,#0FBH
0017 4A                ORL     A,R2
0018 70F5              JNZ     ?C0004
001A         ?C0003:
001A 0D                INC     R5
001B BD0001            CJNE    R5,#00H,?C0016
001E 0C                INC     R4
001F         ?C0016:
001F 80E3              SJMP    ?C0001
                                                ; SOURCE LINE # 16
0021         ?C0007:
```

```
0021 22              RET
              ; FUNCTION _Delay_ms (END)

              ; FUNCTION Beep (BEGIN)
                                              ; SOURCE LINE # 18
                                              ; SOURCE LINE # 19
0000 C2B5            CLR     P3_5
                                              ; SOURCE LINE # 20
0002 7F32            MOV     R7,#032H
0004 7E00            MOV     R6,#00H
0006 120000     R    LCALL   _Delay_ms
                                              ; SOURCE LINE # 21
0009 D2B5            SETB    P3_5
                                              ; SOURCE LINE # 22
000B 22              RET
              ; FUNCTION Beep (END)

              ; FUNCTION main (BEGIN)
                                              ; SOURCE LINE # 24
                                              ; SOURCE LINE # 25
                                              ; SOURCE LINE # 27
0000 908100          MOV     DPTR,#08100H
0003 E4              CLR     A
0004 F0              MOVX    @DPTR,A
0005          ?C0009:
                                              ; SOURCE LINE # 29
                                              ; SOURCE LINE # 30
0005 750001     R    MOV     LED,#01H
                                              ; SOURCE LINE # 31
;---- Variable 'i' assigned to Register 'R1' ----
0008 7901            MOV     R1,#01H
000A          ?C0011:
                                              ; SOURCE LINE # 32
000A 908200          MOV     DPTR,#08200H
000D E500       R    MOV     A,LED
000F F0              MOVX    @DPTR,A
                                              ; SOURCE LINE # 33
0010 7FF4            MOV     R7,#0F4H
0012 7E01            MOV     R6,#01H
0014 120000     R    LCALL   _Delay_ms
                                              ; SOURCE LINE # 34
0017 E500       R    MOV     A,LED
0019 25E0            ADD     A,ACC
001B F500       R    MOV     LED,A
                                              ; SOURCE LINE # 35
001D 09              INC     R1
001E B905E9          CJNE    R1,#05H,?C0011
0021          ?C0012:
                                              ; SOURCE LINE # 36
0021 120000     R    LCALL   Beep
                                              ; SOURCE LINE # 37
0024 80DF            SJMP    ?C0009
              ; FUNCTION main (END)

C51 COMPILER V6.14   EXP18_4                              01/01/2006 12:00:00 PAGE 4

NAME                                 CLASS    MSPACE  TYPE     OFFSET  SIZE
====                                 =====    ======  ====     ======  ====

AC . . . . . . . . . . . . . . . . . ABSBIT   -----   BIT      00D6H   1
T0 . . . . . . . . . . . . . . . . . ABSBIT   -----   BIT      00B4H   1
              (중략)
_Delay_ms. . . . . . . . . . . . . . PUBLIC   CODE    PROC     0000H   -----
  ms . . . . . . . . . . . . . . . . * REG *  DATA    U_INT    0006H   2
  i. . . . . . . . . . . . . . . . . * REG *  DATA    U_INT    0004H   2
  j. . . . . . . . . . . . . . . . . * REG *  DATA    U_INT    0002H   2
P3_0 . . . . . . . . . . . . . . . . ABSBIT   -----   BIT      00B0H   1
P3_1 . . . . . . . . . . . . . . . . ABSBIT   -----   BIT      00B1H   1
              (중략)
main . . . . . . . . . . . . . . . . PUBLIC   CODE    PROC     0000H   -----
  i. . . . . . . . . . . . . . . . . * REG *  DATA    U_CHAR   0001H   1
  LED. . . . . . . . . . . . . . . . AUTO     DATA    U_CHAR   0000H   1
              (중략)
RXD. . . . . . . . . . . . . . . . . ABSBIT   -----   BIT      00B0H   1
TXD. . . . . . . . . . . . . . . . . ABSBIT   -----   BIT      00B1H   1
```

```
F0 . . . . . . . . . . . . . . . . . .  ABSBIT  -----  BIT     00D5H  1
Beep . . . . . . . . . . . . . . . . .  PUBLIC  CODE   PROC    0000H  -----

MODULE INFORMATION:   STATIC OVERLAYABLE
   CODE SIZE        =     84    ----
   CONSTANT SIZE    =   ----    ----
   XDATA SIZE       =   ----    ----
   PDATA SIZE       =   ----    ----
   DATA SIZE        =   ----       1
   IDATA SIZE       =   ----    ----
   BIT SIZE         =   ----    ----
END OF MODULE INFORMATION.

C51 COMPILATION COMPLETE.  0 WARNING(S),  0 ERROR(S)
```

☞ 이 리스팅 파일을 보면 <표 3.5.7>에서 설명한 것처럼 Delay_ms() 함수에서 unsigned int형의 파라미터를 1개 사용하므로 이것은 R6:R7을 통하여 전달되는 것을 알 수 있다. 또한, <표 3.5.14>에서 설명하였듯이 이렇게 입력 파라미터가 사용된 함수의 앞에는 _기호가 추가되어 내부적으로 _Delay_ms라는 서브루틴으로 처리되는 것을 확인할 수 있다. 그러나, 입력 파라미터가 없는 함수의 앞에는 _기호가 붙지 않으므로 Beep() 함수는 그냥 Beep라는 서브루틴으로 처리되는 것을 볼 수 있다.

이 프로그램의 선두에 #pragma noregparms 옵션을 추가하고 컴파일하여 다운로드하고 실행하라. 이때 컴파일하여 생성된 소스 리스팅 파일을 조사해 보라. Delay_ms() 함수의 입력 파라미터가 어떤 방법으로 전달되는가?

(2) C언어 프로그램과 어셈블리 언어 프로그램의 링크

이제 하나의 프로그램을 C언어 파일과 어셈블리 언어 파일로 나누어 작성하고 이것들을 각각 번역하고 링크하여 하나의 실행 파일을 생성하는 예를 살펴보자. 이것은 매우 간단한 예이지만 이런 쉬운 경우를 기초로 하여 좀더 복잡한 경우까지 스스로 익혀야 한다.

다음은 이를 C언어 파일과 어셈블리 언어 파일로 나누어 작성하기 전에 이해를 돕기 위하여 먼저 C언어로만 작성하여 본 프로그램이다.

〈프로그램 Exp18_5.c〉 C언어와 어셈블리 언어 혼용 예제의 전단계 프로그램

```
/* ========================================================================= */
/*             Exp18_5.c : Sample Program for C & Assembly Link              */
/* ========================================================================= */
/*                     Designed and programmed by Duck-Yong Yoon in 2005.   */

#include "AT89S52.H"                       // include AT89S52 definition file
#include "OK89S52.H"                       // include OK-89S52 kit function

LCD_2d(unsigned char number)                /* display 2-digit decimal number */
{ unsigned char i;
```

```
    i = number/10;                          // 10^1
    if(i == 0) LCD_data(' ');
    else       LCD_data(i + '0');

    i = number % 10;                        // 10^0
    LCD_data(i + '0');
  }

main()
{ unsigned int i, j, k;

  Kit_initialize();                         // initialize OK-89S52 kit
  Delay_ms(50);                             // wait for system stabilization
  LCD_initialize();                         // initialize text LCD module
  Beep();

  LCD_string(0x80," Multiplication ");      // display title
  LCD_string(0xC0,"   0 * 0 = 00   ");

  while(1)
    { for(i=2; i <= 9; i++)
        { for(j=1; j <= 9; j++)
            { LCD_command(0xC3);            // display multiplicand
              LCD_data(i+'0');
              LCD_command(0xC7);            // display multiplier
              LCD_data(j+'0');
              k = i * j;
              LCD_command(0xCB);            // display multiplication
              LCD_2d(k);
              Delay_ms(1000);
            }
          Beep();
        }
    }
}
```

☞ 여기서 첫째는 파라미터가 있는 어셈블리 루틴 호출의 경우로서 메인 함수내에 있는 k = i * j; 에 해당하는 8비트 정수 곱셈 루틴을 어셈블리 파일로 작성하고, 둘째는 파라미터가 없는 어셈블리 루틴 호출의 경우로서 Delay_ms(1000); 에 해당하는 1초 시간지연 루틴을 어셈블리로 작성하려고 한다.

다음은 위의 C언어 예제 프로그램 Exp18_5.c를 C언어 파일과 어셈블리 언어 파일로 나누어 작성하여 이를 링크하는 예제의 C언어 파일 주루틴에 해당하는 프로그램이다. 호출하는 함수는 2가지로서 Mul_8bit()는 호출할 때 2개의 입력 파라미터를 전달하고 리턴할 때 1개의 출력 파라미터를 전달하며, Delay_1sec()는 함수를 호출할 때 입출력 파라미터를 사용하지 않는다.

이러한 간단한 예제를 작성하여 보면 이제 여러분은 이를 참고로 하여 대부분의 C언어와 어셈블리 언어를 혼용하는 프로그램을 스스로 작성할 수 있게 될 것이다.

〈프로그램 Exp18_6.c〉 어셈블리 함수를 호출하는 C언어 프로그램

```
/* ========================================================================== */
/*              Exp18_6.c : C Program for C & Assembly Link                   */
/* ========================================================================== */
/*                          Designed and programmed by Duck-Yong Yoon in 2005. */

#include "AT89S52.H"                          // include AT89S52 definition file
#include "OK89S52.H"                          // include OK-89S52 kit function

unsigned char Mul_8bit(unsigned char i, unsigned char j);
void Delay_1sec(void);

LCD_2d(unsigned char number)                  /* display 2-digit decimal number */
{ unsigned char i;

  i = number/10;                              // 10^1
  if(i == 0) LCD_data(' ');
  else       LCD_data(i + '0');

  i = number % 10;                            // 10^0
  LCD_data(i + '0');
}

main()
{ unsigned int i, j, k;

  Kit_initialize();                           // initialize OK-89S52 kit
  Delay_ms(50);                               // wait for system stabilization
  LCD_initialize();                           // initialize text LCD module
  Beep();

  LCD_string(0x80," Multiplication ");        // display title
  LCD_string(0xC0,"   0 * 0 = 00   ");

  while(1)
    { for(i=2; i <= 9; i++)
        { for(j=1; j <= 9; j++)
            { LCD_command(0xC3);              // display multiplicand
              LCD_data(i+'0');
              LCD_command(0xC7);              // display multiplier
              LCD_data(j+'0');
              k = Mul_8bit(i,j);              // call assembly routine(1)
              LCD_command(0xCB);              // display multiplication
              LCD_2d(k);
              Delay_1sec();                   // call assembly routine(2)
            }
          Beep();
        }
    }
}
```

☞ 여기서 Mul_8bit() 함수는 입력 파라미터로서 2개의 unsigned char를 사용하고 출력 파라미터로서 1개의 unsigned char를 전달하며, Delay_1sec() 함수는 입출력 파라미터가 없는 것에 유의하라.

이 함수들은 현재의 C언어 파일에 정의되어 있지 않고 나중에 어셈블리 루틴에서 링크될 것이므로 external 속성에 해당하며, 따라서 이를 그냥 호출하는 것으로 처리하면 컴파일할 때 에러가 발생

한다. 이를 방지하려면 C언어 소스 프로그램의 서두에서 이들 함수를 정의해주어야 한다.

이 C언어 프로그램 Exp18_6.c에 의하여 호출되는 어셈블리 루틴 함수 측의 프로그램은 다음과 같다. 여기에는 2개의 함수를 모두 포함시켰으나 이들 함수를 각각 별개의 어셈블리 소스 파일로 작성하여도 무방하다.

〈프로그램 Exp18_6a.asm〉 C언어에서 호출되는 어셈블리 함수 프로그램

```
;===========================================================================
;          Exp18_6a.asm : Assembly Program for C & Assembly Link
;===========================================================================
;                           Designed and programmed by Duck-Yong Yoon in 2005.

Exp18_6 SEGMENT CODE
        RSEG    Exp18_6

;---------------------------------------------
;       8-Bit Multiplication (R7 = R7 * R5)
;---------------------------------------------
        PUBLIC  _Mul_8bit

_Mul_8bit:
        PUSH    ACC
        PUSH    B
        MOV     A,R7                    ; R7 = multiplicand  (input)
        MOV     B,R5                    ; R5 = multiplier    (input)
        MUL     AB
        MOV     R7,A                    ; R7 = multiplication(output)
        POP     B
        POP     ACC
        RET

;---------------------------------------------
;       Delay for 1 Second(at 24MHz)
;---------------------------------------------
        PUBLIC  Delay_1sec

Delay_1sec:
        PUSH    ACC
        PUSH    B

        MOV     A,#200                  ; 200*250*40 = 2000000 cycle
DELAY1: MOV     B,#250
DELAY2: PUSH    B                       ; 2
        PUSH    B                       ; 2
        PUSH    B                       ; 2
        PUSH    B                       ; 2
        PUSH    B                       ; 2
        PUSH    B                       ; 2
        PUSH    B                       ; 2
        PUSH    B                       ; 2
        PUSH    B                       ; 2
        NOP                             ; 1
        NOP                             ; 1
        POP     B                       ; 2
        POP     B                       ; 2
```

```
        POP     B                       ; 2
        POP     B                       ; 2
        POP     B                       ; 2
        POP     B                       ; 2
        POP     B                       ; 2
        POP     B                       ; 2
        POP     B                       ; 2
        DJNZ    B, DELAY2               ; 2
        DJNZ    ACC, DELAY1

        POP     B
        POP     ACC
        RET

        END
```

☞ 앞에서의 C언어 파일은 Exp18_6.c인데 이 어셈블리 언어 파일의 이름을 Exp18_6.asm으로 정하면 나중에 컴파일 및 어셈블할 때 2개의 동일한 이름을 갖는 모듈이 생성되어 에러가 되므로 C언어 모듈과의 충돌을 피하기 위하여 파일명을 Exp18_6a.asm이라고 하였다. C언어와 링크하기 위한 어셈블리 파일을 작성할 때는 반드시 이를 재배치 가능 세그먼트로 정의하고 RSEG 지시어로 이를 다시 활성화시켜야 한다. 이때 세그먼트 이름은 무엇이든 좋으며 여기서는 파일명과 같이 Exp18_6으로 하였다.

C언어 프로그램에서 Mul_8bit()로 호출하였던 함수는 입력 파라미터를 사용하므로 어셈블리 루틴에서 이름 앞에 _기호가 붙어 _Mul_8bit라는 서브루틴으로 처리해야만 나중에 C언어와 매칭된다. 이 서브루틴은 외부의 C언어 파일에서 사용할 것이므로 PUBLIC으로 선언해 놓아야 한다. 입력 파라미터 중에서 첫번째와 두번째의 unsigned char형 파라미터는 각각 R7, R5로 전달되므로 여기서는 이를 받아 곱셈을 수행하고 그 결과를 역시 unsigned char형의 출력 파라미터인 R7로 되돌린다. 이때, 연산과정에서 임시로 사용된 누산기 A와 B 레지스터는 C언어 루틴과 충돌될 수 있으므로 미리 스택에 대피시키는 것이 안전하다. 이들 어셈블리 함수는 본질적으로 서브루틴이므로 마지막에 반드시 RET 명령을 사용해야 한다.

C언어에서 Delay_1sec()로 호출하였던 함수는 입력 파라미터를 사용하지 않으므로 어셈블리 루틴에서 이름 앞에 _기호가 사용되지 않고 그냥 Delay_1sec라는 서브루틴으로 처리하여야 한다. 이 서브루틴은 외부의 C언어 파일에서 사용할 것이므로 PUBLIC으로 선언해 놓아야 한다. 이 서브루틴의 처리과정에서 임시로 사용되는 누산기 A와 B 레지스터는 스택에 대피시켜야 한다. 누산기 A를 PUSH/POP 명령에서 사용할 때는 direct addressing mode로 사용해야 하므로 ACC로 표기해야 한다는 것을 상기하라.

이 어셈블리 언어 파일을 C언어 파일과 함께 <그림 4.18.5>와 같이 프로젝트창에 등록하고 Build All 아이콘을 눌러서 컴파일 및 어셈블을 수행하고 이것들을 링크하도록 하라. 그러면 최종적으로 실행 파일 Xcfile.hex가 생성되므로 이를 다운로드하여 실행하라. 이처럼 C언어 파일과 어셈블리 언어 파일을 함수호출 규칙에 맞도록 작성하여 주기만 하면 이것들을 컴파일하고 링크하는 과정은 μVision2가 쉽게 처리하므로 편리하다.

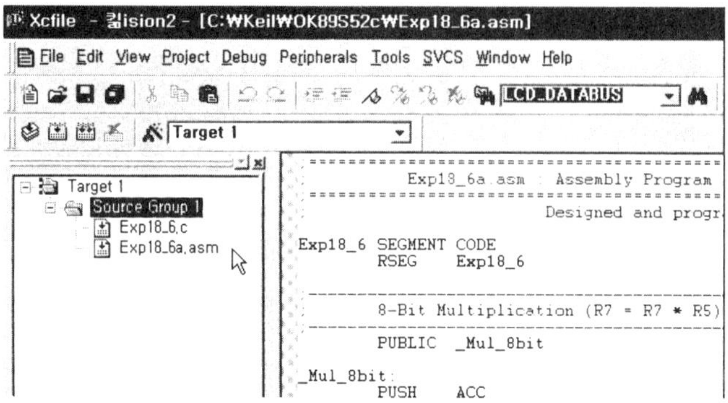

〈그림 4.18.5〉 C언어 파일과 어셈블리 언어 파일의 프로젝트 등록

5. printf() 함수를 사용한 서식지정 출력

PK51에서는 사용자가 몇가지의 소스 파일을 자신의 하드웨어 시스템에 적합하도록 수정(customization)하여 사용해야 한다. 이러한 파일에는 C언어 프로그램이 올바르게 기동할 수 있도록 해주는 STARTUP.A51 파일, 정적 변수를 초기화하는데 사용되는 INIT.A51 파일, 저수준의 스트림 I/O를 수행하는 GETKEY.C 및 PUTCHAR.C 파일 등이 있으며, 기타 메모리 할당 기능에 관련되는 CALLOC.C, FREE.C, INIT_MEM.C, MALLOC.C REALLOC.C 파일 등이 있다.

이러한 소스 파일들은 이미 어셈블 또는 컴파일되어 런타임 라이브러리 파일에 포함되어 있으므로 사용자 프로그램을 링크할 때 자동으로 이것들이 링크된다. 그러나, 만약 사용자가 이를 수정하고자 하면 이 소스 파일들을 프로젝트에 등록하고 전체를 컴파일하여 링크하면 런타임 라이브러리에 있는 이들 루틴이 무시되고 새로 수정한 루틴이 링크되어 사용된다.

여기서 현재 우리가 관심을 가지는 것은 저수준의 스트림 출력(low-level stream output)을 수행하는 PUTCHAR.C 파일이다. PUTCHAR.C 파일은 저수준의 문자 출력 루틴인 PUTCHAR() 함수를 포함하고 있다. printf(), vprintf() 등과 같이 수치 데이터를 서식지정 방식으로 출력하는 모든 스트림 루틴들은 내부적으로 PUTCHAR() 함수를 사용하고 있으므로, 사용자는 자신의 하드웨어에 맞게 이 PUTCHAR() 함수만을 수정하면 이들 나머지의 함수들이 올바르게 수행되는 것이다.

PK51의 기본적인 런타임 라이브러리에 제공되는 PUTCHAR() 함수는 MCS-51 마이크로콘트롤러의 직렬통신 포트를 통하여 문자를 출력하도록 프로그램되어 있다. 이 출력제어에서는 XON/XOFF 제어를 사용하며, 라인피드 문자('\n')는 캐리지리턴 및 라인피드 문자열('\r\n')로 자동 변환된다. 따라서, 사용자가 이를 텍스트형 LCD 모듈로 출력하도록 하려면 이에 맞게 PUTCHAR() 함수를 수정하여야 한다.

이와 같이 PUTCHAR() 함수를 이용한 저수준의 스트림 출력 기능을 사용할 때 한 가지 주의해야 하는 것은 이들 루틴의 어디에도 하드웨어에 대한 초기화 기능이 없다는 것이다. 따라서, 직렬통신 포트나 텍스트형 LCD 모듈을 사용할 때 이들 하드웨어는 미리 적절히 초기화되어 있어야 한다는 것이다.

이제 여기서는 PK51에서 사용자가 PUTCHAR() 함수를 여러가지로 수정하여 사용하는 예를 보여주기 위하여 필요한 printf() 함수의 기능을 자세히 설명한다. 이러한 스트림 I/O에 관련된 함수들은 모두 헤더파일 STDIO.H에 정의되어 있으며, 그 기능은 다음과 같다.

```
int printf(const char *formatstring, argument, ...)
```

여기서 formatstring은 출력할 문자열의 포맷을 지정하는 양식으로서 다음과 같은 형식으로 사용한다. 여기서 각 필드는 1개의 문자 또는 숫자로 구성된다.

```
%[flag][[0]width.precision]{b|B|l|L}type
```

여기서, type은 argument가 문자, 문자열, 수, 포인터 중에 어느 것으로 해석될지를 지정하는 문자이다. 이 type에 사용할 수 있는 문자와 그 의미를 요약하면 <표 4.18.1>과 같다.

〈표 4.18.1〉 printf() 함수에서 type으로 사용되는 문자

type 문자	argument의 형	출력 포맷
d 또는 i u	int unsigned int	부호있는 10진수. 부호없는 10진수.
o	unsigned int	부호없는 8진수.
x X	unsigned int unsigned int	부호없는 16진수, 소문자 사용(0123456789abcdef). 부호없는 16진수, 대문자 사용(0123456789ABCDEF).
f	float	[-]dddd.dddd 형식의 부동소수점 수.
e E	float float	[-]d.dddde[-]dd 형식의 부동소수점 수. [-]d.ddddE[-]dd 형식의 부동소수점 수.
g G	float float	수치의 크기에 따라 f형식 또는 e형식으로 표시되는 부동소수점 수. 수치의 크기에 따라 f형식 또는 E형식으로 표시되는 부동소수점 수.
c	char	1개의 문자.
s	generic	null 문자로 끝나는 문자열.
p	generic	t:aaaa 형식으로 표현되는 포인터.(여기서 aaaa는 16진수 어드레스이며, t는 c:code, i:data/idata, x:xdata, p:pdata를 나타낸다.)

선택적으로 사용하는 문자 b, B, l, L은 int형인 d, i, u, o, x, X를 char 또는 long형으로 지정하는데 사용한다.

또한 flag는 출력문자들을 정렬하거나 +, - 기호, 공백, 소수점 등을 표시하는 방법을 지정하는데 사용하는 필드이다. 이 flag에 사용할 수 있는 문자와 그 의미를 요약하면 <표 4.18.2>와 같다.

〈표 4.18.2〉 printf() 함수에서 flag으로 사용되는 문자

flag 문자	의 미
-	필드를 좌측으로 정렬하여 출력한다.
+	수치의 앞에 반드시 + 또는 -를 붙인다.
공백	양수의 앞에 공백문자를 붙인다.
#	type이 o, x, X인 경우에 각각 숫자의 앞에 0, 0x, 0X를 붙인다. type이 f, e, E, g, G인 경우에는 반드시 숫자에 소수점을 붙여 표시한다.
*	출력 포맷 지정을 무시한다.

width는 필드의 폭을 나타내는 정수로서 출력값이 width보다 짧으면 공백이나 0이 채워지고, 출력값이 width보다 길면 width를 무시하고 출력값이 모두 표시된다. 선택사항으로 width의 앞에 0이 붙으면 빈자리가 공백이 아닌 0으로 채워진다.

precision은 소수부의 자리수를 지정하는 필드이다. 표시되는 자리의 마지막은 그 아래 자리에서 반올림된 것이다. 이를 0으로 지정하면 소수점도 표시하지 않는다.

◀참고▶ 이 책의 많은 예제에서는 이렇게 printf() 함수를 사용하면 편리함에도 불구하고 굳이 불편하게 텍스트형 LCD 모듈에 데이터를 출력하는 루틴이나 RS-232C 직렬통신 루틴을 자체적인 전용 함수로 만들어서 사용한다. 그것은 프로그램에 따라서는 하나의 프로그램에서 텍스트형 LCD 모듈에 대한 디스플레이와 RS-232C 직렬통신을 모두 사용해야 하는데 printf() 함수로는 이중에서 어느 한가지만을 지정하여 사용할 수밖에 없으므로 이 2가지 기능을 모두 사용하는 것이 불가능하기 때문이다. 또한, 사용자가 이와 같이 저수준의 스트림 출력 함수를 수정하여 사용하는 것은 C언어의 일반적인 기능을 이용하는 것이므로 좋다고 할 수도 있지만, 이를 사용하면 실행 파일이 상당히 길어지는 단점이 있어서 플래시 메모리 용량이 작은 마이크로콘트롤러 모델서는 사용하기 어려울 때도 있다. 또한, C컴파일러에 따라서는 이러한 기능을 지원하지 않는 경우도 있으므로 마이크로콘트롤러용의 C언어에서는 오히려 이 책에서 사용하는 방법이 보다 일반적이고 바람직한 방법이라고 할 수도 있다.

(1) printf() 함수를 사용하여 직렬통신 포트로 출력

다음은 printf() 함수를 사용하여 sin()과 cos() 함수의 계산결과를 직렬통신 포트로 전송함으로써 퍼스널컴퓨터의 화면에 표시하기 위한 프로그램이다.

〈프로그램 Exp18_7.c〉 printf() 함수를 사용한 직렬통신 포트 출력 프로그램

```
/* ========================================================================== */
/*                  Exp18_7.c : Use printf() for Serial Port                   */
/* ========================================================================== */
/*                        Designed and programmed by Duck-Yong Yoon in 2005.  */

#include <STDIO.H>
#include <MATH.H>
#include "AT89S52.H"                          // include AT89S52 definition file
#include "OK89S52.H"                          // include OK-89S52 kit function

LCD_s3d(int number)                           /* display signed decimal number +xxx */
{ signed int i;
  unsigned char flag;

  flag = 0;

  if(number >= 0) LCD_data('+');              // sign
  else            LCD_data('-');

  number = abs(number);

  i = number/100;                             // 10^2
  if((i == 0) && (flag == 0))
            LCD_data(' ');
  else {    LCD_data(i + '0');
            flag = 1;
       }

  number = number % 100;                      // 10^1
  i = number/10;
  if((i == 0) && (flag == 0))
            LCD_data(' ');
  else      LCD_data(i + '0');

  i = number % 10;                            // 10^0
  LCD_data(i + '0');
}

LCD_s1d3(float number)                        /* display signed real number +x.xxx */
{ unsigned int i, j;

  if(number >= 0.0) LCD_data('+');            // sign
  else              LCD_data('-');

  number = fabs(number);
  j = (int)(number*1000. + 0.5);

  i = j / 1000;                               // 10^0
  LCD_data(i + '0');
  LCD_data('.');

  j = j % 1000;                               // 10^-1
  i = j / 100;
  LCD_data(i + '0');

  j = j % 100;                                // 10^-2
  i = j / 10;
  LCD_data(i + '0');
```

```
    i = j % 10;                                    // 10^-3
    LCD_data(i + '0');
  }

main()
{ signed int i;
  float x, y;

  Kit_initialize();                                // initialize OK-89S52 kit
  Delay_ms(50);                                    // wait for system stabilization
  LCD_initialize();                                // initialize text LCD module

  LCD_string(0x80,"sin(+000)=+0.000");             // display title
  LCD_string(0xC0,"cos(+000)=+0.000");

  T2CON = 0x34;                                    // TCLK=RCLK=1, TR2=1, C/-T2=0
  T2MOD = 0x00;                                    // (baud rate generator)
  RCAP2H = 65497 >> 8;                             // 19200 bps
  RCAP2L = 65497 & 0x00FF;
  SCON = 0x52;                                     // 8 data, 1 stop, REN=TI=1
  i = SBUF;                                        // dummy read(clear SBUF)

  while(1)
    { Beep();
      for(i=-360; i <= +360; i += 30)
        { x = i * 3.141592654 / 180.;
          y = sin(x);
          LCD_command(0x84); LCD_s3d(i);           // display sin()
          LCD_command(0x8A); LCD_s1d3(y);
          printf("sin(%+04d)=%+6.3f\n",i,y);       // printf for sin output
          y = cos(x);
          LCD_command(0xC4); LCD_s3d(i);           // display cos()
          LCD_command(0xCA); LCD_s1d3(cos(x));
          printf("cos(%+04d)=%+6.3f\n\n",i,y);     // printf for cos output
          Delay_ms(2000);
        }
    }
}
```

☞ 여기서는 sin() 함수 및 cos() 함수의 값을 계산하여 이를 직렬통신 포트로 출력한다. 이것이 올바르게 수행되려면 직렬통신 포트를 미리 초기화해 두어야 한다. 이들 수학함수는 헤더파일 MATH.H에 정의되어 있으므로 이를 인클루드시켜 주어야 하며, printf() 함수는 헤더파일 STDIO.H에 정의되어 있으므로 이를 인클루드시켜 주어야 한다.

이 프로그램을 컴파일하여 다운로드하고 실행하라. 그리고 RS-232C 직렬통신 케이블을 *OK-89S52* 키트와 퍼스널컴퓨터 사이에 연결하고 하이퍼 터미널을 사용하여 수신되는 문자열을 관측하라. 여기서는 디폴트로 런타임 라이브러리 C51S.LIB에 내장되어 있는 PUTCHAR() 함수가 링크되어 사용되므로 printf() 함수는 직렬통신 포트로 동작한다. 런타임 라이브러리에 제공되는 PUTCHAR() 함수는 다음과 같다.

〈프로그램 PUTCHAR.C〉 PK51에 기본으로 제공되는 PUTCHAR() 함수 파일

```
/***********************************************************************/
/*  This file is part of the C51 Compiler package                      */
/*  Copyright KEIL ELEKTRONIK GmbH 1990 - 1999                         */
/***********************************************************************/
/*                                                                     */
/*  PUTCHAR.C:  This routine is the general character output of C51.   */
/*                                                                     */
/*  To translate this file use C51 with the following invocation:      */
/*                                                                     */
/*     C51 PUTCHAR.C <memory model>                                    */
/*                                                                     */
/*  To link the modified PUTCHAR.OBJ file to your application use the  */
/*  following L51 invocation:                                          */
/*                                                                     */
/*     L51 <your object file list>, PUTCHAR.OBJ <controls>             */
/*                                                                     */
/***********************************************************************/

#include <reg51.h>

#define XON  0x11
#define XOFF 0x13

char putchar (char c)  {

  if (c == '\n')  {
    if (RI)  {
      if (SBUF == XOFF)  {
        do  {
          RI = 0;
          while (!RI);
        }
        while (SBUF != XON);
        RI = 0;
      }
    }
    while (!TI);
    TI = 0;
    SBUF = 0x0d;                         /* output CR  */
  }
  if (RI)  {
    if (SBUF == XOFF)  {
      do  {
        RI = 0;
        while (!RI);
      }
      while (SBUF != XON);
      RI = 0;
    }
  }
  while (!TI);
  TI = 0;
  return (SBUF = c);
}
```

(2) printf() 함수를 사용하여 텍스트형 LCD 모듈로 출력

이제 printf() 함수를 사용하여 sin()과 cos() 함수의 계산결과를 텍스트형 LCD 모듈에 표시하는 프로그램을 작성하여 보기로 한다. 이렇게 하면 앞의 예제에서와 같이 사

용자가 번거롭게 LCD_3d()나 LCD_s1d3()과 같은 함수를 만들어 사용하지 않아도 되므로 매우 편리하다.

다음은 printf() 함수를 사용하여 sin()과 cos() 함수의 계산결과를 텍스트형 LCD 모듈에 표시하기 위한 프로그램이다.

〈프로그램 Exp18_8.c〉 printf() 함수를 사용한 텍스트형 LCD 모듈 출력 프로그램

```
/* ========================================================================== */
/*                  Exp18_8.c : Use printf() for Text LCD Module              */
/* ========================================================================== */
/*                         Designed and programmed by Duck-Yong Yoon in 2005. */

#include <STDIO.H>
#include <MATH.H>
#include "AT89S52.H"                        // include AT89S52 definition file
#include "OK89S52.H"                        // include OK-89S52 kit function

main()
{ signed int i;
  float x, y;

  Kit_initialize();                         // initialize OK-89S52 kit
  Delay_ms(50);                             // wait for system stabilization
  LCD_initialize();                         // initialize text LCD module

  LCD_string(0x80,"sin(+000)=+0.000");      // display title
  LCD_string(0xC0,"cos(+000)=+0.000");

  while(1)
    { Beep();
      for(i=-360; i <= +360; i += 30)
        { x = i * 3.141592654 / 180.;
          y = sin(x);
          LCD_command(0x80);                // display sin()
          printf("sin(%+04d)=%+6.3f",i,y);  // printf for sin output
          y = cos(x);
          LCD_command(0xC0);                // display cos()
          printf("cos(%+04d)=%+6.3f",i,y);  // printf for cos output
          Delay_ms(2000);
        }
    }
}
```

☞ 여기서는 앞의 예제 Exp18_7.c에서 사용하였던 사용자 함수 LCD_s3d()와 LCD_s1d3() 등이 필요없이 모두 printf() 함수로 처리되므로 프로그램이 엄청나게 간단해지는 것을 알 수 있다. 사실 이 프로그램에서는 텍스트형 LCD 모듈에 초기화면을 표시하는 2개의 LCD_string() 명령도 사용할 필요가 없으나, 이것이 헤더파일 OK89S52.H에 정의되어 있는데 한번도 이를 호출하지 않으면 링크 동작에서 경고 메시지가 출력되므로 이를 피하기 위하여 사용한 것이다.

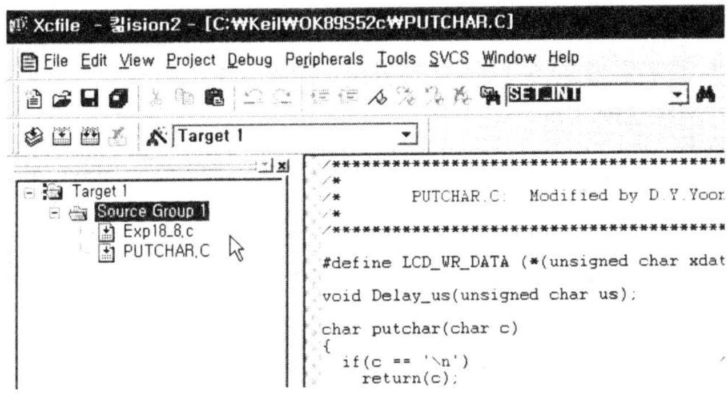

〈그림 4.18.6〉 사용자 파일과 PUTCHAR.C 파일의 프로젝트 등록

이 프로그램을 그대로 컴파일하면 printf() 함수가 텍스트형 LCD 모듈에 원하는대로 수치 데이터를 출력하지 못하며, 반드시 PK51에서 기본으로 제공하는 PUTCHAR() 함수를 수정해 주어야 한다. 그러므로 텍스트형 LCD 모듈에 출력하도록 PUTCHAR() 함수를 수정하면 다음과 같다. 이것은 C:\Keil\C51\LIB\PUTCHAR.C로 제공되지만 원본은 그대로 보존하는 것이 좋으므로 이를 C:\Keil\OK89S52c\PUTCHAR.C에 복사하여 놓고 수정하여 사용하는 것이 좋다.

〈프로그램 PUTCHAR.C〉 1문자를 LCD 모듈에 출력하도록 수정한 파일

```
/***************************************************************************/
/*                                                                         */
/*       PUTCHAR.C:  Modified by D.Y.Yoon for Text LCD module.             */
/*                                                                         */
/***************************************************************************/

#define LCD_WR_DATA (*(unsigned char xdata *)0x8301)

void Delay_us(unsigned char us);

char putchar(char c)
{
  if(c == '\n')                          // if CR, return
    return(c);

  LCD_WR_DATA = c;                       // output c
  Delay_us(50);

  return(c);
}
```

☞ 서식 지정 출력함수인 printf()에서는 텍스트형 LCD 모듈에 적합하지 않은 문자를 전송할 수도 있으므로 이런 경우는 이를 LCD 모듈에 출력하지 않도록 처리할 필요가 있다. 이 프로그램에서는 이런 의미에

서 \n을 출력하지 않도록 하였으나 이 문자가 전송되면 LCD 모듈의 행을 바꾸도록 처리할 수도 있다. 이와 같은 기능을 필요로 하는지 여부는 사용자의 판단에 따르면 된다.

이제 예제 Exp18_8.c 파일과 수정된 PUTCHAR.C 파일을 모두 <그림 4.18.6>과 같이 프로젝트에 등록하고 이를 컴파일하여 다운로드하고 실행하라. 그리고 텍스트형 LCD 모듈에 표시되는 내용을 세밀하게 관찰하여 보라.

6. 실습 과제

(1) C컴파일러의 최적화 기능을 수행할 때 단점이나 부작용 또는 주의할 사항에는 어떤 것들이 있는지 설명하라.

(2) printf() 함수를 사용하여 직렬통신 포트나 텍스트형 LCD 모듈에 출력하는 방식은 이를 사용자 함수로 직접 처리하는 방법에 비하여 어떤 장단점이 있는지 설명하라.

(3) 예제 프로그램 Exp18_8.c를 실행시켜 보면 `printf("sin(%+04d)=%+6.3f",i,y);` 명령 중에서 %+04d 부분에 의하여 텍스트형 LCD 모듈에 출력한 수치 데이터는 예제 프로그램 Exp18_7.c의 LCD_s3d() 함수로 디스플레이한 수치 데이터와 약간 다른 점이 있다. 어떤 차이가 있는지 설명하라. 또 이를 `printf("sin(%+4d)=%+6.3f",i,y);`로 수정하면 어떻게 되는지 설명하라.

(4) 앞의 예제 프로그램 Exp08_5.c를 `printf()` 함수를 사용하여 텍스트형 LCD 모듈에 출력하도록 수정한 프로그램 Exp16_8r.c를 작성하라.

부록

관련 기술자료

〈부록1〉 AT89S52의 데이터 시트

〈부록2〉 키트 테스트 프로그램 kit_test.asm의 소스

〈부록3〉 단원정리 문제의 정답

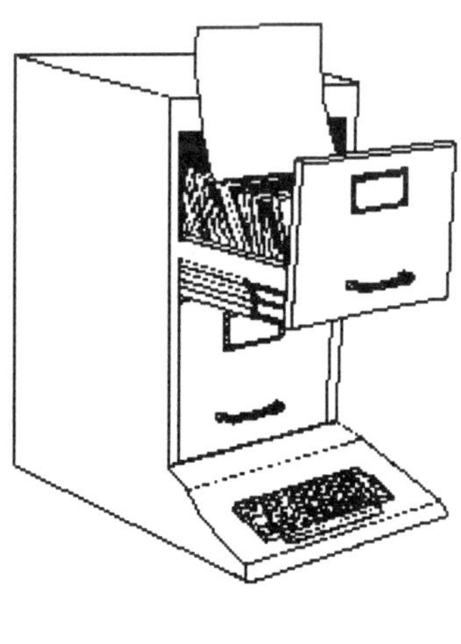

☞

〈부록 1〉에 실은 AT89S52의 데이터 시트는 수십 페이지에 이르는 많은 분량이므로 여기에는 필요한 일부분만을 발췌하여 싣는다. 나머지 부분들은 이 책에서 대부분 설명하고 있으니 거의 필요가 없지만, 이것의 전체를 보고자 하는 독자는 저자나 Atmel사의 홈페이지에서 직접 다운받아 사용하기 바란다.

〈부록 2〉에는 *OK-89S52* 키트를 사용자가 처음 조립하고 나서 이것의 정상적인 동작 여부를 체크할 수 있는 키트 진단용의 테스트 프로그램인 kit_test.asm의 소스를 실었다. 이 어셈블리 소스 파일과 이것을 번역한 kit_test.hex 파일은 예제와 함께 제공하므로, 자신이 직접 키트를 조립하는 사용자는 이를 가지고 키트를 테스트하면 된다.

〈부록 3〉에는 단원정리 문제의 정답을 실었다. 여기서는 자세한 풀이과정을 생략하였고, 또한 서술형이나 설계형 문제에 대한 정답도 제시하지 않으므로 이러한 사항들은 독자 여러분이 스스로 해결하기 바란다.

〈부록 1〉 AT89S52의 데이터 시트(부분 발췌)

8-bit Microcontroller with 8K Bytes In-System Programmable Flash

AT89S52

Features

- Compatible with MCS®-51 Products
- 8K Bytes of In-System Programmable (ISP) Flash Memory
  - Endurance: 1000 Write/Erase Cycles
- 4.0V to 5.5V Operating Range
- Fully Static Operation: 0 Hz to 33 MHz
- Three-level Program Memory Lock
- 256 x 8-bit Internal RAM
- 32 Programmable I/O Lines
- Three 16-bit Timer/Counters
- Eight Interrupt Sources
- Full Duplex UART Serial Channel
- Low-power Idle and Power-down Modes
- Interrupt Recovery from Power-down Mode
- Watchdog Timer
- Dual Data Pointer
- Power-off Flag
- Fast Programming Time
- Flexible ISP Programming (Byte and Page Mode)
- Green (Pb/Halide-free) Packaging Option

1. Description

The AT89S52 is a low-power, high-performance CMOS 8-bit microcontroller with 8K bytes of in-system programmable Flash memory. The device is manufactured using Atmel's high-density nonvolatile memory technology and is compatible with the industry-standard 80C51 instruction set and pinout. The on-chip Flash allows the program memory to be reprogrammed in-system or by a conventional nonvolatile memory programmer. By combining a versatile 8-bit CPU with in-system programmable Flash on a monolithic chip, the Atmel AT89S52 is a powerful microcontroller which provides a highly-flexible and cost-effective solution to many embedded control applications.

The AT89S52 provides the following standard features: 8K bytes of Flash, 256 bytes of RAM, 32 I/O lines, Watchdog timer, two data pointers, three 16-bit timer/counters, a six-vector two-level interrupt architecture, a full duplex serial port, on-chip oscillator, and clock circuitry. In addition, the AT89S52 is designed with static logic for operation down to zero frequency and supports two software selectable power saving modes. The Idle Mode stops the CPU while allowing the RAM, timer/counters, serial port, and interrupt system to continue functioning. The Power-down mode saves the RAM contents but freezes the oscillator, disabling all other chip functions until the next interrupt or hardware reset.

1919C–MICRO–3/05

2. Pin Configurations

2.1 40-lead PDIP

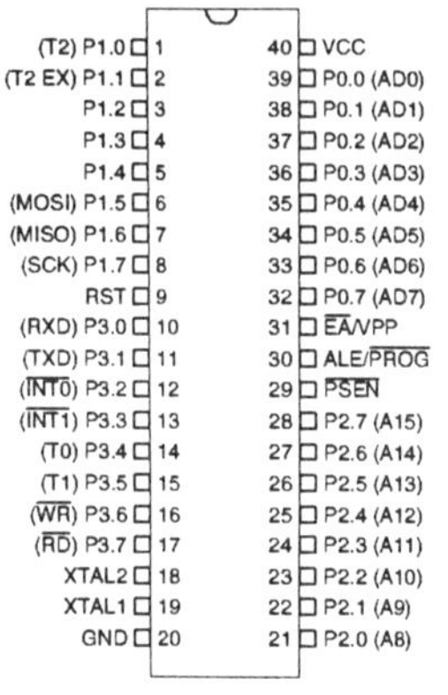

2.3 44-lead PLCC

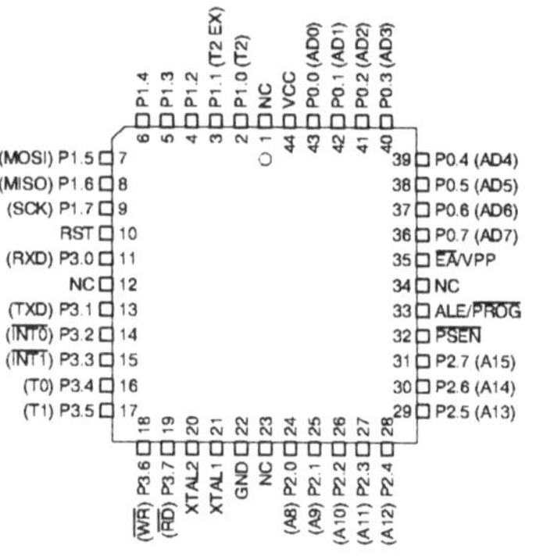

2.2 44-lead TQFP

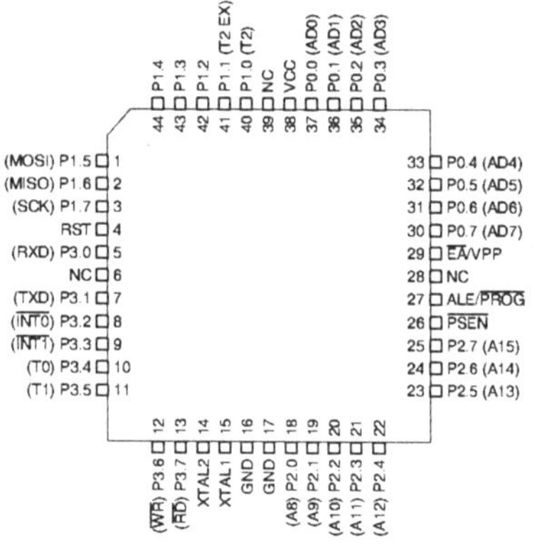

2.4 42-lead PDIP

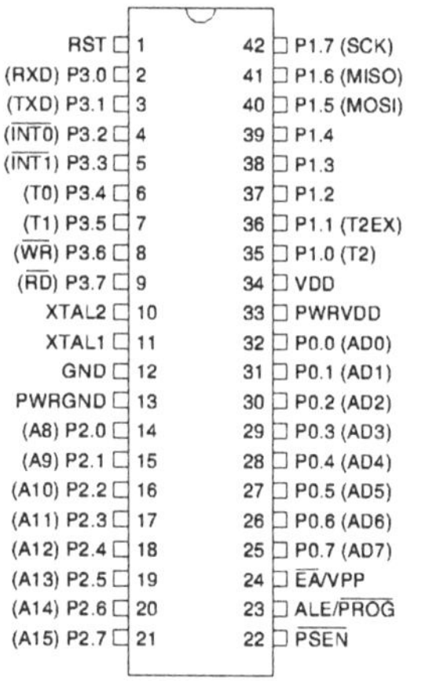

3. Block Diagram

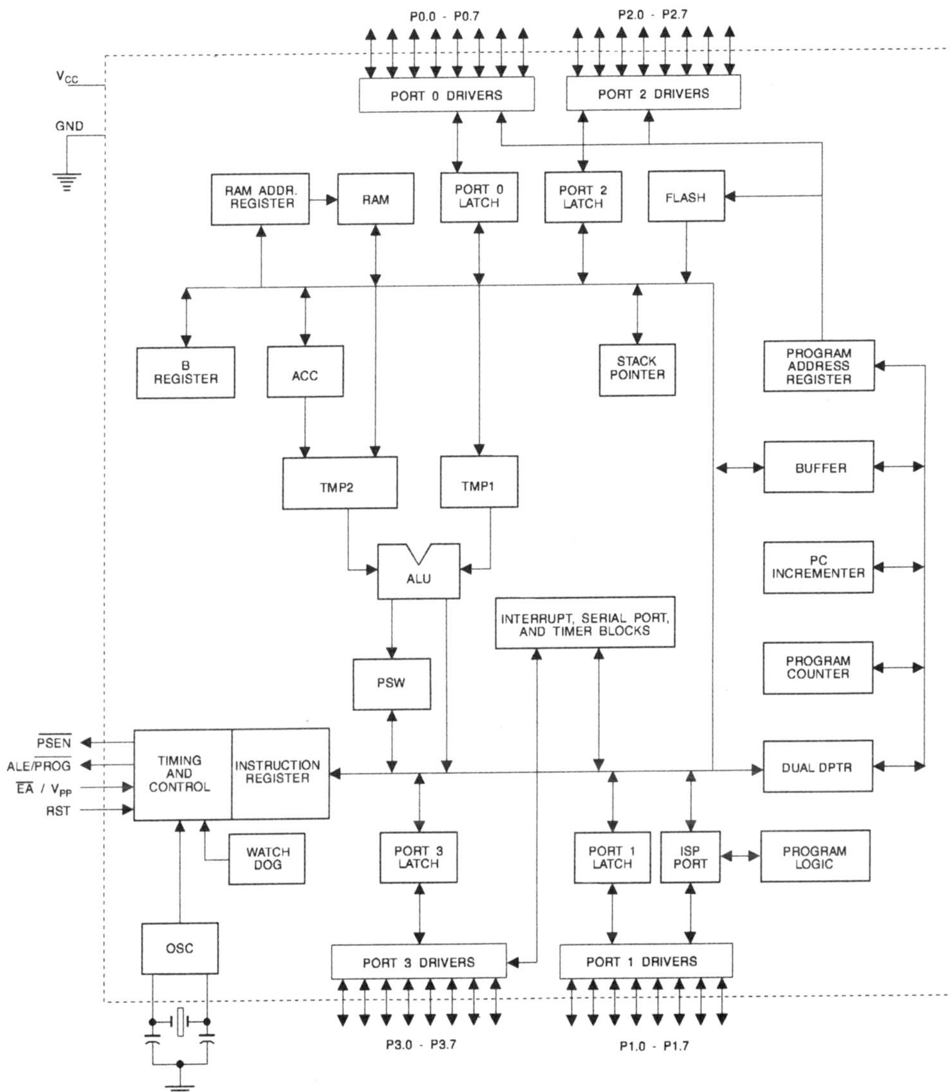

4. Pin Description

4.1 VCC

Supply voltage.

4.2 GND

Ground.

4.3 Port 0

Port 0 is an 8-bit open drain bidirectional I/O port. As an output port, each pin can sink eight TTL inputs. When 1s are written to port 0 pins, the pins can be used as high-impedance inputs.

Port 0 can also be configured to be the multiplexed low-order address/data bus during accesses to external program and data memory. In this mode, P0 has internal pull-ups.

Port 0 also receives the code bytes during Flash programming and outputs the code bytes during program verification. **External pull-ups are required during program verification.**

4.4 Port 1

Port 1 is an 8-bit bidirectional I/O port with internal pull-ups. The Port 1 output buffers can sink/source four TTL inputs. When 1s are written to Port 1 pins, they are pulled high by the internal pull-ups and can be used as inputs. As inputs, Port 1 pins that are externally being pulled low will source current (I_{IL}) because of the internal pull-ups.

In addition, P1.0 and P1.1 can be configured to be the timer/counter 2 external count input (P1.0/T2) and the timer/counter 2 trigger input (P1.1/T2EX), respectively, as shown in the following table.

Port 1 also receives the low-order address bytes during Flash programming and verification.

Port Pin	Alternate Functions
P1.0	T2 (external count input to Timer/Counter 2), clock-out
P1.1	T2EX (Timer/Counter 2 capture/reload trigger and direction control)
P1.5	MOSI (used for In-System Programming)
P1.6	MISO (used for In-System Programming)
P1.7	SCK (used for In-System Programming)

4.5 Port 2

Port 2 is an 8-bit bidirectional I/O port with internal pull-ups. The Port 2 output buffers can sink/source four TTL inputs. When 1s are written to Port 2 pins, they are pulled high by the internal pull-ups and can be used as inputs. As inputs, Port 2 pins that are externally being pulled low will source current (I_{IL}) because of the internal pull-ups.

Port 2 emits the high-order address byte during fetches from external program memory and during accesses to external data memory that use 16-bit addresses (MOVX @ DPTR). In this application, Port 2 uses strong internal pull-ups when emitting 1s. During accesses to external data memory that use 8-bit addresses (MOVX @ RI), Port 2 emits the contents of the P2 Special Function Register.

Port 2 also receives the high-order address bits and some control signals during Flash programming and verification.

4.6 Port 3

Port 3 is an 8-bit bidirectional I/O port with internal pull-ups. The Port 3 output buffers can sink/source four TTL inputs. When 1s are written to Port 3 pins, they are pulled high by the internal pull-ups and can be used as inputs. As inputs, Port 3 pins that are externally being pulled low will source current (I_{IL}) because of the pull-ups.

Port 3 receives some control signals for Flash programming and verification.

Port 3 also serves the functions of various special features of the AT89S52, as shown in the following table.

Port Pin	Alternate Functions
P3.0	RXD (serial input port)
P3.1	TXD (serial output port)
P3.2	$\overline{\text{INT0}}$ (external interrupt 0)
P3.3	$\overline{\text{INT1}}$ (external interrupt 1)
P3.4	T0 (timer 0 external input)
P3.5	T1 (timer 1 external input)
P3.6	$\overline{\text{WR}}$ (external data memory write strobe)
P3.7	$\overline{\text{RD}}$ (external data memory read strobe)

4.7 RST

Reset input. A high on this pin for two machine cycles while the oscillator is running resets the device. This pin drives high for 98 oscillator periods after the Watchdog times out. The DISRTO bit in SFR AUXR (address 8EH) can be used to disable this feature. In the default state of bit DISRTO, the RESET HIGH out feature is enabled.

4.8 ALE/$\overline{\text{PROG}}$

Address Latch Enable (ALE) is an output pulse for latching the low byte of the address during accesses to external memory. This pin is also the program pulse input ($\overline{\text{PROG}}$) during Flash programming.

In normal operation, ALE is emitted at a constant rate of 1/6 the oscillator frequency and may be used for external timing or clocking purposes. Note, however, that one ALE pulse is skipped during each access to external data memory.

If desired, ALE operation can be disabled by setting bit 0 of SFR location 8EH. With the bit set, ALE is active only during a MOVX or MOVC instruction. Otherwise, the pin is weakly pulled high. Setting the ALE-disable bit has no effect if the microcontroller is in external execution mode.

4.9 $\overline{PSEN}$

Program Store Enable ($\overline{PSEN}$) is the read strobe to external program memory.

When the AT89S52 is executing code from external program memory, $\overline{PSEN}$ is activated twice each machine cycle, except that two $\overline{PSEN}$ activations are skipped during each access to external data memory.

4.10 $\overline{EA}$/VPP

External Access Enable. $\overline{EA}$ must be strapped to GND in order to enable the device to fetch code from external program memory locations starting at 0000H up to FFFFH. Note, however, that if lock bit 1 is programmed, $\overline{EA}$ will be internally latched on reset.

$\overline{EA}$ should be strapped to V_{CC} for internal program executions.

This pin also receives the 12-volt programming enable voltage (V_{PP}) during Flash programming.

4.11 XTAL1

Input to the inverting oscillator amplifier and input to the internal clock operating circuit.

4.12 XTAL2

Output from the inverting oscillator amplifier.

5. Special Function Registers

A map of the on-chip memory area called the Special Function Register (SFR) space is shown in Table 5-1.

Note that not all of the addresses are occupied, and unoccupied addresses may not be implemented on the chip. Read accesses to these addresses will in general return random data, and write accesses will have an indeterminate effect.

User software should not write 1s to these unlisted locations, since they may be used in future products to invoke new features. In that case, the reset or inactive values of the new bits will always be 0.

Timer 2 Registers: Control and status bits are contained in registers T2CON (shown in Table 5-2) and T2MOD (shown in Table 10-2) for Timer 2. The register pair (RCAP2H, RCAP2L) are the Capture/Reload registers for Timer 2 in 16-bit capture mode or 16-bit auto-reload mode.

Interrupt Registers: The individual interrupt enable bits are in the IE register. Two priorities can be set for each of the six interrupt sources in the IP register.

Table 5-1. AT89S52 SFR Map and Reset Values

0F8H									0FFH
0F0H	B 00000000								0F7H
0E8H									0EFH
0E0H	ACC 00000000								0E7H
0D8H									0DFH
0D0H	PSW 00000000								0D7H
0C8H	T2CON 00000000	T2MOD XXXXXX00	RCAP2L 00000000	RCAP2H 00000000	TL2 00000000	TH2 00000000			0CFH
0C0H									0C7H
0B8H	IP XX000000								0BFH
0B0H	P3 11111111								0B7H
0A8H	IE 0X000000								0AFH
0A0H	P2 11111111		AUXR1 XXXXXXX0				WDTRST XXXXXXXX		0A7H
98H	SCON 00000000	SBUF XXXXXXXX							9FH
90H	P1 11111111								97H
88H	TCON 00000000	TMOD 00000000	TL0 00000000	TL1 00000000	TH0 00000000	TH1 00000000	AUXR XXX00XX0		8FH
80H	P0 11111111	SP 00000111	DP0L 00000000	DP0H 00000000	DP1L 00000000	DP1H 00000000		PCON 0XXX0000	87H

26. Absolute Maximum Ratings*

Operating Temperature	-55°C to +125°C
Storage Temperature	-65°C to +150°C
Voltage on Any Pin with Respect to Ground	-1.0V to +7.0V
Maximum Operating Voltage	6.6V
DC Output Current	15.0 mA

*NOTICE: Stresses beyond those listed under "Absolute Maximum Ratings" may cause permanent damage to the device. This is a stress rating only and functional operation of the device at these or any other conditions beyond those indicated in the operational sections of this specification is not implied. Exposure to absolute maximum rating conditions for extended periods may affect device reliability.

27. DC Characteristics

The values shown in this table are valid for T_A = -40°C to 85°C and V_{CC} = 4.0V to 5.5V, unless otherwise noted.

Symbol	Parameter	Condition	Min	Max	Units
V_{IL}	Input Low Voltage	(Except $\overline{EA}$)	-0.5	0.2 V_{CC}-0.1	V
V_{IL1}	Input Low Voltage ($\overline{EA}$)		-0.5	0.2 V_{CC}-0.3	V
V_{IH}	Input High Voltage	(Except XTAL1, RST)	0.2 V_{CC}+0.9	V_{CC}+0.5	V
V_{IH1}	Input High Voltage	(XTAL1, RST)	0.7 V_{CC}	V_{CC}+0.5	V
V_{OL}	Output Low Voltage(1) (Ports 1,2,3)	I_{OL} = 1.6 mA		0.45	V
V_{OL1}	Output Low Voltage(1) (Port 0, ALE, $\overline{PSEN}$)	I_{OL} = 3.2 mA		0.45	V
V_{OH}	Output High Voltage (Ports 1,2,3, ALE, $\overline{PSEN}$)	I_{OH} = -60 μA, V_{CC} = 5V ± 10%	2.4		V
		I_{OH} = -25 μA	0.75 V_{CC}		V
		I_{OH} = -10 μA	0.9 V_{CC}		V
V_{OH1}	Output High Voltage (Port 0 in External Bus Mode)	I_{OH} = -800 μA, V_{CC} = 5V ± 10%	2.4		V
		I_{OH} = -300 μA	0.75 V_{CC}		V
		I_{OH} = -80 μA	0.9 V_{CC}		V
I_{IL}	Logical 0 Input Current (Ports 1,2,3)	V_{IN} = 0.45V		-50	μA
I_{TL}	Logical 1 to 0 Transition Current (Ports 1,2,3)	V_{IN} = 2V, V_{CC} = 5V ± 10%		-300	μA
I_{LI}	Input Leakage Current (Port 0, $\overline{EA}$)	0.45 < V_{IN} < V_{CC}		±10	μA
RRST	Reset Pulldown Resistor		50	300	KΩ
C_{IO}	Pin Capacitance	Test Freq. = 1 MHz, T_A = 25°C		10	pF
I_{CC}	Power Supply Current	Active Mode, 12 MHz		25	mA
		Idle Mode, 12 MHz		6.5	mA
	Power-down Mode(1)	V_{CC} = 5.5V		50	μA

Notes: 1. Under steady state (non-transient) conditions, I_{OL} must be externally limited as follows:
Maximum I_{OL} per port pin: 10 mA
Maximum I_{OL} per 8-bit port:
Port 0: 26 mA Ports 1, 2, 3: 15 mA
Maximum total I_{OL} for all output pins: 71 mA
If I_{OL} exceeds the test condition, V_{OL} may exceed the related specification. Pins are not guaranteed to sink current greater than the listed test conditions.
2. Minimum V_{CC} for Power-down is 2V.

28. AC Characteristics

Under operating conditions, load capacitance for Port 0, ALE/$\overline{PROG}$, and $\overline{PSEN}$ = 100 pF; load capacitance for all other outputs = 80 pF.

28.1 External Program and Data Memory Characteristics

Symbol	Parameter	12 MHz Oscillator		Variable Oscillator		Units
		Min	Max	Min	Max	
$1/t_{CLCL}$	Oscillator Frequency			0	33	MHz
t_{LHLL}	ALE Pulse Width	127		$2t_{CLCL}$-40		ns
t_{AVLL}	Address Valid to ALE Low	43		t_{CLCL}-25		ns
t_{LLAX}	Address Hold After ALE Low	48		t_{CLCL}-25		ns
t_{LLIV}	ALE Low to Valid Instruction In		233		$4t_{CLCL}$-65	ns
t_{LLPL}	ALE Low to $\overline{PSEN}$ Low	43		t_{CLCL}-25		ns
t_{PLPH}	$\overline{PSEN}$ Pulse Width	205		$3t_{CLCL}$-45		ns
t_{PLIV}	$\overline{PSEN}$ Low to Valid Instruction In		145		$3t_{CLCL}$-60	ns
t_{PXIX}	Input Instruction Hold After $\overline{PSEN}$	0		0		ns
t_{PXIZ}	Input Instruction Float After $\overline{PSEN}$		59		t_{CLCL}-25	ns
t_{PXAV}	$\overline{PSEN}$ to Address Valid	75		t_{CLCL}-8		ns
t_{AVIV}	Address to Valid Instruction In		312		$5t_{CLCL}$-80	ns
t_{PLAZ}	$\overline{PSEN}$ Low to Address Float		10		10	ns
t_{RLRH}	$\overline{RD}$ Pulse Width	400		$6t_{CLCL}$-100		ns
t_{WLWH}	$\overline{WR}$ Pulse Width	400		$6t_{CLCL}$-100		ns
t_{RLDV}	$\overline{RD}$ Low to Valid Data In		252		$5t_{CLCL}$-90	ns
t_{RHDX}	Data Hold After $\overline{RD}$	0		0		ns
t_{RHDZ}	Data Float After $\overline{RD}$		97		$2t_{CLCL}$-28	ns
t_{LLDV}	ALE Low to Valid Data In		517		$8t_{CLCL}$-150	ns
t_{AVDV}	Address to Valid Data In		585		$9t_{CLCL}$-165	ns
t_{LLWL}	ALE Low to $\overline{RD}$ or $\overline{WR}$ Low	200	300	$3t_{CLCL}$-50	$3t_{CLCL}$+50	ns
t_{AVWL}	Address to $\overline{RD}$ or $\overline{WR}$ Low	203		$4t_{CLCL}$-75		ns
t_{QVWX}	Data Valid to $\overline{WR}$ Transition	23		t_{CLCL}-30		ns
t_{QVWH}	Data Valid to $\overline{WR}$ High	433		$7t_{CLCL}$-130		ns
t_{WHQX}	Data Hold After $\overline{WR}$	33		t_{CLCL}-25		ns
t_{RLAZ}	$\overline{RD}$ Low to Address Float		0		0	ns
t_{WHLH}	$\overline{RD}$ or $\overline{WR}$ High to ALE High	43	123	t_{CLCL}-25	t_{CLCL}+25	ns

29. External Program Memory Read Cycle

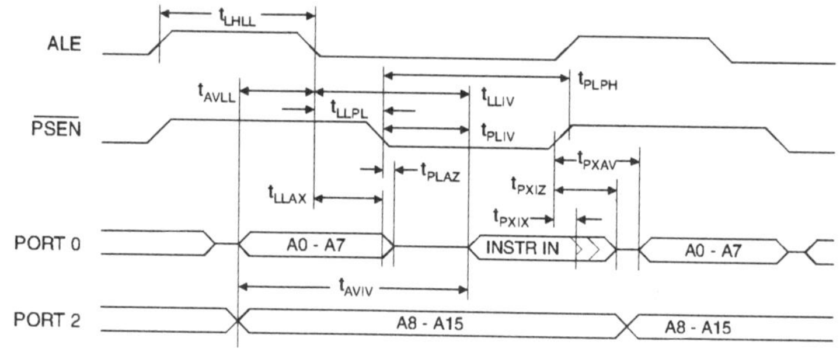

30. External Data Memory Read Cycle

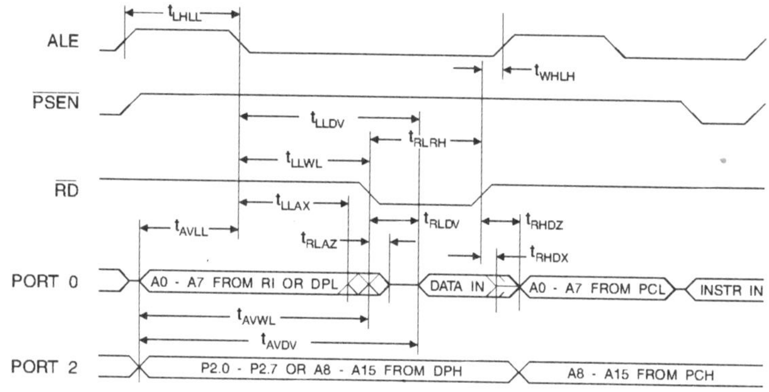

31. External Data Memory Write Cycle

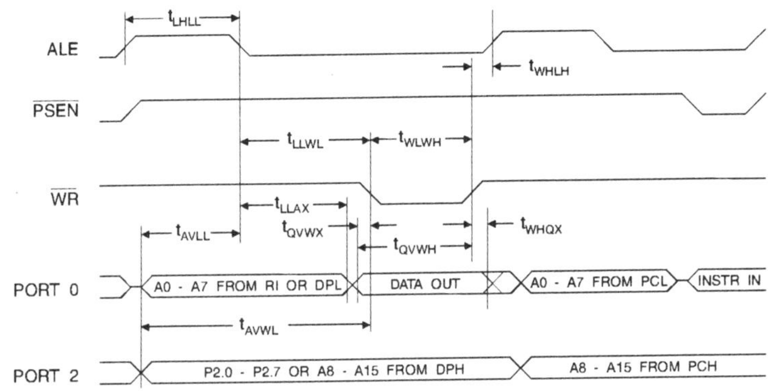

32. External Clock Drive Waveforms

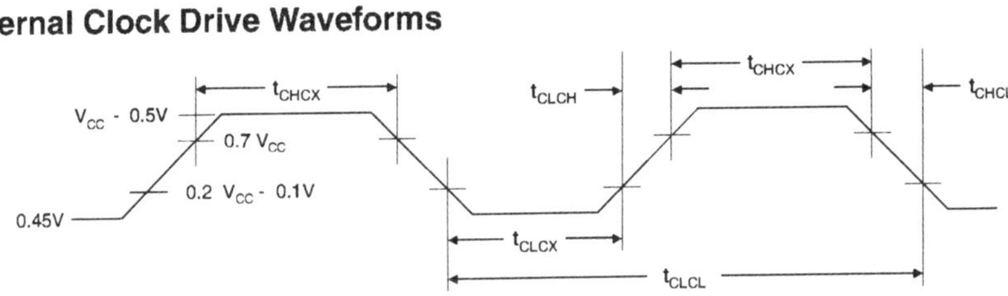

33. External Clock Drive

Symbol	Parameter	Min	Max	Units
$1/t_{CLCL}$	Oscillator Frequency	0	33	MHz
t_{CLCL}	Clock Period	30		ns
t_{CHCX}	High Time	12		ns
t_{CLCX}	Low Time	12		ns
t_{CLCH}	Rise Time		5	ns
t_{CHCL}	Fall Time		5	ns

34. Serial Port Timing: Shift Register Mode Test Conditions

The values in this table are valid for V_{CC} = 4.0V to 5.5V and Load Capacitance = 80 pF.

Symbol	Parameter	12 MHz Osc		Variable Oscillator		Units
		Min	Max	Min	Max	
t_{XLXL}	Serial Port Clock Cycle Time	1.0		12 t_{CLCL}		μs
t_{QVXH}	Output Data Setup to Clock Rising Edge	700		10 t_{CLCL}-133		ns
t_{XHQX}	Output Data Hold After Clock Rising Edge	50		2 t_{CLCL}-80		ns
t_{XHDX}	Input Data Hold After Clock Rising Edge	0		0		ns
t_{XHDV}	Clock Rising Edge to Input Data Valid		700		10 t_{CLCL}-133	ns

35. Shift Register Mode Timing Waveforms

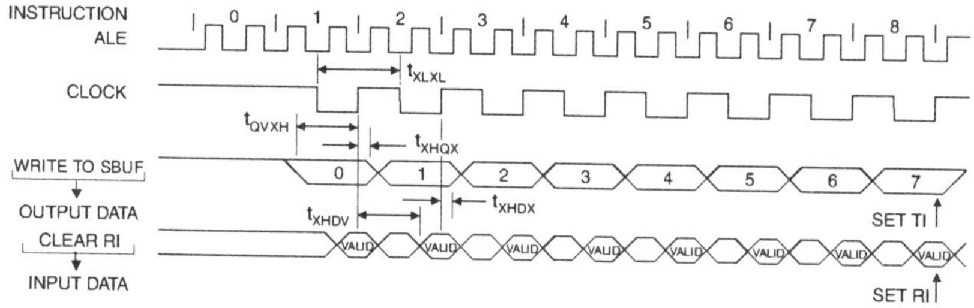

36. AC Testing Input/Output Waveforms[1]

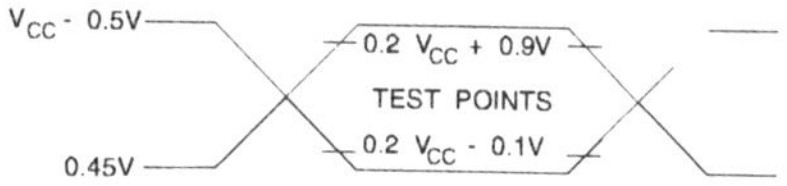

Note: 1. AC Inputs during testing are driven at V_{CC} - 0.5V for a logic 1 and 0.45V for a logic 0. Timing measurements are made at V_{IH} min. for a logic 1 and V_{IL} max. for a logic 0.

37. Float Waveforms[1]

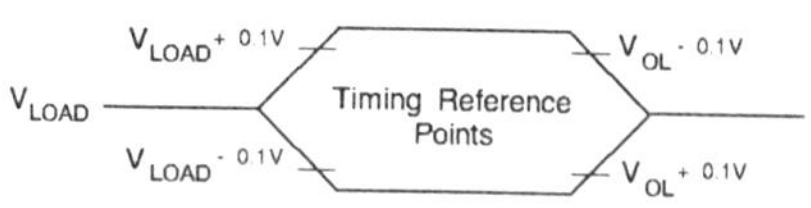

Note: 1. For timing purposes, a port pin is no longer floating when a 100 mV change from load voltage occurs. A port pin begins to float when a 100 mV change from the loaded V_{OH}/V_{OL} level occurs.

38. Ordering Information

38.1 Standard Package

Speed (MHz)	Power Supply	Ordering Code	Package	Operation Range
24	4.0V to 5.5V	AT89S52-24AC AT89S52-24JC AT89S52-24PC AT89S52-24SC	44A 44J 40P6 42PS6	Commercial (0°C to 70°C)
		AT89S52-24AI AT89S52-24JI AT89S52-24PI AT89S52-24SI	44A 44J 40P6 42PS6	Industrial (-40°C to 85°C)
33	4.5V to 5.5V	AT89S52-33AC AT89S52-33JC AT89S52-33PC AT89S52-33SC	44A 44J 40P6 42PS6	Commercial (0°C to 70°C)

38.2 Green Package Option (Pb/Halide-free)

Speed (MHz)	Power Supply	Ordering Code	Package	Operation Range
24	4.0V to 5.5V	AT89S52-24AU AT89S52-24JU AT89S52-24PU	44A 44J 40P6	Industrial (-40°C to 85°C)

Package Type	
44A	44-lead, Thin Plastic Gull Wing Quad Flatpack (TQFP)
44J	44-lead, Plastic J-leaded Chip Carrier (PLCC)
40P6	40-pin, 0.600" Wide, Plastic Dual Inline Package (PDIP)
42PS6	42-pin, 0.600" Wide, Plastic Dual Inline Package (PDIP)

39. Packaging Information

39.1 44A – TQFP

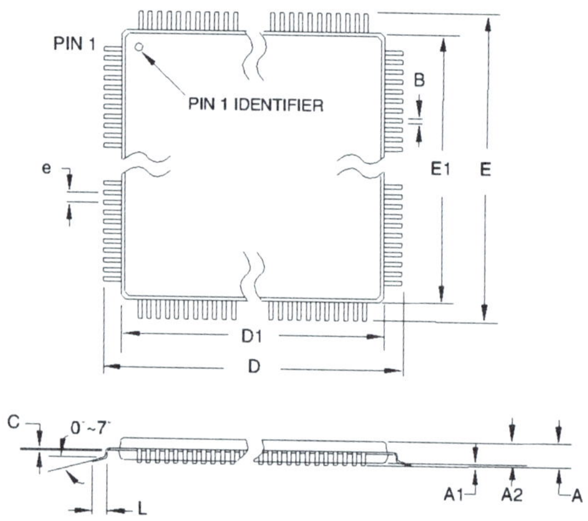

COMMON DIMENSIONS
(Unit of Measure = mm)

SYMBOL	MIN	NOM	MAX	NOTE
A	–	–	1.20	
A1	0.05	–	0.15	
A2	0.95	1.00	1.05	
D	11.75	12.00	12.25	
D1	9.90	10.00	10.10	Note 2
E	11.75	12.00	12.25	
E1	9.90	10.00	10.10	Note 2
B	0.30	–	0.45	
C	0.09	–	0.20	
L	0.45	–	0.75	
e	0.80 TYP			

Notes:
1. This package conforms to JEDEC reference MS-026, Variation ACB.
2. Dimensions D1 and E1 do not include mold protrusion. Allowable protrusion is 0.25 mm per side. Dimensions D1 and E1 are maximum plastic body size dimensions including mold mismatch.
3. Lead coplanarity is 0.10 mm maximum.

10/5/2001

ATMEL 2325 Orchard Parkway San Jose, CA 95131	TITLE **44A,** 44-lead, 10 x 10 mm Body Size, 1.0 mm Body Thickness, 0.8 mm Lead Pitch, Thin Profile Plastic Quad Flat Package (TQFP)	DRAWING NO. 44A	REV. B

39.2 44J – PLCC

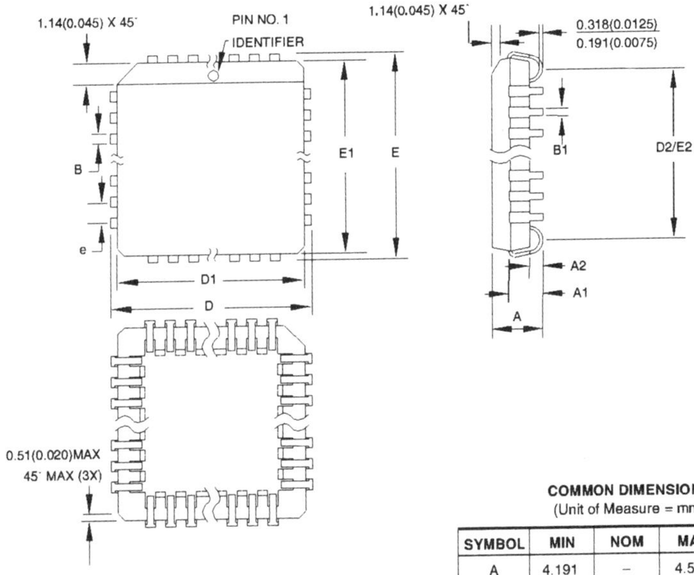

COMMON DIMENSIONS
(Unit of Measure = mm)

SYMBOL	MIN	NOM	MAX	NOTE
A	4.191	–	4.572	
A1	2.286	–	3.048	
A2	0.508	–	–	
D	17.399	–	17.653	
D1	16.510	–	16.662	Note 2
E	17.399	–	17.653	
E1	16.510	–	16.662	Note 2
D2/E2	14.986	–	16.002	
B	0.660	–	0.813	
B1	0.330	–	0.533	
e	1.270 TYP			

Notes:
1. This package conforms to JEDEC reference MS-018, Variation AC.
2. Dimensions D1 and E1 do not include mold protrusion. Allowable protrusion is .010"(0.254 mm) per side. Dimension D1 and E1 include mold mismatch and are measured at the extreme material condition at the upper or lower parting line.
3. Lead coplanarity is 0.004" (0.102 mm) maximum.

10/04/01

ATMEL 2325 Orchard Parkway San Jose, CA 95131	TITLE **44J**, 44-lead, Plastic J-leaded Chip Carrier (PLCC)	DRAWING NO. 44J	REV. B

39.3 40P6 – PDIP

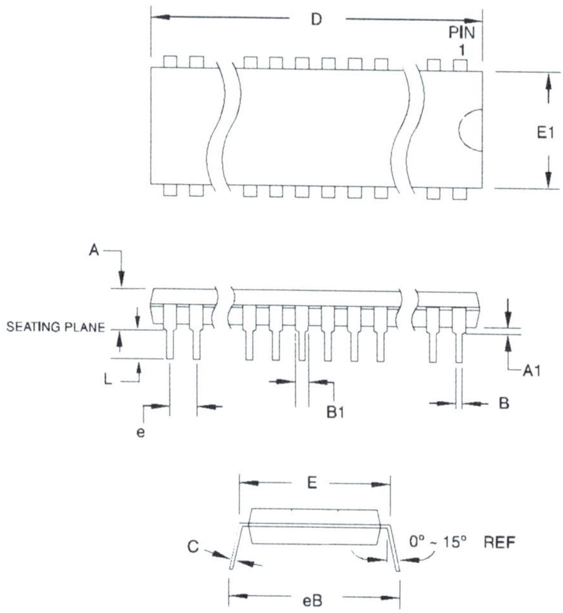

COMMON DIMENSIONS
(Unit of Measure = mm)

SYMBOL	MIN	NOM	MAX	NOTE
A	–	–	4.826	
A1	0.381	–	–	
D	52.070	–	52.578	Note 2
E	15.240	–	15.875	
E1	13.462	–	13.970	Note 2
B	0.356	–	0.559	
B1	1.041	–	1.651	
L	3.048	–	3.556	
C	0.203	–	0.381	
eB	15.494	–	17.526	
e	2.540 TYP			

Notes:
1. This package conforms to JEDEC reference MS-011, Variation AC.
2. Dimensions D and E1 do not include mold Flash or Protrusion. Mold Flash or Protrusion shall not exceed 0.25 mm (0.010").

09/28/01

ATMEL 2325 Orchard Parkway San Jose, CA 95131	TITLE **40P6**, 40-lead (0.600"/15.24 mm Wide) Plastic Dual Inline Package (PDIP)	DRAWING NO. 40P6	REV. B

〈부록 2〉 키트 테스트 프로그램 kit_test.asm의 소스

```
;[][][][][][][][][][][][][][][][][][][][][][][][][][][][][][][][][][][][][][][][][][]
;[]                                                                               []
;[]             OK-89S52 Kit V1.0 Diagnostics Program                              []
;[]                                                                               []
;[][][][][][][][][][][][][][][][][][][][][][][][][][][][][][][][][][][][][][][][][][]
;
;               Designed and programmed by Duck-Yong Yoon in 2005.
;
$NOMOD51                                ; do not use default MCS-51 SFR
$INCLUDE(AT89S52.INC)                   ; include AT89S52 definition file

;========================================================================
;       Main Program
;========================================================================
CSEG    AT      0000H
        MOV     SP,#7FH                 ; initialize SP
        CALL    KIT_INITIALIZE          ; initialize OK-89S52 kit
        CALL    D50MS                   ; wait for system stabilization
        CALL    LCD_INITIALIZE          ; initialize text LCD
        CALL    SET_FONT                ; define user font of text LCD

        CALL    LCD_HOME1               ; display logo 1
        CALL    LCD_STRING
        DB      ' OK-89S52  V1.0 ',0
        CALL    LCD_HOME2
        CALL    LCD_STRING
        DB      ' AT89S52 ',01H,02H,03H,04H,05H,06H,' ',0

        CLR     P3.5                    ; boot signal
        MOV     DPTR,#DIG_SELECT
        MOV     A,#00000001B
        MOVX    @DPTR,A
        CALL    D200MS
        MOV     A,#00000010B
        MOVX    @DPTR,A
        CALL    D200MS
        MOV     A,#00000100B
        MOVX    @DPTR,A
        CALL    D200MS
        MOV     A,#00001000B
        MOVX    @DPTR,A
        CALL    D200MS
        MOV     A,#00000000B
        MOVX    @DPTR,A
        SETB    P3.5
        CALL    D2SEC

        CALL    LCD_HOME2               ; display logo 2
        CALL    LCD_STRING
        DB      'D.Y.Yoon in 2005',0
        CALL    D2SEC
        JMP     TEST1

;------------------------------------------------
;       Define User Font
;------------------------------------------------
```

```
SET_FONT:MOV    LCD_BUFFER,#40H        ; set CG RAM address
        CALL    LCD_COMMAND
        MOV     DPTR,#FONT
        MOV     R7,#64                 ; 64 CG RAM data
SET_FONT1:CLR   A
        MOVC    A,@A+DPTR
        MOV     LCD_BUFFER,A
        CALL    LCD_DATA
        INC     DPTR
        DJNZ    R7,SET_FONT1
        RET

FONT:   DB      00010000B              ; character 0
        DB      00011000B
        DB      00011100B
        DB      00011110B
        DB      00011100B
        DB      00011000B
        DB      00010000B
        DB      00000000B
        DB      00001111B              ; character 1
        DB      00001001B
        DB      00001001B
        DB      00001001B
        DB      00001001B
        DB      00001001B
        DB      00001111B
        DB      00000000B
        DB      00001000B              ; character 2
        DB      00001000B
        DB      00001000B
        DB      00001110B
        DB      00001000B
        DB      00001000B
        DB      00001000B
        DB      00000000B
        DB      00000001B              ; character 3
        DB      00000010B
        DB      00000100B
        DB      00001000B
        DB      00000000B
        DB      00000000B
        DB      00001111B
        DB      00000000B
        DB      00010000B              ; character 4
        DB      00001000B
        DB      00000100B
        DB      00000010B
        DB      00000000B
        DB      00000000B
        DB      00011110B
        DB      00000000B
        DB      00001111B              ; character 5
        DB      00001000B
        DB      00001000B
        DB      00001111B
        DB      00001000B
        DB      00001000B
        DB      00001111B
        DB      00000000B
```

```
        DB      00000100B               ; character 6
        DB      00000100B
        DB      00000100B
        DB      00011100B
        DB      00000100B
        DB      00000100B
        DB      00000100B
        DB      00000000B
        DB      00000001B               ; character 7
        DB      00000011B
        DB      00000111B
        DB      00001111B
        DB      00000111B
        DB      00000011B
        DB      00000001B
        DB      00000000B

;================================================================
;       TEST 1 : KEY1 - KEY4 Input Test
;================================================================
TEST1:  CALL    LCD_HOME1               ; display test
        CALL    LCD_STRING
        DB      ' KEY INPUT TEST ',0
        CALL    LCD_HOME2
        CALL    LCD_STRING
        DB      'Press KEY1-KEY4!',0
        CALL    BEEP

        MOV     R7,#200                 ; check for 10 sec
TEST1A: CALL    D50MS
        MOV     A,P1                    ; input key
        RR      A
        CPL     A
        ANL     A,#00001111B
        MOV     DPTR,#DIG_SELECT
        MOVX    @DPTR,A
        CJNE    A,#00000001B,TEST1B     ; display message
        CALL    LCD_HOME2
        CALL    LCD_STRING
        DB      'KEY1 is presses!',0
        JMP     TEST1E
TEST1B: CJNE    A,#00000010B,TEST1C
        CALL    LCD_HOME2
        CALL    LCD_STRING
        DB      'KEY2 is presses!',0
        JMP     TEST1E
TEST1C: CJNE    A,#00000100B,TEST1D
        CALL    LCD_HOME2
        CALL    LCD_STRING
        DB      'KEY3 is presses!',0
        JMP     TEST1E
TEST1D: CJNE    A,#00001000B,TEST1E
        CALL    LCD_HOME2
        CALL    LCD_STRING
        DB      'KEY4 is presses!',0
TEST1E: DJNZ    R7,TEST1A

;================================================================
;       TEST 2 : 7-Segment LED Display Test
;================================================================
```

```
TEST2:  CALL    LCD_HOME1               ; display test
        CALL    LCD_STRING
        DB      ' 7-SEGMENT TEST ',0
        CALL    LCD_HOME2
        CALL    LCD_STRING
        DB      '  from 0 to 9   ',0
        CALL    BEEP

LED7    MACRO   PATTERN1,PATTERN2
        MOV     A,#PATTERN1             ; X.  X.  X.  X.
        MOV     DPTR,#SEG_PATTERN
        MOVX    @DPTR,A
        MOV     A,#10101010B
        MOV     DPTR,#DIG_SELECT
        MOVX    @DPTR,A
        CALL    D1SEC
        MOV     A,#PATTERN2             ;   Y.  Y.  Y.  Y.
        MOV     DPTR,#SEG_PATTERN
        MOVX    @DPTR,A
        MOV     A,#01010101B
        MOV     DPTR,#DIG_SELECT
        MOVX    @DPTR,A
        CALL    D1SEC
        ENDM

        LED7    11111101B,01100001B     ; 0. and 1.
        LED7    11011011B,11110011B     ; 2. and 3.
        LED7    01100111B,10110111B     ; 4. and 5.
        LED7    10111111B,11100101B     ; 6. and 7.
        LED7    11111111B,11110111B     ; 8. and 9.

        CLR     A                       ; clear 7-segment LED
        MOV     DPTR,#SEG_PATTERN
        MOVX    @DPTR,A
        MOV     DPTR,#DIG_SELECT
        MOVX    @DPTR,A

;=====================================================================
;       TEST 3 : ADC and Sensor(VR1, LM35DZ) Test
;=====================================================================
TEST3:  CALL    LCD_HOME1               ; display test
        CALL    LCD_STRING
        DB      'A/D, SENSOR TEST',0
        CALL    LCD_HOME2
        CALL    LCD_STRING
        DB      '0.0[V], 00.0[',0DFH,'C]',0
        CALL    BEEP

        MOV     T2CON,#00000100B        ; TR2=1, C/-T2=0
        MOV     T2MOD,#00000010B        ; programmable clock out mode
        MOV     DPTR,#65530             ; clock = 1MHz
        MOV     RCAP2H,DPH
        MOV     RCAP2L,DPL
        MOV     TH2,DPH
        MOV     TL2,DPL
        CALL    D100MS                  ; wait for ADC stabilization

        MOV     R7,#50                  ; read A/D 50 times(about 10 sec)
TEST3A: PUSH    07H
        MOV     LCD_BUFFER,#0C0H
```

```
        CALL    LCD_COMMAND
        CALL    RD_VR1                  ; read and display VR1
        MOV     LCD_BUFFER,#0C8H
        CALL    LCD_COMMAND
        CALL    RD_LM35                 ; read and display LM35DZ
        CALL    D200MS
        POP     07H
        DJNZ    R7,TEST3A
        MOV     T2MOD,#00000000B        ; clock off
        JMP     TEST4

;------------------------------------------------
;       Read VR1 Voltage Sensor(ADC 0)
;------------------------------------------------
RD_VR1: MOV     R7,#10                  ; repeat 10 times
        MOV     R4,#0                   ; clear total value
        MOV     R5,#0
RD_VR1A:MOV     DPTR,#ADC_CH0           ; select ADC0 and start
        MOVX    @DPTR,A
        CALL    D200US
        MOV     DPTR,#ADC_READ          ; read A/D
        MOVX    A,@DPTR
        ADD     A,R5                    ; add total value
        MOV     R5,A
        MOV     A,R4
        ADDC    A,#0
        MOV     R4,A
        DJNZ    R7,RD_VR1A

        MOV     R6,#0                   ; voltage = data * 5 / 256
        MOV     R7,#5                   ; (use voltage * 10 for X.X[V])
        CALL    MUL16                   ; convert binary to ASCII X.X
        MOV     DPTR,#256
        MOV     R6,DPH
        MOV     R7,DPL
        CALL    DIV16

        MOV     R7,#10                  ; divide by 10
        CALL    DIV8
        MOV     A,R5
        ADD     A,#'0'
        MOV     LCD_BUFFER,A
        CALL    LCD_DATA
        MOV     LCD_BUFFER,#'.'
        CALL    LCD_DATA
        MOV     A,R4
        ADD     A,#'0'
        MOV     LCD_BUFFER,A
        CALL    LCD_DATA
        RET

;------------------------------------------------
;       Read LM35DZ Temperature Sensor(ADC 1)
;------------------------------------------------
RD_LM35:MOV     R7,#10                  ; repeat 10 times
        MOV     R4,#0                   ; clear total value
        MOV     R5,#0
RD_LM35A:MOV    DPTR,#ADC_CH1           ; select ADC1 and start
        MOVX    @DPTR,A
        CALL    D200US
```

```
        MOV     DPTR,#ADC_READ          ; read A/D
        MOVX    A,@DPTR
        ADD     A,R5                    ; add total value
        MOV     R5,A
        MOV     A,R4
        ADDC    A,#0
        MOV     R4,A
        DJNZ    R7,RD_LM35A

        MOV     DPTR,#100               ; temperature = data * 100 / 256
        MOV     R6,DPH                  ; (use temperature * 10 for XX.X[C])
        MOV     R7,DPL                  ; convert binary to ASCII XX.X
        CALL    MUL16
        MOV     DPTR,#256
        MOV     R6,DPH
        MOV     R7,DPL
        CALL    DIV16
        MOV     R7,#100                 ; divide by 100
        CALL    DIV8
        MOV     A,R5
        ADD     A,#'0'
        MOV     LCD_BUFFER,A
        CALL    LCD_DATA
        MOV     A,R4                    ; divide by 10
        MOV     R5,A
        MOV     R4,#0
        MOV     R7,#10
        CALL    DIV8
        MOV     A,R5
        ADD     A,#'0'
        MOV     LCD_BUFFER,A
        CALL    LCD_DATA
        MOV     LCD_BUFFER,#'.'
        CALL    LCD_DATA
        MOV     A,R4
        ADD     A,#'0'
        MOV     LCD_BUFFER,A
        CALL    LCD_DATA
        RET

;=================================================================
;       TEST 4 : DAC(DAC0800) Test
;=================================================================
TEST4:  CALL    LCD_HOME1               ; display test
        CALL    LCD_STRING
        DB      '     D/A TEST    ',0
        CALL    LCD_HOME2               ; triangular wave
        CALL    LCD_STRING
        DB      'Triangular Wave ',0
        CALL    BEEP

        MOV     R7,#10                  ; output for about 5 sec
TEST4A: MOV     R6,#100
TEST4B: MOV     R5,#100                 ; 100 step data counter for waveform
        MOV     DPTR,#TRIANGLE          ; read D/A data table
TEST4C: CLR     A
        MOVC    A,@A+DPTR
        PUSH    DPH                     ; output D/A data
        PUSH    DPL
        MOV     DPTR,#DAC_CS
```

```
        MOVX    @DPTR,A
        POP     DPL
        POP     DPH
        CALL    D50US                   ; delay 50 us
        INC     DPTR
        DJNZ    R5,TEST4C
        DJNZ    R6,TEST4B
        DJNZ    R7,TEST4A

        CALL    BEEP
        CALL    LCD_HOME2               ; sine wave
        CALL    LCD_STRING
        DB      '    Sine Wave    ',0

        MOV     R7,#10                  ; output for about 5 sec
TEST4D: MOV     R6,#100
TEST4E: MOV     R5,#100                 ; 100 step data counter for waveform
        MOV     DPTR,#SINE              ; read D/A data table
TEST4F: CLR     A
        MOVC    A,@A+DPTR
        PUSH    DPH                     ; output D/A data
        PUSH    DPL
        MOV     DPTR,#DAC_CS
        MOVX    @DPTR,A
        POP     DPL
        POP     DPH
        CALL    D50US                   ; delay 50 us
        INC     DPTR
        DJNZ    R5,TEST4F
        DJNZ    R6,TEST4E
        DJNZ    R7,TEST4D
        JMP     TEST5

TRIANGLE:DB      80H, 84H, 88H, 8CH, 90H, 94H, 98H, 9CH ; triangular wave data
        DB      0A0H,0A4H,0A8H,0ACH,0B0H,0B4H,0B8H,0BCH
        DB      0C0H,0C4H,0C8H,0CCH,0D0H,0D4H,0D8H,0DCH,0E0H
        DB      0E4H,0E0H,0DCH,0D8H,0D4H,0D0H,0CCH,0C8H
        DB      0C4H,0C0H,0BCH,0B8H,0B4H,0B0H,0ACH,0A8H
        DB      0A4H,0A0H, 9CH, 98H, 94H, 90H, 8CH, 88H, 84H
        DB       80H, 7CH, 78H, 74H, 70H, 6CH, 68H, 64H
        DB       60H, 5CH, 58H, 54H, 50H, 4CH, 48H, 44H
        DB       40H, 3CH, 38H, 34H, 30H, 2CH, 28H, 24H, 20H
        DB       1CH, 20H, 24H, 28H, 2CH, 30H, 34H, 38H
        DB       3CH, 40H, 44H, 48H, 4CH, 50H, 54H, 58H
        DB       5CH, 60H, 64H, 68H, 6CH, 70H, 74H, 78H, 7CH

SINE:   DB       80H, 88H, 90H, 98H,0A0H,0A7H,0AFH,0B6H ; sine wave data
        DB      0BDH,0C4H,0CBH,0D1H,0D7H,0DDH,0E2H,0E7H
        DB      0EBH,0EFH,0F3H,0F6H,0F9H,0FBH,0FDH,0FEH
        DB      0FFH,0FFH,0FFH,0FEH,0FDH,0FBH,0F9H,0F6H
        DB      0F3H,0EFH,0EBH,0E7H,0E2H,0DDH,0D7H,0D1H
        DB      0CBH,0C4H,0BDH,0B6H,0AFH,0A7H,0A0H, 98H
        DB       90H, 88H, 80H, 78H, 70H, 68H, 60H, 59H
        DB       51H, 4AH, 43H, 3CH, 35H, 2FH, 29H, 23H
        DB       1EH, 19H, 15H, 11H, 0DH, 0AH, 07H, 05H
        DB       03H, 02H, 01H, 01H, 01H, 02H, 03H, 05H
        DB       07H, 0AH, 0DH, 11H, 15H, 19H, 1EH. 23H
        DB       29H, 2FH, 35H, 3CH, 43H, 4AH, 51H, 59H
        DB       60H, 68H, 70H, 78H
```

```
;===================================================================
;       TEST 5 : RS-232C Communication Test
;===================================================================
TEST5:  CALL    LCD_HOME1               ; display test
        CALL    LCD_STRING
        DB      '   RS-232C TEST   ',0
        CALL    LCD_HOME2
        CALL    LCD_STRING
        DB      'RS-232C is OK !!',0

        MOV     T2CON,#00110100B        ; TCLK=RCLK=1, TR2=1, C/-T2=0
        MOV     T2MOD,#00000000B        ; (baud rate generator)
        MOV     DPTR,#65497             ; 19200 bps
        MOV     RCAP2H,DPH
        MOV     RCAP2L,DPL
        MOV     SCON,#52H               ; 8 bit, 1 stop, REN = TI = 1
        CALL    D100MS
        MOV     A,SBUF                  ; clear SBUF

TEST5A: JNB     TI,TEST5A               ; transmit ready ?
        CLR     TI                      ; if yes, clear TI and transmit 'X'
        MOV     SBUF,#'X'

        MOV     R7,#200                 ; wait for 4ms
TEST5B: JB      RI,TEST5C               ; receive ready ?
        CALL    D20US
        DJNZ    R7,TEST5B
        JMP     TEST5D
TEST5C: MOV     A,SBUF                  ; if yes, receive and check 'X'
        CLR     RI
        CJNE    A,#'X',TEST5D
        CALL    BEEP
        JMP     TEST5E
TEST5D: CALL    LCD_HOME2               ; if not, RS-232C is not OK
        CALL    LCD_STRING
        DB      'RS-232C not OK !',0
        CALL    ERROR
TEST5E: CALL    D1SEC
        CALL    D2SEC

;===================================================================
;       TEST 6 : Speaker Sound Test
;===================================================================
TEST6:  CALL    LCD_HOME1               ; display test
        CALL    LCD_STRING
        DB      '   SPEAKER TEST   ',0
        CALL    LCD_HOME2
        CALL    LCD_STRING
        DB      ' Telephone Bell ',0
        CALL    BEEP
        CALL    D1SEC

        MOV     T2CON,#00000100B        ; TR2=1, C/-T2=0
        MOV     TH2,#0                  ; clear counter 2
        MOV     TL2,#0

        MOV     R7,#3
TEST6A: MOV     R6,#24
        MOV     T2MOD,#00000010B        ; T2OE=1(speaker on)
TEST6B: MOV     DPTR,#46786             ; 320 Hz
```

```
        MOV     RCAP2H,DPH
        MOV     RCAP2L,DPL
        CALL    D20MS
        CALL    D5MS
        MOV     DPTR,#53036             ; 480 Hz
        MOV     RCAP2H,DPH
        MOV     RCAP2L,DPL
        CALL    D20MS
        CALL    D5MS
        DJNZ    R6,TEST6B
        MOV     T2MOD,#00000000B        ; T2OE=0(speaker off)
        CALL    D1SEC
        DJNZ    R7,TEST6A

        JMP     TEST1

;====================================================================
;       Memory Address
;====================================================================
;------------------------------------------------
;       Internal Data Memory Map
;------------------------------------------------
; 0000H-001FH : 4 register banks
; 0020H-007FH : user data area
; 0080H-00FFH : stack area

;------------------------------------------------
;       Variables Used in Common Subroutines
;------------------------------------------------
ZERO_FLAG       BIT     2FH.0   ; LCD zero display flag
KEY_FLAG        BIT     2FH.1   ; key input flag

LCD_BUFFER      DATA    70H     ; LCD buffer to write command or data
CURSOR          DATA    71H     ; cursor position
LCD_DPL         DATA    72H     ; DPTR register buffer in LCD_STRING
LCD_DPH         DATA    73H

TXD_BUFFER      DATA    74H     ; TXD buffer for serial port
RXD_BUFFER      DATA    75H     ; RXD buffer for serial port
TXD_DPL         DATA    76H     ; DPTR register buffer in TXD_STRING
TXD_DPH         DATA    77H

BUFFER3         DATA    78H     ; buffer for multiplication and division
BUFFER2         DATA    79H
BUFFER1         DATA    7AH
BUFFER0         DATA    7BH
REMAINDERL      DATA    7CH     ; remaider buffer for division
REMAINDERH      DATA    7DH

DELAYCOUNT0     DATA    7EH     ; software time delay counter 0
DELAYCOUNT1     DATA    7FH     ; software time delay counter 1

;====================================================================
;       I/O Address
;====================================================================
;------------------------------------------------
;       DS12C887 RTC
;------------------------------------------------
RTC_SECOND      XDATA   8000H   ; second   (00-59, BCD)
RTC_SEC_ALM     XDATA   8001H   ; second alarm
```

```
RTC_MINUTE      XDATA   8002H   ; minute    (00-59, BCD)
RTC_MIN_ALM     XDATA   8003H   ; minute alarm
RTC_HOUR        XDATA   8004H   ; hour      (AM = 01-12, PM = 81-92, BCD)
RTC_HOUR_ALM    XDATA   8005H   ; hour alarm
RTC_WEEKDAY     XDATA   8006H   ; week day (SUN = 1, SAT = 7)
RTC_DATE        XDATA   8007H   ; date      (01-31, BCD)
RTC_MONTH       XDATA   8008H   ; month     (01-12, BCD)
RTC_YEAR        XDATA   8009H   ; year      (00-99, BCD)
RTC_A           XDATA   800AH   ; Register A : b7 = UIP flag(read only)
                                ;              b6-4 = 010   oscillator on
                                ;              b3-0 = 0000  no SQW frequency
                                ;                     0011  8192 Hz
                                ;                     1111  2 Hz
RTC_B           XDATA   800BH   ; Register B : b7 = set UIP transfer
                                ;              b6 = PIE(periodic interrupt enable)
                                ;              b5 = AIE(alarm interrupt enable)
                                ;              b4 = UIE(update ended interrupt enable)
                                ;              b3 = square wave enable(SQW)
                                ;              b2 = data mode(0=BCD, 1=binary)
                                ;              b1 = 12/24 bit control(0=12, 1=24)
                                ;              b0 = daylight saving enable
RTC_C           XDATA   800CH   ; Register C : b7 = interrupt request flag
                                ;              b6 = PF(periodic interrupt flag)
                                ;              b5 = AF(alarm interrupt flag)
                                ;              b4 = UF(update ended interrupt flag)
                                ;              b3-0 = not used
RTC_D           XDATA   800DH   ; Register D : b7 = VRT(valid RAM and time, read only)
                                ;              b6-0 = not used
RTC_FLAG        XDATA   800FH   ; battery backup and time OK("G") flag

;-----------------------------------------------
;       7-Segment LED (x8)
;-----------------------------------------------
SEG_PATTERN     XDATA   8100H   ; segment pattern data
DIG_SELECT      XDATA   8200H   ; digit select data

;-----------------------------------------------
;       LCD Module(16x2)
;-----------------------------------------------
LCD_WR_INST     XDATA   8300H   ; write LCD instruction
LCD_WR_DATA     XDATA   8301H   ; write LCD display data

;-----------------------------------------------
;       ADC0809 A/D Converter
;-----------------------------------------------
ADC_CH0         XDATA   8400H   ; select A/D converter channel
ADC_CH1         XDATA   8401H
ADC_CH2         XDATA   8402H
ADC_CH3         XDATA   8403H
ADC_CH4         XDATA   8404H
ADC_CH5         XDATA   8405H
ADC_CH6         XDATA   8406H
ADC_CH7         XDATA   8407H
ADC_READ        XDATA   8400H   ; read A/D converter

;-----------------------------------------------
;       DAC0800 D/A Converter
;-----------------------------------------------
DAC_CS          XDATA   8500H   ; D/A converter output
```

```
; ==================================================================
;       Initialize OK-89S52 Kit
; ==================================================================
KIT_INITIALIZE:
        SETB    P3.5                    ; buzzer off
        CLR     A                       ; clear 7-segment LED
        MOV     DPTR,#SEG_PATTERN
        MOVX    @DPTR,A
        MOV     DPTR,#DIG_SELECT
        MOVX    @DPTR,A
        CLR     KEY_FLAG                ; clear KEY_FLAG
        RET

; ==================================================================
;       LCD Display Subroutine
; ==================================================================
;-----------------------------------------------
;       Initialize LCD Module
;-----------------------------------------------
LCD_INITIALIZE:
        MOV     LCD_BUFFER,#38H         ; function set(8 bit, 2 line, 5x7 dot)
        CALL    LCD_COMMAND
        MOV     LCD_BUFFER,#0CH         ; display control(display ON, cursor OFF)
        CALL    LCD_COMMAND
        MOV     LCD_BUFFER,#06H         ; entry mode set(increment, not shift)
        CALL    LCD_COMMAND
        MOV     LCD_BUFFER,#01H         ; clear display
        CALL    LCD_COMMAND
        CALL    D2MS
        RET

;-----------------------------------------------
;       Set LCD Cursor Position
;-----------------------------------------------
LCD_HOME1:MOV   LCD_BUFFER,#80H         ; go home 1 (line 1, column 1)
        JMP     LCD_COMMAND
LCD_HOME2:MOV   LCD_BUFFER,#0C0H        ; go home 2 (line 2, column 1)
        JMP     LCD_COMMAND

;-----------------------------------------------
;       Write a Command to LCD(LCD_BUFFER)
;-----------------------------------------------
LCD_COMMAND:
        PUSH    DPH
        PUSH    DPL
        PUSH    ACC
        MOV     DPTR,#LCD_WR_INST
        MOV     A,LCD_BUFFER
        MOVX    @DPTR,A
        POP     ACC
        POP     DPL
        POP     DPH
        CALL    D50US
        RET

;-----------------------------------------------
;       Display a Character on LCD(LCD_BUFFER)
;-----------------------------------------------
LCD_DATA:PUSH   DPH
        PUSH    DPL
```

```
        PUSH    ACC
        MOV     DPTR,#LCD_WR_DATA
        MOV     A,LCD_BUFFER
        MOVX    @DPTR,A
        POP     ACC
        POP     DPL
        POP     DPH
        CALL    D50US
        RET

;-------------------------------------------------
;       Display String on LCD
;-------------------------------------------------
LCD_STRING:MOV  LCD_DPH,DPH
        MOV     LCD_DPL,DPL
        POP     DPH                     ; get start address of string
        POP     DPL
        PUSH    ACC
LCD_STR1:CLR    A                       ; read a character. end string ?
        MOVC    A,@A+DPTR
        JZ      LCD_STR2                ; if yes, return
        MOV     LCD_BUFFER,A
        CALL    LCD_DATA                ; if no, display a character
        INC     DPTR
        JMP     LCD_STR1
LCD_STR2:POP    ACC
        INC     DPTR
        PUSH    DPL                     ; store new return address
        PUSH    DPH
        MOV     DPH,LCD_DPH
        MOV     DPL,LCD_DPL
        RET

;-------------------------------------------------
;       Display 4 Digit HEX Data(DPTR)
;-------------------------------------------------
LCD_4HEX:MOV    LCD_BUFFER,DPH          ; high byte
        CALL    LCD_2HEX
        MOV     LCD_BUFFER,DPL          ; low byte
        CALL    LCD_2HEX
        RET

;-------------------------------------------------
;       Display 2 Digit HEX Data(LCD_BUFFER)
;-------------------------------------------------
LCD_2HEX:PUSH   ACC
        PUSH    B
        MOV     A,LCD_BUFFER            ; upper digit
        PUSH    ACC
        ANL     A,#11110000B
        SWAP    A
        CJNE    A,#0AH,LCD_2HEX1
        JMP     LCD_2HEX2
LCD_2HEX1:JNC   LCD_2HEX2
        ADD     A,#'0'
        JMP     LCD_2HEX3
LCD_2HEX2:CLR   C
        SUBB    A,#0AH
        ADD     A,#'A'
LCD_2HEX3:MOV   LCD_BUFFER,A
```

```
        CALL    LCD_DATA
        POP     ACC                     ; lower digit
        ANL     A,#00001111B
        CJNE    A,#0AH,LCD_2HEX4
        JMP     LCD_2HEX5
LCD_2HEX4:JNC   LCD_2HEX5
        ADD     A,#'0'
        JMP     LCD_2HEX6
LCD_2HEX5:CLR   C
        SUBB    A,#0AH
        ADD     A,#'A'
LCD_2HEX6:MOV   LCD_BUFFER,A
        CALL    LCD_DATA
        POP     B
        POP     ACC
        RET

;===================================================================
;       Input Key Switch with Beep & Debounce(A=key value)
;===================================================================
KEY_IN: MOV     A,P1                    ; read key input
        ANL     A,#00011110B
        CJNE    A,#00011110B,KEY_IN2    ; if no key, check key off
        JNB     KEY_FLAG,KEY_IN1
        CALL    D20MS
        CLR     KEY_FLAG
KEY_IN1:RET
KEY_IN2:JNB     KEY_FLAG,KEY_IN3        ; if key input, check continuous key
        MOV     A,#00011110B            ; if continuous, treat as no key input
        RET
KEY_IN3:CALL    BEEP                    ; if new key, beep & delay for debounce
        SETB    KEY_FLAG
        RET

;===================================================================
;       Buzzer Sound
;===================================================================
;-------------------------------------------------
;       Sound Beep
;-------------------------------------------------
BEEP:   CLR     P3.5                    ; buzzer on
        CALL    D50MS
        SETB    P3.5                    ; buzzer off
        RET

;-------------------------------------------------
;       Sound Error
;-------------------------------------------------
ERROR:  CALL    BEEP                    ; beep 2 times
        CALL    D100MS
        CALL    BEEP
        RET

;===================================================================
;       Time Delay(for 24MHz Clock)
;===================================================================
;-------------------------------------------------
;       Time Delay
;-------------------------------------------------
D10US:  PUSH    DELAYCOUNT0
```

```
        MOV     DELAYCOUNT0, #1
        JMP     BASE10US

D20US:  PUSH    DELAYCOUNT0
        MOV     DELAYCOUNT0, #2
        JMP     BASE10US

D50US:  PUSH    DELAYCOUNT0
        MOV     DELAYCOUNT0, #5
        JMP     BASE10US

D100US: PUSH    DELAYCOUNT0
        MOV     DELAYCOUNT0, #10
        JMP     BASE10US

D200US: PUSH    DELAYCOUNT0
        MOV     DELAYCOUNT0, #20
        JMP     BASE10US

D500US: PUSH    DELAYCOUNT0
        MOV     DELAYCOUNT0, #50
        JMP     BASE10US

D1MS:   PUSH    DELAYCOUNT0
        MOV     DELAYCOUNT0, #1
        JMP     BASE1MS

D2MS:   PUSH    DELAYCOUNT0
        MOV     DELAYCOUNT0, #2
        JMP     BASE1MS

D5MS:   PUSH    DELAYCOUNT0
        MOV     DELAYCOUNT0, #5
        JMP     BASE1MS

D10MS:  PUSH    DELAYCOUNT0
        MOV     DELAYCOUNT0, #10
        JMP     BASE1MS

D20MS:  PUSH    DELAYCOUNT0
        MOV     DELAYCOUNT0, #20
        JMP     BASE1MS

D50MS:  PUSH    DELAYCOUNT0
        MOV     DELAYCOUNT0, #50
        JMP     BASE1MS

D100MS: PUSH    DELAYCOUNT0
        MOV     DELAYCOUNT0, #100
        JMP     BASE1MS

D200MS: PUSH    DELAYCOUNT0
        MOV     DELAYCOUNT0, #200
        JMP     BASE1MS

D500MS: CALL    D100MS
        CALL    D200MS
        CALL    D200MS
        RET
```

```
D2SEC:  CALL    D500MS
        CALL    D500MS
D1SEC:  CALL    D500MS
        CALL    D500MS
        RET

D5SEC:  CALL    D1SEC
        CALL    D2SEC
        CALL    D2SEC
        RET

;-----------------------------------------------
;       Basic 10 us Delay (20 cycles)
;-----------------------------------------------
BASE10US:NOP                            ; 1
        NOP                             ; 1
        PUSH    DELAYCOUNT1             ; 2
        POP     DELAYCOUNT1             ; 2
        PUSH    DELAYCOUNT1             ; 2
        POP     DELAYCOUNT1             ; 2
        PUSH    DELAYCOUNT1             ; 2
        POP     DELAYCOUNT1             ; 2
        PUSH    DELAYCOUNT1             ; 2
        POP     DELAYCOUNT1             ; 2
        DJNZ    DELAYCOUNT0,BASE10US    ; 2
        POP     DELAYCOUNT0
        RET

;-----------------------------------------------
;       Basic 1 ms Delay (2000 cycles)
;-----------------------------------------------
BASE1MS:PUSH    DELAYCOUNT1
BASE1MS1:MOV    DELAYCOUNT1,#199        ; (2)
BASE1MS2:PUSH   DELAYCOUNT1             ; 2
        POP     DELAYCOUNT1             ; 2
        PUSH    DELAYCOUNT1             ; 2
        POP     DELAYCOUNT1             ; 2
        DJNZ    DELAYCOUNT1,BASE1MS2    ; 2
        NOP                             ; (1)
        NOP                             ; (1)
        PUSH    DELAYCOUNT1             ; (2)
        POP     DELAYCOUNT1             ; (2)
        DJNZ    DELAYCOUNT0,BASE1MS1    ; (2)
        POP     DELAYCOUNT1
        POP     DELAYCOUNT0
        RET

;===============================================================
;       16-Bit Arithmetic Subroutine
;===============================================================
;-----------------------------------------------
;       16 Bit * 16-Bit = 32-Bit Multiplication
;       (R4:R5 * R6:R7  = R2:R3:R4:R5)
;-----------------------------------------------
MUL16:  MOV     BUFFER3,#0              ; clear upper 16 bits of result
        MOV     BUFFER2,#0
        MOV     B,R5                    ; R5 * R7
        MOV     A,R7
        MUL     AB
        MOV     BUFFER0,A
```

```
        MOV     BUFFER1,B
        MOV     B,R4                    ; R4 * R7
        MOV     A,R7
        MUL     AB
        ADD     A,BUFFER1
        MOV     BUFFER1,A
        MOV     A,B
        ADDC    A,BUFFER2
        MOV     BUFFER2,A
        JNC     MUL16A
        INC     BUFFER3
MUL16A: MOV     B,R5                    ; R5 * R6
        MOV     A,R6
        MUL     AB
        ADD     A,BUFFER1
        MOV     BUFFER1,A
        MOV     A,B
        ADDC    A,BUFFER2
        MOV     BUFFER2,A
        JNC     MUL16B
        INC     BUFFER3
MUL16B: MOV     B,R4                    ; R4 * R6
        MOV     A,R6
        MUL     AB
        ADD     A,BUFFER2
        MOV     BUFFER2,A
        MOV     A,B
        ADDC    A,BUFFER3
        MOV     BUFFER3,A
        MOV     R2,BUFFER3              ; load answer
        MOV     R3,BUFFER2
        MOV     R4,BUFFER1
        MOV     R5,BUFFER0
        RET

;---------------------------------------------
;       32-Bit / 16-Bit = 16-Bit Division
;       (R2:R3:R4:R5 / R6:R7 --> Q = R4:R5, R = R2:R3)
;---------------------------------------------
DIV16:  CJNE    R6,#0,DIV16GO           ; if divisor = 0, error
        CJNE    R7,#0,DIV16GO
        SETB    OV                      ; OV = 1 (divide-by-zero)
        RET

DIV16GO:MOV     BUFFER3,#0              ; clear upper 16 bits of buffer
        MOV     BUFFER2,#0
        MOV     BUFFER1,#0              ; clear quotient
        MOV     BUFFER0,#0
        MOV     REMAINDERH,#0           ; clear remainder
        MOV     REMAINDERL,#0
        MOV     R0,#32                  ; loop counter
DIV16A: CLR     C                       ; shift dividend by 1 bit to left
        MOV     A,R5                    ;   and return MSB in C
        RLC     A
        MOV     R5,A
        MOV     A,R4
        RLC     A
        MOV     R4,A
        MOV     A,R3
        RLC     A
```

```
        MOV     R3,A
        MOV     A,R2
        RLC     A
        MOV     R2,A
        MOV     A,REMAINDERL
        RLC     A
        MOV     REMAINDERL,A
        MOV     A,REMAINDERH
        RLC     A
        MOV     REMAINDERH,A
        CLR     C                       ; remainder >= divisor ?
        MOV     A,REMAINDERH
        SUBB    A,R6
        JC      DIV16C
        JNZ     DIV16B
        CLR     C
        MOV     A,REMAINDERL
        SUBB    A,R7
        JC      DIV16C
DIV16B: CLR     C                       ; if yes, remainder - divisor
        MOV     A,REMAINDERL
        SUBB    A,R7
        MOV     REMAINDERL,A
        MOV     A,REMAINDERH
        SUBB    A,R6
        MOV     REMAINDERH,A
        SETB    C                       ; shift 1 into quotient
        JMP     DIV16D
DIV16C: CLR     C                       ; shift 0 into quotient
DIV16D: MOV     A,BUFFER0               ; shift quotient by 1 bit to left
        RLC     A                       ;   and shift C into LSB
        MOV     BUFFER0,A
        MOV     A,BUFFER1
        RLC     A
        MOV     BUFFER1,A
        MOV     A,BUFFER2
        RLC     A
        MOV     BUFFER2,A
        MOV     A,BUFFER3
        RLC     A
        MOV     BUFFER3,A
        DJNZ    R0,DIV16A

        MOV     R2,REMAINDERH           ; make remainder
        MOV     R3,REMAINDERL
        MOV     R4,BUFFER1              ; make quotient
        MOV     R5,BUFFER0
        CLR     OV                      ; OV = 0
        RET

;-------------------------------------------------
;       16-Bit / 8-Bit = 8-Bit Division
;       (R4:R5 / R7 --> Q = R5, R = R4)
;-------------------------------------------------
DIV8:   CJNE    R7,#0,DIV8GO            ; if divisor = 0, error
        SETB    OV                      ; OV = 1 (divide-by-zero error)
        RET

DIV8GO: PUSH    B
        MOV     BUFFER2,#0              ; clear buffers
```

```
        MOV     BUFFER1,R4              ; set dividend
        MOV     BUFFER0,R5
        MOV     A,BUFFER1
        MOV     B,R7
        DIV     AB
        MOV     BUFFER1,B
        PUSH    ACC                     ; (high byte of quotient)

        MOV     R0,#8                   ; loop counter
        MOV     BUFFER3,#0              ; clear quotient
DIV8A:  MOV     A,BUFFER0
        RLC     A
        MOV     BUFFER0,A
        MOV     A,BUFFER1
        RLC     A
        MOV     BUFFER1,A
        MOV     A,BUFFER2
        RLC     A
        MOV     BUFFER2,A
        CJNE    A,#0,DIV8B
        MOV     A,R7
        CJNE    A,BUFFER1,DIV8C
DIV8B:  CPL     C
DIV8C:  MOV     A,BUFFER3
        RLC     A
        MOV     BUFFER3,A
        JNB     ACC.0,DIV8D
        MOV     A,BUFFER1
        SUBB    A,R7
        MOV     BUFFER1,A
        MOV     A,BUFFER2
        SUBB    A,#0
        MOV     BUFFER2,A
DIV8D:  DJNZ    R0,DIV8A

        MOV     A,R7                    ; make remainder
        MOV     B,BUFFER3
        MUL     AB
        MOV     B,A
        MOV     A,R5
        SUBB    A,B
        MOV     R4,A
        MOV     R5,BUFFER3              ; make quotient
        POP     ACC
        CLR     OV
        POP     B
        RET

        END
```

〈부록 3〉 단원정리 문제의 정답

▣ 제1장(객관식 및 단답형 문제의 정답)

11. ③ **12**. ① **13**. ④ **14**. ④ **15**. ④ **16**. ② **17**. ① **18**. ② **19**. ②
20. ②,⑦,⑧,⑨ **21**. ① **22**. ② **23**. ① **24**. ③ **25**. ① **26**. ③ **27**. ③,⑦
28. ④ **29**. ④ **30**. ① **31**. ④ **32**. ① **33**. ③ **34**. ④ **35**. ④ **36**. ④
37. ③ **38**. ② **39**. ① **40**. ② **41**. ③ **42**. ①-ⓑ, ②-ⓒ, ③-ⓓ, ④-ⓐ
43. ① **44**. ④ **45**. ④ **46**. ① **47**. ④ **48**. ② **49**. ③ **50**. ② **51**. ①
52. ② **53**. ④ **54**. ② **55**. ④ **56**. ④ **57**. 벡터, 6, IE, IP
58. 병렬 프로그래밍, 직렬 프로그래밍, In-System Programming **59**. 4DH **60**. B3H
61. +85 **62**. -86 **64**. ① 8000, 80FF ② 8100, 81FF ③ 8200, 83FF ④ 8400, 84FF
⑤ 8500, 85FF ⑥ 8600, 87FF

▣ 제2장(객관식 및 단답형 문제의 정답)

11. ④ **12**. ① **13**. ① **14**. ③ **15**. ③ **16**. ③ **17**. ④ **18**. ② **19**. ④
20. ④ **21**. ④ **22**. ③ **23**. ③ **24**. ④ **25**. ③ **26**. ② **27**. ④ **28**. ①
29. ② **30**. ① **31**. ① **32**. ①,②,③,④ **33**. ② **34**. ② **35**. ② **36**. ②
37. ① **38**. ① **39**. ③,④ **40**. ④ **41**. ④ **42**. ① **43**. ③
44. start, data, parity, stop **45**. 래치, 3스테이트 버퍼 **46**. T형, 계수, 분주
47. 25, 9, DTE, DCE **48**. 모드1, 30.5Hz **49**. 16비트 캡쳐 모드, 30.5Hz
50. 72.7% **51**. 99.6% **55**. 86.8μs

▣ 제3장(객관식 및 단답형 문제의 정답)

16. ④ **17**. ② **18**. ④ **19**. ③ **20**. ① **21**. ① **22**. ② **23**. ③ **24**. ①
25. ④ **26**. ② **27**. ② **28**. ② **29**. ② **30**. ① **31**. ④ **32**. ① **33**. ①
34. ② **35**. ②

참고 문헌

[1] 윤덕용, *어셈블리와 C언어로 익히는 8051 마스터*, Ohm사, 2001.
[2] databook, *MCS-51 Microcontroller Family User's Manual*, Intel, 1994.
[3] databook, *Embedded Microcontrollers*, Intel, 1997.
[4] datasheet, "*8XC52/54/58 CHMOS Single-Chip 8-Bit Microcontroller*", Intel, 1996.
[5] datasheet, "*AT89S52 8-bit Microcontroller with 8K Bytes In-System Programmable Flash*", Ateml, 2005.
[6] application note, "AT89 Series *Hardware Description*", Atmel, 1997.
[7] *Macro Assembler and Utilities for 8051 and Variants*, Keil Sofrware, 2000.
[8] *Cx51 Compiler*, Keil Sofrware, 2000.
[9] *Getting Started with μVision2*, Keil Sofrware, 2001.

저자 소개

(1) 학력

1981. 2. 서울대학교 전기공학과 졸업
1983. 2. 서울대학교 대학원 전기공학과 졸업(공학석사)
1995. 2. 단국대학교 대학원 전기공학과 졸업(공학박사)

(2) 주요 경력

1982. 12.~1984. 5. 삼성전자(주) 종합연구소 근무
1984. 6. ~1985. 2. 한독(주) 컴퓨터기술연구소 근무
1985. 3. ~2006. 2. 국립 천안공업대학 제어계측과 교수
2005. 3. ~현재 국립 공주대학교 공과대학 전기전자제어공학부 교수

(3) 저서

마이크로프로세서 응용실습 (1988, 자유아카데미)
16비트 마이크로프로세서 및 IBM PC 하드웨어 입문 (1991, 조원사)
마이크로프로세서 응용 -Z80 MASTER- (1998, Ohm사)
DSP 마스터 시리즈 ① - TMS320C31 마스터 (1998, Ohm사)
DSP 마스터 시리즈 ② - TMS320C32 마스터 (1999, Ohm사)
어셈블리와 C언어로 익히는 80C196KC 마스터(I) (2000, Ohm사)
어셈블리와 C언어로 익히는 80C196KC 마스터(II) (2000, Ohm사)
어셈블리와 C언어로 익히는 8051 마스터 (2001, Ohm사)
어셈블리와 C언어로 익히는 AT89S52 마스터 (2006, Ohm사)
프로세서 응용 시리즈 ① - LCD 모듈의 철저 활용 (2002, Ohm사)
프로세서 응용 시리즈 ② - LCD 모듈 활용 마스터 (2004, Ohm사)
프로세서 응용 시리즈 ③ - ATmega128을 활용한 졸업작품 만들기(I) (2005, Ohm사)
AVR 마스터 시리즈 ① - ATmega128 마스터 (2004, Ohm사)
AVR 마스터 시리즈 ② - ATmega162 마스터 (2004, Ohm사)
AVR 마스터 시리즈 ③ - ATmega8515 마스터 (2004, Ohm사)

(4) 주 관심 분야

벡터제어 인버터를 이용한 유도전동기 및 동기전동기 서보제어 시스템 설계
IBM PC 또는 마이크로프로세서를 이용한 자동화 시스템 및 제어계측 시스템 설계
기타 마이크로프로세서, 마이크로콘트롤러 및 DSP 응용분야
마이크로프로세서와 마이크로콘트롤러의 기초 및 응용분야 교육

AVR-8515 Kit

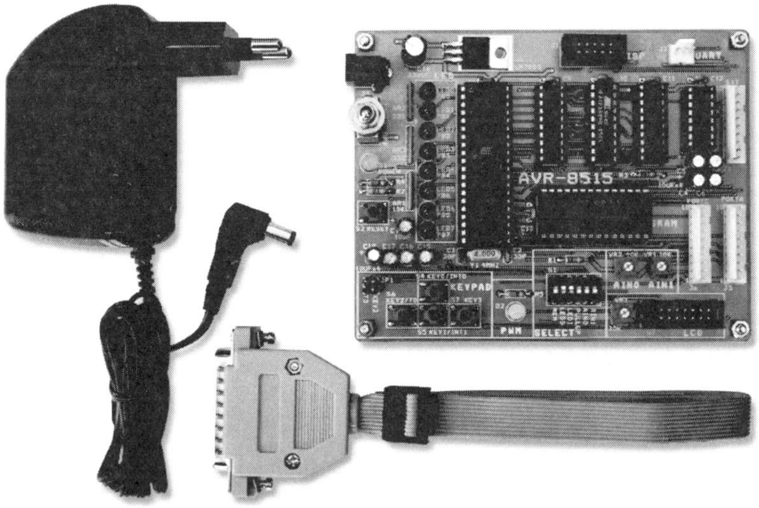

♣ 부품 SET 별도 판매

저 자 : 조영준
ISBN : 89-7101-717-1
판 형 : B5
쪽 수 : 301
가 격 : 25,000원

AVR-8515 KIT의 주요 사양

항 목	사 양	비 고
CPU	AT90S8515	4MHz 클럭 사용(8MHz 까지 가능)
메모리	RAM : 32K 바이트	선택적 사용
	B 포트 : LED×8	선택적 사용
	D 포트 : LED×4	인터럽트와 연동 사용
내장 주변장치	PWM	LED로 확인
	아날로그 입력	가변저항 이용
	직렬 포트 : RS232C	MAX232 내장
외부 인터럽트	RAM : 32K 바이트	스위치 입력
디스플레이	LCD : 16 문자 × 2줄	C 포트에 연결
전원	+9V ~ +12V 외부 전원 사용	아답터 잭, 5V 정전압 회로 내장
외부 인터페이스	ISP 케이블	프로그래밍용(PC의 프린터 포트에 연결)
PCB 외형	132×102mm 2층 에폭시 기판	

ATMEL사의 AVR 8 비트 RISC 프로세서인 AT90S8515의 기본적인 하드웨어 구조와 프로그래밍 연습을 해볼 수 있는 **쉽고 간단하며, 저렴한** Training KIT이다. 가장 기본적인 기능을 익히고 실험하는데 필요한 최소한의 하드웨어로 구성되어 초보자가 익히고 실험하기에 적합하다.

ISP 케이블과 CodeVisionAVR C 컴파일러를 이용하여 사용자가 작성한 프로그램을 PC로 다운로드하여 즉시 실험해 볼 수 있기 때문에 롬라이터와 같은 별도의 장비가 필요하지 않으며, 기본적인 사양만으로 설계되어 학생들이나 AVR을 익히려는 일반인이 사용하기 적합한 저가형 KIT이다.

구입문의 : 학습기기 R&C사 / 도서출판 Ohm사 ✆ 02) 776-4868-9

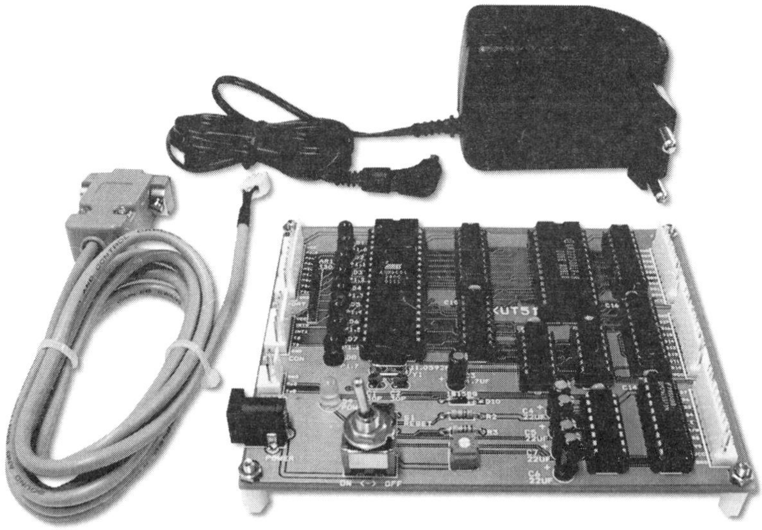

♣ 부품 SET 별도 판매

저 자 : 신동욱, 조영준
ISBN : 89-7101-718-X
판 형 : B5
쪽 수 : 382
가 격 : 28,000원

KUT-51 KIT의 주요 사양

항 목	사 양	비 고
CPU	AT89C51(ATMEL)	11.0592MHz 클럭 사용
메모리	FLASH : 4K 바이트 RAM : 32K 바이트	AT89C51에 내장 프로그램 & 데이터 메모리로 사용
내장 주변장치	P1 포트 : LED×8 직렬 포트 : RS232C	커넥터를 통해 외부와 연결 가능 MAX232 내장
디스플레이	LCD : 16문자 ×2줄	외부 커넥터에 연결
확장 커넥터	입력 : 8 비트 출력 : 8 비트 LCD : 8 비트 P1 포트 : 8 비트 인터럽트 신호 : 4 비트 총 36비트	래치에 의한 입력 래치에 의한 출력 래치에 의한 출력 – 4비트 제어 P1 포트의 입출력 사용 INTn, Tn 신호
전원	+5V의 외부 전원 사용	아답터 잭, 5V 정전압 아답터 사용
프로그래밍	직렬 포트에 의한 다운로딩	모니터 프로그램 내장
PCB 외형	127×101mm 2층 에폭시 기판	

Intel의 MCS51과 100% 호환되는 ATMEL의 AT89C51을 사용한 **KUT51 Training KIT**는 8051을 배우고 익힐 수 있는 최소한의 기능을 내장하고 있다. 간단하게 구성되었기 때문에 가격이 저렴하고 크기가 작아 좁은 공간에서도 쉽게 사용할 수 있으며, 응용 실험을 할 수 있도록 외부 커넥터를 내장하여 사용자가 직접 구성한 외부 기기나 책의 응용예제에 사용된 보드 등을 제작 연결하여 실험해 볼 수 있도록 되어 있다. 또한, **AT89C51 내부의 플래시 메모리에 모니터 프로그램을 내장하고 있어서 별도의 롬라이터가 필요 없이 시리얼 포트를 통해서 프로그램을 다운로드하여 실행시켜 볼 수 있는 장점**이 있다.
KEIL-C 컴파일러 평가판을 사용하여 C언어와 어셈블러로 플그램을 연습할 수 있다.

OK-8051 Kit

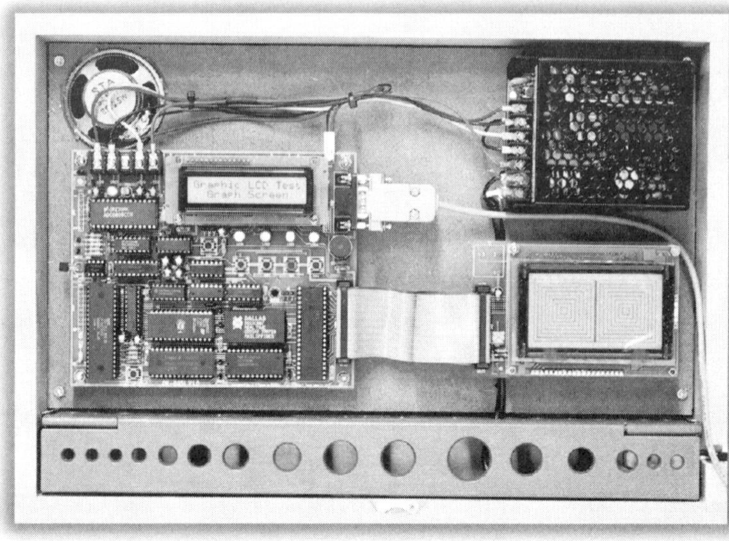

추천도서

저 자 : 윤덕용
ISBN : 89-7101-715-5
판 형 : B5
쪽 수 : 870
가 격 : 30,000원

OK-8051 KIT의 주요 사양

항 목	사 양	비 고
CPU	89C52(12MHz)	12MHz 수정발진 모듈 사용
ROM	27C256-15(32 KB)	모니터 프로그램 및 응용 프로그램
RAM	62256-7(32 KB) (80C32에 내장된 256바이트는 별도)	사용자의 프로그램 및 데이터 저장
프로그램의 입력 및 실행	1. IBM PC의 직렬 포트를 사용하는 방법 (RS-232C 통신 에뮬레이터 DL51 기본 제공) 2. 키트에 ROM을 삽입하여 사용하는 방법 3. ROM 에뮬레이터를 사용하는 방법	1. 9핀 RS-232C 케이블 기본 제공 2. 모니터 프로그램 기본 내장 (트레이스 기능, 2개의 브레이크 포인트 기능, 역어셈블러 내장)
I/O	1. CPU가 직접 제어하는 I/O (1) RS-232C 직렬통신 포트(CN2) (2) +5V용 버저, 스피커 사운드 제어 (3) 스위치에 의한 사용자 인터럽트 (4) 포트1 콘넥터(CN3) 2. DS12C887 배터리 백업형 리얼타임 클럭 3. 82C54 타이머 (1) 외부 클럭 입력(CN4) (2) 스피커 출력(CN5) 4. 82C55 병렬 인터페이스 (1) 외부 병렬 입출력 콘넥터(CN4) (2) 4개의 키입력 스위치 및 상태표시 LED (3) 스텝 모터 제어 콘넥터(CN6) 5. 16자×2행 LCD 모듈 (backlight 가능) 6. ADC0809 8채널 8비트 A/D 컨버터 (1) 전압센서, 온도센서, 광센서 각 1개 (2) 4채널 아날로그 입력 콘넥터(CN7) 7. DAC0800 8비트 D/A 컨버터	1. 기본적인 주변 인터페이스용 LSI와 TTL 소자만을 사용하여 저렴한 가격으로 손쉽게 키트를 조립할 수 있도록 설계 2. A/D 입력 범위는 0V~+5V 3. D/A 출력 범위는 0V~+10V, -10V~+10V 중에서 선택 사용 4. 모니터 프로그램 사용시 9600, 19200 bps 중에서 선택 사용 5. 어셈블리 및 C언어로 작성된 수십가지의 응용 예제 프로그램을 기본으로 제공
전원	+5V, ±15V (또는 ±12V도 사용 가능)	±15V는 아날로그 회로에서만 사용
PCB	160×130mm 양면 에폭시 기판	

구입문의 : 학습기기 R&C사 / 도서출판 Ohm사 ✆ 02) 776-4868-9

T-51 Kit

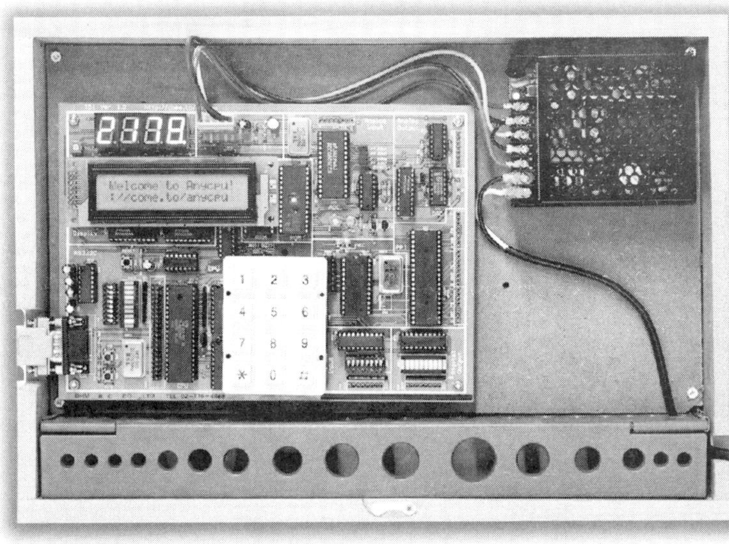

♣ PCB 별도 판매

저 자 : 박귀태, 이상락
ISBN : 89-7101-713-9
판 형 : B5
쪽 수 : 650
가 격 : 25,000원

T-51 KIT의 주요 사양

항 목	사 양	비 고
CPU	8051/8052 겸용 80C251 지원	11.0592MHz 15배 성능 향상
메모리	ROM : 32K 바이트 RAM : 32K 바이트	27C256, 플래시 사용 가능 62256
내장 주변장치	P1 포트 : LED×8, 스위치×8 직렬 포트 : RS232C 타이머/카운터 : 16비트×2	 MAX232 내장 입력 스위치 내장
외부 인터럽트	2채널	입력 스위치 내장
디지털 입출력 포트	디지털 입력 : 8채널, 스위치×8 내장 디지털 입력 : 8채널, LED×8 내장 PPI 8255 : 24채널 입출력	8핀 헤더 제공 8핀 헤더 제공 8핀 헤더×3 제공
디스플레이	7세그먼트 표시기 : 4자리 LCD 표시기 : 20자×2줄	숫자 표시용 80×2, 40×4 확장 가능
키패드	12키	전화기용, 64키 확장 가능
아날로그 입력 DAC	8채널 입력 입력범위 : 0~5[V] 분해능 : 8비트 변환시간 : 100usec 가변저항, Cds, 온도센서, DAC 루프백 내장	ADC0809 OpAmp 버퍼 내장 8핀 헤더 제공 LM35DZ
아날로그 출력 DAC	1채널 출력 출력범위 : 0~5 또는 ±10V[V] 안정시간 : 150nsec 슬루레이트 : 8mA/usec	DAC0800 OpAmp 버퍼 내장 8핀 헤더
전원	−12, 0, +12, 0, 5[V]	5핀 헤더
윈도우용 소프트웨어	문제출시, 풀이제시 프로그램 컴파일 통합환경 프로그램 다운로드 트레이스, 실행 직렬통신 터미널, 그래픽 터미널	AnyCpu Tutor 제공 Keil사 제공 AnyCpu Tutor 제공 Os51.hex 제공 AnyCpu Tutor 제공

저 자 : 김대근, 정순배 외
ISBN : 89-7101-725-2
판 형 : B5
쪽 수 : 770
가 격 : 33,000원

MDS-196 KIT의 주요 사양

항 목	사 양	비 고
CPU	N80C196KC20(20MHz)	
ROM	27C256-15(32 KB)	
RAM	62256-7(32 KB) (80C196KC에 내장된 488바이트는 별도)	
프로그램의 입력 및 실행	1. IBM PC의 직렬 포트를 사용하는 방법 2. 키트에 ROM을 삽입하여 사용하는 방법	
I/O	1. 기본 입출력 기판 (1) 출력 장치-LCD 모듈 (2) 입력 장치-키패드 2. 응용 보드 (1) 소형 DC 모터 제어 회로 (2) 스텝 모터 구동 회로 (3) AD 변환기 - 광센서 - 온도센서 - 가변저항 3. 다양한 시스템 응용을 위한 입출력 인터페이스 보드	 16문자×2줄 LCD 사용 16진 숫자 입력 스위치 16개 제어 입력 스위치 3개 PWM을 이용한 속도 제어 고속 출력(HSO)를 이용한 구동회로 고속 입력(HSI) 기능을 이용 포토 TR과 적외선 LED 사용 CdS 광센서 사용 외부 확장용 전원 회로 포함
전원	+12V(외부 입력 전압), +5V(정전압 회로 내장)	+12V는 모터 제어에 사용

TMS-31 Kit

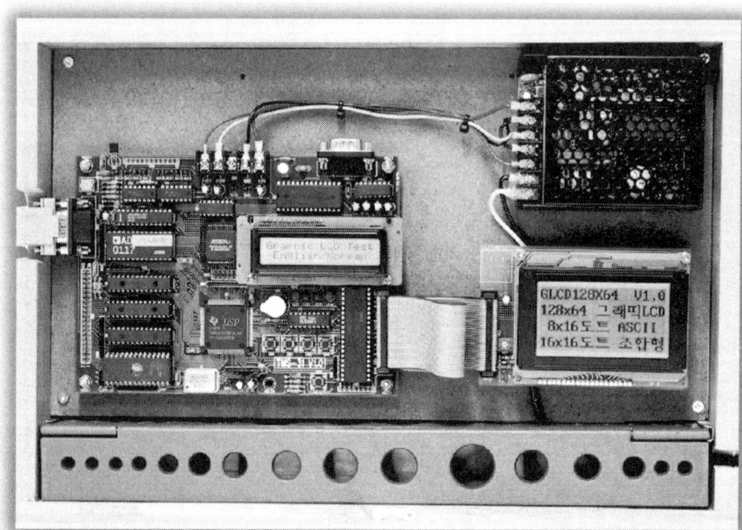

♣ 중간형 별도 판매
PCB+CPU+EPLD

저 자 : 윤덕용
ISBN : 89-7101-750-3
판 형 : B5
쪽 수 : 636
가 격 : 30,000원

TMS-31 KIT의 주요 사양

항 목	사 양	비 고
DSP	TMS320C31PQL-40 (40MHz)	40MHz 수정발진 모듈사용
ROM	27C256(32 KB) 또는 27C512(64KB)	PCB 진단 및 각종 응용 프로그램
RAM	68257-15(32 KB)×4개= 32K 워드 (TMS320C31에 내장된 2K 워드는 별도)	사용자의 프로그램 및 데이터용
프로그램의 입력 및 실행	1. XDS-510 에뮬레이터를 사용하는 방법 2. 내장 ROM을 사용하는 방법 3. IBM PC의 프린터포트를 사용하는 방법	1. 에뮬레이터용 콘넥터 내장 2. 예제가 포함된 27C256 기본 제공 3. 프린터포트용의 케이블 기본 제공
A/D 컨버터	12비트 MAX122 1개 (5MHz, 2.6μs) 8채널 아날로그 스위치 (1) 4개 채널은 콘넥터로 아날로그 입력 (2) 반고정 저항에 의한 −5V~+5V 입력 (3) 온도센서 LM35DZ 입력 (4) 2개 채널은 D/A 컨버터의 출력을 입력	1. 아날로그 입력 범위는 −5V~+5V 2. 아날로그 출력 범위는 −5V~+5V 3. 내장된 D/A 컨버터의 출력을 A/D 컨버터에 입력함으로써 외부에 별도의 함수발생기를 사용하지 않고 신호처리 실험이 가능
D/A 컨버터	12비트 AD664 (4채널 전압 출력) (1) 4개 채널 모두 콘넥터로 외부출력 (2) 2개 채널은 A/D 컨버터에 입력 가능	
기타 I/O	1. 시스템 확장용 콘넥터 2. 8255A 1개 내장 (1) 16자×2행 LCD 모듈 (backlight 가능) (2) buzzer (3) 4개의 상태표시용 LED (4) 4개의 입력키 (5) 8255A를 통한 외부 입출력 콘넥터 3. 8251A 및 MAX232 내장 외부와 RS-232C 직렬통신 4. 직류 서보모터 제어를 위한 콘넥터	
전원	+5V, ±15V (또는 ±12V)	±15V는 A/D, D/A 컨버터에서 사용
PCB	180×130mm 4층 에폭시 기판	

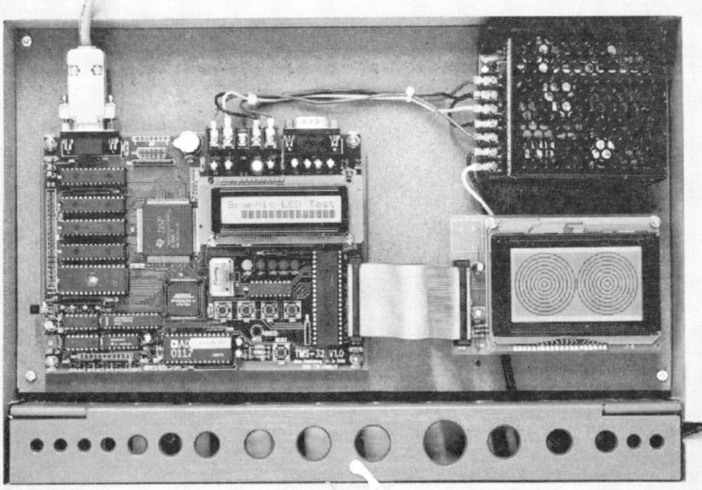

♣ 중간형 별도 판매
PCB+CPU+EPLD

저 자 : 윤덕용
ISBN : 89-7101-751-1
판 형 : B5
쪽 수 : 768
가 격 : 33,000원

TMS-32 KIT의 주요 사양

항 목	사 양	비 고
DSP	TMS320C32PCM50 (50MHz) 기본사양 TMS320C32PCM40 (40MHz)도 사용가능	50MHz 수정발진 모듈사용 40MHz 수정발진 모듈사용
ROM	27C512-15(64KB)	PCB 진단 및 각종 응용 프로그램
RAM	KM68257-15(32 KB)×4개= 32K 워드 (TMS320C32에 내장된 512 워드는 별도)	사용자의 프로그램 및 데이터용
프로그램의 입력 및 실행	1. IBM PC의 프린터 포트를 사용하는 방법 2. 키트에 내장된 ROM을 사용하는 방법 3. XDS510 에뮬레이터를 사용하는 방법	1. 에뮬레이터용 콘넥터 내장 2. 예제가 포함된 27C256 기본 제공 3. 프린터포트용의 케이블 기본 제공
A/D 컨버터	12비트 MAX122BCNG 1개 (5MHz, 2.6μs) 8채널 아날로그 스위치 (1) 4개 채널은 콘넥터로 아날로그 입력 (2) 내장 온도센서 LM35D 입력 (3) 내장 광센서 Cds 입력 (4) 내장 가변 저항에 의한 −5V~+5V 입력 (5) 1개 채널은 A/D 컨버터의 출력을 입력	1. 아날로그 입력 범위는 −5V~+5V 2. 아날로그 출력 범위는 −5V~+5V 3. D/A 컨버터의 출력을 A/D 컨버터에 다시 입력함으로써 외부에 별도의 함수발생기를 사용하지 않고 신호처리 실험이 가능
D/A 컨버터	12비트 AD664JN-BIP (4채널 전압 출력) (1) 4개 채널 모두 콘넥터로 외부출력 (2) 1개 채널은 A/D 컨버터에 입력 가능	4. 각종 응용 프로그램 기본 제공
기타 I/O	1. DSP가 직접 제어하는 I/O (1) +5V용 버저 (2) 1개의 동작 테스트용 LED (3) 직류 서보모터 제어를 위한 콘넥터 2. 8255A 1개 내장 (1) 16자×2행 LCD 모듈 (backlight 가능) (2) 4개의 상태표시용 LED (3) 4개의 키 입력 스위치 (4) 외부 병렬 입출력 콘넥터 3. 8251A 및 MAX232 내장 외부와 RS-232C 직렬통신 4. 시스템 I/O 확장용 콘넥터	각종 응용 프로그램 기본 제공
전원	+5V, ±15V (또는 ±12V)	±15V는 A/D, D/A 컨버터에서 사용
PCB	180×130mm 4층 에폭시 기판	

OK-128 Kit

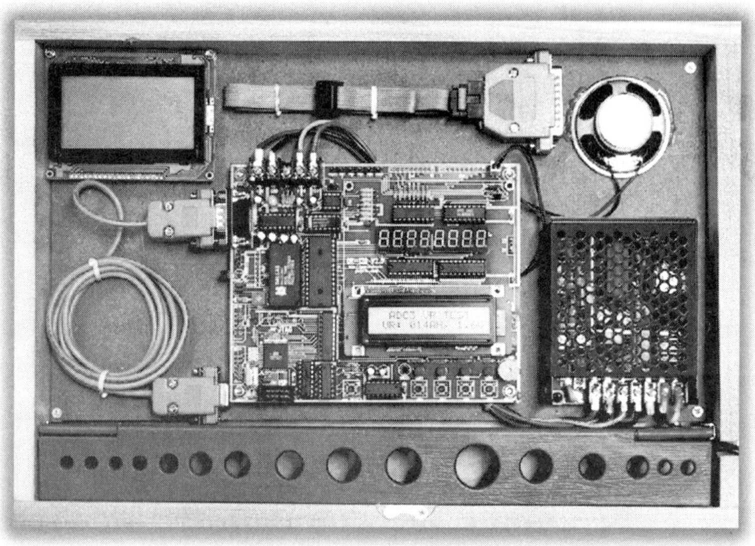

♣ PCB 별도 판매
(CPU 포함)

저 자 : 윤덕용
ISBN : 89-7101-765-1
판 형 : B5
쪽 수 : 920
가 격 : 38,000원

OK-128 KIT의 주요 사양

항 목	사 양	비 고
CPU	ATmega128-16AI(16MHz)	16MHz 수정발진자 사용
ROM	CPU에 내장된 128KB의 플래시 메모리	프로그램 저장
외부 RAM	62256-7(32 KB) (CPU에 내장된 4KB는 별도)	사용자 데이터 저장
프로그램의 입력/실행	1. JTAG ICE 에뮬레이터를 사용하는 방법 2. AVR ISP와 병렬 포트를 사용하는 방법 3. 기타 ISP와 직렬 포트를 사용하는 방법	1. 병렬포트형 AVR ISP 케이블 제공 (직렬포트형과 USB 포트형은 옵션) 2. 테스트 프로그램 기본 제공
I/O	1. CPU 프로그램용 콘넥터 (1) AVR ISP용 10핀 DIP 콘넥터(CN2) (2) JTAG ICE용 10핀 DIP 콘넥터(CN3) 2. CPU가 직접 제어하는 I/O (1) 2개의 RS-232C 직렬포트(CN4, CN5) (2) 4개의 키입력 스위치(SW1~SW4) (3) 4개의 상태표시 LED(LED1~LED4) (4) +5V용 버저 (5) 스피커 사운드 출력(CN6) (6) LM35D에 의한 온도센서(ADC1, ADC2) (7) 가변저항에 의한 전압센서(ADC3) (8) DAC0800 8비트 D/A 컨버터 (9) AT93C56 및 AT24C16 직렬 EEPROM (10) 도트 매트릭스 LED 접속(CN10) (11) 병렬 I/O 포트 확장 콘넥터(CN9) 3. 16자×2 문자 텍스트형 LCD 모듈 4. 128×64 도트 그래픽형 LCD 모듈 5. 8개의 7세그먼트 LED 6. DS12C887 배터리 백업형 리얼타임 클럭 7. 8비트 병렬출력 인터페이스(CN7) 8. 스텝모터 구동 인터페이스(CN8)	 STK200/300의 AVR ISP 표준 Atmel사의 JTAG ICE 표준 RS-232C 통신 케이블 기본 제공 A/D 입력 범위는 0V~+5V 0V~+10V, -10V~+10V 중에서 선택 화면밝기 조절 및 백라이트 기능 포함 화면밝기 조절 및 백라이트 기능 포함 ULN2803 출력
전원	+5V, ±15V (또는 ±12V도 사용 가능)	±15V는 아날로그 회로에서만 사용
PCB 외형	160×130mm 양면 에폭시 기판	

☞ 이것은 *OK-128* 키트와 *OK-64* 키트 겸용이므로 ATmega64-16AI를 조립하면 *OK-64* 키트가 된다.

구입문의 : 학습기기 R&C사 / 도서출판 Ohm사 ✆ 02) 776-4868-9

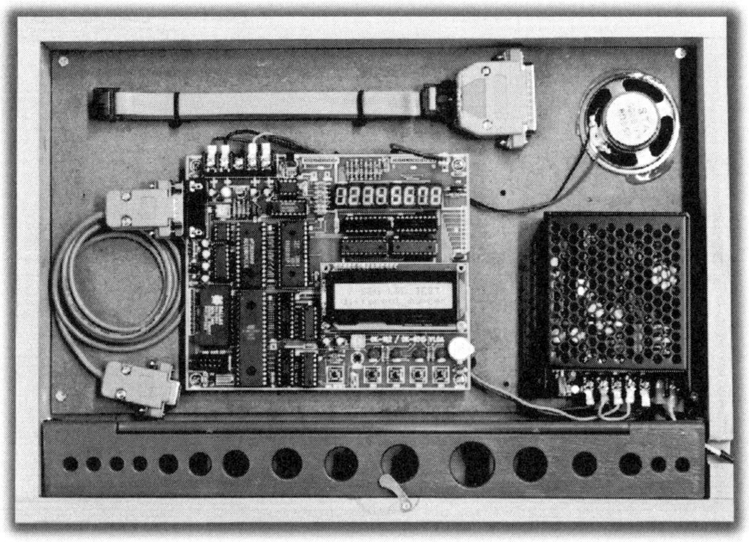

♣ PCB 별도 판매
(MPU 장착)

저 자 : 윤덕용
ISBN : 89-7101-759-7
판 형 : B5
쪽 수 : 726
가 격 : 32,000원

OK-162 KIT의 주요 사양

항 목	사 양	비 고
CPU	ATmega162-16PI(16MHz)	16MHz 수정발진자 사용
ROM	CPU에 내장된 16KB의 플래시 메모리	프로그램 저장
외부 RAM	62256-7(32 KB) (CPU에 내장된 1KB는 별도)	사용자 데이터 저장
프로그램의 입력/실행	1. AVR ISP와 병렬 포트를 사용하는 방법 2. 기타 ISP와 직렬 포트를 사용하는 방법 3. JTAG ICE 에뮬레이터를 사용하는 방법	1. AVR ISP 케이블 기본 제공 2. 응용 프로그램 기본 제공 (☞ JTAG 콘넥터는 사용자가 조립)
I/O	1. CPU 프로그램용 콘넥터 (1) AVR ISP용 10핀 DIP 콘넥터(CN2) (2) JTAG용 콘넥터는 사용자가 조립해야 함 2. CPU가 직접 제어하는 I/O (1) 포트 B 및 포트 D 확장 콘넥터(CN3) (2) 2개의 RS-232C 직렬포트(CN4, CN5) (3) 4개의 키입력 스위치(SW1~SW4) (4) 4개의 상태표시 LED(LED1~LED4) (5) +5V용 버저, 스피커 사운드 출력(CN6) (6) DAC0800 8비트 D/A 컨버터 (7) SPI 직렬통신에 의한 시리얼 EEPROM (8) 아날로그 비교기(J2, J3) 3. CPU 외부의 확장 I/O (1) 16자×2 문자 텍스트형 LCD 모듈 (2) 8개의 7세그먼트 LED (3) 8비트 병렬출력 인터페이스(CN7) (4) 스텝모터 구동 인터페이스(CN8) (5) DS12C887 베터리 백업형 리얼타임 클럭 (6) 8비트 8채널 A/D 컨버터 ADC0809 - 전압센서(VR1), 온도센서(LM35), 광센서(CdS) - 4채널 A/D 입력 콘넥터(CN9)	STK200/300의 AVR ISP 표준 RS-232C 통신 케이블 기본 제공 0V~+10V, -10V~+10V 중에서 선택 화면밝기 조절 및 백라이트 기능 포함 ULN2803 출력 A/D 입력 범위는 0V~+5V
전원	+5V, ±15V (또는 ±12V도 사용 가능)	±15V는 아날로그 회로에서만 사용
PCB 외형	160×130mm 양면 에폭시 기판	

☞ *OK-162* 키트는 *OK-8515* 키트와 PCB를 공통으로 사용한다.

OK-8515 Kit

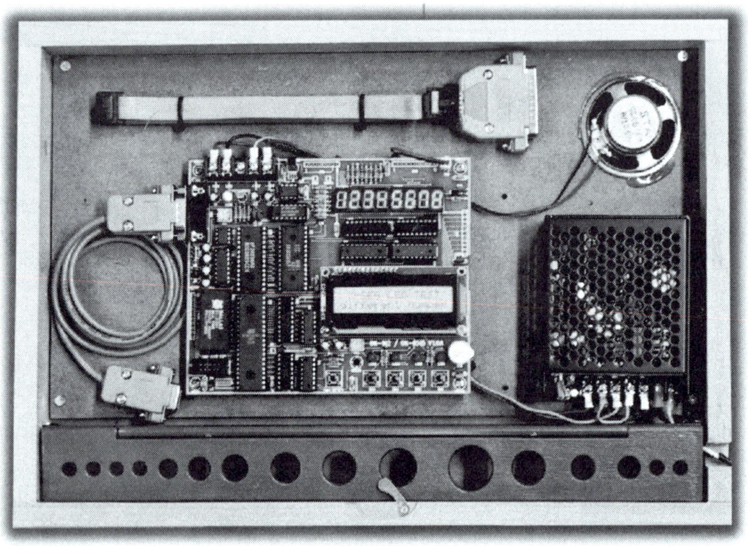

♣ PCB 별도 판매

저 자 : 윤덕용
ISBN : 89-7101-762-7
판 형 : B5
쪽 수 : 692
가 격 : 28,000원

OK-8515 KIT의 주요 사양

항 목	사 양	비 고
CPU	ATmega8515-16PI(16 MHz)	16 Mhz 수정발진자 사용
ROM	CPU에 내장된 8KB의 플래시 메모리	프로그램 저장
외부 RAM	62256-7(32 KB) (CPU에 내장된 512바이트는 별도)	사용자 데이터 저장
프로그램의 입력/실행	1. AVR ISP와 병렬 포트를 사용하는 방법 2. 기타 ISP와 직렬 포트를 사용하는 방법	1. AVR ISP 케이블 기본 제공 2. 응용 프로그램 기본 제공
I/O	1. CPU 프로그램용 콘넥터 AVR ISP용 10핀 DIP 콘넥터(CN2) 2. CPU가 직접 제어하는 I/O (1) 포트 B 및 포트 D 확장 콘넥터(CN3) (2) 1개의 RS-232C 직렬포트(CN4) (3) 4개의 키입력 스위치(SW1~SW4) (4) 4개의 상태표시 LED(LED1~LED4) (5) +5V용 버저, 스피커 사운드 출력(CN6) (6) DAC0800 8비트 D/A 컨버터 (7) SPI 직렬통신에 의한 시리얼 EEPROM (8) 아날로그 비교기(J2, J3) 3. CPU 외부의 확장 I/O (1) 16X2 문자 텍스트형 LCD 모듈 (2) 8개의 7세그먼트 LED (3) 8비트 병렬출력 인터페이스(CN7) (4) 스텝모터 구동 인터페이스(CN8) (5) DS12C887 배터리 백업형 리얼타임 클럭 (6) 8비트 8채널 A/D 컨버터 ADC0809 -전압센서(VR1), 온도센서(LM35), 광 센서(CdS) -4채널 A/D 입력 콘넥터(CN9)	STK200/300의 AVR ISP 표준 RS-232C 통신 케이블 기본 제공 0V~+10V, -10V~+10V 중에서 선택 화면밝기 조절 및 백라이트 기능 포함 ULN2803 출력 A/D 입력 범위는 0V~+5V
전원	+5V, ±15V (또는 ±12V도 사용 가능)	±15V는 아날로그 회로에서만 사용
PCB 외형	160×130mm 양면 에폭시 기판	

☞ *OK-8515* 키트는 *OK-162* 키트와 PCB를 공통으로 사용한다.

구입문의 : 학습기기 R&C사 / 도서출판 Ohm사 ✆ 02) 776-4868-9

OK-89S52 KIT의 주요 사양

항 목	사 양	비 고
CPU	AT89S52-24PC 또는 AT89S52-24PI (AT89S51이나 AT89S8253도 사용 가능)	24MHz 수정발진자 사용
ROM	1. CPU에 내장된 8KB의 플래시 메모리 2. 외부 확장 27C256 또는 29C256(32KB)	사용자 프로그램용
RAM	CPU에 내장된 256 바이트	스택 및 데이터 저장용
프로그램의 입력/실행	1. 병렬포트형 AT89ISP를 사용(Atmel 표준) 2. 병렬포트형 AVR ISP를 사용 3. 직렬포트형 AVR ISP를 사용 4. USB포트형 AVR ISP를 사용	1. AT89S ISP 케이블(Atmel 호환) 2. AVR-ISP Parallel 케이블(기본 제공) 3. AVR-ISP Studio/STK500 케이블 4. USB-ISP 케이블
I/O	1. CPU가 직접 제어하는 I/O (1) RS-232C 직렬통신 포트(CN4) (2) +5V용 버저 (3) 스피커 사운드 출력(CN5) (4) 4개의 키입력 (5) 스위치에 의한 사용자 인터럽트(SW2) (6) AT89S ISP 케이블 접속용 콘넥터(CN2) (7) AVR ISP 케이블 접속용 콘넥터(CN3) 2. 외부 확장 I/O (1) 16×2행 텍스트형 LCD 모듈 (2) 8글자의 7세그먼트 LED (3) 4개의 상태표시 LED (4) ADC0809 8채널 8비트 A/D 컨버터 - 전압센서, 온도센서, 조도센서 각 1개 - 4채널 아날로그 입력 콘넥터(CN6) (5) DAC0800 8비트 D/A 컨버터 (6) DS12C887 배터리 백업형 리얼타임 클럭	backlight 기능 사용 가능 A/D 입력 범위는 0V~+5V D/A 출력 범위는 0V~+10V, -10V~+10V 중에서 선택 사용
전원	+5V, ±15V (또는 ±12V도 사용 가능)	±15V는 아날로그 회로에서만 사용
PCB 외형	160×130mm 양면 에폭시 기판	

KUT-128 인터페이스 보드 + MCU 보드 장착

MCU 보드 ▶

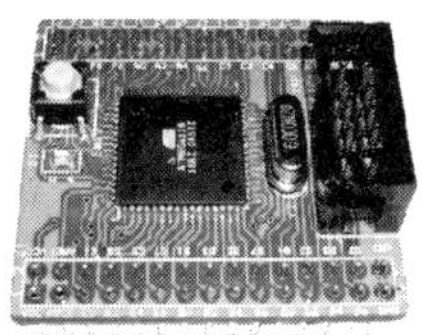

♣ 상품 구성
Interface 보드+CPU 보드(Full Set) 판매
Interface 보드 별도 판매
MCU 보드 별도 판매

저 자 : 신동욱/오창헌 공저
ISBN : 89-7101-768-6
판 형 : B5
쪽 수 : 380
가 격 : 20,000원

KUT-128 KIT의 주요 사양

항 목	사 양	비 고
MCU	ATmega128	16MHz 클럭 사용
내장 주변장치	· 포트 B, F : 7-Segment × 4 · 포트 C : LED × 8 · 포트 E : 스위치 × 4 · PWM 출력 · 아날로그 입력 비교 · A/D변환 2 입력	· 동적 구동 · 선택적 사용 · 인터럽트와 연동 사용 · LED로 확인 · 가변 저항 이용 · 가변저항 이용
선원	+5V	아답터 잭
외부 인터페이스	· 포트 A 커넥터 · 포트 C 커넥터 · 포트 G 커넥터 · RS-232 커넥터 · LCD 커넥터 · ISP 커넥터	· 5V, PA0-PA7, GND(10핀) · 5V, PC0-PC7, GND(10핀) · 메모리, I/O 확장 제어신호(10핀) · MAX232 내장(3핀) · 4비트 데이터 버스 방식 (16문자 × 2라인 LCD 사용) · ISP 케이블 제작 필요 (또는 Ohm사 별매품 이용 가능)
PCB 외형	KUT-128 MCU 보드 : 38mm × 40mm KUT-128 인터페이스 보드 : 142mm × 104mm	2층 에폭시 기판 2층 에폭시 기판

KUT-128 완성 보드는 Atmel사의 AVR 8비트 RISC 프로세서인 ATmega128 MCU 보드와 인터페이스 보드로 구성되며, ATmega128의 기본적인 기능을 익히고 실험하는데 필요한 최소한의 하드웨어로 구성된 **쉽고 간단하며, 저렴한 트레이닝 키트**이다. 기존의 트레이닝 키트와는 달리 많은 주변기기를 내장하고 있지 않기 때문에 크기가 작아서 PC 옆에 놓고 사용하기에도 편리하다. 그리고 어느 정도의 기본 학습이 끝나면, 단순한 교육용 키트가 아니라 독자 여러분이 제작하는 졸업작품 또는 응용 시스템의 메인 CPU 보드로도 손쉽게 이용할 수가 있다. 책에서 소개된 ISP 케이블과 *CodeVisionAVR C* 컴파일러를 이용하여 사용자가 작성한 프로그램을 PC로부터 다운로드 하여 즉시 실험해 볼 수 있기 때문에 롬라이터와 같은 별도의 장비가 필요하지 않다.

GLCD128X64

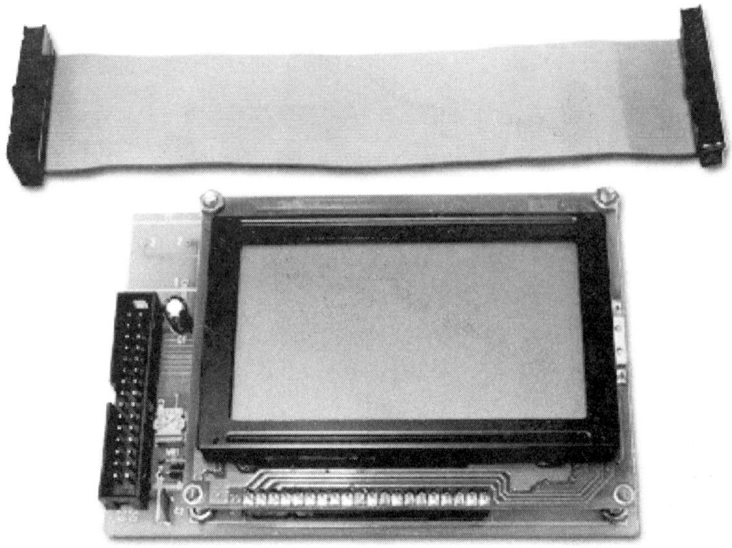

♣ PCB 포함

저 자 : 윤덕용
ISBN : 89-7101-760-0
판 형 : B5
쪽 수 : 798
가 격 : 43,000원

그래픽 LCD 확장보드의 주요 사양

항 목	사 양	비 고
해상도	128×64 도트, 단색	
사용 가능 LCD 모듈	(1) 삼성 SDI UG-13B04-SEAT5-2 (2) 현대 LCD HG12605NY-LY (3) 기타 이와 호환되는 그래픽형 LCD 모듈	EL 백라이트형 LED 백라이트형
접속 가능 키트	(1) *OK-8051* 키트 (2) *OK-196* 키트 (3) *TMS-31* 키트 (4) *TMS-32* 키트	
인터페이스 방법	(1) 82C55A를 사용하여 구동 (2) HIF3F-30PA-2.54DSA 콘넥터를 사용	
전원	키트에서 공급되는 +5V (LCD 모듈 내부에서 -10V를 만들어 사용)	30핀(전원 포함) EL 백라이트형은
PCB 외형	114×75 mm 양면 에폭시 기판	인버터 사용

그래픽형 LCD 모듈 확장보드 *GLCD128X64*는 *OK-8051* **키트**, *OK-196* **키트**, 그리고 *TMS-31/32* **키트**에 128×64 해상도의 그래픽형 LCD 모듈을 확장하여 사용할 수 있는 제품이다.
이들 키트에는 모두 16자×2행의 텍스트형 LCD 모듈이 내장되어 있으므로 이를 사용하는데는 문제가 없으나, 이들 키트들이 그래픽형 LCD 모듈은 가지고 있지 않으므로 이를 사용하려면 외부에 추가로 확장하여야 한다.

MSTK2440 Training Kit

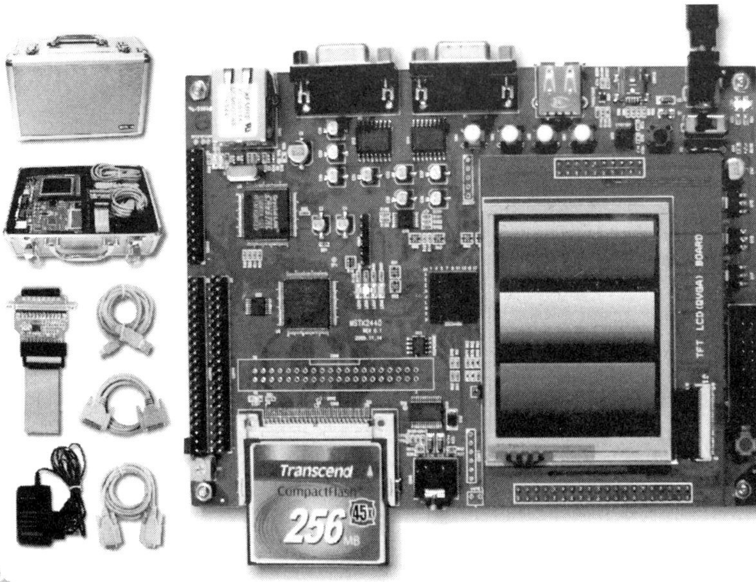

♣ 완성품 판매
RAM 별도 판매

추천 도서

저 자 : 홍건표/하동호 공저
ISBN : 89-7101-770-8
판 형 : B5
쪽 수 : 728
가 격 : 35,000원

MSTK2440 Training Kit의 주요 사양

항 목	사 양	
CPU	Samsung S3C2440A-40 (ARM920T with MMU) - CPU Operation Frequency : Up to 400MHz	
Boot ROM	AM29LV800 Nor Flash (1MByte) K9F1208 Nand Flash (64MByte)	
SDRAM	K4S561632E 4EA (128MByte)	
LCD	2.8" LTP280QV-E01 (240×320 Size TFT LCD, Touch Screen)	
Peripheral	IDE & CF Interface	XC95144XL-TQ100 (각각 1 Port)
	Ethernet	CS8900A (10 Based-T 1 Port)
	SD/MMC	1 Slot
	Audio	UDA1341TS (Audio Jack)
	Serial	RS-232 2 Port
	USB	Host & Device
	Speaker	0.25W/20mm
	JTAG	20 Pin Box Header
	Infrared Receiver	KSM603LM
	Key Pad	4EA & 1 External Interrupt SW
	Connector	Data, Address, Camera, IrDA External Interrupt, GPIO
Internal Function	IIC	AT24C16 EEPROM
	Timer, Watch-Dog, RTC, ADC(10bit 8:1 Mux CH & Pen Drag)	
OS Support	uC/OS-II	
OPerating Temperature	0 ~ 70°C	

MSTK2440은 삼성전자 S3C2440A(ARM920T 코어) 기반의 트레이닝 키트입니다. S3C2440A는 최대 400MHz까지의 빠른 속도와 다양한 Peripheral을 가지고 있는 강력한 프로세서이며 RTOS(Real Time O/S) 포팅 및 Pen Drag, CF & HDD 인터페이스가 가능합니다.

OK-128 V3.0 Kit

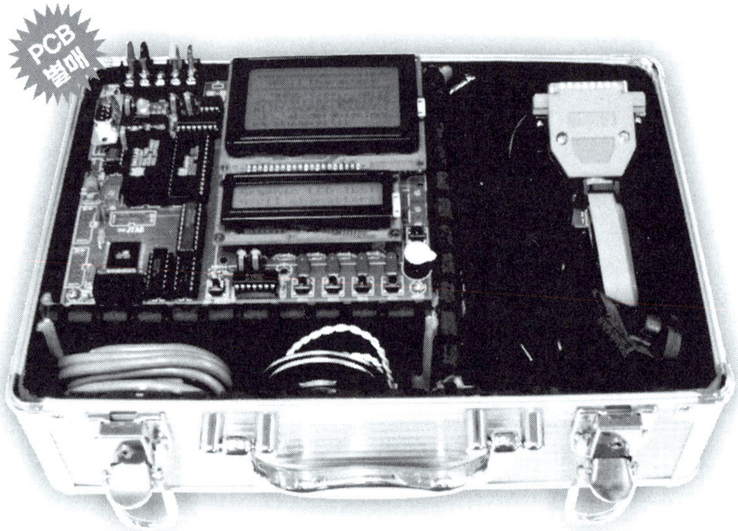

♣ PCB 별도 판매
(CPU 포함)

저 자 : 윤덕용
ISBN : 89-7101-771-6
판 형 : B5
쪽 수 : 1044
가 격 : 42,000원

OK-128 V3.0 KIT의 주요 사양

항 목	사 양	비 고
CPU	ATmega128-16AI/AU(16MHz)	16MHz 수정발진자 사용
ROM	CPU에 내장된 128KB의 플래시 메모리	프로그램 저장
외부 RAM	62256-7(32KB) (CPU에 내장된 4KB는 별도)	사용자 데이터 저장
프로그램의 입력/실행	1. AVR ISP 다운로드 케이블을 사용하는 방법 2. JTAG ICE 에뮬레이터를 사용하는 방법	1. 병렬포트형 AVR ISP 케이블 제공 (직렬포트형과 USB 포트형은 옵션) 2. 테스트 프로그램 기본 제공
I/O	1. CPU 프로그램용 콘넥터	
	(1) AVR ISP용 10핀 DIP 콘넥터(CN2)	STK200/300의 AVR ISP 표준
	(2) JTAG ICE용 10핀 DIP 콘넥터(CN3)	Atmel사의 JTAG ICE 표준
	2. CPU가 직접 제어하는 I/O	
	(1) 4개의 키입력 스위치(KEY1~KEY4)	
	(2) 4개의 상태표시 LED(LED1~LED4)	
	(3) 외부 인터럽트 스위치(SW2)	
	(4) +5V용 버저, 스피커 사운드 출력(CN6)	
	(5) LM35D에 의한 온도센서(ADC1, ADC2)	A/D 입력 범위는 0V~+5V
	(6) 가변저항에 의한 전압센서(ADC3)	
	(7) DAC0800 8비트 D/A 컨버터	0V~+10V, -10V~+10V 중에서 선택
	(8) AT93C56 및 AT24C16 직렬 EEPROM	
	(9) 2개의 RS-232C 직렬포트(CN4, CN5)	RS-232C 통신 케이블 기본 제공
	(10) 병렬 I/O 포트 확장 콘넥터(CN8)	
	(11) 도트 매트릭스 LED 접속 콘넥터(CN9)	
	3. 16×2 문자 텍스트형 LCD 모듈	화면밝기 조절 및 백라이트 기능 포함
	4. 128×64 도트 그래픽형 LCD 모듈	화면밝기 조절 및 백라이트 기능 포함
	5. 8개의 7세그먼트 LED	
	6. DS12C887 배터리 백업형 리얼타임 클록	
	7. 스텝모터 구동 인터페이스 콘넥터(CN7)	ULN2803 출력
전원	+5V, ±15V (또는 ±12V도 사용 가능)	±15V는 아날로그 회로에서만 사용
PCB 외형	160×130mm 양면 에폭시 기판	

☞ 이것은 *OK-128* 키트와 *OK-64* 키트 겸용이므로 ATmega64-16AI/AU를 조립하면 *OK-64* 키트가 된다.

구입문의 : 학습기기 R&C사 / 도서출판 Ohm사 ✆ 02) 776-4868-9

OK-1281/2561 Kit

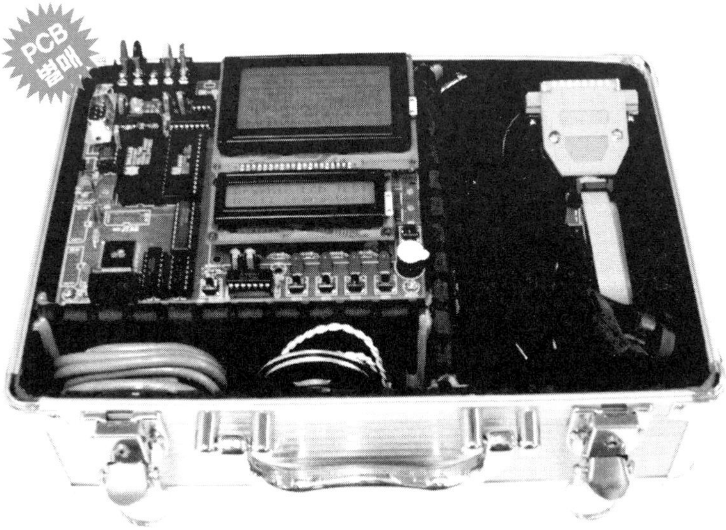

♣ 완성품 판매
SD, CF 카드 별매

저 자 : 윤덕용
ISBN : 89-7101-772-4
판 형 : B5
쪽 수 : 1092
가 격 : 43,000원

OK-1281/2561 KIT의 주요 사양

항 목	사 양	비 고
CPU	ATmega1281-16AU(16MHz) 또는 ATmega2561-16AU(16MHz)	16MHz 수정발진자 사용
ROM	CPU에 내장된 128/256KB의 플래시 메모리	프로그램 저장
외부 RAM	62256-7(32KB) (CPU에 내장된 8KB는 별도)	스택 및 사용자 데이터 저장
프로그램의 입력/실행	1. AVR ISP 다운로드 케이블을 사용하는 방법 2. JTAG ICE 에뮬레이터를 사용하는 방법	1. 병렬포트형 AVR ISP 케이블 제공 (직렬포트형과 USB 포트형은 옵션) 2. 테스트 프로그램 및 예제 기본 제공
I/O	1. CPU 프로그램용 콘넥터 (1) AVR ISP용 10핀 DIP 콘넥터(CN2) (2) JTAG ICE용 10핀 DIP 콘넥터(CN3) 2. CPU가 직접 제어하는 I/O (1) 4개의 키입력 스위치(KEY1~KEY4) (2) 4개의 상태표시 LED(LED1~LED4) (3) 외부 인터럽트 스위치(SW2) (4) +5V용 버저, 스피커 사운드 출력(CN6) (5) LM35D에 의한 온도센서(ADC1, ADC2) (6) 가변저항에 의한 전압센서(ADC3) (7) DAC0800 8비트 D/A 컨버터 (8) AT93C56 및 AT24C16 직렬 EEPROM (9) 2개의 RS-232C 직렬포트(CN4, CN5) (10) 병렬 I/O 포트 확장 콘넥터(CN8) (11) 도트 매트릭스 LED 접속 콘넥터(CN9) 3. 16×2 문자 텍스트형 LCD 모듈 4. 128×64 도트 그래픽형 LCD 모듈 5. 8개의 7세그먼트 LED 6. DS12C887 배터리 백업형 리얼타임 클록 7. 스텝모터 구동 인터페이스 콘넥터(CN7)	 STK200/300의 AVR ISP 표준 Atmel사의 JTAG ICE 표준 A/D 입력 범위는 0V~+5V 0V~+10V, -10V~+10V 중에서 선택 RS-232C 통신 케이블 기본 제공 화면밝기 조절 및 백라이트 기능 포함 화면밝기 조절 및 백라이트 기능 포함 ULN2803 출력
전원	+5V, ±15V (또는 ±12V도 사용 가능)	±15V는 아날로그 회로에서만 사용
PCB 외형	160×130mm 양면 에폭시 기판	

☞ 이것은 *OK-1281* 키트와 *OK-2561* 키트 겸용이므로 자신이 원하는 MCU 소자를 조립하면 된다.

Homepage : http://www.ohm.co.kr E-mail : ohm@ohm.co.kr

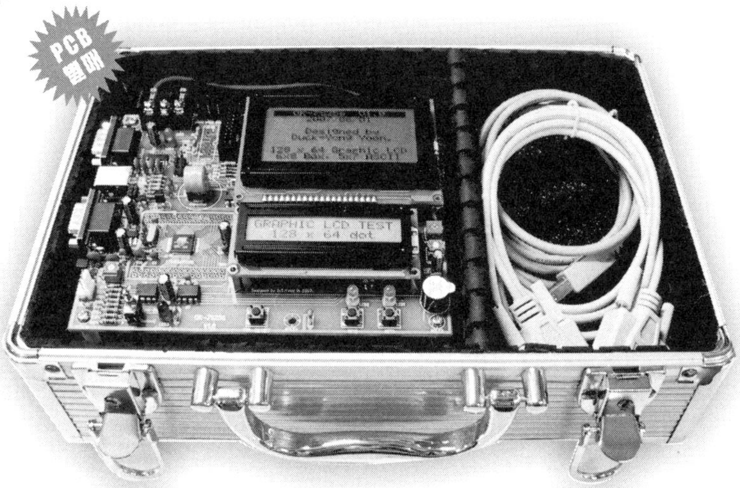

ARM 시작하기 시리즈 1

ARM7TDMI
AT91SAM7S256으로 시작하기

저 자 : 윤덕용
ISBN : 89-7101-775-9
판 형 : B5
쪽 수 : 924
가 격 : 39,000원

CPU 보드 별매

☞ CPU는 메인보드에 직접 납땜할 수도 있고, CPU보드에 납땜하여 메인보드에 장착할 수도 있다.

OK-7S256 키트의 주요 사양

항 목	사 양	비 고
CPU	AT91SAM7S256-AU-001	1.메인 보드에 직접 조립하는 방법 2.CPU 보드를 사용하는 방법(CN10~11)
ROM	CPU에 내장된 256KB(64KW)의 플래시 메모리	프로그램 및 상수 데이터 저장
RAM	CPU에 내장된 64KB의 SRAM	프로그램, 스택, 사용자 데이터 저장
프로그램의 입력/실행	1. USB포트형 다운로드 케이블을 사용하는 방법 2. 직렬포트형 다운로드 케이블을 사용하는 방법 3. JTAG 인터페이스를 사용하는 방법	1. USB A-B형 케이블 사용(기본 제공) 2. RS-232C 케이블 사용(기본 제공) 3. *OK-JTAG* 케이블 사용(선택 사양)
I/O	1. CPU 프로그램용 콘넥터 (1) JTAG 인터페이스용 20핀 콘넥터(CN2) (2) JTAG 인터페이스용 14핀 콘넥터(CN3) (3) USB 포트용 4핀 콘넥터(CN4) (4) 직렬포트 DBUG용 9핀 콘넥터(CN5) 2. SAM-BA Boot 프로그램을 플래시 메모리에 로드하는 장치(SW2 및 LED3) 3. CPU가 직접 제어하는 I/O (1) 2개의 키입력 스위치(KEY1~KEY2) (2) 2개의 상태표시 LED(LED1~LED2) (3) +5V용 버저, 스피커 사운드 출력(CN7) (4) 16×2 문자 텍스트형 LCD 모듈 (5) 128×64 도트 그래픽형 LCD 모듈 (6) LM35D에 의한 온도센서(AD4) (7) 가변저항에 의한 전압센서(AD5) (8) 외부 A/D 입력 콘넥터(CN8, AD6~AD7) (9) RS-232C 직렬통신 포트(CN6) (10) SPI를 사용한 SD/MMC 카드 인터페이스(CN9) (11) SPI를 사용한 AT93C56 직렬 EEPROM (12) TWI를 사용한 DS1307 리얼타임 클록 (13) 3개의 테스트 포인트 TP1~TP3	 Wiggler 호환의 *OK-JTAG*을 사용 Wiggler 호환의 *OK-JTAG*을 사용 표준 USB A-B형 케이블 사용 표준 9핀 RS-232C 케이블 사용 약 10초의 동작시간 동안 LED3이 점등 화면밝기 조절 및 백라이트 기능 포함 화면밝기 조절 및 백라이트 기능 포함 A/D 입력 범위는 0V~+3.3V 표준 9핀 RS-232C 케이블 사용 전원 백업 기능 포함(배터리, 수퍼캡) 각각 PWM0, PWM1, PCK1 출력
전원	+5V(키트에서 +3.3V 레귤레이터 사용)	CPU 내부에서 +1.8V 레귤레이터 사용
PCB	160×130mm 양면 에폭시 기판	

☞ *OK-7S256* 키트에는 필요하면 AT91SAM7S512/256/128/64/321을 조립하여 사용할 수도 있다.

전자공작 및 인터페이스 외

도서 및 키트는 OHM나 홈페이지 SHOP에서 구입 가능!

적외선 6족 보행로봇

♣ 부품 SET로 판매

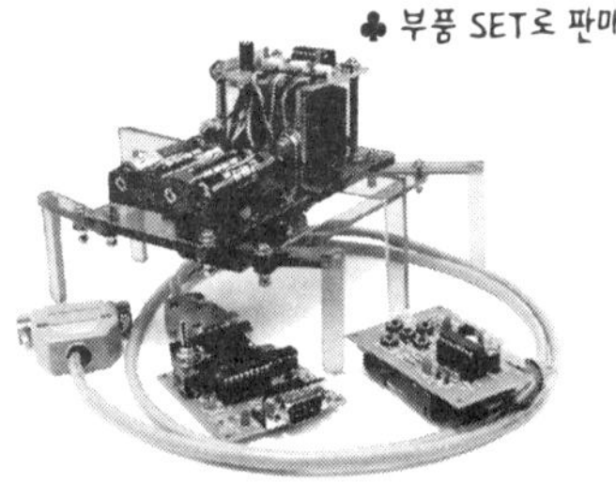

적외선 송신기로부터 전송 되어온 데이터를 판독하여 3개의 서브모터를 순차적으로 구동하여 로봇을 보행할 수 있고 프로그램에 의하여 보행속도도 조절할 수 있다.
교재 : 적외선으로 움직이는 PIC ROBOT

적외선 주행로봇 & 라인트레이서

♣ 부품 SET로 판매

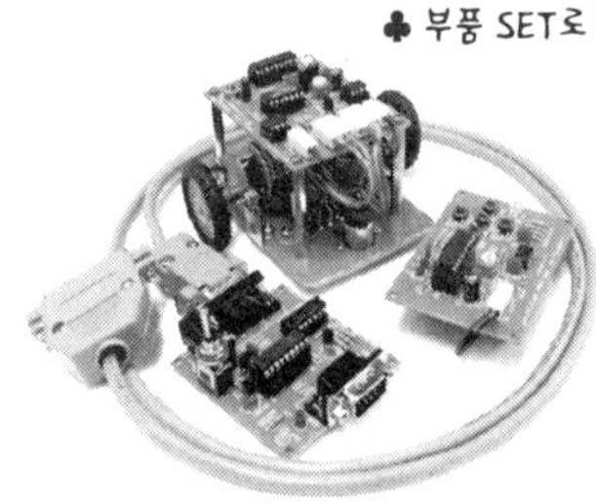

기어모터(감속비 38:1)를 채용하므로서 정밀제어가가능하고, 360도 회전이 가능하며 빠른 스피드를 낼 수 있다. 데이터의 송수신 방법은 6족 로봇과 동일
교재 : 적외선으로 움직이는 PIC ROBOT

PIC 응용 제작

♣ 부품 SET로 판매

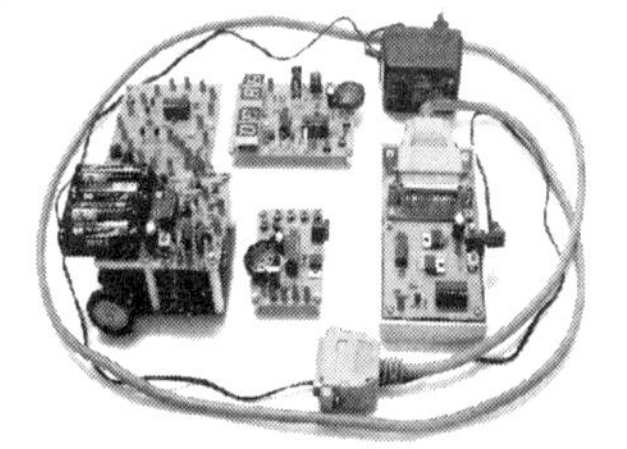

PIC프로그래머, 암호인식 초인종 하트무늬 깜빡이, 시계와 라인트레이서등의 아이템으로 구성되어 있어 마이컴 입문자들에게 유익한 실습키트임.
교재 : PIC16F84 응용 제작

침입자 경보기

♣ 부품 SET로 판매

레이저빔을 가로질러가는 사람이나 물체가 있다면 경보를 울리는 키트. 응용범위가 매우 넓은 아이템(작품 1,2키트 포함)
교재 : 기초로봇의 제작

라인트레이서

♣ 부품 SET로 판매

검정라인을 추적하여 주행 6개의 적외선 센서
패키지 구성
*센서감지와 비교. 제어회로
*로봇프레임 & 기어박스
교재 : 기초로봇의 제작

축구로봇

♣ 부품 SET로 판매

RF를 이용한 로봇 제어, 4ch. 송수신 가능
패키지 구성
* RF송수신회로 제어회로
* 로봇프레임SET & 기어모터 SET
교재 : 기초로봇의 제작

라인마우스-깨돌이

♣ 부품 SET로 판매

CPU:V25
RAM:61256
ROM:27256
모터구동부:SLA7024*2조
밧데리:SANYO 1.2 250mA 3A*10개
* CPU,모터,센서,몸체부로 구성
* 기본 프로그램이 포함

V-IO Board

완제품

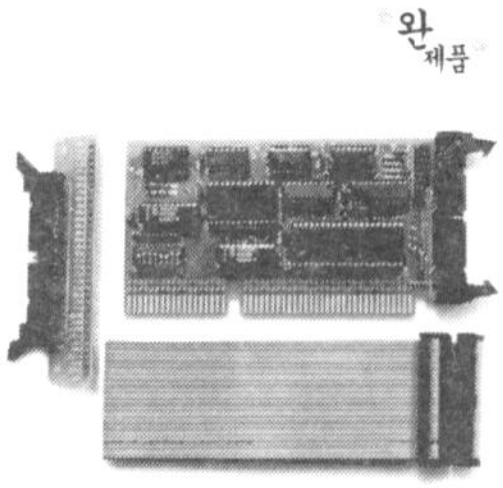

♣ 부품 SET도 판매함

PC의 ISA슬롯을 이용하는 인터페이스카드로A/D, D/A컨버터를 이용한 아날로그 디지털 상호변환 신호처리와 I/O, 타이머, 카운터, 스텝모터, LCD제어등에 활용할 수 있다.
교재 : C가 미는 로보트 I, II, III

C-패러렐포트 I

완제품

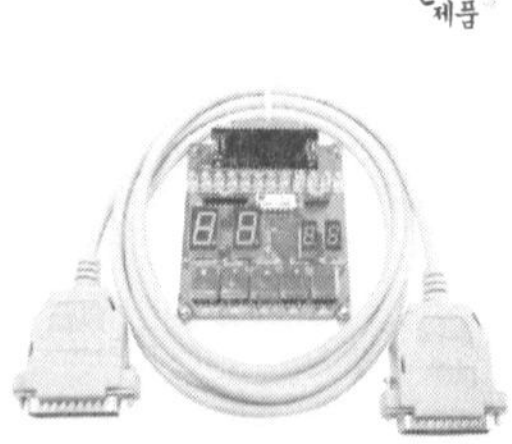

PC의 페러럴 포트를 이용하여 LED, 7Segment, 키패드 입력등의 실험을 할 수 있는 키트
교재 : C로 미는 PC자동제어응용
C로 쓰는 윈도우즈 병렬포트
VB로 미는 PC 자동제어 응용

C-패러렐포트 II

완제품

정역회전, 스피드조절, 센서의 동작을 실험해 볼 수 있는 스테핑모터 모듈
교재 : VB 로 미는 PC 제동제어 응용
그 밖의 마이컴 응용교재

AT89C Writer

완제품

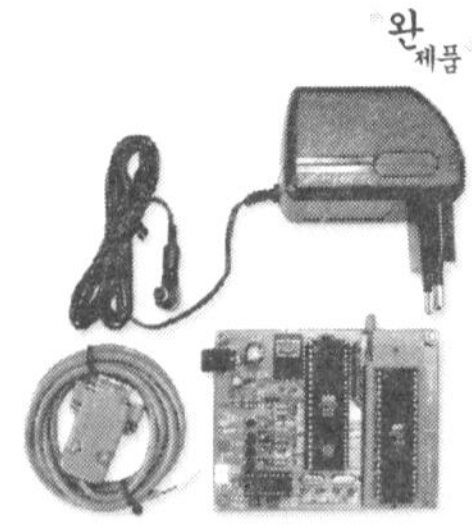

AT89C51,52 40DIP 핀 AT89C1051, 2051, 4051 20DIP 핀 지원
RS-232C serial 다운로드
TEXTOOL 장착, 라이터 전용프로그램 제공
(TEXTOOL에 장착된 89C51은 제외)

구입문의 : 학습기기 R&C사 / 도서출판 Ohm사 ✆ 02) 776-4868-9

도서 및 키트는 OHM사 홈페이지 SHOP에서 구입 가능!

AVR ISP Studio / STK500 · AVR ISP Studio / AvrProg [직렬포트형]

RS-232C  ISP

AVR ISP Studio 다운로드 케이블은 퍼스널컴퓨터 측에서 어떤 통신프로그램을 사용하는지에 따라 **AVR ISP Studio/STK500** 모델과 **AVR ISP Studio/AvrProg** 모델로 나누어진다. 이것들은 동일한 하드웨어를 사용하지만 ATmega8에 장착되는 펌웨어가 서로 다르다.

(1) AVR 모델의 모든 ATmega 패밀리에 적용
(2) 별도의 장비 없이 이 케이블만으로 사용자 프로그램을 다운로드
(3) AVR Studio 프로그램과 함께 사용
(4) 초고속 다운로드
(5) 10핀 80센티 플랫 케이블 포함

AVR ISP 케이블 [USB형]

노트북 사용자에게 꼭 필요한

USB 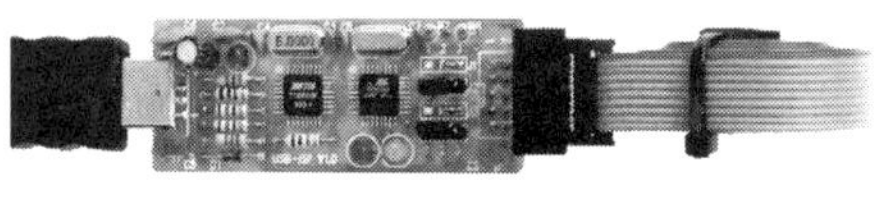 ISP

(1) AVR 모델의 모든 ATmega 패밀리에 적용
(2) 별도의 장비 없이 이 케이블만으로 사용자 프로그램을 다운로드
(3) AVR Studio 프로그램과 함께 사용
(4) 초고속 다운로드
(5) 10핀 80센티 플랫 케이블 포함

AVR ISP 케이블 [직렬포트형]

RS-232C  ISP

(1) AVR 모델의 모든 ATmega 패밀리에 적용
(2) 별도의 장비 없이 이 케이블만으로 사용자 프로그램을 다운로드
(3) PonyProg2000 프로그램과 함께 사용
(4) 병렬포트형 AVR ISP와 비슷한 다운로드 속도
(5) 10핀 80센티 플랫 케이블 포함

USB TO RS-232C 컨버터 동글

노트북 사용자에게 꼭 필요한

USB 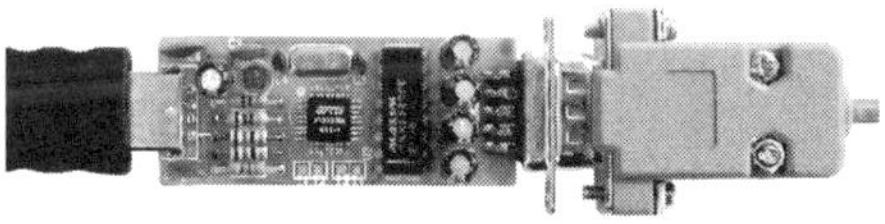 RS-232C

(1) USB 신호를 RS-232C 신호로 변환
(2) USB 포트를 가상적인 COM3 포트로 사용
(3) 하이퍼터미널등과 같은 직렬통신 프로그램 사용
(4) 9600, 19200, 115200 등 하이퍼터미널에서 설정할 수 있는 모든 통신 포맷 사용 가능
(5) 본사의 모든 키트에서 직렬통신 또는 모니터 프로그램용으로 사용 가능

MOTOR CONTROL BOARD

이 보드는 OK-128/162/8515 키트 또는 JJ-128 키트에 접속하여 스텝모터 및 직류서보모터를 동시에 구동 또는 제어할 수 있는 I/O 확장 보드.

스텝모터 또는 직류서보모터를 동시에 구동하지 않고 하나씩만 구동한다면 8051 등의 임의 마이크로콘트롤러 키트에 적용할 수 있다.

케이블 외

도서 및 키트는 OHM사 홈페이지 SHOP에서 구입 가능!

AVR ISP 케이블 [USB형]

노트북 사용자에게 꼭 필요한

USB 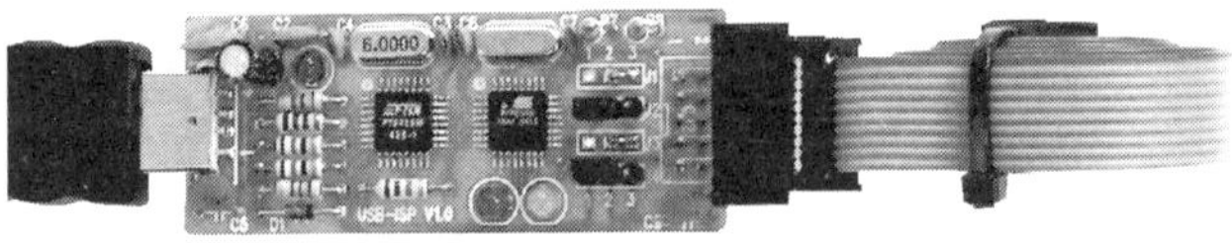 ISP

(1) AVR 모델의 모든 ATmega 패밀리에 적용
(2) 별도의 장비 없이 이 케이블만으로 사용자 프로그램을 다운로드
(3) AVR Studio 프로그램과 함께 사용
(4) 초고속 다운로드
(5) 10핀 80센티 플랫 케이블 포함

AVR ISP 케이블 [직렬포트형]

RS-232C  ISP

(1) AVR 모델의 모든 ATmega 패밀리에 적용
(2) 별도의 장비 없이 이 케이블만으로 사용자 프로그램을 다운로드
(3) PonyProg2000 프로그램과 함께 사용
(4) 병렬포트형 AVR ISP와 비슷한 다운로드 속도
(5) 10핀 80센티 플랫 케이블 포함

USB TO RS-232C 컨버터 동글

노트북 사용자에게 꼭 필요한

USB  RS-232C

(1) USB 신호를 RS-232C 신호로 변환
(2) USB 포트를 가상적인 COM3 포트로 사용
(3) 하이퍼터미널등과 같은 직렬통신 프로그램 사용
(4) 9600, 19200, 115200등 하이퍼터미널에서 설정할 수 있는 모든 통신 포맷 사용 가능
(5) 본사의 모든 키트에서 직렬통신 또는 모니터 프로그램용으로 사용 가능

MOTOR CONTROL BOARD

이 보드는 OK-128/162/8515 키트 또는 JJ-128 키트에 접속하여 스텝모터 및 직류서보모터를 동시에 구동 또는 제어할 수 있는 I/O 확장 보드.

스텝모터 또는 직류서보모터를 동시에 구동하지 않고 하나씩만 구동한다면 8051 등의 임의 마이크로콘트롤러 키트에 적용할 수 있다.

http://www.ohm.co.kr
E-mail : ohm@ohm.co.kr

소스는 홈페이지 자료실에 있습니다.

어셈블리와 C언어로 익히는

AT89S52 마스터

-OK-89S52 키트-

초판발행	2006년 3월 5일
1판 2쇄	2009년 10월 15일
저 자	윤 덕 용
발 행 인	곽 종 학
발 행 처	도서출판 Ohm사
주 소	140-150 서울 용산구 갈월동 17.세기B/D
전 화	02-776-4868~9
팩 스	02-779-6757
등록번호	1975년 9월 12일 제3-3호

ISBN 89-7101-769-4

정가 30,000원